THOMAS KAUFMANN
GESCHICHTE DER REFORMATION IN DEUTSCHLAND

SUHRKAMP

Gefördert durch die
Udo Keller Stiftung Forum Humanum

Durchgesehene, ergänzte und um einen Epilog
anlässlich des Reformationsjubiläums erweiterte Neuausgabe.
Der Band erschien erstmals 2009 unter dem Titel
Geschichte der Reformation im Verlag der Weltreligionen.

Erste Auflage dieser Ausgabe Suhrkamp Verlag Berlin 2016
Bibliographische Information der Deutschen Nationalbibliothek
Die Deutsche Nationalbibliothek verzeichnet diese Publikation
in der Deutschen Nationalbibliographie;
detaillierte bibliographische Daten sind im Internet abrufbar.
http://dnb.d-nb.de

Satz: Satz-Offizin Hümmer GmbH, Waldbüttelbrunn
Druck und Bindung: CPI – Ebner & Spiegel, Ulm
Printed in Germany
ISBN 978-3-518-42541-1

GESCHICHTE DER REFORMATION IN DEUTSCHLAND

INHALT

»... dan die welt eilet, quia per hoc decennium fere novum saeculum fuit [weil während des letzten Jahrzehnts beinahe ein neues Zeitalter entstand].«

WA.TR 2, Nr. 2756b, S. 637,10f. (Herbst 1532)

»Ein weib ist bald genumen; aber stets lieb zu haben, das ist dan schwer, und es mag einer unserm Herrngott wol davor dancken, wer dasselbige hat.«

WA.TR 5, Nr. 5324, S. 214,27-29 (1542/43)

Antje gewidmet

EINLEITUNG
DIE REFORMATION UND DIE LIEBE ZUR KIRCHE

Im Frühjahr 1413 schrieb ein Magister der Universität Prag am Anfang eines später berühmten Werkes über die Kirche *(Tractatus de ecclesia)*: »Wie jeder [christliche] Wanderer treulich glauben soll, daß es eine heilige katholische Kirche gibt, so soll er den Herrn Jesus Christus als Bräutigam dieser Kirche und die Kirche als seine Braut lieben; aber er liebt seine geistliche Mutter nicht, wenn er sie nicht durch den Glauben erkennt; also muß er sie durch den Glauben erkennen und sie so wie eine hervorragende Mutter ehren.«[1]

Der theologische Lehrer, der dies schrieb, war Jan Hus (um 1370-1415), der zwei Jahre später durch das Konzil von Konstanz (1414-18) als Ketzer verurteilt und verbrannt wurde. Die Liebe zur Kirche, die Hus gefordert und beschworen hatte, bezog sich auf die eine, universale, umfassende, also die katholische Kirche des Glaubensbekenntnisses. Diese eine Kirche des Glaubens war für ihn nicht identisch mit der ›real-existierenden‹ römisch-katholischen Papstkirche; denn diese war damals in unterschiedliche Obödienzen konkurrierender Papstprätendenten gespalten, ein belastender Mißstand, den das Konstanzer Konzil zu überwinden antrat. In Hus' Vorstellungen von der Kirche als der geistlichen Braut Christi, nicht als Rechts-, Verwaltungs- und Machtapparat, wirkten Anregungen fort, die von dem Oxforder Theologieprofessor John Wyclif (um 1330-1384) ausgegangen waren. Dieser hatte, anknüpfend an den wichtigsten Kirchenvater des Abendlandes, Augustinus, der irdischen Gestalt der römischen Papstkirche die Idee einer wahrhaft umfassenden, universalen Kirche, deren einziges Haupt Christus sei, entgegengesetzt. Neben 30 Sätzen von Hus wurden auch 45 Artikel aus Schriften Wyclifs in Konstanz verurteilt.[2]

Luther und seine sogenannten Vorläufer

Das theologische Denken dieser beiden berühmtesten ›Ketzer‹ der abendländischen Kirchengeschichte vor Martin Luther (1483-1546) stellte nicht einfach eine Inspirationsquelle seiner eigenen Theologie dar. Vielmehr setzte seine Beschäftigung besonders mit Hus, später auch mit Wyclif, erst zu einem Zeitpunkt ein, als sich sein innerer und äußerer Ablösungsprozeß von der römischen Papstkirche schon deutlich abzuzeichnen begann, das heißt zwischen dem Frühjahr 1519 und dem Sommer 1520. Gleichwohl hat sich Luther dann gern in eine Traditionslinie mit diesen und anderen seines Erachtens zu Unrecht verketzerten Theologen und enttäuschten Liebhabern der Kirche gestellt und sie damit zu seinen ›Vorläufern‹, sich selbst zu ihrem Nachfolger und Vollender gemacht. In den historiographischen Selbstentwürfen des lutherischen Protestantismus ist dieser Faden weitergesponnen worden: Luther erschien nun als Höhe- und Schlußpunkt einer Schar aufrechter Wahrheitszeugen *(testes veritatis)*, die der verkommenen Papstkirche ihrer Zeit entgegengetreten seien und sie zu reformieren versucht hätten. Mit Luther, so eine feste Überzeugung seiner Anhänger im späteren 16. Jahrhundert, habe Gott den größten und letzten Propheten gesandt, um seiner Kirche vor dem baldigen Ende der Zeiten Buße zu predigen und die widergöttlichen Mißstände zu überwinden.

Dieses protestantische Geschichtsbild, das in seinem ursprünglichen, an Luther anknüpfenden Kern ein Konzept heilsgeschichtlicher Selbstvergewisserung einer beanstandeten Ketzerei darstellt,[3] ist zu einer der einflußreichsten ›Meistererzählungen‹ der Geschichtsschreibung überhaupt geworden. Es hat, angereichert mit zunächst humanistischer, später aufklärerischer Rhetorik, die Epoche Luthers als lichtvollen Aufstand der geistigen Freiheit, des christlichen oder bürgerlichen Gewissens, der deutschen Nation gegen die finstere Herrschaft der Päpste und ihrer klerikalen Heerscharen zu inszenieren erlaubt und so dazu beigetragen, jenes Zerrbild des finsteren Mittelalters zu erzeugen, das niederzuringen außerhalb der Wissenschaft noch immer nicht ganz gelungen ist. Indem Luther und seine ›Vorläufer‹, die sogenannten Vorreformatoren, im Verhältnis zu ihrer Gegenwart als große, gefährdete, unverstandene, verfolgte Außenseiter positioniert wurden, geriet häufig das aus dem Blick, was Luther und die Reformer des 15. Jahrhunderts jeweils mit ihrer Zeit verband. Je dunkler die ›mittelalterliche‹ Welt erschien, gegen die Luther und seine Vorkämpfer aufstanden und revoltierten, desto ›zeitloser‹ oder ›moderner‹ erschienen sie selbst. Daß die von Heroisierungen nicht freien Dekontextualisierungen insbesondere Luthers in der weiteren Forschung zu ihrerseits nicht selten angestrengten Bemühungen seiner ›Rekontextualisierung‹ im Mittelalter, ja zur Entdeckung eines mittelalterlichen Luther geführt haben, verwundert daher nicht. Aber wirklich gewonnen war damit wenig. Denn daß all jene Zuschreibungen – mittelalterlich, vormodern, zeitlos-evangelisch, modern usw. – künstliche Konstrukte sind, kann heutigentags wohl kaum ernsthaft strittig sein.

Luther und die sogenannten Vorreformatoren verbindet zunächst nicht sehr viel mehr, als daß sich der Wittenberger ab einem bestimmten Zeitpunkt der Konfliktgeschichte zwischen ihm und der kirchlichen Hierarchie mit ihnen zu beschäftigen und auf sie zu berufen begann. Im Rückblick, von seiner eigenen Verketzerung her, konstruierte er eine Genealogie der von der Papstkirche verfolgten wahren Kirche, die von den altgläubigen Gegnern ihrerseits reproduziert und bestätigt wurde. Denn diese ›häresiologische Genealogie‹ erwies doch schließlich, daß Luther eben wirklich jener Ketzer war, als den man ihn verurteilt hatte. Wer sich selbst öffentlich mit dem Ketzer Hus solidarisierte, durfte sich schließlich nicht wundern, als Hussit beschuldigt und verdammt zu werden. Die protestantisch-emphatische und die katholisch-häresiologische Geschichtsdarstellung erscheinen als zwei Seiten derselben Medaille.

Daß im Rückblick eine Verbindungslinie zwischen Luther und seinen sogenannten Vorläufern gezogen wurde, hat den

Blick dafür verstellt, daß die Bemühung um eine Reform der Kirche, um eine lebendige Anpassung der Institution an die sich wandelnden Bedingungen ihrer Zeit, um eine geistliche Reorganisation von ihren heiligsten Ursprungsdokumenten in der Bibel und bei den Kirchenvätern her, kein primär von Außenseitern verfochtenes Nebenthema des Zeitalters um 1500 war, sondern ein Hauptthema, das viele Personen, Gruppen und geistliche Korporationen beschäftigte. In der Intensität, in der man an der Verbesserung der Kirche und ihrer Glaubwürdigkeit arbeitete, manifestierte sich, daß sie der weithin alternativlose Raum war, in dem Individuen, soziale Gruppen und Stände, Zünfte und Genossenschaften, bäuerliche ›Verbündnisse‹ oder Dynastien ihre Bedürfnisse nach Heilssicherung, Kontingenzbewältigung und soziokultureller Repräsentation inszenierten und artikulierten. Nicht zuletzt in der Kritik an der Kirche oder ihren klerikalen Repräsentanten zeigte sich, wie wenig man ihrer entbehren konnte oder wollte. Aus einer im Laufe des 15. Jahrhunderts zunehmenden Kirchenkritik zu folgern, man habe innerlich mit ihr gebrochen und gebe ihr keine Zukunft mehr, wäre ein Irrtum. Offener Widerspruch oder entschlossener Aufstand gegen die Kirche, ihre Praktiken und Lehren bildeten einen höchst marginalen Tatbestand. Eine Ableitung der Reformation aus einer vorreformatorischen feindseligen Haltung gegenüber der Kirche, sofern es diese überhaupt in nennenswertem Maße gab, greift deshalb zu kurz. Die durchaus verbreiteten kirchenkritischen und -reformerischen Stimmen gegenüber dem vorfindlichen Kirchentum sind hingegen als Ausdruck jener prinzipiellen Anerkenntnis ihrer Idee und ihres Wesens zu deuten, ja als Versuch, die Wirklichkeit der Kirche ihrem Ideal anzunähern, die Hus im einleitenden Zitat mit dem affektiven Verb *diligere*, »lieben«, bezeichnet hat. Da die Kirche immer zugleich realexistierende Institution welthafter Verfehlung *und* Gegenstand des Glaubens war, konnte jede Kritik an ihr als Erweis ihrer Unumgänglichkeit, Unverzichtbarkeit und Heiligkeit gelten. Ja, die Polemik konnte gegen ihre vornehmsten Repräsentanten im Namen Christi, des Herrn der Kirche, erfolgen *und* mit dem Anspruch auftreten, aus dem Innersten der wahren Kirche selbst zu stammen. Die schärfsten Kritiker der Kirche waren zumeist ihre glühendsten Liebhaber.

Hierin stimmte Luther mit Hus, mit Wyclif und mit vielen anderen überein, lange bevor er genauere Kenntnisse über ihre Lehren besaß. Diese in der Theologiegeschichte des Abendlandes, bei ihrem wichtigsten ›Vater‹ Augustinus, verwurzelten Selbstunterscheidungen der Kirche als sichtbarer *und* unsichtbarer, heiliger *und* sündhafter, welthaft-verstrickter *und* geistlicher Größe bildeten ein Ferment der Unruhe, der Infragestellung und der Reformbemühung während einzelner Etappen des Mittelalters, aber eben auch in der Zeit der Reformation.

Die selbstverständliche Allgegenwart von ›Kirche‹

Die Reformation und ihr Ringen mit der real-existierenden, ihr Kampf für die ›wahre‹, die ›evangeliumsgemäße‹ Kirche sind nur vor dem Hintergrund der unabweisbaren Allgegenwart der Kirche zu verstehen. Für jeden Europäer nichtjüdischen und nichtmuslimischen Glaubens war ›die Kirche‹ vor Luther, zu seiner Zeit und auch noch ein Jahrhundert nach ihm eine schlechterdings unausweichliche, unhintergehbare Wirklichkeit. Geändert hat sich durch die Reformation nicht der Anspruch der Kirche an die Menschen als solcher, sondern die Art und Weise, in der dieser Anspruch begegnete. Geändert hat sich allerlei an den sichtbaren Erscheinungsformen, am Autoritäts- und Institutionengefüge usw.; an der selbstverständlichen Gebundenheit jedes Menschen an eine der nun konkurrierenden und einander anathematisierenden, das heißt mit dem Bann belegenden Kirchen änderte sich nichts. Denn zur ›Kirche‹ gehörten vor wie nach der Reformation im Prinzip alle, außer den Juden, den Muslimen und den Exkommunizierten. Zur Kirche gehörte man ›von der Wiege bis zur Bahre‹; im Unterschied zu allen anderen soziokulturellen Bindungs- und Organisationszusammenhängen, vielleicht außer den familiären, umspannte die Zugehörigkeit zur Kirche jedes vollständige menschliche Leben. Die Kirche war für die weit überwiegende Mehrzahl der Menschen vor und nach der Reformation eine nähere, konkretere, erfahrbarere Wirklichkeit als das politische Ordnungssystem – der Staat. Die Kirche war zugleich die umfassendste Kategorie, in der sich die Menschen vieler Zeiten und Weltengegenden in Vergangenheit, Gegenwart und Zukunft zusammenfassen und aufeinander beziehen ließen. Die Kirche war nah und fern, umfassend und lokal, hatte mühelos zu besuchende, mit Mühen erreichbare, auch praktisch unerreichbare Orte und Räume, Zentren und Epizentren. Die Kirche war die einzige Ordnungsgröße des Zeitalters, die wirklich bei den Menschen aller Stände, Orte und Lebensalter war. Weil Kirche vor und nach der Reformation nie nur – und wohl für die meisten Europäer nicht einmal primär – ›Rom‹ war, konnte man über den Papst und seine Kurtisanen herziehen und sie als Teufelsbrut desavouieren, ohne an der Kirche als derjenigen Sozialform der Religion, zu der potentiell alle gehörten, irre zu werden. Weil die Kirche so unzählig viele Gesichter hatte und die Bindung an sie nicht auf freiwilligem, individuellem Entschluß basierte – weder vor noch nach der Reformation –, sie mithin eine selbstverständliche Lebensordnung darstellte, hat sie im Zuge der Reformation zwar Spaltungen erlebt, aber als Institutions- und Sozialtypus, eben als ›Kirche‹, überlebt. Freiwillige religiöse Vergemeinschaftungsformen galten der vorreformatorischen Kirche ebenso wie den nachreformatorischen Kirchen als sektiererisch und häretisch. Zur Kirche gehörte man vermittels der Taufe, nicht aber aufgrund eigener Entscheidung. Lediglich für die radikalen Randsiedler der europäischen Religionsgeschichte, die vorreformatorischen und vor allem die protestantischen Sekten, oder für Konvertiten aus Judentum und Islam spielte eine persönliche religiöse Entscheidung eine Rolle. Für alle anderen war die Zugehörigkeit zur Kirche eine unhintergehbare und zumeist unhinterfragte Selbstverständlichkeit.

Die Reformation als Aufstand der ›Kirche‹ gegen die ›Kirche‹

Da sie viele Gesichter hatte, nur wenige kultische oder moralische Verpflichtungen bindend auferlegte und in sich selbst Raum für vielfältige Alternativen ließ, gab es nur relativ wenig Anlaß, gegen die Kirche aufzubegehren. Darauf konnte man eigentlich nur verfallen, wenn man es mit dem, wofür die Kirche stand oder stehen sollte, ernster nehmen zu müssen meinte als die berufenen Vertreter der Kirche selbst. Die Reformation ist ein solcher Aufstand der ›Kirche‹ gegen die ›Kirche‹ gewesen. Und sie hat es mit dem Kirchesein der Kirche ernster genommen, als es ihres Erachtens jene Kirche beziehungsweise ihre Repräsentanten taten, gegen die sie aufbegehrte. Sie hat die religiösen Pflichten ihrer Gläubigen gesteigert, auf persönliche Aneignung gedrängt und insofern das Ideal eines alle Menschen umfassenden *corpus christianum*, einer christlichen Gesellschaft, konsequenter umzusetzen versucht als die vorreformatorische Kirche. Wenn es ein Ziel schon der mittelalterlichen Kirche gewesen sein sollte, eine christliche Gesellschaft zu formen, dann ist dieses Ziel im Zuge der Reformation und der durch diese provozierten Gegenreformation konsequenter und am Ende wohl auch erfolgreicher realisiert worden als je zuvor.

Die Reformation zielte darauf ab, daß die bestehende Kirche nach Maßgabe biblischer Verbindlichkeiten ›zurechtgebracht‹, re-formiert, werden sollte und daß die Glieder der Kirche, die Christen, Mitverantwortung für Lehre und Leben der Kirche übernahmen. Nur weil sich die Reformation an die Kirche als die alternativlose Form christlicher Lebens- und Sozialgestaltung gewiesen wußte und für die Bedingungen ihrer Zeit eine begriffliche Unterscheidung zwischen ›Kirche‹ und ›Gesellschaft‹ ganz unangemessen ist, konnten ihr Angriff auf die Kirche und ihr Neubau evangelischer Kirchen christentumsgeschichtlich epochale Wirkungen zeitigen. Ein Angriff auf die Kirche, der nicht wieder zur Kirche, zur religionskulturellen Sozial- und Integrationsgestalt aller Bürger und Bauern, aller Menschen sämtlicher Stände eines geopolitischen Raums geführt hätte, wäre nichts anderes als ein weiteres Kapitel der mittelalterlichen Sektengeschichte gewesen, aber kein epochales Phänomen.

Nach einer »gemein reformation ⟨...⟩ in der gantzen christenheit«[4] zu rufen implizierte für Autoren vor Luther wie für diesen selbst nichts Geringeres, als einer grundstürzenden Umorientierung der gesamten christlichen Gesellschaft in allen Gliedern das Wort zu reden. Eine solche totale Reformation hatte entweder als menschliches Unterfangen ihre Ausweglosigkeit und ihr Scheitern bei sich oder war allein von Gott zu erwarten.[5] Dies hielt jedoch nicht davon ab, im Rahmen kleinerer Gestaltungsräume und Handlungszusammenhänge nach Möglichkeiten zu suchen, Mißstände zu verändern. Schon der Straßburger Münsterprädikant Johann Geiler von Kaysersberg (1445-1510), einer der einflußreichsten Prediger und theologischen Schriftsteller vor der Reformation, hatte aus der Unmöglichkeit einer ›Generalreformation‹ nicht gefolgert, sich in die Mißstände zu schicken, sondern dafür plädiert, in überschaubaren Verantwortungsbereichen reformerisch tätig zu werden: »⟨...⟩ in der sunderheit möchte jeglich wol sein stat und yeglicher oberer sein unterthon reformieren. Ein bischoff in sein bistumb. Ein apt in seinem closter. Ein rat sein stat. Ein bürg sein hauß, daz wer leicht. Aber ein gemein reformacion der gantzen cristenheit, das ist hart und schwer, und kein consilium hat es mögen betrachten und weg mögen finden.«[6] Damit waren die Realisierungsbedingungen lokaler, regionaler, auch häuslicher Reformationen präzise erfaßt, die im großen und ganzen den Erfolg der Reformation ausmachen sollten. Nicht der durch ein Generalkonzil initiierten und strukturierten »gemein reformation«, sondern den städtischen, territorialen, häuslichen, in den überschaubaren soziokulturellen Lebens- und Organisationseinheiten der *christianitas* liegenden Partikularreformationen gehörte die Zukunft. Apostel einer ›Generalreformation‹, der ›großen Veränderung‹, der grundstürzenden ›Verwandlung‹ der Christengesellschaft, fanden sich im 16. Jahrhundert bald vorwiegend auf dem sogenannten linken Flügel der Reformation, bei den Radikalen. Ihre generalreformatorischen Programmtexte sind literarische und mentale Parallelerscheinungen der frühen Utopien. Der Erfolg der Reformatoren aber bestand in der Reduktion des Universalismus und in der pragmatischen Partikularisierung ihrer Gestaltungskontexte, mithin in der Addition der vielen größeren und kleineren Reformationen zu der einen, die man zusammenfassend ›die Reformation‹ zu nennen pflegt. Die Summe dieser Einzel- und Partikularreformationen jedenfalls veränderte das abendländische Kirchenwesen grundlegender als irgend etwas vorher oder nachher.

Der Erfolg der Reformation ergab sich freilich ganz wesentlich daraus, daß in den jeweiligen kleinen und partikularen Räumen so reformiert wurde, daß man alle Menschen einbezog, also Kirche baute, und daß man die Neuerungen in der Regel zügig und verbindlich für einen bestimmten sozialen und politischen Lebensraum durchsetzte. Duldsamkeit gegenüber abweichendem Verhalten einzelner Personen oder Gruppen, seien es nun Anhänger der alten Kirche, Täufer oder radikalreformatorische ›Schwärmer‹ und Einzelgänger, war der Reformation im ganzen nicht weniger fremd als jener Kirche, gegen die sie aufstand und deren Anspruch, die allgemeine Kirche zu sein, sie teilte. Die Reformation hatte also Erfolg, weil sie die Partikularität ihrer Gestaltungs- und Durchsetzungsräume mit einer generellen Verbindlichkeit, also: Kirchlichkeit ihres Anspruchs, verknüpfte. Wenn man die Auflösung der selbstverständlichen Geltung des in konstantinischer Zeit eingeführten religionssoziologischen Vergesellschaftungsmodells, dieses ›Sozialtypus Kirche‹, als entscheidenden religionsgeschichtlichen und kulturellen Indikator der Neuzeit versteht,[7] dann kann es keinem Zweifel unterliegen, daß es historiographisch unsachgemäß wäre, Reformation und Mittelalter zwei unterschiedlichen historischen Epochen zuzuweisen. Die Vorstellung, daß alle Menschen eines Gemeinwesens zur ›Kirche‹ gehörten, teilten die Reformatoren mit jener Kirche, gegen die sie rebellierten.

Die Reformation als Epoche?

Ist es deshalb nicht naheliegend oder gar unausweichlich, die Bedeutung der Reformation als einer kirchen- und allgemeingeschichtlichen Zäsur zu nivellieren und die insbesondere seit Leopold von Ranke (1795-1886) als eigene Epoche stilisierte Reformationszeit (1517-55)[8] in eine – Spätmittelalter und Frühe Neuzeit umspannende – Periode des Übergangs zwischen etwa 1400 und 1650 einzuordnen? Die Diskussion um die Zuordnung der Reformation zu Mittelalter oder Neuzeit, auch ihrer historiographischen Situierung ›zwischen den Zeiten‹, ist stets mit besonderer Leidenschaft geführt worden. Dies hängt wesentlich mit den – nur selten explizit gemachten – geltungspolitischen Ansprüchen, die sich mit dieser Frage verbinden, zusammen. Wer die Reformation tendenziell stärker dem Mittelalter zuschlägt, scheint ihre aktuellen Geltungsansprüche zurückhaltender zu beurteilen, sie konsequenter zu historisieren, Luther »ohne Goldgrund«[9] in seine Zeit zu stellen. Wer hingegen Luther und die Reformation auf die Seite der Neuzeit herüberzieht, reklamiert den Wittenberger als eine Gestalt, die auch uns Heutigen noch Wesentliches zu sagen hat, ja, deren Leben und Werk, deren Theologie ganz entscheidend für kardinale religionskulturelle Prozesse wie Individualisierung oder Pluralisierung, die Bindung religiöser Letztverbindlichkeiten an das eigene Gewissen oder die Emanzipation von klerikaler Bevormundung, die Begründung beziehungsweise Ermöglichung persönlicher Menschenrechte usw. verantwortlich gemacht werden. In bestimmten Periodisierungskonzepten begegnen also nicht selten dogmatische Geltungsansprüche, denen nicht zuletzt im Horizont aktueller Auseinandersetzungen um religiöse Konkurrenz und Ökumene Wirkungskraft zugeschrieben wird.

In bezug auf die neuere allgemeinhistorische Epochendiskussion kann diese nicht selten bei protestantischen Autoren begegnende Aufgeregtheit in der Frage ›Reformation: Mittelalter oder Neuzeit?‹ inzwischen als entschärft gelten. Denn wohl kaum jemand wird heute noch ernsthaft die Vorstellung vertreten, unsere eigene Gegenwart sei mit der Zeit der Reformation in eine und dieselbe Epoche zu setzen. Die Fremdheit der Reformation, ihre Andersartigkeit, kann in historischer Perspektive nicht ernsthaft strittig sein. Wegen der allgemein üblich gewordenen Einführung des Epochenbegriffs der ›Frühen Neuzeit‹ kann die Diskussion über die ›Mittelalterlichkeit‹ oder ›Neuzeitaffinität‹ Luthers oder der Reformation also getrost jenen überlassen werden, die noch immer meinen, daraus Funken schlagen zu können.

Die Reformation als Veränderung des bestehenden Kirchenwesens

›Die Reformation‹ beginnt nicht an einem bestimmten kalendarischen Datum, etwa dem 31. 10. 1517, jenem Tag vor dem Allerheiligenfest, als der Wittenberger Theologieprofessor seine 95 Thesen über den Ablaß an den Erzbischof der Diözese Magdeburg und Primas der deutschen Reichskirche, Albrecht von Brandenburg, der für den Vertrieb des Petersablasses verantwortlich war, schickte, sich erstmals ›Luther‹ statt ›Luder‹ nannte und wahrscheinlich auch seine Thesen zum Zweck der Ankündigung einer freilich nie gehaltenen Disputation an die Kirchentüren Wittenbergs, die ›schwarzen Bretter‹ der Universität, anschlagen ließ. Sie endet auch nicht mit einem bestimmten Ereignis, etwa dem Augsburger Reichsabschied vom 25. 9. 1555, als den Anhängern der *Confessio Augustana* von 1530, des wichtigsten protestantischen Bekenntnisses, eine reichsrechtliche Duldung bis zur – schlußendlich erwarteten – kirchlichen Wiedervereinigung zuerkannt wurde. Die Reformation, wie sie in diesem Buch verstanden wird, stellt einen Prozeß der theologischen Infragestellung, der publizistischen Bekämpfung und der gestaltenden Veränderung des überkommenen Kirchentums dar. Aufgrund der untrennbaren Verbundenheit von Kirche und Gesellschaft betrafen diese mit unterschiedlichen Mitteln ins Werk gesetzten Veränderungen des Kirchenwesens viele Menschen in unterschiedlichster Weise. Unter Reformation verstehe ich die – in bewußter Abgrenzung von der Kirche Roms und im Bruch mit den in ihr geltenden Rechtsgrundlagen des kanonischen Rechts vollzogenen – *Umgestaltungsprozesse des Kirchenwesens* in städtischen und territorialen Zusammenhängen, die diese Prozesse zum Teil initiierenden, zum Teil begleitenden, teils privaten, zumeist aber öffentlichen Kommunikationsakte insbesondere der sogenannten Flugschriftenpublizistik und die mit diesen Prozessen untrennbar verbundenen politischen, rechtlichen und militärischen Auseinandersetzungen, die auf den unterschiedlichsten Ebenen und Bühnen der Städte, Territorien und Regionen, des Reichs und Europas stattfanden. Mit Reformation wird also nicht schon eine bestimmte theologische Erkenntnis Luthers im Zuge seiner prozessual zu deutenden theologischen Entwicklung bezeichnet; als ›reformatorische‹ ist Luthers Theologie im Sinne der hier verfolgten Perspektive nur insofern und ab jenem Zeitpunkt von Interesse, als sie auf eine *Veränderung des bestehenden Kirchenwesens* oder einzelner seiner Erscheinungen abzielte und sich kommunikativer und medialer Praktiken bediente, um diese zu erreichen. Den Auftakt jener Ereignissequenzen, die zur Reformation wurden, stellt der Ablaßstreit dar.

Die Frage nach dem Zusammenhang dieser so verstandenen Reformation mit bestimmten Einsichten ihrer führenden Theologen, die man Reformatoren zu nennen pflegt,[10] kann nicht in dem Sinn als ein für allemal beantwortet gelten, daß man voraussetzt, bestimmte reformatorisch-theologische Erkenntnisse hätten unmittelbar ›reformatorische‹ Wirkungen gezeitigt. Dies setzte ein wohl zu naives Modell dessen voraus, wie theologische Gedanken wirksam geworden sind. Die Frage nach dem Zusammenhang zwischen reformatorischer Theologie und Reformation wird also in bezug auf die jeweiligen Beobachtungsfelder, Gegenstände und Themen der kirchlichen Veränderungen gesondert zu stellen sein.

Reformation und Frühe Neuzeit

Der Prozeß der Umgestaltung des bestehenden Kirchenwesens, der die deutsche Geschichte seit dem dritten Jahrzehnt des 16. Jahrhunderts nachhaltig prägte, brachte Wirkungen hervor, die auch dann als epochal oder jedenfalls zentral bedeutsam einzuschätzen sind, wenn man einen Epochenbegriff der Reformation verabschiedet und sie als hochwichtige *Etappe* innerhalb einer *Epoche* der *Frühen Neuzeit* verortet.[11] Daran freilich, daß die Reformation einen tiefgreifenden Einschnitt oder »Umbruch«[12] in der Kirchen- und Christentumsgeschichte darstellt und insofern, angesichts der untrennbaren Verquikkung von Kirche und Staat, Christentum und Gesellschaft, religiöser Mentalität und Kultur, zugleich einen solchen der ›allgemeinen Geschichte‹, wird man auch dann festhalten können, wenn man der gesellschaftsgeschichtlichen Dynamik der zweiten Hälfte des 16. Jahrhunderts, die in der neueren Forschung gemeinhin mit dem Begriff der *Konfessionalisierung* bezeichnet wird,[13] eine besondere Bedeutung für die historische Entwicklung auf dem Weg in die *Neuzeit* zuerkennt. Denn in der zweiten Jahrhunderthälfte lebten ja Tendenzen und Überzeugungen auf, kamen zum Erfolg oder verfestigten sich, die durch die zum Teil eruptiven Aufbrüche der Reformation hervorgerufen oder indirekt ermöglicht worden waren. Der kulturelle Zusammenhang zwischen der Reformation und der Konfessionalisierung läßt es wenig sinnvoll erscheinen, sie zwei unterschiedlichen historischen Epochen zuzuweisen. Die Katechismen etwa, die man in der zweiten Jahrhunderthälfte durch verstärkte disziplinatorische Strategien dem ›gemeinen Mann‹ nahebrachte, entstammten ganz überwiegend der ersten Jahrhunderthälfte. Die innerprotestantischen Großgruppen, die sich in der zweiten Jahrhunderthälfte zu eigenen Konfessionen verfestigten und sich als konkurrierende Kirchentümer gegenüberstanden – die Lutheraner und die Reformierten, in gewissem Sinne auch die römischen Katholiken –, waren in der ersten Jahrhunderthälfte, in der Reformationszeit, entstanden. Die Rechtsformen, die den politischen und juristischen Rahmen für das Zusammenleben der Konfessionen im späten 16. und im frühen 17. Jahrhundert bilden sollten, waren in der ersten Jahrhunderthälfte vorläufig erprobt worden oder umkämpft gewesen, ehe sie sich als auf Dauer gestellte Interimslösung in der zweiten Jahrhunderthälfte mehr oder weniger überzeugend bewähren konnten. Die Gesichtspunkte ließen sich vermehren – allenthalben griffen Reformation und Konfessionalisierung ineinander, gab es die eine nicht ohne die andere. Das läßt es berechtigt erscheinen, die Konfessionalisierung als zweite, der Reformation folgende Etappe innerhalb der Epoche der Frühen Neuzeit zu verstehen.

Reformation und Spätmittelalter – Kontinuitäten

In der Reformationszeit lebte freilich vieles dessen fort, was dem späten Mittelalter sein spezifisches Gepräge gegeben hatte. Einige wesentliche Aspekte und Erscheinungsformen der Reformation sind ohne die religiösen, mentalen, sozialen und politischen Voraussetzungen des späten 15. Jahrhunderts nicht zu verstehen. Ohne das deutlich vor der Reformation einsetzende Interesse an volkssprachlichen Bibeln in Deutschland etwa (s. u. S. 90) bliebe unverständlich, warum die in der Reformation erhobene Forderung nach der Bibellektüre der Laien und der normativen Vorrangstellung der Heiligen Schrift gegenüber jeder anderen Wahrheitsinstanz so rasante Verbreitung finden und so zündende Plausibilität entfalten konnte.[14] Ohne das deutlich gewachsene Interesse an volkssprachlicher Predigt und ihre Konzentration auf Fragen der Buße und Rechtfertigung,[15] ohne die explosionsartige Zunahme in der Produktion von primär für städtische Leser aus dem Laienstand bestimmte Frömmigkeits- und Erbauungsliteratur[16] und ohne die Etablierung städtischer Prädikaturen für überdurchschnittlich gebildete Prediger, die die Kanzelrede in einer den gewachsenen Bildungsbedürfnissen des städtischen Bürgertums entsprechenden Form zu praktizieren vermochten, wären die raschen Erfolge reformatorischer Predigt und Publizistik kaum verständlich. Ohne die gezielte agitatorische Aufnahme vorreformatorischer antirömischer und antipäpstlicher Kirchenkritik und die Aneignung konziliaristischer Theorien und Konzepte durch reformatorische Akteure wäre die Durchschlagskraft, die Luther etwa mit seiner Schrift *An den christlichen Adel deutscher Nation* (1520; s. u. S. 271-274) erreichte, kaum nachvollziehbar. Ohne die bereits im 15. Jahrhundert zum Teil weit fortgeschrittenen Versuche deutscher Territorialfürsten, das Kirchenwesen in ihren Herrschaftsgebieten unter ihre Kontrolle zu bringen und ein ›landesherrliches Kirchenregiment‹ aufzurichten,[17] oder der städtischen Magistrate, die Einflüsse der bischöflichen Ordinarien und ihrer Fiskale, das heißt ihrer Rechtsvertreter, zurückzudrängen, deren Gerichtsbarkeit zu domestizieren und ihrer kommunalen Sozialgemeinschaft zu integrieren,[18] blieben die zügig einsetzenden territorialen Reformationsprozesse weitestgehend unverständlich. In bezug auf die massenmedialen Kommunikationsmittel in Gestalt von Druckschriften, Flugblättern, didaktischen Bildmedien usw. konnten die Akteure der frühreformatorischen Publizistik an logistische, infrastrukturelle und künstlerische Erfahrungen und Strategien anknüpfen oder sich diese zunutze machen, ohne die die enorme Medienmaschinerie, die die frühe Reformationsbewegung begleitete und auch ermöglichte, nicht denkbar gewesen wäre. Nicht zuletzt in bezug auf die theologische Deutung und religionspraktische Behandlung der jüdischen wie der ›türkischen‹ Religion lassen sich gezielte Rückgriffe reformatorischer Autoren auf vorreformatorische Deutungstraditionen und Revitalisierungen mittelalterlicher Textbestände nachweisen.[19]

So lebte die Reformation von – und entstand unter – Voraussetzungen, die sie nicht selber geschaffen hatte. Dies dürfte nicht zuletzt von den religiösen Dispositionen gelten; ohne die Heilsfragen, -sehnsüchte und -ängste, ohne die eingeprägten religiösen Praktiken des Bußinstituts, des Stiftungswesens, der geistlichen Spiele, der Wallfahrten, des lebensregulierenden Ethos, der Sterbefürsorge usw. wären die Antworten, Anfragen und Angriffe der Reformatoren unverständlich und wirkungslos geblieben. Läßt es die hier nur angedeutete, im weiteren Fortgang der Darstellung (siehe Teil I, Kapitel 1) gründlich aufzuweisende rückwärtige Bezogenheit der Reformation auf das Spätmittelalter nicht geraten erscheinen, die Kontinuitätslinien deutlich herauszustreichen und gegenüber den Vorstellungen eines Umbruchs oder eines ›Systembruchs‹,[20] einer historischen ›Wetterscheide‹ zwischen Spätmittelalter und Reformation also, zurückhaltend zu sein oder sie gar zurückzuweisen?

Reformation und Spätmittelalter – Diskontinuitäten

Diese Frage kann nur behutsam abwägend beantwortet werden. Auch wer die Kontinuitätslinien akzentuiert, wird die Momente der Diskontinuität nicht bestreiten können – und umgekehrt. Für die in diesem Buch vorgenommene Gewichtung zugunsten der Diskontinuität – sie allein rechtfertigt es, den historiographischen Begriff der Reformation auch weiterhin zu verwenden und das mit ihr Bezeichnete nicht einer spätmittelalterlich-frühneuzeitlichen Ära der Reform zuzuschreiben! – sind nicht allein Bindungen des evangelischen Kirchenhistorikers an die historiographischen Traditionen seines Faches und der Umstand, daß ›die Reformation‹ nun einmal ein ›Erinnerungsort‹ der deutschen Geschichte ist,[21] verantwortlich, obschon dies zu leugnen töricht oder unaufrichtig wäre. Für die Diskontinuitätsperspektive spricht meines Erachtens ganz entschieden, daß sowohl die Protagonisten der Reformation als auch ihre altgläubigen Gegner, die Agenten der ›Gegenreformation‹,[22] darin übereinstimmten, daß die Trennung zwischen der ›Papst-‹ und der ›Ketzerkirche‹ in ihrer Wahrnehmung von einer Tiefe und Abgründigkeit und die wechselseitigen Verwerfungen von einer Unversöhnlichkeit waren, daß sie eine einheitliche Geschichte der einen lateineuropäischen Kirche an ihr vorläufiges oder endgültiges

Ende gekommen sahen. Zwar hatte es auch in der böhmischen ›Reformation‹ die Verselbständigung eines nationalen partikularen Kirchentums gegeben, dessen man sich seitens der Reformatoren erinnerte und das wohl sogar zeitweilig als Vorbild für eigene programmatische Vorstellungen einer deutschen Nationalkirche fungiert hatte. Doch das quantitative Ausmaß der Abweichung von Rom, die Entschiedenheit und die Konsistenz des theologischen Widerspruchs und die Stabilität des politischen Rückhaltes, der die deutsche Reformation kennzeichnete, schließlich die Intensität der europäischen Ausstrahlung wiesen über alle Verselbständigungstendenzen der vorangehenden abendländischen Ketzergeschichte hinaus. Mit der Reformation gingen weite europäische Landschaften in papstfreie, von der Bindungskraft des kanonischen Rechts und der römischen Rechtsprechung unabhängige Kirchentümer über. Einen vergleichbaren institutions-, organisations- und kirchenrechtsgeschichtlichen Auflösungsprozeß hatte die lateineuropäische *christianitas* bisher nicht gekannt.

Auch noch andere Aspekte lassen es gerechtfertigt erscheinen, die Diskontinuität der Reformation gegenüber dem späten Mittelalter, das ›Nicht-mehr-Mittelalterliche‹ der Reformation, zu betonen. Mit und durch die Reformation kamen eine Theologie und eine mit dieser korrespondierende Frömmigkeitspraxis zur Vorherrschaft, die das Heil des Menschen auf das persönliche Gottesverhältnis, auf den Glauben, gründete. Auch wenn diese Position ihre Wurzeln in Tendenzen spätmittelalterlicher Frömmigkeitstheologie gehabt haben mag – die Radikalität, die Allgemeinheit und die Ausschließlichkeit, mit der sie in der Reformation in den Vordergrund trat, veränderten das Verhältnis des frommen Menschen zur Kirche grundlegend. Die Kirche diente nicht mehr als institutionelles Unterpfand des Heilserwerbs, sondern als Raum der persönlichen Begegnung mit dem Wort Gottes und der Gemeinschaft der Glaubenden. In der Reformationszeit vollzog sich sodann ein durch die Druckproduktion des späten Mittelalters mannigfach vorbereiteter, doch erst seit 1519/20 in seinen Möglichkeiten und seiner Brisanz schlagartig hervortretender kommunikationsgeschichtlicher Umbruch, der in der Forschung mit Formeln wie der von der »Entstehung der reformatorischen Öffentlichkeit«, dem reformatorischen »Kommunikationsprozeß« oder dem »Medienereignis« Reformation bezeichnet worden ist.[23] Niemals zuvor jedenfalls waren in so kurzer Zeit so viele verschiedene Schriften geschrieben und gedruckt, so unterschiedliche Autoren, bald auch aus dem Laienstand, zur Parteinahme für die ›Sache Luthers‹ und seiner Anhänger mobilisiert und in so rascher Zeit relativ homogene Meinungen und Überzeugungen über so weit gestreute Regionen vor allem des deutschen Sprachgebietes transportiert worden wie in der frühen Reformationszeit.

Mit der theologischen Bestreitung der für die ältere Kirchengeschichte in rechtlicher, sozialer und mentalitätsgeschichtlicher Hinsicht grundlegenden Unterscheidung zweier *genera christianorum*,[24] zweier »Arten von Christen«, der Kleriker und der Laien, ging schließlich seit der Frühzeit der Reformation ein historisch analogieloser Aktivitätsschub der Laien einher, der in unterschiedlichen Zusammenhängen zu einem wichtigen Faktor der kirchlichen Veränderungsprozesse wurde. Dadurch, daß die Laien aufgrund des Priestertums aller Gläubigen zu eigener theologischer Urteilsbildung ermächtigt und mittels volkssprachlicher Bibelausgaben befähigt wurden oder doch werden sollten, wuchs ihnen prinzipiell ein Maß an kirchlicher Mitgestaltung zu, wie es vor der Reformation weithin undenkbar gewesen war. Freilich divergierten die Partizipationsmöglichkeiten der Laien faktisch zwischen den verschiedenen Ständen erheblich, ja wurden nach dem Bauernkrieg auch von den protestantischen Obrigkeiten eingeschränkt oder doch mit Argwohn betrachtet. Damit aber, daß den politisch führenden Laien, den städtischen Magistraten und den Reichsfürsten, im Zuge der Reformation das Recht zufiel, als »hervorragende Glieder der Kirche« *(praecipua membra ecclesiae)* selbst über die Lehre zu urteilen und zu entscheiden, schuf die Reformation reguläre, rechtlich verbürgte laikale Einflußmöglichkeiten, die die mittelalterliche Kirche nicht gekannt hatte.

Die drastische Reduktion des geistlichen Personals, die mit der Abschaffung des Mönchtums, der Auflösung des Stiftungswesens und des damit zusammenhängenden Pfründensystems verbunden war, und die Einrichtung des vollständig in die bürgerliche Lebenswelt integrierten Pfarramtes als des einzigen geistlichen Amtes stellen gleichfalls einen sozial- und mentalitätsgeschichtlich tiefgreifenden Umbruch dar. Der verheiratete evangelische Pfarrer übte ein funktional definiertes Gemeindeamt aus und verfügte als Person über keinen theologisch definierten und durch die Priesterweihe verbürgten sakralen Status mehr. Seine Amtsbeziehung zur Gemeinde war primär über Schriftauslegung und Sakramentsverwaltung vermittelt und sollte stärker lehrhafte Züge tragen als die seines vorreformatorischen Vorgängers. Auch wenn aus der Sicht der Gläubigen die Unterschiede vielfach als weniger gravierend empfunden worden sein mögen, da in nicht wenigen Fällen die schon vorhandenen Priester in ihrem Amt verblieben – freilich häufig, nachdem sie geheiratet beziehungsweise ihre Konkubinate nun legitimiert hatten –: Aus der Sicht der Theologen war der ordinierte evangelische Pastor etwas ganz anderes als ein geweihter Priester.

Auch in bezug auf den religiös-haptischen Umgang mit sakralen Gegenständen, etwa Reliquien, Hostien, Bildern, Amuletten usw., markierte die Reformation einen mehr oder weniger vollständigen Bruch mit dem Herkommen. Wallfahrten, heilige Stätten und auratische Objekte im traditionellen Sinne, auch die so unendlich wichtig gewordenen Heiligen, kannte sie nicht mehr und löste insofern einen immensen Entsakralisierungs-, vielleicht gar Rationalisierungsschub aus. Die Zentrierung reformatorischer Theologie und Frömmigkeit auf die Bibel, das in ihr und in der Predigt begegnende Wort und auf den versöhnenden Christus, der nun seine Mutter Maria gänzlich überstrahlte und ihrer Verehrung klare Grenzen setzte, bedeutete doch einen so tiefen Einschnitt, daß die Rückverweise auf einzelne parallele Phänomene und Vorformen oder vergleichbare Tendenzen der Frömmigkeit des späten Mittelalters demgegenüber nicht wirklich ins Gewicht fallen. Mit einer Schärfe, Brutalität und Selbstverständlichkeit, wie es in der Reformation üblich wurde, waren jedenfalls bisher weder der Heiligenhimmel gestürmt und geplündert noch Maria degradiert oder die heiligen Objekte entsakralisiert worden. Da, wo die Reformation siegreich wurde, starben wesentliche Elemente und Erscheinungsweisen mittelalterlicher Frömmigkeitskultur und Kirchlichkeit mehr oder weniger zügig ab, und was in bescheidenen Überbleibseln als volksfrommes Brauchtum oder evangelisches Klosterwesen[25] überlebte, war weniger als der Hauch ehemaligen Sinns. Wo die Reformation vordrang, kam die Kirchengeschichte des Mittelalters in wesentlichen ihrer Erscheinungen an ein Ende.

Die Reformation als deutsches und europäisches Ereignis

Seit Leopold von Ranke ist die Reformationsgeschichte ein klassisches Thema der nationalen deutschen Geschichtsschreibung. Die tiefe Verwurzelung in nationalen Selbstbeschreibungen geht freilich bereits in die Geschichte des frühneuzeitlichen Luthertums zurück, wie überhaupt der nationale Diskurs in Deutschland zunächst ganz wesentlich von protestantischen Autoren bestimmt worden ist.[26] Die ideologischen Instrumentalisierungen der Reformation im Kontext nationalprotestantischer Geschichtspolitik sind in ihrer Fragwürdigkeit so evident,[27] daß jede nationalistische Emphase bei der Beschreibung eines ›deutschen Ereignisses‹ Reformation problematisch erscheinen muß. Wäre es deshalb nicht geradezu überfällig, ja zwingend, die Sicht auf das Phänomen Reformation konsequent zu europäisieren und damit jedem deutschen Provinzialismus den im Horizont postnationaler und postkolonialer Historiographie geschichtspolitisch korrekten ›Laufpaß‹ zu geben?

Die vorliegende Darstellung wird in der Tat immer dann, aber auch nur dann, wenn die europäischen Bezüge zum Verständnis der historischen Zusammenhänge unverzichtbar sind, auf diese eingehen. Angesichts dessen, daß das Oberhaupt des

Heiligen Römischen Reichs deutscher Nation in den entscheidenden Phasen der Reformationsgeschichte, Kaiser Karl V. (reg. 1520-56), ein Monarch von europäischem, ja weltpolitischem Format war und außenpolitische Belange auf seine Religionspolitik im Reich notorisch einwirkten, sind die internationalen Zusammenhänge selbstverständlich von zentraler Bedeutung. Auch die vielen direkten oder indirekten Kontakte, die die führenden Reformatoren des deutschsprachigen Raums zu Gelehrten und zu religiösen Gruppen der europäischen Nachbarländer unterhielten, wirkten zeitweilig bestimmend auf die Reformationsprozesse im Alten Reich und in der Eidgenossenschaft ein. Gleichwohl ist es meines Erachtens sachgerecht, die Reformationsgeschichte Deutschlands ins Zentrum einer eigenen Darstellung zu rücken, zum einen, weil die Reformation hier begann, unter den spezifischen politischen und verfassungsrechtlichen Gegebenheiten des Alten Reichs ein spezifisches Profil erhielt und einen gegenüber anderen europäischen Ländern charakteristisch verschiedenen Verlauf nahm, und zum anderen, weil sie nicht zuletzt aufgrund der zentralen Rolle der volkssprachlichen Publizistik einen spezifischen kulturellen Zusammenhang bildete und einige der führenden Protagonisten der Reformation der Kirche im politischen und kulturellen Raum der ›deutschen Nation‹ eine besondere, jedenfalls eine prioritäre Bedeutung beimaßen.

Manche gegenüber bisherigen Gesamtdarstellungen der Reformationsgeschichte Deutschlands eigenwillig anmutende Gewichtung ergibt sich aus meinem Interesse an geschichtlichen Akteuren, Individuen, kleineren und größeren, öffentlichen und heimlichen Gruppen und politischen Ordnungsmächten. Was bedeutete ihnen, wie deuteten sie die christliche Religion im Kontext ihrer sozialen und mentalen Welt? Wie verhielten sich reflexive Interpretationsgestalten der Religion – also Theologien – zur kulturellen und politischen Praxis? Wo immer es möglich und mit Rücksicht auf ein Gesamtbild vertretbar oder gar unverzichtbar schien, wurde der Nähe zu den Quellen gegenüber makrohistorischen Perspektiven der Vorzug gegeben.

Freilich hat die Darstellung selbst plausibel zu machen, inwiefern dieser Weg sinnvoll ist. Auch wenn sich die Reformansprüche und kirchenkritischen Impulse der Reformatoren auf die universale Kirche Roms bezogen und insofern an der Katholizität jenes Kirchentums, gegen das sie sich wandten, partizipierten – ihre historisch primäre Verwirklichung fand die Reformation in einzelnen Städten oder Territorien des Alten Reichs, denen es gelang, ihre Eingriffe in das bestehende Kirchentum politisch hinreichend abzusichern. *Die* Reformation gibt es insofern nur als den Zusammenhang diverser städtischer und territorialer Reformationen. Als diesen aber gibt es sie.

TEIL I
DIE VORAUSSETZUNGEN DER REFORMATION

Grund und Anlaß, Verlauf und Struktur der Reformation sind nicht unmittelbar aus ihrer Vorgeschichte ableitbar. Nachdrückliche Vorbehalte sind gegenüber einem wirkungsreichen protestantischen Interpretationsmuster anzumelden, das in einem ›krisenhaften Verfall‹ von Kirche und Gesellschaft am ›Vorabend‹ der Reformation die entscheidende Ursache dafür sah, daß es mehr oder weniger zwangsläufig zu einem ›Aufstand des Gewissens‹ gegen die allgegenwärtige Dekadenz eines von lüsternen Mordbuben auf dem renaissance-verschönten Thron Petri geleiteten Kirchentums kommen mußte. Durch die intensiven Forschungsarbeiten nunmehr dreier Generationen muß die nach dem Zusammenhang von Ursache und Wirkung strukturierte Verhältnisbestimmung von zwielichtig-verkommenem Spätmittelalter dort und lichtvoller Reformation hier als wissenschaftlich obsolet gelten. Denn zum einen sind formalistische Schematisierungen nach dem Ursache-Wirkungs-Muster im allgemeinen schwerlich imstande, historische Veränderungsschübe und die ihnen innewohnenden Eigendynamiken zu beschreiben. Zum anderen widerspricht die letztlich in Wertungen der zeitgenössischen Protagonisten der Reformation wurzelnde vereinfachende Gegenüberstellung von Verfall und Reform, Niedergang und Aufstieg den differenzierten Beobachtungen, die sich einem um Unvoreingenommenheit bemühten Blick auf das 15. und frühe 16. Jahrhundert aufdrängen, in vielfältiger Weise.

Die dekadenztheoretische Sicht auf das Spätmittelalter ist als Folge apologetisch-polemischer Selbstbehauptungsstrategien der Reformatoren und ihrer Nachfolger zu verstehen; wie viele Reformer vor oder nach ihnen auch begründeten die Reformatoren ihre am Maßstab des Alten, Ehrwürdigen und Ursprünglichen ausgewiesenen Neuerungen und Veränderungen mit dem Verfall, der sie notwendig gemacht habe. Doch theologisch-politische Programmtexte vom Schlage der Schrift Luthers *An den christlichen Adel deutscher Nation von des christlichen Standes Besserung* (1520) taugen als Rekonstruktionsgrundlage der kirchlichen und gesellschaftlichen Verhältnisse ihrer Zeit nur, wenn man ihren polemisch-agitatorischen Charakter wahrnimmt. ›Neuerer‹ müssen sich üblicherweise verteidigen, und sie pflegen dies damit zu tun, daß sie die Kriterien ihrer ›Reformen‹ im Bereich des normativ Unbestreitbaren, für alle Beteiligten Gültigen verankern und die Notwendigkeit ihrer Neuerungen daraus begründen, daß es einfach nicht mehr so weitergehen konnte. Nach »Ursachen der Reformation«[1] zu fragen bedeutet also implizit, den Kampf der Reformatoren um die Legitimität und die Notwendigkeit der Reformation mit historiographiepolitischen Mitteln fortzusetzen.

Dieser Weg soll hier nicht beschritten werden. Vielmehr gilt es, nach Bedingungen und Voraussetzungen zu fragen, die die Reformation möglich und ihren Verlauf und ihre Struktur in ihrer Zeit plausibel gemacht haben. Manchen dieser Bedingungen und Voraussetzungen kam eine zentrale, dauerhaft prägende Bedeutung zu; anderen ist eine eher begleitende oder phasenweise begünstigende Rolle zuzuschreiben. Da die Reformation ein das gesamte Kirchen- und Gesellschaftswesen des 16. Jahrhunderts mehr oder weniger intensiv berührender Sachverhalt war, sind auch ihre Bedingungen und Voraussetzungen auf allen relevanten Ebenen zu identifizieren: auf den *gesellschaftlichen* und *politischen*, den *kirchen-*, *frömmigkeits-* und *theologiegeschichtlichen*, den *kultur-*, *bildungs-* und *kommunikationsgeschichtlichen* Feldern der Zeit.

KAPITEL 1
GESELLSCHAFTLICHE UND POLITISCHE VORAUSSETZUNGEN DER REFORMATION

DAS REICH ZUR ZEIT KAISER MAXIMILIANS I.

Der Regierungszeit Kaiser Maximilians I. (1493-1519), der seit 1486 als römischer König *(rex populorum romanorum)* Mitregent seines Vaters Friedrich III. war, kommt für die Reformationsgeschichte Deutschlands eine zentrale Bedeutung zu, und zwar in doppelter Hinsicht: Zum einen begründete Maximilian durch seine Heirats- und Hausmachtpolitik jenes Universalreich der Habsburger, das sein Enkel Karl V. regieren sollte (siehe Abb. 1); die Geschicke des Reichs bestimmten das Verhalten der Habsburger als Gegenspieler der Reformation. Zum anderen betrieb und erreichte Maximilian eine Konsolidierung seiner Herrschaft und des politisch-rechtlichen Institutionengefüges im Reich; sie bildeten die Voraussetzung für die politische Regulierung der Religionsfrage auf Reichsebene.

Heiratspolitik und internationale Verflechtungen

Durch seine Heirat mit Maria (gest. 1482), der Tochter Karls des Kühnen und Erbin von Burgund (1477), erwarb Maximilian Herrschaftsansprüche in der Freigrafschaft, die langwierige Konflikte mit der konkurrierenden französischen Krone begründeten und ihm schließlich die Anbindung der städtereichen und ökonomisch florierenden niederländischen Territorien eintrugen. In Tirol und den Vorlanden sicherte Maximilian dem Hause Habsburg Besitzungen, denen wegen der Edelmetallvorkommen eine wichtige Bedeutung bei der Stabi-

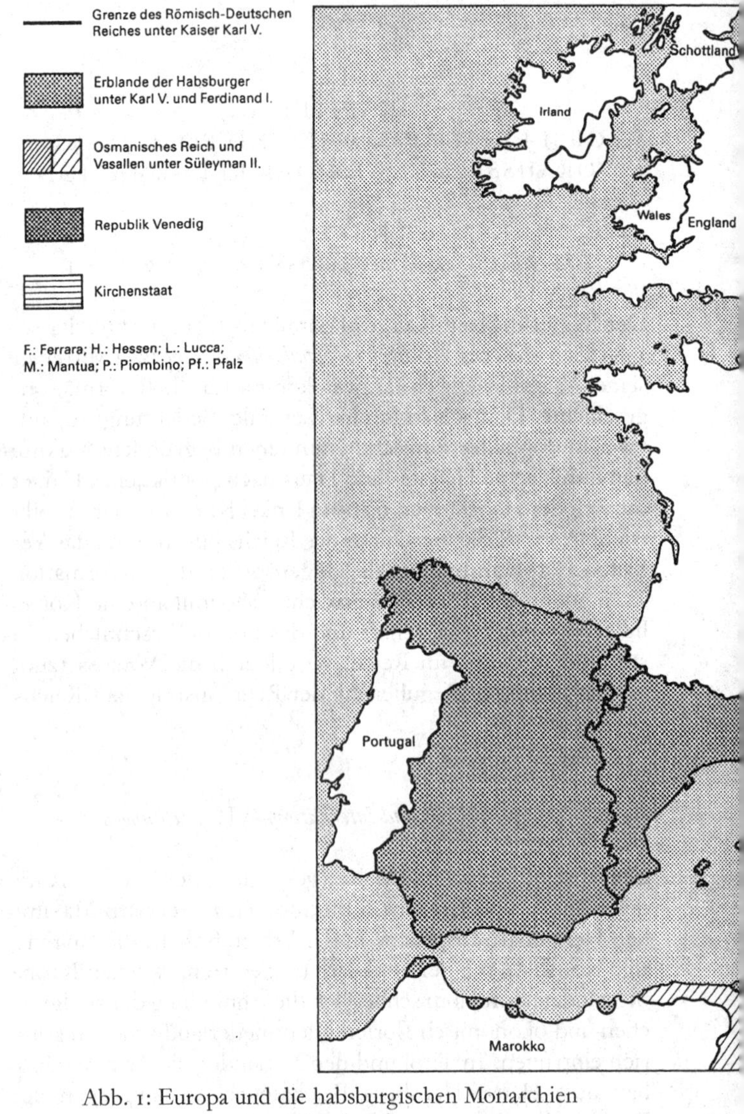

Abb. 1: Europa und die habsburgischen Monarchien im 16. Jahrhundert

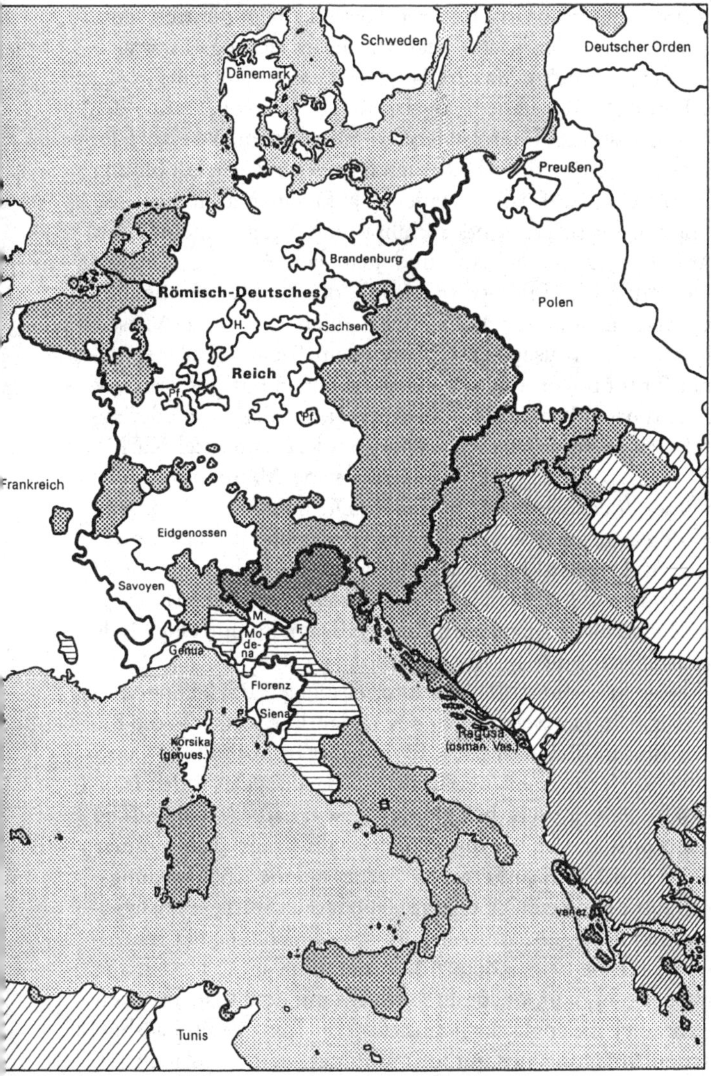
Schweden
Deutscher Orden
Dänemark
Preußen
Brandenburg
Römisch-Deutsches
Reich
Polen
H.
Sachsen
Pf.
Pf.
Frankreich
Eidgenossen
Savoyen
M.
Mo-
de-
na
F.
Genua
Florenz
Siena
Korsika
(genues.)
Ragusa
(osman. Vas.)
Tunis

lisierung seiner notorisch leeren Kassen zukam. Durch seine zweite Ehe mit der Tochter des Mailänder Herzogs Ludovico Sforza (1494) suchte Maximilian, freilich mit mäßigem Erfolg, die Bindung Oberitaliens an das Reich zu festigen. Aus der antifranzösischen Interessenkoalition mit Spanien heraus, die insbesondere der Abwehr beziehungsweise Zurückdrängung französischer Einflüsse in Italien galt, fädelte Maximilian eine Doppelheirat seiner Kinder Philipp und Margarethe mit den spanischen Infanten Juana und Juan ein. Aus der 1479 geschlossenen Ehe Philipps mit Juana, der Tochter Ferdinands von Aragon und Isabellas von Kastilien, ging Karl V., seit 1519 deutscher Kaiser, hervor. Nach dem Tod möglicher spanischer Thronfolger, die vor Juana erbberechtigt gewesen wären, und nach dem Ableben Philipps (1506), der das niederländische Erbe des Hauses Habsburg regiert hatte, fiel Karl V. auch das spanische Erbe zu; denn seine Mutter war mehr und mehr dem Wahnsinn verfallen. Die noch unter Maximilians Regie geschlossene habsburgisch-jagiellonische Doppelehe zwischen Ferdinand und Maria auf der Habsburger Seite und Anna und Ludwig aus dem böhmisch-ungarischen Königsgeschlecht führte später zum Erwerb Böhmens und eines Teils Ungarns (1526) durch seine Dynastie.

Einige Strukturachsen der internationalen Beziehungen in der europäischen Staatenwelt des 16. Jahrhunderts, die die Reformation im Reich direkt oder indirekt beeinflußten, waren in der Regierungszeit Maximilians I. grundgelegt: der französisch-habsburgische beziehungsweise französisch-spanische Dauerkonflikt, der bis zum Frieden von Crépy (1544) immer wieder militärisch ausgetragen wurde und die Entscheidungsspielräume des Reichsoberhaupts mehr oder weniger entscheidend definierte. Die antihabsburgische Gesinnung der französischen Krone begründete Allianzen, die Karl V. regelmäßig zur Belastung wurden, unter anderem mit dem Osmanischen Reich. Auch die englische Politik war vom französisch-habsburgischen Antagonismus mitbestimmt; nachdem Heinrich VIII. (reg. 1509-47) Karl V. anfänglich unterstützt hatte, agierte er nach dem Bruch mit Rom, der zur Errichtung der anglikanischen Staatskirche (1531-34) führte, zugunsten Frankreichs.

Die internationalen Konstellationen nötigten Karl V. je und je zu Kompromissen mit den ›protestierenden‹, sich der Reformation öffnenden deutschen Reichsständen, die eine sukzessive Konsolidierung der Reformation mit sich brachten. Immer wieder belasteten habsburgische Ansprüche in Italien, die seit Maximilians Tagen ungesichert waren, das Verhältnis zum Papsttum, das seine Interessen als italienische Territorialmacht zu wahren hatte. Um den Zusammenhalt zwischen den auseinanderstrebenden Linien des Hauses Habsburg, der spanischen und der österreichischen, zu erhalten, waren Kompromisse und Abstimmungen mit den Geschwistern und der übrigen Dynastie unvermeidlich. Die gewaltige Macht, die in Karls V. Händen konzentriert schien, nährte auf vielen Seiten Befürchtungen vor seinem Übergewicht, und nicht zuletzt die Eroberungen der spanischen Krone in Übersee und der Zustrom amerikanischen Goldes bildeten agitatorisch mühelos verwertbare Anlässe, diesem mächtigsten Herrscher, den das Abendland je gesehen hatte, notorisch zu mißtrauen. Die sich aus der Überspanntheit der Maximilianeischen Ambitionen ergebenden strukturellen politischen Bedingungen, unter denen die Regierung dieses wichtigsten Herrschers der Reformationszeit stand, begünstigten am Ende den Erfolg der Reformation entscheidend.

Die Maximilianeische Reichsreform

Mit Kaiser Maximilians Namen verbindet sich sodann der Versuch einer Reform des politisch-rechtlichen Systems des Alten Reichs, kurz: die sogenannte Reichsreform, die mit dem ersten Reichstag seiner Regierungszeit in Worms (1495) einsetzte. Die die Forschung seit geraumer Zeit bewegenden Fragen, ob man es bei der Maximilianeischen Reichsreform mit einem verfassungspolitisch konservierenden oder einem die frühmoderne Staatlichkeit des Reiches ›verdichtenden‹ und befördernden, insofern modernisierenden Sachverhalt zu tun habe[1] und ob sie durch formale Organisationsmomente oder durch personale, kommunikative und symbolische Interaktionen zur Wirkung gelangte, sind nur außerhalb des engeren historischen Rahmens der Reformationsgeschichte zu beantworten. Freilich zeigte sich, daß die soeben erst etablierten Institutionen des Reiches im Zuge der Reformation einer enormen Bewährungsprobe ausgesetzt wurden. Insofern trug die Reformation indirekt erheblich dazu bei, daß sich das Reich als System der Friedenswahrung und der rechtlichen Austragung von Konflikten über den Spannungen, die es zu bewältigen hatte, konsolidierte. Einem umfassenden konzeptionellen Plan freilich folgte die sogenannte Reichsreform nicht. Vielmehr galt es, pragmatisch tragfähige Lösungen angesichts bestehender Probleme zu finden beziehungsweise zwischen den beteiligten Ständen auszuhandeln.

›Das Reich‹ – das war seinem geschichtstheologischen Anspruch nach die maßgebliche politische Organisationsgestalt der *christianitas* in der Nachfolge des Imperium Romanum und insofern das letzte der vier Weltreiche des Danielbuches (Dan 2; 7). Im sakralen Glanz der Reichsrituale, der festlichen Belehnungen durch den Kaiser, der Eröffnungsmessen, der Präsentation der Reichskleinodien, der Aufzüge und streng hierarchisch geordneten Inszenierungen seiner Repräsentanten blieb die heilsgeschichtliche Bedeutung des Reiches präsent. ›Das Reich‹ – das war seiner politischen Wirklichkeit im 15. Jahrhundert nach ein Zusammenschluß unterschiedlicher Glieder unter einem Oberhaupt, dem Kaiser, dem sie durch ein Treueverhältnis verbunden waren. Die räumliche und politische Nähe zum Kaiser, der seit Maximilians Vater Friedrich III. (1439-42) durchweg aus dem Hause Habsburg stammte, war gleichbedeutend mit der Nähe zum Reich; insofern waren Nord- und Mitteldeutschland ›reichsferner‹ als Oberdeutschland und blieben es auch während der Reformationszeit.

Den personellen und institutionellen Kristallisationskern des Reiches bildeten nach Maßgabe der *Goldenen Bulle* Kaiser Karls IV. (reg. 1346-78) von 1356 die sieben mit dem Recht der Kur, das heißt der Wahl des Kaisers, ausgestatteten *Kurfür-*

sten. Sie galten als die ›Säulen des Reiches‹ und bildeten neben dem Kaiser seine körperschaftliche Repräsentation. Das Kurkollegium bestand aus den drei geistlichen Kurfürsten, den Erzbischöfen von Mainz, Trier und Köln, und den vier weltlichen Kurfürsten, dem König von Böhmen, dem Pfalzgrafen bei Rhein, dem Herzog von Sachsen und dem Markgrafen von Brandenburg. Das politische Gewicht, das Luthers Landesherr, der Herzog des ernestinischen Sachsens, als Kurfürst auf der Ebene des Reiches besaß, war für den Erfolg der Reformation von einer schwerlich zu überschätzenden Bedeutung.

Die forcierte institutionelle »Verdichtung«,[2] die das Reich in der Regierungszeit Kaiser Maximilians erfuhr, suchte eine Reihe struktureller und politischer Krisen und Konflikte zu lösen. Die vor allem vom oberdeutschen Städtewesen des späten Mittelalters ausgehende ökonomische Dynamik, die mit technischen Fortschritten im Bergbau, im Metall- und Textilgewerbe elementar verbunden war, beflügelte die Ausbreitung der Geldwirtschaft und schuf handelskapitalistisch vernetzte Marktstrukturen. Militärtechnische und fortifikatorische Entwicklungen trugen dazu bei, das Militärwesen zu ökonomisieren, also Söldnerheere zu verpflichten und damit dem Rittertum des rüstungsbewehrten niederen Adels seine Existenzberechtigung zu rauben. Die im 15. Jahrhundert einsetzende und während des 16. Jahrhunderts dynamisierte Rezeption des spätantiken römischen Kaiserrechts trug zur sukzessiven Vereinheitlichung der Rechtsverhältnisse im Reich bei, brachte aber zugleich eine Professionalisierung des Rechts mit sich. Die gelehrten Juristen wurden nun unverzichtbar und verdrängten den nicht durch gelehrtes Wissen, sondern durch Herkunft ausgezeichneten Adel aus seinen höfischen Positionen. Die Abstiegs- und Verelendungsängste des niederen Adels, der Ritterschaft, die ein verklärend-rückwärtsgewandtes Bild eigener Größe konservierte, bildeten ein Ferment der Unruhe im Reich und begründeten spätere Affinitäten zur Reformation. Im ausgehenden 15. Jahrhundert aber äußerten sich die sozio-ökonomischen und politischen Gewichtsverschiebungen zugunsten der florierenden Handelsstädte und der großen Landschaften, die Bergwerke besaßen und Juristen in ihre Dienste nahmen, in einer wachsenden Gewaltbereitschaft des niederen Adels; denn er bediente sich des Fehdewesens, um eigene Interessen durchzusetzen, und er konnte daran nicht gehindert werden, da es ein System der Kontrolle und der Friedenswahrung zunächst nicht gab.

Die Wormser Reichsversammlung von 1495

Sowohl der Begriff ›Heiliges Römisches Reich deutscher Nation‹ als auch der Terminus ›Reichstag‹ sind erstmals belegt im Zusammenhang der ungemein großen, mit neuartiger medialer Intensität, durch Flugblätter und Flugschriften vorbereiteten Wormser Reichsversammlung von 1495, der ersten nach dem Regierungsantritt Maximilians I. Dieser semantische Befund verdeutlicht, daß von ihr ein prägender politischer Institutionalisierungsschub der sich zusehends als eigene ›Nation‹ empfindenden Reichsstände unter dem einen kaiserlichen Oberhaupt ausging. Der Kaiser brauchte von den Ständen Geld für die Finanzierung diverser militärischer Unternehmungen, insbesondere der Abwehr der immer weiter nach Südosteuropa vordringenden Osmanen (s. u. S. 365-367) und der Zurückdrängung des französischen Königs aus Reichsitalien. Den Ständen lag an einer dauerhaften Lösung struktureller Probleme, insbesondere auf dem Gebiet der ›inneren Sicherheit‹ und der verstetigten Beteiligung an der Herrschaft im Reich. Der sich 1495 abzeichnende Ausgleich ständischer und kaiserlicher Interessen mittels institutioneller und verfahrensrechtlicher Kompromißlösungen sollte die spezifische Gestalt deutscher Staatlichkeit der Vormoderne fortan prägen: Gemeinsame Belange der Reichsstände fanden im Kaiser und in den Institutionen des Reiches ihre staatliche Gestalt; die primäre Ausbildung von Staatlichkeit im Sinne eines verwaltungstechnischen und rechtlich-politisch integrierten Zusammenhangs hatte in den Territorialstaaten ihren Ort. Die Komplementarität und Simultaneität nationaler und regionaler beziehungsweise lokaler Identitäten prägte die kulturelle und die politische Wirklichkeit in Deutschland tiefgreifend und nachhaltig. Im Zuge der Reformation verbanden sich diese Identitäten auf komplexe Weise mit dem Religiösen beziehungsweise Konfessionellen.

Eine der grundlegenden Entscheidungen des Wormser Reichstags von 1495 betraf die Aufrichtung eines *»Ewigen Landfriedens«*, das heißt eines dauerhaften, nicht, wie bisher üblich, befristeten Fehdeverbots für das gesamte Reichsgebiet. Damit war es fortan untersagt, eigenes Recht durch Gewaltanwendung durchzusetzen – ein elementarer Schritt auf dem Weg zur Etablierung eines staatlichen Gewaltmonopols, das seine Realisierung freilich primär im Rahmen der Territorialstaaten fand; denn eine starke Reichsexekutive gab es nicht, sie hätte auch den Interessen der Landesherren widersprochen.

Die zweite Neuerung, die sich aus der ersten beinahe zwangsläufig ergab, war der Aufbau einer Rechtsinstitution, die die Möglichkeit bot, in einem geregelten Verfahren Recht zu suchen: das *Reichskammergericht*. Dabei handelte es sich um eine ständisch dominierte Gerichtsbehörde, die zunächst an wechselnden Orten, seit 1527 dann dauerhaft in Speyer eingerichtet wurde und als erste Instanz für die reichsunmittelbaren Stände fungierte; auch für Fragen des Landfriedensbruchs in den mittelbaren Städten und Territorien sowie als oberste Appellationsinstanz des gesamten Rechtswesens war diese neuartige Institution zuständig. Durch das Reichskammergericht und dessen Rezeption des gelehrten römischen Rechts wurde nach und nach ein Professionalisierungs- und Vereinheitlichungsschub des Rechtswesens in Deutschland ausgelöst. Neben dem Reichskammergericht bildete der Kaiser in seiner traditionellen Funktion als oberster Richter des Reiches eine eigene Rechtsinstitution, den Reichshofrat, aus. Beide Gerichte bestanden nebeneinander, ohne daß ihre Kompetenzen klar voneinander abgegrenzt gewesen wären. Die Dualität dieser Rechtsinstitutionen spiegelt die duale Struktur der deutschen Staatlichkeit der Vormoderne wider und trug wesentlich dazu bei, rechtsförmige Verfahren der Austragung von Konflikten durchzusetzen. Dieser Verrechtlichungsschub, der in den Jahrzehnten vor der Reformation einsetzte, schuf die Möglichkeiten dazu, daß auch zahlreiche Konflikte, die während der Reformation aufbrachen, rechtlich kanalisiert und insofern entschärft werden konnten. Daß die enorme Eskalation religiöser Emotionen, die mit der Reformation verbunden war, zunächst nicht in einen katastrophalen Religionskrieg einmündete, wie ihn Frankreich jahrzehntelang erleben und erleiden sollte, dürfte auch den friedenstiftenden Potentialen der in der Maximilianeischen Zeit etablierten Rechtsinstitutionen geschuldet sein. Als Faktoren der Stabilisierung des Zusammenhalts des Reiches ist die Bedeutung der beiden Gerichte hoch zu veranschlagen.

Die dritte institutionelle Entscheidung des Reichstags von 1495 betraf die zunächst auf vier Jahre befristete Einführung einer allgemeinen *Reichssteuer*, des sogenannten ›Gemeinen Pfennigs‹. Er sollte der Finanzierung des Reichskammergerichts und der Türkenabwehr dienen und von jedem Einwohner des Reiches, der das 15. Lebensjahr vollendet hatte, erhoben werden. Die individuelle Höhe der – Männer und Frauen gleichermaßen betreffenden – Steuerlast war an dem jeweiligen Vermögen orientiert. Die Einsammlung der Steuern sollte über die Pfarreien erfolgen; ein mit diesem vergleichbares Netz landesherrlicher Administration gab es nicht. Faktisch scheiterte dieses Reformvorhaben an den Landesherren, die sich durch Reichsabgaben in ihren eigenen fiskalischen Interessen behindert sahen und danach trachteten, den Fluß der Reichssteuern zu kontrollieren. Ähnlich erging es dem *Reichsregiment*, einem von den Ständen besetzten Regierungsausschuß unter der Leitung des Reichserzkanzlers, des Mainzer Erzbischofs. Es existierte nur kurze Zeit (1500-1502) und scheiterte daran, daß die Reichsstände sich weigerten, eigene Regierungskompetenzen abzutreten.

Eine weitere Vereinbarung zwischen Kaiser und Reichsständen betraf die jährliche Zusammenkunft zu den *Reichstagen*. Diese wurden damit als wichtigste Bühne und Entscheidungsplattform der politischen Kommunikation im Reich etabliert und legitimiert. Als Austragungsorte der Reichstage, zu denen der Kaiser einlud, waren die etwa 65 Reichsstädte (s. u. S. 55 f.) vorgesehen. Die Stände berieten die vom Kaiser in einer Proposition festgesetzten Gegenstände in drei unterschiedlichen Kurien: der Kurfürsten-, der Fürsten- und der Städtekurie. Der Kaiser war von den Beratungen ausgeschlossen. Die Kurien trafen ihre Entscheidungen je für sich, in der Regel nach einem auf Konsensbildung abzielenden Verfahren. Zwischen Kurfürsten- und Fürstenkurie wurden die Beratungsergebnisse ausgetauscht und abgestimmt und der Städtekurie, in der die Reichsstädte vertreten waren, mitgeteilt. Die Fürstenkurien betrachteten die Entschließungen der Städtekurie in der Regel als unverbindliches Beratungsvotum. Das reichspolitische Gewicht der Städte, die zu den wichtigsten Kommunikations- und Aktionszentren der frühen Reformation werden sollten, stand in einem krassen Mißverhältnis zu ihren finanziellen Leistungen für das Reich und zu ihrer ökonomischen und kulturellen Bedeutung. In gemeinsamen interkurialen Ausschüssen wurden Entscheidungsgrundlagen erarbeitet, die der Verständigung mit dem Kaiser dienten. Beschlüsse des Reiches wurden als *Reichsabschiede* der Kaiser öffentlich verlesen, ratifiziert und im Druck verbreitet. Die Institutionalisierung der Verfahrensregelungen des Reiches bildete eine wesentliche Grundlage dafür, daß Reichsabschiede als verbindliches Reichsrecht angesehen wurden. Ihre Durchsetzung hing freilich entscheidend von der Exekutivgewalt der Landesherren ab. Für die Reformation wurde dies erstmals maßgeblich insofern, als sich einige Landesherren einer Durchsetzung beziehungsweise Veröffentlichung des antireformatorischen Reichsabschiedes von 1521, des Wormser Edikts gegen Luther und seine Anhänger (s. u. S. 298 f.), versagten. Mit den *Reichskreisen* – zunächst, seit 1500, sechs an der Zahl (fränkischer, schwäbischer, bayerischer, oberrheinischer, niederrheinisch-westfälischer und sächsischer), 1512 kamen vier weitere hinzu (österreichischer, burgundischer, kurrheinischer und obersächsischer) – wurde eine im Verlauf des 16. Jahrhunderts organisatorisch immer stärker verdichtete politische

Substruktur des Reiches geschaffen, die zum Teil wichtige Aufgaben der Landesverteidigung, der Einwerbung von Reichssteuern und der Durchsetzung von Reichsabschieden und Urteilen der Reichsgerichtsbarkeit übernahm.

Die spezifische Gestalt, die die politischen Verhältnisse in der Kindheit und Jugendzeit der späteren Reformatoren erhielten, die Verbindung von zentralisierenden und föderativen Elementen, von allgemeinen Grundsätzen oder Rechtsformen und partikularen Umsetzungen beziehungsweise Rezeptionen, stellen eine elementare Voraussetzung der Reformationsgeschichte dar. Die Bühne der Reichstage wurde zur wichtigsten Plattform der religionspolitischen Absicherung der Reformation und der überterritorialen Kommunikation zwischen reformatorischen Theologen, Fürsten und städtischen Politikern aus unterschiedlichen deutschen Landschaften. Die Schwäche der Reichsexekutive und die Stärke der Territorialstaaten und Städte, die begrenzte Macht des Kaisers und die schier unbegrenzte Vielfalt der Konflikte, in denen er sich zu bewegen hatte, bilden zentrale Voraussetzungen für den Erfolg der Reformation.

Maximilians I. Verhältnis zum Papsttum

Maximilians I. Verhältnis zum Papsttum war unstet, jedenfalls historisch bewegt und in mancher Hinsicht besonders charakteristisch für das Agieren des notorisch »sprunghafte[n] Pläneschmied[s]«.[3] Zum einen war er von der religiösen Dignität seiner kaiserlichen Machtstellung tief überzeugt und von antirömischen Aversionen gegen den päpstlich-kurialen Fiskalismus und die auch aus italienischer Arroganz gegen die ›barbarischen Deutschen‹ gespeisten geringen Einflußmöglichkeiten deutscher Prälaten an der Kurie erfüllt. Die ständige Geldnot, die seine Regierung bestimmte, trug dazu bei, daß er in der finanziellen ›Aussaugung‹ durch Rom ein Schlüsselproblem seiner Herrschaft sah. Als Förderer der Künste und der humanistischen Literaten trug er zum anderen wesentlich dazu bei, daß nationale, antirömische Gesinnungen öffentlichkeitswirksam verbreitet werden konnten und in ihm einen Rückhalt gewannen. Die antirömischen Akzente dürften die populären Wirkungen der Propaganda um seine Person, die er mit großem Aufwand betreiben ließ, durchaus begünstigt haben. Im Zusammenhang mit akuten Spannungen zu Papst Julius II. (reg. 1503-13), die sich aus gegensätzlichen Interessen im Machtkampf um Italien ergaben, trieb er 1510 Vorstellungen voran, die auf eine nationalkirchliche deutsche Kirchenreform mit einem eigenen Primas hinausliefen, und seit 1507 hatte der inzwischen verwitwete Monarch sogar phantastisch anmutende Pläne gehegt, sich selbst zum Papst wählen zu lassen, um so die Italienpolitik in seinem Sinne abschließen zu können. Maximilian I. setzte dabei auch auf die Unterstützung schismatischer französischer Kardinäle, die sich 1511 in Pisa versammelt hatten. Sein Plan eines Romzugs zum Zweck der Kaiserkrönung durch den Papst war 1508 am Widerstand Frankreichs, Venedigs und des Papsttums gescheitert. Anstelle der ihm dauerhaft versagt gebliebenen päpstlichen Krönung ließ er sich dann in Trient zum ›Erwählten Römischen Kaiser‹ ausrufen, ohne daß verfassungsrechtlich eindeutig gewesen wäre, was dies bedeutete. Faktisch stellte sich der Trienter Proklamationsakt als Alternative zur Papstkrönung dar, zumal Julius II. schließlich seine Zustimmung gegeben hatte. Insofern begründete der erzwungene Verzicht auf die päpstliche Krönung die Distanzierung von Kaisertum und Papsttum, ja eine national konnotierte Verselbständigung der Kaiserwürde gegenüber Rom. Bei der Besetzung von Bischofssitzen, Erzstühlen (Trier und Salzburg) oder Domkapiteln mit Personen seines Vertrauens konnte Maximilian erhebliche Erfolge verbuchen, die der Konsolidierung seiner Macht im Reich zugute kamen.

Auf seinem letzten, dem Augsburger Reichstag von 1518 agierte Maximilian unter den Kurfürsten zugunsten der Wahl seines Enkels Karl zum Kaiser. Von dem am Rande des Reichstags fortgehenden Konflikt um den Wittenberger Mönch Martin Luther hatte er Kenntnis. In einem späteren Rückblick berichtete Luther davon, daß der sächsische Rat Degenhardt Pfeffinger (1471-1519) den Kaiser bei einer Audienz in Innsbruck getroffen habe und von ihm gefragt worden sei, was denn jener Mönch mache, der die nicht verachtenswerten Thesen über den Ablaß verfaßt habe.[4] Im Zusammenhang mit den Augsburger Verhandlungen trat Maximilian, wohl veranlaßt durch die Weigerung des sächsischen Kurfürsten, der Kaiserwahl Karls zuzustimmen und die Türkenzugspläne Leos X. (reg. 1513-21) zu unterstützen, und beeinflußt von dem Kardinallegaten Cajetan (s. u. S. 228-232) in einem Brief an den Papst dafür ein, daß der Prozeß gegen den hartnäckigen Ketzer beschleunigt werde.[5] Doch wahrscheinlich war das nicht die letzte Äußerung des Kaisers zu Luther;[6] als der Mönch für seinen Gang zum Kardinallegaten um kaiserlichen Geleitschutz bat, wurde ihm dieser schließlich gewährt.[7] Nach einer historisch unwahrscheinlichen späteren legendarischen Überlieferung soll Luther in Augsburg dem Kaiser vorgeführt worden sein; dieser habe ihm eine »große Zukunft vorausgesagt«.[8] In einer lutherkritischen Variante der Geschichte hat das alternde Reichsoberhaupt auf der Schulter des Mönchs einen Raben sitzen sehen. Raben galten als Unheilsboten. Die Folgen von ›Luthers Sache‹ und die propagandistischen Erfolge, die der reformatorischen Bewegung nicht zuletzt deshalb zufielen, weil sie es verstand, sich die antirömischen Stimmungen der Maximilianeischen Ära zunutze zu machen, setzten erst nach dem Tod des Kaisers ein.

Maximilian selbst lebte in einer ungebrochen vorreformatorischen Frömmigkeit, von der der Bericht seines Endes ein eindrückliches Zeugnis ablegt. Schon auf der Rückreise vom Augsburger Reichstag, auf dem ihm eine definitive Lösung der Nachfolgeregelung im Reich versagt blieb, war er zu schwach, um zu Pferde zu reiten. Der ›letzte Ritter‹ – so pflegte er sich zu inszenieren – mußte nun in einer Sänfte getragen werden. Das Ziel seiner letzten Reise war die Burg Wels in Österreich. Nachdem er seinen Enkeln Karl und Ferdinand testamentarisch seine Länder übertragen hatte, legte er Schritt um Schritt die Insignien und Attribute seiner kaiserlichen Rolle ab. Nach dem Empfang der Letzten Ölung übergab er das kaiserliche Siegel einem Abt und verbat sich fortan, mit seinen Titeln angeredet zu werden. Vor seinen Schöpfer wollte er als sündiger Mensch treten. Nachdem er gestorben war, wurde er seinem Wunsch gemäß nicht einbalsamiert, sondern gegeißelt, seine Haare wurden geschoren, die Zähne ausgebrochen – ein Büßer vor dem Herrn. Sein Leichnam wurde sodann in einen groben Sack gehüllt und mit Asche und Kalk überschüttet. Seine letzte Ruhestätte war ein schlichter Eichensarg, mit dem er schon einige Jahre herumgereist war – ein Mahnmal der Vergänglichkeit, das zugleich der Verwahrung von Büchern und Akten gedient hatte. Das Totenbildnis, das von ihm erhalten ist, ist ein in seiner Realistik erschütterndes Dokument: ein fahlgelbes Gesicht mit tief eingefallenen Wangen, der zahnlose Mund leicht geöffnet; ein halb zugedrücktes Augenlid gibt den Blick auf eine verdrehte Pupille frei. Daß er nicht in Innsbruck, wo er sich im Jahre 1500 ein prächtiges Grabmal hatte bauen lassen, sondern in der Wiener Neustadt beigesetzt wurde, paßt zu seinem schillernden Wesen. Für die Generation der Reformatoren, die in seiner Regierungszeit herangewachsen waren, repräsentierte Maximilian das Leitbild eines deutschen, christlich-antirömischen Kaisertums schlechthin. Mit dem ›jungen spanischen Blut‹ wurde manches anders.

Territoriale Staatlichkeit

Während sich der Prozeß der Ausweitung und Intensivierung von Staatlichkeit im Sinne einer flächendeckenden Integration eines bestimmten Herrschaftsgebietes mittels einheitlicher Rechts- und Verwaltungsstrukturen und einer Konzentration der politischen und militärischen Gewalt in den westeuropäischen Monarchien, in England, Spanien und Frankreich, auf der Ebene der *Nationen* vollzog, bildeten im Alten Reich die *Territorien* deren primären Realisierungsrahmen. Das Reich und seine Institutionen behinderten diesen seit dem späten

15. Jahrhundert dynamisierten Prozeß vor- beziehungsweise frühmoderner Territorialstaatsbildung nicht wesentlich, ja, sie begünstigten ihn eher. Denn das Reich schuf durch den Landfrieden und seine Rechtsinstitutionen Entlastungen und Sicherheiten, die dem Ausbau der Fürstenherrschaft zugute kommen konnten. Freilich sollte man das bis in die erste Hälfte des 16. Jahrhunderts erreichte Maß an Herrschaftsintegration in der Hand der Fürsten auch nicht überschätzen; die in den Landtagen repräsentierten Landstände, meist in einzelnen Kurien der Städte, des Hochklerus und des Adels organisiert, besaßen, insbesondere wenn es um die Finanzen ging, erheblichen Einfluß und nötigten den Landesherrn regelmäßig dazu, sich mit ihnen zu arrangieren.

Die dynamische Entwicklung vormoderner Staatsbildung wurde vornehmlich in den großräumigen Territorien des Reichs wirksam; die zahlreichen kleineren Herrschaftsgebilde, die Graf- und Ritterschaften usw., waren von diesen Entwicklungen insofern negativ betroffen, als die Stärke großer Nachbarterritorien mit ihren Ambitionen, einen zusammenhängenden und geschlossenen Territorialbesitz abzurunden, ihre eigene Autonomie bedrohten. Die Etablierung staatlicher Macht wurde zumeist damit begründet, daß der Landesherr oder auch ein städtischer Magistrat in besonderer Weise für den ›gemeinen Nutzen‹, ein um 1500 breit aufkommendes Schlagwort der politisch-rechtlichen Semantik und der sozialethischen Selbstverständigung, verantwortlich sei. Aus der Zuständigkeit für den ›gemeinen Nutzen‹ ergaben sich Regulierungsansprüche und -rechte, die in Landes-, Polizei- und Kleiderordnungen ihren Niederschlag fanden und bis auf die Ebene des einzelnen Untertanen hinab verhaltenssteuernd und disziplinierend wirksam werden konnten. Im Zuge der rechtlich-politischen Zentrierungsdynamik des späten 15. und des 16. Jahrhunderts wurde der Staat eine Ordnungsmacht, die den Menschen aller Stände so nahekommen konnte, wie ihnen bisher nur die Kirche nahegekommen war. Der Aufbau eines territorialstaatlichen Verwaltungsapparates und der Ausbau einheitlicher und verbindlicher, nun ausnahmslos in schriftlicher Form gesicherter Verfahrensprozeduren erforderte den vermehrten Einsatz gelehrter Personen; ohne Juristen war ein Staatswesen um 1500 weder nach innen zu führen noch in seinen rechtlich-politischen Außenbeziehungen zu sichern. Den Bedürfnissen territorialstaatlicher Herrschaftskonzentration war es geschuldet, daß nach und nach in allen größeren Territorien des Reichs Ausbildungsstätten errichtet wurden, die einen Zufluß geeigneten Personals sicherstellten: die Universitäten.

Die Extension und die Intensivierung fürstenstaatlicher Herrschaft wirkten auch auf das Kirchenwesen nachhaltig ein. Man versuchte seitens der Landesherren immer stärker, die geistlichen Schlüsselpositionen im Land mit Personen des Vertrauens zu besetzen, Bischofsstühle und sonstige hohe Pfründen an Mitglieder der eigenen Familie oder die adelige Klientel zu vergeben und insbesondere den römischen Einfluß außen vor zu halten. Die römische Kurie selbst hat diesen Prozeß der Ausbildung eines vorreformatorischen landesherrlichen Kirchenregiments teilweise sogar befördert und sich Zugeständnisse etwa bei Bistumsbesetzungen, Patronats- und Nominationsrechten abkaufen lassen. In Deutschland fanden diese Prozesse einer ›Verstaatlichung des Kirchenwesens‹, die in den westeuropäischen Monarchien auf nationalstaatlicher Ebene vollzogen wurden, auf territorialer Ebene statt. Der Grad der Ausbildung dieses vorreformatorischen landesherrlichen Kirchenregiments unterschied sich freilich von Territorium zu Territorium. Daß die Landesherren auch auf die kirchlichen Finanzen Einfluß zu gewinnen versuchten, lag gleichsam in der Natur der Sache; denn der Finanzbedarf der Hofhaltung, der Administration und der infrastrukturellen Erschließung wuchs ständig, und nirgendwo ließ sich so viel Geld beschaffen wie bei der Kirche: An den Ablässen verdienten die Landesherren zumeist mit, den Zehnten suchten sie in ihre Verfügungsgewalt zu bringen – mit wachsendem Erfolg; von religiösen Großveranstaltungen wie Wallfahrten oder Reliquienschauen wußten auch sie in erheblichem Umfang finanziell zu profitieren. Eine Propaganda, die darüber

Klage führte, daß Deutschland durch die Kurie in Rom finanziell ausgesaugt werde, diente auch offenkundigen Eigeninteressen der Landesherren. Ähnlich wie der Kaiser nutzten auch sie die *Gravamina der deutschen Nation*, das heißt die Beschwerdekataloge über die Bedrängnis der deutschen Reichskirche durch die Kurie, die seit 1456 regelmäßig auf den Reichstagen verabschiedet wurden, um römische Forderungen abzuwehren, unter dem Schutz antirömischer Ressentiments Ansprüche zu begründen und sich Vorteile zu verschaffen. Die Konsolidierungs-, Homogenisierungs- und Zentrierungsprozesse territorialer Staatlichkeit stellen eine zentrale Voraussetzung der Reformation dar; diese sollte ja nicht zuletzt als ›Fürstenreformation‹ einen besonders dauerhaften, die weitere deutsche Geschichte nachhaltig prägenden Einfluß gewinnen.

ÖKONOMISCHE, SOZIALE UND DEMOGRAPHISCHE VERHÄLTNISSE

Auch die ökonomischen, sozialen und demographischen Lebensverhältnisse in Deutschland am Vorabend der Reformation waren von Momenten beschleunigten Wandels gekennzeichnet. In den Kernterritorien des Alten Reichs – ohne die Niederlande, Böhmen, die Schweiz und Reichsitalien – dürften um 1500 ungefähr zwölf Millionen Menschen gelebt haben. Seit der Jahrhundertwende wies die Bevölkerungsentwicklung deutlich nach oben; die dramatischen demographischen Einbrüche, die Deutschland infolge der großen Pestepidemien seit der Mitte des 14. Jahrhunderts begleitet hatten, waren um 1500 kompensiert. In der Reformationszeit lebten in Deutschland also mehr Menschen als jemals zuvor. Gelegentlich machten sich erste Symptome von Überbevölkerung bemerkbar. In Ulrich von Huttens (1488-1523) Aufruf zum Türkenkrieg auch als einer beschäftigungs- und bevölkerungspolitischen Steuerungsmaßnahme[9] mag man den frühen Anklang an eine protomoderne Rationalität demographischer Strategien wahrnehmen. Der Bevölkerungsanstieg des späten

15. und des 16. Jahrhunderts ist als eine wesentliche Ursache des fortschreitenden Urbanisierungsprozesses zu werten. Um 1500 waren etwa drei Prozent der Bevölkerung in 26 ›Großstädten‹ mit Einwohnerzahlen über 10 000 ansässig; bezieht man die Mittel- und Kleinstädte in die Perspektive ein, wird man davon ausgehen können, daß in der Reformationszeit etwa jeder vierte oder fünfte Einwohner im Reich in einer Stadt lebte.[10] Freilich stellte sich der Verstädterungsgrad in den unterschiedlichen Landschaften Deutschlands sehr verschieden dar: In Sachsen und Thüringen, Württemberg, Franken und im Elsaß gab es besonders florierende, kommunikativ und ökonomisch eng vernetzte Städtelandschaften, denen in der Reformationszeit eine Schlüsselfunktion zukommen sollte.[11]

Reichsstädte und Landstädte

Eine rechtliche und politische Sonderrolle unter den Städten kam den Reichsstädten zu; sie bildeten eigene Reichsstände, unterlagen also keiner fürstlichen Territorialhoheit. Etwa 65 Reichsstädte gab es insgesamt; der größte Teil von ihnen befand sich im Südwesten des Reiches: Zehn lagen im Elsaß, 30 gehörten dem schwäbischen Reichskreis an. Die politische Struktur reichsstädtischer Selbstverwaltung war von oligarchisch-herrschaftlichen und genossenschaftlichen Elementen gleichermaßen bestimmt. Im Laufe des 15. Jahrhunderts hatten sich die Partizipationsrechte der Zünfte und der Bürgerschaften gegenüber dem kleinen Kreis zumeist sehr wohlhabender patrizischer Familien teilweise vergrößert, blieben aber immer auch umstritten oder gefährdet. Im späten 15. Jahrhundert und in der ersten Hälfte des 16. Jahrhunderts verschärften sich mancherorts die Auseinandersetzungen um die Teilhabe der Bürgerschaften oder der niederen, zum Teil aus dem Stadtregiment ausgeschlossenen Zünfte. Diese bürgerschaftlich-zünftischen Partizipationskämpfe verbanden sich seit den zwanziger Jahren des 16. Jahrhunderts vielfach mit den Versuchen. die Reformation durchzusetzen.

Die politischen Institutionen der Städte, die Bürgermeister und Räte, von Bürgerschaft und Zünften auf Zeit gewählt und aus dem Patriziat rekrutiert, tendierten früher, nachhaltiger und effizienter als viele Landesherren dazu, das Leben in der Stadt zu disziplinieren oder zu kontrollieren. Dies ergab sich zunächst und vor allem daraus, daß aus der Zusammenballung vergleichsweise sehr vieler Menschen auf engstem Raum besonders leicht Konflikte entstehen konnten, die das Gemeinwesen als Ganzes bedrohten. Im Bereich der Armenfürsorge, des Bildungswesens und der Regulierung des Alltags ihrer Bürger entfalteten die Reichsstädte ein Initiativpotential, dem bisweilen auch eine modellbildende Funktion für die Territorien zufiel; denn nicht selten waren es reichsstädtisch sozialisierte Bürger, aus denen sich das Führungspersonal der territorialstaatlichen Administrationen rekrutierte. Einige der Reichsstädte, etwa Straßburg, Nürnberg oder Ulm, verfügten über einen beträchtlichen Territorialbesitz; dies beförderte ökonomische und mentale Interaktionsprozesse zwischen Stadt und Land. In kleineren oder mittleren Reichs- und Landstädten lebte ein nicht geringer Teil der Einwohnerschaft von Garten-, Ackerbau und Viehzucht. Stadtmauer und Stadttor trennten und verbanden städtische und ländliche Welt.

In einigen Regionen Deutschlands, besonders in Schwaben, Schlesien und Teilen Mitteldeutschlands, war um 1500 das Ackerland knapp geworden. Symptome einer ökonomisch veranlaßten Landflucht, auch Migrationen größerer Bevölkerungsgruppen in florierende Bergbauregionen und die dort aufschießenden städtischen Siedlungskerne sind zwar nicht als Teil einer umfassenden sozialen Krise, aber doch als Momente sozialer Mobilisierung und potentieller Destabilisierung zu beurteilen. Einige wirtschaftlich, aber auch militärisch potente Städte wie Magdeburg oder Braunschweig waren in ein jahrzehntelanges Ringen mit ihren Stadtherren verstrickt und scheiterten bei ihren Versuchen, zu Reichsstädten aufzusteigen. Starke Territorialstaaten oder bischöfliche Stadtherren bildeten strukturelle Gefährdungsgrößen städtischer, bisweilen gar reichsstädtischer Autonomie. Über Städte zu verfügen bedeutete, sich einen Zugang zu wichtigen finanziellen, technischen und intellektuellen Ressourcen zu sichern. Während der Reformationszeit war dieses Ringen in vollem Gang; es bestimmte Struktur und Verlauf der Reformationsprozesse zum Teil nachhaltig.

Diese Konstellationen, aber auch der städtische Raum als solcher – als Zone sozialer Interaktion und Kontrolle, als Laboratorium genossenschaftlicher Integrationsvorstellungen und verdichteter Kommunikation, als Hort zeitgemäßen Wissens – bildeten ein Geflecht von Bedingungen und Voraussetzungen der Reformation, deren Bedeutung schwerlich zu überschätzen ist. Alle maßgeblichen Theologen der Reformation waren schließlich Stadtbürger.

Bauerntum

Die weit überwiegende Mehrheit der Einwohner Deutschlands freilich lebte auf dem Lande. Die soziale und rechtliche Vielfalt des Bauerntums, seine regionalen und lokalen Besonderheiten sind zu groß und schillernd, als daß sie sich auf einen faßlichen Begriff bringen ließen. In einigen Regionen, in Friesland etwa oder im Allgäu, gab es einen höheren Anteil eigenhöriger Bauern, die es bisweilen zu beträchtlichem Wohlstand bringen konnten. In der weit überwiegenden Mehrzahl der deutschen Landschaften aber bedeutete ein Bauer zu sein, von einem meist adeligen oder kirchlichen Guts- oder Grundherrn abzuhängen, zu häufig drückenden Abgabenlasten verpflichtet, von allen Bildungschancen abgeschnitten zu sein und als ›Höriger‹ über elementare Entfaltungs- und Persönlichkeitsrechte, wie sie ein Bürger genoß, nicht zu verfügen. Wenn die Grundherrschaft Leibeigenschaft einschloß, bedeutete dies, daß ein Bauer eine Eheschließung nur im Kreis der Leibeigenen eingehen und nicht aus dem Herrschaftsbereich fortziehen durfte und daß ein Teil seiner Hinterlassenschaft seinem Grundherrn zufiel.

Bereits in den letzten Jahrzehnten des 15. Jahrhunderts mehrten sich die Anzeichen einer explosiven Zuspitzung bäuerlicher Unzufriedenheit. Religiöse und soziale Motive bäuerlichen Freiheitsbegehrens verbanden sich miteinander, etwa im Wirken des als »Pfeifer von Niklashausen« berühmt gewordenen visionären Hirten Hans Böheim, der eine große Zahl von Bauern zu einer Protestwallfahrt veranlaßte und 1476 den Feuertod fand. Auch die oberrheinische *Bundschuhbewegung* und die Bauernerhebung des *Armen Konrads*, zu der es 1514 in Württemberg kam, sind Symptome dafür, daß die Grenzen dessen, was die Bauern ertragen wollten oder konnten, erreicht waren. Die vielfach aus den Rechtstraditionen bäuerlicher beziehungsweise dörflicher Gemeinschaften erwachsenen politischen Vorstellungen der Bauern hatten eminent religiöse Gehalte, wie sie etwa in der Berufung auf ein ›göttliches Recht‹ zum Ausdruck kamen. Die mit reformatorischen Ideen verquickten Forderungskataloge der Bauern in den Jahren des reformationszeitlichen Bauernkriegs (1524/25; s. u. S. 487-498) knüpften an ältere Traditionen an beziehungsweise setzten diese voraus. Auch die Kirche war in das System feudaler Grundherrschaft selbstverständlich und intensiv eingebunden und insofern von dem Widerspruch, den es provozierte, mit betroffen. Die Existenznöte und Partizipationskämpfe der Bauern und der unterrepräsentierten Städter bildeten einen Unruheherd; sie dürften zu den eindeutigen Begünstigungs-, ja Ermöglichungsfaktoren der Reformation gehören.

Handwerk, Handel und Kapitalverkehr

Jedes noch so skizzenhafte Bild der gesellschaftlichen und politischen Verhältnisse im Deutschland des späten 15. und des frühen 16. Jahrhunderts hat die dynamische Entwicklung von Handwerk, Handel und Kapitalverkehr zu berücksichtigen. Handwerk und Gewerbe waren im Reich um 1500 durch günstige konjunkturelle Rahmenbedingungen geprägt. Insbesondere die mit der Textilproduktion und der Metallverarbeitung verbundenen Branchen erlebten einen erheblichen Aufschwung, der mit technischen Innovationen zusammenhing. Auch der Buchdruck stellte einen prosperierenden Gewerbezweig dar, dem andere zuarbeiteten. Technische Entwicklungen wie die Erfindung der Taschenuhr durch Peter Henlein (1479/80-1542) in Nürnberg oder neuartige Produktionsmethoden wie das Seigerverfahren, das das Ausschmelzen von Silber aus Kupfererzen und damit die Herstellung feiner Drähte ermöglichte, trieben die Entwicklung in metallverarbeitenden Produktionsbereichen voran.

Die grundlegende Organisationsform des städtischen Handwerks bildeten die *Zünfte*. Sie regulierten die Zugänge zu den Berufen und sicherten durch Zugangsbegrenzungen die Qualität der handwerklichen Arbeit und der wirtschaftlichen Existenz ihrer Mitglieder. In vielen Städten hatten sich die Zünfte politische Partizipationsrechte erkämpft; in den niederen Zünften und denen der Textil- und Metallproduktion waren gleichwohl Momente sozialer und politischer Unruhe vital. Die Zunftbruderschaften bildeten ein zentrales religiös-soziales Ordnungselement spätmittelalterlicher Stadtkultur; gemeinsame Stiftungen von Pfründen, die die Seelenmessen der verstorbenen Mitglieder und ihrer Angehörigen finanzierten, bildeten ein wichtiges Moment der gemeinschaftlichen Heilsvorsorge. In den florierenden Wirtschaftsbereichen des Bergbau- und Hüttenwesens entstand ein neuer Sozialtyp des nichtzünftisch organisierten Lohnarbeiters. Die Produktion und die Verarbeitung von Eisen und Edelmetallen, die Deutschland binnen kurzem zum europäischen Marktführer machten, brachten eine Massierung besitzloser Arbeiter mit sich, die in direkter Abhängigkeit von einzelnen Großunternehmen, der konjunkturellen Situation und der Ergiebigkeit der Erzgruben standen. Da in den neuen Bergwerkszentren eine gewerbliche Infrastruktur zur Versorgung der Arbeiter mit Nahrungsmitteln und Gütern des täglichen Lebens fehlte, bauten die Bergwerksbetreiber eine solche auf, nutzten diese Verkäufe aber auch als Quelle skrupelloser Bereicherung. Die Bergknappen stellten ein besonders mobiles, sozial ungefestigtes Element der zeitgenössischen Gesellschaft dar, das auch im Zusammenhang der reformatorischen Bewegung einen Unruheherd bildete.

Das Hüttenwesen versprach große Gewinne, erforderte aber auch immense Investitionen, die nur durch einzelne Fürsten, etwa die sächsischen Wettiner, oder die großen Verlags- und Fernhandelsgesellschaften Oberdeutschlands getätigt werden konnten. Die Verlagsökonomie war dadurch gekennzeichnet, daß der Verleger – der Begriff war damals noch nicht auf das Buchwesen eingeschränkt – als Zwischenträger zwischen dem Rohstoffeinkauf beziehungsweise der Rohstoffproduktion und der Vermarktung fungierte. Er belieferte einzelne Handwerker etwa der metallverarbeitenden Gewerbe mit Rohstoffen; hatte der Verleger eigene Hüttenanteile, gelangte er entsprechend günstiger an die Rohstoffe und erhöhte so seine Rendite. Durch die weiträumigen Geschäftsbeziehungen, in denen die größeren Verleger und Fernhändler standen, besaßen sie präzise Marktkenntnisse, die die von ihnen abhängigen Kunden nicht erreichen konnten. Die großen oberdeutschen Handelsgesellschaften der Fugger, Welser, Hochstetter, Paumgartner, Tucher oder Imhoff in Augsburg und Nürnberg bauten intensive Geschäftsbeziehungen nach Oberitalien, insbesondere Venedig, auf und erhielten so Zugang zum Levantehandel. Sie waren als Familiengesellschaften organisiert und unterhielten ein zum Teil über ganz Europa ausgespanntes Netz von Handelsniederlassungen. Sozialer Zusammenhalt des kleinen, vertrauten Führungskreises und weitläufige kommunikative Vernetzung sicherten ein hocheffizientes Agieren auf den globalen Märkten der Zeit. Durch die Beteiligung der Handelsgesellschaften an den Bergbauunternehmungen sicherten sie sich beim Weiterverkauf große Gewinnspannen. Die Fugger hatten mit Hilfe der Habsburger im Bergbau in Ungarn und Tirol eine Art Monopolstellung erworben, die ihnen den Einstieg ins Bankwesen ermöglichte. Die unvorstellbar große Summe von 850 000 Goldgulden, die Jakob Fugger (1459-1525) aufbrachte, um Karls Kaiserwahl sicherzustellen, illustriert den immensen Einfluß dieser Familie.

Die Goldimporte aus den neuentdeckten Ländern der spanischen Krone und die durch die osmanische Dominanz auf dem Mittelmeer erzwungene Verlagerung der wirtschaftlichen Aktivitäten auf den west- und nordwesteuropäischen Atlantikraum unter Führung der Holländer begannen sich während der Reformationszeit auf das Wirtschaftsleben im Reich auszuwirken. Die frühkapitalistische Wirtschaft, ihre Effizienz, die Größe ihrer Gewinne, die Höhe ihrer Kapitalanhäufung und die Dynamik ihrer Innovationen machten für viele Menschen die Prozesse des Handels undurchschaubar. Die Mobilität, die zahlreichen Personen unter dem Diktat der Ökonomie abverlangt wurde, stand im Widerspruch zu ständischen Mentalitäten und einem ethisch-normativ, christlich gebundenen Sozialempfinden, das ›Gerechtigkeit‹ auch in den Wirtschaftsbeziehungen forderte, gedeckelte Zinssätze vorsah und dem ›gemeinen Nutzen‹ als sozialmoralischer Leitvorstellung verpflichtet war.

KAPITEL 2
KIRCHEN-, FRÖMMIGKEITS- UND THEOLOGIEGESCHICHTLICHE VORAUSSETZUNGEN DER REFORMATION

DAS PLURALE KIRCHENWESEN DES SPÄTEN MITTELALTERS

Die kirchlich-religiöse Gesamtsituation im Reich am Vorabend der Reformation ist nicht auf einen einfachen Nenner zu bringen. Sollte mit der Metapher des ›Vorabends‹ die Vorstellung dämmerigen Halbdunkels verbunden sein, das durch den lichtvollen ›neuen Morgen‹ der Reformation beseitigt wurde, ginge sie an der Sache vorbei. Denn die Vielfalt und Vielgestaltigkeit der Religionskultur um 1500 war nicht von der Art, daß sie auf ein Ende gedrängt und des ›erlösenden‹ Abbruchs durch den ›Umbruch‹ der Reformation bedurft hätte. Diese tief in Selbstdeutungen schon des reformations- und frühneuzeitlichen Protestantismus verankerte Vorstellung einer krisenhaften Beschleunigung der Dekadenzmomente des Spätmittelalters wie Pfründenschacher und Korruption der klerikalen Eliten, Sittenverfall des Renaissancepapsttums, Erstarrung der scholastischen Theologie usw. dramatisiert bestimmte Züge und Erscheinungen des Zeitalters zum Gesamtbild einer fundamentalen Krise. Doch dies wird der offenen, keineswegs mit Notwendigkeit auf eine Reformation hindrängenden Situation um 1500 nicht gerecht.

Frömmigkeit, Theologie und kirchliche Praxis in der schillernden Vielfalt ihrer Erscheinungen stellten sich um 1500 keineswegs gesamthaft als problematisch dar. Eine retrospektivische Prophetie, die in einer Krise des Spätmittelalters die Ursache der Reformation wahrnehmen zu können meint, reduziert die Komplexität der Verhältnisse um 1500 in unzulässiger Weise; sie ignoriert, daß vieles ›Mittelalterliche‹ in der Reformation aufgenommen und fortgesetzt wurde, und unterlegt dem historischen Verlauf eine Notwendigkeit, wie sie ideologische Geschichtsteleologien kennzeichnet. ›Das Mittelalter‹ hätte noch eine Weile fortbestehen können und ist auch unter spezifischen Brechungen in Reformation, Gegenreformation und konfessionellem Zeitalter weitergegangen. Bestimmte Elemente des kirchlichen Lebens wie der Gebrauch der Kirchengebäude, ihrer Ausstattungsstücke und liturgischen Geräte, die Parochialstruktur, der Pfarrzwang, das heißt die Bestimmung der Zugehörigkeit zu einer bestimmten Ortsgemeinde nach Maßgabe der Wohnadresse, auch patronatsrechtliche Sachverhalte und anderes mehr sind noch im deutschen Protestantismus des 21. Jahrhunderts ›mittelalterlich‹.

Was Mittelalter, Reformation, konfessionelles Zeitalter und Neuzeit verbindet und trennt, ist nicht auf einen einfachen Nenner zu bringen. In der Reformation wurden Traditionen der mittelalterlichen Kirche sowohl zerstört als auch bewahrt. Daß Deutschland in bezug auf Struktur und Intensität seiner Frömmigkeit nennenswert aus dem Rahmen des in Europa Üblichen herausfiel, mag man bezweifeln. Einige Spezifika wie die größere Nachfrage der Ablaßkampagnen, die offensivere Romkritik und die höhere Verbreitung volkssprachlicher Bibeln und Erbauungsbücher, wie sie in Deutschland nachweisbar sind, lassen sich durchaus vor dem Hintergrund der Komplexität und inneren Diversität der deutschen politischen und kulturellen Verhältnisse interpretieren.

Das ›offene System‹ Kirche

An der kirchlich-religiösen Gesamtsituation in den Jahrzehnten vor der Reformation ist zunächst einmal auffällig, daß Kirchenkritik größeren Ausmaßes, etwa Kritik an der Repräsentationslust beim Bau teurer Gebäude und Kunstwerke, an der luxuriösen Kleidung und dem weltlichen Lebensstil des Klerus insgesamt sowie entsprechende Appelle an das apostolische Armutsideal usw., in den Jahrzehnten vor der Reformation eine im ganzen geringere Bedeutung gespielt haben als in den drei Jahrhunderten zuvor. Systematische Ketzerverfolgungen und effiziente Inquisitionstribunale kannten die Bewohner des Reichs in den Generationen vor der Reformation schwerlich aus eigener Anschauung. Gelehrte akademische Kritiker bestimmter Erscheinungen des zeitgenössischen Kirchenwesens sind in ihrer Zeit Außenseiter gewesen, die es kaum zu größeren öffentlichen Wirkungen brachten: Das gilt etwa für Johannes Rucherath von Wesel (um 1425-1481), der gegen den Ablaß – wahrscheinlich im Kontext des Jubiläumsablasses von 1475 – polemisiert und sich unter Berufung auf die Bibel literarisch gegen die bindende Autorität von Papst und Konzilien erklärt hatte, daraufhin in einem Inquisitionsverfahren der Häresie überführt worden war und sein Leben nur durch einen Widerruf zu retten vermochte, oder den Rostocker Magister Nikolaus Rutze (1460 bis nach 1524), der gleichfalls den Ablaß kritisierte und Texte des Jan Hus verbreitete. Zu ›Vorreformatoren‹ wurden sie wie auch Hus, Wyclif, Johann Wessel Gansfort (1419-89) und andere erst, als sich die Reformatoren ihrer erinnerten und sie zu Wahrheitszeugen ihrer eigenen Lehren stilisierten. An einem Sachverhalt wie dem, daß ein hochgeachteter Prediger wie Johann Geiler von Kaysersberg oder ein weithin unumstrittener Theologe wie Jakob Wimpfeling[1] die Verurteilung des Johannes Rucherath für verfehlt hielten und sein Andenken bewahrten, kann man sich vor Augen führen, daß jedes Bild der vorreformatorischen Kirche als eines geschlossenen Systems irreführend ist. Denn ›die Kirche‹ stellte sich als eine hochdifferenzierte und plurale Wirklichkeit mit zahllosen untereinander konkurrierenden oder einander ergänzenden Dimensionen und Sozialformen dar.

Gerade als eminent ›offenes System‹ entfaltete die Kirche eine bemerkenswerte Integrationskraft und bot unterschiedlichen Frömmigkeitsstilen eine Heimstatt. Dabei bestanden zwischen Stadt und Land erhebliche Unterschiede, sowohl was die Bildungssituation der Geistlichkeit als auch die religiöse Angebotspalette anging. Auf dem Land bildeten der Meßgottesdienst und die traditionelle Sakramentsversorgung durch den Ortsgeistlichen die weithin alternativlose Grundform der religiösen Praxis. Die Stabilität des ›offenen Systems‹ Kirche, das mancherlei Diversität zu integrieren vermochte, zeigte sich insbesondere in den Städten zunächst äußerlich an der stupenden Stiftungstätigkeit, die um 1500 zu beobachten ist. Wohl in keiner Epoche der vorangegangenen Kirchengeschichte waren so viele Kirchengebäude und Kapellen errichtet, so viele Altäre mit Meßstipendien für Altaristen (Geistliche niederen Standes), die für das Seelenheil ihrer Stifter und deren Angehörige das eucharistische Opfer darbrachten, ausgestattet und so viele Bildwerke zum frommen Zweck geschaffen worden wie um 1500. Die florierenden konjunkturellen Rahmenbedingungen schufen wirtschaftliche Verhältnisse, die es dem gehobenen städtischen Bürgertum wie dem Adel möglich und geraten erscheinen ließen, ihre Devotion und ihren sozialen Rang in aufwendigen Stiftungen zu demonstrieren. Die Objekte und Wappen, die Porträts und die Namen derer, die etwas galten in der Gesellschaft, füllten in immer sichtbarerer, vielleicht gar aufdringlicherer Weise die Kirchenräume. Nur wenn man, von der Reformation herkommend, in der Intensität des Stiftungswesens als eines ›guten Werkes‹, als eines Indikators von ›Werkgerechtigkeit‹, ein Krisenphänomen sehen zu müssen meint, wird man es als Moment der Unruhe, der Veräußerlichung und der hohlen Betriebsamkeit zu bewerten geneigt sein. In sich selbst, das heißt von den mentalen Voraussetzungen der Zeitgenossen her, ist der Sozialprestige und religiöse Hingabe vereinende Einsatz für einen frommen Zweck als Ausdruck ungetrübter Kirchlichkeit zu bewerten.

Die analogielose Höhenlage der deutschen Kunst um 1500 korrespondierte mit der immensen Bereitschaft, sie zum Zweck der Heilsvorsorge und der Repräsentationslust in Anspruch zu nehmen. Auch karitative Einrichtungen wie Armen-, Siechen- und Leprosenhäuser verdankten ihre Entstehung jener stimulierenden Mischung aus Heils- und Repräsentationstrieb. Zum ›offenen System‹ vorreformatorischer Kirchlichkeit gehörte hinzu, daß es viele Möglichkeiten und Optionen gab, sich über das Maß der kirchenrechtlich definierten Minimalpflichten jedes religionsmündigen Christen hinaus – die jährliche Pflichtbeichte und -kommunion nach Maßgabe des Kanons *Omnis utriusque* des 4. Laterankonzils von 1215 – zu betätigen. Daß die verschiedenen ›Anbieter religiöser Dienstleistungen‹ – einzelne Pfarrkirchen, Klöster, Stifte und Orden, die Bruderschaften usw., die städtischen und fürstlichen Betreiber von Wallfahrten oder Heiltumsschauen – in einer lebhaften Konkurrenz um die ›Kundschaft‹ standen, gehörte zur frühkapitalistischen Marktförmigkeit der Religion um 1500 selbstverständlich hinzu. Die Offenheit des religiösen Feldes fand darin ihren Ausdruck, daß die Kirche viele Gesichter und zahllose Repräsentanten hatte, die mit-, neben- oder auch gegeneinander Zugänge zum Heil eröffneten und auf unterschiedlichen Wegen in den Himmel begleiteten.

Die expansiven Momente der kirchlich integrierten Frömmigkeit um 1500 äußerten sich in bezifferbaren Steigerungsraten. Eine rasante Zunahme der Meßstiftungen, insbesondere der Seelenmessen für Verstorbene, führte zu einer explosionsartigen Vermehrung des geistlichen Personals, dessen überwiegende Zahl freilich von bescheidenen, zum Teil mühsam akquirierbaren Einkünften lebte. Die Geld- oder Naturalleistungen, die die Altaristen selbst zum Teil auf beschwerliche Weise einzutreiben hatten, banden sie an die Stifter, deren Familien oder die sonstigen Institutionen, häufig städtische Magistrate, die das Stiftungskapital nach deren Tod verwalteten. Die Masse der vielfach schlecht dotierten Meßpfründner bildete ein Klerikerproletariat, an das schwerlich höhere sittliche oder bildungsmäßige Ansprüche gestellt werden konnten. Am Allerheiligenstift zu Wittenberg etwa sollen seit 1508 insgesamt 64 Priester jährlich 9000 Messen gelesen haben. In einer Großstadt wie Köln, die es um 1500 auf etwa 40 000 Einwohner brachte, existierten elf Stifte, 22 Klöster, 19 Pfarrkirchen und rund 100 Kapellen, in denen täglich über 1000 Messen zelebriert wurden. Die Zahl der geistlichen Personen beiderlei

Geschlechts ging in den größeren Städten in die Tausende. Kaum eine Stunde, ja Minute des Tages verstrich, in der nicht irgendwo in einer Stadt ein Seelengeläut erklang, das unblutige Meßopfer auf einem Altar dargebracht, Kerzen gestiftet und zu frommen Zwecken abgebrannt, Litaneien gesungen oder die Absolution gespendet wurden.

In bezug auf das Totengedächtnis wirkten sich die sozialen und ständischen Schichtungen der zeitgenössischen Gesellschaft in besonders eklatanter Weise aus. Während die sächsischen Herzöge ein ewiges, ununterbrochenes Heil ihrer Seele stifteten und wohlhabende Bürger mehrmals wöchentlich Gedächtnismessen finanzieren konnten, war es für niedere Schichten schon mit großen finanziellen Opfern verbunden, wenigstens an den Todestagen die Messe für ein verstorbenes Familienmitglied lesen zu lassen. Erträglich war diese soziale Dissonanz in bezug auf die Heilschancen wohl allein deshalb, weil die Vorstellung allgemein verbreitet war, daß die Reichen und Mächtigen schwerer ins Paradies eingingen als die Armen und Kranken, ja die irdischen ›Wildbretfresser‹ zu »Wildbret im Himmel«[2] würden. Freilich vermochte dies nicht zu verhindern, daß die Beraubung der Armen durch die Seelenmessen – ähnlich anderer Momente der ›Käuflichkeit‹ des Heils – zu einem Topos der Kirchenkritik wurde, aus dem die reformatorische Polemik später ideologisches Kapital gegen die Geldgier der Pfaffen schöpfte. In einer reformatorischen Flugschrift hieß es etwa: »〈...〉 wann ein armer man stirbt und last nit mer wann drey gulden und hat sunst in hauß und hoff nichts und sechs klaine kind, so must die fraw dem pfaffen die seel geret geben und must den besinge lassen, und muß im opfer halten lassen und dreyssigst [Seelengottesdienst am 30. Tag nach dem Tod oder dem Begräbnis] weil ain pfennig da ist.« Selbst auf den Hinweis der Witwe, der Verstorbene sei »ain frummer man gewesen, ich traw Got er sey schon in dem hymmel«, ließe sich der ›Pfaffe‹ nicht abwimmeln, denn schließlich gehe es um seine »gerechtigkeit«,[3] also seinen Rechtsanspruch auf einen geistlichen Dienst. Die alle Standesgrenzen nivellierende Macht des Todes, die in Totentanzdarstellungen und Sterbebüchlein, die in die *ars moriendi* (»die Kunst des [guten] Sterbens«; s. u. S. 91) einführten, aufs eindrücklichste visualisiert wurde, änderte an der elementaren Erfahrung wenig, daß die Ungleichheit sozialer Chancen auch religiöse Wirkungen zeitigte.

Die Oblationen (Naturalabgaben der Gläubigen im Zusammenhang der Spende des Abendmahlssakraments) und Stolgebühren (Abgaben, die dem Pfarrer zustanden, wenn er die Stola aus Anlaß von Beichte, Taufe, Trauung und anderer Kasualien wie der Muttersegnung der Wöchnerinnen anlegte) bildeten ein integrales Element der Pfarreinkünfte und hatten möglicherweise durch das vielfach beklagte, auch in den *Gravamina* beanstandete Vikariatswesen am Vorabend der Reformation an ökonomischer Bedeutung gewonnen. Denn die Oblationen und Stolgebühren flossen den real agierenden Geistlichen zu; die eigentlichen Pfründen aber waren häufig in den Händen höherer, nicht selten ausländischer Geistlicher, die mehrere, gelegentlich gar eine riesige Anzahl von Pfründen kumulierten und schlecht besoldete Vikare als Amtsvertreter einsetzten. Für diese Vikare vor Ort aber waren die Einkünfte, die sich aus den einzelnen Amtshandlungen ergaben, weithin unverzichtbar.

Wesentliche Motive für die Ökonomisierung der kirchlichen Heilsangebote lagen nicht in den zum Teil seit Jahrhunderten bestehenden Strukturen der Pfarrbesoldung, sondern in den konkreten Verhaltensweisen der klerikalen Eliten. Die Durchschlagskraft der durchaus populistischen reformatorischen Polemik gegen die hierarchischen Spitzen des Kirchentums, die Päpste, Kardinäle, Bischöfe und Domherren, ihre luxuriöse Lebensführung, ihren Pfründenschacher usw., ist nur unter der Voraussetzung verständlich, daß deren Ansehen ohnehin gering beziehungsweise die Ressentiments gegen sie besonders ausgeprägt waren. Diese auch wohlfeile, in konkreten Konfliktzusammenhängen entlastende Aversion gegen die klerikale ›High Society‹ wäre im Sinne eines umfassenden Antiklerikalismus mißverstanden; denn viele der offenen oder heimlichen Kritiker der ›sittenlosen Prälaten‹ waren selber Kleriker, nicht selten Mönche.

Zur Offenheit des kirchlichen Systems um 1500 gehörte eben hinzu, daß die Kritik an einzelnen Personen oder Erscheinungen des Kirchenwesens keineswegs eine Infragestellung des Ganzen bedeutete; im Gegenteil: Eine gewisse Dosis an Widerspruch bewies die Lebendigkeit, Elastizität und Stabilität der Kirche. Wenn der humanistische Erfolgsautor Sebastian Brant (1457-1518) in seinem *Narrenschiff* (1494) »Vom Geistlichwerden« dichtete:

Noch anderes wird jetzt gelehrt,
Das auch ins Narrenschiff gehört,
Des jedermann bedient sich gern:
Jeder Bauer will einen geistlichen Herrn,
Der sich mit Müßiggang ernähr',
Ohn Arbeit leb' und sei ein Herr.
Nicht, daß er dies aus Andacht wähle,
Oder aus Achtung fürs Heil der Seele,
Sondern er möchte nur einen Herrn,
Der die Geschwister kann ernährn.
Er läßt ihn wenig sehn ins Buch,
Man spricht: »Er weiß dazu genug!
Braucht nicht auf größre Kunst zu sinnen,
Kann er nur eine Pfründe gewinnen!«
Man schätzt die Priesterschaft gering,
Als ob sie sei ein leichtes Ding,[4]

dann artikulierte sich darin keine prinzipiell ablehnende Haltung gegenüber den Geistlichen und ihren Aufgaben, sondern deren besondere Wertschätzung. Die ›ungeistlichen‹ Motive, die Versorgungserwartungen, der Mangel an Bildungsbedürfnis usw. gefährdeten die Geistlichkeit der Geistlichen, die es gerade zu stützen und zu fördern galt. Die aus utilitaristischen Antrieben erwachsene Leichtfertigkeit im Umgang mit dem geistlichen Amt will der gebildete Stadtbürger Sebastian Brant brandmarken, nicht die Geistlichkeit als solche bloßstellen. Gerade weil es weithin unstrittig war, daß der Laie um seines Heils willen des Klerikers bedurfte, war die Kritik an ihm ein Mittel, ihn zu bessern, zu erziehen und ihm zu helfen, seine Aufgaben an den ihm Anvertrauten vollkommener zu erfüllen. Eine fundamentale Beziehungskrise zwischen Klerikern und Laien hat es vor der Reformation schwerlich gegeben. Quellenzeugnisse, die vom Haß der Laien auf die Priester sprechen[5] oder herausstellen, daß »Pfaffen, muenich [Mönche], layen unternander feynder worden seyn, dan Turcken und Christen«,[6] basierten in aller Regel auf der Vorstellung einer wechselseitigen Verwiesenheit beider »Arten von Christen«[7] aufeinander und zielten darauf ab, jene Beziehungsstörungen zu überwinden, die sie voraussetzten. Auch die Vielfalt der Verbindungen zwischen Klerikern und Laien war zu komplex, um sie auf einen Nenner zu bringen.

Devotio moderna

Die durchaus einflußreiche Frömmigkeitsbewegung der Devotio moderna ist ein Beispiel für Laiengemeinschaften, die einen auf breitere Zustimmung treffenden ›dritten Weg‹ zwischen dem klösterlichen und dem weltlichen einschlugen. Der Anstoß ging von dem gelehrten niederländischen Prediger Gerd Groote (1340-84) aus, der sich nach einer Konversion von den weltlichen Wissenschaften ab-, einem Leben in der Demut des armen Lebens Jesu zuwandte und ein Haus, das der Sohn aus patrizischer Familie geerbt hatte, einer religiösen Frauengemeinschaft, die später ›Schwestern vom gemeinsamen Leben‹ genannt wurden, zur Verfügung stellte. Vielerorts in den Niederlanden, in Belgien, aber besonders auch in Nord-, Nordwest- und Mitteldeutschland, später auch im Elsaß, im Rheinland und in Württemberg entstanden Gemeinschaftshäuser von frommen Menschen, die entschieden christlich in der Welt leben wollten. In der Nachfolge der apostolischen Urgemeinde pflegte man Gütergemeinschaft, übte freiwilligen Gehorsam unter gemeinsamen Ordnungen, praktizierte gegenseitige Ermahnungen (Kollatien), erforschte das individuelle Gewissen, meditierte biblische Stoffe und orientierte sich in innerlich vertiefender Aneignung an der Nachfolge Christi. Eine der einflußreichsten Erbauungsschriften der abendländischen Christentumsgeschichte, die *Imitatio Christi* des Thomas von Kempen (1379/80-1471), weist in ein Leben der tätigen, karitativen Nachfolge in der Welt ein, das sich sublimen religiösen Erfahrungen öffnet, ohne sich in mystische Spekulationen zu verlieren. Die Brüder und Schwestern vom gemeinsamen Leben, die sich zeitweilig des Schutzes und des förderlichen Interesses der kirchlichen Hierarchie sicher waren, bestritten ihren Lebensunterhalt nicht selten mit der Produktion von Büchern erbaulichen Gehalts; später betrieben sie eigene Druckpressen in ihren Fraterhäusern. Auch zur Verbreitung der Bibel in der Volkssprache trugen sie bei; sie engagierten sich in der Jugenderziehung, insbesondere der spirituellen und seelsorgerlichen Betreuung. Die ›Modernität‹ der schon zeitgenössisch mit diesem Begriff der Devotio moderna bezeichneten Frömmigkeitsbewegung bestand in ihrer Hinwendung zur religiösen Erfahrung *(experientia)*, ihrer Relativierung der mit massiven Wertigkeiten belegten Zweiteilung in Kleriker und Laien und ihrer Förderung religiöser Laienbildung. Luther, der während seiner Magdeburger Schulzeit persönliche Erfahrungen mit den Brüdern vom gemeinsamen Leben gemacht hatte, schätzte sie. Über den führenden nordalpinen Humanisten des 16. Jahrhunderts, den Niederländer Erasmus von Rotterdam (s.u. S. 118-125), der von Fraterherren erzogen worden war, gingen Anregungen der Devotio moderna zur Förderung der volkssprachlichen Bibel direkt in die reformatorische Bewegung ein. Ihre zeitgenössischen Bedürfnissen entsprechenden Beiträge zur Kultivierung religiöser Laienbildung im städtischen Raum und ihre Impulse zu einer ganz auf Christus zentrierten Frömmigkeitspraxis *(praxis pietatis)* in der Welt gehören zu den Voraussetzungen der Reformation.

Möglicherweise gingen von der Devotio moderna und ihrer gemeinschaftlichen Lebensform, der *Vita communis*, auch unterschwellige Wirkungen auf die sozialmoralischen Mentalitäten städtischer Gemeinwesen und ihres christlichen Ethos aus. Ihr Ideal eines einfachen, tugendhaften christlichen Lebens, das durch Traktate, Gebetbücher und Exerzitien der Selbstbeobachtung, -überwindung und -disziplinierung eingeübt wurde, enthielt Motivpotentiale für eine durch individuelle Aneignungsprozesse flankierte christliche Normierung der Gesellschaft unter maßgeblicher Beteiligung der Laien. Nicht zuletzt in bezug auf die städtischen Reformationsprozesse dürften diese mentalen Dispositionen weitaus nachhaltigere Voraussetzungen darstellen als die mancherlei Klagen und moralisierenden Spötteleien über den verkommenen Klerus.

Ordenswesen

Auch das Ordenswesen, ein notorisch besonders reagibler, von permanenten internen und externen Reformimpulsen bestimmter Bereich kirchlichen Lebens, war im 15. Jahrhundert von forcierten Veränderungsdynamiken geprägt. Im Unterschied zu älteren Epochen der Kirchengeschichte, in denen Reformbedürfnisse des monastischen Lebens häufig zu Neugründungen von Orden geführt hatten, spielten solche im 15. Jahrhundert nur eine relativ geringe Rolle. Vielmehr wurden die Reformanliegen innerhalb der bestehenden älteren Orden realisiert; diejenigen Klöster und Konvente, die sich zu einer strengeren Beachtung der jeweiligen Regeln entschlossen hatten, die Observanten, formierten sich zu eigenen Kongregrationen innerhalb der bestehenden Orden. Für die Benediktiner erlangte die *Bursfelder Kongregation* eine überregionale Bedeutung; unter den Augustinerchorherren betrieb die *Windesheimer Kongregation* eine regelstrenge, auf Verinnerlichung und Entweltlichung abzielende Reform. Auch die Bettelorden, die Franziskaner, die Dominikaner, die Augustinereremiten und die Karmeliter, bildeten observante Kongregationen aus. Ausstrahlende Wirkungen der Observanzbewegung auf die Gesellschaft als Ganze ergaben sich mittelbar dadurch, daß einzelne Landesherren ein besonderes Interesse an ihr hatten, die observanten Klöster in ihrem Bereich besonders förderten und die Konventualen, also die weniger strengen Klöster und Konvente, eher zurücksetzten. Von der regelstrengen Frömmigkeit der observanten Klöster, die meist auch die sittlich und intellektuell überzeugenderen Nachwuchskräfte an sich banden, erhoffte man sich seitens der Politik nicht nur günstigere heilsökonomische Effekte – denn frommere Konvente leisteten mehr für das Seelenheil anderer als laxe –, sondern auch eine produktive Vorbildfunktion für die übrige Gesellschaft. Mit dem ›versoffenen, geilen Mönch‹, den der Volksschwank verhöhnte, ließ sich kein Staat machen. Der Drang zur weltlichen Sittenzucht und die inneren Antriebe der monastischen Observanzbewegung konnten einander also produktiv verstärken. Die Vorstellung, daß aus dem Kloster Überzeugungen und Personen kamen, die der Gesellschaft als Ganzer etwas zu sagen hatten, sie zu belehren und ihnen Orientierung zu geben vermochten, war dem Zeitalter nicht fremd. Der sittliche Glaubwürdigkeits- und der religiöse Plausibilitätsgewinn, den die monastische Lebensform auch durch die Observanzbewegung erfahren hatte, dürfte eine in ihrer Bedeutung schwerlich zu überschätzende Voraussetzung dafür gebildet haben, daß die mit den observanten Augustinereremiten besonders eng verbundene ernestinische Dynastie, schließlich auch die größere Öffentlichkeit ›Bruder Martinus‹ aus Wittenberg Gehör und Vertrauen schenkten. Diejenigen unter den Reformatoren, die einem monastischen Hintergrund entstammten, kamen überwiegend aus observanten Konventen. Die Übertragungsprozesse vom Kloster in die Welt waren ihnen geläufig.

Wallfahrtswesen

Seit der Antike waren Wallfahrten ein ganz traditionelles Moment christlicher Frömmigkeitspraxis; sie galten den Stätten der Heiligen und Christi im Heiligen Land und wurden in der Regel als individuelle Buß- oder Dankesleistung für begangene Schuld oder widerfahrene Gnaden und zur Einlösung eines verpflichtenden Gelübdes unternommen. Im späten 15. und frühen 16. Jahrhundert entwickelten sie sich, wie es scheint, zu einem Phänomen der kollektiven religiösen ›Eventkultur‹. Was die Wallfahrtsziele attraktiv machte, waren nun vermehrt weniger heilige Gebeine und Gegenstände einer weit zurückliegenden Zeit als vielmehr aktuelle Manifestationen wunderhafter Art, die mittels einer entsprechenden Werbepublizistik verbreitet wurden und die sich – was der von frommen oder sensationssüchtigen Motiven geleitete Wallfahrer kaum wahrgenommen haben dürfte – als lukrative Großveranstaltungen erwiesen. Bei den neuen Wallfahrtsorten standen meist Mirakel am Anfang. In Crailsheim etwa hatte ein Hirte verbreitet, daß einer Buche eine Quelle entspringe, deren Wasser wunderbare Heilkräfte auf trübe Augen ausübe. Man errichtete flugs eine Marienkapelle und setzte durch gezielte Werbemaßnahmen eine Kampagne in Gang. In Wilsnack in der Altmark wurden – vom brandenburgischen Kurfürsten gefördert, von seiten der Kurie, etwa des Kardinals Nikolaus von Kues (1401-64), beargwöhnt – drei blutige Hostien verehrt, die seit den siebziger Jahren des 15. Jahrhunderts zu einem favorisierten Wallfahrtsziel avancierten. An vielen dieser neuen Wallfahrtsorte wurden Mirakelbücher geführt, in denen Buchhalter des Heiligen die extraordinären Begebenheiten, Gebetserhörungen, Heilungen und Rettungserfahrungen aller Art dokumentierten und zum Teil auch publizierten. Im mecklenburgischen Sternberg bildete ein angeblicher jüdischer Hostienfrevel, den der geschmähte und geschändete ›gebackene Gott‹ der Christen durch wunderhafte Machterweise rächte, den Hintergrund einer seit den neunziger Jahren des 15. Jahrhunderts florierenden Wallfahrt. Päpstliche und bischöfliche Ablaßprivilegien ließen den Besuch des Wunderortes und die Betrachtung der Gegenstände, die den Eingriff des Himmels in die irdische Sphäre dokumentierten, zu einer heilspendenden Unternehmung werden. An dem Sternberger Hostienwunder, das keinerlei ›neues Wissen‹ über Gott und die Welt vermittelte, wohl aber altbekannte ›Richtigkeiten‹ und ›Gewißheiten‹ bestätigte, wird die sozialpsychologische und kulturelle Funktion solcher Art Mirakel deutlich: Die Juden sind die ewigen Feinde Christi und der

Christen und suchen diese zu schädigen, wo sie nur können. Der seinen Peinigern in Gestalt tiefster Machtlosigkeit im Brot ausgelieferte Christus aber erweist sich ihnen gegenüber als unendlich überlegen. Denen, die sich den Juden wirtschaftlich und kulturell unterlegen fühlen mochten, lieferten Legenden wie die Sternberger Motive eines christlichen Triumphalismus der ›kleinen Leute‹ und Anlässe zur Vernichtung und Verfolgung der mißliebigen ›Fremden‹.

Auch im Falle der spektakulärsten Massenwallfahrt der Zeit, der 1519 einsetzenden Regensburger, die sich mit den Anfängen der reformatorischen Bewegung zeitlich überschnitt, ist ein antijudaistischer Hintergrund unverkennbar. Der Rat der Stadt Regensburg hatte die kurze Sedisvakanz nach dem Tode Kaiser Maximilians I. genutzt, um die unter dessen Rechtsschutz stehenden Juden zu vertreiben und das von ihnen bewohnte Stadtviertel einschließlich der Synagoge zu zerstören. Als ein Regensburger Steinmetz, der sich bei den Abrißarbeiten an der Synagoge schwer verletzt hatte, am folgenden Tag wieder auf der Baustelle erschien, deutete man dies als ein durch Maria gewirktes Heilungswunder. Eine rasch installierte hölzerne Marienkapelle und eine Statue der ›Schönen Maria‹ bildeten nun das Zentrum eines vom Regensburger Rat offensiv vermarkteten Wallfahrtsunternehmens. Das als wundertätig verehrte Marienbild wurde auf Einblattdrukken bekanntgemacht; Wunderberichte erschienen mit Fortsetzungsfolgen und dokumentierten für die nur knapp vierjährige Betriebszeit des Wallfahrtsortes über 700 Mirakel. Anhand des in Rechnungsbüchern nachgewiesenen Verkaufs von Pilgerzeichen – im Jahre 1520 waren es 109 198 bleierne und 9763 silberne – wird die Massenhaftigkeit der Besucherzahlen eines solchen neuen Wallfahrtsortes deutlich. Die ekstatischen Momente, die diese Wallfahrt begleiteten – Wallfahrtszüge ganzer Dorfschaften zogen los und rissen insbesondere Frauen, die alles stehen- und liegenließen, wie vom Geistbraus erfaßt mit sich fort; konvulsivisch zuckende Menschen wälzten sich schluchzend am Fuße der Marienstatue; halbnackte, wild lallende Bauern sprachen in Zungen –, erinnern vielleicht doch

Abb. 2: Wallfahrt zur ›Schönen Maria‹ von Regensburg
(Holzschnitt von Michael Ostendorfer, um 1519)

zu sehr an Manifestationen religiöser Massenhysterie, wie sie später gelegentlich auch im Täufertum und in der radikalen Reformation begegnen werden, als daß man in Regensburg noch eine ›typische‹ vorreformatorische Veranstaltung sehen könnte. Doch die religiöse Entflammbarkeit der Menschen und ihre Mobilitätsbereitschaft zugunsten des Heiligen und des Heils dokumentiert die Wallfahrt zur ›Schönen Maria‹ nicht anders als die um 1500 gleichfalls mit gewaltigen Besucherzahlen gesegneten Wallfahrten zu den sich besonderer Wertschätzung erfreuenden Präsentationsorten heiliger Textilien: zur Pfalzkapelle Karls des Großen in Aachen, wo das Kleid Marias, die Windeln des Herrn, das blutgetränkte Tuch, auf dem der Täuferkopf gelegen hatte, und der Lendenschurz des Gekreuzigten zu sehen waren, und zum Trierer Dom, dem Ort des Heiligen Rocks.

Heiltumsschauen

Andere Zielorte frommer Pilgerschaft mit regionaler oder überregionaler Ausstrahlungs- beziehungsweise Anziehungskraft warben für bestimmte Großveranstaltungen, sogenannte Heiltumsschauen, die an jährlich wiederkehrenden Terminen stattfanden und die die einzelnen Objekte größerer Reliquiensammlungen in einer exakt festgelegten Dramaturgie präsentierten. Mit jedem dieser Einzelobjekte waren bestimmte, in gedruckten Handbüchern registrierte Ablaßgnaden verbunden. Die Wittenberger Sammlung Friedrichs III. von Sachsen (1463-1525), die Lucas Cranach d. Ä. 1509 in einem mit 117 Holzschnitten ausgestatteten Heiltumsbuch präsentierte, wuchs in den Jahren unmittelbar vor dem Aufbruch der Reformation besonders rasant: Waren es 1513 noch 5262 Einzelstücke gewesen, so 1520 bereits knapp 19 000. Entsprechend erhöhte sich die Zahl der Jahre des Ablasses der Fegefeuerstrafe, der auf dem unmittelbar vor der Reformation erreichten Höhepunkt dieser Entwicklung mehrere Millionen Jahre betrug. Das Konkurrenzangebot der Heiltumsschau Erzbischof Albrechts von Brandenburg, das in Halle präsentiert wurde, brachte es auf noch gewaltigere Zeiträume vieler Millionen Jahre, die aber doch noch immer weniger waren als die Ewigkeit. Im durch die Reformation geprägten, jede dinglich-gegenständliche Heiligkeit kompromißlos ablehnenden Rückblick mögen diese religiös-touristischen Großveranstaltungen als besonders beeindruckende Beispiele einer auf Anhäufung von einzelnen Heilsgnaden abzielenden, veräußerlichten, letzter Heilsgewißheit entbehrenden und bizarren Religiosität gewertet werden, die die Reformation ablehnte und am Ende da, wo sie sich durchsetzte, auch überwand und abschaffte. Aber dies ist vielleicht doch nur eine Seite der Medaille; denn die Heiltumsschauen waren eben auch Veranstaltungen, die die ganze Heilsgeschichte der christlichen Kirche mehr oder minder vollständig vergegenwärtigten, aktualisierten und dem einzelnen Gläubigen so nahebrachten, daß ihm – wenn auch in erster Linie abstrakt in Form von bestimmten Tages- oder Jahreszahlen des Schulderlasses – deutlich wurde, daß sie *für ihn* Bedeutung besitze. Ähnlich der in der zeitgenössischen Kunst üblichen Akkommodation der Bildlichkeit an die Lebenswelt ihrer Betrachter, die die Protagonisten der Heilsgeschichte nach Aussehen und Gewandung als Zeitgenossen erscheinen ließ und aus der Sphäre golden-himmlischer Jenseitigkeit ins Diesseits plazierte, lieferten die Heiltumsschauen die Aneignung einer fremden, ›mir‹ äußerlichen Geschichte auf ›mein‹ Heil. In der Wittenberger Sammlung Friedrichs von Sachsen etwa rückte auch die Christusgeschichte in Gestalt einzelner Reliquien ganz nahe und wurde vermittels des Ablasses ›für mich‹ bedeutsam. Die gezeigten Gegenstände vergegenwärtigten vor allem die biblische Geschichte: Partikel der Geburtsstätte Marias, Finger und Daumen ihrer Mutter, Fäden, die sie gesponnen hatte, ein Teil der Kammer, in der Maria der Engel erschienen war, sogar Reste der Milch der Mutter Gottes und Teile des Baumes, unter dem sie den Herrn gesäugt hatte, seine Windeln, Splitter seiner Krippe, Stroh, auf dem er gelegen hatte, Gold und Myrrhe der Magier aus dem Morgenland, auch die Objekte der Passion, schließlich ein Teil des Felsens von seinem Grab und dessen, von dem er in den Himmel gefahren war. Und die jeweiligen Ablaßgnaden, die an die einzelnen Objekte beziehungsweise die Präsentationsgänge gebunden waren, konkretisierten das in dieser Geschichte begründete Heil ›für mich‹. Authentisch im Sinne der Zuverlässigkeit oder Wahrscheinlichkeit ihrer Historizität mußten die Objekte nicht sein, um ihre performative Kraft zu entfalten.

Ablaß

Der Ablaß stellt ein allgegenwärtiges Element spätmittelalterlicher Frömmigkeitskultur dar. Neben den den Päpsten vorbehaltenen Plenarablässen, die eine vollständige Tilgung der im Fegefeuer abzubüßenden Sündenstrafen und damit einen unmittelbaren Zugang zum Himmel nach dem Tode versprachen, stehen dic nach einem Dekret Papst Innozenz' III. (reg. 1198-1216) von 1215 regulierten Ablässe einzelner Bischöfe, die bei der Einweihung von Kirchen für die Dauer von einem Jahr und für die Jahrestage der Kirchweihe gewährt wurden und den Zeitraum von vierzig Tagen, einer ›Quadragene‹ verschärfter Buße, nicht überschreiten durften.[8] Die Plenar- und die Partikularablässe, deren Zeitangaben aus dem System der Tarifbuße entstanden sind – bestimmten Vergehen entsprechen bestimmte Satisfaktionsleistungen, die durch adäquate Ablässe kompensiert werden können –, existierten nebeneinanderher. Die Plenarablässe, ursprünglich für die Teilnahme am Kreuzzug (seit 1095 unter Urban II. [reg. 1088-99]) gewährt, seit dem Jubelablaß von 1300 auch für die Pilgerreise nach Rom in den Jubeljahren (zunächst den vollen Jahrhunderten, später halben oder viertel Jahrhunderten oder Jubiläen der Kreuzigung) konzediert, versprachen volle Befreiung von den Sündenstrafen. Sie waren aufs Ganze gesehen exzeptionelle Heilsangebote, während die einzelnen, auch kumulierten kleineren Ablässe, die an bestimmten Orten zu bestimmten Zeiten für bestimmte Gebets- oder Bußleistungen zu erlangen waren, die gleichsam unspektakuläre und alltägliche Variante des Ablasses darstellten.

Die in der Theologie des 13. Jahrhunderts ausgebildete Theorie vom Gnadenschatz der Kirche, die lehrte, daß der Kirche die Verdienste Christi zusammen mit den überschüssigen Verdiensten der Heiligen anvertraut seien und daß der Papst über diesen Schatz der Verdienste *(thesaurus meritorum)* verfügen dürfe, bildete die maßgebliche theologische Legitimationsbasis der Praxis, die auf große Akzeptanz der Gläubigen stieß. Nach und nach, zunächst wohl vor allem im Zusammenhang der Jubeljahre, zeigte sich, daß der Ablaß ein lukratives Geschäft sein konnte. Doch sollte man – gegenläufig zu manchen antirömischen Stimmen im Vorfeld und zu Beginn der Reformation – die hier liegenden Möglichkeiten kurialer Bereicherung keineswegs überschätzen und zur maßgeblichen Triebkraft in der Geschichte des Ablasses stilisieren. Bei den großen Ablaßkampagnen vor der Reformation, deren eine den Ablaßstreit und mit ihm die Reformation auslöste, fiel dem Papst in der Regel bestenfalls ein Drittel der Einkünfte zu. Die weltlichen Stände, die Städte, in deren Mauern, und die Fürsten, in deren Territorien er verkündet wurde, und die Ablaßkommissare, die einen großen Troß an Akteuren zu bedenken hatten – sie alle verdienten mit. Die wohl größte Summe, die aus Anlaß eines Jubiläumsablasses zusammengekommen ist, war die von 1500; dieser Ablaß war vier Jahre lang verkündet worden und erbrachte in der einen Hälfte des Verkündigungsbereiches rund 75 000 Goldgulden, eine Summe, die etwa dem Jahresbudget einer mittelgroßen Stadt wie Basel entsprach. Welchen Anteil der Ablaßhandel im päpstlichen Haushalt wirklich ausmachte, ist im einzelnen nicht dokumentiert. Gegenüber den Gewinnen aus dem Alaunhandel aus den Gruben des im Kirchenstaat gelegenen Tolfa, für das sich die Päpste ein Monopol auf den Vertrieb der für die Textilverarbeitung und Gerberei unverzichtbaren Salze zu sichern versuchten, dürfte der Ablaßhandel aufs Ganze gesehen eine vernachlässigenswerte Größe gewesen sein.

In der Ablaßtheologie des späten Mittelalters war weithin

ungeklärt geblieben, wieweit die mit der päpstlichen Schlüsselgewalt über den Kirchenschatz, den *thesaurus ecclesiae*, verbundene Vollmacht reichte und wie sie wirksam wurde. Geschah dies durch einen vollmächtigen Akt schatzmeisterlicher Verfügungsgewalt des Papstes *(per modum dispensationis)* oder so, daß die auferlegten Sündenstrafen fürbittweise *(per modum suffragii)*, und das hieß: unter Anerkennung einer richterlichen Superiorität Gottes, erlassen wurden? Auch in bezug auf das Verhältnis des Ablasses zur jährlichen Pflichtbeichte, zum Bußsakrament, bestanden gewichtige Unklarheiten, insbesondere sofern es den Plenarablaß betraf. Untergrub der Ablaß am Ende die Notwendigkeit der Buße? Fragen dieser Art, die in der frühen Reformation ein erhebliches Gewicht erhalten sollten, wurden dadurch in ihrer Bedeutung forciert, daß dem Ablaß im späten Mittelalter immer weitergehende Heilswirkungen zugeschrieben wurden, ja ein immer inflationärerer Gebrauch der Plenarablässe um sich griff. In der Zeit des avignonesischen Schismas (1389-1404) war es zur Auflösung der bis dahin geltenden exklusiven Bindung der Plenarablässe an die bewaffnete Pilgerschaft im Zusammenhang der Kreuzzüge und an den Rombesuch gekommen. Die Mobilisierung der Ablaßgnaden, die nun an anderen Orten nach Art *(ad instar)* bestimmter Heils- und Gnadenorte aufgrund päpstlicher Konzessionen erlangt werden konnten – etwa der Ablaß der Portiuncula-Kapelle in Assisi an der Schloßkirche in Wittenberg –, brachte es mit sich, daß herausragende Heilsangebote an bestimmten Festtagen nicht mehr in der Ferne, sondern gleichsam in der Nachbarschaft erhältlich waren. Die entsprechenden geistlichen Orte und Einrichtungen, die solcherart Privilegierungen durch *Ad-instar*-Ablässe vom Papst erwarben, steigerten natürlich ihre Anziehungskraft auf dem durchaus umkämpften Markt der Heilsangebote. In der Ablaßtheorie – und bald auch in der praktischen Verkündigung – kamen nun auch die Ablässe für die Verstorbenen auf, die Vorstellung also, die päpstliche Schlüsselgewalt vermöge unmittelbar ins Jenseits hineinzuwirken. Ablaßprediger vom Schlage Johann Tetzels (s. u. S. 200f.), des ersten Gegners Luthers, dramatisierten die Qualen der unerlösten Vorfahren und appellierten an den gerade in dieser Zeit beflügelten Familiensinn, indem sie die Toten den Lebenden zurufen ließen: »Wir haben euch gezeugt, ernährt, erzogen und euch unser zeitliches Gut überlassen; und ihr seid so grausam und hart, daß ihr, wo ihr uns doch mit leichter Mühe erretten könntet, es nicht wollt und uns in den Flammen wälzen laßt.«[9]

Die letzte Steigerungs- und Mobilisierungsstufe des Ablasses wurde in den großen Ablaßkampagnen unter der Regie des französischen Kardinals Raimund Peraudi (1435-1505) erreicht, der aus Anlaß eines Türkenkreuzzuges und eines außerordentlichen Jubiläums seit den achtziger Jahren in Frankreich, Deutschland und Skandinavien unterwegs war. Sie bestand in der Übertragung der vollen Heilsgnaden, die in Rom zu erlangen waren, des Plenarablasses also, auf diejenigen Ortschaften, die von einem durch die Lande ziehenden Ablaßtroß besucht wurden. Das in diesem Zusammenhang perfektionierte Heilsangebot bestand im Folgenden: erstens in der vollen Befreiung von Sündenstrafen auch im Falle extremer Vergehen – ausgenommen waren lediglich Machenschaften gegen den Papst, die Kurie und Prälaten sowie Handelsbetätigungen, die das päpstliche Alaunmonopol unterliefen; zweitens in einer Garantie für die Zukunft, die durch einen Ablaßbrief, ein sogenanntes *Confessionale*, besiegelt wurde und nicht nur »einmal im Leben und in der Stunde des Todes« (s. u. S. 201), sondern *toties quoties*, das heißt, sooft jemand es in Anspruch nahm, das Recht auf eine Generalbeichte und einen Plenarablaß gewährte – in dieser Form war die volle Sündenvergebung jederzeit ›abrufbar‹ und unterlief der Ablaß den Ernst des Bußsakraments; drittens in einer Anwendung des Ablasses auf die Verstorbenen und ihre unmittelbare Befreiung aus dem Fegefeuer aufgrund des Erwerbs eines *Confessionale*. Peraudis Leistung in bezug auf den Ablaß bestand auch darin, daß er durch die großen Kampagnen das exzeptionelle Heilsangebot in einer standardisierten Form unter das Volk brachte.

Die Segnungen des Buchdrucks, der um die Mitte des

15. Jahrhunderts um sich greifenden Technik der typographischen Reproduktion mit beweglichen Metallettern, wurden konsequent in den Dienst der Ablaßkampagnen gestellt: Werbeplakate, Bullen, Instruktionen der Ablaßkommissare und die Formulare für die Beichtbriefe, in die nur mehr die Namen der Begünstigten einzutragen waren, verließen die Pressen. Die mit den Türkenablässen und den Ablaßkampagnen verbundene Druckproduktion trug wesentlich dazu bei, daß sich der Buchdruck und die Zuliefergewerbe zu Wachstumsbranchen entwickelten. Doch die Ablaßkampagnen hatten noch eine andere medien- und kommunikationsgeschichtlich innovative Dimension; denn sie überzogen die Orte, in die sie kamen, mit einem einheitlichen Aktionsschema und machten sie zu identischen Erfahrungsräumen: In sieben Kirchen oder Kapellen der jeweiligen Stadt, in die der Ablaßtroß kam, wurden in Analogie zu den sieben Hauptkirchen Roms Papstfahnen gehißt und in einer Kapitale ein riesiges rotes Kreuz mit päpstlichen Wappenfahnen errichtet. Die Ablaßempfänger gingen zu einem der im Troß der Kampagne mitreisenden oder vor Ort rekrutierten Beichtväter; 1489 sollen dies in Erfurt 25, in Nürnberg gar 43 gewesen sein. Nach Einschätzung der finanziellen Leistungsfähigkeit des Ablaßempfängers war nun ein Obolus zu entrichten und eine bestimmte Gebetsleistung in den sieben Kirchen zu erbringen. Nach diesem standardisierten Verfahren wurde in allen Städten des Abendlandes, wohin der Troß zog, verfahren. Weit auseinander liegende Orte Europas wurden in dieser Weise verbunden und durch die päpstlich autorisierte Heilsagende mit der »Idee von der totalen Gnade«,[10] die im Ablaß nahekam, bekannt gemacht. Wer kein Geld hatte, sollte beten und fasten; daß das Himmelreich den Reichen nicht weniger als den Armen offenstehen dürfe, galt als selbstverständlich.[11] Verglichen mit dem Stiftungswesen und vielen anderen von sozialer Schichtung und Ungleichheit geprägten Gnadenveranstaltungen des späten Mittelalters besaß der Ablaß in konzeptioneller Hinsicht einen geradezu egalitären Einschlag, den man für eine nicht unwichtige Voraussetzung der Reformation halten könnte.

Der unverrechenbaren Vielfalt der Möglichkeiten der Heilsvorsorge, die die Kirche und ihre mannigfachen Institutionen um 1500 anbot, dürfte freilich ein Moment der strukturellen Verunsicherung innegewohnt haben. Denn was war ein Plenarablaß wirklich wert, wenn die Päpste bei Antritt ihrer Regierung die Plenarablässe ihrer Vorgänger regelmäßig wieder aufhoben, um dem Vertrieb eigener Angebote Raum zu schaffen? Wie verläßlich waren die Offerten der Heiltumsschauen, der Wallfahrtszentren und Gnadenorte, wenn sie immer üppigere Gnadenschätze feilboten? Was bewirkten aufwendige Stiftungsinvestitionen in bezug auf ›mein Heil‹, wenn auch dem frommen Habenichts der Himmel sowenig verschlossen war wie dem edelmütigsten Spender? Die Inflationierung der Heilsangebote um 1500 barg den Keim ihrer Infragestellung in sich und förderte die Individualisierung der Aneignungsformen.

Heiligenverehrung und Marienfrömmigkeit

Bei der Verehrung der Heiligen, deren bunte Vielfalt sich im Laufe des 15. Jahrhunderts beträchtlich steigerte, wurde die Tendenz immer stärker, einzelne Heilige für bestimmte Notlagen, ja als persönliche Helfer zu wählen. Bruderschaften machten sich den gemeinschaftlichen Kult bestimmter Heiliger, oft in Verbindung mit einzelnen Klöstern, zu eigen. Die Heilssorge der Bruderschaften, die Kleriker, Mönche und Laien umfaßten und zum Teil stattliche Beitrittsgebühren einforderten, erstreckte sich vornehmlich auf ihre Mitglieder und deren Angehörige und sicherte durch die Kumulation und Kollektivierung frommer Werke, daß sich die Heiligen, deren Verehrung die Fraternität diente, dieser vermittelnd annahmen. Der Kult der 14 Nothelfer erlangte im 15. Jahrhundert eine besondere Popularität; die gesammelte Potenz der seit 1445/46 aufgrund der Vision eines Klosterschäfers in einer Wallfahrtskapelle verehrten 14 Heiligen bildete ein Konsortium himmlischer Unterstützer, die der Gemeinschaftsstruktur seiner genossenschaftlich organisierten Verehrer entsprach. In der Verehrung der Mutter Marias, dem Annenkult, der sich im 15. Jahrhundert explosiv ausbreitete, auch in der Verehrung der zeitgenössisch populären ›heiligen Sippe‹, kam der sozial- und mentalitätsgeschichtlich wichtige Aufschwung zum Ausdruck, den Ehe und Familie als bürgerliche Lebensformen nahmen. Die Konjunktur, die der weibliche Vorname Anna um 1500 erlebte, und die Wertschätzung, die die legendarische Mutter Marias selbst bei gelehrten Humanisten wie Konrad Celtis (1459-1508), Johannes Trithemius (1462-1516) und Erasmus erlangte, fanden vornehmlich in den allerorts entstehenden Annenbruderschaften ihren Niederschlag.

Der Aufschwung der heiligen Anna war natürlich von der einzigartigen Rolle Marias als der Heiligen schlechthin inspiriert. Christus schien ganz hinter ihr verschwunden; ja, Gottvater selbst erhob sich nach einem niederdeutschen Gebetstext »vor der Himmelskaiserin mit den Worten, er wolle ihr dienen, er sei ihr Knecht!«.[12] Die Vielfalt der visuellen Darstellungen, die von der Schutzmantelmadonna und der Himmelskönigin auf der Mondsichel bis zur in zeitgenössischer Schicklichkeit gefaßten schlichten Bürgerfrau reichte, spiegelt die umfassende Bandbreite der Marienfrömmigkeit und die Universalität der Deutungs- und Hilfsansprüche wider, die mit ihr verbunden waren. Mariologische Lehrfragen wie die nach der ›unbefleckten Empfängnis‹, das heißt der Herausnahme Marias und ihrer ›heiligen Familie‹ aus dem durch die Erbsünde bestimmten Unheilszusammenhang, oder die nach der leiblichen Aufnahme der Gottesgebärerin in den Himmel unmittelbar nach ihrem Tod, nahmen Frömmigkeit und Theologie lebhaft in Anspruch, ohne daß es vorerst zu definitiven dogmatischen Entscheidungen gekommen wäre. Der Rosenkranz, der im späten 15. Jahrhundert weiteste Verbreitung zu finden begann, war elementar mit dem wichtigsten Mariengebet, dem Ave Maria, verbunden und trug zur marianischen Konzentration vorreformatorischer Frömmigkeit, aber auch zu ihrer Ausrichtung am gekreuzigten Christus, an der Versenkung in seine Passion und an der Teilhabe an seinem Schmerz,

Abb. 3: Der sogenannte große Rosenkranz
(deutsche Fassung; Holzschnitt von Erhard Schön, um 1515)

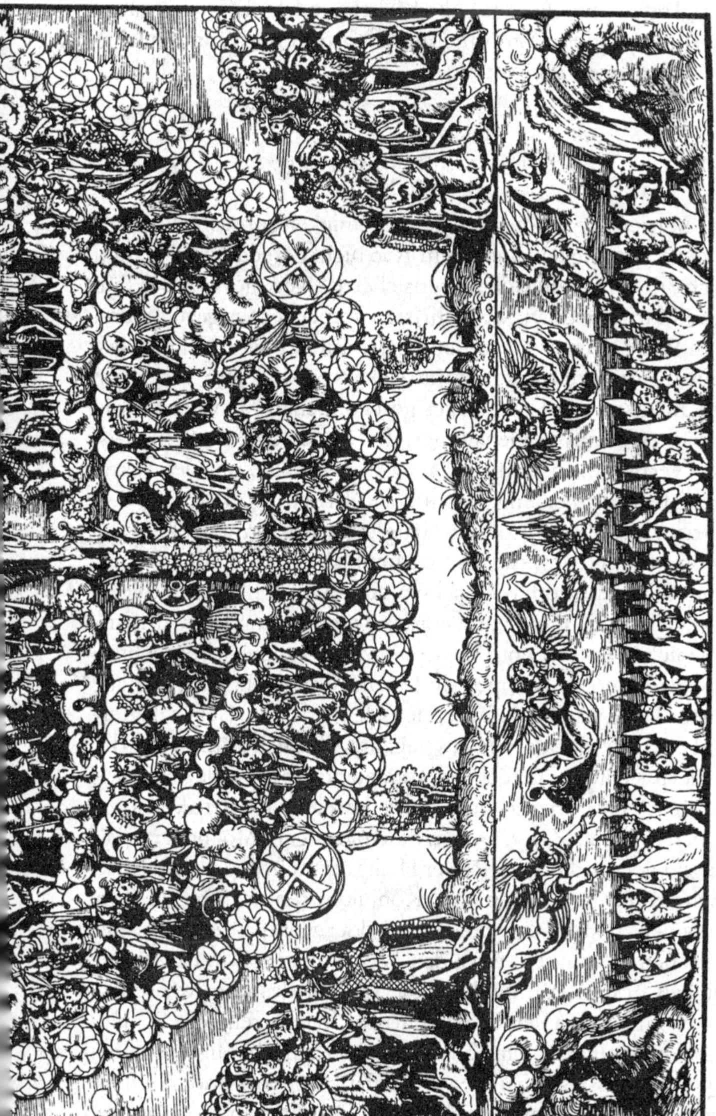

bei. Trauer und Freude, Niedrigkeit und Hoheit, der ganze Kosmos religiöser Empfindsamkeit war in Maria und in Christus gesammelt und vereint.

Christus- und Passionsfrömmigkeit

Die Marien- gegen die Christusfrömmigkeit auszuspielen dürfte der Frömmigkeitskultur um 1500 nicht gerecht werden; und auch die Vorstellung, der verunsicherte Gläubige habe der Fürbitte Marias bedurft, weil Christus immer ferner gerückt und zum Weltenrichter geworden sei, ist mit der Inbrunst der Passionsfrömmigkeit des Spätmittelalters wohl kaum vereinbar. Die Realistik des Leidens des geschundenen Menschen – die Stationen seines Leidensweges, die Werkzeuge, die seine Passion verursacht hatten (die *arma Christi*), eine mit der Sakramentsfrömmigkeit eng verbundene Vertiefung in die Wunden Christi und ihre Vergegenwärtigung im Kultmysterium der Messe (Gregorsmesse; Hostienmühle) – bildet den Inhalt einer Vielzahl von bildlichen und textlichen Aneignungen der Zeit. Der Drang zur Vergegenständlichung der Christusgeschichte ist evident: Im dreidimensionalen, lebensechten Bildmedium des Krippenkindes zur Weihnachtszeit, des auf einem Passionsesel einfahrenden Heilands, des Gekreuzigten und des durch moderne Flaschenzugtechnik in Himmelfahrtslöchern sichtbar entrückten Auferstandenen wurde die Christusgeschichte in die nach dem Kirchenjahr strukturierte Lebenswelt der Zeitgenossen hineingezogen. Möglicherweise trugen gerade die Vitalität der Heiligenverehrung, ihre diffuse Vielfalt und ihre ephemeren Konjunkturen dazu bei, daß in manchen Texten, auf zahllosen Bildern und in einigen spezifischen Kontexten, etwa den Klöstern, schon in der Frömmigkeit des 15. Jahrhunderts die Gestalt des den Menschen nahekommenden, leidenden Christus in eine religiöse Schlüsselposition eintrat – ein Sachverhalt, der zu den religionskulturellen Voraussetzungen der Reformation gehört und in seiner zentrierenden, elementarisierenden Dynamik in Kontrast zu den mancherlei schillernden, zentrifugalen Tendenzen der zeitgenössischen Frömmigkeit gestanden haben dürfte. Darin, daß die Reformatoren die diversen Erscheinungen der Frömmigkeit nach Maßgabe des Christusbekenntnisses beurteilten und kritisierten, waren sie auch Kinder ihrer Zeit.

Predigt und Erbauungsliteratur

In der Frömmigkeitskultur des späten 15. und des frühen 16. Jahrhunderts ist ein lehrhafter Zug erkennbar, der mit wachsenden Bildungsansprüchen insbesondere städtischer Laien zusammenhing und auch in einer Zunahme städtischer Predigt seinen Ausdruck fand. Die Einrichtung städtischer, gelegentlich sogar ländlicher Prädikaturen, die mit qualifizierten, in der Regel promovierten Universitätsabsolventen aus dem geistlichen Stand besetzt und aus Stiftungen finanziert wurden, spiegelt ein gesteigertes Bedürfnis nach einer geistigen Aneignung des christlichen Glaubens wider, die über die eher passive Partizipation am Kult hinausging. Auch unter vorreformatorischen Theologen, die sich in besonderem Maße der Predigt annahmen, wurde gelegentlich die These vertreten, die Predigt trage mehr zum Heil bei als die Messe,[13] ja, so Eck in Ingolstadt, »[w]er eine Predigt andächtig anhöre 〈…〉 tue ein ebenso gutes Werk wie ein Kartäuser, der sich geißle!«.[14] Um 1500 war die Predigtfähigkeit ein integraler Bestandteil des geistlichen Amtsprofils, sowohl für den monastischen Bereich als auch für den Weltklerus. Reformwillige Bischöfe suchten Mißstände in der Geistlichkeit dadurch zu sanieren, daß sie den Bildungsstand und damit die Predigtfähigkeit der Geistlichen verbesserten, und Erfolgsbücher wie das *Manuale Curatorum* des Basler Pfarrers und Theologieprofessors Ulrich Surgant (um 1450-1503), das bis 1520 sechs Ausgaben erlebte, trugen dazu bei, humanistisch-rhetorische und scholastisch-methodische Tendenzen der Homiletik zu integrieren.

Die große Verbreitung volkssprachlicher Erbauungsliteratur, unter der insbesondere Predigten oder predigtartige Auslegungen biblischer Perikopen, sogenannte Postillen, Hochkonjunktur hatten, läßt einen engen Zusammenhang zwischen Frömmigkeits- und Medienkultur erkennen. Vielfach wurde vorausgesetzt, daß der frommen Lektüre selbst eine geradezu gottesdienstliche Qualität zukomme, sie jedenfalls Einsichten und religiöse Gewißheiten vermittle, die das Gottesverhältnis unmittelbar betrafen. Insbesondere der Lektüre der volkssprachlichen Bibel wurde, ungeachtet dessen, daß einige kirchliche Instanzen ihre Verbreitung gelegentlich verboten, eine solche Qualität zugeschrieben; wenn in einer vorreformatorischen Evangelienpostille der Lektüre der Bibel, auch durch Laien, beigelegt wurde, alle Zweifel der Anfechtung zu vertreiben und den Trost des Heiligen Geistes zu vermitteln,[15] verdeutlicht dies, wie breit das Spektrum spätmittelalterlicher Frömmigkeitskultur war und wie unmittelbar die Reformation an einzelne ihrer Tendenzen anzuschließen vermochte. Der erhebliche Verbreitungsgrad volkssprachlicher Bibelausgaben im deutschen Sprachgebiet – 14 hoch- und 4 niederdeutsche Volltextausgaben und zahllose Teilausgaben erschienen vor der Reformation – bezeugt, daß es eine entsprechende Nachfrage, ja so etwas wie einen ›Hunger‹ von Laien nach dem Wort Gottes gegeben hat.

Buße

Das Thema Buße, durch das die Reformation ausgelöst werden sollte, war auch in der spätmittelalterlichen Predigt zentral, dies freilich so, daß die Laien vor allem zu sorgfältiger Gewissenserforschung und Trauer über ihre Sünden ermahnt und zur Ableistung einer vollständigen Beichtbuße aufgefordert wurden.[16] Daß bei einzelnen zum Teil verehrten Predigern wie Luthers Ordensoberem Johann von Staupitz (s. u. S. 96) der Gnade Gottes, seiner in Christus begegnenden Liebe, eine zentrale Bedeutung beigemessen wurde, gehört in das bunte Gesamtbild der Frömmigkeitskultur um 1500 selbstverständlich hinein. Katechetische Gattungen wie Beichtspiegel, Auslegungen der Zehn Gebote und des Vaterunsers waren neben der sogenannten Ars-moriendi-Literatur – kleinen, häufig reichbebilderten Traktaten zur Kunst des rechten, getrösteten, durch geistliche Präparation und sakramentalen Beistand ›gezähmten‹ Todes – die populärsten und verbreitetsten. Momente der Drohung vor dem Heilsverlust bei Fehlverhalten waren integraler Bestandteil der katechetischen Didaktik. Der Teufel, der nach der Seele des Sterbenden schnappt und von den kleinsten seiner Fehler, Unterlassungen und ungebeichteten Sünden profitiert, und der geöffnete Höllenschlund, der den Blick auf die von widerlichen Dämonen gepeinigten Verdammten freigab, bevölkerten die Bildwerke der Zeit und sicher auch die mentale Welt vieler Gläubiger.

Hexenglaube

Die Omnipräsenz des Dämonischen kam auch in einem rasanten Popularitätsgewinn des Hexenglaubens zum Ausdruck. Neben dem Heiligen hatte also um 1500 das Unheilige Hochkonjunktur. Strikte Abgrenzungen zwischen einer kirchlich regulierten Sphäre und den Motiven und Praktiken einer schillernden, auch aus den diffusen Tiefen archaischen Heidentums gespeisten magischen Mentalität, in der durch Segens- und Fluchprozeduren Widerfahrnisse abgewendet und Schikkungen heraufbeschworen wurden, sind nicht möglich. Die Allgegenwart der Teufelsfurcht, in der Kontingenzen aller Art gebündelt und Erfahrungen bedrohten Lebens gedeutet wurden, bestimmten Denken und Fühlen gebildeter und illiterater Menschen und hatten in der kirchlichen Lehre und in den Schreckensbildern der ewigen Verdammnis ihren Anhalt. Der Glaube daran, daß man mit den dunklen Mächten in einen näheren Verkehr treten könne und unheimliche Randsiedler der Gesellschaft, auch Juden, dies taten, reizte und verängstigte gleichermaßen. Der Kampf gegen die Hexen und der unter Gelehrten verbreitete Glaube an die Macht der Sterne setzten voraus, daß es Bereiche des Lebens gab, die dem unmittelbaren Machterweis Gottes und seiner Heiligen weithin entzogen waren. Ähnlich dem Handeln der Kirche, die über die Grenze des Todes hinweg zu wirken beanspruchte, griff die Magie in außerweltliche Sphären und auf überirdische Mächte aus. Die scholastische Systematisierung heterogenster Vorstellungen dämonologischer Art, die von den deutschen Dominikanerinquisitoren Heinrich Institoris (um 1430-1505) und Jakob Sprenger (um 1435-95) im *Hexenhammer* (*Malleus malificarum*, Straßburg 1487) vorgelegt wurde, bildete, nicht zuletzt aufgrund der päpstlichen Approbation der Hexenverfolgung mittels der Inquisition durch Innozenz VIII. (reg. 1484-92), die Grundlage einer Jahrhunderte währenden kollektiven Obsession.

Auch in der zeitgenössischen Bildlichkeit, auf gemalten Lehrtafeln, die in Kirchen oder auch Rathäusern hingen, oder auf Einblattdrucken, die in die häuslichen Räume eindrangen, traten katechetisch-lehrhafte Züge in den Vordergrund und brachten Illiteraten Kerngehalte einer heilvollen christlichen Lebensführung nahe. Am Vorabend der Reformation waren allenthalben, besonders freilich im städtischen Raum, vielfältige Visualisierungen präsent: Gebotetafeln, die um 1500 verstärkt auch mit Textanteilen ausgestattet wurden; Beichtspiegel, die der gewissenhaften Vorbereitung auf die jährliche Pflichtbeichte dienten und die lebensweltliche Vielfalt möglicher Vergehen strukturierten; Darstellungen von Heiligenlegenden und Mirakeln bestimmter Kultorte, die Ablaß gewährten; systematisierende Zusammenstellungen der 15 Vorzeichen des Jüngsten Tages, die zur Sensibilisierung gegenüber den ›Zeichen der Zeit‹ führen sollten; aber auch lichtvolle Glasfenster, die Glaubensmysterien wie die Transsubstantiation – die Wandlung der eucharistischen Elemente Brot und Wein in den wahren Leib und das wahre Blut Christi – erschlossen.

DIE THEOLOGIE UND IHRE KONTEXTE

Die theologische Gesamtsituation um 1500 spiegelt in ihrer Weise die Pluralität, vielleicht auch Widersprüchlichkeit, jedenfalls den Spannungsreichtum wider, der das Kirchenwesen als Ganzes kennzeichnet. Freilich gab es Theologie für unterschiedliche Kontexte, und je nach Kontext stellte sie sich anders dar.

Akademische Theologie

In der akademischen Theologie, die vornehmlich an den Universitäten und in den Ordensstudien, besonders denen der Bettelorden, gepflegt wurde, dominierten die scholastische Theologie, die scholastische Methode und die Orientierung an klassischen Lehrwerken und Textgattungen. Die bis in die Mitte des 15. Jahrhunderts ausgeprägte Konkurrenz zwischen einer *via antiqua* und einer *via moderna*, einer »alten«, realistischen, das heißt von der Existenz der Allgemeinbegriffe (Universalien) ausgehenden, und einer »modernen«, nominalistischen, den Universalien keine Realität außerhalb des Denkens zuerkennenden Lehrrichtung, hatte im späten 15. und frühen 16. Jahrhundert manches von ihrer Schärfe verloren. Zunehmend existierten beide erkenntnistheoretischen Schultraditionen, die bevorzugt von den Thomisten (nach Thomas von Aquin [1224-74]) des Dominikaner- und den Scotisten (nach Johannes Duns Scotus [um 1265-1308]) und Ockhamisten (nach Wilhelm von Ockham [um 1285-1347/49]) des Franziskanerordens vertreten wurden, an derselben Universität gleichzeitig nebeneinander. Pauschale Urteile über die ›Spätscholastik‹ als einer intellektuell erstarrten, in bezug auf die geistigen Herausforderungen des Zeitalters unflexiblen und integrationsschwachen Epoche der Theologiegeschichte speisen sich aus Verwerfungen einerseits der Humanisten, andererseits der Reformatoren. Sie sind freilich insofern problematisch, als einzelne intellektuelle ›Schaukämpfe‹, die seitens der Humanisten gegen die Scholastiker inszeniert wurden, entweder vom rivalisierenden Streit der Artisten um eine den höheren Fakultäten vergleichbare oder diese gar übersteigende Reputation bestimmt oder von durchaus punktuellen Sachgegensätzen geprägt waren. Eine Prinzipialisierung dieser Kontroversen verkennt, daß sich auch einzelne Scholastiker wie der große Tübinger Ockhamist Gabriel Biel (s. u. S. 95) positiv zu humanistischen Texten und religiösen Traditionen der Devotio moderna (s. o. S. 70-72) stellen konnten, in den Bildungsbiographien späterer Reformatoren wie etwa Karlstadt oder Zwingli scholastische und humanistische Einflüsse nebeneinanderher- und ineinandergingen, aber auch geachtete Humanisten wie Johannes Reuchlin (s. u. S. 112-114) oder die im Norden hochverehrten italienischen Philosophen und Theologen Marsilio Ficino (1433-99) und Giovanni Pico della Mirandola (1463-94) in einzelnen ihrer Werke und Argumentationsgänge scholastische Formen und Denktraditionen weiterpflegten. Für die geistes- und theologiegeschichtliche Situation um 1500 war das In- und Beieinander scholastischer und humanistischer Traditionsbestände gleichermaßen charakteristisch. Die insbesondere mit dem Wirken des Erasmus verbundene editorische Erschließung der Kirchenväter verstärkte das Interesse an der christlichen Theologie der Spätantike bei Scholastikern und Humanisten gleichermaßen.

Bei einzelnen scholastischen Theologen, etwa dem Augustinereremiten Gregor von Rimini (um 1305-58), war es in Anknüpfung an die radikale Gnadentheologie, die Augustinus in der Auseinandersetzung mit dem die menschlichen Willenskräfte zum Guten betonenden Mönchstheologen Pelagius entwickelt hatte, zu einer Renaissance des Augustinismus gekommen. Diese Tendenzen verstärkten sich im Zuge der frühen Druckverbreitung der antipelagianischen Schriften Augustins und bildeten eine wichtige theologiegeschichtliche Voraussetzung der Reformation. Bindende Lehrfestlegungen zu zentralen Fragen des augustinischen Erbes, zur Frage des Verhältnisses von Glaube und Werken, von freiem Willen und göttlicher

Gnade gab es nicht. Manches deutet darauf hin, daß die nominalistische Tendenz zum konkret existierenden Einzelding besondere Affinitäten zur Hinwendung zur religiösen Empirie besessen hat, wie sie bei den Vertretern der Devotio moderna propagiert wurde, vielleicht auch zur sprachlichen Einzelheit, die die Humanisten beschäftigte. Die thomistische Synthese von Theologie und Philosophie, Vernunft und Offenbarung scheint aufs Ganze gesehen schwächere Anschlüsse an die stärkeren Strömungen der Zeit gefunden zu haben als der Nominalismus, der einen begrenzten Erklärungsanspruch der Theologie vertrat, vor nichtiger theologischer Neugier *(curiositas)* warnte und tendenziell die Konzentration der Theologie auf Schrift und Offenbarung begünstigte. In der Frage nach dem Rang der Schrift im Verhältnis zur Tradition existierten in Theologie und Kanonistik unterschiedliche Auffassungen. Nicht einmal die Vorstellung eines unbedingten Primats der Bibel galt als abwegig; durch die Verurteilung Wyclifs und Hus' auf dem Konstanzer Konzil (s. o. S. 11) waren freilich der Akzeptanz von Positionen, die einen Vorrang der Bibel vertraten, Grenzen gesetzt.

Frömmigkeitstheologie und Mystik

Im Laufe des 15. Jahrhunderts hatten sich die literarischen Gattungen, in denen sich akademische Theologen äußerten, und mit ihnen die Kontexte und Adressaten, auf die hin sie schrieben, differenziert. Einzelne scholastische Theologen wie Johannes Gerson (1363-1429) oder Gabriel Biel (um 1410/15-95) konnten außerhalb scholastischer Textformen affektbezogen und performativ formulieren. Einige Scholastiker empfanden das Bedürfnis und die Notwendigkeit, den Abstand zwischen der gelehrten Theologie und der *praxis pietatis* insbesondere der Laien zu überbrücken und Texte zu verfassen, die zu einer christlichen Lebensführung und zu einer angemessenen geistlichen Vorbereitung auf den Tod anleiteten. Manche dieser Schriften, die auch in der Volkssprache im Druck verbreitet wurden, standen in einem engen Zusammenhang mit pastoralen Erfahrungen ihrer Verfasser und hatten ihren ›Sitz im Leben‹ in Predigt und Seelsorge. Nicht selten waren es Mönche, die sich dieser Laien dienenden, auch Traditionen monastischer und mystischer Theologie aufnehmenden »Frömmigkeitstheologie«[17] besonders widmeten. Die Wertschätzung, derer sich ein an den antipelagianischen Augustinus anknüpfender Theologe wie Johann von Staupitz (um 1468-1524), Luthers wichtigster Lehrer (s. u. S. 130-132; 135 f.), auch außerhalb der Klostermauern erfreute, ergab sich daraus, daß er Laien theologisch begründete Lebenshilfen gab und Gottes unbedingten Heilswillen, den in seiner Liebe begründeten Vorrang der Gnade und die trostreiche Präsenz seiner Barmherzigkeit in seinen Sakramenten, gegen Anfechtung und Erwählungszweifel nahebrachte. Staupitz' Nürnberger Anhängerkreis, dem profilierte Humanisten angehörten, bildete später den personellen Kernbestand der Lutherverehrer in der fränkischen Reichsstadt.

Unter den religiösen Texten, die in der deutschen Volkssprache bekannt waren und, verstärkt seit dem Beginn des 16. Jahrhunderts, gelesen beziehungsweise durch den Druck verbreitet wurden, kam denen der mystischen Tradition eine besondere Bedeutung zu. Johannes Tauler (um 1300-61), dessen Predigten seit 1498 im Druck erschienen, wurde für die Generation der Reformatoren zur aktuellsten, aufwühlendsten Lektüre. Er wirkte durch seine inhaltliche Beschreibung des Weges des Christen in der Nachfolge des Gekreuzigten, in der Verzweiflung über die eigenen und der Ergebung in Gottes Möglichkeiten und in seinen Appellen zur Entäußerung von allem weltförmigen Streben auf die religiösen Bildungsprozesse einzelner Theologen wie Luther, Karlstadt, Müntzer oder die sogenannten Spiritualisten um Ludwig Hätzer und Hans Denck nachhaltig ein. Darüber hinaus wurde er auch zum theologischen Sprachlehrer, dem man wichtigste Anregungen für die Ausbildung einer deutschen Frömmigkeitssprache verdankte. Die Preisgabe des eigenen Willens und die ›Gelassenheit‹ in den göttlichen Willen standen auch im religiösen Zentrum der *Theologia deutsch*, der erstmals 1516 von Luther veröffentlichten Schrift eines namentlich nicht bekannten »Frankforters«, die einer für die Zeit um 1500 charakteristischen Tendenz zur »Demokratisierung der Mystik«[18] als religiösem Stil für alle Gläubigen entsprach.

Die Verinnerlichungs- und die Veräußerlichungstendenzen der Frömmigkeitskultur, die in der Reformation dann als Widerspruch zwischen »eusserlichen wercken« und »ynerlichem vortrawen«[19] empfunden und thematisiert werden sollten, hatten die *praxis pietatis* des Christentums seit alters bestimmt. Doch um 1500, so scheint es, hatte der Spannungs- und Pluralitätsgrad beider Tendenzen ein nie gekanntes Maß erreicht. Gerade dies machte viele Zeitgenossen für Angebote zur Konzentration auf das Alte und Ursprüngliche, auf ›das eine, das not tut‹, empfänglich, das die Reformatoren in Anknüpfung an einige und im Widerspruch zu anderen Tendenzen der Zeit propagierten.

KAPITEL 3
KULTUR-, BILDUNGS- UND KOMMUNIKATIONSGESCHICHTLICHE VORAUSSETZUNGEN DER REFORMATION

SCHUL- UND PUBLIKATIONSWESEN

Schulwesen

Das späte 15. und das frühe 16. Jahrhundert waren durch einen immensen Anstieg der Bildungsanstrengungen in Haus und Familie, Elementarschulen, Gymnasien und Universitäten geprägt. Im bürgerlichen ›Haus‹ als dem Ort primärer religiöser und sozialer Grundbildung sollte unter der Ägide des Hausvaters oder der Hausmutter eingeübt werden, wie man sich als Christenmensch zu verhalten habe – fleißig und arbeitsam, gehorsam gegenüber den von Gott eingesetzten Obrigkeiten in Familie, Staat und Gesellschaft sowie auf den ›gemeinen Nutzen‹ bezogen und ihm dienend. Bis ins 15. Jahrhundert hinein dominierten die kirchlichen Einrichtungen auf dem Gebiet des niederen und höheren Schulwesens: die bischöflichen Dom- beziehungsweise Kathedralschulen in den Diözesen, die primär der Rekrutierung und Ausbildung des Nachwuchses unter den Weltgeistlichen, und die Ordens- beziehungsweise Klosterschulen, die der Gewinnung und Förderung zukünftiger Mönche dienten.

Das niedere Bildungswesen wurde durch die Elementarschulen geprägt, die zumeist aus Pfarrschulen erwachsen waren und ursprünglich gleichfalls vornehmlich dazu dienten, begabte Jungen für einen künftigen Priesterdienst zu gewinnen und auf diesen vorzubereiten. Im 15. Jahrhundert entstanden in zahlreichen Städten sogenannte Lateinschulen, häufig in kommunaler Trägerschaft und mit dem Ziel, die Bildungsvoraussetzungen für das Ergreifen weltlicher Berufe zu verbessern. Die Lateinschulen in kleineren Städten und Marktorten unterschieden sich von denen in größeren Städten mit einem differenzierteren Bildungssystem dadurch, daß häufig elementare volkssprachliche und lateinische Bildungselemente vermengt wurden. In größeren Städten gab es eigene ›deutsche‹ neben den Rats- und Lateinschulen, die zumeist privat oder von den Handwerkergilden getragen wurden und dazu dienten, die literarischen und rechnerischen Fähigkeiten zu vermitteln, die zum Führen eines Handwerks-, Gewerbe- oder Kaufmannsunternehmens immer unerläßlicher wurden.

Der Aufschwung des städtisch-kommunalen Bildungswesens im späten 15. und im frühen 16. Jahrhundert ist in engem Zusammenhang mit den allgemeinen ökonomischen und demographischen Prosperitätsphänomenen zu interpretieren. Im 15. Jahrhundert wurden jedenfalls mehr Schulen in Städten und Gemeinden gegründet als je zuvor. Die Dynamik des Bildungswesens, die im späten 15. Jahrhundert einsetzte und während des 16. Jahrhunderts anhielt, ja sich zunächst vornehmlich im protestantischen Bereich verstärkte, führte zu einer explosionsartigen Zunahme des Alphabetisierungsgrades insbesondere im städtischen Bereich. Bereits vor der Reformation dürfte in Reichsstädten wie Nürnberg, Augsburg oder Straßburg von einem Literarisierungsanteil von etwa 30 Prozent der Bevölkerung auszugehen sein; für Augsburg ist behauptet worden, daß es dort zu Beginn der Reformation »kaum einen Haushalt gegeben« habe, »wo nicht wenigstens ein Familienglied lesen konnte«.[1] Angesichts der außerhalb des Gelehrtenstandes üblichen Praxis des lauten Lesens kann vorausgesetzt werden, daß die Inhalte literarischer Werke auch diejenigen Menschen relativ mühelos erreichen konnten, die selbst Analphabeten waren.

Auch in bildungsgeschichtlicher und allgemein-kultureller Hinsicht sollte man die Trennlinien zwischen Stadt- und Landbevölkerung möglicherweise nicht so scharf ziehen, wie es – auch unter Aufnahme zeitgenössischen Spottes städtischer Autoren über die ›tumben‹ und ungebildeten Bauern –

häufig geschehen ist. Zweifellos war die Stadt eine Sphäre verdichteter Bildung, und in manchen Branchen und Tätigkeitsfeldern war es um 1500 eine schlichte Existenznotwendigkeit, wenigstens über elementare Kenntnisse im Lesen, Schreiben und Rechnen zu verfügen. Die Tatsache, daß wir in der frühen Reformation auf eine ganze Reihe von Laienautoren aus dem Handwerkerstand oder gar aus der Gärtnerzunft stoßen, die über bemerkenswerte Ausdrucksfertigkeiten in der deutschen Sprache verfügten, ja zum Teil sogar gewisse Lateinkenntnisse besaßen, läßt die Vermutung zu, daß die Stadtmauern keine unüberbrückbaren Literarisierungsgrenzen darstellten. Daß auch der landsässige und niedere Adel an der Bildungsdynamik der Zeit teilhatte, jedenfalls in einigen Vertretern offenkundige Affinitäten zur bürgerlichen Bildungs- und Buchkultur zeigte, kann als gesichert gelten. Die zentrale bildungssoziologische Rolle des Stadtbürgertums schmälert dies nicht.

Publikationswesen

Auch die explosionsartige Entwicklung des Druckgewerbes und die vermehrte Aufnahme schriftlicher Elemente in bebilderte Lehrbücher und druckgraphische Werke, insbesondere Einblattdrucke, sind als indirekte Indikatoren einer immer breiteren gesellschaftlichen Verankerung der Lesefähigkeit zu interpretieren. Die »Bildungsrevolution«[2] des späten 15. und frühen 16. Jahrhunderts und die die Kommunikationsprozesse im ganzen tiefgreifend berührende »Medienrevolution«[3] stabilisierten und verstärkten einander gegenseitig und wurden, ungeachtet anfänglicher Skepsis, auch von den kirchlichen und politischen Eliten immer entschlossener für die Durchsetzung und Propagierung eigener Anliegen, zur Beförderung des ›gemeinen Nutzens‹ und für die Befriedigung geistiger und geistlicher Bedürfnisse genutzt. Zu keiner Zeit der älteren deutschen Geschichte haben jemals so viele Menschen an kulturellen Gütern, traditionellem, aber auch neuem Wissen teilzuhaben Gelegenheit gehabt wie in den Jahrzehnten vor der Reformation.

Standardlehrbücher in Schule und Universität, etwa die lateinische Grammatik des Aelius Donatus (um 320-380) oder die kanonischen Basistexte des Universitätsstudiums, insbesondere des Aristoteles, liturgische Texte, obrigkeitliche Mandate und Plakate, Beicht- und Ablaßbriefe, Bibeln und vieles andere mehr konnten zu vergleichsweise erschwinglichen Preisen erworben werden. Buchwissen konnte vermehrt in häusliche Kontexte eindringen und zu Zwecken der Belehrung, der Unterhaltung oder der Andacht genutzt werden. Die immensen technischen Fortschritte, die um 1500 in der Druckgraphik – beim teuren Kupferstich, vor allem aber beim billigeren Holzschnitt – gemacht wurden, ließen anspruchsvolle Bildwerke in verstärktem Maße in häusliche Lebensräume Einzug halten; gelegentlich mögen sogar die Grenzen zu illiteraten Bevölkerungsschichten überschritten worden sein. Die nie wieder erreichte Dichte an erstklassigen ›Handwerkerkünstlern‹, die Deutschland in allen Sparten der bildenden Kunst um 1500 erlebte, ist ein deutlicher Indikator eines kulturellen und ökonomischen Aufschwungs. Die Produktivitätsschübe in der Malerei und der Druckgraphik am Vorabend der Reformation sollten auch den reformatorischen Bilderkampf begünstigen und in der Ausbildung einer der reformatorischen Theologie entsprechenden Bildlichkeit nachwirken. Vertriebsstrukturen zwischen den verschiedenen Offizinen, das sind Druckereien mit angeschlossenen Verkaufsräumen, und rasch hervortretenden Druckmetropolen ließen einen Markt entstehen, der mit immer neuen Angeboten immer neue Nachfrage schuf. Auch die Papstkirche verstand es, die Erzeugnisse der Druckpresse »zur Ausbildung ihres Klerus, zur Beschleunigung ihrer Verwaltung, zur Vereinheitlichung ihrer Selbstbeschreibung, zur Vereinfachung ihrer Verkündigungstätigkeiten und noch für manches andere«[4] zu nutzen; sie konnte damit selbst denen, die sich gegen sie auflehnten, als Vorbild dienen.

Die bildungs- und mediengeschichtliche Dynamik des späten 15. und des frühen 16. Jahrhunderts stimulierte, so scheint es, die Kommunikation überhaupt. Wer Bücher las, schrieb leichter auch selber Texte und Briefe aller Art; der Triumph des Druckmediums beförderte die Alphabetisierung und Literarisierung und erzeugte immer neuen ›Hunger‹ auf geistige Nahrung und das gedruckte Wort. Die Präzision in der Text- und Bildwiedergabe, die die typographische Revolution ermöglichte, trug zur Verfeinerung der Textwahrnehmung bei, und die Erschließung älterer, ehrwürdiger Quellen und Dokumente eröffnete neue Chancen und Perspektiven historischer Identitätskonstruktion etwa der ›deutschen Nation‹.

Die Technisierung der Textproduktion und -reproduktion trug zugleich zur Beschleunigung der Kommunikation und ihrer Ausweitung und Entgrenzung bei. Viele Dinge erfuhr man jetzt überhaupt erstmals oder jedenfalls aktueller und in einer die Rezeption erleichternden, textlich präziseren Form. Eine ›öffentliche Meinung‹, oder allgemeiner: so etwas wie ›Öffentlichkeit‹ begann zu entstehen. Die Bedeutung dieser bildungs- und mediengeschichtlichen Aspekte für die Entstehung einer reformatorischen Bewegung und den Erfolg der Reformation ist schwerlich zu überschätzen.

UNIVERSITÄTEN

Ein wesentliches Element der vorreformatorischen Bildungsrevolution betraf den raschen Aufschwung, den das Universitätswesen im 15. Jahrhundert, insbesondere im Reich, nahm. Auf die ersten Gründungen des 14. Jahrhunderts – Prag (1347/48), Wien (1365), Erfurt (1379), Heidelberg (1385) und Köln (1388) – waren im 15. und frühen 16. Jahrhundert mehr als doppelt so viele Neugründungen gefolgt: Würzburg (1402), Leipzig (1409), Rostock (1419), Löwen (1425), Trier (1454), Greifswald (1456), Freiburg/Breisgau (1455/56), Basel (1459), Ingolstadt (1472), Mainz (1476), Tübingen (1476/77), Wittenberg (1502) und Frankfurt/Oder (1506). Diese Neugründungen entsprachen dem wachsenden Bedarf an vielfältig einsetzbaren geistlichen und weltlichen Funktionseliten, der mit dem Ausbau administrativer Strukturen in den staatlich verdichteten Stadt- und vor allem Territorialstaaten verbunden war.

Die meisten Universitäten im Reich waren Einrichtungen der Landesherren und dienten auch territorialpolitischen Interessen der Herrschaftsintegration und der Rekrutierung loyaler Staatsdiener. Internationalität und Provinzialität, europäische Weite der Interessen, Methoden, Graduierungen, Besucherschaften und Ordnungen einerseits, die Verwurzelung in einem bestimmten Territorium oder in einer bestimmten Stadt, die Loyalität gegenüber einer einzelnen Dynastie oder einem bestimmten Magistrat andererseits kennzeichneten Struktur und Mentalität der Universitäten im Reich gleichermaßen. Beide gelegentlich spannungsreichen Momente prägten auch die Rolle der Universität Wittenberg im Zusammenhang mit der Reformation.

Der wachsende Zuspruch, den ein Studium insbesondere bei Kindern aus dem städtischen Bürgertum fand, spiegelt sich in dem stetigen Anstieg der Immatrikulationsziffern während des 15. und des frühen 16. Jahrhunderts wider. Der historische Höchststand der Immatrikulationen in Deutschland war in dem Jahrfünft zwischen 1515 und 1520, also in den Jahren unmittelbar vor beziehungsweise zu Beginn der Reformation, erreicht. Der innere Aufbau der deutschen Universitäten folgte im wesentlichen der Organisationsgestalt der Pariser Universität: Sie waren verfassungsrechtlich Kooperationen der Magister, in vier Fakultäten – die artistische sowie die drei oberen der Theologie, der Jurisprudenz und der Medizin – gegliedert und einem Rektor untertan. Dieser wurde von einem Senat unterstützt und von einem Kanzler – meist dem Bischof oder einem von diesem beauftragten Stellvertreter, dem sogenannten Fiskal – geleitet beziehungsweise rechtlich kontrolliert. Die frequentierteste Fakultät war die artistische; das Studium in den höheren Fakultäten setzte die Graduierung in der artistischen, in der Regel mit dem Magister artium, voraus. Die Graduierungen schlossen üblicherweise die Lehrberechtigung an den anderen Universitäten ein, ermöglichten und beförderten also die akademische Mobilität und die Zirkulation der Ideen. Die wenigsten Studenten freilich erwarben einen Grad. Vielfach genügte bereits ein kurzer Universitätsaufenthalt, um bestimmte Karrierevorteile zu erzielen.

Die Verdichtung der akademischen Kommunikationsstrukturen im späten 15. und frühen 16. Jahrhundert, die etwa durch den regelmäßigen Austausch universitärer Texterzeugnisse wie Disputationsthesen oder durch Briefwechsel und Besuche erreicht wurde und die zum Teil auch im Zeichen humanistischer Freundschaftskultur stand, bildete eine Grundvoraussetzung dafür, daß und wie auch die Gedanken der Wittenberger Theologen verbreitet wurden. Die Universität bildete eine eigene Welt, die zwar mit ihrer städtischen Umwelt mannigfach verbunden, aber doch auch von ihr unterschieden war. Sie stellte eine eigene Rechtssphäre dar, die vom Rektor verwaltet wurde und weitgehende Vollmachten unterhalb der Ebene der Halsgerichtsbarkeit, also zumeist Strafen wie Einkerkerung oder Relegation, einschloß. Klosterähnliche Lebensverhältnisse in den zumeist obligatorischen Kollegienhäusern und Bursen regulierten und strukturierten den studentischen Alltag. Außerhalb der Bursen durfte man meist nur dann leben, wenn man Eltern oder Angehörige am Ort hatte. Die Lebensordnungen in den studentischen Gemeinschaftsunterkünften, die in der Regel von einem zölibatär lebenden Magister geleitet wurden, schlossen sittliche und religiöse Diziplinierungen ein. Biblische Lektionen und Auslegungen aus Postillen bekannter Theologen, Gebetsverpflichtungen, Kirchenbesuche an Sonn- und Feiertagen, Kleider- und Fastenvorschriften, auch sexuelle Askese fügten die heranwachsende akademische Elite bindend und verpflichtend in das zeitgenössische Kirchenwesen und seine ethischen Verbindlichkeiten ein. Die Allgegenwart des Kirchlichen in den vielfältigen Dimensionen der Universität bildete eine wichtige Voraussetzung dafür, daß die theologischen Impulse, die später von den Wittenbergern ausgingen, auch auf die akademische Jugend faszinierend wirkten.

Das Grundstudium

In inhaltlicher wie in formaler Hinsicht war das Studium stark reglementiert. Im Zentrum des Lehrbetriebs stand die Auslegung beziehungsweise textnahe Kommentierung als kanonisch geltender Lehrtexte, die in der Regel gemeinsam mit den Bemerkungen des Professors diktiert wurden; zum Teil wurden die Kommentare auch in großzügig angelegte Vorlesungsdrucke eingetragen. Ein wesentliches Lernziel des Studienbetriebs bestand in der Befähigung zur Disputation, bei der nach streng geregelten, ritualisierten Verfahren über bestimmte Sachverhalte unter Aufbietung der maßgeblichen Autoritäten gehandelt und überraschende ›Neuerungen‹ unter Würdigung der einschlägigen Tradition geprüft wurden. Die verschiedenen Grade des akademischen Qualifikationssystems wurden jeweils über Disputationen erreicht. Die in der Regel von den Professoren oder Magistern verfaßten Disputationsthesen waren von den Promovenden der jeweiligen Graduierungsstufe gegen Einwände zu verteidigen; die einfachen Scholaren waren lediglich zuhörende Zaungäste, wuchsen aber in eine Kultur der akademischen Auseinandersetzung hinein, die sie befähigen sollte, die Tragfähigkeit und Plausibilität von Argumenten prüfen zu können. Neben den *Pro-gradu*-Disputationen, also denen, die dem Erwerb eines bestimmten akademischen Grades dienten, gab es auch solche, in denen ein Professor auf eigene Initiative hin ein bestimmtes Thema vor der akademischen Öffentlichkeit verhandeln wollte, und herausgehobene und feierliche Veranstaltungen, die innerhalb des Festzyklus eines akademischen Jahres ihren besonderen Ort hatten.

Die erste Graduierungsstufe in der artistischen Fakultät war das Bakkalaureat, das in der Regel frühestens nach drei Semestern erworben werden konnte und die Fertigkeiten in den Fächern des sogenannten Triviums (Grammatik, Rhetorik und Logik beziehungsweise Dialektik), gelegentlich auch – so etwa in Erfurt – Astronomie, Physik und Psychologie, das heißt die Seelenlehre des Aristoteles, einschloß. Die Fächer des Triviums sicherten die sprachliche Kompetenz der Scholaren und wiesen in die argumentationslogischen Anforderungen der wissenschaftlichen Diskussion ein. Vorprüfungen vor der eigentlichen Studienzulassung gewährleisteten Mindeststandards in der Beherrschung der lateinischen Sprache, ohne deren solide Kenntnis ein Studium unmöglich gewesen wäre.

Die Vorbereitung auf das Magisterium umfaßte in der Regel etwa zwei Jahre; die gesamte Studienzeit bis zum Erwerb des Magistergrades sollte nicht unter sieben bis acht Semestern liegen. Durch die Lehrtätigkeit der Bakkalaurei, die die Studienanfänger unterwiesen, wurde die dauerhafte Aneignung der grundlegenden Wissensstoffe gewährleistet. Den materialen Kern der Wissensbestände, die zum Magistergrad führten, bildete das sogenannte Quadrivium, bestehend aus Arithmetik, Geometrie, Musik und Astronomie.

Der weithin unbestrittene wissenschaftliche Leitstern des artistischen Grundstudiums war Aristoteles. Alle wesentlichen Lehrbücher stammten von ihm; seine *Ethik* und *Politik* wurden zumeist vor dem Abschluß des Bakkalaureats, seine *Metaphysik* am Ende des Quadriviums traktiert. Diese seit der Spätantike kanonisierten ›sieben freien Künste‹ *(septem artes liberales)* stellten im europäischen Universitätsbetrieb seit dem 13. Jahrhundert jene wissenschaftlichen Grundfertigkeiten sicher, derer ein ›freier Mann‹ bedurfte, um sich den höheren Studien an den drei oberen Fakultäten zuwenden zu können.

Das Theologiestudium

Die theologische Ausbildung an den spätmittelalterlichen Universitäten hatte vornehmlich zwei Schwerpunkte, die einander hierarchisch und durch ein gestuftes Graduierungssystem prozedural zugeordnet waren: die Schriftauslegung, die mit der Graduierungsstufe des *baccalaureus biblicus* zum Abschluß kam, und die Behandlung des dogmatischen Traditionsbestandes des mittelalterlichen Theologiestudiums, der vier Bücher der *Sentenzen* des Petrus Lombardus sowie weiterer Sachprobleme in einzelnen Quästionen, die mit der Graduierung zum *baccalaureus sententiarius* endete. Der höchste akademische Grad der mittelalterlichen Universitätstheologie, der Doktorgrad, setzte ein in der Regel mindestens fünfjähriges Theologiestudium voraus und berechtigte dazu, die Bibel und die *Sentenzen magistraliter* zu behandeln, das heißt über die kursorische Lektüre und Kommentierung hinaus systematische Schwerpunkte zu bilden, also *ordinarie* die ganze Theologie auf Kanzel und Katheder zu verantworten, freilich im Rahmen der kirchlichen Lehre und mit eigenen Urteilen nur in jenen Fragen, in denen theologischer Meinungsstreit herrschte und keine verbindlichen Festlegungen der Tradition oder des Lehramtes existierten.

Die hochgradig konventionalisierten Inhalte und ritualisierten Kommunikationsformen des Universitätsbetriebs dürften diejenigen Bereiche der zeitgenössischen Gesellschaft gewesen sein, die zugleich die ›gemeineuropäischsten‹ und gegenüber Veränderungen resistentesten waren. Daß man von den Universitäten besonders viel erwartete, dürfte mit dieser Achtung gegenüber der ehrwürdigen Tradition, die sie zu verkörpern und zu inszenieren wußten, elementar zusammenhängen. Auch daß von einer besonders traditionslosen dieser traditionsreichen Institutionen, der Neugründung Wittenberg, die größte Veränderung in der abendländischen Kirchengeschichte ihren Ausgang nehmen sollte, kam schwerlich von ungefähr.

HUMANISMUS

Die von Italien ausstrahlende Kulturbewegung des Humanismus war an den Universitäten im Reich um 1500 noch keineswegs fest etabliert, jedenfalls war sie noch nicht in der Weise wirksam geworden, daß es bereits zu tiefgreifenden Studienreformen in Lehrbetrieb, Curricula und akademischen Strukturen gekommen wäre. In Italien hatten die Angriffe derer, die

die Schriften der griechisch-römischen Literatur der Antike wiederentdeckten und die Wiedergeburt, die ›Renaissance‹, ihrer geistigen Größe und moralischen Hoheit gegen die kulturelle Dürftigkeit der »Zwischenzeit«, der *media aetas* – eben: des Mittelalters – beschworen, bereits im 15. Jahrhundert ein breites gesellschaftliches Fundament erreicht und auch einigen ihrer Protagonisten akademische Reputation verschafft, im ganzen also eine gewisse Aufwertung der artistischen Fächer gegenüber den höheren Fakultäten und ihrem scholastischen Lehrbetrieb zuwege gebracht.

Der Widerwille gegenüber den von der Logik dominierten scholastischen Wissenschaften und dem dürftigen Repertoire ihrer sprachlichen Ausdrucksmöglichkeiten, dem Barbarismus ihres Lateins und der Rationalität ihrer Argumentationsweisen gehörte weithin zum guten humanistischen Ton. Über das inhaltliche Verhältnis zu den Sachfragen etwa der scholastischen Theologie sagen die antischolastischen Attitüden freilich wenig aus. Die auch theologisch produktiven Köpfe des italienischen Renaissancehumanismus wie Marsilio Ficino, dessen Synthese von Christentum und Platonismus den Thomismus nicht aus-, sondern einschloß, oder Giovanni Pico della Mirandola, der für ein Recht der von den scholastischen Theologen traktierten Sachfragen gegen das Diktat des schönen rhetorischen Scheins focht, wußten darum, wie wenig produktiv die bloße Opposition zur Scholastik war. Ungeachtet aller humanistischen Rhetorik hat sich eine allein auf die Gegensätzlichkeit von Humanismus und Scholastik fixierte Forschungsperspektive als wenig ergiebig erwiesen. Die vielleicht nachhaltigste kulturhistorische Wirkung, die vom Renaissancehumanismus ausging, bestand nicht in seinem explizit oder implizit antichristlichen oder areligiosen Gestus, vielmehr in der immensen Vermehrung des Wissens um die Vergangenheit, in der Erschließung disparater philosophischer und literarischer Traditionen, die zum Inspirationsquell neuartiger Aneignungen oder Synthesen mit dem überkommenen Erbe werden konnten, mithin in der Verbreiterung und Pluralisierung der kulturellen Ressourcen.

Die durch die osmanische Eroberung Konstantinopels 1453 ausgelöste Flucht zahlreicher griechischer und jüdischer Gelehrter nach Italien hatte diese Prozesse wesentlich befördert. Als literarische, philologische und kulturelle Bewegung, die sich dem Studium der *humaniora*, jener Wissenschaften, die in besonderer Weise dazu geeignet schienen, das Menschsein des Menschen zu vervollkommnen, widmete, hatte der Humanismus zunächst in den artistischen Fächern der Grammatik, der Poetik, der Rhetorik, der Geschichte und der Ethik seine vorrangigen Tätigkeitsfelder. In der klassischen Antike fand man die ästhetischen und ethischen Maßstäbe, die eine Wiederbelebung wahren Menschseins beförderten. Ihre Domäne hatten die italienischen Humanisten des 14. und 15. Jahrhunderts zunächst in der rhetorischen Ausbildung, die ihnen in der Nachfolge Ciceros als Führerin in die Wahrheit galt. Der geistreiche, geschliffen formulierende und schlagfertige ciceronianische Rhetor war freilich bald auch in den Konstellationen der rivalisierenden Stadtrepubliken Italiens zu einer politisch belangreichen Figur avanciert, und die nicht weniger kunst- als machtsinnigen Mäzene in Venedig, Florenz, Mailand, Genua und Rom boten diesem neuen Typus des Intellektuellen ähnliche Entfaltungsmöglichkeiten wie den in nie gekannter Dichte und Qualität hervortretenden Malern, Bildhauern, Architekten, Konstrukteuren, Erfindern und Genies.

Nordalpiner Humanismus

Für die jungen Intellektuellen der nordalpinen Länder war das Italien des 15. Jahrhunderts, des Quattrocento, das gelobte Land schlechthin. Die Erzeugnisse der venezianischen Presse des Aldus Manucius (1449-1515), ›Aldinen‹ genannt, setzten philologische und typographische Maßstäbe, galten als Pretiosen des erhabenen, bibliophilen Geschmacks und inspirierten die Druckproduktion eines ganzen Zeitalters. Wer aus Italien kam, trug fortan etwas vom edlen Glanze dieser erhabenen Kultur an sich, wurde bewundert und stieg in der Achtung der anderen Humanisten daheim auf, die sich in Sodalitäten und »Freundschaftskreisen« austauschten, gelehrten Klatsch und Tratsch verbreiteten und einander auf sensationelle Textfunde beziehungsweise bewegende Bücher hinwiesen. Sie machten sich gegenseitig darauf aufmerksam, daß dieser oder jener von einem der Großen dieser Welt in dieser oder jener Weise gewürdigt worden war und sie, als verschworene Mitwisser, daran teilhaben ließ. Die über ganz Europa gespannten Kommunikationsnetze zwischen den Humanisten reagierten besonders sensibel auf allerlei Neuigkeiten und Veränderungen; sie übermittelten Informationen zügiger und weitläufiger als irgendwer sonst, und sie waren über viele Fragen der Kultur, der Religion und der Politik besser unterrichtet als der Großteil ihrer Zeitgenossen.

Neben den intensiven ökonomischen Kontakten insbesondere Oberdeutschlands nach Italien waren es vor allem die wandernden Scholaren, die den nordalpinen Humanismus auf den Weg brachten. Den sogenannten ›Erzhumanisten‹ Rudolf Agricola (1444-85) und Konrad Celtis, dem Schüler Agricolas in Heidelberg, gelang es, an den Universitäten Fuß zu fassen und die Aufmerksamkeit der hohen Politik auf sich zu ziehen. Celtis, 1487 durch Kaiser Friedrich III. als erster Deutscher zum Dichter gekrönt, wurde nach seiner durch Maximilian I. betriebenen Berufung nach Wien zur Zentralperson bei der Entstehung humanistischer Sodalitäten in Linz, Wien, Ingolstadt, Augsburg, Heidelberg und Nürnberg. Neben der akademischen Etablierung einiger Humanisten in den artistischen Schulen reüssierten sie an den Höfen in Wien, Mainz, Trier und Köln, bald auch andernorts. Sukzessive drang der Humanismus vor allem durch einzelne Lehrergestalten auch in die höheren Gesellschaftskreise, etwa das städtische Patriziat, vor. Die Pirckheimer in Nürnberg, die Sturm in Straßburg oder die Blarer in Konstanz wurden in einer Weise vom Humanismus erfaßt, daß gelegentlich sogar die Töchter zu höheren Bildungsgütern Zugang fanden.

Seit dem zweiten Jahrzehnt des 16. Jahrhunderts hielt der Humanismus auf breiter Front auch in die Klöster Einzug.

Mit der institutionellen Etablierung des nordalpinen Humanismus ging eine ›Nationalisierung‹ seines inhaltlichen Profils einher. Dabei spielte die in der Mitte des 15. Jahrhunderts wiederentdeckte *Germania* des Tacitus, die die Jahrhunderte des Mittelalters nur in einer einzigen Handschrift überlebt hatte, eine Schlüsselrolle. Humanisten wie Jakob Wimpfeling im elsässischen Schlettstadt diente das antike Geschichtswerk dazu, den Edelmut der taciteischen Germanen, die man zu Vorfahren der zeitgenössischen Deutschen stilisierte, gegen die Verschlagenheit der ›Welschen‹, also der Italiener und Franzosen, ins Feld zu führen und die unverbrüchliche Anbindung seiner elsässischen Heimat ans Reich einzuschärfen. Die *Germania* lieferte Argumente gegen die insbesondere von Italienern vertretenen Stereotypen von den kulturell minderwertigen deutschen ›Barbaren‹. Der Lobpreis der eigenen Nation erfuhr vor allem im Umkreis des habsburgischen Kaiserhofs durch die Beschwörung vergangener Größe tüchtigen Auftrieb. Ulrich von Hutten schuf mit der Gestalt des edlen Cheruskerfürsten Arminius eine Identifikationsfigur, die das nicht zuletzt aus Minderwertigkeitsgefühlen gegenüber Italien und Frankreich gespeiste Nationalgefühl der Deutschen ansprach. Die später auch von reformatorischen Autoren wie Andreas Althamer (vor 1500-39), Philipp Melanchthon und Sebastian Münster weitergeführte Pathetisierung der deutschen Nation als politisch-sittlicher Kategorie, die sich an den ›alten Teutschen‹ der *Germania* zu orientieren und zu ›bilden‹ hatte, stellte eine wichtige Voraussetzung dafür dar, daß die Appelle an die ›deutsche Nation‹ auch in der frühreformatorischen Publizistik einen relativ großen Raum einnahmen. Freilich war es für die Humanisten primär die deutsche Kulturnation, die man gegen ihre tatsächliche oder doch gefühlte Abwertung vor allem durch die Italiener verteidigte, nicht so sehr eine deutsche Nationalkirche, wie sie Luther dann in seiner Adelsschrift (s. u. S. 271-274) beschwören sollte. Doch Luthers Versuch, die Idee der deutschen Nation in den Dienst seines eigenen antirömischen Kampfes zu nehmen, wäre ohne die etwa zwei Jahrzehnte währende ›Vorarbeit‹ der Humanisten kaum denkbar gewesen. Auch verstand es die Reformation, noch uneingelöste humanistische Hoffnungen auf eine Studienreform – etwa durch die Einrichtung von Griechisch- und Hebräischprofessuren, durch die Veränderung der Lektürepläne in den artistischen Fächern, auch durch die Einführung von Vorlesungen zu einzelnen Kirchenvätertexten und die stärkere Orientierung der exegetischen Vorlesungen am ursprachlichen Text – einzulösen oder lebendig zu erhalten.

Der Dunkelmännerstreit

Da sich die Humanisten vielfach als eine Art Avantgarde empfanden, verdichteten sich die Intensität ihrer Kommunikation und die Interaktion zwischen den Sodalitäten in verschiedenen Städten immer dann, wenn einem der Ihren Unbill widerfuhr. Dies war in Deutschland zuerst im Zusammenhang mit dem sogenannten Dunkelmännerstreit der Fall; ihm kommt eine historisch wichtige Bedeutung bei der Verbindung der humanistischen Kontaktnetze, ja vielleicht gar beim Aufbau einer ›humanistischen Öffentlichkeit‹ der Gelehrten zu. Den Anlaß für die literarische Fehde dieses Streits, die sich in mancher Hinsicht als eine Art Präludium der frühen literarischen Auseinandersetzungen um Luther darstellt, bildete ein kaiserliches Mandat, das der zum Christentum konvertierte ehemalige Jude Johannes Pfefferkorn (1469-1524) erwirkt hatte und das die Juden zur Auslieferung ihres vermeintlich antichristlichen Schrifttums verpflichtete. Johannes Reuchlin (1455-1522), ein humanistisch gebildeter Jurist, der das Griechische und das Hebräische gelernt hatte, von Giovanni Pico in Florenz 1490 in die Geheimnisse der jüdischen Kabbala eingeführt worden war und seit 1502 als Richter des Schwäbischen Bundes amtierte, war neben anderen Instanzen von Kaiser Maximilian I. dazu aufgefordert worden, zur Frage der Konfiskation jüdischen Schrifttums gutachterlich Stellung zu nehmen. Mit Ausnahme der Beschlagnahmung einiger offenkundiger Schmähschriften aber kam für Reuchlin ein Übergriff auf jüdisches Eigentum nicht in Betracht: Denn als Bürgern des Imperium Romanum beziehungsweise als ›Kammerknechten des Kaisers‹ sei ihr Eigentum geschützt. Überdies enthielten der Talmud, aber auch kabbalistische Schriften wichtige Argumente zugunsten der Gottessohnschaft Jesu. Man könne also diese Texte entgegen jüdischer Lesart als apologetische Hilfsmittel zum Zweck jüdischer Bekehrung verwenden.

Das 1511 unter dem Titel *Augenspiegel* publizierte Gutachten fand den Widerspruch der Kölner Theologischen Fakultät und des in den rheinischen Kirchenprovinzen als päpstlicher Inquisitor tätigen Kölner Dominikanerpriors Jakobus Hoogstraeten. Sie warfen Reuchlin eine Förderung des verstockten Irrglaubens der verhaßten Juden vor, erklärten einige seiner Thesen für häretisch und betrieben in Rom einen Ketzerprozeß gegen ihn, der freilich erst 1520, bereits unter dem Eindruck der Auseinandersetzungen um Luther, mit der Verurteilung des *Augenspiegels* durch Leo X. zum Abschluß kam.

Reuchlin war der führende Hebraist seiner Zeit; durch ein Lehrbuch des Hebräischen (*De rudimentis Hebraicis*, 1506), eine hebräisch-lateinische Textausgabe der sieben Bußpsalmen und seine Programmschriften zur Kabbala (*De verbo mirifico*, 1494; *De arte cabbalistica*, 1517) wirkte er auf eine nachwachsende Generation christlicher Hebraisten wie Konrad Pellikan (1478-1556), Wolfgang F. Capito und Sebastian Münster – später allesamt Anhänger der Reformation – nachhaltig ein. Reuchlin selbst, zuletzt in Ingolstadt (1520/21) und Tübingen (1521/22) als Professor für Griechisch und Hebräisch lehrend, hielt der Kirche Roms die Treue. In den Jahren 1515-17 freilich lösten die Angriffe, die die gelehrten Theologen und der ungelehrte Pfefferkorn gegen Reuchlin führten, eine heftige Solidarisierungskampagne der Humanisten aus. In zwei Sammlungen erschienen sogenannte *Epistolae virorum obscurorum*, »Dunkelmännerbriefe«, die fingierte Magister und Scholaren in erbärmlichstem Latein an das Haupt der Kölner Theologen, Ortwinus Gratius (um 1480-1542) aus Deventer, richteten. Die beißende Satire legte die wissenschaftliche und moralische Unzulänglichkeit, die grenzenlose Eitelkeit und abgründige Dummheit der berufenen scholastischen Gralshüter der Rechtgläubigkeit offen und ergötzte damit eine lateinkundige, gebildete Öffentlichkeit. Hinter der ersten Sammlung der anonym erschienenen Dunkelmännerbriefe dürfte vor allem der Erfurter Humanistenkreis um Konrad Mutian (1471-1526), Hermann von dem Busche (um 1468-1534) und Crotus Rubeanus (um 1480 bis etwa 1545) gestanden haben. Die zweite, stärker antirömisch ausgerichtete Sammlung scheint vor allem von Ulrich von Hutten (s. u. S. 264f.), dem publizistisch einflußreichsten deutschen Humanisten und späteren Lutheranhänger, verfaßt gewesen zu sein (siehe Abb. 4).

Im Zuge der Kontroverse läßt sich eine Verlagerung von einer Frage der Freiheit und der Grenzen der Wissenschaft zu einem grundsätzlichen Kampf gegen die scholastische Theologie und ihre deutschen und römischen Repräsentanten feststellen. Der Dunkelmännerstreit polarisierte in einer so bisher nicht gekannten Heftigkeit zwischen Humanismus und Scholastik, die Vermittlungspositionen, wie sie die Älteren um Wimpfeling vertreten hatten, obsolet zu machen schien. Offenbar neigte die Generation der jüngeren Humanisten, der Altersgenossen der späteren Reformatoren, zu einem kompromißloseren Umgang mit dem traditionellen scholastischen Wissenschaftsbetrieb. Dies korrespondiert mit dem Umstand, daß sich die ältere Humanistengeneration der Sebastian Brant, Konrad Peutinger (1465-1547), Willibald Pirckheimer, Erasmus, Ulrich Zasius (1461-1535), Wimpfeling und Reuchlin – ungeachtet anfänglicher Sympathien für Luther und die von ihm ausgehende Bewegung – schließlich mehrheitlich bei der altgläubigen Kirche hielt, während sich die Jüngeren überwiegend der Reformation anschlossen.

Daß Luthers Fundamentalangriff auf die scholastische Theologie, die er im September 1517 in einer Reihe von Disputationsthesen vortrug, im selben Jahr erschien wie der zweite Teil der Dunkelmännerbriefe, entspricht, unbeschadet der tiefgreifenden sachlichen Unterschiede zwischen seiner und etwa Huttens Argumentation, einer generellen Disposition:

Abb. 4: Die Dunkelmännerbriefe
(Titelblatt der zweiten Sammlung, 1517)

Denjenigen, die am Ende des zweiten Jahrzehnts des 16. Jahrhunderts als Nachwuchskräfte in die Ämter drängten, eignete ein größeres Unbehagen gegenüber dem überkommenen Wissenschaftsbetrieb; sie waren kämpferischer und konfliktbereiter, denn sie knüpften an die Leistungen und Durchbrüche einer ersten Generation an, die sie in Gestalt des allseits verehrten Reuchlin in unwürdigster Weise attackiert sahen. Die scharfe Polarisierung zwischen Humanismus und Scholastik, die im unmittelbaren zeitlichen Vorfeld der frühen Reformation eintrat, wirkte massiv und nachhaltig auf die Meinungsbildung der Zeitgenossen und der Nachgeborenen ein, wird aber der Komplexität im Verhältnis humanistischer Theologen, Philosophen und Juristen zu den scholastischen Traditionen nicht gerecht. Die Stimmungsmache gegen die Reuchlin anprangernden ›scholastischen Theologen‹ sollte freilich eine wichtige Voraussetzung für die positive Resonanz der Wittenberger Angriffe auf die scholastische Theologie, insbesondere in den Kreisen der Humanisten, bilden.

Humanismus und Reformation in Deutschland

Die immense Plausibilität und Verbreiterung, die die *studia humanitatis* im frühen 16. Jahrhundert erreicht hatten, machte sich in einigen Bildungsbiographien derer, die seit 1500 in die Universitäten eintraten, unmittelbar bemerkbar. Die intellektuell regsamsten Studenten des neuen Jahrhunderts orientierten ihre Bildungsvorstellungen an den klassischen Sprachen; sie scheuten keine Mühen und Kosten, um ihr Latein zu vervollkommnen, Griechisch und Hebräisch zu lernen, aus philologisch verbesserten Textausgaben zu schöpfen und Autoren zu lesen, die im Kosmos des gängigen Universitätsbetriebs keine oder nur eine marginale Rolle gespielt hatten. Die unterschwellige, im Dunkelmännerstreit dann kämpferisch hervortretende Tendenz zur Relativierung überkommener Autoritätsstrukturen, die dem Humanismus an sich zu eigen war, stellt eine zentrale geistes-, kultur- und bildungspolitische Voraussetzung der Reformation dar.

An einer historisch-philologischen Entdeckung wird der Zusammenhang mit der Reformation besonders deutlich. Lorenzo Valla (1405/07-57) hatte 1440 den Nachweis geführt, daß die *Konstantinische Schenkung* des Kirchenstaates an den Papst und die Übertragung der Primatsgewalt über alle Kirchen des Weltkreises auf einer Fälschung des frühen Mittelalters basierte. Vallas Schrift war 1506 erstmals publiziert worden; größere Aufmerksamkeit fand sie erst, als Ulrich von Hutten sie sich 1517 beschaffte und 1519 mit einer ironischen Vorrede an Papst Leo X. erneut in den Druck gab und damit auf Luthers Meinungsbildung über das sich auf »teuffelisch lugen«[5] gründende Papsttum nachdrücklich verschärfend einwirkte.

So unsachgemäß es wäre, den nordalpinen Humanismus ausschließlich in die Reformation einmünden zu lassen, so fragwürdig wäre es aber auch, in der Reformation lediglich eine Abkehr vom Humanismus zu sehen. Bestimmte Tendenzen des in sich vielgestaltigen Humanismus haben die Reformation in gewissem Sinne überhaupt erst ermöglicht. Dies gilt für die personelle Infrastruktur: Man kannte Luther und hat seine Anliegen in den Kreisen der Humanisten frühzeitig, auch öffentlich, kommuniziert. Dies gilt auch für die Relativierung scholastischer Lehrautoritäten, die Hinwendung zu den unverdorbenen Quellen der *prisca theologia*, der »altehrwürdigen Theologie« in der Bibel und bei den Kirchenvätern. Dies gilt schließlich für mancherlei spöttelnde oder harsche Kritik der Humanisten an einer veräußerlichten kirchlichen Frömmigkeit, der mit der heilsamen Konzentration auf Christus und einer seiner Nachfolge gemäßen Lebensführung begegnet werden sollte. Andere Tendenzen des Humanismus fanden in der Reformation kaum mehr eine Fortsetzung: etwa eine gewisse Zurückhaltung gegenüber der Belehrung des ›gemeinen Mannes‹, der ungebildeten Laien, die Distanz gegenüber offenen Konflikten mit kirchlichen und politischen Hierarchien, der Zug zum anspruchsvoll und gediegen Elitären des Ausdrucks, des Umgangs und der Selbstdarstellung, der politische Ansatz, für notwendig erachtete Reformen lieber über aufgeschlossene Prälaten und durch den Eintritt humanistisch Gesinnter in Schlüsselpositionen zu erwirken als durch den ›Druck der Straße‹. Das hätte auch dem konfessorischen Drang der Reformatoren, Einsichten, die sie gewonnen hatten, zum allgemeinen Durchbruch zu verhelfen, widersprochen. So stellt sich das Verhältnis des Humanismus zur Reformation als höchst komplex dar: Er ist ihre Voraussetzung geworden, und sie hat ihn partiell fortgeführt und sich anverwandelt. Doch auch neben der Reformation und gegen sie blieb der Humanismus vital, und zwar einerseits bei einigen der altgläubigen Gegner der Reformation, andererseits bei den Indifferenten oder auch bei den Radikalen, die jeder der sich formierenden Konfessionskirchen ihre Gefolgschaft aufkündigten.

Erasmus von Rotterdam

An keiner Gestalt wird die Komplexität des Verhältnisses von Humanismus und Reformation so deutlich wie an seinem größten Vertreter nördlich der Alpen: Erasmus von Rotterdam (1466/69-36). Als Kirchenvätereditor, als Kommentator und Herausgeber des ersten griechischen Neuen Testaments im Druck (1516), als Reformer einer auf Verinnerlichung und Konzentration drängenden christlichen Frömmigkeit und als Kritiker eines veräußerlichten Ritualismus war Erasmus der Leitstern vieler, die zu Beginn des zweiten Jahrzehnts des 16. Jahrhunderts studierten oder in kirchliche und akademische Positionen aufrückten, und er blieb es, auch als es zum offenen theologischen Bruch zwischen ihm und Luther über der Frage der menschlichen Willensfreiheit beim Empfang der Gnade beziehungsweise der Rechtfertigung vor Gott gekommen war (s. u. S. 567-569). Als Friedensethiker, Ireniker und Vermittlungstheologe wirkte Erasmus auch im altgläubigen Lager nach, ja, er blieb ein Inspirationsquell all derer, die der Abgrenzungslogik einander widerstreitender theologischer Wahrheitsansprüche keine letzte Gültigkeit zuzuerkennen bereit waren. Den Konfessionalisten aller Lager blieb er suspekt, doch seinen Einfluß definitiv zu brechen vermochten sie nicht.

Weil Erasmus das große Vorbild der weit überwiegenden Mehrheit derer war, die später für die Reformation gewonnen wurden und sie ›durchführten‹, ist es sachgemäß, ihn und sein Werk etwas gründlicher und als eine Voraussetzung der Reformation zu behandeln, auch wenn seine Biographie noch gut eineinhalb Jahrzehnte in und neben der Reformationsgeschichte verlief. Der verehrteste Gelehrte seiner Zeit, der im zweiten Jahrzehnt des 16. Jahrhunderts den Zenit seines Ruhms erreichte, wurde 1466 oder 1469 als illegitimer Sohn eines Priesters in Rotterdam geboren und nach Jahren an der Domschule in Utrecht und der Schule des Kapitels von St. Lebuinus in Deventer zwei Jahre bei den Brüdern vom gemeinsamen Leben in 's-Hertogenbosch im Geiste der Devotio moderna (s. o. S. 70-72) erzogen. 1487 wurde er in Steyn bei Gouda in ein Kloster der Augustinerchorherren aufgenommen, wo er 1492 die Priesterweihe empfing. Im darauffolgenden Jahr verließ er das Kloster und wurde Sekretär des Bischofs von Cambrai. Ins Kloster wollte er fortan nicht mehr zurückkehren; die Mönchskutte trug er freilich bis 1507; erst 1517 wurde er von den Mönchsgelübden entbunden. Ein zwischen 1495 und 1499 in Paris betriebenes Studium, vornehmlich der Theologie in den Bahnen des Nominalismus, befriedigte ihn vor allem wegen der als starr empfundenen scholastischen Methode nicht. In Paris sind auch Kontakte zum führenden französischen Humanisten, dem Historiker und Diplomaten Robert Gaguin (um 1425/33-1501/02), bezeugt. Erasmus vollendete in diesen Pariser Jahren seine lateinische Ausdrucksfähigkeit auf einem Niveau, das unter seinen Zeitgenossen kaum seinesgleichen hatte. 1499/1500 verbrachte er einige Monate in England, wo er den von Pico della Mirandola beeinflußten, in Oxford lehrenden humanistischen Theologen John Colet (1466/67-1519) kennenlernte. In diese Zeit dürften die Anfänge von Erasmus' Beschäftigung mit der griechischen Sprache fallen, in der er es zu einer vielbewunderten Meisterschaft brachte. Die Orientierung am Literalsinn des biblischen Textes, die Erasmus bei Colet kennenlernte und die von der Bevorzugung der allegorischen Schriftauslegung in der Scholastik abwich, sollte ihn dauerhaft prägen. Zwischen 1500 und 1516, dem Jahr seiner Übersiedlung nach Basel, wechselte Erasmus häufiger zwischen niederländischen, französischen, englischen und italienischen Aufenthaltsorten. 1506 erwarb er in Turin den theologischen Doktorgrad; in England, wo er zeitweilig im Hause des Humanisten und Staatsmanns Thomas Morus (1477/78-1535) lebte, legte er die Grundlage für seine bei Johann Froben (um 1460-1527) in Basel erschienene grundstürzende, bald marktbeherrschende griechische Ausgabe des Neuen Testaments. Neuauflagen erschienen 1519, 1522, 1527 und 1535.

Erasmus trat immer wieder – freilich in lateinisch verfaßten Programmtexten – dafür ein, daß die Bibel den Laien in der Volkssprache zugänglich gemacht werden sollte. Seine griechische Textausgabe, der er eine eigenständige lateinische Übersetzung beigab, stellte faktisch eine Relativierung der als kanonisch geltenden lateinischen Normalübersetzung, der Vulgata, dar. Erasmus trug mittelbar entscheidend dazu bei, daß volkssprachliche Bibelausgaben entstanden oder weitere Verbreitung fanden – ein Prozeß, der sich zeitlich parallel zur Ausbreitung der frühreformatorischen Bewegung vollzog und in die erste vollständige deutsche Ausgabe des Neuen Testaments, Luthers Septembertestament von 1522, einmündete. Ohne selber in der Volkssprache zu veröffentlichen, hat niemand so viel für die Bibel in der Volkssprache unmittelbar vor der Reformation getan wie Erasmus. Viele seiner frühen literarischen Arbeiten – seine *Adagia*, eine etwa 800 Stücke umfassende Sprichwörtersammlung (1500) aus antiken Schriftstellern; sein *Enchiridion militis christiani* (Handbüchlein des christlichen Streiters), zuerst 1503 erschienen, seit der Frobenschen Ausgabe von 1518 dann ein Erfolgsbuch, von dem bis zu Erasmus' Tod mehr als 50 Ausgaben publiziert wurden; das satirisch-gesellschaftskritische *Moriae Encomium* (Lob der Torheit, 1511); die *Querela Pacis* (Klagrede des Friedens, 1517), der Entwurf einer christlichen Weltordnung; schließlich seine *Colloquia familiaria* (Vertraute Gespräche, 1518) – sind zu weithin bewunderten Klassikern einer ganzen Generation geworden, ja zu Musterbüchern des guten Stils avanciert und im Bildungsgut des gesamten 16. Jahrhunderts verankert geblieben.

Erasmus' wissenschaftliches Lebensprogramm zielte auf eine Synthese der *studia humanitatis* und einer christlichen Theologie ab, die auf der im Urtext zu studierenden Bibel und den Kirchenvätern basierte. Als Editor der Kirchenväter – zuerst (1516) des von ihm über alle Maßen verehrten Hieronymus, bald zahlreicher anderer (Cyprian [1520], Arnobius [1522], Hilarius [1523], Chrysostomus [1525-1533], Irenäus [1526], Ambrosius [1527], Augustinus [1528/29]) – wirkte Erasmus auf die theologische Entwicklung der Reformationszeit tiefgreifend ein. Dasselbe gilt von seinem großen Kommentar zum Neuen Testament, den *Paraphrasen*, die zwischen 1517 und 1524 erschienen und alle Schriften außer der Apokalypse des Johannes behandelten. Im Spiegel der internationalen gelehrten Rezeption und ihrer Übersetzungen in verschiedene Volkssprachen dürften die *Paraphrasen* die einflußreichsten exegetischen Werke des 16. Jahrhunderts gewesen sein.

Während seiner Baseler Lebensphase (1514-16 und ab 1521), die nur zeitweilig (1529, 1535 Freiburg) unterbrochen wurde und bis zu seinem Tod fortging, war Erasmus die Schlüsselfigur und entscheidende Bezugsgröße einer ganzen Generation junger Intellektueller. Dies gilt vor allem für die Periode zwischen 1514 und 1518, als sich sein Einfluß auf die große Politik und auf reformgesinnte Kirchenmänner zu erstrecken begann, die illustresten Geister zu ihm pilgerten und die später so belastenden Entzweiungserfahrungen der Reformation noch nicht im Blick waren. Viele der sich ab 1518/19 dann offen Luther beziehungsweise der Reformation zuwendenden oberdeutschen Nachwuchstheologen wie Bucer, Capito, Kaspar Hedio, Johannes Oekolampad, Zwingli, Pellikan, Urbanus Rhegius, Ambrosius Blarer, Melanchthon, Johannes Brenz und andere standen zunächst ganz im Bann des Erasmus und seiner ethischen Philosophie Christi. Manche seiner frömmigkeitsreformerischen, vom Geiste der Devotio moderna bestimmten Impulse wirkten über die äußeren Brüche, die die Reformationszeit bestimmen sollten, hinaus fort: seine Kritik an einer Fastenpraxis, die mit geistlichem Hochmut einherging; sein platonisierendes Insistieren auf einem Vorrang des Geistes vor dem Fleisch (vgl. Joh 6,63); seine Polemik gegen eine Heiligenverehrung, die nicht zu Christus hinführe, sondern weltlichen Hilfsbedürfnissen entspringe; seine 1518 in positivem Anschluß an Luther formulierte Distanz gegenüber dem Ablaß; seine Kritik an einem auf die Reliquien bezogenen Kult, dem es an tätiger Nachfolge fehle; und sein Widerstand gegen ein sittlich zweifelhaftes Leben des Klerus, das von den von ihm selbst in Anspruch genommenen Heiligkeitsstandards himmelweit entfernt sei.

Christus soll für den Christen das »einzige Ziel« seines Lebens[6] sein, auf das sich jeder Eifer, alle Muße, jede Betätigung zu richten habe; denn wer zu Christus strebt, strebt »zur Tugend allein« (»solam virtutem«).[7] Der von Erasmus mit bündigen Exklusiv-, also *Sola*-Formeln ins Zentrum der Frömmigkeit und der Theologie gerückte Christus wird vor allem als Exempel eines ethisch verbindlichen Lebensmodells in Anspruch genommen. Die Liebe zu den Wissenschaften und Künsten soll um Christi willen erfolgen und darf niemals über der Hinwendung zum Nächsten stehen. »Besser ist es, weniger zu wissen und mehr zu lieben, als viel zu wissen und nicht zu lieben.«[8] Die Leib-Seele-Geist-Dreiteilung beziehungsweise Geist-Fleisch-Zweiteilung, die die Anthropologie und die Erkenntnistheorie des Rotterdamers in Anknüpfung an die Florentiner Platoniker bestimmte, hatte in der menschlichen Entscheidungsfreiheit ihre Mitte. Zwischen Geist und Fleisch stehend hat der Mensch – ähnlich wie es Giovanni Pico in seiner berühmten, freilich nie gehaltenen und erst postum veröffentlichten *Rede über die Würde des Menschen* (1486), die er aus Anlaß einer Disputation über 900 Thesen aus allen Gebieten der Logik, Philosophie und Theologie ausgearbeitet hatte, darlegte – kraft seiner gottebenbildlichen Seele die Freiheit, sich auf die Seite des Geistes zu stellen und zum Himmlischen aufzusteigen: »Der Geist läßt uns zu Göttern, das Fleisch zu Tieren werden.«[9] Der Seele als einem Mittleren zwischen Geist und Fleisch steht es frei, dem Höheren oder dem Niederen zu-

zuneigen.[10] Den sichtbaren Dingen, auch den kirchlichen Sakramenten, kommt nur die Aufgabe zu, auf die unsichtbaren Heilsgaben zu verweisen oder zu ihnen hinzuführen. Der kirchlichen Wandlungslehre, die die Transsubstantiation des Brots in den realen Christusleib lehrte, und auch der Meßopfertheorie stand er theologisch distanziert gegenüber.

Die Vorstellung eines dem Menschen eigenen freien Willens, eines *liberum arbitrium*, das ihn befähigt, sich dem Exempel Christi hinzugeben und ihm nachzufolgen, ist tief in der Frömmigkeitskonzeption des Erasmus verwurzelt. Entsprechend positiv steht es nach Erasmus auch um die Möglichkeiten der menschlichen Vernunft; sie ist nicht vollständig durch die Erbsünde korrumpiert, sondern vermag, gnadenhaft gestützt, das Gute zu erkennen und sich auf dieses zuzubewegen. Die humanistischen Wissenschaften, die *bonae litterae*, können neben der Heiligen Schrift einen wirklichen Dienst bei der Vervollkommnung des Menschen leisten. Bereits in der frühesten Äußerung, die von ihm über Erasmus überliefert ist (19. 10. 1516), konstantierte Luther eine tiefgreifende Differenz, da der Niederländer seines Erachtens noch wie Aristoteles davon ausgehe, daß man durch das Tun der Gerechtigkeit gerecht werde, nicht aber – wie Luther im Anschluß an Paulus und Augustinus lehrte –, daß man als Gerechtfertigter zum Tun gerechter Dinge allererst befähigt werde.[11] Das unterscheidet seine Erasmusrezeption von der der Mehrheit seiner Zeitgenossen grundlegend.

Im Hinblick auf Luther kann dem Anthropozentrismus des humanistischen Menschenbildes, das ja auch die bildende Kunst tiefgreifend bestimmte, allenfalls die Qualität einer negativen Voraussetzung seiner Reformation zuerkannt werden. Sieht man in der Anthropologie des Humanismus eine erste Spur neuzeitlicher Autonomie, dann kämpfte Luther gegen ›Mittelalter‹ und ›Neuzeit‹, jedenfalls gegen beider Vertrauen auf die Kräfte des Menschen. Lange bevor die Turbulenzen um seine Theologie einsetzten, war dem Wittenberger Augustinermönch die Unvereinbarkeit seiner eigenen Position mit der des gefeiertsten Humanisten seiner Zeit bewußt. Der

Streit um die Willensfreiheit, der die Wittenberger Reformation in der Mitte der zwanziger Jahre definitiv von Erasmus trennen sollte, war aus Luthers und Erasmus' Sicht theologisch unvermeidlich. Die Umstände freilich, die zu dieser Auseinandersetzung führten, ergaben sich aus der Dynamik der Reformation selbst. Sie trieb Erasmus zwischen die Fronten und nötigte ihn, auch um der Angriffe aus dem altgläubigen Lager Herr zu werden, zu definitiven Abgrenzungen, deren theologisches Recht freilich auf tiefgreifenden Differenzen im Menschen- wie im Gottesbild basierte (s. u. S. 568f.).

Erasmus' Ideal war das Wiederaufleben der Frömmigkeit der alten Christenheit und einer dieser entsprechenden Theologie; sie wollte er aus dem lebendigen Quellwasser der Schrift und der Kirchenväter, nicht aus den trüben Bächen menschlicher Weisheit schöpfen. Sein Frömmigkeit und Theologie integrierendes Theologieprogramm stand in Distanz zur scholastischen Theologie, verband ihn aber mit anderen, ebenfalls auf die Laien bezogenen ›frömmigkeitstheologischen‹ Autoren. Als eine besonders vernehmliche Stimme verstärkte Erasmus, wie viele andere Humanisten auch, die Ablehnung der Scholastik; doch im Unterschied zu anderen leistete er selbst seinen Beitrag zu einem alternativen, unakademischen Theologietypus.

Erasmus bündelte Impulse und entfachte intellektuelle Energien, die ihn schließlich selbst zu einer Randfigur der Zeit werden ließen. Wegen der immensen publizistischen Präsenz seines Werkes ist Erasmus viel stärker als manche anderen ›Vorläufer‹, etwa Johann von Staupitz, eine geistige Macht gewesen, die die Reformation allererst möglich gemacht hat. Die meisten Reformatoren waren ›Erasmianer‹ gewesen, ehe sie zu ›Martinianern‹ oder ›Lutheranern‹, gar ›Zwinglianern‹ wurden. Manche Motive seiner Kirchenkritik, seiner Theologie, das hermeneutische Niveau und die philologischen Standards seiner am Literalsinn orientierten Exegese, seine Textausgaben, kurz: wesentliche Teile seines Werkes wurden im Protestantismus als Erbe angeeignet, in der römischen Kirche, der er bis zuletzt die Treue gehalten hat, aber mit dem

Bann belegt und auf den *Index der verbotenen Bücher* gesetzt. Der größte Gelehrte seiner Zeit wurde durch die Umstände seiner Epoche in eine tragische Zwiespältigkeit gerissen, die ihresgleichen sucht.

KAPITEL 4
LUTHERS FRÜHE RELIGIÖSE UND THEOLOGISCHE ENTWICKLUNG

Auch die Geschichte der persönlichen, religiösen und theologischen Bildung des sächsischen Mönchs Martin Luther gehört zu den Voraussetzungen der Reformation. Denn sie vollzog sich selbstverständlich innerhalb des ›offenen Systems‹ der zeitgenössischen Kirche. Im Blick auf das hier zugrundegelegte Reformationsverständnis (s. o. S. 22) wird man in bezug auf Luther vor dem Spätjahr 1517 beziehungsweise dem Frühjahr 1518 kaum sagen können, daß er Anstöße für eine Reformation gegeben habe. Natürlich war er im Rahmen seiner Lehrtätigkeit an der Universität Wittenberg, der er nach seiner Promotion zum Doktor der Theologie (18./19. 10. 1512) und seiner Berufung zum Theologieprofessor in der Nachfolge Johann von Staupitz' nachging, immer wieder auf problematische Erscheinungen kirchlicher Praxis – unter anderem den Ablaß –, christlicher Lebensführung und ihrer theologischen Begründung zu sprechen gekommen. Und auch in den uns überlieferten Zeugnissen seiner frühen Predigttätigkeit, die er seit etwa 1514 unter Beauftragung des Wittenberger Rates wahrnahm, mahnte er seine Zuhörer zu größerem Bußernst und einer entschiedeneren religiösen Gewissensprüfung, hielt ihnen den gekreuzigten Christus als Inbegriff und Unterpfand des Heils vor und plädierte, ähnlich dem Anliegen anderer zeitgenössischer ›Frömmigkeitstheologen‹, für eine Distanzierung von äußerlichen und eine Hinwendung zu innerlichen Aneignungs- und Lebensformen des christlichen Glaubens. Doch diese Reformimpulse, die von Katheder und Kanzel des Subpriors des Wittenberger Augustinerklosters und Distriktvikars des Augustinereremitenordens – ein Aufsichtsamt über elf Konvente, das Luther zwischen 1515 und 1518 wahrnahm – ausgingen, strahlten nicht über den monastischen und akademischen Rahmen seiner Tätigkeit hinaus, erreichten außer den Hörern seiner Vorlesungen und Predigten und den Ordensbrüdern keine größere Öffentlichkeit und gingen auch in inhaltlicher Hinsicht zunächst noch kaum erkennbar über das hinaus, was einige andere zeitgenössische Theologen, die auf Augustinus und die Bibel schworen, vertreten haben mochten oder tatsächlich vertraten.

Selbst wenn man in den großen Vorlesungen des jungen Professors (s. u. S. 143-146) mit guten Gründen bahnbrechende theologische Erkenntnisse eines eigenständigen Buß- und Gnadentheologen wahrzunehmen vermag, so stellen diese imposanten Dokumente seiner akademischen Lehrtätigkeit doch nicht den Beginn der Reformation, sondern eine ihrer unverzichtbaren Voraussetzungen dar. Rückblickend erscheinen sie als literarische Zeugnisse eines fortschreitenden theologischen Klärungsprozesses, als Meilensteine auf einem Weg, in dessen Verlauf Luther zum Reformator wurde, indem er sich die biblischen Grundlagen der von ihm angestoßenen Veränderungen erarbeitete. In ihrer Zeit aber waren sie nichts anderes als Bibelvorlesungen, deren Inhalte nur einem relativ kleinen Kreis von Zuhörern bekannt und von diesen, nach allem, was wir wissen, vor dem Herbst 1517 oder dem Frühjahr 1518, das heißt seit dem Beginn des Ablaßstreits, nicht als Fanal eruptiver Veränderungen rezipiert wurden. Die Wirkungen, die von diesen Vorlesungen ausgingen, waren für den Professor an der traditionslosen Provinzuniversität ›am Rande der Zivilisation‹,[1] der sie hielt, ohne Zweifel von immenser persönlicher Bedeutung; denn in den Vorlesungen beziehungsweise in der Lehr- und Predigttätigkeit, das heißt in der Aufgabe der Vermittlung an andere, die über das eigene Schreibpult hinausging, bestand eine Herausforderung, deren Bedeutung für die Bildung der Person Luthers schwerlich zu überschätzen ist. Die scheinbare Mühelosigkeit, mit der Luther in späteren Jahren in der deutschen und der lateinischen Sprache viele unterschiedliche literarische Gattungen zu bedienen, situationsgerecht anzuwenden und virtuos auf der Klaviatur rhetorischer und stilistischer Ausdrucksmittel zu spielen vermochte – ein wesentliches Moment seines Erfolgs –, dürfte die Frucht der Lehr- und Lernjahre insbesondere in der frühen Wittenberger Zeit als Theologieprofessor gewesen sein. Daß Luther theologische Fortschritte machte, indem er selbst schrieb und lehrte,[2] ist schwerlich zu bestreiten. Insofern erwarb er in seinem eigenen Lehr- und Bildungsprozeß als junger Professor die Voraussetzungen dafür, später den Schritt in die größere Öffentlichkeit zu tun, und er hat auch einige der Zuhörer seiner frühen Vorlesungen auf jenen Weg, den er selbst ging, mitgenommen. Doch von einem Anfang der Reformation ist sinnvollerweise erst von da an zu sprechen, wo Luther den Rahmen seiner akademischen und monastischen Tätigkeitsfelder in der Absicht überschritt, einen das zeitgenössische Kirchenwesen als Ganzes betreffenden Mißstand vor dem Forum der Öffentlichkeit der Lesekundigen zu erörtern. Davon kann erst seit der Publikation der 95 Thesen beziehungsweise ihrem volkssprachlichen Pendant, dem *Sermon von Ablaß und Gnade*, im Spätjahr 1517 beziehungsweise im Frühjahr 1518 die Rede sein. Die Entwicklungen und Wandlungen, in die Luthers Theologie im Zuge der Kontroversen seit dem Ablaßstreit geriet, gehören nicht mehr zu den Voraussetzungen der Reformation, sondern sind Teil der Reformationsgeschichte im engeren Sinne.

LUTHERS FRÜHER WERDEGANG (1483-1512)

Luthers äußerer Werdegang bis 1517/18 ist in bezug auf eine allgemeinere reformationsgeschichtliche Perspektive nur in einigen Grundzügen von Interesse. Er wurde am 10. 11. 1483 als Sohn des im mansfeldischen Kupferbergbau als Hüttenpächter tätigen Hans Luder und dessen Frau Margarete, geborene Lindemann, in Eisleben geboren. In sozialer Hinsicht entstammte Luther einem aufstrebenden, stadtbürgerlichen Milieu. Mit Ausnahme zweier längerer, durch bestimmte Umstände verursachter Aufenthalte auf wettinischen Burgen –

von Mai 1521 bis Februar 1522 und von April bis Oktober 1530, als der in Reichsacht Gefallene verborgen auf der Wartburg beziehungsweise während des Augsburger Reichstages von 1530 auf der Veste Coburg weilte – hat Luther ausschließlich in Städten gelebt: zunächst in Mansfeld (ab 1484), wo er die Trivialschule besuchte (seit 1490/91), dann in Magdeburg (1497), wo er auf die Domschule ging und in einem von den Brüdern vom gemeinsamen Leben unterhaltenen Schülerheim wohnte, zwischen 1498 und 1501 in Eisenach, wo er Schüler der Pfarrschule St. Georg war, ab 1501 dann in Erfurt, wo er die artistischen Grundstudien rasch und erfolgreich absolvierte (*Baccalaureus artium* 1502; *Magister artium* 1505). Über die mütterliche Familientradition, die seit einigen Generationen Akademiker vorzuweisen hatte, war Luther mit Habitus, Mentalität, den kulturellen Standards und ethischen Leitvorstellungen des akademischen Bürgertums einigermaßen vertraut; die Vorfahren väterlicherseits waren zum Teil recht wohlhabende Bauern gewesen. Auch Luthers Verwandte im Mansfelder Land waren vornehmlich Bauern. Hans Luders sozialer Aufstieg zu einem Bergwerksunternehmer ging mit einer ausgesprochen positiven Einstellung zu den Institutionen der höheren Bildung einher. Martins Schulkarriere läßt den Rückschluß zu, daß ihm von seiten seines Elternhauses alle Chancen geboten werden sollten, eine einflußreiche berufliche Stellung zu erwerben.

Eintritt ins Kloster

Martins Eintritt in das Erfurter Augustinereremitenkloster beendete offenkundig Hans Luders auf den Sohn projizierte Aufstiegsphantasien, die über ein Jurastudium hatten verwirklicht werden sollen. Erst mit dem berühmten Blitzschlag auf freiem Felde bei dem Dorf Stotternheim (2. 7. 1505), der Martin Luther in Todesängste versetzte, zum Ablegen eines Gelübdes – »Hilff du, S. Anna, ich wil ein monch werden«[3] – und schließlich zu dessen Einlösung veranlaßte, fällt ein wenig Licht auf Martins nicht konfliktfreies Verhältnis zu den Lebensplanungen, die der ehrgeizige Vater für seinen Sohn entwickelte. Erst von Stotternheim und dem Klostereintritt an werden gewisse Einblicke in Luthers inneren Lebensgang möglich, die freilich durchweg in Gestalt nachträglicher Schilderungen und Wertungen überliefert sind und deshalb in kritischer Weise behandelt werden müssen; denn die spätere Verwerfung des monastischen Lebenswegs als Inbegriff einer aus eigenen Anstrengungen gespeisten ›Werkgerechtigkeit‹ hat unverkennbar zur Tendenz geführt, die geistlichen Aporien, die Verzweiflung und die Anfechtung seiner eigenen monastischen Existenz zu dramatisieren und seinen eigenen Bruch mit dem Klosterwesen vor dem Hintergrund dieser dunklen Schilderung plausibel zu machen. Luthers Klosterzeit ist jedenfalls keine reine Leidenszeit gewesen; dagegen spricht schon äußerlich, daß seine Ordensoberen an seiner Haltung keinerlei Anstoß nahmen und ihn nach der Priesterweihe und seiner ersten Messe (2. 5. 1507) zum Theologiestudium bestimmten, daß Luther selbst die intellektuellen und akademischen Herausforderungen seines neuen Standes zügig und mit Bravour ableistete, daß ihm ordenspolitische Aufgaben übertragen wurden und daß er im Erfurter und im Wittenberger Konvent Klosterbrüder seiner Generation, etwa Wenzeslaus Linck, Johannes Lang oder Gabriel Zwilling, fand, zu denen er lebenslange Freundschaftsverbindungen hielt und die sich seiner Reformation anschließen sollten.

Seinem wichtigsten Lehrer aus dem Augustinereremitenorden, Johann von Staupitz, Generalvikar und damit führender Repräsentant der deutschen Observantenkongregation des Ordens, hat er zeitlebens ein ehrendes Andenken bewahrt, ja sich selbst als Vollender von Anliegen dargestellt, die Staupitz vertreten habe. Neben Staupitz gedenkt Luther auch anderer Einzelpersonen seines monastischen Herkunftsmilieus mit Respekt. Die genannten Aspekte lassen keinen Zweifel daran, daß Luther in den Augustinereremitenkonventen Brüdern begegnete, die ihn persönlich beeindruckten, ihn geistlich und theologisch förderten und auch manche seiner Anliegen, Vorlieben und Interessen teilten. Nichts deutet darauf hin, daß die asketisch strenge, äußerlich regulierte und durch innerliche Selbstdisziplinierung und gewissenhafte Selbstprüfung geprägte gemeinschaftliche Lebensform der Mönche für Luther ein permanentes Joch gewesen wäre. Die geradlinige Karriere, die er im Orden machte, und das Vertrauen, das man in ihn setzte, lassen keine ernsthaften Zweifel daran zu, daß Luther den Erwartungen und Anforderungen seines monastischen Standes und seiner priesterlichen Berufung gewachsen gewesen ist. Daß Luther Mitte Oktober 1518, nach dem gescheiterten Vermittlungsgespräch mit Kardinal Cajetan in Augsburg (s. u. S. 228-232), durch Staupitz von seinem Gehorsamsgelübde gegenüber seinen Ordensoberen entbunden wurde, bedeutete keinen Bruch mit dem Orden, sondern war der prekären kirchenpolitischen Situation, in die er inzwischen geraten war, geschuldet. Denn nun war Staupitz von der Verpflichtung befreit, gegen Luther gerichtete Befehle exekutieren zu müssen, und auch Luther dürfte daran gelegen gewesen sein, unmittelbare Folgewirkungen der seine Person betreffenden Entscheidungen für den Orden abzuwehren. Freilich bedeutete die Aufkündigung des Gehorsamsverhältnisses auch den Verlust des rechtlichen Schutzes, den die Ordensoberen, insbesondere Staupitz, Luther bis dahin hatten bieten können. Luthers Verhältnis zu seinem Orden und mittelbar zum monastischen Leben als solchem änderte sich also aufgrund des römischen Prozesses und wäre als lineare Konsequenz seiner theologischen Entwicklung nicht angemessen bestimmt.

Theologische Entwicklung

Seit dem Spätjahr 1517, dem traditionellen Beginn der Reformation, ist die theologische Entwicklung Luthers nur in untrennbarem Zusammenhang mit seinem kirchenpolitischen Geschick interpretierbar. In späteren Rückblicken neigte Luther gleichwohl dazu, seinen Bruch mit der Papstkirche und ihren Institutionen, also auch dem Mönchtum, als direkte Folge biblischer Einsichten darzustellen.

Manche der Haltungen, theologischen Traditionen und geistlichen Hilfen, die Luther als Mönch und Theologiestudent kennenlernte, bildeten positive, das heißt förderliche, andere negative, das heißt seine Distanzierung von bestimmten Tendenzen vorreformatorischer Theologie begünstigende Voraussetzungen der Reformation. Die regulären Graduierungsschritte zum theologischen Doktor hatte er zügig durchlaufen: *baccalaureus biblicus* oder *cursor* mit der Berechtigung zur kursorischen, rasch fortschreitenden Erläuterung einzelner biblischer Bücher des Alten und Neuen Testaments (9. 3. 1509, Wittenberg); *baccalaureus sententiarius* mit der Beauftragung, die ersten beiden Bücher der *Sentenzen* des Petrus Lombardus zu traktieren, und *baccalaureus formatus* mit dem Auftrag, die Bücher III und IV des genannten Werkes abzuhandeln (Herbst 1509 bis Herbst 1511, Erfurt). Luthers Bußernst und seine Anfechtungserfahrungen, auch seine Skrupulosität, derer er sich rückblickend immer wieder erinnerte, waren Teil der monastischen Frömmigkeitskultur, in der er aufwuchs. Die Ungewißheit, ob man im Gericht bestehen könne, teilten auch andere Mönche, und die geistlichen Hilfen, die ihm zuteil wurden – durch Trost- und Seelsorgeliteratur, durch den geistlichen Rat insbesondere Staupitz' und durch das Bußsakrament –, hat Luther auf- und angenommen. Insbesondere die gnadentheologische Überlegung, daß Gott das Leben und die Rettung des Sünders wolle und deshalb die Sünde verdamme, um die Person zu retten, wurde Luther von Staupitz nahegebracht. Die willentliche Einstimmung in Gottes die Sünde verzehrende, doch den Sünder rettende Gerechtigkeit war ein wesentliches Ziel der an Augustinus, dem Ordenspatron der Augustinereremiten, orientierten Spiritualität. Luthers Prädestinationszweifeln, ja -anfechtungen soll Staupitz dadurch begegnet sein, daß er sein Beichtkind auf den leidenden Christus verwies, in dem der paradox anmutende Heilswille des Schöpfers unter der Gestalt des Gegenteils erkennbar werde. Die Versenkung in das Leiden Christi, die Luther in der von ihm zeitlebens hochgeschätzten bernhardinischen Tradition (nach Bernhard von Clairvaux [1090/91-1153]) bekannt wurde, machte ihn mit einer besonders einflußreichen, von ihm später weitergeführten Form der Passionsfrömmigkeit vertraut. Und die Erfahrungen des lösenden Freispruchs von den Sünden im Kontext der Beichtbuße, die er häufiger als üblich in Anspruch nahm, trugen immer wieder zur geistlichen Stabilisierung des mit Anfechtungen ringenden Mönchs bei. Die inneren Konflikte, die Luther als Mönch erlebt haben wird, waren keineswegs atypisch, ja, sie wurzelten zum Teil in strukturellen Spannungen monastischer Frömmigkeit selbst. Denn zum einen sollte der Mönch die Tiefe seiner Unwürdigkeit, seiner sündhaften Gottesferne erkunden und durch eigene Willensanstrengung, die Gott unterstützte, überwinden, zum anderen sollte er sich auf den Weg des himmlischen Aufstiegs, der fortschreitenden, durch mystische Literatur erfahrungsreich erschlossenen Annäherung an das Göttliche und der heilsamen Willenseinung mit ihm, begeben. Eine spirituelle Balance zwischen der Höllenangst der Selbst- und der Himmelfahrt der Gotteserkenntnis zu finden war jeder Ordensperson persönlich aufgegeben, und der eine mochte sich dabei schwerer tun als der andere. Luther scheint den Konflikt zwischen Sündenzorn und Heilsvertrauen, Gerichtsfurcht und Gnadenhoffnung besonders intensiv erlebt und wohl auch erlitten zu haben. Denn die Anforderung, alle Sünden in der Ohrenbeichte vollständig zur Sprache zu bringen, hat im Falle Luthers offenbar nicht zu einer Stabilisierung seines Gewissens geführt, sondern dazu, daß er – wie er sich erinnert – sich »nimmermehr satt beichten«[4] konnte. »Denn wenn einem etwas mehr einfiele, das er vielleicht vergessen hatte, so mußte ers flugs wieder beichten.«[5] Nicht die Erfahrung der strukturellen Spannungen als solche, wohl aber die Intensität, mit der er sie erlebte, und die Ruhelosigkeit, die ihn bewegte und zu weitergehenden theologischen Klärungen antrieb, scheint Luther von seinen Mitbrüdern unterschieden zu haben.

Die scholastische Theologie, die Luther vornehmlich in ihren spätfranziskanischen Vertretern Wilhelm von Ockham, besonders aber Gabriel Biel kennenlernte, hat den Widerstreit zwischen Zorn und Gnade, Tiefe der Sünde und Größe der

Barmherzigkeit, anscheinend eher gesteigert als reduziert. Luther studierte die *Sentenzen* des Petrus Lombardus unter der Anleitung des Erfurter Theologieprofessors Johannes Nathin (gest. 1529), der das Generalstudium der Augustinereremiten leitete und den Kommentar Gabriel Biels bei seiner Behandlung des systematischen Lehrbuchs der mittelalterlichen Theologie zugrunde legte. Nach Ausweis von Lesespuren, die sich in dem von Luther in Erfurt benutzten Exemplar der *Sentenzen* erhalten haben,[6] war er in der nominalistischen Schultheologie Biels bestens bewandert, begann aber schon in der Zeit, in der er den dogmatischen Stoff als Sententiar ›lernend zu lehren‹ hatte, damit, die Kirchenväter, insbesondere Augustinus, aber auch die Bibel verstärkt als Autoritäten einzubeziehen. Für die Heils- und Gnadenlehre der Luther bekannt gewordenen scholastischen Theologie war die stufenweise aufeinander aufbauende Verbindung menschlichen Tuns und göttlicher Anerkenntnis entscheidend. Tat der Mensch, was ihm zu tun möglich und aufgegeben war *(facere quod in se est)*, so erwarb er vor Gott ein zwar unvollkommenes, das heißt keinerlei Anspruch auf göttliche Anerkenntnis begründendes, gleichwohl löbliches »Verdienst nach Billigkeit« *(meritum de congruo)*, das mittels des sakramentalen Beistands der Kirche zu einem vor Gott gültigen »Würdigkeitsverdienst« *(meritum de condigno)* aufgewertet werden konnte. Das gute Streben in bezug auf Gott als willentlicher Ursprung des menschlichen Gottesverhältnisses galt als notwendige, aber auch hinreichende Disposition des Menschen zum Empfang des Heils. Obgleich Gott kraft seiner unumschränkten Gewalt *(potestas absoluta)* auch ganz und gar anders gekonnt hätte, hat er sich in seiner Heilsordnung *(ordinatio)* dazu verpflichtet, jedem, der sich dem *facere quod in se est* gemäß verhält, seine Gnade zu geben.

Gerade diese konzeptionelle Behaftung des Menschen bei seinen eigenen Möglichkeiten, bei einer nach scholastischer Lehre in der menschlichen Natur selbst angelegten Fähigkeit zur Gottesliebe, scheint für Luther ein religiöses und theologisches Problem dargestellt zu haben. Denn es band den strebend sich bemühenden Mönch an seine eigenen Möglichkeiten, die ihm gerade aufgrund der sensibel verfeinerten Introspektionen in die Eigensüchtigkeit, den Selbstbetrug, ja in die Gottesferne des eigenen Herzens zweifelhaft werden mußten. Der innere Konflikt, in dem sich Luther gemeinsam mit anderen Ordensleuten befand, stellt sich wohl als monastisches Analogon zu der für die Frömmigkeitskultur um 1500 im ganzen charakteristischen Gleichzeitigkeit von Externalisierungs- und Internalisierungstendenzen dar.

In der Gnadentheologie Augustins und in den mystischen Traditionen, die Luther etwa durch die Lektüre Bernhards von Clairvaux, Gersons und einiger Autoren der sogenannten ›deutschen Mystik‹ bekannt wurden, kam der heranwachsende Mönch mit theologischen Konzeptionen in Kontakt, die das Heil des Menschen in der Bedingungslosigkeit der göttlichen Gnade und dem Widerfahrnis der Einigung des menschlichen Geistes mit dem göttlichen begründeten. Johann von Staupitz, dem Luther während eines etwa einjährigen Aufenthalts in Wittenberg (1508/09) und seit seinem endgültigen Wechsel an die neugegründete Universität seit Herbst 1511 persönlich nähertrat, half ihm als Seelsorger, indem er ihm nahebrachte, daß Gottes Barmherzigkeit in Christus offenbar werde; im leidenden Gottessohn, nicht in den eigenen Möglichkeiten, lag das Heil des Menschen beschlossen.

Auch darin, daß Staupitz als ›Frömmigkeitstheologe‹ gezielt über den monastischen Bereich hinaus zu wirken und auf eine am leidenden Christus orientierte Religiosität der Laien einzuwirken versuchte, übte er auf Luther einen nachhaltigen Einfluß aus. Im menschgewordenen und leidenden Christus wird der Christ, gleichviel ob er in der Welt oder im Kloster lebt, der erwählenden Gnade Gottes inne. Die radikale augustinische Gnadentheologie, die Luther bei Staupitz als eigene Lebenshilfe kennenlernte, enthielt besondere Potentiale für die Ausbildung einer Christen in allen Ständen verbindenden Spiritualität. Die große Zustimmung, die Staupitz als Prediger in der deutschen Sprache fand, insbesondere in Nürnberg (1516/17), zeigt, daß er einen Ton zu treffen wußte, der den religiösen Bedürfnissen der Zeitgenossen entsprach. Aufgrund seines Doppelamtes als hochrangiger Ordensfunktionär und Wittenberger Theologieprofessor zog Staupitz viele junge Augustinereremiten an die kursächsische Universität. Dieser mit monastischen Lebensformen noch wenig vertraute Nachwuchs bildete ein wichtiges Rekrutierungspotential der frühreformatorischen Bewegung.

Staupitz' konsequente Abkehr vom Sprach- und Denkstil der Scholastik stellt eine Parallelerscheinung zum Humanismus dar; in der kombinatorischen Umgangsweise mit den unterschiedlichsten religiösen und theologischen Traditionsbeständen – biblischer, mystischer, patristischer, monastischer, auch scholastischer Provenienz, die er von seiner theologischen Fokussierung auf den Heilsweg des Menschen her sichtete und konsultierte – repräsentiert Staupitz einen theologischen Stil, der als unmittelbares Vorbild Luthers zu gelten hat. In seiner fortschreitenden Konzentration auf die Bibel als maßgeblichen Quell und Orientierungsmaßstab der Theologie empfand sich Luther auch als Schüler und Erbe Staupitz'; dieser soll in den seiner Zuständigkeit unterstellten Klöstern das eifrige Bibelstudium gefördert und auch Luther darin ermutigt, ja wegen seiner gründlichen Bibelkenntnis gelobt haben. In Staupitz, der sich in seiner von einer Priorität der Bibel gegenüber der kirchlichen Tradition her argumentierenden Kritik an der scholastischen Theologie mit dem Tübinger Theologen Konrad Summenhart (um 1458-1502) einig wußte, begegnete Luther einem geistlichen Lehrer, der ihn ähnlich wie der Erfurter Nominalist Jodocus Trutvetter (um 1460-1519), auf den sich Luther später ebenfalls berief, darin bestärkte, der Bibel einen Vorrang vor jeder anderen Wahrheitsinstanz einzuräumen.

Auch wenn Luther in späteren Rückblicken seinen frühzeitigen Hang zum Bibelstudium möglicherweise überpointiert herausstellte, kann es keinem Zweifel unterliegen, daß er sich weitaus intensiver und einseitiger, als es das Profil des zeitgenössischen Theologiestudiums vorgesehen hatte, in die Bibel vertiefte und sie wieder und wieder las. Daß Luthers Interesse an der Bibel schon in seiner Erfurter Zeit unter humanistischem Einfluß stand, kann als gesichert gelten. Bereits in Randbemerkungen aus dem Jahre 1509 hat Luther auf Reuchlins bahnbrechendes hebraistisches Lehrbuch *De rudimentis Hebraicis* (s. o. S. 113) zurückgegriffen, aber auch die Kirchenväter – in deren Licht nach einer Ermahnung seines philosophischen Lehrers Bartholomäus Arnoldi, genannt Usingen (um 1465-1532), auch die Bibel zu interpretieren sei – in reichem Maße herangezogen. Daß er gegen eine imposante Tradition darauf verzichtete, seine Behandlung der *Sentenzen* im Rahmen des üblichen Graduierungsprozesses in die Ausarbeitung eines Kommentars einmünden zu lassen, deutet wohl auf eine Geringschätzung dieser Aufgabe im Vergleich mit der Bibelauslegung hin. Luthers später in seinen Vorlesungen, vor allem aber in der Disputation gegen die scholastische Theologie (4. 9. 1517) ausgearbeiteter Angriff auf die Betonung der menschlichen Fähigkeiten in der Gnadenlehre Gabriel Biels formulierte theologische Konsequenzen, die tief in seiner eigenen theologischen Entwicklung seit etwa einem Jahrzehnt angelegt waren. Die Präferenz für die radikale Gnadentheologie der antipelagianischen, das heißt gegen den britischen Mönch Pelagius gerichteten, Schriften Augustins teilte Luther mit anderen zeitgenössischen Theologen innerhalb und außerhalb des Augustinereremitenordens. Die Verwurzelung ›seiner‹ Theologie in der Tradition des unumstritten ehrwürdigsten Kirchenvaters des Abendlandes, die Luther später auch ostentativ herauszustreichen wußte, bildete eine unverzichtbare sachlich-theologische und argumentativ-strategische Voraussetzung der Reformation.

Romreise

Die Romreise, die Luther wohl im Spätjahr 1511 mit einem Ordensbruder unternahm, stand im Zusammenhang mit Streitigkeiten zwischen einigen observanten Konventen des Augustinereremitenordens und ihrem Generalvikar von Staupitz.

Luthers Erfurter Konvent hatte zu sieben Klöstern gehört, die dem von Staupitz mit römischer Unterstützung betriebenen Zusammenschluß von Reformkongregation und sächsischer Ordensprovinz unter seiner Ägide ablehnend gegenüberstanden. Wahrscheinlich gehörte diese Reise, die Luther für etwa ein knappes halbes Jahr dem regulären Studien- und Lehrbetrieb entzog, in den Kontext von Bemühungen, die geplante und schon päpstlich sanktionierte Union doch noch zu verhindern. Luthers und einiger anderer Erfurter Augustinermönche Wechsel in den Wittenberger Konvent im Spätsommer 1511 deutet wahrscheinlich darauf hin, daß er auch in der ordenspolitischen Angelegenheit ein Parteigänger Staupitz' geworden und als Sachwalter von dessen Interessen in die Hauptstadt der lateineuropäischen Christenheit gereist war.

Luthers religionspraktisches Verhalten in Rom, an das er sich – freilich mit wertenden Tendenzen – in späteren Rückblicken erinnerte, läßt keinen Zweifel daran, daß der einer internalisierenden Devotion zuneigende Bettelmönch sich die an dem prominentesten Wallfahrtsort der Christenheit dargebotenen Heilsgnaden zu sichern wußte: Er besuchte die Märtyrergräber und -reliquien, unternahm die eintägige Fastenwallfahrt zu den sieben Hauptkirchen Roms, las, wo immer es ging, die Messe, wobei er freilich durch die hastig-mechanistische Praxis der Italiener, die ihn zur Eile ermahnten, verstört wurde. Er verzichtete auch nicht darauf, seiner Vorfahren Fegefeuerpein durch Bußleistungen zu verkürzen, nahm also die verfügbaren Ablaßangebote selbstverständlich in Anspruch. Sittlich anstößige Sachverhalte wie die unübersehbare Präsenz von Huren und Lustknaben und der üppige Lebensstil der Prälaten, besonders der Kardinäle, sind ihm sicher schon damals aufgefallen, dürften ihn aber vorerst vor allem von der Richtigkeit seines eigenen monastischen Weges überzeugt haben. Daß diese Eindrücke ihn zeitlebens begleiteten, beweist freilich vor allem die Häufigkeit, mit der er auf sie zurückkam. Es ist nicht zu übersehen, daß ihm mancherlei dessen, was er in der ewigen Stadt gesehen hatte, in der Zeit des zu erwartenden Verdammungsurteils aus Rom zum Argument gegen den Papst und dessen Kurtisanen geriet, ja ihm die Rezeption antirömischer Polemik erleichterte. Insofern stellt auch Luthers Romreise zwar keine Quelle seines Bruchs mit der Papstkirche dar, wohl aber eine Voraussetzung dafür, der später vollzogenen Abkehr nachträglich eine besondere Plausibilität und Popularität zu verleihen.

DER JUNGE THEOLOGIEPROFESSOR (1512-17)

Die ordentliche Theologieprofessur, die Luther in der Nachfolge Staupitz' nach seiner Promotion zum Doktor der Theologie 1512 übernahm, war dem Wittenberger Augustinerkloster zugeordnet und wurde von diesem materiell getragen. Es handelte sich um eine reguläre, durch keine präzisierende Denomination definierte Stelle, deren Inhaber das Ganze der Theologie beziehungsweise der Heiligen Schrift in Vorlesungen, Disputationen und Predigten vertreten sollte. Daß Luther auf dieser Professur ausschließlich biblische Vorlesungen hielt, fiel nicht grundsätzlich aus dem Rahmen des rechtlich Vorgegebenen oder Möglichen. Das emphatische Selbstverständnis des Doktors der Heiligen Schrift beziehungsweise der Theologie, das Luther insbesondere im Kontext seiner Konflikte mit der Papstkirche entfalten sollte, zielte darauf ab, das, was er zu sagen hatte, als notwendige Konsequenz jener akademischen Pflichten und Standesrechte auszuweisen, die ihm von Amts wegen übertragen worden waren. Insofern bildet seine in den Rechtsformen und Ritualen der mittelalterlichen Universität fundierte Amtsstellung als ordentlich berufener Theologieprofessor und Doktor eine entscheidende Voraussetzung jener Lehrtätigkeit, die in die Reformation einmünden sollte.

Luthers *Disputationstätigkeit* ist erst seit September 1516 dokumentiert. Die ersten beiden Thesenreihen, die von dem Disputator Luther überliefert sind, vermutlich in Plakatdrukken vorlagen und an einzelne Gelehrte anderer Universitäten verschickt wurden, waren Promotionsthesen; im Falle des

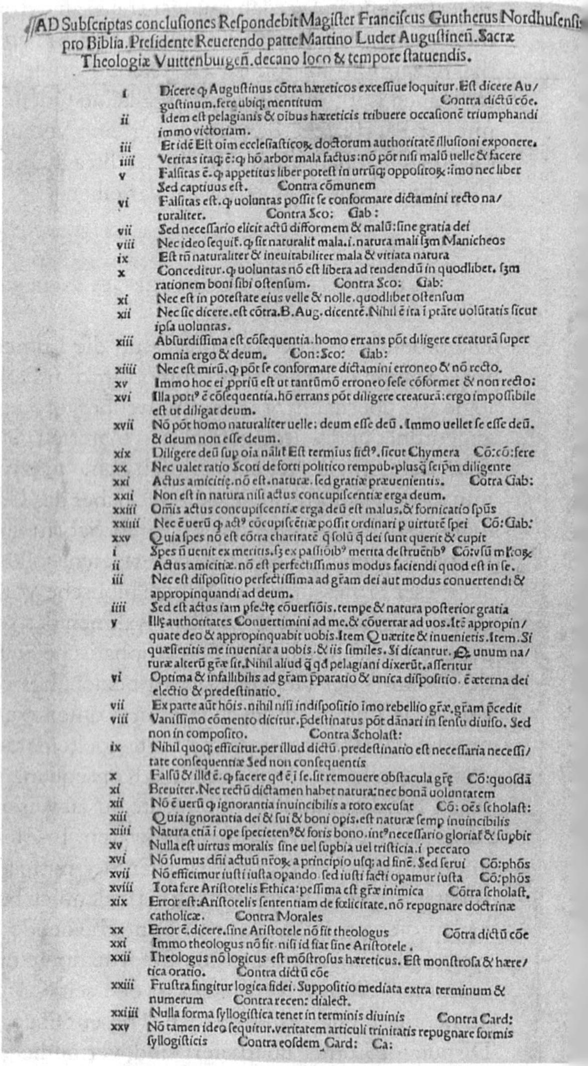

AD Subscriptas conclusiones Respondebit Magister Franciscus Guntherus Nordhusensis pro Biblia. Presidente Reuerendo patre Martino Luder Augustinen̄. Sacræ Theologiæ Vuittenburgen̄. decano loco & tempore statuendis.

i Dicere q̄ Augustinus cōtra hæreticos excessiue loquitur. Est dicere Augustinum. fere ubiq; mentitum Contra dictū cōe.
ii Idem est pelagianis & oibus hæreticis tribuere occasionē triumphandi immo victoriam.
iii Et idē Est oim ecclesiasticoꝝ doctorum authoritatē illusioni exponere.
iiii Veritas itaq; ē: q̄ hō arbor mala factus: nō pōt nisi malū uelle & facere
v Falsitas ē. q̄ appetitus liber potest in utrūq; oppositoꝝ: imo nec liber Sed captiuus est. Contra cōmunem
vi Falsitas est. q̄ uoluntas possit se conformare dictamini recto naturaliter. Contra Sco: Gab:
vii Sed necessario elicit actū difformem & malū: sine gratia dei
viii Nec ideo sequit̄. q̄ sit naturalit̄ mala. i. natura mali s̄m Manicheos
ix Est tñ naturaliter & ineuitabiliter mala & vitiata natura
x Conceditur. q̄ uoluntas nō est libera ad tendendū in quodlibet. s̄m rationem boni sibi ostensum. Contra Sco: Gab:
xi Nec est in potestate eius velle & nolle. quodlibet ostensum
xii Nec sic dicere. est cōtra. B. Aug. dicentē. Nihil ē ita ī ptāte uolūtatis sicut ipsa uoluntas.
xiii Absurdissima est cōsequentia. homo errans pōt diligere creaturā super omnia ergo & deum. Con: Sco: Gab:
xiiii Nec est mirū. q̄ pōt se conformare dictamini erroneo & nō recto.
xv Immo hoc ei ꝓpriū est ut tantūmō erroneo sese cōformet & non recto:
xvi Illa poti⁹ ē cōsequentia. hō errans pōt diligere creaturā: ergo impossibile est ut diligat deum.
xvii Nō pōt homo naturaliter uelle: deum esse deū. Immo uellet se esse deū. & deum non esse deum.
xix Diligere deū sup oia nālit̄ Est termius fict⁹. sicut Chymera Cō: cō: fere
xx Nec ualet ratio Scoti de forti politico rempub. plusq̄ seipm̄ diligente
xxi Actus amicitię. nō est. naturæ. sed gratiæ præuenientis. Cōtra Gab:
xxii Non est in natura nisi actus concupiscentiæ erga deum.
xxiii Omis actus concupiscentiæ erga deū est malus. & fornicatio spūs
xxiiii Nec ē uerū q̄ act⁹ cōcupiscētiæ possit ordinari ꝑ uirtutē spei Cō: Gab:
xxv Quia spes nō est cōtra charitatē q̄ solū q̄ dei sunt querit & cupit
i Spes ñ uenit ex meritis. s₃ ex passioib⁹ merita destruētib⁹ Cō: vsū m̄Ꝛoꝝ
ii Actus amicitiæ. nō est perfectissimus modus faciendi quod est in se.
iii Nec est dispositio perfectissima ad grām dei aut modus conuertendi & appropinquandi ad deum.
iiii Sed est actus iam ꝑfectę cōuersiōis. tempe & natura posterior gratia
v Illę authoritates Conuertimini ad me. & cōuertar ad uos. Itē appropinquate deo & appropinquabit uobis. Item Quærite & inuenietis. Item. *Si* quæsieritis me inueniar a uobis. & iis similes. Si dicantur. Ꝙ unum naturæ alterū grę̄ sit. Nihil aliud q̄ qđ pelagiani dixerūt. asseritur
vi Optima & infallibilis ad grām ꝑparatio & unica dispositio. ē æterna dei electio & predestinatio.
vii Ex parte aūt hōis. nihil nisi indispositio imo rebellio grǽ. grām ꝑcedit
viii Vanissimo cōmento dicitur. ꝑdestinatus pōt dānari in sensu diuiso. Sed non in composito. Contra Scholast:
ix Nihil quoq; efficitur. per illud dictū. predestinatio est necessaria necessitate consequentiæ Sed non consequentis
x Falsū & illđ ē. q̄ facere qđ ē ī se. sit remouere obstacula grę̄ Cō: quosdā
xi Breuiter. Nec rectū dictamen habet natura: nec bonā uoluntatem
xii Nō ē uerū q̄ ignorantia inuincibilis a toto excusat Cō: oēs scholast:
xiii Quia ignorantia dei & sui & boni opis. est naturæ semp inuincibilis
xiiii Natura etiā ī ope specieten⁹ & foris bono. int⁹ necessario gloriat̄ & sup̄bit
xv Nulla est uirtus moralis sine uel sup̄bia uel tristicia. i. peccato
xvi Nō sumus dñi actuū nr̄oꝝ a principio usq; ad finē. Sed serui Cō: phōs
xvii Nō efficimur iusti iusta oꝑando sed iusti facti oꝑamur iusta Cō: phōs
xviii Tota fere Aristotelis Ethica: pessima est grǽ inimica Cōtra scholast.
xix Error est: Aristotelis sententiam de fœlicitate. nō repugnare doctrinæ catholicæ. Contra Morales
xx Error ē. dicere. sine Aristotele nō fit theologus Cōtra dictū cōe
xxi Immo theologus nō fit. nisi id fiat sine Aristotele.
xxii Theologus nō logicus est mōstrosus hæreticus. Est monstrosa & hæretica oratio. Contra dictū cōe
xxiii Frustra fingitur logica fidei. Suppositio mediata extra terminum & numerum Contra recen: dialect.
xxiiii Nulla forma syllogistica tenet in terminis diuinis Contra Card:
xxv Nō tamen ideo sequitur. veritatem articuli trinitatis repugnare formis syllogisticis Contra eosdem Card: Ca:

Abb. 5: Martin Luther, *Thesen gegen die scholastische Theologie* (Erstdruck, 1517)

i Si forma ſyllogiſtica tenet ĩ diuis. articulꝰ trinitatis erit ſcitꝰ & nõ creditꝰ
ii Breuiter Totus Ariſtoteles. ad theologiã Eſt tenebre ad lucẽ Cõ: ſchol:
iii Dubiũ eſt vehemẽs. An ſententia Ariſtotelis ſit apud latinos
iiii Bonũ erat eccleſiæ. Si theologis natus nõ fuiſſet Purphyriꝰ cũ ſuis vlibꝰ
v Vſitatiores diffinitiones Ariſtotelis. uidentur petere principium
vi Ad actũ meritoriũ ſatis ẽ coexiſtẽtia grãæ. aut coexiſtẽtia nihil ẽ Cõ: Ga:
vii Gratia dei nũq̃ ſic coexiſtit ut ocioſa. Sed ẽ uiuꝰ: mobilis. & opoſus ſpũs
viii Nec per dei abſolutã potentiã fieri põt. ut actus amicitiæ ſit & gratia dei præſens non ſit. Contra Gab:
ix Nõ põt deus acceptare hominẽ ſine gratia dei iuſtificãte cõ: Occã
x Periculoſa ẽ hæc orõ. lex p̃cipit. ꝙ actus p̃ceptis fiat ĩ grã dei Cõtra Card: & Gab:
xi Sequitur ex ea. ꝙ gratiã dei habere. ſit iam noua ultra legẽ exactio
xii Ex eadẽ ſequitur ꝙ actus præcepti poſſit fieri ſine gratia dei.
xiii Item ſequitur ꝙ odioſior fiat gratia dei q̃ fuit lex ipſa.
xiiii Nõ ſequitur. lex debet ſeruari & impleri in gratia dei cõtra Gab:
xv Ergo aſſidue peccat, qui extra gratiã dei eſt. Nõ occidẽdo. nõ mechãdo. non furando &c.
xvi Sed ſequitur. peccat. non ſpiritualiter legem implendo
xvii Spũaliter. nõ occidit. nõ mechat̃. nõ furat̃. qui nec iraſcit̃ nec cõcupiſcit.
xviii Extra gratiã dei adeo impoſſibile eſt. Nõ iraſci. non cõcupiſci: ut nec in gratia ſatis id fieri poſſit ad legis perfectionem
xix Hypocritarũ eſt iuſtitia ope & foris non occidere nõ mechari &c.
xx Gratiæ dei eſt nec concupiſcere. nec iraſci.
xxi Impoſſibile eſt itaq; legem impleri ſine gratia dei ullo modo
xxii Quin etiã magis deſtruitur per naturam ſine gratia dei
xxiii Lex bona neceſſario ſit mala. uoluntati naturali
xxiiii Lex & uoluntas ſunt aduerſarii duo. ſine gratia dei impacabiles
xxv Q̃d lex vult. ſemp̃ uolũtas nõ vult: niſi timore uel amore ſimulet ſe uelle
i Lex eſt exactor uolũtatis. qui nõ ſupatur: niſi p̃ paruulũ q natus ẽ nobis
ii Lex facit abũdare pctm̃ quia irritat & retrahit uoluntatẽ a ſeipſa
iii Gratia aũt dei facit abũdare iuſticiã p̃ Iheſũ Chriſtũ. qa facit placere legẽ.
iiii Om̃e opꝰ legis ſine grã dei foris apparet bonũ. ſed itus ẽ pctm̃ Cõ: ſcho:
v Semp̃ auerſa uoluntas. & cõuerſa manus ſunt in lege dñi ſine gratia dei
vi Cõuerſa uoluntas ad legem ſine gratia dei eſt affectu cõmodi ſui talis
vii Maledicti ſunt oẽs. qui opantur opera legis
viii Benedicti ſunt oẽs. qui opantur opera gratiæ dei
ix Cap: falſas de pe: diſ: v. cõfirmat opa extra grãm nõ eſſe bona ſi nõ falſe intelligatur.
x Non tantum cæremonialia ſunt lex nõ bona & præcepta in quibus non uiuit Contra mul: docto:
xi Sed & ipſe decalogus & quicq̃d doceri, dictariq; intus & foris põt.
xii Lex bona & in qua uiuit̃. charitas dei eſt ſpũſancto diffuſa ĩ cordibꝰ nr̃is
xiii Volũtas cuiuslibet. mallet (ſi fieri poſſet) eſſe nullã legẽ & ſe oĩno liberã
xiiii Volũtas cuiuslibet: odit ſibi legem poni: aut amore ſui cupit poni
xv Cũ lex ſit bona: non p̃t uoluntas eius inimica: eſſe bona
xvi Et ex illo clare patet. ꝙ om̃is uoluntas naturalis eſt iniqua & mala
xvii Neceſſaria eſt mediatrix gratia. quæ conciliet legem uoluntati
xviii Gratia dei datur ad dirigendũ uoluntatem ne erret etiam in amando deum Contra Gab:
xix Nec datur. ut frequentius & facilius eliciatur actus. Sed quia ſine ea non elicitur actus amoris Contra Gab:
xx Inſolubile eſt argumentũ ſuperfluã eſſe charitatem. ſi homo naturaliter põt in actum amicitiæ Contra Gab:
xxi Subtile malũ eſt dicere. eundẽ actũ eſſe fruitionem & uſum contra Occam: Card: Gab:
xxii Item ꝙ amor dei ſtet cũ dilectione & delectatione creaturæ. etiã intenſa
xxiii Diligere deũ. eſt ſeipſum odiſſe. & p̃ter deum nihil nouiſſe
xxiiii Tenemur uelle. nr̃m oĩno cõformare diuinæ uoluntati. cõtra Card:
xxv Nõ tm̃ q̃d vult nos uelle. Sed prorſus. quodcũq; deꝰ vult. uelle debemꝰ.

In hiis nihil dicere volumus: nec dixiſſe nos credimus quod non ſit catholicæ eccleſiæ & eccleſiaſticis doctoribus conſentaneum.

1517

Bartholomäus Bernhardi aus Feldkirch, einem von Luthers frühesten Schülern, handelte es sich um Thesen, die dieser selbst im Zusammenhang seiner Promotion zum *baccalaureus sententiarius* (September 1516) über das Unvermögen des Menschen, aus eigenen Kräften Gottes Gebote zu erfüllen,[7] abgefaßt hatte, womit er unstrittig Gedanken aus Luthers Römerbriefvorlesung (1515/16) aufnahm. Die zweite Reihe von Disputationsthesen stammt aus dem folgenden Jahr (September 1517), wurde von Luther selbst verfaßt und gehörte in den Kontext der Promotion Franz Günthers aus Nordhausen zum *baccalaureus biblicus*;[8] sie ist unter dem sekundären Titel *Contra scholasticam theologiam* (Gegen die scholastische Theologie; Abb. 5) bekannt. In dieser Thesenreihe ging es Luther vor allem darum, dem beherrschenden Einfluß des Aristoteles in der Theologie entgegenzutreten und dessen von je im einzelnen genannten Scholastikern, insbesondere Gabriel Biel, geteilte Vorstellungen von den natürlichen Fähigkeiten des Menschen in bezug auf das Heil grundsätzlich zu widersprechen.

Manches spricht dafür, die beiden Disputationen beziehungsweise ihre Thesendrucke als Veranstaltungen zu deuten, die darauf abzielten, eine ›neue‹ Theologie des Wittenberger Augustinerpaters in bestimmten universitär-akademischen Milieus bekannt zu machen und wohl auch die Aufmerksamkeit der Gelehrten, vielleicht auch der Studenten, auf die neugegründete Universität Wittenberg zu ziehen. Nach gewissen Anfangserfolgen waren die Wittenberger Immatrikulationsziffern seit 1512 nämlich auf ein Niveau abgesunken, das sehr deutlich unter dem der nächstgelegenen Konkurrenzorte Leipzig und Erfurt lag. Bis 1518 schrieben sich in Leipzig zumeist mehr als doppelt so viele Studenten ein wie in der ernestinischen Gegengründung, und auch Erfurt hatte sich mit rund 50 Prozent über Wittenberg liegenden Immatrikulationszahlen auf einem Niveau behaupten können, das in etwa dem vor 1502, dem Jahr der Wittenberger Neugründung, entsprach. Erst ab 1519 sollte Wittenberg dann seinen Siegeszug in der studentischen Gunst antreten,[9] der – mit gewissen Schwankungen – während des gesamten 16. Jahrhunderts anhielt und die ›Universität Luthers‹ zur einflußreichsten akademischen Ausbildungsstätte im Reich machte.

Luthers frühe Disputationen stellten kein akademisches Fanal dar; aber sie verbreiterten die Akzeptanz für seinen radikalen Augustinismus innerhalb des Kollegiums der Universität und problematisierten die Lehre der Scholastiker, insbesondere Gabriel Biels, in bezug auf alle Lehrfragen, die die Gnade, die Hoffnung, den Glauben, die Liebe, die guten Werke usw. betrafen. Mit Staupitz' Neffen Nikolaus von Amsdorff, der als Lizentiat der Theologie seit 1511 in Wittenberg lehrte, gewann Luther 1516/17 einen lebenslangen Parteigänger und zuverlässigen Freund, der die nominalistischen Schulweisheiten nun hinter sich ließ und sich ganz auf Paulus und Augustinus stürzte. Auch Andreas Rudolf Bodenstein, nach seinem fränkischen Geburtsort Karlstadt genannt, hatte sich nach deutlichem Widerstand gegen Luthers antischolastische Augustinusrezeption intensiv mit dem Kirchenvater und dessen antipelagianischen Schriften beschäftigt und war zu der dann auch öffentlich bekundeten Erkenntnis gelangt, daß die Scholastiker die wesentlichen Aussagen Augustins zu Glaube, Werken, Gnade und Rechtfertigung nicht gekannt oder verfälscht hätten. Der kollegiale Rückhalt, den Luther in seiner Fakultät, bald auch in der Universität als Ganzer besaß, bildete eine entscheidende Voraussetzung seines Agierens seit dem Spätjahr 1517.

Von 1513 an ist Luthers *Vorlesungstätigkeit* der am weitaus besten dokumentierte Aspekt seiner Existenz; er hat in der Forschung eine sehr intensive Aufmerksamkeit gefunden. Dies ist unter dem Gesichtspunkt der Rekonstruktion seiner theologischen Position, der Genese der in ihr wirksam gewordenen frömmigkeitstheologischen, monastischen, patristischen und humanistischen Einflüsse, sachgerecht und angemessen. In Hinblick auf eine allgemeinere reformationsgeschichtliche Perspektive verdienen die Vorlesungen vor allem deshalb Interesse, weil sich Luther in ihnen die Grundlagen einer Theologie erarbeitet hat, ohne die es eine Reformation der Kirche nicht gegeben hätte. Ebenso wie es verkürzend wäre, die Reformation gleichsam als ›Funktion‹ oder unmittelbare Konsequenz der frühen Theologie Luthers zu beschreiben und die in den Kontroversen seit 1518 ausgebildeten Akzentuierungen und Weiterentwicklungen auszublenden, wäre es unsachgemäß zu ignorieren, daß Luther allein aufgrund bestimmter theologischer Klärungen, die er im Zusammenhang seiner exegetischen Vorlesungstätigkeit erreicht hatte, imstande und willens war, ja sich dazu verpflichtet fühlte, das Ablaßwesen anzugreifen.

Die erste erhaltene Vorlesung Luthers, seine im Frühjahr oder Herbst 1513 begonnene Psalmenvorlesung *Dictata super psalterium*, weist im Vergleich mit traditionellen scholastischen Bibelauslegungen einige Besonderheiten auf. In formaler Hinsicht bediente sich Luther der geläufigen Kommentierung in exegetischen Glossen, die den Text philologisch und sachlich erläuterten, und Scholien, die größere theologische Zusammenhänge behandelten. Auch orientierte er sich an dem traditionellen Interpretationsverfahren des vierfachen Schriftsinns, suchte also neben dem wörtlichen oder historischen Sinn *(sensus literalis seu historicus)* einen moralischen *(sensus tropologicus)*, einen die Glaubensgeheimnisse entbergenden allegorischen *(sensus allegoricus)* und einen eschatologischen *(sensus anagogicus)* Gehalt zu ermitteln. Allerdings trug Luther in dieses Modell die paulinische Vorstellung des Leibes Christi ein, die für die Interpretation des Psalmentextes eine christologische und ekklesiologische Aktualisierung eröffnete. Luther ließ für die Vorlesung einen großzügig gesetzten lateinischen Psalterdruck herstellen, der es den Zuhörern ermöglichen sollte, die sprachlichen Erläuterungen, die er bot, einzutragen. Darin kam das humanistische Interesse am Bibeltext zum Tragen; Luther benutzte die aktuellsten humanistischen Hilfsmittel für die Psalmenexegese – Reuchlins Lehrbuch über die hebräische Sprache, dessen auf dem hebräischen Text basierende Auslegung der sieben Bußpsalmen, einen Psalmenkommentar des französischen Humanisten Jacques Lefèvre d'Étaples (1450/55-1536) – und bezog die ihm verfügbaren altkirchlichen und mittelalterlichen Kommentarwerke ein. Er suchte Eigentümlichkeiten der hebräischen Sprache gerecht zu werden und rhetorische Elemente aufzuspüren. Und er bot eine erfahrungsbezogene, vornehmlich an seiner klösterlichen Lebenswelt orientierte, Traditionen monastischer und augustinischer Theologie weiterführende Auslegungsform, die die biblischen Gotteserfahrungen zu vergegenwärtigen versuchte und gegenüber den rationalisierenden Distanzierungsgesten eines scholastischen Denk- und Sprachstils kritisch war. Schon bei der ersten akademischen Beschäftigung mit einem biblischen Text, die wir von Luther kennen, ist somit unübersehbar, daß ihm die Bibel lebendiges, aktuell ansprechendes Lebenswort ist, das es mit allen zu Gebote stehenden sprachlichen Mitteln zu verstehen und auf die Gegenwart zu beziehen gilt.

Nach dem Psalter hat Luther sich ganz der Paulusauslegung gewidmet. 1515/16 las er über den Römer-, 1516/17 über den Galater- und 1517/18 über den Hebräerbrief, der als paulinisch galt. Im Unterschied zu seinen späteren Vorlesungen, die auch in formaler Hinsicht mit der scholastischen Kommentierungsmethode in Glossen und Scholien brachen, führte er diese zunächst fort. Luther las Paulus in der Perspektive der antipelagianischen Schriften Augustins, die ihm spätestens seit seiner Römerbriefvorlesung vertraut gewesen sind. An neuesten humanistischen Hilfsmitteln benutzte er nun die von Erasmus herausgegebenen Annotationen zur lateinischen Version des Neuen Testaments von Lorenzo Valla, einen jüngst erschienenen Pauluskommentar Lefèvre d'Étaples' und, gleich nach ihrer Publikation, die Erasmische Ausgabe des griechischen Neuen Testaments. Mit Paulus und Augustinus wurde nun einer scholastischen Theologie und ihrer aristotelischen Grundlage der Kampf angesagt. Daß der Mensch aufgrund seiner eigenen Willenskraft imstande sein sollte, sich vom Bösen ab- und dem Guten, ja Gott, zuzuwenden, widersprach nach Luthers Paulusinterpretation den Grundlagen jeder biblischen Theologie. Denn Gottes Gnadenwirken am Menschen vollzieht sich nicht im Sinne einer gleichsam ›kosmetischen‹ Veränderung des im Kern unberührt bleibenden Habitus des

Menschen, sondern als radikale Absage an den ›real-existierenden‹ Menschen, als Gericht über die als gottfeindliche Selbstbezogenheit verstandene Sünde und als Zurechnung der in Christus geschenkten Barmherzigkeit Gottes, die der Mensch im Glauben annimmt. In sich selbst ist der Mensch ganz und gar Sünder, in Christus aber ist er ganz und gar gerecht; die christliche Existenz ist deshalb von der dialektischen Bestimmung des *simul iustus et peccator* (»zugleich Gerechter und Sünder«) geprägt. Im Gegensatz zur scholastischen Theologie, in der die göttliche Gnade als eine dem Menschen anhaftende, habituelle Qualität verstanden wurde, und in Analogie zu mystischen Traditionen, die das Heilswiderfahrnis als ›Herausgerissenwerden‹, als Entrückung, mithin als Situierung des Menschen außerhalb seiner selbst verstanden, verortete Luther das Sein des Glaubenden »außer uns« *(extra nos)*, in Christus. Die grundlegenden theologischen Transformationen in bezug auf die theologische Anthropologie, die Gnadenlehre und die Zueignung des Heils, die sich Luther in seinen exegetischen Vorlesungen zu den paulinischen Briefen erarbeitete, bildeten die Voraussetzungen für jede weitere Entwicklung seiner Theologie.

Wie auch immer man die Wirkungen unterschiedlicher geistiger, literarischer und theologischer Einflüsse, insbesondere und vor allem Augustins, des Humanismus, der Mystik und der monastischen Theologie, des Nominalismus, Staupitz' usw., auf den jungen Wittenberger Professor bewerten mag – entscheidend wurde, daß all dies, was Luther während des Jahrzehnts seiner monastischen Lehr- und frühen Lernjahre in sich aufgenommen hatte, im Modus der Schriftauslegung ineinanderfloß und erst von dem nach allen Regeln der Kunst ausgelegten und meditativ angeeigneten Wort Gottes her Richtung und Ziel erhielt. Luthers Theologie war von den frühesten noch erkennbaren Anfängen an eine eminent biblische und zugleich ›praktische‹, das heißt auf die Lebensvollzüge, das persönliche Gottesverhältnis des Menschen, des Mönchs, aber auch des Laien bezogene Glaubenslehre.

Der Prediger, Erbauungsschriftsteller und Publizist

Der Umstand, daß die Predigt im Wittenberger Augustinerkloster zu Luthers Amtspflichten gehörte, dürfte dazu beigetragen haben, daß ihm die auf Vermittlung, Anwendung und Reform abzielenden Aspekte theologischer Arbeit selbstverständlich waren. Schon der junge Professor muß ein eindrucksvoller Prediger gewesen sein; nur so jedenfalls ist es zu erklären, daß er, obschon er sich dagegen »gewert«[10] zu haben scheint, vom Wittenberger Rat mit einem Predigtauftrag in der Stadtkirche versehen wurde. Die regelmäßige Predigt vor den Laien der Stadt trug entscheidend dazu bei, daß Luther eine Ausdrucksfähigkeit in der deutschen Sprache erwarb, die die entscheidende Grundlage seiner publizistischen Erfolge bilden sollte: zunächst, seit 1518, als Erbauungsschriftsteller, später als reformatorischer Publizist und kirchenpolitischer Agitator. Der Rückhalt, den der predigende Mönch und Theologieprofessor in der Stadtgesellschaft und Universität Wittenbergs besaß, stellte eine entscheidende Voraussetzung dafür dar, daß er zum Reformator werden konnte.

In den nur vereinzelt und zum Teil fragmentarisch überlieferten frühen Predigten, die nicht in die Zeit vor 1514 zurückreichen, sind ähnliche Themen und Tendenzen wie in seinen Vorlesungen erkennbar. Das Sündersein des Menschen, der über sich selbst verzweifelt, darin Gottes Urteil über sich erfährt und in der aneignenden Nachempfindung des Leidens Christi den Weg der Buße geht, die Begründung der Gerechtigkeit außerhalb unserer selbst, in Christus, das sind die Themen, die auch in Luthers Predigten eine zentrale Rolle spielen. In Predigtreihen zu den Zehn Geboten und zum Vaterunser vermittelte er katechetischen Stoff in einer deutlich über die lebensweltlichen Bezüge des Klosters in die Welt der Laien hinüberreichenden Manier. Erste kritische Hinweise auf eine utilitaristisch-weltlichen Zwecken dienende Heiligenverehrung, auf Wallfahrten, die den religiösen Stellenwert der Pfarrkirchen schwächten, auf *luxuria* und veräußerlichte Frömmigkeitspraktiken zeigen, daß Luthers Predigten manche Gemeinsamkeiten mit anderen Bußpredigten der Zeit, aber auch mit auf Verinnerlichung drängenden Vorstellungen humanistischer oder mystischer Frömmigkeitstheologen aufwiesen.

Die erste volkssprachliche Publikation Luthers war eine von ihm zunächst (1516) unvollständig, später (1518) in erweiterter Form herausgegebene Textausgabe einer anonymen mystischen Schrift, der sogenannten *Theologia deutsch.* Das erste biblische Zitat (vgl. 1 Kor 1,23 f.), das der Wittenberger Professor in seiner deutschen Vorrede, und das heißt überhaupt in einer Druckschrift, verwendete, lautete: »Wir predigen Christum, eyne torheyt den heyden, aber eyne weyßheit Gottes den heylgen.«[11] Damit faßte er zugleich die paradoxale paulinische Gedankenfigur der ›Weisheit des Kreuzes‹ und die demutstheologische Pointe der von ihm in höchstem Maße geschätzten Taulerschen Mystik, die die Tiefe der Gottesliebe in der Niedrigkeit einfacher Sprache auszudrücken wußte, zusammen. Wie des anonymen Verfassers der *Theologia deutsch*, so war es auch des Predigers Luther Anliegen, »nit oben« zu schweben »wie schawm auff dem wasser«, also in die luftigen Höhen theologischer Spekulation hinaufzusteigen, sondern »auß dem Grund des Jordans«,[12] aus den Tiefen der Bibel, der Tradition und der religiösen Erfahrung, zu schöpfen; und was er dort fand, wollte er nicht den Hochsinnigen und Mächtigen dieser Welt, sondern den einfachen Christenmenschen nahebringen. Nicht Luthers innere Anfechtungen und die Verzweiflung über sich selbst und über Gott,[13] sondern seine Fähigkeit, diese im Horizont der Bibel zu bearbeiten und zu kommunizieren, bilden die in ›Luthers Religion‹ selbst gegebene Voraussetzung der Reformation.

Reformatorische Wende?

Im Spiegel der überlieferten Quellen, insbesondere der Vorlesungen, aber auch einiger Predigten, scheint es fragwürdig, so etwas wie einen eruptiven Umbruch oder ein besonderes

Erkenntniserlebnis, eine sogenannte ›reformatorische Wende‹ also, zu postulieren. In den Vorlesungen sieht man einen gewissenhaft fortschreitenden Exegeten am Werk, dessen immer präziseres Verständnis der Gerechtigkeit Gottes, die durch keine menschliche Disposition oder Vorleistung, sondern allein aufgrund der in Christus vermittelten göttlichen Barmherzigkeit erwirkt ist, nachgewiesen werden kann. Gattungsbedingt spiegeln diese Vorlesungen kaum etwas von der Unruhe, die ihren Verfasser auf dem Erkenntnisweg, der ihnen zugrunde lag, getrieben oder begleitet haben mag. Luther selbst hat in späteren Rückblicken auf eines oder mehrere solcher Erkenntniserlebnisse Bezug genommen, zweifellos auch, weil die für seine Theologie wichtigsten Autoritäten, der Apostel Paulus und Augustinus, Bekehrungen erlebt hatten und eine vom Gottesgeist gewirkte lebensgeschichtliche Umbrucherfahrung denjenigen, dem sie widerfahren war, in besonderer Weise zu autorisieren und zu legitimieren vermochte. Konsensfähige Datierungsvorschläge für eine solche ›reformatorische Wende‹ hat die Forschung bisher nicht unterbreitet; die Bandbreite reicht von etwa 1513 bis 1518. Unlängst wurde für die Einbeziehung schon der frühen Erfurter Klosterzeit beziehungsweise des Zeitraums von 1505 bis 1511 in den »Lebensbogen des reformatorischen Wende- und Werdeprozesses Luthers«[14] plädiert und zugleich die Rede von einer ›reformatorischen Wende‹ in Luthers Entwicklung verabschiedet.

Angesichts des diesem Buch zugrunde liegenden Reformationsbegriffs kann die Frage der Entwicklungsschritte oder -schübe der Lutherschen Theologie im Rahmen einer Reformationsgeschichte nur insofern von Interesse sein, als sie das Problem berührt, ab wann Luther im Sinne einer Reformation der Kirche öffentlich wirksam geworden ist. Diese Frage ist aber eindeutig mit dem Hinweis auf die Anfänge des Ablaßstreits seit Jahresende 1517 zu beantworten. Das Problem, ob es tatsächlich ein einmaliges und herausragendes oder gar mehrere Erkenntniserlebnisse in Luthers theologischer Entwicklung gegeben hat, entscheidet nicht darüber, wann die Reformation begann; denn die Reformation fing nicht mit einer Erkenntnis, sondern mit einer Entscheidung beziehungsweise einer Handlung an, die zu einem Ereignis wurde. Ein Ereignis gegen eine prozeßhafte Entwicklung, eine historische Konstellation gegen einen längerfristigen Prozeß auszuspielen dürfte in bezug auf Luther, die Reformation, aber auch manchen anderen historischen Sachverhalt wenig sinnvoll sein. Auch in Luthers Erinnerung verdichtete sich zu einem einmaligen, für uns nicht näher datierbaren Erkenntnisakt, was die Folge einer längeren Entwicklung gewesen ist. Daß Luther zu einem bestimmten Zeitpunkt ein neuer Sinn des Begriffs der Gerechtigkeit Gottes *(iustitia dei)* in Röm 1,17 aufgegangen ist und er den ihm bisher anstößigen Terminus fortan nicht mehr in seiner philosophischen, distributiven Bedeutung als Beimessung von Strafe und Lohn, sondern als kreatorisches, effektives Geschenk Gottes, mit dem er den Menschen gerecht macht, verstand, wie er es in seinem berühmten Selbstzeugnis von 1545 darstellte, wird man ihm nicht absprechen dürfen. Die Konsequenzen dieser einmaligen Erkenntnis eröffneten sich ihm freilich wiederum prozeßhaft: durch die Lektüre der antipelagianischen Augustinusschrift *De spiritu et littera* (Vom Geist und Buchstaben) und durch die Analyse vergleichbarer Genetivverbindungen in der Bibel wie: Werk Gottes im Sinne des Werkes, das Gott in uns wirkt, Kraft Gottes als Kraft, durch die Gott uns stark macht, Weisheit Gottes, durch die er uns weise macht usw. Das Erkenntniserlebnis von Röm 1,17 löste nicht die Reformation aus, aber es trug dazu bei, daß Luther einen theologischen Weg zu beginnen oder weiterzugehen vermochte, der ihn zu einem Täter des Wortes, einem Reformator der Kirche werden ließ. Auch die theologische Entwicklung Luthers und die vielfältigen Rezeptionsprozesse frömmigkeitstheologischer, mystischer, patristischer und humanistischer Traditionsbestände, die in sie eingegangen und in ihr wirksam geworden sind, gehören zu den *Voraussetzungen* der Reformation.

Natürlich konnte Luther die Tragweite, die sein Angriff auf den Ablaß haben würde, nicht von ferne ermessen. Gleichwohl wurde seine Kritik am Ablaß jenes Ereignis, das den Stein ins Rollen brachte und eine Lawine auslöste, oder in einem Bildwort, das der ›Täter‹ selbst kurz vor seinem Tod gebrauchte: »Dies hieß nun, den Himmel stürmen und die Welt in Brand setzen.«[15]

TEIL II
DIE REFORMATION IM REICH

In der klassischen protestantischen Reformationsgeschichtsschreibung seit Leopold von Rankes *Deutscher Geschichte im Zeitalter der Reformation* (1839-47) wurde die als eigene historische Epoche behandelte Reformationszeit – anknüpfend an historiographische Konzepte, die bereits im 16. Jahrhundert entwickelt worden waren – durch zwei signifikante Eckdaten definiert: den Thesenanschlag des 31. 10. 1517 als Anfangs- und den am 25. 9. 1555 unterzeichneten Abschied des Augsburger Reichstages als Endpunkt: Dieser bescherte dem Reich einen jahrzehntelangen stabilen Religionsfrieden und den evangelischen Reichsständen, sofern sie die *Confessio Augustana*, das Bekenntnis des Augsburger Reichstages von 1530, anerkannten, eine reichsrechtlich verbürgte Sicherung ihrer Existenz. Die historiographische Bedeutung beider Daten ist in der neueren Forschung nicht unumstritten geblieben: das Datum des Anfangs entweder deshalb, weil die Historizität eines – zumal spektakulären! – Thesenanschlags bezweifelt wurde, oder, weil der historische Akzent von dem punktuellen Ereignis auf die sich erst allmählich bildende reformatorische Bewegung und damit auf die Jahre zwischen 1519 und 1521 verlagert wurde. In bezug auf das Enddatum ist bemerkt worden, daß die reichsrechtliche Klärung von 1552 (Passauer Vertrag) beziehungsweise 1555 weniger den Abschluß einer vorangegangenen Reformationsepoche als die Voraussetzung der gesellschaftlichen und politischen Durchsetzung unterschiedlicher konfessioneller Ausformungen des Christentums, also das Initial der sogenannten Konfessionalisierung, gewesen sei. Die Konfessionalisierung aber habe die eigentlichen sozial-, gesellschaftsgeschichtlichen und religiösen Strukturveränderungen von prägender und langanhaltender Dauer freigesetzt und von der zweiten Hälfte des 16. Jahrhunderts bis in die Zeit des Dreißigjährigen Krieges hinein eine immer intensivere Einwirkung auf Denken, Fühlen und Verhalten der einzelnen Menschen und ihrer sozialen Organisationen genommen. Da der Augsburger Religionsfriede lediglich den Reichsständen, nicht jedoch den Untertanen eine relative religiöse Wahlfreiheit eröffnet habe, sei er überdies nicht als Meilenstein auf dem Weg zu neuzeitlicher Toleranz beziehungsweise allgemeiner Religionsfreiheit zu werten.

Der Mehrzahl der skizzierten Argumente ist eine zum Teil erhebliche Berechtigung nicht abzusprechen. Außerdem erscheint eine skeptische Haltung gegenüber der Fixierung historischer Umbrüche auf einzelne Daten angemessen; denn die Vor- und die Nachgeschichte jedes Ereignisses gehört ja zu diesem hinzu, und die Strukturen der langen Dauer, die alle geschichtliche Wirklichkeit mitbestimmen, lassen es kaum geraten erscheinen, bestimmte Ereignisse gegenüber ihren Kontexten und Zusammenhängen zu atomisieren und zu hypostasieren. Freilich muß jede ›Geschichte‹, wenn sie denn eine ist, auch einen Anfang haben beziehungsweise von einem bestimmten, möglichst plausiblen Anfang her entwickelt oder konstruiert werden. Jene Geschichte aber, die in die umfänglichste publizistische Kampagne der bisherigen Kirchengeschichte mit der bislang größten Zahl an literarischen Akteuren einmündete, die eine neuartige Intensität der Kampf- und Protestformen, der Übergriffe auf geistliche Personen und Objekte erzeugte, eine explosionsartige Vielfalt konkurrierender Theologien provozierte, überkommene Rechtsformen, Auritäten und kulturelle Werte erosionsartig in Frage stellte oder hinwegfegte und vieles dessen, was bisher als wertvoll und heilig, richtig und selbstverständlich galt, herausforderte, dementierte oder desakralisierte – kurz: jene Geschichte, die man die *Reformation* zu nennen pflegt, begann als kohärenter historischer Zusammenhang, nachdem der weithin unbekannte Augustinermönch und Theologieprofessor an der traditionslosen kursächsischen Universität den Ablaß zu kritisieren begonnen und eine entsprechende Gegenkritik hervorgerufen hatte.

Luther steht am Anfang dieser Geschichte – freilich nicht als vereinzelte Gestalt; denn neben ihm standen die, die seine Ablaßkritik umgehend aufnahmen und verbreiteten, aber auch die, die Luther unverzüglich entgegentraten, widersprachen und eine Überprüfung seiner Rechtgläubigkeit veranlaßten. Nicht als isolierter einzelner steht Luther am Anfang der Reformation, sondern als Zentralfigur einer bestimmten personellen und diskursiven Konstellation, als Person, an der sich, sobald sie auftrat, die Geister schieden. Um die Geschichte der Reformation als solche beginnen zu lassen, ist also mit dem Verweis auf spätmittelalterliche Kontinuitätslinien – etwa in bezug auf die Tradition des Konziliarismus, die vorreformatorische Frömmigkeitstheologie, das Weiterleben religiöser Handlungen oder Mentalitäten, die theologische Neubewertung der Laien seit dem 13. und die Zunahme ihrer bildungsmäßigen Agilität insbesondere seit dem 15. Jahrhundert – wenig gewonnen. Diese Kontinuitäten sind hinsichtlich der Voraussetzungen, kulturellen Bedingungen und Mentalitäten, auf die die Reformation traf oder die in ihr fortlebten, zweifellos sehr wichtig; ja, diese Faktoren wirkten darauf ein, wie die Reformation zu ihrer Wirkung gelangte. Im Blick auf die Bestimmung des Anfangs der Geschichte der Reformation aber – soll denn dieser Begriff weiterhin einen historiographischen Sinn haben – tragen die spätmittelalterlichen Voraussetzungen unmittelbar nichts bei.

Was die zeitgenössische Wahrnehmung dieses Anfangs der Reformation betrifft, kann kaum zweifelhaft sein, daß er im *Ablaßstreit* gesehen wurde. Weder für Luther noch für die sich allmählich formierenden Fronten seiner Gegner und seiner Anhänger war ernsthaft strittig, daß der Anfang der »Tragödie«[1] des Glaubensstreits im Ablaßhandel bestand, auch wenn ein um die Betonung seiner Eigenständigkeit bemühter Parteigänger des Wittenbergers wie etwa Zwingli darauf verwies, schon in seiner Baseler Studienzeit, lange vor Luthers Auftreten, in einer Disputation gelernt zu haben, daß der Ablaß »ein betrug und farwe [unwahrer Schein]«[2] sei. Die Dynamik des Ablaßstreits, die sich nicht zuletzt an den kirchlichen Reaktionen zeigte, ergab sich daraus, daß sich in der Ablaßthematik theologische Grundsatzfragen in bezug auf das Verständnis der Buße und der Gnade mit zentralen Problemen kirchlicher Praxis und ihrer rechtlichen Begründung und Regulierung in spezifischer Weise verschränkten. Daß die Tragweite der Konflikte, die Luther mit seiner Kritik am Ablaß auslöste, ihm erst allmählich deutlich wurde, hing mit seinem eigenen Rollenverständnis zusammen; denn er wollte Schaden von seiner Kirche, die er durch den Ablaßhandel in ihrer Glaubwürdigkeit bedroht sah, abwenden. Ein willentlicher ›Brandstifter‹ war Luther nicht, auch wenn sich aus dem Ablaßstreit ein Flächenbrand entwickelte, der die Einheit des abendländischen Kirchentums dauerhaft zerstören sollte.

In bezug auf die innere Gliederung der deutschen Reformationsgeschichte legt es sich nahe, den historischen Zusammenhang zwischen dem Anfang des Ablaßstreits im Herbst 1517 beziehungsweise Frühjahr 1518 und der definitiven reichsrechtlichen Verurteilung Luthers und seiner Anhänger durch das Wormser Edikt (Mai 1521) als eigene Phase zu behandeln (Kapitel 1-3). In diesen Zeitraum fallen die Anfänge der Formierung der reformatorischen Bewegung, der ersten öffentlichen Solidarisierungen mit Luther, seine einflußreichste Publizistik, die Herausbildung eines stabilen Vertrauensverhältnisses zur kursächsischen Administration, die den Rückhalt der weiteren Entwicklung bilden sollte, und vieles andere mehr. Hinsichtlich dieser Inaugurationsphase der Reformationsgeschichte ist es sachgerecht, ja zwingend, sie vornehmlich unter Bezug auf Luther und den Wittenberger Kreis darzustellen. Daß die Anfänge der Reformation in die Zeit des Übergangs der kaiserlichen Gewalt auf Karl V. fallen, ist keine bloß äußerliche Koinzidenz.

Der zweite größere Zusammenhang der Reformationsgeschichte, der die mannigfachen Umwandlungs- und Aneignungsformen seit 1521/22 thematisiert (Kapitel 4-10), endet mit dem Augsburger Reichstag von 1530; denn mit ihm war die definitive Ausformung einer eigenen Lehr- und Bekenntnisgestalt des lateineuropäischen Christentums und das im Rückblick als endgültig zu bewertende Scheitern einer Reintegration des ›Protestantismus‹ in das bestehende katholische Kircheninstitut verbunden. Zugleich verfestigten sich nun die unterschiedlichen Richtungen und Gruppierungen des Protestantismus, die seit 1521/22 entstanden waren, zu eigenen, selbständigen Gebilden und kirchlichen Formationen. Der Bauernkrieg (1524/25) hat ebenso wie die Bedrohung durch die Osmanen diese Prozesse verstärkt und insofern mittelbar entscheidend auf Verlauf und Gestalt der Reformationsgeschichte eingewirkt. Seit etwa 1530 stellte die institutionelle und doktrinale Pluralität des Protestantismus eine unhintergehbare Wirklichkeit dar, die die weitere Reformationsgeschichte nachhaltig mitbestimmte.

Der dritte Zusammenhang ist durch die Etablierung der reformatorischen Veränderungen auf städtischer und territorialer Ebene gekennzeichnet; sie setzte bereits in der zweiten Hälfte der zwanziger Jahre ein. Auf reichspolitischer Ebene entsprach dieser Entwicklung ein fortwährend oszillierendes Kräftespiel zwischen dem Kaiser und den sich zu militärisch organisierten Konfessionsbünden formierenden Reichsständen. Nach einer Phase religionspolitischer Befriedungsversuche unter der Ägide des Kaisers, dem militärischen Konflikt im sogenannten Schmalkaldischen Krieg (1546/47) und der Aushandlung einer dauerhaften rechtlichen Stabilisierungsform (Passauer Vertrag; Augsburger Religionsfriede) mündete dieser historische Abschnitt in die Ausformung unterschiedlicher konfessioneller Kirchentümer beziehungsweise die Lehrkonsolidierung des römischen Katholizismus, forciert durch das Konzil von Trient (1546-63), ein (Teil III, Kapitel 2). Diese ereignisgeschichtlich zu identifizierenden Abschnitte sind in der Darstellung selbst mit strukturellen Gesichtspunkten zu korrelieren. Spezifische Gewichtungen, die man in anderer Perspektive als einseitig empfinden mag, sind beabsichtigt; denn dem dynamischen dritten Jahrzehnt des 16. Jahrhunderts, an dessen Ende sich erstmals erwies, daß die Reformation unwiderruflich sein würde, kommt in kirchengeschichtlicher Hinsicht eine besondere Bedeutung zu.

KAPITEL 1
LUTHER UND DIE ANFÄNGE DER REFORMATORISCHEN BEWEGUNG (1517-21) – EIN ÜBERBLICK

DER ENGE ZEITRAHMEN

In den rund dreieinhalb Jahren zwischen dem Anfang der öffentlichen Kritik am Ablaß im Herbst 1517 und Luthers rechtskräftiger Verurteilung als Ketzer durch das Wormser Edikt, das Karl V. am 26. 5. 1521 unterzeichnete, wurde aus dem unbekannten sächsischen Augustinermönch der bekannteste Theologe Deutschlands, ja Mitteleuropas – eine Figur, die zum Hoffnungsträger einer stetig wachsenden Schar von Anhängern avancierte. Die Entstehung der frühen reformatorischen Bewegung, die vor allem in Luther ihren Leitstern fand, stellt den wohl entscheidenden historischen Faktor dieses chronologischen Zusammenhangs dar; denn diese Bewegung hatte einen unmittelbaren Einfluß auf die religionspolitische Situation im Reich und auf die Weise, in der die Auseinandersetzung mit Luthers Gedanken geführt wurde. Weil er es verstand, nach und nach über den Kreis der Studenten und Gelehrten hinaus Menschen für seine Ansichten und Überzeugungen zu gewinnen, wurde die Parteinahme für ihn zu einem Aspekt des öffentlichen politischen Lebens, den auch die Entscheidungsträger in den Städten, Territorien und auf der Ebene des Reichs nicht ignorieren konnten oder wollten.

Im Februar 1521 schrieb der römische Nuntius Girolamo (Hieronymus) Aleander, der die Bannandrohungsbulle gegen Luther im Reich bekanntmachte, landauf, landab öffentliche Verbrennungen seiner und seiner Anhänger Bücher durchführte und auf den ersten Reichstag des neugewählten Kaisers reiste, an seinen päpstlichen Dienstherrn Leo X.: »Jetzt aber ist ganz Deutschland in hellem Aufruhr; neun Zehnteile erheben das Feldgeschrei: ›Luther!‹ und für das übrige Zehntel, falls ihm Luther gleichgültig ist, lautet die Losung wenigstens: ›Tod dem römischen Hofe!‹ Alle aber haben die Forderung eines Konzils auf ihre Fahnen geschrieben, welches in Deutschland abgehalten werden soll, auch die, welche mehr für uns, oder richtiger für sich selbst thun sollten«.[1] Daß Aleander die Situation dramatisch überspitzend darstellte, wird man ausschließen können. Das relativ bescheidene Maß an deutschlandpolitischer Kompetenz und die geringe Präsenz aus dem Reich stammender oder mit ihm vertrauter Prälaten an der römischen Kurie mögen dazu beigetragen haben, daß man sich in Rom recht schwertat, das zu begreifen, was unter den germanischen Barbaren vor sich ging; die Depeschen, die der Nuntius nach Rom schickte, sind allerdings gerade wegen der Verwunderung, des Befremdens und des Unverständnisses, das sie spiegeln, eindrucksvolle Zeugnisse dafür, wie tief der Graben zwischen Rom und dem Reich geworden war.

Da es Luther bis zum Frühjahr 1521 gelungen war, seine theologischen Anliegen mit den antirömischen Gesinnungen und Stimmungen, die in der Regierungszeit Maximilians einen kräftigen Auftrieb genommen hatten, zu verbinden, ja die Kritik am Papst als notwendige Konsequenz seiner biblischen Gnadentheologie zu präsentieren, war eine Bewegung entstanden, die ihn trug, die er anzuführen schien und die als Faktor der öffentlichen Ordnung ins Kalkül der politisch Verantwortlichen zu ziehen war. Die Grundlagen dafür, daß das Wormser Edikt in der Mehrzahl der deutschen Territorien und Städte weder publiziert noch gar exekutiert wurde (s. u. S. 298 f.), die reformatorische Bewegung sich weiter ausbreiten und im Laufe der zwanziger Jahre zu ersten dauerhaften Veränderungen der städtischen und territorialen Kirchenwesen führen konnte, waren in den knapp dreieinhalb Jahren zwischen Herbst 1517 und Frühjahr 1521 gelegt worden.

Zwei voneinander zu unterscheidende, freilich auch miteinander verbundene Ereignis- und Handlungsstränge sind es, die jene Situation heraufführten, daß Luther und seine Anhänger als Ketzer verurteilt wurden und zugleich die von ihm ausgelöste Bewegung nicht mehr niederzuringen war: der *kirchliche Prozeß* gegen den Augustinereremiten (s. u. S. 163-170) und die Entstehung einer *reformatorischen Publizistik* (s. u. S. 303-319), die eine breite Öffentlichkeit fand beziehungsweise schuf. Der historische Ausgangspunkt beider Ereignis- und Handlungsstränge ist Luthers öffentliche Kritik am Ablaß, die er zuerst in den 95 Thesen und kurze Zeit später in seinem *Sermon von Ablaß und Gnade* publizierte. Am Anfang beider Entwicklungsstränge steht Luther selbst: Seine Veröffentlichung und Versendung der 95 Thesen löste eine fieberhafte, ihren Autor selbst überraschende Verbreitungsgeschichte aus. Luthers mit den Thesen übersandter Brief an Erzbischof Albrecht von Mainz, der für den in der Erzdiözese Magdeburg vertriebenen Petersablaß, der den Widerspruch hervorrief, verantwortlich war, führte dazu, daß der Kirchenfürst eine theologische Begutachtung durch die Universität Mainz veranlaßte und noch vor der Vorlage ihres Votums eine Untersuchung der Angelegenheit – vielleicht nicht wegen des Verdachts der Häresie, sondern lediglich zur Erwirkung von Maßnahmen, die die Störung des Ablaßhandels beseitigen sollten – in Rom einleitete.

Sowohl die kirchenamtlich-prozessuale als auch die publizistische Ereignissequenz setzten bemerkenswert zügig ein, ein Umstand, der sich wohl nur von der Brisanz der Sache her erklären läßt. Die Eigendynamik der entstehenden reformatorischen Publizistik und der Gegenreaktionen, die sie auslöste, führte rasch zu einer Ausweitung des Themenspektrums der öffentlich erörterten theologischen Probleme; der Ablaßstreit provozierte die Frage nach den normativen Grundlagen theologischer Urteils- und kirchlicher Lehrbildung, nach der Bedeutung der Schrift im Verhältnis zur Tradition, zum päpstlichen Primat, zur Autorität der Konzilien, auch zu Wesen, Legitimität und praktisch-liturgischer Gestalt der Sakramente, und setzte eine entsprechende Publizistik frei; diese verbreiterte ihrerseits beständig die Basis, auf der Luthers Rechtgläubigkeit kirchenamtlicherseits überprüft wurde. Der Widerspruch, den Luther fand, nötigte ihn zur Präzisierung seiner Positionen, aber auch zu ihrer Weiterentwicklung und Radikalisierung. In seiner ersten Veröffentlichung nach der Publikation der Bannandrohungsbulle, im Oktober 1520, brachte der Wittenberger Theologieprofessor die Dramatik und Dynamik der vergangenen drei Jahre darin zum Ausdruck, daß er seine früheren Schriften über den Ablaß bedauerte; er habe die tyrannische Nichtsnutzigkeit des geldgierigen Papsttums damals noch nicht durchschaut, aber auch andere Punkte wie die Gottlosigkeit, die im Verbot des Laienkelchs bestehe, noch nicht deutlich genug beim Namen genannt. Die Buchhändler sollten deshalb seine früheren Schriften, die überholt seien, verbrennen.[2] Unbeschadet der dem historischen Kontext im unmittelbaren Umfeld des Bekanntwerdens der Bannandrohung geschuldeten emotionalen Steigerung aufgrund der enttäuschten Liebe zur Kirche, die sich selbstverständlich in solchen Äußerungen Luthers spiegelt, bringen sie doch zutreffend zum Ausdruck, wie groß die Beschleunigung der Meinungsbildungsprozesse und diskursiven Entwicklungsschübe, wie dramatisch die Entzweiungen waren, wie rapide sich der Wandel in diesen frühen Jahren der Reformation darstellte und wie wenig Luther auf all das vorbereitet gewesen war.

DER KIRCHLICHE PROZESS GEGEN LUTHER

Während die reformatorische Publizistik ihren eigenen Gesetzen folgte und eben so die historische Entwicklung vorantrieb, unterlag der kirchliche Prozeß gegen Luther den Rücksichten und Handlungslogiken der kurialen und der politischen Diplomatie. Auch wenn nicht ganz eindeutig zu entscheiden ist, ob letztlich die Anklage Erzbischof Albrechts von Mainz oder, wie Luther vermutete, deutscher Dominikaner im Umkreis des Ablaßpredigers Tetzel zur formellen Eröffnung eines ordentlichen Ketzerprozesses wegen des Verdachts der Häresie gegen ihn ausschlaggebend war – unstrittig ist, daß ein solcher Prozeß im Mai/Juni 1518 eröffnet worden ist. Doch bereits zuvor, im Februar 1518, hatte der Papst über die Ordensleitung der Augustinereremiten Druck auf Luther auszuüben versucht. Gegenüber Gabriele della Volta (Venetus), dem Protomagister und designierten Generalprior des Ordens, soll der Papst gemäß einem von einem Teil der Forschung als fingiert beurteilten Brief mit der Forderung aufgetreten sein, er solle seinem Ordensbruder Martin Luther (»Martinum Luterium tuae societatis sacerdotem«), der in Deutschland Neuerungen (»novas res«) einführe und dem Volk neue Lehren (»nova dogmata«)[3] vermittle, mit der Autorität seines Ordensamtes entgegentreten. Durch seinen Mentor Staupitz wußte Luther bereits im März 1518, daß ein ordensinternes Disziplinarverfahren gegen ihn angestrengt wurde und die römische Ordensleitung von ihm verlangte, daß er seine Thesen widerrufe und sich zur Ablaßthematik fortan nicht mehr äußere. Außerdem werde von ihm erwartet, daß er im Rahmen des Generalkapitels der Reformkongregation der deutschen Augustinereremiten, das für Ende April 1518 in Heidelberg geplant war, über die Grundlagen seiner Theologie Rechenschaft ablege. In der Vorbereitung der Reise nach Heidelberg trat erstmals die kursächsische Administration zugunsten von Luthers persönlichem Schutz ein: Kurfürst Friedrich, den Luther um die Erlaubnis zur Teilnahme am Ordenskapitel ersucht hatte, hatte bei dem Bischof von Würzburg und dem Pfalzgrafen einen Geleitschutz für seinen Professor erbeten. Die Sorge, Luther könne ergriffen und zu einem förmlichen Prozeß nach Rom gefordert werden, war also bereits ein knappes halbes Jahr nach der Veröffentlichung der Ablaßthesen akut.

Während des Augsburger Reichstages von 1518 trat die kursächsische Schutzpolitik zugunsten des der Häresie angeklagten Wittenberger Professors dann in ein neues Stadium: Friedrich von Sachsen verhinderte, daß Luther einer Vorladung nach Rom, die ihm am 7. 8. 1518 zugestellt worden war, Folge leisten mußte. Luther selbst hatte den Kurfürsten darum gebeten, für eine Verhandlung seiner Angelegenheit in Deutschland einzutreten. Ein diplomatisches Kalkül bot die Handhabe dazu; denn der alternde Kaiser Maximilian versuchte, die Wahl seines Enkels Karl von Spanien zum römischen König – und damit zum designierten Kaiser – durchzusetzen, was die Kurie aus Furcht vor einer habsburgischen Übermacht zu verhindern trachtete. Friedrich von Sachsen aber war der einflußreichste unter den Kurfürsten, die dieser Wahl entgegenstanden. Mit Rücksicht auf das gemeinsame Interesse in der Frage der Kaiserwahl erwirkte der römische Legat, Kardinal Thomas de Vio, genannt Cajetan, einer der geachtetsten Dominikanertheologen seiner Zeit, daß der Papst ihm die Vollmacht erteilte, Luther zu einem Verhör nach Augsburg vorzuladen (s. u. S. 228-232). Aus Ärger über die kursächsische Blockadepolitik bei der Kaiserwahl war Maximilian I. im August 1518 gegenüber Leo X. mit der dringenden Forderung vorstellig geworden, die »verdammungswürdigen und mit dem Anschein der Häresie versehenen«[4] Überzeugungen Luthers durch entschiedenes Vorgehen zu bekämpfen, um ähnlich verheerende Wirkungen, wie sie im Reuchlin-Streit in der Öffentlichkeit entstanden seien (s. o. S. 114), zu verhindern.

Bereits ein Dreivierteljahr nach der Veröffentlichung der 95 Thesen waren also die höchsten Instanzen des christlichen Weltkreises, Kaiser und Papst, mit der Affäre um den Augustinermönch aus der sächsischen Provinz beschäftigt, war die sich aus der öffentlichen Verhandlung seiner Ablaßkritik ergebende Brisanz deutlich und zeichneten sich die politischen Verwicklungen und Umstände, die schließlich das Überleben der ›Ketzerei‹ ermöglichen sollten – der Rückhalt des starken ernestinischen Territorialherrn –, deutlich ab. Sieht man in der konsequenten Lutherschutzpolitik Kursachsens ein entscheidendes, vielleicht *das* entscheidende Motiv dafür, daß die Reformation zu überleben und sich auszubreiten vermochte, wird man das Verdienst des Sekretärs, Beichtvaters, Hofpredigers, Reisebegleiters und Universitätsbeauftragten Friedrichs von Sachsen, Georg Spalatin, entsprechend hoch zu veranschlagen haben. Über Jahre hinweg war Spalatin Luthers engster Briefpartner; durch ihre Korrespondenz waren der Hof über jeden der Schritte des Wittenbergers und Luther über die Haltung des Kurfürsten genauestens informiert. Spalatins Freundschaft und theologische Anhängerschaft Luthers bildete den personengeschichtlichen Kern der kursächsischen Reformationspolitik.

Daß es nicht schon 1519 zu einem Abschluß des römischen Prozesses gegen Luther kam, war der hohen Diplomatie geschuldet. Durch den sächsischen Adeligen Karl von Miltitz (um 1490-1529), der als Kammerherr in päpstlichen Diensten stand, ließ Leo X. im Herbst 1518 die Goldene Tugendrose, eine einmal im Jahr in der Regel an fürstliche Persönlichkeiten verliehene Auszeichnung des Oberhauptes der römischen Kirche, Friedrich von Sachsen überbringen. Miltitz nutzte seine Mission auch, um eine möglichst ruhige Beilegung der um Luther entstandenen Konflikte zu erwirken. Inwieweit er für seine Unternehmung die Rückendeckung der römischen Kurie besaß, ist im einzelnen schwer zu entscheiden. Offenkundig aber ist, daß dieses diplomatische Intermezzo spätestens mit der Wahl Karls zum neuen Kaiser auf dem Frankfurter Kaiserwahltag (4. 7. 1519) eines festen Rückhalts in Rom entbehrte. Im Zusammenhang der Vermittlungstätigkeit Miltitz' kam es freilich zu einer Übereinkunft zwischen Friedrich von Sachsen und dem Erzbischof von Trier, Richard von Greiffenklau (reg. 1511-31), daß die Luthersache im Reich gehalten und auf dem nächsten Reichstag verhandelt werden sollte. Im Rahmen der Wahlkapitulation, also der vertraglichen Vereinbarungen, die der neugewählte Kaiser mit den Reichsständen als Bedingung seiner Regierungsübernahme aushandelte, war festgeschrieben worden, daß über niemanden die Acht des Reiches verhängt werden dürfe, dessen Fall nicht von den Ständen beziehungsweise den Institutionen des Reichs geprüft worden war. Dies lag auf der Linie einer reichspolitischen Rechtssicherung gegenüber den Einflußmöglichkeiten der römischen Banngewalt. In bezug auf die ›Luthersache‹ und ihre Verhandlung auf Reichsebene sollte diese Bestimmung der Wahlkapitulation Karls V. wichtig werden.

Gegen Ende des Jahres 1519 beziehungsweise zu Beginn des Jahres 1520 kam neue Bewegung in den Lutherprozeß. Dies ergab sich daraus, daß nach der erfolgten Kaiserwahl diplomatische Rücksichten auf Kursachsen entfielen, daß gegen Ende des Jahres 1519 die ersten offiziellen Lehrverurteilungen Lutherscher Schriften durch die in Abstimmung miteinander votierenden Theologischen Fakultäten der Universitäten Löwen und Köln vorlagen und daß Johannes Eck (s. u. S. 260-264), Luthers profiliertester theologischer Gegner aus der Front der ›Papisten‹ im Reich, nach der Leipziger Disputation, die er mit den Wittenberger Theologen Karlstadt und Luther im Sommer des Jahres ausgetragen hatte (s. u. S. 236-243), mit aller ihm zu Gebote stehenden Energie persönlich in Rom dafür eintrat, daß Luther als Ketzer verurteilt, seine Lehre verdammt und sein Schrifttum der Vernichtung preisgegeben werde. Mit der Bannandrohungsbulle (s. u. S. 268; 275; 278 f.) war einerseits das definitive Urteil über Luthers Lehre gefällt, wurde ihm als Person aber andererseits eine Widerrufsfrist von 60 Tagen nach Erhalt des Dokumentes eingeräumt. Mit der Verbrennung des kanonischen Rechts, einiger scholastischer Lehrwerke und der Bulle beantwortete Luther in einer spektakulären Symbolhandlung vor dem Wittenberger Elstertor am 10. 12. 1520 seine Bannung und brachte zum Ausdruck, daß er die rechtlichen und theologischen Grundlagen, die zu seiner Verurteilung geführt hatten, rundweg verwarf. Der ausgestoßene, in der Liebe zu seiner Kirche tief enttäuschte Bettelmönch exkommunizierte an diesem 10. 12. jene Kirche des römischen Papstes, die er nun für ein Gefängnis des Antichrists hielt. In der Glut seines Hasses, mit der er fortan die römische Kirche und ihre Kurtisanen verfolgen sollte, glomm die Inbrunst seiner enttäuschten Liebe nach.

Daß der durch die päpstliche Bannbulle (s. u. S. 290 f.) rechtskräftig exkommunizierte Ketzer Anfang März 1521 durch Kaiser Karl V. auf den ersten Reichstag des neugewählten, jugendlichen Reichsoberhauptes geladen wurde und die Zusicherung freien Geleits erhielt, war das Ergebnis eines komplizierten politischen Ringens. Während vor allem einer der Nuntien des Papstes, Girolamo Aleander, diese Vorladung zu verhindern suchte und von den weltlichen Ständen verlangte, die erforderlichen Maßnahmen zu ergreifen, um das Ketzerurteil zu exekutieren, traten die Stände unter der Führung Kursachsens dafür ein, Luther durch eine unabhängige Instanz verhören zu lassen. Diese Position entsprach keiner offensiven Parteinahme für Luthers Theologie, fügte sich aber in die traditionellen Versuche ein, die Rechtsgewalt über Exkommunikationsprozesse, die Deutschland betrafen, im Reich zu halten und selbst zu entscheiden. Bei der Argumentation der Stände spielten bereits der Hinweis auf die Zustimmung, die Luther im Volk besaß, und die Auffassung, er sei nicht durch die Bibel widerlegt worden, eine nicht unwichtige Rolle. Der Faktor ›Öffentlichkeit‹, der durch die reformatorische Flugschriftenpublizistik vor allem seit der zweiten Jahreshälfte 1519 entstanden war, zeigte also erste politische Wirkungen. Die Angst vor einem Aufruhr des ›gemeinen Mannes‹ bildete ein Hintergrundmotiv, das bis in die Zeit des Bauernkrieges hinein das Verhalten der politischen Akteure zum Teil maßgeblich mitbestimmte. Daß auch Luther diesen Faktor Öffentlichkeit sensibel im Visier hatte, zeigte sein publizistisches Agieren im historischen Umkreis des Bekanntwerdens der Bannandrohungsbulle im Sommer 1520. Er trug also das Seine dazu bei, jene Öffentlichkeit herzustellen, die seiner Sache so unendlich förderlich sein sollte.

Die Reise zum Wormser Reichstag bescherte Luther an vielen Orten, in die er kam, die stimulierende Erfahrung, daß er inzwischen eine riesige Anhängerschaft besaß, ja durch seine als tiefes Unrecht empfundene Exkommunikation einen immensen Popularitätsgewinn erzielt hatte. Weitverbreitete und tiefverwurzelte antirömische Stimmungen und Gesinnungen, die Luther immer offensichtlicher teilte und nach Kräften in Wort und Schrift bediente, führten ihm Sympathisanten zu, die die von Wittenberg ausgegangenen Impulse wirklich zu einer Bewegung werden ließen. Nach der Verweigerung eines Widerrufs vor Kaiser und Reich, die in der Unterkunft des Kaisers, dem Bischofshof in Worms, und damit außerhalb des offiziellen Reichstagsprotokolls stattfand (17./18. 4. 1521), erreichte Luther eine nochmalige Steigerung der ihm widerfahrenden Bewunderung, ja Verehrung. Als gebannter, vogelfreier Ketzer, der mit dem Wormser Edikt (26. 5. 1521) auch offiziell der Reichsacht verfallen war, wurde der – die vielleicht geachtetsten Institutionen der Zeit, Universität und Mönchtum, verkörpernde – ernste und strenge Bettelmönch und gelehrte Doktor die bekannteste vormoderne ›Mediengestalt‹ überhaupt. Der dramatische Ortswechsel von der welthistorischen Bühne des ersten Reichstags des mächtigsten Kaisers, den die Welt je gesehen hatte, in die waldumsäumte Stille der thüringischen Wartburg oberhalb der Stadt seiner Jugend, Eisenach, wohin sein Landesherr ihn nach einem vorgetäuschten Überfall zu seinem Schutz verbringen ließ, bedeutete nicht nur eine biographische Zäsur, sondern auch einen reformationsgeschichtlichen Einschnitt. Denn obschon Luther rasch auch aus dem Gewahrsam heraus, in dem er unter dem Incognito eines gewissen Junkers Jörg lebte, literarisch aktiv wurde und weithin vernehmlich publizistisch zu agieren vermochte, so bedeutete doch die physische Abwesenheit der charismatischen Führungsgestalt der reformatorischen Bewegung, daß nun eine ganze Reihe größerer oder kleinerer Akteure auf den Plan traten und die Sache, die da begonnen hatte, weiterführten. Sie taten dies zumeist in dem ehrlichen Bemühen, die Anstöße, die von den Wittenbergern ausgegangen waren, konsequent zu realisieren oder doch wenigstens weiterzutragen. Und sie begaben sich mit ihrem offenen Eintreten für die Sache Luthers und ›des Evangeliums‹ in ebenjenen Bann, in dieselbe Todesgefahr, der Luther durch sein erzwungenes Versteck entzogen war. Statt Erasmus, dem »alte[n] meniken«, von dem Dürer, aufgewühlt von der Nachricht über Luthers Verschwinden, hoffte, daß er als »ritter Christi« an Luthers Statt die Wahrheit beschützen und die »martärer cron«[5] erwerben werde, waren es die vielen anderen, die nun landauf, landab als Prediger und Publizisten in die Bresche sprangen und den begonnenen Kampf gegen Rom und für das Evangelium, wie sie es verstanden, weiterführten. Die explosive Verbreiterung der reformatorischen Bewegung in der zweiten Jahreshälfte 1521, die nun zu ersten eigenständigen Rezeptionsformen insbesondere im städtischen Bereich führte, ging mit einer Vervielfältigung der Stimmen und ersten Ansätzen einer Pluralität der Aneignungen einher. Die Einheit und die Vielfalt der reformatorischen Bewegung bilden seit dem Wormser Reichstag ein Schlüsselproblem der Reformationsgeschichte.

DAS LITERARISCHE UND PUBLIZISTISCHE TALENT

Die breite Aufmerksamkeit, derer sich Luther im Frühjahr 1521 erfreuen konnte, war in erster Linie das Ergebnis seines singulären literarischen Erfolges, und das heißt des einzigartigen publizistischen Geschicks, das der zu Beginn des Ablaßstreits noch völlig unbekannte Bettelmönch aus der Provinz an den Tag legte. Luthers frühen deutschen Texten merkt man noch deutlich an, daß ihr Verfasser ganz in der lateinischen Sprach- und der scholastischen Denktradition beheimatet war und sich erst allmählich der Ausdrucksmöglichkeiten in der Volkssprache bewußt wurde. Doch im Prozeß des Schreibens, der nicht selten mit seiner Predigttätigkeit eng verbunden war, entwickelte er ein Gefühl für die deutsche Sprache, das die meisten seiner Texte lesbarer und eingängiger machte als die seiner schriftstellerischen Zeitgenossen. Die Verbindung der Kanzel mit dem Katheder bildete den elementaren biographischen Ausgangspunkt dieser sprachlichen Virtuosität, erklärt sie aber nicht vollständig. Sicher war es auch die enorme Präsenz der biblischen Texte und Bilder und die Erfahrung im Umgang mit mystischer Literatur, die Luthers Sprachkraft förderte und formte. Jahrelang hatte er die Bibel jährlich zweimal von vorn bis hinten durchgelesen; in bezug auf die Kenntnis der Schrift wußte er sich später allen seinen Gegnern aus dem Lager der ›Papisten‹ und den meisten seiner Konkurrenten aus der eigenen Fraktion unendlich überlegen. Aber es war wohl auch das ›volle Herz‹, das seinen ›Mund überquellen‹ ließ: die religiöse Gewißheit, das Überwältigtsein von der Wahrheit des paulinischen Evangeliums, die Erfahrung der geschenkten Freiheit der Gnade Gottes, die ihm im Glauben an Christus aufgegangen war, die seinen Mitteilungsdrang stimulierte und die im Angesicht der Herausforderungen, denen er ausgesetzt war, eine sprachbildende Kraft entfaltete.

Daß Luther auch bei denen in die Schule gegangen ist, die ihm bei der Suche nach einem angemessenen sprachlichen Ausdruck im Deutschen vorangegangen waren, insbesondere Tauler und die *Theologia deutsch*, versteht sich von selbst. Für die gesamte Entwicklung der Reformation aber wurde entscheidend, daß Luther seit den Anfängen des Ablaßstreits neben lateinischen auch deutsche Schriften veröffentlichte. Dies entsprach dem Charakter seiner Theologie und dem zentralen Anliegen seines Wirkens; denn auch im Kontext akademischer Diskussionen und literarischer Formen ging es ihm nicht primär um abstrakte Probleme, sondern um ein Verständnis des christlichen Glaubens, das Gelehrte und Laien gleichermaßen betraf. Luthers Theologie drängte über den universitären und monastischen Kontext hinaus. Ihr reformatorischer, das heißt auf das bestehende Kirchenwesen, die zeitgenössische Christenheit als Ganze abzielender kritischer, aber auch aufbauender, sie von ihren biblischen Grundlagen her in Frage stellender und zurechtbringender Impetus war dieser Theologie von den ersten Anfängen eines öffentlichen Auftretens Luthers eigen.

Der religiöse Volksschriftsteller

Zu Luthers Popularität, die im Frühjahr 1521 ihren ersten Höhepunkt erreicht hatte, trug wesentlich bei, daß die Mehrzahl seiner bis 1520 erschienenen deutschen Schriften Grundfragen des christlichen Glaubens und einer christlichen Lebensführung – die Vorbereitung auf den Empfang des Altarsakraments, auf das Sterben, die andächtige Umgangsweise mit dem Leiden Christi, den Zehn Geboten und dem Vaterunser, das rechte Verständnis der Taufe, der Buße und des Abendmahls – in einer weithin unpolemischen Form behandelt hatte, die selbst von denen, die Luthers kirchenkritische Konsequenzen nicht teilten, anerkannt wurde. Der Autor, der als Ketzer verurteilt wurde, war eben auch ein hochgeachteter »religiöser Volksschriftsteller«,[6] und das trug wesentlich dazu bei, daß das Ketzerurteil, das ihn traf, seinem Ansehen insbesondere beim ›gemeinen Mann‹ weniger schadete als geradezu nutzte. Bereits in den rasches Aufsehen erregenden 95 Thesen war es Luther, ungeachtet der weithin traditionellen lateinischen Form einer Disputation, darum gegangen, die bestehende Praxis eines kirchlichen Handlungsfeldes, des Bußsakraments beziehungsweise des Beichtinstituts im Verhältnis zum Ablaß, in bezug auf jene Lehr- und Gestaltungsaspekte zu revidieren, die für die Frömmigkeit aller Christen entscheidend waren. Es ging Luther also auch bei dieser akademischen Disputation, die nie durchgeführt worden ist, darum, was man *alle Christen* lehre solle. Nicht allein die Revision einer theologischen Lehrauffassung, sondern auch eine solche der kirchlichen Praxis, nicht primär eine Theologie-, sondern eine Kirchenreform, freilich zunächst in bezug auf ein spezielles Thema, nicht im Sinne einer ›Generalreformation‹, war Luthers Anliegen. Sozial oder bildungsmäßig gegliederte oder hierarchisierte Wahrheits- und Verbindlichkeitsgrade des Christlichen, die je speziell für Kleriker oder Laien gegolten hätten, waren dem Bettelmönch aus Wittenberg von Grund auf fremd. Daß Luther die soziale Exklusivität der akademischen Diskursformen auch dort durchbrach und konterkarierte, wo er sich ihrer bediente, wurzelte in dem Anspruch einer Theologie, die dieselben religiösen Standards und Wahrheitsansprüche für *alle* Christenmenschen voraussetzte und forderte. Hätten sich Luthers Anfragen und Herausforderungen im Rahmen eines ›Mehr-Klassen-Christentums‹ taxieren lassen, wäre es zu ›der Reformation‹ nicht gekommen.

Die erste eigene Schrift, die Luther etwa ein halbes Jahr vor den Ablaßthesen, im Frühjahr 1517, veröffentlicht hatte, war bezeichnenderweise eine Auslegung der sieben Bußpsalmen in der Volkssprache. Nicht feinsinnigen Großstädtern, sondern seinen rohen Sachsen, denen die christliche Unterweisung *(eruditio christiana)* gar nicht gründlich und wortreich genug »vorgekaut« werden könne,[7] wollte er mit dieser Auslegung dienen. Für die Publizistik Luthers in der Frühzeit der Reformation, in den Jahren 1517-19, sind ein analogieloser Anstieg der Gesamtproduktion und ein annähernd ausgeglichenes Verhältnis zwischen den deutschen und den lateinischen Schriften kennzeichnend. 1517 waren es nur zwei lateinische Thesenreihen, die er mit großer Wahrscheinlichkeit selbst in den Druck gegeben hat – ein Wittenberger Urdruck der 95 Thesen hat als verschollen zu gelten, ein entsprechender der am 4. 9. 1517 aus Anlaß der Graduierung von Luthers Schüler Franz Günther zum *baccalaureus biblicus* (s. o. S. 142) gehaltenen Disputation gegen die scholastische Theologie ist in nur einem Exemplar überliefert (s. o. S. 140f., Abb. 5), übrigens dem »einzig erhaltene[n] Exemplar eines Thesen-Erstdrucks aus Luthers Frühzeit«.[8] 1518 publizierte Luther schon zehn lateinische und fünf deutsche Schriften, 1519 waren es dann elf lateinische und 14 deutsche Schriften, die er selbst in den Druck gab. Bereits im Oktober 1518 erschien bei Johann Froben in Basel eine lateinische Sammelausgabe, die auch eine lateinische Übersetzung seines *Sermons von Ablaß und Gnade* und den größten Teil aller bis dahin ursprünglich auf lateinisch verfaßten Schriften bot. Weitere lateinische Sammelausgaben mit jeweils erweitertem Textbestand schlossen sich im Februar und August 1519 (Straßburg: Schürer) an; seit 1520 gab es dann auch deutsche Sammelausgaben seiner Schriften.

Ab 1520 dominierten die ursprünglich in der Volkssprache veröffentlichten Texte, eine Tendenz, die sich bei dem einzigen anderen reformatorischen Publizisten dieser frühen Phase, Luthers Kollegen Karlstadt, in ganz analoger Weise beobachten läßt. Im Jahr der Veröffentlichung der Bannandrohungsbulle setzte also eine Verlagerung der Publizistik in die Volkssprache ein, die dann den weiteren frühreformatorischen Kommunikationsprozeß bestimmen und dynamisieren sollte. Hatte Luther 1518 noch drei *Sermones* – knappe, predigtartige Abhandlungen eher erbaulichen Charakters – und eine umfängliche Auslegung der Zehn Gebote auf lateinisch veröffentlicht, so waren es fortan beinahe ausschließlich kontroverstheologische Abhandlungen und gelehrte Bibelkommentare – sein sogenannter *Kleiner Galaterkommentar* und die *Operationes in Psalmos* von 1519 –, die er in der Gelehrtensprache an die Öffentlichkeit brachte. Kleinere Bibelauslegungen, etwa über Psalm 110, über das Vaterunser und eine knappe Erklärung der Zehn Gebote, aber auch die Sermone über elementare Fragen christlicher Lebensführung, die Beichte, die Passionsmeditation, die christliche Eheführung, die Bereitung zum Sterben, die Wucherfrage, Buße, Taufe und Abendmahl, erschienen nun in deutschen Versionen.

Im Spiegel der Nachdrucke, die diese Publikationen erreichten, ist der größere Erfolg der volkssprachlichen Werke evident. Bereits 1518 erreichten die deutschen Schriften im Durchschnitt über zwölf Druckausgaben, die lateinischen lediglich die Hälfte. Um 1519 verschoben sich die Verhältnisse noch weiter zugunsten der deutschen Veröffentlichungen (durchschnittlich 14 Ausgaben deutscher, 4,4 Ausgaben lateinischer Bücher).[9] Je mehr Luther schrieb und je häufiger er gedruckt wurde, um so dominierender trat das Profil eines vornehmlich in der Volkssprache reüssierenden Autors hervor. Doch das Latein blieb auch weiterhin die Sprache, in der Luther die Mehrzahl seiner theologischen Auseinandersetzungen führte. In der Regel replizierte er in literarischen Kontroversen freilich in der Sprache, in der er angegriffen worden war. Die geringen publizistischen Erfolgsquoten, die seine altgläubigen Gegner erreichten, hingen auch damit zusammen, daß sie sich aus theologischen Gründen erheblich schwerer damit taten, theologische Debatten in der Volkssprache, also vor dem Forum der Laien, zu verhandeln.

Kontroverstheologische Schriften

Die theologisch-akademische Streitschriftstellerei, die über der Ablaßthematik aufgebrochen war, setzte zügig weitere Sachfragen aus sich heraus. Während sich die Gegenthesen, die Johannes Tetzel und dessen dominikanischer Ordensbruder, der Theologieprofessor Konrad Wimpina, im Frühjahr 1518 gegen Luthers 95 Thesen aufstellten, noch vornehmlich im Rahmen der Buß- und Ablaßlehre bewegten, ließ Tetzels deutsche Gegenschrift gegen Luthers *Sermon von Ablaß und Gnade* mit dem Hinweis auf Parallelen zwischen Luthers Lehre und derjenigen Hus' und Wyclifs bereits den Häresieverdacht öffentlich wirksam aufscheinen. Auch aus Luthers zunächst nur in handschriftlicher Form bekannt gewordenen Einwänden, die der Ingolstädter Theologieprofessor Johannes Eck gegenüber dem Eichstätter Bischof zu Luthers Thesen formuliert hatte, ging der Verdacht der Häresie, des Aufruhrs und der Zerstörung der hierarchischen Ordnung der Kirche hervor. Die erste amtliche Reaktion, die Luther aus Rom erhielt, ein Gutachten des dominikanischen Kurientheologen Silvestro Mazzolini (genannt Prierias), *Magister sacri Palatii* und Bücherzensor der Stadt, spitzte die Ablaßfrage umstandslos auf das Problem der päpstlichen Autorität zu, die Luther dann in einem »Zweifrontenkrieg«[10] auch mit Eck zu erörtern hatte. Schon in seiner Replik auf Prierias' Dialog über die Macht des Papstes, die Ende August 1518 im Druck vorlag, begründete Luther die These eines unbedingten Vorrangs der Bibel in Fragen der kirchlichen Lehre mit einer Position des anerkannten benediktinischen Kanonisten Nicolaus de Tudeschis (1386-1445), zuletzt Erzbischof von Palermo, deshalb Panormitanus genannt, der die Auffassung vertreten hatte, daß sowohl ein Konzil als auch der Papst in Glaubensfragen irren könnten.[11] Jeder einzelne Gläubige, der bessere, insbesondere biblische Autoritätszeugnisse vorzubringen wisse, könne in einer Glaubensfrage *(in materia fidei)*[12] über einem Generalkonzil und dem Papst stehen. Die Autoritätsdebatte, die sich zwangsläufig auf die Frage des Verhältnisses von Schriftautorität und päpstlicher beziehungsweise konziliarer Lehr- und Exkommunikationsgewalt zuspitzte, kulminierte dann in der zwischen Eck, Luther und Karlstadt ausgetragenen Leipziger Disputation und der dieser voraufgehenden und nachfolgenden Publizistik (s. u. S. 303-307). Im Nachgang der Leipziger Disputation setzte dann eine erste, noch vornehmlich lateinisch gehaltene und ganz von den Humanisten dominierte Solidarisierungspublizistik mit Luther ein.

Die Humanisten waren auch die ersten gewesen, die Luthers 95 Thesen weitergereicht und innerhalb ihrer Kontaktnetze kommuniziert hatten; sie standen hinter den meisten der frühen Nachdrucke von Luthers Schriften und hinter den ersten Sammelausgaben. Sie waren es auch, die die wichtigsten Informationen über Luther und sein Geschick weitertrugen; sie waren seine ersten einflußreichen Anhänger außerhalb der kursächsischen Kleinstadt und diejenigen, die eine internationale Wahrnehmung seiner Person und seiner Überzeugungen ermöglichten und lancierten. Bis in die Zeit der Veröffentlichung der Bannandrohungsbulle war die weit überwiegende Mehrheit der Humanisten auf Luthers Seite; doch an der ersten Schrift, die Luther nach der Bulle veröffentlichte, seinem Traktat über die babylonische Gefangenschaft der Kirche *(De captivitate Babylonica)*, schieden sich die Geister definitiv. Luthers provokativer, freilich im Zentrum seiner Theologie begründeter Frontalangriff auf die römische Sakramentskirche als Heilsanstalt war die erste Antwort auf das Ketzerurteil, das über ihn ergangen war. Diese Schrift, die die traditionellen Sakramente der Firmung, der Ehe, der Priesterweihe und der Letzten Ölung schlichtweg abschaffte, weil sie keine Begründung in der Bibel besäßen, auch die Buße wegen des Fehlens eines äußeren Zeichens nicht mehr als Sakrament anerkannte und in der Form des Beichtinstituts, das heißt wegen der jährlichen Pflichtbeichte und der geforderten Vollständigkeit des Sündenbekenntnisses, verwarf und lediglich Taufe und Abendmahl – auch diese aber nur in deutlicher Umwertung nach Maßgabe des persönlichen Glaubens des Empfängers – als Sakramente beibehielt, war zweifellos die am offenkundigsten ›ketzerische‹ Äußerung, die Luther in seiner bisherigen Tätigkeit als Schriftsteller von sich gegeben hatte. Der als Ketzer Verurteilte trat ostentativ aus jener Kirche und ihrer Lehre heraus und gegen sie auf, die seine Versuche, ihr zu dienen, Schaden von ihr abzuwenden und belastende

Unglaubwürdigkeiten zu korrigieren, abgewiesen hatte. Der Furor des enttäuschten Liebhabers der Kirche brach sich in einem theologischen Bruch mit ihrem heilsanstaltlich-sakramentalen Charakter Bahn, der an Radikalität und biblizistischer Stringenz alles überbot, was die mittelalterliche Ketzergeschichte kannte. Wie radikal *De captivitate Babylonica* für zeitgenössische Leser war, zeigte sich etwa daran, daß Luthers besonders einflußreicher altgläubiger Gegner, der Franziskaner Thomas Murner, diese Schrift bald nach ihrem Erscheinen ins Deutsche übersetzte, weil er meinte, läsen die Laien diesen Text, würden sie sich in Massen von Luther abwenden. Doch gerade dies war offenkundig nicht der Fall. Unter den Humanisten aber kostete Luther die Schrift mehr Sympathien als jede andere.

Nach der Leipziger Disputation verbreiterte sich das Themenspektrum der kontroverstheologischen Auseinandersetzungen zusehends; neben der Papst- und Konzilsautorität ging es bald auch um das Abendmahl. In einem gegen Jahresende 1519 erschienenen Abendmahlssermon hatte Luther thematisch eher beiläufig, aber kaum ohne das provokative Potential zu übersehen, der Forderung nach dem Laienkelch Ausdruck verliehen. Seine schon in Leipzig deutlich gewordene Solidarisierungsbereitschaft mit den böhmischen Ketzern, den Hussiten, erreichte damit ein neues Niveau, und die Heftigkeit der altgläubigen Reaktionen ebenso. Herzog Georg, der Landesherr des albertinischen Sachsens, intervenierte bei seinem Vetter Friedrich, um Luthers hussitische Umtriebe zu unterbinden, und erwirkte die erste kirchenamtliche Entscheidung gegen den Wittenberger Theologen in Gestalt eines Mandates des Bischofs von Meißen (24. 1. 1520), der unter Berufung auf die dogmatisch verbindliche Abschaffung des Laienkelchs durch das Konstanzer Konzil die Verbreitung von Luthers Sermon und die »Nießung unter beiderlei Gestalt«, die *communio sub utraque specie*, unter Strafe stellte. Die Frage der kirchlichen Lehrautorität, der religiösen Bedeutung und der angemessenen Praxis der Sakramente, schließlich das Verhältnis des Glaubens zu den vielerlei verdienstlichen Werken bildeten das Zentrum der immensen literarischen Produktivität, die Luther seit dem Herbst 1519 entfaltete und die bis zu seiner Reise zum Wormser Reichstag unvermindert anhielt.

Luthers schriftstellerischer Erfolg

Luther war der meistverkaufte theologische Schriftsteller, den es in der bisherigen Kirchengeschichte gegeben hatte. Niemals vor ihm hatte ein zeitgenössischer Autor so große Aufmerksamkeit erhalten und eine so weite Verbreitung seiner Gedanken erreicht. In seinem analogielosen publizistischen Erfolg kamen die immensen gesellschafts- und kirchenpolitischen Potentiale des neuen Kommunikationsmediums Buch erstmals zum Tragen. Denn nun waren es aktuelle Texte lebender Autoren, nicht mehr die Autoritäten der Vergangenheit, die in großer Geschwindigkeit in den Druckzentren des Reiches nachgedruckt wurden und zweifelsohne ihre Leser fanden. Aufgrund von Gebrauchshinweisen wie etwa: »Wer dies liest oder hört lesen« kann vorausgesetzt werden, daß die Alphabetisierungsgrenze keine definitive Rezeptionsbarriere der Textinhalte bedeutete, ja daß der »nicht-lesekundige Rezipient« von den Autoren der reformatorischen Flugschriften bewußt berücksichtigt und textstrategisch angesprochen wurde.[13] Angesichts der verbreiteten Gewohnheit des lauten, in einen sozialen Zusammenhang eingebundenen Lesens, aber auch des zum Teil inhaltserschließenden Einsatzes graphischer Elemente in den Drucken selbst kann gefolgert werden, daß viele Zeitgenossen von den aktuellen Inhalten der zunächst von Luther und Karlstadt, bald auch von anderen Multiplikatoren verfaßten Flugschriften erreicht wurden.

In der Zahl der Nachauflagen, die in der Regel an anderem als dem ursprünglichen Erscheinungsort des Erstdruckes einer Schrift produziert wurden, ist ein Indikator für eine entsprechende Nachfrage zu sehen. Für die Auflagenhöhe dürfte dies auch gelten; sie ist freilich nur in Ausnahmefällen bekannt.

Die Drucker hatten – ungeachtet ihrer persönlichen Sympathien für die Inhalte ihrer Erzeugnisse – nach Maßgabe ökonomischer Rationalität zu verfahren, und das bedeutete eben, daß sie in der Regel das nachdruckten, von dem sie sich einen entsprechenden Absatz versprachen. Auch wenn Luthers Schriften hinsichtlich ihres Verbreitungsgrades und der Zahl ihrer Ausgaben in den meisten Fällen jedes bekannte Maß sprengten, von kaum einem anderen Autor je erreicht wurden und häufig nach einem Wittenberger Urdruck in der Mehrzahl der zeitgenössischen Druckmetropolen – Augsburg, Straßburg, Basel, Nürnberg, Leipzig und Erfurt – ein- oder mehrmals nachgedruckt wurden, gab es doch schon in der Frühphase seiner Publizistik, in den Jahren 1518 und 1519, einige Texte, die besonders hohe Nachauflagen erzielten. Unter den lateinischen Schriften waren dies 1518 ein *Sermon von der Buße* und der *Sermon von der würdigen Bereitung zum Empfang des Abendmahls* mit jeweils neun, die *Appellation an ein Konzil* mit zehn und ein *Sermon über die Macht der Exkommunikation* mit zwölf Ausgaben. Der zuletzt genannte Sermon erhielt seine besondere Brisanz dadurch, daß Luther dem kirchlichen Bann, von dem er ja selbst zusehends bedroht war, von vornherein die Spitze abbrach, indem er ihm nur eine äußerliche, auf die sichtbare Sakramentsgemeinschaft bezogene Bedeutung zuerkannte. Die eigentliche, geistliche Gemeinschaft legte er allein in Gottes Hand *(solus deus)*;[14] sie könne deshalb von keiner Kreatur, also auch keiner kirchlichen Instanz berührt werden. Der ganz auf das geistliche, persönliche Gottesverhältnis abzielende Kirchenbegriff enthielt die theologischen Potentiale, um der eigenen Verketzerung zu begegnen, lange bevor sie akut wurde. Offenbar fand dieses gegenüber der Amtskirche distanzierende Konzept besonders rasch besonders viele Leser.

Unter den deutschen Schriften der Jahre 1518 und 1519 überragte der *Sermon von Ablaß und Gnade* mit insgesamt 22 Ausgaben alle anderen. Auch die 95 Thesen, die wohl nur in drei lateinischen und vielleicht einer deutschen Ausgabe herausgekommen waren, überflügelte dieser Sermon um ein Vielfaches. Luthers Ablaßkritik ist also in weitaus stärkerem Maße durch diesen Sermon als durch irgendeinen anderen Text bekannt geworden. Er steht am Anfang von Luthers publizistische Karriere, ja, er ebnete seinen weiteren Texten in gewisser Weise den Weg. Ehe Luther als Erbauungsschriftsteller Furore machte, war er als Ablaßkritiker bekannt geworden. Die größeren literarischen Erfolge des Jahres 1519 – eine deutsche Auslegung des Vaterunsers mit zwölf, der *Sermon von der Betrachtung des Leidens Christi* mit 15, der *Sermon vom ehelichen Stand* mit zwölf und der *Sermon von der Bereitung zum Sterben* mit zehn Ausgaben – galten einem geistlich ernsthaften, die Laien ansprechenden ›Frömmigkeitstheologen‹, von dem man immer schon wußte, daß er gegen die verbreitete Ablaßpraxis aufgetreten war. Auch in publizistischer Hinsicht ist es daher angemessen, im Ablaßstreit den Ausgangspunkt der Reformation zu sehen.

Der Disputator

Daß die primären Wirkungen, die zur Formierung einer reformatorischen Bewegung führten, von Luthers gedruckten Schriften ausgingen, kann als gesichert gelten. In die Publizistik gingen die rhetorischen Erfahrungen, argumentationslogischen Kniffe und seelsorgerlichen Fähigkeiten des Predigers, Professors und Priesters ein. Daß Luther aber auch als Disputator zu überzeugen wusste, hatte die Anfänge seines Wittenberger Erfolgs, insbesondere in seiner eigenen Fakultät, begründet. Die Hinwendung Amsdorffs, Karlstadts und seit 1518 des neu berufenen Griechischprofessors Philipp Melanchthon, der offenkundig frühzeitig von Luther fasziniert war und die in Wittenberg vollzogene Studienreform im Geiste des Humanismus konsequent für die Sache Luthers zu nutzen wußte, auch Hinweise auf Lehrerfolge des Augustinerpaters an der seit 1519 stärker frequentierten Leucorea, der Wittenberger Universität, deuten darauf hin, daß Luther als Person Überzeugungskraft und Charisma besaß. Der große Eindruck, den er bei der Heidelberger Disputation auf zahlreiche jüngere Studenten zu machen verstand, bildete eine entscheidende Voraussetzung für den Aufbau eines Anhänger- und Multiplikatorenkreises. Später einflußreiche Reformatoren Südwestdeutschlands wurden durch die persönliche Begegnung mit dem Disputator Luther für seine ›Sache‹ gewonnen. Ähnliches dürfte für die Leipziger Disputation im Sommer 1519, zu der Luther und Karlstadt von einer stattlichen studentischen Anhängerschaft ihrer eigenen Universität begleitet worden waren, gelten. Die in mancher Hinsicht kaum mehr als reguläre akademische Disputation zu interpretierende Großveranstaltung unter der Ägide des albertinischen Herzogs Georg trug Züge eines intellektuellen Schaukampfes, lockte allerlei Neugierige herbei und scheint nicht zuletzt wegen Luthers geradlinigen, aber auch leidenschaftlichen Auftretens eine Mobilisierungsfunktion in bezug auf seine Sache ausgeübt zu haben. Insofern war Luthers Person in verschiedener Hinsicht – als Literat und Publizist, als Prediger und Disputator, als Professor und Polemiker – der Ausgangspunkt der Reformation.

KAPITEL 2
DER ABLASSSTREIT

DER HISTORISCHE KONTEXT DES 31. 10. 1517

Die Historizität des Thesenanschlags

Nach Lage der Dinge besitzt es die relativ größte Wahrscheinlichkeit, daß Luther zum 31. 10. 1517, dem Samstag vor dem Allerheiligenfest (1. 11.), einen Plakatdruck seiner 95 Thesen durch die in unmittelbarer Nachbarschaft seines Klosters »[b]ey den Augustinern«[1] untergebrachte Offizin des Johannes Grunenberg anfertigen und durch Anschlag an der Allerheiligenkirche, vielleicht auch an anderen Kirchentüren Wittenbergs, veröffentlichen ließ. Auch wenn ein solcher Thesenanschlag erstmals nach Luthers Tod durch ›Zeugen‹, die zum betreffenden Zeitpunkt gar nicht selber in Wittenberg gewesen sind, nämlich von Melanchthon und von Luthers späterem Amanuensis Georg Rörer, berichtet[2] worden ist, darf man voraussetzen, daß sie auf eine entsprechende mündliche Tradition zurückgriffen. Luther selbst ist der 1. 11. 1517 als das Datum im Gedächtnis geblieben, an dem der Ablaß »zu Boden getreten« worden war. Daß er am zehnten Jahrestag dieses Datums »ganz und gar getröstet« eine »Memorialfeier« mit fröhlichem Umtrunk veranstaltete und einen alten Mitstreiter, der dabeigewesen war, seinen Freund Nikolaus von Amsdorff – inzwischen Superintendent Magdeburgs –, aus diesem Anlaß brieflich grüßte,[3] läßt keinen Zweifel daran zu, daß Luther in seinem persönlichen Umkreis dieses Datums gedachte. Da Luther einem auf den Vortag oder Vorabend *(vigilia)* des Allerheiligentages[4] datierten Brief an den Magdeburger Erzbischof Albrecht von Brandenburg seine 95 Thesen beifügte und zugleich gesichert ist, daß er einen verlorengegangenen Brief gleichen Inhalts an seinen zuständigen Ordinarius, den Bischof von Brandenburg, Hieronymus Scultetus (auch Schulz, um 1460-1522), unter demselben Datum verfaßt hat, dürfte es das nächstliegende sein, einen verschollenen Wittenberger Urdruck dieser Thesen zu postulieren.

Auch wenn Luther rückblickend den Eindruck erzeugte, daß die Bischöfe vor der Publikation der Disputationsthesen über seine Absichten informiert worden seien und sie so gleichsam zu ›Mitwissern‹ gemacht wurden,[5] deutet nichts darauf hin, daß Luther deren Reaktion abzuwarten bereit gewesen wäre, ehe er die Verbreitung der Thesen betrieb. Insofern ist davon auszugehen, daß die Bischofsbriefe zeitgleich mit der Thesenpublikation abgefasst wurden. Der Druck von Disputationsthesen, der in der Regel in geringer Auflagenhöhe erfolgte, war – zumal in Wittenberg – nicht unüblich. Die Erhaltungschancen der jeweiligen Urdrucke waren gering – das läßt sich auch an anderen Wittenberger Thesendrucken, die nur in Nachdrucken erhalten sind, zeigen. Die Vorstellung jedenfalls, Luther habe seine 95 Thesen mehrfach handschriftlich kopiert – Anfang November hat er sie selbst an seinen Freund Johannes Lang versandt –, erscheint angesichts dessen, daß in nächster Nachbarschaft seines eigenen Klosters eine Druckerei zur Verfügung stand, unnötig kompliziert. Auch daß Luther diese Thesen gegen die herrschende Ablaßpraxis, die am 31. 10. mutmaßlich gedruckt vorlagen, nicht in der allgemein üblichen, durch die Universitätsstatuten vorgeschriebenen Form, nämlich durch Anschlag an den dafür vorgesehenen Kirchentüren, veröffentlicht haben sollte, erscheint unwahrscheinlicher als das Gegenteil.

Die Wahl des Zeitpunkts

Der Zeitpunkt der Veröffentlichung war in bezug auf den Festkalender Wittenbergs alles andere als ein beliebiges Datum; denn vom Vorabend bis zum Abend des Allerheiligentages wurde in der Stiftskirche all denen, die sie andächtig besuchten, ein Plenarablaß, die vollständige Vergebung von Schuld und Fegefeuerstrafen nach Art *(ad instar)* der in der Portiuncula-Kapelle bei Assisi gewährten Ablaßgnaden, zuteil. Durch eine Bulle vom 8. 4. 1510 hatte Friedrich von Sachsen überdies erreicht, daß die vorher bestehende Begrenzung der im Zusammenhang mit dem Allerheiligenablaß einsetzbaren Priester auf den Stiftspropst und acht weitere Geistliche aufgehoben und die Dauer der Beichtzeit auf je zwei Tage vor und nach Allerheiligen ausgeweitet werden durfte. 1521 wurde die Dauer dann wieder im Sinne der früher üblichen Beichtzeit von zwei halben Tagen, von der Vesper des 31. 10. bis zur Vesper des 1. 11., begrenzt. Durch die Bulle von 1510 aber waren die Voraussetzungen für eine ›heilstouristische‹ Vermarktung Wittenbergs über die engeren Grenzen der Region hinaus gegeben. Mit entsprechendem Aufwand wurden Werbemaßnahmen, etwa in Form des von Lucas Cranach illustrierten Heiltumsbuches, betrieben. Indem Luther seine den Plenarablaß in Frage stellenden Thesen gleichzeitig in Wittenberg – das heißt in der gegenüber den Wettinern, insbesondere Kurfürst Friedrich, propagierten Form – und auf brieflichem Wege gegenüber Albrecht von Brandenburg bekanntmachte, strebte er eine Position an, die die Unabhängigkeit auch gegenüber seinem Landesherrn zu wahren versuchte.

Albrecht von Brandenburg war für den seit Anfang 1517 angelaufenen Vertrieb des Petersablasses in der Erzdiözese Magdeburg verantwortlich. Luther ist frühzeitig klar gewesen, daß eine Attacke, die gegen den brandenburgischen Erzrivalen auf dem Magdeburger Bischofsstuhl gerichtet war, wohl die Zustimmung des sächsischen Kurfürsten, der einen Vertrieb des Petersablasses in seinem Territorium untersagt hatte, finden würde. Der erschwerte Zugang zum Petersablaß, den man als Einwohner Kursachsens nur außerhalb der Landesgrenzen erwerben konnte, etwa, wenn sich der Ablaßtroß in der Nähe befand – was in bezug auf Wittenberg um Ostern 1517 der Fall gewesen war, als Tetzel in Zerbst und Jüterbog wirkte und nicht wenige Beichtkinder Luthers dorthin geströmt sein sollen –, mußte ja den ›Marktwert‹ des in Wittenberg selbst angebotenen Plenarablasses steigern. Indem Luther seine nicht speziell gegen den Petersablaß, sondern gegen das Ablaßwesen überhaupt gerichteten Thesen zum Zeitpunkt des Allerheiligenfestes in Wittenberg veröffentlichte, strebte er wohl von vornherein eine selbständige Position im Verhältnis zu denen an, die kolportierten, er habe seine Thesen auf Befehl oder mit Unterstützung des sächsischen Kurfürsten gegen den Erzbischof von Magdeburg publiziert.[6] Luther reinigte sich von dem Verdacht, um vordergründiger dynastisch-kirchenpolitischer Interessen willen gegen den Ablaß Stellung bezogen zu haben. Sollte also das Datum des 31. 10., das als Zeitpunkt des Briefes an Albrecht von Brandenburg gesichert und als spätest möglicher Zeitpunkt eines Wittenberger Thesendruckes wahrscheinlich ist, in einem inneren Zusammenhang mit dem Wittenberger Plenarablaß des Allerheiligenfestes gestanden haben und nicht etwa zufällig gewesen sein, wäre eine – freilich der Form nach unspektakuläre – Veröffentlichung der Thesen in der üblichen Weise, das heißt durch Anschlag, naheliegend. Von dieser Hypothese wird im folgenden ausgegangen.

Durch den auf den Wittenberger Portiuncula-Ablaß an Allerheiligen bezogenen Zeitpunkt der Veröffentlichung der Thesen und ihre literarische Form war einerseits klar, daß Luthers Kritik am Ablaß theologisch grundsätzlicher Art war und oberhalb bestimmter fiskalischer Interessen einzelner geistlicher oder weltlicher Fürsten stand. Andererseits war gewährleistet, daß er auch den Wittenberger Ablaßbetrieb von seiner Kritik nicht ausnahm, ohne für das Allerheiligenfest 1517 noch eine Gefährdung darstellen zu können. An diesem Datum, dem 31. 10. beziehungsweise 1. 11., konnte Luther wegen der zu erwartenden Besucherströme zwar auf eine verstärkte Aufmerksamkeit für seine Ablaßkritik rechnen, mußte aber keine ernsthaften Störungen, die eine entsprechende Mobilisierungsphase vorausgesetzt hätten, befürchten. Die schwierige lateinische Textform der Thesen wird überdies den wenigsten Besuchern zugänglich gewesen sein. Luther trat also mit einem Text an die Öffentlichkeit, ohne die ›Öffentlichkeit‹ wirklich zu suchen. Insofern ist der Thesenanschlag nur in dem Sinne von Belang gewesen, daß Luther an der grundsätzlichen akademischen Klärung eines Mißstandes gelegen war und daß er auch den Ablaßbetrieb seines eigenen Landesherrn von dieser Kritik nicht ausnahm. Eine kirchengeschichtliche Wirkung ist von dem Anschlag der Thesen in keinem Fall ausgegangen, sondern allein von ihrem Druck und von den Briefen an die Bischöfe. Daß ordnungsgemäß »an den Kirchentüren« der Stadt angehängte Disputationsthesen nicht weiter beachtet wurden, ist auch sonst bezeugt.[7]

Luthers 95 Thesen fehlt jeder agitatorische Charakter. Sie waren für ein akademisches Publikum bestimmt und mögen von einem solchen auch in Wittenberg wahrgenommen worden sein; darüber bekannt ist zunächst so gut wie nichts. Eigenen Angaben zufolge hatte Luther längere Zeit[8] gezögert, bis er das, was er gegen die Zweifelhaftigkeit des Ablasses vorbringen wollte, zu formulieren und öffentlich vorzutragen bereit und fähig gewesen sei. Auch dies macht es wahrscheinlich, daß er das Datum des 31. 10. beziehungsweise des Allerheiligenfestes bewußt gewählt hat. Für eine gezielte Terminierung spricht auch, daß der als Martin Luder geborene und 34 Jahre unter diesem Namen lebende Augustinermönch erstmals an diesem 31. 10. 1517 eine neue Namensform, eben »Lutherus«, benutzte. In dieser das verborgene Namensgeheimnis einer griechischen Etymologie – Eleutherios, »der Freie« oder »Befreite« – entbergenden lateinischen Namensform brachte Luther in der Weise der Humanisten ein Selbstverständnis zum Ausdruck, das er gegenüber dem langjährigen Freund und Ordensbruder Johannes Lang im Sinne der paulinischen Dialektik von Freiheit in Christus und Knechtschaft unter den Mächten dieser Welt interpretierte: »Bruder Martin Eleutherius, ja Knecht und Gefangener allzu sehr, Augustiner zu Wittenberg.«[9] Daß Bruder Martin diese neue Namensform ›Luther‹ von »Eleutherius«, eine bis Anfang 1519 immer wieder einmal verwendete Form, her verstand und mit einem spezifischen theologischen Sinn verband, gibt ihrer historisch erstmaligen Verwendung am 31. 10. 1517 ein besonderes Gewicht.

Die genannten Gründe legen es nahe, im 31. 10. 1517 ein Datum zu sehen, dem Luther durch das, was er tat, eine besondere Bedeutung beilegte. Daß der Thesenanschlag in der späteren protestantischen Erinnerungskultur zum Fanal der Reformation wurde, hat also gewisse Anhaltspunkte in der Sache und bei Luther selbst. Allerdings sollte über der Deutung beziehungsweise Bedeutung, die das Datum für Luther besessen haben dürfte, nicht übersehen werden, daß für die Wittenberger Zeitgenossen mit der Veröffentlichung von Thesen eines Theologieprofessors zunächst nichts Ungewöhnliches verbunden war. Von spontanen Wittenberger Reaktionen auf einen Thesenanschlag ist nichts bekannt, und die offene akademische Form, in die sich Luthers Kritik gekleidet hatte, ließ allenfalls erkennen, daß in Sachen Ablaß allerlei unklar war beziehungsweise der wissenschaftlichen Klärung harrte. Gerade darin aber ist die besondere strategische Bedeutung dieser Thesen zu sehen: Gegenüber den kirchlichen Autoritäten, den Bischöfen, die Luther anschrieb, wahrte die akademische Form jene Offenheit, die eine grundlegende Kritik an diskussionswürdigen Dingen *(disputabilia)* zu artikulieren erlaubte, ohne diese bereits in einer distinkten Weise *(asserta)* vortragen zu wollen.[10] Insofern griffen die beiden Strategieebenen, die sich am 31. 10. 1517 überschnitten, die Disputationsthesen und die Briefe an die Bischöfe, ineinander: Luther konnte konkrete Maßnahmen zur Abstellung von Mißständen im Zusammenhang mit dem Petersablaß anmahnen und dies mit den theologischen Unsicherheiten der Ablaßlehre, wie sie in den Thesen formuliert waren, begründen. Und er konnte zugleich für sich in Anspruch nehmen, lediglich ein akademisches Problem einer akademischen Klärung zuführen zu wollen. Der erste Schritt einer Kirchenreform, hätte Luther im Herbst 1517 einen solchen zu tun beabsichtigt, hätte schwerlich bedachtsamer, reflektierter und zugleich abwartender und uneindeutiger getan werden können, als er ihn tat.

Das Szenario des 31. 10. beziehungsweise 1. 11. 1517 erinnert an einen Vorgang, der etwa ein halbes Jahr zurücklag und mit dem zweiten großen Festdatum an der Wittenberger Allerheiligenkirche zusammenhing: der Veröffentlichung – einschließlich Anschlag! – von 151 Thesen, die der Archidiakon am Allerheiligenstift und Theologieprofessor Andreas Rudolf Bodenstein, genannt Karlstadt, am Sonntag Misericordias Domini (26. 4. 1517), dem Tag vor der großen jährlichen Reliquienausstellung des Allerheiligenstiftes, vorgenommen beziehungsweise veranlaßt hatte. Am Montag nach Misericordias Domini war ein reicher Schatz an Ablaßgnaden in der Stiftskirche zu erlangen, deren Summe allerdings hinter den Plenarablässen des Allerheiligenfestes und des außerhalb Kursachsens vertriebenen Petersablasses zurückblieb: Für jedes Partikel war zunächst ein Ablaß von 100 Tagen und einer Quadragene, der verschärften Bußstrafe von 40 Tagen, zu erwerben. Da die kurfürstliche Sammlung rasch wuchs – für 1518 ist die Stückzahl von 17443 gesichert –, konnte man recht beträchtliche Zeiträume verkürzter Fegefeuerstrafen anhäufen.

Der Umstand, daß Luther am Vortage des einen, Karlstadt am Vortage des anderen großen Festtages in Wittenberg mit lateinischen Disputationsthesen hervortrat, dürfte kaum zufällig gewesen sein. In beiden Fällen handelte es sich um Disputationen, die sich nicht in die von den Statuten her vorgesehenen Disputationstypen einordnen lassen. Diese waren die einmal im Jahr von jedem Magister beziehungsweise Doktor der Theologischen Fakultät abzuhaltenden feierlichen *disputationes quodlibeticae* über ein frei gewähltes Thema, die der Ordnung nach während des Semesters am Freitagvormittag durchzuführenden *Zirkulardisputationen* – Veranstaltungen, die »in einem geschlossenen Kreis von aktiven Teilnehmern, den Magistern und Studenten, öffentlich«[11] abzuhalten waren und der Zulassung zu den akademischen Graduierungen dienten –, schließlich die *Pro-gradu-* oder *Promotionsdisputationen* für den Erwerb eines akademischen Grades. Die Tatsache, daß keine der beiden Disputationen der Wittenberger Theologen Karlstadt und Luther stattgefunden hat, bestätigt, daß sie nicht in den von den Statuten vorgegebenen Rahmen paßten. In beiden Fällen sollten Interessenten innerhalb, aber auch und wohl vor allem außerhalb Wittenbergs dafür gewonnen werden, sich zu den jeweils umfänglichen Thesenreihen zu äußern; in beiden Fällen waren auch keine Termine, an denen disputiert werden sollte, genannt. Offenbar erwartete man, daß sich Interessenten in Wittenberg oder an den umliegenden Universitäten meldeten und sich dann alles Nähere von selbst ergäbe. Die Form der statutarisch nicht regulierten Disputation drängte also sowohl im Falle der Karlstadtschen Thesen vom April wie im Falle der Lutherschen vom Oktober/November 1517 über die übliche Struktur der Wahrheitsfindung vermittels begründeter, autoritätsgestützter Argumentation im Kreis distinkter Rollenzuständigkeiten des ritualisierten akademisch-dialektischen Wettstreits hinaus. Wären diese Disputationen je zustande gekommen, hätte es sich um außergewöhnliche Sonderveranstaltungen gehandelt, ähnlich der, wie sie dann im Sommer 1519 zwischen den Wittenberger Theologen Luther und Karlstadt und dem Ingolstädter ›Herausforderer‹ Johannes Eck in Leipzig tatsächlich stattfand (s. u. S. 236-243).

Vorbilder

Sucht man nach Vorbildern für diese beiden Veranstaltungsinitiativen, möchte man an das in dieser Zeit wohl bekannteste Beispiel, das des genialischen Giovanni Pico della Mirandola, denken, der 1486 nicht weniger als 900 Thesen aus allen Wissensgebieten publiziert hatte, die er mit allen Gelehrten, die zu diesem Zweck nach Rom reisen sollten, disputieren wollte. Dieser phantastische Plan war wegen der päpstlichen Verurteilung von 13 dieser Thesen nicht zur Ausführung gelangt. Daß man in Wittenberg um Pico, den vielbewunderten, jugendlich verstorbenen, zügig gedruckten »Princeps Concordiae«, wie der Graf von Mirandola als Versöhner verschiedener philosophischer Schulen genannt wurde, wußte, ja ihn als Vorbild empfand, kann als gesichert gelten. Lebten die Disputationsinitiativen der eben erst am Beginn ihres vierten Lebensjahrzehnts stehenden Wittenberger Theologieprofessoren, die immerhin beide einmal in Italien gewesen waren, von dem Vorbild jenes humanistischen Gelehrten, der nicht nur die hebraistischen Studien impulsgebend initiiert, sondern im Unterschied zu so vielen anderen die Scholastik nicht grundsätzlich abgeurteilt, sondern eine sachliche Auseinandersetzung mit ihr gesucht hatte? Blinkte über dem »koloniale[n] Landstädtchen«[12] Wittenberg, das »fern von Limes und allem Mittelmeerischen lag«,[13] 1517 eine florentinische Sternschnuppe auf? Auszuschließen ist es kaum.

Daß Karlstadt und Luther mit ihren Disputationsthesen jeweils zu Terminen hervortraten, an denen die mit 2000-2500 Einwohnern und noch wenigen Studenten eher verschlafene Provinz- und Residenzstadt größere Besucherströme erwarten konnte, dürfte kaum zufällig gewesen sein. Doch eine ›konzertierte Aktion‹ Luthers und Karlstadts wird man ausschließen müssen; denn Luthers Hinweis, keiner seiner vertrauteren Freunde in Wittenberg habe von seiner Disputationsinitiative vorab gewußt,[14] dürfte glaubhaft sein und zu dem komplizierten Handlungsgefüge aus Bischofsbriefen und Thesendruck, aber auch zu dem nicht unpathetischen, konfessorischen Namenswechsel von Luder zu Luther passen. Den Schritt, den Luther am 31. 10. 1517 tat, unternahm er auf eigenes Risiko, und ohne andere Personen hineinzuziehen. Auch dies bestärkt die These, daß Luther diesen Schritt als einen entscheidenden empfunden hat, und das nicht erst im Rückblick.

Zwischen Karlstadt und Luther bestand auch noch insofern eine Gemeinsamkeit, als beide in ihren jeweiligen Thesen einen längeren Klärungs- und Entscheidungsprozeß zum Abschluß brachten und dokumentierten – Karlstadt seine definitive Abkehr von der scholastischen Theologie, seine Hinwendung zum antipelagianischen Augustinus und zur Autorität der Kirchenväter und der Heiligen Schrift,[15] Luther seine durch jahrelange distanzierende Bemerkungen gegenüber dem Ablaß vorbereitete, durch die aktuellen Erfahrungen mit dem Vertrieb des Petersablasses seit einigen Monaten zugespitzte Fundamentalkritik an den theologischen Grundlagen einer verbreiteten kirchlichen Praxis. Freilich verdient auch die Unterschiedlichkeit zwischen dem 26. 4. und dem 31. 10. 1517 Beachtung; denn Karlstadt war an einer breiteren öffentlichen Diskussion über die theologische Grundausrichtung der Wittenberger Schule, ihrer Orientierung an Augustinus, gelegen, worin er sich nun mit Luther einig wußte. Luther hatte sich an der Verbreitung von Karlstadts Thesen beteiligt und sich ausgesprochen positiv über sie geäußert: Es seien Thesen »unseres Karlstadts, ja des Heiligen Augustin, die um so viel wunderbarer und würdiger sind als die Augustins gegenüber Cicero, ja als Christus würdiger ist als Cicero!«[16] Und die Disputation über die scholastische Theologie vom September des Jahres hatte dieser theologiereformerischen Tendenz der Wittenberger Schule gleichfalls vernehmlich Ausdruck verliehen.

Doch Luthers Ablaßthesen waren mehr und anderes als ein weiteres Dokument der Profilschärfung der augustinisch-paulinischen Gnadentheologie. Sie waren eine Infragestellung kirchlicher Praxis und damit implizit derjenigen, die sie zu verantworten hatten. In seinem Brief an den Magdeburger Erzbischof ging Luther über den akademischen Diskussionszusammenhang eindeutig hinaus. Auch wenn er später darauf verwies, diskussionsbedürftige, aber keine gewissen Dinge vorgetragen zu haben, hatte er keinen Zweifel daran gelassen, daß er Theorie und Praxis der Ablaßpropaganda, wie sie unter der Autorität Albrechts von Brandenburg von Tetzel durchgeführt wurde, für unbedingt korrekturbedürftig hielt. Auch daß Luther die Verbreitung seiner Thesen betrieb, ohne eine Reaktion der Bischöfe abzuwarten, bestätigt, daß er bereits vor der akademischen Disputation über den Ablaß dessen sicher war, daß es mit der Ablaßpraxis in keiner Weise so weitergehen konnte. Alles deutet also darauf hin, daß sich Luther der Bedeutung seines Vorgehens, wenn auch schwerlich seiner Folgen, bewußt gewesen ist. Daß er als einzelner handelte, sich nicht des Rückhalts seiner Vertrauten versicherte, sondern sich allein auf die Autorität seiner Argumente und seines Amtsbewußtseins als »berufener Doktor der Theologie«,[17] als der er den Brief an den Erzbischof unterzeichnete, sowie auf seine Liebe zur Kirche, von der er Schaden abwenden wollte, gründete, ist eigentlich nur dann verständlich, wenn man voraussetzt, daß Luther ein klares Bewußtsein dessen hatte, daß er an diesem 31. 10. über das hinausging, was seine bisherige Tätigkeit gekennzeichnet hatte. Nicht die angebliche Dramatik eines Thesenanschlags, sondern der bewußte Schritt des Universitätslehrers, nach Maßgabe theologischer Einsichten eine Veränderung des kirchlichen Verhaltens bei denjenigen, denen die rechtliche und seelsorgerliche Verantwortung zukam, anzumahnen, ja nachdrücklich zu fordern und dieser Forderung zugleich einen öffentlichen Ausdruck zu geben, machte den 31. 10. zu einem besonderen Tag. Luther hatte sich zu dieser Entscheidung durchgerungen, nachdem er sich in die theologischen und juristischen Fragen des Ablasses vertieft, seine Thesen ausgearbeitet und mutmaßlich in den Druck befördert hatte; am 31. 10. war der Augustinermönch Martin Luder, der den »stillen Winkel geliebt und es bisher vorgezogen hatte, dem Wettstreit der großen Geister seiner Zeit von ferne zuzuschauen«, über seine Furcht hinausgewachsen, selber auf die Bühne getreten und *Luther* geworden.[18]

DIE 95 THESEN

Das Präskript der Ablaßthesen benannte im Anschluß an traditionelle Zweckbestimmungen akademischer Disputationen als Ziel: »aus Liebe und Eifer die Wahrheit ans Licht zu bringen«,[19] und dazu sollten die vorliegenden Thesen unter dem Vorsitz Luthers disputiert werden. Diejenigen, die sich nicht als Anwesende mit Worten über die Thesen auseinandersetzen könnten, wurden gebeten, dies schriftlich zu tun. Die Disputationsthesen standen unter dem Segen des Namens Christi. Auch dieses Formelement war konventionell, erscheint aber im Licht des Inhalts der Thesen als keineswegs belanglos. Denn Luther begann in der ersten der 95 Thesen mit einem

Jesuswort, das am Beginn von dessen irdischer Verkündigung gestanden hatte und das auch dem Leben jedes Christen Ziel und Richtung geben sollte: »Wenn unser Herr und Lehrer Jesus Christus sagt: ›Tut Buße‹ (Mt 4,17) usw., dann will er, daß das ganze Leben der Glaubenden Buße sei.«[20] Und die beiden Schlußthesen schärften ein, daß jeder Christ seinem Haupte Christus in Kreuz, Tod und Hölle nachfolgen und sich darauf verlassen solle, durch viele Trübsale, nicht aber durch die vermeintlichen Sicherheiten des Ablasses in den Himmel einzugehen. Daß die Thesen »im Namen Jesu Christi« ergingen, implizierte also, daß sie die an Christus orientierte Lebensführung, die Nachfolge des Kreuzes, ins Zentrum rückten und diese Botschaft rhetorisch-performativ in Form einer Anrede Christi selbst inszenierten.

Die Buße als eine das ganze Leben der Christen in Anspruch nehmende Wirklichkeit stellte Luther dem sakramentalen kirchlichen Bußinstitut, das durch die Beichte und satisfaktorische Bußleistungen strukturiert war, gegenüber. Wahre Buße im Sinne des Bußrufes Jesu bedeute Selbstverleugnung, die in »allerlei Abtötungen des Fleisches«[21] wirksam werde. Dieses Verständnis von Buße als einer durch die Erkenntnis der eigenen Sündhaftigkeit bewirkten Sinnesänderung sah Luther durch die Aufdeckung des Wortsinns des griechischen Begriffes für Buße, *metanoia* (wörtlich »Umdenken«), bestätigt.[22] Der lebenslangen Bußforderung entspreche die ständige göttliche Strafe, die sich im Selbsthaß *(odium sui)*[23] des Menschen aktualisiere (Thesen 1-4). Dieses ganz monastisch empfundene Verständnis der Buße als einer lebenslangen Selbstverleugnung, als einer beständigen Kreuzesnachfolge, wurde von Luther als Maßstab christlicher Existenz universalisiert und auf das Bußsakrament und die mit ihm verbundenen zeitlichen Satisfaktionsleistungen, die durch den Ablaß erbracht werden konnten, übertragen. Der Papst könne nur Strafen erlassen, die er selbst auferlegt habe; über den Tod hinaus seien die kirchlichen Bußstrafen nicht wirksam (Thesen 8-13). Sündenschuld *(culpa)* aber könne der Papst nur insofern vergeben, als er erkläre und bestätige, daß sie von Gott selbst vergeben seien (Thesen 5 und 6); denn die Vergebung von Schuld liege allein bei Gott, durch die Einlösung kirchlich auferlegter Bußleistungen sei die Schuld nicht zu tilgen. Das Fegefeuer wurde bei Luther auf die Todesfurcht bezogen, die die Sterbenden ereilt, wenn sie in einem unvollkommenen Seelenzustand *(savitas)* oder mit unvollkommener Liebe (*charitas*, Thesen 14 und 15) stürben. Über den Zustand der Seelen im Fegefeuer sei wenig Sicheres bekannt; eine Vollmacht, die vor dem Tod ungesühnt gebliebenen Strafen im Fegefeuer zu lösen, besitze der Papst nicht, und die Ablaßprediger, die dies behaupteten, irrten (Thesen 19-22). Denn die Schlüsselgewalt des Papstes erstrecke sich nicht auf den postmortalen Bereich; auf die Seelen im Fegefeuer könne also nicht mit rechtsverbindlichen kirchlich-institutionellen Mitteln, sondern allein durch die Fürbitte eingewirkt werden (These 26).

Daraus ergaben sich nach Luther unmittelbare Folgen für den Ablaßbetrieb: »Menschentand predigen die, die sagen, daß, sobald der Groschen im Kasten klingt, die Seele aus dem Fegefeuer auffahre. Gewiß ist hingegen, daß Gewinnsucht und Geiz zunehmen können, sobald der Groschen im Kasten klingt; die Hilfe der Kirche aber besteht allein in Gottes Wohlgefallen.« (Thesen 27 und 28) Gewißheit der vollkommenen Sündenvergebung sei durch den Ablaß nicht zu erwerben, und wer etwas anderes behaupte, betrüge die Menschen. Denn die Ablaßspenden könnten sich nur auf die Sündenstrafen beziehen, die durch die sakramentale Beichte[24] auferlegt seien. »Ein jeder Christ, der wahrhaft Reue empfindet, hat vollständige Vergebung der Strafe und Schuld auch ohne Ablaßbriefe.« (These 36)

In einigen Thesen zeigte Luther dann, daß der Ablaß unheilvolle, zersetzende Wirkungen in bezug auf die wahre Bußgesinnung hervorbringe; außerdem sei er sittlich problematisch, da er den ›gemeinen Mann‹ glauben mache, daß der Ablaß besser sei als Werke der Liebe und der Barmherzigkeit. »Man soll die Christen lehren, daß derjenige, der einem Armen gibt oder einem Bedürftigen etwas leiht, eine bessere Tat vollbringt, als wenn er Ablaß erwürbe.« (These 43) In einigen Thesen macht sich Luther dann zum Interpreten des Papstes; der Papst begehre eher ein andächtiges Gebet als den finanziellen Ertrag des Ablasses (These 48). Wenn der Papst von den erpresserischen Praktiken der Ablaßprediger wüßte, ließe er lieber St. Peter in Asche legen, als daß er seine Kirche mit der Haut, dem Fleisch und dem Gebein seiner Schafe errichten ließe. Der Papst sei bereit, sein eigenes Geld denen zu geben, die durch die Ablaßprediger ihres Geldes beraubt würden (Thesen 50 und 51). Luther stellte den Papst rhetorisch auf die Seite Christi und des Wortes Gottes und setzte ihn den Ablaßpredigern entgegen, das heißt, er nahm ihn für den Standpunkt in Anspruch, der der Seine war und den er mit der Wahrheit der Kirche identifizierte. Luther wußte genau, welche Auffassung der Papst verträte, wenn es gälte, den Ablaß gegenüber der Verkündigung des Evangeliums angemessen zu gewichten: »Die Meinung des Papstes kann nicht anders sein, als daß, wenn man den Ablaß ⟨…⟩ mit einer Glocke, mit einfachem Gepränge und einer Feier beginge, man dagegen das Evangelium ⟨…⟩ mit hundert Glocken, hundertfachem Gepränge und festlichen Gebräuchen zu ehren und zu preisen hätte.« (These 55) Die Theorie vom Kirchenschatz *(thesaurus ecclesiae)*, die der Vorstellung, der Papst könne vermittels des Ablasses Gnadengaben austeilen, zugrunde liegt, wurde von Luther fundamental in Frage gestellt und mit dem Evangelium als dem wahren Schatz der Kirche (These 62) konfrontiert. In konkreter Auseinandersetzung mit der Predigt der Ablaßpropagandisten im Auftrag des Magdeburger Erzbischofs spitzte Luther das ihm selbstverständliche christliche gegenüber einem papalistischen Heilskonzept dramatisch zu. Es sei eine Gotteslästerung, wenn die Ablaßprediger die Meinung verbreiteten, daß das mit den päpstlichen Wappen gezierte Ablaßkreuz so viel vermöge wie das Kreuz Christi (These 79). Dieser und ähnlichen Thesen ist anzumerken, welches gewaltige religiöse Konfliktpotential in der Ablaßfrage lag und an ihr aufbrechen sollte. Für Luther stellte der Ablaß, wie ihn die Agitatoren in der Nachbarschaft verkündigten, eine elementare Infragestellung der heiligsten Grunddaten des Christentums dar: der Erlösung durch das Kreuz, der Nachfolge in Buße und der Verpflichtung zu tätiger Liebe.

Daß die Ablaßfrage im Kern eine Papstfrage war, machte Luther nicht zuletzt dadurch deutlich, daß er eine Reihe von kritischen Einwänden sowohl der Gelehrten als auch des ›gemeinen Mannes‹ (These 81) aufnahm. Gerade dieser Fragenkatalog am Schluß der 95 Thesen (Thesen 81-91) zeigte, daß Luther mit ihnen am Puls der Zeit war und die Stimmungen in der Bevölkerung aufzunehmen oder zu imaginieren wußte. Denn diese Fragen gingen ins Mark des päpstlich geleiteten Heilsinstituts Kirche: Warum der Papst denn nicht alle Seelen um der Liebe willen befreie, sondern nur einige um des Geldes willen? Warum eigentlich weiterhin Totenmessen gelesen würden, wenn die Verstorbenen doch durch den Ablaß bereits erlöst worden seien? Warum die Päpste denn regelmäßig die Ablässe ihrer Vorgänger annullierten, wenn ihnen doch nur am Heil der Seelen ihrer Gläubigen gelegen sei? Einwände dieser Art mit Gewalt dämpfen zu wollen, statt sie durch Argumente zu beschwichtigen, hieße nach Luther, die Kirche und den Papst den Feinden zum Gespött auszuliefern und die Christen unglücklich zu machen (These 90). Dies war nun auch das Anliegen Luthers selbst: Er wollte durch seine Thesen beziehungsweise die auf sie bezogene Disputation den Schaden, den er auf Kirche und Papst zukommen sah, abwenden und das massive Glaubwürdigkeitsproblem überwinden, in das die Kirche durch die heilsökonomisch perfektionierte Ablaßpraxis, wie sie dem Petersablaß in der Erzdiözese Magdeburg zugrunde lag, geraten war.

Der Mann, der aus seinem Winkel hervorgekrochen kam und nicht länger schweigen konnte und wollte, der aufgeschreckt war durch die Seelen zersetzende Leichtfertigkeit schlichter Gläubiger, die aufgrund des Ablasses Absolution begehrten, ohne jede Reue zu zeigen, dieser ernste monastische Bußtheologe, der an sich selbst, aber auch an andere strengste religiös-sittliche Maßstäbe anzulegen pflegte und dem alle spielerische Ironie, jeder scherzhafte Umgang mit klerikaler Doppelmoral, wie sie etwa ein Erasmus in dem ihm zugeschriebenen satirischen Dialog über den aus dem Himmel ausgeschlossenen Papst Julius II. *(Julius exclusus)* eben jetzt so meisterhaft inszeniert hatte,[25] zutiefst fremd war: Dieser lautere ›Luther‹ glaubte an die Kirche, glaubte an den Papst, wollte die Makel, die durch die seines Erachtens verantwortungslosen Propagandisten den heiligen Rock der Mutter Kirche beschmutzten, beseitigen, wollte die Kirche retten. Die Freimütigkeit, die Luther in seinen Thesen an den Tag legte, indem er einerseits Auffassungen des Papstes mit seinen eigenen Worten Ausdruck verlieh und zugleich andererseits die schärfsten Anfragen gegen das Papsttum aufnahm, war nur jemandem möglich, der von dem Glauben an die Idealität dieser Institution, von der Liebe zu dieser Kirche, zutiefst durchdrungen war.

Als Luther im Herbst 1517 antrat, die Kirche angesichts ihrer Glaubwürdigkeitskrise retten zu wollen, war ihm – wie allen Gewissenstätern – unvorstellbar, daß man das, was er zu sagen hatte, seitens der klerikalen Eliten als Bedrohung empfinden, daß der Retter zur Gefahr werden könnte. Ohne die Naivität dessen, der – wie er später urteilte – von den Lehren des Papsttums berauscht, trunken, ganz erfüllt war und bereit gewesen wäre, es mit heißer Leidenschaft gegen alle seine Angreifer und Feinde zu verteidigen,[26] wäre Luder nicht Luther geworden. Die aus der Liebe zur Kirche geborene ernste Sachlichkeit, die den keinerlei persönliche Vorteile suchenden sächsischen Bettelmönch bei seiner Verteidigung der Papstkirche trieb, unterschied ihn von der kalten Berechnung all jener, die das Papsttum gegen ihn schützten und dabei eigene Vorteile suchten.[27] Als die enttäuschte Liebe in leidenschaftlichen Haß umschlug, erwuchs der Papstkirche in Luther ihr gefährlichster Feind. Insofern markiert der Schritt aus dem Winkel, den er am 31. 10. 1517 tat, den Auftakt dramatischster Veränderungen in der lateineuropäischen Christentumsgeschichte.

DER PETERSABLASS UND DIE VERANTWORTUNG ALBRECHTS VON BRANDENBURG

In der Rückschau des Jahres 1545 war für Luther klar: »Die ganze Schuld *(tota culpa)* hat der Mainzer, dessen List und Schläue ihn in die Irre geführt hat, indem er meine Lehre zu unterdrücken suchte, um sein durch Ablässe erworbenes Geld zu retten.«[28] Daß ein solches einseitig zuspitzendes Urteil, das die Ursachen der Reformation auf das aus finanziellem Eigennutz erwachsene Versagen des mächtigsten deutschen Kirchenfürsten zurückführte, der Komplexität der Ereignis- und Entscheidungszusammenhänge schwerlich gerecht wird, versteht sich von selbst. Und doch enthält es die zutreffende Erinnerung an eine einzigartige personelle Konstellation, die für den Anfang des Ablaßstreits zentral war. Denn Markgraf Albrecht von Brandenburg (1490-1545), seit 1513 gegen das kirchenrechtlich vorgeschriebene Mindestalter Erzbischof von Magdeburg und Administrator des Bistums Halberstadt, seit 1514 schließlich – entgegen kanonischen Verbindlichkeiten – überdies Erzbischof von Mainz, fungierte als Generalkommissar des von Leo X. auf acht Jahre gebilligten Petersablasses in seinen Erzdiözesen (Ablaßbulle Leos X. *Sacrosanctis* vom 31. 3. 1515). Er selbst hatte an der dem Neubau der Peterskirche in Rom dienenden Ablaßkampagne ein ureigenes, persönliches Interesse; denn sie sollte dazu dienen, die Schulden in Höhe von ungefähr 29 000 Gulden zu tilgen, die er bei den Fuggern gemacht hatte, um die in Rom anfallenden Dispensgebühren zu erwirtschaften, die die Befreiung von den kirchenrechtswidrigen Amtsübertragungen finanziell kompensierten. Hinsichtlich der finanziellen Transaktionen war vereinbart worden, daß die Gewinne aus dem Ablaßverkauf, die vorab auf mindestens 50 000 Gulden geschätzt worden waren, von Sachwaltern des oberdeutschen Handelshauses der Fugger in Besitz genommen werden sollten; die Erträge sollten je zur Hälfte dem Papst für das Bauprojekt der neuen Peterskirche und den Fuggern zur Tilgung der Schulden des

Abb. 6: Kardinal Albrecht von Brandenburg
(Kupferstich von Lucas Cranach d. Ä., 1520)

Brandenburgers zufließen. Von diesen finanziellen Vereinbarungen, die selbstverständlich geheim waren, wußte Luther zu Beginn des Ablaßstreits noch nichts.

Eine Strukturachse des Ablaßstreits, ja der frühen Reformationsgeschichte als Ganzer, bildete die dynastische Konkurrenz zwischen den Wettinern und den Hohenzollern, die nach der Übernahme des Mainzer Bischofsstuhls nun zwei der sieben Kurfürsten stellten. Daß das Erzbistum Magdeburg, das zuvor, unter Ernst von Sachsen, dem Bruder Kurfürst Friedrichs, in wettinischer Hand gewesen war, nun von einem Brandenburger geführt wurde, war für Luthers Landesherrn ein besonders schmerzlicher Sachverhalt. Auch in der kursächsischen Unterstützungspolitik für die Autonomiebestrebungen der Altstadt Magdeburg gegenüber ihrem erzbischöflichen Herrn, die 1524 die erste großstädtische Reformation ermöglichen sollte, zeitigte die Rivalität der Fürstendynastien nachhaltige Wirkungen.

Die Ablaßpredigt Johannes Tetzels

Einer der beiden für die Ablaßverkündigung in der Erzdiözese Magdeburg zuständigen Subkommissare war der Dominikaner Johannes Tetzel (um 1465-1519), ein erfahrener Mann, der zwischen 1504 und 1510 als Ablaßprediger für den Deutschen Orden in verschiedenen deutschen Ländern und Kirchenprovinzen und auch als Inquisitor in Polen und in der Provinz Saxonia tätig gewesen war. 1516 hatte er bereits als Subkommissar einer Ablaßkampagne im Bistum Meißen gewirkt, war also ein einschlägig ausgewiesener Experte, der sich entsprechend gut bezahlen ließ – für ihn und seine Mannschaft mußte der Erzbischof monatlich 300 Gulden aufbringen. Als Anweisung für die Subkommissare, Beichtväter und Ablaßprediger war 1517 eine *Instructio summaria* unter der Autorität Erzbischof Albrechts publiziert worden, die für das Erzbistum Magdeburg und das Bistum Halberstadt festlegte, wie der Ablaß zu vertreiben, wann er zu gewähren sei und welche

Heilsgnaden er enthielt. Luthers sich in den 95 Thesen und in seinem Brief an Albrecht vom 31. 10. 1517 dokumentierende Auseinandersetzung mit dem Ablaß setzte die Kenntnis der Ablaßbulle (Drucke Basel, Leipzig 1515) und der *Instructio summaria* voraus, verarbeitete aber überdies Nachrichten über die Ablaßpredigten Tetzels aus zweiter Hand und vielleicht auch persönliche Erfahrungen, die er direkt oder indirekt mit den Wirkungen des Ablasses auf Wittenberger Beichtkinder gemacht hatte.[29] Nichts deutet darauf hin, daß Tetzel und sein Troß, der von Stadt zu Stadt zog und nach allem, was wir wissen, nicht geringe Aufmerksamkeit fand, über die Gnadenangebote, die durch die erzbischöfliche Instruktion gedeckt waren, wesentlich hinausging. Da die Instruktion in weiten Teilen von einer 1515 erschienenen Anweisung des päpstlichen Ablaßkommissars Giovanni Angelo Arcimboldi (um 1485-1555) abhängig war, besteht auch kein Anlaß, die außergewöhnlichen Momente des Gnadenangebots, das seit Beginn des Jahres 1517 vertrieben wurde, über Gebühr zu betonen. Allenfalls die »geradezu marktschreierischen Superlativismen, die die *Instructio summaria* verwendet«,[30] gingen über die italienische Vorlage hinaus; sie sollten die Gläubigen glauben machen, daß ihnen eine einzigartige, nie dagewesene, kaum zu überbietende und insofern unverzichtbare Heilsgabe, eine geistliche ›Rundumversorgung‹ für die Lebenden und die Toten, feilgeboten wurde.

Das Gnadenangebot des Petersablasses

Die vier Hauptgnaden, die erworben werden konnten, ließen sich in der Tat kaum steigern: erstens, der volle Nachlaß aller Sünden und aller Bußstrafen, die noch im Fegefeuer abzubüßen wären, so daß seinem Empfänger ein Einzug ins himmlische Paradies gewiß sei; zweitens, ein Beichtbrief *(Confessionale)*, der demjenigen, der ihn erwarb, das Recht gab, einen Beichtvater frei zu wählen, und diesen verpflichtete, »einmal im Leben und in der Stunde des Todes«[31] von allen schweren

Sünden, selbst den dem Apostolischen Stuhl vorbehaltenen Reservatsfällen, freizusprechen, alle Arten von Gelübden in andere fromme Werke umzuwandeln und das Abendmahl ohne weitere Bedingungen zu reichen; drittens, die Zusage einer Teilhabe aller Geldleistungen erbringenden Personen beziehungsweise ihrer Angehörigen an dem gesamten Schatz der geistlichen Güter der Kirche. Für den Erhalt dieser zweiten und dritten Hauptgnade war weder die Beichte noch ein Besuch der im Rahmen der Kampagne gekennzeichneten Kirchen, sondern allein der Kauf des *Confessionale* erforderlich. Die vierte Gnade bezog sich auf die Befreiung der Seelen der Verstorbenen aus dem Fegefeuer; sie wurde gleichfalls ohne Reue und Ohrenbeichte, schlichtweg aufgrund der Einlage im Geldkasten, wirksam. Für diese Gnade sollte besonders intensiv geworben werden; sie versprach, nicht zuletzt, weil der Ablaß für die Verstorbenen eine gewisse Novität darstellte, offenbar die massivsten Zuwachsraten. Auch die Ermahnung des Volkes, es werde ihm zum Schaden gereichen, wenn es die ihm angebotenen Gnadengaben verabsäume, ging über die Vorlage Arcimboldis hinaus. Nicht also das Heilsangebot als solches, wohl aber die in der erzbischöflichen Instruktion explizit enthaltenen Hinweise auf eine besonders offensive, ja aggressive propagandistische Strategie, mit der es den Gläubigen präsentiert werden sollte, stellten eine gewisse Steigerung des sonst Üblichen dar.

Allerdings war auch vorausgesetzt, daß Habenichtse nicht einfach abgewiesen werden sollten, sondern die fehlende Geldeinlage durch Gebete und Fasten ausgleichen konnten. Doch das eigentliche Ziel bestand natürlich darin, möglichst jede verfügbare finanzielle Ressource zugunsten des frommen Werks des Kirchenbaus zu mobilisieren. Insofern dürfte niemand, der irgend Geld zur Verfügung hatte oder beschaffen konnte, guten Gewissens von Zahlungen abgesehen haben. Das fiskalische Interesse, das hinter dem großen Heilsunternehmen stand, war insbesondere im Licht der Instruktion unübersehbar. Tetzel war offenbar der richtige Mann dafür, das marktschreierisch-propagandistische Moment des Ablaßhandels deutlich werden zu lassen, und er dürfte bei der Wahrnehmung dieser Aufgabe effizient gewesen sein. Dies war wohl auch der Grund dafür gewesen, daß Erzbischof Albrecht ihn engagiert hatte, auch wenn ihm dessen »versoldung fast [= sehr] hoch«[32] erschien.

Luther und der Petersablaß

Am 10. 4. 1517 hielt sich Tetzel in Jüterbog auf, neben Zerbst der Wittenberg nächstgelegene Ort außerhalb Kursachsens, an dem er wirkte. In dieser Zeit wurde Luther erstmals mit dessen Verkündigung durch die Wiedergabe wittenbergischen Volkes, das ihm in großer Zahl zugelaufen war, konfrontiert. Jahre später erinnerte sich Luther, was da an ihn gelangt war: Tetzel soll gesagt haben, er

> hette solche Gnade und gewalt vom Bapst, wenn einer gleich die heilige Jungfraw Maria, Gottes Mutter hette geschwecht oder geschwengert, so kündte ers vergeben, wo der selb in den Kasten legt, was sich gebürt. Item, das Rote Ablas Creutz mit des Bapsts wapen ⟨…⟩ were eben so krefftig, als das Creutz Christi. ⟨…⟩ Item, er wole im Himel mit S. Peter nicht beuten [tauschen], Denn er hette mit Ablas mehr Seelen erlöset, weder S. Petrus mit seinem Predigen. Item, Wenn einer Gelt in den Kasten legt fur eine Seele im Fegfewr, so bald der Pfennig auff den boden fiel und klünge, so füre die Seele heraus gen Himel.[33]

Über seiner Beschäftigung mit der Ablaßinstruktion Erzbischof Albrechts wurde Luther dann klar, daß – ungeachtet gewisser Zuspitzungen – die Substanz der Verkündigung Tetzels theologisch und juristisch durch diese gedeckt war. Tetzel entgegenzutreten hieß also unweigerlich, dem mächtigsten Kirchenfürsten im Reich Paroli zu bieten.

An der unmittelbarsten Folge seines Briefes vom 31. 10. 1517, der Einleitung des Ketzerprozesses an der Kurie durch den Erzbischof selbst, läßt sich ermessen, daß Luthers Zögern und Zaudern sehr wohl begründet war. Es ist eigentlich nicht vorstellbar, daß er diesen Brief geschrieben hätte, wenn er nicht zutiefst davon überzeugt gewesen wäre, daß der Papst, die oberste Wahrheits- und Gerichtsinstanz der Christenheit, auf seiner Seite stehen oder im Konfliktfall auf seine Seite treten werde. In diesem folgenschweren Irrtum, in dieser tiefgreifenden Enttäuschung und in der zurückgewiesenen Liebe zu seiner Kirche wurzelt Luthers Reformation.

Luthers Brief an den Erzbischof ist ein eindrucksvolles Beispiel der epistolographisch-rhetorischen Meisterschaft seines Verfassers. Er ist durchsetzt mit Demuts- und Devotionsformeln, wie es Luthers monastischem Stand und der Kühnheit, ja »Vermessenheit«[34] seines Schreibens an den durchlauchtigsten, ehrerbietigst zu fürchtenden, allergnädigsten und hochwürdigsten Vater in Christo entspricht. Und der Brief ist strategisch in der Argumentation: Nicht primär die Ablaßprediger werden länglich kritisiert, sondern die fatalen Wirkungen, die sie beim Volk erzielen,[35] detailliert und unter Berufung auf einschlägige Nachrichten aufgewiesen; nicht das Versagen des geldgierigen Prälaten wird offen gebrandmarkt, sondern dessen Verantwortung für das Heil der ihm anvertrauten Seelen eingeschärft. Und unverhohlen kommt ein drohender Ton hinein: Die strengste Rechenschaft,[36] die der Erzbischof für diese Seelen ablegen muß, wird immer drückender und schwerer. Die theologische Begründung liefert ein gedrängtes Summarium aus Schriftworten, das dem breiten Heilsweg, den der Ablaß suggeriert, den schmalen Pfad der Seligkeit durch Furcht und Zittern entgegensetzt. Der Herr verkündige überall, wie schwer es sei, selig zu werden. Welcher Skandal, welche verantwortungslose Gottlosigkeit also, das Volk durch den Ablaß »ohne Furcht sicher« zu machen,[37] anstatt es zu lehren, daß Werke der Barmherzigkeit unendlich viel besser seien als Ablaß! Und dann liest der Wittenberger Mönch den Bischöfen die Leviten: Ihr einziges Amt sei es, das Volk das Evangelium und die Liebe Christi zu lehren. Welcher »horror«[38] sei es, welche Gefahr für einen Bischof, das Evangelium zu verschweigen und den lügnerischen, trügerischen Ablaß propagieren zu lassen!

Dann kommt Luther auf die unselige Ablaßinstruktion, die unter dem Namen Albrechts kursiere, zu sprechen. Rhetorisch geschickt unterstellt er, daß sie ohne Wissen und Willen des Erzbischofs verbreitet werde, und führt einige ihrer fatalen Irrlehren an, um dann um so nachdrücklicher die unabweisbaren Konsequenzen zu ziehen: Albrecht müsse die Instruktion zurückzunehmen und eine andere Predigtanweisung ausgehen lassen. Sollte dies unterbleiben, werde womöglich irgend jemand aufstehen und durch Druckschriften jenes Machwerk widerlegen – zur größten Schmach des Erzbischofs und zum Schaden der Kirche. Gerade davor schaudere ihn, Luther, und deshalb schreibe er. Damit dies nicht geschehe, müsse umgehend Abhilfe geschaffen werden. Der treue Diener seiner Kirche, der ergebene Mönch, der sich als Teil der erzbischöflichen Herde apostrophiert, interveniert, um genau das zu verhindern, was dann durch ihn selbst eingetreten ist. Daß Luther bei diesem »jemand« (»aliquis«),[39] der da literarisch gegen den magdeburgischen Ablaßhandel auftreten werde, wenn der Erzbischof ihn nicht in der bisherigen Form unterbinde, bereits an sich selbst gedacht haben könnte, ist wohl unwahrscheinlich. Er rief den Erzbischof brieflich zur Umkehr auf, und er tat es gemäß der Jesuanischen Bußordnung, das heißt so, daß er das, was er vorzubringen hatte, zunächst ihm allein mitteilte. Über diesem Vorgehen lag immerhin die biblische Verheißung: »Hört er dich, so hast du deinen Bruder gewonnen.« (Mt 18,15) Ihn zu gewinnen tat er alles, was ohne Selbstverleugnung und Verrat an der Sache möglich war. Indem Luther unterstellte, daß der Erzbischof gar nicht wisse, was in seinem Namen und unter seiner Autorität geschehe, bot er ihm eine Rückzugsmöglichkeit ohne Gesichtsverlust an. Doch auch daran, daß es nötig sei, daß er auf ihn höre, ließ Luther keinen Zweifel. Die beigefügten Ablaßthesen und ein in dem Brief nicht näher erwähnter Traktat über den Ablaß,[40] der deutlich schärfer, als Luther es in den 95 Thesen getan hatte, die Geldgier als Antriebskraft des Ablaßhandels geißelte, sollten dem Kirchenfürsten dazu dienen, die Fragwürdigkeit des Unternehmens einzusehen und es auf ein Maß zurückzufahren, das die offenkundig gewordene Gefährdung der Lehre und des Ethos der Christenheit verhinderte.

Die fatale ›Rundumversicherung‹, die die Ablaßpropagandisten in der Nachbarschaft anboten, drohte nicht nur dem Beichtinstitut seinen Sinn zu rauben, ja die sakramentale Heilsversorgung der Kirche als solche auszuhebeln, sondern auch die religiösen Antriebsmotive christlicher *charitas* abzutöten. Der perfektionierte Plenarablaß war für Luther »neue«,[41] und das hieß: bedrohliche, falsche Lehre; er gefährdete die Glaubwürdigkeit der traditionellen Doktrin und des Handelns der Kirche im Kern. Indem Luther dem Papst die Vollmacht absprach, die phantastischen postmortalen Heilsgnaden, die der Ablaß anbot, durch seine Schlüsselgewalt verbindlich zu vermitteln, entlastete er ihn von der Verantwortung für diese Totalkorruption der kirchlichen Lehre und dem mit ihr verbundenen fundamentalen Glaubwürdigkeitsverlust. Denn schon konnte man, so berichtete er, in den Wirtsstuben die Klagen über die Habgier der Priester, die verächtlichen Äußerungen über das Amt der Schlüssel und seinen Mißbrauch durch die Ausbeutung der Päpste,[42] kurz: die altbekannte Litanei des Antiklerikalismus vernehmen. Ihm wollte sich der einzelne,[43] in seinem »jugendlichen Temperament« erregt,[44] im Dienste der apostolischen Autorität entgegenstellen. Doch die Rettungsaktion des Augustinermönchs scheiterte; die Dinge nahmen einen anderen Lauf.

FRÜHES ECHO UND ERSTE KONTROVERSEN

Bereits kurz nach Allerheiligen 1517 ist Luther bei einem Gespräch mit dem Wittenberger Juristen Hieronymus Schurff, das er auf dem Weg nach Kemberg führte, klar geworden, daß ärgste Unbill drohte. Noch 20 Jahre später erinnerte er sich an folgenden Dialog: »›Wollt Ihr wider den Papst schreiben? Was wollt Ihr machen? Man wird's nicht leiden.‹ Darauf sprach ich [Luther]: ›Wie, wenn mans müßte leiden?‹«[45] Diese

Erinnerung ist mit der Bemerkung verbunden, daß die Anfänge der Auseinandersetzungen »schwerlich«[46] gewesen seien; dies dürfte so zu interpretieren sein, daß die drohende Konfrontation mit dem Papsttum Luther ›beschwerte‹ und sein Agieren mit Schwierigkeiten behaftete. Aber offenbar war er von vornherein gewillt, die Sache durchzustehen, gestützt auf die Wahrheit seiner Ablaßkritik und die unüberwindliche Überzeugung, daß die oberste Lehr- und Entscheidungsinstanz der Kirche sich am Ende zu dieser Wahrheit stellen müsse.

Frühe Verbreitung der Thesen

Daß Luthers 95 Thesen offenbar eine rasante Verbreitung fanden, erschien ihm selbst als ein Rätsel *(miraculum)*,[47] denn er hat, soviel wir wissen, dazu und zur Vorbereitung einer akademischen Disputation wenig unternommen. Lediglich an Spalatin und an Lang in Erfurt scheint er sie selbst gesandt zu haben,[48] ansonsten natürlich an die Bischöfe. Immerhin wissen wir, daß der Wittenberger Kantor am Allerheiligenstift, Ulrich von Dienstedt, die Thesen an Christoph Scheurl (1481-1542) in Nürnberg geschickt hat, was, nebenbei bemerkt, auch für einen verschollenen Wittenberger Urdruck spricht. Scheurl war zunächst das wichtigste ›Kraftzentrum‹ zu ihrer Verbreitung; im Februar 1518 berichtete er Luther von dem Erfolg seiner Thesen und schickte ihm einen in Nürnberg erschienenen lateinischen Druck und eine vielleicht ebenfalls gedruckte deutsche Übersetzung zu. Im Kommunikationsnetz der Humanisten waren Luthers Thesen durchweg positiv aufgenommen worden; Luther mußte sich gegenüber Scheurl sogar rechtfertigen, warum er ihm die Thesen im Unterschied zu früheren nicht selbst gesandt hatte. Und Luther entschuldigte es damit, daß er sie zuerst mit einigen wenigen Gelehrten, die bei oder in der Nähe von Wittenberg wohnten, habe erörtern und erst dann veröffentlichen wollen.[49] Die deutsche Übersetzung ließ Luther seine Thesen sogar bereuen, da ihre Form nicht dazu geeignet sei, das Volk zu belehren. Außer dem Nürnberger Druck war wohl schon im November 1517 eine weitere Ausgabe der *95 Thesen* in Leipzig erschienen;[50] wohl im Dezember kam dann ein Basler Druck hinzu.

Luthers Erwartung, gegebenenfalls auch bei den Bischöfen Zustimmung zu seinen Thesen zu finden, ist gar nicht so abwegig gewesen. Dies ergibt sich aus einer Nachricht, die der Rat Cäsar Pflug (1450/55-1524) in einem Brief an seinen Dienstherrn Georg von Sachsen, wenige Wochen nach der Publikation der 95 Thesen, überliefert hat. Demnach soll der Merseburger Bischof Adolf von Anhalt (1458-1526, reg. 1514-26), den Luther vielleicht neben dem Erzbischof und dem brandenburgischen Bischof angeschrieben hatte, im Gespräch mit Pflug geäußert haben: »Es gefil aber S.G. [Seiner Gnaden, dem Bischof von Merseburg] auch wol, das die arme leute, die also zulifen und die gnade [den Plenarablaß] suchten, vor dem betrig Tetzels vorwarnt wurden und die conclusiones, die der Augustinermönch zu Wittenberg gemacht, an vil ortern angeslagen worden; das wurde grosen abbruch der gnaden thuen«.[51] Dieser Information aus dem November 1517 ist zu entnehmen, daß die Thesen rasche Aufmerksamkeit fanden, daß ein Bischof ihnen und ihren Wirkungen zunächst uneingeschränkt zustimmen konnte und daß auch Herzog Georg an ihrer Verbreitung beteiligt gewesen sein dürfte.

Der Widerstand Tetzels

Die Brisanz des Themas, aber wohl auch der zügig einsetzende Widerspruch Tetzels und seiner Mitarbeiter dürften die Verbreitung der ihrem Autor immer ungeeigneter erscheinenden, »dunkel und rätselhaft«[52] formulierten Thesen ebenso begünstigt haben wie die Aktivitäten des Erzbischofs, der dem »vermessen Monichs« seines »trotzig furnemen[s]«[53] wegen den Prozeß zu machen begann und die Theologische Fakultät seiner Erzdiözese Mainz bereits Anfang Dezember um ein Gutachten zu den Thesen bat. Seit Frühjahr 1518 häufen sich dann die Nachrichten über die rasante Verbreitung der Thesen; bereits am 20. 1. 1518 fand an der brandenburgischen Landesuniversität in Frankfurt/Oder eine Disputation statt, die der dort frisch immatrikulierte Tetzel führte. Die Thesen stammten wohl aus der Feder Konrad Wimpinas, des maßgeblichen Theologen dieser Universität, der Tetzel mit ihrer Verteidigung beauftragte. Daß sich der geschulte Inquisitor mit dem Ketzereivorwurf gegen Luther nicht zurückhielt und die Frage der päpstlichen Autorität ins Zentrum rückte, verwundert nicht. Spätestens im März 1518 lagen diese 106 Thesen in Wittenberg vor; ein Buchhändler aus Halle, der von Tetzel geschickt worden sein soll, bot sie feil. Einige Exemplare wurden verkauft, andere geraubt, die sehr stattliche Anzahl von angeblich 800 Exemplaren aber durch Studenten auf dem Marktplatz verbrannt. Luther beteuerte, daß weder der Fürst noch der Stadtrat, weder der Rektor noch die Professoren von dieser Aktion gewußt oder sie gar gutgeheißen hätten.[54] Ihm mißfiel die studentische Aktion; in einer Fastenpredigt distanzierte er sich öffentlich von ihr.[55] Daß er sich gegenüber seinem Erfurter Lehrer Jodocus Trutvetter von dem Verdacht befreien mußte, der Anstifter der Aktion gewesen zu sein,[56] verdeutlicht, welches Konflikt- und Dynamisierungspotential die Ablaßfrage innerhalb kürzester Zeit erreicht hatte.

Das Verhalten der Wittenberger Studenten zeugt von dem Eifer, den sie für ihren Professor Luther zu entfalten bereit waren. Es ist dies das erste Zeugnis einer breitenwirksamen studentischen Resonanz; sie sollte eine Art Grundton der frühreformatorischen Bewegung bilden und ist auch dort in Rechnung zu stellen, wo sie nicht explizit belegt ist. Die Studenten waren mobile Existenzen; sie bildeten wichtige kommunikative Zwischenglieder zwischen verschiedenen Universitäts- und sonstigen Städten und trugen Informationen aus Wittenberg in die weite Welt. Mancher der Studenten besserte später sein Einkommen auf, indem er Texte in den Druck gab, Mitschriften lieferte oder als Zwischenträger fungierte. Bald traten Wittenberger Studenten auch andernorts als Reformationsaktivisten in Erscheinung. Kann man ausschließen, daß es Studenten waren, die Luthers 95 Thesen als erste lasen und auf welche Weise auch immer verbreiteten? Der universitäre Kontext war der intellektuelle, soziale und kommunikative Nährboden der frühreformatorischen Bewegung.

Luthers »Sermon von Ablaß und Gnade«

Im Frühjahr 1518 ging Luther publizistisch gezielt über den akademischen Rahmen hinaus. Sein wohl gegen Ende März 1518[57] erschienener *Sermon von Ablaß und Gnade*, ein außerordentlich erfolgreicher Text, ja Luthers erste weit über den regionalen und akademischen Kontext seines bisherigen Lebenskreises hinaus ausstrahlende Schrift überhaupt, steht am Anfang jener Entwicklung, die bis 1520/21 zur Ausbildung einer reformatorischen Bewegung und damit zur Formierung einer reichsweiten Anhängerschaft des Wittenberger Bettelmönchs führen sollte. Dieser Vorgang, die Entstehung einer reformatorischen Bewegung, bildet den entscheidenden historischen Grund für das Überleben seiner bald als deviant und häretisch beargwöhnten und zügig mit dem Bann belegten Lehre. Den ersten Schritt in diese Richtung tat Luther insofern selbst, als er den Weg in die Öffentlichkeit der volkssprachlich Gebildeten suchte und damit einerseits auf die akademische Verketzerung durch Tetzel und Wimpina reagierte, andererseits auf die ihm bekannt gewordene Übersetzung seiner 95 Thesen, die er zur Belehrung des ›gemeinen Mannes‹ für ungeeignet hielt.

Indem sein Gegner Tetzel nicht der Einladung zu einer Disputation über die Ablässe, wie er sie in seinen 95 Thesen ausgesprochen hatte, nachgekommen war, sondern – ohne den direkten Kontakt mit Luther zu suchen – eine akademische Ausgrenzung seiner Position betrieben hatte, mochte sich der Wittenberger berechtigt fühlen, die ablaßtheologischen Fragen für Laienleser darzustellen. Dies geschah in einer literarischen Konzentration, die auf die unmittelbare Lebensführung bezogen war. Als der brandenburgische Bischof von dem volkssprachlichen Sermon erfuhr, bedauerte er dies sehr und wünschte, daß dessen weiterer Verkauf eingestellt würde.[58] Der Sermon vom Frühjahr 1518 markiert insofern das Scheitern einer rein akademischen Behandlung des Ablaßthemas; aber er dokumentiert auch den entschiedenen Willen Luthers, den verheerenden Konsequenzen der Ablaßpraxis für die Frömmigkeit der Laien entgegenzutreten. Dies tat er zunächst dadurch, daß er, entgegen der volltönenden Verkaufsrhetorik der Ablaßpropagandisten, die begrenzte Bedeutung des Ablasses herausstellte. Das Bußinstitut bestehe nach scholastischer Lehre aus drei Stücken: der Reue *(contritio/attritio cordis)*, der Ohrenbeichte *(confessio oris)* und der auf die Absolution *(absolutio)* hin erfolgenden Genugtuungsleistung *(satisfactio operis)*, durch die die Sündenstrafen, die entsprechend dem Vergehen vom Beichtvater aufzuerlegen seien, kompensiert würden. Der Ablaß nehme lediglich diese »werck der gnugthuung«,[59] also die vom Priester verordneten Kirchenstrafen, hinweg, nicht aber die »peyne« *(poena)*,[60] die göttliche Strafgerechtigkeit, die für die Sünde gefordert sei. Dies wurde für Luther zum Anlaß, um die nicht in verrechenbaren Vergeltungs- und Vermessungskategorien zu erfassende göttliche Gerechtigkeit zu beschreiben. Sie sei von der Art, daß sie gemäß der Schrift nichts anderes vom Sünder fordere als »ware rew adder bekerung mit dem vorsatz, hinfurder dass Creutz Christi tzu tragenn«.[61] Für die Sünde Gott gegenüber eine angemessene Genugtuung leisten zu wollen sei ein »großer yrthum«;[62] denn Gott verzeihe sie »al tzeit umbsunst auß unschetzlicher gnad«.[63] Gott verlange nichts anderes als die Bereitschaft, »hynfurder woll [zu] leben«,[64] das heißt die Lebensführung fortan ganz am Maßstab der Nachfolge Christi zu orientieren. Da Gott nicht mehr auferlege, als der Mensch zu Lebzeiten zu tragen imstande sei, sei die Vorstellung einer postmortalen Abbüßung unvollkommen gebliebener Genugtuungsleistungen im Fegefeuer abwegig.[65] Die von den »new doctores«, den »doctores Scholasticos«,[66] entwickelte Theorie einer Befreiung der Seelen der Verstorbenen aus dem Fegefeuer bezeichnete Luther als ganz und gar ungewiß; besser und sicherer sei es, für die Verstorbenen Fürbitte zu leisten. Besser als der Ablaß seien Almosen für die Armen – und besser als die Spende für St. Peter sei die Spende für die Kirche in der eigenen Stadt. Der Ablaß sei nur etwas für »die faulen unnd schlafferigen Christen«;[67] denn er leiste ethischem Laxismus Vorschub.

In dem Sermon sprach Luther bereits öffentlich an, daß ihn »ettlich« als »ketzer«[68] verunglimpften. Aber er ließ keinen Zweifel daran, daß er »solch geplerre«[69] nicht besonders beachte, da es daher rühre, daß sich die von ihm vertretene Wahrheit auf die Ablaßeinnahmen »schedlich«[70] auswirke. Luther mahnte seine Kritiker öffentlich, daß sie niemanden »unverhort und unuberwunden«[71] lästern und verketzern dürften. Er setzte also selbstverständlich voraus, daß die Diskursstandards, die für die Erörterung dogmatisch offener, durch keine verbindlichen kirchlichen Lehrentscheide definierter theologischer Meinungen gelten sollten, auch auf seine Beiträge zur Ablaßdebatte Anwendung finden müßten.

Möglicherweise ist in dieser offensiven Art, in der Luther mit dem Ketzervorwurf umging, ein entscheidender Grund dafür zu sehen, daß ihn die spätere römische Verurteilung nicht ins Mark erschütterte. In Briefen trat er schon im März 1518 Nachrichten entgegen, daß seine Gegner in Predigten dem Volk in Aussicht gestellt hätten, Luther würde in Kürze als Ketzer verbrannt.[72] Diesem Hinweis wird man entnehmen können, daß der Tetzelkreis, der die Universität Wittenberg als Ganze angriff und damit Solidarisierungen mit Luther bewirkte, nicht unwesentlich dazu beitrug, die Kunde von Luther ins Volk zu tragen, und daß sein Sermon auch darauf abzielte, dieser ketzermacherischen Agitation entgegenzutreten. Insofern war die Eskalation des Ablaßstreits, die sich im Frühjahr 1518 abzeichnete, das Ergebnis einer kommunikationsgeschichtlich komplexen Auseinandersetzung, die durch mündliche und literarische Äußerungen, aber auch durch Gerüchte unbekannter Zwischenträger angeheizt und vorangetrieben wurde.

Die explosive Wirkung, die Luthers Ablaßkritik entfaltete,

ergab sich aus der die kirchliche Praxis unmittelbar berührenden, in die Ablaßkampagne eingreifenden Dynamik des Themas. Und die Tatsache, daß die Ablaßprediger im Auftrag des Erzbischofs offenbar umgehend auf die zunächst in Gestalt akademischer Thesen präsentierten Anfragen aus Wittenberg reagierten, läßt den Rückschluß zu, daß die Kritik Luthers spürbar negative Wirkungen auf das Ablaßgeschäft auszuüben begann. Möglicherweise deutet letzteres aber auch eher darauf hin, daß sich um die Stimme des Wittenbergers ein schon vorhandener Unmut, eine in den Jahren vor 1517 immer breiter gewordene Skepsis gegenüber dem Ablaß sammelte und verdichtete (siehe Abb. 7).[73] Luther setzte ja voraus, daß das Ansehen der Kirche durch den Ablaßhandel gefährdet würde; er wollte dem drohenden Glaubwürdigkeitsverlust der Kirche, den er wahrnahm, entgegentreten. Daß seine Thesen eine für ihn so überraschende Resonanz und schließlich sein *Sermon von Ablaß und Gnade* eine ganz und gar analogielose Verbreitung fanden, er sich also einer Welle der Zustimmung bei Gelehrten und Ungelehrten gegenübersah, deutet darauf hin, daß er diese gegenüber dem Ablaß skeptische Stimmungslage bereits vorfand und nicht erst erzeugte. Seine historische Leistung in den Anfängen des Ablaßstreits bestand wohl vor allem darin, eine kritische Haltung zu kanalisieren, die mühelos in massiv antikirchliche Gesinnungen hätte einmünden können. Als Repräsentant der Kirche und zweier ihrer ehrwürdigsten Ordnungselemente – der Universität und des Mönchtums – wollte er der Gefahr, die er heraufziehen sah, begegnen und die Kirche, die er liebte, retten. Es war der Wind, der ihm entgegenwehte, der jene »Feuersbrunst« *(incendium)*[74] entfachte, die bald nicht mehr zu löschen war.

Für die publizistischen Konstellationen und Erfolgsgrade der Jahre um 1520 sollte charakteristisch werden, was sich erstmals jetzt zeigte: daß Tetzels gleichfalls in der Volkssprache abgefaßter Antwort auf Luthers Sermon, die wohl noch im April 1518 in einem Leipziger Druck bei Melchior Lotter – später einem der führenden Reformationsdrucker – erschienen war, jeder weitergehende Erfolg versagt blieb. Außer dem Ur-

On Aplas von Rom
kan man wol selig werden
durch anzaigung der götlichen
hailigen geschryfft.

Abb. 7: *Ohne Ablaß von Rom kann man wohl selig werden*
(anonyme Flugschrift, 1520)

druck ist keine weitere Ausgabe nachweisbar.[75] Wie bei diesem ersten literarischen Schlagabtausch – von Luthers wohl im Juni 1518 erschienener Antwortschrift sind bis Ende 1519 neun Druckausgaben bezeugt – sollte sich in den folgenden Jahren immer wieder und immer deutlicher zeigen: Luther und seinen Parteigängern, die nach und nach, verstärkt seit 1519/20, auf den Plan traten, gehörte das Ohr der Öffentlichkeit; sie wurden ungleich häufiger gedruckt und sicher auch gelesen. Im Spiegel publizistischer Erfolgsbilanzen ist eindeutig, daß die Gegner der Wittenberger, die sich zumeist zögerlicher als Tetzel auf Publikationen in der Volkssprache einließen, rasch ins Hintertreffen gerieten. Für die Ausbreitungsdynamik der Sache Luthers war dieser publizistische Befund ganz entscheidend. Und der literarische Erfolg, den er erzielte, schlug auf die Art seines Agierens zurück. Die Erfahrung, daß man seine Texte lesen wollte, ja daß eine regelrechte Nachfrage nach seinen Schriften einsetzte, beflügelte ihn und fachte seinen literarischen Eifer immer stärker an.

Luther merkte, daß er Gehör fand, und er nutzte diese Chance, um mit Hilfe des gedruckten Wortes weit über seinen Wittenberger Hörerkreis hinaus literarisch zu predigen, zu katechisieren und elementare Fragen des christlichen Glaubens in einer für Laien faßlichen Manier zu verbreiten. Die unterbliebene, ja durch das Verhalten der Frankfurter Universität regelrecht verweigerte akademische Erörterung der Ablaßfrage wurde zum Auslöser der analogielosen Aufstiegsgeschichte des theologischen Massenpublizisten Luther, der es bald wie kein zweiter verstand, Meinungen zu bilden, Überzeugungen zu beeinflussen und zu bestimmten Handlungen oder Unterlassungen zu ermutigen. Die Siege und Triumphe, die der Schriftsteller Luther seit 1518 feiern konnte, bildeten die entscheidende Basis für den Erfolg der Reformation.

DIE AUTORITÄT IN DER KIRCHE

Bereits im Laufe des Sommers 1518 trat die Frage nach der Lehr- und Entscheidungsvollmacht, nach der Autorität in der Kirche, ins Zentrum der Kontroversen. Eine zunächst nur auf handschriftlichem Wege geführte Auseinandersetzung, die Luther im Frühjahr 1518 erstmals mit seinem Ingolstädter Kollegen Johannes Eck zusammenstoßen ließ, nachdem ihm dessen vernichtende Kommentare zu den 95 Thesen, die er gegenüber dem Eichstätter Bischof getätigt hatte, zugespielt worden waren, mündete geradewegs in die Papstfrage ein. Auch Eck warf Luther Ketzerei, insbesondere eine Nähe zum Hussitismus, vor, und er scheute sich nicht, ihn des Aufruhrs und der Zerrüttung der kirchlichen Hierarchie zu bezichtigen. In Luthers über den gemeinsamen Nürnberger Bekannten Christoph Scheurl lancierter Antwort wird deutlich, daß es hinsichtlich der Kriterien theologischer Urteilsbildung schon in der ersten Hälfte des Jahres 1518 zwischen ihm und Eck keine gemeinsame Basis mehr gab. Während dieser mit den Scholastikern und der päpstlichen Autorität argumentierte, wollte Luther nur noch die Kirchenväter und die Bibel gelten lassen.

Die Heidelberger Disputation

Ebendiese Urteilsinstanzen waren es auch, die der Wittenberger in den Thesen der Heidelberger Disputation und den diesen Thesen zugrunde liegenden Beweisen einzig anerkannt hatte. Diese Disputation, die im Rahmen des Generalkapitels der Observanzkongregation des Augustinereremitenordens am 26. 4. 1518 in Heidelberg veranstaltet wurde, bot Luther die einzigartige Gelegenheit, die Grundzüge der an Paulus und dem antipelagianischen Augustinus orientierten Wittenberger Theologie einer breiteren akademischen Öffentlichkeit Südwestdeutschlands bekanntzumachen. Luther nahm in seiner Funktion als Distriktsvikar der sächsischen Ordensprovinz an der Zusammenkunft teil; die Tatsache, daß er mit der Durchführung einer der bei den Generalkapiteln üblichen Disputationen betraut worden ist, könnte damit in Zusammenhang gebracht werden, daß Papst Leo X. über den Instanzenweg der Ordensdisziplin auf den Wittenberger Mönch einzuwirken begonnen hatte. Vielleicht war die Disputation aber auch Staupitz' Idee gewesen und sollte dazu dienen, die theologischen und philosophischen Grundlagen des Wittenberger Augustinismus seines Schützlings im Rahmen der Ordensöffentlichkeit besser bekanntzumachen. Auch wenn Luther in den Disputationsthesen mit keiner Silbe auf die Ablaßfrage einging, stellten die in Heidelberg disputierten Thesen die theologischen Grundfragen in den Vordergrund, die ihn zu seiner Kritik am Ablaß geführt hatten. Das Gesetz, die durch das Gesetz des Glaubens[76] eröffnete Gnade, die schenkt, was Gott fordert, der die Erfüllung der Forderung des Gesetzes bringende Christus, der Verzicht auf jedes Sich-selbst-Vertrauen, das als Raub an Gottes Ehre erscheint: das waren die Themen des vor allem an Paulus aufgewiesenen und mit Augustinus begründeten theologischen Programms der Heidelberger Disputation.

Aufgrund eines Berichts, den der junge Dominikaner Martin Bucer, der spätere Reformator Straßburgs, von dieser Disputation an seinen humanistischen Freund Beatus Rhenanus (1485-1547) in Schlettstadt sandte, ist eindrucksvoll dokumentiert, welche Begeisterung der sächsische Augustinermönch mit seinem radikalen gnadentheologischen Augustinismus gerade bei den jüngeren Zuhörern zu entfachen vermochte. Offenbar fand besonders die unverblümte Art, mit der Luther aus seiner Kritik an der scholastischen Theologie keinen Hehl machte, die Bewunderung Bucers und anderer Zuhörer. Die Teilnahme einiger späterer südwestdeutscher Reformatoren an der Heidelberger Disputation wie Johannes Brenz, Theobald Billican, Erhard Schnepf, Martin Frecht (1494-1556), Franz Irenicus (1494-1553), vielleicht auch Paul Fagius, Johannes Isenmann (um 1495-1574) und Sebastian Franck gab dieser akademischen Veranstaltung in den Räumen der Heidelberger Artistenfakultät den Charakter eines Initials der Lutherbegeisterung in Oberdeutschland. Nicht wenige der jüngeren Zuhörer werden Luther ähnlich empfunden haben wie Bucer: als einen Gesinnungsgenossen des Erasmus, der aber diesem dadurch noch überlegen sei, daß er frei und offen darlege, was dieser nur angedeutet habe.[77]

Einige der Heidelberger Teilnehmer an der Disputation wurden zu Schlüsselfiguren im humanistisch-frühreformatorischen Kommunikationsnetz, in dem Texte, Informationen und Druckschriften, die von Luther stammten oder mit ihm zusammenhingen, ungemein zügig verarbeitet und weitergetragen wurden. In den meisten der oberdeutsch-schweizerischen Druckzentren, in Nürnberg, Basel, Straßburg, Augsburg und Zürich, saßen Korrespondenten und Multiplikatoren, die Nachrichten über Luther und die sich um ihn bildenden Diskussionen begierig aufnahmen und als literarische Neuigkeiten in den Druck beförderten. Nach der Heidelberger Disputation verdichtete sich auch das Kommunikationsnetz, in dem sich Luther selbst bewegte. Durch die Berufung des aus Bretten stammenden, akademisch in Heidelberg und Tübingen ausgebildeten jugendlichen Humanisten Philipp Melanchthon, eines entfernten Verwandten Reuchlins, der ihn für die neu eingerichtete Griechischprofessur in Wittenberg empfohlen hatte, intensivierten sich die kommunikativen Verbindungen zwischen der sächsischen Universitätsstadt und den oberdeutschen Zentren und Führungsgestalten des Humanismus beträchtlich. Wittenberg wurde die erste Universität im Reich, an der Professuren für Griechisch und Hebräisch eingerichtet und das humanistische Ideal des *homo trilinguus*, des in den drei alten Sprachen Griechisch, Latein und Hebräisch gebildeten Menschen, in einer universitären Studienreform umgesetzt wurde. Luther förderte diese auch gegen die Scholastik und die Dominanz des Aristotelismus im bisherigen Studienbetrieb gerichtete Entwicklung nach Kräften; die freundschaftlich-vertraute Beziehung zu Georg Spalatin sicherte die Unterstützung der kursächsischen Administration. Durch die

Heidelberger Disputation wurde dem engen Zusammenhang von Schrift- und Kirchenvätertheologie und dem gemeinsamen antischolastischen Anliegen des Wittenbergers und der Humanisten in wirkungsreicher Form Ausdruck verliehen.

Luthers Vorreden zur Erläuterung seiner Thesen an Leo X. und an Staupitz

In einer Schrift gegen Luthers *Sermon von Ablaß und Gnade* hatte Tetzel gefordert, daß sich Luther dem »urtheyl Bebstlicher heyligkeyt der heiligen Romischen Kirchen und aller Cristlichen unvordechtigen universiteten«[78] unterwerfen müsse, und für seine Bereitschaft entsprechende Beweise gefordert. An dem häretischen Charakter der 95 Thesen und des Sermons konnte für den dominikanischen »Ketzermeister«[79] kein ernsthafter Zweifel bestehen. Daß sich Luther in der Papst Leo X. gewidmeten Vorrede zu den Erläuterungen seiner 95 Thesen, die wohl von Ende Mai 1518 stammen, diesem völlig unterwarf und erklärte, in der Stimme beziehungsweise dem Urteil des Papstes die Stimme Christi, der in dessen Person die Kirche leite,[80] hören und anerkennen zu wollen, entsprach zweifellos dem ungebrochenen Vertrauen des sächsischen Mönchs darauf, daß die höchste Wahrheitsinstanz der Kirche der biblischen Wahrheit Ausdruck verleihen werde. Implizit reagierte Luther damit aber wohl auch auf Tetzels Appell, sich dem Papst zu unterwerfen, um auf diese Weise dessen Vorverurteilung unterlaufen oder zurückweisen zu können. Ansonsten verwahrte sich Luther in dem Brief an den Papst gegen die ihm bekannt gewordenen Diffamierungen seiner Person in Rom, gegen die Vorverurteilung als Ketzer, Abtrünniger und Verräter *(hereticus, apostata, perfidus)*,[81] und stellte die Entwicklung des Konflikts über den Ablaß vor allem als Folge dessen dar, daß seine Gegner unter dem Deckmantel päpstlicher Autorisation eine verantwortungslose Bereicherung mittels theologisch neuartiger und nicht ›gedeckter‹ Heilsversprechungen betrieben. Zugleich bekräftigte Luther sein Recht, als Doktor der Theologie an einer päpstlich approbierten Hochschule nicht nur über den Ablaß, sondern auch über die von Gott verliehenen Vollmachten zur Vergebung von Strafen und Sünden zu disputieren,[82] also all die ungleich wichtigeren Fragen aus dem Kontext der Gnaden- und Glaubenslehre zu erörtern, zu denen bindende Lehrentscheidungen der römischen Kirche bisher nicht existierten.

Luther gab dem Papst gegenüber seiner Verwunderung Ausdruck, daß seine als Disputations-, nicht als Lehrsätze gemeinten Thesen weite Verbreitung gefunden hätten; er erklärte, daß er ihre wenig verständliche Form bedauere, ihren Inhalt aber nicht widerrufen könne, und beteuerte seine reine und schlichte Absicht, »die Macht der Kirche und die Ehrfurcht vor dem Petrusamt der Schlüssel fördern und pflegen«[83] zu wollen.

Der Brief an den Papst ging zusammen mit den ausführlichen Erläuterungen *(Resolutiones disputationum de indulgentiarum virtute)*, die Luther zu den 95 Thesen ausgearbeitet hatte, einerseits handschriftlich über Staupitz, dem er ein eigenes Dedikationsschreiben mit einer persönlichen Rechenschaft über die Entwicklung seiner von diesem geförderten Bußtheologie widmete, nach Rom, andererseits in Wittenberg in den Druck. Doch schon im Februar hatte Luther die *Resolutiones* an seinen zuständigen Ordinarius, Bischof Hieronymus Scultetus von Brandenburg, gesandt und Anfang März die Nachricht erhalten, er solle mit der Veröffentlichung noch ein wenig warten; Anfang April hatte er ihm die Publikation freigestellt.[84] Die Bewegung, die Ende Mai, unmittelbar nach der Rückkehr vom Heidelberger Ordenskapitel, in die Publikationspläne kam, dürfte sich den Absprachen mit Staupitz, dem er in Heidelberg begegnet war, verdanken. Wahrscheinlich sollte dieser Schritt nach vorn dazu dienen, den römischen Aktivitäten der Gegner Luthers dadurch zu begegnen, daß er den Sachgehalt seiner zum Teil schwerverständlichen Thesen gründlich darlegte und seine Loyalität gegenüber dem Papst wirkungsvoll bekräftigte.

Den Widmungsbrief an Staupitz nutzte Luther, um die Ablaßfrage in jenen weiteren theologischen Kontext des Buß- und Gnadenverständnisses einzuordnen, den er auch dem Papst gegenüber als unvergleichlich wichtiger als den Ablaß selbst bezeichnet hatte. Anknüpfend an einen seelsorgerlichen Rat Staupitz', den er einst von diesem selbst »gleichwie von einer Himmelsstimme empfangen«[85] hatte, stellte Luther heraus, daß »wahre Buße ⟨…⟩ von der Liebe zur Gerechtigkeit und zu Gott ihren Ausgang nehme«,[86] von der in Christus geschehenen Versöhnung bestimmt sei und mit einer radikalen, aus der Einsicht in die eigene Sündhaftigkeit erwachsenen Wandlung der gesamten bisherigen Lebensrichtung[87] einhergehe. Von seinem griechischen Bedeutungsgehalt her bezeichne Buße nicht allein diesen Umwandlungsprozeß am und im Menschen, sondern auch die Weise, in der dies geschehe, nämlich durch die Gnade Gottes. Buße im Sinne dieses Umformungsprozesses, dieses radikalen Bewußtseins- und Gesinnungswandels[88] aufgrund der göttlichen Gnade, sei in der Bibel in sehr unterschiedlichen Bildern zum Ausdruck gebracht worden, bezeichne aber durchweg eine innere Einstellung und kein äußerliches Tun. Dies sei der theologische Hintergrund gewesen, der ihn dazu veranlaßt habe, die vor allem auf Handlungen fixierte Logik des Bußinstituts und des auf dieses bezogenen Ablaßwesens zu kritisieren. Dieses ihm zuteil und zentral wichtig gewordene Verständnis von Buße als der religiösen Innenseite seiner Kritik an einer veräußerlichten Ablaß- und Bußpraxis wollte Luther seinen Lesern nahebringen und zugleich durch den Hinweis auf die weithin geachtete Autorität seines Lehrers Staupitz als eine Auffassung einführen, die nicht die eines häresieverdächtigen Außenseiters war, sondern auch vom Neuen Testament und den neuesten wissenschaftlichen Bemühungen um den soeben von Erasmus publizierten griechischen Text her gedeckt war. Die autobiographischen Elemente dieser Vorrede dienten ausschließlich dazu, in Luthers Verständnis von Buße, dem Hauptwort der ersten der 95 Thesen, einzuführen. Dieses auf das Gottesverhältnis des Menschen bezogene, durch Gottes Gnade bestimmte Verständnis von Buße, das Luther sicher auch durch die Lektüre einschlägiger mystischer Texte zugänglich geworden war,[89] bildete den kritischen Maßstab seiner Absage an ein veräußerlichtes, den Menschen bei der Fülle seiner zu beichtenden Untaten und zu vollbringenden Satisfaktionsleistungen behaftendes Bußinstitut, dessen gröbster Auswuchs eben der Ablaß war. Mit den *Resolutiones*, Luthers wichtigster und umfassendster Publikation im Ablaßstreit, war die nie abgehaltene Disputation über die 95 Thesen von seiten ihres Verfassers argumentativ zu Ende geführt.

Gegen Ende seines Briefes an Staupitz zitierte Luther ein Wort Johannes Reuchlins, gegen den seit längerem ein Ketzerprozeß in Rom anhängig war: Wer arm ist, fürchtet nichts; denn er hat nichts zu verlieren.[90] Dies entsprach zweifellos Luthers Selbstbild als von seinen Gegnern zu Unrecht verfolgtem, aber in der Nachfolge des gekreuzigten Christus zugleich gestärktem Bettelmönch. Das Zitat diente aber wohl auch dazu, sich den Humanisten als einer der Ihren zu empfehlen. In einem Brief an Spalatin hatte Luther seinen eigenen Fall mit dem des weithin geachteten Hebraisten verglichen; wie dieser sah er sich lichtscheuen Finsterlingen[91] gegenüber. Indem Luther seine *Resolutiones* nebst Vorreden nicht nur über seinen Ordensvorgesetzten nach Rom sandte, sondern auch in den Druck gab, ließ er keinen Zweifel daran, daß er von der Wahrheit und der Berechtigung seiner Sache ebenso überzeugt war, wie daß der Papst ihr am Ende zustimmen werde. Diese abermalige Entscheidung zugunsten einer öffentlichen Auseinandersetzung, die Luther in bezug auf die *Resolutiones* schon frühzeitig ins Auge gefaßt hatte, manifestiert, daß er den Kampf gegen die ›Dunkelmänner‹, die in Rom gegen ihn intrigierten, mit aller Konsequenz weiterzuführen gedachte. Ohne den Glauben daran, daß ihm vom Papst Gerechtigkeit widerfahren werde, hätte er diesen Schritt wohl nicht getan. Insofern verdankt sich die Reformation auch Luthers enttäuschter Hoffnung auf den Papst.

Luthers Auseinandersetzung mit Prierias

Durch die erste halboffizielle Reaktion auf Luthers Ablaßthesen, einen Dialog des dominikanischen Kurientheologen Silvester Prierias über die Macht des Papstes *(De potestate papae dialogus)*, der in Rom sogleich im Druck erschienen und Luther im August 1518 bekannt geworden war, wurde die Ablaßfrage konsequent auf jene Ebene gehoben, die bereits in Tetzels, Wimpinas und Ecks Äußerungen angeklungen war und die die weitere Diskussion bestimmen sollte: die der Autorität in der Kirche, insbesondere der Frage der päpstlichen Gewalt. Prierias' Schrift war von vornherein von einer ›Hermeneutik des Verdachts‹ bestimmt gewesen; er setzte voraus, daß Luther hinter uneindeutigen Formulierungen massivere Angriffe auf die Papstautorität verberge, und er forderte Luther unverhohlen dazu auf, diese fundamentalen Aussagen in entsprechenden Erläuterungen, auf die er dann erneut replizieren werde, offenzulegen. Seine ekklesiologischen Grundüberzeugungen, die er selbst mit der Lehre der allein seligmachenden Papstkirche identifizierte, stellte er den thesenartigen Widerlegungen zu Luthers 95 Sätzen voran. Das ekklesiologische Programm des konsequenten Papalismus bestand in folgenden vier Kernaussagen: Erstens, ihrem Wesen nach *(essentialiter)* sei die allgemeine Kirche die Versammlung aller Christen im Gottesdienst; hinsichtlich ihrer Kraft und Macht *(virtualiter)* aber sei die allgemeine Kirche mit der römischen, deren Haupt der Papst ist, identisch. Zweitens, die Gesamtkirche, die der Papst repräsentiert, kann nicht irren; wenn der Papst als Papst, das heißt aus seinem Amt heraus, entscheidet und das ihm Mögliche tut, um die Wahrheit zu erkennen, kann er nicht irren. Aus dieser Grundlegung folgt drittens: Sich nicht an die unfehlbare Lehre der römischen Kirche und des Papstes als Regel zu halten bedeutet, ketzerisch zu lehren; auch die Heilige Schrift erhält ihre Kraft aus dieser Regel. Und viertens, Glaube und Sitten der römischen Kirche erhalten auch durch Gewohnheit gesetzliche Verbindlichkeit; das heißt, Taten, die mit Billigung des Papstes oder aufgrund ausdrücklicher Zustimmung vollzogen werden, besitzen auch dann unfehlbare Rechtskraft, wenn keine expliziten Lehrbekundungen vorliegen. Jeder, der sich einer diesbezüglichen Praxis – wie sie etwa der Ablaßhandel darstelle – widersetze, habe als Ketzer zu gelten.[92] Eine dogmatisch bisher nicht verbindlich geklärte Frage wie die, ob sich die päpstliche Vollmacht mittels der Ablässe bis ins Fegefeuer erstrecke, zu verneinen bedeutete für Prierias also nichts anderes, als die Lehre, den Glauben und die Gewohnheiten der Kirche in Frage zu stellen; dies aber sei häretisch.[93]

Luther reagierte auf den seines Erachtens völlig italienischen und thomistischen *Dialogus*[94] des Kurientheologen umgehend und so, daß er ihn als persönliche Äußerung, nicht als verbindliches Dokument behandelte. Durch Paulus, der dazu aufgerufen habe, alles zu prüfen und das Gute zu behalten, und der selbst einem Engel vom Himmel, der ein anderes Evangelium verkündige, die Verfluchung angedroht habe (vgl. Gal 1,8), auch durch Augustinus, der allein den kanonischen Autoren Autorität zuzuerkennen bereit gewesen sei, schließlich durch andere Zeugnisse sah Luther die Fundamente des thomistischen Papalismus des Prierias erschüttert. Aufgrund der Luther aus der kirchenrechtlichen Tradition bekannten Behauptung, daß sowohl der Papst als auch ein Konzil irren können,[95] hielt er die Haltlosigkeit der ekklesiologischen Prämissen des Prierias für erwiesen. Und er illustrierte dies an einer ganzen Reihe papstgeschichtlicher Beispiele für ›monströse‹ Verfehlungen des Oberhauptes der römischen Kirche.[96] Aufs Ganze gesehen erschien ihm die römische Replik auf seine Thesen als theologisch ziemlich unbedeutend, so daß er sie in zwei Tagen, einem Tage weniger, als Prierias für seinen *Dialogus* gebraucht hatte, abfertigte. Seinem materialen Wahrheitsbegriff, der durch die Schrift, die Väter und Christus selbst bestimmt war, hatte der führende Kurientheologe ein rein formales, an der päpstlichen Autorität und der faktischen Geltung bestimmter Handlungen orientiertes Wahrheitsverständnis entgegengestellt. So eindeutig im Rückblick feststeht, daß die Prierias-Schrift bereits die entscheidenden Argumente und Kriterien, die zu Luthers Verurteilung führen sollten, erkennen ließ, so wenig konnte und wollte der Wittenberger wahrnehmen, daß ihm gerade von jener römischen Spitze der Kirche, auf die er in seiner Auseinandersetzung mit den Gegnern ›in der Nachbarschaft‹ gehofft hatte, die größten Gefahren für Leib und Leben drohten. Doch die Geradlinigkeit und die Konsequenz, mit der die Ablaßfrage von seiten seiner Gegner zur Papstfrage geführt und der Ablaßstreit zu einer Grundsatzdebatte über die Ordnung und die Autorität in der Kirche ausgeweitet worden war, ließ schon im Sommer 1518 erahnen, daß es für Luther schwer werden mochte, im Brüllen des Löwen die Stimme des Lammes zu hören. An der Frage der Identität der universalen mit der römischen Kirche sollten sich einmal mehr die Geister scheiden.

KAPITEL 3
LUTHER, DAS OPFER – LUTHER, DER TÄTER

Als bloßes Opfer eines repressiven kirchlichen Machtapparates, der sich durch den lästigen Bettelmönch aus Wittenberg in der Entfaltung seiner eigennützigen Interessen behindert sah und deshalb mit allen ihm zu Gebote stehenden Mitteln gegen ihn vorging, wäre Luthers Rolle in den Jahren bis zum förmlichen Abschluß des römischen Prozesses in Gestalt der Bannandrohungsbulle beziehungsweise der Bannbulle (s. u. S. 290f.) unzureichend bestimmt; denn er war in allen Phasen dieses etwa zwei Jahre, von Mitte 1518 bis Mitte 1520, währenden komplexen Ereignis- und Handlungszusammenhangs immer auch Täter. Er produzierte pausenlos Texte, von denen ihm seit Herbst 1518 immer klarer sein mußte, daß sie die Chancen auf eine Aussöhnung mit der römischen Kurie erschwerten, wenn nicht unmöglich machten, und er ließ kaum eine Möglichkeit aus, Informationen über seine ›Sache‹ in die Öffentlichkeit gelangen zu lassen. Er verweigerte den Widerruf, nahm also die ihm zugeschriebene Rolle des Ketzers immer deutlicher an. In dem Maße, in dem ihm die Unausweichlichkeit seiner Verketzerung klar wurde, wuchs seine Einsicht in die nicht reformierbare Verworfenheit der römischen Kirche. Am Ende dieses Weges wollte Luther der Kirche, deren irdisches Haupt der Papst war, nicht mehr angehören; denn sie war nicht die Kirche Jesu Christi, sondern des Antichrists.

Dieser Weg des treuen Sohnes zum bitteren Feind der Kirche Roms vollzog sich in einem kommunikativen Interaktionszusammenhang, in dem Luther mit denen stand, die ihn angriffen, zurechtwiesen und bedrohten, und mit jenen, die ihn bestärkten, unterstützten und berieten. Zur erstgenannten Gruppe gehörten einzelne theologische Gegner – nach den Dominikanern Tetzel und Prierias Wimpina, der Ingolstädter

Theologieprofessor Johannes Eck, die Franziskaner Alveld und Murner und die Weltgeistlichen Dungersheim, Emser und Cochläus –, die offen oder geheim agierenden amtlichen Instanzen und Kirchenbehörden sowie die Theologischen Fakultäten, die gegen Luther votierten, nacheinander Mainz, Köln, Löwen und schließlich – erst im Frühjahr 1521 (s. u. S. 243), vor allem unter Bezug auf Luthers Schrift *De captivitate Babylonica* – die ehrwürdigste von allen: die Sorbonne in Paris.

Die Gruppe der Unterstützer Luthers bestand zunächst aus seiner Universität, die bereits am 25. 9. 1518, einen Tag vor Luthers Abreise zum Augsburger Verhör durch Cajetan, an Papst Leo X. schrieb und darum bat, Luthers Angelegenheit vor einer unparteiischen Gerichtsinstanz im Reich verhandeln zu lassen. Nach Zustellung der Bannandrohungsbulle durch Eck weigerte sie sich, diese zu veröffentlichen und den Bann gegen ihren inzwischen berühmtesten Professor und die beiden weiteren Mitglieder der Theologischen Fakultät, Karlstadt und Johannes Doelsch, zu akzeptieren. (Jener war seit der Leipziger Disputation, dieser wegen einer Verteidigungsschrift zugunsten Luthers gegen die Lehrverurteilungen Löwens und Kölns in Ecks Visier.) Unterstützung für Luther kam sodann von der kursächsischen Administration, die auf den verschiedensten diplomatischen Wegen das Luther und seiner Universität drohende Unheil zu verhindern suchte. Sympathisanten wuchsen ihm schließlich aus dem humanistischen Korrespondentenmilieu zu, das die öffentlichen Informationen über den Wittenberger beständig verbreitete und erste Schriften zu seinen Gunsten herausbrachte.

Die Luthersache wirkte eminent polarisierend, und der durch eine regsame Druckproduktion forcierte permanente Drang des Wittenbergers, durch Schriften in die Öffentlichkeit zu treten, dynamisierte die Ausbildung zweier einander offen bekämpfender Parteien. Im Rahmen des Kommunikationsgefüges aus Freunden und immer deutlicher zu unversöhnlichen Feinden werdenden Gegnern beschritt Luther den Weg in die Ketzerei je länger, desto konsequenter. Die auf die Bibel und die Kirchenväter gegründete theologische Gewißheit, die ihn trug, verhinderte freilich nicht, daß er auch immer wieder mit Anfechtungen und Zweifeln zu kämpfen hatte, ja, daß die literarisch so ungemein produktiven Jahre 1519 und 1520 eine persönliche Leidenszeit waren. Als schließlich der Bann Luther äußerlich traf, hatte er ihn innerlich gründlich vorbereitet und seinerseits einen Bruch mit der Papstkirche vollzogen.

DAS AUGSBURGER VERHÖR VOR CAJETAN

Das theologische Verdienst, als erster und lange vor Luther erkannt zu haben, daß sich der radikale gnadentheologische Augustinismus des Wittenbergers mit den ekklesiologischen Selbstbeschreibungen und dogmatischen sowie kirchenrechtlichen Erfordernissen der römischen Heilsanstalt nicht vermitteln ließ, dürfte dem brillanten dominikanischen Theologen Thomas de Vio aus Gaeta, genannt Cajetanus (1469-1534), gebühren. Daß er Luther in Augsburg verhörte, war den diplomatischen Rücksichten auf Kursachsen geschuldet, die die Kurie wegen der Kaiserwahl übte. Cajetan hatte weitgehende Vollmachten des Papstes erhalten, die ihn instand setzten, situationsgerecht mit dem als »erklärtem Häretiker« *(haereticus declaratus)* geltenden Augustinereremiten umzugehen. Cajetan sollte sich zwar nicht auf eine Disputation mit Luther einlassen, dessen Lehre aber gewissenhaft prüfen. Mit dem sächsischen Kurfürsten hatte der Kardinallegat vereinbart, daß er mit Luther väterlich, nicht richterlich verhandeln sollte; gleichwohl lag bei ihm die Rechtsvollmacht, den Wittenberger im Falle einer Verweigerung des Widerrufs umgehend in den Bann zu tun, in Gewahrsam zu nehmen und nach Rom zu verbringen oder auch – wie es dann geschah – mit Rücksicht auf Friedrich von Sachsen davon abzusehen.

Aus Aufzeichnungen, die Cajetan bei der Vorbereitung auf das Verhör über der Lektüre von Luthers soeben erschienenen *Resolutiones* anfertigte, geht seine Beobachtung hervor, daß die unmittelbare Begründung der Glaubensgewißheit auf das

Wort Christi, wie Luther sie in der Erläuterung zu seiner siebten Ablaßthese dargelegt hatte, der Fundierung des Heils im Handeln der Kirche beziehungsweise des Priesters die theologischen Grundlagen entzog. Indem Luther den Glauben an das Verheißungswort Christi, das im Zusammenhang des Bußsakraments erging – »Alles, was ihr auf Erden lösen werdet, soll auch im Himmel los sein« (Mt 18,18) –, zum Dreh- und Angelpunkt der Heilsgewißheit erklärte, ja den Glauben an das Wort zur Bedingung der Wirksamkeit der Sakramente machte und den Frieden mit Gott an den Glauben an das Wort des verheißenden Christus band,[1] schrieb er dem einzelnen Gläubigen eine persönliche Unmittelbarkeit der Heilsgewißheit zu, die es nach der Überzeugung des Kardinals nicht geben konnte. ›Gewiß‹ konnte man sich nach katholischer Lehre nur der Heilswirklichkeit und der heilsvermittelnden Kraft der Kirche als solcher sein, also dessen, daß man als deren Glied, nicht aber aufgrund eines persönlichen Gottesverhältnisses des Heils teilhaftig würde. Luthers die heilsvermittelnde Bedeutung der Kirche unterminierendes personales Glaubensverständnis laufe, so schrieb Cajetan in seinen Aufzeichnungen, darauf hinaus, eine neue Kirche zu bauen;[2] denn die Kirche schien nunmehr eine aus dem Wort Christi abgeleitete Wirklichkeit zu sein und das Wort Gottes eine gegenüber der Kirche selbständige, diese allererst konstituierende Kraft zu besitzen. Damit war aber die Identität der Kirche mit der Heilswirklichkeit, mit dem göttlichen Mysterium, die die Grundlage ihrer heilsanstaltlichen Verfügung über die Gnade in Gestalt der Sakramente oder auch des Ablasses bildete, relativiert, ja zwischen Christus und die Kirche sein Wort und der dieses Wort annehmende Glaube gestellt.

In der Tat wird man schwerlich bestreiten können, daß Kardinal Cajetan jenen theologischen Aspekt kongenial erfaßte, der das nachhaltigste und folgenreichste Umformungspotential der Theologie Luthers enthielt. Eher lehramtlich-formalistischer Natur hingegen war Cajetans Einwand gegen Luthers 58. These, die die Theorie eines Kirchenschatzes grundsätzlich in Frage stellte und dies damit begründete, daß wegen der radikalen Sünden- und Todesverfallenheit des Menschen kein Heiliger imstande sei, überschüssige Verdienste zu erwerben, die in einen vom Papst verwalteten *thesaurus* eingingen. Dieser Angriff auf den Kirchenschatz, den Luther in seinen Thesen hypothetisch, in den *Resolutiones* aber als bündige Wahrheit formuliert hatte, stellte die Grundlage der Ablaßlehre in Frage. Auch wenn Luther sich für seine Position neben den Kirchenvätern und der Schrift auf das kanonische Recht und die Päpste berief, mußte er sich von Cajetan vorhalten lassen, daß er sich in einen Gegensatz zur Bulle *Unigenitus Dei filius* Papst Clemens' VI. (1343) begeben hatte; denn dort war Christi Versöhnungstod als Grundlage eines Schatzes bezeichnet worden, den er der »kämpfenden Kirche« erworben habe, um den Christen einen unbegrenzten Zugang zum Heil zu eröffnen. Diesen durch Maria und die Erwählten zusätzlich gefüllten Schatz verwalten der Pförtner Petrus im Himmel und sein irdischer Nachfolger auf Erden.[3]

In seiner Antwort auf die beiden Kritikpunkte, die Luther dem Kardinallegaten schriftlich übergab, wies er zum einen darauf hin, daß sich die im kanonischen Recht rezipierte Bulle *Unigenitus* in einem Widerspruch zur Schrift, aber auch zu einschlägigen Aussagen der Tradition befinde und er ihre Bedeutung bewußt heruntergespielt habe; zum anderen belegte der Wittenberger seine beanstandete These, daß »niemand gerechtfertigt werden könne außer durch den Glauben«,[4] durch ein breitgefächertes Spektrum einschlägiger biblischer Zitate. Er fügte auch Augustins berühmte Formulierung hinzu, daß ein Sakrament durch das Hinzutreten des Wortes zum Element entstehe und durch den Glauben konstituiert werde, und ein Wort Bernhards von Clairvaux, der den Glauben zur Grundlage der Sündenvergebung erklärt hatte.[5] Der ehrwürdigste Kirchenvater des Abendlandes und der wichtigste Repräsentant der monastischen Theologie, so schien es, standen auf seiten des alles an den Glauben bindenden Wittenbergers. In einer feierlichen *Protestatio*, die Luther bei der zweiten Begegnung mit Cajetan, am 13. 10. 1518, in Gegenwart juristischer Beistände und Staupitz' verlas, beteuerte er, in allen seinen Worten und Taten stets die heilige römische Kirche verehrt zu haben und ihr gefolgt zu sein. »Unverhört und ohne eines Besseren belehrt zu sein«[6] sei es ihm unmöglich, den geforderten Widerruf zu leisten, da er seines Erachtens in Übereinstimmung mit der Schrift, den Kirchenvätern, päpstlichen Dekretalen und der Vernunft lehre und deshalb die heilsame katholische Glaubenstradition hochhalte. Gleichwohl sei er zu einer öffentlichen Auseinandersetzung bereit und akzeptiere die Lehrbeurteilungen durch Universitäten wie Basel, Freiburg, Löwen oder gar, wenn diese nicht genügten, Paris.[7]

Luther wähnte sich zu diesem Zeitpunkt also in Übereinstimmung mit dem orthodoxen Hauptstrang der theologischen und kirchlichen Entwicklung der römisch-katholischen Tradition; Differenzen zu einzelnen scholastischen Lehren bewegten sich seines Erachtens innerhalb eines Auslegungsspielraums der rechtgläubigen Lehre und bezogen sich auf bisher nicht eindeutig kodifizierte Lehrfragen. In einer notariell beglaubigten, am 22. 10. 1518 an der Tür des Augsburger Doms angeschlagenen Appellationsurkunde an den »schlecht informierten Papst«[8] betonte Luther abermals, daß es in der Frage der Ablässe »verschiedene und unsichere 〈…〉 Meinungen«[9] der Doktoren, aber keine eindeutige Lehrauffassung der römischen Kirche gebe. Deshalb fordere er eine abermalige Untersuchung der Rechtssache durch gelehrte Männer und an sicherem Ort, nicht in Rom.

Die römische Seite kam Luthers Forderung nach einer eindeutigen Klärung des verbindlichen Lehrstandpunktes in der Ablaßfrage freilich nicht in der Form eines offenen akademischen Diskurses, sondern in Gestalt einer autoritativen Lehrentscheidung nach: Durch die von Cajetan verfaßte, am 9. 11. 1518 promulgierte Ablaßdekretale Leos X. *(Cum postquam)* wurde verbindlich klargestellt, daß aufgrund der päpstlichen Schlüsselgewalt Lebenden oder Toten auf der Basis des Schatzes der Verdienste Christi und der Heiligen »in Form der verbindlichen Ablösung 〈…〉 oder der Fürbitte 〈…〉 Ablässe für die Vergebung der zeitlichen Sündenstrafen«[10] gewährt würden. Damit war definitiv und letztgültig bestimmt, was die

Lehre der römischen Kirche sei; niemand könne sich fortan auf Unkenntnis *(ignorantia)*[11] einer verbindlichen Lehre der römischen Kirche herausreden. Der Sache nach war die Ablaßlehre damit auf der Linie von *Unigenitus* rechtsförmig kodifiziert, die von Luther provozierte Klärung erreicht und zugleich die Entscheidungsgrundlage definiert, die seine Verketzerung dann, wenn er weiterhin den Widerruf verweigerte, unabweisbar nötig machte.

In Kenntnis der Dekretale, die Luther nicht »als ein rechtschaffen und gnugsame lehre der heiligen kirchen«[12] anzuerkennen bereit war und der er deshalb im Namen des Gehorsams gegenüber Gott die Gefolgschaft versagte, nahm er die ihm seitens der Römer zugewiesene Rolle des Ketzers immer deutlicher an. Auch in den trinitarischen Auseinandersetzungen des 4. Jahrhunderts seien rechtgläubige Bischöfe wie der heilige Athanasius verfolgt worden. »So denn Gott zur selben seligen Zeit solch in der Kirchen verhängt, ist mir's auch nicht groß Wunder, ob ich armer Mensch unterliegen muß. Aber die Wahrheit ist da blieben und wird ewig bleiben.«[13]

Sein eigenes Verhalten war nun ganz darauf gerichtet, diese Wahrheit öffentlich zu bezeugen; dies tat er etwa durch die Dokumentation seines Augsburger Verhörs und der mit ihm zusammenhängenden Schriftstücke in einer zügig erscheinenden, weite Verbreitung findenden Publikation, den *Acta Augustana*.[14] Indem er die Öffentlichkeit gleichsam in die Akten des gegen ihn laufenden Prozesses blicken und an dessen Fortgang teilnehmen ließ, bahnte er durch die publizistische Praxis einer Auffassung den Weg, der er schließlich sein Überleben verdanken sollte: daß nämlich die urteilsfähige Christenheit als Ganze, auch die Laien, darüber, was die wahre Lehre der Kirche sei, zu urteilen berechtigt und befähigt sei. Ebenso wie Luthers Verhalten die definitive dogmatische und rechtliche Fixierung der römischen Position in der Ablaßfrage vorangetrieben hatte, forcierte also die kuriale Politik die Klärung seiner eigenen Haltung. Die später, im Sommer 1520, formulierte theologische Idee eines allgemeinen Priestertums der Glaubenden war durch die publizistische Praxis des der Ketzerei verdächtigten Theologieprofessors vorbereitet.

DIE LEIPZIGER DISPUTATION UND IHR ECHO

Vorgeschichte

Auch die Auseinandersetzung mit Johannes Eck trug entscheidend dazu bei, daß Luthers Einstellung gegenüber der römischen Kirche an Profilschärfe und Konfrontationsbereitschaft gewann. Luthers Teilnahme an der Leipziger Disputation, die ursprünglich zwischen Eck und Karlstadt hatte geführt werden sollen, war das Ergebnis einer offenen Provokation des Ingolstädter Kollegen, auf die sich Luther eingelassen hatte. Noch im Oktober 1518 war er während seines Aufenthaltes in Augsburg mit Eck zusammengekommen und hatte mit ihm darüber verhandelt, daß es im kommenden Jahr in Erfurt oder Leipzig, also an neutralem Ort, zu einer Disputation zwischen Karlstadt und dem Ingolstädter kommen solle. Karlstadt hatte im Mai oder Anfang Juni 1518 insgesamt 406 Thesen veröffentlicht, die er im folgenden Sommersemester in akademischen Disputationen in Wittenberg traktieren wollte und schließlich auch traktierte. Einige Sätze waren explizit gegen Eck gerichtet; in dessen nur handschriftlich verbreiteten kritischen Bemerkungen zu Luthers Ablaßthesen, den *Obelisci*, hatte Karlstadt einen die Ehre der ganzen Wittenberger Universität berührenden Angriff sehen zu müssen gemeint, den Wittenberger Augustinismus und die Alleinwirksamkeit Gottes bei der Rechtfertigung des Sünders hochgehalten und die vorrangige Bedeutung des biblischen Wortes gegenüber jeder anderen kirchlichen Autorität verfochten.[15] Eck hatte im August Gegenthesen publiziert und eine öffentliche Disputation vor einer dritten Instanz, der römischen Kurie oder einer unabhängigen Universität, vorgeschlagen. Im Gespräch mit Luther hatte man sich auf Leipzig als Austragungsort verständigt und schließlich die Einwilligung der dortigen Universität, die freilich eine schiedsrichterliche Rolle von vornherein ablehnte, sowie des Landesherrn, des albertinischen Herzogs Georg, für den akademischen Schaukampf zwischen Karlstadt und Eck erlangt.

Völlig unerwartet aber hatte Eck dann gegen Jahresende 1518 zwölf Thesen publiziert, mit denen er der »neuen Lehre«[16] entgegentrat; in inhaltlicher Hinsicht waren sie primär gegen Luther gerichtet. Dieser nahm den ihm hingeworfenen akademischen Fehdehandschuh auf und replizierte mit zwölf Gegenthesen. In seiner publizistischen Reaktion mit nun 13 Thesen fügte Eck eine explizit gegen Karlstadt gerichtete ein; Luther reagierte abermals mit genauso vielen Gegenthesen, Ende April trat Karlstadt dann mit 17 Thesen in den Reigen der Streitschriftenverfasser ein. Dieser für eine akademische Veranstaltung ganz und gar ungewöhnliche, breite publizistische Vorlauf dokumentierte, daß man es bei der in Leipzig geplanten Veranstaltung mit allem anderen als einer üblichen akademischen Disputation zu tun haben würde.

Luthers Teilnahme an der Disputation war noch bei der Abreise nach Leipzig (24. 6. 1519) umstritten gewesen. Unter den vorab veröffentlichten Thesen besaßen die jeweils letzten der Eckschen und der Lutherschen Reihe besondere Brisanz. Eck hatte behauptet, daß die römische Kirche allen anderen Kirchen schon vor der Zeit Papst Silvesters (reg. 314-335), also in vorkonstantinischer Ära, übergeordnet gewesen sei. »Derjenige, der den Stuhl des heiligen Petrus innehabe und dessen Glauben teile«, sei »als Nachfolger Petri und als allgemeiner Stellvertreter Christi« anzuerkennen.[17] Und Luther hatte die Gegenthese aufgestellt, daß die Superiorität der römischen Kirche nur aus den schauerlichsten Dekreten der römischen Päpste der letzten vier Jahrhunderte erwiesen werden könne; dagegen aber stehe die vorangegangene 1100jährige Kirchengeschichte, »der Text der Heiligen Schrift und das Dekret des allerheiligsten Konzils von Nicäa«.[18] Daß diese These erhebliche Sprengkraft in sich barg, zeigte sich daran, daß der Papst schon kurz nach ihrem Erscheinen durch den Kölner Inquisitor Jakobus Hoogstraeten, den maßgeblichen Aktivisten des Reuchlin-Prozesses (s. o. S. 113), über diese Äußerung des Wittenbergers informiert worden war. Der Sache nach wurde diese These Luthers dann natürlich auch in der Bannandrohungsbulle des Frühsommers 1520 zurückgewiesen.[19] Außerdem hatte Luther in seinen Thesen einen der auf dem Konstanzer Konzil verurteilten Artikel des Jan Hus zustimmend und in der Überzeugung aufgenommen, daß dieser wie auch andere Lehrsätze des Prager Magisters theologisch und historisch zutreffend seien. Es handelte sich um den Satz, daß die päpstliche Würdestellung aus der kaiserlichen Macht erwachsen und dem Papst aufgrund der Konstantinischen Schenkung vom Kaiser verliehen worden sei.[20]

Luthers negative Sicht Roms entwickelte sich in dieser Zeit rasch weiter; noch während der Verhandlungen Luthers und der kursächsischen Administration mit dem aus sächsischem Adel stammenden päpstlichen Kammerherrn Karl von Miltitz, den der Papst zur Überreichung der Goldenen Tugendrose an Friedrich von Sachsen gesandt (s. o. S. 166) und ermächtigt hatte, eine Lösung in der Luthersache zu finden, ließ der Wittenberger gegenüber seinem Freund Spalatin keinen Zweifel mehr daran, daß er das die Schrift und die Kirche schändende Rom für Babylon, den apokalyptischen Unheilsort schlechthin, hielt. Ohne diesem Untier (Apk 13; 17) entgegenzutreten, könne die Wahrheit der Bibel und der Kirche nicht dargelegt werden.[21] An seine gegenüber Miltitz bekundete Bereitschaft, öffentlich zum Gehorsam gegenüber der römischen Kirche aufzurufen, sein eigenes Verhalten als ›überhitzt‹ zu bezeichnen und die Kritik am Ablaß in der Erwartung einzustellen, daß Rom den Prozeß gegen ihn fallenlassen und sich seinen theologischen Anfragen ernsthaft stellen werde, fühlte sich Luther nach Erscheinen der zwölf Thesen Ecks nicht mehr gebunden. Er dürfte in der diplomatischen Mission des Kammerherrn nicht viel mehr als eine Episode gesehen haben, auf die sich einzulassen nicht zuletzt die Loyalität gegenüber seinem Fürsten gebot. Möglicherweise deutet die Tatsache, daß Luther von einer Replik auf eine neuerliche Publikation des Prierias absah und sich darauf beschränkte, deren Text mit einer sarkastischen Mitleidsbekundung über diesen jämmerlichen Theologen[22] nachzudrucken, hingegen in die Kontroverse mit Eck schwungvoll einzutreten, darauf hin, daß ihm die ›Heimatfront‹ stärker am Herzen lag als die ohnehin fruchtlose Auseinandersetzung mit einem papalistischen Theologen im fernen Rom.

Durchführung

Am Einsatz, den die Wittenberger im Kampf gegen Eck zeigten – sowohl im Vorfeld als auch in Leipzig selbst und schließlich bei den publizistischen Nachspielen –, wird deutlich, daß es in dieser Auseinandersetzung auch um die Reputation der noch jungen kursächsischen Universität ging. Der Aufwand, den die Wittenberger trieben, ließ keinen Zweifel daran, daß man dem Ereignis die allergrößte Bedeutung beimaß. Außer den Disputanten waren angereist: der Rektor der Universität, Herzog Barnim von Pommern, die Professoren Amsdorff und Melanchthon, der mit diesem eng befreundete ›Nachwuchswissenschaftler‹ Johannes Agricola, einer der Protokollanten der einzigartig detailliert dokumentierten dreiwöchigen Großveranstaltung in der herzoglichen Pleißenburg (27. 6.-15. 7. 1519), schließlich ein riesiger Studententroß, der Eck zusetzte und selbst die Nachtruhe zu rauben versuchte, unter ihnen wohl illustre Figuren wie der spätere radikale Reformator Thomas Müntzer. Aus Briefen, die Luther nach der Disputation aus dem Kreis der größten und einflußreichsten der sich auf Jan Hus berufenden Gruppen, den böhmischen Utraquisten, erhielt, geht hervor, daß auch die Erben des einflußreichsten ›Ketzers‹ des 15. Jahrhunderts in der böhmischen Nachbarschaft auf den Augustinereremiten aufmerksam geworden waren. Eck, der um die Anwesenheit der Hussiten in Leipzig wußte, suchte Luther deshalb beim Veranstalter, Georg von Sachsen, in Mißkredit zu bringen; und Luthers öffentliche Solidarisierung mit Hus, die er dann in Leipzig aussprach, war natürlich Wasser auf die Mühlen all jener ›Häresiologen‹, die nur darauf warteten, ihn und seine immer zahlreicher und vernehmlicher werdenden Anhänger über die Klinge der Verketzerung springen zu lassen.

Die neuartige Dimension der massenmedialen Mobilmachung kam im Vorfeld der Disputation darin zum Ausdruck, daß Karlstadt in der Wittenberger Offizin Lucas Cranachs d. Ä. ein illustriertes Flugblatt, den *Fuhrwagen*, in Auftrag gab (Abb. 8). Sein Aufbau war antitypisch: Es zeigte einen in den Himmel beziehungsweise zum gekreuzigten Christus und einen in die Hölle fahrenden Wagen und sollte, mit Dutzenden kleiner Erläuterungstexte durchsetzt, die an Paulus und Augustinus – den Reitern auf dem oberen Zug – orientierte Gnadentheologie der ›Wittenberger Schule‹ im Kontrast zu der durch einen feisten dominikanischen Ordensprediger – vielleicht Tetzel – repräsentierten scholastischen ›Werkgerechtigkeit‹ darstellen. Dieses in einer lateinischen und einer deutschen Version gedruckte Blatt, das kurz vor der Veranstaltung erschienen war, spiegelt einen eindrucksvollen Versuch wider, eine höchst anspruchsvolle akademisch-theologische Diskussion gegenüber jenen Bevölkerungsgruppen und Bildungsschichten transparent zu machen, denen bislang jegliche Partizipation daran versagt war. Auch wenn dem illustrierten Flugblatt im Kontext der späteren Wittenberger Reformationspublizistik – sicher unter dem Einfluß Luthers – nur mehr eine vergleichsweise recht bescheidene Rolle zukommen sollte, ist diesem – soweit wir wissen – ersten Beispiel für den Einsatz des Bildmediums zur Verbreitung theologischer Lehrgehalte im Dienste der Reformation eine prominente Bedeutung zuzuschreiben. Schon vor dem eigentlichen akademischen Schaukampf ging es nämlich darum, jene Öffentlichkeit zu finden oder allererst herzustellen, die von der ›Sache‹ der Wittenberger Theologie her konstitutiv hinzugehörte; denn es ging ja um nichts Geringeres als um das Heil eines jeden Christenmenschen und um den Weg zu diesem Ziel.

Karlstadts geistreiche Idee, das Konzept der augustinisch-paulinischen Gnadentheologie, durchsetzt mit kräftig eingestreuten Elementen Taulerscher Mystik, auf einem illustrierten Flugblatt zu elementarisieren und zu visualisieren, dürfte gescheitert sein; denn er selbst hielt es für erforderlich, eine eigene Flugschrift zu publizieren, die das schwerverständliche, überladene, ästhetisch und bilddidaktisch mißlungene

Abb. 8: Andreas Bodenstein von Karlstadt, *Fuhrwagen*
(Einblattholzschnitt von Lukas Cranach d. Ä., 1519)

Got i vns schaft. Alles dz er gut acht er pflätzt gutē willē mit fruchtē vñ wür zeln.
durch dei Creutz
Mach mich selig
Auß mir furcht mich So ich mich ansche erschreckich. Wie gern wer ich mir frem Wā mich recht erken Aug. Bern
Dein will geschech.
Christus ist vnser selickait
Gots schrifft ist gut vñ heilig. Vnd macht die sund krefftig. Bindt vbattretūg, zorn vñ tot. Bschlust all mēschen in not. Gemert begerūg. furt yn schand. Dz Christ' einiger heyla werd bkāt Paul. et Aug.
Mei gerechtigkeit acht ich mist. dz mich got entheb arger list.
Vnguttig narren. so i freuelheit harrē. gebē got ei tail. gut ter werck hayl.
Du hast mei gewissen bwegt vñ i hart bdrēg gelegt. dē biß gnedig. Den du genacht hast rrwhig.
Gots sā folck nit wacht. weil gerechtickait im vil wacht. ps 93
Der hat ein sichern muth. der so vil thut. als er selbst kā wirckē. dā got muß hulf gebē
Las faren boser helde
Regir dich nach deinē hochstē. so kūpstu zū bistē.
Der tode sund. kan an wūd. wol wirck en vñ an spot. zitlich en lon erlāgen von got.
Do ich lebet noch mir. vil ich i dz dir Noch got solten wir leben. vnd ym allein ere gebē.
Wil gie vnse companie nicht wesen. So muthe gie desse twe wagen met flicthe lessen.

Blatt zu erläutern half.[23] Dieses kleine ›Mißgeschick‹ ist für den Mann, der eine rasche und strahlende Karriere als Priester und Professor (Doktor der Theologie 1510), als Archidiakon am Wittenberger Allerheiligenstift, als römischer Doktor beider Rechte (1515/16), schließlich als päpstlicher ›Vicecomes‹ – einem in Rom erworbenen oder verliehenen Amt mit notariellen Vollmachten[24] – durchlaufen hatte, nicht ganz untypisch. Denn in Luther fand der alerte Weltgeistliche seinen Meister; an Luther hatte er sich zunächst theologisch gerieben, dann aber doch den Anschluß an ihn gefunden. Zu Luthers Verteidigung war er gegen Eck aktiv geworden; doch Aufmerksamkeit fand er kaum, sobald nur Luther auf den Plan trat. Auch wenn Karlstadt später der einflußreichste volkssprachliche reformatorische Publizist nach Luther geworden ist – der Abstand zum Augustinermönch war gewaltig und für den Weltpriester wohl auch schmerzlich. Karlstadts Person haftet etwas Tragisches an.

Auch in Leipzig geriet Karlstadt bald ganz in den Schatten Luthers, einerseits weil an neun der 15 Disputationstage Luther gegen Eck antrat, andererseits weil die Brisanz dieser Konfrontation, die in der Frage der päpstlichen Primatsgewalt ihr Zentrum haben sollte, die der Karlstadt-Eckschen Gesprächsgänge über die paulinisch-augustinische Gnadenlehre weit übertraf. In der historischen Erinnerung an die Leipziger Disputation spielte Karlstadt, der immerhin ihren Anlaß geliefert hatte, kaum mehr eine Rolle. Und schon das zeitgenössische Protokoll widmete Luther weitaus größere Aufmerksamkeit als seinem jüngeren, hochgelehrten, nicht uneitlen, aber wohl wenig charismatischen Kollegen, der mit mühsamer Buchgelehrsamkeit, Fleiß und abwägender Argumentation zu erreichen hoffte, was Luther mit Spontaneität, Unkonventionalität – etwa eine gegen alle Disputationsregeln auf deutsch eingeflochtene Ansprache an die Leipziger Zuhörer[25] – und dem Mut zur verwegenen, pointiert-konsequenzenreichen Zuspitzung zuwege brachte.

Das Verhältnis dieser beiden höchst gegensätzlichen Männer, die bis etwa 1521/22 oder noch etwas darüber hinaus in der Außenwahrnehmung Wittenbergs die allgemein sichtbaren intellektuellen Repräsentanten der kirchlichen Erneuerung waren, dürfte in keiner Phase ihrer wechselvollen Beziehung wirklich harmonisch gewesen sein. Und die ersten theologischen Spannungen zwischen den beiden, die den Ausgangspunkt für radikal-gegensätzliche theologische Entwicklungen bildeten und den ersten tiefen Keil in die noch junge reformatorische Bewegung treiben sollten, kamen nicht von ungefähr, sondern wurzelten in Unverträglichkeiten einer langen, schwierigen Kollegialität. Doch zunächst, in Leipzig, agierten sie noch auf derselben Seite, stritten sie für gemeinsame Überzeugungen des Wittenberger Augustinismus, kämpften sie gegen die Fleisch gewordene scholastische Theologie in Gestalt ihres Ingolstädter Gegners, des ›mit allen Wassern gewaschenen‹ Johannes Eck. Dieser zeigte freilich weitaus größeres Interesse daran, Luther auf dem Feld der Papstfrage, auf das er ihn mit Erfolg gelockt hatte, der Häresie zu verdächtigen beziehungsweise ihn in die Nähe zum Hussitismus zu rücken, als sich im Disput mit Karlstadt auf die auch von ihm selbst nicht als unüberbrückbar eingestuften Differenzen in der Gnadenlehre weitläufig einzulassen. Insofern war die bescheidene Rolle, in die Karlstadt geriet, auch dem Agieren Ecks geschuldet, entsprach aber natürlich zugleich der Tatsache, daß Luther durch die Kritik am Ablaß und den Ablaßstreit bereits weitaus bekannter war als sein Wittenberger Kollege.

Auch für die weitere Dynamik der Reformationsgeschichte war die Papst- beziehungsweise allgemeiner: die Autoritätsfrage in der Kirche von entscheidender Bedeutung. Luther bestritt, daß der päpstliche Primat göttlichen Rechts *(ius divinum)* sei und dem Gehorsam gegenüber dem Oberhaupt der römischen Kirche Heilsbedeutung zukomme. Die griechische Kirche im Osten diente Luther als Beleg für eine vom Papsttum unabhängige, gleichwohl heilsrelevante Kirche. Auch die göttliche Legitimation der kirchlichen Hierarchie, etwa eines Episkopats kraft göttlichen Rechts, zog Luther in Zweifel. Aus den Kirchenvätern wisse man, daß die Amtsbezeichnungen *episcopus* und *presbyterus* in der Frühzeit der Kirche weitgehend gleichbedeutend waren und die Bischöfe lediglich als die Stadtpfarrer der Antike zu gelten hätten. Eck wies natürlich darauf hin, daß es die in Konstanz verurteilten Theologen Hus und Wyclif gewesen seien, die einen Primat des römischen Bischofs bestritten und auf die historisch kontingente Rechtsübertragung des römischen Kaisers zurückgeführt, ihm also eine göttliche Legitimation abgesprochen hätten. Luther wehrte sich daraufhin gegen die ihm von Eck aufgezwungene Identifikation mit dem Hussitismus, was in der Tat seiner damaligen Haltung entsprach; denn in ihrem hochmütigen Überlegenheitsbewußtsein gegenüber der römischen Kirche sah Luther einen christlich nicht akzeptablen Separatismus, den er auch weiterhin an den ›Böhmen‹ kritisierte. Darin, daß Eck ihm eine bereits rechtsgültig verurteilte ketzerische Position zuschrieb, sah Luther einen Verstoß gegen die Offenheit einer akademischen Erörterung, und so ließ er sich seinerseits dazu hinreißen, die Autorität eines Generalkonzils zu bestreiten. Auch Konzile könnten irren, und das Konstanzer Konzil habe einige Sätze verurteilt, die als wahr zu gelten hätten. Allein das könne als heilsnotwendig und verbindlich anerkannt werden, was in der Bibel begründet sei.[26] Mit dieser Position ging Luther nicht über Auffassungen hinaus, die er auch schon vor der Disputation vertreten hatte; allein, seine Bereitschaft, auch die Autorität der Konzilien, ja jeder menschlichen Rechtssetzung durch die Schrift als unfehlbare Norm zu relativieren, legte doch den ekklesiologischen Widerspruch offen, in dem er sich gegenüber dem Normengefüge der römischen Kirche inzwischen befand. Auch wenn Luther den Papst weiterhin als Oberhaupt der abendländischen Kirche anerkennen wollte, so hatte er doch dessen Autorität im Sommer 1519 schon so weitgehend relativiert, daß die Kluft im Verständnis dessen, was die Kirche sei und in ihr zu gelten habe, kaum noch überbrückbar schien. Am Disputationsverlauf und auch an Ecks Argumentationsstil hatte sich schließlich gezeigt, daß man sich der Sogkraft der Wittenberger Normen – Kirchenväter und Bibel! – schwerlich entziehen konnte. Die Bezugnahme auf die scholastischen Theologen spielte jedenfalls auf beiden Seiten eine deutlich untergeordnete Rolle.

Nachgeschichte

Zwischen den Disputanten war vereinbart worden, die Entscheidung über den Ausgang der Disputation, über Sieg und Niederlage der vertretenen Positionen und damit über die Wahrheit der Lehre, den Universitäten Erfurt und Paris zu übertragen; ihnen wurde ein exaktes Protokoll des Gesprächsgangs zur Verfügung gestellt. Erfurt entzog sich allerdings der Aufgabe, und das Votum der Pariser Theologischen Fakultät lag erst am 15. 4. 1521[27] vor, also über eineinhalb Jahre nach Abschluß der Disputation. Luthers Absicht, nicht nur die Theologen, sondern alle Gelehrten der beiden Universitäten, auch die Laien, in den Entscheidungsprozeß einzubeziehen, war von Herzog Georg von Sachsen auf Intervention Ecks hin abgelehnt worden; nur »den faculteten der theologie und canonisten, ader ap zu Pariß nicht canonisten wern, alleyne den doctoren von der facultet der theologey«[28] gestand der Herzog eine Entscheidungsvollmacht zu. Infolge der Leipziger Disputation und des auf Luther gefallenen Hussitismusverdachts wurde Georg dessen entschiedenster Gegner unter den Reichsfürsten. Die Idee Luthers, auch die Laien in die theologische Urteilsfindung einzubinden, hatte freilich gezeigt, daß er mit einem stärkeren Rückhalt bei den Laien, vor allem den Humanisten, rechnete.

Ungeachtet der lehrgutachterlichen akademischen Entscheidungsinstanzen, auf die sich die Disputanten vertraglich geeinigt hatten, fiel die historisch wirksam gewordene Entscheidung darüber, wer denn nun in Leipzig gesiegt habe, im öffentlichen Raum, das heißt im Medium der Flugschriftenpublizistik. Daß die Waagschale zugunsten der Wittenberger ausschlagen sollte, war vor allem dem größeren Geschick ihres Vorgehens, vielleicht auch der Überzeugungskraft ihrer Argumente, sicher auch der breiteren Unterstützung durch die humanistischen Milieus geschuldet. Melanchthon verfaßte bald nach der Disputation einen Bericht, den er dem damals als Prediger in Augsburg tätigen Johannes Oekolampad, einem seiner humanistischen Lehrer, widmete. Oekolampad war eine der Schlüsselfiguren der oberdeutschen humanistischen Sodalitäten; später wurde er der Reformator Basels und, neben Zwingli, der führende Theologe der deutsch-schweizerischen Reformation. Melanchthons einigermaßen parteiliche Schilderung des Disputationsverlaufs stellte Karlstadt, vor allem aber Luther als die Eck überlegenen Disputatoren heraus und legte ein offenes Bekenntnis zu den Wittenbergern ab: Karlstadt sei ein überaus gelehrter, guter Mann; Luther aber habe einen bewunderungswürdigen Intellekt, besitze Bildung und verfüge über eine solche Beredsamkeit, die es Melanchthon unmöglich mache, seinen wahren und christlichen Geist nicht inbrünstigst zu lieben.[29] Damit war durch einen bisher Außenstehenden, den Grammatiker und Gräzisten, der erst seit einem Jahr in der sächsischen Provinz lehrte und innerhalb der humanistischen ›Szene‹ als vielleicht hoffnungsvollste Nachwuchskraft galt, ein Urteil gefällt, dem sich andere Autoren anschließen sollten.

Auf publizistischem Wege also wurde von seiten der Wittenberger inszeniert, was sie auch theologisch immer deutlicher in den Vordergrund rückten: daß den schriftkundigen Laien als Urteilsinstanz über die Wahrheit der Lehre eine maßgebliche Rolle zuzufallen habe. In seiner eigenen literarischen Reaktion auf die Leipziger Disputation, die Luther in Gestalt einer offensiven Auslegung seiner dort vertretenen Thesen bot, machte er keinen Hehl mehr daraus, daß er im Wirken seiner Gegner den Teufel am Werk sah; möge er auch unterliegen, am Ende werde Christus stärker sein, ja, das Urteil der Nachwelt werde ihm Recht geben.[30] Die Verschärfung des Tons, die Vermehrung der Publikationen, die eine offene Parteinahme forderten, schließlich die durch Luthers Freund Lang in Erfurt betriebene Veröffentlichung der Leipziger Akten,[31] die den notariell beglaubigten Kontrakt der Kontrahenten, das Verlaufsprotokoll nicht vor dem Bekanntwerden der universitären Voten zu publizieren, unterlief, nachdem gegen Ende Dezember 1519 feststand, daß Erfurt nicht votieren werde – all diese Momente forcierten die Scheidung in zwei Lager: das der Befürworter und das der Gegner Luthers beziehungsweise der Wittenberger, das der ›Evangelischen‹ und das der ›Papisten‹, das der Anhänger der an den Kirchenvätern und der Bibel orientierten ›neuen Theologie‹ und das der polemisch abgewerteten ›Scholastici‹, als deren führender Repräsentant nun Eck galt.

Die wachsende Polemik, die nicht zuletzt Luther selbst in die Debatte gebracht hatte, trug wesentlich dazu bei, daß jene Frontlinien, die er voraussetzte, überhaupt erst entstanden. Dies wird etwa an einer kleinen Kontroverse deutlich, die Luther noch im Frühherbst 1519, unmittelbar nach der Leipziger Disputation, mit dem albertinischen Hoftheologen Hieronymus Emser führte. Emser hatte, sicher, um einem für das Herzogtum Sachsen prekären und gefürchteten Schulterschluß des Wittenbergers mit den böhmischen Ketzern in der Nachbarschaft die Grundlage zu entziehen, darauf hingewiesen, daß Luther in Leipzig keine vollständige Identifikation mit den Böhmen ausgesprochen und deutliche Kritik an ihnen geübt habe. Aus territorialpolitischem Kalkül suchte Emser also einen Keil zwischen Luther und die Böhmen zu treiben, während Eck aus häresiologischen Gründen beider Identifizierung betrieb. Durch seine scharf-polemische Replik auf den ›Bock‹ – dessen Wappentier – Emser, die sich vor allem darauf gründete, daß dieser eine differenzierte Auseinandersetzung mit Luthers exegetischen Argumenten gegen den päpstlichen Primat unterlassen hatte, provozierte der Wittenberger, daß sich Eck mit dem albertinischen Hoftheologen literarisch solidarisierte, also eine Gemeinsamkeit entstand, die vom Duktus ihrer jeweiligen Argumentationen keineswegs zwingend gewesen wäre.

Eine in Ecks Verteidigungsschrift für Emser[32] eher beiläufig fallengelassene Bemerkung, außer einigen »ungelehrten Kanonikern« würden ihm alle anderen gegen Luther recht geben, provozierte Anfang Dezember 1519 dann eine anonyme

Gegenschrift. Hinter ihr steckte Johannes Oekolampad beziehungsweise der ihn anstiftende Augsburger Domherr Bernhard Adelmann von Adelmannsfelden, ein gelehrter Humanist und Verteidiger Reuchlins, dessen Augsburger Sodalität Eck mit seiner spitzen Bemerkung offenbar im Blick gehabt hatte. Aus dieser Antwort *(Responsio)* der »ungelehrten Kanoniker«, die darlegten, warum sie *Lutherani*[33] – eine neben *Martiniani* nun geläufig werdende Bezeichnung für die Parteigänger des Wittenbergers – geworden seien, wird der enge Zusammenhang zwischen dem Dunkelmännerstreit (s. o. S. 112-114) und den literarischen Auseinandersetzungen um Luther, die nach der Leipziger Disputation einsetzten, besonders deutlich. Denn durch Ecks ketzermacherische Polemik, die aus Luther einen Manichäer, Wyclifiten und Hussiten gemacht und ihm das Christsein abgesprochen habe, treibe er sie, so teilten die ›ungelehrten Kanoniker‹ der Öffentlichkeit mit, in die Arme dieses ›Ketzers‹. Luther weise auf »das Ziel des Christentums«[34] und eifere zugleich für »das Wiedererblühen der guten Künste und der Sitten«;[35] erstmals durch seine Auslegung der Zehn Gebote habe er sie dazu gebracht, daß sie »erhabener von Christus und heiliger vom Evangelium dächten«[36] als je zuvor. Als ›ungelehrte Kanoniker‹ freilich verstünden sie die sophistischen Argumente Ecks ohnehin nicht und hielten sich deshalb lieber an die kanonischen Schriften der Christenheit und an Luthers elementare christliche Theologie, die auch andere »Ungelehrte« anspreche.

Mit dieser Schrift war auf literarisch gekonnte Weise durch anonyme Sprecher des Klerus eine Theologie ins Recht gesetzt worden, die die strukturprägende Differenz der ›zwei Arten der Christen‹, der Kleriker und der Laien, abwies. Adelmann hatte noch einen weiteren anonymen Text, die in der Volkssprache abgefaßte *Schutzrede für Luthers Lehre* aus der Feder des Nürnberger Stadtschreibers Lazarus Spengler, die etwa zeitgleich mit der *Responsio* der hochgelehrten Kanoniker erschien, in Augsburg in den Druck gegeben. Später wurde beider Namen deshalb von Eck auf die Bannandrohungsbulle gesetzt; Adelmann, ein intimer Feind Ecks, widerrief daraufhin und erlangte die Absolution, Spengler wurde zum wichtigsten theologischen Propagandisten der Reformation aus dem Laienstand. Seine anonym publizierte *Schutzrede* stellt das persönliche Zeugnis eines Ungenannten vor dem Forum der Öffentlichkeit dar. Die recht erfolgreiche Schrift, die insgesamt sechs Nachdrucke erreichte und auch in die ersten volkssprachlichen Luthersammelausgaben Aufnahme fand,[37] bot einen Vergleich der Lehre Luthers mit der Schrift, die den als »liebhaber götlicher warheit der heiligen geschrifft«[38] auftretenden Anonymus zu dem Ergebnis führte, daß die Theologie des Wittenbergers wahr sei. Luther habe die Christen durch seine Predigt aus »vil zweifliger irsal und scrupel verwickelter conscientz [Gewissen] entledigt [befreit]«;[39] sein Leben lang, so bekennt der Anonymus, habe keine Lehre oder Predigt so stark auf seine Vernunft eingewirkt. Von vielen »treffenlichen, hochgelerten personen gaistlichs und weltlichs stands« habe er immer wieder gehört, daß sie Gott dafür dankbar seien, die Stunde noch erlebt zu haben, Luther und seine Lehre hören zu können.[40] Völlig inakzeptabel sei es aus der Sicht der Laien, daß einige, die sich als »sondere leerer der kirchen«[41] ausgäben, darauf drängten, daß die Auseinandersetzung mit Luthers Lehre »allein in der schul bey den gelerten solten geörtert und disputiert werden«.[42] Das könne man nicht hinnehmen; denn wenn sie recht sei, diene sie dem Heil und gehe alle Christen an, sei sie aber »ungötlich«,[43] so wäre es gleichfalls besser, daß sie »bey allem volck als ein unchristenlich gifft«[44] ausgerissen werde. In jedem Fall gehöre die Auseinandersetzung um Luthers Lehre in den Raum der Öffentlichkeit; »offenlich und nit allein in den schulen«[45] müsse über sie verhandelt werden. Eine »disputation und gezenck der gelerten«[46] tauge dazu nicht; allenfalls ein ordentliches Konzil könne dazu dienen. Daß Luther einem solchen die Unfehlbarkeit abgesprochen hatte, focht den juristischen Verfasser offenbar nicht an. Mit seiner literarisch an die Gattung der gerichtlichen Verteidigungsrede angelehnten Apologie suchte der ungenannte »Liebhaber der göttlichen Wahrheit« ebenjene Öffentlichkeit herzustellen, der er die Verantwortung für die Beurteilung der nach Maßgabe des Schriftprinzips seines Erachtens zu Unrecht beanstandeten Lehre des Wittenbergers zuschrieb. Der mit Spenglers anonymer Schrift vollzogene Schritt in die Volkssprache entsprach dem sachlichen Anliegen Luthers, aber auch den humanistischen Sympathisanten seiner ›Sache‹ kongenial: Eine bloß akademische Auseinandersetzung werde der Wahrheit des Evangeliums, um die es Luther gehe, nicht gerecht.

Im Spiegel ihrer Nachgeschichte erscheint das Scheitern der Leipziger Disputation als geradezu zwangsläufig. Denn die traditionelle akademische Form, in der sie durchgeführt worden war, fügte sich in den Rahmen, in dem sie stattfand – eine öffentliche Veranstaltung im fürstlichen Schloß und unter der Verantwortung, zum Teil auch in Gegenwart des regierenden Herzogs von Sachsen –, nur mehr ungenügend ein. Menschen hörten zu, die gar kein Latein konnten; Wittenberger Studenten kämpften und warben auf ihre Weise für ihre Professoren und das Renommée ihrer Alma Mater,[47] die nun, nach der Leipziger Disputation, stupende Zuwachsraten an Immatrikulationen erreichte (s. o. S. 142 f.); hussitische ›Agenten‹ knüpften Kontakte zur Wittenberger ›Szene‹. Eine Entscheidung konnte es auch nach Auffassung der Disputanten nicht im Rahmen der Disputation selbst geben; sie wurde aus der Disputation hinaus in die Hände akademischer Schiedsinstanzen gelegt, aber damit zugleich aus dem eigentlichen disputatorischen Schaukampf herausgenommen. In ihrem uneindeutigen Bezug zur akademischen Wahrheitsfindung entsprach die Leipziger Disputation in gewisser Weise der Ausgangskonstellation des Ablaßstreits: Luthers Einladung zu einer akademischen Erörterung seiner *95 Thesen* einerseits, der allgemeinen Verbreitung ihrer wesentlichen Inhalte durch den volkssprachlichen *Sermon von Ablaß und Gnade* andererseits. Daß die Leipziger Disputation als akademischer Diskurs scheiterte und über sich hinaus auf die Entscheidungsinstanzen der Universitäten Erfurt und Paris und der Öffentlichkeit als Ganzer verwies, machte sie zum Vorbild für jene Disputationen, die – ausgehend von dem Beispiel der ersten Zürcher

Disputation (1523, s. u. S. 400-404) – in der Verantwortung weltlicher Obrigkeiten im öffentlichen, außeruniversitären Raum durchgeführt wurden. Im Rahmen dieser Disputationen wurde über die Wahrheit der evangelischen Lehre allein auf der Basis der Schrift kontrovers diskutiert, freilich am Ende dann auch durch die Repräsentanten der öffentlichen Ordnung, in der Regel die städtischen Magistrate, entschieden. Indem die Öffentlichkeit im Vorfeld der Leipziger Disputation, bei der Durchführung der Disputation selbst und in ihrem Nachgang entscheidend beteiligt war, zeigte sich definitiv, daß ›die Sache Luthers‹ aus den einhegenden Bahnen des bestehenden Institutionengefüges herausgetreten war. Es war der in Luthers Theologie, im Allgemeinheitsanspruch seines Verständnisses des Evangeliums, begründete Drang in die Öffentlichkeit, in die Christenheit als Ganze, und die Resonanz gleichgesinnter Multiplikatoren wie Spengler, Oekolampad und bald vieler anderer, die es unmöglich machten, die *causa Lutheri* auf den akademischen, den prozeßrechtlichen oder den diplomatischen Kontext zu beschränken. Das Echo, das die Leipziger Disputation fand, bildete einen entscheidenden Dynamisierungsfaktor der reformatorischen Entwicklung: die Entstehung einer Bewegung.

ERSTE GEMEINDEKONFLIKTE

Im Jahr 1519 sind erste Wirkungen der Wittenberger Theologie im Kontext konkreter Gemeindekonflikte dokumentiert. Im magdeburgischen Jüterbog, unweit von Wittenberg, war ein Schüler Luthers, Franz Günther, der Respondent der *Disputation gegen die scholastische Theologie* vom September 1517 (s. o. S. 142), vom städtischen Rat in eine Pfarrstelle berufen worden. Der Inhalt seiner Verkündigung führte bald nach der Fastenzeit 1519 zu einem Konflikt mit dem ortsansässigen Franziskanerkonvent. Nach Auskunft eines zügig nach der Leipziger Disputation auf Veranlassung Ecks gedruckten Berichts, den der Jüterboger Franziskaner Bernhard Dappen gegenüber dem

Vikar des brandenburgischen Bischofs abgab,[48] hatte Günther gepredigt, daß man nicht beichten müsse, nicht zu fasten brauche und die Heiligen nicht anrufen solle; außerdem bezeichnete er die Böhmen als bessere Christen im Vergleich mit den römischen Katholiken. Dadurch, daß diese Agitation wohl in die Zeit der obligatorischen jährlichen Pflichtbeichte vor der Osterkommunion gefallen war, hatte sie offenbar eine besondere Aufmerksamkeit gefunden. Bei einer Aussprache im Franziskanerkonvent, an der auch der Prior und Lektor der Wittenberger Augustinereremiten, also Luthers Konvent, teilnahm, äußerte dieser, daß er von allgemeinen Konzilien nichts halte, da sie nicht die universale Kirche repräsentierten, und daß er den Papst nicht als Stellvertreter Christi und Petrus nicht als Haupt der Apostel anerkenne. Auch die für monastisches Ethos grundlegende Unterscheidung zwischen im Evangelium enthaltenen »Räten« *(consilia Evangelica)*, die allen Christen gälten, und allein für die Ordenspersonen verbindlichen Geboten *(praecepta)* bestritt der Wittenberger Bettelmönch von Grund auf. »Er sagte auch, daß Gott die höchste Vollkommenheit von jedem Christen fordert und die Befolgung des gesamten Evangeliums.«[49] Außerdem vertrat er die These, daß man einem Bauern, der sich auf die Schrift berufe, mehr glauben müsse als dem Papst oder dem Konzil – eine an Luthers Berufung auf Panormitanus (s. o. S. 175) erinnernde Behauptung, die vor dem Hintergrund der vor allem von Erasmus geforderten volkssprachlichen Verbreitung der Bibel und im Horizont der schließlich im Bauernkrieg eskalierenden bäuerlichen Bibelpraxis als höchst dramatisch bezeichnet zu werden verdient. Außerdem lehnte er gute Werke ab, bestritt einen freien Willen in bezug auf Gott und behauptete, daß dieser dem Menschen Unmögliches geboten habe – zweifellos eine Pointe der Lutherschen Theologie, die alles vom Glauben an Gottes Gnadengabe, aber nichts von den menschlichen Möglichkeiten erwartete.

Nach dem Gespräch mit den Franziskanern rühmte sich Günther in Gegenwart eines Abtes vor dem Rat von Jüterbog, daß er seine Kontrahenten überwunden habe. Der Wittenberger Absolvent ließ es schwerlich an Selbstbewußtsein mangeln, suchte die offene Konfrontation und trug die ihm vor allem von Luther vermittelten theologischen Einsichten, die unmittelbare Auswirkungen auf die religiöse Lebensführung zeitigen mußten, freimütig auf die Kanzel. Nach Angriffen, die Günther auf die Äbtissin des örtlichen Nonnenklosters gestartet hatte, wurde er durch den Propst des Klosters beim brandenburgischen Bischof verklagt und enthielt sich daraufhin einige Zeit der Predigt.

Nun trat ein weiterer Adept der Wittenberger Universität, ein gewisser Magister Thomas – kein Geringerer als Thomas Müntzer! –, auf und nutzte die Kanzel, um die Predigten der Franziskaner zu attackieren, die ihrerseits zum rhetorischen Gegenangriff bliesen. Man belauschte jeweils die Predigten der anderen Seite und zog dann über sie her. Müntzer schürte die Stimmung, wie es scheint, vor allem durch kirchenpolitische Themen: durch massive Kritik am Papst, die Forderung nach einem Konzil, Polemik gegen die Kanonisation Heiliger aufgrund päpstlicher Entscheide, durch Angriffe auf die Scholastik und den Rang vernünftiger Argumente in der Theologie, auf die Tyrannei der Bischöfe und die Unbildung der Priester, die weder Griechisch noch Hebräisch könnten. Auch den franziskanischen Verfasser des Berichts, Bernhard Dappen, griff Müntzer persönlich an; doch dieser schwieg davon in der Öffentlichkeit auf eindrucksvolle Weise: »denn ich bin ein Bruder des Minoritenordens, der dem Evangelium und seiner Regel zufolge seine Feinde zu lieben hat.«[50]

An der Schilderung des Verhaltens dieser jüngeren Vertreter der ›neuen Sekte‹ der »Lutheraner« – Dappens auf den 4. 5. 1519 datierter Bericht gilt als Erstbeleg dieses Begriffs – werden die explosive Dynamik, der autoritätskritische Furor und der anmaßend-agitatorische Ton deutlich, den die an der Wittenberger Universität ausgebildeten Scholaren an den Tag legten. Bei Bedarf versicherten sie sich der Unterstützung durch wittenbergisches Personal und agierten, sofern es ihnen möglich war, konzertiert. Das aggressive und respektlose Verhalten, das nach diesem natürlich nicht unparteilichen Bericht in Jüterbog an den Tag gelegt wurde, kündigte die dramatischen Zuspitzungen an, die den Durchsetzungsprozeß der Reformation vielerorts begleiten sollten. Indem Eck den Druck des Jüterboger Berichts betrieb und Luther damit abermals in eine literarische Kontroverse zwang, arbeitete er weiterhin beharrlich an der öffentlichen Diskreditierung und Verfluchung des ›Ketzers‹.

Auch wenn man Luther eine direkte Verantwortung für das Verhalten seiner Schüler in Jüterbog kaum zuschreiben kann, so ist doch nicht zu bestreiten, daß die Thesen Günthers und Müntzers ganz im Horizont dessen lagen, was sie bei Luther gelernt haben dürften. Ohne allzu große Mühe lassen sich die von den Lutheranhängern in Jüterbog vertretenen Auffassungen auf entsprechende oder nicht fernstehende Äußerungen des ›Meisters‹ zurückführen. Luther selbst hat dies auch nicht bestritten. Die Bemerkungen zum Mönchtum führte Luther seinerseits im Rahmen einer öffentlichen Disputation weiter, die die Franziskaner aus Anlaß eines Kapitels der sächsischen Provinz im Mai 1519 in Wittenberg veranstalteten. Er bestritt den biblischen Ursprung und nannte die Befolgung der Mönchsregeln, sofern sie über die Gebote des Evangeliums hinausgingen, abergläubisch.[51] Damit war ein fundamentaler Angriff auf eine der wichtigsten und einflußreichsten Institutionen der abendländischen Christenheit schon rund ein Jahr vor dem Eintreffen der Bannandrohungsbulle in Wittenberg eingeleitet. In seiner dann auf der Wartburg verfaßten Schrift über die Mönchsgelübde *(De votis monasticis)* sollte Luther diesen Angriff weiterführen.

Die fortschreitende Radikalisierung seiner Auffassungen und die provokativen, immer kompromißloseren Vorstöße des Wittenbergers, die sich nach der Leipziger Disputation häuften, lassen keinen Zweifel daran aufkommen, daß Luther die ihm zugewiesene Rolle eines Ketzers in seiner Weise spielte und annahm. Dabei dürfte Luther von einer Art prophetischem Erwählungsbewußtsein getragen gewesen sein. Emser schmetterte er entgegen, daß er, der nur verborgen im Winkel hatte leben wollen, durch Gottes Willen[52] wegen eines einzigen Disputationszettels – den *95 Thesen* – mit Macht in die Öffentlichkeit gezogen worden sei und daß er gegen jedermann zu kämpfen bereit wäre. »Dann wäre ich wahrlich ein schlechter Luther, wenn ich, deiner List entsprechend, kämpfte, indem ich auf die Meditation der Schriften vertraute und nicht vielmehr dem Glauben des gänzlich in mir wirkenden einzigen Gottes«.[53] In diesem Sinne des völlig *(totaliter)* vom Glauben bewegten, das heißt von seinen aktuellen Willenskundgaben getragenen ›prophetischen‹ Menschen, der nicht nur abständige biblische Autoritätszeugnisse in Anspruch nahm, sondern als freier Gottesknecht, eben als ›Lutherus‹, zu agieren berufen war, verstand sich der Wittenberger und deutete er den schlechterdings erstaunlichen Sachverhalt, daß »ein einziges Thesenblatt«[54] ihn ins Zentrum des öffentlichen Interesses katapultiert hatte. Angefacht durch die Infragestellungen, die ihm widerfuhren, loderte Luthers prophetische Glut auf. Sie übertrug sich auf manche seiner studentischen Hörer; in Jüterbog hatte sie erste Flammen geschlagen.

AGITATION UND PROVOKATION

Die öffentliche Aufmerksamkeit, die Luther fand, bestätigte ihm, daß seine ›Sache‹ von Gott getragen war. Wäre ein solches Selbstverständnis, das Luther knapp zwei Jahre nach dem 31. 10. 1517 artikulierte, vorstellbar, wenn er seinerzeit nichts zur Verbreitung seiner *95 Thesen* unternommen hätte? Das Bild des »Zipfels« des Thesenzettels, durch den er aufgrund des Willens Gottes »mit Macht in die Öffentlichkeit gezogen« worden war,[55] setzt doch wohl voraus, daß er den ersten Schritt auf jenem Weg in die ›Ketzerei‹, die Publikation der 95 Thesen, selbst getan hatte. Tetzel, Eck, Emser, der Leipziger Theologieprofessor Hieronymus Dungersheim, genannt Ochsenfart, ein durch eine Widerlegung der hussitischen Lehren (1514) ausgewiesener Experte, auch der Jüterboger Dappen – sie alle hatten Luthers wachsendem Einfluß dadurch zu begegnen versucht, daß sie ihn in eine Nähe zu dem 1415 verurteilten Prager Magister rückten. Luther seinerseits hatte sich immer intensiver mit Hus zu beschäftigen und immer deutlicher mit ihm zu identifizieren begonnen, eine Entwicklung, die unmittelbar nach der Publikation der Bannandrohungsbulle in das nun auch öffentlich geäußerte Bekenntnis einmündete: »⟨…⟩ alle artickel Johannis husz, zu Costnitz [Konstanz] vordampt, seyen gantz Christlich, und bekenne, das der Bapst mit den seynen als ein rechter Endchrist [Antichrist] hie gehandelt, das heylig Euangelium mit Johanne husz vordampt und an sein stat des hellischen tracken [Drachen] lere gesetzt hat«.[56] Privatim, in seiner Korrespondenz, hatte er die Überzeugung, »wir sind alle Hussiten«,[57] schon acht Monate zuvor geäußert; denn er war aufgrund der Lektüre von Hus' Traktat *De ecclesia*, der ihm nach der Leipziger Disputation aus Böhmen zugesandt worden war und dessen Drucklegung er mutmaßlich mit betrieben hatte, zu dem Ergebnis gelangt, daß Hus mit Augustinus und Paulus übereinstimme und insofern völlig zu Unrecht verurteilt worden sei. Luther selbst behauptete, daß es in Deutschland vielerorts eine prohussitische Stimmung, ein »mummeln«[58] gegen die Verketzerung des böhmischen Theologen, gegeben habe, das immer weiter angeschwollen sei, bis er selbst eingestimmt habe. Die relative Erfolglosigkeit der altgläubigen Strategie, Luther durch seine Nähe zu den Hussiten zu ›erledigen‹, und die immer offensivere Identifikation des Wittenbergers mit den Böhmen dürften darauf hindeuten, daß er die Stimmung in der Bevölkerung klarer erfaßte und begriff, daß er in der öffentlichen Meinung von einer Identifikation mit den Böhmen eher profitieren konnte.

Nur wenn man ein derartiges strategisches Kalkül voraussetzt, wird man es nicht für völlig irrational halten, daß Luther im Angesicht der ohnehin schon gravierenden Differenzen mit der römischen Kirche und des noch unabgeschlossenen Prozesses gegen ihn ein neues, höchst konfliktreiches Thema in die öffentliche Diskussion brachte, dessen Symbolkraft evident war: die Forderung des Laienkelchs. In seinem Anfang Dezember 1519 erschienenen *Sermon von dem Hochwirdigen Sacra-*

ment des heyligen waren Leychnamß Christi und von den Bruderschaften, einem von drei Traktaten über die einzigen drei Sakramente – Buße, Taufe, Abendmahl –, die Luther nur mehr anerkannte, ohne freilich seinen Bruch mit der römischen Tradition, der sieben Sakramente als kanonisch galten, bereits explizit zu formulieren, stellte Luther gleich zu Eingang fest, daß es wünschenswert sei, dem »volck« beide Gestalten des Altarsakraments, Brot und Wein, darzureichen »wie vortzeyten«.[59] Er halte es deshalb für das beste, daß »die kirche in eynem gemeyn Concilio widderumb vorordnete, das man allen menschen beyde gestalt gebe, wie den priestern«.[60] Freilich betonte er zugleich, daß der vollständige Empfang beider sakramentaler Zeichen nicht heilsnotwendig sei, da die Bedeutung und geistliche Wirkung des Sakraments allein an »des glaubens begirde«[61] hänge und es deshalb genüge, daß »das volck seyn teglich begere«.[62] Und im weiteren Duktus des Sermons spielte die Kelchforderung auch keine Rolle mehr. Für die ganz auf die geistliche Gemeinschaft, das ethische Miteinander und die kirchliche *communio* der im Sakrament kommunizierenden Gemeinde ausgerichtete Abendmahlskonzeption, die Luther in diesem Sermon vortrug, kam der äußerlichen Nießung unter beiderlei Gestalt eine ohnehin nur marginale Bedeutung zu. Daß Luther die Forderung nach dem Laienkelch, den das Konstanzer Konzil verboten und die Hussiten zu ihrem wichtigsten Erkennungszeichen erhoben hatten, in dieser Weise öffentlich vortrug, ohne der Kelchkommunion selbst – etwa im Unterschied zu einigen hussitischen Theologen und später Karlstadt – einen spezifischen theologischen Sinn und eine besondere religiöse Bedeutung für die Laien zuzuerkennen, läßt wohl die Deutung zu, daß ihm an einer forcierten Klärung der Fronten, einer weitergehenden Behandlung all der ihm zu diesem Zeitpunkt durchsichtigen Mängel der römischen Kirche, möglicherweise auch an der auf diese Weise herausgeforderten Zustimmung der Laien gelegen war.

Luther polarisierte, und nichts deutet darauf hin, daß er dies nicht absichtsvoll tat. Ganz gleich, ob er auf die Gestaltung des Titelblatts des Wittenberger Urdrucks dieses Ser-

Abb. 9: Martin Luther, *Ein Sermon von dem Hochwürdigen Sakrament* ⟨…⟩ (Titelseite, 1519)

mons, das einen Holzschnitt mit einer Monstranz und darunter den Titelzusatz »Fur die Leyen« zeigte, Einfluß genommen hat oder nicht: Die spezielle Bedeutung, die dem Text für die Laienfrömmigkeit zugeschrieben wurde, war – auch im Unterschied zu den beiden anderen Sakramentssermonen aus dem Herbst 1519, die einen entsprechenden Zusatz nicht enthielten, obwohl sie sich genauso an ›jedermann‹ richteten – aufs deutlichste angezeigt. Luthers und auch Melanchthons Agieren nach der Leipziger Disputation ist gekennzeichnet durch ein deutlich voranschreitend-provokatives Moment im Verhältnis zu eindeutigen Lehrgehalten und Traditionsbeständen der römischen Kirche wie dem Laienkelch, den Wallfahrten, der Heiligenverehrung, dem Mönchtum und jeder Art ›Werkerei‹. Luthers ›vernehmliches Schweigen‹ über ein verdienstliches Meßopfer im Zusammenhang des konsequent als Gemeinschaftsveranstaltung gedeuteten Abendmahls, seine Konzentration des theologischen Gehaltes von Taufe und Buße auf den Glauben als Aneignungsmodus des Heils, Melanchthons Angriff auf die Transsubstantiationslehre im Herbst 1519[63] und anderes mehr sind wohl so zu interpretieren, daß die Wittenberger die ihnen immer deutlicher gewordene fundamentale Differenz zwischen der biblischen Ursprungs- und Normgestalt der Kirche und ihrer faktischen Erscheinung offenlegen wollten, noch ehe ein definitives Urteil über ›Bruder Martin‹ gesprochen war. In bezug auf die Kelchforderung, die Luther unmittelbar nach Bekanntwerden der Bannandrohungsbulle radikalisierte – bisher habe er in dieser die antichristliche Willkür der gegenüber der Einsetzung Christi offenbarenden Frage »zcu mild unnd sanfft«[64] gelehrt –, ist vorauszusetzen, daß sich der Wittenberger Theologieprofessor der Brisanz des Themas bewußt und wohl auch einer weitgehend positiven Resonanz der Laien sicher war. Denn das ekklesiologische Konzept, in das die Forderung nach dem Laienkelch bei Luther eingebunden war, betonte die egalitäre Einheit der gemeindlichen Genossenschaft, in der die hierarchische Unterscheidung von Klerus und Laien aufgehoben und der separatistische Heilsegoismus der Bruderschaften, die nur für ihre

Mitglieder, nicht aber für die Gemeinde als Ganze eintraten, überwunden war.

Mit der Forderung nach dem Laienkelch handelte sich Luther die erste rechtsverbindliche Maßnahme einer kirchenleitenden Instanz, des Bischofs von Meißen, einer an hussitisches Gebiet angrenzenden Diözese, ein. Bischof Johann von Schleynitz (reg. 1518-37) ordnete die Beschlagnahmung aller Exemplare des Lutherschen Abendmahlssermons und die Einschärfung der Gehorsamspflicht der Laien gegenüber den Beschlüssen des Konstanzer Konzils an. Schon unmittelbar nach dem Erscheinen des Sermons, noch im Dezember 1519, hatte Herzog Georg von Sachsen, dessen Territorium in unmittelbarer Nachbarschaft zu Böhmen lag, gegenüber seinem Vetter, Kurfürst Friedrich, alarmiert reagiert. Seine eigene Sichtung des Abendmahlssermons, auch das Urteil ›Hochgelehrter‹, so ließ er Luthers Landesherrn wissen, habe ergeben, daß das Büchlein »fast [= sehr] Pregisch«,[65] also hussitisch, sei und viele Ketzereien mit sich bringe, die ganz Sachsen in Mißkredit brächten, den Aufruhr schürten und deshalb dringend verboten werden müßten. Außerdem war Herzog Georg berichtet worden, daß Kontakte zwischen hussitischen Ketzern und Luther bestünden und daß in Böhmen bereits 6000 Menschen mehr unter beiderlei Gestalt kommunizierten als »vor der zceit seiner predigет«.[66] Selbst wenn man diesem zuletzt genannten Gerücht wenig Wahrscheinlichkeit zuerkennen wird[67] und auch die von Herzog Georg als besonders aufwieglerisch bewertete Bildgestaltung des Urdrucks – »dy figur der byden monstrancen und och dy schrifffte« (das heißt die Anrede »Fur die Leyen«)[68] – nicht leicht nachvollziehbar ist, so zeigen die Initiative des Fürsten und die prompte kirchenamtliche Reaktion des meißnischen Bischofs doch, daß Luthers Publizistik erste Wirkungen beim ›gemeinen Mann‹ zeitigte und deshalb heftige Gegenreaktionen bei den Repräsentanten der geistlichen und der weltlichen Obrigkeiten auslöste. Die geradezu ostentative Gelassenheit, mit der Kurfürst Friedrich auf den Brandbrief seines Vetters reagierte[69] – er verwies auf Luthers Ansehen als christlicher Lehrer sowie die noch ausstehende römische Entscheidung und überging die angesichts der lebendigen Erinnerung an die Hussitenkriege naheliegende Furcht vor ›Aufruhr‹ –, war wohl vor allem dem Umstand geschuldet, daß die kursächsische Administration durch Spalatin detaillierte Kenntnisse über Luthers Kontakte zu den Böhmen besaß und sich der politischen Loyalität des Wittenberger Professors sicher war.

Mit der Kelchforderung, die Luther angesichts des meißnischen Mandates in einer kleinen Flugschrift auf deutsch und lateinisch abermals von der Einsetzung Christi her begründete und als wünschenswert, aber nicht als heilsnotwendig darstellte,[70] hat er erstmals einen Aspekt kirchlicher Praxis in offenem Widerspruch zum geltenden Kirchenrecht öffentlich traktiert und eine ›Reformation‹ der eingetretenen Fehlentwicklung gefordert. Das Subjekt dieser Reformation in der Kelchfrage sollte ein Generalkonzil sein, also jene Instanz, die er, ungeachtet der in Leipzig geäußerten Irrtumsfähigkeit der Konzilien, nun eindeutig der päpstlichen Gewalt vorzog. Aus Luthers differenzierter Stellungnahme zu den Böhmen, die er nach wie vor als Schismatiker kritisierte, geht hervor, daß er sich selbstverständlich als Glied der römischen Kirche verstand, Überlegungen zu einer Versöhnung beider Seiten anstellte und die berechtigten Anfragen der ›Ketzer‹ als Anlaß zur Selbstkritik sah. Er wollte also in gewissem Sinne gegenüber den Böhmen praktizieren, was er für sich selbst forderte: eine gewissenhafte Prüfung von Sachfragen nach Maßgabe der Bibel. Luthers insbesondere an seinem Verhältnis zu den Hussiten aufweisbares Verständnis von Häresie hatte bereits zur Jahreswende 1519/20 mit einem kirchenrechtlich definierten Instanzen- und Entscheidungsgefüge nichts mehr zu tun und orientierte sich allein an der Schrift. Am Umgang des der Ketzerei Angeklagten mit den der Ketzerei verurteilten Hussiten zeigte sich schon lange vor dem Inkrafttreten der Bannandrohung, daß der Wittenberger ›seiner‹, der römischen Kirche, sofern sie ein hierarchisches Rechtsinstitut war, innerlich fremd gegenüberstand.

Für Luthers strategisches Verhalten war bezeichnend, daß

er das meißnische Mandat, das nur mit dem Sigel des Offizials von Stolpen, des Rechtsbevollmächtigten des Bischofs, erschienen war, einerseits abdruckte,[71] andererseits als Dokument eines ungebildeten, ehrgeizigen Klerikers behandelte, das der vollen Autorität des Bischofs entbehre. Ähnlich verfuhr er einige Monate später gegenüber dem Papst in seinem der Freiheitsschrift vorangestellten *Sendbrief an Leo X.*;[72] vermutlich ging es ihm darum, deutlich zu machen, daß er die Personen im Bischofs- und im Papstamt achte und davon ausgehe, daß sie von subalternen Ratgebern unzureichend oder unzutreffend informiert seien. Dieses Vorgehen erlaubte es ihm, die gegen ihn gerichteten Rechtsentscheide in aller Deutlichkeit zurückzuweisen, in ihrer Legitimität zu bestreiten und zugleich weitere Handlungsspielräume des Bischofs oder später des Papstes hypothetisch offenzuhalten. Auch unter dem Gesichtspunkt der öffentlichen Wirkung war es natürlich unverfänglicher, die obersten Instanzen der Diözese oder der abendländischen Kirche zunächst aus der Schußlinie zu nehmen und für die in ihrem Namen getroffenen Rechtsentscheide untergeordnete Chargen verantwortlich zu machen. Denn so blieb es möglich, daß Entscheidungen ›von oben‹ korrigiert werden konnten. Ob sich hinter diesem strategischen Vorgehen noch eine echte Hoffnung Luthers verbarg, daß der meißnische Bischof oder später der Papst die Rechtsentscheide gegen ihn aufheben würden, bleibt unsicher; es ist aber wenig wahrscheinlich.

FEIND UND FREUND – ECK UND HUTTEN

Johannes Eck

Johannes Eck (1486-1543) war zweifellos diejenige Einzelpersönlichkeit, die sich seit 1518, verstärkt dann nach der Leipziger Disputation, am nachhaltigsten um eine kirchliche Verurteilung Luthers bemühte. Nicht nur in Form einer rastlosen Publizistik, auch durch briefliche Interventionen oder Denunziationen, etwa bei Friedrich von Sachsen, dem Bischof von Brandenburg oder dem Papst, suchte er Luthers Aktivitäten zu unterbinden. Diese Bemühungen konvergierten seit Herbst 1519 mit denen der römischen Kurie, die nun den Druck auf Luthers Landesherrn erhöhte. Die reichspolitischen Rücksichten auf Kursachsen waren nach der Kaiserwahl Karls V. weggefallen. Doch Friedrich von Sachsen blieb bei seiner durch eine Absprache mit dem Trierer Erzbischof politisch abgesicherten Strategie: Eine Überführung seines berühmt gewordenen Professors nach Rom sollte verhindert und die Verhandlung der Angelegenheit auf dem nächsten Reichstag durchgesetzt werden.

Auf die Schlußphase der kurialen Kommissionsarbeit zur Verurteilung Luthers nahm Eck, den der Papst nach Rom berief, ab April 1520 einen mutmaßlich entscheidenden Einfluß, einerseits, indem er die aktuellsten ›häresieverdächtigen‹ Äußerungen des Wittenbergers einbrachte, andererseits, indem er darauf hinwirkte, daß nicht nur bestimmte Lehraussagen des Wittenbergers mit dem Bann belegt wurden, sondern auch seine Person. Eck, der wichtigste Vorkämpfer der Sache Roms im Reich, galt wegen seiner weithin bekannten Verbindungen zu Augsburger Kaufleuten und aufgrund seines Eintretens für einen den zeitgenössischen Kapitalverkehr kirchlicherseits sanktionierenden Zinssatz von fünf Prozent als ›Handlanger des Großkapitals‹ und ›Fuggerknecht‹. Dies und daß er darüber hinaus selbstherrlich, rechthaberisch, geltungssüchtig und wegen Trunksucht und Unzucht übel beleumundet war, sollte von seiten der Anhänger der Wittenberger Reformation publizistisch reichlich ausgeschlachtet werden. Als »Schwein aus Ingolstadt« beziehungsweise »Doktor Sau«[73] bot sich Eck als Zielscheibe polemischer Invektiven an wie kaum ein zweiter. Weithin bekannte antiklerikale Stereotypen des geldgierigen, versoffenen und wollüstigen Klerikers ließen sich auf Eck anwenden und drangen über die humanistisch-gelehrte Satire in die volkstümliche Publizistik der deutschen Flugschriften und illustrierten Flugblätter, die seit 1521 den Markt eroberten, ein.

Die im Frühjahr 1520 anonym im Druck erschienene lateinische Satire *Eckius dedolatus* (Der enteckte Eck), die in der Forschung mit durchschlagenden Gründen dem Nürnberger Patrizier Willibald Pirckheimer zugeschrieben wird, sah in der Auseinandersetzung um Luther eine Fortsetzung des Dunkelmännerstreits. Damit knüpfte Pirckheimer an Luthers seit 1518 öffentlich greifbare Selbststilisierung an, die er in seiner im März 1520 erschienenen Antwort auf die Verurteilungen durch die Universitäten Löwen und Köln erneuerte.[74] Eck, der versoffene Tölpel des *Eckius dedolatus*, der sich seines vermeintlichen Leipziger Triumphes wegen brüstet, erscheint als monströse Verkörperung scholastischen Ungeistes. Obwohl Eck, von zynischem Ehrgeiz beseelt, im literarisch inszenierten Beichtgespräch des Dialogs bekennt, daß niemand so verrückt sein könne, in der Ablaßfrage nicht heimlich mit Luther übereinzustimmen,[75] kämpft er doch gegen ihn. Denn Luther verdirbt klerikalen Gewinn und führt die Laien zu geistlicher Mündigkeit;[76] in seinem Furor gegen Luther ist der ignorante Repräsentant des klerikalen Ancien régime des Pirckheimerschen Dialogs leichtfertig bereit, auch den Aufschwung der *bonae literae*,[77] des Humanismus, aufs Spiel zu setzen. Doch der Optimismus des Humanisten ist ungebrochen. In den Worten des Beichtvaters des Dialogs läßt der anonyme Verfasser – ähnlich den anonymen Autoren des Vorjahres (s. o. S. 246-248) – seinen unerschütterlichen Glauben an den ›Sieg der Wahrheit‹ über die von Eck repräsentierten Mächte der Finsternis anklingen: »Ich bin weder Lutheraner noch Eckianer, sondern Christ, versuche aber aufzudecken, was nicht verschwiegen zu werden verdient; denn die Wahrheit kann, auch wenn sie vorübergehend unterdrückt werden kann, dennoch nicht gänzlich erstickt werden, sondern wird schließlich durch sich selbst ans Licht kommen.«[78]

Im Entscheidungsjahr der Reformation, 1520, neigten zunächst auch die Humanisten mehrheitlich zur Seite des Wittenbergers, in dem sie einen der Ihren sahen. Doch der Hang und der Zwang zur Polarisierung, zur klaren Frontenbildung, der nach der Leipziger Disputation immer spürbarer gewor-

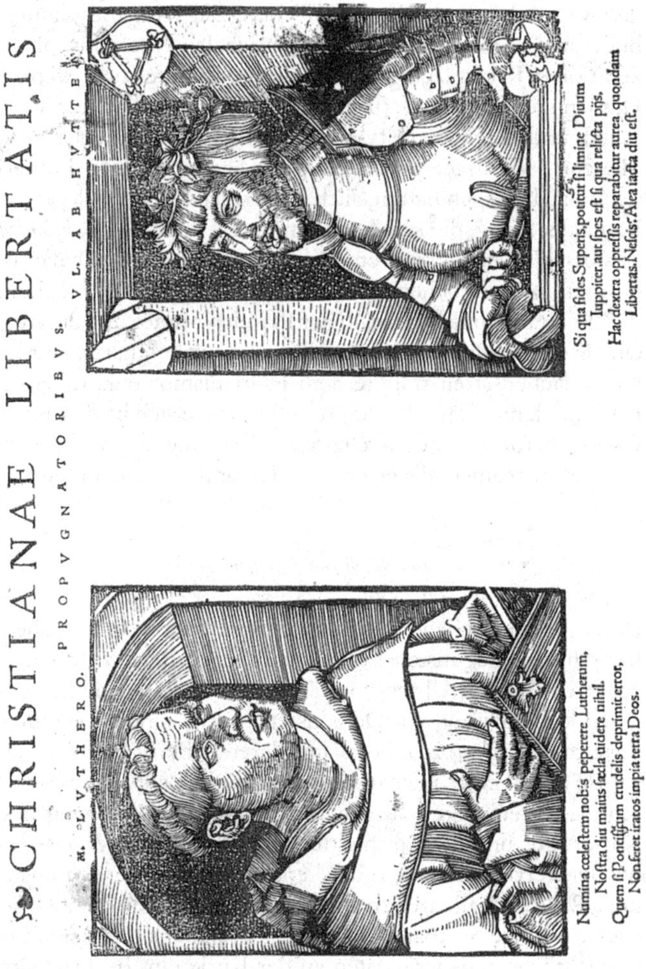

Abb. 10: Luther und Hutten als Vorkämpfer der christlichen Freiheit (Doppelporträt, 1521)

den war und nach der Veröffentlichung der Bannandrohungsbulle unter dem Vorzeichen der pauschalen Alternative ›Ketzerei oder Rechtgläubigkeit‹ eskalierte, nötigte nicht wenige Humanisten zu einer definitiven Parteinahme, die ihrer Mentalität und ihrem Selbstverständnis durchaus zuwider war. Manche polemische Schärfe, die die Humanisten an Luthertexten zu beklagen hatten, auch seine wachsende theologische Radikalisierung, die sich vor allem in *De captivitate Babylonica* niederschlug, wirkte befremdlich auf sie. Doch zur Dynamik des nun aufgebrochenen Glaubensstreits gehörte es eben, daß ein Standpunkt oberhalb der Parteien immer unhaltbarer, ein dritter Weg, eine *via media*, immer ungangbarer wurde. Der Glaubensstreit nötigte dem Humanismus eine religiöse Entschiedenheit auf, die ihm fremd war; die sich bald in Konfessionen formierenden religiösen Parteiungen domestizierten und instrumentalisierten den Humanismus nach Kräften.

Ulrich von Hutten

Unter den deutschen Humanisten, die mit einer öffentlichen Parteinahme zugunsten Luthers und gegen Rom nicht lange zögerten, kommt Ulrich von Hutten (1488-1523) eine herausragende Bedeutung zu. Der unstete, durch eine Begegnung mit Erasmus (1514) zu einer planvolleren Lebensgestaltung bekehrte Sproß eines reichsritterlichen Geschlechts hatte politische Überzeugungen ausgebildet, die auf eine Stärkung des Kaisertums und der Reichsritterschaft zu Lasten der aufstrebenden Territorialstaaten abzielten. Sein mit eigenen Anschauungen zweier Italienreisen angereicherter rabiater Romhaß sicherte ihm die Sympathien Kaiser Maximilians und trug ihm beträchtliche Schwierigkeiten an der Kurie ein. Im Frühjahr 1520 war Hutten mit den Wittenbergern in Kontakt getreten, hatte Luther der Unterstützung einiger Reichsritter um Franz von Sickingen (s. u. S. 483-486), bei dem er untergekommen war, versichert und dem treuen deutschen Sohn aus dem Mönchsstand auch publizistisch den Rücken gestärkt. Auch wenn Hutten den religiösen Anliegen Luthers weitgehend fremd gegenüberstand, sah er doch in der gemeinsamen Gegnerschaft gegen die korrupte römische Kurie eine tragfähige Grundlage für eine Zusammenarbeit. Durch eine von Hutten in den Druck gegebene Ausgabe jener Schrift Lorenzo Vallas, die den Nachweis geführt hatte, daß das *Constitutum Constantini* (Konstantinische Schenkung) eine Fälschung sei (s. o. S. 117), bestärkte der kämpferische Poet den Wittenberger Theologen in seiner Verwerfung des Papsttums und in der Überzeugung, daß der Bischof von Rom der in der Bibel prophezeite Antichrist sei. Nicht wenige Motive des scharf-polemischen Huttenschen Dialogs *Vadiscus*, der im April 1520 auf lateinisch, im folgenden Jahr dann auf deutsch erschien, nahm Luther in seine im August 1520 veröffentlichte Adelsschrift auf (s. u. S. 271-274). Die Beschwörung eines aus Tacitus' *Germania* rücksichtslos extrapolierten heroischen Germanentums, repräsentiert in Arminius, den Hutten zum antirömischen Nationalhelden stilisierte (s. o. S. 111), fand freilich in Wittenberg nur eine vergleichsweise geringe Resonanz, sosehr Luther seinerseits die deutsche Nation anzusprechen, wegen ihrer Ausbeutung durch Rom kämpferisch zu mobilisieren und für ein nationalkirchlich-konziliares Reformprogramm unter der Ägide des Kaisers und der weltlichen Obrigkeiten zu gewinnen suchte. Luthers grundsätzliche Loyalität gegenüber dem Fürstenstaat bildete ein nicht unwesentliches Koalitionshemmnis gegenüber Hutten und dessen übersteigerter Verklärung des Rittertums. Insbesondere in oberdeutschen Publikationen der Jahre 1520/21 wurde dem Bündnis zwischen dem publizistisch einflußreichsten deutschen Humanisten, der bald vornehmlich in der Volkssprache veröffentlichte, und dem meistgelesenen religiösen Schriftsteller der Zeit eine prominente Rolle zugewiesen. Hutten und Luther erschienen in Doppelporträts (siehe Abb. 10) und wurden zu Vorkämpfern derselben Sache stilisiert, was freilich dem Selbstverständnis Luthers schwerlich entsprach, aber der reformatorischen Bewegung doch eine breitere Basis verschaffte.

LUTHERS LITERARISCHE PRODUKTION DES ENTSCHEIDUNGSJAHRES 1520

Luthers literarische Produktion des Jahres 1520 ist immer wieder als seine wichtigste Lebensleistung bewertet worden. Selbst wenn man sich den seit Pietismus und Aufklärung verbreiteten, ja dominierenden, zum Teil in radikalreformatorischen Einschätzungen des frühen 16. Jahrhunderts begründeten Urteilen über den fulminant-bahnbrechenden ›jungen‹ im Verhältnis zum abgeklärt-restaurativen ›alten‹ Luther mit guten Gründen nicht anschließt,[79] wird man die immense schriftstellerische Leistung, die der Wittenberger in diesem Jahr seiner kirchenamtlichen Verurteilung vollbrachte, angemessen zu gewichten haben. Beinahe scheint es so, als schriebe Luther in diesem Jahr um sein Leben, und das war ja in gewissem Sinne auch der Fall. Denn in dem Maße, in dem die ›Sache‹, für die er eintrat, eine immer größere Verbreitung und eine wachsende Zustimmung in immer weiteren Bevölkerungskreisen fand, wuchs die öffentliche Sympathie, die ihn trug, verstärkte sich sein Rückhalt bei einzelnen politischen Verantwortungsträgern auch über Kursachsen hinaus und reduzierte sich die Gefahr, daß die von ihm aufgeworfenen Fragen durch die Eliminierung seiner Person stillschweigend erledigt würden. Nach diesem Jahr, 1520, hätte wohl auch ein vorzeitiger Tod Luthers schwerlich das Ende der von ihm ausgelösten Bewegung bedeutet.

In publizistischer Hinsicht legte Luther in diesem Jahr 1520 das entscheidende Fundament für den Erfolg der Reformation. Dies gilt in quantitativer *und* in qualitativer Hinsicht. 1520 erschienen insgesamt mehr Schriften als in jedem Jahr zuvor: 14 deutsche, sechs lateinische sowie sechs deutsche Übersetzungen lateinischer und vier lateinische Übersetzungen deutscher Schriften, ein Produktionsvolumen von ungefähr 250[80] Drucken mit einer geschätzten Gesamtauflage von über 200 000 Exemplaren. Niemals zuvor waren von einem einzelnen Menschen so viele Texte so zügig und weiträumig verbreitet worden – durchschnittlich waren es etwa zwei zumeist recht umfangreiche Werke in einem Monat. Sodann ist aufschlußreich, daß der Anteil der lateinischen Schriften im Jahr 1520 gegenüber 1519 leicht rückläufig war, aber im Unterschied zu den Folgejahren doch noch einen sehr beträchtlichen Quotienten des publizistischen Gesamtvolumens ausmachte. Die insbesondere mit den altgläubigen Gegnern zu führende Auseinandersetzung fand zu einem erheblichen Teil in der Gelehrtensprache statt; allerdings weisen die gegenüber den Vorjahren auffällig angestiegenen Übersetzungsquoten darauf hin, daß die Sprachwelten immer durchlässiger wurden. In den folgenden Jahren ging der Anteil der lateinischen Druckproduktion bei Luther und anderen reformatorischen Autoren immer weiter zurück. Das Jahr 1520 markiert die Trendwende in dieser Entwicklung.

Die qualitative Bedeutung der Lutherschriften des Jahres 1520 ist in ihrem dezidiert *reformatorischen* Charakter zu sehen; denn Luther entwickelte die Gründe und Motive, nach denen eine persönliche christliche Lebensführung zu gestalten und ein christliches Selbstverständnis in Freiheit und Bindung zu verwirklichen, das bestehende Kirchentum zu erneuern, die überkommene Sakramentstheologie und -praxis von Grund auf zu verändern und das Papsttum zu reformieren sei. Allenthalben ging es Luther in bezug auf unterschiedlichste Anlässe, Themen und Kontexte also darum, über die Kritik am bestehenden Kirchenwesen hinaus darzulegen, wie ein dem Geist des Evangeliums entsprechendes Christentum institutionell verfaßt, religiös und rituell gestaltet und theologisch begründet sein könnte oder sollte und welches die Mittel seien, diesen angestrebten Zustand zu erreichen. In dem Jahr also, in dem Luther zum Ketzer erklärt wurde, gewann er als Reformator endgültig Statur. Beides hängt chronologisch und sachlich aufs engste zusammen. Ohne dieses Ketzerurteil war die Reformation nicht zu haben.

Die besondere Bedeutung der Publizistik des Jahres 1520 ist auch eine Folge dessen, daß Luther bei der Mehrzahl seiner gewichtigeren Schriften nicht bloß auf gegnerische Provokationen reagierte, sondern die Agenda seiner Themen selber bestimmte. Weder für den *Sermon von den guten Werken* noch für die Adelsschrift, die Freiheitsschrift oder *De captivitate Babylonica*, um nur die wichtigsten Texte zu nennen, waren äußere Veranlassungen ausschlaggebend. Der vom Ketzerurteil Bedrohte schrieb sich frei, indem er zusehends unverblümter sagte, was er zu sagen hatte, solange er es noch sagen konnte. Am Strom der Worte, an der Fülle der Ideen wird deutlich, was sich hier alles angestaut hatte, gesammelt worden war und sich nun Bahn brach.

Kleinere Schriften

In chronologischer und sachlicher Hinsicht bildet die Bannandrohungsbulle *Exsurge Domine* eine Art heimlichen Zentrums von Luthers Schriftstellerei. Anfang Mai im Entwurf abgeschlossen und dem Papst am 2. 5. 1520 auf dem Jagdschloß Magliana, wo er sich wegen der Wildschweinjagd befand, durch Eck bekannt gemacht, wurde sie am 15. 6. ausgefertigt und am 24. 7. in Rom proklamiert und öffentlich angeschlagen. In einer römischen Offizin wurden auch die ersten Drucke hergestellt; notariell beglaubigte Exemplare reisten mit den päpstlichen Nuntien Aleander und Eck, die ihren Inhalt zu proklamieren hatten und weitere Namen von Ketzern einzutragen berechtigt waren, ins Reich. Anfang Oktober war die Bulle in Wittenberg; möglicherweise war der 10. 12., jener Tag, an dem Luther in Gestalt der Verbrennung des kanonischen Rechts, der Bannandrohungsbulle und einiger scholastischer Werke die ihn exkommunizierende Papstkirche seinerseits ›exkommunizierte‹, exakt jenes Datum, an dem die ihm nach Zustellung der Bulle eingeräumte 60tägige Widerrufsfrist abgelaufen war (s. o. S. 167). In diesem Akt der Verbrennung der Rechtsgrundlagen jener Kirche, die er geliebt und zu schützen versucht, die ihn schließlich verworfen hatte, erreichte Luthers die Ketzerrolle immer deutlicher annehmende Handlungsdynamik ihren Höhe- und Schlußpunkt, ja ihre finale Eindeutigkeit. Vorher war sein Agieren, auch mit Rücksicht auf den kursächsischen Hof, gelegentlich etwas schillernd geblieben; einen *Sendbrief* an Papst Leo X., der der Freiheitsschrift vorangestellt war, hatte er auf den 6. 9. zurückdatiert, um die Situation noch als so offen erscheinen zu lassen, wie sie eben vor der Proklamation beziehungsweise Zustellung der Bannandrohungsbulle gewesen war. Doch die theoretisch eingeräumte Möglichkeit, daß sich der Papst ja im Namen des Evangeliums von der ihm zugeschriebenen Amtsvollmacht freimachen und der Schrift unterstellen könne, entsprach eindeutig nicht mehr der Sicht auf das Papsttum, die er ansonsten bereits vertrat und in der öffentlichen Anwendung des Antichristepithetons etwa in der Adelsschrift auch kämpferisch verfocht. Auch andere öffentliche Äußerungen Luthers waren mit der kursächsischen Administration zum Teil detailliert abgesprochene ›strategische‹ Publikationen, die die politischen Bemühungen des Kurfürsten gegenüber dem Kaiser, den Lutherprozeß im Reich zu halten und eine Anhörung des Wittenbergers auf dem nächsten Reichstag durchzusetzen, unterstützen sollten: ein *Erbieten* (*Oblatio sive protestatio*, August 1520), in dem er abermals betonte, wider seinen Willen, allein um des Evangeliums willen, aus dem »winckell«[81] getreten zu sein, und ein *Brief an den Kaiser*, den er als obersten Rechtswahrer im Reich für den Schutz des Evangeliums in Anspruch zu nehmen versuchte,[82] schließlich, im November, eine abermalige *Appellation an ein Konzil*.[83] Daran, daß Luther mit dem real-existierenden Papsttum, seinem Suprematsanspruch gegenüber der Schrift und dem Konzil, theologisch schon im Frühjahr 1520 abgeschlossen hatte, ja, er dem Papst im Grunde nur jenen Handlungsspielraum zu einem ›Widerruf‹ seiner rechtlichen und doktrinalen Vollmachtsansprüche ließ, den die Papstkirche ihm selbst einräumte, dürfte schwerlich zu zweifeln sein.

Auch in einer literarischen Kontroverse mit dem Leipziger Franziskaner Augustin von Alveld (um 1480-1535), auf die sich Luther persönlich erst eingelassen hatte, nachdem Alveld in die Volkssprache übergegangen war – auf eine lateinische

Schrift des Ordensmanns hatte Luther zwei seiner Schüler, Bartholomäus Bernhardi und Johannes Lonicer (um 1497-1569), mit je einer lateinischen Replik antworten lassen –, stand das Papsttum im Zentrum. Von der Bibel her widersprach er der vermeintlich göttlichen Ordnung der römischen Kirche; gegen die Geldgier der ›Romanisten‹ polemisierte er, die Frage nach den Kennzeichen der wahren Kirche entfaltete er in konstruktiver Absicht. Orientiert am Leitbegriff der Christenheit, die über die ganze Welt ausgebreitet sei und keineswegs allein einem irdischen Haupt unterstehe, entwickelte Luther eine ekklesiologische Position, die ihn schon ein gutes Vierteljahr vor dem Eintreffen der Bannandrohungsbulle dazu instand setzte, die durch den Gebrauch der Taufe, des Abendmahls, des Evangeliums und des Glaubensbekenntnisses als Kennzeichen *(notae ecclesiae)* charakterisierte und konstituierte Gemeinde unabhängig von den äußerlichen rechtlich-amtlichen Legitimitätsstrukturen der römischen Kirche zu denken.[84] Noch ehe Luther die Zugehörigkeit zur Kirche Roms versagt worden war, verstand er also das, was die Kirche sei, in einer Weise, der die päpstliche Exkommunikation nichts mehr anhaben konnte. »Die zeichen, da bey man euszerlich mercken kann, wo die selb kirch in der welt ist, sein die tauff, sacrament und das Evangelium, unnd nit Rom, disz odder der ort. ⟨...⟩ Rom aber odder bepstlich gewalt ist nit ein zeychen der Christenheit, dan die selb gewalt macht keinen Christen.«[85] In der Schrift *Vom Papsttum zu Rom* hatte Luther also bereits eindeutig die Grundlagen eines ›evangelischen‹, allein auf der Verwaltung der beiden Sakramente Taufe und Abendmahl und der Verkündigung des Evangeliums basierenden Kirchenverständnisses entfaltet und sich damit die konzeptionellen Voraussetzungen dafür erarbeitet, die drohende Exkommunikation theologisch zu überstehen.

Die Adelsschrift

Die deutlich verstärkte Bezugnahme auf die Laien, die sich auch in anderen Texten des Frühjahrs 1520 nachweisen läßt,[86] ließ bereits das theologische Zentralmotiv des allgemeinen Priestertums der Gläubigen anklingen, das Luther dann in seiner im August 1520 erschienenen wichtigsten und erfolgreichsten Programmschrift *An den christlichen Adel deutscher Nation von des christlichen Standes Besserung* ausführlich entfaltete. Luthers bereits in den Ablaßthesen angelegte, die Fundamentalunterscheidung zwischen Klerus und Laien unterlaufende egalistische Vorstellung, daß jeder Christ gleich welchen Standes von Christus zur Buße gerufen, zur Nachfolge verpflichtet und zur Glaubensgerechtigkeit befreit sei, wurde im Horizont der Erwartung seiner Exkommunikation zu einer ekklesiologischen und kirchenreformatorischen Konzeption von größter historischer Tragweite ausgearbeitet: Weil alle Christen gleichermaßen »auß der tauff krochen«[87] seien, könnten sich alle rühmen, Priester zu sein, seien alle gleichermaßen berechtigt, in der Wahrnehmung ihres »geystlichs stands«[88] Verantwortung für die Kirche zu übernehmen, die Schrift auszulegen und die offenkundigen Mißstände zu beheben. Die besondere Inanspruchnahme der weltlichen Obrigkeiten für diese Reformaufgabe des ›christlichen Adels‹, von der kaiserlichen Spitze, dem »jungen edlen Blut«,[89] bis hinab zu den städtischen Magistraten, begründete Luther ausschließlich pragmatisch und ordnungstheoretisch. Nicht wegen einer minderen Berechtigung, sondern lediglich wegen ihrer geringeren ›amtlichen‹ Einflußmöglichkeiten seien die niederen Stände kaum ein geeignetes Subjekt der Kirchenreform. Doch durch einzelne Formulierungen seiner Adelsschrift konnten sich auch Bauern und Handwerker, Frauen und Studenten ermutigt fühlen, die Bibel in die Hand zu nehmen, den klerikalen Repräsentanten der ›alten‹ Kirche entgegenzutreten, tätig zu werden und bestehende Mißstände zu bekämpfen, etwa wenn Luther unter Bezug auf die unheilvolle Ausbildungssituation der theologischen Fakultäten, in denen die scholastische Methode, die *Sentenzen* des Petrus Lombardus, auch Aristoteles dominierten und die Bibel »wol rugen«[90] müsse und ›unter der Bank‹ liege, feststellte:

> Nu aber, szo sententias allein hirschen, findt man mehr heydnische und menschliche dunckel, den heylige, gewisse lere der schrifft in den Theologen. wie wollen wir yhm nu thun? ich weysz hie keinen andern radt, den ein demuttig gepet zu got, das uns der selb Doctores Theologie gebe: Doctores der Kunst, der Ertzney, der Rechten, der Sententias mugen der bapst, Keyszer und Universiteten machen, aber sey nur gewisz, eynen Doctorn der heyligenn schrifft wirt dir niemandt machen, denn allein der heylig geyst vom hymel 〈…〉. Nu fragt der heylig geyst nit nach rodt, brawn parrethen [Baretten, den Bekleidungssymbolen des Gelehrtenstandes], odder was des prangen ist, auch nit, ob einer jung odder alt, ley odder pfaff, munch odder weltlich, Junpfraw odder ehlich sey, Ja ehr redt vortzeitten durch ein Eselyn widder den Propheten, der drauff reyt.[91]

Hinsichtlich der gesellschaftlichen Breitenwirkung reformatorischer Publizistik dürfte Luthers Adelsschrift wohl der wirkungsreichste Einzeltext überhaupt gewesen sein. Die theologische Ermächtigung der Laien zu eigenständiger Urteilsbildung und zur Überwindung der krisenhaften Mißstände, die Luther in der Adelsschrift artikulierte – und zwar in der für Laien rezipierbaren Volkssprache –, stellt so etwas wie einen kirchenhistorischen Dammbruch dar. Denn die vielen Protagonisten der Reformation, die nun rasch auf den Plan traten, schreibende Handwerker und Frauen, Laienpropheten im Bauernrock, bürgerliche Politiker in den Städten, niedere und höhere Adelsstände, sie alle konnten sich irgendwie auf Luther berufen, sie alle waren irgendwie angesprochen, sie alle wurden ermächtigt und autorisiert, in eigener Verantwortung christlich zu reden, die schier unendlichen Gravamina des vorfindlichen Kirchenwesens – von der Geldgier der Prälaten und römischen Kurtisanen über die religiösen Bräuche und ›Werke‹ bis zur Schul-, Bildungs- und Sozialpolitik auf der Ebene der

Territorien und Kommunen – in Angriff zu nehmen und vor der Einberufung eines Konzils als ›Nothelfer‹ zu agieren oder wenigstens mitzutun. Die gewaltigen reformerischen Energien und der Protest, die Luther durch die Adelsschrift freigesetzt, die Geister, die er durch sie gerufen hat, sollten die weitere Durchbruchsdynamik der Reformation entscheidend bestimmen; zum Teil waren es Geister, derer Luther nicht mehr Herr werden sollte.

Der rasante publizistische Erfolg der Schrift – etwa 14 unterschiedliche Drucke sind bezeugt, die meisten erschienen wohl 1520 oder 1521; von dem in der ersten Augusthälfte erschienenen Urdruck war die ungewöhnlich hohe Auflage von 4000 Exemplaren nach wenigen Tagen verkauft[92] – dürfte zum einen der besonderen Situation ihres Autors geschuldet sein; denn dieser war nicht nur bekannt und vielgelesen, er war auch umstritten, und man wußte, daß ihm der Ketzerprozeß gemacht wurde. Der Erscheinungszeitpunkt der Adelsschrift aber war so ziemlich der letzte Moment, in dem das Urteil noch nicht feststand und die Lutherlektüre noch nicht an sich strafbar war. Zum anderen war die allgemeine politische Situation dem Interesse förderlich: Der erste Reichstag des noch jugendlichen Kaisers, den Luther denn auch direkt anredete,[93] stand unmittelbar bevor, und die Erwartungen und Hoffnungen, die man auf ihn richtete, waren allenthalben gewaltig.

In der populären Lieddichtung beispielsweise schilderte man die Verhältnisse im Reich im Jahre 1520 als besonders finster, etwa so: »Summa summarum: verkert sind alle stend, | gemainer nutz in aigen gewendt, | so gar und vast alle trew verblichen.«[94] Und man schürte, alter Tradition folgend, gerade jetzt, zum Zeitpunkt des Regierungsantritts des neuen Herrschers, Hoffnungen auf die große Wende: »Zu dir, edler konig [Karl], hab ich noch ein wort: | mach daß dein gewalt allenthalben wird gehört, | mach frid in ganzer christenheit, | nymm an wider den unglauben streit; | laß den adler in alle höch fliegen, | daß das heilig römisch reich bring sygen.«[95] Endzeitprophetien des Heilskaisers wurden auf Karl projiziert; seine Ankunft in deutschen Landen werde die ›Generalreformation‹ einleiten: »Er wirt die welt ganz reffermirn | und sie in beßer ordnung firn.«[96] Und auch vom üblen Klerus, so konnte man den Liedern entnehmen, werde das ›edle fromme Blut‹ die Deutschen befreien: »In aller welt der geistlich stat [*status* = Stand] | sich iez so unordenlich helt, | ich mein es werd in wol bezalt; | sie sint so üppeglich und geil, | all sacrament die hon sie feil, | der lyb Cristi, olung, der dauf, | e [Ehe], firmung, beichten hat sein kauf | und aploßbrief, die man auß geit, | man sei ganz vor der hell gefreit, | damit sie menig mensch verfürn.«[97]

Angesichts verbreiteter Gesinnungen und überschwenglicher Hoffnungen dieser Art war an Luthers Adelsschrift bemerkenswert, daß sie nicht allein den Kaiser, sondern auch alle anderen weltlichen Herrschafts- und Verantwortungsträger zu Handlungsinitiativen im Sinne einer auf das Reich bezogenen, synodal flankierten nationalkirchlichen Reformation zu mobilisieren suchte und sich hinsichtlich der Größe der Erwartungen – ungeachtet der vielen Reformpunkte, die die Adelsschrift traktierte – beinahe bescheiden ausnahm. Eine ›Heilandsgestalt‹ war Karl V. für Luther schon zu einem Zeitpunkt nicht, als dieser das im Spiegel der populären volkssprachlichen Publizistik für andere offenkundig gewesen ist. Luther setzte von vornherein auf eine breitere politische und gesellschaftliche Basis; seine programmatischen Überlegungen entsprachen der politischen und verfassungsrechtlichen Dualität von kaiserlichen und ständischen Elementen deutscher Reichsstaatlichkeit kongenial. Dies dürfte viele angesprochen und am Ende auch den Erfolg der Reformation wesentlich begründet haben. Insofern verdankt sich die Adelsschrift Luthers bemerkenswertem Gespür für die Offenheit der historischen Situation,[98] die zur Stunde der Reformation werden sollte.

Reaktionen auf die Bannandrohungsbulle

In der Adelsschrift hat Luther, ungeachtet der Warnungen aus seinem Freundeskreis, nicht durch polemische Schärfe die Situation noch weiter zu belasten, ohne besondere taktische Rücksichten geredet. Die Klarheit seiner theologischen und ekklesiologisch-kirchenreformerischen Vorstellungen, die in seinen Schriften des Jahres 1520 zum Ausdruck kommt, macht es verständlich, daß der Ausgang des römischen Prozesses für ihn keinerlei persönliche Erschütterung bedeutete. Schon reute ihn, daß er in seinen Schriften zum Ablaßstreit zu maßvoll mit dem abergläubischen Regiment der römischen Tyrannei umgegangen sei.[99] Und seine Repliken auf die Bulle und auf Eck, ihren Propagator in Bayern und Sachsen,[100] die er unmittelbar nach Kenntnis ihres Inhalts veröffentlichte, ließen keine Spur der Verunsicherung erkennen. Scharfe Polemik und beißender Spott, »schimpff und ernst«,[101] sollten offenbaren, daß Luther sich in keiner Weise fürchtete. Für die Einschätzung der öffentlichen Meinung auf seiten der Lutheranhänger war bezeichnend, daß Hutten einen lateinischen Nachdruck der Bulle mit giftigen Glossen[102] und Spalatin eine zunächst für seinen Kurfürsten gedachte, dann aber in die Öffentlichkeit gegebene deutsche Übersetzung publizierten.[103] Man rechnete also damit, daß das Bekanntwerden ihres Inhalts der ›Sache Luthers‹ nur nutzen könne. Entsprechend verfuhr auch Luther selbst, indem er die in der Bulle beanstandeten Sätze aus seinen Schriften breit belegte, kommentierte und als biblisch begründet verteidigte. Eck sah sich sowohl in Leipzig als auch in Erfurt tätlichen Übergriffen empörter Studenten ausgesetzt. In Erfurt erklangen Spottlieder auf ihn; 50 Studenten aus Wittenberg sollen in die Nachbaruniversität hinübergekommen sein und als Provokateure gegen den seit der Leipziger Disputation zum Hauptfeind der Wittenberger avancierten »Doktor Sau« agitiert haben.[104]

In Leipzig erschien eine der frühesten ursprünglich in der Volkssprache abgefaßten reformatorischen Dialogflugschriften (siehe Abb. 11). Sie stammte von einem pseudonymen Autor namens Cuntz von Oberndorf,[105] der gegen Eck und zugunsten von Luthers in der Adelsschrift geäußerter These, das Konstanzer Konzil habe sich gegenüber Hus eines Geleitbruchs schuldig gemacht,[106] argumentierte und in Form einer literarisch inszenierten ›Selbstaufklärung‹ zweier Laien für die Überzeugungen der verketzerten Wittenberger Theologen warb. Instruktiv ist etwa folgender Gesprächsgang zwischen dem noch in altgläubigen Vorstellungen befangenen Laien Arnoldt und dem durch Eigenlektüre bereits reformatorisch gesinnten Laien Bartoldt:

> B. Was ist das du nu wiessen wilt? A. Als balde mannes oder weybes bielde auß der tauffe kriechen macht sie dein Luder zu pfaffen und pfeffynne. B. Nicht mein doctor Luther sonder S. Peter thuet das [1 Petr. 2,9]. A. Er wil auch pfaffen machen / wie man einen Sawhirten wehl? B. Das lehret yne das Buch der apostel geschichdenn [Apg. 6,1f.] / dem ich mehr glaubens geb / wan deinem Eckenn. Dann ist das in der auffwachsung Christlicher kirchen also gepraucht und recht gewest / warumb solt das nicht auch ytzo / als recht gepraucht werden mögen? Dan ist nicht besser einen pfarher / des leben sitten tugent und lehre / ein gemein erkant / zuerwehlen / dan einen esel schrapler von Rhoma zu Pfarher haben / der nicht Dominus vobiscum singen noch verstehen kann?[107]

Bei jedem dieser Gesprächsgänge, in denen die spektakulären Thesen des Wittenbergers zu Papsttum und Priesterehe, Habgier der Römer und Heiligkeit der Böhmen oder Priestertum der Gläubigen und Pfarrerwahl der Gemeinden jeweils knapp rekapituliert werden, gehen dem altglaubigen Kolloquenten Arnoldt die Argumente aus, und der ›Lutheraner‹ Bartoldt hat das letzte Wort. Hinter Agitationsliteratur dieser Art, in der moralische Aspekte der Kirchen- und Kleruskritik zumeist deutlicher akzentuiert und breiter ausgemalt wurden, als dies bei Luther der Fall war, steckten zweifellos gelehrte Verfasser, die wußten, wie man den ›gemeinen Mann‹ anzusprechen hatte, um ihn für die ›Sache Luthers‹ zu gewinnen. Flugschriften

Abb. 11: Cuntz von Oberndorf (Pseudonym), *Dialog oder ein Gespräch. Wider Doktor Ecks Büchlein* ⟨...⟩ (Titelholzschnitt, 1520)

dieser Couleur, die nun mehr und mehr ein Massenphänomen wurden – sowohl hinsichtlich der Verbreitung als auch in bezug auf ihre massenmobilisierende Dynamik –, trugen entscheidend dazu bei, daß eine antirömische Stimmung entstand, stabilisiert wurde oder um sich griff. Die bloße Verbreitung der Bannandrohungsbulle und ihres Inhalts schürte den Haß auf Rom, den Papst und alle, die es mit ihm hielten. Die tödliche Gefahr, die von der Bulle für Luther und die Seinen ausgehen sollte, begann sich im Horizont der Öffentlichkeit umgehend gegen ihre Autoren und Propagandisten zu wenden.

ROMA LOCUTA, CAUSA NON FINITA

Den Kern der Bannandrohungsbulle bildeten 41 Sätze aus verschiedenen Lutherschriften, die in lockerer Ordnung das Bußsakrament, Beichte und Abendmahl, Kirchenschatz, Ablässe, Exkommunikation, Aussagen zur Schlüssel- und Lehrgewalt der Päpste, zu freiem Willen, guten Werken, Fegefeuer, Bettelwesen und auch zum Türkenkrieg betrafen. Die bloße Zitation der aus dem Zusammenhang gerissenen Sätze galt als Verwerfung. Sie in welcher Form auch immer zu verbreiten hatte zur Folge, dem Luther im Falle einer Widerrufsverweigerung geltenden Bann zu verfallen. Der Einleitungsteil der Bulle rief Petrus und Paulus, alle Heiligen und die ganze Kirche zur Verteidigung gegen die Ketzerei Luthers auf, knüpfte an die Lehrverurteilungen durch die Universitäten Löwen und Köln an, stellte die besondere Beziehung des Papsttums zu den Deutschen, denen es das Kaisertum übertragen habe, heraus und begründete damit die Pflicht des Kaisers und des Reichs, die Ketzerei mit allen zu Gebote stehenden Mitteln zu verfolgen und zu vernichten. Der Schlußteil der Bulle erklärte die Folgen für die Person Luthers und seiner Anhänger: Wer seine Lehre verbreitet, seine Schriften besitzt oder nicht der Verbrennung anheimgibt, verfällt der Exkommunikation. Luther habe sich geweigert, zu einem Verhör nach Rom zu kommen; indem er an ein Konzil appellierte, habe er sich eines ketzerischen Vergehens schuldig gemacht. Im Falle eines binnen 60 Tagen nach Veröffentlichung der Bulle in den sächsischen Bischofskirchen von Meißen, Merseburg oder Brandenburg schriftlich oder durch persönliches Erscheinen in Rom dokumentierten Widerrufs Luthers sei der Papst bereit, die volle Kirchengemeinschaft wiederherzustellen und das umgehend wirksame Predigtverbot aufzuheben. Daß Luther durch einen autoritären Rechtsakt mundtot gemacht werden sollte, ohne theologisch widerlegt worden zu sein, wurde in der Öffentlichkeit zu einem Argument zu seinen Gunsten.

Der Bann gegen Andreas Karlstadt

In der Außenwahrnehmung der Wittenberger Theologie durch die breitere Öffentlichkeit spielte neben Luther als der ohne Zweifel überragenden Gestalt auch Andreas Karlstadt eine gewisse Rolle; Melanchthons Name, der bis dato ausschließlich mit griechischen und lateinischen Texteditionen sowie akademischen Schriften verbunden war, war 1520 kaum über die engsten Kreise gelehrter Humanisten hinaus bekannt. Nach der Leipziger Disputation hatte Karlstadt, provoziert durch Ecks dort getane, durchaus konventionelle Äußerung, daß im theologischen Schulbetrieb anderes gesagt und anders geredet werden könne als gegenüber den ungebildeten Laien, kanonstheologische Überlegungen angestellt, bei denen er in ausdrücklichem Anschluß an Erasmus dafür eingetreten war, daß den Laien die Bibel in der Volkssprache zugänglich gemacht werden solle. Karlstadt war der erste der Wittenberger Theologen, der sich theologisch nachdrücklich für die volkssprachliche Bibel einsetzte. Außer in kleineren literarischen Scharmützeln mit franziskanischen Ordensleuten, die sich um Ablaß, geweihtes Salz und Wasser, also äußerliche religiöse Praktiken, drehten, war Karlstadt bis in den Sommer 1520 hinein freilich vor allem als lateinisch publizierender Schrifttheologe hervorgetreten. Explizite Infragestellungen der päpstlichen Autorität, die dem gelehrten Kanonisten ein selbstverständliches Gut war, hatte er vermieden. Auch sein bibelhermeneutisches Programm setzte die formale Geltung aller biblischen Schriften aufgrund ihres Alters und ihres kirchlichen Gebrauchs voraus. Wahrscheinlich im Jahre 1520 hatte Karlstadt in einer Vorlesung den Jakobusbrief behandelt, während sich Luther, zunächst in Vorlesungen, später auch literarisch,[108] gegen die Apostolizität dieses die Werkgerechtigkeit lehrenden Briefes äußerte. Wie es scheint, hatten die beiden Wittenberger Theologen sogar auf dem Katheder gegeneinander polemisiert. Ohne Luthers Namen zu nennen, beklagte sich Karlstadt darüber öffentlich.[109] Ihm erschien eine Relativierung der formalen, rechtsnormativen Geltung des integralen kanonischen Bibeltextes deshalb unerträglich, weil sie dessen Autorität im Verhältnis zur Tradition erschüttern und damit die wichtigste argumentative Waffe, die die Wittenberger gegen die Scholastik ins Feld zu führen hatten, stumpf machen mußte. In dem im einzelnen kaum vollständig rekonstruierbaren binnenwittenbergischen Dissens in der Kanonsfrage, in der Karlstadt mit Erasmus und der Tradition an einem formalen Autoritätsprinzip, Luther hingegen an einer inhaltlichen Kriteriologie – dem Rechtsfertigungsglauben beziehungsweise Christus als ›Mitte der Schrift‹ – gelegen war, ist die Wurzel aller weiteren Zerwürfnisse zwischen dem Weltpriester und dem Bettelmönch zu sehen.

Daß Eck, legitimiert durch eine päpstliche Instruktion, auch Karlstadts Namen auf die Bannandrohungsbulle setzen ließ, traf diesen, wie es scheint, völlig unerwartet und löste nicht geringe psychische Turbulenzen in ihm aus. Karlstadt hatte mit der römischen Kirche, in deren Pfründensystem er persönlich intensiv eingebunden war, die ihm Karrierechancen eröffnet und seinen beruflichen Ehrgeiz befriedigt, aber auch angefacht hatte, zum Zeitpunkt der Veröffentlichung der Bannandrohungsbulle innerlich noch keineswegs gebrochen. Im Unterschied zu Luther vollzog Karlstadt seinen Bruch mit Rom also gleichsam gezwungenermaßen und in Form einer persönlichen Lossagung von einem falschen

Weg, den er selbst – verführt durch »Schulmeyster«, die eigentlich »blinden fuerer«[110] gewesen seien – zu lange gegangen war. Karlstadt inszenierte seinen erzwungenen Bruch mit Rom als eine persönliche *conversio*; er kehrte sich ab von jenen scheinheiligen »schrifft weyßen«,[111] zu denen er bisher selber gehört hatte und deren oberster Repräsentant jener ›Leo‹ sei, in dessen Namen sich die schändliche Bösartigkeit einer brutalen Bestie ›entborgen habe‹.[112] Zugleich beanstandete Karlstadt die juristische Form seiner Verketzerung; er sei »nit geladen«[113] worden und habe demzufolge auch keine persönliche Stellungnahme, wie sie bei einem Ketzerprozeß vorgesehen sei, abgeben können. Um seine Entschiedenheit zu unterstreichen und »dester freyher«[114] agieren zu können, gab er seine amtliche Stellung als ›Vicecomes‹, als apostolischer Hofpfalzgraf mit besonderer Loyalität gegenüber dem Papst, zurück (s. o. S. 240). Dieses Amt hatte er wohl während seiner Tätigkeit als römischer Kanzlist (1515/16) erworben.[115] Die öffentliche Lossagung vom Papst, von dem Karlstadt »nie gehort [habe] / das er die Biblien durchleßen«[116] hätte, war mit seiner Umkehr zu Christus verbunden:

> Ich hoff auch / der almechtig lebendig got / werd mir gnediglich sterck / un ein frey bereit gemut leyen /das ich gerne schleg / absunderung / excommunication / schwert / reder / unn frewr von wegen seinis worttis leyden werde. Ich furcht den Lawen de tribu Juda [vom Stamme Juda] / der uns in der schrifft geborn / weynet / spot und maledeyung leydet / der sich creutzigen / toten / unn begraben lasset / der uns erloset. Aber den Lawen / der auff dem gulden ducaten stoltzieret [Papst Leo]/ unn sich ubir alle welt setzet / unn besigt / wie er alle ding in seinen nutz und gedeyen breng / den wil ich durch gotliche hulff und stercke / nit fast [sehr] forchten.[117]

Karlstadts an sich selbst vollzogene Abkehr vom geistlichen Stand, sein erzwungener und dann auch angenommener Bruch mit seiner klerikalen Existenz, ging mit einer Hinwendung zu den Laien einher. Erstmals begegnet nun auch bei ihm die vielleicht in der Egalisierung des Verhältnisses von

Klerus und Laien insbesondere in spiritualisierenden Wendungen der Taulerschen Tradition vorgeformte, freilich etwa zwei Monate zuvor in Luthers Adelsschrift explizierte reformatorische Konzeption des Priestertums aller Gläubigen: »Dan alle Christen seint pfaffen / dan sie seint auff einen steyn gepawet / der sie zu pfaffen macht. Christus ist der selbich außerwelt steyn.«[118] Indem der Glaube an Christus als Grundlage des ›priesterlichen Standes‹ aller Christen verstanden und von Karlstadt im Sinne einer *conversio* zu Christus beziehungsweise einer Abkehr vom antichristlichen Papsttum vollzogen wurde, war die Laisierung seiner selbst die unmittelbare Konsequenz des sich aus der Verketzerung durch Rom ergebenden persönlichen Bruchs mit seiner eigenen Geschichte als Priester der Papstkirche. Die Tragweite dieser *conversio* zu Christus und zu den Laien sollte Karlstadt und seiner Umgebung erst allmählich deutlich werden. Von denen, deren Namen Eck mit auf die Bannandrohungsbulle gesetzt hatte, wurde Karlstadts Person wohl am tiefsten und nachhaltigsten berührt, viel stärker jedenfalls als die Luthers, des bis dahin so ungleich radikaleren Kirchenkritikers. Der Bettelmönch hatte durch die Bulle keinen Anlaß, mit seiner Vergangenheit zu brechen, der Weltgeistliche und Jurist aber tat genau dies.

Luthers Gefangenschafts- und Freiheitsschrift

Die Trittsicherheit, die in Luthers literarischem Handeln im historischen Umkreis der Publikation der Bulle *Exsurge Domine* erkennbar wird, läßt keinen Zweifel daran, daß er die ihm aufgedrängte Rolle als Ketzer in der inneren Freiheit dessen, der sich im Gotteswort gegründet wußte, anzunehmen bereit und fähig war. Seine Liebe zur Kirche Christi hatte die Trennung von der real-existierenden Papstkirche heraufgeführt, weil es seinen Feinden, insbesondere Eck, gelungen war, das Ohr Leos X. zu finden. Sich seinerseits auf einen letzten Versuch einzulassen, den Papst von diesem falschen Weg abzubringen, wie ihm Miltitz, die Ordensbrüder und auch der kursächsische Hof nahelegten, war Luther durchaus möglich. Dem für viele Christen zum Gefängnis gewordenen babylonischen Reich, so war sich Luther in seiner Schrift *De captivitate Babylonica* gewiß,[119] gelte es nun, ihre Gefangenschaft vor Augen zu führen und zugleich die Freiheit eines Christenmenschen nahezubringen. Daß Luther das hohe Lied von der *Freiheit eines Christenmenschen* gerade gegenüber dem päpstlichen Haupt jener repressiven Institution, die ihn soeben verworfen hatte, anstimmte, die babylonische Gefangenschaft, die Unfreiheit der Kirche, aber einer lateinkundigen, theologisch gebildeten Leserschaft darlegte, könnte darauf hindeuten, daß die beiden chronologisch engstens zusammenhängenden, berühmten Schriften aus dem Oktober/November 1520 sich auch in sachlicher Hinsicht nahestehen und einander ergänzen.

Die Freiheitsschrift *(Von der Freiheit eines Christenmenschen/ De libertate christiana)*, die in zwei literarisch selbständigen Fassungen, einer lateinischen und einer wohl ursprünglicheren deutschen, erschien, entfaltet die Existenzbewegung, in die der Christ gestellt ist, als Dialektik der Freiheit gegenüber Gott und Bindung gegenüber der Welt und ihren Ordnungen: Über sich hinausfahrend findet der Christ in Gott und seinem Heilswort den Grund seiner Freiheit; unter sich hinabfahrend gibt sich der Christ im Dienst an den Nächsten hin. In dieser exzentrischen, nicht in sich gegründeten, sondern auf Gott und den Nächsten ausgerichteten Seinsweise folgt der Christ seinem erniedrigten und erhöhten Herrn, dem Gottmenschen Christus. Luthers Traktat »Vorspiel über die babylonische Gefangenschaft der Kirche« *(De captivitate Babylonica ecclesiae praeludium)* brach mit der ekklesiologischen Vorstellung eines sakramentalen Versorgungsinstituts, das die Gläubigen durch heilige Handlungen rette, die durch ihren bloßen Vollzug *(ex opere operato)* objektiv heilswirksam seien. Entgegen der seit dem Konzil von Florenz (1439) definitiv kanonisierten Siebenzahl der Sakramente (Taufe, Abendmahl, Buße, Firmung, Ehe, Priesterweihe, Letzte Ölung) ließ Luther nur Taufe und Abendmahl als solche gelten, da sie in der Bibel bezeugt und Christus sie mit einem äußeren Zeichen *(signum)* – Wasser, Brot und Wein – und einem auf den Glauben des Empfängers bezogenen Verheißungswort *(promissio)*, für Luther das Herzstück des Sakraments, verbunden habe. Seine Gefangenschaftsschrift, die er als »Vorspiel« eines endgültigen literarischen Vernichtungsschlages gegen die Papstkirche präsentierte, stellt eine in ihrer Radikalität analogielose Absage an die dominierende Tradition und die Autorität der abendländischen Christentumsgeschichte dar. An ihr schieden sich die Geister. Einige Humanisten verstörte der Wittenberger Mönch, der nun, nach dem Bekanntwerden der Bannandrohung, die Grundlagen jener Kirche erschütterte, die vielen heilig war.

Melanchthon aber gelangte in den Wochen, als Luther diese Schriften schrieb, zu der Überzeugung, daß dieser vom göttlichen Geist geleitet sei, daß nichts Traurigeres passieren könnte, als seiner verlustig zu gehen, und daß er nicht allein alle bedeutenden Geister der Zeit, sondern aller Jahrhunderte – einschließlich der von einem Humanisten seines Schlages heilig gehaltenen Kirchenväter Augustinus, Hieronymus und Gregor von Nazianz – überrage.[120] Dieses Urteil verdeutlicht, daß der akut mit dem Bann Bedrohte auch im täglichen Umgang kein verschrecktes Nervenbündel gewesen sein wird, sondern jene kühle Souveränität ausgestrahlt haben mag, die dem Gefangenschafts- wie dem Freiheitstraktat eignet. In ironischer, ja sarkastischer Manier geht er mit denen ins Gericht, die ihn bei Leo X. diskreditiert hatten, allen voran Eck,[121] den die eigentliche »schuldt«[122] trifft. Holt er in der Gefangenschaftsschrift zu einem ›ketzerischen‹ Befreiungsschlag aus, der seinen großmäuligen Gegnern neue Arbeit gibt, weil sie den neuen ›Ketzereien‹, mit denen er hervordrängt, hinterherjagen müssen,[123] so wirft er sich dem Papst, dem hochgelehrten, untadeligen Mann, dessen Person er niemals habe angreifen wollen, vor die Füße, freilich nicht, um dessen Huld zu erbitten, sondern ihn aufzufordern, den ›Schmeichlern‹, die die eigentlichen Feinde des Petrusamtes sind, Einhalt zu gebieten.[124] Die rhetorische Proskynese schlägt in dem ostentativ moderaten *Sendbrief an Leo X.*, in dem sich Luther auf Mil titz' eigenmächtige, wohl jedes kurialen Rückhaltes entbehrende diplomatische Aktion mit Rücksicht auf den kursächsischen Hof und seinen Orden einließ, freilich sogleich in einen unmißverständlichen Bekenntniston um: »Das ich aber solt widderruffen meyne lere, da wirt nichts auß.«[125] Auch wenn der Papst als Person von der Verantwortung dafür entlastet wird, was die ihn umgebenden Schmeichler aus Rom gemacht haben – selbst gegenüber dem Papst tituliert Luther die in *De captivitate* als babylonisches Reich bezeichnete »Romische Kirche«[126] als »mordgruben über alle mordgruben«,[127] in der es schlimmer zugehe als ›beim Türken‹.[128] Sie ist vom Regiment des »Endchrist«[129] eigentlich nicht mehr zu unterscheiden. Und es ist doch wohl denkbar bitterste Ironie, wenn Luther den heiligsten Vater Leo, den Löwen, »wie eyn schaff unter den wolffen und gleych wie Daniel unter den Lawen«[130] schildert. Ihm, Leo, dem Löwen in der Löwengrube, müsse der Mönch aus Wittenberg aus der christlichen Pflicht zur Nächstenliebe heraus[131] gegen die römischen Kurtisanen beistehen, um die Gefahr, die seiner Seele droht, abzuwenden!

Interessanterweise beruft sich Luther in seinem *Sendbrief* gleich zweimal auf das Vorbild des heiligen Bernhard von Clairvaux,[132] der dem dem Zisterzienserorden entstammenden Papst Eugen III. (reg. 1145-53) in einer seiner verbreitetsten Schriften, *De consideratione*, nachdrücklich ins Gewissen geredet hatte. Bernhard hatte vor Prunk und Machtentfaltung, aber auch vor den Kurienkardinälen am römischen Hof gewarnt und Empfehlungen zu geben versucht, die dazu dienen sollten, den spirituellen und sittlichen Bankrott des Inhabers des Petrusamtes zu verhindern. Eine sehr breite und komplexe mittelalterliche Rezeptionsgeschichte der Schrift hatte sich angeschlossen; nicht nur in kritischen ›Klageliedern‹ über die sittliche Verfallenheit Roms bei Marsilius von Padua, Ockham, Petrarca und anderen hatte Bernhards *De consideratione* Aufnahme gefunden, sondern auch die Päpste schätzten diese Schrift, und im Kontext der Begründungen ihrer Vollmachtsansprüche wurde sie regelmäßig herangezogen. Selbst Kirchenkritiker wie Hus und Wyclif bezogen sich auf sie.[133]

Indem sich der verketzerte Mönch die Autorität Bernhards, des größten lateinischen Mönchstheologen des Mittelalters, des Gegners der Frühscholastik und Lehrers des Papsttums, zu eigen machte und wie dieser einen Papst belehrte, unterstrich er, allen Demutsattitüden zum Trotz, seinen eigenen Wahrheitsanspruch und bekräftigte, daß Rom in noch weitaus schlimmerem Maße als zu Bernhards Zeiten unter Gottes Zorn stehe und »eyn weyt auffgesperreter rache[n] der helle«[134] geworden sei. Luther präsentierte sich im *Sendbrief* also als Bewahrer der ehrwürdigsten Traditionen der lateinischen Christenheit, die ihre zeitgenössischen Sprecher in Rom verraten hätten. Unbescheidener konnte man, was den eigenen Wahrheits- und Autoritätsanspruch anging, schwerlich auftreten. Insofern fügt sich der *Sendbrief*, unbeschadet der diplomatischen Erwartungen, die andere an ihn knüpfen mochten, kongenial in Luthers Handlungslogik des Spätjahres 1520 ein. Sie war durch die radikale theologische Infragestellung der römischen Sakramentskirche in *De captivitate Babylonica* (Oktober), die provokative Erneuerung der ihm in der Bulle besonders zur Last gelegten Appellation an ein allgemeines Konzil (November), die rituelle Inszenierung der Exkommunikation der Papstkirche am 10. 12. und ihre publizistische Proklamation in Gestalt einer auf deutsch und lateinisch erschienenen Flugschrift dramatisch geprägt und folgte einer unmißverständlichen Konsequenz.

DER BRANDSTIFTER

Der Wittenberger Mönch, der angetreten war, die durch bestimmte Ablaßpraktiken in ihrer Glaubwürdigkeit gefährdete römische Kirche zu retten, vollzog in den letzten Monaten des Jahres 1520, als rechtlich ordnungsgemäß verurteilter Ketzer, einen historisch beispiellosen Vernichtungs- und Exorzisierungsakt, mit dem er die »boßheyt und das vorterben ßo unwidderstatlich«,[135] also nicht mehr korrigierbar, beseitigen wollte. Jene Kirche, die Luther verurteilt und seines Lebensrechts beraubt hatte, war nicht reformierbar: Sie basierte auf Sakramenten, die die Bibel nicht kannte und die Christus nicht eingesetzt hatte; sie hatte das Abendmahl durch Kelchentzug, eine auf die Kumulation von Verdiensten gegenüber Gott gegründete Meßopfertheorie und die Transsubstantiationslehre tiefgreifend verdorben und auch in bezug auf Taufe und Buße das Glauben weckende, durch ein äußeres Zeichen bekräftigte Verheißungswort bis zur Unkenntlichkeit verstümmelt beziehungsweise in den Hintergrund gedrängt; anstatt durch die Schrift und die Kirchenväter theologisch zu überzeugen und geistlich einzunehmen, entschied sie mittels autoritärer Rechtsakte; sie zerteilte die Gemeinde Christi in berechtigte Kleriker und hörige Laien; sie stellte sich ohne biblische Begründung, allein aufgrund eigenmächtiger Rechtssetzungen, über das Konzil; das kanonische Recht und verdienstliche Werke galten in ihr mehr als der Glaube, Christus und das Evangelium. Eine solche Kirche konnte Luther nur hassen; sie wollte er vernichten.

Daß sein Vernichtungswille gegenüber dieser Kirche nicht bedeutete, alle die Traditionen des abendländischen Christentums, die diese bisher repräsentiert oder für sich in Anspruch genommen hatte, zu verwerfen, versteht sich von selbst. Luther gab nicht die ›mittelalterliche‹ Geschichte der Kirche und des Christentums dahin, er verwarf auch nicht die theologischen und spirituellen Traditionen dieser Kirche im ganzen; schon gar nicht vollzog er eine Trennung von den gläubigen Menschen, die in dieser Kirche gelebt hatten, aufgewachsen waren, ihr vertraut hatten und durch sie getäuscht, ausgenutzt und betrogen worden waren. Und deshalb trifft auch der Hinweis darauf, daß Luther diesen oder jenen frömmigkeitstheologischen oder mystischen Faden aufgenommen und weitergesponnen habe, nicht das Problem der kirchengeschichtlichen Wegscheide, die sich am Ende dieses Entscheidungsjahres 1520 auftat. Die Kirche Roms, die Sprecherin jener Priester-, Amts- und Rechtsanstalt, die Luther verurteilt hatte, war nicht zu retten. Die Reformation dieser Kirche scheiterte spätestens mit der demonstrativen, als Rechtsakt der ›wahren‹, gegen die ketzerische Papstkirche inszenierten und ›promulgierten‹ Vernichtung ihrer Rechts- und Lehrgrundlagen in Gestalt des *Decretum Gratiani*, einiger scholastischer Lehrwerke, einiger Beichtsummen und schließlich der letzten ›Frucht‹, die diese hervorgebracht hatte, der Bannandrohungsbulle. Nur weil der Brandstifter vor dem Elstertor eben kein sich revoltierend gebärdender, mit der Ernsthaftigkeit seines monastischen, priesterlichen und professoralen Standes brechender Aufrührer, sondern ein diese aus der Freiheit eines Christenmenschen heraus bewährender und aktualisierender Lehrer der Kirche sein wollte, der nicht in eigener Vollmacht, sondern mit den Worten seines Herrn – »weil du die Wahrheit Gottes verderbt hast, verderbe dich heute der Herr« (nach Ps 21,10)[136] – das Ketzergericht über die Papstkirche vollstreckte, wurde dieser 10. 12. 1520 nicht zum Fanal einer Revolution gegen das ›Establishment‹, das wohl einige Studenten darin sehen wollten. Es wurde zum Fanal eines Verständnisses des Christentums, das in der Freiheit des »ynwendigen geystlichen menschen«,[137] im Vertrauen auf das Wort Christi beziehungsweise das Evangelium, gründete und sich durch keine äußerliche Gewalt niederzwingen lassen wollte. Das Zerstörungswerk des 10. 12. 1520 barg die Chance eines neuen kirchlichen Anfangs in sich.

Das »rechtschaffene und gottesfürchtige Spektakel«[138] der Verbrennung des antichristlichen kanonischen Rechts, das durch von Melanchthon verfaßte Aushänge den Studenten bekanntgemacht und als universitäre Veranstaltung inszeniert wurde, stand für diejenigen, die die Aktion relativ kurzfristig, übrigens mit Wissen der kursächsischen Administration, geplant und durchgeführt hatten, in einem apokalyptischen Horizont. Nun sei wohl die Zeit, da der Antichrist offenbar werden sollte,[139] hatte es auf der Einladung zu der Aktion bei der Heiligkreuzkapelle vor dem Elstertor, wo auch der Schindanger der Stadt lag, geheißen. Und in seiner Psalmenvorlesung ermahnte Luther seine Zuhörer am kommenden Tag, sich vom Papsttum und seinen Satzungen loszusagen. Man könne sein Seelenheil nicht erlangen, wenn man dem päpstlichen Regiment nicht entgegentrete. Das Reich des Papstes und das

Reich Christi beziehungsweise ein christliches Leben *(vita Christiana)*[140] seien unvereinbar. Der Gegensatz war definitiv und unüberbrückbar geworden und hatte in der Vorstellungswelt der Wittenberger Protagonisten endzeitliche Dimensionen angenommen. Luther und mit ihm seine Anhänger waren zu Ketzern geworden, nachdem vielleicht genau an jenem Tag, dem 10. 12., die Widerrufsfrist der Bannandrohungsbulle abgelaufen war (s. o. S. 279). Seinen Studenten aber erschien Luther als »ein Engel des lebendigen Gottes, der die umherirrenden Schafe Christi allein mit dem Wort der Wahrheit weidet«.[141] Die sich nach und nach steigernde Charismatisierung des Wittenberger Propheten am Ende der Zeiten bildete eine der Voraussetzungen dafür, daß ihm ein Autoritätsgewinn zuwuchs, der einen Neubeginn für die Kirche, seine Kirche, die nach Maßgabe des Evangeliums gestaltete Kirche Christi, möglich machen sollte.

DER WEG NACH WORMS

Die Bannbulle

An der Frage des reichspolitischen Umgangs mit dem römischen Ketzerurteil zeigten sich erstmals jene strukturellen Spannungen zwischen kaiserlichen, ständischen und kurialen Interessen, die den weiteren Verlauf der Reformation auf der Ebene des Reichs bestimmen sollten. Mit der unter dem Datum des 3. 1. 1521 promulgierten Bannbulle *Decet Romanum Pontificem*,[142] die dem Nuntius auf dem im Januar zusammentretenden Reichstag, Hieronymus Aleander, zusammen mit dem Inquisitionsbreve *Apostolicae sedis providentiae*[143] zuging, war die Verurteilung Luthers und seiner Anhänger offiziell abgeschlossen. Das Inquisitionsbreve, das an Albrecht von Mainz und die in Deutschland weilenden Nuntien Eck, Aleander und Marino Caracciolo (1459-1538) gerichtet war, bestimmte den Erzbischof und Reichserzkanzler zum Generalinquisitor für ganz Deutschland und gewährte ihm sämtliche kirchenrechtlichen Instrumente wie Exkommunikation, Interdikt, Konfiskation der Güter und Gefangennahme, um die Ketzerei aus Deutschland auszutreiben. Am 28. 3. 1521 hatte Luthers Name in der päpstlichen Gründonnerstagsbulle, in der traditionell die verurteilten Feinde der römischen Kirche aufgeführt und abgekündigt wurden, Aufnahme gefunden. Aus römischer Sicht war der ›Fall Luther‹ damit erledigt. Alles andere war lediglich eine Angelegenheit des weltlichen Arms, dem die Exekution dieser Entscheidung oblag.

In einem an den Kaiser gerichteten Breve (18. 1. 1521) schärfte Leo X. dessen Verpflichtung ein, die römische Verurteilung Luthers im Reich bekanntzumachen, gegen die Häretiker vorzugehen, ihre Bücher zu vernichten und ihre Lehren zu unterbinden. Der Kaiser solle, seiner Verpflichtung zur Verteidigung der katholischen Kirche entsprechend, ein allgemeines Edikt für ganz Deutschland erlassen, das alle Christen vor der neuen Ketzerei warne.[144] Damit war der Grundgedanke jenes Wormser Edikts des Kaisers fixiert, das fortan die reichsrechtliche Grundlage für die Verfolgung der lutherischen ›Ketzerei‹ und den festen Maßstab der Religionspolitik Karls V. bilden sollte. Bei einer Rede vor dem Reichstag überreichte Aleander das Breve und entfaltete abermals, daß die Luthersche Häresie überaus gefährlich sei, daß kein Laie über sie disputieren dürfe und daß die weltlichen Obrigkeiten unter der Führung des Kaisers verpflichtet seien, die Ketzerverfolgung zu exekutieren.[145]

Auf der Ebene der Diplomatie betrieb der kursächsische Hof auch weiterhin seine Politik, das römische Urteil durch eine unabhängige Instanz des Reiches beziehungsweise durch ein Gelehrtengericht überprüfen und Luther die bisher versagte theologische Auseinandersetzung auf der Grundlage der Bibel doch noch zuteil werden zu lassen. Während der Kaiser in dieser Angelegenheit schwankte und eine zunächst gegebene Zusage, einer Verhandlung der Sache Luthers zuzustimmen, unter dem Einfluß Aleanders wieder zurückzog, verfolgte Kurfürst Friedrich sein Anliegen weiter und erreichte schließlich, daß die Stände ihn unterstützten. So forderten sie am 19. 2., daß Luther von einer unabhängigen Instanz verhört werden solle; dabei spielte einerseits die Anknüpfung an ältere Forderungen des Reichs eine Rolle, Deutschland betreffende Exkommunikationsentscheide nicht definitiv in Rom treffen zu lassen; andererseits argumentierte man mit der Gefahr eines Aufruhrs des ›gemeinen Mannes‹, die in dem Maße wachse, in dem die Glaubwürdigkeit der gegen Luther ausgesprochenen Verurteilung fraglich sei.[146] Inhaltliche Affinitäten der Stände zu Luthers Theologie wird man daraus schwerlich ableiten können; allerdings war schon zu Beginn der Verhandlung der ›Luther-Sache‹ auf Reichsebene deutlich, daß die traditionelle Verbindung von päpstlicher Verurteilung und kaiserlicher beziehungsweise weltlicher Exekution im Reich nicht mehr widerspruchslos funktionierte, ja durch die jahrzehntelange Tradition der *Gravamina der deutschen Nation* (s. o. S. 54) innerlich ausgehöhlt worden war.

Auf dem Weg nach Worms

Daß Luther unter dem Datum des 6. 3. 1521 vom Kaiser selbst vorgeladen wurde, »der Leren und Buecher halben, so ain zeither von dir ausgegannngen sein, erkundigung von dir zuempfahen«,[147] und er zugleich den Geleitschutz für die Hin- und Rückreise erhielt, war zunächst ein Erfolg der ständischen beziehungsweise kursächsischen Politik und eine Niederlage Aleanders, der darin zu Recht eine Relativierung der päpstlichen Rechtsvollmachten sah. Während der Reise nach Worms, in der Luther in einer kleinen Gesellschaft unterwegs war, die unter anderem aus einem Ordensbruder, seinem Freund und Kollegen Nikolaus von Amsdorff und dem Erfurter Juristen Justus Jonas bestand, wurde ihm ein kaiserliches Mandat vom 10. 3. bekannt,[148] das die Auslieferung (Sequestration) aller Lutherschriften an die weltlichen Obrigkeiten anordnete. Seiner Entschlossenheit, seine Sache auf der wichtigsten politischen Bühne des Reichs zu vertreten, und wohl auch seiner Hoffnung, eine noch offene Situation anzutreffen, in der mit theologischen Argumenten etwas auszurichten sei, scheint das Mandat keinen Abbruch getan zu haben. Und die ganz überwiegend begeisterte Aufnahme, die Luther in vielen Städten fand, beflügelte ihn und führte ihm vor Augen, welchen Bekanntheitsgrad er inzwischen besaß und welche Zustimmung er in breiten Bevölkerungskreisen erfuhr. Die Tatsache, daß Luther in einer ganzen Reihe von Orten – entgegen dem Verbot der gegen ihn ergangenen Bullen – zu predigen gebeten wurde, zeigt deutlich, daß die Furcht vor dem römischen Bann ihre Grenzen hatte.

Die Erfahrungen, die Luther auf der Reise nach Worms gemacht hat, dürften ihm eine Bestätigung dessen geliefert haben, was er vor allem in der Adelsschrift postuliert hatte: Eine von der römischen Jurisdiktion unabhängige Reform der Kirche im Reich stellte eine realistische Option dar. Auf eine ihm von Martin Bucer überbrachte Einladung Franz von Sickingens, auf die Ebernburg zu kommen und dort Geheimverhandlungen mit dem Beichtvater Karls V., dem Franziskaner Jean Glapion (um 1460-1522), zu führen, ließ Luther sich nicht ein. Das verdeutlicht, daß er von der Hoffnung getragen war, mit seinen Anliegen vor Kaiser und Reich bestehen zu können. In einem späteren Rückblick erinnerte er sich, er sei allen Warnungen zum Trotz »unerschrocken«[149] nach Worms gezogen; auch wenn so viele Teufel in der Stadt wären wie Ziegel auf den Dächern, habe er hineingewollt, da Gott ihn »so toll«[150] gemacht habe. Ein entsprechender Brief, den er wohl am 14. 4. aus Oppenheim, wo er mit Bucer zusammengetroffen war, an Spalatin gerichtet hat, bestätigt, daß diese Stimmung seinem damaligen Empfinden entsprach.[151]

Das Verhör vor dem Kaiser

Diese von Gott verliehene ›Tollheit‹ – also Verwegenheit – bedeutete wohl, daß Luther, nicht zuletzt aufgrund der Erfahrungen der Reise, mit der Möglichkeit rechnete, daß die wichtigste politische Bühne des Reiches ihm zur entscheidenden

Chance werden könnte, den Makel der Ketzerei abzuwerfen. Er hatte mit einer Disputation gerechnet und – wie er unmittelbar nach dem fluchtartigen Aufbruch aus Worms in einem Brief an seinen Freund Lucas Cranach schrieb – gemeint, »Kais. Maj. sollt ein Doctor oder fünfzig haben versammlet und den Münch redlich überwunden«.[152] Doch was ihm statt dessen begegnete, war ein Verhör, gleich am Tag nach seiner Ankunft, dem 17. 4. 1521, das ihm lediglich die Beantwortung zweier Fragen zugestand: erstens, ob er sich zu etwa 20 Schriften bekenne, die auf lateinisch und deutsch abgefaßt waren und ihm vorgelegt worden waren, und zweitens, ob er bereit sei, ihren Inhalt zu widerrufen. Der kursächsische Jurist Hieronymus Schurff, der als Luthers Rechtsbeistand zugegen war, forderte auf diese Anfrage des im Auftrag des Kaisers agierenden Dr. Johannes von der Ecken, des Offizials des Trierer Bischofs, daß die einzelnen Titel der Schriften verlesen würden, was auch geschah. Daraufhin bekannte sich Luther, wie von der Ecken abwechselnd deutsch und lateinisch redend, zu seiner Autorschaft. Für die Beantwortung der zweiten Frage erbat er sich Bedenkzeit, die ihm nach einer Beratung des Kaisers und der Fürsten mit der Bemerkung gewährt wurde, eigentlich habe er aufgrund seiner Vorladung wissen sollen, weshalb er herzitiert worden sei. Doch gerade angesichts der kaiserlichen Vorladung, in der ja von einer »erkundigung« die Rede gewesen war, dürfte Luther von der Widerrufsforderung ehrlich überrascht gewesen sein. Einer solchen zu entsprechen hätte es ja auch schwerlich jener ›Tollheit‹ bedurft, die ihn nach Worms drängte.

In seiner Antwort, die er am folgenden Tag, dem 18. 4., in Form einer gründlich vorbereiteten, aber frei vorgetragenen Rede gab, bekannte er sich noch einmal zu seinen Schriften, sofern sie unverändert geblieben waren, und teilte sie in drei unterschiedliche Kategorien ein: erstens, die seelsorgerlich-erbaulichen, die allgemein anerkannt würden und keines Widerrufs bedürften; zweitens, die Schriften gegen das Papsttum, die sich auf die Bibel, die Kirchenväter, kirchenkritische Stimmen aus dem Reich wie die *Gravamina* und sogar auf einzelne Aussagen des kanonischen Rechts berufen könnten und die er deshalb nicht widerrufen wolle, weil dies bedeuten würde, vor dem Papsttum zu kapitulieren; und drittens, seine kontroverstheologischen Schriften gegen einzelne römische Theologen. Hier gestand er ein, vielfach zu heftig gewesen zu sein, doch in der Sache zu keinem Widerruf Anlaß zu haben.[153] Luthers Rede schloß mit dem Appell an den Kaiser, die ihm widerfahrende Verunglimpfung durch die römischen Gegner nicht zu akzeptieren.

Nach einer Zwischenberatung mit dem Reichsoberhaupt forderte von der Ecken Luther zu einer eindeutigen Antwort auf die Frage auf, ob er zum Widerruf bereit sei oder nicht. In seiner Replik verweigerte Luther dies definitiv; solange sein Gewissen durch die Worte der Schrift gefangen sei, könne er nicht widerrufen. »Denn es ist unsicher und bedroht die Seligkeit, etwas gegen das Gewissen zu tun. Gott helfe mir. Amen.«[154] Luther selbst scheint erleichtert gewesen zu sein, als das Verhör hinter ihm lag und er der Versuchung zum Widerruf widerstanden hatte. Die sich anschließenden Verhandlungen mit den Ständen, denen der Kaiser aus politischen Rücksichten nachgegeben hatte, zeitigten kein anderes Ergebnis, als daß Luther eine Woche später, am 25. 4., den Bescheid des Kaisers erhielt, daß er gegen ihn als Feind des katholischen Glaubens vorgehen werde und daß ihm untersagt sei, während der Rückreise unter kaiserlichem Geleit in Wort und Schrift an die Öffentlichkeit zu treten.

Nach dem Verhör

Aus der frühesten Reflexion über die Wormser Vorgänge, die von Luther bekannt ist, geht hervor, daß er ihre Bedeutung sehr nüchtern einschätzte. Zwei Tage, nachdem er Worms mit einigen Wittenbergern verlassen hatte, am 28. 4., schrieb er von Frankfurt aus an Cranach: »So ist nichts mehr hie [nämlich in Worms] gehandelt denn so viel: Sind die Bücher dein? Ja. Willtu sie widerrufen oder nicht? Nein. So heb dich! O wir blinden Deutschen, wie kindlich handeln wir und lassen uns so jämmerlich die Romanisten äffen und narren!«[155] Seine auf der Linie der Adelsschrift liegende Hoffnung, die antirömischen Tendenzen auf der höchsten Ebene des Reichs bündeln und für eine nationalkirchliche Reformstrategie mobilisieren zu können, hatte sich als überzogen erwiesen und war an dem Rechts- und Machtsystem der römischen Kirche und am Kaiser gescheitert. Aleander war davon überzeugt, daß Luthers Auftritt vor dem Reichstag seinem Ansehen empfindlich geschadet habe.[156] Dem Nuntius war nicht zweifelhaft, daß Kaiser Karl vom ersten Anblick des Mönches an entschlossen war, ihn zu bekämpfen. Insofern übte das Wormser Verhör auf den weiteren Gang der Ereignisse allenfalls eine retardierende Wirkung aus. Eine weithin ausstrahlende Manifestation des ›Aufstandes des allein an das Gotteswort gebundenen Gewissens‹ gegen das ›Menschenwort‹ der Mächtigen in Kirche und Politik war das Wormser Szenario erst für eine spätere Zeit.

So politisch wirkungslos auch die einzige Lebenssituation geblieben ist, in der der Wittenberger Theologieprofessor persönlich im Rampenlicht der wichtigsten Repräsentanten des Reichs gestanden hat, so wichtig wurde seine Verweigerung des Widerrufs für die reformatorische Bewegung. In Worms war Luther abermals eine Widerlegung seiner Lehre mittels der Schrift verweigert worden; dies mußte die Überzeugung all derer beflügeln, die meinten, daß seine Lehre eben der Bibel entsprach und deshalb unwiderlegbar wahr sei. Diese Wirkung des Wormser Verhörs im Horizont der öffentlichen Meinung war zunächst weder für Luther selbst noch für den Kaiser unmittelbar absehbar. Aber sie zeigte sich bald in einem immer offeneren Widerstand gegen die kaiserliche Religionspolitik, die dauerhaft mit der Hypothek belastet blieb, eine Lehre mit den Mitteln äußerer Gewalt niederzwingen zu wollen, ohne deren innere Unwahrheit erwiesen zu haben. Insofern lag das Scheitern der kaiserlichen Religionspolitik, das erst über drei Jahrzehnte später definitiv besiegelt war, in Worms selbst beschlossen. Denn daß über die Fragen der christlichen Lehre, über das religiöse Wahrheitsbewußtsein, das Luther aktiviert hatte, nicht mit den Mitteln kirchenrechtlicher und staatlicher Gewalt, sondern nur aufgrund der Bibel, der Kirchenväter, der Vernunft entschieden werden könne, leuchtete offenbar zu vielen Zeitgenossen ein, die ohnehin der Erfahrungen mit der Inquisition weithin entbehrten.

Deshalb wurde der ›unverhörte‹ und nicht durch die Schrift widerlegte Bettelmönch zu jener charismatischen, heroischen Gestalt, deren Bildnis in den Mustern der Heiligenikonographie visualisiert und dessen Person in Analogie zum schuldlos leidenden Christus gedeutet wurde (siehe Abb. 12-15). Aleander berichtete nach Rom, daß einige Lutheranhänger in aller Öffentlichkeit die Meinung vertreten hätten, daß Luther »ohne jede Sünde sei und daher nie geirrt habe, daß er deshalb unzweifelhaft über St. Augustin zu stellen, der ein Sünder war, der irren konnte und geirrt hat«.[157] Und er kannte bereits jene Holzschnitte, die Luther mit einer »Taube über dem Haupte« und mit der »Strahlenkrone«[158] darstellten und von denen er wußte, daß seine Anhänger sie küßten, das heißt in Analogie zu Heiligenbildnissen mit religiöser Devotion behandelten.

Die im historischen Umfeld des Wormser Reichstages entstandene anonyme Flugschrift *Passio Doctoris Martini Lutheri*, die es auf drei lateinische und acht deutsche Ausgaben brachte,[159] verglich Luthers Geschichte in Worms mit dem Prozeß Jesu in Jerusalem und inszenierte so auch Luthers eigene Überzeugung, daß jede Gewalt gegen sein Wort Gewalt gegen Christus selbst bedeute. Der Luther dieser höchst kunstvoll komponierten Passionsumdichtung ist das Exempel eines wahren Christen; deshalb scheitert auch der Versuch seiner Peiniger, ihn *in effigie* (wörtlich: »im Bild«), das heißt symbolisch, neben den Bildnissen Karlstadts und Huttens zu verbrennen.[160] Ausgerechnet der Verfolgte, zu Unrecht Verurteilte, der Bekenner und Nachfolger Christi wird jene charismatische Gestalt, derer der politische Sieger von Worms, Kaiser Karl V., nicht mehr Herr werden sollte. Für Luther wie für seine Anhänger ergab sich gerade aus der Niederlage von Worms, aus dem vermeintlichen Sieg der Ungläubigen am Kar-

Abb. 12: Luther als Augustinermönch (erste Darstellung; Kupferstich von Lucas Cranach d. Ä., 1520)

Abb. 13: Luther als Augustinermönch (zweite Darstellung; Kupferstich von Lucas Cranach d. Ä., 1520)

Abb. 14: Hans Baldung Grien, *Martin Luther, ein Diener Jesu Christi* 〈…〉 (Holzschnitt, 1521)

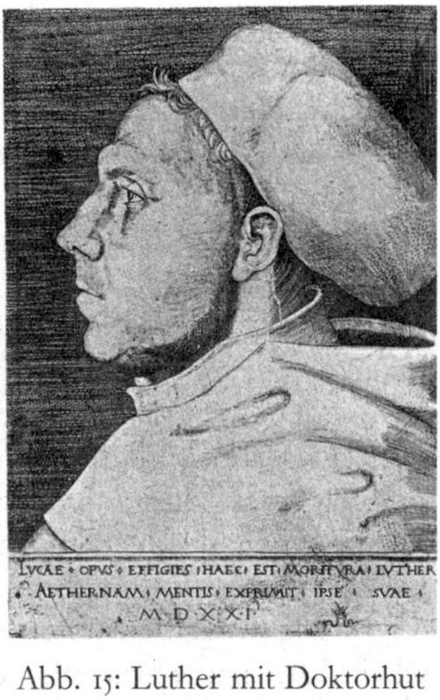

Abb. 15: Luther mit Doktorhut (Kupferstich von Lucas Cranach d. Ä., 1521)

freitag, die Gewißheit eines österlichen Triumphes der Gerechten.[161] In Worms selbst freilich war der Triumph Luthers, der Sieg seiner ›Ketzerei‹, nur in Gestalt der Verborgenheit unter seinem Gegenteil da: der reichspolitischen Machtdemonstration des jungen Kaisers, auf den Luther zu Unrecht gehofft hatte. Als Luther auf Geheiß seines Landesherrn während der Heimreise vom Wormser Reichstag bei einem vorgetäuschten Überfall verschleppt und für etwa ein Dreivierteljahr vor den Augen der Öffentlichkeit verborgen wurde, leistete dies der Auratisierung seiner Person weiteren Vorschub. In den leidvollen, einsamen Monaten über dem Thüringer Wald, auf der Wartburg, reifte der Mönch und Theologieprofessor endgültig zum Reformator.

Das Wormser Edikt

Das schließlich auf den 26. 5. 1521 datierte Wormser Edikt, das von nur mehr wenigen anwesenden Reichsständen beraten und ohne ausdrückliche ständische Zustimmung in Kraft gesetzt wurde, bildete fortan den maßgeblichen religionspolitischen Orientierungspunkt Kaiser Karls. Unter ausdrücklicher Anerkennung der dem Kaiser vom Papst zugewiesenen Rolle des Schutzherrn der Kirche und seiner Aufgabe einer »execution und volziehung«[162] des päpstlichen Bannes verfügte Karl V. in dem maßgeblich von Aleander entworfenen Achtedikt über Luther, daß niemand den Ketzer beherbergen, versorgen, verstecken oder ihm irgendeine Hilfe leisten dürfe, sondern jedermann verpflichtet sei, ihn zu ergreifen oder zu denunzieren und in kaiserlichen Gewahrsam zu überführen. Auch jedem, der Luther unterstütze oder ihm anhänge, galt die Reichsacht. Luthers Schriften seien ausnahmslos zu verbrennen oder sonst irgendwie zu vernichten; anonyme Publikationen und alle dem katholischen Glauben widersprechenden Druck-Erzeugnisse seien verboten, auch ihr Besitz, Vertrieb usw. werden unter Strafe gestellt. Fortan solle jede Schrift, die den »christenlichen glauben wenig oder vil anrüret«,[163] der Zensur des zuständigen Ortsbischofs unterliegen und zugleich der Zulassung der nächstgelegenen theologischen Fakultät bedürfen. Aber auch andere Veröffentlichungen sollten nur mit »wyssen und willen«[164] des Bischofs erscheinen dürfen. Diese ausführlichen, zensurgeschichtlich innovativen Bestimmungen des Wormser Ediktes reflektieren auf ihre Weise, daß der Druckpublizistik die herausragende Bedeutung für das Entstehen und die Ausbreitung der reformatorischen Bewegung zugekommen ist.

Wäre das Wormser Edikt, wie der Kaiser anordnete,[165] allgemein verbreitet und befolgt worden, hätte es sicher das Ende der Reformation bedeutet. Doch die Rezeption des Wormser Edikts war eine Sache jedes einzelnen Reichsstandes. Dabei aber zeigte sich, daß auch der Kaiser, ebenso wie Luther, bei dem Versuch scheiterte, die Religionsfrage auf der Ebene des ganzen Reiches einheitlich zu lösen. Insofern bildet der Wormser Reichstag den eigentlichen Auftakt der deutschen Reformationsgeschichte.

KAPITEL 4
DER SOG DER VERÄNDERUNG

ALLGEMEINES PRIESTERTUM, EINHEIT UND VIELFALT DER REFORMATORISCHEN BEWEGUNG

Mit der biblischen Konzeption des allgemeinen Priestertums der Gläubigen beziehungsweise Getauften (1 Petr 2,5 ff.; Apk 1,6) hatten die Wittenberger die theologische Theorie dafür geliefert, daß die weltlichen Obrigkeiten in Stadt und Land, aber auch die einfachen Christen in je ihrem Stand eine Mitverantwortung für die Reformation der Kirche zu übernehmen berechtigt und verpflichtet waren. In bezug auf Luther ist nicht zu bestreiten, daß diese theologische Vorstellung vom allgemeinen Priestertum als ekklesiologische Konkretion seiner Rechtfertigungslehre zu werten ist:[1] Weil der einzelne Mensch vor Gott allein aufgrund seines Glaubens an und seines Vertrauens auf das ihm um Christi willen in Predigt und Sakrament zugesprochene Wort der Versöhnung zu bestehen vermag, weil ferner alle Christen *sola fide* (»allein aus Glauben«) vor Gott berechtigt sind, sind sie auch je nach ihrer gesellschaftlichen Position ermächtigt, an der äußerlichen Gestaltung der Kirche im Sinne des Evangeliums mitzuwirken. Aus der dramatischen Entlastung und Zuspitzung des Gottesverhältnisses, in dem sich nun alles am Glauben entschied, erwuchs für Luther eine neuartige Inpflichtnahme aller Christen für die empirische Lebensgestalt der Christenheit – die Kirche.

Die Vorliebe für den Begriff Christenheit gegenüber dem der Kirche, die Luther insbesondere in den zwanziger Jahren erkennen ließ, ergab sich aus seiner theologischen Konzentration auf die Glaubensgerechtigkeit der Gemeinschaft der an

Christus Glaubenden, die nicht durch bestimmte räumliche oder zeitliche Kontingenzen eingegrenzt, sondern universal gedacht werden sollte. Luther wußte sich an die eine und ganze Christenheit auf Erden[2] gewiesen und strebte in keiner Phase seiner Entwicklung an, das theologische Haupt einer Partikularkirche zu werden. Nur dann, wenn man die Konzeption des allgemeinen Priestertums der durch Taufe und Glauben vor Gott gleichberechtigten Christenheit als ekklesiologische Konkretion der Rechtfertigungslehre versteht, ist die These, es sei die Rechtfertigungslehre gewesen, die »die Massen 〈…〉 in Bewegung«[3] gebracht habe, aufrechtzuerhalten. Denn nicht als ›Lehre‹ im Sinne eines abgrenzbaren theoretischen Wissens, sondern als Konzeption, mit der man ›etwas anfangen‹ konnte, die in die Lebensgestaltung der Menschen eingriff und die die bisherigen Verhältnisse zu den kirchlichen Amtsträgern sowie zu den vielfältigen Heilsangeboten des kirchlichen Systems in Frage stellte, entfaltete die sogenannte reformatorische Rechtfertigungslehre eine elektrisierende Bedeutung in bezug auf das Verständnis und die Gestaltung des Christseins.[4] Von einer breitenwirksamen historischen Bedeutung der Rechtfertigungslehre für die zeitgenössische Christenheit oder die ›Massen‹ ist also insofern zu sprechen, als die theologische Exklusivierung des Gottesverhältnisses des Menschen durch den Glauben eine Sprengkraft enthielt, die wesentlichen Elementen und Erscheinungsformen des bestehenden Kirchentums die Grundlage entzog.

Wenn nach der heiligsten Urkunde, der Bibel, alles am Glauben hing und die Christenheit durch die professionellen Repräsentanten der Kirche darüber im unklaren gelassen, ja getäuscht und aus deren eigennützigen Interessen heraus betrogen worden war, mußte vieles dessen, was bisher für wert und wichtig gehalten wurde – das Stiftungswesen, das Mönchtum, die Sakramente, die Wallfahrten, die Bilder und vieles andere mehr –, als verdächtig, ja verabscheuungswürdig erscheinen und als Repressionsmittel des geistlichen Standes bekämpft werden. Der dramatische theoretische Reduktionismus der Rechtfertigungslehre, die das Heil des Menschen allein auf den durch das Wort vermittelten, auf Christus bezogenen Glauben gründete, stellte das vorfindliche Kirchenwesen der abendländischen Christenheit in einer Radikalität in Frage wie keine der mittelalterlichen ›Ketzereien‹ zuvor. Insofern bot die Rechtfertigungslehre eine theologische Legitimationsgrundlage für vielfältigstes Unbehagen an der Kirche und ihren Repräsentanten.

Auch im Blick auf die kirchenkritischen Potentiale, die sie enthielt, war die Rechtfertigungslehre eine geradezu revolutionäre Konzeption. Daß die Intentionen mancher der Akteure, die seit 1521 die historische Bühne betraten, mit dem, was Luther beabsichtigt hatte, weniger in bezug auf die positiven religiösen Motive als in Hinblick auf die kritisch-destruktiven Konsequenzen für das bestehende Kirchentum koinzidierten, gehört zur dramatischen Entwicklung der reformatorischen Bewegung und ihrer internen Differenzierungen und Verwerfungen hinzu. Bis in die Zeit des Bauernkrieges (1524/25) vermehrte sich die Zahl der reformatorischen Akteure und der spezifischen Aneignungs- und Umsetzungsformen der reformatorischen Botschaft zusehends. Die Opposition gegenüber der Papstkirche und ihren Repräsentanten, das Insistieren auf dem Schriftprinzip und die Kritik an unterschiedlichsten religiösen Praktiken und frommem Brauchtum, das mit ›Werkgerechtigkeit‹ in Verbindung gebracht wurde, können als gemeinsame ideologische Grundlage der sich in einer Vielzahl an Kampf- und Aktionsformen artikulierenden reformatorischen Bewegung identifiziert werden.

Der theologische und reformationsstrategische Aufspaltungsprozeß, den die reformatorische Bewegung bis in die Mitte der zwanziger Jahre hinein durchlief, begründete Scheidungen etwa zwischen ›Lutheranern‹ und ›Zwinglianern‹ beziehungsweise Reformierten oder zwischen obrigkeitsgeleiteten magistralen Reformationen und täuferisch-radikalreformatorischen Konzepten kleinerer Initiativgruppen, die die weitere Kirchengeschichte des Protestantismus dauerhaft bestimmen sollten. Seit der Mitte der zwanziger Jahre stellte sich *die* Reformation aus der Sicht ihrer Protagonisten weder in theologischer noch in religionspolitischer Hinsicht als Einheit dar. Aus der Sicht der Papstkirche und ihrer intellektuellen Vorkämpfer im Reich spiegelte sich in den innerreformatorischen Spaltungen nichts anderes als die in dem Erzketzer Luther selbst gründende Zersetzungskraft aller diabolischen Häresie. Historischen Bestand und insofern Einheit erhielt ›die Reformation‹ durch ihre jeweiligen Ausgestaltungen in spezifischen städtischen oder territorialen Gemeinwesen, mithin durch jenen Prozeß ordnungspolitischer Neugestaltung, der verstärkt in der zweiten Hälfte der zwanziger Jahre einsetzte.

FLUGSCHRIFTENPUBLIZISTIK

Unter den »Sturmtruppen der Reformation«,[5] die das Bollwerk des bestehenden Kirchenwesens erschütterten, kam den sogenannten Flugschriften eine herausragende Bedeutung zu. Darunter versteht man ungebundene, mehrheitlich in der Volkssprache abgefaßte, zumeist im Quartformat hergestellte, überwiegend auf aktuelle Debatten und Konflikte bezogene und relativ erschwingliche Druck-Erzeugnisse, die auf die Gesinnungen, Überzeugungen und Handlungsorientierungen ihrer Leser Einfluß zu nehmen versuchten, also propagandistische und agitatorische Qualitäten besaßen. Sie wurden durch ein rasch entstehendes mobiles Marktsystem, insbesondere durch Buchdrucker und fahrende Buchführer, an öffentlichen Orten oder in verborgenen Zusammenhängen vertrieben. Die zeitgenössischen Bezeichnungen für dieses Schrifttum lauteten »buchlin« oder *libellus*; die formalen Abgrenzungen gegenüber dem Flugblatt – in der Regel in einseitig bedrucktem Folioformat hergestellt – und dem Buch – zumeist größeren Umfangs und häufig solitär oder in kompakten Sammelbindungen tradiert – sind kaum strikt zu handhaben, und die Trennschärfe des im Nachgang der Französischen Revolution aus *feuille volante* entstandenen deutschen Begriffs ›Flugschrift‹ sollte nicht überschätzt werden. Auch die literarischen Formen der Flugschriften sind vielfältig und gehen häufig ineinander über: Predigten, Dialoge und Sendbriefe ragen in quantitativer Hinsicht heraus; auch Elemente akademischer Textsorten wie Thesen, Disputationen oder Kommentare begegnen häufig.

Hinsichtlich der Massenhaftigkeit ihres Auftretens sind Flugschriften ein im wesentlichen neuartiges Phänomen. In den Jahren zwischen 1521 und 1525 erreichte das Medium seinen Höhepunkt; von den rund 10 000 Flugschriftendrucken, die zwischen 1500 und 1530 erschienen sein sollen, kam mehr als die Hälfte in diesen fünf Jahren heraus. In der Zeit nach dem Bauernkrieg ist ein signifikanter Rückgang an Flugschriften im allgemeinen, an solchen mit einem laikalen Entstehungshintergrund im besonderen nachweisbar. Die quantitativen Befunde des Aufschwungs der Flugschriften bieten Anzeichen für einen Strukturwandel der »reformatorischen Öffentlichkeit«:[6] Eine vorübergehende Vielfalt der am agitatorisch-propagandistischen Diskurs beteiligten Stimmen mit einem bemerkenswert hohen Anteil an Autoren aus dem Laienstand mündete seit etwa 1525 in eine vornehmlich von Theologen geführte Diskussionssituation ein.

Auch in publizistischer Hinsicht läßt sich eine Initialphase deutlich von einer durch obrigkeitliche Unterstützung flankierten frühen Etablierungsphase der Reformation unterscheiden. Auch wenn man die unmittelbare gesellschaftliche Breitenwirkung, die die Flugschriften erreichten, nicht überschätzen sollte, da ihre Preise – im Falle eines mehrblättrigen Druckes sollen sie dem Kaufkraftäquivalent für ein Pfund Honig oder Schinken beziehungsweise dem halben Tageslohn eines oberdeutschen Arbeiters entsprochen haben[7] – für niedere Schichten, die in der Regel illiterat waren, zumeist zu hoch gewesen sein dürften, ist die mittelbare Ausstrahlungskraft dieser Literatur zweifellos höher einzuschätzen als die vieler anderer Druckschriften zuvor. Denn nicht allein die Käufer waren Leser; man las Flugschriften laut vor, im häuslichen Kontext, im Wirtshaus, im öffentlichen Raum, auf der Kanzel. Die lesekundigen Multiplikatoren trugen die Inhalte der Flugschriften weiter; auch die Weitergabe von Flugschriften war eine übliche Praxis. Der äußere ›Schmuck‹ vieler Flugschriften beschränkte sich auf die Titelseiten, die häufig mit Zierleisten ausgestattet wurden; Holzschnitte, die in einem inhaltlichen Bezug zu einer Schrift standen und also für einen bestimmten Druck produziert wurden, waren seltener. Doch Flugschriften fungierten auch als visuelle Träger gewisser Informationen, die von Nichtlesekundigen aufgenommen werden konnten. Der Großteil der überlieferten Flugschriftenbestände ist in zeitgenössisch eingebundenen Sammelausgaben auf uns gekommen,[8] die aus Buchbeständen von Gelehrten oder Adligen stammen; gerade diese Überlieferungssituation entspricht schwerlich den dominierenden zeitgenössischen Gebrauchsverhältnissen, die dadurch gekennzeichnet gewesen sein dürften, daß viele Exemplare schlichtweg ›zerlesen‹ wurden und niemals eine Bindung erhielten.

Zeitgenössische Angaben über Auflagenhöhen schwanken beträchtlich; als pragmatisch zu handhabender Durchschnittswert können rund 1000 Exemplare zugrunde gelegt werden. Rückschlüsse von der Zahl der heute nachgewiesenen Exemplare eines Druckes auf die Auflagenhöhe sind in Grenzen zulässig, führen aber selten zu verläßlichen Schätzungen. Da der Papierpreis ein entscheidender Kostenfaktor bei der Produktion gewesen ist und die Drucker in der Regel auf eigene Rechnung arbeiteten, das heißt die wirtschaftliche Gesamtverantwortung für ein Erzeugnis trugen, dürften auch Rückschlüsse von der typographischen Qualität und dem ästhetischen Aufwand eines Druckes auf seine Auflagenhöhe möglich sein. Überdies ist die Erwartung sachgerecht, daß Schriften bekannter und ›etablierter‹ Autoren in höheren Auflagen gedruckt wurden, weil das wirtschaftliche Risiko begrenzter war als bei unbekannten oder anonymen Verfassern, die ausschließlich über die Eindrücklichkeit ihrer Inhalte Aufsehen erregen konnten.

Die tatsächlichen, mehr noch freilich die fingierten Autoren decken ein ungewöhnlich breites Spektrum der zeitgenössischen Gesellschaft ab: Gelehrte und Handwerker, Ritter und Frauen (s. u. S. 439-451), Bauern und Fürsten, Könige und Mönche traten als Autoren in Erscheinung, beteiligten sich am Meinungskampf um theologische Fragen und warben für ihre Überzeugungen. Aus der schieren Masse des Materials heben sich einige Autoren als besonders erfolgreiche Flugschriftenpublizisten deutlich heraus; als uneinholbarer Spitzenreiter unter den Reformatoren hat Luther zu gelten.[9] Bis 1525 lagen von ihm 287 verschiedene Schriften in 1737 Ausgaben, davon 219 deutsche in 1465 Drucken, vor. Unter den nächst erfolgreichen ragen Karlstadt mit 47 deutschen Schriften in 165 und Melanchthon mit 47 lateinischen Schriften in 182 Ausgaben heraus. Der erfolgreichste Publizist unter den ›römischen‹ Kontroverstheologen, Johannes Eck, brachte es auf insgesamt 36 Schriften in 81 Druckausgaben, davon 28 lateinische (70 Ausgaben) und acht deutsche (elf Ausgaben). Das publizistische Übergewicht der Anhänger der Reformation war frappierend. Vielfach sind Klagen darüber bezeugt, daß altgläubige Autoren größte Schwierigkeiten hatten, Drucker zu finden, die sich auf das wirtschaftliche Risiko eines Drucks einzulassen bereit waren. Die theologisch begründete Zurückhaltung einiger altgläubiger Autoren, Fragen der Glaubenslehre vor dem Forum ungelehrter Laien in der Volkssprache abzuhandeln, trug mit dazu bei, daß die ›evangelische Seite‹ im Kampf um die öffentliche Meinung zügig die Oberhand gewann und im Spiegel der Publikationsquoten und Druckvolumina auch auf Jahre, ja Jahrzehnte hinaus behielt.

In den quantitativen Befunden der Flugschriftenproduktion den ökonomischen Mechanismus von Angebot und Nachfrage walten zu sehen ist prinzipiell berechtigt. Denn das wirtschaftliche Risiko eines Drucks war man natürlich dann zu übernehmen bereit, wenn man auf einen entsprechenden Absatz hoffen konnte. Insofern bezeugt die Menge der proreformatorischen Flugschriften, daß sie Käufer und sicher auch Leser fanden und daß die Zahl derer, die von den von Wittenberg ausgehenden Neuheiten angesprochen wurden, ungleich größer war als die der Anhänger der Papstkirche.

Die wichtigsten Druckorte reformatorischer Flugschriften waren – in der Reihenfolge ihrer Produktionsquoten – Augsburg, Wittenberg, Nürnberg, Straßburg, Leipzig, Erfurt, Basel und Zürich. In einer Druckmetropole wie Straßburg standen einer einzigen Offizin, die altgläubige Schriften herausbrachte, sieben bis acht gegenüber, die sich seit 1521/22 mehr oder weniger vollständig auf die Produktion reformatorischen Schrifttums verlegt hatten.

INHALTLICHE KONTUREN DER FLUGSCHRIFTEN

Die zentrale Bedeutung des gedruckten Wortes in der Reformationszeit ist von der religiösen Dignität des ›Wortes Gottes‹ in der reformatorischen Theologie nicht zu trennen. Denn die Lektüre reformatorischer Flugschriften, die in aller Regel mit einer Fülle aneinandergereihter oder mehr oder weniger kunstvoll verschränkter Bibelzitate durchsetzt waren, sollte ja auch dazu dienen, die heiligste Ursprungsquelle des Christentums auf die Gegenwart anzuwenden und den eigenen Erwartungshorizont der Zeitgenossen mit der Geschichte des Handelns Gottes an seiner Gemeinde zu verschmelzen. Viele der frühreformatorischen Flugschriften sind von der Dringlichkeit endzeitlicher Unruhe geprägt: ›Jetzt‹ ist die Zeit der definitiven Parteinahme gekommen; ›jetzt‹ ist des »Babsts Endchristisch regiment« durch das Wort Christi, »wilchs ist der geyst, stang unn schwerd seynes mundisz«,[10] gerichtet; ›jetzt‹ ist nur mehr wenig Zeit bis zur Wiederkunft des Herrn, der Gericht halten wird und der seine Schäflein kennt. In der Ausbreitung der reformatorischen Botschaft sahen viele Zeitgenossen – wie Luther auch – ein Handeln Gottes beziehungsweise Christi in der Geschichte; denn Gott handelt durch sein Wort und macht diejenigen, die sich von diesem Wort ansprechen und in die Pflicht nehmen lassen, zu Mittätern eines gewaltigen Umbruchs heilsgeschichtlichen Ausmaßes. Auf der Seite Luthers zu stehen hieß deshalb für viele seiner literarisch tätig werdenden Gefolgsleute, mittels des Wortes Gottes gegen den Teufel und die höllischen Mächte der Finsternis, die im ›römischen‹ Klerus repräsentiert waren, aufzutreten.

Formeln und Appelle wie die des Laien Hans Schwalb in einer Flugschrift von 1521: »Last uns dem frummen Martinum Luther beyston, daz er frey für uns müg fechten mit dem wort Gottes, und das er mit uns müg erlanngen die freüd der ewigen säligkeit«,[11] waren weit verbreitet und gaben der Auseinandersetzung um den Wittenberger Augustinermönch eine heilsentscheidende Verbindlichkeit. Die drängende, ultimative, auf ewige Seligkeit oder endgültige Verdammnis fokussierte Entschiedenheit, die in Luthers Kampf mit der Papstkirche und im römischen Ketzerurteil hervorgetreten war, entzündete die Gemüter und schien es unmöglich zu machen, abseits zu stehen. Die apokalyptische Unrast, die mit der ›Entbergung‹ des päpstlichen Antichrists in Luthers Publikationen des Jahres 1520 ursprünglich verbunden und durch die Bedrohungserfahrungen mit den Osmanen (s. u. S. 365-367) gesteigert worden war, gab der reformatorischen Bewegung den Charakter einer endzeitlichen Bußbewegung.[12]

In inhaltlicher Hinsicht weisen die reformatorischen Flugschriften eine nicht unbeträchtliche Bandbreite an Aspekten, aber auch eine besondere Kohärenz des Gruppenbewußtseins auf. Im ›Wir‹ der ›Evangelischen‹ wird dem ›Ihr‹ der ›Papisten‹ als der feindlichen Gegenseite widersprochen. Man beansprucht, die Bibel, die ›Wahrheit des Evangeliums‹, Christus und das Zeugnis der alten Christenheit auf seiner Seite zu haben, und man verurteilt die ›Papisten‹ als illegitime ›Neuerer‹, die mittels des durchweg als negativ bewerteten kanonischen Rechts ein repressives System aufgerichtet hätten, das den Menschen das Heil vorenthalte und sie zu frommen Leistungen zwinge, die vor Gott wertlos, ja verwerflich seien. In bezug auf die positiven Aussagen des ›evangelischen‹ Christentumsverständnisses dominieren die Ausführungen zum Schriftprinzip; daß es keine andere Norm geben könne, die mit der Bibel gleichwertig sei, gilt allen reformatorischen Autoren als ausgemacht. Bei lateinkundigen Schriftstellern werden die Bibelzitate häufig in eigenständigen Übersetzungen geboten; bei den Laien wirken zunächst einige vorreformatorische Verdeutschungen oder punktuelle Rückgriffe auf Schriftstellen nach, die sie bei anderen volkssprachlichen Schriftstellern gefunden haben. Seit dem Erscheinen von Luthers Übersetzung des Neuen Testaments im September beziehungsweise Dezember 1522 dominiert seine Übersetzung vollständig. An der Selbstverständlichkeit, mit der die Schrift als normative und zugleich aktuelle Willenskundgabe Gottes aufgenommen wird, zeigt sich, daß die durch Luther und die Seinen propagierte exklusive Hinwendung zur Bibel eine tiefe Resonanz auch in der Laienfrömmigkeit der Zeit besaß.

Andere Grundthemen Wittenbergischer Propaganda wie die Verurteilung jeder ›Werkgerechtigkeit‹ und ihrer Praktiken, die Forderung nach einer Neuordnung der Sakramente im Sinne der biblischen Grundlagen, die Konzentration auf Christus und die Verwerfung der Heiligen werden mit einer frappierenden Geschwindigkeit landauf, landab reproduziert und weitergetragen. Auch die zum Teil aus Flugschriften vertriebener Prediger rekonstruierbaren Inhalte durchschnittlicher städtischer Predigten der Zeit weisen in bezug auf ihre dominierenden Gehalte eine bemerkenswerte Kohärenz und Homogenität auf und stellen sich in ihrer Mehrzahl als Rezeptionsgestalten Wittenberger Schriften und Impulse dar.[13] Diejenigen, die 1521/22 das öffentliche Wort ergreifen zu müssen meinten, orientierten sich weitgehend an den Ketzern aus Wittenberg, an denen, welchen das Wormser Edikt galt.

Im Spiegel der einschlägigen Flugschriften deutet nichts darauf hin, daß die theologischen Inhalte der evangelischen Predigt in der Frühzeit der Reformation auf dem Land wesentlich andere gewesen wären als in der Stadt. Nicht zuletzt die Publizistik begünstigte eine Homogenität der Lehren und Stoffe; die Differenzen zwischen einzelnen Aneignungsformen reformatorischer Theologie, die sich bereits in den frühen zwanziger Jahren des 16. Jahrhunderts in ihrem Anfangsstadium erkennen lassen, etwa bei Zwingli oder bei Bucer, widerlegen diese Behauptung insofern nicht, als erst im Rückblick trennende Potentiale hervortraten. Zunächst dominierte das Bewußtsein der Zusammengehörigkeit ›der Evangelischen‹ und ihrer definitiven Geschiedenheit von der Papstkirche.

In der Frühphase reformatorischer Flugschriftenpublizistik ist ein besonders hoher Anteil anonymer Schriften nachweisbar. Dies ist zum einen von der bedrohlichen Rechtslage infolge des Wormser Edikts und seiner zensurpolitischen Implikationen her zu interpretieren, entspricht zum anderen aber einer Publikationshaltung, die nicht auf die individuelle Meinung einer einzelnen Person abgestellt ist, sondern das Typische ›der evangelischen Sache‹ zu präsentieren beabsichtigt. Unter dem Schutz der Anonymität kam zur Sprache, was angeblich ›jedermann‹ dachte und was von der Bibel her vermeintlich ›eindeutig‹ war. Diejenigen, die die Tarnung der Anonymität nutzten, waren – soweit begründete Rückschlüsse möglich sind – mehrheitlich intellektuell agile, humanistisch gebildete Autoren, die Attacken gegen das klerikale Establishment ritten und mittels der literarischen Fiktion auch den ›gemeinen Mann‹, häufig in Gestalt des gewitzten, von unbestechlicher Vernünftigkeit bestimmten Bauern, zur Parteinahme für ›die Sache des Evangeliums‹ zu gewinnen versuchten.

PROMINENTE FRÜHREFORMATORISCHE FLUGSCHRIFTEN

Die »Beschreibung der göttlichen Mühle«

Eine dieser Schriften, die *Beschribung der göttlichen müly* (1521),[14] gibt sich als Gespräch zweier schweizerischer Bauern, die die Zeitläufte interpretieren und scharf gegen die ›römische‹ Kirche Stellung beziehen. Hinter der Gestaltung des sehr aufwendigen Titelblattes dieser mit sechs Ausgaben recht erfolgreichen Flugschrift stand der Zürcher Leutpriester Huldrych Zwingli. Er war von dem Marienfelder Stadtvogt Martin Säger, einem Laien – »aber sehr kundig in den heiligen Schriften«[15]–, kontaktiert worden, hatte sich der Idee angenommen und den Zürcher Glocken- und Stückgießer Johannes Füssli um die Ausfertigung der Verse gebeten. Zwinglis Beteiligung beschränkte sich auf die Mitwirkung an der Bildidee, die Ab-

Dyß hand zwen schwytzer puren gmacht
Furwar sy hand es wol betracht.

Abb. 16: *Die Beschreibung der göttlichen Mühle* (Titelblatt, 1521)

fassung des Eröffnungsreimes – »Das hont zwen Schweizer bauren gemacht | Fürwar sie hont es wol betracht« – und die Beibringung einiger Bibelstellen, die Füssli dichterisch einarbeitete. Allerdings hatte Zwingli gegenüber dem offenbar zur Heroisierung Luthers neigenden Säger einige Aussagen, die dieser auf den Wittenberger bezog, auf Christus beziehungsweise Gott hin umgedeutet.[16] Die Entstehungsgeschichte dieser Flugschrift ist für das neuartige Beziehungsverhältnis von Laien und ›evangelischen‹ Geistlichen instruktiv: Auf Anregung eines Laien redigiert und kanalisiert ein reformationsgesinnter Geistlicher dessen literarische Idee und wirkt, ohne selbst in die Öffentlichkeit zu treten, an ihrer Verwirklichung mit. Die durch Erasmus und Luther zur Grundlage der christlichen Lehre erhobene Bibel wird von anderen Predigern aufgenommen und im engen Kontakt mit den Laien propagiert: »Noch seint ander me die leren: | der stimm wir leien geren hören, | Dann sie reden die gotes stimm. | das hören seine schaf von im | Fast [= sehr] gern und kennen in wol, | wie ein Christ seinen hirten sol | Erkennen, daß er warlich ist | unser getreuer hirt Jesus Christ.«[17] Zugleich enthält die Flugschrift unverhohlene Mahnungen an das klerikale Establishment; denn Karsthans, die Symbolfigur des streitbaren Bauern, ist bereit zuzuschlagen, wenn man ihn weiterhin zu täuschen versucht: »Karsthans seinen flegel noch hat: | der die heilig gschrift iez auch verstat. | Welt man in betriegen wie vor, | so ist er so ein grober tor, | Er schlüge mit dem flegel drein.«[18]

Das Titelblatt der Flugschrift bietet eine eindrucksvolle ikonographische Verdichtung ihrer wesentlichen Aussagen: Unter Aufnahme des traditionellen Motivs der Hostienmühle, die das eucharistische Wandlungswunder visualisiert, wird eine Allegorie evangelischer Wortverkündigung geboten: Christus schüttet als Müller das Korn des Gotteswortes in Gestalt der Evangelistensymbole und des Paulus in den Trichter; das Mehl sind die theologischen Kardinaltugenden Glaube, Liebe und Hoffnung, die Erasmus, vom Heiligen Geist in Gestalt der Taube begleitet, in einen Sack – bezeichnet mit Mühlrad und Kreuz – füllt. An einem Teigzuber formt der als Bettelmönch gekennzeichnete »Luter« Druckschriften, Symbole des typographisch vermittelten reformatorischen Kommunikationsprozesses, die ein namentlich nicht gekennzeichneter Weltgeistlicher den Repräsentanten der ›römischen‹ Kirche darreicht. Doch diese lassen sie zu Boden fallen, während der aus dem Hintergrund hervortretende Bauer »Karsthans« drohend mit dem Dreschflegel ausholt, um die von einem »ban ban« krächzenden Höllenvogel umschwirrte Klerisei niederzustrecken.

Das Bild setzt den kybernetischen Prozeß, den die Flugschrift selbst in Gang zu setzen versucht, mustergültig in Szene; es ›schafft‹ gleichsam jene Transformation, die der Text in Form eines fiktiven Dialogs imaginiert: Christus, von Gottvater gesegnet, bringt selbst sein Wort zur Geltung, indem er sich des gelehrten Editors des griechischen Neuen Testaments (1516/19), Erasmus', des Bettelmönchs aus Wittenberg und eines ›evangelischen‹ Predigers als Vermittlern bedient, freilich auf die im Bann gegen Luther symbolisierte Ablehnung der Kirche stößt und damit den Aufruhr des ›gemeinen Mannes‹ provoziert.

»Karsthans«

Für nicht wenige der frühreformatorischen Flugschriften war die antiklerikale Zuspitzung, die auch in der *Göttlichen Mühle* begegnet, kennzeichnend. In der Karsthans-Figur (siehe auch S. 315-317; 331-333), die von humanistisch gebildeten Straßburgern kreiert worden war, entstand das Symbol des religiös mündigen, das Priestertum aller Gläubigen realisierenden Laien schlechthin. Mit dem Anfang Januar 1521 erschienenen Dialog *Karsthans*, der einen Bauern mit der Feldhacke, dem Karst, als bibelkundigen, gewitzten, seinen geistlichen Gesprächspartnern überlegenen Disputanten vorführt, gelang seinen humanistischen Erfindern eine vollständige literarische Neubewertung des gemeinhin als ›tumb‹ geltenden und als tölpelhaft dargestellten Bauerntums. Karsthans' Sohn ist ein Student, der ihn über Luther und seine wahren Absichten aufgeklärt hat; im literarischen Dialog funktioniert die von den intellektuellen Protagonisten angestrebte Verbindung zum ›gemeinen Mann‹ reibungslos. Im Unterschied zu den Repräsentanten der ›alten‹ Kirche, insbesondere dem unter Namenskarikierung als kratzig-einschmeichlerische Katze ›Murnarr‹ präsentierten Franziskanertheologen Thomas Murner, sind die Anhänger der Reformation gegenüber den Laien frei von jeder Arroganz und jedem ständischen Abgrenzungsbedürfnis. Der junge Intellektuelle mäßigt das eruptive Temperament des über den Pfaffenbetrug erregten Bauern, und auch Luther, der in dem Dialog auftritt, beschwichtigt den zu seinem Flegel greifenden Karsthans: »Nit, lieber Freund, es soll von meinetwegen niemand fechten noch totschlagen; wann Christus sölichs hätt wollen, er hätt wohl zwölf Legion zu Hilf vermögen der Engel, noch all Zwölfboten [die Apostel] solichs nüt begehrt haben, sunder geduldig umb der Wahrheit willen den Tod und Marter gelitten.«[19] Das neuartige, innige Beziehungsverhältnis zwischen gebildeten Geistlichen und ›gemeinem Mann‹ wirkt religiös läuternd und mäßigt die Gewaltbereitschaft des Karsthans. Mit dieser Behauptung trat der Dialog Murner entgegen, der in einer Serie anonymer antireformatorischer Flugschriften seit Herbst 1520 verbreitet hatte, daß Luther bei »Hans Karst und der ungelerten und uffrierigen gemein«[20] als Aufwiegler rezipiert werde.

Dem literarischen Kampf um die öffentliche Meinung, der in den anonymen Flugschriften der frühen zwanziger Jahre geführt wurde, eignete ein performatives Moment; er schuf mittels literarischer Imaginationen ebendas, was er abzubilden beanspruchte: das offene, herrschaftsfreie Gespräch zwischen Laien und ›evangelischen‹ Geistlichen, die argumentationsgesättigte Verständigung mittels des biblischen Wortes, die von selbst zum ›Sieg der evangelischen Wahrheit‹ führen mußte. Es dürfte kaum auszuschließen, vielleicht gar zu erwarten sein, daß sich reformationsgesinnte Geistliche und Bauern aufgrund eines Verhaltensmodells, wie es der *Karsthans*-Dialog entwarf, aufeinander zubewegten, Literatur und Leben also ineinandergriffen.

»Neu-Karsthans«

Wenige Monate nach dem *Karsthans* erschien ein *Gesprechbiechlin neüw Karsthans,*[21] das einem sich um den führenden Reichsritter Franz von Sickingen und Ulrich von Hutten sammelnden Kreis von Reformationsanhängern entstammen dürfte. Der scharf antiklerikale Dialog, der den engen Schulterschluß von niederem Adel und Bauernschaft in Gestalt eines Gesprächs der beiden Laien Karsthans und Sickingen in Szene setzt, basiert auf der im Priestertum aller Gläubigen begründeten Vorstellung, daß »wir 〈...〉 all die kirch [sind] und keiner mer dann der ander«.[22] Die Not der Laien, die sich selbst belehren, weil der korrupte Klerus völlig versagt, wird in drastischen Farben geschildert; die Laien leiden »grosse[n] Hunger des götlichn wortes«[23] und bitten Gott, sie »von dem Bäpstischen bezwang und der pfaffen übermut, die in irem brächtischen, ärgerlichen leben [s]ein götlich wort schandtlich undertrucken«,[24] zu befreien. Eine ernsthafte Hoffnung auf Besserung des Klerus gibt es nicht. Karsthans meint, eher lerne sein apfelgraues Pferd Lesen und Schreiben, »dann das unsere pfaffen und bischoff (wie die yetzund leben) selig werden«.[25]

Im Unterschied zu Luthers Kritik an der zeitgenössischen Kirche, die in der Verkehrung der ›Lehre‹ ihren Grund und ihr Zentrum besaß, ist die Polemik gegen die Lebensführung der Geistlichkeit in vielen frühreformatorischen Flugschriften in den Vordergrund getreten. Im *Neu-Karsthans* meldet sich eine neue Form der Militanz; der Franz von Sickingen des Dialogs beschwört den tschechischen Ritter der hussitischen Taboriten, der als Feldherr Kaiser Sigismund entgegengetreten war, Johann Žiska (um 1370-1424), als Vorbild: »〈...〉 sol die geistlichkeit reformiert werden, so muß man (wie in Behem [Böhmen] geschehen) den meisten teyl der kirchen abbrechen, dann dieweyl sie stehen, bleybt allwegen ein anreitzung des pfäffischen geyts ⟨...⟩. Darumb ist Ziska kein narr gewesen, das er die kirchen zerbrochen, dann ⟨...⟩ liessen sie die nester steen, sie würden inwendig X jaren die vögel all wider darinnen haben.«[26] Karsthans stimmt ihm zu; nötig sei es, »das in Teütschland dergleychen auch wie in Behem geschehe«.[27]

Die Schrift endet mit einer Artikelliste, die Karsthans und sein Anhang gemeinsam mit zwei Rittern beschworen haben. Sie erweckt also den Eindruck eines ritterschaftlich-bäuerlichen Bundesschlusses zum Zweck des bewaffneten Kampfes gegen die Repräsentanten der römischen Kirche. Alle »Curtisanen« sind »den unsinnigen hunden«[28] gleich zu achten, die zu schlagen, zu würgen und zu töten angemessen sei. Wenn man in Zukunft, so kommen die Bundesbrüder überein, einen Geistlichen schlage oder trete, so solle man sich »infürtan kein gewissen darüber ⟨...⟩ machen«.[29] Einem Bettelmönch, der einen Käse »abfordere«, wolle man einen »vierpfündigen stein«[30] nachwerfen. Zugleich schwören die Bundesgenossen allen Feinden Luthers Feindschaft.[31]

Der Ausbruch antiklerikaler Gewaltphantasien, der in Gestalt eines literarisch fingierten, zeitgenössischen Lesern gleichwohl als ›real‹ vorgestellten Bundesschlusses bedrohlich dramatisiert wurde, mußte die schlimmsten Befürchtungen einer grundstürzenden Veränderung, eines Aufruhrs, bestätigen. Die Literaten des Sickingen-Hutten-Kreises, die hinter einem Text wie dem *Neu-Karsthans* standen, spielten mit dem Feuer eines Flächenbrandes. Die *causa Lutheri* erschien als das Fanal einer Aufstandsbewegung gegen einen Klerus, von dem keinerlei Reformfähigkeit zu erwarten war. Wie viele andere Beispiele der seit 1521, angeregt vor allem durch Huttens literarische Anknüpfung an die Dialoge Lukians von Antiochien, ins Kraut schießenden volkssprachlichen Gattung setzte der *Neu-Karsthans* einen kommunikativen Transfer literarisch ins Werk, der kulturell und lebensweltlich getrennte Personenkreise im Zeichen des allgemeinen Priestertums zusammenbrachte und zu gemeinsamen Überzeugungen und Handlungsperspektiven verband. Lange, bevor es zu irgendeiner reformatorisch inspirierten ›aufrührerischen‹ Aktion gekommen war, hatten Texte wie der *Neu-Karsthans* sie ideell vorweggenommen und haben damit zu ihrer Ermöglichung beigetragen.

Die »15 Bundesgenossen«

Erfundene, dezidiert christliche Bünde hatten in der Flugschriftenliteratur des Jahres 1521 Hochkonjunktur. Auch der anonym publizierte Zyklus der *15 Bundesgenossen*, eine in 15 Einzeldrucken herausgegebene Reihenpublikation des ehemaligen Franziskanermönchs Johann Eberlin von Günzburg (um 1465-1544),[32] präsentierte sich als geheimnisvolles christliches »verbündtnuß« von Laien. In einem vierteiligen Augsburger Flugschriftenzyklus desselben Jahres hatten sich Adlige und Geistliche zu einer selbstverantworteten Priesterschaft der Gläubigen zusammengetan. In beiden Fällen realisierten christliche Gemeinschaften ihre Verantwortung für die Kirche im Sinne von Luthers Adelsschrift. Das aus der rechtlich-politischen Kultur Südwestdeutschlands und der Schweiz bekannte genossenschaftlich-bündische Prinzip war in all den genannten Schriften in ein entschieden christliches, aus dem Priestertum aller Gläubigen begründetes Gemeinschaftskonzept transformiert. Daß es sich bei diesen Bündnissen um literarische Fiktionen handelte, konnte ein Zeitgenosse schwerlich wissen. Vergegenwärtigt man sich, daß in den fünf Jahren zwischen 1521 und 1525 hundert Dialogflugschriften in ungefähr 212 unterschiedlichen Druckausgaben, das heißt in wohl über 200 000 Exemplaren veröffentlicht worden sind,[33] wird deutlich, daß diesem – insbesondere auf einen modellhaften Zusammenschluß soziokulturell geschiedener Personengruppen und Überzeugungsgemeinschaften abzielenden – literarischen Genre eine zentrale Bedeutung bei der literarischen Gestaltung und Konkretisierung des ekklesiologischen Konzepts des Priestertums aller Gläubigen zuzuerkennen ist. In Wittenberg schätzte man diese Gattung nicht; weder Wittenberger

Autoren noch Druckereien leisteten einen nennenswerten Beitrag zum Aufschwung der volkssprachlichen Dialogliteratur.

Luthers »Vermahnung zu allen Christen sich zu hüten vor Aufruhr und Empörung«

Luther, noch auf der Wartburg weilend, sah sich im Januar 1522 dazu veranlaßt, eine *Vermahnung zu allen Christen sich zu hüten vor Aufruhr und Empörung*[34] ausgehen zu lassen. Daß Deutschland sehr viele Karsthanse habe,[35] war ihm schon vorher, unmittelbar nach dem Wormser Reichstag, bewußt geworden. Und daß die Drohung Karsthans', »mit pflegeln und kolben dreyn tzu schlagen«,[36] den tyrannischen Klerus in Angst und Schrecken versetzte und gegebenenfalls zur Umkehr mahnte, war ihm durchaus nicht unlieb. Gleichwohl sah er es als notwendig an, jedem »leyplichen auffruhr«[37] die Berechtigung abzusprechen. Er setzte darauf, daß ein »christlich leben«, aus Glaube und Liebe bestehend, binnen zweier Jahre von selbst »Bapst, Bischoff, Cardinal, Pfaff, Munch, Nonne, Glocken, Turnn [= Turm], Mesz, Vigilien, Kutten, Kappen, Platten, Regel, statuten und das gantze geschwurm und gewurm Bepstlichs regements« hinwegfegen werde, daß also die mittels des Wortes »unter die leut«[38] gebrachte Wahrheit zwangsläufig zu jenem Ziel führen werde, das auch diejenigen, die hinter einem Dialog wie dem *Neu-Karsthans* standen, anstrebten.

Luther wollte Christus »mit seynem geyst dresschen«,[39] nicht die Karsthanse ihre Dreschflegel schwingen lassen. Doch eindeutig konnte die so markierte Grenze schwerlich sein, wenn die, die zur Tat drängten, sich durch das Wort Christi berufen wußten und beanspruchten, daß Christus »durch uns«[40] das Papsttum töten wollte. Wie konnte denn zwischen Wort und Tat unterschieden werden, wenn für Luther selbst das Wort tätiges Wort war, das in einem einzigen Jahr – seit der Verbrennung des kanonischen Rechts und der Bannbulle

1520[41] – die Grundlagen der Papstkirche fundamental erschüttert hatte, das Wort also zur wirklichkeitsverändernden Tat drängte? In der Dramatik der Scheidungen zwischen Wort und Tat, wie sie in der frühreformatorischen Bewegung vollzogen wurden, wirkten theologische Unschärfen nach, die bei Luther selbst ihre Wurzeln hatten. ›Doctor Martinus‹ war der Ausgangspunkt sehr disparater Entwicklungen.

KAPITEL 5
AKTIONS- UND INSZENIERUNGSFORMEN IN DER FRÜHREFORMATORISCHEN BEWEGUNG

DIE BEDEUTUNG VON AKTIONEN IM FRÜHREFORMATORISCHEN KOMMUNIKATIONSPROZESS

Die Differenzen in bezug auf die Gewaltfrage, die in literarischen Zusammenhängen bereits 1521 auftraten, initiierten Dissonanzen darüber, wer die kirchlichen Veränderungen mit welchen Mitteln voranzutreiben und durchzuführen habe. Diese Frage erwies sich im Laufe der frühen zwanziger Jahre als zentrales Thema zwischen den obrigkeitsgeleiteten städtischen und territorialen Reformationen einerseits, den Anhängern bäuerlicher und gemeindereformatorischer beziehungsweise täuferisch-radikalreformatorischer Konzepte andererseits. Luthers Präferenz für eine Veränderung der kirchlichen Verhältnisse mit den Mitteln staatlicher Gewalt und durch die Angehörigen der regierenden Stände war zwar in der Adelsschrift deutlich geworden. Doch enthielt gerade diese Schrift auch einige Aspekte gemeindlicher Handlungsermächtigung wie etwa bei der Frage der schon vor der Reformation mancherorts umkämpften freien Pfarrerwahl, so daß von der wichtigsten kirchenpolitischen Programmschrift der Reformation her kaum eindeutig ist, ob allein die Fürsten und Magistrate oder nicht vielleicht auch die Gemeinden berechtigt seien, kirchliche Veränderungen zu beschließen und zu veranlassen. Auch nach Luthers Intervention gegen die Wittenberger Bewegung (s. u. S. 379-392) hielt er selbstverständlich an dem Recht der Gemeinde fest, die Lehre zu beurteilen, die Pfarrer ein- und abzusetzen sowie den Gottesdienst und die finanzielle

Bewirtschaftung der kirchlichen Aufgaben selber zu organisieren.[1] Insofern sind die Spannungen zwischen magistralen und Gemeindereformationen, die im historischen Umkreis des Bauernkrieges aufbrachen und mit einem ›Sieg‹ des obrigkeitlichen Handlungsprinzips endeten, zum Teil in Luthers Äußerungen selbst angelegt.

Der Klärungsprozeß hinsichtlich der Kernfrage, wer das maßgebliche Handlungs- und Entscheidungssubjekt der kirchlichen Neuerungen sein solle, die kirchliche oder die politische Gemeinde, die weltlichen Obrigkeiten oder gar einzelne Aktionsgruppen besonders überzeugungsfester Christenmenschen, vollzog sich vielerorts als schmerzlicher Konflikt und erreichte vor allem nach dem Bauernkrieg eine Eindeutigkeit. Im Einflußbereich der Wittenberger Reformation traten Müntzer und Karlstadt entschieden für eine Berechtigung gemeindereformatorischer Gestaltungsprozesse ein, während Luther und die übrigen Wittenberger zugunsten der obrigkeitlichen Entscheidungsvollmacht agierten und an der Ausbildung entsprechender Verfahrensformen beteiligt waren. Ähnliche Auseinandersetzungen vollzogen sich auch andernorts; in Zürich suchte Zwingli den Rückhalt des Rates und betrieb die Durchführung kirchlicher Veränderung in enger Abstimmung mit der politischen Führungselite der Stadt.

Auch in anderen Stadtreformationen erwies sich die Handlungsachse zwischen ›evangelisch‹ gesinnten Pfarrern und den städtischen Magistraten als strukturbildend dafür, wie und mit welchen Mitteln Neugestaltungen des Kirchenwesens in Angriff genommen wurden. Allerdings agierten auch die Stadträte in zum Teil enger Abstimmung mit den Gemeinden; die meisten erfolgreichen städtischen Reformationsprozesse waren das Ergebnis eines politischen Aushandlungsprozesses zwischen Gemeindekreisen, Pfarrern und Magistraten, so daß Momente der Rats- und der Gemeindereformation ineinanderspielten. Nicht zuletzt die gemeinsame Gegnerschaft der ›Evangelischen‹ gegen die ›alte Kirche‹ und ihre Institutionen nötigte zu integrationsstiftenden Arrangements. Denn die Durchsetzung der Reformation ging mit Rechtsbrüchen und

Konflikten einher, die gesellschaftlich und politisch nur in dem Maße durchzuhalten waren, als sie auf einem breiteren Konsens basierten.

Die Auseinandersetzungen um die Vorgehensweise der Reformation vollzogen sich zumeist nicht als theoretische Debatten, sondern brachen an provokativen Aktionen und zu Entscheidungen nötigenden Szenarien auf. Die enge Korrelation zwischen bestimmten Handlungen, sich aus diesen ergebenden Konflikten und ihrer theologischen Deutung und politischen Bearbeitung ist für die Reformationsprozesse im allgemeinen von konstitutiver Bedeutung. Für diejenigen Personen und Richtungen, die nach und nach an den Rand der dominierenden Entwicklungen gedrängt wurden und in der Forschungsdiskussion häufig unter dem Begriff der »Radikalen« konzeptionell verbunden werden,[2] war im allgemeinen charakteristisch, daß sie theologische Überzeugungen, die sie gewonnen hatten, zügiger, unmittelbarer und in der Regel in konfliktbereiterer Manier durchzusetzen suchten, als es für jene Theologen und Laiengruppen typisch wurde, die die magistralen Reformationen bestimmten. Die Erstgenannten wollten die ›Lehre des Evangeliums‹ ins ›Leben‹ ziehen, eine mentale Dissonanz zwischen biblischer Norm beziehungsweise ›göttlichem Gesetz‹ und gesellschaftlicher Wirklichkeit nicht akzeptieren und alle Lebensverhältnisse gesellschaftlicher Unterordnung, sozialer und politischer Unfreiheit und deren Symbole von Grund auf in Frage stellen.

Vielfach war es die provokative Direktheit radikaler Aktionen, die die politischen Instanzen unter Handlungsdruck stellte, die polarisierte und zu Entscheidungsverhalten nötigte. Die Grenzlinien zwischen solchen radikalen Aktionen und obrigkeitlich regulierten Reformationsprozessen waren zunächst fließend; nicht selten setzten vereinzelte Szenarien – Bildzerstörungen etwa, Desakralisierungen von geweihten Objekten, Übergriffe auf Repräsentanten der römischen Kirche usw. – die Ordnungsmaßnahmen insbesondere der städtischen Magistrate in Gang. Ohne ein gewisses Maß an radikaler Praxis wären auch die obrigkeitlichen Reformationsprozesse vielerorts schwerlich vorangekommen. Die Notwendigkeit, solche Praktiken zu kanalisieren und zu restringieren, hat die meisten obrigkeitlichen Reformationen geprägt.

Die in der frühreformatorischen Bewegung begegnenden Aktionsformen unterschieden sich entsprechend den ständischen Kontexten erheblich voneinander. Die Ausdrucksmöglichkeiten der Bauern, der städtischen Handwerker, der Gelehrten, der Mönche und Nonnen, der ratsfähigen Bürger, der Ritterschaft oder des hohen Adels differierten und wiesen unterschiedliche Grade an symbolischer Dichte auf, sind aber nicht prinzipiell voneinander abgrenzbar. Denn die Grenzlinien zwischen Dorf, Stadt und Burg gerieten im Zeichen des allgemeinen Priestertums, das allen religiös begründete Partizipationsmöglichkeiten eröffnete und das alle im Verhältnis zu Gott gleichstellte, in eine neue Bewegung. Die zuerst theologisch begründeten und literarisch imaginierten dialogischen und sozialen Beziehungen zwischen Laien unterschiedlicher Stände – zwischen dem Bauern Karsthans und Gelehrten und Adligen, zwischen Priestern und Handwerkern, zwischen Frauen, Mönchen oder Gastwirten, Hausknechten und Juden – ›verflüssigten‹ das Kommunikationsverhalten einer ständisch stratifizierten Gesellschaft und trugen dazu bei, den kommunikativen und symbolischen Austausch über soziale und kulturelle Grenzen hinweg zu intensivieren.

Die Entstehungsbedingungen der unterschiedlichen Aktionsformen liegen in den jeweiligen kommunikativen und sozialen Interaktionen der Handlungsträger begründet. Einige griffen auf bekannte rituelle Praktiken im Kontext des Karnevals zurück, andere wurden als gezielte Übertretungen bestehender kirchlicher Verbote inszeniert oder als gewalttätige Angriffe auf personelle oder gegenständliche Repräsentationen der bestehenden Ordnung durchgeführt, wieder andere als Verweigerungen oder punktuelle Störungen begangen. Einige Aktionen symbolisierten neue Visionen sozialer Ordnung im Sinne des ›Evangeliums‹, andere straften die verachtete Herrschaft der Papstkirche ab und suchten sie aus Herz und Sinn der Gläubigen auszutreiben. An der Vielfalt der

Aktionsformen in der frühreformatorischen Bewegung wird deutlich, daß neben Predigten und Druckschriften auch Handlungen, symbolische Praktiken und rituelle Kommunikationsformen als zentral wichtige Instrumente und Medien der Auseinandersetzung zu bewerten sind. An manchen Aktionen, etwa Klosteraustritten und Priesterehen, ist ein unmittelbarer Zusammenhang mit Vorstellungen und Überzeugungen, die in reformatorischen Flugschriften verbreitet wurden, nachweisbar. In anderen Fällen lassen sich Beziehungen zwischen bestimmten Aktionen und der Predigttätigkeit einzelner Theologen nachweisen; dies gilt etwa für Zehntverweigerungen, zu denen der Prädikant an der Martinskirche in Memmingen, Christoph Schappeler, schon 1523 mit den Worten aufgefordert haben soll: »Man sey nit schuldig, den zechenden zu geben bey einer tod sind.«[3] Freilich sind Hinweise dieser Art quellenkritisch zu prüfen; denn nicht selten neigten Zeitgenossen, die bestimmte Handlungen als verwerflich empfanden, dazu, sie besonders ›ketzerischen‹ Predigern zuzuschreiben. In diesem Sinne machte etwa ein altgläubiger Chronist den Täuferführer Balthasar Hubmaier zum »Anfenger und Ufweger 〈…〉 des ganzen beurischen Kriegs«, da er gelehrt habe, daß man keiner Obrigkeit etwas »zu tun schuldig were und allain unser Her Gott zu eeren were«.[4] Auch Luther und andere Reformatoren sind in ähnlicher Weise für ›aufrührerische‹ Aktionen aller Art verantwortlich gemacht worden. Doch das dieser Perspektive zugrunde liegende Wertungsmuster, das Laienaktionen letztlich auf verführerische Theologen zurückführte, dürfte die Momente der Eigenständigkeit und Eigensinnigkeit der Laien im Kontext der frühreformatorischen Bewegung unterschätzen und die Aktionen zu bloßen Umsetzungsformen gelehrter Impulse simplifizieren.

ZEHNTVERWEIGERUNGEN UND PFARRERWAHL

Die ersten Aktions- und Protestformen auf dem Lande, von denen wir Kenntnis besitzen, betrafen den Zehnten und die örtliche beziehungsweise gemeindliche Pfarrerwahl. Sie sind als Momente von im Mittelalter wurzelnden kommunalistischen Selbstbestimmungskämpfen zu interpretieren und lebten in den Reformforderungen des Bauernkrieges, insbesondere den *Zwölf Artikeln Gemeiner Bauernschaft* (s. u. S. 488-492), wieder auf. Der Zehnte – als sogenannter Großzehnt auf das Getreide, als Kleinzehnt auf Gartenfrüchte, Klein-, zum Teil auch Großvieh erhoben – war ursprünglich eine kirchliche Abgabe, die den Inhabern einer Pfründe beziehungsweise den Instanzen, denen eine Pfründe zugehörte, etwa Klöstern oder Domkapiteln, abzuleisten war. Im Laufe des 14. und 15. Jahrhunderts war der Zehnte häufig in die Verfügungsrechte weltlicher Instanzen, Landes- und Grundherren oder städtischer Räte, aber auch einzelner Privatpersonen gelangt. Durch diese Praxis war der ursprünglich geistliche Charakter der Zehntabgabe undeutlich oder obsolet geworden.

In den zu Zürich gehörenden Landgemeinden lagen die Zehntrechte einerseits bei der weltlichen Obrigkeit, dem Großen und dem Kleinen Rat, andererseits beim Stift des Großmünsters. Als Leutpriester des Großmünsters gehörte es zu Zwinglis Aufgaben, die Untertanen des Stifts zu einer gewissenhaften Wahrnehmung ihrer Zahlungsverpflichtungen anzuhalten. Zwingli forderte in Predigten, daß die ursprüngliche Absicht des Zehnten, die Versorgung der Armen und die Unterhaltssicherung der Pfarrer, wiederhergestellt werden sollte. Und ein früher Anhänger Zwinglis, der Pfarrer Simon Stumpf im Kirchspiel Höngg, steigerte die Kritik an der Zehntpraxis in seinen Predigten zu der Aufforderung, die Zehntzahlungen zu verweigern. Zwinglis differenzierte, vor eruptiven Veränderungen der komplexen ökonomischen Strukturen zurückscheuende und eine allmähliche Abstellung von Mißständen propagierende Haltung war im ländlichen Kontext einer auf unmittelbare Handlungsoptionen abzielenden Rezeption gewichen. Nicht mehr lange sollte es dauern, bis ihm vorgeworfen wurde, »etwan gepredigetc« zu haben, »daß man den zehenden nit schuldig syge zu geben; und jetzt widerrüeft er's darumb, daß er ein chorherr ist worden«.[5]

Mit der von Stumpfs Predigten ausgelösten Zehntverweigerung im Jahre 1522 wird gemeinhin der »Beginn des kongregationalistischen Unabhängigkeitsstrebens, das sich gegen den Zehnten als den Eckstein einer korrupten religiösen Struktur richtete«,[6] verbunden. Als 1523 sechs Landgemeinden unter der Führung Wilhelm Reublins, des Pfarrers von Witikon, an den Zürcher Rat mit der Forderung herantraten, die Zehntzahlungen nicht mehr leisten zu müssen, da sie nicht in der Schrift begründet seien, gestand der Rat zwar die Abstellung von Mißbräuchen zu, bestand aber grundsätzlich auf der Beibehaltung des Zehnten. Zwingli rechtfertigte diese Haltung des Rates theologisch; in einer bald im Druck erschienenen Predigt *Von göttlicher und menschlicher Gerechtigkeit*[7] entfaltete er, daß den Anordnungen der weltlichen Obrigkeiten zu folgen und ihre unvollkommene Gerechtigkeit hinzunehmen, allenfalls schrittweise zu verbessern sei. Zwischen dem göttlichen Gesetz und der menschlichen Ordnung bestand seines Erachtens eine unüberbrückbare Differenz. Eine solche aber waren Zwinglis frühe radikale Anhänger, die den personellen Kern des schweizerischen Täufertums bildeten – Reublin, Felix Mantz, Stumpf, der Patriziersohn Konrad Grebel und andere –, und wohl auch die Zürcher Landgemeinden, denen einige von ihnen als Pfarrer dienten, nicht anzuerkennen bereit.

Reublin war überdies auf irreguläre Weise in sein Pfarramt in Witikon gelangt. Üblicherweise wurde die Landgemeinde vom Stiftskapitel des Großmünsters aus versorgt. Doch Reublin, aufgrund seines Widerstandes gegen die Messe aus seiner früheren Stellung als Leutpriester an St. Alban in Basel vertrieben und als erster schweizerischer Priester öffentlich in den Ehestand getreten, hatte sich in Witikon niedergelassen, übernahm von dort aus auch pfarramtliche Aufgaben in Zollikon und wurde an Weihnachten 1522 von der Gemeinde als Pfarrer eingesetzt. Im Konflikt zwischen der Gemeinde Witikon und dem Großmünster entschied der Zürcher Rat, daß es der Gemeinde bis zum Ende des Jahres erlaubt sei, »den angestellten Priester ⟨…⟩ zu behalten, [hatte] ihnen aber auferlegt, den Zehnten zu entrichten, gemäss ihrem Anerbieten: sie wollen denselben gern geben«.[8] Die in einzelnen Landschaften im Spätmittelalter weitverbreitete Praxis der Beteiligung ländlicher Gemeinden an den Pfarrerwahlen[9] erhielt durch die reformatorische Konzeption der Gemeinschaft der religiös prinzipiell gleichberechtigten Priester eine neue Grundlage. Der Bruch, zu dem es zwischen der Zürcher Magistrats- und der ländlichen Gemeindereformation kam, gründete nicht in theologischen Lehrfragen, sondern in Themen der Kirchenorganisation und der Verbindlichkeit biblischer Normen.

Ähnliche Konfliktkonstellationen wie in Zürich traten auch in Memmingen auf: Die Bauern der Landschaft verweigerten dem Rat die Zehntzahlungen; dieser setzte seine Ansprüche mit Gewalt durch, lediglich ein Bäckermeister blieb bei seinem Widerstand. Als der Memminger Rat diesen inhaftierte, rotteten sich mehrere hundert Personen zusammen, erzwangen die Freilassung des Gefangenen und nötigten dem Rat ab, daß in allen Kirchen »on eynich menschlichen Zusatz«[10] gepredigt werden solle. Am Zehnten war also ein Konflikt aufgebrochen, der zusehends eskalierte und dessen weitere Dynamik schließlich zu Entscheidungsprozessen zugunsten der Reformation führte. Der untrennbare Zusammenhang der Gemeinde als religiöser und sozialer Wirklichkeit brachte Aktionsformen hervor, die eine kongregationalistische Selbständigkeit anstrebten und eine neuartige Intensität in der Beziehung eines frei gewählten, von der Gemeinde – so etwa 1523 im fränkischen Wendelstein – »durch Umlage selbst besoldeten«[11] Pfarrers zu seinen Gemeindegliedern begründeten.

PREDIGTSTÖRUNGEN

Eine in den frühen zwanziger Jahren des 16. Jahrhunderts mancherorts, in der Stadt und auf dem Land, begegnende Aktionsform waren die Predigtstörungen. Einiges deutet darauf hin, daß ländliche Predigtstörungen häufiger von städtischen Provokateuren, die über die Dörfer zogen, um den Reformationsprozeß voranzutreiben, als von ortsansässigen Bauern inszeniert wurden. Die Mehrzahl der Predigtstörungen scheint sich auf Sachverhalte der überkommenen Lehre bezogen zu haben, die nach der Überzeugung der Reformationsanhänger in einem eindeutigen Widerspruch zur Bibel standen – die Heiligenverehrung etwa, die Kommunion unter einer Gestalt, der Ablaß und die ›Werkerei‹. Im Februar 1522 wurde ein Wittenberger Student aktenkundig, weil er den Pfarrer des kursächsischen Pfarrdorfes Schlieben während einer Predigt unterbrach und sprach: »liebes volck, herlucht [er lügt] und legt dy heylg geschriff falsch uß«. Der Student wurde daraufhin ins Gefängnis gesetzt, bat aber mit Erfolg darum, mit dem Pfarrer disputieren zu dürfen; »do hat der student recht behalten und den pfarrer uber wunden«.[12]

Ähnliches wird im Oktober 1523 von dem gelehrten Reformationsaktivisten und späteren Täuferführer Ludwig Hätzer (s. u. S. 405) berichtet, der in dem Freiamt Mettmenstetten an der Grenze zu Zug den Pfarrer Heffelin in Maschwanden bei einer Predigt unterbrach. Hätzer wurde daraufhin in Zürich verklagt, jedoch freigesprochen, der altgläubige Prediger hingegen dazu aufgefordert, sich an das Mandat des Zürcher Rates vom 29. 1. 1523 zu halten und schriftgemäß zu predigen.[13] Auch Zwingli selbst hatte sich des Mittels der Predigtstörung bedient, um den Entscheidungsprozeß zugunsten kirchlicher Neuerungen voranzutreiben. Im Juli 1522 hatte er den französischen Franziskaner François Lambert von Avignon, später ein führender Reformator der Landgrafschaft Hessen (s. u. S. 516 f.), während einer Predigt unterbrochen. Auf Drängen Lamberts kam es daraufhin zu einem Gespräch mit Zwingli, das den Bettelmönch zu einer Revision seiner Auffassung veranlaßte.[14]

Aus Augsburg ist für den Juli 1523 die Predigtstörung eines Handwerkers, des Bäckerknechts Jörg Fischer, bezeugt. Ein Dominikanermönch hatte die Schwangeren dazu ermahnt, die heilige Margarete anzurufen; denn dann würden sie »erlöst, und gott het ir das zugesagt oder verhaissen«.[15] Am Schluß der Predigt, als der Mönch die ›offene Schuld‹ sprechen wollte, forderte ihn Fischer auf innezuhalten und fragte ihn, wo er etwas über Margarete in der Bibel finde. Der Mönch erwiderte unwirsch: »wau der teufel nit hin mag, da schickt er sein botten!« Der Bäcker ermahnte ihn daraufhin, er solle solche Dinge nicht predigen, »dan er verfuorti die leutt darmit«. Daraufhin kündigte der Prediger an, ihn zu verklagen. Fischer reagierte mit dem Bekenntnis, daß er bereit sei zu leiden, wenn jener die Schriftgemäßheit seiner Predigt beweisen könne. Der Mönch fiel daraufhin in Ohnmacht; die Hörergemeinde, offenbar vornehmlich aus Kloster- und Bürgerfrauen bestehend, schrie durcheinander und ergriff zum Teil für, zum Teil gegen den Bäcker Partei. Eine Klosterfrau bezichtigte daraufhin die ›Evangelischen‹ und ihren theologischen Anführer, Urbanus Rhegius, der Unzucht, und ein »altz weib« schleuderte ihr entgegen: »und du liessest dich sie gern minnen [körperlich lieben], so wellen sie dein nicht!« Im Anschluß an die tumultartige Szene wurde Fischer auf Entscheid des Rates vor den Bürgermeister Augsburgs geladen; von einer Strafe sah man ab, nachdem Fischer gelobt hatte, ein solches Verhalten fortan zu unterlassen.[16] Doch ganz zurückhalten konnte sich der Bäckergeselle immer noch nicht; nach einer Predigt des Dompredigers Matthias Kretz ließ Fischer diesen, offenbar unter vier Augen, wissen, daß er mit seiner Predigt nicht einverstanden sei. Kretz zitierte ihn daraufhin in sein Haus; nach dem Gespräch zeigte sich der Bäcker allerdings »etwas unwirsch« gegen ihn und drohte an, wenn der Doktor künftig Ähnliches predigen werde, würde er »ine offenlich ausschreyen«. Dieses Verhalten führte zu einer abermaligen Vorladung vor den Rat. Dieser ließ Fischer wissen, »das ime sollichs zetun nit zustund« und er »weder haimlich noch offenlich in der kirchen noch auf der straß«[17] einen Prediger ›anzuschreien‹ berechtigt sei. Auf Fischers abermalige Beteuerung, sich inskünftig entsprechend zu verhalten, sofern er es gegenüber Gott und der städtischen Obrigkeit verantworten könne, ging er wiederum straffrei aus. Der Vorgang verdeutlicht, daß Predigtstörungen, insbesondere durch Laien, empfindliche Ordnungswidrigkeiten waren, die die Gefahr von Aufruhr in sich bargen und deshalb zu unterbinden waren.

Diejenigen, die Predigten störten, setzten auf den elementaren Verunsicherungseffekt einer spontanen Aktion, die die Amtsperson in Frage stellte und in ihrer an sich unanfechtbaren Rolle öffentlich zur Rechenschaft vor dem Forum einer Gemeinde und nach Maßgabe der unfehlbaren Glaubensnorm, der Bibel, nötigte. Predigtstörungen nutzten den öffentlichen kirchlichen Raum einerseits, um einen Repräsentanten des klerikalen Ancien régime bloßzustellen, andererseits, um ein Entscheidungsverhalten der Gemeinde zugunsten der ›evangelischen‹ Sache zu provozieren. Sie setzten Akteure voraus, die besonders selbstsicher waren und wohl auch hoffen konnten, in der Gemeinde Rückhalt zu besitzen oder zu gewinnen. Bei Predigtstörungen wie denen Hätzers oder des Wittenberger Studenten wird man mit der Möglichkeit zu rechnen haben, daß es sich nicht um spontane Aktionen emotional erregter Predigthörer handelte, sondern um Provokationen, die mit einer gewissen Planung verbunden gewesen waren. Bei den gegen altgläubige Priester gerichteten frühreformatorischen Predigtstörungen ging es vor allem darum, den biblischen Lehrgehalt der Predigt durchzusetzen und den eingeschliffenen ›Schlendrian römischer Irrlehre‹ zu bekämpfen. Spätere Störungen, die evangelischen Predigern durch Täuferführer oder sonstige Radikale zuteil wurden, bestritten die Legitimität des Amtes im Namen des Charismas. So versuchte der Täuferführer Jörg Blaurock im Januar 1525, den ordnungsgemäß durch das Chorherrenstift des Zürcher Großmünsters berufenen Pfarrer Nikolaus Billeter mit der Bemerkung an der Predigt zu hindern: »Du bist nit, sunder ich [bin] gesant zu predigen.«[18] Nach der Initialphase der Reformation wurde die Aktionsform der Predigtstörung vornehmlich ein nur noch vereinzelt belegtes Moment der ›radikalen Reformation‹, verlor aber die Bedeutung, die ihr in den frühen zwanziger Jahren zeitweilig zugekommen war.

INSZENIERTE BÄUERLICHKEIT – DER KARSTHANS

Vor dem Bauernkrieg begegnet eine Inszenierungsform reformatorischer Agitation, die das mit der Karsthans-Figur (s. o. S. 313-315) seit Anfang 1521 inaugurierte Bild des Bauern als geistreichem Kirchenkritiker und intuitivem Wahrheitszeugen aufgriff: An einigen Orten traten Prediger in Erscheinung, die sich als Bauern ausgaben, kirchliche Mißstände geißelten und Kerngehalte einer nicht selten sozialkritisch zugespitzten ›evangelischen‹ Lehre präsentierten. Ein solcher Laienprediger, Hans Maurer, genannt Zündauf, tauchte im Sommer 1522 in Straßburg, später in Basel und im oberen Neckartal unter dem Namen »Karst Hans«[19] auf, wurde aber bald schon wegen des Verdachts, Aufruhr zu stiften, gefangengenommen. In Straßburg predigte er vor dem Münster und lehrte unter anderem, daß es nur ein Sakrament, nämlich das Abendmahl, gebe, Ehe, Letzte Ölung und Priesterweihe keine Sakramente seien, der Apostel Petrus keine Gewalt in der Kirche besessen oder aufgerichtet habe und Priester und Mönche heiraten dürften. Die Vertreter der ›alten‹ Kirche, die Aufruhr befürchteten und meinten, der Agitator zerstöre die »gute eynigkeit, so bitzhar zwischen den bürgern und priestern gewesen«,[20] gingen gegen ihn vor, einerseits, indem sie ihn beim Rechtsvertreter des Bischofs, dem Fiskal, verklagten, andererseits dadurch, daß sie ihm nächtens auflauerten und ihn beschimpften. Da sich ›Karsthans‹ an das durch den Rat ausgesprochene Predigtverbot nicht hielt, wurde er schließlich aus der elsässischen Reichsstadt ausgewiesen. Bei der endlich gegen Zündauf gerichteten Anklage der württembergischen Statthalter in Stuttgart ging es darum, daß er das Volk »zu ongehorsam, unnd bundtschuhischer uffrurn bewegt«[21] haben soll. Nach einem Hinweis des Straßburger Predigers und späteren Reformators Matthäus Zell (1477-1548) scheint ›Karsthans‹ die Vernichtung aller Pfaffen angekündigt,[22] also wohl in jenem Sinne gelehrt zu haben, der auch der Dialogflugschrift *Neu-Karsthans* (s. o. S. 315-317) zu entnehmen war.

Einer ähnlichen Inszenierungsstrategie wie Maurer bediente sich ein ehemaliger Priester oder Mönch namens Diepold Peringer, der seit Ende 1523 in Nürnberg aktenkundig geworden ist und als »Bauer von Wöhrd« von sich reden machte.[23] Auch Peringer gerierte sich als Bauer, behauptete, weder lesen noch schreiben zu können, und vermochte sein Publikum durch seine schriftkundigen Predigten, die er aus Wirtshausfenstern und auf öffentlichen Plätzen hielt, um so gründlicher zu beeindrucken. Daß ein vermeintlich Ungelehrter eine überaus gelehrte Predigt zu halten vermochte, ließ selbst einen Zuhörer wie den kursächsischen Rat Georg Spalatin, der sich aus Anlaß des Reichstages in Nürnberg aufhielt und Peringer hörte, aufhorchen.[24] Manifestierte sich nicht in der vollmächtigen Evangeliumsverkündigung durch ungelehrte Laien jene endzeitliche Geistausgießung nach Joel 3,1, die mancher gelehrte Theologe erwartete und nicht wenige Laienautoren der frühen zwanziger Jahre für sich in Anspruch nahmen?[25]

Im Spiegel verstreuter rezeptionsgeschichtlicher Zeugnisse ging es Peringer offenbar darum, Verwunderung hervorzurufen und in seiner Person die in der Karsthans-Gestalt literarisch entworfene Inversion der sozialen und bildungsmäßigen Ordnung vorzuführen. Bald wurde er von den Bürgern und Bauern gebeten, ihnen das Evangelium zu erklären, eine Aufgabe, der er sich trotz eines Predigtverbotes des Nürnberger Rates annahm. Nach seinem Abgang aus Nürnberg konnte er noch kurze Zeit in Kitzingen Fuß fassen; der dortige Stadtrat war so beeindruckt von ihm, daß er ihm einen Predigtstuhl zimmern und auf dem Kirchplatz aufstellen ließ. Erst die Intervention Markgraf Kasimirs von Brandenburg-Ansbach (reg. 1515-27) machte Peringers Predigttätigkeit, die in einigen recht erfolgreichen Druckschriften dokumentiert ist, ein definitives Ende.[26] Danach verlieren sich seine Spuren. Hinsichtlich der Inhalte seiner Predigten kann als gesichert gelten, daß er allerlei aufgriff, was auch von zahlreichen anderen Predigern und Autoren gelehrt wurde; er zog gegen die Heiligenverehrung, Wallfahrten, die Abgötterei der ›Götzen‹, die falsche Heiligkeit des Mönchtums und den päpstlichen Antichrist zu Felde. Wirklich ›Aufrührerisches‹ vertrat er wohl nicht, und auch die positive Resonanz der ratsfähigen Führungsschichten in Nürnberg und Kitzingen auf seine Person deutet eher darauf hin, daß er als Verkörperung des Bauern beeindruckte, als ›einfacher Laie‹, der »die warheyt sagt«, die Gott »den kleynen« offenbart, um zu bekunden, daß »al glaubig eyn königklich briestertumb sind«.[27]

Während Zündauf die große Veränderung in drohenden Tönen ankündigte und damit Angst- und Abwehrreaktionen provozierte, setzte Peringer die Verheißung, daß Gott seine Wahrheit denen offenbart, die vor der Welt nichts gelten, in seiner Person ins Werk. Die Aktionsform der öffentlichen Laienpredigt außerhalb der Kirchenräume und die Inszenierungsform des geistreichen Bauern vermittelte zwischen bürgerlicher und ländlicher Welt, trug zur Popularisierung und soziokulturellen Entgrenzung der reformatorischen Bewegung bei und realisierte das Priestertum aller Gläubigen in exemplarischer Weise. Der predigende Bauer stellte die alte Kirchenherrschaft noch viel grundsätzlicher in Frage, als es die Predigtstörer taten; denn er nahm die Gestaltung des Christentums selbst in die Hand.

FASTENBRECHEN

Verstöße gegen die kanonischen Fastengebote der mittelalterlichen Kirche sind so alt wie diese selbst; nicht zuletzt das Dispenswesen, aber auch die Ausgleichsmöglichkeiten im Zusammenhang des Bußinstituts oder des Ablasses bestätigen, daß die Übertretung der Fastenvorschriften ein integrales Moment der Stabilität dieser rechtlich regulierten kulturellen Praxis war. Luthers Kritik am Fasten richtete sich nicht gegen die Nahrungs- und Sexualaskese an sich, sondern gegen eine als willkürlich empfundene kirchliche Gesetzgebung, die zur Suggestion falscher ›Heiligkeit‹ verführe und von der zweifelhaft sei, ob sie die spirituellen Ziele, die sie erstrebe, zu erreichen vermöge. An sich selbst hatte der Mönch erfahren, daß sein sexuelles Verlangen in dem Maße wuchs, in dem er sich durch Fasten abhärmte.[28] Als Nebenthema war das Fasten in der frühreformatorischen Publizistik – ähnlich den Wallfahrten und anderen Praktiken – allgegenwärtig. Gegenüber den selbstverständlichen, stillschweigenden und privaten Verstößen gegen die Fastenvorschriften, die vielleicht Ausdruck von Widerspenstigkeit und Eigensinn sein mochten, hatten die öffentlichen Fastenbrechen in der Frühzeit der Reformation den Charakter einer demonstrativen Protestaktion.

Indem sie etwas taten, was vielen vertraut, ja geläufig war, was aber gemeinhin unter der Decke der systemimmanenten Doppelmoral gehalten wurde, zielten die öffentlichen Fastenbrechen auf eine grundsätzliche Bestreitung des kanonischen Rechtssystems, auf seine im gemeinschaftlichen Demonstrationsakt vollzogene symbolische Entmachtung und auf eine Befreiung der persönlichen Lebensführung von einem Regelkanon ab, dessen Geltung vor der biblischen Norm nicht standhielt. Als frühreformatorische Aktionen sind Fastenbrechen gemeinschaftliche Veranstaltungen, entsprechend dem Essen als sozialer Kommunikationsform. Die Teilnahme an einem irregulären, das heißt im Widerspruch zu den Fastenvorschriften bereiteten Mahl konnte Bekenntnischarakter annehmen; sie zeigte, wer dazugehörte und wer nicht, hatte also gemäß der inkludierenden beziehungsweise exkludierenden Funktion symbolischer Handlungen geradezu ›rituelle Qualität‹.

EILENBURG

In diesem Sinne ist etwa ein Fastenbrechen zu interpretieren, das sich am Johannistag, Freitag, dem 27. 12. 1521, in der kursächsischen Kleinstadt Eilenburg ereignete. Ein Wittenberger Klosterbruder des noch auf der Wartburg weilenden Luther, Gabriel Zwilling, war aufgrund der Einladung ›evangelisch‹ gesinnter Eilenburger Bürger, die sich über den zuständigen Patron und den amtierenden Pfarrer hinwegsetzten, in das kaum 900 Einwohner zählende Amtsstädtchen gereist, um reformatorisch zu predigen und erste Entscheidungshandlungen im Sinne der kirchlichen Veränderung durchzuführen. Zwilling war einer der Exponenten der ›Wittenberger Bewegung‹, die in der Zeit der Abwesenheit Luthers die reformatorische Entwicklung im Sinne sichtbarer Gestaltungen vorantrieben. Daß Zwilling zur gleichen Zeit das Abendmahl unter beiderlei Gestalt in Eilenburg austeilte, zu der dies Karlstadt erstmals in der Wittenberger Gemeinde tat, deutet auf so etwas wie eine konzertierte Aktion zweier Führer der Wittenberger Bewegung hin. Der Prozeß der kirchlichen Neuordnung sollte durch Handlungen und Praktiken symbolisch ›verdichtet‹ und forciert werden.

Am Johannistag hatte Zwilling in der Eilenburger Stadtkirche über die Fastenfrage gepredigt und die christliche Freiheit im Umgang mit den kanonischen Speisegeboten betont. Für den Abend wurde zu einer Mahlzeit auf das Eilenburger Schloß geladen, den Amtssitz der wohl bereits ›evangelisch‹ gesinnten kursächsischen Beamten. Auch der Ortspfarrer Heinrich Kranich und sein Kaplan waren mit von der Partie. Es wurde in Speck gesottener Fisch serviert, eine Speise, die in offenkundigem Widerspruch zum Gebot stand, freitags nur fleischlose Gerichte zu essen. Auch wenn man die Irregularität für harmlos halten mag – immerhin gab es ja als Hauptgericht Fisch –, so weigerten sich die altgläubigen Geistlichen doch, davon zu essen. Vor dem Hintergrund von Zwillings Predigt über die christliche Freiheit in der Fastenfrage konnten sie die Speise schwerlich anders denn als Anstiftung zum Fastenbrechen interpretieren. Daß dies auch so gemeint war, ergibt sich aus dem Bericht über den Vorgang, der das Eßverhalten der übrigen Gäste so interpretierte, daß sie ein Bekenntnis zur christlichen Freiheit hatten ablegen wollen: Der »außgeloffene Munnich [Zwilling], der renthmeyster [Hans von Taubenheim], der amptvorweser [Johann Moller], Jorge Schonichen, ein Schuster von Eylenburgk und all die übber Tische gesessen uffem schlosse, haben sulche fische gegessenn und gesaget Christus hat das nicht verbothenn.«[29]

ZÜRICH

Ein wegen seines juristischen und publizistischen Nachspiels besonders spektakuläres Fastenbrechen, dem ein erheblicher Mobilisierungseffekt für die Ausbreitung der reformatorischen Bewegung zukam, steht am Anfang der Zürcher Reformationsgeschichte. Am Abend des ersten Fastensonntags der Passionszeit (9. 3. 1522) fand im Hause des Zürcher Buchdrukkers Christoph Froschauer (um 1490-1564), der seit 1519 Bürger der Stadt war, rasch Anschluß an Zwingli gefunden hatte und zum wichtigsten Reformationsdrucker der deutschsprachigen Schweiz werden sollte, ein demonstratives Wurstessen statt. Nach Zwinglis rückblickender Deutung dienten die Zusammenkunft und der Fleischkonsum nicht der »wollust des lybs« oder der »ersettigung des b[a]uchs«, sondern der »anzeygung christenlicher fryheit«.[30] Man wollte durch den Akt des Wurstessens Gott loben und dafür danken, »das er uns uß diser babilonischen gefengknus bäpstlicher stricken erlediget und ußgefürt hett«.[31] Manches spricht dafür, in dem Wurstessen eine ›tätliche‹, das heißt in einen Handlungsvollzug überführte Abendmahlskontrafaktur zu sehen.

Gegen eine karnevalesk-parodistische Interpretation des Szenarios scheint die Ernsthaftigkeit des Bekenntnisaktes, an dem drei Geistliche beteiligt waren, zu sprechen; er wurde mit Lob und Dank für die Befreiung aus der päpstlichen Knechtschaft verbunden. Außerdem war die Aktion vorbereitet worden; die Magd des Buchdruckers hatte das Fleisch nur deshalb vom Metzger bekommen, weil sie angegeben hatte, es einer »kindbetterin zu geben«.[32] Zehn oder ein Dutzend Teilnehmer sollen beteiligt gewesen sein;[33] kein Sättigungsmahl wurde begangen, sondern nur »an [= ein] wenig«[34] Fleisch gegessen; zwei geräucherte Würste hatte man zerteilt und an die ›Kommunikanten‹ verteilt. Die Veranstaltung fand bei Einbruch der Dunkelheit, in den frühen Abendstunden, dem traditionellen Zeitpunkt des Einsetzungsmahls Christi, statt.

Wohnte gar dem Umstand, daß einer der in der Handlungslogik des traditionellen sakramentalen Ritus Christus repräsentierenden Priester, der an der Feier teilnahm, nämlich Zwingli, wie er selbst erzählt, »desselbigen fleischs nit versucht, do es mir schon fürgeleget was zu essen«,[35] eine spezifische symbolische Bedeutung inne? Etwa die, daß der Christusrepräsentant nicht den Leib dessen essen könne, den er repräsentiert? Dies wäre eine in bezug auf das Einsetzungsmahl später von Zwingli verwendete Gedankenfigur, aus der sich ergab, daß die als Nachahmung des ersten Mahls zu begehende gemeindliche Mahlfeier eine leibliche Gegenwart Christi ausschloß – denn der mit seinen Jüngern leiblich am Tische sitzende Herr konnte sich ja schwerlich selbst gegessen haben! Doch für die Deutung des Zürcher Fastenbrechens als Abendmahlskontrafaktur ist die Interpretation von Zwinglis Verzicht auf die Wurstkommunion nicht entscheidend. Als Nichtesser konnte er später eine gewisse Neutralität für sich in Anspruch nehmen, die ihm erlaubte, dieses und andere Fastenbrechen, die sich bald anschlossen, in einer Predigt und anschließend in einer Flugschrift zu rechtfertigen.[36] Die Fastenvorschriften seien menschliche Gebote, die man halten könne oder nicht: »Wiltu gern vasten, thu es; wiltu gern das fleisch nit essen, iß es nüt, laß aber mir daby den Christenmenschen fry.«[37]

In einem Gutachten, das der Rat vom Großmünsterkapitel und den drei Leutpriestern zur Fastenfrage erbat, wurde gegen spontane und demonstrative Fastenbrechen Stellung bezogen und zugleich gefordert, daß der Rat die Übertreter strafe. Diese Empfehlung ist deshalb bemerkenswert, weil sie die bischöfliche Gerichtsbarkeit, die hier zuständig gewesen wäre, außen vor ließ und damit dem Interesse des Rates, das Kirchenwesen unter seine Kuratel zu bringen, in die Hand spielte. Im April kam es zu einer Verhandlung der Fastenbrechen zwischen einer Delegation des zuständigen Bischofs von Konstanz und dem Zürcher Rat, in dessen Zusammenhang auch Zwingli Gelegenheit gegeben wurde, seine die bestehende kirchliche Rechtsordnung fundamental in Frage stellende Position darzulegen. Die abschließende Verständigung lief auf die Bitte an den Konstanzer Bischof hinaus, unverzüglich bei Papst, Kardinälen, Bischöfen, Konzilien oder anderen gelehrten Leuten darauf hinzuwirken, daß bald ein »lütrung und bescheid geben werde, wie und welcher gstalt man sich in sölichem fal halten sölle, dardurch wider die satzungen Cristi nit gehandelt werde usw.«[38] Dieser ›Kompromiß‹ ist insofern aufschlußreich, als er die Fastengebote als einen Sachverhalt behandelte, der der gründlichen, lehrverbindlichen Klärung allererst bedürfe. Insofern dokumentiert das Ergebnis der Sendung des Konstanzer Bischofs nach Zürich einen offenkundigen Autoritätsverlust des geltenden Kirchenrechts. Daß in der Vereinbarung noch eigens unterstrichen wurde, daß die Fastengebote bis auf weiteres einzuhalten seien und diejenigen, die sie gebrochen hätten, dies beichten müßten, unterstreicht, daß durch die spektakuläre Aktion im Hause Froschauers eine wirkungsvolle Erschütterung einer elementaren kirchlichen Lebensordnung gelungen war.

Das Fastenbrechen des 9. 3. 1522 scheint jedenfalls eine Art Initial für eine Reihe weiterer Verstöße dieser Art gewesen zu sein. Der Handwerker Heini Aberli, der bereits vor der Veranstaltung in Froschauers Haus dadurch auffällig geworden war, daß er in einem Wirtshaus ein Stück Braten verspeiste, tat sich in der Fastenzeit des Jahres 1522 noch mehrfach durch einschlägige Aktionen hervor. Einmal soll er mit zwei Kumpanen, einem Tischler und einem Buchdrucker, in eine Ordenskirche gegangen und vom Fleischessen in der Fastenzeit gesprochen, dabei »eine Wurst aus dem Busen gezogen, sie zerschnitten und seinen Genossen davon gegeben, auch selbst gegessen«[39] haben. Es schloß sich dann ein Wortwechsel zwischen Aberli und einigen Mönchen an; dabei äußerte Aberli unter anderem: »die münchen und pfaffen wärint all schelmen und dieben, und empfiengint den lichnam und das bluot Christi in der mess und gebint inen, den leien, nun [nur] den lichnam, und das bluot nit.«[40] Die Rückfrage eines Klosterbruders führte Aberli zu der Feststellung, er und die Seinen glaubten, daß Leib und Blut Christi im Sakrament da wären; »aber nit destminder hettind si inen das gestolen.«[41] Im Licht dieser Äußerung erscheint das Wurstessen in der Fastenzeit als eine Art Ermächtigungsakt von Laien über das ihnen vorenthaltene Altarsakrament. Die Teilung und Austeilung des Elements erfolgte in Gemeinschaft; daß das Wurstessen durch den Handlungszusammenhang symbolisch aufgeladen war, zeigte sich auch daran, daß ein Mönch, der später verhört wurde, ein Wurststück, das sein Mitbruder, den Aberli offenbar rituell hatte einbeziehen wollen, weggeworfen hatte, aufhob und mehrere Wochen aufbewahrte. Im Unterschied zum Eilenburger Fastenbrechen, das den Charakter eines kalkulierten Bekenntnisaktes trug, von einem Wittenberger ›Reformationsexperten‹ mitverantwortet wurde und von der erstmaligen gottesdienstlichen Begehung des Abendmahls unter beiderlei Gestalt zeitlich, rituell und räumlich eindeutig geschieden war, scheinen die Zürcher Fastenbrechen Züge einer laikalen ›Sakramentshandlung‹ zu tragen.

Indem die Teilnehmer der abendlichen Feier des 9. 3. 1522 durch ihr weiteres Verhalten dafür sorgten, daß ihre Handlung bekannt wurde, leisteten sie einen wesentlichen Impuls zur Dynamisierung der reformatorischen Entwicklung. Es war Zwingli, der diese Provokation zu nutzen verstand, indem er in Wort und Schrift darlegte, daß die Fastengebote jeder biblischen Grundlage entbehrten. Das Zusammenspiel von provokativen, vornehmlich von Laien durchgeführten Handlungen und retrospektivischer theologischer Interpretation machte den Fastenstreit der Zürcher Reformation zu einem paradigmatischen Sachverhalt: Ohne die Handlung wäre kein interpretationsbedürftiger Konflikt entstanden, und ohne die gelehrte theologische Interpretation der Handlung hätte sich schwerlich das Vertrauen des Zürcher Rates gewinnen lassen. Insofern dynamisierte das Fastenbrechen den reformatorischen Prozeß in entscheidender Weise. Daß der künftige theologische Führer der schweizerischen Reformation bei diesem initialen Akt als Nichtesser anwesend war und einige der Teilnehmer später ins Täufertum übergingen, verleiht dem Vorgang die Bedeutung einer reformationsgeschichtlichen Schlüsselszene.

PRIESTER- UND MÖNCHSHEIRATEN

Ähnlich dem Fasten stellte das Zölibat eine kirchlich gebotene Lebensordnung dar, die in dem Maße übertreten und verletzt wurde, als ihre Befolgung als verpflichtend galt. Nicht zuletzt die Offenkundigkeit flagranter Zölibatsverstöße und die Doppelmoral einer kirchlichen Hierarchie, die den Pflichtzölibat der Kleriker forderte und zugleich für ›Pfaffenkinder‹ Dispensgebühren erhob, also von den Übertretungen profitierte, bildeten ein schon vor der Reformation vielfach erörtertes Geflecht an Stimmungen und Reformforderungen. Sowohl in der vorreformatorischen Reformliteratur als auch – besonders einflußreich – bei Erasmus war die Forderung nach der Abschaffung des Zölibats lautstark erhoben worden. Der Innovationsgehalt dieser schließlich seit 1519 und dann ausführlich in der Adelsschrift[42] auch von Luther vertretenen Position war also im ganzen begrenzt; dem theologischen Konzept des Priestertums aller Gläubigen wohnten allerdings über die vorreformatorischen Traditionen hinausgehende egalisierende Tendenzen inne, die eine konsequente Integration der Pfarrer in den bürgerlichen Stand begünstigen sollten.

In der frühreformatorischen Bewegung wurde der Reformstau, der auf der Zölibatsthematik lastete und das sexuelle Fehlverhalten der Mönche und ›Pfaffen‹ zu einem der wichtigsten Themen spätmittelalterlicher Kleruskritik hatte werden lassen, dadurch gelöst, daß in offenem Bruch mit dem kanonischen Recht Pfarrehen öffentlich geschlossen und nicht selten auch publizistisch propagiert und legitimiert wurden. Die Aktions- und Inszenierungsform der öffentlich proklamierten und vollzogenen Priesterehe dokumentierte, daß das kanonische Recht für die verheirateten Priester seinen Schrecken verloren hatte oder jedenfalls weniger schwer wog als die permanente Gewissensnot, in illegitimen Verhältnissen zu leben. Daß das biblische Fundament bei dieser Frage eindeutig und auch der Handlungsbedarf eklatant war, verschaffte der Forderung nach der Priesterehe auch und besonders in Laienkreisen eine rasche Popularität.

Der propagandistische Effekt des Themas spiegelt sich in einer bemerkenswerten Fülle einschlägiger Flugschriften, die vor allem in den Jahren 1521 bis 1524 erschienen sind (siehe Abb. 17).[43] Die spezifische Handlungsform der Priesterehe, die von einem Paar und diesem sekundierenden ›evangelischen‹ Geistlichen öffentlich in Szene gesetzt, durch eine Predigt erläutert und legitimiert sowie durch anwesende Laien kommentiert und gewürdigt wurde, war die Manifestation eines gewandelten Verständnisses des Pfarramts und einer Absage an eine klerikale Sonderethik. Gelegentlich scheinen solche öffentlich und spektakulär begangenen Priesterehen geradezu ›Werbeveranstaltungen‹ für die Reformation gewesen zu sein; machten sie doch sinnfällig, daß auch der Pfarrer nichts anderes zu sein beanspruchte als ein Mensch aus Fleisch und Blut und daß er eine auf Weihe und vermeintlicher Virginität basierende sakrale Macht nicht in Anspruch nahm. Zugleich kam in den Eheschließungen der Priester zum Ausdruck, daß man sich durch die Verbindlichkeiten des Ehestandes in die Pflicht nehmen ließ und keine Gefahren mehr bestanden, daß Kleriker ›im trüben fischten‹ und den Töchtern, Mägden und Frauen der Laien ›hinterherstiegen‹. Das Bekenntnis zur eigenen Leiblichkeit unter Einschluß der Sexualität bedeutete vielfach auch, daß bestehende Beziehungen zu Priesterkonkubinen durch den Akt ihrer Veröffentlichung neu bewertet und auch die betroffenen Frauen aus dem Zwielicht des moralisch Zweifelhaften und Unehrbaren befreit wurden.

Die öffentlich inszenierten Eheschließungen waren Bekenntnis-, Demonstrations- und Provokationsakte; sie forderten das zuständige bischöfliche Ordinariat heraus und nötigten es dazu, entsprechende Sanktionen einzuleiten, die ihrerseits Solidarisierungsmaßnahmen gleichgesinnter Kleriker und Laien zur Folge hatten. Die ersten Eheschließungen von Priestern sind ab Mai 1521 in Sachsen, in der Grafschaft Mansfeld und in Hessen bezeugt. Drei dieser frühesten Priesterehen wurden von ehemaligen Wittenberger Studenten eingegangen; diejenige des Lutherschülers Bartholomäus Bernhardi, Propst im nahe Wittenberg gelegenen Kemberg, erregte besondere Auf-

Wie gar gfarlich sey. So Ain Priester kain Eeweyb hat. Wye Vnchristlich. vnd schedlich aim gmainen Nutz Die menschen seynd. Welche hindern die Pfaffen Am Eelichen stand. Durch Johan Eberlin Von Güntzburg. Anno.

Abb. 17: Eberlin von Günzburg, *Wie gar gefährlich sei, so ein Priester kein Eheweib hat* (Titelholzschnitt, 1522)

merksamkeit, vor allem wegen eines von Karlstadt, des zeitweiligen Meinungsführers in dieser Frage, verfaßten Gutachtens, das von seiten der kursächsischen Administration gegenüber dem erzbischöflichen geistlichen Gericht verwendet und später gedruckt wurde.[44] Auch in weiteren einschlägigen Äußerungen Karlstadts zum Zölibat und zu der mit diesem ursprünglich verbundenen Gelübdefrage wurde die Tendenz immer deutlicher, die Priesterehe zum Normalfall, die Ehelosigkeit hingegen zur begründungsbedürftigen Abweichung zu erklären. Denn nicht einmal Paulus, der die christliche Freiheit gegenüber Ehe und Ehelosigkeit beschwor (1 Kor 7), habe es gewagt, jemanden in das Amt des Presbyters oder des Diakons einzusetzen, wenn er nicht verheiratet oder wenigstens verheiratet gewesen sei![45]

Karlstadt war denn auch der erste der Wittenberger Kleriker, der öffentlich in den Stand der Ehe trat, seine Hochzeit groß feierte, die Universitätsangehörigen, den Kurfürsten und sonstige Zelebritäten der Umgegend einlud und wahrscheinlich sogar die Liturgie seiner Hochzeitsmesse in den Druck gab. In einem darin enthaltenen Gebet wurde der Wunsch ausgesprochen, daß andere Priester in seine Fußstapfen traten und entweder ihre Konkubinen hinauswürfen oder ehelichten und zur »Gemeinschaft des legitimen Ehebetts bekehrt«[46] würden. Da gemäß zeitgenössischem Eherecht das gegenseitige Eheversprechen der Brautleute vor Zeugen als konstitutiv und ehebegründend galt und eine kirchliche Einsegnung diesen Akt lediglich sanktionierte, bestand das entscheidende Moment bei den reformatorischen Priesterehen darin, ein bestehendes Verhältnis bekanntzumachen und als Ehe zu proklamieren.

Der ersten öffentlich begangenen Einsegnung eines Priesters in Straßburg etwa ging eine solche öffentliche Proklamation voraus: Der Priester Anton Firn gab am 18. 10. 1523 auf der Kanzel der St. Thomas-Kirche bekannt, daß er mit seiner langjährigen Konkubine kraft wechselseitigen Eheversprechens eine gültige Ehe eingegangen sei. Firn habe sich deshalb auf der Kanzel »für ein eeman außgerieffen«, damit das »ergernüs«, es handle sich doch nur um eines der gewöhnlichen illegitimen Priesterkonkubinate, »vom volck genommen« werde. Da es allgemein üblich sei, eine Ehe erst dann als eine solche anzuerkennen, wenn »der segen vor der kirchen sey 〈…〉 bescheen«,[47] ließ sich Firn von seinem Kollegen Matthäus Zell, dem ersten reformatorischen Prediger der Stadt, drei Wochen später vor dem Straßburger Münster öffentlich einsegnen. Zell selbst vollzog denselben Schritt wiederum drei Wochen später; manches deutet darauf hin, daß er bereits im Sommer 1523 unter dem Einfluß Martin Bucers eine Konsensehe mit Katharina Schütz (s. u. S. 445-449), die man zunächst vor deren Eltern geheimhielt,[48] eingegangen war. Bucer, später die maßgebliche theologische Führungsgestalt der Straßburger und der oberdeutschen Reformation, war mit seiner Ehefrau, einer entlaufenen Nonne, im Frühjahr 1523 als gebannter Glaubensflüchtling in die elsässische Reichsstadt gekommen, hatte sich sogleich in höchst couragierter Weise zu dieser vom kanonischen Recht verbotenen Ehe bekannt[49] und war im Zellschen Pfarrhaus untergekommen.

Die Eheschließungen der Straßburger Priester waren strategisch abgesprochen und ihre öffentliche Inszenierung auf die erwartete Zustimmung der Bevölkerung hin kalkuliert. Inwiefern sich in der intensiven, übergemeindlichen Zusammenarbeit evangelischer Geistlicher, die beispielsweise bei der gegenseitigen Unterstützung in der Ehefrage zum Tragen kam, Mentalitäten bruderschaftlichen Gemeinsinns, wie sie in den Priesterbruderschaften, den Kalanden, gepflegt worden waren, fortpflanzten, ist kaum zu entscheiden. Die engen Kooperationen ›evangelischer‹ Geistlicher in den Städten, in denen die Reformation schließlich Erfolg hatte, ergaben sich vor allem aus der gemeinsamen Front gegenüber den Altgläubigen und dem vielfältigen internen und externen Regulierungs- und Abstimmungsbedarf der kirchlichen Veränderungen und ihrer theologischen Deutungen. Bei der Einsegnung Firns und seiner Gattin auf dem Münsterplatz zu Straßburg war der Andrang groß; eine Stimme aus dem Volk akklamierte ihm und rief: »Er [Firn] hat ihm recht gethan / Gott geb ihm tausent guter Jahr.«[50] Als Zell und seine Frau drei Wochen später eingesegnet wurden, verbanden sie den Gottesdienst mit der ersten öffentlichen Abendmahlsfeier unter beiderlei Gestalt,[51] nutzten also die aufsehenerregende, weithin von Zustimmung getragene Zeremonie, um ein weiteres zentrales Thema reformatorischer Neuordnung öffentlich zu lancieren.

Im Unterschied zu Straßburg gelang es im Falle einer Augsburger Priesterehe nicht, den rituellen Akt im öffentlichen Kirchenraum zu begehen. Dem aus Basel stammenden Priester Jakob Grießbüttel, der wegen ›evangelischer‹ Predigten seine Pfründe verloren hatte,[52] und seiner Braut hatte der bischöfliche Vikar oder der Bürgermeister[53] Augsburgs die Nutzung eines Kirchenraums untersagt. Eine Gruppe von 32 Augsburger Reformationsanhängern arrangierte daraufhin auf eigene Kosten eine Feier in einer Gastwirtschaft, und ein Mitpriester forderte die versammelte Gemeinde auf, die Eheschließung des Paares zu bezeugen, »das sollichs für die Endtchristischen underdrucker des wort guttes [Gottes] kommen wurde / das es kraft und wirckung haben / und nit abgetriben und zu nichten gemacht werden möchte«.[54] Grießbüttel und seine Frau vollzogen daraufhin, da sie nun einmal kein »tempel der mit holtz und steynen gemacht und gebawen ist«[55] aufnahm, ihr Ehegelöbnis vor der ›Gemeinde‹ des Wirtshauses: Sie wollten vor der Welt als Eheleute dastehen, und wenn sie Kinder bekämen, sollten die nicht als »uneeliche pfaffen kinder«[56] gelten. Durch eine Flugschrift, die ein befreundeter Priester über diesen Vorgang abfaßte, wurde er einer breiteren Öffentlichkeit bekanntgemacht.

Daß vergleichbare Texte seit der zweiten Hälfte der zwanziger Jahre kaum mehr erschienen sind, deutet darauf hin, daß die Priesterehen in den sich der Reformation öffnenden Kontexten rasch ihren ›spektakulären‹ Charakter verloren und daß der verheiratete Priester, der als bürgerlicher Hausvater und Ehemann sichtbar in der Gemeinde lebte, bald zu einer Selbstverständlichkeit geworden war. Die Priester- und Mönchshochzeiten,[57] die in bezug auf Ehe und Sexualität die bisher geltende theologische und rechtliche ›Andersartigkeit‹ der

Kleriker gegenüber den Laien beseitigten, sind auch von seiten der Geistlichen als Egalisierungsaktionen zu interpretieren; auch sie inszenierten das Priestertum aller Gläubigen auf ihre Weise.

KLOSTERAUSTRITTE

Ähnlich den Flugschriften zur Priesterehe hatten diejenigen zum Klosteraustritt von Mönchen und Nonnen eine zeitlich begrenzte Interessenskonjunktur; der Großteil aller »Rechtfertigungsschriften ehemaliger Klosterpersonen«[58] erschien in den Jahren 1522 und 1523; danach verlor sich das Spektakuläre und Neue, das dem Phänomen zunächst zu eigen gewesen war. Wie im Falle der Priesterehe ging es beim Klosteraustritt um eine konfliktreiche persönliche Lebensentscheidung, einen ›Bekenntnis- und Befreiungsakt‹ mit gegebenenfalls empfindlichen Rechtsfolgen: um die lebenspraktisch vollzogene Aufhebung eines bindenden Gelübdes. Wie bei anderen Aktionsformen handelte es sich um einen definitiven Bruch mit einer Lebensordnung, die auf der Fundamentalunterscheidung der ›zwei Arten von Christen‹, der Kleriker und der Laien, basierte. Im Unterschied zu Aktionen und Inszenierungen, die durch ihren Vollzug selbst, als gegenwärtig erlebbare Ereignisse also, öffentliche Aufmerksamkeit auf sich zogen, waren die Klosteraustritte erst im Rückblick, das heißt in Gestalt apologetischer Ausdeutungen der Akteure, rezipierbar.

Auch im Falle der Klosteraustritte war Wittenberg, namentlich Luthers eigenes Kloster, der Ausgangspunkt einer rasch um sich greifenden Entwicklung gewesen. Im November 1521 hatten bereits 13 Augustinermönche den Konvent verlassen. Luthers Schrift *De votis monasticis* (Über die Mönchsgelübde), die er im wesentlichen im November 1521 auf der Wartburg geschrieben hatte und die Ende Februar 1522 im Druck vorlag, war zweifelsohne derjenige Text, der das bestehende Klosterwesen stärker erschütterte als jeder andere. Luther bestritt, daß lebenslang gültige Gelübde Gottes in der Bibel kodifiziertem Willen entsprächen, wies die ›Werkheiligkeit‹ eines verdienstlichen monastischen Lebensstils zurück und beschwor die Taufe als maßgeblichen Bezugspunkt jeder christenmenschlichen Verpflichtung gegenüber Gott.[59] Für sich selbst nahm Luther die Freiheit in Anspruch, mit »befreitem Gewissen«, als »neue Kreatur Christi«,[60] als allein im Glauben Gerechtfertigter, freiwillig innerhalb der äußeren Formen seines bisherigen monastischen Lebensstandes zu verbleiben. Für andere Mönche und Nonnen bedeutete die Bekanntschaft mit der evangelischen Glaubensfreiheit, daß ihnen eine weitere Existenz in der klösterlichen Lebenswelt aus Gewissensgründen unmöglich wurde und ein äußerer Bruch, eine Konversion zum Leben in der Welt, notwendig schien.

In die apologetischen Schilderungen der Umstände, die die Ausgetretenen zu ihrem Schritt veranlaßt oder gar gezwungen hatten, sind vielfach autobiographische Einzelheiten eingeflochten, die gewisse Rückschlüsse auf allgemeinere Konflikte zulassen; denn der Bruch mit der bisherigen monastischen Lebensform stellte ja nicht nur die eigene Biographie fundamental in Frage, sondern griff auch diejenigen an, die zurückblieben. In vielen dieser Texte spielte die Einsicht, daß ein monastisch-klerikaler Sonderweg nicht dem Willen Christi entspreche, die entscheidende Rolle. Der Nürnberger Dominikaner Gallus Korn stellte die allgemeine Verpflichtung zur Nächstenliebe als entscheidendes Motiv seiner Abkehr vom heilsegoistischen Separatismus der Mönche dar. Er war am 9. 6., dem Pfingstmontag des Jahres 1522, aus dem Kloster ausgetreten, nachdem er in der Bibliothek seines Konvents eine von ihm in Analogie zur Bekehrung Augustins beziehungsweise des heiligen Antonius stilisierte Begegnung mit einem ihn im Gewissen treffenden Schriftwort erlebt haben will.[61]

Die einem Zisterzienserinnenkloster in der Grafschaft Mansfeld auf abenteuerlichem Wege entflohene Nonne Florentina von Oberweimar (geb. um 1509), deren in Wittenberg mit einem Sendbrief und einem Nachwort Luthers 1524 erschienenes Rechtfertigungsschreiben der erste Text dieser Art von einer weiblichen Klosterperson war, begründete den existentiellen Schritt vor allem mit den massiven Qualen, denen sie im Kloster ausgesetzt gewesen sei.[62] Als sechsjähriges Kind sei sie ins Kloster Neu-Helfta gegeben worden; im Alter von elf Jahren, »also yn unwissender jugent«,[63] habe man sie eingesegnet; zur Ablegung der Profeß sei sie genötigt worden, obschon sie seit ihrem 14. Lebensjahr Zweifel am geistlichen Stand geplagt hätten. Durch die Lektüre reformatorischer Schriften sei ihr bewußt geworden, daß das klösterliche Leben »eyn gestrackter weg in die helle«[64] sei. Die Monate bis zur unerwarteten Flucht, die durch eine offenstehende Zellentür ermöglicht und als göttliche Fügung interpretiert wurde, seien durch Beschimpfung, Schläge, Kerker, Redeverbot, Isolationshaft und weitere Demütigungen geprägt gewesen. Durch die Wittenberger Publikation der zu Luther Geflüchteten erhielt ihre bewegende Lebensgeschichte den Charakter einer antimonastischen Propagandaschrift. Luther selbst behandelte diesen Kasus eines monastischen Martyriums als exemplarisches Zeugnis dafür, »wilch eyn teuffelisch ding die nonnerey und müncherey ist, da man mit eyttel treyben, zwingen, stöcken und blöcken will die leut zu Gott bringen«.[65] Ähnlich wie er im Vorjahr die spektakuläre, von ihm selbst maßgeblich veranlaßte Befreiung von zwölf Nonnen aus dem Zisterzienserinnenkloster Marienthron in Nimbschen bei Grimma – unter ihnen war Katharina von Bora, Luthers spätere Ehefrau – publizistisch auszunutzen verstanden hatte,[66] verwendete er nun die Geschichte der verzweifelten und gedemütigten Florentina, um den Kampf gegen das Mönchtum weiter anzuheizen. Die Aktionsform des Klosteraustritts, die primär als individuelle Lebensentscheidung zu gestalten war, wurde als evangelisches Verhaltensmuster inszeniert; reformatorische Gesinnung und monastische Existenz waren nun definitiv unvereinbar geworden, und die laikale Lebensform des Ehestandes hatte als allgemeine Norm zu gelten. In der reformatorischen Propaganda erschienen die Klosteraustritte als göttliche Befreiungsakte, die die Legitimität der reformatorischen Bewegung und ihres Konzepts einer allgemeinen Laikalität der Lebensformen aller getauften Priester dokumentierten.

KARNEVALESKE INSZENIERUNGEN

Die ersten Beispiele provokativ-karnevalesker Aktionen[67] im Zeichen der Reformation, von denen wir Kenntnis besitzen, stammen von Wittenberger Studenten. Nachdem Luther, Melanchthon und die anderen Professoren am 10. 12. 1520 von dem Exkommunikationsakt der Papstkirche vor dem Elstertor (s. o. S. 288) in die Stadt zurückgekehrt waren, sollen etliche hundert Studenten auf der »walstat«[68] zurückgeblieben sein, das Feuer umringt, das »Te deum laudamus« und parodierende Leichengesänge auf die Dekretalen angestimmt haben.[69] Daß ein der Aktion im ganzen gewogener zeitgenössischer Berichterstatter diese Gesänge als »frivol«[70] bezeichnete, läßt keinen Zweifel daran, daß es hoch herging. Nach der Mahlzeit hatten einige Studenten einen bäuerlichen Frachtwagen organisiert; in Verkleidungen, wie sie Studienanfängern (sogenannten Beanen, das heißt ›Grünschnäbeln‹) bei der Deposition (der rituellen, mit Demütigungen verbundenen studentischen Inauguration) angelegt zu werden pflegten – zumeist Tierkostümen, die den ›barbarischen‹ Status der Nichtakademiker symbolisierten –, nahmen sie auf dem Wagen Platz. Der in gleicher Weise verkleidete Fuhrmann führte die Pferde mit Worten und Gesten, die großes Gelächter erregten. Im vorderen Teil des Wagens saßen vier Knaben, die »iudaica voce«,[71] also in hebräischer Sprache, vorsangen. Dann schlugen sie eine vier Ellen lange Bulle, von der sie sagten, sie hätten sie für 20 Goldgulden in Rom gekauft, als Segel auf. Auch ein Trompeter stand auf dem Wagen und hielt in der einen Hand sein Instrument, in der anderen ein zweischneidiges Schwert, an dessen Spitze eine Ablaßbulle aufgespießt war. Unter die Umstehenden wurden Holz- und Pflanzenstücke geworfen, wohl um die Nichtigkeit der ›Gaben‹ der Papstkirche zu symbolisieren.

Das ›handelnde Bild‹, das die Wittenberger Studenten, lautstark durch die Stadt ziehend, inszenierten, verhöhnte das ›Schiff‹ der vom Ablaß ›angetriebenen‹ Papstkirche. Das Szenario mündete schließlich in eine Prozession um die Feuerstätte, wiederum mit dem Gesang des »Te deum«, eines Requiems und des Liedes »O du armer Judas, was hast du getan« verbunden; dann verbrannte man Schriften der Gegner Luthers, die man vorher in der Stadt eingesammelt hatte. Nach einem Bericht des brandenburgischen Bischofs Hieronymus Scultetus soll ein Student als Papst verkleidet gewesen sein; man habe seine Tiara verbrannt, also eine Hinrichtung *in effigie* vollzogen.[72]

Ähnliches wurde in der Fastnachtszeit des folgenden Jahres wiederholt: Die studentische Jugend (»Iuventus nostra«) führte eine Papst-, Kardinals- und Bischofshatz in der Stadt durch und richtete die Hierarchie anschließend symbolisch hin.[73] Luther scheint bei dem Spektakel diesmal zugeschaut zu haben und fand es offenbar in Ordnung: Es sei nur gerecht, daß der päpstliche Feind Christi verhöhnt werde, solange dieser nicht davon ablasse, Christus zu verhöhnen. Bei beiden Aktionen der Wittenberger Studenten scheinen es parodierte Rituale, die Prozession und der Fastnachtsumzug, gewesen zu sein, die die Handlungsstruktur bestimmten. Man adaptierte und transformierte Bekanntes und nutzte es dazu, eine radikal-antihierarchische Botschaft zu verbreiten. Die rituelle Rahmung schränkte die Gefahr ein, daß sich eine solche Aktion verselbständigte.

Zu beiden Aktionen erschienen kleine lateinische Flugschriften[74] mit Berichten und Dichtungen, die belegen, daß man die Popularität dieser Aktionen nicht dagegen ausspielen sollte, daß sie zunächst primär auf lateinkundige Milieus bezogen waren. Auch andernorts, 1522 in Straßburg, 1523 in Bern, 1524 in Königsberg in Preußen und 1525 in Naumburg,[75] wurden Fastnachtszüge zu antirömischen Inszenierungen genutzt. Aus Zwickau ist gleichfalls eine Treibjagd, wie sie die Wittenberger Studenten in der Fastnacht 1521 veranstaltet hatten, bezeugt: Bürger und Bürgersöhne der Stadt hatten sich als Mönche und Nonnen verkleidet und wurden »auf dem Markte in die Netze gejagt mit großem Geschrei, wie man sonst pflegt auf der Jagd«.[76] Ein illustriertes Flugblatt setzte eine solche Jagdszene mit Netzen, bei der Mönche und Geistliche aller Stände von Dämonen in einen Höllenschlund getrieben wurden, ins Bild (siehe Abb. 18).[77] In den dem Blatt beigedruckten Versen hob der Dichter, wahrscheinlich der Nürnberger Hans Sachs, darauf ab, das ›Traumgesicht‹ der Pfaffenjagd als Mahnruf zur Umkehr zu verstehen: »Wer noch auß dem geystlosen netz | Entrint / und sich begibt zu letzt | Auff Gottes wort / in werck und leben | Dem wil Gott ein erlösung geben.« Die lebenden und die imaginierten Bilder der karnevalesken Pfaffenjagd trugen Motive reformatorischer Agitation weit über die Kreise der *literati* hinaus und dokumentieren die Intensität des Austauschs zwischen sozial und bildungsmäßig traditionell separierten Milieus.

Den Wittenberger Studenten scheint bei diesen Interaktionsprozessen eine wichtige Bedeutung zugefallen zu sein. Aus Wittenberg sind auch die ersten handgreiflichen Attakken auf Geistliche überliefert. Am 5. und 6. 10. 1521 bewarfen Wittenberger Studenten einen Angehörigen des Antoniterordens, der Kollekten einsammelte, mit Kot und Steinen. Eine Predigt störten sie durch einen Zwischenruf und »vil gerispel«,[78] so daß der Mönch sie vorzeitig beenden mußte. Schließlich stießen sie einen Kübel mit Wasser, das der Antoniusbote hatte weihen wollen, um und hefteten »etzlich spotliche intimacion [Mitteilung] an die kirchen«.[79] An einer Aktion wie dieser wird deutlich, daß der Übergang von ›gespielten‹ symbolischen Gewaltanwendungen zu direkten Handlungen gegen den ehrlosen altgläubigen Klerus fließend war.

Gegenüber den vielfältigen Formen der übermütigen Parodie, die das Mittelalter kannte, drang mit der reformatorischen Bewegung eine Ernsthaftigkeit und tiefe Humorlosigkeit auch da ein, wo sie sich der traditionellen Formen des Karnevalesken und des Burlesken bediente. Denn es ging ja nun nicht mehr nur um das ›allzu menschliche‹ Versagen der Geistlichen hinsichtlich des Ethos, sondern um den grundstürzenden Verrat an der wahren Lehre. Die theologischen Führer der reformatorischen Bewegung in Wittenberg, aber auch andernorts, hielten zu den burlesk-karnevalesken Aktio-

Abb. 18: Erhard Schön (Text: wahrscheinlich Hans Sachs),
Jagd auf die Mönche und Pfaffen (illustriertes Flugblatt, um 1525)

mand zu lieb noch zu laid.

Mit unsrer Seelmeß und Gotsdinst
Das sie stifften pf nd, rent, und zinst,
Die wir mit überfluß besassen
Und schier auff erd die reychsten wasen,
Im pet het wir der zipffel drey
Auch so schwür wir keuschheyt darbey,
Wie wir sie halten, weyst du wol
Die Welt ist schier Exempel vol
Unser bůberey und unzucht
Wie wir unuerschembt und verrucht
Fast all sitzen an der unehe

Dergleych in allem wollust mee
Mit essen, trincken nach dem besten,
Wir betten Clöster wie die Vesten,
Auch schwůr wir ghorsam, doch die zeyt
Underthan keyner Obrigkeyt,
Schlayffen uns gar auß jrer pflicht
Auß jrer stewr, gpot, und gericht
Mit unserm schein und gleyßnerey
Richt wir an Sect und Ketzerey,
Verfůrten den gmeyn man der massen
Das er hat Gottes wort verlassen

Und ist anghangen unsern Lügen
Die wir nun nicht verfechten mügen
So mans mit Gottes wort haim sůcht
Darumb so geben wir die flucht
Nyemand vor dem hellischen Jäger
Der unser übel ist ain Läger,
Wer noch auß dem geystlosen netz
Entrint, und sich begibt zů letz
Auff Gottes wort, in werck und leben
Dem will Gott ein erlösung geben.
AMEN.

nen meist Abstand; daß dem wohldosierten und -temperierten Spott in bezug auf ein ›eigenes‹ evangelisches Kirchentum fortan die Basis fehlen würde, zeigte sich erst nach und nach.

Der Travestiecharakter reformatorischer Inszenierungen ›handelnder Bilder‹ wird besonders an einer Prozession deutlich, die wohl Anfang Juli 1524 im erzgebirgischen Städtchen Buchholz stattfand. Buchholz lag im ernestinischen Sachsen, in nächster Nähe zur Bergbaustadt Annaberg, das zum Territorium des streng antireformatorisch gesinnten albertinischen Herzogs Georg gehörte. Von Buchholz aus drangen reformatorische Impulse hinüber. Den Anlaß der Spottprozession auf den heiligen Benno bot die am 16. 6. 1524 in Meißen feierlich vollzogene ›Erhebung‹ der Gebeine dieser sächsischen Kultfigur aus der Zeit des Investiturstreits, deren päpstlich approbierte Heiligsprechung Herzog Georg nach langen und kostspieligen Bemühungen endlich in Rom erreicht hatte.[80] Über die Initiatoren der Buchholzer Veranstaltung ist nichts Näheres bekannt. Die anonyme Flugschrift zur Sache, die in einem Wittenberger Urdruck erschien,[81] gibt an, daß es vor allem junge Leute aus dem einfachen Volk waren, die die »herliche, löbliche process[ion]«[82] durchführten: Fahnen aus alten, fauligen Fußtüchern zogen einem Gefolge von ›Klerikern‹ voran, die Badehütlein und Hanfsieber als »byret«,[83] als Kopfbedeckung des Geistlichen, trugen; sie sangen aus einem Brettspiel als Gesangbuch; ein Fischkessel diente als Weihwasserbehältnis, eine Misttrage und ein Scheffel wurden zum Transport des »wirdige[n] heyligthum[s]«,[84] der vermeintlichen Reliquien des Heiligen, genutzt. In einem Schacht außerhalb der Stadt fand, begleitet von Fidel und Laute, die Exhumierung der Gebeine statt, »das man sich mocht starr gelacht haben«.[85]

Dann wurden die Gebeine, zusammen mit Mist auf der Misttrage und mit alten Pelzfetzen bedeckt, in die Stadt zurückexpediert: Ein Pferdekopf, der Kinnbacken einer Kuh und zwei Pferdebeine zogen auf den Marktplatz. Ein Bischof, der einen Strohmantel als Chorrock, einen krummen Stock und eine Fischreuse als Mitra trug, verkündigte nun in einer Predigt, was Wunderbares geschehen war: »O lieben andechtigen,

Sehet, das ist der heylig arsbacken des lieben korschülers zu Myssen S. Benno.«[86] Unter allgemeinem Gelächter trat sodann ein Papst auf, der unter dem Gesang der Gemeinde (»lieber Herr S. Benno wone uns bey«)[87] Ablaß verkündigte, dann auf die Misttrage gesetzt und in einen Brunnentrog geworfen wurde. Anhänger der ›alten‹ Kirche versuchten nun, das Schauspiel durch Intervention bei der lokalen Obrigkeit, dem Bergvogt, unterbinden zu lassen. Das gelang auch; die Akteure aber stellten fest: »Ey wollen denn die Papisten nicht auffhören so gröblich und unverschamptt zu narren, warum sollt man nicht yhrer narrheyt nerrisch spotten?«[88]

Bei der Buchholzer Aktion handelte es sich um eine zweifellos gut vorbereitete und sorgfältig inszenierte Parodie jener Prozession, die aus Anlaß der Meißener Heiligenerhebung stattgefunden hatte. Zumindest einer der Buchholzer Akteure war in Meißen dabeigewesen und mokierte sich rückblickend darüber, daß die dort exhumierten Röhrenknochen, das Schulterblatt und das Schädelchen des vermeintlichen Benno, von einem Kinde stammen müßten. Die Buchholzer Travestie diente dazu, das albertinische »affenspiel«[89] offenzulegen, dem betrügerischen, schädlichen Spektakel der römischen Kirche also mit harmlosem »schympff und schertz«[90] zu begegnen. Die gezielte Verballhornung eines Ritus, die loyale Glieder der römischen Kirche als Provokation empfinden mußten, sollte polarisierend wirken und den Kampf gegen die Symbole der alten Kirchenherrschaft forcieren. Die unmittelbare Erschließungskraft des Schauspiels, das durch bestimmte Gesangselemente und die mit einem Prozessionsweg verbundene Bewegung seine Betrachter automatisch zu Teilnehmern machte, ergab sich daraus, daß es sich an gewohnte rituelle Formen anschloß und diese variierte. Die Komik des Szenarios speiste sich ganz wesentlich aus der ins Groteske gesteigerten Inversion klerikal-hierarchischer Würde durch Attribute der Alltags- und Lebenswelt. Karnevaleske Aktionen wie die Buchholzer, die außerhalb der Karnevalszeit stattfanden, folgten einer subversiven Grundtendenz. Die streng begrenzte ›verkehrte Welt‹ des Faschings drang in die gewöhnliche Alltagszeit ein.

Andernorts, etwa in Lüneburg, blieb der traditionelle Faschingstermin der Anlaß für anti-römische Spottprozessionen. Die Lüneburger Schneidergesellen verkleideten sich am Faschingsdienstag 1530 als Nonnen und täuschten auf diese Weise sogar den Bürgermeister. Als dies ruchbar wurde, verwies man sie der Stadt.[91]

DESAKRALISIERUNGEN VON RELIQUIEN UND BILDENTFERNUNGEN

Eine klare Trennlinie zwischen symbolischen Desakralisierungen, wie sie in Buchholz an den Gebeinen Bennos vorgenommen wurden, und ›realen‹ Entweihungs- beziehungsweise Schädigungs- und Zerstörungsakten läßt sich kaum ziehen. Wer das eine tat, war potentiell wohl auch bereit, das andere zu tun. Daß Schauspiele und Rituale wie das Buchholzer die Hemmschwelle für die Ausübung von Desakralisierungsakten herabsenkten, kann man getrost voraussetzen. Auch daß die Reliquien, die Gebeine der Heiligen, als größter ›Schatz‹ der lateineuropäischen Papstkirche zu bevorzugten Zielobjekten von Protestaktionen wurden, verwundert nicht. Wie bei den sogenannten Bilderstürmen im allgemeinen begegnen auch bei den Reliquienentfernungen im besonderen spontane und tumultuarische neben genau geplanten und wohlgeordnet verlaufenden Entweihungsakten. Im Unterschied zum theologischen Meinungsspektrum der ›Evangelischen‹ in bezug auf die Bilder war freilich hinsichtlich der Reliquien völlig unstrittig, daß sie abzuschaffen waren.

Gewaltsame Übergriffe auf Reliquien dürften gezielte Akte der Entmächtigung, ja Banalisierung auratischer Objekte gewesen sein. Nicht selten wurden die aufgefundenen Knochen, an denen zumeist die historische Authentizität bezweifelt wurde, etwa weil sie zu klein waren oder von Tieren stammten, am Ende eines Angriffs auf den Müll geworfen. Deutlicher konnte der Wertverlust der heiligen Objekte nicht zum Ausdruck gebracht werden.

St. Florentinssarg in Magdeburg

In Magdeburg, so die tendenziöse Berichterstattung eines altgläubigen Chronisten, war es im Mai 1524 beinahe dazu gekommen, daß der Sarg des heiligen Florentin, eines Märtyrers aus der Zeit der diokletianischen Verfolgung (303-311), in die Elbe geworfen worden wäre. Die kostbare Ganzkörperreliquie aus der Marienkapelle des Magdeburger Doms, die an bestimmten Festtagen auf einem Gerüst inmitten der Kathedrale, in prächtige Grabtücher gehüllt und auf einer Totenbahre liegend, präsentiert wurde und völlig unversehrt – einschließlich der frisch-blutroten »Strieme am Halse, da er geköpft«[92] – gewesen sein soll, wurde von zwölf bis fünfzehn Handwerkergesellen auf brutale Weise entweiht. Sie griffen St. Florentins Sarg an und rissen eineinhalb silberne Bildnisse ab. Als sie den Sarg nehmen und in die Elbe werfen wollten, bedrohte sie der Domdechant mit einer Fackel und schlug sie so in die Flucht. Interessanterweise unterblieb ein direkter physischer Kontakt zwischen der Reliquie und ihren Schändern. Die Aktion, die aus der Sicht des altgläubigen Chronisten eine unmittelbare Folge evangelischer Predigten gewesen war, scheint eher spontan begangen und übereilt abgebrochen worden zu sein. Sie zielte darauf ab, die heiligen Objekte ›abzustrafen‹ und ›zu entmachten‹, das heißt in ihrer Machtlosigkeit bloßzustellen, wohl auch und vor allem, um die Macht zu brechen, die sie noch auf andere ausübten.

St. Aureliengrab in Straßburg

In der Straßburger St. Aureliengemeinde, einer sozial eher minderprivilegierten, vor allem aus Gärtnern, der niedersten der Zünfte, bestehenden Bevölkerungsgruppe, die Martin Bucer am 29. 3. 1524 zu ihrem Pfarrer gewählt und diese Wahl gegenüber dem St. Thomas-Kapitel, dem die Pfarrei inkorporiert war, und dem Rat durchgesetzt hatte, befand sich ein

Grab der heiligen Aurelia, einer der 11 000 Jungfrauen, die der Legende nach in Straßburg an Fieber gestorben war. Auch wenn das Grab angeblich schon 1100 Jahre bestanden hatte, so berichtete Bucer, sei es erst in den letzten 100 Jahren in der Hoffnung auf Gewinn ausgebaut worden. Offenbar erfreute es sich wachsender Beliebtheit. Die Heilige galt als Helferin gegen das Fieber; wie es scheint, war es üblich, von dem Erdreich bei ihrem Grab zu essen, eine Skulptur der Heiligen (»ein götzlin«)[93] zu schmücken und Hemden »zu lockfögeln umbs grab«[94] zu hängen. Die Aura der Heiligen übertrug sich offenbar auf Kleidungsstücke, die dann therapeutisch verwendet wurden. Nach »genugsamer berichtung göttlichs worts«,[95] so teilte Bucer im Rückblick mit, habe die »Pfarr gemein daselbig grab hinwegethon«.[96] Die Knochenfunde, die dabei gemacht wurden, bestätigten zusätzlich, was die reformatorisch ›gefestigten‹ Gemeindeglieder ohnehin aus dem ›Wort Gottes‹ wußten, nämlich daß es sich bei der Heiligenverehrung um nichts anderes als götzendienerischen Betrug gehandelt hatte; denn die »bein, die man gefunden«, seien »ser groß und ungleich« gewesen, »das sye nit haben künden von eim cörper da sein, nemlich einer junckfrawen«.[97]

Daß man die Knochen »den leüten auß den augen gethon«[98] hatte, dokumentiert, daß es den verantwortlichen Gemeindekreisen in St. Aurelien unter der Führung ihres Pfarrers Bucer nicht mehr länger nur um die Überwindung des Heiligenkults, sondern zugleich um seine dauerhafte Verunmöglichung ging. Gerade dies setzt aber voraus, daß es wohl doch noch mehr getreue Anhänger der heiligen Aurelia gegeben haben dürfte, als die ›amtlich‹-reibungslose Beseitigung ihres Grabes, wie sie Bucer schildert, glauben machen wollte. Bei der Abschaffung des Aurelienkults verfuhr man offenbar schrittweise: Zunächst beseitigte man die »hembder und andere lockfögel«,[99] danach die Aurelienskulptur auf dem Altar, schließlich versperrte man den Zugang zur Krypta, in der sich das Aureliengrab befand. Der Zwischenbemerkung des reformatorischen Predigers – »es hat alles nit wöllen helffen, sye haben ire hembder und gauckelwerck durch gerembs [Gitterwerk] ⟨...⟩ hineingestossen«[100] – kann man entnehmen, daß die mit sozialen Appellen zur Armenfürsorge[101] verbundene ›Aufklärungspropaganda‹ gegen den Heiligenkult offenbar keine vollständige Wirkung gezeitigt hatte. Deshalb folgte nun die definitive Beseitigung des Grabes und die Verschüttung der Gruft. Denn den Christen sei ein solches »fabelwerck«[102] wie der Aurelienkult nicht mehr zumutbar; es müsse deutlich werden, daß sie keinem »fremden Gott«[103] anhingen.

Der Entweihungsakt der Straßburger St. Aureliengemeinde war – im Unterschied zum Übergriff der Handwerker auf das St. Florentinsgrab im Magdeburger Dom – Teil eines reformatorischen Erziehungs- und Neuordnungsprogramms, das auf der Zustimmung des Pfarrers und der ›evangelisch‹ gesinnten Gemeindekreise basierte. Im Vergleich zu anderen Aktionen fehlte diesem Akt der spektakuläre und gezielt provokative Charakter – wohl vor allem deshalb, weil die Machtfrage bereits zugunsten der ›Evangelischen‹ vorentschieden war. Der Vorgang verdeutlicht: Auch die Übergänge zwischen frühreformatorischen Aktionen und den Anfängen reformatorischen Ordnungshandelns sind fließend. Was für die Beseitigung der Reliquien gilt, kann in ähnlicher Weise auch für das Abtun sakraler Bildwerke in evangelisch werdenden Kirchenräumen konstatiert werden: Spontane, demonstrative Zerstörungen treten vornehmlich in der Inaugurationsphase frühreformatorischer Auseinandersetzungen auf; sie bilden vielfach den Anlaß für geordnete, zumeist mittels städtischer Mandate durchgesetzte Bildentfernungen und stellen aufs Ganze gesehen den quantitativ geringeren Teil der Reinigung gottesdienstlich genutzter Kirchenräume dar.[104]

Wittenberger Stadtkirche

Bereits bei der ersten reformatorischen Bildbeseitigung überhaupt, derjenigen im Kontext der sogenannten Wittenberger Bewegung (s. u. S. 379-392), war ein weithin ›geordnetes‹ Verfahren beabsichtigt gewesen. Trotz verschiedener Szenarien und Tumulte – etwa einem Überfall von mit Messern bewaffneten Studenten und »etliche[n] layn von den mitburgern«,[105] die einige Priester der Stadtkirche daran gehindert hatten, die Messe zu lesen, und die die Meßbücher entwendeten[106] – waren in den Kirchen und Kapellen Wittenbergs vor Ende Januar 1522 offenbar keine Bildwerke durch spontane Aktionen von Laien zerstört worden. Die ersten Bildzerstörungen gingen dort von Mönchen aus: Am 10. und 11. 1. 1522, wohl drei Tage nach dem Ende des in der Stadt abgehaltenen Generalkapitels der Augustinereremiten, hatten die im Kloster verbliebenen Brüder auf Betreiben Gabriel Zwillings die Altäre der Augustinerkirche niedergelegt und Heiligenbilder und gemalte Bildtafeln sowie das Salböl verbrannt.[107] Möglicherweise sahen sie ihr Tun durch die Beschlüsse des Generalkapitels gedeckt, das im Zeichen christlicher Freiheit unbefangene Ritenreformen legitimiert hatte.[108] Von einer tumultuarischen Beteiligung von Studenten oder Laien an dieser Aktion ist nichts bekannt.

In der vom Rat der Stadt erlassenen, von Karlstadt maßgeblich mitberatenen *Ordnung der Stat Witemberg* vom 24. 1. 1522, der ersten reformatorischen Kirchenordnung überhaupt, war dann vorgesehen gewesen, daß »die bild und altarien in der kirchen soellen auch abgethon werden, damit abgoetterey zu vermeyden, dann drey altaria on bild genug seind«.[109] Auf den 27. 1. 1522 war eine offenbar zügig gedruckte Schrift Karlstadts mit dem Titel *Von Abtuung der Bilder*[110] datiert, in der er auf die von den »regenten« der Stadt erlassene Ordnung einer »nottliche[n] reformacion«[111] verwies, zugleich aber auch auf eine umgehende Durchführung der in der Ordnung ja bereits beschlossenen Bildentfernungen drängte. Die weltlichen Obrigkeiten sollten sich an den alttestamentlichen Königen Hiskia und Josia orientieren, die die Götzenbilder vernichtet und auch den Geistlichen die strikte Einhaltung des göttlichen Gesetzes abverlangt hätten.[112] Christi Willen könne nur erfüllen, wer auch das alttestamentliche Gesetz halte.[113]

Karlstadts Schrift war eine zündende, agitatorische Predigt vorangegangen; die bald darauf in der Wittenberger Stadtkirche durchgeführten Bildzerstörungen durch die Bevölkerung fanden an genau jenem uns nicht mehr bekannten Datum statt, für das die entsprechenden Maßnahmen seitens des Rates angekündigt worden waren. Im nachhinein erschien Karlstadt als Anstifter von »auffrur und entberung«,[114] und auch der Wittenberger Rat und die Universität mußten sich gegenüber den kursächsischen Räten dafür verantworten, daß man den Tag, an dem die vom Rat durchgeführte Bildvernichtung stattfinden sollte, vorher bekanntgemacht hatte.[115] Nicht die Berechtigung zu einer zügigen Bildentfernung durch den Rat beziehungsweise die Obrigkeiten an sich war also strittig,[116] wohl aber die Verkündung ihres Zeitpunkts und die dadurch möglich gewordene Beteiligung des ›gemeinen Mannes‹ warf man den Wittenbergern seitens der kursächsischen Administration vor; denn dadurch sei der Eindruck entstanden, daß man »den gemeyn Man zu einer auffrur oder hitzigen gemuth hat wollen Reytzen«.[117]

Was bei diesem ersten reformatorischen ›Bildersturm‹, bei dem auch Ratspersonen anwesend waren, wirklich vorgefallen war, ist kaum eindeutig zu ermitteln. Die Vertreter der Universität stellten gegenüber den kursächsischen Räten lediglich fest, das »etliche ungeschikt do mit seyn umgegangen«;[118] doch dies sei ohne Schuld der Professoren geschehen. Im übrigen seien die »ubertreter eyn teils vom radt gestrafft, etlich seynt entwunden«.[119] Angesichts dessen, daß diesem reformatorischen ›Bildersturm‹ eine vom Rat erlassene Ordnung und ein vorab mitgeteilter Durchführungstermin vorangegangen waren, ist es kaum berechtigt, in ihm eine spontane, demonstrative Aktion zu sehen. Ungeachtet der tumultuarischen Züge, die die Bildentfernung in der Wittenberger Pfarrkirche zeitweilig angenommen haben mag – von seiten der ›Aufruhr‹ fürchtenden kursächsischen Beamten wurde sie aus naheliegenden Gründen dramatisiert: Der Vorgang als solcher ist jedenfalls eher als Akt reformatorischen Ordnungshandelns denn als eine provokative Aktionsform zu interpretieren, die darauf abgezielt hätte, die personelle Basis der reformatorischen Bewegung zu verbreitern. Dem an den Wittenberger

Bildzerstörungen beteiligten ›gemeinen Mann‹ ging es unter dem Einfluß Karlstadts wohl vor allem darum, an einem von allen Seiten für nötig befundenen Säuberungsakt mitzuwirken und auf diese Weise sein Priestertum aller Gläubigen tätig zu exekutieren oder schlichtweg zu überprüfen, ob der Rat seine Ankündigung wahr machte und die die Bilder betreffenden Bestimmungen der Kirchenordnung wirklich umsetzte.

Im Vergleich mit anderen Aktionsformen der frühreformatorischen Bewegung dürfte die agitatorisch-propagandistische Bedeutung der Bilderstürme in bezug auf diejenigen, die noch nicht für die ›Sache des Evangeliums‹ gewonnen worden waren, eher gering zu veranschlagen sein. Bildzerstörungen beziehungsweise obrigkeitlich veranlaßte Bildentfernungen beendeten eine weitverbreitete religionskulturelle Praxis der visuellen, bild- beziehungsweise objektbezogenen Frömmigkeit; sie ›warben‹ nicht primär für eine neue, reformatorische Glaubenspraxis, sie zogen vielmehr einen definitiven Schlußstrich unter das Alte.

VOLKSSPRACHLICHER GESANG

Eine Aktionsform der Laien, die bereits die Konturen einer neuen evangelischen Frömmigkeitsform erkennen läßt und sich aus moderner Sicht wenig spektakulär ausnimmt, bestand im Singen reformatorischer Gemeindelieder in der Volkssprache. Die seit 1523/24 von Luther und anderen Akteuren des Wittenberger Reformatorenkreises, aber auch die wohl unter dem Einfluß volkssprachlichen böhmischen Liedgutes von Thomas Müntzer ausgehende Produktion reformatorischer Gesänge verschaffte dem Medium eine neuartige Bedeutung als gottesdienstlichem und propagandistischem Handlungselement. In bestimmten Kontexten dürften die Lieder Luthers, die seit 1523 in Einblattdrucken, seit 1524 in »geistlichen Gesangbüchlein«[120] verbreitet wurden und rasch zu einer überaus florierenden Literaturgattung avancierten, die wichtigsten

Medien geworden sein, um Laien reformatorisch-theologische Inhalte nahezubringen. Ohne die hochgradige Akzeptanz der deutschen Lieder bei den Laien wäre ihr Erfolg nicht erklärbar. Die Lieder beziehungsweise ihr gemeinsamer Gesang beförderten die Ausbildung einer ›evangelischen‹ Gruppenidentität und eröffneten Möglichkeiten, dieser auch in Konfliktsituationen Ausdruck zu verleihen.

In der Chronistik der Magdeburger Reformationsgeschichte etwa steht der Gesang »Martinische[r, also: Lutherscher] Lieder«[121] am Anfang jener Entwicklung, die schließlich zur Einführung der Reformation führte. Ein alter Tuchmacher bot Einblattdrucke Lutherscher Lieder auf dem Marktplatz feil und sang sie öffentlich, ja »leret Mann und Weib, auch Jungfrawen und Gesellen, so viele, das die deutschen Lieder und Psalmen so gemeine worden, daß die von gemeinem Volcke dieselbigen darnach teglich in allen Kirchen, ehe man die Predigt angefangen, offentlich gesungen«.[122] Als der Rat den reformatorischen Liedpropagandisten hatte festnehmen lassen, wurde er durch eine Menge von 600 bis 800 Menschen gewaltsam befreit. Auch in anderen Hansestädten wurden frühe Parteinahmen für die Reformation durch zum Teil protesthafte Gesangsaktionen manifest:[123] Aus Lüneburg wird berichtet, daß »dat volk« desto eifriger daranging, »de psalmen to singende«,[124] je heftiger man es im ›alten Glauben‹ zu halten versuchte. Seine kämpferische Solidarität mit einem angefochtenen evangelischen Prediger brachte ›das Volk‹ durch den Gesang von »dudeschen psalmen«[125] zum Ausdruck. Eine Schlüsselszene der Göttinger Reformationsgeschichte, die von dem dortigen Chronisten – ähnlich der Wertung des Liedgesangs in der *Magdeburger Chronik* – als »Anfang des Evangelii«[126] bezeichnet wurde, bestand in einem Aufmarsch der reformatorisch Gesinnten, vor allem der Neuen Wollenweber, bei einer städtischen Bußprozession: Sie hatten sich dem altgläubigen Prozessionszug entgegengestellt, Luthers Choral »Aus tiefer Not schrei ich zu dir« sowie andere Lieder angestimmt und schließlich gegen das »Te deum laudamus« Luthers »Herr Gott dich loben wir« intoniert. Diese erste öffentliche Großdemonstration ›evangelischer‹ Gesinnung in der Leinestadt löste einen rasanten Entscheidungsprozeß zugunsten der Reformation aus. Die erstmals in Magdeburg bezeugte frühreformatorische Aktionsform des gemeinsamen Singens wurde zur vitalsten Ausdrucksform evangelischer Frömmigkeit.

KAPITEL 6
FRÜHE STÄDTISCHE REFORMATIONEN

REICHSPOLITISCHE RAHMENBEDINGUNGEN 1521-29/30

Das Menetekel eines Aufruhrs des ›gemeinen Mannes‹ schwebte seit 1520/21 über der reformatorischen Bewegung. Die Behandlung der Religionsfrage auf der Ebene des Reichs, aber auch die konkreten Entscheidungsprozesse vor Ort blieben davon nicht unberührt. Im Gegenteil, allenthalben wurde seitens der politisch Verantwortlichen damit argumentiert, daß bestimmte Maßnahmen erforderlich oder auch abzulehnen seien, weil sie die Gefahr eines solchen Aufruhrs förderten oder verhinderten.

Die osmanische Bedrohung

Neben dieser Furcht war die ›Türkenfrage‹ *das* zentrale Hintergrundsthema der Politik. Die von den Vorstößen der Osmanen ausgehende Bedrohung bildete insbesondere in den zwanziger Jahren des 16. Jahrhunderts eine vielfach apokalyptisch gedeutete Kulisse und bestätigte in der Sicht der reformatorischen Propagandisten, daß Gottes Strafgericht über die Christenheit unmittelbar bevorstand. 1517 hatte der ›türkische Kaiser‹ Selim I. (reg. 1512-20) das Reich der Mamelucken zerschlagen, ihre Hauptstadt Kairo besetzt sowie Palästina, Ägypten, Syrien, den Libanon und die heiligen Stätten des Islams, Mekka und Medina, seinem Reich eingegliedert. Als Suleiman I. (reg. 1520-66) – in Europa der »Prächtige«, unter den Osmanen »der Gesetzgeber« genannt – das Erbe seines Vaters Selim antrat, herrschte er über ein riesiges Reich, das weite

Teile Nordafrikas und der arabischen Halbinsel, Kleinasien, Griechenland und den Balkan umfaßte und immer machtvoller nach Europa vordrang. Das Mittelmeer und Ungarn waren die meistumkämpften Zonen und die Habsburger der Hauptfeind der Osmanen. Die Jahre zwischen dem Fall Belgrads (8. 8. 1521) und der schließlich erfolglosen Belagerung Wiens (September/Oktober 1529) waren von wachsender Bedrohung geprägt, die sich in einer anschwellenden Türkenpublizistik niederschlug und auf die Reichspolitik zurückwirkte. Der Fall von Rhodos nach der Kapitulation der Johanniter bescherte den Türken eine Kontrolle des genuesischen und venezianischen Levantehandels, und die Schlacht von Mohács (29. 8. 1526), bei der der ungarische König Ludwig II. (reg. 1516-26) den Tod fand, schien das Tor nach Europa weit zu öffnen.

Die Verbindung zwischen Frankreich und den Osmanen nötigte Karl V. zu permanenter Kriegsführung und erzwang seine Abwesenheit vom Reich. Bis 1541 blieb Ungarn als politisches Puffergebilde erhalten, an das die Osmanen und die Habsburger gleichermaßen stießen. Mittel- und Südungarn wurden von dem antihabsburgisch gesinnten siebenbürgischen Fürsten Johann Zápolya regiert (1526-40), den Suleiman als Vasallenherrscher akzeptiert hatte. Der Rest Ungarns ging an des Kaisers Bruder Erzherzog Ferdinand, der die Schwester des gefallenen Königs Ludwig geheiratet und damit Ansprüche auf die Krone erworben hatte. Der Finanzierungsbedarf der Türkenkriege nötigte die Habsburger in den folgenden Jahren zu immer neuen Kompromissen gegenüber den reformationsgesinnten Reichsständen. Insofern kam den außenpolitischen Beziehungen zu den Osmanen, ähnlich wie zu Frankreich, phasenweise eine zentrale Bedeutung für die politische Absicherung der Reformation auf der Handlungsebene des Reiches zu.

Die sich seit 1520/21 bildenden religionspolitischen Lager der ›Evangelischen‹ und der Anhänger der Papst- beziehungsweise ›alten‹ Kirche schrieben sich gegenseitig die Verantwortung für die militärisch-politischen Erfolge Suleimans zu: Die

›Altgläubigen‹ behafteten die ›Evangelischen‹ bei frühen Äußerungen Luthers, in denen er dazu aufgefordert hatte, ›den Türken‹ als Zuchtrute Gottes anzunehmen und keinen Kreuzzug gegen ihn zu führen.[1] Die ›Evangelischen‹ wiederum machten den Verrat an der biblischen Wahrheit, dessen sich die Papstkirche schuldig gemacht hatte, dafür verantwortlich, daß die Heere des ›türkischen Kaisers‹ immer näher rückten. Die endzeitliche, apokalyptische Gestimmtheit insbesondere bei den Anhängern der Reformation, bei denen also, die in Luther und seinen Gefolgsleuten letzte Boten des Evangeliums vor dem nahen Ende der Zeiten sahen, wurde durch die Erfahrung der akuten Türkenbedrohung angefacht und plausibilisiert. Ein letztes Mal vor dem Ende, so schien es, bot Gott die Gelegenheit zur Umkehr; derjenige, der Gottes Urteil über die verworfene Christenheit exekutierte, ›der Türke‹, wirkte als ›Zuchtmeister‹ zugunsten des reformatorischen Evangeliums. Der Umstand, daß die Phase der akutesten Bedrohung durch das Osmanische Reich die Periode der intensivsten Ausbreitung der Reformation im deutschen Sprachgebiet gewesen ist, war keineswegs zufällig. Die ›Türkenfrage‹ und die Religionsfrage hingen politisch und mentalitätsgeschichtlich engstens zusammen. Einige der Anhänger der sogenannten radikalen Reformation, die die kirchliche und gesellschaftliche Veränderung nicht den Obrigkeiten überlassen wollten, sondern diese selbst zu gestalten versuchten, banden ihre eigenen Hoffnungen auf ein endzeitliches Reich der Gerechten daran, daß die Osmanen die Machtverhältnisse in Europa grundstürzend verändern würden. In der Türkenhoffnung einiger kleinerer Gruppen radikaler Reformatoren wuchsen die ›Türkenfrage‹ und der ›Aufruhr des gemeinen Mannes‹ nach dem Bauernkrieg zu einer brisanten religiös-politischen Ideologie zusammen. In Gestalt eines allseits bekämpften Extrems repräsentierten die Radikalen die explosivsten Potentiale, die in dem knappen Jahrzehnt zwischen dem Wormser Reichstag von 1521 und dem Augsburger Reichstag von 1530 entstanden waren.

Die Verlaufs- und Entscheidungsprozesse zugunsten der

städtischen und der territorialen Reformationen, deren Zusammenhang ›die Reformation‹ als Ganze ausmachte, waren nicht gänzlich unabhängig davon, wie die Religionsfrage auf der Ebene des Reiches behandelt wurde. Eine Auffassung, die die Beratungen und Mandate der Reichstage als das politische Proprium der Reformationszeit behandelte, dürfte jedenfalls in die Irre führen. Die Reformationsprozesse in Stadt und Land entschieden sich aufgrund der Handlungsbedingungen und der Interaktionen der maßgeblichen Akteure, der Fürsten und Landstände, der Magistrate und Bürgerschaften. Die politische Großwetterlage auf Reichsebene wirkte auf die Handlungsbedingungen vor Ort ein, wie auch umgekehrt die lokalen Entscheidungen etwa einer Reichsstadt oder eines Reichsstandes mit dafür verantwortlich waren, wie man auf der Reichsebene agierte.

Die breite Verweigerung vieler Reichsstände gegenüber einer Ausführung des Wormser Edikts, die den Cantus firmus der kaiserlichen Religionspolitik bildete, entsprang einem zum Teil diffusen Geflecht heterogener Motive: der Demonstration politischer Unabhängigkeit, der Rücksicht auf proreformatorische Kräfte im eigenen Herrschaftsbereich, habitualisierten antirömischen Affekten und sicher auch religiöser Überzeugung. Ob eine solche Verweigerungshaltung allerdings durchführbar war, entschied sich in den jeweiligen politischen Kontexten. Welche Bedeutung dabei der Ebene der Reichspolitik zukam, variierte im Einzelfall. Für die reichspolitische Gesamtsituation zwischen 1521 und 1530 aber erwies sich als maßgeblich, daß der Kaiser während dieser Periode außerhalb des Reiches weilte. In der Zeit seiner Abwesenheit sollte er durch seinen Statthalter und designierten Nachfolger im Kaisertum, Erzherzog Ferdinand, und das ständisch dominierte Reichsregiment vertreten werden. Doch das Zusammenspiel dieser Institutionen verlief keineswegs reibungslos, denn Karl V. schickte überdies Gesandtschaften zu den Reichstagen, die nicht immer dasselbe wollten wie das Reichsregiment. Auch daß Karl selbst sich das Recht vorbehielt, Reichsabschieden Rechtskraft zu verleihen, verzögerte die

Prozeduren und konnte zu Spannungen führen. Aufs Ganze gesehen dürfte die kaiserliche Abwesenheit die Selbstbehauptungskräfte der Stände begünstigt haben. Daß gemeinsame ständische Anliegen gegenüber dem Kaiser durch divergierende religionspolitisch-konfessionelle Optionen überlagert wurden, begann sich erst in der zweiten Hälfte der zwanziger Jahre deutlicher abzuzeichnen. Die ersten konfessionellen Bündnisse katholischer und protestantischer Reichsstände, der Dessauer und der Gotha-Torgauer Bund (s. u. S. 503 f.), wurden seit 1525 angebahnt.

Der zweite Nürnberger Reichstag

Unter den sechs Reichstagen, die zwischen dem Wormser Reichstag von 1521 und dem Augsburger von 1530 in Abwesenheit des Reichsoberhauptes stattfanden, kommt dem zweiten Nürnberger (17. 11. 1522-9. 2. 1523) und den beiden Speyerer Reichstagen (s. u.) eine größere reformationsgeschichtliche Bedeutung zu. Der zweite Nürnberger Reichstag in der Regierungszeit Karls V. hatte zunächst vor allem die Türkenfrage zu traktieren, brachte aber auch eine aufsehenerregende Wende in der Religionspolitik, als der päpstliche Nuntius Francesco Chieregati (1479-1539) in der Verlesung einer Instruktion des neugewählten Papstes Hadrian VI. (1459-1523) eine konsequente Verfolgung der lutherischen Ketzerei mit dem Eingeständnis einer Verantwortung der Kirche für die Mißstände verband.[2] Das waren durchaus neue Töne, die der erste Nichtitaliener auf dem Stuhl Petri seit rund 150 Jahren anstimmen ließ, und man mag trefflich mutmaßen, welchen Verlauf die Reformationsgeschichte genommen hätte, wenn dem geborenen Niederländer und Vertrauten Karls V. ein längeres Pontifikat (9. 1. 1522 [Krönung 31. 8.]-14. 9. 1523) vergönnt gewesen wäre. Die mit Selbstkritik verbundenen Reformimpulse Hadrians VI. hatten zweifellos eine Spitze gegen die römische Kurie, mit der er nicht vertraut war. Die auf dem Nürnberger Reichstag versammelten Stände nahmen das päpstliche Schuldeingeständnis auf, forderten eine Abstellung der zuletzt in Worms zusammengetragenen *Gravamina der deutschen Nation* sowie eine Kurienreform und drängten auf die Einberufung eines Konzils, das die Glaubensfrage bereinigen sollte. Die gleichermaßen von Kaiser und Papst geforderte Exekution des Wormser Edikts wurde von seiten der Stände mit dem Hinweis auf einen drohenden ›Aufruhr des gemeinen Mannes‹ verweigert.[3]

In bezug auf Luther und seine Anhänger forderte der Reichsabschied vom sächsischen Kurfürsten, daß er diese mit einem Publikationsverbot belege. Ansonsten sollte landauf, landab »allein das heilig evangelium nach auslegung der schriften von der heiligen cristlichen kirchen approbirt und angenommen«[4] gepredigt werden. An der Rezeption dieser Formel, etwa in städtischen Mandaten wie dem der Stadt Straßburg (1. 12. 1523), das vorschrieb, daß nichts anderes als »das heylig Evangelium und die Lehr Gottes« und »was zu Mehrung der Lieb Gottes und des Nächsten reicht«, »frey offentlich«[5] gepredigt werden solle, läßt sich erkennen, daß ihre ›Offenheit‹ vielfach auch als Legitimationsgrundlage reformatorischer Predigttätigkeit angesehen und verwendet wurde. Indem der zweite Nürnberger Reichstag erstmals die Forderung nach einem auf deutschem Boden abzuhaltenden Konzil damit verband, daß er das Wormser Edikt für derzeit nicht durchführbar erklärte, und eine offene religionspolitische Lösungsformel propagierte, bestimmte er die Richtung, die auch die weitere Behandlung der Religionsfrage auf der Ebene des Reichs bestimmen sollte.

Der erste Speyerer Reichstag

In der kaiserlichen Proposition des ersten Speyerer Reichstages (25. 6.-27. 8. 1526) nahm die Religionsfrage eine herausragende Stellung ein. Das Reichsoberhaupt forderte, das Wormser Edikt durchzuführen und bis zu einem Konzil die traditionellen Ordnungen des kirchlichen Lebens beizubehalten. Bei den

Verhandlungen der Religionsfrage auf dem noch von den aufwühlenden Erfahrungen des Bauernkrieges geprägten Reichstag erklärten die Städte, unter denen reformatorische Veränderungsprozesse zum Teil bereits weit fortgeschritten waren, daß es unmöglich sei, das Wormser Edikt zu exekutieren, und daß Lehren und gottesdienstliche Formen, die im Widerspruch zum Wort Gottes stünden, nicht beibehalten beziehungsweise restituiert werden könnten. In ihrem Abschied erklärten die Stände, daß sie bis zu einem Konzil beziehungsweise einer »National-Versammlung« mit dem Wormser Edikt so zu verfahren gedächten, »wie ein jeder solches gegen GOtt, und Käyserl. Majestät hoffet und vertraut zu verantworten«.[6] Diese Formulierung spiegelte kaum mehr als die Verlegenheit der Stände, in der immer polarer gewordenen Religionsfrage zu einer einheitlichen Position zu finden. Die Reformationswilligen unter den Reichsständen aber sahen in dieser Formel eine Berechtigung dazu, innerhalb ihrer Herrschaftsgebiete zu kirchlichen Neugestaltungen vorzudringen, also ein *ius reformandi* (»Recht auf Reformation«) auszuüben.[7]

Der zweite Speyerer Reichstag

Die Aufhebung der Religionsformel des ersten Speyerer Reichstages war fortan ein Hauptanliegen Karls V., seines Statthalters Ferdinand I., der inzwischen zum König von Ungarn und Böhmen gewählt worden war, und der altgläubigen Ständemehrheit des Reichstages, die den um sich greifenden Reformationen ihre vermeintliche Legitimationsgrundlage entziehen wollten. Bei der Verhandlung der Religionsfrage kam es dann auf dem zweiten Speyerer Reichstag (15. 3.-22. 4. 1529) zu einem Bruch zwischen den konfessionellen Lagern. Denn die von der katholischen Ständemehrheit erhobene Forderung, daß diejenigen Städte und Territorien, die das Wormser Edikt nicht durchgeführt und Neuerungen zugelassen hätten, diese bis zum künftigen Konzil »sovil muglich«[8] rückgängig machen müßten und daß die Messe weiterhin zuzulassen sei, war für die bereits evangelisch gewordenen Stände schlechterdings nicht akzeptabel. In einer vom kursächsischen Kanzler Gregor Brück am 19. 4. 1529 verlesenen Protestation, die die Unterschriften des Kurfürsten Johann von Sachsen, des Landgrafen Philipp von Hessen, des Markgrafen Georg von Brandenburg-Ansbach, des Fürsten Wolf von Anhalt und des Kanzlers des Herzogs Ernst von Braunschweig-Lüneburg, Johann Forster, trug, widersprachen die genannten Reichsfürsten der Aufhebung des Reichsabschieds des ersten Speyerer Reichstages. Ihm schlossen sich 14 Städte an, darunter Straßburg, Nürnberg, Ulm, Konstanz und Reutlingen. Diese *Speyerer Protestation*, die aufgrund einer späteren begriffspolitischen Selbstdeutung der ›Protestanten‹ zur »Geburtsstunde des Protestantismus«[9] stilisiert worden ist, kann insofern als erstes gemeinsames, öffentliches Bekenntnis reformationsgesinnter Reichsstände interpretiert werden, als sie sich der Majorisierung in religiösen Gewissensfragen versagte: »[I]n den sachen gottes ere und unser heil und selen seligkeit belangend [müsse] ain jeglicher fur sich selbs vor gott stehen und rechenschaft geben 〈…〉, also das sich des orts keiner auf ander minders oder merers machen und beschließen entschuldigen kan 〈…〉.«[10] Die offene Konfrontation zwischen den zu politischen Gegnern gewordenen religiösen Lagern wurde durch den Druck eines Appellationsinstruments[11] publik, einer Vefahrensform, mit der opponierende Stände zu unterstreichen pflegten, daß sie sich an Mehrheitsbeschlüsse nicht gebunden fühlten. Durch den Austausch von Friedenszusicherungen zwischen Ferdinand, der altgläubigen Reichstagsmehrheit und den protestantischen Ständen wurde am Ende des Reichstags allerdings sichergestellt, daß jede der Parteien bis auf weiteres darauf zu verzichten bereit war, ihren Standpunkt mit Gewalt durchzusetzen.

VERLAUFSTYPOLOGISCHE ASPEKTE STÄDTISCHER REFORMATIONSPROZESSE

Einige allgemeinere Bemerkungen zum in der Forschung intensiv traktierten Themenkreis der städtischen Reformationen seien vorangestellt: Die durch die reichspolitische Entwicklung der Religionsfrage zwischen 1521 und 1529/30 gegebenen Rahmenbedingungen waren für die territorialen und städtischen Entscheidungsebenen indirekt wichtig; denn es zeigte sich, daß ein nennenswerter politischer Widerstand gegen die Reformation, wie er vom Kaiser, vom Papst, von den Vertretern der Reichskirche und den altgläubigen Reichsständen ausging, zunächst keine wirkungsvollen Mittel besaß, um die Reformationsprozesse in Stadt und Land zu verhindern. Die Entscheidung für oder gegen die Reformation fiel also auf der jeweiligen territorialen oder städtischen Handlungsebene und aufgrund der spezifischen Bedingungen, die hier bestanden. Weitergehende Konsequenzen für reformationswillige Reichsstände oder -städte waren nur dann zu befürchten, wenn sie ihre Handlungsspielräume überschritten und Konflikte riskierten, die politisch nur unzureichend abgesichert waren. Die Absicherungen erfolgten über Schutzverträge mit benachbarten Territorialherren oder durch Bundesschlüsse mit anderen Städten. In bezug auf die Reichsstädte war das Verhältnis zum Kaiser und zu den anderen Reichsständen, in Hinblick auf die Landstädte vor allem die Beziehung zum Landesherrn der politische Dreh- und Angelpunkt, an dem sich der ›Erfolg‹ eines Reformationsversuchs entscheiden konnte.

Sowohl bei den städtischen als auch bei den territorialen Reformationsprozessen lassen sich Inaugurationsphasen und Durchsetzungs- beziehungsweise Institutionalisierungsphasen unterscheiden. Auch in den Territorien waren es freilich zumeist die Städte, in denen die ersten Regungen reformatorischer Gesinnungen greifbar wurden. Und auch die führenden Politiker und gelehrten Räte in den Territorien waren zumeist geborene Städter, die ihren stadtbürgerlichen kulturellen Habitus in fürstlichen Diensten bewahrten und zur Geltung brachten. Insbesondere in den Städten fand zwischen der Inaugurations- und der Institutionalisierungsphase einer Reformation eine häufig kämpferisch-konfliktreiche Auseinandersetzung zwischen Anhängern und Gegnern der kirchlichen Veränderung statt.[12] Und in der Mitte der zwanziger Jahre waren es wiederum vor allem die Städte, die zuerst auf der Nichtdurchführbarkeit des Wormser Edikts insistiert hatten – erstmals im April 1524[13] – und damit jenen Kurs einschlugen, der schließlich als der ›protestantische‹ zu gelten hat.[14] In dem knappen Jahrzehnt zwischen dem Wormser und dem zweiten Speyerer Reichstag waren die Städte also in gewisser Weise der Motor der reformatorischen Entwicklung im Reich. In der Perspektive der langen Dauer war dieses Jahrzehnt wohl der Höhepunkt des gesamtgeschichtlichen Einflusses der Städte. Nach und nach sollten sie dann gegenüber den frühmodernen Territorialstaaten ins Hintertreffen geraten.

Unbeschadet aller individuellen Ausprägungen lassen sich einige typische Elemente und Merkmale städtischer Reformationen profilieren, die in ähnlicher Form in Städten unterschiedlichster Art, in Reichs- und Bischofsstädten, in Landstädten und landesherrlicher Vormundschaft weitestgehend entwachsenen sogenannten »Autonomiestädten«,[15] begegneten: das Abendmahl unter beiderlei Gestalt etwa, ein volkssprachlicher Gottesdienst, die Abschaffung der Messe, die Einsetzung ›evangelischer Prediger‹ – häufig aufgrund von Gemeindewahl oder ratsherrlicher Einsetzung bestellt –, die Einführung allein an der Bibel orientierter Kirchenordnungen und anderes mehr. Freilich ist nicht zu verkennen, daß es die größeren und politisch selbständigeren Reichsstädte wie Nürnberg und Straßburg im Süden oder die »Autonomiestädte« wie Bremen und Magdeburg im Norden waren, in denen es zu den frühesten und im ganzen konsolidiertesten reformatorischen Neuordnungsprozessen gekommen ist, und daß von diesen urbanen Reformationszentren dann ihrerseits ausstrahlende Wirkungen auf andere Städte oder Territorien ausgingen.

Inaugurationsphasen

Der intensive kommunikative Vernetzungs- und kulturelle Verdichtungsgrad städtischen Lebens setzte Mobilitätspotentiale frei; permanent kamen und gingen Menschen in Städten ein und aus und trugen dazu bei, daß auch die reformatorischen Ideen, die in den Städten lebendig wurden, kursierten. In den Inaugurationsphasen städtischer Reformationsprozesse werden es nicht selten besonders mobile Personengruppen gewesen sein, die reformatorisches Gedankengut und ›evangelisches‹ Schrifttum verbreiteten, bevor erste lokale ›Aktivisten‹, die in der chronistischen Überlieferung vielfach als die frühesten Träger reformatorischer Prozesse erscheinen, aufzutreten begannen. Daß in denjenigen Städten, die über ein produktives Druckgewerbe verfügten, der reformatorischen Publizistik eine zentrale, eigenständige Bedeutung bei der Ausbreitung reformatorischer Ideen zuzuerkennen ist, versteht sich von selbst.

Vielfach wurden Konzepte, Modelle, Ordnungen oder Erfahrungen, die in städtischen Reformationen wurzelten, auch sekundär für territoriale Reformationsprozesse adaptiert. Die Übergänge zwischen städtischen, ländlichen und landesherrlichen Reformationen waren fließend. In den Jahren zwischen 1519 und 1522 wird man jedenfalls mit einer Vielzahl unterschiedlicher Anfangsimpulse städtischer Reformationen zu rechnen haben. In der einen Stadt waren es Wittenberger Studenten, die Gedanken oder Schriften etwa in ihren Heimatort mitbrachten, in einer anderen Kaufleute, die andernorts Predigten gehört und Schriften erworben hatten, in einer dritten vielleicht wandernde Handwerker, die reformatorische Lieder sangen und durch sie für die ›Sache Luthers‹, oder was sie dafür hielten, warben. Die Tätigkeit reformatorischer Prediger spielte zwar bei der Ausbreitung und theologischen Konsolidierung, kirchenpolitischen Durchsetzung und institutionellen Etablierung der Reformation aufs Ganze gesehen eine sicher entscheidende Rolle, wird aber bei den frühesten Inaugurationsphasen reformatorischer Prozesse nur gelegentlich wirklich am Anfang gestanden haben. Auch wenn nicht selten entsprechende Quellenzeugnisse fehlen, ist es nicht unangemessen, von einer Pluriformität der Ausgangslagen stadtreformatorischer Inaugurationsprozesse auszugehen.

Institutionalisierungsphasen

In vielen Städten sind gerade neuberufene, in der Regel junge Geistliche zu Kristallisationspunkten reformatorischer Entwicklungen geworden: Das Verlangen nach der ›neuen‹ Lehre des Evangeliums, nach ›reformatorischer Predigt‹, äußerte sich in einer entsprechenden Personalpolitik, die dort besonders zügig zu realisieren war, wo die Stadt die Besetzungsrechte für einzelne Pfarrstellen oder auf Bürgerstiftungen basierende Prädikaturen besaß. Vielfach sind die Konstellationen, die zu solchen Neuberufungen geführt haben, kaum noch rekonstruierbar, und dies hat die Neigung verstärkt, die Neuberufenen selbst zu den Anfängern einer stadtreformatorischen Entwicklung zu machen. Hinsichtlich der sozialen Rekrutierung der geistlichen Führungsgruppen der Pfarrer in den ›evangelisch‹ werdenden Städten fällt auf, daß sie wohl durchweg dem städtischen Bürgertum entstammten. Dies gilt ausnahmslos für die wichtigsten Reformatoren,[16] aber ebenso auch für die übrige, nach und nach entstehende reformatorische Pastorenschaft. Die dramatische Reduktion des geistlichen Personals, zu der es im Zuge der Reformation kam, ging mit einer sozialen Exklusivierung des Herkunftsmilieus der evangelischen Pfarrerschaft einher: Weder Bauern noch Adlige fanden in irgendwie signifikantem Maße Zugang zum bürgerlichen Berufsstand des evangelischen Pfarrers.[17]

In den Städten, in denen die kommunale Kirchenhoheit durch den Erwerb der Patronatsrechte über einige oder gar alle Pfarrkirchen schon vor der Reformation besonders weit fortgeschritten war, etwa in Nürnberg, reduzierten sich in aller Regel die Durchsetzungskonflikte der Reformation erheblich. Sofern die reformatorischen Stadtbewegungen einen frühzeitigen und dauerhaften Rückhalt bei den regierenden Eliten erreichten oder gar entscheidend von diesen getragen wurden, fügten sich die reformatorischen Veränderungsprozesse zumeist reibungsloser, ja organischer in die Entwicklungen vorreformatorischer städtischer Autonomiebestrebungen in bezug auf das Kirchenwesen ein. Wo die Reformation freilich primär von sozialen Trägerkreisen inauguriert wurde, denen eine Beteiligung an der städtischen Herrschaft bisher versagt war, gingen die Reformationsprozesse mit Verfassungskonflikten und politischen Partizipationskämpfen einher.

Die Rolle der Mönche, insbesondere der Franziskaner und der Augustinereremiten, ist vielerorts entscheidend gewesen. Im Kontext der Magdeburger Reformation etwa war es eine Gruppe von Augustinereremiten und ein Franziskaner, die in enger Verbindung mit dem strategischen ›Brückenkopf‹ Wittenberg operierten und im Sommer 1524 die Entscheidung zugunsten der ersten großstädtischen Reformation erzwangen. Luthers persönlicher Kontakt zu einem führenden Ratspolitiker und seine längere Anwesenheit in der Stadt trugen zur Vertrauensbildung entscheidend bei. Durch die Installation Nikolaus von Amsdorffs als erstem Superintendenten der Stadt wurde die enge Anbindung der Magdeburger Entwicklungen an Wittenberg gewährleistet. Die kursächsische Administration sicherte die Autonomiebestrebungen des Magdeburger Rates gegenüber dem brandenburgischen Erzbischof militärisch-politisch ab.

Außer den Eliten der Weltgeistlichkeit hat es keine Sozialgruppe gegeben, die der Reformation gegenüber grundsätzlich feindlich eingestellt gewesen wäre. Eine prinzipielle Polarität von Rats- beziehungsweise Magistratsreformationen und Volks- beziehungsweise Gemeindereformationen bestand nicht; nicht selten verdankte sich die Ausbreitung der städtischen Reformationsbewegungen der politisch kalkulierten oder auch emphatischen, passiven oder aktiv unterstützenden Haltung führender Ratspersonen. Die dauerhafte Etablierung reformatorischer Veränderungen war aber auch nicht ohne die Zustimmung breiter Bevölkerungskreise vorstellbar. Der intensive soziopolitische, kommunikative und mentale Zusammenhang städtischer Lebenswelten prägte auch die Aushandlungsprozesse bei der Durchsetzung und Konsolidierung stadtreformatorischer Entwicklungen und schlug sich in dem spezifisch ›städtischen‹ Charakter einiger reformatorischer Theologien nieder, die ein kommunalistisches Ethos beschworen, die Integration der religiös Gleichberechtigten in den geistlichen Stadtkörper betonten und konsens- beziehungsweise verpflichtungsethische Gemeinschaftsideale gegen das klerikal-hierarchische Ancien régime ausbildeten.

Wie der reformatorische Geistliche, der in den Ehestand trat und im Raum der gemeindlichen Öffentlichkeit eine exemplarische christliche Existenz führte, nach und nach zu so etwas wie dem christlichen Bürger schlechthin avancierte, so wurde die Pfarrkirche der exklusive Ort öffentlicher *praxis pietatis.* Ebenso wie der reformatorische Prozeß der verbürgerlichenden ›Domestizierung‹ des Klerus[18] im Spätmittelalter wurzelnde Tendenzen weiterführte und zuspitzte, knüpfte die Exklusivierung der Gemeindekirche gegenüber jedem anderen religiösen Gebäude einer Stadt daran an, daß die »Stadtpfarrkirche 〈...〉 im späteren Mittelalter der städtische öffentliche Ort schlechthin«[19] geworden war. Insofern sind auch religiös-soziale Vergemeinschaftungsideale und mentale Konzentrationsprozesse, die für die spätmittelalterliche Stadtbürgerlichkeit charakteristisch waren, mit den Mitteln sozialintegrativer reformatorischer Theologien weitergeführt, ja zu einem Ziel gebracht worden. Die städtischen Reformationen sind die historisch frühesten Beispiele dafür, daß Christenmenschen ›ihre‹ Kirche in einer ihrer bürgerlichen Lebenswelt adäquaten Form in offenem Bruch mit dem kanonischen Recht gestalteten.

Nach diesen allgemeineren strukturellen Hinweisen sollen nun zwei stadtreformationsgeschichtliche Fallbeispiele zur Darstellung kommen, die den Aspekt- und Variantenreichtum des Gesamtphänomens ›Stadtreformation‹ veranschaulichen, aber auch modellhaft gewordene Verlaufs- und Regulierungsformen repräsentieren.

FALLBEISPIEL 1: EINE GESCHEITERTE ERSTE STADTREFORMATION IN WITTENBERG?

Das historisch früheste Beispiel einer städtischen Reformation ist die kursächsische Residenz- und Universitätsstadt Wittenberg. Verlauf und Struktur der Wittenberger Stadtreformation spiegeln die sozialen, politischen, kulturellen und demographischen Besonderheiten der Stadt wider, die seit 1518/19 in den Bannkreis der reichsweiten öffentlichen Aufmerksamkeit geraten war. Da eines der wichtigsten Ergebnisse der Wittenberger Reformation, die Ordnung des städtischen Rates vom 24. 1. 1522 (s. o. S. 360),[20] im Druck verbreitet worden ist, hat man mit der Möglichkeit zu rechnen, daß von ihr, der ersten Kirchenordnung überhaupt, Impulse ausgingen, die auch andernorts wirksam geworden sind. Ihr Gehalt ist nur vor dem Hintergrund der sogenannten Wittenberger Bewegung zu verstehen.

Dabei handelt es sich um ein besonders komplexes historisches Phänomen, von dem sich bis heute die Vorstellung hält, daß es wesentlich durch ›Unordnung‹ gekennzeichnet gewesen sei, von Karlstadts theologischer »Eindimensionalität«[21] provoziert wurde und erst durch Luthers machtvolle Invokavitpredigten, die er nach der Rückkehr von der Wartburg zwischen dem 9. und 16. 3. 1522 von der Kanzel der Stadtkirche gehalten hat, zurechtgebracht beziehungsweise beendet werden konnte. Kraft des Wortes habe Luther »die Ordnung wieder[hergestellt]«.[22] Diese zweifellos in Luthers Selbstverständnis begründete Sicht der Dinge wird der Komplexität der Vorgänge und Ergebnisse allerdings nicht gerecht. Die Frage, ob in Wittenberg vor Luthers Rückkehr ›Ordnung‹ oder ›Unordnung‹ an der Tagesordnung waren, hängt offenkundig von der Perspektive ab.

Die Wittenberger Bewegung

Luther war seit der zweiten Hälfte des Januars 1522 mit beunruhigenden Hinweisen aus Wittenberg und Eilenburg, wohin sein Ordensbruder Gabriel Zwilling zum Zwecke reformatorischer Agitation gezogen war (s. o. S. 334), konfrontiert worden.[23] Unter den verschiedenen Nachrichten empfand er die von den sogenannten Zwickauer Propheten als die relativ harmlosesten. Sie waren in der zweiten Dezemberhälfte in Wittenberg aufgetaucht. Eine Art Delegation der Zwickauer, zu der der visionäre Tuchmacher Nikolaus Storch und der Bakkalaureus Stübner gehörten (s. u. S. 544), hatte sich in die Universitätsstadt begeben, nachdem sie Mitte Dezember aufgrund einer Denunziation Herzog Georgs einer Untersuchung durch die kursächsische Regierung ausgesetzt worden waren. Den Zwickauer Propheten einen nennenswerten Einfluß auf die Wittenberger Reformationsprozesse zuzuschreiben, wie dies gelegentlich geschieht, besteht freilich kein Anlaß. Herzog Georg hatte gegenüber Johann von Sachsen, dem Bruder und späteren Nachfolger Kurfürst Friedrichs, behauptet, daß in Zwickau ein Priester, der das Sakrament trug, mit Steinen beworfen worden sein soll und daß es dort »etlich rotten« gäbe, »dy keynen glauben haben, sunder des wans, wen sie sterben, das dan sele und leib sterbe«.[24]

Ähnlich wie Eilenburg grenzte Zwickau an das albertinische Gebiet, und die wachsende, durchaus berechtigte Furcht Herzog Georgs, die um sich greifende reformatorische Ketzerei könnte sein eigenes Territorium erreichen und ›verseuchen‹, stimulierte seine Gegenwehr. Neben der Aufforderung an Johann von Sachsen, gegen die ›Aufrührer‹ einzuschreiten, agierte Georg seit Anfang Januar 1522 mit Erfolg auf der Ebene des Reiches gegen den Tumult. Vor dem Nürnberger Reichsregiment hatte der albertinische Herzog nämlich wortreich und farbig geschildert, daß sich »im lande zu Meissen an vill enden ein grosse keczerei erhebe«.[25] Die Nachrichten, die er kolportierte, handelten von Mönchen, die aus dem Kloster liefen, ihren Oberen den Gehorsam aufkündigten, sich Frauen nähmen und weltliche Kleider anlegten, von Geistlichen, die heirateten und – »das das groste were«[26] – das Abendmahl unter beiderlei Gestalt spendeten. Für letztere Ungeheuerlichkeit bezog sich der über die religionspolitischen Vorgänge in Kursachsen im ganzen präzis informierte Herzog auf das durch Gabriel Zwilling in Eilenburg gefeierte Abendmahl, an dem 200 Menschen, einschließlich der lokalen Amtspersonen, teilgenommen hätten und das auf deutsch und so begangen worden sei, daß die Teilnehmer das Sakrament und die dabei verwendeten vergoldeten Becher selbst in die Hände genommen hätten.[27] Der kursächsische Gesandte beim Reichsregiment, Hans von der Planitz (um 1473-1535), der seinem Dienstherrn Friedrich von Sachsen von Herzog Georgs dramatisierender Darstellung berichtete, ließ keinen Zweifel daran, daß diesen »die sach vast [= sehr] heiß und heftig«[28] gemacht habe. Immerhin erreichte er, daß das Reichsregiment am 20. 1. 1522 ein Mandat erließ, das die »unmittelbar Betroffenen«,[29] Kurfürst Friedrich, Herzog Georg, die Bischöfe von Meißen, Merseburg und Naumburg, Erzbischof Albrecht von Magdeburg, Kurfürst Johann von Brandenburg und Pfalzgraf Friedrich, zur Beseitigung des Aufruhrs aufforderte. Der sächsische Kurfürst kannte das Mandat des Reichsregiments Anfang Februar 1522.[30] Luther erfuhr von diesem Mandat durch seinen Landesherrn gegen Ende Februar 1522;[31] sein Entschluß, gegen dessen ausdrücklichen Wunsch nach Wittenberg zurückzukehren, dürfte entscheidend mit dem Mandat des Reichsregiments – hinter dem Luther zu Recht Herzog Georgs Agieren vermutete[32] – zusammenhängen. Die Mitteilungen des Kurfürsten gegenüber Luther, »sie hätten zu Wittenberg manch seltsame Handelung fürgenommen«,[33] sie wären »unter einander selbs nit einig«,[34] es entstünden »so viel Sekten, daß männiglich irre darüber würdt«,[35] und die Studentenzahlen brächen ein, dürften ein übriges zu seinem Entschluß beigetragen haben, die Wartburg zu verlassen und nach Wittenberg zurückzukehren.[36]

In Wittenberg war es seit dem Herbst 1521 zu verstärkten

Versuchen einer reformatorischen Neuordnung gekommen. Den Anlaß bildeten Auseinandersetzungen um die Messe, die in der zweiten Jahreshälfte 1521 ausbrachen. An der Wittenberger Bewegung wurde erstmals offenkundig, was die Reformationsgeschichte im ganzen bestimmen sollte: der Übergang vom Wort zur Tat, vom »disputirn, schreiben und predigen«, das auch der Kurfürst gern zuließ,[37] zur sichtbaren Veränderung eines traditionellen Ritus. Dies war der neuralgische Punkt, an dem die Entscheidung darüber fiel, wem wann das Recht auf Neugestaltung zukam, den ›einfachen‹ Laien und einzelnen Predigern, die die Sache ›in die eigenen Hände‹ nahmen,[38] der politischen Obrigkeit oder einer kirchlichen Instanz – etwa aufgrund eines Konzils? Die Dramatik des Übergangs vom Wort zur Tat bestand darin, daß eine sichtbar und willentlich vollzogene Neuerung ein definitives Urteil über das Herkommen enthielt. Wer etwa das Abendmahl unter beiderlei Gestalt und auf deutsch feierte, sprach damit im Vollzug selbst aus, daß es bisher ›unordentlich‹, das heißt nicht der Einsetzung Christi gemäß, gefeiert worden war. Weil den Ritualen selbst Macht innewohnte, war der Kampf um die Macht und das Recht, die Rituale zu gestalten, die Schlüsselfrage der Reformation. Im städtischen Kontext war es unmöglich, in einer Kirche eine sichtbare rituelle Veränderung durchzuführen, die nicht auch auf eine andere ausstrahlte.

Der Verlauf der Wittenberger Bewegung ist immer wieder mit Aufruhr in Verbindung gebracht worden – schwerlich ganz zu Recht. Unbeschadet einzelner Übergriffe auf altgläubige Priester, vor allem seitens studentischer Aktivisten, die am 5./6. 10. 1521 die Antoniter, am 3. 12. die die Frühmesse versehenden Priester in der Stadtkirche, am 3./4. 12. schließlich die Franziskaner und am 24. 12. gleichfalls Priester in der Stadtkirche attackiert hatten, wird man die Gesamtsituation in der Stadt kaum so beschreiben können, daß ein ernsthafter Kontrollverlust über die öffentliche Ordnung drohte. Bei der Strafverfolgung der Aggressoren hatte der Stadtrat mit der Universität und dem Kurfürsten vertrauensvoll zusammengewirkt. Das später erzeugte Bild des Aufruhrs diente vor allem dazu, die bereits auf den Weg gebrachten Neuerungen primär mit Rücksicht auf die reichspolitischen Folgen rückgängig oder ›unsichtbar‹ zu machen. Diejenigen, die die Privatmessen umgehend abgeschafft wissen wollten, hatten die theologische Autorität der maßgeblichen Wittenberger Lehrer, auch Luthers, hinter sich.

Im Oktober 1521 hatte sich eine unter anderem aus Jonas, Karlstadt, Amsdorff, Melanchthon und dem Juristen Hieronymus Schurff bestehende Kommission mit den Augustinern ins Benehmen gesetzt und in einem im Druck verbreiteten Bericht gegenüber dem Kurfürsten[39] dafür ausgesprochen, den »missbrauch der messen in e. kf. g. [euer kurfürstlichen Gnaden] landen und furstenthumen bald und sleunig abc[zu]thun«.[40] Eine größere Sünde als den Mißbrauch der Messe gebe es auf Erden nicht.[41] In seiner Antwort hatte der Kurfürst festgestellt, daß es das beste wäre, bei einer so »große[n] sache«[42] wie der Änderung der Messe, die schließlich das »gantz commun gemeiner christenheit«[43] betreffe, »nit uebereylet«[44] vorzugehen. Wenn die bisherige Meßpraxis so eindeutig dem Evangelium widerspreche, wie die Wittenberger behaupteten, dann würden sicher bald »mehr leuthe«[45] dies merken und eine entsprechende »veranderung mit dem gemeynen hauffen«[46] vorantreiben. Einstweilen solle man, auch wegen der finanziellen Konsequenzen, die sich aus einer Abschaffung der Meßstiftungen ergäben, bei der bisherigen Praxis bleiben.

Daß Karlstadt unangekündigt und eigenmächtig am Weihnachtstag 1521 den Gottesdienst in der Stadtkirche in Straßenkleidung abhielt und das Abendmahl allen, die es wollten, unter beiderlei Gestalt darbot, übte eine symbolische Sogwirkung auf das gottesdienstliche Leben der ganzen Stadt aus und erhöhte den Entscheidungsdruck.[47] Nicht daß das Abendmahl überhaupt *sub utraque* gefeiert worden war – dies war nachweislich bereits am 29. 9. und am 1. 11. in der Stadtkirche geschehen[48] –, sondern daß dies in einem spontanen Überwältigungsakt inszeniert wurde, ohne ordnungsgemäße Anmeldung der Kommunikanten, ohne Beichte und ohne daß die Teilnehmer vorher auf Nahrung und Getränke verzichtet hätten,[49] machte die Veranstaltung zu einem Skandal. Auch die provokativ-desakralisierende Manier, in der Karlstadt darauf reagierte, daß bei der Zelebration eine Hostie heruntergefallen war – die Laien sollten sie aufheben, »[e]s were nit als die pfaffen davon sagethen«,[50] soll er geäußert haben –, trug wenig dazu bei, Vertrauen in eine Reformstrategie zu entwickeln, die die in großer Zahl versammelte Gemeinde der rituellen Willkür einer sich selbst ostentativ desakralisierenden Sakralperson auslieferte. ›Pfäffischer‹ und ›autoritärer‹, als der im Laienhabit agierende Karlstadt es am Weihnachtstag 1521 getan hatte, konnte man sich schwerlich verhalten.

Der durch Karlstadts Provokation forcierte Entscheidungsdruck hatte schließlich zu dem Ergebnis der Wittenberger Ordnung vom 24. 1. 1522 geführt, in der die vorhandenen Gegensätze zu einem zeitweiligen Ausgleich kamen. Die Umgestaltung der Messe, wie sie dort vorgesehen war, stellte sich als Kompromiß dar: Ihre traditionelle Form war weitgehend beibehalten worden, doch der Kanon, die Handlungen und Gebete also, die die Wandlung der Abendmahlselemente herbeiführten, und der als Hinweis auf das am Altar dargebrachte Opfer verstandene liturgische Entlassungsruf »Ite missa est« waren getilgt. Die Einsetzungsworte wurden laut und auf deutsch gesprochen; den Kommunikanten war freigestellt, ob sie die konsekrierte Hostie und den Kelch selber in die Hand nehmen wollten.[51] Daß diese Ordnung eine durchaus maßvolle Änderung bot, zeigte sich daran, daß die auch von Luther schärfstens attackierten ›Stillmessen‹ nicht einfach beseitigt wurden, sondern auch weiterhin Meßfeiern stattfinden konnten, bei denen es keine Kommunikanten gab.[52] Damit blieb die Ordnung hinter einer von den Augustinereremiten schon im Sommer 1521 mit der Zustimmung Luthers verfolgten Praxis zurück, die die Abschaffung der Privatmessen vorsah. Die Ratsordnung nahm Rücksicht auf die erhebliche finanzielle Bedeutung der Meßstiftungen für das Kirchenwesen als Ganzes.

Eine Rücknahme der Neuerungen?

Aus der Korrespondenz und sonstigen Kontakten, die kursächsische Beamte bis Ende Januar 1522 mit den Wittenbergern unterhalten hatten, geht allerdings keineswegs eine grundsätzliche Mißbilligung der landesherrlichen Administration gegenüber dem hervor, was dort bisher an Neuerungen erprobt worden war. Erst die mit dem Mandat des Reichsregiments eingetretene, politisch unklare, freilich zu Vorsicht gemahnende Situation hat dazu geführt, daß der im Januar in eine Konsolidierungs- und Institutionalisierungsphase eintretende Prozeß der Wittenberger Stadtreformation als ›aufrührerisch‹ und ›unordentlich‹ gelten sollte. Die landesherrliche Administration arbeitete im Laufe des Februars 1522, also noch vor Luthers Rückkehr von der Wartburg, angesichts einer aufgrund des Mandats des Reichsregiments angekündigten Visitationsreise des Meißener Bischofs im kursächsischen Gebiet[53] darauf hin, anstößige Neuerungen zu verhindern oder ›unsichtbar‹ zu machen. Nachdem es Vertrauenspersonen wie dem Ratsherrn, Juraprofessor und kursächsischen Rat Christian Beyer und Melanchthon gelungen war, den als Motor eines beschleunigten Wandelns agierenden Zwilling zu mäßigen,[54] blieb Karlstadt als gleichsam unbeirrbarer provokanter Verfechter der reformatorischen Neuerungen zurück. Auf die Bitte, sich zu zügeln, hatte er mit einem »We mir, wen ich nit predigen!«[55] reagiert, und in bezug auf ihn hatte Melanchthon versichert: »Ich khan aber das wasser nicht halten.«[56] Der mit Karlstadts Predigttätigkeit im Zusammenhang stehende Bildersturm des 6. 2. 1522 schien zu bestätigen, welche Gefahren des Aufruhrs von diesem Mann ausgingen (siehe Abb. 19). Daß Karlstadt nur mehr auf die Ausführung von Beschlüssen drängte, die außer ihm niemand mehr zu kennen schien, gehört zur Tragik seiner Rolle hinzu. Die punktuellen Ausschreitungen provozierten bei Akteuren wie Melanchthon jedenfalls eine Nachdenklichkeit, die sie für die seit Anfang Februar deutlicher spürbaren Versuche der kursächsischen Admini-

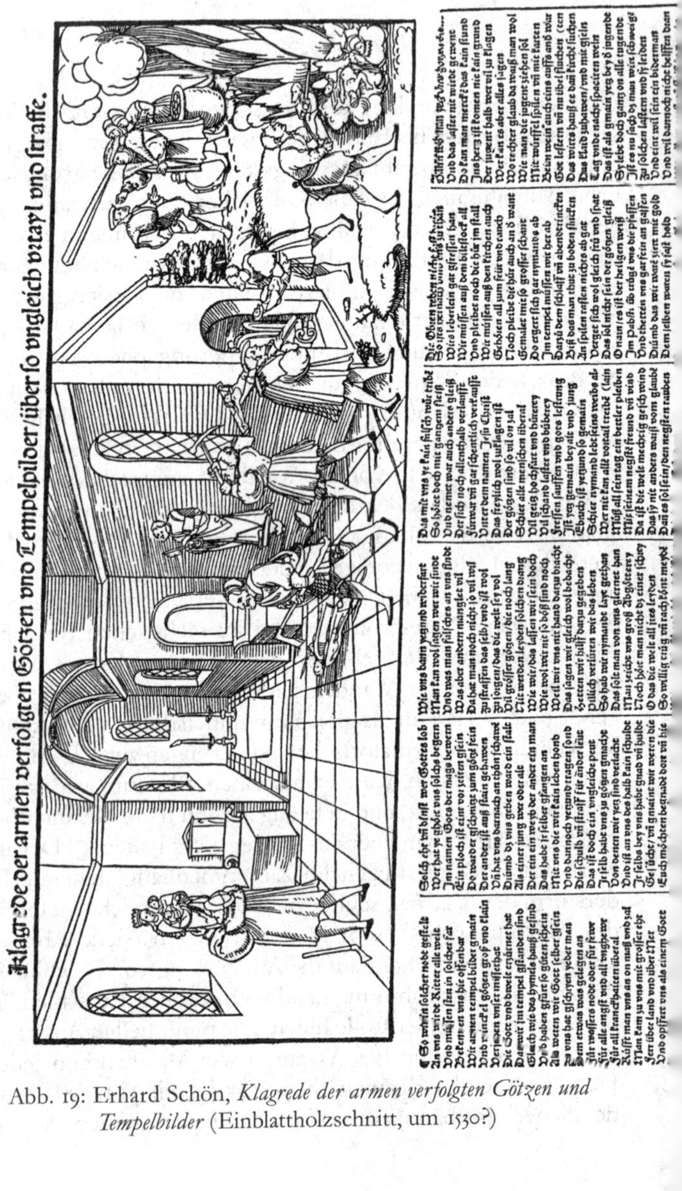

Abb. 19: Erhard Schön, *Klagrede der armen verfolgten Götzen und Tempelbilder* (Einblattholzschnitt, um 1530?)

Von aussen hübsch vnd jnnen let
So sagen wir auch frey darzů
Wie wol die menschen vil vnrů
Mit vns gehebt on vnterlaß
Darzů vil gůt vnd gelt on maß
An vns gewendt/noch ist es war
Das aller Chost verloren gar
Man trib mit vns ernst od schimpff
So gebens wir doch kainē glimpff
Vnd wöln gern noch vnrechter hon
Die weyl man doch do von wil lon
Das wider Gott wie man thůt sagē
Man wöll abgötterey verjagen
Wir sind zu friden überauß
Got wöll dz rechter ernst werd drauß
So wöllen wir die ersten sein
Vnd willig tragen dise pein
Die weyl vns aber zů glan ist
Zu reden alles was vns brist
So wöll wirs thůn/ nit vns zu gůt
Mit denen man so gůten můt
In schimpff vñ ernst yetz haben wil
Vnd wir ye sind das faßnacht spil
Wie wol vns dannoch wund nimpt
Warumb die welt so gar ergrimpt
Sey über vns/vnd solchen poch
Mit vns auß stoß/ die weyl es doch
On zweyfel ist/vnd gantz gewiß
Das wir nit schuldig vnsers bschiß
Was mügen wir das man vns hat
In kirchen gstelt an gweichte stat
Vnd vns anpettet/ gleich als ob

Man hat vns in die kirch getragen
Mügen wir mit der warhait sagen
Vnd hat der tempel etwan brunnen
So sind die pfaffen wol endtrunnen
Wir aber haben müssen pleyben
Kainr het sich kūnē vmbhin treyben
Vnd so vns selbst an hülff zerrunnen
So sind doch tausent zu vns kumen
Vmb gnad vnd hilff in jrer nath
Vnd gwiß vermaint zu finden rath
So hab wir gar kain klag nie ghört
Vnd het sich alle welt empört
Wir heten doch kain wort nit gsagt
Darūb ists nichts was mā vns klagt
Das ist auch yetz wol offenbar
Man rupfft vns hin vñ her beim har
Vñ thů vns nun gleich wie mā well
Noch sind wir yedermans gesell
Wañ es vns thůt nicht wol noch we
Was sollen wir doch sagen me
Thůt man vns ehr so laß wirs sein
Wir reden auch gar nichts darein
Ob man vns flůcht vñ gar verbrent
O wer der falsch da mit gewent
Das wölte Gott von hymelreich
Wie gült es vns so gar geleich
Das wir yetz also brennen müssen
Möchtē wir auch nun anders büssen
Für so vil götzen tausent hundert
Das ists/das vns yetz also wundert
Ob man die selbē auch werd neyden
Vnd mit so grossem ernst bekreyden
Sy straffen nach jr sünd so hart

So hab wir nymād todt geschlagen
Wer ist der solchs vō vns mög klag
Man hat vns auch nit sehen spiln
Oder sunst ander kurtzweyl ziln
So her kainr nie gehabt kein pfenig
Noch sonst/es sey vil oder wenig
Vnnütz verprasset jm wirtzhauß
Do man so vol wirdt über auß
Es hat auch kainr dē andern trunckē
Das er sey vndern tisch gesuncken
Kain bůbenleben hab wir gfürt
Auch hat vns nie das hertz berürt
Ebruch vnd ander bůberey
Des wissen wir vns warlich frey
Vnd yetzund wil vns mācher fresser
Der doch sein selbst so gar vergessen
Des er in allem seinem leben
Kain dinglin nie vmb got hat gebē
Vnd wil an vns zu ritter werden
Vnd ist doch er mit allen perden
Mit allem thun vnd aller kunst
Ein grösser götz dann zehen sunst
Wie wol wir nit gantz lauter seind
Vnd ist man vns wol pillich feind
So wir jm tempel also gstanden
Vnd jr gemaint Gott wer verhāden
Sol aber an vns solcher schein
Wie recht vnd gůt verworffen sein
Vnd über vns das vrtayl gan
Do mit Gott werd die ehr an than
Wie wir dann willig sind fürwar
Weren wir nür auß tilget gar
Vnd ließ man nüt kain über bliben

Das man yetz thůt in aller welt
Vnd manchem nun fast wol gefelt
Das hůren leben get empor
Ja in der stat vnd negst dar vor
Der gleichen schand ist yetz so vil
Das nymand haben mag der wil
Da von zu singen oder sagen
Wir thůn es aber Gotte klagen
Vnd allen den die Gott erkennen
Vnd sich auch lassen Christē nennen
Auch den die ergerlich leben
Nichts thůt dañ wider Got streben
Das jr gedencket wie jr sind
Großmechtig götzen vñ starn blind
Ja vor euch selbst vñ auch vor Gott
Des werdet yetzt auch jr zu spott
Wir künnen vor euch nicht genesen
Vnd füret jr selst sollich wesen
Der teufel hat gwiß solchen můt
Nicht/in der tieffen hell für gůt
Wie mancher ist/der vns yetz flůcht
Vnd ist doch er so gar verrůcht
In allem leben/vnd sein hertz
Ist foller sünd/ Ist das ein schertz
Man zuckt gen vns vil messer bloß
Das sol dann sein der eyfer groß
Das man so wild mit vns vmb gat
Vnd zeucht vns hin vnd her jm kat
Vnd sind doch tausent götzen mer
Zu den man sagt gnad her gnad her
Mit vnterthanen auch dar bey
Ists gar jm boden gleißnerey
Wüst künnens wol vnd sewisch sein

Vñ maint es sey schon als volbracht
Drūmb das man hat an vns gedacht
Vnd das man vns yetz nymmer sicht
Fürwar damit nit gnůg geschicht
Es sey dann das man weiter far
Vnd hab gůt acht wol hin vnd har
Da mit das übel gstraffet werd
Vnd abgestelt all schantlich perd
Vnd darzu all leichtfertigkait
Die wider zucht vnd erberkait
Sol man nicht leyden überal
Vnd ist doch des on alle zal
Des über trinckens vnd vil essen
Vnd biß zu mitternacht gesessen
Verspilt versuffen was man hat
Geb wie es weyb vnd kinden gat
Wañ nit mer da/ so schreit mā mort
Das man nit hilffet hie noch dort
Seint grossen armůt/ ja seim spil
O solcher gsellen fint man vil
In klaidung ist solch überfluß
Ein yeder solt des han verdruß
Dem Christi wandel were kundt
Vnd wolt gehörn in seinen bundt
Yedoch wirdt aller hochfart endt
Her zů naben vnd das behendt
Den ebruch so man jn erfart
Mit ernst man solte straffen hart
Man solt in straffen mit dem blůt
Zu vil dingen wirdt das seln gůt
Der bůrerey darbey nicht schonen
Die wecher solt man wol belonen
Das sy alzeit hetten gůt acht

Auch wie er hat vns götzen funden
Das vns yetz hend vñ füß gebunden
Vmb vnsern falsch vñ vnn dē schein
Den wir jm tempel gfürt hand fein
Also wirdt Gott on zweyfel finden
Al andern falsch vñ den auch binden
Wie vns mit henden vñ mit füssen
Vnd jn mit andern lassen büssen
Des sey yetz gnůg das nymant denck
Als ob wir suchten solche renck
Mit denen wir vns machten schon
Damit man vns nit geb den lon
Mā thůt vns recht/nür frisch dahin
Nun wöllen wir doch willig sin
Vnd dise welt verlassen gern
Als ob wir nie herkommen wern
Vnd wie wers doch so ein fein ding
So jr auch möchtet also ring
Der welt absterben vnd erkennen
Dz glon můß sein wz mā kan nennē
Wir auch darumb gern weln daran
Es hat mit vns nun gar kain span
Allain wer götzen brennen well
Lůg nür das er nit sey ein gsell
Der sünd vnd ergerlichem leben
So sey dann alle sach vergeben
Eim yeden der handt an vns legt
vnd nit den falschen schein vertregt
So wir biß her gefüret hon
Ein yeder wöl sein falsch verlon
vnd von seim götzen leben lon
Es wirdt jm sunst auch also gon
Dañ Gott vertregt nit falsche won.

stration empfänglich machten, den Prozeß der Veränderung zu ›entschleunigen‹ beziehungsweise anzuhalten.

Die Hoffnungen, aber auch die Irritationen der Zeit faßte Melanchthon in den aussagekräftigen Satz: »Es ist eyn reformatio vorhanden, Gott gebe, das sie zu seyner ehre reyche.«[57] Auch wenn der reichspolitische Kontext als handlungsleitendes Motiv seitens der kursächsischen Beamten in der Regel nicht benannt wurde, dürfte er für ihr Verhalten entscheidend gewesen sein. In Verhandlungen zwischen Vertretern der Universität (Johannes Eisermann [um 1486-1558], Justus Jonas, Karlstadt, Melanchthon und Amsdorff), des Kollegiatstiftes (Johannes Doelsch) und kurfürstlichen Räten, die am 13. 2. 1522 in Eilenburg stattfanden, wurden die Wittenberger wegen ihrer offenen Meinungsdifferenzen und wegen der Bildentfernung gerügt, und es wurde darauf hingewiesen, daß der Kurfürst keinerlei Neuerungen wünsche.[58] Karlstadt sollte fortan nicht mehr predigen. Die Ordnung der Stadt Wittenberg, von deren Abschluß der Jurist Beyer – gewiß kein Aufrührer! – einen Tag nach dem Ende der Verhandlungen, am 25. 1. 1522, an den kursächsischen Rat Hugold von Einsiedel so berichtet hatte,[59] daß er dessen wohlwollendes Interesse, aber keinen Argwohn seitens der Obrigkeit voraussetzte, war damit faktisch aufgehoben. Der von städtischem Rat und Universitätsvertretern verantwortete Rechtstext war also durch die Landesherrschaft ›kassiert‹ worden. An der Wittenberger Stadtreformation entschied sich, welcher Instanz letztlich die Verantwortung für die Durchführung kirchlicher Neuerungen zukommen sollte. Das Handeln der kursächsischen Regierung, die den Wittenberger Vorgängen relativ lange freien Lauf gelassen hatte, erfolgte in Hinblick auf die reichspolitischen Risiken, die seit dem Mandat des Reichsregiments vom 20. 1. 1522 erkennbar geworden waren. Mit der Rückkehr nach Wittenberg und den eindrucksvollen Invokavitpredigten, in denen er sein altes Kanzelrecht in der Stadtkirche demonstrativ behauptete, half Luther der Orientierungskrise nach der vereitelten Reformation auf, indem er sich als bisher Unbeteiligter entschieden zum reformationspolitischen Kurs seiner Landesherrschaft bekannte und durch die Ausgrenzung der ›unzeitigen Neuerer‹, die die ›Schwachen‹ nicht hatten schonen wollen, ein neues Zusammengehörigkeitsgefühl der Wittenberger unter seiner Ägide, schließlich auch die Legitimität eines landesherrlichen Vorgehens bei der Reformation begründete. Der einzige, der sich auf dieses ›Spiel‹ nicht einließ, sich nicht unter Luthers Autorität beugen wollte und mit einer ruinösen Beharrlichkeit auf jenen Kurs setzte, der zur Wittenberger Januar-Ordnung geführt hatte, war Karlstadt.

Luthers Parteinahme im März 1522 hatte die Qualität einer Richtungsentscheidung zugunsten der landesherrlichen Reformation, die zwar prinzipiell schon gefallen war, aber durch die Autorität des charismatischen Propheten, der »das Evangelium nicht von Menschen, sondern allein vom Himmel durch unsern Herrn Jesum Christum«[60] zu haben beanspruchte und nun von seinem ›Patmos‹ zurückkehrte, an Gewicht und Bedeutung gewann. Die ja durchaus offene Frage, wer tun und verantworten sollte, was die eigentlich zuständigen bischöflichen Instanzen verweigerten, nämlich einen der Bibel entsprechenden Kult und die freie Predigt des Evangeliums sicherzustellen – die Gemeinde oder der Landesherr –, war durch Luthers Rückkehr für Kursachsen vorentschieden. Luthers rätselhafte Ankündigung gegenüber seinem Kurfürsten, er wolle ihn »mehr schützen«, als dieser ihn »schützen könnte«,[61] schien damit eingelöst. An anderen Orten freilich stellte sich die Frage nach dem Handlungs- und Verantwortungssubjekt der reformatorischen Veränderungsprozesse je neu.

Dadurch, daß es Karlstadt in der Tat an jener »geschickligkeit«[62] fehlen ließ, die die erfolgreiche Fortsetzung der moderaten Vorgehensweise des Rates und der Professorenkollegen ermöglicht hätte, lieferte er der landesherrlichen Administration einen probaten Anlaß, den ganzen Prozeß der Wittenberger Reformation nominell zunächst einmal zu stoppen. Doch angesichts des moderaten Charakters der Meßordnung vom Januar sollte man die praktischen Differenzen gegenüber der schließlich von Luther propagierten Übergangsordnung[63] nicht zu stark betonen. Daß Luther es für eine Überforderung der ›Schwachen‹, der im evangelischen Glaubensbewußtsein noch ungefestigten Gemeindeglieder, hielt, jede Mahlfeier *sub utraque* zu begehen, dürfte sowohl der Intention der Ordnung als auch der Eilenburger Verständigung vom 13. 2. 1522 entsprochen haben. Die essentiellen Elemente eines evangelischen Abendmahlsverständnisses – die deutschen Einsetzungsworte, die auslegende Unterweisung, der liturgische Verzicht auf die Opfervorstellung und die Freigabe der Kelchkommunion – waren in der Wittenberger Ordnung gewahrt. Der Kurfürst hatte der Eilenburger Verständigung seine Zustimmung versagt; er wollte zunächst keinerlei Neuerung.[64] Luther hat sich, wie es scheint, darum nicht gekümmert, sondern daran festgehalten, daß die schlimmsten Gravamina im Zusammenhang der Messe abgestellt blieben. Der protesthafte Bekenntnischarakter, den die Abendmahlsfeier unter beiderlei Gestalt als rituelles Erkennungszeichen der ›Evangelischen‹ nicht zuletzt durch Karlstadts Behauptung, die Laien würden schuldig, wenn sie nicht auch den Wein tränken, gewonnen hatte, widersprach allerdings zutiefst Luthers Verständnis des Sakraments als eines wirksamen Vergewisserungszeichens, mit dem Christus an seiner Gemeinde handelt. Doch auch unter den übrigen Agenten der Wittenberger Reformation war Karlstadt mit seinem Rigorismus nicht durchgedrungen.[65] In Eilenburg hatte man ausdrücklich festgestellt: »Und man sol nymant czu dem sacrament czwingen, sunder eyn ieglichen frei laßen.«[66]

Auf den eigentlichen Kern der Reformen hin geurteilt sollte man freilich Luthers Kritik nicht überbetonen. Dem von Karlstadt und anderen seit Weihnachten 1521 verfolgten rigorosen Stil ihrer Durchsetzung wollte er wehren. Manches spricht dafür, daß Luther durch seine auf Wunsch einiger Mitglieder der Universität und des Rates[67] erfolgende Rückkehr nach Wittenberg, mit der er Karlstadt definitiv ausgrenzte und schließlich marginalisierte, dem Willen des Landesherrn zuwiderhandelte und zugleich seine tiefe Loyalität gegenüber einem obrigkeitskonformen Vorgehen bei der Reformation bekundete, die essentiellen Gehalte der Wittenberger Ordnung vom 24. 1. 1522 im Ergebnis geschützt hat. Daß die Neuordnung der kirchlichen Finanzen nach dem Modell des gemeinen Kastens, dem zwei Ratspersonen und zwei Gemeindevertreter vorstanden, erfolgen sollte und Arme und Bedürftige daraus unterstützt, Mönchen das Betteln und Prostituierten ihr Gewerbe in der Stadt verboten wurde, notleidende Handwerker aus dem Kasten Kredite erhalten und die Priester finanziert werden sollten – all dies waren in der Ordnung des Wittenberger Rates vorgesehene Regelungen, die dem entsprachen, was Luther schon 1520 gefordert und verfochten, im Falle der Wittenberger Beutelordnung von Anfang 1521[68] sogar mit ausgearbeitet oder unterstützt hatte und was er dann selbst 1523 zur Grundlage reformatorischer Gestaltungen in der sächsischen Gemeinde Leisnig machen sollte.

Der ›Ordnungsstifter‹ Luther stellte nach seiner Rückkehr von der Wartburg also Ruhe her, indem er die Ordnung des Rates beziehungsweise ihre Ergebnisse im wesentlichen anerkannte. Daß Luther gegen einen spontanen und tumultuarischen Bildersturm eintrat,[69] mußte zwar Karlstadt, den die kursächsische Administration neben Zwilling als den eigentlichen Schuldigen identifiziert hatte,[70] als ›Anstifter‹ empfindlich treffen, änderte aber angesichts von Luthers Bekenntnis, auch er sei den Bildern »nit holt«,[71] nichts daran, daß die Bilder aus der Stadtkirche entfernt waren und blieben. Davon, daß Luthers Appell, die Bilder zunächst einmal aus den Herzen zu entfernen, dazu geführt hätte, neue Bilder, etwa der Heiligen, aufzuhängen, ist – soweit ich sehe – nichts bekannt. Die Wittenberger Stadtkirche, in der die Invokavitpredigten gehalten wurden, war weitgehend bilderlos. Daß Christian Beyer bei den häufigen Beratungen, die zwischen dem Rat der Stadt und den Vertretern der Universität – Rektor Eisermann, Propst Jonas, Archidiakon Karlstadt, Stiftsherr Amsdorff und Melanchthon – im Januar geführt worden und in die Ordnung vom 24. 1. eingemündet waren, der einzige gewesen ist, der wenigstens noch für die Beibehaltung eines Kruzifixes in der Stadtkirche eingetreten war,[72] macht deutlich, daß die Bilder unter den Verantwortungsträgern Wittenbergs keinerlei Rückhalt mehr besaßen. Indem sich Luther von der tumultuarischen Aktion des Bildersturms distanzierte, sicherte er zugleich ihr entscheidendes Ergebnis: die Bildlosigkeit der Wittenberger Stadtkirche. Wer außer ihm hätte es sich leisten können, gegen den ausdrücklichen Wunsch des Kurfürsten faktisch doch Neuerungen im Sinne der Stadt- und Kirchenordnung vom Januar durchzusetzen? Unter der beruhigenden Autorität Luthers, der in seinen bald gedruckten Invokavitpredigten deutlich gemacht hatte, wer in Wittenberg das Sagen hatte, wurden die ersten dauerhaften Eingriffe in das bestehende Kirchenwesen, gestützt auf eine von Stadt und Universität beratene Ordnung, fortgeführt, ja institutionalisiert und die damit verbundenen Eingriffe in das geltende Kirchenrecht sanktioniert.

Karlstadt, der auf seine Orlamünder Pfarrstelle übersiedelte (s. u. S. 452), war das geeignete ›Bauernopfer‹ im Strategiespiel der Wittenberger Stadtreformation. Unter dem Deckmantel der landesherrlichen Suprematie behielten die Wittenberger Professoren und Bürger ihre Stadt- und Kirchenordnung und die in ihr enthaltenen Neuerungen im wesentlichen bei. Insofern ist die Wittenberger Stadtreformation das erste Beispiel einer erfolgreichen territorialstädtischen Reformation gewesen.

FALLBEISPIEL 2: ZÜRICH – DIE ERSTE REFORMATION EINER AUTONOMEN STADT

Hat Wittenberg als erstes Beispiel einer vom Landesherrn abhängigen städtischen Reformation zu gelten, so ist Zürich das erste Beispiel einer autonomen Stadtreformation. Die Gründe für den frühen, mancherorts modellbildend gewordenen Erfolg der Reformation in der prosperierenden Wirtschaftsmetropole Zürich waren einerseits politisch-struktureller, andererseits personeller Art: Den politisch Verantwortlichen der Stadt, die im Laufe des späten Mittelalters ein größeres Landgebiet unter ihre Herrschaft gebracht und eine politisch einflußreiche Position in der Eidgenossenschaft erlangt hatten, erschien die Verkündigung der ›evangelischen Botschaft‹ als ein probates Mittel, um die eigenen Einflußmöglichkeiten auf das Kirchenwesen zu verbessern, die des zuständigen Bischofs in Konstanz zurückzudrängen und den kommunalen Zusammenhalt des Gemeinwesens effizienter zu gestalten. Der maßgebliche evangelische Prediger und charismatische religiöse Führer der Stadt, Huldrych Zwingli, hatte sich zu Beginn der reformatorischen Veränderungsprozesse der Jahre 1522/23 bereits eine respektable Verantwortungsstellung in der Stadt erarbeitet, die zu einem entscheidenden Faktor der kirchlichen Umgestaltung werden sollte.

Huldrych Zwinglis Predigttätigkeit

Während in vielen anderen Städten die reformatorische Predigt von Geistlichen ausging, die allererst neu in die Stadt gekommen waren, hatte Huldrych Zwingli (1484-1531) bereits seit dem 1. 1. 1519 in Zürich zu wirken begonnen. Als Leutpriester am Großmünster, das heißt als Seelsorger der zugehörigen Gemeindeglieder, entfaltete er eine ausstrahlende Predigttätigkeit. Im Unterschied zur Tradition legte Zwingli seinen Predigten nicht die üblichen Perikopen zugrunde, sondern ganze biblische Schriften – zunächst das Matthäusevangelium, dann die Apostelgeschichte und anschließend die Briefe an Timotheus. Wahrscheinlich standen Zwingli dabei vor allem altkirchliche Vorbilder, etwa Johannes Chrysostomus oder Origenes, vor Augen. Von den Schriften der Väter hatte der humanistisch umfassend gebildete theologische Autodidakt reichste Kenntnisse. Seine Praxis fortlaufender Auslegung *(lectio continua)* hatte er mit Zustimmung des Propstes und des Stiftskapitels des Großmünsters aufgenommen. Im Rückblick interpretierte er die Entscheidung zugunsten der *lectio continua* so, daß er »on allen mentschlichen tant«[73] allein das Wort Gottes habe predigen wollen. Seine Berufung zum

Leutpriester war von erasmianisch gesinnten Stiftsherren betrieben worden. Die Gelehrsamkeit Zwinglis, der nach seinem Studium in Wien und Basel, wo er 1506 zum Magister artium promoviert worden war, eine Pfarrstelle in Glarus (Diözese Konstanz) innegehabt und zwischen 1516 und 1518 als Seelsorger im Wallfahrtszentrum Einsiedeln gewirkt hatte, war ein entscheidender Grund für seine Wahl gewesen. Außerdem hatte sich Zwingli als Kritiker des Söldnerwesens, des ›Reislaufens‹, profiliert und besonders gegen einen Kriegsdienst seiner Schweizer Landsleute zugunsten Frankreichs und gegen Habsburg Stellung bezogen. In die in Zürich und weiten Teilen der Eidgenossenschaft vorherrschende antifranzösische Stimmung fügte er sich mit seinen politischen Anschauungen gut ein.

In das bald auf die Person des Erasmus zentrierte Kommunikationsnetz der schweizerisch-oberdeutschen Humanisten war Zwingli fest eingebunden. Eine persönliche Begegnung mit Erasmus, die in das Frühjahr 1515 oder 1516 fiel, scheint eine überwältigende Wirkung auf ihn gehabt zu haben. In Erasmus' Verdiensten um die Bibel, die er von sophistischen Mißdeutungen befreit habe, sah Zwingli ein »vollkommeneres Zeitalter«[74] heraufziehen. Unter Erasmus' Einfluß lernte er seit 1513 Griechisch, primär, um das Neue Testament, aber auch die klassischen Autoren und vor allem die Kirchenväter im Urtext studieren zu können. Zwinglis philosophische Grundbildung war in den Bahnen der *via antiqua* (s. o. S. 93) verlaufen. Unter den scholastischen Autoren war es besonders Johannes Duns Scotus, den er intensiv studiert hatte.[75] Auch der Einfluß Giovanni Picos, dessen Schriften Zwingli schon in Basel gelesen hatte, dürfte hoch zu veranschlagen sein und vielleicht weniger in bestimmten materialen Gehalten als in einer gewissen intellektuellen Offenheit gegenüber einer Vielzahl unterschiedlicher geistiger Traditionen wirksam geworden sein. Neuplatonisch-dualistische Denkformen, die zwischen Geist und Materie, Irdischem und Transzendentem scharf unterschieden, stellen eine philosophische Mitgift Zwinglis dar, die sich auf die Ausbildung seiner Theologie nachhaltig ausgewirkt hat. Das Augustinus-, Erasmus- und Kirchenväterstudium verstärkte die ontologischen und erkenntnistheoretischen Grundprägungen im Sinne des Neuplatonismus.

Ähnlich wie bei den rückblickenden Selbstdeutungen Luthers und anderer ist auch bei denen Zwinglis den jeweiligen situativen Kontexten und apologetischen Funktionen, in denen sie begegnen, Rechnung zu tragen. Seit 1523, das heißt zu einem Zeitpunkt, als noch keine nennenswerten theologischen Differenzen mit Luther aufgetreten beziehungsweise Zwingli bewußt geworden waren, hat er betont, daß er mit der Predigt des von allem »mentschlichen tant« befreiten Evangeliums unabhängig von dem Wittenberger begonnen habe. Mehrfach bezeichnet Zwingli das Jahr 1516, als er damit angefangen habe, sich die täglichen Evangelientexte der Messe vorzunehmen und »allein uß biblischer gschrifft«,[76] das heißt nicht nach Maßgabe autoritativer kirchlicher Ausleger, zu interpretieren, als Beginn jener geistlich-theologischen Orientierung, die er in seine ›reformatorische‹ Tätigkeit einmünden sah. Von Luther habe er damals noch nichts gewußt und gekannt und als erstes 1518 dessen Ablaßthesen wahrgenommen.[77] Daß Zwingli seine theologische Entwicklung als geradlinige und konsequente Umsetzung einer von Erasmus inspirierten biblischen Verkündigung verstanden hat, ist plausibel. Eine ›Wende‹, wie Luther sie – in Anknüpfung an biblische und monastische Bekehrungs- und Berufungsmodelle – erlebte, berichtete oder stilisierte, hat Zwingli wohl nicht vollzogen. Gleichwohl schätzte er den Schriftausleger Luther über alle Maßen; der ›treffliche Gottesstreiter‹ aus Wittenberg habe die Bibel »mit so grossem ernst 〈…〉 durchfüntelet [durchforscht]«, wie dies seit »tusend jaren«,[78] also seit der Zeit der Kirchenväter, nicht mehr geschehen sei. In bezug auf die Schriftauslegung dürfte Luthers Einfluß auf Zwingli beträchtlich gewesen sein. Aber dennoch ist es glaubhaft, daß er sich Luther gegenüber als selbständig empfand; denn er hatte von ihm keine ›Lehre‹, etwa die Rechtfertigungslehre, übernommen, sondern allein aufgrund der Schrift *(sola scriptura)* erkannt, daß nur Christus selbst *(solus Christus)* »uns den willen seines himlischen vathers kundt gethan und mit siner unschuld vom tod erlöst und Gott versunt hat«.[79]

Die normative Geltung der Bibel und des Christuszeugnisses bildet den Kern der reformatorischen Theologie Zwinglis. Denn aus ihr leitete er eine Kritik am Geltungsanspruch kirchlicher Tradition neben der Bibel und an all jenen Frömmigkeitsvorstellungen und -praktiken wie Heiligenverehrung, Meßopfertheologie usw. ab, die die soteriologische Exklusivität Christi einschränkten. Die theologische Konzentration auf die Bibel und auf Christus war in gewisser Weise schon bei Erasmus vorgebildet. Insofern schritt Zwingli weitgehend bruchlos vom Erasmianismus zur ›Reformation‹ fort, wobei Luther als exegetischer Anreger und wohl auch als persönliches Vorbild wirksam geworden ist. In Zwinglis Theologie spielt die Forderung eine zentrale Rolle, Gottes Wort »gehörig [zu] syge[n] und sich noch demselben [zu] richte[n]«.[80] Der Drang, aus dem Wort Gottes heraus das gesellschaftliche und soziale Leben des kommunalen Gemeinwesens zu gestalten, der göttlichen in Gestalt menschlicher Gerechtigkeit zu entsprechen, hat Zwinglis Theologie einen spezifisch ›städtischen‹ Charakter verliehen. Gerade weil Zwingli Luther als Schriftausleger höher schätzte als jeden anderen Menschen,[81] kam später der innerreformatorischen Auseinandersetzung um die Auslegung der biblischen Abendmahlsworte Christi eine so dramatische, fundamentale und krisenhafte Bedeutung zu. Auch wenn man im Rückblick erhebliche theologische Akzentunterschiede zwischen Zwingli und Luther konstatieren kann, die sich vor allem darin verdichten, daß die Buß-, Rechtfertigungs- und Gnadenthematik für den Zürcher Leutpriester keine systematisch zentrierende Funktion besessen hat, ist in der Frühphase der Reformation doch ein elementares Zusammengehörigkeitsgefühl mit Luther entscheidend gewesen. Zwingli sah darin, daß er und Luther im wesentlichen übereinstimmten, ohne daß sie miteinander in einen persönlichen Kontakt getreten waren, einen Beweis dafür, »wie einhellig der geist gottes sye«.[82] Zwinglis historische Bedeutung ist nur im Zusammenhang einer sich zunächst als zusammengehörig empfindenden reformatorischen Bewegung zu interpretieren, die sich die durchaus spannungsreichen Impulse Luthers und Erasmus' aneignete. Die Flugschrift der *Göttlichen Mühle* (s.o. S. 310-313), die unter Zwinglis Einfluß entstand, dokumentiert dies auf besonders eindrucksvolle Weise.

Die Zürcher Reformationsgeschichte nahm also mit der Predigttätigkeit Zwinglis ihren Anfang. In der Auseinandersetzung um die von Zwingli öffentlich verteidigten Fastenbrechen des Frühjahrs 1522 (s. o. S. 336-339) zeigte sich erstmals, daß der Zürcher Rat einen Fortgang der traditionellen Praxis nur interimistisch zuzugestehen bereit war und er dem zuständigen Ordinarius, dem Konstanzer Bischof, den Nachweis abverlangte, daß die Fastengebote den »satzungen Cristi«[83] nicht widersprächen. Diese Tendenz, das Bestehende, nicht seine Infragestellung, unter Legitimationszwang zu stellen, bestimmte auch die weitere Politik des Rates. Implizit war damit bereits im Frühjahr 1522 der Anspruch zum Ausdruck gebracht, daß der Rat die Verantwortung für die Gestaltung des Kirchenwesens in seine Hand nehmen wollte und daß Zwinglis Autorität der des Konstanzer Bischofs beziehungsweise seiner Vertreter prinzipiell gleichberechtigt sei.

Erste Auseinandersetzungen

Im Sommer 1522 kam es in Zürich zu Predigtstörungen, bei der radikale Anhänger Zwinglis seine Kritik an der Heiligenverehrung und an der monastischen Lebensform vor allem gegenüber Vertretern der Bettelorden kämpferisch zum Ausdruck brachten. Auch Zwingli selbst hatte dem predigenden Franziskanerpater François Lambert von Avignon bei dessen Predigt über Maria und die Heiligen im Frauenmünster Einhalt geboten: »bruder, da irrest du«.[84] Auf Wunsch Lamberts fand am folgenden Tag, dem 16. 7. 1522, eine Disputation mit Zwingli im Gebäude der Chorherren statt; sie dauerte etwa vier Stunden und endete damit, daß der französische Franziskaner-Observant »beid hend zusamenhub, danket Gott und sprach, er wölt in allen sinen nöten allein Gott anrüeffen«.[85]

Kurz nach diesem eher ›privaten‹ Triumph Zwinglis, der die Abkehr eines prominenten Ordenspredigers von der Marien- und Heiligenverehrung erreicht hatte, fand am 21. 7. eine vom Rat veranstaltete Disputation statt.[86] Zwingli und die Lesemeister der in Zürich ansässigen Bettelorden – der Augustinereremiten, der Franziskaner und der Dominikaner – wurden vor einen Ausschuß des Rates geladen. Außerdem wurden das Großmünsterkapitel und weitere theologische Sachverständige der Stadt hinzugezogen. Offenbar sollte es darum gehen, die allenthalben hervorbrechenden Gegensätze zwischen Anhängern und Gegnern Zwinglis auszugleichen oder einer Lösung zuzuführen. Zwingli stellte bei dieser Disputation seine Loyalität gegenüber der Stadt geschickt heraus: »Ich bin in diser statt Zürich bischof und pfarrer und mir ist die seelsorg bevolen; ich han darum geschworen und die münch nit.«[87] Die Inanspruchnahme des Bischofstitels, die der altkirchlichen Bezeichnung der Stadtpfarrer entsprach, implizierte natürlich, daß Zwingli die Rechtsvollmacht des zuständigen Diözesanbischofs in Konstanz unterlief. Diese Haltung brachte er im Sommer 1522 auch noch dadurch zum Ausdruck, daß er öffentlich an den Bischof und – in einer deutschen Schrift – an die Eidgenossenschaft appellierte, den Zölibat aufzuheben und die Predigt des Evangeliums zuzulassen.[88] Diese Publikationsstrategie ließ keinen Zweifel daran, daß es Zwingli als Aufgabe der weltlichen Obrigkeiten ansah, kirchliche Mißstände zu beheben. Sein Verhalten stellte also eine Ermutigung gegenüber dem Rat dar, das Kirchenwesen in die eigenen Hände zu nehmen. Und das tat dieser dann auch: Die Disputation des 21. 7. 1522 endete mit dem Entscheid des Rates, daß die Prediger der Orden »fürohin predigen das heilig evangelium, den heiligen Paulum und die propheten, daß die heilige gschrift ist, und lassend den Scotum und Thomam und söllich ding ligen«.[89] Der Lesemeister der Dominikaner verließ daraufhin Zürich und ging nach Luzern;[90] Zwingli fand dies so traurig wie den Tod einer reichen, mürrischen Stiefmutter.[91] Der Erfolg war eindeutig auf seiner Seite.

Mit diesem Votum hatte sich der Rat erstmals nach einer Disputation der religiösen Konfliktparteien als richterliche Instanz in einer kirchlichen Lehrfrage betätigt und die Orientierung an der Bibel als alleiniger Grundlage der Verkündigung eingeschärft. Mit dieser Entscheidung war der Weg beschritten, der über die Stationen zweier weiterer Disputationen des Jahres 1523, der sogenannten Ersten Zürcher Disputation vom Januar und der Zweiten Zürcher Disputation vom Oktober (s. u.), zu planmäßigen Entscheidungen im Sinne des Aufbaus eines eigenständigen magistralen Kirchenregiments in der Stadt an der Limmat führen sollte.

Der Ersten Zürcher Disputation gingen Entwicklungen voran, die die kirchliche und politische Unruhe sowohl in der Stadt als auch in der übrigen Eidgenossenschaft angefacht hatten. Zwinglis Anteil daran ist beträchtlich; in einer scharfen Schrift mit dem Titel *Apologeticus Archeteles*[92] hatte er sich von der bischöflichen Jurisdiktion losgesagt und der kirchlichen Hierarchie jede Fähigkeit abgesprochen, eine dem Willen Christi entsprechende Ordnung wiederherzustellen. Im November 1522 wurde ihm, der mehr und mehr ins Visier der altgläubigen Mehrheit der Tagsatzung, des politischen Beratungsforums der Bundesglieder der Eidgenossenschaft, geraten war, von seiten des Zürcher Rates eine herausragende geistliche Amtsstellung zuerkannt. Die Beichte zu hören und die Messe zu lesen brauchte er fortan nicht mehr; allein die Predigt war seine Aufgabe. Die exponierte Rolle, in die er seit dem Frühjahr 1522 als Prediger, Disputant und Publizist hineingewachsen war, fand damit einen gleichsam ›amtlichen‹ Ausdruck. Auch wenn dies schwerlich im Sinne einer gewichtigen personalpolitischen Vorentscheidung zugunsten einer Einführung der Reformation zu interpretieren ist, so zeigt es doch, daß Zwingli unter den Mitgliedern des Rates einflußreiche Förderer hatte. Im Auftrag des Rates predigte er nun auch in dem Dominikanerinnenkloster Oetenbach,[93] in dem vor allem Angehörige der Zürcher Oberschicht lebten. Die gegen Ende des Jahres 1522 greifbare Polarisierung zwischen Nonnen, die das Kloster verlassen, und solchen, die dort bleiben wollten, entsprach den Frontlinien in Bürgerschaft und Magistrat. Innerhalb eines Jahres war es Zwingli und seinen Anhängern gelungen, ein breites Spektrum an kirchenkritischen Themen – den Zehnt, die Fastengebote, die Marien- und die Heiligenverehrung, das Mönchtum, die Priesterehe, die Geltung des Kirchenrechts und die Legitimität der kirchlichen Hierarchie – durch Aktionen, Predigten und Publikationen öffentlichkeitswirksam aufzugreifen.

Die Erste Zürcher Disputation

Die wachsende Spannung gegenüber dem Konstanzer Bischof einerseits, der seit 1522 profiliert antireformatorisch agierenden eidgenössischen Tagsatzung andererseits bildeten den Hintergrund dafür, daß der Zürcher Rat im Januar 1523 die Initiative ergriff und eine spektakuläre Großveranstaltung, die Erste Zürcher Disputation vom 29. 1. 1523, durchführte. In einem an die Geistlichen der Stadt und der Zürcher Landschaft gerichteten Ausschreiben vom 3. 1. 1523 hatte der Rat dazu eingeladen, am 29. 1. zu früher Morgenstunde zu einer Aussprache ins Rathaus zu kommen, um »in thütscher zungen und sprach«[94] darüber zu verhandeln, welche der beiden Parteien, die ›Evangelischen‹ oder die ›Altgläubigen‹, der Bibel gemäß lehrten. Man kündigte zugleich an, daß man den Konstanzer Bischof von dieser Versammlung informieren und ihn zur Teilnahme einladen werde. Und man gab der Hoffnung Ausdruck, daß Gott diejenigen, die das Licht der Wahrheit ernstlich suchten, mit demselben gnädiglich erleuchten werde.[95]

Bereits das Ausschreiben ließ also keinen Zweifel daran, daß der Rat der Stadt aus Verantwortung für die öffentliche Ordnung und das Heil seiner Untertanen beabsichtigte, unter Beiziehung von Gelehrten eine Entscheidung darüber zu treffen, welche Lehre der Bibel entspreche und fortan die Grundlage der Verkündigung in seinem Herrschaftsgebiet bilden solle. Ohne daß Zwinglis Name im Ausschreiben genannt worden wäre, dürfte von Beginn an nichts anderes beabsichtigt gewesen sein, als Einwände gegen dessen Lehre vor dem Hintergrund der Bibel zu prüfen. Zwingli war es schließlich auch gewesen, der auf dieses Gespräch gedrängt hatte. Die Veranstaltung stand von vornherein unter der Regie des Rates, also eines Laiengremiums. Eine besondere Rolle war dem Bischof, dessen Rechtsvertretern oder dem Kreis der Gelehrten nicht zugedacht. Insofern war von Anfang an klar, daß es sich bei der geplanten »disputation«[96] um eine Veranstaltung ganz eigener Art, jedenfalls nicht um eine den strengen Regeln einer akademischen Disputation folgende Versammlung handeln werde. Verglichen mit einer ordentlichen akademischen Form war an der geplanten Disputation so ziemlich alles ›irregulär‹: der Ort – das Rathaus; die Entscheidungsinstanz – ein weltliches Laiengremium; der Urteilsmaßstab – die Bibel; die Verhandlungssprache – Deutsch.

Nicht einmal die Thesen, über die verhandelt werden sollte, waren anfangs bekannt gewesen, sondern wurden, wie es scheint, erst kurz vor der Disputation selbständig verbreitet: Zwinglis *67 Artikel*.[97] Eine zentrale Rolle bei der Disputation spielten sie schließlich nicht. Sie boten eine komprimierte Zusammenfassung seiner bisherigen Verkündigung, ein Summarium der Wahrheit des Evangeliums und der aus dieser zu folgernden Konsequenzen in bezug auf Riten und Zeremonien des bestehenden Kirchenwesens. Ausgehend von der Basisprämisse, daß jeder, der behaupte, daß das Evangelium der »bewernus [der Begründung] der kirchen«[98] bedürfe, irre und Gott schmähe, entfaltete Zwingli, daß das Kreuz Christi als alleiniger Heilsgrund alle anderen Mittel und Wege, Sündenvergebung zu erlangen, aufhebe. Der weltlichen Obrigkeit sprach Zwingli das Recht und die Pflicht zu, ihre Gesetze dem göttlichen Willen gemäß zu gestalten;[99] sofern sie aber der »schnur Christi«[100] nicht entspreche, sei man berechtigt, sie abzusetzen. Insofern enthielt die Artikelliste die theologische Legitimation für die mit der Ersten Zürcher Disputation vollzogene Initiative des Rates, die Beurteilung der theologischen Lehre in die eigenen Hände zu nehmen.

Die Resonanz auf die kurzfristige Ausschreibung war gewaltig; über 600 Personen nahmen an der Veranstaltung teil. Der Konstanzer Bischof schickte eine von seinem Generalvikar Johannes Fabri geleitete Delegation. Auch aus einigen eidgenössischen Orten, etwa Bern oder Schaffhausen, erschienen Vertreter. Die große Beachtung, die die Veranstaltung in der zeitgenössischen Korrespondenz durch einen häufig nachgedruckten und tendenziösen inoffiziellen Bericht, die *Handlung der Versammlung in Zürich*,[101] und einige sich daran anschließende kontroverstheologische Publikationen erhielt, machte sie bald zu einem »Musterbeispiel«[102] für andere Städte. Und die große Karriere, die der Veranstaltungstypus der städtischen Disputation in der weiteren Reformationsgeschichte erlebte,[103] legt davon Zeugnis ab, daß das hier gefundene bürgerlich-öffentliche Präsentations-, Demonstrations- und Verhandlungsmodell besonders günstige Möglichkeiten bot, um über die reformatorische Lehre richterlich zu entscheiden, die Geistlichkeit eines Stadtgebietes beziehungsweise einer städtischen Territorialherrschaft auf eine bestimmte theologische Position einzuschwören, sie zur Loyalität gegenüber der städtischen Obrigkeit zu verpflichten und die eigenmächtige Verselbständigung gegenüber der kirchlichen Hierarchie wirkungsvoll zu inszenieren.

Für die Konstanzer Delegation, der von ihrem Bischof eingeschärft worden war, die kirchenrechtlich zwingende Auffassung zu vertreten, daß es den Zürchern »als Laienpersonen nicht gebühre, Glaubenssachen zu behandeln und zu entscheiden«,[104] erwies sich die bloße Teilnahme an der Veranstaltung als schwerwiegender taktischer Fehler. Denn einerseits mußte Fabri der Zürcher Versammlung von seinen Voraussetzungen her jede Legitimität absprechen, andererseits versuchten er und seine Delegationskollegen durch ihre Redebeiträge, die Lehr- und Rechtsauffassungen der römischen Kirche zu verteidigen. Neben einigen wenigen theologischen und praktischen Fragen wie die der Heiligenverehrung oder der Priesterehe kreiste die Disputation, die vor allem von Fabri und Zwingli geführt wurde, in erster Linie um Aspekte der kirchlichen Autorität: Die Suffizienz des Schriftprinzips im Verhältnis zur Tradition wurde angesprochen, vor allem aber die Frage erörtert, ob ein allgemeines Konzil oder die ›Synode‹ der Zürcher Kirche diejenige Instanz sei, der eine Entscheidung über Lehre und Ritus zustehe. Zwingli bestand darauf, daß die Versammlung eine legitime Synode im Sinne der Alten Kirche sei.

Bereits nach der Mittagspause erging das Urteil des Rates in Gestalt eines öffentlich verlesenen Abschiedes:[105] Da es niemandem gelungen sei, Zwingli mittels der Schrift der Irrlehre zu überführen, habe der Rat beschlossen, daß er mit seiner Lehrtätigkeit fortfahren könne wie bisher und »das heilig euangelion und die recht göttlich geschrifft verkünde so lang unnd vil, biß er eins besseren bericht werde«.[106] Auch alle anderen Geistlichen in der Stadt und der Landschaft sollten nur mehr verkündigen, was Evangelium und Bibel entspreche. Wechselseitige Verunglimpfungen hätten zu unterbleiben und würden geahndet. Daß dem Rat durchaus an einem vorsichtigen Vorgehen gelegen war, zeigte sich daran, daß er seine Entscheidung damit begründete, daß der Konstanzer Bischof eine entsprechende Versammlung nicht durchgeführt habe.[107] Die immense Provokation, die darin bestand, daß sich Laien ein Urteil über die Wahrheit der kirchlichen Lehre angemaßt hatten, wurde also dadurch verschleiert, daß man den notrechtlichen und interimistischen Charakter des Ratsabschiedes betonte.

Der Abschied der Ersten Zürcher Disputation bedeutete gleichwohl eine prinzipielle Tendenzentscheidung zugunsten der Reformation. Auch wenn der Rat darauf verzichtete, unmittelbare Konsequenzen im Sinne einer konkreten Umgestaltung des Kirchenwesens zu verfügen, so stellte doch die Tatsache, daß er sich als richterliche Urteilsinstanz über die Wahrheit der christlichen Lehre aufgeführt hatte, die Grundlegung eines obrigkeitlichen Kirchenregiments und den Anfang des Zürcher Staatskirchentums dar. Zwingli bejahte die fromme Gouvernementalisierung der Religion im Grundsatz. An den von seiten des Rates betriebenen Maßnahmen, den Einfluß städtischer Prediger und normativer theologischer Lehrtexte auf die Landschaft zu vergrößern, indem man Wanderprediger herumschickte und ein knappes, von Zwingli verfaßtes katechetisches Summarium[108] vor allem für die Instruktion der Landpfarrer verteilte, beteiligte sich der Leutpriester des Großmünsters aktiv.

Die Zweite Zürcher Disputation

Im Laufe des Jahres 1523 wurde die kirchenpolitische Handlungsachse zwischen Zwingli und dem Rat beziehungsweise den reformatorisch gesinnten Ratspersonen immer enger. Neben Zwingli erwies sich der Leutpriester an St. Peter, Leo Jud, der zum Teil offensiver und provokativer vorging, als wichtigster Kampfgenosse. Jud störte im Sommer 1523 einen Gottesdienst im Nonnenkloster Oetenbach. Bei dem Tumult, der sich daran anschloß, kam es zu einer ganzen Reihe von Klosteraustritten. Im Sommer des Entscheidungsjahres der Zürcher Reformation hielten Priester öffentlich Hochzeit; seit August 1523 wurden die Taufgottesdienste in liturgisch gereinigter Form auf deutsch gefeiert. Zwingli trat mit einer relativ konservativen Schrift zur Reform der Meßliturgie an die Öffentlichkeit; aus einer Apologie, die er Anfang Oktober 1523 erscheinen ließ,[109] geht hervor, daß sein behutsames Vorgehen auf deutlichen Widerspruch aus den eigenen Reihen stieß.

Im Frühherbst 1523 spitzte sich die Diskussion in und um Zürich immer stärker auf die Themen Messe und Bilder zu. Im September kam es zu mehreren Angriffen auf Bilder und Kruzifixe; ein Diakon in St. Peter entfernte ein Tafelbild und anderen Kirchenschmuck, Handwerker griffen im Großmünster das ewige Licht an. In der nahe Zürich gelegenen Ortschaft Stadelhofen stürzte ein Schuhmacher mit zwei Kumpanen ein großes Kruzifix um. Der Rat ließ die Täter inhaftieren. Die nicht zuletzt von Predigern wie Zwingli und Jud beanstandeten Bilder, die man als Götzen schmähte, schienen mit der Forderung nach einem reinen Kult unvereinbar. Der später zu einer Schlüsselgestalt der radikalen Vertreter der Reformation avancierende Zwingli-Anhänger Ludwig Hätzer, ein ehemaliger Priester, trat in jenen Tagen, in denen die Bilderfrage besonders akut war, mit einer rasch verbreiteten kurzen Flugschrift *Wie man sich mit allen Götzen und Bildnissen halten soll*[110] an die Öffentlichkeit. In einem streng biblizistischen Argumentationsgang folgerte Hätzer, daß die Abschaffung der Bilder, ja ihre Zerstörung, Christenpflicht sei. Wenn die Christen nicht »ylents [eilends] on verzug die götzen«[111] abtäten, zögen sie sich Gottes strafenden Zorn zu. Die Zuspitzung insbesondere in der Bilderfrage führte dazu, daß der Rat am 29. 9. 1523 eine Kommission aus Pfarrern und Ratsherren einsetzte, die Vorschläge zum künftigen Umgang mit Kirchenausstattungen und zu sonstigen Reformfragen entwickeln sollte. Auf Empfehlung der Kommission lud der Rat daraufhin zum 26. 10. zur sogenannten Zweiten Zürcher Disputation.

Das Ausschreiben war an die Geistlichen der Stadt und der Landschaft Zürichs gerichtet, aber auch an alle Interessenten geistlichen und weltlichen Standes, die zu den angekündigten Themen Messe und Bilder »ze redens willens werend«.[112] Auch an die Bischöfe von Konstanz, Chur und Basel, an die dortige Universität, die Städte der Eidgenossenschaft und sonstige, nicht näher genannte Adressaten ergingen Einladungen. Offenbar war an eine Veranstaltung gedacht, die von vornherein auf religionspolitische Strahlungswirkungen über Zürich hinaus abzielte. Unter ausdrücklicher Rezeption des Abschieds vom Januar[113] setzte man voraus, daß die »euangelisch leer und die war götlich gschrifft«[114] allenthalben klarer verkündigt werde und daß es auch in bezug auf die Messe und die Bilder dringend geboten sei, eine der Bibel entsprechende Ordnung wiederherzustellen.

Auch wenn von den Bischöfen niemand, von den Eidgenossen nur Schaffhausen und St. Gallen erschienen, war der sonstige Zulauf zu der Versammlung gewaltig: Etwa 350 Priester, unter ihnen zehn Doktoren und viele Magister, und über

500 Laien, insgesamt rund 900 Personen, nahmen teil. Ein von Hätzer abgefaßtes offizielles Protokoll dokumentierte, daß man öffentliche Querelen über den Gesprächsverlauf, wie sie nach der Ersten Zürcher Disputation stattgefunden hatten, tunlichst vermeiden wollte. Der wichtigste Exponent der altgläubigen Seite war diesmal ein Zürcher Chorherr: Konrad Hofmann. Doch der Rückhalt, den er unter den Pfarrern besaß, beschränkte sich wohl vornehmlich auf die zwar zahlenmäßig starke, bildungsmäßig aber weithin abgeschlagene Landgeistlichkeit. Die Mehrheit der intellektuell agileren Kleriker und Laien, die bei der Zweiten Zürcher Disputation das Wort ergriffen, standen auf seiten der Reformation. Doch unter ihnen erwies sich als strittig, wem die Initiativgewalt bei der Durchführung der Neuerungen zustehen sollte – der Gemeinde, einzelnen ihrer Akteure oder der städtischen Obrigkeit – und mit welcher Geschwindigkeit sie ins Werk zu setzen waren.

Am ersten Tag der dreitägigen Disputation (26.-28. 10. 1523) ging es um die Bilderfrage, am zweiten und dritten um die Messe. Bei den Debatten trat ein deutlicher Gegensatz zwischen Zwingli und seinen radikaleren Anhängern, insbesondere den späteren Täuferführern Konrad Grebel, Simon Stumpf, auch dem Pfarrer von Waldshut, Dr. Balthasar Hubmaier, zutage. Während Zwingli darauf bestand, daß es den Herren des Rats zustehe, darüber zu entscheiden, wie mit der Messe verfahren werden sollte, vertrat Stumpf, Pfarrer in Höngg im Kanton Zürich, die Meinung, daß der Leutpriester nicht das Recht habe, »minen herren das urteil in ir hand« zu geben, da mit der biblischen Bestreitung des Bilderkultes und der Messe das »urteil 〈...〉 schon geben«, das heißt gefällt sei: »der geyst gottes urteylet.«[115] »So dann mine herren etwas erkennen wurdind und urteylen, das wider das urteyl gottes were, so wil ich Christum umb sinen geist bitten, und wil darwider leren und thun.«[116] Auch Zwingli betonte, daß es weder der Obrigkeit noch irgendwem sonst zustehe, über das Wort Gottes zu urteilen. Die Disputation habe allein die Aufgabe, aus der Schrift zu erfahren, ob die Messe ein Opfer sei oder nicht. Hinsichtlich des theologischen Befundes herrsche Eindeutigkeit. Aber man müsse der Obrigkeit zugestehen, über die geeigneten Mittel und Umstände einer Meßreform zu entscheiden, damit es »on uffrur«[117] zugehe.

Mit den Forderungen der radikalen Reformationsanhänger, die auf eine zügige und umfassende Reform des Kultus drängten und dem Rat keinen Ermessensspielraum zugestanden, war neben der Gruppe um Zwingli und den Altgläubigen eine dritte kirchenpolitische Gruppierung profiliert hervorgetreten. Die sich hier erstmals deutlich abzeichnende Spaltung unter den Reformationsanhängern bildete fortan einen Unruheherd, verstärkte nach und nach die gouvernementalistischen Tendenzen Zwinglis und mündete schließlich in die Polarität zwischen ständisch-magistraler und radikaler Reformation ein.

Im Unterschied zu den innerreformatorischen Entzweiungen, die sich im Kontext des Ringens um die Wittenberger Stadtreformation gezeigt hatten, war die personelle Basis der Propagandisten einer radikalen Richtung in Zürich von vornherein größer. Überdies hatten ja in Wittenberg die Reformer und der städtische Magistrat an einem Strang gezogen. Erst als die kursächsische Administration und der ihr sekundierende Luther dem Experiment Einhalt geboten, gerieten Karlstadt und seine wenigen Anhänger, die er damals noch besaß, in die Isolation. Im Kontext der Wittenberger Reformation ging es um ein zunächst durchaus offenes Verhältnis zwischen der territorialstaatlichen und der städtischen Obrigkeit, in das auch die Universität hineinspielte. In Zürich aber hing das Schicksal der Reformation ausschließlich am Rat – jedenfalls dann, wenn man keine grundstürzenden Veränderungen der politischen Verhältnisse in Kauf nehmen wollte. Zwingli hat dies hinsichtlich seines Wirkungsorts ähnlich klar erkannt, wie Luther es in bezug auf Kursachsen tat. Hätten sie gegen ihre Obrigkeiten gehandelt, wäre ihren Reformationen schwerlich eine dauerhafte Wirkung beschieden gewesen.

Im Nachgang der Zweiten Zürcher Disputation erließ der Rat am 1. 11. 1523 ein Mandat, das zunächst einmal den Verbleib der Bilder in den Kirchen anordnete, das jedoch Stiftern freistellte, ihre Bilder zu entfernen. Neue Bilder sollten nicht mehr zugelassen werden. Auch die Ordnung der Messe sollte zunächst erhalten bleiben; Schmähungen würden geahndet. Die noch immer inhaftierten Bilderstürmer wurden teils auf Dauer, teils für zwei Jahre aus der Stadt verbannt; einer von ihnen kam mit einer Geldstrafe davon. Die wohl auf den November zu datierende Neuauflage von Hätzers Bilderschrift erschien mit dem Motto »O Gott erlös die Gefangenen«[118] – vielleicht ein Echo darauf, daß man es unter den Radikalen als tiefes Unrecht empfand, daß Menschen bestraft wurden, die Gottes Zorn auf die ›Götzen‹ tathaft Ausdruck verliehen hatten. Ähnlich Luthers Mahnung zur ›Schonung der Schwachen‹ ließ der Zürcher Rat auch mit Hilfe städtischer Prediger, die durch das Landgebiet zogen, nun die Evangeliumsverkündigung auf breiterer Front wirksam werden. Daß dies nur eine Lösung auf Zeit sein konnte, war ohnehin klar.

Die Einführung der Reformation in Zürich

Im Laufe des Jahres 1523 hatte sich entschieden, daß Zürich eine evangelische Stadt werden würde. Und auch die Tendenz zur obrigkeitlichen Bemächtigung des Kirchenwesens war unübersehbar geworden. Aus der Zweiten Zürcher Disputation gingen Zwingli und seine Anhänger abermals gestärkt hervor. Im Unterschied zu reformatorischen Entscheidungsprozessen andernorts, bei denen – ein häufiger Fall! – die Anhänger der kirchlichen Neuerung aus den Kreisen der sozial Minderprivilegierten und politisch Einflußlosen stammten, war es in Zürich – ähnlich wie auch in Bern, Basel und St. Gallen – das sozial stabile, wirtschaftlich agile und politisch tonangebende zünftische Bürgertum, das die Durchsetzung der Reformation vorantrieb. Der im ganzen großen Stabilität der politischen Verhältnisse in der Deutschschweiz, vor wie nach der Reformation, entsprachen die spezifischen Bedingungen, unter denen sie sich durchsetzte.

Die Affinität der Zwinglischen Theologie zur stadtbürgerlichen Lebenswelt war ein wichtiges Moment dieser Stabilität. Seine ordnungstheologischen Vorstellungen, die er in seinem Traktat *Von göttlicher und menschlicher Gerechtigkeit* (Juli 1523)[119] entfaltete, distanzierten sich von den Idealen im Kreis seiner radikalen Anhänger, die auf eine Gestaltung des Gemeinwesens nach Maßgabe des Evangeliums und des Liebesgebotes abzielten. Die menschliche Gerechtigkeit sei »ein arme, prästhaffte«,[120] das heißt schwache und mängelbehaftete Gerechtigkeit. Sie mache nicht vor Gott gerecht, sei aber um der Gestaltung der »menschliche[n] gesellschafft und bywonung«[121] willen unverzichtbar. Um sie zu errichten, sei die mit Zwangsgewalt ausgestattete weltliche Obrigkeit vonnöten. Durch die Predigt der göttlichen Gerechtigkeit aber werde der innere Mensch vervollkommet und auch zur ethischen Verbesserung der weltlichen Ordnung befähigt, ohne jemals die Illusion hegen zu dürfen, daß schon auf Erden eine der göttlichen Gerechtigkeit entsprechende Gesellschaft aufgebaut werden könne. In bezug auf die Anerkenntnis einer eigenen Handlungslogiken verpflichteten weltlichen Rechtssphäre, die nach Maßgabe der Vernunft zu verfahren und dem Ziel, Frieden zu wahren und das Gemeinwohl zu fördern, verpflichtet sein sollte, waren Luther und Zwingli ›Brüder im Geist‹. Luthers Schrift *Von weltlicher Obrigkeit*,[122] die wohl im März 1523 im Druck vorlag und Zwingli bekannt gewesen sein kann, operierte in vergleichbarer Manier mit kategorial fundamental unterschiedenen Sphären evangelischer Liebes- und gesetzlicher Gehorsamsethik. Auch Luther wehrte sich gegen eine religiöse Überhöhung weltlicher und einen politischen Mißbrauch geistlicher Ordnung. Ungeachtet aller theologischen Unterschiede zwischen dem führenden schweizerischen und dem wichtigsten deutschen Theologen der Reformationszeit – in der theologischen Akzeptanz eines unveräußerlichen Eigenwerts weltlicher Herrschaft, der der Christenmensch um des Nächsten willen zu gehorchen habe, stimmten beide Reformatoren im Kern überein. Für den Erfolg der Reformation in Stadt und Land war dieser sozialethische Basiskonsens von einer schwerlich zu überschätzenden Bedeutung.

Die Etablierung der staatskirchlichen Neuordnung in der Stadt und dem Landgebiet Zürichs erreichte in den beiden Jahren nach den großen Disputationen einen gewissen Abschluß. Biblisch nicht begründete Zeremonien und Praktiken wie Heiligenfeste, Prozessionen und Fasten wurden eingestellt, Bilder, Kruzifixe und Orgeln auf Beschluß des Rates entfernt (1524), volkssprachliche Tauf- und Abendmahlsliturgien, die streng an den biblischen Vorgaben orientiert waren, wurden eingeführt. Bald kam es auch zur Auflösung der Klöster und der beiden Stifte in der Stadt, des Groß- und des Fraumünsters. Die in diesem Zusammenhang akquirierten Gelder gingen in die Verwaltung des Rates über. Alle diese Maßnahmen waren nicht ohne Konflikte durchsetzbar; doch die kompromißlose Verfolgung der sich zu separatistischen Täufergemeinschaften formierenden Radikalen durch den Zürcher Rat verhinderte es, daß religionspolitische Gegensätze die Ruhe und Ordnung in der Stadt jemals ernsthaft gefährdet hätten.

Im Jahr 1525 wurden auch zwei neue Einrichtungen geschaffen, die auf je ihre Weise für die Zürcher Reformation als Ganze charakteristisch geworden sind: zunächst die sogenannte *Prophezei*, eine Art Exegeseschule, in der sich fast jeden Tag Geistliche, fortgeschrittene Lateinschüler, Lehrer und interessierte Laien zu fortlaufenden Lehrvorträgen über biblische Bücher versammelten. Die gelehrten Theologen, die diese Zusammenkünfte im Chorraum des Großmünsters gestalteten, lasen, übersetzten und interpretierten die hebräischen, griechischen und lateinischen Versionen einzelner Textabschnitte. Aus dieser auch als Fortbildungsveranstaltung für die Geistlichen in Stadt und Land nützlichen Bibelarbeit ging das große Übersetzungswerk der *Zürcher Bibel* hervor, der neben der Lutherbibel bis heute einflußreichsten deutschsprachigen Bibelübersetzung, deren Volltextausgabe (1530) bereits vier Jahre vor der Wittenberger Konkurrenz im Druck vorlag und als erste abgeschlossene reformatorische Übersetzung in die Volkssprache gelten kann.

Die zweite innovative Institution war das sogenannte *Ehe-*

und Sittengericht. Mit der Einrichtung dieser aus vier weltlichen und zwei geistlichen Richtern zusammengesetzten städtischen Behörde okkupierte der Zürcher Rat die geistliche Gerichtsbarkeit des Konstanzer Bischofs und nahm das Recht der Ehescheidung, der Neuinterpretation der Ehehindernisse, der Schlichtung von ethischen und disziplinarischen Konflikten und der Verhängung entsprechender Strafen, etwa des kleinen (Ausschluß vom Abendmahl) oder des großen Bannes (Exkommunikation), für sich in Anspruch. Nach und nach verlor diese Einrichtung jeden Charakter einer eigenständigen kirchlichen Instanz; sie wurde, schließlich mit Zwinglis Billigung, zum effizienten Disziplinierungsinstrument und symbolisiert wie kaum eine andere Institution die polizeilichen Tendenzen der reformatorischen Verstaatlichung der Religion. Der Widerspruch dagegen, daß die kirchliche Gemeinde in Zürich die Kirchenzucht an den Staat hatte abgeben müssen, kam nicht nur aus den Reihen der Radikalen, sondern auch von Zwingli nahestehenden Theologen wie dem Baseler Reformator Johannes Oekolampad. Auch wenn Zwingli seit 1523 vielfach bewundert wurde und man einige Elemente der Zürcher Reformation andernorts aufnahm und fortbildete – ein ›Modell‹ in einem strikten Sinne war die erste erfolgreiche autonome Stadtreformation gleichwohl nicht; denn keine Stadtreformation glich einer anderen, und die je spezifischen lokalen und personalen Gegebenheiten und politischen Konstellationen variierten erheblich.

KONZEPTE, AKTEURE UND ERGEBNISSE STÄDTISCHER REFORMATIONEN

Das Zürich Zwinglis und das Wittenberg Luthers waren besondere Orte städtischer Reformation. Für den Erfolg städtischer Reformationsprozesse, die zu einer Neugestaltung des Kirchenwesens in der Hand der Räte führten, waren unterschiedliche Faktoren struktureller Art verantwortlich. Tempo, Verlauf und Ergebnis einer städtischen Reformation hingen von den Bedingungsfaktoren vor Ort ab. Die wichtigsten dieser Faktoren waren das Zusammenspiel von reformationsgesinnten Geistlichen und kommunalpolitischen Verantwortungsträgern, die innerstädtische Stabilität (das heißt der soziale und politische Friede einer Stadt beziehungsweise ihre Fähigkeit, destabilisierende Momente, die über der Differenz der religiösen Gruppen aufbrachen, auszugleichen und zu integrieren) sowie die außenpolitische Gesamtsituation (das heißt die Bewegungs- und Entscheidungsfreiheit einer Stadt im Verhältnis zu fürstlichen Landesherren, feindlichen oder verbündeten Mächten und – besonders in bezug auf die Reichsstädte – zu Kaiser und Reich).

Das vielfältige Konfliktpotential kirchlicher Neuerungen

Der Aufbau einer städtischen Kirchenhoheit bedeutete in aller Regel, daß bestehende Rechte geistlicher Institutionen, insbesondere der Bischöfe, der Stifte und Klöster, massiv verletzt wurden. Städte und Pfarrgemeinden praktizierten das Recht der freien Pfarrerwahl aufgrund des biblischen Rechtstitels eines Priestertums aller Gläubigen und organisierten die kirchlichen Finanzverhältnisse nach dem Modell des ›gemeinen Kastens‹, in dem die Einkünfte aller Pfründen, bruderschaftlichen Kapitalien und sonstigen Zinserträge geistlicher Stiftungen in die gemeinsame Verwaltung des Rates und der Pfarrgemeinde überführt wurden. All dies verstieß gegen geltendes Recht und hatte entsprechende Auseinandersetzungen zur Folge. Die gemeindliche Pfarrerwahl und der ›gemeine Kasten‹ waren vor allem durch Ordnungen, die Luther im Frühjahr 1523 für die sächsische Kleinstadt in Leisnig verfaßt hatte, weithin bekannt geworden.[123] Auch das liturgische Gestaltungsrecht gestand Luther der Gemeinde zu; in denjenigen Städten, in denen es mehrere Pfarrgemeinden gab, führten die Neugestaltungen in aller Regel zu einer Stärkung des Magistrats, der – zumeist im Zusammenspiel mit den Predigern – darauf drängte, innerhalb seines Herrschaftsgebietes einheitliche Ordnungsverhältnisse durchzusetzen.

Die Formen des Widerstands, den die mit der Einführung der Reformation verbundenen Rechtsbrüche auf seiten der Anhänger und Repräsentanten der ›alten‹ Kirche auslösten, waren so unterschiedlich wie die der Neugestaltung selbst. Daß es etwa gegen die Auflösung insbesondere von Nonnenklöstern auch beträchtliche Widerstände sowohl seitens der Klosterfrauen als auch ihrer Familien gab, ist ebenso eindeutig bezeugt, wie daß zahlreiche Nonnen die Reformation zunächst als elementare Befreiung erlebten. Und aus der Entschiedenheit, mit der die ›Neuerer‹ gegen Heiligen- und Bilderkult vorgingen, zu folgern, daß hier tiefverwurzelte, emotional hochbesetzte Praktiken ausgetrieben werden sollten, ja ein religiöses Umerziehungsprogramm inszeniert wurde, dürfte sachgerecht sein. Insbesondere die Verstöße gegen geistliche Besetzungsrechte von Bischöfen oder Stiften, die Eingriffe in kirchliche Besitzstände und die Übergriffe auf Kirchengüter führten vielfach zu langjährigen Prozessen vor dem Reichskammergericht, die ihrerseits auf die Reformationsvorgänge vor Ort zurückwirken konnten. Nicht selten zeitigten jedoch selbst erfolgreiche Klagen kaum Wirkungen. Der Straßburger Bischof etwa verklagte die elsässische Reichsstadt vor dem Reichskammergericht. Doch die von diesem erlassene Aufforderung an den Straßburger Magistrat, die kirchlichen Neuerungen wieder rückgängig zu machen, führten in keiner Weise dazu, daß man die eingeschlagenen Bahnen verließ.

Das jeweilige Konfliktpotential einzelner Neuerungen hing von den je spezifischen Verhältnissen vor Ort ab: Während etwa der Nürnberger Rat schon vor der Reformation die Pfarrbesetzungsrechte an sich genommen hatte und die Berufung evangelisch gesinnter Prediger ohne besondere Konflikte durchführen konnte, waren es in Städten wie Straßburg die einzelnen Pfarrgemeinden, die zuerst Pfarrerwahlen durchführten und sich beim Rat dafür einsetzten, daß ihre Entscheidungen akzeptiert und gegenüber der zuständigen Instanz, etwa dem St. Thomas-Kapitel, politisch durchgesetzt wurden. Daß es bei vergleichbaren Konstellationen in Hamburg zu Konflikten kam, in Straßburg hingegen kaum, hing wiederum an der Haltung der Kapitel; in der elsässischen Metropole öffnete sich ein Teil der Stiftsherren der Reformation, in Hamburg, wie andernorts, blieb das Kapitel ein Zentrum des Widerstands gegen die Neuerungen. In vielen Städten kam die Reformation deshalb zum Erfolg, weil bürgerschaftlich-gemeindliche und magistrale Interessen zu einem Ausgleich gebracht und vermittelt werden konnten und eine reformatorische Geistlichkeit das Vertrauen der meisten Beteiligten besaß.

Mancherorts begegnen reformatorische Forderungen im Kontext bürgerschaftlicher Aufstandsbewegungen; Vertreter niederer Zünfte, denen eine politische Repräsentation im Rat verweigert war, kämpften mittels reformatorischer Anliegen, etwa dem einer freien Pfarrerwahl, um eine Verbesserung ihrer politischen Partizipationsrechte zu erreichen, und sozial Deklassierte oder Minderprivilegierte verbanden religiöse Motive mit elementaren Forderungen einer Reduktion der Steuerlasten und einer Verbesserung der materiellen Versorgungslage. In vielen Hansestädten gingen reformatorische Initiativen von den Bürgerschaften aus und trugen Züge einer sozialen und politischen Aufstandsbewegung gegen den Rat.

Akteure

Häufig standen die reformatorischen Gemeindebewegungen in enger Beziehung zu einzelnen Geistlichen, nicht selten entlaufenen Mönchen, die zunächst keine feste kirchliche Anstellung besaßen, sondern in Konkurrenz zur ortsansässigen Geistlichkeit, vielfach zunächst unter freiem Himmel, predigten und erst nach und nach die Kirchenräume eroberten. Die Forderung nach evangelischer Predigt in der Volkssprache war ein Kernanliegen der städtischen Reformationsbewegungen. Vielfach waren die reformatorischen Prediger die wichtigsten personellen Kristallisationspunkte der städtischen Reformationsprozesse. Die hohen Erwartungen, die die Laien in die evangelischen Predigten setzten, begründeten häufig ein neuartiges Vertrauensverhältnis zwischen Gemeindegliedern und Predigern. Je dunkler das Bild des meist als Teil einer verworfenen Masse wahrgenommenen altgläubigen Klerikers gezeichnet wurde, desto heller strahlte das Bild der Einzelpersönlichkeit des nicht selten überdurchschnittlich gebildeten evangelischen Predigers, der zu einer Ikone bürgerlicher Tugenden avancierte. In manchen Städten entstanden intensive Formen der übergemeindlichen Zusammenarbeit der Pfarrer, etwa in Pfarrkonventen oder Geistlichen Ministerien, die aus den neuen gemeinsamen Aufgaben in bezug auf die theologische Lehre und die Neuordnung des Gottesdienstes erwuchsen und über die Kooperation vorreformatorischer Kleriker in der Regel weit hinausgingen. In vielen Landstädten verschärften die reformatorischen Bürgerbewegungen die Spannungen zwischen einer altgläubigen Landesherrschaft und der Stadt; viele Räte versuchten zunächst, durch eine Politik der Verzögerung weitere Eskalationen zu verhindern.

In nicht wenigen Städten waren es tumultuarische Szenen, etwa Bilder- und Klosterstürme oder Übergriffe auf Geistliche und Entweihungsakte, die zur Einrichtung von auch sonst im Falle innerstädtischer Konflikte bewährten Bürgerausschüssen führten, die die Willensbildung in der Stadt integrieren sollten. Die Beratungen der Bürgerausschüsse kanalisierten die reformatorischen und politischen Forderungen der Bürgerschaft und erarbeiteten Vorschläge, um den politisch bisher nicht repräsentierten Zünften oder Gruppen Partizipationsrechte zu eröffnen und erste reformatorische Maßnahmen, zumeist die Einführung einer deutschen Abendmahlsfeier unter beiderlei Gestalt, die Wahl evangelischer Pastoren und die Neuregelung der finanziellen Verhältnisse, auf den Weg zu bringen. Die Dauer und die Intensität der Konflikte innerhalb einer Stadt hingen nicht selten davon ab, wie stark der Widerstand der regierenden Eliten gegen die Reformation war. In dem Maße, in dem eine reformatorische Bürgerschaft Rückhalt im Rat besaß und dieser die politischen Risiken etwa gegenüber einer Landesherrschaft zu tragen bereit war, konnten Entscheidungsprozesse ausgesprochen zügig vonstatten gehen. Insbesondere in den sogenannten Autonomiestädten (s. o. S. 56f.) verband sich ein reformatorischer Entscheidungsprozeß häufig mit der Hoffnung auf einen Zugewinn an politischer Selbständigkeit gegenüber der Landesherrschaft, die vornehmlich über die kirchlichen Strukturen, etwa die Patronatsrechte, in die Städte ›hineinregierte‹. Nicht selten agierten die nordwestdeutschen Autonomiestädte so, daß sie ihre Entscheidung zugunsten der Reformation durch die Aufnahme neuer, häufig aber die Belebung bestehender politischer Verbindungen zu evangelisch orientierten Territorialstaaten absicherten.

Im Kontext der oberdeutschen Reichsstädte läßt sich schon 1524 eine Intensivierung der Zusammenarbeit beobachten, die im Interesse einer öffentlichen Parteinahme zugunsten der Reformation stand. Im Rahmen eines Ulmer Städtetages verabschiedeten die oberdeutschen Reichsstädte wohl unter Federführung Nürnbergs am 12. 12. 1524 einen Brief an Kaiser Karl V.,[124] der als »erstes öffentliches Bekenntnis«[125] zur Reformation auf Reichsebene gewertet worden ist. Zwar wolle man Luther, der ein irrtumsfähiger Mensch sei, keineswegs um jeden Preis verteidigen, aber dem Wort Gottes habe man sich in der Taufe verpflichtet;[126] deshalb dürfe man es sich auch vom Kaiser, dem man – »sovil unser leib und gut belangt«[127] – zutiefst ergeben sei, nicht verbieten lassen. Es sei den »frei- und reichsstetten«[128] unmöglich, dem Wormser Edikt, dessen Einhaltung der Kaiser im Sommer 1524 abermals eingeschärft hatte, Folge zu leisten; denn die Städte würden sonst »bei ihren underthonen, die des lautern wort Gotts begierig sein ⟨…⟩ beschwerliche aufrurn, ungehorsam, zertrinung erbarer christlicher policeien, darzu einem untreglichen unüberwindtlichen nachteil und gevahr irer regierung, leibs und güeter, darzu ein gantzes unwiderbringlichs verderben gewarten«.[129] Eine Sicherung der politischen Ordnung, so schien es, war nicht gegen, sondern nur im Arrangement mit den reformationsgesinnten Bürgerschaften möglich. Durch ihre Bündnispolitik schützten die süddeutschen Reichsstädte ihre proreformatorische Entwicklung seit 1524 militärisch und politisch.

Einige dieser Städte pflegten auch einen intensiven Austausch über die Form der kirchlichen Änderungen, die in ihren Mauern vorgenommen wurden, und versuchten sogar, einheitliche städtische Gottesdienstordnungen über den Städte- und den Reichstag in Geltung zu setzen. Dem Zusammenhalt der Städte war es geschuldet, daß die seit 1524/25 durchgeführten Neuerungen wie die Einsetzung evangelischer Prediger, die Priesterheirat, die Abschaffung der Heiligenfeste und der traditionellen lateinischen Messe, die Einführung der Abendmahlsfeier unter beiderlei Gestalt und deutscher Taufgottesdienste usw., die in den schwäbischen Reichsstädten Konstanz, Reutlingen, Schwäbisch-Hall, Memmingen, Nördlingen und Dinkelsbühl, Lindau und Kempten vorgenommen worden waren, gegen die Vormacht Habsburgs und des Schwäbischen Bundes erhalten werden konnten.

Angesichts der zentralen Rolle der Kaiseridee in der vorreformatorischen reichsstädtischen Religion, die zu Beginn der Regierungszeit Karls V. noch einmal tüchtig aufgelebt war, bedeutete das Votum der Reichsstädte vom Dezember 1524 eine Art Säkularisierungsschub: Man bekannte gegenüber dem Kaiser seine Loyalität in weltlich-politischen Belangen, bestand aber hinsichtlich der Fragen, die das Wort Gottes, das »gewissen« und das »hail unser seelen«[130] betrafen, Gott mehr Gehorsam schuldig zu sein als dem Kaiser (vgl. Apg 5,29), der höchsten aller »zeitlichen gewalten der erden«.[131] Die konkreten politischen Verhaltensweisen, die sich aus dieser unbedingten religiösen Loyalität gegenüber dem Wort Gottes und der Verpflichtung der städtischen Magistrate, ihren Untertanen einen Zugang zum Wort zu eröffnen, in bezug auf die Haltung gegenüber dem Kaiser ergaben, hingen von den jeweiligen Spielräumen der einzelnen Städte ab. Für eine Reichsstadt wie Nürnberg, die 1525 auf dem Wege eines an den Zürcher Disputationen orientierten Religionsgesprächs die Neugestaltung ihres Kirchenwesens einleitete, blieb eine politische Haltung gegenüber Kaiser und Reich charakteristisch, die jeden

Zweifel an der Loyalität vermied und nicht bereit war, das Bekenntnis über die Kaisertreue zu stellen. Dem wichtigsten militärisch-politischen Verteidigungsbündnis evangelischer Städte und Fürsten etwa, dem Ende 1530 gegründeten und 1547 besiegten Schmalkaldischen Bund, trat Nürnberg aus Treue gegenüber dem Kaiser nicht bei. Andere Städte aber sicherten über dieses Bündnis beziehungsweise ihm vorangehende Kooperationen ihre kirchlichen Neuerungen ab. Daß die Herrschaft des patrizischen Rates in Nürnberg während der reformatorischen Umwandlungsprozesse im ganzen weitgehend unangefochten blieb, während es in anderen Städten, etwa Straßburg, einige Jahrzehnte dauerte, ehe die aristokratische Dominanz wiederhergestellt war, dürfte wesentlich mit dem Grad der religionspolitischen Übereinkunft unter den regierenden Eliten und mit der Präsenz altgläubiger Widerstandszentren – in Straßburg etwa Teilen des Domkapitels – zusammenhängen. Daß es in einer Stadt wie Köln, deren Bürgerschaft durchaus reformatorische Neigungen hatte, zu keiner Reformation kam, war vor allem der relativ geschlossenen altgläubigen Ratsoligarchie und ihrem Zusammenspiel mit der antireformatorischen Mehrheit der Universität zuzuschreiben (s. u. S. 660). Neben den Stiftskapiteln waren die Universitäten diejenigen Institutionen, die sich den reformatorischen Neuerungen am längsten und hartnäckigsten entgegenstellten.

Die Durchsetzungskraft bürgerschaftlicher Reformationsbewegungen hing vielfach entscheidend davon ab, ob es gelang, reformationsgesinnte Prediger in einer Stadt zu halten. Den Predigern kam eine Schlüsselrolle bei der Aufgabe zu, das Vertrauen der politischen Führungsschicht zu gewinnen; in den oberdeutschen Städten, die in der Regel ein florierendes Druckgewerbe in ihren Mauern beherbergten oder in ihrer Nähe hatten, kam auch der reformatorischen Publizistik eine größere und eigenständigere Rolle zu, als dies in den norddeutschen Städten der Fall war. Das durch den Druck verbreitete reformatorische Schrifttum war nicht selten entscheidend dafür verantwortlich, daß Ratspersonen und höhere Stände Zutrauen zu den Ideen der ›Neuerer‹ faßten. In Städten wie Nürnberg, Basel, Straßburg oder Magdeburg war es gerade die Koinzidenz von volks- beziehungsweise gemeinde- und ratsreformatorischen Impulsen, die den Erfolg der Reformation besiegelte. Dabei hing vieles von den Fähigkeiten der regierenden Eliten ab, den sozialen Unmut etwa der mit städtischen Handwerkergruppen verbündeten Bauernschaften in den Landgebieten größerer Städte wie zum Beispiel Nürnberg zu kanalisieren. Der unter den Druck der Volksbewegung geratene Magistrat der fränkischen Reichsstadt erreichte durch einige einschneidende Beschlüsse, die den Bauern und Bürgern spürbare Erleichterungen brachten, daß die im Horizont des Bauernkrieges drohende Aufstandsgefahr vereitelt werden konnte.

Die reine Predigt des Schriftwortes sollte in den sich der Reformation anschließenden Städten nunmehr jene religiöse Integration des Gemeinwesens leisten, die traditionell dem Kultus, insbesondere dem Kult der Stadtpatrone, oblegen hatte. Die Einführung der Reformation hatte regelmäßig zur Folge, daß die Grundlagen altgläubiger Frömmigkeitspraxis mehr oder weniger zügig und mehr oder wenig vollständig beseitigt wurden. Die Vorstellung, eine Stadt sei von Aufruhr bedroht und dem Untergang geweiht, wenn sie nicht durch das Einheitsband einer verbindlich definierten Religion zusammengehalten werde, besaß eine weithin konkurrenzlose Geltung. Ein städtisches Toleranzkonzept wie das des Nürnberger Kanzleischreibers Georg Fröhlich (Laetus),[132] der unter Hinweis auf die multireligiösen beziehungsweise multikonfessionellen Verhältnisse im Königreich Böhmen die Überzeugung vertrat, daß unterschiedliche Glaubensrichtungen die Stabilität eines politischen Gemeinwesens keineswegs gefährden müßten,[133] fand im Rahmen der zeitgenössischen magistralen Reformationsprozesse keine Zustimmung. Daß diese Toleranzkonzeption auf Luthers Vorstellung basierte, die weltliche Obrigkeit sei nur für das zeitliche Wohl, nicht für das ewige Heil zuständig, ist durchaus bemerkenswert. Auch in den Toleranztraktaten der protestantischen Dissidenten des späten 16. Jahrhunderts sollte Luthers *Von weltlicher Obrigkeit* einer der meistzitierten Texte bleiben.[134] In den städtischen Reformationsprozessen der frühen Reformationszeit dominierte freilich die Tendenz, die Stadt als »corpus christianum im kleinen«[135] zu verstehen und den Homogenitäts- und Konformitätsdruck gegenüber ihren Gliedern unter den Bedingungen einer reformatorischen Kirchenhoheit zu intensivieren. Dies schloß zumeist auch die Landgebiete ein; insbesondere diejenigen Städte, die schon im späten Mittelalter größere Landgebiete unter ihre Herrschaft gebracht hatten, nutzten die Reformation, um religiös integrierte Untertanenverbände zu schaffen. Für den Stadtschreiber Lazarus Spengler, den wichtigsten Protagonisten der Nürnberger Reformation aus dem Laienstand, erschien es durchaus zweifelhaft, ob die Landpfarrer »dem groben volck 〈...〉 vyl von cristenliche[r] freyheit predigen« sollten. Angemessener sei es, daß sie »vyl mer das gesetz und desselben straff statlich«[136] trieben.

Ergebnisse

Die auf die religiöse Integration der städtischen Gemeinwesen abzielenden theologischen Konzepte der Reformatoren trugen im ganzen eher dazu bei, die obrigkeitlichen Züge magistraler Herrschaft zu stärken, als diese zu relativieren. Dies gilt annähernd gleichermaßen für die stärker zwinglianisch-bucerianisch geprägte schweizerisch-südwestdeutsche Städtelandschaft wie für das ›lutherische‹ Nürnberg. Gemeindlich-genossenschaftliche beziehungsweise stadtrepublikanische Traditionen, die dazu beigetragen haben, daß die reformatorische Bewegung einen besonderen Rückhalt in der Bevölkerung besaß und vielfach von dieser ausging, sind auch in den nordwestdeutschen Hansestädten wirksam geworden. In den Inaugurations- und Etablierungsphasen waren die Stadtreformationen sowohl Magistrats- als auch Gemeindereformationen;[137] mit der Zeit aber traten die herrschaftlichen Momente in den Vordergrund. In einer Stadt wie Nürnberg mußten die führenden evangelischen Prediger erleben, daß die von ihnen zunächst entschieden bejahten obrigkeitlichen Zugriffe auf das Kirchenwesen nach und nach dazu geführt hatten, daß der Rat jeden Ansatz kirchlich-organisatorischer Selbständigkeit verhinderte.[138] Die Beseitigung der Institutionen der altgläubigen Religion in Form der Aufhebung der Klöster, die man in Nürnberg vor allem im Bauernkriegsjahr forcierte, um den politischen Druck des ›gemeinen Mannes‹ zu kanalisieren, oder das Verbot der Messe, das – etwa in Straßburg – auch als Abschluß eines gestreckten Entwicklungsprozesses den Endpunkt des Glaubenswechsels markieren konnte, waren integrale Momente der magistralen Domestizierung der Religion.

Die Ausgrenzung radikal-reformatorischer beziehungsweise täuferischer Positionen, die in Nürnberg oder Zürich seit 1525 mit äußerster Schärfe, andernorts in moderateren Formen vollzogen wurde, richtete sich auch dagegen, daß die protestantischen ›Dissenters‹, die vielfach einen besonderen Rückhalt in den Unterschichten besaßen und einer obrigkeitlichen Kirchenhoheit jede Legitimität absprachen, ihre ›eigene‹ Religion entwarfen und autonom zu gestalten versuchten. Indem die Radikalen in der Gemeinschaft der wahrhaft gläubigen Nachfolger Christi das entscheidende Subjekt christlicher Vergemeinschaftung und Lebensgestaltung sahen, galten sie als aufrührerisch und subversiv und bestritten den obrigkeitlichen Herrschaftsanspruch, ein homogenes *corpus christianum* zu bilden und regimental zu integrieren. Daß die Bürger die Gestaltung ›ihrer‹ Religion in die eigene Hand nahmen, konnte für die Propagandisten der Stadtreformationen aus Bürgerschaft und Magistrat nur bedeuten, daß dies mit einem Anspruch auf Allgemeinheit geschah, also jedes Glied der politischen Gemeinde betraf beziehungsweise einbezog. Separation bedeutete, sich gegen oder über die Allgemeinheit zu stellen; dies aber hatte man gerade der ›alten‹ Kirche und ihren Institutionen vorgeworfen. Insofern sprach sich in dem Drang zur Vereinheitlichung und Verallgemeinerung der einen städtischen Christengemeinde, wie sie in der Ausgrenzung der Radikalen akut wurde, ein urreformatorisches Motiv aus. Die Behauptung der Radikalen, eine ideale Gemeinschaft der wahrhaft Frommen zu bilden, stand in einem unversöhnlichen Widerspruch zu dem Wahrheits- und Allgemeinheitsanspruch reformatorischer Gemeinwesen.

Gerade von der ›Separation‹ der Radikalen her wird ein zentrales Moment der magistralen städtischen Reformation deutlich, das sie mit den durch die Fürsten als ›hervorragende Glieder der Kirche‹ repräsentierten landesherrlichen Reformationen verbindet. Schon für Luther hatte nichts nähergelegen, als die in der Christenheit geltende kommunitäre Verbundenheit im »groben synlichen gleychniß«[139] der Konsens- und Verpflichtungsgemeinschaft eines städtischen Gemeinwesens zu illustrieren: »Wie yn eyner statt eynem yglichen burger gemeyn wirt der selben statt namen, eere, freyheyt, handell, brauch, sitten, hulff, beystand, schutz und der gleychen, Widderumb alle gefar, fewr, wasser, feynd, sterben, schaden, auffsetz [= Gebote] und der gleychen, 〈...〉 Alßo auch ym leyplichen corper, wie sanct Paulus sagt I. Corin. xii [V. 25 f.] da er diß sacrament [das Abendmahl] geystlich vorcleret: Die glidmas seyn fureynander sorgfeltig, Wo eyns leydet, da leyden die andern alle mit, wo es eynem woll gehet, da frewen sich mit yhm die andernn.«[140]

Die Reformation griff auf das menschliche Gemeinschaftsleben als Ganzes aus; denn sie betraf alle und handelte von dem, was alle unbedingt anging. Die historisch und mentalitätsmäßig dichteste und ursprünglichste Gestalt, in der den Reformatoren dieses ›Ganze‹ präsent wurde, war die Stadt. Insofern trifft es zu: Die Reformation war ursprünglich ein städtisches Ereignis.[141] Gerade weil die Botschaft der Reformation nach der Überzeugung ihrer Protagonisten ›alle‹ anging, begann sie in der Stadt, und sie erfaßte, wenn auch nicht überall und gleichzeitig, alle Stände. Auch als die Reformation von der Stadt aufs Land ausstrahlte, geschah dies zumeist so, daß sie das Land zu ›urbanisieren‹ versuchte: durch städtisch ausgebildete Prediger, die von städtischen Theologen entfaltete Lehren oder ausgearbeitete Predigten verbreiteten und die ländlichen Rezipienten städtisch erzogen, mithin im Sinne städtisch-bürgerlicher Kulturmuster disziplinierten. Die wichtigsten Organisatoren der territorialen Reformationsprozesse und die maßgeblichen administrativen Eliten in territorialfürstlichen Diensten waren Städter; sie urbanisierten die Höfe oder lieferten wenigstens die entscheidenden kulturellen Maßstäbe. Auch unter den intellektuellen Repräsentanten der bäuerlichen Reformation und den theologischen Kommunikatoren der Bauernschaften im Vorfeld und im Umkreis des Bauernkrieges waren die Stadtbürger tonangebend. In ihren dominierenden kulturellen Aspekten, Erscheinungen und Wirkungen war die Reformation im ganzen also ein städtisches, ein bürgerliches Phänomen.

Bereits vor der Reformation waren die Städte verdichtete Räume sozialer Kontrolle. Für die Städte sind auch die ersten ›Kirchenordnungen‹, das heißt Anweisungen zur Gestaltung bestimmter Aspekte des kirchlichen, gemeindlichen und gottesdienstlichen Lebens, bezeugt. Diese ›Kirchenordnungen‹, die sich im Laufe des Reformationsjahrhunderts zu umfassenden normativen Sammelwerken zur Regelung der Lehre, der Organisation, der Amts-, der allgemeinen Lebensführung und der Sozialfürsorge der evangelischen Kirchentümer eines bestimmten Geltungsbereiches auswuchsen, ersetzten das kanonische Recht beziehungsweise die liturgischen Ordnungen, die durch die zuständigen Bischöfe erlassen worden waren. Während Luther die Leisniger *Ordnung eines gemeinen Kastens* in einem Vorwort als Regelwerk interpretierte, das sich »[a]lle Christen der gemeyne« selbst gegeben hätten,[142] wurde es ansonsten allgemein üblich, daß es die Stadträte waren, die solche Ordnungen – gegebenenfalls in Abstimmung mit den Pfarrern, zum Teil auch mit Bürgerausschüssen – erließen oder öffentlich verantworteten. Die ersten Bereiche städtischen Ordnungshandelns in der Reformationszeit scheinen der Armenfürsorge gegolten zu haben (Wittenberg[143] 1520/21, Nürnberg[144] 1522, Magdeburg[145] 1524). In der Regel folgten Neuordnungen des Gottesdienstes, die teilweise in einzelnen Gemeinden begonnen und dann zumeist zügig für einen städtischen Raum einheitlich geregelt worden waren. Der definitive Vollzug einer Reformation ging mit der Abschaffung der Messe und der sonstigen Zeremonien, der Auflösung der Klöster und der Neuordnung des Kirchengutes einher. Prinzipielle inhaltliche Unterschiede zwischen städtischen und territorialen Kirchenordnungen bestehen nicht. Die Legitimation für das kirchenordnende Handeln der städtischen Magistrate ergab sich aus der Vorstellung, die weltlichen Obrigkeiten hätten das Vakuum auszufüllen, das dadurch entstanden war, daß die Bischöfe sich weigerten, die gebotene Wiederherstellung der biblischen Ordnung vorzunehmen (landesherrliches/magistrales Notepiskopat). Aber auch die Auffassung war verbreitet, die weltlichen Obrigkeiten hätten sich im Jüngsten Gericht für das Heil ihrer Untertanen zu verantworten und seien dazu verpflichtet, eine einheitliche Religionsform um des Friedens und des Gemeinwohls einer Stadt willen durchzusetzen.

In der Frühzeit der städtischen Reformationen wurde die verbindliche Lehre beziehungsweise Predigt zumeist mit Verweis auf die Heilige Schrift beziehungsweise das Evangelium definiert. Die Biblizität einer Predigt galt als Ausweis ihrer Wahrheit. Aufgrund der Rückschlüsse, die auf frühreformatorische städtische Predigten in der Form gedruckter »Predigtsummarien«[146] möglich sind, ist davon auszugehen, daß sich der Großteil der Prediger theologisch eng an Luther anschloß, die Rechtfertigung *sola fide* ins Zentrum rückte, gegen ›gute Werke‹ und alles verdienstliche zeremonielle Brauchtum polemisierte, aber auch den Zusammenhang von Glauben und aus ihm fließender ethischer Verantwortung betonte. Der Hang, möglichst jede theologische Aussage mit möglichst vielen Bibelstellen zu begründen, ist unverkennbar. Die Tendenz zur lehrmäßig-komprimierten Didaktisierung, die schon frühreformatorische Predigten bestimmte, speiste sich aus dem Bewußtsein, daß jeder Christ über seinen Glauben Rechenschaft ablegen müsse. Der Doktrinalisierungs- und Katechisierungsschub, der sich bald in einer Fülle von reformatorischen Bekenntnis- und Katechismustexten niedergeschlagen hat, begleitete den frömmigkeitsgeschichtlichen Paradigmenwechsel vom Schauen zum Hören, vom Bild zum Wort. Daß sich die gottesdienstliche Praxis primär auf die Predigt des »heylig[en] Evangelium[s] und die Lehr Gottes ⟨...⟩ und was zu Mehrung der Lieb Gottes und des Nächsten reicht«[147] zu richten habe, war eine schon in den frühesten städtischen Predigtmandaten selbstverständliche Forderung. Auch in den reformatorischen Gottesdienstordnungen wurde die zentrale Bedeutung der Predigt frühzeitig und konsequent zum Ausdruck gebracht. Im Zuge der Durchsetzung der Reformationen spielten dann sogenannte Postillen, Sammlungen von Musterpredigten herausragender Theologen, vielfach eine wichtige Rolle. An manchen Orten, vor allem auf dem Land, werden die Postillen den maßgeblichen Inhalt der Predigten gebildet haben. Luthers Postillen waren die frühesten und verbreitetsten Texte dieses Genres.

Die Vorschläge für den täglichen Gottesdienst, die Luther in *Von Ordnung Gottesdiensts in der Gemeine* (1523) entfaltet hatte, rückten die Predigt und die Schriftlesungen in der Volkssprache in den Mittelpunkt.[148] Dem Sonntagsgottesdienst legte er die lateinische Messe zugrunde; in einem ersten, lateinischen Entwurf, der *Formula Missae et communionis* (1523),[149] waren, ähnlich dem liturgischen Vorschlag Zwinglis aus demselben Jahr, die Formeln, die die Messe als Opferhandlung deuteten, entfernt worden. Die traditionell auf lateinisch und leise gesprochenen Einsetzungsworte sollten vernehmlich sein; für die Meßfeier mit einer Gemeinde war die Nießung unter beiderlei Gestalt vorgesehen. Neben Luthers erster Form, die schon 1523/24 ins Deutsche übersetzt wurde und in dieser Textfassung eine weitaus größere Verbreitung als die lateinische Version fand,[150] kamen weitere Meßordnungen auf. Ein eigenes deutsches Gottesdienstformular legte Luther vergleichsweise spät, erst 1526, vor, seine *Deutsche Messe*.[151] In Straßburg wurde seit Anfang 1524 die Messe in der Volkssprache gefeiert. Im schweizerisch-oberdeutschen Bereich bildete fortan nicht die lateinische Messe, sondern die ›Pronaus‹, der mittelalterliche volkssprachliche Predigtgottesdienst, das Grundmodell des Hauptgottesdienstes. Die Abendmahlsfeier folgte hier einer eigenen Ordnung und wurde bei Bedarf an den Predigtgottesdienst angehängt. In Straßburg legte Bucer zu Beginn des Jahres 1525 eine in enger Abstimmung mit seinen Kollegen festgelegte Ordnung der in der Reichsstadt geltenden Gottesdienstform vor,[152] die den nüchternen Minimalismus wortzentrierter protestantischer Religionskultur mustergültig zur Geltung brachte: Liturgische Gewänder des Priesters, Weihwasser, Kerzen, Salböl, geweihtes Salz und Taufwasser, Bilder, Seitenaltäre, die zahllosen Heiligenfeste – alles, was vom Hören des Wortes ablenkte, wurde, wie in Zürich auch, abgeschafft. Im Unterschied zu Luther und den von ihm abhängigen Ordnungen fiel in den oberdeutsch-schweizerischen Städten auch die Elevation der Hostie weg. Der liturgische Traditionsbruch, den man hier vollzog, war schärfer und der ›volkspädagogische‹ Impetus, die Aufmerksamkeit der Gläubigen auf das Wesentliche, Christus, das Heil und das neue Leben, zu lenken, stärker als in Wittenberg.

Hinsichtlich der Strukturen der Einsetzung geistlicher Amtspersonen dominierten in der Frühzeit der städtischen Reformationen an die Gemeinde oder den Rat – oder das Zusammenspiel beider – gebundene Wahl- und Einsetzungsprozesse. Die Praxis einer sakramentalen Priesterweihe, die ja eine Sache der Bischöfe gewesen war, wurde abgeschafft. Im Einflußbereich der Wittenberger Reformation sind schon in den zwanziger Jahren des 16. Jahrhunderts Ordinationshandlungen[153] bezeugt, die als Beauftragung zu einem Predigtdienst in einer bestimmten Gemeinde zu interpretieren sind. In Städten wie Nürnberg gab es einen deutlichen Widerstand der weltlichen Obrigkeit gegen einen Ordinationsritus, da man darin die Anfänge der Neuformierung eines evangelischen Klerus sah; dagegen sollte die im Priestertum aller Gläubigen begründete religiöse Egalisierung von geistlichen Amtspersonen und Laien als Proprium der Reformation verteidigt werden.

Die Verbürgerlichung des evangelischen Pfarrers, der in der Regel verheiratet sein sollte und als sittlich integres, durch Bürgereid rechtlich verbindlich in das bürgerliche Gemeinwesen integriertes Gemeindeglied zu leben hatte, bildete eine der ersten, dauerhaftesten und verbreitetsten Ordnungsformen der Reformation. Die Ehe wurde ja durchweg nicht mehr als Sakrament, sondern als weltliche Lebensordnung verstanden, die man durch einen kirchlichen Ritus segnete, aber nicht begründete. Für die Ehegerichtsbarkeit wurden in Ablösung der bischöflichen Rechtsprechung Institutionen des städtischen Kirchenregiments, zumeist unter Beteiligung von Theologen, eingesetzt. Ähnliches galt für die Kirchenzucht; auch sie erhielt im schweizerisch-oberdeutschen Bereich ein erheblich größeres Gewicht als bei Luther.

Überall, wo die Reformation siegte, kam es über kurz oder lang zur Auflösung der Klöster. Freilich waren zeitlich gestreckte Übergangsregelungen vor allem mit Rücksicht auf alte Nonnen und Mönche üblich; einige evangelische Frauenstifte sicherten vor allem Adelstöchtern auch weiterhin ein quasi-monastisches Überbleibsel kommunitären Lebens. Doch mit einer monastischen Lebensform im strengen Sinne hatte dies nichts mehr zu tun. Die finanziellen Erträge der Klosterauflösungen beziehungsweise allgemein des Kirchengutes, das heißt der Pfründen, Stiftungen und Zinserlöse, sollten dem ›gemeinen Kasten‹ zufließen, und das heißt für Sozialfürsorge, Besoldungsaufgaben und die Aufwendungen für städtische Bildungseinrichtungen genutzt werden. Säkularisierungen von Kirchengut im größeren Stil und unter Umwidmung ihres Verwendungszweckes, etwa zur Finanzierung allgemeiner öffentlicher Aufgaben, begegnen vor allem im Kontext territorialer Reformationen der dreißiger Jahre.

Luther nahm die städtischen Magistrate frühzeitig in die Pflicht, ein gegliedertes Schulwesen unter Einschluß von Mädchenschulen aufzubauen (*An die Ratsherren aller Städte deutschen Lands, daß sie christliche Schulen aufrichten und halten sollen*, 1524),[154] und in Städten wie Nürnberg und Straßburg entstanden ausstrahlende Lateinschulen, die zu Musteranstalten melanchthonisch-humanistischer protestantischer Bildungskultur avancierten. Die als Teil der obrigkeitlichen Religionsfürsorge verstandene Verpflichtung zur Bildungsförderung forcierte eine Verstaatlichung des Bildungswesens und führte mittelfristig zu einer Anhebung des städtischen Bildungsniveaus. In der Vorstellung, daß Bildung ein wesentliches Instrument zur Verchristlichung der Gesellschaft sei, stimmten wohl alle maßgeblichen Reformatoren überein. Weil nicht das Ziel der Christianisierung,[155] sondern allenfalls die Mittel und Wege, es zu erreichen, strittig waren, hatte die Reformation zuerst bei denen Erfolg, die in und mit der größten Vielfalt und Farbigkeit kirchlicher Zeremonien und Feste, geistlicher Einrichtungen, frommer Stiftungen, bewegender Prozessionen und Kampagnen, aufrüttelnder Predigten, betörender Bilder, kurz: verdichteter Christlichkeit, gelebt hatten: den Bürgern der Städte.

KAPITEL 7
WANDLUNGEN IM KLEINEN – REFORMATION DER ALLTAGSWELT

Der Alltag vieler Menschen blieb durch die Vorgänge, die man Reformation nennt, nicht unberührt. Wie einschneidend die Veränderungen waren, ob sie als Befreiung erlebt oder als frevelhafte Verunglimpfung des guten, alten Glaubens empfunden und erlitten wurden, hing von persönlichen Einschätzungen ab, die nur im Einzelfall bekannt sind. Quantifizierende Meinungsbilder über eine Akzeptanz der kirchlichen Neuerungen im Zuge der Reformation lassen sich nicht erstellen. Aus einem Bericht wie dem des Joachim von Pflummern, einem um 1480 geborenen Sproß aus ehrbarer Biberacher Familie, der zu den Gegnern der 1531 in seiner Heimatstadt eingeführten Reformation gehörte und als alter Mann die nun zerstörte Pracht der alten Religion, ihrer Bräuche, Ordnungen und betörend schönen, harmonischen Objekte dokumentierte,[1] kann man wohl ersehen, wie groß der Schmerz über die aufgezwungenen religionskulturellen Wandlungen bei einigen Zeitgenossen gewesen sein mag.

An einem literarischen Streitgespräch, wie es Bernhard Rem, Organist der Fugger und gleichfalls Glied einer angesehenen Familie in Augsburg, aus deren Kreis einer mit den Wittenbergern in Kontakt stand, mit seiner Tochter Feronica und seinen beiden Schwestern Barbara und Katharina in der Öffentlichkeit führte,[2] wird erkennbar, daß die Reformation auch Familien trennte. Rem hatte aus Sorge und in Verantwortung seiner Blutsbande an seine Verwandten geschrieben, sie vor den Gefahren des Klosterstandes gewarnt und um des Heils ihrer Seele willen dazu aufgefordert, das »myessigs leben«[3] des Klosters gegen den Ehestand zu tauschen: »Ain efraw / die irem kindlin altag seine windelen verschet [= wäscht] /

den brey einstreicht / irem haußwirt zu essen gibt / die kinder im schwayß irs angesichts ernört / die wirt euch vor lauffen / sy vertrawt allein auff Christum / ist nit hochfertig vermaint durch ir arbayt nit frum zu werden sonder durch glauben in Christum.«[4] In der Antwort der Schwestern auf sein Schreiben mußte sich Rem als ›falscher Prophet‹ bezeichnen und seines Fastenbrechens wegen bloßstellen lassen; wie lieb er sie habe, sehe man ja daran, daß er den Sendbrief an sie gleich in den Druck gegeben habe. Außerdem sei es ein völliges Mißverständnis klösterlichen Lebens, wenn man es der Werkgerechtigkeit bezichtige: »Du darfst nit gedencken das wir so thoret seyen das wir unser hoffnung ins Closter und in unser werck setzen sunder in Got setzen wir unser hoffnung, der ist der recht herr und beloner aller ding.«[5] In seiner Replik rückte Rem die ›Absonderung‹ der Klosterpersonen als Inbegriff der Lieblosigkeit und des Hochmuts gegenüber der Gemeinde in den Vordergrund: »Aber es last sich ansehen als ob ir in ewer selbs vergleychung gegen uns ausserthalb der Clöster heben geret als ob wir flayschlich und ir gaystlich seyt das wer aber ain hoffart die der Christlich glaub nicht erleyt.«[6]

Für Rem war durch die Rezeption reformatorischer Ideen und die Eigenlektüre biblischer Schriften eine radikale Veränderung des religiösen Wertekosmos eingetreten; sie veranlaßte ihn dazu, ein öffentliches Bekenntnis abzulegen und seine Familienangehörigen, für die er sich verantwortlich fühlte – vielleicht auch, weil er ihren Eintritt ins Kloster früher einmal akzeptiert, sogar betrieben hatte –, zum Bruch mit ihrer bisherigen Lebensform aufzufordern. Während sich für Rem ›innerlich‹, das heißt in bezug auf sein Selbstverständnis als Christ, viel, vielleicht beinahe alles geändert hatte, sein ›äußeres‹ Leben davon aber nicht entscheidend berührt war – er übte einen bürgerlichen Beruf in der Welt aus –, forderte er von den Klosterfrauen aus seiner Familie, daß sie ihre Denkungs- und Lebensart, ihre innere und äußere Lebensrichtung änderten. Rem ging allerdings davon aus, daß der klösterlichen Existenz als solcher ein bestimmtes Selbstverständnis entsprechen müsse: Die Höherbewertung der kontemplativen gegenüber der weltlichen Lebensform, die Verdienstlichkeit des frommen asketischen Lebens usw. standen für ihn fest. Doch die Nonnen aus seiner Familie wehrten sich, ähnlich der ungleich gelehrteren Äbtissin des Nürnberger Clarissenklosters Caritas Pirckheimer (1467-1532),[7] gegen die Unterstellung der Hoffart und der ›Leistungsfrömmigkeit‹. Die Verteidigung ihrer Lebensentscheidung, ins Kloster zu gehen, implizierte zugleich, daß sie sich nicht wieder unter die Vorherrschaft ihres Vaters beziehungsweise Bruders begeben wollten. Sie verteidigten also jene ›Autonomie‹, die ihnen Rem als Egoismus und Selbstsucht vorwarf.

Das Beispiel mag verdeutlichen, daß die mit der Reformation aufgeworfenen Fragen auch in bezug auf die persönlichen Lebenswelten ein immenses Konfliktpotential enthalten und dramatische Entscheidungsnöte auslösen konnten. Selbst für diejenigen Klosterpersonen, die an ihren Gelübden festhielten und ihre Konvente nicht verließen, war mit der Reformation doch insofern ein Wandel verbunden, als die mehr oder weniger fraglose religiöse und gesellschaftliche Wertschätzung, die ihr Stand bisher besessen hatte, einer strittigen Beurteilung gewichen war. Insbesondere in den Inaugurations- und frühen Etablierungsphasen der städtischen Reformationen war der einzelne Christenmensch, der willens und fähig war, sich zu Debatten, Kontroversen und Szenarien um die Deutung dessen, was Christsein und Kirche hieß, zu verhalten, einer Mehrstimmigkeit der Optionen und Meinungen ausgesetzt wie nie zuvor.

Wenn die Reformation erst durchgesetzt war, pflegte dies in der Regel anders zu werden. Die Grundlagen katholischer Frömmigkeitspraxis wurden zumeist konsequent und zügig zerstört, alternative ›protestantische‹ Positionen ausgegrenzt oder offen bekämpft und monokonfessionelle Verhältnisse eingeführt oder jedenfalls angestrebt. Wohl spätestens nach einer Generation war kaum mehr aus konkreter Anschauung bewußt, was es bedeutet hatte, ›papistisch‹ beziehungsweise ›römisch‹ zu sein. Gegen Ende des Reformationsjahrhunderts hatten lutherische Prediger dann Schwierigkeiten, ihren Gemeinden Luthers Befreiungstat plausibel zu machen, da kaum jemand mehr wußte, wie ›grausam‹ die ›Unfreiheit unter dem Papst‹ gewesen sei. Auf die Frage, was sie vom römischen Stuhl hielte, soll eine Frau in Preußen geantwortet habe: »Sie kehrten da sich nicht an / wüsten nicht / ob der Bapst auffen Stuel / Schemmel oder Bauch sese.«[8] Insofern dürfte sich die Phase eines in den Lebensgeschichten vieler Zeitgenossen spürbaren Wandels infolge der Reformation auf den möglicherweise relativ kurzen Zeitraum zwischen dem ersten Kontakt mit den neuen Ideen und den Entscheidungen und Neuordnungen vollzogener Reformationen einschränken. Indem das ›Neue‹ das ›Normale‹ wurde, stellte es kein Moment des Wandels mehr dar.

Auch für die ganz Jungen und die sehr Alten dürfte die Reformation kaum eine Umwälzung bedeutet haben. Pro- oder antireformatorische Akteure gleich welchen Standes, welchen Berufs oder welchen Geschlechts zu identifizieren, die jünger als 20 und älter als 50 waren, ist nicht leicht. Es waren die auch sonst aktiven, tonangebenden Jahrgänge in der Gesellschaft, die die Reformation als Umbruch erlebten, erlitten oder gestalteten. Inwiefern Reformation Veränderung in den Lebensverhältnissen einzelner Personen oder bestimmter Gruppen bedeuten konnte, sei an einigen Beispielen illustriert.

DIE ›JUDENFRAGE‹

Der aus Göppingen stammende Rabbiner Jakob Gipher, der vor dem 28. 12. 1519, dem Datum seiner Immatrikulation in Wittenberg,[9] getauft worden sein und den Taufnamen Bernhard angenommen haben muß, geriet an seinem neuen Studienort unter den Einfluß Luthers. Der Leipziger Humanist Petrus Mosellanus (1493-1524) betonte gegenüber dem damals als Rat bei Kardinal Albrecht in Mainz tätigen Wolfgang F. Capito – später einem der Reformatoren Straßburgs –, daß Bernhard aus tiefer Überzeugung[10] unter dem Eindruck der Vorlesungen Luthers ein wirklicher Christ geworden sei.

Im Kreise der Gelehrten, unter denen Bernhard verkehrte und von denen er gern als zuverlässiger Briefbote in Anspruch genommen wurde, galt er als Beispiel eines wirklich vollzogenen, geglückten Glaubenswechsels. Lediglich äußerlich bekehrte, im Herzen jüdisch gebliebene Konvertiten, sogenannte Marranen, wurden zumeist noch mehr verachtet als ›wirkliche‹ Juden. Wohl aufgrund eines Gesprächs mit Bernhard[11] nahm Luther für sich und die Verfechter des ›Evangeliums‹ in Anspruch, den Juden den christlichen Glauben weitaus besser und überzeugender nahezubringen, als es die Papstkirche versucht oder vermocht habe: »Ich habs selbs gehort von frumen getaufften Juden, das, wenn sie nicht bey unser tzeyt das Euangelion gehort hetten, sie weren yhr leben lang Juden unter dem Christen mantel blieben. Denn sie bekennen, das sie noch nie nichts von Christo gehort haben bey yhren teuffern und meystern.«[12]

Die biographische ›Wende‹ des getauften Juden zu einem ›wahren Christen‹ wurde für Luther zum Anlaß, ihn – so jedenfalls in dem Bernhard zugeeigneten Widmungsbrief der lateinischen Übersetzung seiner Schrift *Daß Jesus Christus ein geborener Jude sei*[13] – als exemplarischen Fall einer geglückten reformatorischen Judenbekehrung darzustellen. Der »aus dem Judentum bekehrte Bernhard«[14] rechtfertige die Hoffnung, daß nun, da das Licht des Evangeliums aufgegangen sei, viele Juden ernsthaft zu Christus bekehrt würden.[15] Luther plädierte in dieser ersten seiner sogenannten ›Judenschriften‹ dafür, »bruderlich mit den Juden [zu] handeln, ob wyr etlich bekeren mochten«.[16] Wenn man »seuberlich mit yhn umbgieng«,[17] sie aus der Schrift unterwiese, sie »freundlich«[18] und nicht, wie bisher durch die Papstkirche geschehen, wie »hunde und nicht menschen«[19] behandle, würden sicherlich »ettliche herbey komen«,[20] sich also zur christlichen Gemeinde, die sie unter sich arbeiten lasse und ihnen »menschliche gemeynschafft«[21] gewähre, bekehren.

Aufgrund des beziehungsgeschichtlichen Wandels im Verhältnis zwischen Christen und Juden, dem Luther in der Person Bernhards persönlich nahekam, und getragen von der euphorisierenden Erfahrung der immer weiter um sich greifenden reformatorischen Botschaft[22] erwartete Luther, daß es zu nennenswerten Judenbekehrungen kommen werde. Gegenüber der altgläubigen Partei wäre ein eindrücklicherer Beweis für die ›Wahrheit des Evangeliums‹ auch schwerlich vorstellbar gewesen. Anfang März 1523 nahm Luther mit einer kleinen Gesellschaft aus Wittenberg an der Taufe von Bernhards Sohn teil, der ihm in einer Ehe mit Karlstadts Magd geboren worden war. In einem noch in dem nahe Wittenberg gelegenen Örtchen Schweinitz, wo die Familie des Konvertiten lebte, abgefaßten Brief berichtete Luther, daß die Tauffeier des »Christus aus Bernhards geborenen neuen Geschwisterchens«[23] eine fröhliche Veranstaltung gewesen sei. Der Kurfürst hatte Wein spendiert, was darauf hindeuten könnte, daß man dieser Tauffeier eines Konvertitenkindes eine ähnlich prominente Bedeutung zuschrieb wie der gleichfalls unter Beteiligung der Wittenberger Prominenz gefeierten ersten Mönchshochzeit des Wenzel Linck in Altenburg einige Wochen später (14./15. 4. 1523).[24]

Auf Bernhards weitere ›Karriere‹ wirkte sich dieses Interesse allerdings, wie es scheint, nicht nachhaltig positiv aus. Nach einer kurzen Zeit als Hebräischlehrer in Wittenberg ist er später als Botengänger und Küster nachgewiesen. Daß er noch 1534 als »Bernhard, der hebreus«[25] aktenkundig ist, spricht für sich. Die wahrhafte Bekehrung des Juden Bernhard zu Christus stand für den Reformator freilich im Zusammenhang seines Kampfes gegen die Feinde Christi in der römischen Kirche. Gerüchte, die im Kontext des Nürnberger Reichstages aufgetaucht waren – Luther bestreite die immerwährende Jungfrauenschaft Marias und die Zeugung Christi durch den Heiligen Geist –, nahm er zum Anlaß, um in *Daß Jesus Christus ein geborener Jude sei* einschlägige christologische ›Weissagungen‹ des Alten Testaments auszulegen und in Richtung auf die Juden herauszustellen, daß Christus der von den Juden erwartete Messias gewesen sei. Die freundliche Belehrung über die in der Glaubensurkunde der Juden selbst enthaltenen ›Beweise‹ für die Messianität Jesu zielte also einerseits darauf ab, Verleumdungen seiner innerchristlichen Gegner entgegenzutreten, sollte andererseits aber auch helfen, Juden den Christusglauben nahezubringen. »Will man yhn [den Juden] helffen, so mus man nicht des Bapsts, sonder christlicher liebe gesetz an yhn uben und sie freuntlich annehmen, mit lassen werben und erbeytten, da mit sie ursach und raum gewynnen, bey und umb uns tzu seyn, unser Christlich lere und leben tzu horen und sehen. Ob ettliche hallstarrig sind, was ligt dran? sind wyr doch auch nicht alle gutte Christen.«[26]

Die ›gewandelte‹ Verhaltensform gegenüber den Juden, die Luther unter den Christen leben lassen wollte, sollte mit einer ›gewandelten‹ Missionsstrategie im Sinne einer auf die christologischen Weissagungsbeweise des Alten Testaments zentrierten Verkündigung verbunden werden. Das vielfältige zeitgenössische Echo auf Luthers erste ›Judenschrift‹ läßt keinen Zweifel daran, daß sie als Initial einer grundstürzenden Veränderung in der jüdisch-christlichen Beziehungsgeschichte bewertet wurde. Was die altgläubigen Stimmen angeht, so war diese Bewertung allerdings negativ konnotiert. Luther wurde judaisierender Tendenzen bezichtigt, und auch andere Reformatoren, die ein besonderes Interesse an der Judenduldung zeigten, galten als ›Judenfreunde‹. Als Luthers Hoffnungen auf nennenswerte Bekehrungserfolge unter den Juden enttäuscht wurden, registrierte man dies von seiten seiner innerchristlichen Feinde nicht ohne Schadenfreude.

Daß die unrealistischen Erwartungen des Reformators in einen sich sukzessive steigernden, abgründigen Haß auf die unbekehrbaren, ›verstockten‹ Juden umschlagen sollten, wurde bereits von seinen Zeitgenossen intensiv wahrgenommen. Dies galt auch für jüdische Beobachter, die seine Schrift von 1523 positiv aufgenommen und zum Teil mit messianisch-apokalyptischen Hoffnungen verbunden hatten.[27] Aus der späteren Lebensphase Luthers sind entsprechende negative Urteile von jüdischen Zeitgenossen bezeugt. In der öffentlichen Wahrnehmung der frühen zwanziger Jahre mußte Luther allerdings als eine Art Nachfolger des ›Judenfreundes‹ Reuchlin gesehen werden, auch wenn dem subtileren Blick nicht verborgen bleiben mochte, daß ihm dessen rechtstheoretische Begründung der Judentoleranz aus der Bürgerschaft der Juden im Römischen Reich ebenso fremd war wie das Interesse an den außerbiblischen religiösen Traditionen, dem Talmud und besonders der mystisch-magischen Geheimwissenschaft der Kabbala.

Unter einigen Reformationsanhängern führte Luthers Schrift von 1523 zu einem offensiven literarischen Engagement in der ›Judenfrage‹.[28] Der Kunitzer Pfarrer Michael Kromer etwa publizierte eine Dialogflugschrift, in der er ein freundliches Gespräch mitteilte, das er mit einem durchreisenden Rabbiner namens Jacob von Brucks geführt hatte.[29] Auch wenn das Gespräch zu keiner theologischen Übereinkunft in der Frage der Messianität Jesu geführt hatte, so dokumentierte es doch eine atmosphärische Veränderung im Verhältnis des reformatorischen Christentums zu den Juden, die als grundlegender Wandel empfunden werden konnte. Das Kunitzer Gespräch reflektierte auch die messianische Erwartung einer Rückkehr der nach legendarischer Überlieferung in den Bergen des Kaukasus eingeschlossenen ›roten Juden‹,[30] die demnächst das Heilige Land zurückerobern würden. Eine Flugschrift hatte 1523 solcherlei Hoffnungs- oder Schreckensbilder weit verbreitet: Ein Riesenheer ›roter Juden‹ sei soeben in Ägypten angekommen und habe eine Gesandtschaft zum osmanischen Sultan Suleiman II. geschickt, um ihn zur kampflosen Herausgabe von Jerusalem zu bewegen.[31] Auch wenn sicher mancher Zeitgenosse diese Geschichte völlig zu Recht für »nit glaubhaftig«[32] hielt und die Legende von den verschollenen und am Ende der Zeiten wiederkehrenden Stämmen Israels uralt war – die Tatsache, daß sie in ebenjenem Jahr, in dem Luthers Schrift *Daß Jesus Christus ein geborener Jude sei* erschienen war, Furore machte, deutet darauf hin, daß unter Christen wie unter Juden gleichermaßen endzeitliche Stimmungen grassierten, die unerwartete, offene Begegnungen erzeugen konnten.

Ein weiterer Dialog, wohl aus dem Frühjahr 1524 stammend, gibt ein Gespräch wieder, das angeblich zwischen ei-

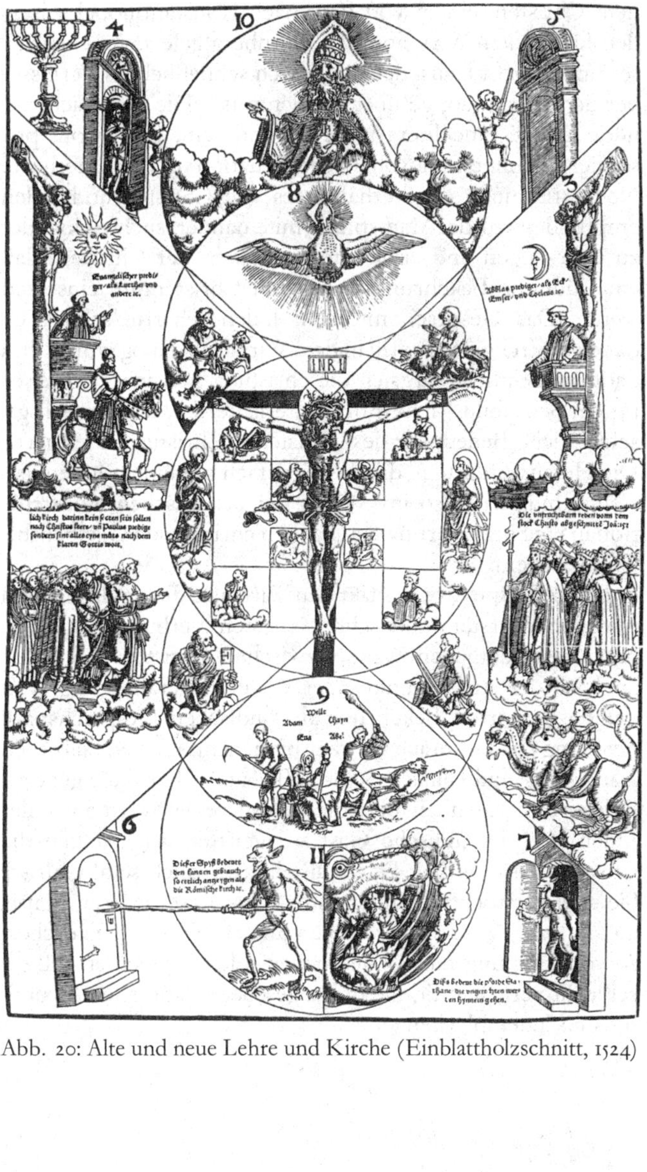

Abb. 20: Alte und neue Lehre und Kirche (Einblattholzschnitt, 1524)

nem Christen, einem von Prag nach Konstantinopel reisenden Juden, dem Wirt eines vor Nürnberg gelegenen Gasthauses und seinem Hausknecht, der sich schließlich als Verfasser der Schrift ausgab, geführt worden war.[33] Die Gesprächsszenerie dürfte eine literarische Fiktion sein; gleichwohl präsentiert sie eine atmosphärische Situation, die als unerhörte Neubestimmung des Verhältnisses von Christen und Juden empfunden wurde: Man sprach miteinander, suchte einander zu überzeugen und erwartete von seiten der Christen, daß eine jüdische Bekehrungswelle zum Christentum einsetzen werde. Das Gespräch mit dem Juden schärfte schließlich das eigene religiöse Profil; in dem Wirtshausdialog wurde dies dadurch deutlich, daß sich die christlichen Laien wechselseitig ein Schaubild (siehe Abb. 20) erläuterten, das die heilsgeschichtliche Bedeutung des ›Ecksteins‹ Christus präsentierte. Die Herausforderung, die das Gespräch mit einem Juden darstellte, mündete also im Modus der literarischen Konstruktion in eine Präzisierung des eigenen christlichen Glaubensbewußtseins ein.

In der Perspektive des fiktiven Wirtshausdialogs lag in dem mit Luthers erster ›Judenschrift‹ engstens verbundenen beziehungsgeschichtlichen Wandel zwischen Christen und Juden zugleich der Ansatzpunkt einer weiteren Veränderung: Von der gescheiterten Bekehrung des jüdischen Gesprächspartners ging das Gespräch fort zur binnenchristlichen Selbstverständigung und laikalen Selbstaufklärung über die eigene religiöse Überlegenheit und die definitive Verworfenheit der Juden. Als der jüdische Gast weggeritten war, stellten die Christen fest: »W[irt]: Das muß ein arm volck sein! Ch[rist]: Sie sind verstockt; dann Christus Jesus, unser erlöser, Matth. am 24. cap. [V. 34], als er seynen jungern ertzelt die zeychen, so vor dem jüngsten tag geschehen solten, sprach er: diß geschlecht vergehet nit, die dinge gescheen dann alle. Darumb müssen juden bleyben.«[34]

REFORMATORISCHE FLUGSCHRIFTENAUTORINNEN

Auch in bezug auf das Selbstverständnis einzelner Frauen stellt die Reformation eine historische Periode beschleunigten Wandels dar. In der frühen Reformationszeit traten einige wenige Frauen als Schriftstellerinnen in die Öffentlichkeit; sie sahen darin einen Ausdruck der mit dem Priestertum aller Gläubigen theologisch begründeten Neubestimmung der Rolle der Laien und provozierten eine entsprechende Aufmerksamkeit.

Argula von Grumbach

Die erste dieser Flugschriftenautorinnen war eine bayrische Adlige, Argula von Grumbach. 1492 als Tochter Katharina von Therings und des Reichsfreiherrn Bernhardin von Stauff auf der Burg Ernfels in der Oberpfalz geboren, war Argula seit 1508 als Hofdame der bayrischen Herzogin in München tätig gewesen; seit 1509 war sie verwaist, blieb aber in der Obhut der bayrischen Herzöge. Aus ihren Schriften geht hervor, daß ihr Vater ihr als Zehnjähriger eine deutsche Bibel geschenkt hat.[35] Im Rückblick stellt sie es so dar, daß ihre Bibellektüre von Mönchen verhindert worden sei. 1516 heiratete Argula einen unterfränkischen Adligen namens Friedrich von Grumbach, der als Pfleger von Ditfurt im Altmühltal in herzoglich-bayrischen Diensten stand. Argula nahm an den auf die Reformation bezogenen Ereignissen lebhaften Anteil; Anfang der zwanziger Jahre war sie mit ›lutherisch‹ gesinnten Predigern ihres näheren geographischen Umfeldes, Paul Speratus (1484-1551) in Würzburg und Andreas Osiander in Nürnberg, in Kontakt; im Frühjahr 1522 ist auch ein Briefwechsel mit Luther bezeugt.[36]

Für beträchtliches Aufsehen sorgte, daß ein von Argula im Herbst 1523 verfaßtes Schreiben gegen die Universität Ingolstadt, die einen jungen Magister namens Arsacius Seehofer

Wye ein Christliche fraw des adels / in
Beyern durch iren / in Gotlicher schrifft / wolgegrund
tenn Sendbrieffe / die hohenschul zu Ingoldstat /
vmb das sie eynen Euangelischen Jungling / zu
widersprechung des wort Gottes / betrangt
haben / straffet.

Auch volgent hernach die artickel / so Magister Arsacius
Schoffer von München durch die hohenschul zcu In-
gelstat beredt am abent vnser frawē geburt nechst
verschinnen widerruffen vnnd verworffen hat.
Actum Ingelstat. M D XXiij.

Abb. 21: Argula von Grumbach, *Wie eine christliche Frau des Adels in Bayern* 〈...〉 *die Hochschule zu Ingolstadt* 〈...〉 *straft* (Titelblatt, 1523)

zur öffentlichen Abschwörung von der Lehre der Wittenberger gezwungen hatte, in Gestalt einer Flugschrift publiziert wurde. Der Weg, den diese erste reformatorische Frauenflugschrift in den Druck genommen hat, läßt sich nicht mehr eindeutig nachvollziehen. Doch es spricht einiges dafür, daß der anonyme Herausgeber der Schrift, der auch ein Vorwort beisteuerte, letztlich für den aufsehenerregenden Publikationsakt verantwortlich war. Dieser Herausgeber des (Nürnberger) Urdrucks, der in der Forschung ohne durchschlagende Gründe mit dem Nürnberger Reformator Andreas Osiander identifiziert wurde,[37] stellte die Schrift Argulas in einen endzeitlichen Horizont: Jetzt, »in diesen letzten tagen«,[38] werde die Bibel nicht allein durch die Gelehrten, »sonder auch durch ander vil, junger und alter, manß- und weibsbilder«[39] ausgelegt. Es sei eine Situation eingetreten, die der Pfingsterfahrung der Urgemeinde (Apg 2,17-19) entspreche; die in Joel 2,28 angekündigte endzeitliche Geistausgießung über alle Söhne und Töchter, die weissagten, Träume und Gesichte hätten, ereigne sich in der eigenen Gegenwart, jetzt. In Argula werde die Joel-Verheißung wahr; ihr Brief an die Universität Ingolstadt lasse sie als eine zweite Judith (Jud 8,8-22) erscheinen, die die irrenden Priester mit biblischen Schriften belehre. Argula könne also nur direkt vom Geist Gottes inspiriert sein.[40] Durch weitere biblische Frauengestalten wie Esther und Susanna[41] unterstrich der anonyme Herausgeber, daß die tapfere Gottesstreiterin bereit sei, sogar das Martyrium in Kauf zu nehmen, um der Unterdrückung der Wahrheit zu wehren. So wie einst Zacharias im Angesicht der bevorstehenden Geburt des Heilandes jubilierte (vgl. Lk 1,67-79), solle nun die Christenheit Gott loben; denn die Erlösung sei nahe: »Gebenedeyet sey der Got Israhels, der heimsuchung und erlösung gethon hat seinem volck.«[42]

Der immense publizistische Erfolg, den der Sendbrief Argulas an die Universität Ingolstadt erreichte – bis 1524 waren es 15 Drucke,[43] eine Nachdruckbilanz, die außer Luther wohl nur die *Zwölf Artikel gemeiner Bauernschaft* (s. u. S. 488-492) aufwiesen –, zeugt davon, wie spektakulär, ja ›neu‹ der Vorgang war. Eine Frau aus dem Laienstand trat einer Universität entgegen, ja belehrte diese über den Inhalt der Bibel! Die heilsgeschichtliche Interpretation des Szenarios unterstrich, daß dies nichts mehr mit den traditionellen Formen weiblicher oder klösterlicher Bildung zu tun hatte, sondern als Moment eines dramatischen ›Wandels‹ verstanden wurde. Ob der entscheidende Punkt in diesem umbruchartigen Vorgang, nämlich der Schritt in die Öffentlichkeit, von Argula direkt getan oder durch den Herausgeber lanciert wurde, wissen wir zwar nicht. Doch daß Argula das Vorbild für einige wenige andere Frauen wurde, besitzt allergrößte Wahrscheinlichkeit.

Argulas Sendbrief an die Universität Ingolstadt protestierte dagegen, daß Seehofer, einem 1523 erst 18jährigen Münchner Bürgersohn, der Widerruf von 17 Artikeln abgenötigt worden war, in denen sein stark an Inhalten der Wittenberger Theologie orientiertes Verständnis des christlichen Glaubens zum Zweck der Verketzerung zusammengefaßt worden war. Seehofer hatte sich 1521 in Wittenberg immatrikuliert und war dort besonders von Karlstadt und Melanchthon beeinflußt worden. Luther hielt sich während der längsten Zeit dieses Studienjahres auf der Wartburg auf. Aus einem Brief, den Seehofer am 4. 1. 1522 an einen Unbekannten schrieb, wissen wir, daß er aus religiösen Gründen den Karrierevorstellungen seiner Eltern nicht mehr entsprechen wollte. Christus habe die Demut und die Selbstverleugnung befohlen (Mt 23,8ff.; 16,24ff.); das Gebot der Kreuzesnachfolge sei mit weltlichen Eitelkeiten wie der Graduierung zum Magister nicht zu vereinbaren.[44]

Einer dieser Studenten, der aus Schwaben stammte, schickte im Frühjahr 1523 einen im Druck erschienenen Sendbrief an seine Eltern, in dem er um Verständnis dafür bat, daß er noch in Wittenberg bleiben müsse, da hier die Wahrheit des Evangeliums aufgegangen sei. Die Mutter solle sich nicht sorgen und das Neue Testament in Luthers Übersetzung lesen; der Vater, der ihn zur Heimkehr gedrängt hatte, möge endlich zum Glauben kommen. Zum Schluß teilte der Student, der offenbar aus einer Kaufmannsfamilie stammte, mit, er wolle sich einen braunen Filzhut kaufen,[45] also jene Umwandlung in einen ›gemeinen Mann‹ oder Bauern vollziehen, die auch Karlstadt propagierte.

In den frühen zwanziger Jahren des 16. Jahrhunderts im Druck erschienene Gespräche zwischen Vätern und Söhnen,[46] die zum Inhalt hatten, daß die Jungen der Reformation zuneigten und ihre Eltern – in der Regel mit Erfolg – zu einem Wandel ihrer altgläubigen Auffassungen bewegten, dokumentieren, daß das Bekenntnis zur ›Lehre Luthers‹ zeitweilig einen innerfamiliären Generationenkonflikt mit sich brachte. Auch bei Seehofer hatte es offenbar Spannungen mit den Erwartungen der Eltern gegeben, für die die Krönung eines Universitätsstudiums in Gestalt einer Graduierung die Eintrittskarte in eine berufliche Karriere bildete. Seehofer und andere Wittenberger Adepten dachten nicht daran, sich mit dem ›Establishment‹ zu arrangieren. Doch im Sommer 1522 hatte es die wohlsituierte Münchner Bürgerfamilie doch geschafft, daß sich der jugendliche Arsacius aus dem ›schlechten‹ Wittenberger Einfluß löste, nach Ingolstadt zurückkehrte und unter Verleugnung seiner reformatorischen Gesinnungen zum Magister promovieren ließ. Im geheimen freilich wirkte Seehofer weiter für die Verbreitung der Wittenberger Lehre; in einem von dem Magister abgehaltenen Kolleg über das Matthäusevangelium und die Paulusbriefe wurden Auslegungen Melanchthons benutzt. So geriet Seehofer ins Visier der Ingolstädter Universitätsbehörden, die ihn schließlich wegen Ketzerei anklagten, die Studenten seines Umfeldes verhörten und einen kleinen Kreis von Anhängern der Wittenberger Theologie, der sich um Seehofer gebildet hatte, auffliegen ließen. Anhand einer Liste von 17 Artikeln wurde Seehofer der Irrlehre überführt und zum Widerruf genötigt. Gegen die Zahlung einer unerhört hohen Kaution von 1000 Gulden hatte sein Vater beim bayrischen Herzog erreicht, daß Arsacius ein Ketzerprozeß erspart und der zuständige Bischof außen vor gelassen wurde. Im September 1523 verbrachte man Seehofer in das Benediktinerkloster Ettal, wo er vorerst verwahrt werden sollte. Doch ihm gelang die Flucht, die ihn über

Wittenberg zunächst nach Preußen, später ins Württembergische führte, wo er dann noch lange als evangelischer Pfarrer tätig war.

Durch Gesinnungsgenossen Seehofers waren die 17 Artikel, die eine kompakte Zusammenfassung des reformatorischen Rechtfertigungsglaubens, des Schriftprinzips und einzelner Aussagen zur Ehescheidung und zum Schwören[47] enthielten, an die Öffentlichkeit gelangt. Dadurch dürfte auch Argula von dem Fall erfahren haben. Durch ihren Sendbrief machte sie einer breiteren Öffentlichkeit bekannt, daß Seehofer gezwungen worden war, »Christum und seines worts zu verlaugnen«.[48] Unter Berufung auf das Christuswort: »Wer mich bekent vor den menchen / den bekenn ich auch vor meinem himlischen Vatter« (Mt 10,32)[49] legte Argula dar, daß sie als »ein Christ gedrungen«[50] sei, offensiv in dieser Angelegenheit zugunsten Seehofers das Wort zu ergreifen. Da der Christusspruch vom freimütigen Bekenntnis nicht speziell an Männer gerichtet sei, nehme sie ihn als Begründung dafür, die paulinische Weisung, daß das Weib in der Gemeinde schweigen solle, in Frage zu stellen beziehungsweise im Sinne der nun geltenden Notsituation zu konterkarieren.[51] Damit lag Argula auf der Linie Luthers, der 1521 eingeschärft hatte, daß Gott Prophetinnen berufen habe und daß die Frauen dann reden müßten, wenn kein Mann da wäre, der predige.[52]

Argula berief sich also in ihrem Engagement für Seehofer auf ein Notmandat weiblicher Rede und aktualisierte damit ihr Verständnis des allgemeinen Priestertums der Gläubigen. Für Seehofer hoffte die adlige Dame, daß Gott sich seiner so erbarmen werde, wie er sich einstmals des Petrus, der den Herrn verleugnet hatte, erbarmte.[53] Ihre Aufgabe aber sah sie darin, den bayrischen Inquisitoren gegenüber zu bekennen, daß die deutschen Schriften Luthers und Melanchthons mit der Bibel übereinstimmten.[54] Deshalb forderte sie die Universität Ingolstadt zu einer Disputation heraus: »Ich scheuch mich nit für euch zukommen / euch zu hören / auch mit euch zu reden. Denn ich kan auch mit teutsch fragen / antwort hören und lesen auß der gnade Gottes. ⟨...⟩

Ich baw nit auff sein / mein / oder keines menschen verstand / sunder auf den waren felsen Christum 〈...〉. Wölt Gott ich sölt in gegenwertigkeit unser dreyer Fürsten [von Bayern] und gantzen gemayn mit euch reden.«[55] Argula bekannte offensiv, daß sie des Lateinischen unkundig war; vielleicht war bei ihr die mittelalterliche Vorstellung lebendig, nichtlateinkundige Frauen seien besonders glaubwürdige Zeuginnen geoffenbarter Glaubensgeheimnisse.[56]

Daß die öffentliche Herausforderung zu einer Disputation, die von einer Frau ausgesprochen worden war, für die Repräsentanten des kirchlichen und gesellschaftlichen Ancien régime eine ungeheuerliche Provokation darstellte, läßt sich aus den Versuchen dokumentieren, Argula mundtot zu machen. Auch wenn ihr im Jahr 1524 noch der Druck einiger kleinerer Schriften an einzelne Adlige und die Stadträte zu Ingolstadt und Regensburg möglich war, so zeigte sich doch bald, daß es auch unter den reformationsgesinnten Theologen und Obrigkeiten wenig Neigung gab, das theologische Konzept des allgemeinen Priestertums im Sinne eines allgemeinen Wandels überkommener Geschlechterrollen zu konkretisieren. Indem Luther die unter einem tyrannischen Ehemann leidende Argula als »*einzigartiges* Instrument Christi«[57] würdigte, brachte er zugleich zum Ausdruck, daß ihr Verhalten nicht als Modellfall eines gewandelten evangelischen Frauenbildes in Betracht kam. Argulas Zugehörigkeit zum Adelsstand war sicher ein entscheidender Grund dafür, daß es ihr möglich gewesen war, ihren Beitrag zu ›des christlichen Standes Besserung‹ vernehmbar zu machen.

Katharina Schütz-Zell

Bei der zweiten reformatorischen Flugschriftenautorin war es nicht ein traditionsreicher alter, sondern ein ganz und gar neuartiger ›Stand‹, der einer Pfarrfrau, der sie dazu veranlaßte, öffentlich das Wort zu ergreifen: Katharina Schütz-Zell (1497/98-1562).[58] Im Dezember 1523 hatte sie durch die Eheschließung mit dem reformatorischen Prediger Matthias Zell, dem wichtigsten Exponenten der frühreformatorischen Bewegung in Straßburg, einen Bekenntnisakt zur Reformation abgelegt. Das Ehepaar Zell war damit ins Rampenlicht des öffentlichen Interesses getreten. Katharinas Erstlingsschrift erschien im Juli 1524 und richtete sich an die reformationsgesinnten Frauen der badischen Stadt Kenzingen.[59] Deren Männer waren zusammen mit ihrem Pfarrer Jakob Otter Ende Juni nach Straßburg geflüchtet, da sie Gewaltmaßnahmen Erzherzog Ferdinands zu fürchten hatten, unter dessen österreichischer Regierung das Städtchen stand. Ferdinand hatte Truppen nach Kenzingen geschickt, um dem Treiben des unbotmäßigen evangelischen Predigers Otter ein Ende zu machen. Vor allem die Zells nahmen sich der rund 150 Flüchtlinge an. Katharina organisierte Kost und Logis und beherbergte eine große Zahl von ihnen im eigenen Pfarrhaus. Mit dem Trostbrief an die Frauen stärkte sie diese mit biblischen Zeugnissen, die der Laientheologin in verblüffend reicher Zahl zu Gebote standen. Gott erlege nur Leidensprüfungen auf, die seine Kinder auch tragen könnten: »Also lieben Christlichen schwestern / getrauen Gott er legt euch nit mer uff zu tragen / dann euch gut unnd nottürfftig ist / er will also ewern glauben beweren.«[60]

Ähnlich wie Argula stand auch Katharina hinter den männlichen Flugschriftenautoren aus dem geistlichen Stand hinsichtlich der Bibelkenntnis in nichts zurück. Auch sie dürfte durch eine vorreformatorische Bibelausgabe geprägt sein. Doch in bezug auf die Verwendung des Neuen Testaments setzte sich die Benutzung von Luthers Übersetzung (September/Dezember 1522) rasch durch. Die Flugschriftenliteratur der Jahre 1523/24 ist überhaupt ein einzigartiger Beweis für den rasanten Erfolg dieser Übersetzung bei jenen Autoren, die sich der Volkssprache bedienten.

Katharinas zweite Schrift entstand nur wenige Wochen nach dem Kenzingen-Brief; es handelte sich um eine polemische Auseinandersetzung mit dem oberdeutschen Provinzial der Augustinereremiten Konrad Treger (um 1480-1542), der die Straßburger Führer der Reformation mit der Behauptung attackiert hatte, daß sie sich einer Disputation verweigerten. Katharina nutzte die allgemeine Erregung der Reformationsanhänger, um literarisch für die Priesterehe einzutreten, Vorwürfe gegen ihren Mann – er habe sich »vor leyd[,] das er mich genummen het«, »erhenckt« oder er habe sie mit einer anderen betrogen; er habe sie geschlagen und außer Hauses gejagt[61] – zu entkräften und ihre Ehe als modellhafte Verwirklichung der Nachfolge Christi darzustellen. Für Katharina Zell war das ›Amt‹ als Pfarrfrau ein Rollenkonzept, in dem sich der durch die Reformation vollzogene Wandel ihres Selbstverständnisses existentiell konkretisierte. Daß sie einen Mann aus dem Priesterstand »genummen«[62] hatte, war ihr Beitrag zur Rettung ihres Gemahls und vieler anderer Seelen.

Ähnlich wie es der anonyme Herausgeber der ersten Schrift Argulas getan hatte, nahm Katharina für sich und ihr öffentliches Reden eine prophetische Legitimation in Anspruch. Und ähnlich wie Argula trat sie dem paulinischen Schweigegebot für Frauen (1 Kor 14,34; 2 Tim 2,2) mit Bibelversen entgegen, die ein weibliches Rederecht nahelegten: »Möchte man sagen / Es stehet du sun [Sohn] des menschen [Ez 22,2.18.24] das ist nit zu dir gesagt sunder zu den gelerten mannen / Paulus sagt die weyber sollent schweigen. Antwort ich / Weiß aber nit auch das er sagt Galat. iii. In Christo ist weder man noch weyb [Gal 3,28] / Und das Gott im Propheten Johel sagt am ii. capitel. Ich wird ausgiessen von meinem geyst über alles fleisch und euwer sun und döchter werden weiß sagen [Joel 2,28; Apg 2,27]. Und weißt auch da Zacharias ein stumm ward / das Elizabeth Mariam die Jungkfrauw gebenedeyet [nämlich Lk 1,22.42ff.].«[63] Wenn man schon nicht bereit sei, sie als Prophetin zu hören, so möge man sie doch wie jenen Esel akzeptieren, durch den Gott einstmals zum Propheten Bileam (Num 22) geredet habe.[64] Ebendiesen biblischen Sachverhalt hatte auch Luther einst angeführt, um zu begründen, daß jeder Christenmensch, der aus dem Glauben heraus auf die Bibel gestützt spreche, geistlich über dem Papst stehe.[65]

Das auf das Priestertum aller Gläubigen gegründete Recht

der Laien, auch der Frauen, die Schrift auszulegen und öffentlich zu reden, empfanden die frühreformatorischen Flugschriftenautorinnen als grundlegenden Wandel ihres Selbstverständnisses und gaben dem öffentlich Ausdruck. Doch Katharinas Karriere als reformatorische Publizistin endete jäh; eine kleine Delegation des Straßburger Rates, zu der auch der reformationsgesinnte Ratspolitiker Jakob Sturm gehörte, wurde bei ihrem Ehemann vorstellig und machte ihm klar, daß »solchs nim geschee«.[66] Die gedruckten Exemplare von Katharinas Schriften wurden konfisziert, eine weitere Publikationstätigkeit der Pfarrfrau war auf Jahre hinaus unmöglich.

Erst in der Mitte der dreißiger Jahre trat sie als Herausgeberin eines Gesangbuches der böhmischen Brüder[67] noch einmal publizistisch hervor. In den späten fünfziger Jahren geriet die seit 1548 verwitwete Zell wegen ihrer Kontakte zu dem Spiritualisten Kaspar von Schwenckfeld, der in den oberdeutschen Städten eine nicht geringe Anhängerschaft besaß und gegen die Konfessionalisierungstendenzen der Stadt- und Territorialreformationen eine überkonfessionelle Kirche des Geistes propagierte, in Konflikte mit jüngeren Theologen der lutherischen Frühorthodoxie. Insbesondere Ludwig Rabus (1523-92), ein ehemaliger Vikar ihres Mannes, der zum Superintendenten der Reichsstadt Ulm aufgestiegen war, nahm an den öffentlichen Dimensionen ihres Wirkens als Pfarrwitwe Anstoß und bezichtigte sie der notorischen Unruhestiftung. Katharina Zell gab ihre Korrespondenz mit Rabus 1557 in den Druck.[68] Diese Publikation ist ein eindrucksvolles Beispiel dafür, daß vieles der Offenheit, das der Reformatorengeneration in bezug auf abweichende Gedanken, nonkonformistisches Verhalten und intellektuelle Liberalität möglich oder selbstverständlich gewesen war, bei den in der Mitte des 16. Jahrhunderts tonangebenden Jüngeren unter Häresieverdacht geriet. Ja, als alte Frau mußte Katharina, die sich als Pionierin der Reformation fühlte und dies auch selbstbewußt vorzubringen pflegte, miterleben, daß man sie als »Dienerin des Teüfels«[69] dämonisierte. Eine 1558 von ihr gedruckte Psalmen-

und Vaterunserauslegung[70] dokumentiert die wohl lebenslange intensive exegetische Arbeit, die die profilierteste Laientheologin der Reformation praktiziert hatte.

Ursula Weyda

Eine weitere reformatorische Publizistin ist im sächsischen Kerngebiet der Reformation aufgetreten: Ursula Weyda. Als 20jährige[71] veröffentlichte sie 1524 eine Schrift gegen Wolfgang Blick, den Stadtsyndikus von Erfurt, der unter der Herausgeberschaft seines Bruders Simon, des Abtes des zwischen Altenburg und Merseburg gelegenen Klosters Pegau, gegen die lutherischen Vorstellungen von Ehebruch, Zölibat, Kirche und anderes polemisiert hatte.[72] Blick hatte Luther und seine Anhänger für zahlreiche Krisenphänomene und Erscheinungen zeitgenössischen gesellschaftlichen Niedergangs verantwortlich gemacht: Aufstände, Verfall der Universitäten und der gelehrten Bildung, ein Kollaps der kirchlichen Ordnung wegen der freien Pfarrerwahl durch die Gemeinden, wirtschaftliche Depression und das Elend der Bildschnitzer – all dies habe Luther bewirkt. Wohl im Sommer 1524 war Ursula, die Ehefrau des kursächsischen Steuerbeamten, des ›Schössers‹ (»Steuereinnehmers«) des Amtes Eisenberg in Thüringen, gegen diese Schrift mit einer eigenen Publikation hervorgetreten.[73]

Gleich auf dem Titelblatt finden sich die Verse aus dem Joelbuch, die eine endzeitliche Geistausgießung verheißen. Für Ursula ist Argulas Vorbild vorauszusetzen. In der Schrift der Blicks sah sie die biblische Prophezeiung verwirklicht, daß am Ende der Zeiten Irrlehrer und Bauchdiener aufträten. Der Menschenlehre ihrer literarischen Gegner setzte sie das Gotteswort entgegen; der auf die institutionalisierte Geistlichkeit gegründeten Ekklesiologie begegnete sie mit einem auf die Bibel und den Geist Gottes bezogenen Verständnis der unsichtbaren Gemeinde der Auserwählten:[74] »In summa sey das gewislich ein regel allen die zu got zukummen gedencken /

das sie sich nach der schrifft richten / und achten alles irthum / verfurerey / was nicht schrifft ist.«[75] Als weiteres Thema behandelte die ›Schösserin‹ die Priesterehe und die Gelübdefrage und brachte hier die weithin üblichen Argumente der reformatorischen Autoren vor. Ihr eigentliches literarisches Agieren begründete sie einerseits mit der endzeitlichen Geistausgießung und den »yn diesen letzten tagen des zorns«[76] auftretenden Irrlehrern, andererseits damit, daß christliche Prediger wie Luther Besseres zu tun hätten, als »solchen eseln«[77] wie Blick zu antworten.

Von Ursula Weyda gibt es keine weitere Flugschrift. Gegen sie erschien ein massiv frauenfeindliches Pamphlet eines altgläubigen Anonymus, das Ursula mit »Arguln von Crombach / die wolt gantz die universiteten vertilgen«,[78] in einem Atemzug nannte und beide als Beispiele für einen abgründigen Sittenverfall dämonisierte. Zugunsten Ursulas meldete sich ein literarischer Verteidiger auf dem Kampfplatz, der sich interessanterweise mit einem Pseudonym bezeichnete, das die Erinnerung an den 1476 hingerichteten aufrührerischen Laienprediger Hans Böheim, den »Pfeifer von Niklashausen«,[79] wachrief: Contz Drometer von Niklashausen.[80]

Daß Frauen öffentlich das Wort nahmen, weckte Assoziationen einer grundstürzenden Veränderung, die man fürchten oder – im Jahr vor dem Bauernkrieg! – wünschen konnte. Daß sich nach dem Bauernkrieg vergleichbare Manifestationen weiblich-laikalen Selbstbewußtseins nicht mehr nachweisen lassen, deutet darauf hin, daß die mit dem Priestertum aller Gläubigen verbundene religiöse Neugestaltung keine die traditionellen Geschlechterrollen dauerhaft in Frage stellenden sozialen und gesellschaftlichen Wirkungen zeitigte. Der dramatische Rückgang der Publizistik von Laien und Frauen nach dem Bauernkrieg zeigt an, daß der biographische ›Wandel‹, der einzelne Frauen zu reformatorischen Schriftstellerinnen gemacht hatte, im öffentlichen Diskurs der Reformation keinen Raum mehr fand.

Im volkssprachlichen geistlichen Lied wurde den Laien beiderlei Geschlechts durch die Reformation freilich eine religiöse Artikulations- und Partizipationsmöglichkeit eröffnet, die gegenüber dem überkommenen Kultus nun doch einen religionskulturellen Wandel ersten Ranges bedeutete. Die epochale Erfolgsgeschichte der 1523 in und um Wittenberg einsetzenden Kirchenliedproduktion legt ein beredtes Zeugnis davon ab, daß die reformatorischen geistlichen Lieder vielleicht diejenigen Medien waren, die die größte Zustimmung des ›gemeinen Mannes‹ erreichten und am ehesten auch den Illiteraten Kerngehalte reformatorischer Theologie nahebrachten. Daß unter den Lieddichtern des lutherischen Protestantismus seit Elisabeth Cruciger (um 1500-35), der Frau des Wittenberger Theologieprofessors und Verfasserin des bis heute gesungenen evangelischen Kirchenliedes »Herr Christ, der einig Gotts Sohn«, immer wieder einmal auch Frauen begegnen, verwundert nicht.

WIDER DIE VERKEHRTEN GELEHRTEN

Daß Luther »die universitet darnider geschlagen«[81] habe, war ein feststehender Topos altgläubiger Polemik gegen die Reformation. Der reichsweite Einbruch der Immatrikulationen an den Universitäten, von dem allein Wittenberg ausgenommen war, illustriert, daß dieser Vorwurf berechtigt war. Eine kraftvolle Wiederbelebung des Universitätswesens im Gefolge der Reformation wurde erst mittelfristig erkennbar, als nach und nach neue Universitäten – zuerst 1527 in Marburg – gegründet und alte Universitäten seit den dreißiger Jahren des 16. Jahrhunderts durch Wittenberger Personal beziehungsweise an der Leucorea geschulte Gelehrte reformatorisch reorganisiert wurden. In den frühen zwanziger Jahren aber drohte eher die Gefahr, daß die reformatorische Bewegung den Wert gelehrter Bildung so grundsätzlich in Frage stellen würde, daß von der alten Herrlichkeit des Gelehrtenstandes und der Universitäten nichts mehr übrigbliebe. Auch wenn das Sprichwort von den ›verkehrten Gelehrten‹[82] schon vor der Reformation bekannt gewesen war, so erhielt es doch in den frühen zwanziger Jahren durch die Angriffe der reformationsgesinnten Theologen auf die traditionelle Universitätsausbildung und deren Echo in der Publizistik von Autoren aus dem Laienstand einen Nachdruck, der die schiere Existenz des Gelehrtenstandes gefährden mußte.

Der Theologieprofessor und Kanoniker Karlstadt, der nach und nach zu der Erkenntnis gelangt war, daß der Laie dem Geistlichen hinsichtlich der Gotteserkenntnis nicht nur prinzipiell gleichwertig, sondern überlegen sei, vollzog in den Jahren 1522/23 eine Selbstlaisierung, indem er sich mit dem Epitheton »ein neuer Laie«[83] präsentierte, seinen Doktorgrad ablegte, da Christus »seinen leeriungern«[84] den Verzicht auf weltliche Ehre geboten habe, die Beteiligung an akademischen Promotionsverfahren und die Wahrnehmung seines professoralen Lehramtes einstellte, sich »Bruder Andres« nennen ließ und als »neuer lay« inszenierte, im grauen Rock eines Landmannes einherging, einen Filzhut trug und seinen Lebensunterhalt mit seiner Hände Arbeit zu erwerben versuchte. Karlstadts demonstrative Preisgabe, ja Verwerfung seines Habitus als Gelehrter und Kleriker dürfte mit dazu beigetragen haben, daß Luther sich beim Ablegen der Mönchskutte im öffentlichen Raum besonders zögerlich verhielt und bis zum Herbst 1524 wartete, ehe er mit der monastischen Standeskleidung definitiv brach.[85]

Das gleiche galt für Luthers Umgang mit dem Barett als symbolischem Attribut des promovierten Universitätsabsolventen, dem er 1520 zunächst eine kühl-distanzierte, ja spöttische Absage erteilt hatte.[86] Im Zusammenhang einer Visitationsreise durch die von Karlstadtschem Geist bewegte Landschaft Ostthüringens im Sommer 1524 aber behielt Luther das Barett bewußt auf dem Kopf, um seine Mißbilligung gegenüber Laien zum Ausdruck zu bringen, die meinten, aufgrund göttlicher Inspiration die Bibel besser zu verstehen als ein ›Doktor der Heiligen Schrift‹ und die ihn als ›Bruder‹ und nicht als ›Doktor‹ anredeten.[87] In Karlstadts Orlamünder Pfarrei wurde Doktor Luther mit den Folgen dessen konfrontiert, was er einstmals verkündet hatte: »Doctores der Kunst, der Ertzney, der Rechten, der Sententias mugen der Bapst, Keyszer und Universiteten machen, aber sey nur gewisz, eynen Doctorn der heyligenn schrifft wirt dir niemandt machen, denn allein der heylig geyst vom hymel.«[88] Die Laien im Saaletal, die der ›neue Laie‹ Karlstadt unterwiesen oder zu eigenständiger Bibellektüre ermutigt hatte, verstrickten Luther in eine aufwühlende theologische Debatte über das Bilderverbot. Ein Schuster etwa führte eine dunkle oder eine entstellend zitierte Bibelstelle an: »Ich wil mein brawt nacket haben.«[89] Er verstand sie allegorisch, das heißt als Beleg für die zwingend gebotene Vernichtung der Bilder. Luther blieb nichts mehr übrig als Resignation und hilflose Opposition. Er sank nieder, strich sich mit der Hand über das Gesicht und antwortete dem bibelanwendenden Laien: »Ey höre zu, das [nämlich eine Braut ausziehen] heyst bilder abthun, ey wie ein seltzsam teutsch ist das.«[90] Bald darauf eilten Luther und seine Begleiter zum Wagen und fuhren davon. Die Begegnung des reformatorischen Lehrers mit selbstbewußten Laien, die zu eigenen exegetischen Erkenntnissen gelangt waren, sich nicht belehren lassen wollten und auf einer ›symmetrischen‹, hierarchiefreien Kommunikationsform bestanden, endete für alle Beteiligten traumatisch.

Luther hatte Geister gerufen, derer Herr zu werden am Ende nur mit den Mitteln landesherrlicher Polizeigewalt gelingen sollte. Je dramatischer der äußere Wandel um ihn her wurde, desto nachdrücklicher bestand Luther darauf, daß der innere Wandel dem äußeren vorherzugehen habe. Je offensiver der ehedem zögerlichere Karlstadt ›progressiv‹ optierte und Bestehendes niederzureißen aufforderte, desto eindeutiger ließ Luther ›konservative‹ Töne anklingen. In der komplexen Beziehung zwischen dem zum Bürger werdenden Bettelmönch Luther und dem sich als Bauer gerierenden Karrieregeistlichen Karlstadt bildet sich die Ambivalenz der reformatorischen Wandlungsdynamik auf der Ebene der einzelnen Biographien exemplarisch ab.

APOKALYPTISCH-SPIRITUALISTISCHE RADIKALITÄT

Ähnlich wie bei den gelehrten Theologen lassen sich auch bei den Laien Biographien unterscheiden, bei denen sich äußerer und innerer Wandel gegenläufig verhielten. Da gab es etwa Handwerker, die zwar ein neues Rollenverständnis als Laien und Flugschriftenautoren entwickelten, deren äußerliche Lebenskoordinaten davon aber weitgehend unberührt blieben. Der Nürnberger Schuhmachermeister Hans Sachs etwa, der wohl produktivste Spruchdichter der Reformationszeit, stellte seine flinke Feder seit seinem 1523 erschienenen Gedicht »Die Wittenbergisch Nachtigall«,[91] das den Triumph des Lutherschen Evangeliums über seine Feinde feierte, konsequent in den Dienst der Reformation;[92] seine berufliche Position veränderte er nicht wegen seiner Stellung zur Reformation, sondern erst Jahrzehnte später, als er es sich erlauben konnte, von seinen Dichtungen zu leben. Auch der Eilenburger Schuhmachermeister Georg Schönichen,[93] wie Sachs Absolvent einer Lateinschule, wurde durch eine Flugschriftenfehde mit den Theologen der Leipziger Universität, die er 1523 in mehreren Schriften der Irrlehre bezichtigte, nicht aus seiner sozialen und beruflichen Bahn herausgerissen.

Bei anderen Handwerkern, die in den frühen zwanziger Jahren des 16. Jahrhunderts zu »theologische[n] Schriftsteller[n]«[94] geworden waren, verhielt es sich anders, vor allem dann, wenn sie sich durch ihr reformatorisches Engagement für eine Parteinahme zugunsten der aufständischen Bauern veranlaßt sahen. Ein besonders enger Zusammenhang von ›innerem‹ und ›äußerem‹ Wandel begegnet bei einer Gruppe wie den sogenannten Zwickauer Propheten oder bei einigen Vaganten aus dem Täufertum, die eine feste soziale Einbindung in die Gesellschaft zugunsten endzeitlich bewegter apostolischer Wanderschaft aufgaben. Auch in bezug auf die Laien lassen sich also Trennlinien zwischen ›radikaler‹ und ›magistraler‹ Reformation an dem Grad des Zusammenhangs von äußerem und innerem Wandel fixieren. ›Radikal‹ ist, wer aus prophetischen Offenbarungen und theologischen Einsichten bestimmte soziale und gesellschaftliche Veränderungen als zwingend und unveräußerlich ableitet, selbst vollzieht und diejenigen Formationen des Christentums, die es ablehnen, die Lebensführung als eindeutige Konsequenz der rechten ›Erkenntnis der Lehre‹ zu propagieren, fundamental kritisiert. In den Attacken der Radikalen gegen die reformatorischen Schriftgelehrten kommt der Anspruch zum Ausdruck, jenseits gelehrter Bildung zu angemessener religiöser Erkenntnis gelangen zu können und den Wandel der eigenen Existenz als Ausdruck eines veränderten Gottesverhältnisses zu verstehen. Der populäre Widerspruch gegen die ›verkehrten Gelehrten‹ hat in ihren Kreisen den schärfsten Ausdruck gefunden.

Die ersten Exponenten solcher Art von Radikalität, die ihrerseits auf die Radikalisierung Karlstadts, aber auch Müntzers eingewirkt haben, die *Zwickauer Propheten*, schöpften einerseits aus Quellen vorreformatorisch-hussitischer oder waldensischer Spiritualität, beriefen sich andererseits aber auf Luther und die frühe Wittenberger Theologie. In ihrem Kreis begegnet zugleich zum ersten Mal in der Reformationszeit eine für die frühen separatistischen, ins Täufertum einmündenden Gruppen und Milieus charakteristische soziale Vergemeinschaftung von Handwerkern und Akademikern. Dem inneren Wandel der Anschauungen und Überzeugungen entsprach also ein äußerer der sozialen Beziehungen und der Lebensformen. Das Insistieren auf einer über die Schrift hinausgehenden unmittelbaren Bezeugung des Heiligen Geistes im Inneren des Menschen korrespondierte mit einer grundsätzlichen Absage an eine besondere religiöse oder soziale Rolle der Gelehrten und Geistlichen, die für Thomas Müntzer schon im Herbst 1521 in einem unvermittelbaren Gegensatz zur »ordnungk Gots in alle[n] creaturn«[95] standen.

Ein kämpferischer *Antiklerikalismus*[96] und ein von einer äußeren, etwa biblischen Legitimationsinstanz prinzipiell unabhängiger, auf besondere Prophetien und Offenbarungen fokussierter *Spiritualismus* traten in der Reformationszeit zuerst

1521 bei Thomas Müntzer und den Zwickauer Propheten auf. Die Absage an die bestehende Ordnung in Kirche und Gesellschaft, die für Müntzer und die Zwickauer kennzeichnend wurde, basierte auf beziehungsweise verband sich mit einer epistemologischen Autorisierungsstrategie durch den Geist oder das innere Wort, die sie gegenüber der auf das äußere Schriftwort setzenden Argumentation der reformatorischen ›Schriftgelehrten‹ unabhängig machte. Möglicherweise trieb die apokalyptisch gedeutete Erfahrung der fortschreitenden osmanischen Expansion (s. o. S. 365-367), die mit der Eroberung Belgrads 1521 eine neue Dimension erreichte, die Radikalisierungsdynamik der Zwickauer voran. Müntzer prophezeite den Böhmen bei einem Aufenthalt in Prag, daß sie, sofern sie sich seinem Ruf zum Kampf gegen die »pfaffen« versagten, durch den Türken erschlagen würden.[97] Er selbst oder der ihm nahestehende Student Markus Thomae, genannt Stübner, aus Elsterberg im Vogtland, der im Dezember 1521 mit zwei Prophetengenossen in Wittenberg für einige Aufregung sorgte, propagierte die Auffassung, daß der »Türck kürtzlich teutschland einnemen« werde, daß alle »pfaffen«, auch die, die Frauen genommen hätten, also die evangelischen, erschlagen würden und in »5, 6, 7 Jaren ⟨...⟩ solch ennderung in der welt weren, das kain unfrummer oder böß sünder solle lebenth uber pleiben«.[98]

Die bedrohliche Militanz der prophetischen Propaganda der Zwickauer war das Ergebnis einer komplexen Konstellation, bei der unterschiedliche Traditionen, Erfahrungen und personelle Dispositionen ineinandergriffen. Müntzer, wohl seit 1517 Student in Wittenberg, war nach den konfliktreichen Auseinandersetzungen mit den Jüterboger Franziskanern und einer Tätigkeit als Beichtvater im Zisterzienserinnenkloster von Beunitz, einem Dorf bei Weißenfels an der Saale, seit Mai 1520, wahrscheinlich auf Vermittlung Luthers, vertretungsweise mit der Verwaltung der Pfarrstelle an der Marienkirche in Zwickau betraut worden. Hier geriet er in heftige Auseinandersetzungen mit der Partei der Altgläubigen, insbesondere den Franziskanern, wurde aber, da er als Lutherschüler galt, vom Rat geschützt und nach der Rückkehr des Marienpredigers Johannes Silvius Egranus (vor 1500-35) mit der Predigerstelle an der Katharinenkirche betraut. Im Laufe des Spätjahres 1520 und des Frühjahres 1521 kam es zu dramatischen Konflikten zwischen Müntzer, dem einen moderat-humanistischen Reformkurs vertretenden Egranus und den eigentlichen Lutheranhängern in Zwickau. Diese Auseinandersetzungen führten schließlich zu Müntzers Entlassung.

Müntzer hatte in seiner theologischen Entwicklung neben Einflüssen der Wittenberger Theologie, des Humanismus und der Kirchenväter[99] tiefe Eindrücke aus dem Studium mystischer Literatur, insbesondere Seuses und Taulers, in sich aufgenommen, die ihn nach und nach zur Abkehr von der bei Luther dominierenden Orientierung am äußeren Schriftwort führten. Das innere Wort im Herzen des Menschen und aktuelle Erweise göttlichen Offenbarungshandelns in Visionen, Träumen und Prophetien traten in den Vordergrund. Gottes Offenbarungshandeln war für Müntzer und die Zwickauer nicht in den kodifizierten biblischen Texten abgeschlossen, sondern setzte sich in den Geisterfahrungen der Auserwählten hier und heute fort. Diese theologischen Überzeugungen, die schon von Müntzers Zwickauer Gegnern als ›schwärmerisch‹ (»aus dem Schwirmigen geist eingegeben«)[100] bezeichnet und mit den ›Pikarden‹ – waldensischen Ketzern, die im 15. Jahrhundert in engere Beziehung zur hussitischen Bewegung in Böhmen getreten waren – in Verbindung gebracht wurden, koinzidierten mit Anschauungen, die auch in Laienkreisen der von sozialen Gegensätzen aufgewühlten kursächsischen Stadt am Rande des Erzgebirges vertreten wurden.

Unter den Tuchknappen, einer sozial besonders gefährdeten Erwerbsgruppe, besaß der Tuchmachergeselle Nikolaus Storch (s. u. S. 544), wohl Sproß eines alten Zwickauer Patriziergeschlechts, das in der zweiten Hälfte des 15. Jahrhunderts verarmt und von den in den Bergbau investierenden Neubürgern marginalisiert worden war, ein großes Ansehen. Storch verfügte über profunde Bibelkenntnisse und war vielleicht in Böhmen gewesen, wo er mit religiösen Gruppen zusammengetroffen sein dürfte, die radikal antiklerikal gesinnt waren, die Laienpredigt praktizierten und besondere spirituelle Erfahrungen für sich in Anspruch nahmen. Aufgrund der Müntzer zugeschriebenen Äußerungen über Storch – er sei über »alle Priester erhaben, als der Eynige Der Do baß wisse die Bibliam«,[101] und verfüge über den Heiligen Geist – ist eher damit zu rechnen, daß dieser den Theologen beeinflußte als umgekehrt. Storch hielt jedenfalls mit Müntzers Billigung und Unterstützung »Winckell Predigten 〈…〉. Als gewonheyt ist bey Den pickardenn, Die Da auffwerffenn, Einen schuster oder schneider zu predigen.«[102]

Die *»Conventicula«*,[103] separatistische Versammlungen der vor allem aus Tuchknappen rekrutierten *»Secta Storchitarum«*,[104] erweckten bald den Argwohn der kursächsischen Regierung.[105] Infolge der Razzien zogen drei der Zwickauer Propheten – Storch, der Student Stübner und ein unbekannter Tuchmacher – nach Wittenberg. Stübners Part bestand vor allem darin, unter den Angehörigen der Universität für seine pneumatischen Begabungen zu werben; Storch agitierte offenbar unter den Handwerkern. Die endzeitliche Erregung angesichts der nahe geglaubten »ennderung in der welt«,[106] die von den Propheten ausging, scheint auch deshalb eine gewisse Wirkung auf die Zuhörerschaft ausgeübt zu haben, weil man allgemein mit einer Ausgießung des Gottesgeistes am Ende der Tage rechnete. In den Zwickauern, die sich auf Luther beriefen und ihm zugestanden, daß er »maystentails 〈…〉 aber nicht in allen stücken« »recht«[107] habe, aber die doch einen höheren Geist als ihn erwarteten, meldete sich erstmals in der Reformationszeit ein Verständnis des kirchlichen und gesellschaftlichen Wandels, das die bestehende Ordnung definitiv dem Untergang geweiht sah, allen Ungläubigen und allen Geistlichen den Tod ankündigte und im ›kleinen Häuflein‹ der wahren, auserwählten Bekenner den Realisierungsrahmen der Erneuerung fand.

Die separatistische Ekklesiologie der Zwickauer Sektierer und Müntzers stand der kirchlichen Institution mit unüberbrückbarem Haß gegenüber und sollte sich nach Luthers klarer Absage an ihre prophetischen Ansprüche und ihre Kritik an der Säuglingstaufe bald zu einer leidenschaftlichen Verwerfung des Wittenberger ›Papstes‹ und seiner ›Schriftgelehrten‹ steigern. Der Radikalität des Bruchs mit der Welt, der Tradition und der Kirche als *corpus permixtum*, als aus Frommen und Sündern »vermischter Körperschaft«, ein Bruch, den die Zwickauer für sich in Anspruch nahmen, mißtraute Luther. Storch ist der erste religiöse Eiferer aus dem Laienstand in der frühen Reformation, dem nachgesagt wurde, daß er aufgrund einer Offenbarung die Herrschaft über die ganze Welt erstrebte.[108] Radikale Gestalten wie die Zwickauer, die einzige religiöse Formation der Reformationszeit, für die direkte Verbindungen zur vorreformatorischen Ketzergeschichte wahrscheinlich zu machen sind,[109] trugen wesentlich dazu bei, das Engagement von Laien verdächtig zu machen und den Triumph des Amtes über das Charisma in den obrigkeitsgeleiteten Reformationsprozessen zu besiegeln.

DIE KRISE DES GEISTLICHEN STANDES IM LICHT DER REFORMATORISCHEN KAMPFBILDER

Eine Personengruppe, für die die reformatorischen Auseinandersetzungen einen besonders dramatischen Wandel ihrer gesellschaftlichen Stellung, ihrer persönlichen Lebensverhältnisse und ihres Selbstverständnisses bedeuteten, waren die ›Geistlichen‹, die Priester, Mönche, Nonnen und die ›Theologen‹. Für diejenigen unter ihnen, die ›evangelisch‹ wurden, ist der Wandel der Lebensverhältnisse evident und in unterschiedlichen Zusammenhängen bereits erörtert worden: Mönche und Nonnen verließen ihre Klöster, heirateten, nahmen einen bürgerlichen Beruf an; Weltpriester traten in den Ehestand oder brachen auf andere Weise öffentlich mit der römischen Kirche und gerieten dadurch in Konflikte mit der bischöflichen Rechtsprechung; einige büßten ihre Pfründen ein oder verließen sie freiwillig, andere konnten sich halten. Sofern ehemalige Priester von Gemeinden oder städtischen Magistraten gewählt, berufen oder eingesetzt wurden, entstanden spezifische Bindungen an die Stadt und die Gemeinde, die zumeist auch mit der Übernahme des Bürgerrechts, also dem definitiven Eintritt in die bürgerlich-städtische Rechtssphäre, einhergingen. Von all dem aber waren die Kleriker, die sich nicht der Reformation anschlossen, sondern altgläubig blieben, direkt nicht betroffen. Inwiefern ist es also berechtigt, auch in bezug auf die Priester und Theologen, die sich zur Papstkirche hielten, von einer Änderung ihrer Lebensverhältnisse zu sprechen?

Ein Wandel ihrer Situation vollzog sich auf mehreren Ebenen: der der äußerlichen Verhältnisse, der gesellschaftlichen Geltung und der inneren Einstellungen und Selbstverständnisse. In den Städten, später auch in den Landschaften, in denen die Reformation siegte, bedeutete die Entscheidung für die Papstkirche, daß sich diejenigen, die sie trafen, der Gefahr gesteigerter Aggression seitens der Reformationsanhänger aussetzten. Unbeschadet der vielfältigen Ausdrucksformen des vorreformatorischen Antiklerikalismus stellte doch das Ausmaß der Gewaltbereitschaft gegen geistliche Personen, ihre Objekte und die Symbole ihrer Herrschaft sowie die Intensität des massenmedial ausgebreiteten und in karnevalesken Szenarien vorgeführten Pfaffenhasses (s. o. S. 349-356) eine Steigerung gegenüber vielem dar, was die vorreformatorische Kirche kannte.

Besonders die *Druckgraphik*, die bisher vornehmlich ›erbaulichen‹ Zwecken gedient und bestehende Frömmigkeitspraktiken unterstützt und didaktisch vertieft hatte, erlebte einen radikalen Funktionswandel. Der Großteil der seit den zwanziger Jahren des 16. Jahrhunderts produzierten Holzschnitte wurde zu Zwecken proreformatorischer Agitation verwendet. Die ›Bilder‹ der altgläubigen Geistlichkeit ließen von den traditionellen Momenten des Respekts gegenüber dem Amt nichts erkennen und sparten auch bald einzelne Personen nicht aus, die sich im Kampf gegen die reformatorischen Neuerer exponiert hatten. In der Animalisierung des altgläubigen Klerus, die vor allem in der Druckgraphik in Szene gesetzt wurde,

Abb. 22: *Die päpstlichen Wölfe* (anonym; Einblattdruck, um 1520)

Der Bapstesel zu Rom

Abb. 23: Lucas Cranach d. Ä., *Der Papstesel zu Rom* (1523)

fand eine Radikalität der ikonographischen Umwertung traditioneller Rollenmuster und Wertungshierarchien von Klerus und Laien statt, die, ungeachtet dessen, daß auch etwa schweinsköpfige Pfaffen Bilder des Hieronymus Bosch (um 1450-1516) durchstreift hatten, als Moment eines dramatischen kulturellen Wandels anzusprechen ist. Päpste und Kardinäle drangen als Wölfe in den Schafstall Christi ein und raubten die ihnen weithin schutzlos ausgelieferten Schäflein Christi; doch Luther gebot den bösen Tieren mit seiner Schreibfeder Einhalt (siehe Abb. 22).[110] In der »grewlichen Figur« des Papstesels wurde von Melanchthon ein Monstrum, das angeblich 1496 in Rom angeschwemmt worden war. Er erschien zusammen mit Luthers »Mönchskalb«, einem mißgebildeten Rind aus Sachsen. Beide ›Omina‹ wurden als himmlische Wunderzeichen gegen das Papsttum, Ordenswesen, ja die ›alte‹ Kirche als ganze gelesen.[111] Die Dämonie des Papstes war von Cranach in die Gestalt einer aufrechtstehenden Frauenfigur mit Eselskopf, hufartigen Gliedmaßen, Drachenfuß, dämonischem Schwanz und teufelsköpfigem Anus gebannt worden. Die tierische Monstrosität des Papsttums als Verkörperung des Bösen schlechthin rief eine Bildidee hervor, in der brutale und tölpelhafte, verführerische und diabolische Bildelemente ineinanderflossen.

Die ikonographische Verwandlung der Geistlichen in böse oder negativ konnotierte Tiere fand auch in einem wohl 1521 entstandenen Flugblatt einen sinnfälligen Ausdruck: Es zeigt Papst Leo mit dem Epitheton »Antichristus« versehen inmitten einer Gruppe von vier tiergesichtigen Geistlichen – der ›Katze‹ Murner, des ›Bocks‹ Hieronymus Emser, des ›Schweins‹ Johannes Eck und des ›Hundes‹ Johannes Lemp, eines wenig profilierten altgläubigen Theologen aus Tübingen (siehe Abb. 24).[112] Alle vier Geistlichen, die, auf einer Loggia stehend, den Löwen Leo umgeben, sind mit verballhornenden und verunglimpfenden Versen in der Volkssprache charakterisiert: Es sind die literarischen Gegner Luthers, deren Abscheu erregende Bestialität sie zu Ikonen der Verschlagenheit, der Gewalttätigkeit, der sexuellen Zügellosigkeit und der materiellen Gier werden läßt. Lateinische Bibelverse aus dem

Abb. 24: Spottblatt auf Gegner Luthers
(anonym; Einblattdruck, um 1521)

118. Psalm der Vulgata (Psalm 119) am unteren Bildrand bieten dem gelehrten Bildbetrachter einen hermeneutischen Schlüssel, um die ins Bild gesetzte Untugend der gelehrten Theologen mit dem göttlichen Willen zu konfrontieren. Die hochreflektierte Komposition, an deren Entstehung sicher ein gelehrter Humanist beteiligt gewesen ist, enthält einen mehrstufigen Aussagesinn: Den Illiteraten bietet es antiklerikale Agitation, den Lesern volkssprachlicher Texte offenbart es, daß die dargestellten Figuren gegen Luther und das Wort Gottes vorgehen; dem Lateinkundigen aber bezeugt es, daß der Widerstand der Gottesfeinde Teil des göttlichen Heilsplans ist. Die Mehrstufigkeit der bildungsmäßig gegliederten Sinnebenen, die sich in einigen frühreformatorischen Flugblättern nachweisen läßt, dokumentiert, daß keineswegs allein der nicht lesekundige ›gemeine Mann‹ Adressat solcher Blätter gewesen ist. Allerdings dürfte es auch kein Zufall sein, daß die jeweils ›vordergründigste‹ Bildaussage nicht selten besonders klare antiklerikale und sozialkritische Töne anklingen ließ. Da sich von den meisten Flugblättern der Reformationszeit wegen der geringen Erhaltungschancen der Einblattdrucke nur einzelne Exemplare erhalten haben, wird man bei diesem Quellentypus von hohen Verlustraten auszugehen haben.

Die bildliche Verunglimpfung der Papstkirche und ihrer Repräsentanten bediente sich besonders häufig des Mittels der antithetischen Konfrontation. Eines der frühesten und wirkungsreichsten, übrigens von hussitischen Vorbildern inspirierten Beispiele stellt Lucas Cranachs *Passional Christi und Antichristi* von 1521 dar (siehe Abb. 25-28). Auf jeweils zwei einander gegenüberstehenden Holzschnitten werden die Lehre und das Verhalten Christi mit denen des Papstes konfrontiert und dieser in der Gegenüberstellung als ›Antichrist‹ dargestellt: Christus verweigert die ihm angetragene weltliche Herrscherwürde, der Papst erstrebt sie mit Waffengewalt; Christus wird gegeißelt, der Papst durch Konstantin mit Herrschaftsinsignien ausgestattet; Christus wäscht seinen Jüngern die Füße, der Papst läßt sie sich küssen usw. Jedem Holzschnitt waren Texte unterlegt, die die dargestellte Szene im Licht von Bibel-

Abb. 25-28: Lucas Cranach d. Ä. (Texte: wahrscheinlich Luther), *Passional Christi und Antichristi* (deutsche Fassung; 1521)

Passional Christi und Antichristi.

Christus.

Das reich gots ist nit yn ewsserlichen geberden/ sye hie/ aber do ist Christus/ besonder das reich gots ist innerlich yn euch. Lu. 17. Warumb habt ir das gebott gots vbirtretten von menschen gesetz wegen/ Alle ehren mich vorgeblich/ die do menschen lere vnd gebott halten. Mat. 15. Esaie. 21.

Des Antichrists reich ist gantzlich in ewßerlichen weßen/ was sagt des Bapsts recht anders dan ordnung/ von kaseln/ cleydern/ platten/ feyertagẽ/ weyungẽ/ pfreunden/ sectẽ/ monchen vnd pfaffen/ vñ nennen sich/ yr habe vnd gutter geystlich gutt/ sich allein die Christlich kirche/ die pfaffen dz außerwelt volck gots/ gleich sam weren die leyen nicht in der kirchen vnd gots/ widder alle schrifft/ vbir das vorbeut er die speyße/ ehe/ wie dan Paulus vorgesagt hat. Es werden komen vorlogne geyst/ vnd solche ding vorbieten. 1. Timo. 4.

Passional Christi und

Er hat funden ym tēpell vorkauffer/ schäff/ ochßen vñ tawbē vñ wechsler sitzen/ vñ hat gleich ein geyssel gemacht vō strickē alle schäff/ ochßen/ tawben vñ wechsler außem tēpell trieben/ das gelt verschüt/ die tzall biedt vmkart/ vñ tzu den die tawben vorkaufften gesprochen/ Hebt euch hin mit dießen auß meins vatern hauß/ solt ir nit ein kauffhauß machē. Joh. 2. Ir habts vmb sunst/ darūb gebts vmb sunst. Mat. 10. Dein gelt sey mit dir yn vordamnuß. Act. 8.

Antichristi.

Hie sitzt der Antichrist ym tēpell gots vnd ertzeygt sich als got wie Paulus vorkundet. 2. Tessal. 2. vorandert alle gotlich ordnung/ wie Daniel sagt/ vnnd vnterdruckt die heylig schrifft: vorkaufft dispensation/ Ablas/ Pallia/ Bisthum/ Lehen/ erhebt die schetz der erden/ löst auff die ehe/ beschwerdt die gewissen mit seynen gesetzen/ macht recht/ vnd vmb gelt tzureyst er das/ Erhebt heyligen/ benedeyet vñ maledeyet yns vierde geschlecht vnd gebeut sein stym zuhören/ gleych wie gots stym. c. sic ois. dist. 19. vnd niemants sall ym eynreden. 17. q. 4. c. Nemini.

Passional Christi und Antichristi.

In yrer ansehen ist er auffgehaben vnd die wolcken haben yn hinwegk genommen vō yren ougen. Dißer Jesus der von euch yn hymmel auffgenommen ist / wirdt alßo wyder kommē wie yr yn gesehen habt zu himmel fharen. Act.1. Seyn reych hat keyn ende Luce.1. Wer do mir dient der wird mir nach volgen vnd wu ich bin do wirt meyn diener ouch ßeyn Johā.12.

Es ist ergriffen die Bestia vnd mit yr d̄ falsch prophet der durch sie zeychen than hat do mit er verfurdt hat/ die ßo ßeyn zeychē von yme genommen / vnd sein bilde angebet ßeynt versencket yn die teuffe des fewirs vnd schweffels vnd seynd getodt mit dem schwerdt des der do reydt vffim weyssen pferdt/ das auß seynē mauel gehet. Apocal:19. Danne wirdt offenbar werden der schalckhafftige denn wirdt der herr Jesus toeten mit dem atem ßeyns mundes vnd wirdt yn ßturzen durch die glori ßeyner zukunffe. 2. ad Tessa. 2.

versen beziehungsweise Zitaten aus dem kanonischen Recht deuteten.[113] Das *Passional* ist als Ergebnis der innigen Zusammenarbeit zwischen Cranach und den Wittenberger Theologen, wahrscheinlich auch Luther, zu interpretieren; es spricht durch Bilder und ist insofern für Illiterate nutzbar, aber es eröffnet zugleich durch die biblischen Texte über die moralisch-polemische Ebene hinaus religiöse und heilsgeschichtliche Deutungsangebote; es knüpft an die traditionelle Literaturform der Passionsmeditationen an und wendet diese zugleich ins Polemisch-Agitatorische; es bringt den leidenden Christus in Wort und Bild nahe, und es verbindet dieses religiöse Anliegen zugleich mit einer Kampfansage an die Papstkirche und ihre Repräsentanten, die an Schärfe kaum zu überbieten ist. Daß sich für die Repräsentanten der solcherart radikal und auf eingängige und populäre Weise umgewerteten Papstkirche der Dienst für diese Institution überall da, wo die Reformation vordrang, grundsätzlich gewandelt hatte, dürfte kaum zu bestreiten sein.

Durch die Reformation und den mit ihr verbundenen Verlust der religiösen Selbstverständlichkeiten erhielt auch der Verbleib in der ›alten‹ Kirche insbesondere für ihre klerikalen Repräsentanten die Qualität eines Bekenntnisses. Und auch die einzelnen Christenmenschen wurden durch die reformatorische Flugschriften- und Flugblattpublizistik zu einem Entscheidungsverhalten zwischen dem ›wahren‹ evangelischen und dem ›verlogenen‹ papistischen Prediger genötigt. Schon gegen Ende der zwanziger Jahre war die schroffe Alternative zwischen beiden Kirchen definitiv gestellt. Ein undatiertes Nürnberger Flugblatt dieser Zeit (siehe Abb. 29) stellt zwei Prediger und zwei Gemeinden einander gegenüber. Beide Bildhälften sind durch eine höchst ›moderne‹ klassische Renaissancesäule getrennt. Eine bärtige, huttragende Figur in der Mitte symbolisiert, was als Leseanweisung unterhalb der Textkolumnen, die die Lehren beider Prediger enthalten, als Appell an den Leser formuliert ist: »Hierinn urteil du frumer Christ | Welche leer die warhaffts ist.«[114] Doch um eine echte ›Wahl‹ konnte es natürlich nicht gehen; schon die Handgesten der Mittelfigur sprechen zugunsten des evangelischen Predigers: Er legt die Schrift aus, tritt im bürgerlichen Habit als gelehrter Mann auf und wendet sich einem seinerseits lesehungrigen, bildungsbeflissenen ›mittelständischen‹ Bürgertum gewissenhaft zu. Sein altgläubiges Gegenüber hingegen ist feist, wird vor allem von Wohlhabenden aufgesucht, die freilich Rosenkränze und keine Bücher benutzen und ungleich geringere Aufmerksamkeit für die ohne Bezug auf die Bibel gehaltene Predigt aufbringen. Die Summarien der Predigt des »Evangelischen« und des »Bepstischen Predigers«, die Hans Sachs gedichtet hat, konfrontieren das »heylsam[e] göttlich[e] wort« mit dem »Geyst« der vermeintlich »heyligen kirche«, die schriftgebundene Wahrheit mit der ungegründeten Meinung eines einzelnen Predigers, den Glauben an Christus mit rituellem Pomp.

Antithetische Bildprogramme mit entsprechenden Lehrsummarien sind Vehikel einer konfessionskulturellen Konfrontation auf der Ebene alltäglicher lebensweltlicher Entscheidungen: Niemand, so suggerieren die Produzenten solcher Blätter, könne sich der Alternative zwischen Heil und Unheil, Licht und Finsternis, Christus und Belial entziehen. Die mentale Polarisierung, die bereits die frühreformatorische Publizistik prägte, stellt eine entscheidende kulturelle Voraussetzung für die gesellschaftlichen und politischen Konfessionalisierungsprozesse des späteren 16. Jahrhunderts dar. Ehe die weltlichen Obrigkeiten in Stadt und Territorium darauf drängten, daß ihre Bürger und Untertanen einer bestimmten ›Konfession‹ zu folgen hätten, war der ›gemeine Mann‹ durch die reformatorischen wie die altgläubigen Prediger, Propagandisten und Publizisten mit der Vorstellung vertraut gemacht, daß es in Sachen des christlichen Glaubens nur ein Entweder-Oder geben könne, ein Mittelweg aber ausgeschlossen sei. Die Polarisierung zwischen zwei Lagern, die in den zwanziger Jahren des 16. Jahrhunderts weit fortgeschritten war, führte dazu, daß Vermittlungspositionen, wie sie einige Humanisten im Umkreis des Erasmus einzunehmen versuchten, im religiösen Meinungsstreit der Zeit eine zusehends marginalere Rolle spielten.

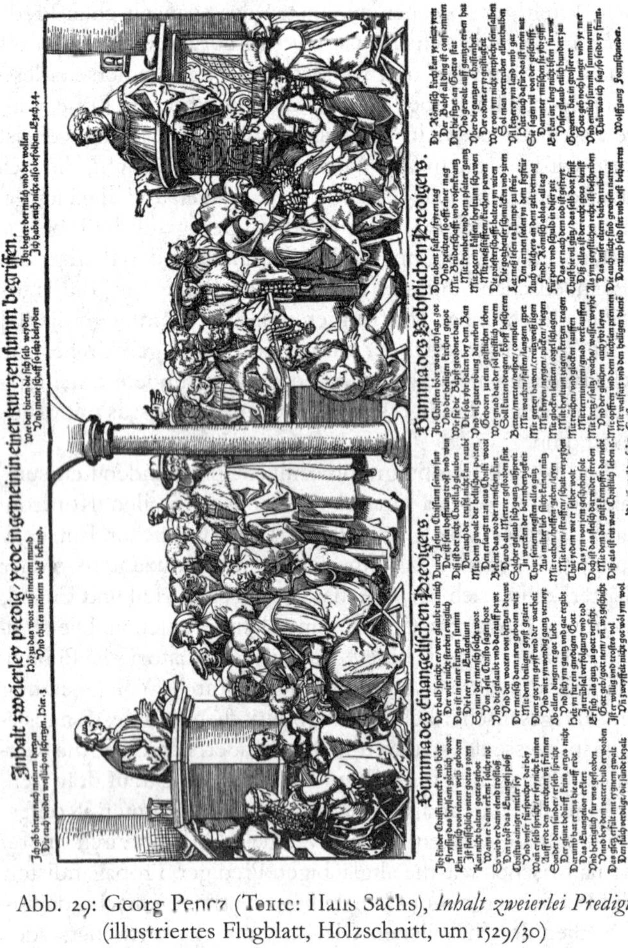

Abb. 29: Georg Pencz (Texte: Hans Sachs), *Inhalt zweierlei Predigt* (illustriertes Flugblatt, Holzschnitt, um 1529/30)

ALTGLÄUBIGER WIDERSTAND

Der Zwang zur Parteinahme, der die Reformation nachhaltig bestimmte, nötigte auch die humanistischen Gelehrten, die bei der römischen Kirche bleiben wollten, zu einem Wandel ihres Selbstverständnisses und ihrer Praxis. Gegen die Flut der reformatorischen Publizistik in der Volkssprache etwa konnte man mit lateinischen Schriften nicht ankommen. Also schrieben auch die katholischen Kontroverstheologen vermehrt deutsch und ließen sich damit auf eine Diskursform ein, die den nicht lesekundigen Laien notgedrungen stärker einbezog, als es von den Voraussetzungen einer auf der theologischen und kirchenrechtlichen Fundamentalunterscheidung der ›zwei Arten von Christen‹, der *clerici* und der *laici*, basierenden ekklesiologischen Konzeption her naheliegend war. Allerdings war es im Gesamt nicht mehr als die Hälfte der Publikationen der altgläubigen Kontroverstheologen, die in der Volkssprache erschienen – bis 1525 waren es 77 Schriften in 100 Drucken. Die Zahl der lateinischen Schriften lag bei 69, die in 131 Ausgaben[115] herauskamen; sie entsprach in etwa der Menge der lateinischen Schriften allein Luthers – nur daß diese in mehr als doppelt so vielen Ausgaben, 272 an der Zahl, vorlagen.

Die publizistische Asymmetrie zwischen den evangelischen und den altgläubigen Autoren korrespondierte mit dem Verhältnis von lateinischen und deutschen Drucken: Während sich die Bedeutung beider Sprachen bei den Altgläubigen in etwa die Waage hielt, dominierte bei den evangelischen Flugschriftenautoren die Volkssprache. Von den 18 wichtigsten evangelischen Publizisten erschienen bis 1525 insgesamt 554 deutsche Schriften in 2272 Ausgaben und 212 lateinische in 711 verschiedenen Drucken. Auch der Nachdruckkoeffizient war bei den deutschen Drucken der Evangelischen höher: Im Durchschnitt wurden von einer deutschen protestantischen Flugschrift 4,1 Nachdrucke produziert, während es bei den altgläubigen Kontroverstheologen nur 1,3 waren. Gleichwohl ist der Umstand, daß die altgläubigen Gegner Luthers und seiner Parteigänger trotz aller Vorbehalte die publizistische Kontroverse in der Volkssprache aufnahmen, ein Indiz für einen Wandel der literarischen Praxis, der mit der Reformation verbunden war.

Die Auseinandersetzung um Luthers Septembertestament

Dies zeigte sich auch im Umgang mit der deutschen Übersetzung des Neuen Testaments. Nachdem Herzog Georg von Sachsen im November 1522 durch ein Mandat den Besitz von Luthers ›Septembertestament‹ unter Strafe gestellt und eine Ablieferung der Exemplare gegen Rückerstattung des Kaufpreises angeordnet hatte,[116] publizierte sein Sekretär und Hofkaplan Hieronymus Emser, der wie der Landesherr infolge der Leipziger Disputation zu einem der entschiedensten Gegner des Wittenbergers geworden war (s. o. S. 233-243),[117] eine volkssprachliche Flugschrift, in der er diese Entscheidung begründete und etwa 1400 ›Übersetzungsfehler‹ nachwies, derer sich Luther schuldig gemacht habe.[118] Luther sah in diesem Verbot einen Akt tyrannischer Selbstüberhebung weltlicher Obrigkeit, die sich vermesse, »ynn Gottis stuel zu setzen und die gewissen und glawben zu meystern und nach yhrem tollen gehyrn den heyligen geyst zur schulen [zu] furen«.[119] Das Verbot seiner ersten Bibelübersetzung im albertinischen Sachsen diente ihm in seiner Schrift *Von weltlicher Obrigkeit* (1523) als Anlaß für grundlegende politiktheoretische Überlegungen zur Unterscheidung eines geistlichen und eines weltlichen Regiments. Sie zielte darauf ab, die Freiheit der Wortverkündigung, aber auch die Selbständigkeit der nach Kriterien weltlicher Vernunft zu gestaltenden gesellschaftlichen und politischen Verhältnisse zu sichern.

Emsers Kritik an Luthers Übersetzung basierte einerseits auf der Vorrangstellung der lateinischen Version, der Vulgata, gegenüber der von Luther zugrunde gelegten griechischen Textfassung des Erasmus, zum anderen auf der übersetzungstheoretischen Prämisse, daß ›Wort für Wort‹ übersetzt werden müsse. Luther hatte sich im Horizont der konkurrierenden zeitgenössischen Übersetzungstheorien eindeutig für eine sinngemäße, den Eigenheiten der deutschen Zielsprache entsprechende Übertragungskonzeption entschieden, die er 1530 in einem *Sendbrief vom Dolmetschen*[120] grundsätzlich reflektierte. Für Emser hatte die kirchlich autorisierte Vulgata einen unbedingten Vorrang vor dem originalsprachlichen griechischen Text; auch die volkssprachlichen Übersetzungen sollten von der Vulgata ausgehen. 1527 legte Emser auf der Basis dieser Prinzipien eine eigene Übertragung des Neuen Testaments vor; sie verwendete Luthers Bibelübersetzung, korrigierte diese aber punktuell nach der Vulgata. Luther diskreditierte dieses Verfahren als unerträgliches Plagiat: Der »Sudler zu Dres[d]en«, Emser, so ließ er die Öffentlichkeit wissen, habe »mein New Testament gemeistert«;[121] er habe »mein New Testament, fast von wort zu wort, wie ichs gemacht hab«,[122] übernommen, aber die Spuren getilgt, seinen Namen, Vorrede und Glossen eingesetzt und unter eigenem Namen verkauft. »Wann [= ei!], lieben Kinder, wie geschach mir [Luther] da so wehe, da sein Landsfurst [Herzog Georg] mit einer grewlichen vorrhede verdampt und verbot des Luthers New Testament zu lesen, Doch daneben gebot des Sudelers New Testament zu lesen, welches doch eben dasselbig ist, das der Luther gemacht hat.«[123] Emsers – Luthers Übersetzung des Neuen Testaments plagiierende – Ausgabe, von der bis zum Ende des 16. Jahrhunderts über zwei Dutzend Ausgaben erschienen sind, leistete einen wesentlichen Beitrag zur Verbreitung der Bibel in der Volkssprache. Als katholisches Gegenstück zu Luthers Neuem Testament blieb seine Ausgabe sprachlich weitgehend von der des Wittenbergers geprägt. Dem fundamentalen religionskulturellen Wandel hin zur volkssprachlichen Bibel, der durch die Reformation entscheidend dynamisiert worden ist, konnten und wollten sich auch die altgläubigen Theologen im Reich nicht entziehen.

Johannes Cochläus

Seit 1520/21 war es insbesondere für einen gelehrten Theologen unmöglich, sich der Entscheidung für oder gegen Luther, für oder gegen den Papst zu entziehen. Für das Selbstverständnis und den intellektuellen Habitus einzelner Theologen hatte dies beträchtliche Folgen. An dem Werdegang eines Mannes wie Johannes Cochläus, des produktivsten und wirkungsreichsten[124] der literarischen Gegner Luthers, kann man sich diesen fortschreitenden Zwang zur Parteinahme und seine lebensweltlichen Konsequenzen im Hinblick auf ein Gelehrtenleben exemplarisch vor Augen führen. Cochläus, 1479 in Raubersried, Pfarrei Wendelstein (lat. *cochlea*, »Wendeltreppe«), in Mittelfranken geboren, hatte seit 1504 an der Universität Köln studiert. 1507 war er Magister geworden und hatte eine erste Publikation über die Musik vorgelegt. Danach studierte er Theologie in den Bahnen der thomistischen *via antiqua*; 1510 wurde er als Leiter der St. Lorenz-Schule nach Nürnberg berufen. In den folgenden Jahren veröffentlichte er mehrere Unterrichtswerke über die lateinische Grammatik und die Musik, eine Kosmographie Deutschlands mit dem Titel *Germania*, eine Edition der ersten drei Bücher der *Meteorologie* des Aristoteles und anderes mehr. Mit der Nürnberger Humanistenszene um den Patrizier Willibald Pirckheimer, einen der potentesten Vorkämpfer der *bonae literae* und einer sich aus dem Geist der alten Sprachen erneuernden Theologie, war Cochläus intensiv verbunden. 1515 reiste er als Begleiter eines Neffen Pirckheimers nach Italien, wo er in Bologna, Ferrara (Promotion zum Dr. theol.) und Rom die Bibel, die Kirchenväter und Geschichte studierte. Weiterhin edierte Cochläus antike Texte, beschäftigte sich unaufgeregt mit Vallas Nachweis, daß die Konstantinische Schenkung eine Fälschung gewesen sei (s. o. S. 117), und bewegte sich in der inspirierenden, weiten und bunten kulturellen Welt der Renaissance. 1520 trat er dann eine Stellung als Dekan des Frankfurter Liebfrauenstifts an, die ihm bereits 1518 übertragen worden war.

An den lebhaften Debatten um den Bettelmönch aus Wittenberg, die seit dem Beginn des Ablaßstreits im Reich tobten, hatte Cochläus in Rom kaum Anteil genommen; in vereinzelten Äußerungen gegenüber Pirckheimer, der zunächst auch starke Sympathien für Luther hegte, deutete sich geradezu eine gewisse Zustimmung des Humanisten zu Luthers Kampf gegen obskure scholastische Geister an.[125] Doch 1520, über der Lektüre vor allem von Luthers Schriften *An den christlichen Adel* und *De captivitate Babylonica*, den ersten literarischen Antworten des Wittenbergers auf die bald erwartete beziehungsweise soeben eingetretene Verdammung durch die Papstkirche, wurde aus dem indifferenten humanistischen Religionsintellektuellen Cochläus der unnachgiebige Kämpfer gegen die lutherische Ketzerei, als der er sich unübersehbar in die Annalen der Reformationsgeschichte eingeschrieben hat. Im Laufe der nächsten drei Jahrzehnte hat Cochläus, der 1523 in der Nachfolge seines Freundes Emser Hofkaplan Herzog Georgs von Sachsen wurde und erst nach der Einführung der Reformation im albertinischen Sachsen (1539) auf Kanonikate in Breslau und Eichstätt wechselte, unermüdlich gegen Luther und die Reformation geschrieben. Unter den mehr als 200 kontroverstheologischen Schriften ragt sein monumentales Alterswerk, ein Kommentar zu Luthers Leben und Werk (1549),[126] heraus.

Im Zusammenhang des Wormser Reichstages war es im April 1521 zu einer persönlichen Begegnung zwischen Luther und Cochläus gekommen. Cochläus war als Vertrauensmann Nuntius Aleanders, den er kurz zuvor durch den kurmainzischen Rat Capito kennengelernt hatte, in Vermittlungsgespräche eingeschaltet worden, die der Erzbischof von Trier, Richard von Greiffenklau, in den Tagen nach Luthers Verhör führte. In der späteren Erinnerung an diese Begegnung will Cochläus von Luther erbeten haben, er wolle »widerrieffen, net me [nicht mehr], den daz wider den glauben und wider die christlichen kirchen offenlich sei«.[127] Bei einem weiteren Gespräch in Luthers Unterkunft diskutierte man über Fragen der Abendmahlstheologie. Für seine Berufung auf den Kirchenvater Ambrosius, der den Sachgehalt der im IV. Laterankonzil von 1215 dogmatisierten Transsubstantiationslehre bereits vertreten habe, erntete Cochläus aus dem Kreis von Luthers Begleitern nichts als Spott. Als Cochläus Luther um biblische Zeugnisse für dessen These, »ye weniger gesetz, ye besser recht«,[128] die er am Anfang seines *Sermons vom Neuen Testament* propagiert hatte, bat, soll der Wittenberger nur geantwortet haben: Es sei ihm »geoffenbart«.[129] Durch welche prophetischen Wunderzeichen dies geschehen sei, erläuterte er aber nicht. Seit dieser persönlichen Begegnung mit Luther stand für Cochläus fest, daß dieser ein gefährlicher Aufrührer, ein prophetischer Phantast, ein sich selbst widersprechender Irrlehrer sei.

Der persönliche Wandel, den die Reformation für Cochläus bedeutete, bestand darin, daß er fortan rastlos und beinahe ausschließlich mit dem literarischen Kampf gegen Luther und dessen Parteigänger beschäftigt war. Wie kein zweiter spürte Cochläus vermeintliche oder wirkliche Widersprüche zwischen frühen und späteren Werken und Aussagen des Wittenbergers auf; sein *Lutherus Septiceps* (1529; dt.: *Sieben Köpfe Martini Luthers*; Abb. 30)[130] und eine ähnliche Schrift, in der er Luthers durchaus spannungsreiche Aussagen zur Türkenfrage über den Zeitraum eines Jahrzehnts[131] kommentierte, aber auch viele andere seiner Schriften sind Monumente eines von Verachtung der Ketzerei angetriebenen stupenden Fleißes. Niemand unter seinen Feinden dürfte Luthers Schriften gründlicher und umfassender gekannt haben als Cochläus. Und auch kaum jemand hat den Zusammenhang zwischen Luther und dem Aufstand der Bauern, zwischen Luther und den ihm fremd gewordenen ›Radikalen‹, zwischen Luther und den Verwerfungen im reformatorischen Lager klarer erkannt als Cochläus. Seine ebenso gelehrten wie von fanatischem Haß gegen Luther geprägten *Commentaria* bestimmten das katholische Lutherbild für Jahrhunderte. Die persönliche und literarische Begegnung mit Luther veranlaßte den umfassend interessierten Humanisten zu einem grundstürzenden Wandel seiner Lebensrichtung; er wurde ein geradezu monomaner

Abb. 30: Johannes Cochläus, *Sieben Köpfe Martini Luthers* (Titelseite, Holzschnitt, 1529)

Streitschriftsteller, ein glühender Verteidiger seiner, der römischen Kirche.

GRENZEN DES FRÜHREFORMATORISCHEN WANDELS

Bisweilen also schnitt die Reformation tief in die Biographien einzelner Menschen oder Gruppen ein. Dies galt insbesondere für Menschen, die sich aktiv zur Reformation verhielten, sei es im Sinne der Affirmation, sei es im Sinne der kämpferischen Abwehr. Für sie stellte die Reformation ein kollektives Phänomen beschleunigten Wandels dar. Einige dieser Wandlungsmomente blieben ephemer, andere stellten sich als nachhaltig heraus. Gesteigerte öffentliche literarische Aktionsmöglichkeiten nicht lateinkundiger Laien lassen sich vor allem in den wenigen Jahren zwischen dem Wormser Reichstag und dem Bauernkrieg nachweisen; weder vorher noch nachher vermochten sie eine vergleichbare Rolle zu spielen. Das tätige Präsentwerden der Laien zeigt zugleich die Dynamik der frühreformatorischen Veränderungen und ihr Ende an.

Die zwanziger Jahre waren eine Zeitspanne extremster Bewegtheit; die ganze Welt schien Kopf zu stehen. Andere Zeitspannen des 16. Jahrhunderts verliefen erheblich ›langsamer‹. Diese Mehrschichtigkeit der Wandlungsdynamiken ist ein Schlüsselproblem der Reformationsgeschichte. Bei der Frage, ob die Reformation als Umbruch oder Teil eines langzeitperspektivischen Wandels zu bewerten sei, ist entscheidend, wie man mikro- und makroskopische Aspekte aufeinander bezieht. Im Leben der Katharina Schütz-Zell etwa waren nach allem, was wir von ihr wissen, die frühen zwanziger Jahre des 16. Jahrhunderts, als sie einen Priester heiratete und literarisch für die Reformation eintrat, die entscheidende Phase ihres Lebens. Die durch ihre und anderer Aktivitäten entstandene Institution, das evangelische Pfarrhaus, gehörte zu den nachhaltig wirksamen sozialgeschichtlichen Folgeerscheinungen der Reformation; in ihrem Fall korrespondiert also ein biographischer mit einem gesellschaftsgeschichtlich folgenreichen ›Wandel‹. Bei anderen Biographien ist dies schlechterdings nicht der Fall: Das Auftreten der Argula von Grumbach, der Laien Schönichen, Weyda, der Zwickauer Propheten und vieler anderer Protagonisten blieb Episode. In der »Langzeitperspektive des Wandels«[132] haben ihre Geschichten dramatischer persönlicher Entscheidungen, Wagnisse und Enttäuschungen wohl keinen Ort. In einer Geschichte der Reformation, in der es um das Handeln, Fühlen und Sich-selbst-Verstehen von Menschen geht, die den Kampf um die religiöse Wahrheit zu ihrer Sache machten, dürfen ihre fragilen und ephemeren Geschichten des ›Wandels im kleinen‹ aber nicht fehlen.

KAPITEL 8
RITTERSCHAFTLICHE, BÄUERLICHE UND FÜRSTLICHE REFORMATIONEN

Die sozialen Großgruppen des Zeitalters, die Bauern und die Bürger, der niedere und der hohe Adel, waren nicht prinzipiell für oder gegen die Reformation eingestellt. Doch rezipierte oder entwickelte jeder dieser sozialen Kreise oder Stände bestimmte Inhalte oder Handlungsformen, die in der reformatorischen Bewegung auftraten, in einer den spezifischen Bedingungen ihrer Existenz entsprechenden Weise. Die Aneignungen städtischer, bäuerlicher, territorialfürstlicher oder ritterschaftlicher Reformationen standen nicht beziehungslos nebeneinander. In bezug auf die siegreichen städtischen und territorialen Reformationsprozesse bestehen Zusammenhänge etwa hinsichtlich der Verläufe – auch in den Territorien waren zumeist die Städte die Ausgangspunkte –, der Ordnungsstrategien oder der agierenden Eliten. Manche der entscheidenden Funktionsträger in den Territorialstaaten waren nach Herkunft und mentalem Zuschnitt Städter; manche Stadträte gerierten sich nicht weniger obrigkeitlich, als es Territorialfürsten taten; gemeinsam war ihnen auch der Drang, die überkommenen geistlichen Institutionen unter ihre Kontrolle zu bringen, sie zu domestizieren oder auszuschalten.

Die Ritterschaftsbewegung der Jahre 1522/23 und der Bauernkrieg (1524/25) stellen hingegen soziale und politische Aneignungsprozesse reformatorischer Vorstellungen dar, die historisch gescheitert sind. Beide soziale Gruppen, die Bauern und die Ritter, befanden sich im frühen 16. Jahrhundert in einer Situation des politischen Geltungsverlustes und der sozialen Destabilisierung. Beiden war gemeinsam, daß es besonders die Intensivierung fürstenstaatlicher Herrschaft war, die ihre angestammten Rechte bedrohte; in beiden war die Tendenz ausgeprägt, die bedrückende Gegenwart nach Maßgabe des alten Herkommens, der Tradition und der besseren alten Zeit zu korrigieren. Beide sahen in bestimmten Inhalten und Tendenzen reformatorischer Theologie ein probates und willkommenes Mittel, die spezifischen Interessen ihres Standes zu artikulieren und zu legitimieren. Beider Scheitern stabilisierte den Fürstenstaat. Punktuelle Allianzen zwischen einzelnen Vertretern des niederen Adels und den Bauernschaften unterstreichen diese Zusammenhänge, und einige Publikationen aus dem Umkreis Ulrich von Huttens, etwa der *Neu-Karsthans* (s. o. S. 315-317), lieferten historische Vorbilder der in antiklerikalem Kampf gesammelten Gemeinschaftlichkeit von Ritter- und Bauernschaft. Von einem tiefgreifenden Unterschied allerdings war die historische Bedeutung beider Bewegungen: Die Ritterschaftsbewegung war ein kurzes Feuer von begrenzter regionaler Ausstrahlung, der Bauernkrieg war ein Flächenbrand, der auch die Reformation in ihrem Charakter veränderte. Nach dem Bauernkrieg verlor ein Engagement von Laien, das nicht von den Inhabern legitimer obrigkeitlicher Gewalt ausging, seinen Rückhalt bei den theologischen und politischen Protagonisten der Reformation.

DIE RITTERSCHAFTSBEWEGUNG (1522/23)

Schon zu Beginn des Jahres 1520 war Luther durch Ulrich von Hutten, den humanistischen Poeten aus reichsritterlichem Geschlecht, der nach einem juristischen Studium in Italien in Kurfürst Albrecht von Mainz seinen Gönner gefunden hatte und seit 1519 mit dem mächtigsten der Reichsritter, Franz von Sickingen, in engster freundschaftlicher Verbindung stand, der Unterstützung der Reichsritterschaft versichert worden (s. o. S. 264).[1] »Laßt uns die allgemeine Freiheit (›communem libertatem‹) retten; laßt uns das bedrängte Vaterland (›patriam‹) befreien«,[2] rief Hutten, seit der Leipziger Disputation für Luther und seine Sache entflammt, dem Wittenberger Augustinermönch zu. Seinen eigenen nationalen

Befreiungskampf, den er mit der Beschwörung der alten Herrlichkeit des Rittertums ideologisch verklärte und im Kampf gegen Rom fokussierte, wollte er mit Luthers Anliegen verbinden.

Sickingen, der aus einer Kraichgauer Ritterfamilie stammte und als kurpfälzischer Amtmann von Kreuznach tätig war, hatte als Fehdeunternehmer, Condottiere und Feldherr in kaiserlichen Diensten eine erhebliche militärisch-politische Macht um sich gesammelt; seinen Standesgenossen aus der Reichsritterschaft war er ein bewundertes Vorbild. Durch Fehdezüge gegen Lothringen, die Pfalz und Hessen suchte er sich ein eigenes Territorium zu schaffen. Insbesondere in der Konfrontation mit den geistlichen Fürsten sahen er und andere Ritter einen Weg, die territorialen Grundlagen für den Aufbau einer eigenen Landesherrschaft zu gewinnen. Im Kontakt mit Hutten, der seit 1520 mit einer Reihe reformationsgesinnter Theologen wie Johannes Oekolampad, Martin Bucer, Kaspar Aquila (1488-1560), später Prediger in Wittenberg und Superintendent im thüringischen Saalfeld, Johannes Schwebel (1490-1540), Reformator Zweibrückens, und vielleicht auch Otto Brunfels, nachmals Prediger im Breisgau, Schulmeister in Straßburg und zuletzt Stadtarzt von Bern, auf der Sickingenschen Ebernburg oberhalb von Kreuznach unterkam, festigten sich die evangelischen Überzeugungen des Ritters und erhielten eine zugleich kämpferisch-antiklerikale und nationale Zuspitzung. Sickingen ließ auf der Ebernburg, der »Herberge der Gerechtigkeit«[3] – wie Hutten sie nannte –, frühzeitig evangelische Gottesdienste mit volkssprachlicher Liturgie und Abendmahl unter beiderlei Gestalt feiern. Mit anderen Standesgenossen wie Dieter von Dalberg und Hartmut XII. von Cronberg (1488-1549), einem eifrigen Publizisten volkssprachlicher Flugschriften, war Sickingen der Meinung, daß die Messe nur noch an Sonntagen gefeiert werden sollte. Eine entsprechende Empfehlung hatte auch Luther gegeben; von der Wartburg aus widmete er Sickingen einen Sermon über die Beichte.[4] Das Ebernburgmilieu war eine Art Kaderschmiede und Experimentierfeld reformatorischer Neuerungen; manche der zahlreichen anonymen Flugschriften der frühen zwanziger Jahre, die in Worms, Speyer, Mainz oder Straßburg erschienen sind, möchte man der agilen Truppe der Reformationsaktivisten im Umkreis Sickingens und Huttens zuschreiben. Möglicherweise war die verkehrsstrategisch günstig gelegene Burg Sickingens zeitweilig eine Art Strategiezentrum der frühen oberdeutschen Reformationsbewegung, ehe sie in Orten wie Straßburg oder Worms Fuß zu fassen vermochte.

Daß sich die oberrheinische Ritterschaft um Sickingen, aber auch die Ritter anderer Landschaften durch Luthers Programmschrift *An den christlichen Adel deutscher Nation* besonders angesprochen, ja in ihrem politischen Gewicht aufgewertet fühlten, kann als sicher gelten. Und man darf auch voraussetzen, daß Luther auf die Zustimmung der Reichsritterschaft, die schon vor dem Erscheinen der Adelsschrift den Kontakt mit ihm gesucht hatte, spekulierte. Für einen Kampf gegen die weltliche Herrschaft geistlicher Prälaten, wie ihn die Ritterschaft führte, ließen sich der Adelsschrift mühelos zahlreiche Motive und Argumente entnehmen.

Im Sommer 1522 formierte sich unter Sickingens Führung eine »brüderliche Vereinigung« der oberrheinischen Ritterschaft, die mit einer vergleichbaren fränkischen Adelseinung in Verbindung stand. Bundesschlüsse dieser Art waren auch vor 1518 verbreitet. Ähnlich den fiktiven Bündnissen in der Flugschriftenserie der *15 Bundesgenossen* (s. o. S. 317), eines anonymen Augsburger Flugschriftenzyklus[5] oder des bäuerlich-ritterschaftlichen Bundesschlusses im *Neu-Karsthans*[6] stellte sich die im August 1522 in Landau für sechs Jahre besiegelte »brüderliche vereynigung, geselschafft, oder verstendtnuß«[7] der Ritterschaft als eine christliche Gesinnungsgenossenschaft zur Mehrung des »gemeynen nutzes« und zur »fürderung fridens unnd rechten«[8] dar. Man verpflichtete sich darauf, »sich gotslesterlicher schwür und wort, überflüssigs zutrinckens auch anderer unerbern, unzimlichen ⟨…⟩ thaten und sachen«[9] zu enthalten, seine Untertanen in diesem Sinne zu unterweisen und einander in Fällen äußerer Bedrohung beizustehen.

Die kurz nach dem Abschluß des Vereinigungsdokuments, das die Ritter im Namen der »heiligen unzerteylten Dreifaltigkeit«[10] ausgehen ließen, beginnende Fehde Sickingens gegen den Trierer Erzbischof Richard von Greiffenklau wurde von den reformationsgesinnten Propagandisten seines Umfeldes als Kampf für das Evangelium proklamiert. Land und Leute, Ehre, Leib und Leben wage der fromme Ritter, um das Evangelium auszubreiten und die Ehre Gottes zu suchen, ja, die geschundene Christenheit aus dem »schweren entchristlichen joch und gesetz der pfaffheit« zu befreien und zu »evangelischen lichten Gesetzen und christlicher Freiheit zu bringen«.[11]

Das Evangelium, wie Sickingen es verstand, war ein Appell zum Pfaffenkrieg, der mit ritterlichem Wagemut – getreu einem seiner Wahlsprüche: »In der äußersten Not soll man wagen und handeln, nicht lange überlegen«[12] – zu führen war. Doch die Belagerung Triers scheiterte; im Frühjahr 1523 schlugen der Erzbischof, der Landgraf von Hessen und der pfälzische Kurfürst, die sich gegen den Raubritter verbündet hatten, vernichtend zu. Am 7. 5. 1523 mußte Sickingen auf seiner Burg Landstuhl kapitulieren. Wenige Stunden später erlag er seinen Verletzungen. Im Nachgang der Sickingenschen Fehde statuierte das Heer des habsburgnahen Schwäbischen Bundes an den schwäbischen und fränkischen Rittern, die von der Fehde nicht abließen und wie Sickingen politische Selbständigkeit erstrebten, ein Exempel. Die mit Hilfe vereinzelter reformatorischer Motive dynamisierte Ritterschaftsbewegung wurde von den Territorialfürsten definitiv in ihre Grenzen gewiesen. Die alte Herrlichkeit des niederen Adels war auch durch theologische Anleihen der Reformation nicht wiederherzustellen. Auch in der reformatorischen Publizistik verlieren sich in den späteren zwanziger Jahren die Spuren der Ritter.

BÄUERLICHE REFORMATION UND BAUERNKRIEG (1524/25)

Hatte Luther, 1522 im Habit des Junkers Jörg von Lucas Cranach visuell inszeniert, um den Adel regelrecht geworben, so waren es im Falle der Bauern eher reformationsgesinnte oberdeutsche Humanisten, die mit der Karsthans-Figur (s. o. S. 313-315 und 331-333), der *Göttlichen Mühle* der beiden schweizerischen Bauern (s. o. S. 310-313) und vielen anderen Texten mentale Brücken zwischen Bauerntum und Reformation gebaut hatten. Mit der Aufhebung der Zweiteilung von Klerus und Laien und der Konzeption des Priestertums aller Gläubigen war überdies die entscheidende theologische Voraussetzung dafür geschaffen, dem bislang als ›tumb‹ und unsensibel geltenden Bauern besondere religiöse Begabungen zuzuschreiben. Ein Bekenntnis, wie Luther es in der Adelsschrift ablegte: »Das weysz ich wol, das viel gotlicher weere acker werck mehren und kauffmanschafft myndern«,[13] ließ antikapitalistisch-modernisierungskritische Töne anklingen, die sich unter der an traditionellen Werten orientierten Bauernschaft besonderer Resonanz erfreuen mochten. Karlstadts Selbstinszenierung als neuer bäuerlicher Laie und die Auftritte von predigenden Bauernpropheten und ›Karsthansen‹, hinter denen zumeist entlaufene Priester oder Mönche standen, bezeugen, daß man in den frühen zwanziger Jahren des 16. Jahrhunderts auf eine neuartige Vielfalt der Beziehungen zwischen Protagonisten der Reformation und der bäuerlichen Lebenswelt – oder dem, was die gelehrten Agitatoren dafür hielten – stößt und daß die Vorstellung verbreitet war, die ›einfachen‹, unverbildeten Bauern seien Träger geistgewirkter Erkenntnisse. In der populären Gattung der Dialoge ist der gewitzte, die Gelehrten auf hintersinnige Weise belehrende Bauer eine Schlüsselfigur. Und auch traditionelle soziale und religiös-emanzipatorische Forderungen der Bauernschaften im Zusammenhang mit dem Zehnten[14] oder dem Recht auf freie Pfarrerwahl, die von kommunalistischem Geist[15] getragen waren und der unwürdigen Versorgung ländlicher Gemeinden durch miserabel ausgebildete und sozial entwurzelte Pfarrvikare aus dem ›Klerikerproletariat‹ zu wehren suchten, fanden eine frühe und breite Resonanz in der frühreformatorischen Publizistik.

Die ständeübergreifende Dynamik der frühreformatorischen Bewegung schuf, so scheint es, Verbindungen,[16] Begegnungen und Zusammenhänge zwischen Stadt und Land, Bauern und Bürgern, die weit über die hinausgingen, die vor 1520 und nach 1525 üblich waren. Unter dem Panier des Evangeliums sammelten sich auch manche derer, die zu den Opfern und Verlierern der frühkapitalistischen ökonomischen Modernisierungsprozesse gehörten. In einigen Regionen kam es zu einem Zusammenspiel zwischen städtischen Aufstandsbewegungen, Revolten der Bergknappen in den Montanregionen und dem ›Bauernkrieg‹, der als Syndrom unterschiedlicher Konflikte zu beschreiben ist.

Die singularische Bezeichnung der vielfältigen Kriegs- und Aufstandsereignisse der Jahre 1524/25 als *›Bauernkrieg‹* ist durch den inneren Zusammenhang der Vorgänge zwischen den einzelnen Aufstandsregionen gerechtfertigt: Die Kunde des vom Schwarzwaldgebiet ausstrahlenden Aufstandes griff seit Juni 1524 auf weitere Regionen über, wobei die Verbindung zu einigen städtischen Reformationsprozessen begünstigend wirkte. Etwa in Waldshut, wo der gelehrte Theologe Balthasar Hubmaier eben jetzt eine zunächst am Vorbild Zwinglis orientierte städtische Reformation durchführte, oder in Memmingen, wo Christoph Schappeler 1524/25 dasselbe gelang, lassen sich enge Verbindungen zwischen Bauern- und Bürgerschaften nachweisen, die sich nicht zuletzt aus der gemeinsamen Opposition gegen die habsburgische Herrschaft speisten.

Die »Zwölf Artikel Gemeiner Bauernschaft«

Die maßgebliche Programmschrift der aufständischen Bauern, die sogenannten *Zwölf Artikel* der schwäbischen Bauernschaften, wurde – so die bis heute plausibelste Verfasserhypothese – im Februar 1525 von dem Memminger Kürschnergesellen und Feldschreiber Sebastian Lotzer formuliert und von Schappeler mit einem Vorwort versehen.[17] Die Schrift verdankt ihr Entstehen also dem engen Kontakt von städtischen Laien, reformatorischen Theologen und Bauern. Die massenhafte Verbreitung dieses wichtigsten Programmtextes der bäuerlichen Reformation, der in etwa zwei Dutzend Drucken publiziert wurde und damit zu den meistgedruckten Texten der Reformationszeit gehört, trug wesentlich dazu bei, daß sich die Forderungen der Bauern vielerorts anglichen und ein Gesamtereignis ›Bauernkrieg‹ entstand. Auch die Verbindung religiöser Vorstellungen im Sinne der Reformation und sozialer Forderungen dürfte den Erfolg der *Zwölf Artikel* ermöglicht haben.

Der »Grund aller artickel« der Bauern, so heißt es in der Vorrede des Programms, bestehe darin, »daz euangelion zu hören und dem gemeß zu leben«.[18] Da die Bauern das »euangelion zur leer und leben«[19] begehrten, könnten ihre Artikel nicht aufrührerisch sein; denn das Evangelium sei niemals eine Ursache von Empörungen. Daß die Forderung nach einer freien Pfarrerwahl durch die »gantzen gemain« an den Anfang der Artikelliste gestellt war, unterstrich, daß die lautere und klare Predigt des Evangeliums »one allen menschlichen zusatz, leer und gebot«[20] das zentrale religiöse Anliegen der Bauern war. Der zweite Artikel sah die Verwaltung des Kornzehnten in gemeindlicher Verantwortung vor; er sollte der Pfarrerbesoldung und der Armenversorgung dienen. Der kleine oder Viehzehnt sollte abgeschafft werden. Der dritte Artikel forderte die Aufhebung der Leibeigenschaft mit der christologischen Begründung, daß »uns Christus all mitt seynem kostparlichen plutvergussen erlöst unnde erkaufft hat«.[21] Aus der Bibel folge also, »das wir frey syen und wöllen sein«.[22] Diese Freiheit bedeute nicht, keine Obrigkeit anzuerkennen, im Gegenteil: Der von Gott eingesetzten Obrigkeit wolle man »in allen zimlichen und christlichen sachen geren gehorsam sein«.[23] Die mit Nachdruck abgelehnte Leibeigenschaft der Bauern bezog sich auf eine besonders in Oberschwaben recht neuartige Erscheinung, die als »Ergebnis eines herrschaftlichen Intensivierungsprozesses«[24] zu gelten hat. Die Tatsache, daß in Artikel 11 die Abschaffung des sogenannten »todtfalls«,[25] einer beim Tod eines Leibeigenen vom Herrn erhobenen Abgabe, gefordert wurde, ist als Indiz einer sozialen Verschlechterung der Bauern und ihrer gewachsenen Abhängigkeit von adligen und klösterlichen Grundherrn zu bewerten.

Weitere Artikel der Bauern betrafen das alte genossenschaftliche Recht auf die Nutzung der Allmende, das durch herrschaftliche Zugriffe eingeschränkt oder abgeschafft worden war: das Recht einer freien Jagd in Wäldern und Flüssen, der Holz- und der gemeindlichen Nutzung von Wiesen und Äckern (Artikel 4-6 und 10). Die den Bauern abverlangten Dienstleistungen und Pachtzinsen sollten aufgegeben, reduziert beziehungsweise durch unabhängige Schätzer ermittelt und neu festgesetzt werden (Artikel 7-9). Man wollte sich den Obrigkeiten also nicht entziehen oder sie gar abschaffen und enteignen; man strebte an, faire Bedingungen auszuhandeln, die eine weitere Verelendung des Bauernstandes verhindern und seine eigenständige politische Bedeutung sichern sollten.

Die Bauern und die sie beratenden Städter unterstellten sich und ihre Forderungen dem Wort Gottes.[26] Sie gingen davon aus, daß ihre Artikel auf der Bibel basierten oder nur von ihr widerlegt werden könnten. Die Anwendung des reformatorischen Schriftprinzips zur Legitimation der sozialen und rechtlichen Anliegen der Beschwerden stellte die eigentliche Neuheit der bäuerlichen Reformationskonzeption gegenüber den vorreformatorischen Bauernaufständen dar. Wohl erst der religiöse Gehalt der *Zwölf Artikel* hat ihrer immensen Wirkung den Weg bereitet. Insofern stellt der Bauernkrieg eine spezifische Rezeptions- und Aneignungsform reformatorischer Theologie dar. Das ›göttliche Recht‹ des Evangeliums schuf eine Resonanz- und Legitimationsbasis der religiösen, ökonomischen und politischen Forderungen der Bauern, die

An die versamlung gemayner Pawer-
schafft/so in Hochteütscher Nation/vnd vil ande
rer ort/mit empörung vñ auffrůr entstandē.ꝛc.
ob jr empörung billicher oder vnpillicher ge
stalt geschehe/ vnd was sie der Oberkait
schuldig oder nicht schuldig seind.ꝛc.
gegründet auß der heyligen Göt-
lichen geschrifft/von Oberlen-
dischen mitbrüdern gůtter
maynung außgangen
vnd beschriben.ꝛc.

Hie ist des Glückradts stund vnd zeyt
Gott wayst wer der oberist bleybt.

Hie Pawrßman gůt Christen.
Hie Romanisten vnd Sophisten.
Wer meret Schwytz
Der herren gytz.

Abb. 31: *An die Versammlung gemeiner Bauernschaft* (1525)

ihre Solidarisierung über die Grenzen der eigenen Herrschaft hinweg ermöglichte (Abb. 31).

Der Aufstand der Bauern

Der Bauernaufstand (siehe Abb. 32) begann im Sommer 1524 in der Grafschaft Stühlingen im südlichen Schwarzwald. Im Herbst und Winter zogen Bauernhaufen umher; die regionale Zusammenrottung der Bauern und die Weise ihres Agierens hingen von den Verhältnissen der jeweiligen Herrschaft ab, die zumeist auch der Adressat ihrer Beschwerden war. Klosterstürme dienten vor allem der Sicherung der Verpflegung. Der Stühlinger Bauernhaufen wurde von den Waldshutern unterstützt, die gegen ihren habsburgischen Stadtherrn aufbegehrten. Im Februar 1525 wurden die ›christliche Vereinigung‹ der Bauern der Fürstabtei Kempten ausgerufen und das Allgäu Aufstandsgebiet. Die Anspannung stieg beträchtlich an, als Ulrich von Württemberg mit einem Söldnerheer aus seinem schweizerischen Exil die Verbindung mit den Bauernhaufen suchte; er war nach einer Reihe von Skandalen – der Ermordung seines Hofdieners Hans von Hutten, die Ulrich von Hutten publizistisch ausbreitete, der Flucht seiner Ehefrau Herzogin Sabina von Bayern und der willkürlichen Besetzung der Reichsstadt Reutlingen – 1519 als Landfriedensbrecher durch den die Fürsten und Reichsstädte des Südwestens vereinigenden Schwäbischen Bund außer Landes vertrieben worden. Die ›christliche Vereinigung‹ des Allgäus schloß sich mit dem ›Seehaufen‹ der Bodenseebauern und dem Baltringer Haufen rechts der Donau zusammen.

In Memmingen, dem geographischen und logistischen Zentrum der Bewegung, gab man sich auf der Grundlage eines Entwurfs Sebastian Lotzers eine *Bundesordnung*, die in ihrem demonstrativ irenischen Duktus ein wenig an die ritterschaftliche Vereinigung von Landau erinnert.[27] Luther, Melanchthon, Osiander in Nürnberg, Matthias Zell in Straßburg und andere reformatorische Lehrer wurden am Schluß des Doku-

Abb. 32: Der deutsche Bauernkrieg (1524-26)

ments als »doctores« aufgeführt, die im Sinne des göttlichen Rechts gutachten könnten.[28] Koordinierte Aktionen der Bauernhaufen, wie sie für den oberschwäbischen Bereich im März 1525 von Memmingen ausgingen, blieben eher die Ausnahme oder begegneten nur dort, wo – wie im Elsaß mit Erasmus Gerber (gest. 1525) oder in Tirol mit Michael Gaismair (um 1491-1532) – überzeugende Führerpersönlichkeiten auftraten. Die vermutlich im März 1525 erfolgte Publikation der *Zwölf Artikel*, in denen die enge Verbindung des Bauernaufstandes mit der reformatorischen Bewegung dokumentiert und propagiert wurde, stellte den wohl wichtigsten Faktor einer überregionalen Integration der unterschiedlichen regionalen Erhebungen dar.

Seit dem Frühjahr 1525 griff der Aufstand auf Franken, Thüringen, die Pfalz und das Elsaß über; etwas später waren auch Tirol, Salzburg und Innerösterreich betroffen. In Thüringen, der Steiermark und Tirol kam es zu einer Verbindung der aufständischen Bauern mit revoltierenden Bergknappen. Bald sollen 300 000 Bauern im Aufstand gewesen sein, ein gewaltiges ›Heer‹, das dann, wenn es militärisch koordiniert zu agieren vermocht hätte, schwerlich niederzuringen gewesen wäre. In Memmingen wurde eine bäuerliche Kanzlei eingerichtet, die die Verhandlungen mit dem Schwäbischen Bund führte. Ein vom Odenwälder Haufen initiiertes »Bauernparlament«,[29] das gemeinsame Belange der oberdeutschen Haufen, aber auch allgemeine Pläne der Reichsreform in Heilbronn beraten sollte, kam wegen mangelnder Beteiligung nach militärischen Rückschlägen nicht mehr zustande. Am 17. 4. 1525 schlossen der Allgäuer und der Bodenseehaufen mit dem Schwäbischen Bund den *Vertrag von Weingarten*; noch im April erfolgte ein Druck.[30] Luther nahm die Kunde von dieser Verständigung »mit grossen frewden als eyne besondere gnade Gottes«[31] auf und sah darin einen geeigneten Weg, auch »ynn unsern landen«,[32] also im mitteldeutschen Aufstandsgebiet, eine militärische Eskalation zu verhindern. Deshalb ließ er den Vertrag von Weingarten mit einer Vorrede nachdrucken.[33] Der Vertrag sah vor, daß die Bauernhaufen ihre Bündnisbriefe zurückgaben, sich auflösten und in ihre Dörfer zurückgingen, geraubtes Gut, soweit möglich, zurückerstatteten und gelobten, die bisherigen Verpflichtungen gegenüber ihren Herrschaften einzulösen. Dann sollte es zu Verhandlungen über eine Verbesserung ihrer sozialen Lage unter Schaffung eines beider Interessen wahrenden Schiedsgerichts kommen. Mit dieser Vereinbarung freilich gaben die Bauern ihren einzigen Trumpf aus der Hand, der in der Zusammenballung vieler bestand.

Während in Oberschwaben Frieden einzog, gelang es dem Neckartal-Odenwälder Haufen, geführt von Wendel Hipler (1465-1526), einem studierten Verwaltungsexperten, der in hohenlohischen und kurpfälzischen Diensten gestanden hatte, und Götz von Berlichingen (um 1480-1562), einem versierten Raubritter, Bischof Wilhelm III. von Straßburg (reg. 1506-41), dem Statthalter des Mainzer Erzbischofs, im *Miltenberger Vertrag*[34] (7. 5. 1525) die Anerkenntnis der *Zwölf Artikel* abzutrotzen. Überall da, wo die Bauern sich durchsetzen konnten, kamen nun Verfassungsentwürfe und Programme auf, die eine umfassende »reformation«[35] des Reichs anstrebten. Dem Elsässer Haufen gelang es, rund vier Wochen lang das Gebiet zu halten; dann wurde es vom Herzog von Lothringen mit Hilfe niederländischer und spanischer Söldner zurückerobert. Etwa 18 000 Bauern sollen den Tod gefunden haben. Vermittlungsversuche Straßburger Theologen und Politiker waren gescheitert. Auch in Württemberg gerieten die Bauern nun vollends ins Hintertreffen: Bei einer Schlacht in Böblingen gelang Georg Truchseß von Waldburg (1488-1531), dem Feldherrn des Schwäbischen Bundes, ein triumphaler Sieg.

Seit dem Spätjahr 1524 war auch jener Theologe in nähere Kontakte zu den Bauern getreten, der gemeinhin als ihr schillerndster religiöser Führer gilt: Thomas Müntzer. Seit Beginn des Jahres 1523 war Müntzer Pfarrer in dem zum ernestinischen Sachsen gehörigen thüringischen Ackerbürgerstädtchen Allstedt geworden und hatte sich durch die Einführung einer deutschen Gottesdienstliturgie einen Namen gemacht. Unter dem Einfluß seiner Predigt war es im Frühjahr 1524 zur Verweigerung von Abgaben an ein Nonnenkloster und zur Plünderung einer diesem Kloster zugehörigen Kapelle gekommen Durch Müntzers Intervention wurde eine Bestrafung der Täter seitens des Rates und des Amtmannes der ernestinischen Herzöge verweigert. Müntzer schloß mit seinen Anhängern einen Bund, dessen Auflösung nach einem Verhör durch die kursächsische Administration in Weimar verfügt wurde. Auch auf der nächsten Station seines bewegten Wanderlebens, der thüringischen Reichsstadt Mühlhausen, konnte sich Müntzer zunächst nicht lange halten. Er hatte den Anschluß an opponierende Bürgergruppen gesucht, die gegen den oligarchischen Rat eine am Wort Gottes ausgerichtete städtische Ordnung forderten und sich vor den Toren der Stadt zu einem ›ewigen Bund‹ verschworen. Nach der Ausweisung aus Mühlhausen zog Müntzer in den Süden des Reichs und suchte, wohl mit mäßigem Erfolg, den Anschluß an die aufständischen Bauern im Hegau und im Klettgau. Im Februar 1525 kehrte Müntzer nach Mühlhausen zurück, wo sich mittlerweile seine Anhänger und sein Parteigänger Heinrich Pfeiffer, ein ehemaliger Zisterziensermönch aus dem Eichsfeld, durchgesetzt hatten und sich anschickten, ein ›ewiges, gottgewolltes‹ Regime zu errichten.

Mitte April 1525 begannen sich auch in Thüringen Bauernhaufen zu sammeln. Mühlhausen stellte ein Aufgebot, das sich mit den Aufständischen verband. Man marschierte unter der von Müntzer ersonnenen Fahne des ewigen Gottesbundes – einem Regenbogen auf weißem Grund mit dem Spruch »Verbum Dei manet in aeternum«. (»Das Wort Gottes bleibt in Ewigkeit.«) Nach und nach avancierte Müntzer zum geistlichen und agitatorischen Kopf des Thüringer Bauernaufstandes. Zuletzt glaubte er, daß eine endzeitliche Entscheidungsschlacht bevorstehe, in die Gott zugunsten der Auserwählten eingreifen werde, um ein ewiges Gottesreich der Freiheit und Gerechtigkeit zu errichten. Außer den Grafen von Mansfeld sahen sich die Fürsten der umliegenden Territorien – Philipp von Hessen, Georg von Sachsen und Heinrich von Braunschweig-Wolfenbüttel – durch die bäuerliche Mobilmachung zum Gegenschlag veranlaßt. Am 15. 5. 1525 gelang der Fürstenkoalition in der Schlacht von Frankenhausen ein rascher Sieg über die Aufständischen, der in einem barbarischen Gemetzel der Sieger endete; von etwa 6000 Bauern sollen weniger als 1000 überlebt haben. Müntzer und Pfeiffer wurden aufgespürt, gefangengenommen, unter Folter detailliert verhört und am 27. 5. hingerichtet.

Unter dem militärischen Druck des Schwäbischen Bundes brachen auch im Süden des Reichs die Empörungen nach und nach in sich zusammen. Überall dort, wo die reformatorische Bewegung bei den politischen Obrigkeiten noch keinen Rückhalt gewonnen hatte, bot der Bauernkrieg, der ja auch eine religiöse Bewegung gewesen war, einen probaten Anlaß, um gegen die Reformation zu kämpfen. Autoren wie Cochläus machten vor allem Luther für den Aufruhr und den tausendfachen Tod der verführten Bauern verantwortlich. Gegnerische Nachdrucke von Luthers übelster Bauernkriegsschrift *Wider die räuberischen und mörderischen Rotten der Bauern*[36] (s. u. S. 499) trugen fortan zur Verbreitung seines schon von Müntzer lancierten[37] negativen öffentlichen Ansehens als Bauernschänder und Fürstenknecht bei.

Müntzers Rolle im Bauernkrieg hatte für die Wittenberger Sicht auf die Ereignisse eine fatale Konsequenz. Denn man unterstellte, daß die Bauern im ganzen unter den Einfluß seiner Theologie geraten seien; doch dies war nicht einmal für den thüringischen Raum vollständig richtig, und für die übrigen Regionen galt es erst recht nicht. Nicht nur Luther, auch Melanchthon stritt mit der Feder gegen den Aufruhr der Bauern. In einem Gutachten für Kurfürst Ludwig von der Pfalz bestritt er den Bauern das Recht, sich zur Durchsetzung ihrer wirtschaftlichen und politischen Forderungen auf das Evangelium zu berufen. Das Evangelium begründe keine weltliche Freiheit, sondern fordere den unbedingten Gehorsam gegenüber der Obrigkeit. »Ja es wer von nötten, das eyn solch wild ungezogen volck, als teutschen sind, noch weniger freyheit hette, dann es hat. 〈...〉 Aber unsere herschaften gestatten dem volck allen muttwillen, nehmen nur gelt von yhm, daneben halten sie es ynn keyner zucht, daraus volgt großer unradt.«[38] Durch ihr publizistisches Engagement im Zusammenhang des Bauernkrieges ließen die Wittenberger Theologen keinen Zweifel daran, daß sie der bäuerlichen Aneignung des ›göttlichen Rechts‹ keinerlei Legitimität zuerkannten, einen bewaffneten Aufruhr des ›gemeinen Mannes‹ grundsätzlich ablehnten und die Gewaltmaßnahmen der landesherrlichen Obrigkeiten billigten. Auch wenn die Wittenberger die Berechtigung einzelner Forderungen und Beschwerden der Bauern akzeptierten, so war es für sie »widder Gott, das sies mitt gewalt und auffrüren wollen erzwingen«.[39]

LUTHERS PUBLIZISTIK IM BAUERNKRIEG

Für Luthers Stellung innerhalb der reformatorischen Bewegung im Reich hatte seine Bauernkriegspublizistik, die sich chronologisch mit den Anfängen des innerreformatorischen Abendmahlsstreits überschnitt, fatale Konsequenzen. Unter seinen oberdeutschen Anhängern kursierte die Meinung, Gott habe ihm um der Hoffart willen »den warhaftigen geyst entzogen«.[40] Eine Äußerung wie die gegen Ende seines *Sendbriefs von dem harten Büchlein wider die Bauern* (ungefähr Juli 1525), mit dem er den kritischen Reaktionen auf sein Pamphlet *Wider die räuberischen und mörderischen Rotten der Bauern* (ungefähr Mitte Mai 1525) hatte begegnen wollen – »und sol recht bleyben, was ich lere und schreybe, sollt auch alle wellt druber bersten«[41] –, mußte auf manchen, der von den Nachrichten über die Gewaltexzesse der Fürsten aufgewühlt war, als befremdliche Rechthaberei wirken. Daß er die Mörder von Frankenhausen als »unsynnige tyrannen« und »bestien«[42] bezeichnete, konnte diesen Eindruck nicht vergessen machen.

Luthers literarisches Handeln im Zusammenhang mit dem Bauernkrieg stand in engem Konnex mit seinem relativ begrenzten Kenntnisstand über die Ereignisse im Süden des Reichs, seiner Abhängigkeit von Informationen aus dem Umkreis der Mansfelder Grafen, die einen militärischen Gegenschlag vorbereiteten, und den persönlichen Eindrücken, die er während einer Reise durch das Aufstandsgebiet gewonnen hatte. In seiner ersten Bauernkriegsschrift, der *Ermahnung zum Frieden auf die zwölf Artikel*,[43] hatte sich Luther mit dem Forderungskatalog der oberschwäbischen Bauern in einer noch recht differenzierten Weise auseinandergesetzt. Er erkannte ihre Not und die Berechtigung einiger ihrer Beschwerden an und mahnte die Fürsten und Herren, Abhilfe zu schaffen. An die Bauern appellierte er, von Gewaltmaßnahmen abzusehen. Unter dem Eindruck schwerer Verwüstungen, derer er bei einer Reise ins thüringische Aufstandsgebiet ansichtig geworden war, und der von ihm mit Bitternis aufgenommenen Erfahrung, bei Predigten zu den Bauern nicht durchzudringen und von ihnen verhöhnt zu werden, verfaßte er dann eine zweite Schrift *Wider die räuberischen und mörderischen Rotten der Bauern*,[44] die in einem glühenden Appell an die Fürsten gipfelte, die vom Teufel besessenen Aufständischen mit allen Mitteln niederzuwerfen: »Steche, schlahe, würge hie, wer da kan, bleybstu drüber tod, wol dyr, seliglichern tod kanstu nymer mehr uberkomen.«[45]

Obwohl aufgrund der Publikationschronologie auszuschließen ist, daß die Fürstenkoalition von Frankenhausen in Kenntnis von Luthers Appell ihre mörderische Siegerjustiz geübt hatte, sah es im Rückblick doch so aus, als ob Luther die entscheidende moralische Verantwortung für das Massaker zu tragen habe. Kein Phänomen, keine Äußerung oder Tat des Wittenberger Theologieprofessors hat seinem Ansehen in den Kreisen des ›gemeinen Mannes‹ und bei jenen, die sich zu dessen Sprechern berufen fühlten, nachhaltiger geschadet als seine von der Dynamik der Ereignisse überholte Bauernkriegspublizistik. Seinen Kritikern und Feinden bot er einen willkommenen Anlaß der Polemik. Auch für seines ›irregeleiteten‹ Schülers Müntzer Tod wußte sich Luther verantwortlich.[46]

Die extremsten theologisch-politischen Gegensätze im Lager der Wittenberger Reformation waren 1524/25 aufeinandergestoßen, und gerade die Konflikte mit den ehemaligen Weggefährten Karlstadt und Müntzer waren von Luther mit besonderer Bitterkeit aufgenommen und mit schneidender

Schärfe quittiert worden. Diese Trennungen, die sich seit 1521/22 abzuzeichnen begonnen hatten, waren 1525 definitiv vollzogen; sie betrafen – neben fundamentalen theologischen Differenzen in bezug auf Glauben, Werke und Rechtfertigung, Christologie und Ekklesiologie – das Verhältnis von äußerem Wort beziehungsweise sakramentalen Heilszeichen und Heiligem Geist. Im Kern ging es auch um die Frage nach dem ›Subjekt‹ reformatorischen Handelns: den einfachen, unverbildeten, vom Geist erweckten Laien oder die von Gott eingesetzten weltlichen Obrigkeiten.

Mochte es früher auch manche schillernde Äußerungen des »sanftlebenden Fleischs«[47] aus Wittenberg, als den der die Leidenskonformität mit Christus suchende Prophet Müntzer Luther öffentlich desavouierte, gegeben haben – seit dem Bauernkrieg stand für die Wittenberger definitiv fest, daß eine Um- und Neugestaltung des Kirchenwesens, eine Reformation, ausschließlich unter der Ägide der weltlichen Obrigkeiten und der von ihnen berufenen Theologen stehen konnte oder sollte. Darin einen Kotau des ›Fürstenknechts‹ Luther vor den Mächtigen dieser Welt und einen Verrat am ›gemeinen Mann‹ zu sehen wird der Komplexität der Entscheidungsnöte, in denen er stand, nicht gerecht. Luther sah darin, daß die Bauern das Evangelium zum Zweck der Erreichung weltlich-immanenter Ziele in Anspruch nahmen, einen Mißbrauch. Daß auch die Fürsten durchaus weltliche Interessen bei ihrem Engagement für die Reformation verfolgten, entging ihm nicht, doch er wertete es nicht so stark, da er im Zweifel den bestehenden politischen Ordnungsverhältnissen recht gab, sofern die Freiheit der Evangeliumsverkündigung gewährleistet war; den Mühseligen und Beladenen legte er nahe, ihr Kreuz zu tragen.

Luthers ordnungstheologischer Konservativismus ist das Ergebnis jenes Interaktionsprozesses mit den Positionen der Bauern und der Radikalen des eigenen Lagers, der 1525 seinen Höhepunkt erreicht hatte. In den gemeindereformatorischen Aneignungen der Bauern oder der von Karlstadt beeinflußten Kreise sah Luther größere Gefahren für das Evangelium, wie er es verstand, als im Handeln der Fürsten und weltlichen Obrigkeiten. Im Sinne Luthers zielte sein literarischer Kampf gegen die bäuerliche Reformation auf die Freiheit des Evangeliums ab; bei den Fürsten sah er sie eher gewahrt als bei denen, die bisher keine politische Macht hatten und nach solcher strebten. Seit 1525 konnte es Zweifel an Luthers unter den Bedingungen seiner Zeit politisch höchst zweckrationaler Loyalität gegenüber dem Landesfürstentum eigentlich nicht mehr geben. Unklarheiten darüber, wer die entscheidenden Verantwortungsträger für die Reformation zu sein hatten, wie man sie etwa aufgrund der Lektüre der Adelsschrift vielleicht hätte haben können, gab es nun nicht mehr. Außerhalb der Städte lag das Geschick der Reformation in den Händen der Landesfürsten.

Ein definitives Ende genossenschaftlicher Gestaltung und eine dauerhafte soziale und wirtschaftliche Marginalisierung der Bauernschaft bedeutete der Bauernkrieg gleichwohl nicht. Manches deutet darauf hin, daß sich die soziale Lage der Bauern mittelfristig stabilisierte. Doch als Handlungssubjekt reformatorischer Gestaltung traten sie völlig in den Hintergrund, und auch in der reformatorischen Literatur und in den Inszenierungen christenmenschlichen Glaubensbewußtseins spielte der Laie, der ›gemeine Mann‹ und der Bauer, der zwischen 1521 und 1525 zu einer Schlüsselfigur der Flugschriftenpublizistik avanciert war, keine entscheidende Rolle mehr. Die Wittenberger Theologie, die bis zum Bauernkrieg die unbestritten erste Stimme der reformatorischen Bewegung gewesen war, wurde mehr und mehr zu einer Richtung innerhalb des pluralen Meinungsspektrums konkurrierender evangelischer Theologien, und Luther büßte im Bauernkriegsjahr mehr an Charisma ein als zu irgendeinem anderen Zeitpunkt seines Lebens.

Daß in Luthers ikonographischer Repräsentation durch die Cranach-Schule nun gleichsam die *amtlichen* Züge des Kirchenlehrers, des Hauspatriarchen an der Seite seiner Ehefrau Katharina von Bora, die er unter dem Hohn seiner Feinde und zum Ärger einiger seiner Freunde mitten im Bauernkrieg, am

13. 6. 1525, geheiratet hatte, des baretttragenden Gelehrten und unerschütterlichen Bekenners, des personalen Garanten biblisch fundierter Rechtgläubigkeit, in den Vordergrund traten, unterstreicht, daß das Jahr 1525 ein Schwellenjahr der Reformationsgeschichte geworden ist. Ab 1525 wird Cranachs Luther immer professoraler, weltlicher, dicker; seinen wettinischen Fürsten wird er in Habitus und Statur ähnlicher; die Züge des durchgeistigten Asketen in der Tradition der Heiligenikonographie, die die frühen Bilder bestimmt hatten, wurden nun ganz und gar abgelegt. Das Bekenntnis zur Welt, zur Ehe, zur Ordnung der Schöpfung in den drei Ständen und zur Obrigkeit als verantwortlicher Instanz der äußerlichen Lebensregulierung wurde in Luthers Biographie beziehungsweise in den visuellen Repräsentationen seiner Person also just zu einem Zeitpunkt dominierend, da die Welt aus den Fugen zu geraten drohte. Der definitive Schritt des Mönchs in die Welt, den er mit der Eheschließung im Angesicht des Bauernkrieges tat, war seine Art, dem Teufel, der hinter allen Gefährdungen steckte, Paroli zu bieten. Mit dem Sommer 1525 war die Phase der frühen Reformation, in der Luther das Herz der vielen gehört hatte, vorüber.

FÜRSTENREFORMATIONEN

Die landesfürstlichen Reformationen, die in der zweiten Hälfte der zwanziger Jahre einsetzten, folgten einerseits je spezifischen und individuellen Dispositionen und wiesen andererseits strukturelle Gemeinsamkeiten auf. Die Entscheidung zugunsten der Reformation war prinzipiell eine persönliche Angelegenheit jedes einzelnen Fürsten, die in der Regel in Abstimmung mit den politischen Räten, auch unter dem Einfluß einzelner theologischer Berater, vollzogen wurde. Eine solche Entscheidung erfolgte natürlich auch mit Rücksicht auf die Interessen der Dynastie und unter Abwägung der innen- und außenpolitischen Konsequenzen. Die Landstände vermochten fürstliche Entscheidungen zugunsten der Reformation in aller Regel nicht zu verhindern. Widerstände des landsässigen Adels gegen die Reformation gab es vornehmlich dann, wenn die Versorgung des adligen Nachwuchses, die durch das überkommene System der Stiftungen und Benefizien gewährleistet worden war, gefährdet schien.

Bündnisse

In bezug auf die Außenpolitik eines Territoriums konnte eine Entscheidung zugunsten der Reformation dazu führen, daß sich ein Landesfürst einem religionspolitisch ähnlich ausgerichteten Territorialherrn annäherte. Die im Kampf gegen den thüringischen Bauernaufstand erfolgreiche Koalition zwischen Georg von Sachsen und seinem Schwiegersohn Philipp von Hessen etwa fand aus religionspolitischen Gründen keine Fortsetzung: Während Herzog Georg das albertinische Sachsen in seiner gesamten Regierungszeit (1500-39) auf einem entschieden antireformatorischen Kurs hielt, neigte Philipp von Hessen seit 1524 der Reformation zu und bildete seit der Mitte der zwanziger Jahre mit dem ernestinischen Sachsen die wichtigste politische Achse des Protestantismus. Im Juli 1525 bildete sich der *Dessauer Bund* als religionspolitisches Bündnis zur Verteidigung der alten und zur Bekämpfung der lutherischen Religion (Herzogtum Sachsen, Kurfürstentum Brandenburg, Kurfürstentum Mainz, Herzogtum Braunschweig-Wolfenbüttel); im Süden waren auf Betreiben des päpstlichen Legaten Lorenzo Campeggio schon seit Juni 1524 Ferdinand von Österreich, das Herzogtum Bayern und die Bischöfe von Speyer, Salzburg, Augsburg und Passau zum *Regensburger Bund* zusammengetreten. Der im Februar 1526 ratifizierte *Torgauer Bund* führte Hessen und Kursachsen, seit Juni 1526 auch Braunschweig-Lüneburg, Braunschweig-Grubenhagen, die Herzöge von Mecklenburg, die Grafen von Anhalt und Mansfeld und die Stadt Magdeburg zusammen.

Die Tendenz zur religionspolitischen Parteibildung entsprach der Tatsache, daß sich eine einheitliche Religionspolitik auf der Ebene des Reichs als undurchführbar erwies. Dem protestantischen Defensivbündnis des Torgauer, später, seit 1530/31, des Schmalkaldischen Bundes kam die Funktion zu, die Reformationsprozesse in den einzelnen Mitgliedsterritorien politisch abzusichern, aber auch gemeinsame Lehr- und zeremonielle Standards zu vereinbaren. Die Entscheidung zugunsten der Reformation ist auch als ein Moment der Intensivierung frühmoderner Staatlichkeit zu interpretieren. Denn die Aufgabe einer Umgestaltung und Neuordnung des Kirchenwesens trug zur Vereinheitlichung und zur Integration eines Flächenstaates, zum Aufbau einer strukturierten Administration, zur Einschärfung religiöser und moralischer Verbindlichkeiten, aber auch zur Vermehrung der Staatseinkünfte infolge von Säkularisationen und zur Straffung staatlicher Organisationsformen im Bereich des Bildungswesens und der Sozialfürsorge wesentlich bei. Daß analoge territorialstaatliche ›Modernisierungsprozesse‹ auch in altgläubig bleibenden Ländern nachgewiesen werden können, unterstreicht, daß im Zuge der Reformation zum Teil lediglich Tendenzen fortgeführt und intensiviert worden sind, die bereits im vorreformatorischen landesherrlichen Kirchenregiment angelegt waren.

Fürstenreformation und Gemeindereformation

Das Verhältnis von Fürstenreformationen und Gemeinde- beziehungsweise landstädtischen Stadtreformationen ist komplex. In einigen Territorien, etwa Kursachsen, Braunschweig-Lüneburg und Ansbach-Bayreuth, wird man davon auszugehen haben, daß der in eine landesherrliche Rechtssetzung in Gestalt einer Kirchenordnung einmündende Normierungs- und Vereinheitlichungsprozeß vielerorts nicht einfach erstmals reformatorische Neuerungen schuf, sondern eine bereits bestehende reformatorische Vielfalt einhegte beziehungsweise regulierte. Hatte es zum Beispiel vor der großen kursächsischen Visitation von 1528/29 Gemeinden gegeben, die den Gottesdienst nach Luthers *Formula missae* (1523) feierten, während sich andere an seiner *Deutschen Messe* von 1526 orientierten, so zielte die landesfürstliche Reformation darauf ab, landesweit einheitliche Ordnungen und Standards durchzusetzen. In anderen Territorien kamen Fürstenreformationen erst nach einem langgestreckten Entwicklungsprozeß zum Abschluß, während einige Städte innerhalb dieser Gebiete zum Teil schon jahrelang – sei es mit Duldung oder gar Unterstützung, sei es gegen den Willen eines Fürsten – evangelisch waren.

Auch die Entwicklungen, die zur Einführung der Reformation in einem Territorium führten, muß man sich als zeitlich gestreckten, zum Teil mehrere Jahre umfassenden Vorgang vorstellen. Denn mit der Reformation wurden ja auch verbindliche religiös-katechetische Anforderungen an die Pfarrer und die Laien erhoben, deren Umsetzung oder Aneignung von allerlei Umständen abhängen konnte. Seit den dreißiger Jahren begegnen Reformationen im Zusammenhang mit Herrscherwechseln etwa in Württemberg, Brandenburg und im albertinischen Sachsen. Diese wesentlich von der kontingenten persönlichen Entscheidung des Landesherrn abhängigen Reformationen sind in gewissem Sinne Vorläufer der dann im Augsburger Religionsfrieden kodifizierten Norm des reichsständischen Reformationsrechts *(ius reformandi)*, das dem Herrschaftsträger die Wahl der Religion innerhalb seines Herrschaftsgebietes freistellte – der sogenannte *Cuius regio, eius religio*-Grundsatz. Für die frühen Fürstenreformationen der zwanziger Jahre scheint hingegen neben der Entscheidung einer fürstlichen Persönlichkeit auch wichtig gewesen zu sein, in welchem Maße die reformatorische Bewegung bereits im jeweiligen Territorium Fuß gefaßt hatte.

Einige Fürsten waren engagierte Laientheologen, die ihre Entscheidungen auf eigenständige Urteilsbildungen zu gründen versuchten.[48] Daß die reformationspolitischen Entwicklungen in den Territorien mit den reichspolitischen Konstellationen in engstem Zusammenhang standen, versteht sich von selbst. Da die Hoffnung auf ein General- oder ein Nationalkonzil oder die Forderung danach auch für die Reichsstände beider religionspolitischen Lager politisch, aber wohl auch religiös wichtig blieb, standen ohnehin alle ›Neuerungen‹ unter dem Vorbehalt einer lediglich interimistischen Geltung. Der Abschied des ersten Speyerer Reichstages von 1526 (s. o. S. 370f.), der von den reformationsgesinnten Fürsten als Lizenz für eine Einführung der Reformation interpretiert wurde, hatte die Klausel, ein jeder wolle es mit dem Wormser Edikt halten, wie er es »gegen GOtt, und Käyserl. Majestät hoffet und vertraut zu verantworten«,[49] explizit auf die Zeit bis zum Konzil beschränkt. Auch für diejenigen, die sie betrieben, standen die Reformationsprozesse also unter dem Vorzeichen einer befristeten Zwischenlösung, von der niemand ahnen konnte, wie lange sie gelten würde.

Im Unterschied zur Polyphonie der Ansätze und der Vielfalt der Akteure, die die gemeinde- und stadtreformatorischen Entwicklungen kennzeichneten, sind es bei den fürstlichen Reformationen in der Regel wenige, von den Fürsten selbst beauftragte Personen gewesen, die handelten: Visitationskommissare, meist Theologen und Juristen, die Instruktionen und Ordnungen verfaßten, sowie die Pfarrer und Gemeindevertreter vor Ort, die überprüft wurden, Informationen zu liefern hatten und bestimmte Regelungen umsetzen mußten. Während die Dynamik der meisten stadt- und gemeindereformatorischen Prozesse dadurch entstand, daß viele sich für die Reformation verantwortlich fühlten und ihre Struktur und Gestalt das Ergebnis komplexer und spezifischer Aushandlungsprozesse waren, dominierte bei den fürstlichen Reformationen das Moment des obrigkeitlichen Oktrois.

Die Reformation im ernestinischen Sachsen

Die frühesten und wichtigsten landesherrlichen Reformationen waren die im ernestinischen Kurfürstentum Sachsen und in der Landgrafschaft Hessen. Ihnen kam in mancherlei Hinsicht eine modellbildende Funktion zu. Anknüpfend an die traditionelle, in vorreformatorischer Zeit freilich anscheinend vielfach in den Hintergrund getretene Aufgabe der Bischöfe, ihre Diözesen zu bereisen, die Zustände des Kirchenwesens vor Ort in Augenschein zu nehmen, Mißstände zu ahnden und gegebenenfalls zu verbessern, ließ Johann von Sachsen (1468-1532), seit 1486 Mitregent seines Bruders Friedrich des Weisen und Kurfürst in dessen Nachfolge seit 1525, in seinem Territorium *Visitationen* durchführen. Die Reise, die Luther, den Wittenberger Augustinerprior Eberhard Brisger (um 1509-45) und den Weimarer Hofprediger Wolfgang Stein (um 1487-1553) im Sommer 1524 auf Geheiß Johann Friedrichs nach Ostthüringen und ins Saaletal geführt hatte, um die Wirkungen der ›schwärmerischen Agitation‹ Müntzers und vor allem Karlstadts zu überprüfen, kann in gewissem Sinne als erster Vorbote der späteren kursächsischen Visitationen gelten. Dasselbe gilt für Visitationen, die Jakob Strauß, der Reformator Eisenachs und streitbare Kämpfer gegen den Wucherzins, im Januar und März 1525 auf Geheiß Johanns von Sachsen im westthüringischen Raum, teilweise in Begleitung des Rates Burkhard Hund, durchgeführt hatte.

Neben der Sicherstellung einer ›evangelischen‹ Verkündigung durch die Überprüfung der Pfarrer waren es handfeste materielle Nöte in den Pfarreien, die zu einem Handeln des Landesherrn nötigten. Daß eine entsprechende Initiative gegenüber Johann von Sachsen von Luther ausging, verwundert nicht; denn er war vielfach der Adressat der Klagen einzelner Pfarrer. Und selbst da, wo eigentlich Lösungen gefunden worden waren, etwa in Leisnig, litt der Pfarrer Not, weil Kurfürst Friedrich die Kastenordnung nicht in Geltung gesetzt hatte.[50] Ein Brief Luthers an Kurfürst Johann vom 31. 10. 1525 konfrontierte diesen mit seiner Verantwortung dafür, »das die pfarren allenthalben so elend liegen. Da gibt niemand, da bezalet niemand, opffer und seelpfennige sind gefallen, Zinse sind nicht da odder zu wenig, so acht der gemeyn man widder [weder] prediger noch pfarrer.«[51] Der Kollaps des kirchlichen Spenden-, Stiftungs- und Abgabenwesens aufgrund mangelnder Zahlungsbereitschaft, aber auch zögerliches Verhalten bei der Umsetzung des Konzepts des gemeinen Kastens hatten offenbar vielerorts zu einer finanziellen beziehungsweise materiellen Versorgungskrise der Pfarreien geführt. Die Visitationen waren also keineswegs primär Instrumente, derer sich die Landesfürsten bedienten, um ihre Macht auf das Kirchenwesen auszudehnen und ›sozialdisziplinierend‹ auf ihre Untertanen einzuwirken. Sie waren zunächst Rettungsaktionen angesichts des Zusammenbruchs der Pfarrer- und Lehrerbesoldung.

Luther mußte seinen Landesherrn massiv drängen, sich zu dieser Aufgabe zu verstehen, »weyl sie dazu durch uns und durch die nott selbs, als gewislich von got, gebeten und gefoddert wird«.[52] Luther meinte, geistliche Stiftungen, Klöster, Pfründen usw. gebe es genug, um die Not zu wenden beziehungsweise um zu einer sinnvollen Finanzstruktur zu gelangen. Doch Johann von Sachsen fürchtete zunächst, der Wittenberger wolle die Kirchendiener aus der Staatskasse finanzieren; demgegenüber forderte er die finanzielle Beteiligung der Gemeinden: »Wir halten aber darfur, daß sich dannocht wohl gebuhren wollt, daß die Burger in den Städten, desgleichen die ufm Land, es wär von ihrem eign Gut oder den geistlichen Lehen, so sie zu verleihen haben, etwas darbei täten, damit sich die Pfarrer und Prediger, so ihnen das Wort Gottes verkundigen und die heiligen Sacrament reichen, desto stattlicher erhalten konnten.«[53]

Daß der Zusammenbruch des Pfarreiwesens wegen der materiellen Not der Priester negative Rückwirkungen auf die sozialmoralische Befindlichkeit des staatlichen Gemeinwesens im ganzen, besonders aber auf die Jugend haben würde, scheinen die Wittenberger Theologen früher und deutlicher gesehen zu haben als die verantwortlichen Politiker. Das Kloster- und Stiftskapital, so war Luther überzeugt, würde ausreichen, um die anstehenden Aufgaben zu bewältigen. Im Juni 1527 schließlich wurde nach mancherlei Vorklärungen die Visitationsinstruktion für das ernestinische Sachsen erlassen. Die Visitationskommission bestand aus zwei fürstlichen Räten und zwei Vertretern der Universität, dem Juristen Hieronymus Schurff und dem als Theologen kooptierten Philipp Melanchthon.[54] Sie sollte regelmäßig so verfahren, daß sie sich zunächst von den jeweils zuständigen Amtmännern vor Ort über die lokalen Verhältnisse umfassend informieren ließ. Auch wenn Gott Kursachsen erwählt habe, um das Evangelium »in dissen letzten tagen«[55] wiederum aufscheinen zu lassen, gebe es etliche, die es nicht annähmen und seinen Zeremonien und Sakramenten nicht entsprächen. Das erste Ziel der Visitation bestand also in der flächendeckenden Durchsetzung der Evangeliumsverkündigung. Deshalb waren zuerst die Pfarrer und Schulmeister in bezug auf Lehre und Lebenswandel zu verhören. Altgläubige Priester sollten ersetzt, aber durch einmalige Abfindungen oder Pensionen in ihrer wirtschaftlichen Existenz gesichert werden. Reformationsgesinnte Prediger, die insbesondere hinsichtlich der Sakramente Irrlehren verbreiteten, waren abzusetzen und außer Landes zu weisen; im Einzelfall war nach Ermessen der Kommission aber auch anderweitig zu strafen. Zur Eindämmung sektiererisch-devianter Lehren, die wohl vor allem dem Wirken Karlstadts, Müntzers oder der Zwickauer Propheten geschuldet waren, sollten auch verdächtige Laien überprüft werden. Bei Pfarrern, denen Mängel in der Lebensführung vorgeworfen wurden, sollte die Versetzung an einen anderen Ort oder die Entlassung erwogen werden.

Dann sollten die finanziellen Verhältnisse jeder Pfarrei und der in ihrem Bereich befindlichen kirchlichen Einrichtungen genauestens erfaßt werden. Auch hatte die Kommission zu ermitteln, ob sich einzelne Bürger oder Adlige Stiftungen und Lehen widerrechtlich angeeignet hatten. Aufgrund der Erhebungen, in die die Klostergüter und Domstifte, die dem Kurfürsten vorbehalten blieben, nicht eingerechnet wurden, sollten dann die Besoldungsverhältnisse des kirchlichen Personals ermittelt beziehungsweise festgesetzt und Deckungslükken durch Leistungen der Gemeinden geschlossen werden. Erst wenn dann immer noch etwas fehlte, sollte ein Zugriff auf den landesherrlichen Kloster- und Stiftsfonds erfolgen. Eine weitere Aufgabe der Visitationskommission bestand darin, eine einheitliche Gottesdienstordnung einzuführen und die Unterweisung der Jugend zu regulieren.

Auch die vorfindliche Parochialstruktur sollte überprüft werden: Nach der jeweiligen Lage der Dinge konnten bisher inkorporierte Pfarreien verselbständigt oder nahe gelegene Dörfer zu einer Pfarrei zusammengefaßt werden. Der Bauunterhalt der Kirchengebäude sollte als Aufgabe der Stadträte und der Gemeinden eingeschärft und die Armenfürsorge mittels des gemeinen Kastens organisiert werden. Zugleich wurde mit der ersten Visitation eine kirchenleitende Struktur eingeführt: Die Pfarrer der »furnembsten stetten« wurden zu »superintendenten und aufseher[n]«[56] ernannt; ihnen oblag die Überprüfung von Lehre, Lebensführung und gottesdienstlicher Praxis der übrigen Pfarrer. Lagen Klagen gegen einen auffällig gewordenen Pfarrer vor, die der Superintendent nicht ausräumen konnte, sollte dem Landesherrn Meldung gemacht werden. Die Superintendenten sollten vorerst auch für die Ehegerichtsbarkeit zuständig sein; offenbar war es vorgekommen, daß sich einzelne Pfarrer seit Beginn der reformatorischen Veränderungen angemaßt hatten, Ehescheidungen zu vollziehen. Ansonsten sollte die Visitationskommission gegen sittliches Fehlverhalten aller Art vorgehen und die Pastoren und Amtsvorsteher vor Ort entsprechend unterrichten. Die Bewohner von Klöstern, die bisher auf ihrem ›Irrtum‹ beharrt hatten, sollten ›bekehrt‹ werden; die alten und gebrechlichen Klosterinsassen des Landes konzentrierte man im Augustinerkonvent in Gotha und im Eisenacher Kartäuserkloster. Austrittswilligen Mönchen wurden Finanzhilfen in Aussicht gestellt. In die Nonnenklöster waren evangelische Prediger geschickt worden; man sollte die ›unerträglichen‹ Handlungen aus ›papistischer Zeit‹ abstellen, aber noch keine definitiven Schließungen durchführen.

Mit dieser Agenda waren die sich zunächst aus dem eingetretenen Handlungsbedarf ergebenden Aspekte benannt, die sukzessive zu einer fürstenstaatlichen Reorganisation des gesamten Kirchenwesens führen sollten. Der im Frühjahr 1525 vollzogene Regierungswechsel in Kursachsen und die vor allem während des Bauernkrieges sichtbar gewordenen Konsequenzen des kirchlichen Machtvakuums haben der Verstaatlichung des Kirchenwesens in bezug auf Lehre, Leben, Gottesdienst und Pfarrorganisation einen nachdrücklichen Plausibilitätsschub verliehen. Im Frühjahr 1528 publizierte Luther den *Unterricht der Visitatoren an die Pfarrherrn im Kurfürstentum Sachsen*,[57] die wichtigste literarische Handreichung für die Pfarrerschaft, die insbesondere elementare Fragen des Lehrbekenntnisses verbindlich festlegte. Zwar betonte er in der Vorrede vor allem den Notcharakter des landesherrlichen Kirchenregiments[58] und machte deutlich, daß »zuleren und geistlich zu regiern«[59] nicht zur eigentlichen Aufgabe weltlicher Obrigkeit gehöre, und auch im Haupttext schärfte er den Unterschied zwischen »kirchen ordenung und weltlicher oebrickeit gesetz«[60] ein; doch implizierte die Berufung auf das vorbildliche Verhalten des ›allerchristlichsten Kaisers‹ Konstantin,[61] daß sich der sächsische Kurfürst bei der Durchführung der Reformation genau so verhielt, wie Luther es ursprünglich von Kaiser Karl V. erhofft hatte,[62] und daß er gerade so dem Willen Gottes entsprach.

Die der weltlichen Obrigkeit auferlegte Pflicht, für Frieden zu sorgen und Zwietracht zu vermeiden,[63] ließ nicht nur faktisch keine Alternative zu einem Notmandat, sondern implizierte die Überzeugung, daß der christliche Fürst seiner Aufgabe als Obrigkeit nur dann gerecht werden könne, wenn er sich der Kirchenreform annahm. Das landesherrliche Notepiskopat war für Luther und seine Wittenberger Kollegen keine prinzipiell defizitäre Verfassungsform der Kirche, sondern die nach Lage der Dinge einzig akzeptable. Um mehr als eine Interimsordnung konnte es sich ja weder aus reichspolitischen noch aus geschichtstheologischen Gründen handeln. Faktisch freilich wurde das kursächsische Reformationskonzept sowohl in bezug auf die Verfahrensformen als auch in Hinblick auf die organisatorischen, doktrinalen und liturgischen Inhalte modellbildend und wirkte nachhaltig.

Der *Unterricht* enthielt zu den wichtigsten theologischen und praktischen Lehrfragen präzise und verbindliche Ausführungen, die ihm eine wichtige Stellung in der Geschichte der reformatorischen Lehrbekenntnisse sichern. Später wurde der

Text in zahlreichen Kirchenordnungen rezipiert; er definierte so etwas wie den regulären Standard des theologischen Wissens eines Pfarrers und bildete später auch die Grundlage für Ordinationsexamina. Eine ähnliche Standardisierungstendenz ging von der Gottesdienstordnung aus. Luthers *Deutsche Messe*, sein Tauf-, später auch sein Traubüchlein (1529) wurden Texte von quasi kanonischem Rang, auch wenn man die liturgiegeschichtlichen Wirkungen insbesondere der seit 1528 von Johannes Bugenhagen, dem national und international einflußreichsten Kirchenorganisator der Wittenberger Reformation, verfaßten Kirchenordnungen nicht unterschätzen sollte.

Luthers Katechismen

Aus dem Zusammenhang der Erfahrungen mit den kursächsischen Visitationen entstand auch Luthers wirksamste Schrift überhaupt, der *Kleine Katechismus.* Schon vor dem Lutherschen war freilich eine ganze Reihe anderer reformatorischer Katechismen veröffentlicht worden; der Drang, die evangelische Lehre in die faßliche Form eines für Laien aneignungsfähigen Kompendiums zu bringen, war allenthalben präsent. Doch Luthers *Kleiner Katechismus* überstrahlte alle anderen; auch wenn Luther nach dem Bauernkrieg kein ›Volksheld‹ mehr gewesen sein dürfte – der Theologe, der die tiefgreifendsten Wirkungen auf das elementare Glaubenswissen des ›gemeinen Mannes‹ ausübte, war er zweifellos. Sein aus der reichen Erfahrung des virtuosen Predigers erwachsener *Kleiner Katechismus* wurde *das* Grundbuch des evangelischen Christentums, und zwar für Jahrhunderte. Er sollte im Haus und in der Kirche, als Gebet, als Bekenntnis, als ›eiserne Ration‹ christenmenschlicher Identität fungieren.

Der *Große Katechismus,* der in zeitlich und sachlich engstem Zusammenhang mit dem *Kleinen Katechismus* entstand, bot fortgeschrittenen Christenmenschen, vor allem aber den Pfarrern, weitergehende Orientierungshilfen, die sie instand setzen sollten, regelmäßige Katechismuspredigten zu halten.

Daß der *Kleine Katechismus* nicht nur die persönlichen Erfahrungen des Visitators Luther voraussetzte, sondern zu einem Zeitpunkt erschien, als die Bedrohung der Christenheit durch das Osmanische Reich besonders akut war, verwundert nicht. Denn die Nachrichten über erzwungene Massenkonversionen im Zeichen des Halbmondes, die Luther auch auf eine unzureichende religiöse ›Zurüstung‹ der Christenheit zurückführte, ließen die Katechisierung des ›gemeinen Mannes‹ als elementare Überlebensfrage der Christenheit erscheinen. Einem Christen, der im Angesicht der Gefahr lebte, in türkische Kriegsgefangenschaft zu geraten – eine Möglichkeit, mit der im Jahr der Belagerung Wiens, 1529, ernsthafter als jemals zuvor zu rechnen war –, legte Luther den katechetischen Elementarstoff ans Herz: die Zehn Gebote, das Vaterunser und das Glaubensbekenntnis.

> So lerne nu, weil du noch raum und stat hast, die zehen gebot, dein vater unser, den glauben und lerne sie wol, sonderlich diesen artickel da wir sagen ›Und an Jhesum Christ seinen einigen Son unsern Herrn ⟨…⟩.‹ Denn an diesem artickel ligts, von diesem artickel heissen wir Christen ⟨…⟩. Also thu hier auch, wo du bey den Türcken wirst etwa sehen einen grossen schein der heiligkeit, so las dichs nicht bewegen, sondern sprich: Und wenn du ein Engel werest, so bistu dennoch nicht Jhesus Christus. Herr Jhesu, an dich gleube ich alleine, hilff mir. etc.[64]

Die geistliche ›Munitionierung‹ der Christenheit in bezug auf die textuellen Kernstücke sowie die beiden Sakramente Taufe und Abendmahl erhielt also nicht nur angesichts der Visitationserfahrungen, sondern auch vor dem Hintergrund der türkischen Bedrohung einen Plausibilitätsgewinn. Insofern leistete ›der Türke‹ seinen Beitrag dazu, daß die stabilisierenden und christianisierenden Maßnahmen der landesfürstlichen Reformation als unabweisbar und notwendig erscheinen konnten.

Luthers und des Kurfürsten Autorität stützten sich gegenseitig. Luthers Behauptung, das von untüchtigen Pastoren unterrichtete Landvolk lebe »dahin wie das liebe vihe und unvernunfftige seue« und habe, seit das »Evangelium komen« sei, die »freyheit meisterlich«[65] mißbraucht, verband das religions- und sittenpädagogische Monitum mit einem Disziplinierungsappell, der seine Berechtigung aus dem Aufruhr des Bauernkriegs bezog. Insofern zielte der *Kleine Katechismus* zugleich auf die religiöse und sozialethische beziehungsweise politische Unterweisung ab. Die Pfarrer, die sich der von Luther vorgeschlagenen Textform bedienen sollten, waren also die maßgebliche Instanz, um das religiöse und sozialmoralische Basiswissen des reformatorisch neugestalteten Territorialstaates umzusetzen. In der Verankerung des Gehorsamsgebots gegenüber der Obrigkeit in der Auslegung des vierten Gebots[66] fand diese Absicht einen besonders prägnanten Ausdruck.

Denjenigen, die den Katechismusstoff, insbesondere die ersten drei Stücke – Zehn Gebote, Vaterunser und Glaubensbekenntnis –, nicht lernen wollten, sollte man androhen, daß sie dem Teufel überantwortet seien, Essen und Trinken versagt und angekündigt werden, daß der Landesherr sie »aus dem lande iagen wolle«.[67] In Hinblick auf die Handlungsintentionen der Protagonisten der landesfürstlichen Reformationen, die Politiker, Juristen und Theologen, kann es keinen Zweifel daran geben, daß für sie die ›Christianisierung‹ und die ›Sozialdisziplinierung‹ des Gemeinwesens untrennbar zusammengehörten. In bezug auf die Bevölkerung aber bedeutete dies, daß die religiöse Lebensorientierung in Gestalt einer staatlich verordnenden Obligation begegnete, auch wenn Luther wohl besser als mancher andere wußte, daß man »niemand zwingen kan noch sol zum glauben«.[68] Das erklärte Ziel bestand deshalb auch im ›Selbstzwang‹ der Gläubigen;[69] ohne die Selbstdisziplinierung der Christenmenschen war eine Sozialdisziplinierung im Zeichen der Reformation nicht zu haben.

Der Katechismus sollte zugleich formal anzueignende Doktrin und Ausdruck eines persönlichen Glaubensbewußtseins, öffentlich geltendes Bekenntnis und individueller Bekenntnisakt – »Ich gleube, das mich Gott geschaffen hat sampt allen creaturen«[70] usw. – sein. Diese Spannung war im *Kleinen Kate-*

chismus selbst angelegt; sie prägte die Geschichte der protestantischen Frömmigkeit und ihr Pendeln zwischen persönlicher und kollektiver, privater und öffentlicher Religion.

Ordination und Konsistorium

Zwei weitere Elemente der kursächsischen Kirchenorganisation, denen dann auch andernorts gefolgt wurde, kamen erst sukzessive und phasenverschoben zur Anwendung: die Ordination der Pfarrer und das Konsistorium. Beide Ordnungselemente hingen ursprünglich mit Wittenberg und seiner Universität zusammen. Eine rituelle Ordination wurde in Kursachsen erst 1535 durch einen kurfürstlichen Erlaß eingeführt, der die Universität mit dieser Aufgabe betraute.[71] Diese Entscheidung zugunsten einer nach dem Examen an der Universität Wittenberg zentral durchgeführten Amtseinsetzung war das Ergebnis einer komplexen Entwicklung gewesen, an deren Ende ein liturgisch profilierter, an altkirchlichen Leitbildern orientierter Einsetzungsakt in ein evangelisches Pfarramt stand. War die am 14. 5. 1525, mitten im Bauernkrieg, von Luther vollzogene, gemeinhin als erste Ordination geltende Handlung an dem Bayern Georg Rörer als prophetisch-konfessorische Zeichenhandlung im Angesicht eines grundstürzenden apokalyptischen Ordnungsverlusts zu werten,[72] so zeichnete sich seit der Mitte der dreißiger Jahre eine dauerhafte institutionelle Verstetigung eines evangelischen Landeskirchentums ab, das improvisierte, uneinheitliche Verhältnisse nicht duldete. Das Wittenberger Ordinationsrecht entsprach dem 1533 geschaffenen Amt des ernestinischen Obersuperintendenten; wahrgenommen wurde es von dem Wittenberger Stadtpfarrer und Theologieprofessor Bugenhagen, dem die Aufsicht über die Superintendenten des Landes und später die Vermittlung zum Konsistorium, der aus Theologen und Juristen gebildeten obersten Leitungsbehörde des kursächsischen Kirchenwesens, oblag.

Das 1542 durch landesherrlichen Erlaß inaugurierte Wittenberger Konsistorium[73] übernahm die Funktion der bischöflichen Gerichtsbarkeit, insbesondere die Ehegerichtsbarkeit und die Kirchenzucht, und rundete den Kranz an institutionellen Neuregelungen ab, die durch die landesfürstliche Reformation notwendig geworden waren. Kursachsen wirkte im Bereich der landesfürstlichen Reformationen als Vorbild; durch die vielfältige kirchenorganisatorische Tätigkeit Bugenhagens, der zum wichtigsten Verfasser norddeutscher und skandinavischer, städtischer und territorialer Kirchenordnungen wurde (Braunschweig 1528; Hamburg 1528/29; Lübeck 1530/1532; Hildesheim 1545; Ostfriesland [1529 in Anlehnung an Bugenhagen]; Pommern 1534/35; Dänemark 1537; Norwegen 1537/39; Schleswig-Holstein 1542; Braunschweig-Wolfenbüttel 1543),[74] gingen viele Elemente der kursächsischen Ordnungsgestalt des Kirchenwesens in die vornehmlich an Wittenberg orientierten lutherischen Kirchentümer ein.

Die Reformation in der Landgrafschaft Hessen

Das kursächsische Konzept einer sukzessiven, pragmatisch-konservativen Transformation des bestehenden Kirchenwesens in eine Institution unter staatlicher Aufsicht erwies sich deshalb als erfolgreich, weil man nur das regelte und nur da änderte, wo offenkundiger Handlungsbedarf bestand und die evangelische Lehre Neuerungen unumgänglich machte. Andere Optionen schieden nach und nach aus oder traten in den Hintergrund. Dies galt etwa für das ambitionierte Modell einer Kirchenverfassung, das am Beginn der hessischen Reformation gestanden hatte. Landgraf Philipp war durch den ehemaligen französischen Franziskaner François Lambert von Avignon, der wie kein zweiter Reformator in nähere Beziehungen zu den Reformationszentren in Zürich, Wittenberg und Straßburg getreten war (s. o. S. 328), für die Idee einer Synode als Initial und Instrument zur Einführung der Reformation gewonnen worden. Im Oktober 1526 berief Philipp eine Versammlung der Landstände und der Geistlichkeit nach

Homberg an der Efze, die als sogenannte *Homberger Synode* in die Reformationsgeschichte eingegangen ist. Im Rahmen der Disputation wurden Thesen, *Paradoxa*,[75] aus Lamberts Feder verhandelt. Am Schluß der ungemein zügig voranschreitenden, eine altgläubige Gegenwehr kaum zulassenden Beratungen vereinbarte man, »etliche Männer« damit zu beauftragen, festzulegen, »was in allen hessischen Kirchen reformiert werden sollte«.[76] Daraufhin verfaßte Lambert die *Reformatio Ecclesiarum Hassiae*,[77] den Entwurf einer aus kongregationalistisch-synodalen Elementen aufgebauten Kirchenverfassung, die dem Landesherrn bestimmte Eingriffsrechte ließ und sich durch ein komplexes Regelungs- und Ausgleichssystem zwischen gemeindlichen und landeskirchlichen Elementen auszeichnete. Als der Landgraf Luther um ein Gutachten bat,[78] fand dieser den Entwurf zu kompliziert, warnte vor übertriebener Regelungswut und mahnte zur Konzentration auf das Wesentliche: die Versorgung der Gemeinden mit geeigneten Pfarrern. Wohl vor allem das grundstürzend Neue des Lambertschen Entwurfs war Luther unbehaglich. Landgraf Philipp ließ sich nur zum Teil überzeugen, orientierte sich zwar fortan weitgehend am kursächsischen Modell, setzte aber auch spezifische Elemente wie das Ältestenamt um. Auch in Hessen ging schließlich die Neugestaltung des Kirchenwesens von Visitationskommissionen aus, die sich vor Ort über die Verhältnisse informierten und vor allem für evangelische Prediger und eine Reform des Gottesdienstes sorgten. Die weitgehend parallelen reformstrategischen Entwicklungen in den beiden führenden evangelischen Territorialstaaten trugen zur religionspolitischen Stabilisierung der Reformation auf der Ebene des Reichs entscheidend bei.

In der zweiten Hälfte der zwanziger Jahre waren es nicht mehr die vielen Akteure der reformatorischen Bewegung, sondern vornehmlich die Fürsten, ihre Räte und die in landesherrlichen Dienstverhältnissen stehenden Theologen, die die Gesetze des reformatorischen Handelns bestimmten. Die ausgeprägten gemeindereformatorischen Momente, die auch in den späteren Stadtreformationen keineswegs fehlen sollten, ändern an dieser Gesamtbilanz im ganzen wenig. Auch wenn die Reformation ursprünglich ein städtisches Ereignis gewesen war – überlebt hat sie wegen der Fürsten.

KAPITEL 9
THEOLOGISCHE KLÄRUNGEN UND ENTZWEIUNGEN

Der kämpferische Gegensatz gegen das kirchliche Ancien régime und seine römischen Repräsentanten beziehungsweise Verteidiger im Reich hatte in der Frühzeit der reformatorischen Bewegung wesentlich zur Ausbildung eines elementaren Zusammengehörigkeitsgefühls ›der Evangelischen‹ beigetragen. Erste Brüche innerhalb des evangelischen Lagers wurden sichtbar, wo es zu entscheiden galt, welche praktischen Konsequenzen in welcher Geschwindigkeit aus bestimmten theologischen Einsichten zu ziehen waren. In einigen Fällen entstanden Gegensätze strategischer Art, obwohl auf der theologischen Sachebene die Gemeinsamkeiten überwogen. Dies galt etwa für die Klärung der Bilderfrage, die Abschaffung der Messe, die Einführung des Abendmahls unter beiderlei Gestalt oder die liturgische Neugestaltung der Taufe. Bei keiner dieser Fragen bezog sich der Dissens auf das eigentliche Ziel oder die theologische Berechtigung einer grundsätzlichen Neuerung. Strittig waren der Weg zu diesem Ziel, das Tempo und die Frage, wer die aktionsberechtigten Handlungsträger sein sollten – einzelne Theologen, vorkämpferische Gemeindegruppen oder die weltlichen Obrigkeiten?

Bei anderen Aspekten christlicher Frömmigkeitspraxis, die keine Neuordnung erforderten, sondern schlichtweg abzuschaffen waren, gab es einen bemerkenswert breiten Konsens darüber, daß dies zügig, effizient und auch so zu geschehen habe, daß die gesellschaftlichen Folgewirkungen berücksichtigt würden. Das Ablaßwesen, die Wallfahrten, die Heiligenverehrung und der Reliquienkult, die Firmung, die Priesterweihe, die Letzte Ölung, das Klosterwesen und vieles andere mehr, was die Farbigkeit der spätmittelalterlichen Frömmigkeit ausgemacht hatte, wurden verboten oder liefen aus. In bezug auf diese negativen, destruktiven Momente der Reformation waren die maßgeblichen theoretischen Klärungen bereits 1520/21 vor allem durch Luther selbst formuliert worden und hatten in der reformatorischen Bewegung umgehend eine quasikanonische Geltung erlangt.

Als theologisch gravierend und zugleich kontrovers erwiesen sich hingegen diejenigen Themen, die praktisch neu zu gestalten waren, aber noch erheblichen Klärungsbedarf enthielten oder die sich im Prozeß erster Neugestaltungen als klärungsbedürftig erwiesen. Dies waren vor allem die *Taufe* und das *Abendmahl* beziehungsweise Kernfragen ihres Verständnisses. Für die Entstehung und den Verlauf der Kontroversen über die beiden Sakramente war es nicht unerheblich, daß Luthers frühe, publizistisch besonders erfolgreiche Schriften zur Sache aus den Jahren 1519 und 1520 zu den sakramentstheologischen Schlüsselproblemen der späteren innerreformatorischen Debatten – der Frage nach der Berechtigung der Säuglingstaufe und der leiblichen Gegenwart der menschlichen Natur Christi in den Elementen des Abendmahls – keine eindeutigen oder theologisch hinreichend überzeugenden Lösungen geboten hatten.

In bezug auf beide Sakramente war eine theologische Klärung allerdings unverzichtbar; denn Christus hatte sie eingesetzt, und es war unstrittig, daß man sie zu praktizieren hatte. In beiden Sakramenten ging es im Kern um das Verständnis der Kirche, darum, was sie konstituierte, was ihr ›Wesen‹ ausmachte, wie sie selbst oder wie Christus an ihr handelte und ob sie prinzipiell alle Menschen eines Gemeinwesens umfaßte oder nur diejenigen, die sich entschieden und eindeutig zu Christus und zum Evangelium bekannten. Beide Debatten über die Taufe und das Abendmahl schienen vom biblischen Befund her kaum eindeutig entscheidbar zu sein – auch dies unterschied sie von den Kontroversen mit der altgläubigen Seite. Vielleicht ist es berechtigt, insbesondere im Abendmahlsstreit eine *Grundlagenkrise der Reformation*[1] zu sehen, insofern sich die biblische Grundlage selbst als kritisch erwies.

Als theologischer Prozeß der Selbstverständigung über das reformatorische Bild der Kirche stehen die Sakramentskontroversen in einem engen Zusammenhang mit den Anfängen der institutionellen Formierung eines evangelischen Kirchenwesens in den Städten und Territorien. In der Auseinandersetzung um die Taufe stand zur Debatte, ob sich die Reformation als Kirche der vielen oder als sektiererische Gemeinschaft weniger realisieren sollte. In der Abendmahlskontroverse entschied sich, daß die Reformation nicht im Rahmen einer, sondern mehrerer Kirchen Gestalt annahm. Der theologische Differenzierungs- und Pluralisierungsprozeß des ›evangelischen Lagers‹, der sich in bezug auf die Abendmahlsfrage in der zweiten Hälfte der zwanziger Jahre vollzog, wurde zum Anlaß tiefgreifender Entzweiungen und zum Ausgangspunkt getrennter konfessioneller Entwicklungen.

Der innerreformatorische theologische Differenzierungsprozeß hat dazu beigetragen, daß es zu spezifischen Neugestaltungen des Kirchenwesens in den jeweiligen lokalen oder territorialen Kontexten gekommen ist, übergeordnete Organisationsstrukturen eines reformatorischen Kirchenwesens aber kaum ausgebildet wurden. Translokale und -territoriale Verbindungen der reformatorischen Kirchentümer ergaben sich primär aus den Nötigungen der Reichspolitik: Die beiden Bekenntnisse, die die evangelischen Reichsstände auf dem Augsburger Reichstag von 1530 ablegten, die *Confessio Augustana* und die *Confessio Tetrapolitana*, und das militärisch-politische Bündnis des Schmalkaldischen Bundes stellten die wichtigsten Verbindungsmomente des Protestantismus auf einer übergeordneten Ebene dar. Doch als die theologischen Differenzen in der Abendmahlsfrage bündnispolitisch relevant wurden, in den Jahren 1529/30, waren bereits lange Jahre heftigsten Streits ins Land gegangen.

In struktureller Hinsicht unterscheiden sich die Kontroversen um die Abendmahls- und die Tauffrage vor allem dadurch, daß erstere mit einem sehr viel breiteren publizistischen Echo verbunden war, eine erheblich größere Anzahl von Streitschriftenverfassern in ihren Bann zog und erst allmählich beinahe ausschließlich in der Volkssprache geführt wurde. Wegen der praktisch-rituellen Dimension der Sakramente gingen diese Kontroversen weit über den Kreis der Gelehrten hinaus. Darin unterschieden sie sich vom Streit zwischen Luther und Erasmus über den freien Willen.

DER REFORMATORISCHE ABENDMAHLSSTREIT

In der Abgrenzung gegen die Täufer, Schwärmer und Sektierer aus dem eigenen Lager (s. u. S. 542-560) hat es zwischen den führenden Theologen der obrigkeitlichen Reformationen eine stillschweigende Übereinkunft gegeben. Ihr Kampf für eine Reformation der Kirche galt allen Christenmenschen einer Stadt oder eines Territoriums, galt der ›Volkskirche‹, nicht dem exklusiven Häuflein der besonders Heiligen. Auch die von Luther 1526 gelegentlich angedachte,[2] von Martin Bucer 1546/50 als Versuch einer »zweiten Reformation«,[3] auch im Gegenüber zu täuferischen Konventikeln, konzeptionell ausgearbeitete ekklesiologische Idee einer frommen Vergemeinschaftung der ernsthaften, bußfertigen Christen innerhalb der Kirche war auf eine Verchristlichung aller, auf eine »ware christliche reformation«,[4] ausgerichtet. Daran also, ob es um die vielen Menschen eines Gemeinwesens oder um die wenigen, besonders qualifizierten Christen einer Gemeinschaft ging, schieden sich die Geister zwischen den reformatorischen ›Orthodoxien‹ und den sektiererischen ›Häresien‹. Die theologischen Kontroversen um das Verständnis des Abendmahls, die seit Herbst 1524 entbrannten, standen für die theologischen Disputanten aus dem Kreis der Anhänger einer obrigkeitlichen Reformation unter dem gemeinsamen Vorzeichen, daß es um das Mahl der vielen ging, all derer also, die zur ›Kirche‹ gehörten. Die Vertreter der radikalen Reformation, die in der Abendmahlsfeier durchweg einen symbolisch-egalitären Handlungs- und Bekenntnisakt der Gemeinde der wahrhaft Glaubenden und Getauften sahen, argumentierten von vornherein in einem anderen ekklesiologischen Vorstellungshorizont als die ›etablierten‹ Reformatoren beider Lager. Für Zwingli, Luther und ihre zahlreichen Kombattanten und Gegner ging es in der Auseinandersetzung um das Abendmahl um das Verständnis des zentralen öffentlichen Kultes der Kirche. Dieser Aufgabe hatte man sich zu stellen; insofern hatte der Abendmahlsstreit, der wegen seines engen Zusammenhangs mit der liturgischen Neugestaltung des Meßgottesdienstes landauf, landab eine weit über den Kreis der gelehrten Theologen ausstrahlende Dynamik entfaltete, etwas geradezu Unausweichliches: Die Frage, was die Kirche tut, wenn sie das von Christus eingesetzte Mahl gemäß seiner Anweisung feiert, mußte jeder Theologe, ja jedes Gemeindeglied zu beantworten imstande sein.

Luthers frühe Abendmahlsschriften

Noch deutlicher als im Zusammenhang der Tauffrage ist in bezug auf das Abendmahl, daß Luthers frühen Schriften zur Sache eine Schlüsselbedeutung für die Entstehung und den Verlauf der innerreformatorischen Debatte zukam. Luther hatte zur Frage des Abendmahls lange vor der durch Karlstadts Abendmahlsschriften aus dem Herbst 1524 ausgelösten Auseinandersetzung eine ganze Reihe einschlägiger Schriften verfaßt. Sie sind auch ein beredtes Zeugnis der Rasanz seiner theologischen Entwicklung in dem knappen Zeitraum zwischen der Leipziger Disputation und dem Ende des römischen Prozesses. In einer Abendmahlsschrift aus dem Herbst 1519, dem *Sermon von dem hochwürdigen Sakrament des heiligen wahren Leichnams Christi*, hatte Luther, ähnlich der Abendmahlstheologie in Erasmus' *Enchiridion militis christiani*,[5] den Akzent eindeutig auf die Mahlgemeinschaft gelegt.[6] Der kirchliche Leib Christi in der Vielzahl seiner Glieder repräsentiere den gegenwärtigen Christus. Die sakramentalen Zeichen bewirkten, daß die Gemeinde »yn den geystlichen leyb, das ist yn die gemeynschafft Christi und aller heyligen getzogen und vorwandelt«[7] werde. Das Ziel der sakramental vermittelten

Gemeinschaft bestehe darin, Christus gleichförmig zu werden und in wechselseitiger, liebender Hingabe als sein geistlicher Leib füreinander einzustehen. Der Frage der ontologischen Qualität des sakramentalen Leibes Christi im Verhältnis zu den Elementen Brot und Wein – jenem Problem also, das zum entscheidenden Anlaß der innerreformatorischen Kontroverse werden sollte – widmete Luther in dieser Schrift keinerlei Aufmerksamkeit. Manches spricht dafür, daß die »hartte[n] anfechtunge[n]«,[8] die er 1519 über der Frage gehabt haben will, ob im »Sacrament nichts denn brod und weyn were«,[9] bei der Abfassung dieses ersten Sermons im Hintergrund standen.[10] Doch seiner späteren Erinnerung zufolge hinderte ihn an einer bloß zeichenhaften Deutung des Leibes und Blutes Christi die eminente Plausibilität des Textes der Einsetzungsworte – »das *ist* mein Leib«: »der text ist zu gewalltig da und will sich mit worten nicht lassen aus dem synn reyssen.«[11]

Für Luthers abendmahlstheologische Entwicklung war nun bezeichnend, daß die Einsetzungsworte, die in seinem Abendmahlssermon von 1519 praktisch keine Rolle gespielt hatten, in seiner nächsten einschlägigen Äußerung zur Sache, seinem *Sermon vom Neuen Testament* (Sommer 1520),[12] den Kern der Sache bildeten. Luther verstand die Testamentsworte Christi nun als Verheißung, als Zusage *(promissio)*, die den Glauben begründet. Das äußere sakramentale Zeichen, der mit dem Brot paradox-identische, das heißt ›konsubstantianisch‹ präsent gedachte Leib Christi, ist das Bestätigungs- beziehungsweise Versiegelungszeichen, mit dem Christus den Gehalt seiner Worte wie durch ein Unterpfand bestärkt und verpflichtend mitteilt. Dem altgläubigen Dogma der Transsubstantiation, das Luther noch 1519, ohne es theologisch anzueignen, gleichsam ›mitgeschleppt‹ hatte,[13] setzte er nun die in Analogie zur Gemeinschaft der beiden Naturen in der einen Person Christi entwickelte Vorstellung der kommunikativen Kopräsenz des Leibes Christi und der Elemente entgegen. Ein besonderer theologischer Eigenwert kam der selbstverständlich vorausgesetzten Vorstellung der leiblichen Realpräsenz nicht zu; ihre

›Funktion‹ ging nicht darüber hinaus, als äußeres Zeichen die glaubensbegründende und -bekräftigende Zusage Christi zu bestätigen. Insofern war diese Konzeption nicht gegen die Luther selber fernliegende ›rationalisierende‹ Rückfrage gefeit, warum man denn glauben müsse, daß Christi wahrer Leib wirklich anwesend sei, da doch die Elemente des Brotes und des Weins für sich auch schon Siegel und Bekräftigungszeichen des alles entscheidenden Heilswortes sein könnten? Um der Bekräftigung durch ein Zeichen willen mußte doch der wahre Leib Christi nicht da sein! Luther setzte die Präsenz des Leibes Christi kraft des Wortes allerdings selbstverständlich voraus. Christus selbst habe diesen Weg der leiblichen Vergegenwärtigung gewählt; seiner Präsenz eine besondere ›Funktion‹ zuzuschreiben lag dem sich ganz in das schöpferische, Wirklichkeit setzende Wort ergebenden Wittenberger Schrifttheologen fern.

Für die nächste einschlägige Äußerung Luthers in der bald strittigen Abendmahlsfrage, seinem Sermon *Von Anbeten des Sakraments*[14] vom Frühjahr 1523, war bereits eine doppelte Front charakteristisch: einerseits gegenüber dem von altgläubiger Seite lancierten Gerücht, er schreibe und predige angeblich, »das under der gestalt des brots der ware leichnam cristi nicht were«,[15] andererseits gegenüber »leychtfertige[n] geyster[n]«[16] aus dem eigenen Lager, die eine Gegenwart des Leibes Christi in Brot und Wein tatsächlich leugneten. Die Gerüchte waren bis auf die Ebene des Reichstages vorgedrungen. Religiöse Konsequenzen in bezug auf die Devotion gegenüber den Elementen wurden dann, wenn man mit einer leiblichen Präsenzvorstellung brach, natürlich unmittelbar wirksam. Luther legte seine Sicht der Dinge im Sinne einer deutlichen Akzentuierung des Glaubens an Christi leibliche Gegenwart dar, die er nun als »summa 〈...〉 des gantzen Evangelii«[17] bezeichnete. Die Schrift war an die Böhmischen Brüder adressiert, mit denen seit 1521/22 besonders intensive Kontakte zustande gekommen waren. Da Luther ausdrücklich konstatierte, daß er von den Gesandten der Brüder dessen versichert worden war, daß auch sie daran festhielten, »das Christus warhafftig mit seynem fleysch und blutt unter dem sacrament sey, wie er von Maria geporn und am heyligen creutz gehangen ist, wie wyr deutschen gleuben«,[18] wird man die Gründe dafür, daß er sich so ausführlich mit einer Bestreitung der leiblichen Gegenwartsvorstellung auseinandersetzte, nicht in Böhmen, sondern im engsten Umkreis der reformatorischen Bewegung zu suchen haben.

Daß Karlstadt bereits im Frühjahr 1523 Zweifel an der leiblichen Realpräsenz Christi geäußert hat, ist nicht auszuschließen; dokumentiert ist es aber nicht. Luther setzte sich in *Von Anbeten des Sakraments* allerdings bereits mit jener später durch Zwingli berühmt gewordenen Interpretation der Einsetzungsworte auseinander, die die Formel ›das ist *(est)* mein Leib‹ im Sinne von ›das bedeutet *(significat)* meinen Leib‹ auslegte. Luther kannte diese Interpretation des niederländischen Juristen Cornelisz Hendricxz Hoen (gest. 1524) aus einer wohl 1522 ursprünglich an ihn gerichteten *Epistola christiana*,[19] die dann mit gewissen textlichen Bearbeitungen wahrscheinlich im Frühherbst 1525 von Martin Bucer in Straßburg in den Druck gegeben und auch in deutschen Übersetzungen verbreitet wurde. Für die spätere Auseinandersetzung insbesondere zwischen Zwingli und Luther war es nicht unwichtig, daß der Zürcher Reformator die Einsetzungsworte mittels jenes ihm seit dem Spätjahr 1524 bekannten Interpretaments *est = significat* auslegte, das Luther bereits in *Von Anbeten des Sakraments* mit dem Hinweis auf die desaströsen Folgen für die Geltung der Schrift scharf zurückgewiesen hatte: »Denn wo man solchen frevel an eynem ortt zu liesse, das man on grund der schrifft möcht sagen, das wortlin ›Ist‹ heysse ßo viel als das wortlin ›Bedeut‹, ßo kund mans auch an keynen andern ortt weren, unnd wurde die gantze schrifft zu nichte, syntemal keyn ursach were, warumb solcher frevel an eynem ortt gullte und nicht an allen örtten.«[20] Die polemische Schärfe, mit der Luther im innerreformatorischen Abendmahlsstreit literarisch auftreten sollte, erklärt sich von daher, daß er einen fundamentalen Geltungsverlust des biblischen Wortes als zwangsläufige Folge dessen ansah, daß »vernunfft und witze«,[21] also jener ›gesunde Menschenverstand‹, der nicht verstehen konnte, wie Brot und Wein Fleisch und Blut Christi sein könnten, über den Sinn des biblischen Wortes entscheiden sollte. In der Auslegung der Einsetzungsworte stand für Luther die Geltung der Bibel zur Disposition, der einzigen Autorität, die der Religion verblieben war.

Der reformatorische Abendmahlsstreit im Überblick

Der reformatorische Abendmahlsstreit, der den Kern der konfessionellen Auseinanderentwicklung eines lutherischen und eines reformierten Bekenntnisses und den theologischen Ausgangspunkt der Formierung unterschiedlicher protestantischer Konfessionskulturen bildete, läßt sich in mehrere Phasen einteilen. Einer Inaugurationsphase zwischen Herbst 1524 und Sommer 1525, dem Zeitpunkt der ersten öffentlichen Polemiken der Wittenberger gegen Zwingli und dessen Baseler Kollegen Johannes Oekolampad, schloß sich eine etwa dreijährige literarische Kampfphase an, in der es zu einem heftigen Schlagabtausch zwischen den Vertretern zweier konkurrierender Lager kam. Eine dritte Phase wurde im Sommer 1528 durch eine Dialogflugschrift des Straßburger Reformators Martin Bucer,[22] der vorher vornehmlich als publizistisch subversiver Unruhestifter gegen Luthers Konzeption einer leiblichen Gegenwart Christi in den Elementen des Abendmahls gewirkt hatte,[23] eingeleitet und mündete in einem verwickelten, von religions- und reichspolitischen Fragen und Konstellationen massiv beeinflußten Prozeß schließlich in die 1536 abgeschlossene Abendmahlskonkordie von Wittenberg ein. An dieser letzten Phase, in der es zu einer theologischen Verständigung zwischen den oberdeutschen und den Wittenberger Theologen kam, waren die theologischen ›Erben‹ Zwinglis und Oekolampads – beide waren 1531 gestorben – nicht mehr beteiligt.

Während dieser unterschiedlichen Phasen veränderten sich die kommunikativen Formen der Austragung des theologischen Konflikts erheblich. In der schriftlichen Auseinandersetzung der Jahre 1525 bis 1528 dominierten deutsche Flugschriften; lateinische Texte spielten nur anfangs eine gewisse Rolle. Der Höhepunkt des literarischen Schlagabtauschs, der vor allem durch mehrere ›Waffengänge‹ zwischen Luther und Zwingli geprägt war, fand vornehmlich in der Form volkssprachlicher Flugschriften statt. Der Vermittlungs- und Verständigungsprozeß wurde dann durch ein literarisch inszeniertes Gespräch, Bucers Dialog, eingeleitet und von Korrespondenzen und Religionsgesprächen geprägt. Unter diesen erlangte das durch das Engagement Bucers und des hessischen Landgrafen Philipp zustande gekommene Marburger Religionsgespräch, bei dem es zur einzigen persönlichen Begegnung zwischen Luther und Zwingli gekommen ist, eine besondere Aufmerksamkeit.

Die Anfangsphase des reformatorischen Abendmahlsstreits (1524/25)

Die Inaugurationsphase war durch eine »Publikationsoffensive«[24] des Exilwittenbergers Andreas Karlstadt ausgelöst worden; von den acht Schriften, die dieser im Oktober/November 1524 vor allem in Basel und auch in Straßburg drucken ließ, waren allein fünf der Abendmahlslehre, insbesondere der Auslegung der Einsetzungsworte, gewidmet. Karlstadt trug hier gegen Luther, das Haupt der ›neuen Papisten‹, die These vor, daß Christus, als er das Erinnerungsmahl an seinen Tod stiftete, auf seinen eigenen Körper gezeigt habe. »Das ist mein Leib« deutete also auf den Kreuzigungsleib dessen, der sich als einmaliges Selbstopfer für die Seinen dahingab. Grammatikalisch begründete Karlstadt diese ganz von dem Gedanken des einen, genugsamen Opfers Christi im Sinne des Hebräerbriefs her konzipierte Auslegung der Einsetzungsworte damit, daß das griechische Wort für Brot *(ho artos)* maskulinisch, das Demonstrativpronomen (*touto* = *hoc* = »dies«) aber neutrisch sei. Mit dieser kaum von subtiler Vertrautheit mit der griechischen Sprache zeugenden These machte es Karlstadt den Streitschriftenautoren beider sich formierender Lager leicht, ihn abzulehnen, ja zu verspotten.

Auch die führenden Theologen Zürichs und Straßburgs, die es dem sächsischen Dissidenten Karlstadt verargten, daß er bei seiner Reise in die Schweiz die devianten Milieus aufgesucht, aber einen Kontakt mit den Geistlichen vermieden hatte, sahen in seiner nicht überzeugenden Exegese einen willkommenen Anlaß, sich von ihm zu distanzieren. Daß sie die entscheidenden Grundaussagen seiner Abendmahlskonzeption gleichwohl teilten, blieb davon unberührt. Übereinstimmungen bestanden etwa in der Betonung der Bedeutung des Mahls zur Erinnerung an die Kreuzeshingabe Christi auf Golgatha, in dem christologischen Argument, der bei der Einsetzung des Mahles leiblich gegenwärtige Christus könne schwerlich im Brot gewesen sein, und auch in der an Erasmus anklingenden axiomatischen Verwendung des Verses Joh 6,63: »Das Fleisch ist kein nütze« im Sinne eines biblischen Beweises gegen die leibliche Präsenz.

Auch in dem Anspruch, mit ›katholischen‹ Resten in der Abendmahlslehre nunmehr konsequent aufzuräumen, stimmten Karlstadt und die Schweizer beziehungsweise Oberdeutschen überein. Daß Luther die Gegenwart Christi in Brot und Wein an das Sprechen der machtvollen Tatworte Christi, als die er die Einsetzungsworte verstand, knüpfe, war für Karlstadt das katholisierende Relikt eines weihepriesterlichen Habitus, und in der in Wittenberg beibehaltenen Elevation der Hostie witterte er Reste der Meßopfertheologie. Die schweizerischen und oberdeutschen Kritiker der leiblichen Präsenzvorstellung folgten ihm darin. Die Distanzierungsstrategien der Schweizer und Oberdeutschen gegenüber Karlstadt, die darauf berechnet waren, es sich mit Luther, der seinem ehemaligen Kollegen in der in zwei Teilen erschienenen Schrift *Wider die himmlischen Propheten*[25] scharf entgegengetreten war, nicht zu verscherzen, sagen also wenig über inhaltliche Gemeinsamkeiten aus. Karlstadts »Publikationsoffensive« wirkte jedenfalls eminent polarisierend und provozierte innerhalb kürzester Zeit eine Vielzahl an öffentlichen Äußerungen und Interpretationsbeiträgen zu den von ihm aufgeworfenen Fragen.

Einige Stimmen, etwa die Capitos in Straßburg oder Urbanus Rhegius' in Augsburg, versuchten sogleich nach dem Bekanntwerden des tiefen theologischen Zerwürfnisses zwischen den beiden wichtigsten Exponenten der frühen Wittenberger Theologie, den Schaden für die Reformation zu begrenzen und die Kontroverse als bloßen Wortstreit zu verharmlosen. Denn der ›altgläubige Feind‹ schlief ja nicht, und die Theologen in den vielen Städten, in denen der Kampf um die Reformation in den Jahren 1524/25 noch tobte und sein Ausgang ungewiß war, mußten fürchten, daß der interne Konflikt die Plausibilität und die Glaubwürdigkeit der Reformation aufs schwerste belasten würde. Neben dem Bauernkrieg wurde der Abendmahlsstreit eines der wichtigsten Motive für die Abkehr der ›Radikalen‹ von den magistralen Reformationen. Und auch bei einigen Gelehrten, etwa Theobald Billican oder Willibald Pirckheimer, verstärkte er die Zweifel an der Tragfähigkeit des reformatorischen Schriftprinzips und die Neigung, der Kirche Roms am Ende doch die Treue zu halten. Die altgläubige Publizistik hat – ähnlich wie durch den Nachdruck von Luthers rufschädigender Philippika gegen die Bauern – das Ihre dazu beigetragen, daß der Skandal des innerreformatorischen Abendmahlsstreits verbreitet wurde.[26] Und auch der chronologische und sachliche Zusammenhang zwischen der theologischen Klärung der Abendmahlsfrage und der liturgischen Neugestaltung einer evangelischen Abendmahlsfeier trug dazu bei, daß die Kontroversen weite Bevölkerungskreise in ihren Bann zogen. Keine theologische Sachfrage erreichte in den Jahren zwischen 1524 und 1528 eine größere publizistische Aufmerksamkeit als die über das Abendmahl. In bezug auf die oberdeutschen Städte stellte sich der Streit auch als Kampf um die Meinungsführerschaft unter den Evangelischen dar. Denn die von Luthers Position mit – wie sie meinten – guten, ja überzeugenden theologischen Gründen abweichenden Theologen des Südwestens und der

Schweiz waren nicht bereit, sich der Autorität des Wittenbergers, die ja auch durch den Bauernkrieg Schaden genommen hatte, bedingungslos zu unterwerfen.

Der Höhepunkt des Abendmahlsstreits (1525-28)

Die maßgebliche Kampfphase des Abendmahlsstreits wurde im Sommer 1525 dadurch eingeleitet, daß Bugenhagen in einer an den Breslauer Reformator Johannes Heß (1490-1547) gerichteten Epistel Zwinglis Auslegung der Einsetzungsworte im Sinne des *est = significat* öffentlich kritisierte.[27] Zwingli hatte diese Deutung in zwei lateinischen Werken, einem Lehrbrief an den Reutlinger Reformator Matthäus Alber (1495-1570) und in seinem *De vera et falsa religione commentarius* (s. u. S. 565-567),[28] der umfassendsten frühen systematischen Darstellung reformatorischer Theologie, entfaltet. Der erhebliche publizistische Erfolg von Bugenhagens Sendbrief, von dem elf Ausgaben (fünf deutsche und sechs lateinische Drucke) – mehr als von jeder anderen Schrift des Abendmahlsstreits – erschienen sind,[29] trug die Kunde von der schwerwiegenden theologischen Dissonanz zwischen den beiden reformatorischen Zentralorten Zürich und Wittenberg in weite Kreise.

Bucer, zum Teil unterstützt von seinem Straßburger Kollegen Capito, initiierte daraufhin eine publizistische Gegenoffensive, indem er eine Reihe von Schriften herausbrachte, unter anderem die *Epistola christiana* Hoens (s. o. S. 526), sich an die Seite Zwinglis stellte und durch eine Briefkampagne unter den oberdeutschen Pfarrern einerseits für Frieden, andererseits für eine symbolische Abendmahlskonzeption warb. Ähnlich wie der Baseler Oekolampad, der in einer im Sommer 1525 in Straßburg veröffentlichten großen lateinischen Schrift[30] unter breiter Berufung auf die Kirchenväter für eine symbolische Präsenzauffassung eingetreten war, freilich im Unterschied zu Zwingli einen Tropus (eine uneigentliche Redeweise Christi) nicht im *est*, sondern im Wort *corpus* (griech. *sōma*) ausmachte – es müsse im Sinne von ›das ist das Zeichen meines

Leibes‹ interpretiert werden –, war auch Bucer nicht auf die Hoensche beziehungsweise Zwinglische Interpretation fixiert. Der Sache nach aber stimmten sie alle gegen die Wittenberger darin überein, daß Christus im Brot nicht leiblich gegenwärtig sein und also das Element nur zum Zweck der *memoria* und der stärkenden Bekräftigung der Zusage Christi auf ihn verweisen könne. Im Glauben seiner Gemeinde sei Christus freilich kraft des Heiligen Geistes auf geistliche Weise da.

Oekolampads Traktat wurde zum Anlaß für eine Gegenschrift einiger schwäbischer Pfarrer, das *Syngramma Svevicum*,[31] das unter der Federführung des Schwäbisch-Haller Reformators Johannes Brenz entstand. Diesem Dokument kam eine wichtige Bedeutung für die Entstehung einer oberdeutschen ›Kampffront‹ zwischen Vertretern und Gegnern einer Realpräsenzvorstellung zu. Bucer und Oekolampad schrieben dagegen; Luther freute sich über seine Kombattanten im Schwabenland und gab das *Syngramma* gleich zweimal mit lobenden Vorreden heraus.[32] Brenz sollte fortan Luthers treuester Anhänger im Südwesten werden. Wohl niemand hat die Subtilitäten von Luthers Christologie, die in der Auseinandersetzung mit Zwingli ihre reife Gestalt erhielt, kongenialer erfaßt und eigenständiger weiterentwickelt als Brenz. Die führende Rolle, die Brenz ab 1535 bei der reformatorischen Umgestaltung des Herzogtums Württemberg, ab 1537/38 bei der Reformation der Universität Tübingen und als führender württembergischer Kirchenmann, zuletzt, seit 1553, als Propst an der Stuttgarter Stiftskirche spielen sollte, war entscheidend in der theologisch profilierten Rolle begründet, die er erstmals im frühen Abendmahlsstreit spielte. Durch die Parteinahme der württembergischen ›Syngrammatisten‹ zugunsten Luthers und ihre Polemik gegen die Versuche insbesondere der Straßburger, die evangelisch werdende Städtelandschaft Oberdeutschlands auf eine ›symbolistische‹ Linie zu bringen, verschärfte sich der Abendmahlskonflikt auf der Ebene der lokalen oder kleinräumigen Entscheidungsprozesse erheblich.

Seit Herbst 1525 vergrößerte sich die Schar derer, die sich mit eigenen Schriften in die Debatte einschalteten. Auch nicht wenige anonyme oder pseudonyme Schriften waren darunter. Der publizistische Drang zur Parteinahme, der schon die frühreformatorische Flugschriftenproduktion angetrieben hatte, loderte noch einmal auf. Doch die Argumente, die für oder gegen die Vorstellung der leiblichen Gegenwart Christi in den Elementen sprachen, waren bald ausgetauscht. Zeitweilig ging es eher darum, der Auffassung, die man teilte, eine besondere Resonanz zu verschaffen beziehungsweise die Vertreter der Gegenmeinung an entsprechenden Versuchen zu hindern. Daß Bucer eine von ihm angefertigte deutsche Übersetzung eines lateinischen Psalmenkommentars Bugenhagens benutzte, um seine eigene Abendmahlslehre in einen nicht eigens gekennzeichneten Textzusatz einzufügen, und er in einem Vorwort zu einer lateinischen Übersetzung von Luthers Postille weitläufig darlegte, warum er ein symbolisches Sakramentsverständnis für sachgerecht hielt, zeigt exemplarisch, daß der ›Streit unter Brüdern‹ nicht ohne erhebliche seelische Belastungen und polemische Schärfen abging.

Zwingli, sein Zürcher Kollege Leo Jud, Bucer, Capito und andere teilten die Meinung, daß Luther sich in der Abendmahlsfrage untreu geworden sei und eine ›reaktionäre Kehrtwende‹ vollzogen habe. Erst wenn man die leibliche Präsenzvorstellung aufgebe, könne man den letzten und entscheidenden Schlag gegen das Unwesen der römischen Messe und des altgläubigen Priestertums tun. Das Wahrheitsmoment dieser kritischen Anknüpfung an den frühen Luther bestand ja in der Tat darin, daß Luther seine Abendmahlstheologie zwischen 1519 und 1523 deutlich weiterentwickelt hatte, während seine späteren innerreformatorischen Gegner in der Schweiz und in Oberdeutschland diese Veränderung entweder nicht wahrgenommen oder bewußt nicht mitvollzogen hatten. Nun traten sie, gewappnet mit Zitaten und Gewißheiten aus Lutherschriften der Jahre 1519 und 1520, dessen immer schärfer formulierter Vorstellung einer leiblichen Gegenwart entgegen. Doch ähnlich wie später bei der innerreformatorischen Auseinandersetzung um Luthers frühen Schüler Johann Agricola (1492/94-1523) in den späten dreißiger Jahren (1537-40), der sich für seinen ›Antinomismus‹, das heißt für seine These einer Bedeutungslosigkeit des Gesetzes für die christliche Existenz, auf den ›jungen Luther‹ berufen sollte, waren es auch im Abendmahlsstreit vornehmlich von ihrem Sinnzusammenhang isolierte Einzelsätze Luthers, die man anführen konnte. Dem hermeneutischen Schlüsselproblem des nach Luther eindeutigen und klaren, nach der Meinung Zwinglis und anderer aber nur uneigentlich und tropologisch zu deutenden Textes der Einsetzungsworte war auf dem Weg der Polemik, selbst wenn sie sich auf frühe Texte Luthers bezog, nicht beizukommen.

Luthers Schriftverständnis sah vor, daß die menschliche Vernunft, die auf die Identifikation distinkter Entitäten ausgerichtet sei und die Anerkenntnis paradoxer Sachverhalte wie: ›das Brot ist der Leib Christi‹ oder: ›dieser Mensch Jesus ist Gott‹ usw. verweigere, durch das Wort der Heiligen Schrift in die Pflicht genommen werden müsse. In Fragen des Glaubens waren Grenzen der natürlichen Vernunfterkenntnis nicht aufzuheben, aber doch durch das Schriftwort in ein neues Licht zu rücken. Luther illustrierte dies an sprachlichen Phänomenen wie den Metaphern, die einen sinnhaften Mehrwert zu einem Begriff beisteuerten. Die rhetorische Figur der Synekdoche – die Ersetzung eines Wortes durch einen Begriff aus demselben semantischen Feld – bot ihm eine geeignete Möglichkeit, um die Einheit von Brot und Leib Christi im Abendmahl oder von Gott und Mensch in der Person Christi zu explizieren:

> ⟨…⟩ wenn ich einen sack odder beutel zeige odder dar reiche / spreche ich / Das sind hundert gülden / da gehet das zeigen und das wörtlein (das) auff den beutel / Aber weil der beutel und gülden etliche massen ein wesen sind ⟨…⟩ so triffts zu gleich auch die gülden ⟨…⟩. Weil denn nu solche weise zu reden beyde yn der schrifft und allen sprachen / gemein ist / so hindert uns ym abendmal die predicatio identica nichts ⟨…⟩ denn ob gleich leib und brot zwo unterschiedliche naturn sind / ein igliche fur sich selbs / und wo sie von einander gescheiden sind / freylich keine

> die ander ist / Doch wo sie zu samen komen / und ein new gantz wesen werden ⟨...⟩ also heiset und spricht man sie denn auch fur ein ding ⟨...⟩ Denn es ist nu ⟨...⟩ fleischsbrod odder leibsbrod / das ist / ein brod so mit dem leibe Christi / ein sacramentlich wesen ⟨...⟩.[33]

An dem Problem der leiblichen Präsenz brachen also hermeneutisch-erkenntnistheoretische Grundfragen auf, die insbesondere in dem Schriftenwechsel zwischen Luther und Zwingli in den Jahren 1527/28 breit und kontrovers erörtert wurden. Während für Luther der Sachgehalt paradoxer Identitätsaussagen wie: ›Dieses Brot ist der Leib Christi‹ wörtlich wahr sein mußte, um nicht die Schrift als Ganze in Zweifel zu ziehen, verstand Zwingli diese Formulierungen als Aufforderung zu logischen Unterscheidungen der lediglich sprachlich verbundenen Entitäten. Seine auf die Unterscheidung distinkter Identitäten fixierte theologische Erkenntnistheorie veranlaßte Zwingli etwa dazu, die die Person Christi betreffenden Leidensaussagen im Neuen Testament in einem strikten Sinn nur für die menschliche Natur anzuerkennen, da die Gottheit, der klassischen metaphysischen Tradition entsprechend, grundsätzlich nicht leidensfähig sei. Sowohl Zwingli als auch Luther präsentierten in ihren einschlägigen Schriften zur Abendmahlsfrage also allenthalben theologische Konzeptionen von grundsätzlicher Tragweite. Für Luther war die Vorstellung der Gegenwart des ungeteilten Gottmenschen, der sich im Abendmahl den Seinen hingibt und für sie da ist, die auch für die religiöse Erfahrung elementare Summe seines Verständnisses des Evangeliums. Für Zwingli war die Vorstellung einer leiblichen Gegenwart ein mythologischer Rest; nach seiner menschlichen Natur sei Christus gen Himmel gefahren, wo er an einem bestimmten räumlichen Ort ›zur Rechten Gottes‹ sitze und deshalb nicht leiblich im Mahl anwesend sein könne. Luther widersprach der räumlichen Fixierung der ›Rechten Gottes‹; das sei Kinderglaube, ein »gauckel hymel, darynn ein gülden stuel stehe und Christus neben dem vater sitze ynn einer kor kappen und gülden krone, gleich wie es die maler malen«.[34] Die ›Rechte Gottes‹ sei »die gewalt

Gotts selbs«.[35] Die Heilswirkung des Sakraments gründete für Luther in der Kraft des Wortes, nicht, wie für Zwingli, in einem gegenüber äußeren Vermittlungsinstanzen selbständigen Glauben.

Auch in bezug auf die ekklesiologischen Aspekte der Abendmahlstheologie traten in der Kontroverse der beiden führenden reformatorischen Theologen klare Alternativen zutage: Für Zwingli war die Gemeinde das Handlungssubjekt der Mahlfeier. Sie trat zusammen und beging das Gedächtnis Christi, bezog sich kommemorativ auf seine Leidenshingabe von Golgatha, ähnlich wie andere Gemeinschaften, etwa politische Gemeinden, Gedenk- oder genossenschaftliche Schwurtage begingen, an denen sie sich der historischen und rechtlichen Grundlagen ihrer Existenz vergewisserten. In Anknüpfung an die bei den lateinischen Kirchenvätern belegte Bedeutung von *sacramentum* als Treueid oder – etwa in militärischen Zusammenhängen – Gelöbnisschwur vollzog die christliche Gemeinde in der Mahlfeier ein Selbstverpflichtungsritual. Für Luther hingegen war entscheidend, daß die Gemeinde und der einzelne im Mahl nicht Handelnde, sondern Empfangende waren. Christus lud sie an seinen Tisch und teilte sich in seinem Wort und in den Elementen mit. Er sprach und gab sich hier und jetzt, indem er sich des Mundes und der Hand eines Pastors bediente.

Aus der Sicht Luthers waren die Differenzen zu Zwingli so gravierend, daß er ihm den Brudernamen verweigerte, also eine kirchliche Gemeinschaft mit denen, die Christi leibliche Gegenwart leugneten, für unmöglich erklärte. Die Tatsache, daß er seine vorerst letzte, umfassendste, theologisch gehaltvollste und wirkungsreichste Abendmahlsschrift, *Vom Abendmahl Christi* (Februar/März 1528),[36] mit einem persönlichen *Bekenntnis*, einem am Aufriß des Apostolikums orientierten Summarium seiner theologischen Überzeugungen, abschloß, war für die nunmehr erreichten Klärungen und eingetretenen Entzweiungen symptomatisch. Luther eröffnete das Bekenntnis mit folgenden Worten:

Weil ich sehe / das des rottens und yrrens / yhe lenger yhe

> mehr wird / und kein auffhoeren ist des tobens und wuetens des Satans / Damit nicht hinfurt bey meym leben oder nach meinem tod / der etliche zukuenfftig sich mit mir behelffen / und meine schrifft / yhr yrthum zu stercken / falschlich furen moechten / wie die Sacraments und Tauffs schwermer anfiengen zu thun / So will ich mit dieser schrifft fur Gott und aller welt meinen glauben von stueck zu stueck bekennen / darauff ich gedencke zu bleiben bis ynn den tod / drynnen (des mir Gott helffe) von dieser welt zu scheiden / und fur unsers herrn Ihesu Christi richtstuel komen / Und ob yemand nach meinem tode wuerde sagen / wo der Luther itzt lebet / wuerde er diesen odder diesen artickel anders leren und halten 〈…〉 Da widder sage ich itzt als denn / und denn als itzt / Das ich von Gotts gnaden alle diese artickel habe auffs vleyssigst bedacht 〈…〉.[37]

Ein Jahrzehnt, nachdem alles begonnen hatte, sah sich der 45jährige Dr. Martinus genötigt, auch gegenüber denen, die sich auf ihn beriefen, definitive Scheidungen zu vollziehen. Der testimoniale Charakter dieses Bekenntnisses, das den Prozeß der Formulierung evangelischer Lehrbekenntnisse initiiert und prägend bestimmt hat, läßt keine Weiterentwicklung der Lehre zu, sondern fixiert den Sachgehalt der eigenen Lehre für alle Zeiten. Die Zeit der religiösen Experimente, zumal solcher, die sich auf Luther selbst berufen mochten, war endgültig vorüber. Niemand sollte ihn fortan für Auffassungen in Anspruch nehmen dürfen, die nicht die seinen waren. Die *confessio*, das Bekenntnis, war das entscheidende Mittel geworden, den eigenen Standpunkt zu definieren und klare Grenzen zu ziehen. Weil niemand zahlreichere und vielfältigere Rezeptionen ausgelöst hatte als Luther, war es auch an ihm, sich der Geister in einer Schärfe zu erwehren wie kein zweiter. Eine so rasante und explosive Ausbildung diverser Theologien wie im dritten Jahrzehnt des 16. Jahrhunderts sollte es nicht noch einmal geben. Die theologischen Möglichkeiten waren gegen Ende der zwanziger Jahre weitgehend durchgespielt; nun galt es, die Fundamente für einen kirchlichen Neubau zu sichern.

Auf dem Weg zur Abendmahlskonkordie (1528-36)

Bucers Dialog *Vergleichung D. Luthers und seins Gegentheyls vom Abentmal Christi* (Juni/Juli 1528) stellte den ernsthaften Versuch eines profilierten Vertreters der symbolischen Abendmahlskonzeption dar, die sich verfestigenden Fronten aufzubrechen. Seine Initiative fand das Vertrauen des hessischen Landgrafen Philipp, der die politisch lähmenden Wirkungen des Abendmahlsstreits überwinden wollte und einer theologischen Vermittlungsposition auch theologisch zuneigte. Auf seine Einladung hin fand Anfang Oktober 1529 das *Marburger Religionsgespräch* statt. Die ausschließlich als theologische Debatte begonnene und geführte Kontroverse über das Abendmahl war seit dem zweiten Speyerer Reichstag zu einem politischen Problem geworden. Die Altgläubigen hatten in Speyer nämlich versucht, wegen des Abendmahlsstreits einen Keil zwischen die evangelischen Stände zu treiben. Die neuerliche Inkraftsetzung des Wormser Edikts, die zur *Protestation* einiger ›protestantischer‹ Städte und Territorien geführt hatte, ließ die Notwendigkeit eines militärisch-politischen Verteidigungsbündnisses erneut akut werden. Landgraf Philipp, dem weitreichende Bündnispläne auch unter Einschluß oberdeutscher und schweizerischer Städte vorschwebten, sah in einem Religionsgespräch der führenden Theologen beider Lager ein geeignetes Mittel, um die politische Zusammenarbeit der Evangelischen zu erleichtern. Die Tatsache, daß das Religionsgespräch überhaupt zustande kam, dürfte den politischen Rahmenbedingungen geschuldet gewesen sein. Rein theologische Gesprächsinitiativen, wie sie seit 1525 immer wieder einmal angeregt worden waren, hatten bezeichnenderweise keine Wirkungen gezeitigt. Der Verlauf, vor allem aber das Ergebnis des Marburger Religionsgesprächs bezeugen, daß sich die Theologen der in sie gesetzten Aufgabe anzunehmen bereit waren, soweit ihr Gewissen dies zuließ. Die enge Abstimmung zwischen Theologen, Juristen und fürstlichen oder städtischen Politikern wurde fortan ein Strukturelement der reformatorischen Kommunikations- und Entscheidungsprozesse.

An dem Gespräch nahmen Luther, Melanchthon, Zwingli, Oekolampad, Bucer und Kaspar Hedio, Andreas Osiander, Brenz und Stephan Agricola – in Vertretung des Augsburger Predigers Urbanus Rhegius – sowie die Ratspolitiker Ulrich Funk aus Zürich, Felix Frei aus Basel und Jakob Sturm aus Straßburg teil. Die Einbeziehung der städtischen Politiker hing mit Philipp von Hessens Bündnisplänen, über die er mit ihnen verhandelte, zusammen; der Entwurf eines Bündnisvertrages wurde übergeben und später auch unterzeichnet, blieb aber gegenüber der in den Schmalkaldischen Bund einmündenden politischen Entwicklung dann im ganzen doch folgenlos. Die theologischen Hauptverhandlungen in Marburg führten – zunächst in Einzelgesprächen – Zwingli und Melanchthon sowie Luther und Oekolampad am 1. 10., alle vier gemeinsam dann am 2. und 3. 10. 1529 auf dem Marburger Schloß in Gegenwart des Landgrafen. Mit Rücksicht auf diesen war die Verhandlungssprache Deutsch. Die in Marburg ausgetauschten Argumente bewegten sich im Rahmen dessen, was zuvor jahrelang literarisch vertreten worden war; auch patristische Zeugnisse wurden intensiv einbezogen. Das Gespräch entbehrte nicht dramatischer Höhepunkte und aufschießender Hoffnungen auf Durchbrüche. Besonders die Szene, als Luther auf Zwinglis Behauptung hin, er habe keinen Beweis dafür, daß Christus seiner menschlichen Natur nach an mehr als einem Ort sein könne, eine Samtdecke vom Tisch nahm und auf den »spruch: ›Das ist mein leyb‹, den er mit kreyden hat für sich geschryben«,[38] verwies, hat sich der protestantischen Erinnerungskultur eingeprägt. In der eigentlichen Sachfrage kam es zu keiner Annäherung, aber doch zu einem gewissen Abbau der über der literarischen Kontroverse eingetretenen Feindseligkeiten. Eine Fortsetzung des Schriftenkrieges gab es jedenfalls nach dem Gespräch nicht.

Zu einer Anerkenntnis der Gegenseite als Brüder und zur Gewährung voller Kirchengemeinschaft sah sich Luther außerstande. Er wäre wohl der einzige gewesen, der diesen Schritt hätte tun können; denn Zwingli und die Seinen sahen im Abendmahlsdissens keinen Grund für die Verweigerung der Kirchengemeinschaft. Immerhin verfaßte Luther, angestoßen vom Landgrafen, eine Reihe von 15 Lehr- und Glaubensartikeln, die schließlich gemeinsam unterzeichnet wurden und faktisch das einzige gesamtreformatorische Bekenntnis der Reformationszeit geblieben sind: die *Marburger Artikel*. Die ersten 14 Artikel enthalten gemeinsame Lehraussagen. Artikel 15 über das Abendmahl formuliert zunächst als elementare Übereinkunft, daß es unter beiderlei Gestalt empfangen werde, die geistliche Nießung jedermann vonnöten sei und daß Christus das Abendmahl eingesetzt habe, um die »schwachen gewissen zu gleuben zu bewegen«.[39] Hinsichtlich der Streitfrage stellte man fest: »Und wiewol aber wir uns, ob der war leib und plut Christi leiblich im brot und wein sey, dißer zeit nit vergleicht haben, so sal doch ein teil jegen dem andern christliche liebe, sofer yedes gewiessen ymmer leyden kan, erzeigen.«[40] Auch wenn die beiden Parteien dieses Ergebnis im nachhinein jeweils als eigenen Erfolg interpretierten, war der offenen Feindschaft, die sich in der Kampfphase der Abendmahlskontroverse gezeigt hatte, vorerst gewehrt.

Nicht zuletzt aus dem Marburger Religionsgespräch empfing Martin Bucer Impulse, die ihn nach und nach immer deutlicher in die Rolle eines Vermittlers hineinwachsen und Luthers Vertrauen gewinnen ließen. Der Erfolg der *Wittenberger Konkordie* (1536)[41] war sowohl politischen Umständen als auch theologischen Lösungen geschuldet. Der bekenntnistheologische Zusammenhalt des Ende Dezember 1530 gegründeten Schmalkaldischen Bundes bedurfte einer Verständigung darüber, wie sich die in den oberdeutschen Städten dominierende Distanz gegenüber der Vorstellung einer Realpräsenz zur Lehre der *Confessio Augustana* (1530), der theologischen Grundlage der Schmalkaldener, verhielt. Seitens der führenden Politiker bestand ein durchaus vitales Interesse daran, theologische Differenzen bündnisdiplomatisch einzuhegen, und das Ausscheiden der Schweizer aus dem abendmahlstheologischen Klärungsprozeß erleichterte es Bucer, Verständigungsformeln vorzuschlagen, die jeder Seite Interpretationsspielräume ließen. Als Basis einer von den Wittenbergern akzeptierten Lösung der Streitfrage formulierte Bucer für die Oberdeutschen, daß Leib und Blut Christi »mit dem brot und wein« *(cum pane et vino)* »warhafftig und wesentlich zu gegen sey[en] und dargereicht und empfangen werden«.[42] Christi Präsenz in den Elementen sei von der Würdigkeit des Spenders und des Empfängers unabhängig; auch den »unwirdigen« *(indigni)* werde der Leib Christi dargereicht, und er wird von diesen empfangen.[43] Diese Formel von der Nießung des wahren Leibes auch durch die Unwürdigen *(manducatio indignorum)* mäßigte Luthers[44] von der objektiven Wirkkraft des Wortes geprägte Vorstellung, daß der Leib Christi unabhängig vom Glauben des Sakramentsempfängers da sei und auch von den Ungläubigen *(manducatio impiorum)* – freilich zum Gericht – genossen werde.

Doch einen wirklichen Endpunkt der Abendmahlskontroverse stellte auch die in Wittenberg gefundene Lösung nicht dar; sie bildete aber eine wichtige Voraussetzung, um die reformierten Reichsstände unter dem Dach des reichsrechtlich immer wichtiger werdenden Augsburger Bekenntnisses zu halten. In seine Revision der *Confessio Augustana* aus dem Jahre 1540, die sogenannte *Confessio Augustana variata*, nahm Melanchthon die *Cum*-Formel der Wittenberger Konkordie auf.[45] Im Rahmen des Schmalkaldischen Bundes war die zersetzende Auseinandersetzung um das ›Sakrament der Einheit‹ politisch entschärft. Als Thema kontroverstheologischer Erörterung zwischen Lutheranern und Reformierten, aber auch zwischen verschiedenen Gruppierungen innerhalb der sich formierenden Konfessionen loderte die Abendmahlsfrage während des ganzen Reformationsjahrhunderts und im konfessionellen Zeitalter immer wieder auf.

DIE TAUFFRAGE UND DAS TÄUFERTUM

Luther und die Säuglingstaufe

In seinem Taufsermon aus dem Herbst 1519[46] hatte Luther die traditionelle Praxis der Säuglingstaufe selbstverständlich vorausgesetzt, zugleich aber eine theologische Deutung des Sakraments entfaltet, die einer Begründung der Taufe unmündiger Kinder nicht günstig war. Denn er stellte heraus, daß die Bedeutung des Taufritus in der Abtötung der Sünde bestehe, die während des ganzen Lebens anhalte und erst »ym tod volnbracht«[47] sei. Im Sakrament der Taufe komme es zu einem Bundesschluß zwischen Gott und dem Täufling. Gott ›verbindet sich‹ mit einem Menschen, der den Sünden zu sterben begehrt, und der Täufling ›verbindet sich‹ mit Gott, um seine Sünde »mehr und mehr zu toedten«.[48] Formulierungen wie: »Die weyl nu solch deyn vorpinden mit got steet, thut dyr gott widder die gnad, unnd vorpindet sich dyr«[49] und der Vergleich der Taufe mit den Gelübden[50] konnten den Eindruck eines Verständnisses der Taufe als eines wechselseitigen Bundes- oder Verpflichtungsverhältnisses zwischen Gott und Mensch erwecken.

Doch war es dann sachgerecht, sich ein unmündiges Kind als ›Partner‹ dieses durch Gottes Zusage und den menschlichen Glauben konstituierten ›Bundes‹ vorzustellen? In seiner Schrift *De captivitate Babylonica* aus dem Herbst 1520 setzte sich Luther mit dem Einwand gegen seine Tauflehre auseinander, daß die Säuglinge die Verheißung Gottes nicht verstünden, also keinen Glauben haben könnten, und deshalb entweder eine auf Wort und Glauben gegründete Tauftheologie falsch oder die Säuglingstaufe nutzlos sei.[51] Dem begegnete er mit dem Verweis auf den »fremden Glauben« *(fides aliena)*[52] der Eltern und Paten und dem Hinweis auf die Macht des Wortes, dessen Wirkungsmöglichkeiten nicht an ein menschliches oder irdisches Maß gebunden seien. Ein Kind zu taufen, ohne vorauszusetzen, daß es selbst glaube, hielt Luther für untragbar;[53] er setzte voraus, daß »die kinder ynn der tauffe selbs gleuben und eygen glauben haben«.[54] Gott wirke den Glauben der Kinder *(fides infantium)* aufgrund der Fürbitte der Paten und des Glaubens der Kirche.

Diese Formulierungen standen bereits im Kontext der innerreformatorischen Auseinandersetzungen um die Berechtigung der Kindertaufe. Der Sache nach vertrat sie Luther schon im Januar 1522, als er sich in einem an Melanchthon gerichteten Brief von der Wartburg aus erstmals mit der von den Zwickauer Propheten geübten Kritik an der Kindertaufe auseinandersetzte.[55] Da es nach Luther einerseits kein zwingendes exegetisches Argument gegen die Kindertaufe und keinen Beweis dafür gebe, daß die Kinder nicht glaubten, er andererseits aber voraussetzte, daß die Säuglingstaufe seit der Zeit der Apostel praktiziert worden sei,[56] hielt er den radikalen Traditionsbruch der Täufer für unverantwortbar: »Denn man sol nichts umbstossen odder endern, was man nicht mit heller schrifft kan umbstossen odder endern.«[57] Daß Gott seine Kirche über ein Jahrtausend lang ohne eine gültige Taufe gelassen habe, war für Luther unvorstellbar. Die Auseinandersetzung um die Kindertaufe im eigenen Lager brachte auch für ihn eine Klärung seiner eigenen Position.

Das ›Täufertum‹ der Zwickauer Propheten und Thomas Müntzer

Von ›Täufern‹ beziehungsweise ›Täufertum‹ im Sinne eines distinkten sozialen und religionskulturellen Phänomens sollte meines Erachtens erst von dem Zeitpunkt an gesprochen werden, als aus der seit einigen Jahren geübten Kritik an der Kindertaufe die praktische Konsequenz gezogen wurde, eine Glaubens- beziehungsweise Bekenntnistaufe Erwachsener zu vollziehen. Dies ist vermutlich erstmals am Abend des 21. 1. 1525 im Hause des Priestersohns Felix Mantz in Zürich geschehen, als sich einige Personen gegenseitig aus einem Wasserkübel tauften. Das erste reformationszeitliche Zeugnis für die Bestreitung der Kindertaufe aus dem Zusammenhang der Propaganda der Zwickauer Propheten (s. o. S. 380; 457) veranlaßte Luther dazu, eine Reihe von Argumenten zugunsten der überkommenen, seines Erachtens bisher niemals bestrittenen Praxis der Kirche anzuführen. Für die »allerschwerste Spaltung«[58] im eigenen Lager[59] machte er den Teufel verantwortlich. Wie es scheint, hatten sich die Zwickauer für ihre Kritik an der Kindertaufe und dem »fremden glauben«, der *fides aliena*, »auff doctorem Martinum beruffen«.[60] Aus einem Gesprächsbericht, den Melanchthon gegenüber kursächsischen Beamten über die Vorgänge in Wittenberg erstattete, geht hervor, daß er insbesondere wegen der Offenbarungen, mit denen die Zwickauer ihre Tauflehre begründeten, verunsichert war.[61] Der Kurfürst riet von einer Disputation über die Frage der Kindertaufe nachdrücklich ab, bekräftigte, daß Augustinus von dieser Sache sicher mehr verstehe als die Zwickauer, und räumte ein, daß Gott geringen und verachteten Leuten große Offenbarungen zuteil werden lassen könne, zweifelte aber sehr daran, ob »dise menner solche leut weren«.[62]

Aus ersten Untersuchungen über die Vorgänge in der Stadt am Fuße des Erzgebirges war dem Kurfürsten bekannt, daß es der Zweifel an der Wirksamkeit des Glaubens der Paten gewesen war, der den Zwickauern die Kindertaufe hatte problematisch werden lassen. »Etlich vermeinten, on den glauben selig zu werden.«[63] Möglicherweise war es sogar ein im Anschluß an Luther, dessen Lehren den Zwickauer Handwerkern wohl durch den Wittenberger Studenten Markus Thomae, genannt Stübner, bekannt geworden waren, entwickeltes »Bewußtsein von der subjektiven Bedeutung des Glaubens«[64] gewesen, das den Anlaß zu ihrer Kritik an einer sakramentalen Gnadenvermittlung geliefert hatte. Träume und Visionen, die bei den Zwickauern als ersten Akteuren in der Reformationszeit eine prominente Rolle spielten und bald auch zu einer wichtigen Erkenntnisquelle bei den Täufern und Spiritualisten werden sollten, vermittelten ihnen ein außergewöhnliches Berufungsbewußtsein, veranlaßten selbst Frauen zu predigen[65] und setzten missionarisch-propagandistische Aktivitäten frei.

Nikolaus Storch, der charismatische Führer der Gruppe, nahm für sich in Anspruch, vertraute Gespräche mit Engeln zu führen; er sah sich vom Geist zum Reformator der Kirche berufen und wollte die von Luther initiierte Reinigung des Christentums vollenden, indem er auf die wahrhaft lebendigen Quellen des Geistes hinführte.[66] Einer Überlieferung des späten 16. Jahrhunderts zufolge soll Storch eine Ausrottung der geistlichen und weltlichen Regenten in der Kirche propagiert und im Vogtland »viel« Volks um sich gesammelt haben, die behaupteten, »daß sie im Traum viel wunderlicher Gesicht und Offenbarung hetten. Etliche gaben für, daß jnen, wenn sie wachten, gesicht erschienen. Welche nun in solcher seyner [Storchs] gemeinschafft seyn wollen, denen rieht gedachter Storck, daß sie sich von newes wider solten tauffen lassen / Daher die Widertäufferey jhren ersten anfang zu unser zeit genommen.«[67] Wie auch immer es um die Zuverlässigkeit dieser Nachricht von den ersten Erwachsenentaufen in der Reformation bestellt sein mag – eindeutig ist, daß die Frage der Kindertaufe ein zentrales Thema der Zwickauer und ihrer ausstrahlenden Propaganda gewesen ist.

Die von Müntzer oder in Anknüpfung an diesen von Stübner propagierte apokalyptische Konzeption lief auf eine völlige Abwertung der Kindertaufe hinaus: Die durch die Türken heraufgeführte Veränderung werde eine Ausrottung der Gottlosen mit sich bringen; dann werde eine universale Sammlung der Menschheit in einem Glauben und unter einer Taufe stattfinden; »die Kynder, dy man jtz tauff, ee sy vernunfft haben, sey kein Tauff«.[68] Die Erwartung einer grundstürzenden ›Veränderung‹, eines chiliastischen Reiches der Auserwählten, wie sie Müntzer vertrat, scheint ein spezifischer theologischer Ansatz für die Bestreitung der Kindertaufe unter den frühen Radikalen des sächsischen Raumes gewesen zu sein. Daß diese Konzeption freilich zu einer Einstellung der Praxis der Kindertaufe oder zu ersten Erwachsenentaufen geführt hätte, ist nicht sicher bezeugt und unter der Voraussetzung einer Konsistenz der Vorstellungswelt der Zwickauer auch nicht zu erwarten; denn die allgemeine endzeitliche Taufe sollte ja erst im Zuge der großen »ennderung in der welt«[69] eintreten. Vielleicht galten ihnen die Geisterfahrungen als Auftakt dieser Veränderung.

Aus Müntzers pastoraler Tätigkeit in Allstedt und Mühlhausen ist nicht bekannt, daß er praktisch-liturgische Konsequenzen im Sinne einer Umgestaltung der üblichen Säuglingstaufe gezogen hätte. Obschon er die Taufe als ein Symbol der tätigen Leidensnachfolge umgedeutet hatte, die altkirchliche Praxis einer Erwachsenentaufe nach vorangegangenem intensivem Katechumenat für richtig hielt[70] und die Einführung der Kindertaufe als schwerwiegende Fehlentwicklung ansah,[71] die jeder biblischen Grundlage entbehrte,[72] war in seiner deutschen Gottesdienstordnung für die Stadt Allstedt (1523) die Kindertaufe unter Beteiligung von Paten in Geltung geblieben.[73] In bezug auf seine Mühlhausener Zeit könnte vermutet werden, daß er einen Aufschub der Taufe bis zu einem Alter, in dem die Kinder erinnerungsfähig sind, also mit rund sechs oder sieben Jahren, erwogen hat.[74] Aus einem am 5. 9. 1524 an Müntzer gerichteten Schreiben des Zürcher Grebel-Kreises, dem personellen Kern des schweizerischen Täufertums, geht hervor, daß diejenigen, die vier Monate später die ersten nachgewiesenen Glaubenstaufen praktizierten, in den kursächsischen Dissidenten Müntzer und Karlstadt in bezug auf die Kritik an der Kindertaufe Gleichgesinnte sahen.[75] Sollten aber Müntzer und Karlstadt nicht mit der notwendigen Deutlichkeit literarisch gegen die Kindertaufe zu Felde ziehen, so wollte Grebel es tun. Die ihm bekannt gewordenen reformatorischen Taufliturgien in der Volkssprache waren der Stein des Anstoßes.[76] Die in Zürich, Wittenberg, Nürnberg und Straßburg vorangetriebene Entwicklung volkssprachlicher Taufliturgien, die den Kindertaufritus selbstverständlich voraussetzten, forcierte also den theologischen Widerspruch des Grebel-Kreises.

Wenn Karlstadt, dem die Zürcher Gruppe mit derselben Post wie Müntzer hatte schreiben wollen, einen Brief erhalten haben sollte – der Brief an Müntzer kam nie an –, dann könnte er durch diesen veranlaßt worden sein, seinen später anonym veröffentlichten Taufdialog zu verfassen.[77] Von einem anderen Anlaß ist sonst nichts bekannt. Daß Karlstadt nach seiner Vertreibung aus Kursachsen den persönlichen Kontakt mit dem Grebel-Kreis in Zürich suchte und über Straßburg in die Schweiz reiste, bildete ein zentral wichtiges Moment der ›Vernetzung‹ zwischen dem sächsischen und dem schweizerisch-oberdeutschen Milieu der Dissidenten. Ähnliches gilt für eine Reise Müntzers nach Franken, Basel und an andere Orte des Südwestens zwischen Oktober 1524 und Februar 1525. Auch an einer Gestalt wie dem selbst von Luther im ganzen freundlich beurteilten[78] Kölner Juristen Gerhard Westerburg, der 1521 vielleicht durch Nikolaus Storch für die Zwickauer Propheten gewonnen worden, nach Wittenberg gekommen und Karlstadt nähergetreten war, wird die Intensivierung der kommunikativen Kontakte zwischen den in die Heterodoxie gedrängten schweizerischen und den mitteldeutschen Akteuren, die zwischen dem Spätjahr 1524 und 1525 zustande kam, deutlich. Westerburg reiste Karlstadt, mit dem er sich verschwägert hatte, in die Schweiz voraus und veranlaßte in Basel mit Unterstützung einiger der in die Devianz gedrängten radikalen Brüder den Druck von Schriften, die Luthers ehemaliger Kollege insbesondere zur Abendmahlsfrage verfaßt hatte: Sie sollten den innerreformatorischen Abendmahlsstreit auslösen.

Der Zürcher Grebel-Kreis und die Auseinandersetzung mit Zwingli

Auch wenn direkte Kontakte zwischen den Dissidenten im Umkreis Zwinglis und den sächsischen Radikalen nicht vor jenen Briefen des Grebel-Kreises an Müntzer und Karlstadt aus dem September 1524 bezeugt sind, wird man nicht ausschließen können, daß die Kunde der zuerst von den Zwickauern geübten Kritik an der Kindertaufe auch nach Zürich gelangt war. Doch zwingend ist dies nicht; auch von Zwinglis theologischer Entwicklung her ist das Entstehen eines täuferischen Taufverständnisses bei seinen ehemaligen Anhängern und

›Mitarbeitern‹ nachvollziehbar. Gesichert ist, daß Zwingli es im Frühjahr 1523 für angemessen gehalten hat, die Praxis der Säuglingstaufe aufzugeben. Rückblickend räumte er selbst ein, früher den »irrtumb« vertreten zu haben, daß es »vil wäger [= besser]« sei, »man touffte die kindle erst, so sy zu gutem alter komen wärend«.[79] In einem Gespräch, das er im Mai 1523 mit dem ihm nähergetretenen Waldshuter Pastor und späteren Täufertheologen Balthasar Hubmaier in Zürich geführt hatte, sei man übereingekommen, »das man die Kinder nit Tauffen solle, ee sy im glauben underricht seyent«.[80] Zwingli soll sich gegenüber Hubmaier bereit erklärt haben, diese seine Lehre vom Taufaufschub der Kinder bis zu ihrer Katechisierung auch öffentlich zu vertreten. Doch entgegen Hubmaiers späterer Behauptung, dies sei auf der Kanzel und sogar in seinen *Ußlegen der Schlußreden* vom Sommer 1523 geschehen,[81] wird man davon auszugehen haben, daß Zwingli in der Öffentlichkeit nicht darüber hinausging, festzustellen, daß die Praxis der Kindertaufe von alters her »nicht so allgemein verbreitet war wie zu unsern Zeiten«.[82] Außerdem betonte er, daß es erforderlich sei, die Jugend gründlich katechetisch zu unterweisen, wie man dies seit 1522 zweimal im Jahr in Zürich tat. Öffentlich hatte Zwingli aus der auch weiterhin vorausgesetzten Praxis der Kindertaufe gefolgert, daß die Kinder umgehend zu belehren waren, das heißt, sobald sie »zu sölchen verstand kummend, daß sy vernemmen mögend das wort Gottes«.[83]

Zwinglis Zurückhaltung gegenüber der Kindertaufe hing mit seinem Glaubensverständnis zusammen. Die Sakramente konnten seines Erachtens nicht mehr als »ein psychologisches Hilfsmittel«[84] für die Schwachen sein; ihnen selbst wohnt keine instrumentelle Kraft zum Heil inne. Von seinem Glaubensverständnis her wäre es konsequent gewesen, die Kindertaufe aufzugeben. Vor seinen Konflikten mit den aus seinem Anhängerkreis hervorgegangenen Täufern hat Zwingli keinerlei Versuch unternommen, eine biblische Argumentation zugunsten der Kindertaufe zu entwickeln. Seine früheren Kombattanten empfanden ihn in bezug auf die Tauffrage als ähnlich inkonsequent wie in Hinblick auf die Abschaffung der Messe oder die Anerkenntnis einer Zuständigkeit der weltlichen Obrigkeit für die Kirchenreform. Die kirchenpolitischen Konzessionen gegenüber dem Zürcher Rat, die schließlich den Erfolg der Reformation Zwinglis möglich gemacht hatten, empfanden einige seiner Weggefährten als Verrat an der Sache.

Aus der gemeinreformatorischen Überzeugung eines unveräußerlichen Zusammenhangs von Glaube und Taufe ergab sich für Konrad Grebel, Felix Mantz, Heinrich Aberli, Wilhelm Reublin und die anderen Zürcher Täufer, daß die Wassertaufe bedeute, daß man der Sünde abgestorben sei und in der Neuheit des Lebens wandle »und das man gwüß selig wird, so man durch den inneren touff den Glauben nach der bedütnuß läbe; also daß daß wasser den glouben nit befeste und mere, wie die glerten zu Wittemberg sagend«.[85] Die kleinen Kinder, »die noch nit zu unterscheid des wüssens gutts und böß kummen sind«[86] und nicht glauben, würden um des Leidens Christi willen ohne Taufe selig. Auch wenn diese Überzeugungen des Grebel-Kreises erstmals in dem Brief an Müntzer vom 5. 9. 1524 dokumentiert sind, waren sie schon seit längerem im Schwange und hatten in den zu Zürich gehörenden Dörfern Witikon und Zollikon, wo Reublin und Johannes Brötli (gest. 1528) wirkten, seit dem Frühjahr 1524 zu insgesamt fünf aktenkundig gewordenen Taufverweigerungen geführt. Aus den Verhörprotokollen des Zürcher Rates aus dem August 1524 geht hervor, daß Reublin einem der Kindsväter gesagt haben soll: »Wenn er well ein rechter christ sin und ein christenlich leben füren, so bedörffe es des touffens nit.«[87] Und öffentlich soll Reublin gepredigt haben, daß er, »wenn er kind hett, so welte er die nit lassenn touffenn untz [bis] uff die zit, da sy zu iren tagen kemint und selbs Götty und Gottinen [Paten und Patinnen] köntind gewünnen«.[88] Ähnliches verkündigte Brötli: Die Kinder sollten erst getauft werden, »biß sy zu iren tagen kemint unnd den glouben selbs köntind verjechenn [bekennen]«.[89]

Die beiden Pfarrer verweigerten ihren Gemeindegliedern

also die Taufe der Kinder nicht,[90] legten ihnen aber den Taufaufschub als die theologisch plausiblere Variante nahe. Die Väter der Neugeborenen akzeptierten diese Belehrung. Als dies ruchbar wurde, ließ der Zürcher Rat Reublin inhaftieren, ordnete eine Untersuchung der Vorgänge durch die Leutpriester und andere Amtspersonen an und verfügte unter Androhung einer Geldstrafe, daß alle noch ungetauften Kinder getauft werden müßten.[91] Da Reublin und Brötli in etwa dieselbe Auffassung vertreten hatten, die Zwingli später rückblickend als seinen eigenen »irrtumb« angegeben hat – es sei besser, die Kinder erst in einem unterscheidungs- und urteilsfähigen Alter zu taufen[92] –, und der Rat ohne weitere theologische Klärung im Sinne einer Taufverpflichtung entschieden hatte, läßt sich die dramatische Polarisierung im Verhältnis Zwinglis zu seinen früheren Parteigängern auch daher erklären, daß sie ihm eine opportunistische Verleugnung eigener theologischer Einsichten vorwarfen.

Zwingli hingegen sah in dem Kampf des Grebel-Kreises gegen die Kindertaufe eine unsachgemäße, nicht notwendige Fixierung auf eine Äußerlichkeit.[93] In seiner scharfen Schrift *Wer Ursache gebe zu Aufruhr*, datiert auf den 28. 12. 1524, vollzog er eine definitive Trennung von seinen ehemaligen Anhängern und warf ihnen moralistische Engherzigkeit und Lieblosigkeit, Separatismus und eine mangelnde Anerkennung der weltlichen Obrigkeit sowie eine Haltung vor, die Christsein und die Wahrnehmung eines obrigkeitlichen Amtes für unvereinbar erklärte. »Bald wellend sy ein eigne kilchen haben 〈…〉. Ietz sol man die verfürischen pfaffen ze tod schlahen; bald sol man sy on gwalt fry lassen predgen. So man die kinder toufft, schryend sy, das man ghein grösser abomination [Abscheu], grüwn [Greuel] oder sünd in der Christenheyt nit tüge, weder das man kinder touffe. Unnd der affenspiel bringend sy täglich mer härfür weder Affrica seltzamer thieren.«[94]

Auch in seiner ausgearbeiteten Tauflehre, die Zwingli in Auseinandersetzung mit dem Täufertum, insbesondere seinem wichtigsten intellektuellen und publizistischen Exponenten Balthasar Hubmaier, entfaltete, behielt er theologische

Voraussetzungen bei, die ihn mit den Täufern verbanden: die Absage an eine an den Taufritus gebundene Gnadenwirkung – gegen Luther und die Tradition – und das Verständnis der Sakramente als Zeichenhandlungen. Seine Argumente zugunsten der Kindertaufe basierten in exegetischer Hinsicht auf der Analogisierung des Taufrituals mit dem Beschneidungsritual und der Vorstellung eines in Christus fortgesetzten und durch die Taufe symbolisierten Bundesschlusses. In ekklesiologischer Hinsicht betonte Zwingli, daß die Kindertaufe die Eltern und die Gemeinde in die Pflicht nähme, für eine christliche Erziehung zu sorgen. Allein die Kindertaufe entsprach überdies seiner Vorstellung einer Kongruenz von Kirche und politischer Gemeinde. Die Erwachsenentaufe führe zu einer elitären Sektengemeinschaft derer, die sich für sündenfrei hielten und gegenüber der Kirche der vielen lieblos seien.

Die vom Rat im Spätsommer oder Frühherbst 1524 angeordneten Gespräche der Leutpriester mit den Radikalen scheiterten. Zwingli stellte die ehemaligen Freunde nun unter den Verdacht des Aufruhrs: Eine noch vor dem Erscheinen seiner Schrift *Wer Ursache gebe zu Aufruhr* abgefaßte *Protestation*, die Felix Mantz zugeschrieben wird,[95] hatte den Aufruhrvorwurf abzuwehren versucht und um eine schriftliche Erörterung der Streitfrage gebeten, ob die Kindertaufe biblisch geboten oder abzulehnen sei.[96] Offenbar fühlte man sich seitens der Radikalen dem beschlagenen Disputator Zwingli unterlegen; die vorangegangenen Gespräche hatten sie davon überzeugt, daß sie kaum zu Wort kommen würden und dem rhetorischen Geschick Zwinglis unterlegen wären. Doch der Rat setzte, in Fortführung seiner bisherigen Politik, am 17. 1. 1525 eine Disputation an; das Ausschreiben forderte diejenigen, die der »verirte[n] meinung« seien, daß man »die jungen kind nit touffen« solle, dazu auf, ihre Gründe »uß warer göttlicher geschrifft«[97] darzulegen.

Das Ergebnis der Disputation fiel erwartungsgemäß zugunsten Zwinglis aus; am 18. 1. entscheid der Rat, daß alle bisher ungetauften Kinder binnen acht Tagen zu taufen seien. Sofern dies nicht geschehe, sollten die entsprechenden Familien aus Zürich ausgewiesen werden.[98] Drei Tage später beschloß der Rat, daß die gebürtigen Zürcher Grebel und Mantz sich ihrer bisherigen agitatorischen Tätigkeit zu enthalten und jede Disputation über religiöse Themen einzustellen hätten; sofern sie »deß gloubens halb«[99] Fragen hätten, sollten sie sich an die Bürgermeister, also die weltliche Obrigkeit, wenden, jene Instanz mithin, der die Gruppe der Radikalen jede besondere Urteils- und Entscheidungskompetenz in Glaubensfragen absprach. Außerdem wurde die Ausweisung von Reublin, Brötli, Hätzer und »Andres uff der Stültzen«, dem mit einer Krücke gehenden Buchhändler Andreas Castelberger aus Graubünden, der in privaten Zusammenkünften mit Handwerkern die Bibel ausgelegt hatte,[100] innerhalb von acht Tagen verfügt. Am Abend dieses 21. 1. 1525 trafen die Häupter der von der Obrigkeit konsequent ausgegrenzten und fortan rigide verfolgten Gruppe ein letztes Mal im Hause des Felix Mantz zusammen; »und hier geschah es, daß der stürmische [Jörg] Blaurock«, ein Priester aus Graubünden, »als erster den Vollzug einer neuen Taufe forderte und durchsetzte«.[101]

Die Ausbreitung des Täufertums

Fortan bildete die Erwachsenentaufe den entscheidenden rituellen Kristallisationspunkt der separatistischen Gemeindebildungen, die durch die missionarische Tätigkeit der ausgewiesenen Täuferführer in den Gebieten von Schaffhausen und St. Gallen, bald auch in Württemberg, Franken und Tirol in großer Geschwindigkeit einsetzten und sich mit den sozialen Forderungen der Bauern verbanden. Zehnt- und Zinsverweigerungen, Emanzipationsbestrebungen gegenüber der politischen, ökonomischen und kulturellen Bevormundung durch die Stadt und die aus dem Priestertum aller Glaubenden gespeiste Erwartung, eine der eigenen Lebenswelt gemäße und selbstgestaltete, durch Freiwilligkeit und soziale Verbindlichkeit geprägte Religion praktizieren zu können, machten das Täufertum für Menschen vor allem aus den unteren Ständen attraktiv. Trotz massiver obrigkeitlicher Repressionsmaßnahmen, etwa der Ertränkung des Felix Mantz in der Limmat (5. 1. 1527), ließ sich das Täufertum nicht definitiv ausrotten, sondern überlebte in Geheimmilieus.

Unter dem Eindruck der Rückschläge der Bauernerhebung gewann besonders die pazifistische Richtung des Michael Sattler (um 1490-1527) Auftrieb. Sattler, ein ehemaliger Benediktinermönch aus dem Schwarzwald, hatte im Februar 1527 bei einer Täuferversammlung in dem nordwestlich von Schaffhausen gelegenen Dorf Schleitheim eine zentrale Rolle bei der Abfassung eines Täuferbekenntnisses, der *Brüderlichen Vereinigung etlicher Kinder Gottes*,[102] übernommen. Die zu radikaler Nachfolge Jesu verpflichtete exklusive Gemeinschaft der wahrhaft Glaubenden und Getauften lebte angesichts des nahen Jüngsten Tages in Trennung von der Welt, verzichtete auf Gewalt, verweigerte Eide, ja führte ein quasimonastisches Leben der Heiligung an den Rändern der zeitgenössischen Gesellschaft. Die bereits im Gang befindliche Verselbständigung täuferischer Gemeinden mit eigenem Kultus, eigenen Leitungsstrukturen und eigener Kirchenzucht erfuhr durch die Schleitheimer Artikel eine deutliche Profilierung. Als Dokument eines biblizistischen Separatismus setzten sich diese in Distanz zu vielfältigen Erscheinungen eines mystischen Spiritualismus, der der Bindung an das äußere Schriftwort keine entscheidende Bedeutung mehr zuerkannte. Im Mai 1527 wurde Sattler im württembergischen Rottenburg hingerichtet. Als Märtyrer der Täuferbewegung lebte die Erinnerung an ihn fort. Seine asketisch-pazifistischen Lebensideale fanden im sich rasant pluralisierenden Täufertum manchen Widerspruch, etwa bei Hubmaier, Hans Hut oder Melchior Hoffman, wirkten aber bei den Schweizer Brüdern und den Hutterern nach.

In engem Konnex mit den Bauernerhebungen der Jahre 1524/25 bildeten sich verschiedene Gestalten eines *aktivistisch-apokalyptischen Täufertums* aus, das bis in die Mitte der dreißiger Jahre, bis zum Untergang des Täuferreichs von Münster (25.-27. 6. 1535), einen vitalen Einfluß ausübte, jedenfalls mancherlei Beunruhigung in der Gesellschaft provozierte und ganz wesentlich für die Verschärfung der obrigkeitlichen Abwehrmaßnahmen verantwortlich war. Die religiösen Gruppen- und Milieubildungen seit der Mitte der zwanziger Jahre, die man dem Täufertum oder der »radikalen Reformation«[103] subsumiert, weisen ein im ganzen hohes Maß an theologischer, ritueller und gesellschaftlich-politischer Heterogenität auf. Schon zeitgenössischen Beobachtern wie dem durchaus wohlwollenden spiritualistischen Historiographen Sebastian Franck bereiteten sie erhebliche Darstellungsprobleme.[104] Was die verschiedenen ›Dissenter‹ vor allem verband, war die Enttäuschung über den bisherigen Verlauf der obrigkeitlichen Reformationen. Diese hätten die politischen und gesellschaftlichen Verhältnisse ihres Erachtens nicht konsequent und grundlegend genug verändert, im Kontext der magistralen Reformationen nur geringe Partizipations- und Gestaltungsmöglichkeiten eröffnet und den ›gemeinen Mann‹ auch weiterhin zum passiven Adressaten obrigkeitlichen Reglements und pastoraler Belehrung gemacht. Die reformatorischen Geistlichen, die in den Milieus der Radikalen durchweg negativ als ›Schriftgelehrte‹ bezeichnet wurden, hatten Erwartungen, die man in sie gesetzt hatte, enttäuscht: Sie stritten miteinander, erreichten keine sittliche Verbesserung der Gesellschaft und arrangierten sich mit den Starken und Mächtigen der Welt. Die ›verkehrten Gelehrten‹ hatten die Interessen des Volkes wieder einmal verraten![105]

Auch die Verzweiflung über den Verlauf des Bauernkrieges trieb manchen Veteranen in die Devianz, wo im kleinen Kreis der Vertrauten, der sozial verläßlichen Brüder und Schwestern, Refugien der Solidarität entstehen konnten, in denen die in den Schlachten des Jahres 1525 erstorbene Hoffnung auf die große ›Veränderung‹ erneut aufkeimte. Im Unterschied zu den späten zwanziger und frühen dreißiger Jahren, als die intellektuellen Führungsgestalten des frühen Täufertums, vielseitig gebildete Männer wie Grebel, Mantz, Hubmaier, Denck, Hut, Hätzer, Eitelhans Langemantel (gest. 1528), Jakob Kautz (um 1500 bis nach 1536) und andere, durch natürliche oder Märtyrertode abgetreten waren und das Täufertum mehr und mehr zu einer Sache der ›kleinen Leute‹ wurde, hatte sich die Dynamik der frühen Entwicklung ganz wesentlich den intensiven soziokulturellen Interaktionen zwischen Gelehrten und Handwerkern, Städtern und Bauern, ehemaligen Priestern und Laien verdankt. Unmut, Enttäuschung, Hoffnung aller Art und der Drang zu religiöser Autonomie, zur freiwilligen Vergemeinschaftung, zur Selbstgestaltung der Seligkeit, bildeten einen soziokulturellen Nährboden, der viele unterschiedliche ›Pflänzlein‹ hervortreiben ließ.

Bei der von Hans Hut ausgebildeten Spielart des Täufertums war der Zusammenhang mit der Krise der Bauernkriegserfahrungen besonders offenkundig. Hut, ein aus Franken stammender Buchführer, der regelmäßig zwischen Nürnberg und Wittenberg unterwegs und in den Einflußbereich der sächsischen Radikalen um Karlstadt und Müntzer geraten war, war der Schlacht von Frankenhausen (s. o. S. 496f.) selbst nur knapp entronnen. Die Niederlage der Bauern führte er, ähnlich wie sein Meister Müntzer, darauf zurück, daß die Bauern auch eigennützigen Interessen gefolgt waren und nicht ausschließlich für Gottes Sache gestritten hatten. Die Hoffnung auf eine Vernichtung der Gottlosen mit Hilfe der Türken und den Beginn eines chiliastischen Friedensreiches gab Hut nicht auf, sondern er erwartete das Eintreten der Endereignisse für Pfingsten 1528. Hut praktizierte eine Versiegelungstaufe an denen, die im Verein mit den Türken das Gericht an den Gottlosen, der Geistlichkeit und den großen Herren vollstrecken würden. Insbesondere unter den Bauernkriegsveteranen in bäuerlichen und Handwerkerkreisen zunächst Frankens, später Mährens und Österreichs fand er Anhänger. Seine apokalyptischen Berechnungen waren innerhalb des Täufertums ebenso umstritten wie seine im Anschluß an Müntzer ausgearbeitete Leidenstheologie: sein ›Evangelium aller Kreatur‹, das in Christus den Inbegriff eines universalen, der Schöpfung inhärenten Heilsprinzips der Erlösung durch Leiden sah. So wie ein Baum erst dadurch, daß er die Axt des Zimmermanns erleidet, für den Hausbau geeignet sei, so müsse der Mensch, will er ins Haus Gottes kommen, »zufor der welt abghoven werden mit allen lussten«.[106] Dieses Prinzip sei auch den Heiden erkennbar, die einen endzeitlichen Zugang zum Heil fänden. Die paulinische Sühnopfervorstellung eines stellvertretenden Strafleidens Christi wurde von Hut im Anschluß an Müntzer abgelehnt, da sie verhindere, daß der Mensch dem leidenden Christus gleichförmig werde.

Im mährischen Nikolsburg, wo Hubmaier nach der Niederlage Waldshuts im Bauernkrieg mit einer von den örtlichen Obrigkeiten, den Herren von Liechtenstein, unterstützten täuferischen Reformation begonnen hatte, kam es zu einem Zusammenstoß mit Hut. Insbesondere dessen apokalyptische Berechnungen stießen bei den schweizerischen Täufern auf Widerspruch, während Hut umgekehrt an der von den Schweizern praktizierten Eidesverweigerung und der Ablehnung des Kriegsdienstes Anstoß nahm. Bei einer größeren Täuferversammlung in Augsburg im August 1527 konnten die Gegensätze nicht überwunden werden. Die Versammlung flog auf; auch Hut wurde verhaftet und mußte mit seiner Hinrichtung rechnen, da während des Prozesses seine Verbindungen zu Müntzer und seine Beteiligung am Bauernkrieg zutage getreten waren. Bei einem Fluchtversuch geriet der Gefängnisturm in Brand; Hut zog sich eine schwere Rauchvergiftung zu, an deren Folgen er am 6. 12. 1527 starb.

In dem Augsburger Handwerker Augustin Bader (um 1500–30), der Huts Endzeitberechnungen aufgrund neuer Offenbarungen und kabbalistischer Spekulationen, die ihm der ehemalige Priester Oswald Leber nahegebracht hatte,[107] auf das Jahr 1530 fortführte, lebte Hutsches Erbe noch einige Zeit fort. Die Gruppe um Bader, die sich auf schwäbischen Mühlen auf die, wie sie glaubten, durch eine Invasion der Osmanen ausgelöste ›Veränderung‹ vorbereitete, fand freilich mit ihrer Botschaft, die Zeit der Taufe sei vorüber, nur mehr wenig Rückhalt im zeitgenössischen Täufertum. Auch die Übertragung jüdischer Messiashoffnungen auf seinen Sohn, der der Herrscher eines chiliastischen Friedensreiches sein werde, machte Bader zu einer Randgestalt der zeitgenössischen Religionskultur, aber auch zur Projektionsfläche nervöser Verschwörungstheorien. Die Inhaftierung, Verhörung und Hinrichtung durch die Behörden des Schwäbischen Bundes, die in einer zeitgenössischen Flugschrift dokumentiert wurde,[108] galt einem als brandgefährlich eingestuften Aufrührer, dem man die Konspiration mit Juden, Türken und Herzog Ulrich von Württemberg zutraute.

Die Jahre 1527 bis 1533 waren die ›Hochzeit‹ in der Geschichte der Verfolgung der Täufer. Nach und nach verminderten sich die Chancen, für die Vervielfältigung abweichenden Gedankenguts eine Presse zu finden. Gegen Ende der zwanziger Jahre waren deshalb handschriftliche oder mündliche Kommunikationsformen die für täuferische Kreise wichtigsten. 80 Prozent aller Hinrichtungen von Täufern fanden in dem genannten Zeitraum statt, aber nur zehn Prozent, jeweils zur Hälfte in Kursachsen und in der deutschsprachigen Schweiz, gingen auf das Konto evangelischer Obrigkeiten.[109] In Baders Botschaft vom Ende der Zeit der Taufe dürfte bereits ein Reflex auf die rigide Verfolgungspolitik der Behörden zu sehen sein, die im sogenannten Wiedertäufermandat des zweiten Speyerer Reichstages von 1529[110] (s. o. S. 371 f.) ihre reichsrechtliche Grundlage gefunden hatte. Eine Zustimmung der Reformatoren zur Verfolgung der Täufer ergab sich – bei durchaus unterschiedlichen Argumentationen im einzelnen – vornehmlich daraus, daß man sie für Aufrührer hielt. Vor allem das chiliastische Gedankengut des apokalyptischen Täufertums ließ vor dem Hintergrund der Erfahrungen des Bauernkriegs die Angst vor einem erneuten Aufstand des ›gemeinen Mannes‹ als reale Gefahr erscheinen.

Die in zunächst religiös begründeten täuferischen Abgrenzungs-, aber auch in reformatorischen Ausgrenzungsstrategien wurzelnden Verselbständigungstendenzen brachten Verhaltensformen hervor, die täuferische Gemeinschaften als eine Gegenwelt zu der sie umgebenden Gesellschaft erscheinen ließen. Gütergemeinschaft, Eidesverweigerung, Gewaltverzicht, die Ausübung von Predigt und Sakramentsverwaltung in Eigenregie der Laien, die Erschließung ›autonom‹ handhabbarer religiöser Ressourcen, Offenbarungs- und Autorisierungsformen wie Träume und Visionen,[111] die Versuche, im Horizont des nahen Weltendes letztverbindliche heilige Ordnungen, häufig unter Berufung auf das Alte Testament, zu kreieren und zu gestalten, ihre wirklichen oder bloß unterstellten Kontakte zu Juden: All das machte die täuferischen Gemeinschaften zu Fremdlingen in einer Welt, die unter dem konfrontativen Druck des konfessionellen Gegensatzes zweier Lager, der Evangelischen und der Katholischen, jede Abweichung für eine zusätzliche und unerträgliche Gefahr des gesellschaftlichen Miteinanders hielt.

Spiritualismus

Die gesellschaftspolitische Marginalisierung und die Verfolgung der Täufer haben entscheidend dazu beigetragen, daß auch der offenkundigste rituelle Bezugspunkt ihrer Existenzweise, die Erwachsenentaufe, bei einigen devianten Intellektuellen, die mit der Entwicklung der magistralen Reformationen ebenfalls nicht einverstanden waren, seine besondere Bedeutung verlor. Hans Denck, Sebastian Franck, Valentin Krautwald (1490-1545), Kaspar von Schwenckfeld, Ludwig Hätzer, Hans Bünderlin (um 1500-1539), Christian Entfelder (gest. nach 1544) und andere gemeinhin unter dem Begriff des Spiritualismus subsumierte Freigeister stehen für Haltungen und Gesinnungen, die jedem äußeren Kult, jeder sichtbaren Vergemeinschaftung, jedem institutionellen Gestaltungsversuch des Christlichen skeptisch gegenüberstanden. Einige von ihnen hatten dem Täufertum zeitweilig nahegestanden, andere waren von den Lehren Luthers oder Zwinglis ausgegangen, aber dann doch eigenständig über sie hinausgeschritten. Sie alle waren humanistisch geprägt, verfügten über einen geistigen Horizont, der den vieler protestantischer ›Schriftgelehrten‹ überstrahlte, und wollten sich nicht auf eine religiöse Diskurskultur einlassen, in der der ›Buchstabe‹ über den Geist siegte und theologische Auseinandersetzungen primär von professionellen, amtlich bestallten Berufsauslegern und mit

Bibelsprüchen geführt wurden. Dem Friedens- und Toleranzchristentum eines Erasmus blieben die meisten von ihnen innerlich verbunden. Im Rechtfertigungsglauben der Lutheraner und in der Sühnopferchristologie aller Reformatoren sahen sie die Gefahr sittlicher Laxheit. Die ›Verstaatlichung‹ der Religion im Zuge der obrigkeitlichen Reformationen galt ihnen als Gefährdung der Glaubens- und Gewissensfreiheit. Im Zusammenhang damit berief man sich – natürlich auch mit einer Pointe gegen die protestantischen Obrigkeitskirchen – auf Luthers Appelle gegen eine Verfolgung aus Glaubensgründen, die er 1523 in seiner Schrift *Von weltlicher Obrigkeit*[112] vorgetragen hatte. Christianisierung des einzelnen und der Gesellschaft von innen, nicht äußerer Konformitätszwang mit obrigkeitlichen Mitteln, war ihre Parole.

Einige von ihnen, etwa die ›Schwenckfelder‹, bewegten sich in frommen Gemeinschaften, die äußerlich unauffällig und selten behelligt unter den städtischen Gesellschaften vor allem des Südwestens lebten;[113] eine kirchliche Verselbständigung gegenüber dem bestehenden Mehrheitschristentum strebten sie nicht an. Andere, etwa Franck, blieben Einzelgänger, die für sich selbst und für eine weit verstreute Lesergemeinde rastlos publizierten. Das Konzept eines Mittelwegs jenseits der konfessionellen Antagonismen, das diese Apologeten des Geistes vertraten, blieb ein wichtiges Element in der Religionskultur des frühneuzeitlichen Alten Reiches, dem aber erst im späten 17. Jahrhundert eine breitere gesellschaftliche Akzeptanz zuteil wurde.

Das Auftreten dieser ›Freigeister‹ in der Zeit nach dem Bauernkrieg, das durch die Zerwürfnisse der theologischen Lager im Abendmahlsstreit (s. o. S. 527-541) begünstigt wurde, zeigt einen geistes- und stimmungsgeschichtlichen Wandlungsprozeß an: Die erfolgreiche Etablierung der obrigkeitlichen Reformationen bewirkte einen neuartigen Schub an religiöser Sinnsuche und an alternativen religiösen, ›kirchlichen‹ beziehungsweise sektenmäßigen und gesellschaftlichen Sinnentwürfen. Der Sieg der Reformation forcierte ihre Infragestellung seitens derer, die selbst von ihr ausgegangen und nun von ihr enttäuscht waren. Die Spaltung der abendländischen Kirche und die Erfolge der Reformation setzten eine Pluralisierungsdynamik in bezug auf das Verständnis des Christentums und seiner Lehr- und Lebensgestalten frei, die die Verhältnisse der mittelalterlichen *christianitas* definitiv hinter sich ließ.

KIRCHLICHE LEHRE AUS DEM BIBLISCHEN WORT: THEOLOGISCHE HAUPTWERKE DER REFORMATION

Daß Luther zu jenen »großen Männern«[114] gehörte, jenen glänzenden und erfolgreichen Schriftstellern, die der Welt »ein anderes Antlitz«[115] verliehen und sie »aus einem rohen in einen äußerst verfeinerten Zustand« führten,[116] war auch für Zwingli, ungeachtet des Abendmahlsstreits, selbstverständlich. Und daß er sich selbst heimlich zu diesen »großen Männern«, die die Welt als theologische Schriftsteller prägend veränderten, gezählt hat, darf man getrost voraussetzen. In der Tat: Die Reformation brachte eine bemerkenswerte Dichte an intellektuell und literarisch außergewöhnlich begabten Autoren hervor. Der Blick auf die Ereignisse und die Kontroversen droht die Sicht darauf zu verstellen, daß mancher derer, die an der vordersten Front kirchlicher Veränderungsprozesse und Durchsetzungskämpfe standen, gelehrte lateinische Werke verfaßte, die für den tagespolitischen Kampf eher wenig, für die dauerhafte Etablierung der protestantischen Konfessionskulturen als dezidiert durch gelehrte Theologie geprägten religiösen Konfigurationen aber sehr viel austrugen.

Die stetige Arbeit der Reformatorengeneration an der gelehrten Fundamentierung reformatorischer Theologie durch gediegene Bibelauslegungen und biblisch ausgewiesene theologische Lehrzusammenfassungen bildete die Grundlage für ein florierendes protestantisches Bildungs- und Universitätssystem, das sich, ausstrahlend von Wittenberg, im protestantischen Teil Deutschlands behaupten sollte. Ohne die humanistischen Bildungsvoraussetzungen, die insbesondere Philipp Melanchthon wie kein zweiter in die reformatorischen Neugestaltungen zu integrieren wußte, wäre dies undenkbar gewesen. Ohne die außerordentlich große Dichte an ungewöhnlich begabten jungen Männern, die sich die gelehrte Ausarbeitung des reformatorischen Christentums gegen die Feinde zur ›Rechten‹ und zur ›Linken‹ angelegen sein ließen und ihre Nachtstunden in spärlich beleuchteten und mäßig geheizten Studierstübchen über der Auslegung biblischer Schriften in der hebräischen oder griechischen Ursprache zubrachten, wäre die ›evangelische Freiheit‹ auf Dauer schwerlich zu haben gewesen; denn diese Freiheit beruhte auf der Wahrheit der Schrift, und das hieß darauf, die eigene als die textgemäße und sachgerechte Auslegung erweisen oder behaupten zu können.

In den großen Kommentarwerken Oekolampads, Capitos, des Hebraisten der Zürcher Prophezei Konrad Pellikan,[117] allesamt vornehmlich am Alten Testament arbeitende Exegeten, lebte die philologische Präzision, die ihnen durch den Humanismus Reuchlins und Erasmus' vermittelt worden war, ungebrochen fort. In Zürich und Straßburg wurden auch für Laien und fortgeschrittene Schüler zugängliche Vorlesungs- beziehungsweise Auslegungsveranstaltungen abgehalten, in denen der Urtext, aber auch die alten Übersetzungen im Mittelpunkt standen. Die Zürcher Bibelübersetzung hat ihren primären ›Sitz im Leben‹ in diesen morgendlichen Zusammenkünften der Prophezei im Chorraum des Großmünsters, die seit Sommer 1525 stattfanden. Eine ähnliche Einrichtung entstand in Straßburg, wo Bucer sogleich nach seiner Ankunft im Frühjahr 1523 damit begonnen hatte, öffentliche Vorlesungen über biblische Schriften zu halten. Diese Veranstaltungen waren der Entstehungskontext der gelehrten Bibelkommentare der Zürcher wie der Straßburger Reformatoren. In der Frühzeit der Reformation ging es bei diesen Veranstaltungen natürlich auch darum, die noch wenig gebildete Pfarrgeistlichkeit der Stadt oder der Umgegend im Sinne der reformatorischen Lehre fortzubilden.

Daß die Kirche aus der Schrift aufzubauen war und zu reformieren sei, daß es zur Schriftauslegung durch die verantwortlichen Amtsträger gelehrter Bildung bedürfe und daß auch die systematischen Lehrzusammenfassungen reformatorischer Theologie aus der Schrift zu begründen, ja zu entwickeln waren, war zwischen den in den späten zwanziger Jahren auseinandertretenden ›konfessionellen‹ Lagern der Lutheraner und der Reformierten unstrittig. Die Scheidungen und Zerwürfnisse in den Kontroversen um die Taufe und das Abendmahl haben diese im Verhältnis zur römischen Scholastik einerseits, zur radikalreformatorischen Gelehrtenpolemik andererseits grundlegende Gemeinsamkeit der Vertreter der magistralen Reformation eher bestärkt als in Frage gestellt. Kirchlich verfaßtes reformatorisches Christentum lebte aus der Schriftauslegung und bedurfte der aus ihr erwachsenden Theologie wie keine andere Christentumsformation zuvor seit der Alten Kirche. Denn weder das durch die kirchlichen Autoritäten verwaltete kanonische Recht noch die Erfahrungen eines freien Wirkens des Geistes begründeten jenen Anspruch auf Allgemeinheit und Nachvollziehbarkeit ihrer Lehre, den die protestantischen ›Volkskirchen‹ der magistralen Reformationen benötigten.

An drei sehr unterschiedlichen Werken reformatorischer Theologie aus den zwanziger Jahren des 16. Jahrhunderts, die jeweils als Hauptwerke ihrer Verfasser bezeichnet werden können, läßt sich der bibeltheologische Konsolidierungs- und Formierungsprozeß veranschaulichen, der die Grundlage der summarischen Bekenntnisformulierungen bilden sollte, die seit den späten zwanziger Jahren ins Kraut schossen: Melanchthons *Loci Communes rerum theologicarum* (1521), Zwinglis *De vera et falsa religione commentarius* (1525) und Luthers *De servo arbitrio* (1525).

Melanchthons »Loci Communes«

Melanchthons *Loci*, nach Luthers Urteil das beste Buch nach der Heiligen Schrift,[118] das es – anders übrigens als Erasmus' Werke – verdiene, kirchlich kanonisiert zu werden,[119] gelten als erste reformatorische Dogmatik. Luthers außerordentliche Wertschätzung des Werkes hing nicht zuletzt mit dessen kompakter, prägnanter sprachlicher Gestalt zusammen, eine Begabung, in der Luther sich dem gelehrten humanistischen Freund und Kollegen deutlich unterlegen wußte. Auf einer Tischplatte notierte Luther einmal mit Kreide: Bei Melanchthon stimmen die Sache und die Worte, bei Erasmus die Worte, aber die Sache nicht, bei Luther die Sache, aber die Worte nicht, bei Karlstadt stimmen weder Worte noch Sache.[120]

Die formale Gestaltung des theologischen Stoffs, die Melanchthon wählte, entsprach einem spezifischen Verständnis der Sache. Denn anders als Erasmus, der – anknüpfend an die antike Tradition seit Aristoteles – den Lesern der Bibel und anderer Schriften ›Gemeinplätze‹ *(loci)* als locker zu handhabendes Ordnungssystem der Materialsammlung mit beliebig vielen einzelnen Loci anempfahl, lag Melanchthon an einem Ordnungsprinzip, das nicht an die Bibel herangetragen, sondern aus ihr entwickelt worden sei. Seine *Loci* sind aus einer systematischen Interpretation des Römerbriefs erwachsen. Ihre Methode ist systematische Exegese, die nicht mit einem externen Schema bestimmter Loci an den biblischen Text herangeht, sondern diejenigen Loci aus dem Text zu erheben versucht, die wirklich in ihm enthalten sind. Im Verhältnis zur dogmatischen Tradition bedeutete dieses Verfahren einerseits eine gewaltige Reduktion der überkommenen Lehrbestände, andererseits eine Konzentration auf diejenigen Gehalte, die unmittelbar mit dem Heil, dem Glauben, der Sünde und der Buße zu tun hatten.

Melanchthons ausdrückliches Ziel war es, »die Summe der christlichen Lehre«[121] denen, die sich unsicher in der Schrift bewegten, mit wenigen Worten zu erschließen. Als Adressat war nicht nur die akademische Jugend gedacht, sondern im Grunde jeder Christ, der sich mit der biblischen Grundlage seines Glaubens beschäftigte. Der Umstand, daß die *Loci Communes* rasch in deutschen Übersetzungen verbreitet wurden, entsprach insofern der ursprünglichen Absicht ihres Verfassers. Mit der dogmatischen Lehrtradition ging der 24jährige Wittenberger Magister schonungslos ins Gericht: Johannes Damascenus, der Verfasser des für die Ostkirche zentral wichtigen dogmatischen Werkes, der *Quelle der Erkenntnis*, und Petrus Lombardus, der Autor des Grundwerkes der scholastischen Theologie, der *Vier Bücher der Sentenzen (Libri quatuor sententiarum)*, fanden vor ihm keine Gnade: Der erste philosophiere zuviel, der zweite wolle lieber Meinungen der Menschen zusammentragen als über die Meinung der Schrift informieren.[122] Einige der traditionellen Hauptthemen der Dogmatik – etwa die Trinitätslehre – überstiegen die menschliche Auffassungsgabe und seien für die christliche Existenz nicht entscheidend. »Die Geheimnisse der Gottheit sollten wir lieber anbeten als sie erforschen.«[123] Die für das Christsein unverzichtbaren Themen seien Sünde, Gesetz und Gnade. Aus ihnen werde Christus erkannt. »Denn das heißt Christus erkennen: seine Wohltaten erkennen.«[124] Nicht die metaphysisch-spekulativen oder die historischen Fragen in bezug auf Christus bildeten den Fokus bei der Auswahl und Präsentation der theologischen Zentralthemen, sondern die Frage, inwiefern er uns als Heilsmittel gegeben sei.[125]

Im Anschluß an den Römerbrief sah Melanchthon in den Themen Sünde, Gesetz und Gnade den Zugang zur Erkenntnis Christi; diese *Loci* legten dem Christen Christus ans Herz und stärkten sein Gewissen. Den Ausgangspunkt der dogmatischen Darstellung hatte freilich die Analyse der menschlichen Willensfreiheit im Verhältnis zu Gott zu bilden. Im Licht der göttlichen Prädestination – ein Schlüsselthema des Römerbriefs – sei dem Menschen schlechterdings keine Freiheit zum Heil zuzuerkennen. Rechtfertigung bedeute das Todesurteil über den Sünder aufgrund des Gesetzes und die Wiedererweckung durch das rettende Wort des Evangeliums, das die Sünden vergibt. Wenn wir Christus »im Glauben anhängen«, ist seine »Gerechtigkeit unsere Gerechtigkeit«.[126] Prägnanter war die reformatorische Rechtfertigungslehre allein aufgrund des Glaubens um Christi willen wohl noch nicht formuliert worden.

Melanchthons Meisterwerk, zunächst in Einzellieferungen erschienen, dann in zahlreichen Nachdrucken und volkssprachlichen Ausgaben ein Bestseller der reformatorischen Literatur, hat in späteren Auflagen – nun unter dem Titel *Loci praecipui theologici* – erhebliche Umarbeitungen erfahren. Manche der traditionellen Lehrbestände, etwa die Trinitäts- oder die christologische Zwei-Naturen-Lehre, nahm er später wieder auf, nicht zuletzt, weil sich an den ›radikalen Rändern‹ der Reformation dogmenkritische Stimmen meldeten. Auch der Umfang des Werkes wuchs beträchtlich, was nicht zuletzt der Berücksichtigung der kontroverstheologischen Auseinandersetzungen vor allem mit römischen Theologen geschuldet war. Faktisch wurden die *Loci* nach und nach zum wichtigsten dogmatischen Lehrbuch der sich bildenden professionellen protestantischen Amtsgeistlichkeit. Daran, daß Melanchthon ihre Verbreitung in der Volkssprache auch weiterhin am Herzen lag, zeigte sich allerdings auch, daß er an der mit dem Priestertum aller Gläubigen verbundenen Überzeugung einer aus theologischer Grundbildung erwachsenden Urteilsfähigkeit jedes Christen festgehalten hat.[127]

Zwinglis »De vera et falsa religione commentarius«

Zwinglis *De vera et falsa religione commentarius*, 1525 mit einer Vorrede an den französischen König Franz I. erschienen, auf den viele – nicht zuletzt wegen seiner antihabsburgischen Politik – die Hoffnung setzten, er werde sich der Reformation öffnen, ist ein dogmatisches Werk, das den rund dreifachen Umfang der Melanchthonschen *Loci* aufweist. Es stellt eine erste, breit angelegte systematische Gesamtbilanz reformatorischer Theologie dar, die in durchgängiger Auseinandersetzung mit der falschen, nämlich der päpstlichen Religion geführt wurde. Während die wahre christliche Religion darin bestehe, daß der unglückselige Mensch an sich selbst verzweifelt und sein Vertrauen auf den Gott gründet, der seinen Sohn für die Menschen dahingegeben hat, bediene sich die falsche, die päpstliche, des Namens Christi zu Unrecht, da sie ihre Hoffnung auf anderes als Christus richte.[128] In insgesamt 29 Kapiteln entfaltet Zwingli, ausgehend vom Religionsbegriff, den er zur Bezeichnung der »ganzen Frömmigkeit der Christen« unter Einschluß von »Glaube, Lebensführung, Gesetzen, Riten und Sakramenten«[129] verwendet, daß die Offenbarung im Wort Gottes als maßgebliche Erkenntnisquelle zu gelten habe und der Zusammenhang von Gottes- und Selbsterkenntnis als unabweisbar zentral darzustellen sei. Ohne die Offenbarung sei der Mensch genauso schwer zu erkennen, wie ein Tintenfisch zu fangen sei.[130] Allein Gott, der die Menschen gemacht hat, eröffne also die Erkenntnis der Geheimnisse des menschlichen Herzens.[131]

Der unveräußerliche Zusammenhang von Gottes- und Selbsterkenntnis des Menschen führt Zwingli zum Evangelium von Christus; denn hier habe Gott Adam in das durch den Fall zerstörte Gottesverhältnis zurückgebracht. Die christliche Religion sei die wahre, weil sie die ursprüngliche, schöpfungsmäßige Bestimmung des Menschen zur Gemeinschaft mit Gott wiederherstelle. In ausführlicher Widerlegung des von der römischen Kirche gewiesenen Heilsweges erkennt der Mensch durch das Gesetz, wie verzweifelt seine Lage ist, und wirft sich auf das im Evangelium dargebotene Heil. Zwinglis Dogmatik enthält besonders ausführliche Abschnitte über die Obrigkeit[132] und über das Abendmahl;[133] der historische Zusammenhang mit Bauernkrieg und beginnendem Abendmahlsstreit ist unverkennbar. Gegenüber dem französischen König schärfte Zwingli ein, daß die Reformation die politische Ordnung nicht erschüttere, sondern – recht verstanden – stabilisiere. In einem prägnanten Epilog, in dem er sich für die Länge seines Buches entschuldigt und sie darauf zurückführt, daß der päpstliche Antichrist, der Mensch der Sünde (2 Thess 2,3), die wahre Lehre so sehr verdorben habe und deshalb ausgiebig widerlegt werden müsse, stellt Zwingli abschließend heraus, daß es die die Gottes- und Selbsterkenntnis verbindende wahre Religion sei, die das Menschsein des Menschen ausmache.[134] Für den gelehrten Humanisten

Zwingli hatte sich mit der Reformation die Frage nach dem Wesen des Menschen, die ihm nicht zuletzt durch das literarische Werk Pico della Mirandolas nahegetreten war, beantwortet. Dem Erasmischen Versuch, zwischen menschlicher Willensfreiheit und göttlicher Gnade einen Ausgleich, ein Kooperationsverhältnis zu konstituieren, hat Zwingli eine eindeutige Absage erteilt.[135]

Luthers »De servo arbitrio«

Luthers *De servo arbitrio* ist kein systematisches Kompendium der Lehrsumme des Christentums, wie es in je ihrer Weise Melanchthons *Loci*, Zwinglis *Commentarius* oder Calvins in späteren Auflagen einen ähnlichen Wachstums- und Umarbeitungsprozeß wie die *Loci* erfahrende epochale *Institutio christianae religionis* (Erstauflage 1536; letzte Auflage 1559) darstellen. Doch neben seinem Katechismus hielt Luther es für sein wichtigstes und gelungenstes Werk.[136] Im Verhältnis zu Erasmus brachte die Schrift jene eindeutige Klärung zum Abschluß, die sich seit längerem abgezeichnet hatte.[137] Die für Luther unerträglich heuchlerische Haltung des Humanistenfürsten in Fragen der Religionspolitik und die von Erasmus in seiner Schrift *De libero arbitrio diatribe* (September 1524) dezidiert gegen Luther eingenommene Sachposition, die dem Menschen »einen freien Willen« zuerkannte, »sich dem, was zum ewigen Heil führt, zu- oder von ihm abzuwenden«,[138] machte es für den Wittenberger unumgänglich, einen definitiven Schlußstrich unter das Verhältnis zu Erasmus zu ziehen. Die wichtigsten theologischen Exponenten der magistralen Reformation, auch diejenigen, die in der Abendmahlsfrage von Luther abwichen, sind ihm in der Abgrenzung von Erasmus gefolgt.

De servo arbitrio, entstanden in einer von Bauernkrieg, Eheschließung und dem Kampf mit den ›Schwärmern‹ bewegten Lebensspanne Luthers – der Urdruck erschien im Dezember 1525 –, ist ein Monument reformatorischer Glaubensgewißheit in Konfrontation mit der zwischen Skepsis und der Anerkennung eines Autoritätsprinzips changierenden Haltung des Erasmus. Die der Theologie einzig angemessene Redeweise *(modus loquendi theologicus)* sei »die gewisse Behauptung«, die *assertio.*[139] Die gewissen Behauptungen aufzugeben, wie Erasmus es nach Luthers Urteil tue, bedeute, das Christentum aufzuheben. (»Tolle assertiones, et Christianismum tulisti.«)[140] In bezug auf die das Gottesverhältnis des Menschen betreffenden Aussagen eigne der Schrift äußere Klarheit *(claritas externa)*, der die durch den Heiligen Geist geschenkte innere Klarheit *(claritas interna)* entspreche. In dieser Korrelierung von innerer und äußerer Klarheit der Schrift besteht Luthers spezifischer Beitrag zur Schrifthermeneutik im Gegensatz zu den ›Schwärmern‹ und ihrem Konzept einer pneumatologischen Unmittelbarkeit einerseits, der in Autoritätsglauben umschlagenden Skepsis des Erasmus andererseits. In Auseinandersetzung mit dem Argument, aus den in der Schrift enthaltenen Imperativen sei auf eine in der menschlichen Willenstätigkeit enthaltene Fähigkeit zu schließen, daß er sich dem Heil zuzuwenden vermöge, entfaltete Luther sein Verständnis des Wirkens Gottes in Schöpfung und Geschichte, Versöhnung und Erlösung.

Luthers scharfe Unterscheidung zwischen Gottes gepredigtem, offenbartem, angebotenem und verehrtem Willen einerseits, seinem verborgenen und deshalb zu ignorierenden Willen, der den Menschen nichts angehe,[141] andererseits markierte eine dramatische Differenz in Gott selbst. Mit dem in seiner Majestät und Natur verborgenen allmächtigen Gott *(deus absconditus)* habe der christliche Glaube nichts zu schaffen. Er sei ganz auf den in Christus offenbaren Gott *(deus revelatus)* verwiesen.[142] Die bis zum Gegensatz gesteigerte Spannung in Gott selbst konnte Luther dahin gehend zuspitzen, daß der fleischgewordene Gott des Evangeliums über das Verderben der Gottlosen weint und klagt, obschon es der Wille der das Gesetz handhabenden Majestät Gottes sei, der manche verwirft oder verlorengehen läßt.[143] Die Unterscheidung in Gott selbst, mit der Luther insbesondere die prädestinatianischen Aussagen des Römerbriefs sachgerecht zu explizieren meinte, war die denkbar radikalste Form, Heil oder Unheil des Menschen außerhalb des menschlichen Willens, in Gott selbst, zu verorten. Im Unterschied zu der auf die partielle Autonomie des menschlichen Subjekts gegründeten ethischen Vervollkommnungslehre des Erasmus waren Luthers Gotteslehre und die ihr korrespondierende Anthropologie auf die unüberbrückbaren, ausschließlich in Christus vermittelten Gegensätze zwischen dem allein das Heil ermöglichenden Gott und dem in sich ganz und gar verworfenen Menschen ausgerichtet. Die allein auf das gewiß machende Evangelium zentrierte Glaubenskonzeption Luthers fand in *De servo arbitrio* in bezug auf das Gottes- und das Menschenbild ihre konsequenteste Ausarbeitung. Insofern gehört auch diese in ihrer Zeit klärend und entzweiend wirkende Schrift in den Prozeß der formativen Ausbildung einer definitiven Lehrgestalt reformatorischer Theologie hinein.

Als die Reformation aufgrund der internen theologischen Differenzierungs- und kirchlichen Zersetzungsprozesse und der externen religionspolitischen Entwicklungen seit Ende der zwanziger Jahre in eine Phase forcierter Bekenntnisbildung eintrat, hatte die gelehrte Theologie der Reformatoren ein gegenüber der älteren und der jüngeren abendländischen Tradition weithin fortgeschrittenes, eigenes Profil ausgebildet.

KAPITEL 10
BEKENNTNISSE, BÜNDNISSE, BESCHWERNISSE

DIE POLITISIERUNG DER RELIGIONSFRAGE

Die politischen Dimensionen der Religionsfrage waren seit Beginn der zwanziger Jahre des 16. Jahrhunderts offenkundig, doch die Kontexte und Formen, in denen sie sich konkretisierten, veränderten sich gegen Ende des bewegten Jahrzehnts. Zunächst war seitens der reformatorischen Publizistik die Verantwortlichkeit der weltlichen Obrigkeiten eingeschärft worden, aufgrund des Priestertums aller Gläubigen zugunsten einer Reformation der Kirche an Haupt und Gliedern tätig zu werden. Auf der Basis der reichspolitischen Aussetzung des Wormser Edikts war es seit dem ersten Speyerer Reichstag von 1526 (s. o. S. 370f.) vor dem Erfahrungshintergrund des Bauernkrieges dann zu verstärkten Umsetzungsversuchen reformatorischer Prozesse auf städtischer oder territorialer Ebene gekommen. Die weltlichen Obrigkeiten nahmen die Durchsetzung der Reformation in die Hand.

Schon Mitte der zwanziger Jahre hatten sich militärisch-politische Bündnisse entlang der konfessionellen Fronten zu bilden begonnen (s. o. S. 503f.): das Regensburger Bündnis der führenden altgläubigen Stände Süddeutschlands unter habsburgischer und bayerischer Ägide (1524), das Dessauer Bündnis der katholisch gesinnten Fürsten Mittel- und Norddeutschlands unter Beteiligung des albertinischen Sachsens, Braunschweig-Wolfenbüttels, Kurbrandenburgs und des Mainzer Erzbischofs (1525), auf evangelischer Seite schließlich das hessisch-kursächsisch dominierte Defensivbündnis von Torgau (1526). Im Frühjahr 1528 war es sogar beinahe zu einer militärischen Konfrontation gekommen: Durch den zwielichtigen Vizekanzler Herzog Georgs von Sachsen, Otto von Pack (um 1480-1537), waren gefälschte Dokumente bekannt geworden, die von einem 1527 abgeschlossenen Breslauer Bündnis altgläubiger Stände handelten – König Ferdinand, die Herzöge von Bayern und Sachsen, die Erzbischöfe von Mainz und Salzburg, schließlich die Bischöfe von Würzburg und Bamberg sollten beteiligt sein. Dieses Bündnis bereite angeblich einen militärischen Schlag gegen die lutherisch gesinnten Fürsten vor. Philipp von Hessen, der Kurfürst Johann von Sachsen von der Notwendigkeit eines Präventivschlages überzeugt und bereits mit militärischen Aktionen gegen Mainz und Würzburg begonnen hatte, war von Pack mit der gefälschten Urkunde dieses fingierten Breslauer Bündnisses getäuscht worden. Die Wittenberger Theologen sprachen sich entschieden gegen einen Präventivkrieg aus und wirkten insofern retardierend. Als Philipp von Hessen, von Kurfürst Johann gedrängt, seinem Schwiegervater Georg von Sachsen schließlich den Grund für seine Rüstungspolitik, das angebliche Bündnis von Breslau, darlegte, flog die Affäre auf. Eine lebhafte Flugschriftenpublizistik[1] dokumentierte das inzwischen eingetretene Maß wechselseitigen Argwohns zwischen den sich bildenden ›Konfessionsblöcken‹.

Auch der zweite Speyerer Reichstag (s. o. S. 371 f.), bei dem König Ferdinand die Aufhebung des Religionsartikels des ersten Speyerer Reichstags mit Hilfe einer katholischen Ständemehrheit durchsetzte, wirkte massiv polarisierend. Die *Speyerer Protestation* (s. o. S. 372) stellt ein Schlüsseldokument der Reformationsgeschichte dar. Das in der mittelalterlichen Ständelibertät begründete Rechtsmittel der Protestation, der Verwahrung gegen rechtskräftig bindende Mehrheitsbeschlüsse in bezug auf existenzbestimmende Fragen zur Aufrechterhaltung von Rechtsansprüchen, wurde in Speyer zur Artikulation des Prinzips religiöser Gewissensfreiheit verwendet. Mehrheitsentscheidungen dürfe es »in den sachen gottes ere und unser heil und selen seligkeit belangend« nicht geben, da in diesen Fragen »ain jeglicher fur sich selbs vor gott stehen und rechenschaft geben mus«.[2] Der Rechtsakt der Protestation sollte verhindern, daß die katholische Ständemehrheit ihren Beschluß, den Abschied des Speyerer Reichstags von 1526 aufzuheben und bis zu einem dringend gewünschten Konzil nach Maßgabe des Wormser Edikts zu verfahren,[3] mit Gewalt gegenüber den evangelischen Ständen durchsetzen könnte. Daß Ferdinand die Entgegennahme der Protestationsurkunde verweigerte, dokumentierte, daß er dem demonstrativen Akt keine Legitimität zuerkannte. Am Ende des Reichstages von Speyer fanden sich Hessen, Kursachsen und die Städte Nürnberg, Ulm und Straßburg zu einem geheimen Verteidigungsbündnis gegen die heraufziehende Bedrohung zusammen.

Auch die internationale politische Lage trug dazu bei, daß sich die Gefahr einer militärischen Konfrontation zuzuspitzen begann. Denn als Kaiser Karl V. aus Anlaß des Augsburger Reichstags von 1530 erstmals seit 1521 wieder im Reich war, hatten sich die politischen Bedingungen für eine endgültige Klärung der Religionsfrage in seinem Sinne im ganzen günstig entwickelt. Der französische König Franz I. hatte sich nach diversen militärischen Rückschlägen gegen Karl V. auf einen zeitweilig stabilen Friedensschluß eingelassen. Nach der verlorenen Schlacht von Pavia am 24. 2. 1525, dem 25. Geburtstag des Kaisers, nach der Franz I. in kaiserliche Haft genommen worden war, seinem Bruch des daraufhin ausgehandelten Friedensvertrages von Madrid nach seiner Freilassung – die vom Habsburger geforderte Rückgabe Burgunds war eine unannehmbare Forderung – und dem Scheitern der antihabsburgischen Liga von Cognac – mit dem Papst, Mailand, Florenz und Venedig – gab es für den französischen König im Sommer 1529 keine ernsthafte Alternative mehr zum Frieden. Der durch die Tante des Kaisers und die Mutter Franz' I. ausgehandelte ›Damenfriede von Cambrai‹ sah von einer Restitution Burgunds ab, nötigte den französischen König aber zu einem Verzicht auf seine italienpolitischen Einlassungen in bezug auf Mailand, Genua und Neapel.

Der zweite denkwürdige Friedensschluß des Habsburgers, ein Vertrag mit Papst Clemens VII. (reg. 1523-34), wurde am 29. 6. 1529 in Barcelona beschworen. Er beendete eine besonders bittere militärische Auseinandersetzung, in deren Verlauf Karl V. die seit Leo X. betriebene antikaiserliche Politik der Kurie für den Ruin der Kirche, das Erstarken der Ketzerei in Deutschland und das Vordrängen der Osmanen verantwortlich gemacht hatte. In die kaiserliche Kriegspublizistik waren sogar Motive der »papstfeindliche[n] und antikuriale[n] Propaganda des Heiligen Römischen Reiches«[4] eingeflossen. Diese Agitation dürfte mit dazu beigetragen haben, daß die wegen Soldausstands meuternden Truppen nach Rom gezogen waren und der ewigen Stadt beim ›Sacco di Roma‹ (Mai bis Juni 1527) die schwersten Zerstörungen und Plünderungen seit Alarichs Zeiten (410) zugefügt hatten. Unter den Landsknechten waren auch Protestanten gewesen, die ihre Befriedigung darin finden mochten, dem ›Antichrist‹ und seinen Kurtisanen sichtbare Schäden zuzufügen. Der Papst schätzte die Summe des Beuteguts auf 10 Millionen Dukaten; die Zahl der Todesopfer soll bei 10 000 gelegen haben. Clemens VII., der in der Engelsburg belagert worden war und am 7. 6. 1527 kapituliert hatte, war in die Gefangenschaft der kaiserlichen Armee geraten und mußte sich freikaufen. Auch wenn der Kaiser sich von den Greueltaten seiner Soldaten distanziert hatte, war er doch sicher, daß die »Gefangenschaft des Papstes 〈…〉 von der Hand Gottes verhängt, und auf seine göttliche Zulassung geschehen« sei, um dem Frieden in der Christenheit und einem Konzil den Weg zu bereiten »für die erwünschte, und wie Jedermann weiß, nothwendige Reformation der Kirche, und auch um die irrige lutherische Secte zu entwurzeln«.[5]

Daß es der kaiserlichen Diplomatie schließlich gelungen war, den Papst auf die Seite Karls V. zu ziehen, hing zum einen mit territorialen Schutzinteressen in Italien – vor allem gegenüber Venedig –, zum anderen mit der akuten Bedrohung durch die Osmanen zusammen. Der Kaiser hatte in den Verhandlungen darauf verzichtet, dem Papst mit einem Konzil zu drohen. Damit waren die Voraussetzungen für die seit langem hinausgezögerte Italienfahrt und die Kaiserkrönung durch den Papst gegeben. Der mit der Kaiserkrönung auf italienischem Boden verbundene symbolische Gewinn an herrscherlicher Reputation hat den universalen Anspruch des Monarchen als Friedensbringer und Schutzherrn des wahren, katholischen Glaubens tüchtig angefacht. Karl V. sollte der letzte Kaiser des Heiligen Römischen Reichs deutscher Nation bleiben, der sich von einem Papst krönen ließ.

Gemäß einer Rede des Kaisers vor seinen Räten stellte er den Kampf für die Kirche als das eigentliche Antriebsmotiv seines Italienzuges dar: »Um die Wahrheit zu sagen, ist das Ziel meiner Fahrt nach Italien, den Papst zu einem allgemeinen Konzil zu zwingen, in Italien oder Deutschland, gegen die Häresien und für die Reformation der Kirche. Ich schwöre zu Gott und seinem Sohne, daß nichts in der Welt mich so bedrückt wie die Häresie Luthers, und daß ich das Meinige dafür tun werde, daß die Historiker, die von der Entstehung dieser Ketzerei in meinen Tagen erzählen, auch hinzufügen, daß ich alles dagegen unternommen habe.«[6] In der Tat: Im Eifer für die Kirchenreform und gegen die lutherische Ketzerei sind zwei entscheidende Antriebsfedern des reichspolitischen Handelns Karls V. zu sehen. Der Weg in den Kampf gegen die Ketzerei im Reich und für die Kirchenreform an Haupt und Gliedern aber führte über Italien. Denn nur die Befriedung Italiens, die Karl V. dadurch erreichte, daß er die Städte Mailand, Novara, Pavia und einige kleinere Festungen herausgab, Venedig politisch einband, das Kastell von Mailand und die Stadt Como behielt, sein Königreich Neapel ohne Einbußen sicherte und den Medici-Papst Clemens VII. bei der Restitution der Herrschaft seiner Familie in Florenz militärisch unterstützte (Kapitulation Florenz' am 12. 8. 1530), eröffnete – wie er seinen Bruder Ferdinand im Januar 1530 wissen ließ – jene »Bewegungsfreiheit«,[7] die eine Lösung der Religionsfrage erwarten ließ.

Auch den Plan einer Wahl Ferdinands zum römischen König und der Ernennung zu seinem Stellvertreter im Reich sah Karl V. von seiner Kaiserkrönung auf italienischem Boden abhängig. Gegen die »großen Häresien, die es in Deutschland gibt und die jeden Tag ärger werden«,[8] gebe es freilich nur ein Mittel, so ließ er seinen Bruder wissen, nämlich »daß ich selbst komme oder zumindest, daß man mich dorthin auf See sieht«.[9] Die Installation Ferdinands, der durch die römische Königswürde und die Statthalterschaft einen die weitere Reichs- und Religionspolitik bestimmenden Machtzuwachs erhielt, setzte Karl V. schließlich in den Wochen nach Abschluß des Augsburger Reichstags von 1530 unter der Mehrheit der Kurfürsten durch. Die Widerstände gegen diese mit beträchtlichem finanziellen Aufwand verbundene Wahl kamen vor allem aus Kursachsen und Bayern, hatten aber keine dauerhaften Folgen.

Während der Zeit, in der sich Papst Clemens VII. und der Kaiser (siehe Abb. 33) über ein Vierteljahr gemeinsam in Bologna aufhielten und regelmäßig berieten, scheint sich das Verhältnis des habsburgischen Herrschers zum Papsttum dauerhaft stabilisiert zu haben. Auch die Italienpolitik diente diesem Zweck; denn daß er die »Freundschaft« des Papstes schwerlich gewinnen könnte, wenn er »in Italien den Herrn spielen«[10] würde, war Karl V. bewußt. Die päpstliche Weigerung, Heinrichs VIII. von England Annullierungsgesuch seiner ersten Ehe mit Katharina von Aragon, einer Tante Karls V., stattzugeben, trug zur Festigung einer Handlungsachse zwischen Clemens VII. und dem Kaiser entscheidend bei, begünstigte aber auch die Annäherung zwischen England und Frankreich. Daß der französische König die Verpflichtungen des Friedensvertrages auf Dauer einhalten werde, glaubte Karl V. ohnehin nicht. In bezug auf eine Konzilsinitiative war das Verhältnis zum Papst allemal entscheidend. Nur ein unbelastetes Verhältnis ließ einen Kampf gegen die Häresie hoffnungsvoll erscheinen. Der universale Herrschaftsanspruch Karls V. konnte und wollte einer sakralen Legitimation nicht entbehren. Auch insofern hängen Karls Weg zum Augsburger Reichstag und die am 30. Geburtstag des Monarchen, am 24. 2. 1530, vollzogene Kaiserkrönung innerlich zusammen.

Die Wahl Bolognas statt des traditionellen Roms als Krönungsort war wohl dem ernüchternden Zustand geschuldet, in dem sich die ›ewige Stadt‹ nach den Plünderungen des

Abb. 33: Kaiser Karl V. und Papst Clemens VII. in Bologna
(Kupferstich von Nicolaus Hogenberg, 1530)

›Sacco‹ befand. Eine feierliche Kulisse hätte die Stadt kaum geboten, und der Kaiser wollte sich die Peinlichkeiten ersparen, die ihm als Verantwortlichem drohen mochten. Das war in Bologna anders; die Stadt hatte sich mit Scheinarchitekturen – Triumphbögen, Plastiken, allegorischem Bildwerk, das den Imperator in die Tradition des Römischen Reiches stellte – geschmückt. Bei seinem triumphalen Einzug wurde der Kaiser von 20 Kardinälen und 400 päpstlichen Wachen eingeholt; 300 kaiserliche Reiter und militärische Abteilungen seiner Herrschaftsgebiete folgten. Der Kaiser ritt unter einem Baldachin einher; sein Helm war mit einem großen Reichsadler geziert, der auch auf dem prächtigen Umhang zu sehen war. Eine auf Pergament gebrachte großdimensionierte Darstellung des triumphalen Einzuges von Robert Peril[11] und eine Kupferstichserie Nikolaus Hogenbergs hielten das spektakuläre Ereignis für die Nachwelt fest und dokumentierten die propagandistische Qualität der Kaiserkrönung. Der kaiserliche Universalherrscher, der mit dem Papst in trauter Eintracht stand, würde die Christenheit nach außen gegen die muslimischen Feinde verteidigen, nach innen gegen die Ketzerei einen und einer Reform an Haupt und Gliedern zuführen.

DAS VORSPIEL DES AUGSBURGER REICHSTAGS

Als Karl V. knapp vier Monate später, am 15. 6. 1530, dem Vorabend des Fronleichnamstages, triumphal in Augsburg einzog, wurde er von den Kurfürsten, Fürsten und Ständen des Reiches feierlich an der Lechbrücke in Empfang genommen, vom Mainzer Erzbischof, Kardinal Albrecht von Brandenburg, »mit einer langen Oration empfangen«[12] und zur Kaiserkrönung beglückwünscht. Beim Einzug in den Dom fiel der Kaiser vor dem Sakramentshaus auf die Knie[13] und demonstrierte sinnfällig, daß er der traditionellen Kirchlichkeit tief verbunden war. Sobald der Kaiser sein Quartier erreicht hatte, ließ er einige der führenden protestantischen Fürsten unter der Ägide des Kurfürsten von Sachsen in seine »Camern fordern«[14] und ihnen durch seinen Bruder, König Ferdinand, ausrichten, daß sie die Predigten ihrer Prädikanten unterbinden und am folgenden Tag an der Fronleichnamsprozession teilnehmen sollten. Spätestens von diesem Zeitpunkt an konnte es keinem Zweifel mehr unterliegen, daß der der römischen Kirche ergebene Kaiser einen Kompromiß mit der Ketzerei niemals dulden und die religiöse Einheit des Reiches mit allen Mittel verteidigen würde.

Die protestierenden Fürsten ließen es nicht an demonstrativen Akten der Distanzierung von der unter kaiserlicher Regie inszenierten Sakralgemeinschaft fehlen. Als Kardinallegat Campeggio die Fürsten beim Einzug (15. 6.) segnete, blieb der sächsische Kurfürst aufrecht stehen und wies damit die Heilsmittlerschaft des römischen Würdenträgers zurück. Die Teilnahme an der Fronleichnamsprozession (16. 6.), die die Anerkennung eines aus reformatorischer Sicht blasphemischen Ritus bedeutet hätte, verweigerten die evangelischen Fürsten. An der Eröffnungsmesse (20. 6.) hingegen nahmen sie teil, freilich so, daß Landgraf Philipp während des Opferritus hinaus- und später mit Herzog Ernst von Lüneburg im Hauptschiff des Domes spazierenging und andere protestantische Fürsten unter ironisch-distanzierendem Gelächter partizipierten.[15]

Das kaiserliche Ausschreiben des Reichstages vom 21. 1. 1530 freilich hatte noch irenisch und hinsichtlich der Religionsfrage ergebnisoffen geklungen:

> Furter wie der irrung und zwispalt halben in dem hailigen glauben und der Christlichen Religion gehandelt und beschlossen werden mug und solle: und damit solchs desterbesser und hailsamlicher gescheen muge die zwitrachten hinzulegen: widerwillen zulassen: vergangne Irsal unserm seligmacher zuergeben: und vleis anzukeren: alle ains yeglichen gutbeduncken: opinion und maynung zwischen uns selb in liebe und gutligkait zuhoren: zuverstehen: und zuerwegen: die zu ainer ainigen Christlichen warheit zubrengen und zuvergleichen. 〈…〉 [Ziel sei es], alles so zu baiden tailen nit recht ist ausgelegt oder gehandelt abzuthun, 〈…〉 [ge-

> meinsam] ain ainige und ware Religion anzunemen und zuhalten ⟨...⟩ [und in einer] gemainschaft kirchen und ainigkeit zuleben.[16]

Der Kaiser stellte sich in dem Ausschreiben also als Wahrer der kirchlichen Eintracht über die Parteien, erwähnte die päpstliche Verurteilung Luthers und das Wormser Edikt nicht und nährte unter den Protestanten die Hoffnung auf eine Verständigung, unter den Katholiken hingegen den Argwohn, daß er von seinem bisherigen, entschieden antireformatorischen Kurs abrücken könnte.

Neben der Religionsfrage war die Türkenabwehr das entscheidende Thema des Ausschreibens. Der Kaiser ließ keinen Zweifel daran, daß er in nächster Zukunft mit einem neuerlichen Vorstoß der Osmanen rechnete. Die Belagerung Wiens, die Mitte Oktober 1529 hatte abgebrochen werden müssen, habe – so schärfte der Kaiser im Ausschreiben des Reichstags ein – gezeigt, daß das gierige, tyrannische Gemüt ›des Türken‹ das Seelenheil aller Christen berühre und daß es ihm selbst als »haubt der Christenhait«[17] obliege, dem osmanischen Aggressor Einhalt zu gebieten. Nicht zuletzt die gegen Ende der zwanziger Jahre dramatisch gesteigerte Türkenangst verlieh der Rolle des Kaisers als oberstem Friedenswahrer und Hüter der christlichen Eintracht eine neuartige Plausibilität. Dies zeigte sich auch in der einschlägigen protestantischen Türkenpublizistik im Umkreis des Jahres 1529, die den Kaiser in dieser Rolle weitestgehend akzeptierte. Insofern trug die ›Türkengefahr‹ das Ihre dazu bei, den imperialen Anspruch Karls V. zu stärken und ihm – auch von seiten der Protestanten – eine Rolle als Schiedsrichter in der Glaubensfrage zuzuerkennen.

Allerdings war schon in den Wochen vor der Reichstagseröffnung verschiedentlich deutlich geworden, daß die Weise, in der der Kaiser seine oberste Schiedsrichterrolle wahrnehmen würde, mit religiöser Indifferenz oder ›Unparteilichkeit‹ nichts zu tun hatte. Denn der kursächsische Gesandte Hans von Dolzig (um 1485-1551), der zusammen mit anderen Diplomaten Johanns von Sachsen bereits Anfang Mai 1530 beim Kaiser in Innsbruck vorstellig geworden war, erreichte das Ziel einer Anerkennung der Rechtgläubigkeit und eines sächsischen Separatfriedens nicht. Statt dessen zeichnete sich schon damals ab, daß der Kaiser der evangelischen Seite das Predigen am Reichstagsort verbieten würde.[18] Luther und Melanchthon rieten dem Kurfürsten daraufhin, sich in dieser Frage nicht zu exponieren und das Unrecht hinzunehmen. Melanchthon sah darin außerdem eine Gelegenheit, die Agitation der ›Zwinglianer‹ in Augsburg zu unterbinden. Als der Kaiser dann in Augsburg eingetroffen war, wurde das Predigtverbot nach längeren Verhandlungen auch auf die altgläubige Seite ausgeweitet.

Johann von Sachsen war als erster der Kurfürsten bereits am 2. 5. 1530 in Augsburg eingetroffen. Der wichtigste theologische Begleiter in seinem Gefolge war Melanchthon; ansonsten waren Justus Jonas, Spalatin und Johann Agricola dabei. Luther war aus Sicherheitsgründen auf der Veste Coburg, die zum fränkischen Besitz der Ernestiner gehörte, zurückgelassen worden. Er stand aber in ständigem Briefkontakt mit der kursächsischen Delegation, erhielt auch manchen Besuch und entfaltete eine reiche publizistische Tätigkeit, in der er unter anderem für eine nationalkirchliche Lösung des Religionskonflikts warb und die Zulassung der freien Evangeliumspredigt als Dreh- und Angelpunkt jeder Verständigung darstellte.[19] Doch gelegentlich fühlte sich der Reformator in der Einsamkeit über dem Thüringer Wald von den entscheidenden Entwicklungen abgeschnitten – nicht ganz zu Unrecht.

Die Ausgangslage der evangelischen Partei stellte sich im Vorfeld des Reichstages in politischer wie in theologischer Hinsicht als disparat dar. Während Philipp von Hessen seine weiträumigen bündnisstrategischen Pläne für eine große antihabsburgische Koalition verfolgte, Zürich und Straßburg, Orte also, in denen die ›Sakramentierer‹ dominierten, in sein Kalkül einbezog und die Wiederherstellung der Herrschaft Ulrichs von Württemberg zu seiner Sache machte, kam für den sächsischen Kurfürsten eine militärische Option nicht in

Frage. Die Wittenberger Theologen hatten – ähnlich wie der Nürnberger Stadtschreiber Lazarus Spengler[20] – jede Form des aktiven Widerstandes gegen den Kaiser aufs entschiedenste abgelehnt. In einer Stellungnahme Melanchthons[21] wurde der Gehorsam gegenüber der Obrigkeit als göttliches und natürliches Recht gefordert; niemand dürfe in seiner eigenen Sache richten, Widerstand gegen den Kaiser sei verboten. Die gegenteilige Auffassung der Zwinglianer und Bucers, die den Bauernkrieg und die Sickingensche Ritterschaftsbewegung gutgeheißen hätten, wurde scharf abgewiesen. Auch dann, wenn der Kaiser darin, daß er das Evangelium verfolge, Unrecht tue, sei dadurch seine Stellung als Obrigkeit und »seiner unterthan gehorsam nicht aufgehebt«.[22] Erst nach der Rückkehr vom Augsburger Reichstag, angesichts einer gewachsenen militärischen Bedrohung durch den Kaiser, sollten die Wittenberger Theologen diese Position revidieren. Im Vorfeld des Reichstages aber war ein Bündnis mit den ›Sakramentierern‹ und ihren politischen Sympathisanten wie dem hessischen Landgrafen außerhalb der politischen Perspektive Kursachsens.

ENTSTEHUNG UND GEHALT DER »CONFESSIO AUGUSTANA«

Entstehung

Unmittelbar nachdem das Ausschreiben des Reichstages bekannt geworden war, hatte Kurfürst Johann seine Theologen in Wittenberg darum gebeten, die den »Zwiespalt«[23] in Fragen des Glaubens und der Zeremonien betreffenden Artikel in einer faßlichen Form zusammenzustellen. Weil der bevorstehende Reichstag »vielleicht 〈...〉 an eins Concilii ader Nationalversamblung Statt gehalten will werden«,[24] bedürfe man schon vor seinem Beginn einer klaren Lehrform, um das Gespräch über die ›reine Lehre‹ mit den anderen Reichsständen gezielt führen zu können. Die Wittenberger stellten daraufhin eine Liste von praktischen Gravamina zusammen; einige davon – etwa der Laienkelch, die Priesterehe, die Messe – galten den kursächsischen Theologen als unverhandelbar. Hier bleibe nichts, als eindeutig das biblische Zeugnis umzusetzen. Andere Artikel – etwa bezüglich der Ordination, der Klöster, der Beichte oder des Fastens – seien von der Art, daß ein Kompromiß nicht ausgeschlossen schien, sofern bestimmte gewissensbindende Zwangsmomente beseitigt würden. Sogar in bezug auf das Papsttum zeigte man sich ›elastisch‹: Sofern der Papst »das evangelion, wie er schuldig, frei lasse«,[25] sei man bereit, seine Stellung als »her oder oberster«[26] hinzunehmen. Wenig später zitierte der Kurfürst die Wittenberger Theologen nach Torgau. Dort verfaßte vor allem Melanchthon – Luther war in Wittenberg geblieben – die sogenannten *Torgauer Artikel*,[27] die die strittigen Zeremonien und gottesdienstlichen Ordnungsfragen ausführlich behandelten. Sie bildeten eine Vorlage für den zweiten Teil der später in Augsburg entstandenen *Confessio Augustana*.

Gegen Ende eines der von Melanchthon in Torgau verfaßten Dokumente zeichnete sich der Gesamtplan eines sächsischen Bekenntnisses für den Augsburger Reichstag ab: »So man nun dabey begert zu wissen, was mein [Melanchthons] gnedigster her [Johann von Sachsen] sunst predigen laß, moge man artickel uberantworten, darein die gantz cristlich lahr ordenlich gefasset, damit man sehen moge, das mein gnedigster her kain ketzerisch lar zugelassen, sonder hab das heilig evangelium unsers herrn Cristi auf rainest lassen predigen.«[28] Ob die Wittenberger Theologen, die an den Torgauer Beratungen teilnahmen – außer Melanchthon wohl auch Bugenhagen und Jonas –, zum damaligen Zeitpunkt noch davon ausgingen, daß eine der älteren Bekenntnisformulierungen der Vorjahre Verwendung finden sollte, ist zweifelhaft. Allerdings gab der Kurfürst seinem Rat Hans von Dolzig im März 1530 neben dem *Unterricht der Visitatoren* die *Schwabacher Artikel* als Zusammenfassung der in seinem Territorium geltenden Lehre mit auf die Reise an den Innsbrucker Hof. Bei den *Schwabacher Artikeln* handelte es sich um ein kurz vor dem Marburger Religionsgespräch entstandenes, bei der Abfassung der *Marburger Artikel* verwendetes Lehrbekenntnis, das die Grundlage für Bündnisverhandlungen im Oktober und Dezember 1529 gebildet hatte, aber von Hessen, Ulm und Straßburg nicht akzeptiert worden war.

Ein erster Entwurf für eine Vorrede zum kursächsischen Bekenntnis, das in den Quellen mehrfach als »Apologie« bezeichnet wird, entstand um den 20. 4. herum auf der Coburg, wo die Reisegesellschaft einige Tage Station machte.[29] Spätestens nach der Ankunft in Augsburg (2. 5. 1530) wird Melanchthon erkannt haben, daß es notwendig sein würde, die *Torgauer Artikel* über die Zeremonien um explizite theologische Lehrartikel zu ergänzen. Denn in Augsburg wurde er mit einer Veröffentlichung Ecks, den *404 Artikeln*,[30] bekannt,[31] einer Sammlung von 380 vermeintlich häretischen Sätzen aus Schriften der Reformatoren, denen er 24 eigene Thesen hinzugefügt hatte. Die Verketzerung der reformatorischen Lehre durch den schärfsten römischen Streitschriftsteller aber machte es erforderlich, die Übereinstimmung der eigenen Lehre mit der Schrift und den Kirchenvätern zu dokumentieren. Bereits am 11. 5. ging Luther eine Fassung dieser im wesentlichen von Melanchthon erstellten »Apologie« zu.[32] Die genaue Textgestalt, die er erhielt, ist ungewiß, doch spricht einiges dafür, daß es bereits eine aus Lehr- und Zeremonialartikeln bestehende Version beziehungsweise Vorform des *Augsburger Bekenntnisses* war. Gegenüber dem Kurfürsten teilte Luther seine Einschätzung jenes Dokuments mit, das zum wichtigsten Bekenntnis der Reformationszeit werden sollte: »Ich hab M. Philipsen Apologia uberlesen, die gefellet mir fast [= sehr] wol, und weis nichts dran zu bessern noch endern, Wurde sich auch nicht schicken, Denn ich so sanfft und leise nicht tretten kan.«[33] Dieser später von Kritikern und Gegnern Melanchthons als Zeugnis einer theologischen Distanzierung Luthers von seinem jüngeren Kollegen bewertete Brief ist eindeutig im Sinne einer prinzipiellen sachlichen Zustimmung des Älteren zu interpretieren. Luther versagte sich Texteingriffe aus Respekt gegenüber dem so andersartigen sprachlich-strategischen Stil Melanchthons, der erklärtermaßen nicht der seine war, dessen Berechtigung er aber selbstverständlich anerkannte. Sachliche Defizite der *Confessio Augustana* sah Luther vor allem darin, daß in bezug auf das Fegefeuer, die Heiligenverehrung und den Papst als Antichrist eindeutige Positionierungen unterblieben waren.[34] Dissonanzen, die die weitere Korrespondenz zwischen dem in Augsburg in spannungsreiche, gewissensbelastende Verhandlungen involvierten Melanchthon und dem sich isoliert und zu Untätigkeit verdammt fühlenden Luther auf der Veste Coburg gelegentlich enthielten, spiegelten allenfalls situative Verstimmungen und durch Distanz bedingte, auch temperamentsmäßige Unterschiede, aber kaum grundlegende theologische Gegensätze. Wenn Luther Melanchthon kritisierte, so tat er dies, weil er mehr von ihm erwartete und ihn höher schätzte als jeden anderen der in Augsburg versammelten evangelischen Theologen.

Das kaiserliche Ausschreiben des Reichstages hatte zum 8. 4. 1530 nach Augsburg geladen. Der durch das verzögerte Eintreffen des Kaisers entstandene zeitliche Spielraum und die sich seit Mitte Mai verdichtenden Hinweise darauf, daß der Kaiser keine überparteiliche Haltung in den religiösen und theologischen Sachfragen einzunehmen gedachte, begünstigten die Verständigungen zwischen den protestierenden Reichsständen und -städten, deren Vertreter schon in Augsburg waren. Die Gespräche führten schließlich dazu, daß die *Confessio Augustana* kein kursächsisches Bekenntnis blieb, sondern eine breitere Basis an Unterstützern fand.

Verhandlungen, die Melanchthon unter Billigung der kursächsischen Regierung mit der altgläubigen Seite geführt hatte, waren zu einem Kompromißvorschlag verdichtet worden: Die bischöfliche Kirchengewalt sollte gegen die Zusicherung des Laienkelches, der Priesterehe und der evangelischen Messe wiederhergestellt werden.[35] Melanchthon fürchtete damals – so gab er gegenüber dem Mainzer Erzbischof an –, daß Philipp von Hessen, die Straßburger und die Schweizer einen Krieg anzetteln würden; die Lutheraner sollten deshalb mit den Altgläubigen zusammengehen. Doch diese Verhandlungen scheiterten. In Verbindung mit den Erfahrungen, die man mit dem konfrontativen Auftreten Karls V. in Augsburg gemacht hatte, trug dies dazu bei, die Bemühungen um eine Verbreiterung der Zustimmungsbasis für ein gemeinsames Bekenntnis der protestantischen Stände zu intensivieren.

Die politisch wichtigste Entwicklung auf seiten der Protestanten bestand darin, daß Landgraf Philipp, entgegen seinem früheren Plan, dem Reichstag fernzubleiben, nach Augsburg gekommen war, die politischen Gefahren seiner Bündnis- und Kriegsideen erkannte und den Anschluß an Kursachsen suchte. Melanchthons vertrauensvolles Verhältnis zum Landgrafen und zu dessen Hoftheologen Erhard Schnepf, einem Studienfreund des Wittenbergers, begünstigte diese Annäherung. Bei seinem Versuch, Luther dafür zu gewinnen, werbende Briefe an den Landgrafen zu schreiben, um dessen engere Abstimmung mit Sachsen voranzutreiben, scheiterte Melanchthon aber an der Sturheit seines Wittenberger Kollegen. Der Landgraf erreichte schließlich, daß der Artikel über das Abendmahl (CA 10) auf eine explizite Verwerfung der zwinglianischen beziehungsweise oberdeutschen Lehre verzichtete und in der lateinischen Fassung relativ offen, das heißt ohne eine Bestimmung der sakramentalen Einheit des realpräsenten Leibes Christi und der Elemente, formuliert wurde.[36]

Der Funktionswandel des Bekenntnisses von einer kursächsischen ›Apologie‹ zu der von einem größeren Kreis protestantischer Reichsstände getragenen *Confessio Augustana* wirkte auf den abschließenden Redaktionsprozeß zurück. An einer letzten Beratung nahmen die unterzeichnenden Fürsten und die Vertreter der Städte sowie ein größerer Kreis von Theologen und politischen Räten als Berater ihrer Herrschaften teil. Die Vorrede wurde von dem sächsischen Altkanzler Gregor Brück völlig neu und unter weitgehender Absehung von bestimmten Vorfassungen Melanchthons formuliert. Letzte redaktionelle Arbeiten und sprachliche Glättungen beschäftigten Melanchthon noch bis in die Nacht vor der feierlichen Verlesung und Übergabe an den Kaiser. Diese fand im Rahmen einer auf Bitten der Protestanten veranstalteten Sondersitzung des Reichstages am Nachmittag des 25. 6. zwischen 14 und 16 Uhr im Kapitelsaal des Bischofspalastes, dem Domizil des Kaisers, statt. Der kursächsische Kanzler Christian Beyer verlas den Text der deutschen Version unter großer öffentlicher Anteilnahme mit lauter Stimme; eine Menschenmenge im Hof konnte folgen. Dann wurden eine lateinische und eine deutsche Fassung, die jeweils eigenständig entstanden waren und textlich nicht vollständig kongruent sind, übergeben. Daß dieser Akt ein erfreuliches und glückverheißendes Zeichen sei,[37] war dem maßgeblichen Verfasser dieses Bekenntnisses, Philipp Melanchthon, gewiß.

Die dem Kaiser übergebenen Ausfertigungen der *Confessio Augustana* trugen die Unterschriften Kurfürst Johanns und seines Sohnes Johann Friedrich von Sachsen, Markgraf Georgs von Brandenburg-Ansbach, der Lüneburger Herzöge Ernst und Franz, des Landgrafen Philipp, des Fürsten Wolfgang von Anhalt und der Reichsstädte Nürnberg und Reutlingen. Später, Mitte Juli, traten noch die Städte Windsheim, Heilbronn, Kempten und Weißenburg bei. Die weiteren Schicksale des deutschen Protestantismus blieben dauerhaft mit diesem umfassenden Lehrbekenntnis, das die Fürsten und städtischen Politiker stellvertretend für die christlichen Gemeinden und die Prediger in ihren Herrschaftsgebieten ablegten, verbunden. Die knappe und präzise Diktion dieses von aller polemischen Schärfe freien Dokuments, das ohne die maßgeblichen theologischen Lebensleistungen Luthers nicht zustande gekommen wäre, hat es zum klassischen Ausdruck reformatorischer Lehre werden lassen.

In seiner *Vorrede zur Confessio Augustana* unterstrich Brück, daß die Unterzeichner mit der Vorlage ihres Bekenntnisses der im Reichstagsausschreiben des Kaisers ergangenen Bitte nachkämen, ihren Glauben darzulegen. Den Wunsch des Reichsoberhauptes nach kirchlicher Eintracht teilten sie; sofern sich auch die Gegenseite dem Ausschreiben gemäß verhielte, würden sie sich nach Kräften darum bemühen, alles, was »mit gott und Gewissen«[38] vereinbar sei, zur »christlichen Eintracht«[39] beizutragen. Für den Fall, daß die Verhandlung der Religionsfrage in Augsburg nicht vorankomme, schließe man sich der kaiserlichen Appellation an ein allgemeines Konzil, die den Papst sicher zu seiner Einberufung bewegen werde, an. Durch die auch rhetorisch brillante Vorrede wurde das Verständnis des *Augsburgischen Bekenntnisses* in bestimmter Hinsicht festgelegt: Es stellte die freimütige, nur im Rahmen eines Generalkonzils sachgerecht zu erörternde Darlegung des wahren, christlichen Glaubens auf der Basis von Schrift und Tradition dar. Damit war implizit unmißverständlich zum Ausdruck gebracht, daß sich die Unterzeichner des Bekenntnisses einer Entscheidung der Religionsfrage durch Kaiser und Reich, wie sie ja im Wormser Edikt vorlag, niemals beugen würden. Die politische Brisanz der Vorrede speiste sich aus dem religiösen Wahrheitsanspruch der *Confessio*. Implizit parierte diese Vorrede den Vortrag, mit dem Karl V. den Reichstag am 20. 6. durch den Pfalzgrafen Friedrich hatte eröffnen lassen; denn der Kaiser hatte die Verhandlung der Religionsfrage hier in die Perspektive des mit dem Wormser Edikt eingeschlagenen Lösungsweges gestellt.[40] Brück aber setzte darauf, daß über die Wahrheit der evangelischen Lehre noch nicht entschieden sei.

Sachgehalt

Die *Confessio Augustana* (CA) bietet in zwei Teilen eine »Summa der lehr«[41] (CA 1-21) und Artikel, »von welchen zwiespalt ist«, die die durch reformatorische Maßnahmen in den »Kirchen«[42] der Unterzeichner geänderten »Mißbräuch«[43] behandeln (CA 22-28). Beide Teile des Bekenntnisses sind durch ein Zwischenstück verbunden, in dem der Anspruch formuliert wird, daß die hier vorgetragene Lehre mit der biblischen Wahrheit und dem Zeugnis der »gemeine[n] christlichen, ja auch römischen Kirchen, so viel aus der Väter Schriften zu vermerken«,[44] übereinstimme. Den Artikeln des ersten Teils der *Confessio* könnten auch die Gegner nicht widersprechen; sie als ketzerisch zu bezeichnen sei unsachgemäß und konterkariere die im kaiserlichen Ausschreiben geforderte Bemühung um »christliche Einigkeit und Lieb«.[45] Hinsichtlich des theologischen Sachgehalts des Lehrteils der *Confessio Augustana* behaupten die Bekenner, der ganze Gegensatz in der Religionsfrage betreffe lediglich einige wenige Mißbräuche, die ohne sichere Autorität in der Kirche Einzug gehalten hätten.[46] Dies war natürlich taktischer Art und konnte sachlich nicht überzeugen. Doch man knüpfte daran an, daß auch der Kaiser in der Eröffnungsrede von »misbreuch«[47] im zeitgenössischen Kirchenwesen gesprochen hatte. Durch die Behauptung, daß »dies unser Bekenntnus gottlich und christlich ist«,[48] nahmen die fürstlichen und städtischen Laien, die die *Confessio Augustana* unterzeichnet hatten, für sich das Definitionsrecht in bezug auf die Wahrheit des christlichen Glaubens in Anspruch. Unbeschadet des irenisch-konsensorientierten Tons der *Confessio Augustana* stellt doch der öffentliche Bekenntnisakt vor Kaiser und Reich als solcher eine spezifische Realisierungsform des allgemeinen Priestertums der Gläubigen dar.

Die Lehrartikel der *Confessio Augustana* betonen die Übereinstimmung mit der kirchlichen Tradition und präsentieren auch die anstößigen ›Neuheiten‹ genuin reformatorischer Einsichten in einer Form, die sich als Konsens mit dem dogmatischen Hauptstrang der kirchlichen Überlieferung geriert. Von den 21 Lehrartikeln weisen neun Verwerfungen auf, die durch ein »damnant« (»sie verurteilen«) markiert werden. Im Abendmahlsartikel (CA 10) wird der Gegensatz zu den Leugnern der leiblichen Präsenz durch das schwächere »improbant« (»sie weisen zurück«)[49] ausgedrückt. Bei den Verwerfungen werden – ähnlich, wie Luther es in seinem *Bekenntnis* von 1528, der neben den *Schwabacher*, den *Torgauer*, den *Marburger Artikeln* und dem *Unterricht der Visitatoren* wichtigsten reformationszeitlichen Referenzquelle der *Confessio Augustana*, getan hatte – die altkirchlichen Ketzereien genannt und so der Anspruch der Bekenner unterstrichen, die rechtgläubige Lehre zu vertreten. Am häufigsten wird die Verwerfung der »Wiedertäufer« explizit gemacht (CA 5, 9, 12, 16, 17), womit sich die Konfessionisten hinter das Wiedertäufermandat des zweiten Speyerer Reichstages stellten und der in der kaiserlichen Eröffnungsrede geäußerten Überzeugung, daß ein Zusammenhang zwischen der in Worms verurteilten Ketzerei, dem »Beuerischen auffrur« und der »widertauff«[50] bestehe, implizit widersprachen. Durch die Lehrverwerfungen proklamiert die *Confessio* eine aktuelle Überwindung älterer und jüngerer Ketzereien und inszeniert sich als Sprechakt der jetzt die Wahrheit bekennenden Kirche. Zwischen dem das trinitarische Dogma aufnehmenden ersten und dem das christologische Dogma rezipierenden dritten Artikel wurde die Lehre von der Erbsünde, reformatorisch als Fehlen von Gottvertrauen sowie als Begierde pointiert,[51] dargelegt. Diese Stellung der Erbsündenlehre dürfte einer soteriologischen Perspektivierung der altkirchlichen Traditionsbestände entsprechen; denn die Vergebung der Sünde erfolgt »aus Gnaden umb Christus willen durch den Glauben, so wir glauben, daß Christus für uns gelitten habe«.[52]

Die Rechtfertigungslehre, die in der *Confessio Augustana* ohne die altgläubigerseits anstößigen, genuin reformatorischen Exklusivpartikel *(sola gratia, sola fide, solus Christus)* formuliert wird, bildet eine Art theologischen Kern des Bekenntnisses (CA 4-6; 20). Eine Formulierung wie die, die Unterzeichner lehrten, »daß wir nicht allein aus Werken gerecht werden für Gott, sondern setzen den Glauben an Christus darzu« (CA 20),[53] dürfte aber der strategischen Akkommodation an die römische Gegenseite etwas zuviel tun und läßt – ähnlich wie die Wendung, daß der Glaube »gute Frucht und gute Werk bringen soll« (CA 6)[54] – theologische Färbungen Melanchthons erkennen. Das Verständnis der Kirche beziehungsweise des Predigtamtes wird konsequent aus der Evangeliumsverkündigung und der Sakramentsverwaltung heraus entwickelt: Der Glaube entsteht aus Wort und Sakrament, deren sich der Heilige Geist als Instrumenten bedient. Die Kirche ist die »Versammlung aller Glaubigen«,[55] in der das Evangelium »rein gepredigt und die heiligen Sakrament lauts des Evangelii [das heißt einsetzungsgemäß] gereicht werden«.[56] Die in der römischen Kirche verbindliche Siebenzahl der Sakramente wird in der *Confessio Augustana* nicht explizit angegriffen. Im Taufartikel (CA 9) fehlt der etwa für Luther zentrale Hinweis auf den Glauben; die bewußt unscharfe Formulierung des Abendmahlsartikels, der in seiner lateinischen und in seiner deutschen Version auch inhaltlich stark voneinander abweicht, schließt eine Deutung im Sinne des Transsubstantiationsdogmas des IV. Laterankonzils von 1215 wohl bewußt nicht aus. Die Artikel von der Beichte und der Buße legen nahe, daß die Konfessionisten sie für ein Sakrament hielten; lediglich bezüglich des Verzichts auf eine vollständige Aufzählung aller Vergehen bei der Ohrenbeichte (CA 11) klingt eine Distanz zur römischen Praxis, nicht aber zur Lehre an. CA 13 formuliert allerdings den grundsätzlichen Zusammenhang von Sakrament und Glauben; daß von diesem Ansatz her der Charakter der Kirche als Sakramentsanstalt prinzipiell in Frage gestellt ist, bleibt unerwähnt. In bezug auf die kirchlichen Riten (CA 15) lehrt die *Confessio Augustana*, daß sie um der Ordnung und des Friedens willen gehalten werden, aber das Gewissen nicht belasten sollen. Ihre Verdienstlichkeit gegenüber Gott wird abgelehnt, das Kriterium der Schriftgemäßheit aber nicht genannt. Überhaupt verzichtet die *Confessio Augustana* darauf, die normative Bedeutung einer exklusiven Schriftbindung eigens zu thematisieren. Die Wertschätzung der weltlichen Obrigkeit als einer göttlichen Schöpfungsordnung (CA 16) korrespondiert mit der Verwerflichkeit der »etlich jüdisch lehren«[57] (CA 17), die im Sinne des radikalreformatorischen Chiliasmus ein weltliches Reich der Gerechten und eine Vernichtung der Gottlosen propagierten. Deutlicher konnte man sich von den aufruhrerischen Tendenzen, die sich mit der reformatorischen Bewegung verbunden hatten, nicht distanzieren. Im Artikel über die Heiligen (CA 21) wird ihre Bedeutung als exemplarische Glaubenszeugen betont, die Anbetung und das Vertrauen auf ihr vermittelndes Eintreten vor Gott werden aber abgewiesen. Ähnlich wie im Beichtartikel klingt also bereits im Lehrteil der *Confessio* offener Widerspruch gegen bestehende kirchliche Praxis an.

Hinsichtlich der Mißbräuche stellt die *Confessio Augustana* explizit fest, daß allein die offenkundigsten behandelt würden. Mißbräuche wie Ablaß, Wallfahrten, die Praxis des Banns usw. ließen sich aus den ausführlicher behandelten folgern. In bezug auf die Zeremonien vertreten die Konfessionisten den Anspruch, daß bei ihnen nichts praktiziert werden dürfe, was der Bibel oder »gemeiner christlichen Kirchen«[58] entgegen sei. Hinsichtlich des Abendmahls unter beiderlei Gestalt (CA 22) und der Priesterehe (CA 23) wird nicht nur biblisch, sondern auch ausführlich kirchengeschichtlich argumentiert. Hier wußte man die Alte Kirche auf seiner Seite und machte das auch deutlich. Beichte (CA 25), Fastengebote (CA 26) und Klostergelübde (CA 27) werden vor allem wegen ihrer gesetzlichen, verdienstlichen und gewissensbelastenden Momente zurückgewiesen. Faktisch geht es bei den Mißbräuchen natürlich darum, was die Kirche aufgrund welcher Legitimation dürfe. Die päpstliche Universalgewalt und ihre Rechtsbasis in Gestalt des kanonischen Rechts werden nicht ausdrücklich bestritten, durch die Argumentation mit Schrift und Tradition aber implizit aufgehoben. In Gestalt der Kritik an rituellen Mißbräuchen werden die reformatorischen Veränderungen, die verstärkt seit 1526 in ›evangelisch‹ werdenden Städten und Territorien durchgeführt wurden, verteidigt. Daß Melanchthon im Zusammenhang mit der Messe (CA 24) behauptet, daß »keine merklich Anderung geschehen, dann daß an etlichen Orten teutsch Gesänge, das Volk damit zu lehren und zu uben, neben lateinischem Gesang«[59] eingeführt seien, verharmlost die inzwischen weit fortgeschrittenen Neuerungen in der Abendmahlsliturgie wohl doch über Gebühr. Denn die von Melanchthon offensiv benannten Mißbräuche der Messe, ihre Käuflichkeit, ihr Charakter als Opfer, ihre Verdienstlichkeit und die Zelebration ohne Kommunikantengemeinde (Stillmesse), hatten ja zu zügigen Reformmaßnahmen genötigt. Der Artikel über die bischöfliche Gewalt (CA 28) schärft die Unterscheidung zwischen dem geistlichen Schlüssel- und dem weltlichen Schwertamt ein. Das erste sei göttlichen, das zweite weltlichen Rechts und in bezug auf die Bischöfe nicht vom Evangelium legitimiert. Die geistliche Gewalt der Bischöfe gründe in Predigt- und Sakramentsverwaltung und erstrecke sich nicht auf die theologisch nicht begründbare, aus weltlichem Recht abgeleitete politische Rolle, die sie als Reichsfürsten wahrnähmen. Sofern die Bischöfe die ihnen übertragene politische Gewalt menschlichen Rechts nicht sachgemäß ausübten, »so seind die Fürsten schuldig, sie tun's auch gleich gern oder ungern, hierin ihren Untertanen, um Friedes willen, Recht zu sprechen«.[60] Aus dem theologisch begründeten, genuin geistlichen Charakter des Bischofsamtes ergab sich somit eine Legitimationstheorie für das landesherrliche Kirchenregiment, das im Zuge der ersten Territorialreformationen bereits Wirklichkeit geworden war.

Ergebnis

In der *Confessio Augustana* sind die verantwortlichen Theologen und Reichsstände der altgläubigen Gegenseite bis an die Grenze der theologischen Selbstverleugnung entgegengekommen. Auch Luther war der Meinung, daß man mehr als genug[61] nachgegeben hatte, denn es gebe keinen Artikel mehr, bei dem irgendwelche Konzessionen möglich wären. Doch auch ihm war nicht zweifelhaft, daß Christus in jener Stunde, als das *Augsburgische Bekenntnis* verlesen wurde, durch ebendiese treffliche *Confessio* verkündigt worden sei.[62]

Trotz kaiserlichen Verbots erschien die *Confessio Augustana* bereits im September 1530 im Druck. Wenn das denkbar stärkste Entgegenkommen der Evangelischen, die sich zum Hauptstrang der authentischen römisch-katholischen Tradition bekannten, auf jedes scharfe theologische Urteil über den Papst – für Luther und viele andere: der Antichrist[63] – verzichteten und den Dissens auf die Bewertung einzelner Mißbräuche herunterzuspielen versuchten, von der Gegenseite nicht aufgenommen und akzeptiert würde, mußte der Bruch ein definitiver sein. Die Kirche des Evangeliums, in deren Namen Luther am 10. 12. 1520 die Papstkirche exkommuniziert hatte, hat in

Augsburg, repräsentiert durch ihre führenden Vertreter aus dem weltlichen Stand, den Versuch unternommen, vorbehaltlich der Anerkennung einzelner bereits durchgeführter Maßnahmen zur römischen Kirche zurückzukehren. Dies macht die Dramatik des Augsburger Szenarios aus. Doch dieser Versuch ist gescheitert. Leichter als in Augsburg sollten die ausgestoßenen Ketzer nie mehr zurückzuholen sein. Die Stunde der Tauben war schnell vergangen; die Falken zogen herauf.

BEKENNTNIS IM WIDERSTREIT

Widerlegung und Verteidigung der »Confessio Augustana«

Die katholische Seite lehnte die Vorlage eines eigenen Bekenntnisses gegenüber dem Kaiser ab; man wollte nicht den Eindruck erwecken, sich mit Ketzern auf eine Stufe stellen zu lassen; denn man fühlte sich nicht als Partei, man hatte die Wahrheit und die Autorität auf seiner Seite. Karl V., beeinflußt von dem päpstlichen Legaten Lorenzo Campeggio, beauftragte eine Gruppe altgläubiger Theologen, unter ihnen Eck, Fabri und Cochläus, also die hellsten Köpfe der Gegenreformation; sie sollten die *Confessio Augustana* widerlegen. Am 3. 8. 1530 wurde eine deutsche Version der Widerlegung, die *Confutatio Confessionis Augustanae*, durch einen kaiserlichen Sekretär vor den Vertretern der Reichsstände verlesen. Der Kaiser machte sich also die katholische Antwort auf die *Confessio Augustana* zu eigen und respektierte sie als deren vollgültige Widerlegung.

Der Text der *Confutatio* ist in einem der *Confessio Augustana* vergleichbaren irenischen Ton verfaßt; polemischere Vorfassungen waren von seiten des Kaisers und der altgläubigen Ständemehrheit vorab verworfen worden. In zahlreichen Lehrfragen verzeichnete die *Confutatio* Zustimmung zur *Confessio Augustana*. Um so interessanter sind die Artikel, in denen die Konfutatoren hinter dem vermeintlichen Konsens grundlegende Divergenzen aufspürten. Dies ist etwa bei der Erbsündenlehre der Fall: Die Kontroverstheologen nahmen an der materialen Bestimmung der Erbsünde als Gottesfurcht, als fehlendem Vertrauen zu Gott und als Begierde Anstoß;[64] denn dies schwäche die Wirkkraft des Taufsakramentes in inakzeptabler Weise. In bezug auf die rechtfertigungstheologischen Lehraussagen akzentuierten die Altgläubigen, daß neben dem Glauben der tätigen Liebe eine heilsbegründende Qualität zukommen müsse. In der Definition der Kirche als »Versammlung der Heiligen und wahrhaft Glaubenden«[65] sahen sie eine an Hus erinnernde Vervollkommnungsvorstellung; so würden »von der Kirchen abgeschieden die bösen und die sunder«.[66] Mit besonderem Eifer wird auf die Auseinandersetzung um Laienkelch und Priesterehe, die sichtbarsten Zeichen reformatorischer Neugestaltung, eingegangen. Die altkirchlichen Argumente, die Melanchthon zugunsten einer entsprechenden frühchristlichen Praxis aufgeführt hatte, enthielten ein besonders provokatives Potential. Die *Confutatio* bestätigt jedenfalls aufs Ganze, daß eine ernsthafte theologische Möglichkeit, das Friedensangebot der Protestanten anzunehmen, für die altgläubigen Theologen und Stände nicht bestand.

Die wachsende Gespanntheit der Augsburger Situation kam auch darin zum Ausdruck, daß der Kaiser die Aushändigung der *Confutatio* an die Evangelischen verweigerte. Melanchthon, der die Federführung bei einer – übrigens vom Kaiser untersagten – Erwiderungsschrift auf die *Confutatio* übernahm, hatte sich auf Mitschriften zu verlassen. Theologisch bedeutend an diesem Text, der *Apologia Confessionis Augustanae*, ist vor allem die breit entfaltete Rechtfertigung *sola fide*, die die *Confutatio* bestritten hatte. Die dann seit 1537 im Rahmen des Schmalkaldischen Bundes neben der *Confessio Augustana* in den Bekenntnisrang erhobene *Apologia* des Augsburger Bekenntnisses sollte am 22. 9. 1530 dem Kaiser übergeben werden. Doch Karl V. verweigerte die Annahme. Der fatale Ausgang des Konfessionsreichstages zu Augsburg zeichnete sich ab.

Zwinglis »Fidei Ratio«

In Augsburg sind die politischen Konsequenzen, die sich aus dem innerreformatorischen Dissens in der Abendmahlsfrage ergaben, unübersehbar geworden. Am offenkundigsten geschah dies dadurch, daß noch zwei andere evangelische Bekenntnisse zur Weitergabe an den Kaiser vorgelegt wurden: die als Privatbekenntnis Zwinglis formulierte *Fidei ratio*[67] – so der Kurztitel – und das von Bucer und Capito verfaßte Bekenntnis der vier oberdeutschen Städte Straßburg, Memmingen, Konstanz und Lindau, die sogenannte *Confessio Tetrapolitana.*[68] Bereits im März 1530 hatten sich die süddeutschen und deutsch-schweizerischen Städte des ›Christlichen Burgrechts‹, eines noch lockeren Bündnisses, zu dem zunächst Zürich, Bern, Basel, Straßburg und Konstanz gehörten, darauf verständigt, einzelnen Theologen aus ihrem Kreis zur Vorbereitung des Reichstages die Abfassung von Bekenntnissen nahezulegen. Während Oekolampad in Basel die Arbeit an einem solchen Bekenntnis umgehend aufgenommen hatte, verlautete von Zwingli nichts Entsprechendes. Im Mai kam dann durch einen Gesandten des Straßburger Rates die Nachricht, man solle von einem solchen Bekenntnis absehen. Die Zeichen deuteten auf ein Konzil; ein vorab gegebenes Summarium der eigenen Lehre würde die Handlungsmöglichkeiten nur einschränken.

Nachdem der Kaiser in Augsburg eingetroffen war und sich der Beitritt Hessens, des wichtigsten fürstlichen Verhandlungspartners der Burgrechtsstädte, zu einem gemeinsamen Bekenntnis mit Kursachsen abzuzeichnen begonnen hatte, stellte sich aber die Lage aus der Sicht des Straßburger Stettmeisters Jakob Sturm, des wichtigsten Korrespondenzpartners Zwinglis vom Augsburger Reichstag, als gänzlich verändert dar. In einem Brief vom 20. 6. forderte Sturm Zwingli auf, für die Städte des Burgrechts die Vorlage einer Rechenschaft ihres Glaubens (»fidei rationem«)[69] zu erwägen. Zwingli setzte diese Bitte innerhalb von zwei oder drei Tagen literarisch um. Sein Versuch, den Zürcher Rat zu einer offiziellen Approbation seines Bekenntnisses zu veranlassen, scheiterte allerdings; man wollte sich mit der Sache »zur zyt offentlich nit beladen«.[70] Doch immerhin zahlte der Rat den Boten, der die am 3. 7. fertig gedruckte Bekenntnisschrift Zwinglis nach Augsburg brachte und am 8. 7. Balthasar Merklin (reg. 1530-31), dem Bischof von Konstanz und Vizekanzler des Reichs, aushändigen ließ. Von einer Reaktion des Kaisers auf das Dokument, das auf den weiteren Gang des Reichstages keinen Einfluß nahm, ist nichts bekannt. Vermutlich war ein wesentlicher Antrieb Zwinglis auch gewesen, daß außer Ecks *404 Artikeln* inzwischen die als *Bekentnus Luthers auf dem itzigenn Reichstag* publizierten Schwabacher Artikel – mit neun Ausgaben ein Bestseller im historischen Umkreis des Augsburger Reichstages![71] – im Druck erschienen waren, so daß der Zürcher das dringende Bedürfnis empfunden haben dürfte, auch seine Position vernehmbar zu machen.

Die *Fidei ratio* folgt dem Aufbau des apostolischen Glaubensbekenntnisses. Der erste Artikel umfaßt Trinitätslehre und Zweinaturenchristologie; hier sind Formulierungen unübersehbar, die gegen Luthers Überzeugung eines wirklichen Austauschs der Eigenschaften beider Naturen in der einen Person Christi *(communicatio idiomatum realis)* gerichtet sind.[72] Niedrigkeitsaussagen dürfen nach Zwingli im strikten Sinne nur auf die menschliche Natur und insofern auf die Person Christi, nicht aber auf die Natur des Gottessohnes bezogen werden. Hinsichtlich des Ratschlusses Gottes (Art. 2) ist Zwinglis Bestreben unverkennbar, den Gottesgedanken von allem menschlichen Handeln freizuhalten und die absolute Souveränität des allmächtigen Erbarmers herauszustellen, der seinen Sohn in die Welt und zum Opfer für die Sünden gesandt habe. Die Kritik am Meßopfer wird von der Einmaligkeit des Golgathaopfers her begründet. Der Vorstellung einer leiblichen Gegenwart Christi im Abendmahl begegnet Zwingli zum einen mittels eines geistzentrierten Gottesbegriffs, zum anderen von der lokal-gegenständlich gedachten Menschheit Christi her. Während Zwingli die theologischen Abgrenzungen von den Lutheranern nur implizit vollzog, setzte er sich in der Tauflehre[73] und im Zusammenhang mit der von ihm abgewiesenen Vorstellung einer Allversöhnung[74] explizit von den Täufern ab. Im Unterschied zum irenischen Duktus der *Confessio Augustana* polemisierte der Zürcher Reformator unverhohlen gegen Rom. Als Sprecher der Gemeinden, die das Wort Gottes angenommen hätten, appellierte er an den Kaiser und die Fürsten, die Christenheit von all dem Schutt zu befreien, den ihr das Papsttum aufgeladen habe.[75]

Die »Confessio Tetrapolitana«

Die *Confessio Tetrapolitana* entstand parallel zur und unabhängig von der *Fidei ratio* Zwinglis; sie wurde am 9. 7., also einen Tag nach Zwinglis Schrift, durch die Abgeordneten der vier Signatarstädte dem Vizekanzler Merklin übergeben. Wie der *Confessio Augustana*, aber im Unterschied zu Zwinglis Bekenntnis, wurde der *Confessio Tetrapolitana* eine offizielle Widerlegung zuteil, die am 25. 10. vor dem Reichstag verlesen wurde. Über die begrenzte religionspolitische Bedeutung hinaus, die der *Confessio Tetrapolitana* im Kontext des Augsburger Reichstages zukam, blieb die Wirkung des Bekenntnisses bescheiden, ja, sie ging nicht über die eines lokalen Partikularbekenntnisses hinaus. Die Abfassung der *Confessio Tetrapolitana* war erst nach der Verlesung der *Confessio Augustana* in Angriff genommen worden. Sie war nötig geworden, weil die Straßburger mit ihrem Versuch gescheitert waren, zur Unterzeichnung der *Confessio Augustana* ohne den Abendmahlsartikel zugelassen zu werden. Die Straßburger Bucer und Capito, die für die Arbeit am Bekenntnistext eigens nach Augsburg gereist kamen, konnten die *Confessio Augustana*, die ihnen von Philipp von Hessen zugespielt wurde, verwenden. Mit Ausnahme des Abendmahlsartikels, der in einer vorläufigen, von den Mitunterzeichnern abgelehnten Version eine scharfe Absage an die Vorstellung einer Realpräsenz enthalten hatte,[76] in seiner Endfassung aber keine Sachaussagen zur strittigen Frage, sondern ein theologisch bewußt unscharfes Bekenntnis zum geistlichen Charakter des Mahls bot,[77] lassen sich in der *Confessio Tetrapolitana* kaum Lehrformulierungen nachweisen, die in einem inhaltlichen Widerspruch zur *Confessio Augustana* stünden. Spätestens seit dem Schweinfurter Bundestag (April 1532), das heißt im Zusammenhang mit der Anerkennung der *Confessio Augustana* durch die oberdeutschen Städte, die im Kontext ihres Beitritts zum maßgeblichen militärisch-politischen Bündnis der Protestanten, dem Schmalkaldischen Bund, ausgesprochen wurde, büßte die *Confessio Tetrapolitana*, die auch bei den Schweizern keinen Rückhalt gefunden hatte, ihre Existenzberechtigung ein.

Die Religionspolitik des Kaisers

Die Bekenntnisse der evangelischen Reichsstände hatten ihrer historisch primären Verwendung nach die Aufgabe gehabt, Standpunkte, Meinungen und Argumente zu bieten, die im Rahmen von Verhandlungen erörtert und geklärt werden sollten. Dies war jedenfalls der Eindruck, den der Kaiser durch das Ausschreiben und auch noch durch die Proposition vom 20. 6. erweckt hatte. Dadurch freilich, daß er sich dem Ansinnen der Altgläubigen beugte, die *Confutatio* als sein eigenes, als »Romischer keyserlicher majestat confutacion«[78] zu rezipieren und den Protestanten die Übergabe des Textes zu verweigern, war er eindeutig aus der Rolle des Schiedsrichters in die eines Parteigängers gewechselt. Wie sollte eigentlich noch über die Glaubensfrage verhandelt werden können, wenn die Grundlage, eine Kenntnis der Position des Gegenübers, aufgrund verfahrenstechnischer Tricks ausgeschlossen wurde und sich der ›Schiedsrichter‹ der gebotenen Neutralität enthielt?

Der Kaiser verfolgte weiterhin die Strategie, den Religionskonflikt durch ein Konzil zu überwinden; die obstinaten protestantischen Reichsstände sollten – so führte er in seinem Konzilsappell gegenüber Papst Clemens VII. am 14. 7. 1530 aus – unter der festen terminlichen Zusage eines Konzils gezwungen werden, von ihren Irrtümern zu lassen: »Alle halten ⟨...⟩ dafür, daß das Conzil das wahre Heilmittel ist; die Schlechten wünschen es, weil sie denken, von ihren Absichten dabei etwas durchführen zu können, und die Guten, damit die bösen Werke der Schlechten dort geheilt werden.«[79] Gerade den treuen Liebhabern der Kirche ginge es darum, Mißstände abzustellen, um eine bessere Ordnung einzuführen, Übel abzuwenden und neue Ketzereien zu verhindern. Schon die Nötigung der deutschen Ketzer, sich unter ein Konzil zu »demüthigen«,[80] werde heilsam wirken; fände das Konzil statt, würden sie flugs verdammt und gerichtet werden. Auf der Linie dieser Leitvorstellungen agierte der Kaiser fortan. Allein – die Durchführung der entsprechenden Pläne, die schließlich in den Augsburger Reichsabschied des 19. 11. 1530 eingingen,[81] scheiterte daran, daß die Einberufung eines Konzils vom Papst und der Mehrheit der Kardinäle abgelehnt wurde.

Reichsständische Verhandlungen

Nachdem sich das Verhältnis zwischen dem Kaiser und den Unterzeichnern der *Confessio Augustana* aufgrund seiner Weigerung, den Text der *Confutatio* herauszugeben, um eine abermalige Replik auszuschließen, nachhaltig verschlechtert hatte, begannen Anfang August durch Vermittlung[82] der Kurfürsten von Brandenburg und Mainz und einiger anderer Reichsstände intensive Verhandlungen in zwei paritätisch aus Politikern und Theologen beider Lager gebildeten Ausschüssen, einem *Vierzehner-* und einem später zusammengerufenen *Sechser-Ausschuß*. Die Aufgabe des ersten Gremiums, zu dem etwa der sächsische Kurprinz Johann Friedrich, Markgraf Georg von Brandenburg-Ansbach, als Theologen Johannes Brenz, Philipp Melanchthon und Erhard Schnepf auf evangelischer, Johannes Eck, Johannes Cochläus, der Augsburger Bischof und Herzog Heinrich von Braunschweig-Wolfenbüttel auf katholischer Seite gehörten, bestand darin, die zerstörte Einheit der Glaubenslehre und der kirchlich-liturgischen Praxis auf der Ebene des Reichs wiederherzustellen. Der vielleicht bemerkenswerteste Aspekt dieser am Ende gescheiterten Verhandlungen ist darin zu sehen, daß die evangelische Seite quasi gleichberechtigt behandelt wurde. Auf dem Gebiet theologischer Themen wie Rechtfertigung, Sünde und Glauben gab es sogar bemerkenswerte Annäherungen; selbst in bezug auf das Kirchenverständnis stellte Eck fest, daß man »in fundamento und im grundt nicht ungleich«[83] sei. Schwieriger stellten sich die rituellen und praktischen Fragen dar, bei denen es in den evangelisch gewordenen Städten und Territorien ja bereits zu sichtbaren Änderungen gekommen war: Der Laienkelch, die Ehe der Priester und Ordenspersonen, die Abschaffung der Messe beziehungsweise des Meßkanons einschließlich des ›Greuels‹ der Stillmessen – all dies war vielerorts bereits umgesetzt worden und konnte nicht einfach rückgängig gemacht werden. Die evangelische Seite bot in dem dann aus je zwei Räten und einem Theologen beider Lager gebildeten Sechser-Ausschuß als Gegenleistung dafür, daß die bereits durchgeführten Änderungen bis zum Konzil anerkannt würden, an, die bischöfliche Jurisdiktion bestehen zu lassen beziehungsweise wiederherzustellen. Dies führte zu einem Vertrauensproblem unter den evangelischen Ständen; denn Braunschweig-Lüneburg, Hessen und die evangelischen Reichsstädte, die keinen Vertreter in diesem Gremium hatten, sträubten sich gegen die Nachgiebigkeit Kursachsens und Brandenburg-Ansbachs. Melanchthon schrieb daraufhin am 29. 8. an Luther: »Von den Unsrigen werden wir sehr angefochten, weil wir die bischöfliche Jurisdiktion wiederherstellen. Denn das an die Freiheit gewöhnte Volk, das einmal das Joch der Bischöfe abgelegt hat, läßt sich ungern jene alten Lasten auferlegen. Am meisten hassen die Reichsstädte jene Herrschaft. Wegen der Lehre der Religion *(doctrina religionis)* mühen sie sich nicht, um so mehr ist es ihnen um Herrschaft und Freiheit zu tun.«[84]

Der Reichsabschied

Daß die Ausschußverhandlungen schließlich durch den Kaiser abgebrochen wurden, markiert das definitive Ende einer Versöhnungs- und Ausgleichspolitik. Eine reichsrechtlich gesicherte Toleranz der Ketzer durfte es aus der Sicht des Reichsoberhauptes nicht geben. Die Frage konnte lediglich sein, ob den Protestanten bis zum Konzil eine Friedensgarantie gegeben werden konnte oder die Störung des Landfriedens durch die Ketzerei mit militärischen Mitteln geahndet werden sollte. Der Reichsabschied vom 19. 11., der schon in Abwesenheit der meisten evangelischen Reichsstände, die einem Entwurf über die Glaubensfrage vom 22. 9.[85] ihre Zustimmung versagt und die Anerkennung des Kaisers als Schiedsrichter verweigert hatten, promulgiert wurde, verfügte die Verpflichtung auf den »alten wahren lange herbrachten Christlichen Glauben und Religion«[86] und die Einhaltung der traditionellen Zeremonien, verbot jedwede »Enderung«[87] bis zum Konzil und schärfte abermals die Durchführung des Wormser Edikts ein. In einem ausführlichen Katalog wurden die Lehr- und zeremoniellen Irrtümer der protestantischen Neuerer jeder Couleur aufgelistet. Die erschütternde Bilanz lautete: »alle Christliche Ehr, Zucht, Tugend, Gebot, Gottsfurcht, Ehrbarkeit, und guter ehrlicher Wandel und Leben, auch die wahre Lieb des Nächsten« seien durch die Protestanten »gäntzlich in Abfall kommen«.[88] In einem weiteren Katalog wurde dann verzeichnet, wie man als Christ zu glauben und welche Rituale man zu befolgen habe. Wer dem alten, wahren Glauben anhing und unter einer ›ungläubigen‹ Obrigkeit lebte, sollte besonders geschützt werden; Priester, die geheiratet hatten, sollten ihre Pfründen verlieren; der Druck von »Neue[m]« aller Art, besonders von »Schmähschrifft[en], Gemählers [illustrierten Flugblättern], oder dergleichen«[89] hatte, vorbehaltlich einer vorangegangenen behördlichen Prüfung, zu unterbleiben; säkularisiertes oder sonstwie entfremdetes Kirchengut war zurückzuerstatten. Verstöße gegen diese Ordnung konnten vor dem Reichskammergericht zur Anklage gebracht werden. Mit diesem Reichsabschied war die Lehr- und Ordnungsgestalt der römischen Kirche zur reichsrechtlichen Norm erhoben worden.

Die evangelischen Reichsstände standen damit außerhalb der Rechtsordnung und hatten als Landfriedensbrecher zu gelten. Innerhalb von sechs Monaten nach dem Ende des Reichstages sollte der Papst ein »gemein christlich Concilium«[90] ausschreiben, das spätestens nach Ablauf eines Jahres eröffnet würde. Eine Zusage für die militärische Unterstützung seines Kampfes gegen die religiösen Neuerungen im Reich konnte Karl V. bei den altgläubigen Reichsständen allerdings nicht erreichen. Daß sich der Kaiser weigerte, den seit 1525 regierenden Herzog Johann von Sachsen mit der ererbten Kurwürde zu belehnen und dessen Erbansprüche auf das Herzogtum Jülich-Cleve zu bestätigen, stieß nicht nur bei ›neu-‹, sondern auch bei altgläubigen Reichsständen auf Verbitterung. Elementare gemeinständische Interessen gegenüber einem kaiserlichen Dominat, aber auch gemeinsame Verpflichtungen zum Schutz des Reiches, insbesondere gegen seine osmanischen Feinde, trugen entscheidend dazu bei, daß der religiöse Gegensatz nicht jede Form pragmatischer Kooperation und politischer Gemeinsamkeit unter den Reichsständen aufzehrte.

Als Karl V. am 5. 1. 1531 die Wahl seines Bruders Ferdinand zum römischen König durchgesetzt, er diesem umgehend für die Zeit seiner Abwesenheit die Statthalterschaft im Reich übertragen und damit das Reichsregiment stillschweigend außer Kraft gesetzt hatte, regte sich dagegen nicht nur der Widerstand vieler von Johann von Sachsen angeführter evangelischer, sondern auch der einiger katholischer Reichsstände. Bayern schloß sich, ungeachtet der religiösen Gegensätze, mit den führenden protestantischen Reichsfürsten zu einem Bündnis zusammen. Auf lange Sicht freilich hatten das römische Königtum und die Statthalterschaft Ferdinands, durch die die Nachfolgeregelung Karls im Reich bereits getroffen war, zur Folge, daß die kaiserliche Reichspolitik konsolidiert und verdichtet wurde.

Nach dem ersten, für alles weitere entscheidenden Jahrzehnt der Reformation, in dem die einstmals von Luther ausgegangene reformatorische Bewegung in breite gesellschaftliche Zusammenhänge vorgestoßen, eine Vielzahl von Aktions- und Transformationsgestalten ausgebildet und einen tiefgreifenden internen Differenzierungsprozeß durchlaufen hatte, waren einige auf ein distinktes Bekenntnis gegründete Reichsfürsten die wichtigsten Garanten ihres Überlebens, war der Kaiser ihr profiliertester Gegner geworden. Mit dem Abschied des Augsburger Konfessionsreichstages und der Inthronisation Ferdinands schien auch das Ende der diffusen Religionspolitik auf der Ebene des Reichs gekommen. Die Fronten hatten sich geklärt; der offene Ausbruch eines Konfliktes wurde immer wahrscheinlicher.

EVANGELISCHES BÜNDNIS IM WIDERSTAND GEGEN DEN KAISER

Da die evangelischen Reichsstände nach dem enttäuschenden Ausgang des Reichstages jederzeit mit einer Exekution des ihnen zur Last gelegten Landfriedensbruchs zu rechnen hatten, waren forcierte Bemühungen um ein Bündnis das Gebot der Stunde. Daß Friktionen gegenüber Bekenntnisunterschieden des evangelischen Lagers angesichts der politisch-militärischen Bedrohung infolge des Reichsabschiedes nicht mehr dieselbe Rolle spielen konnten wie 1529, ergab sich zwangsläufig. Der Bundesvertrag des gegen Ende Dezember 1530 in Schmalkalden gegründeten Schmalkaldischen Bundes vom Januar 1531 enthielt denn auch keine Bekenntnisvoraussetzungen. Auch die vier Unterzeichner der *Confessio Tetrapolitana* fanden sich unter den Gründungsmitgliedern: fünf mitteldeutsche Fürsten (Kursachsen, Hessen, Braunschweig-Lüneburg, Braunschweig-Grubenhagen, Anhalt-Bernburg), zwei Mansfelder Grafen und elf Städte (Straßburg, Ulm, Memmingen, Reutlingen, Konstanz, Biberach, Lindau, Isny, Lübeck, Bremen, Magdeburg).

Im Vorfeld der Gründung dieses für den politischen Bestand und das Überleben der Reformation bis zu seinem Ende, der Niederlage im Schmalkaldischen Krieg im Frühjahr 1547, wichtigsten Bündnisses war es kursächsischen Juristen gelungen, die Wittenberger Theologen, vor allem Luther und Melanchthon, in bezug auf eine entscheidende Frage der Politiktheorie umzustimmen. Ihre These einer in der Bibel beziehungsweise im natürlichen Recht begründeten bedingungslosen Gehorsamspflicht gegenüber dem Kaiser gaben Luther, Jonas und Melanchthon am 26. 10. 1530 bei einer Zusammenkunft mit den sächsischen Politikern in Torgau aufgrund eines juristischen Gutachtens auf. Das Gutachten führte den Nachweis, daß nach dem positiven Recht ein Widerstand für legitim zu halten sei, wenn der Kaiser in einer Glaubensfrage mit Gewalt vorgehe, eine Appellation an ein Konzil als letztgültiger Entscheidungsinstanz noch anhängig sei und ein Verzicht auf Verteidigung für die Evangelischen beziehungsweise die wahre Religion die Gefahr irreversibler Schäden bedeuten könnte. Am Ende ließ sich Luther zur Revision eines im März 1530, also vor dem Augsburger Reichstag, gemeinsam mit Bugenhagen, Jonas und Melanchthon formulierten Gutachtens[91] bewegen, das eine Notwehr nur gegenüber anderen Reichsständen, nicht aber gegenüber dem Kaiser als übergeordneter Obrigkeit für möglich erklärt hatte. Vor allem das von seiten der Politiker und der Juristen vorgebrachte Argument, daß die Fürsten den Kaiser als Obrigkeit wählten und ihm den Gehorsam aufkündigen dürften, wenn er den aus dieser Wahl erwachsenden Verpflichtungen nicht entspräche, überzeugte die Theologen schließlich doch. Insofern war es die juristische Belehrung über die Verfassungsstruktur des Reiches, die einen theologischen Einspruch gegen das politische Handlungsgebot der Stunde überwand.

In einer protokollarischen Erklärung, die Luther und die anderen Theologen in Torgau abgaben, wurde mit der eigenen Würde des weltlichen Rechts im Verhältnis zum Evangelium, das heißt mit einer elementaren Gedankenfigur der sogenannten Zwei-Regimente-Lehre, argumentiert: »allzeit« habe man in Wittenberg gelehrt, »das man weltliche recht solle lassen gehen, gelten und halten, was sie vermugen, weil das evangelion nicht widder die welltliche recht leret«; deshalb könne man es »mit der schrifft nicht anfechten, wo man sich des falls wehren muste, es sey gleich der keiser ynn eigener person, oder wer es thut unter seinem namen.«[92] Damit hatten die Theologen den Politikern freie Hand gegeben beziehungsweise sich einer nun als unausweichlich erwiesenen, von Philipp von Hessen seit 1529 beharrlich verfochtenen Option gebeugt. Die Zeit, in der die maßgebliche Dynamik des Reformationsprozesses von theologischen Ideen, massenhaft gedruckten Flugschriften, religiösen Inszenierungen und eigensinnigen Aktionen biblisch inspirierter Akteure ausging, war, so schien es, am Ende des Jahres 1530 weitgehend vorüber oder bestand lediglich an den Rändern der Gesellschaft fort. Das ›tolle‹ Jahrzehnt eines diffusen und beschleunigten Wandels war vergangen.

Noch einmal war es Luther, der es unternahm, die mit dem im März 1531 im Druck vorliegenden Reichsabschied eingetretene Situation zu deuten – einerseits in Gestalt eines scharf kommentierenden Nachdrucks des Reichsabschiedes,[93] andererseits durch eine Flugschrift, die *Warnung an seine lieben Deutschen.*[94] Es war im Grunde seine erste direkt an die ›deutsche Nation‹ gerichtete Veröffentlichung seit der Adelsschrift und nach dieser die einzige in einem umfassenderen Sinne politische Äußerung dessen, der sich nun »der Deudschen Prophet« nannte: »Denn solchen hoffertigen namen mus ich mir hinfurt selbs zu messen, meinen Papisten und Eseln zu lust und gefallen«.[95]

Die Druckgeschichte dieser Schrift verrät einiges über die politischen und mentalen Umstände der Reformation nach dem Herbst 1530. Zum Zeitpunkt ihrer Erstveröffentlichung erreichte Luthers *Warnung* gerade einmal vier Drucke, außer drei Wittenbergern lediglich ein auswärtiger, ein Straßburger.[96] Ihre publizistisch größte Wirkung, etwa zehn Drucke, erzielte die Schrift erst eineinhalb Jahrzehnte später, 1546/47, im Kontext des nun tatsächlich eingetretenen militärischen Schlags des Kaisers gegen den Schmalkaldischen Bund und dessen führende Fürsten, den hessischen Landgrafen Philipp und den ernestinischen Kurfürsten, im sogenannten Schmalkaldischen Krieg. Erst als die Reformation unmittelbar bedroht, ja am Ende schien, brandete also die Woge eines breiteren öffentlichen Interesses an dieser Schrift des inzwischen bereits Verstorbenen auf. Die Publizistik des Schmalkaldischen Krieges, die in der Tätigkeit der sogenannten »Herrgotts Kanzlei« in Magdeburg (s. u. S. 690f.), dem wichtigsten Widerstandszentrum gegen die restaurativ-gegenreformatorische Religionspolitik Karls V., ihre unmittelbare Fortsetzung fand, ließ die Flamme eines auf breite Bevölkerungsschichten gerichteten öffentlichen Eifers für den wahren Glauben noch einmal, wie in den frühen zwanziger Jahren des 16. Jahrhunderts, auflodern.

Von diesem publizistischen Befund her erhalten die eineinhalb Jahrzehnte zwischen dem Augsburger Konfessionsreichstag und dem Schmalkaldischen Krieg eine spezifische Signatur: Es ging nicht mehr um ›das Ganze‹ der Reformation, um die große Frage einer einheitlichen Religion im Reich; darum war es in Augsburg politisch, diplomatisch und theologisch gegangen, darum wurde 1546/47 militärisch gerungen. In der ›Zwischenzeit‹ verlagerten sich die Energien, Interessen und Perspektiven aber darauf, in den einzelnen Territorien und Städten unter der bündnispolitischen Absicherung des Schmalkaldischen Bundes Reformationsprozesse weiterzuführen oder zu initiieren und die Handlungsspielräume vor Ort zu nutzen, um eigene evangelische Kirchentümer aufzubauen. Im Unterschied zur Deutschschweiz, wo die Expansionskraft der Reformation nach der Niederlage im Kappeler Krieg zwischen den fünf altgläubigen, mit König Ferdinand verbündeten Kantonen Schwyz, Uri, Unterwalden, Zug und Luzern und dem von seinen Bundesgenossen Bern, Basel und Schaffhausen wenig unterstützten Zürich vorerst erschöpft war und die Bewegung nach Zwinglis Schlachtentod (11. 10. 1531) eines charismatischen Führers entbehrte, schlossen sich in Deutschland auch weiterhin nach und nach einzelne Städte und größere Territorien der Reformation an. Doch ein allgemeines Echo, eine reichsweite Aufmerksamkeit, eine öffentliche Parteinahme fanden nur wenige dieser Vorgänge. Die Partikularisierung der reformatorischen Impulse korrespondierte mit reichspolitischen Entwicklungen: Kleinschrittige Arrangements, komplizierte Aushandlungsprozesse um befristete Friedenswahrungen, erzwungene Kompromisse, die grundsätzliche Entscheidungen über eine rechtliche Lösung des das Reich spaltenden Religionsdissenses unterliefen oder konterkarierten, waren zwischen 1531 und 1546 an der Tagesordnung.

Luthers *Warnung* bereitete die Deutschen auf die Gefahr jenes Krieges vor, die fortan über dem Reich schwebte. Die Kriegstreiber waren für ihn die »mördische[n] und blutgyrige[n] Papisten«,[97] des Kaisers »Teuffel«,[98] die diesen zum Schlag gegen die Evangelischen aufstachelten. Einer »not we[h]re[n]«,[99] deren rechtliche Begründung eine Sache der Juristen sei, pflichtete er öffentlich bei, doch zum bewaffneten Widerstand auffordern oder ihn rechtfertigen wollte er nicht. Ihm lag daran, einem militärischen Angriff der Gegenseite von vornherein die Berechtigung abzusprechen und Menschen davor zu warnen, sich für einen Krieg gegen das Evangelium mißbrauchen zu lassen. Die papistischen »bösewichter«[100] wollten nämlich, so führte Luther aus, alles ausrotten und vertilgen, »was wir jhe geleret, gelebt und gethan haben und noch thun und leben«.[101]

Diese dezidiert ›gegenreformatorische‹ Gefährdung wurde dem sich angesichts der Nachricht vom Tode seines Vaters, die ihn auf der Coburg erreicht hatte, als »alten Luther«[102] empfindenden Reformator zum Anlaß, aus seiner Sicht Bilanz zu ziehen und das Ergebnis der Reformation der Kirche, um die es ihm gegangen war und ging, zu definieren:

> Denn unser Euangelion hat, Gott lob, viel grosses gutes geschafft. Es hat zuvor niemand gewust, was das Euangelion, Was Christus, Was Taufe, Was Beichte, Was Sacrament, Was der Glaube, Was Geist, Was Fleisch, Was gute werck, Was die Zehen gebot, Was Vater unser, Was beten, Was leiden, Was trost, Was weltliche öberkeit, Was ehestand, Was eltern, Was kinder, Was herrn, Was knecht, Was fraw, Was magd, Was Teufel, Was Engel, Was welt, Was leben, Was tod, Was

> sünde, Was recht, Was vergebung der sünden, Was Gott, Was Bischoff, Was Pfarher, Was Kirche, Was ein Christ, Was Creutz sey. Summa: Wir haben gar nichts gewust, was ein Christ wissen sol, Alles iss durch die Bapst esel vertunckelt und unterdruckt ⟨...⟩. Aber nu ists, Gott lob, dahin komen, das man und weib, jung und alt, den Catechismum weis, Und wie man gleuben, leben, beten, leiden und sterben sol, Und ist ja eine schöne unterricht der gewissen, wie man sol Christen sein und Christum erkennen. Man predigt doch nu von glauben und guten wercken recht. Und summa: die obgenanten stück sind widder ans liecht komen und predigstüle, altar und tauffstein widder zu recht bracht, Das, Gott lob, widderumb einer Christlichen kirchen gestalt zu erkennen ist.[103]

Für Luther waren nach dem unruhigen Ringen eines Jahrzehnts durch Gott selbst die Predigt erneuert, die Sakramente wiederhergestellt, einer christlichen Lebensführung in den Ordnungen der Welt der Boden bereitet, die Reformation der Kirche erfolgt. Das Zentrum der Sache freilich bildete für den Reformator der »heubtartickel«, die Rechtfertigungslehre: »Das unser hertz seinen trost und zuversicht, nicht auff unser werck, sondern allein auff Christo setzen sol, das ist allein durch den glauben von sunden frey und gerecht werden.«[104] Wo dieser »artickel weg ist, So ist die kirche weg«.[105] Darum war es ihm gegangen; mit dieser Botschaft hatte er Leidenschaften aller Art entzündet und das Reich bis an die Grenze eines Krieges entzweit. Aufgrund dieser Botschaft hatte er Papst und Kaiser den Widerruf verweigert und, so war er überzeugt, weltliche Herrschaften für eine Parteinahme gewonnen. So war die Reformation der Kirche im Sinne Luthers eine Tatsache geworden. Ob sie gefährdet oder widerruflich sein würde, blieb weit über des »Deudschen Propheten« Tod hinaus ungewiß.

TEIL III
DIE UNWIDERRUFLICHKEIT DER REFORMATION

Die Geschichte der Reformation im Reich stand nach dem Augsburger Reichstag und der Gründung des Schmalkaldischen Bundes ganz im Zeichen der Politik. Waren die entscheidenden Impulse und Herausforderungen in den zwanziger Jahren des 16. Jahrhunderts von den Theologen, den religiösen Schriftstellern und Akteuren aus dem Laienstand ausgegangen, so war es in den dreißiger Jahren vielfach so, daß die Fürsten und ihre Politiker die maßgeblichen Schritte taten und die Theologen Stellung zu nehmen oder im Rückblick zu rechtfertigen hatten, was zumeist ohne ihre direkte Beteiligung oder Zustimmung entschieden worden war. Charakteristisch für die eher untergeordnete Rolle, die auch die führenden evangelischen Theologen nun zu spielen hatten, ist Luthers in einer Tischrede überlieferter Ausspruch aus dem Sommer 1532: »Jetzund ist mein hochste vexatio [Beschwernis] die politia, den der Teufl kann mir nichts abgewinnen und will mir nun politiam auf mein hals laden und mein conscientz [Gewissen] damit perturbieren [beunruhigen]. Rath ich, so volgt man mir nicht, und sprechen, ich will regiren; rat ich nicht, so muß ich ein conscientz davon haben. Weiß nicht, wo aus damit!«[1]

Die dreißiger Jahre, in denen sich der Kaiser wiederum vornehmlich außerhalb des Reiches aufhielt, waren durch eine wachsende Stärkung des Protestantismus gekennzeichnet. Eine Reihe großer Territorien wie Pommern, Württemberg, das albertinische Sachsen und Kurbrandenburg schlossen sich der Reformation an. In den vierziger Jahren aber wendete sich das Blatt noch einmal: Der Kaiser gewann nach einem Friedensschluß mit Frankreich (Crépy, 18. 9. 1544) und einem Waffenstillstand mit den Osmanen (Oktober 1545) unerwartete Handlungsspielräume; schließlich wurde sogar das immer wieder geforderte Konzil Wirklichkeit (Trient, Dezember 1545); endlich war ein militärischer Schlag gegen die Protestanten möglich und erfolgreich (Schmalkaldischer Krieg, Frühjahr 1547).

Nun konnten die Reformationsprozesse der letzten zwanzig Jahre durch ein kaiserliches Oktroi, das sogenannte Interim (1548), weitgehend rückgängig gemacht werden. Aufgrund abermaliger bündnispolitisch-militärischer Verschiebungen der Kräfteverhältnisse aber wurde in den frühen fünfziger Jahren schließlich doch Wirklichkeit, was der Kaiser drei Jahrzehnte mit Erfolg verhindert hatte: die auf Dauer gestellte reichsrechtliche Anerkennung der protestantischen Ketzerei und damit das faktische Ende eines Herrschaft und Gesellschaft integrierenden einheitlichen Religionskonzepts im Reich. Die Reformation, deren theologische Grundlagen Luther 1521 vor Kaiser und Reich nicht widerrufen und einige evangelische Reichsstände 1530 vor Kaiser und Reich bekannt hatten, erwies sich vor allem aufgrund der historischen Umstände und des politischen Gewichts der sie tragenden Fürsten am Ende als unwiderruflich.

KAPITEL 1
ANHALTENDE SPANNUNGEN – DIE LAGE IM REICH BIS ZUM SCHMALKALDISCHEN KRIEG (1531-46)

REICHSTAGE UND FRIEDENSSTÄNDE

Nürnberger und Frankfurter Anstand

Die außenpolitische Lage der habsburgischen Herrscher verhinderte im Nachgang des Augsburger Reichstages von 1530 wieder einmal, daß es zu einer konsequenten Ausführung des Reichsabschieds kam. Für Kriege gegen Frankreich und die Osmanen bedurften Karl V. und Ferdinand der finanziellen Hilfe durch die Reichsstände. Auf einem in Regensburg abgehaltenen Reichstag gaben die evangelischen Stände im April 1531 unmißverständlich zu erkennen, daß sie zu einer Anerkennung der Königswahl Ferdinands und zur Beteiligung am Türkenkrieg nur dann bereit seien, wenn der Abschied von 1530 revidiert würde. Im Auftrag des Kaisers wurden daraufhin in Schweinfurt und Nürnberg, außerhalb der Agenda des Reichstages, Verhandlungen der Kurfürsten von Mainz und der Pfalz mit den evangelischen Ständen geführt, die am 23. 7. 1532 mit dem Abschluß des ersten Religionsfriedens der Reformationszeit, dem sogenannten Nürnberger Anstand,[1] beendet werden konnten. Faktisch bedeutete dieser Friedensschluß die Abkehr von dem mit dem Wormser Edikt eingeschlagenen, soeben erst in Augsburg bestätigten religionspolitischen Kurs und den Auftakt jener Entwicklung, die zwei Jahrzehnte später in den Passauer Vertrag (1552) beziehungsweise den Augsburger Religionsfrieden (1555) einmünden sollte. Bis ins frühe 17. Jahrhundert hinein blieb die Türkenhilfe das wichtigste Motiv rechtlich-politischer Arrangements im

Reich. Der Nürnberger Anstand setzte das Ergebnis des Augsburger Reichstages von 1530 insofern außer Kraft, als er die evangelischen Stände bis zu einem Konzil oder dem nächsten Reichstag in den Landfrieden einbezog und die Reichskammergerichtsprozesse aussetzte. Insbesondere auf Drängen des politisch aktivsten protestantischen Reichsfürsten, des Landgrafen Philipp von Hessen – Kurfürst Johann und sein dezidiert friedenswilliger Berater Luther wären auch zu einer Einschränkung des Friedens auf diejenigen Reichsstände, die bereits evangelisch geworden waren, bereit gewesen –, wurde erreicht, daß auch weitere, sich zukünftig der Reformation anschließende Territorien und Reichsstädte in die Friedensordnung einbezogen wurden. Damit schienen die Säkularisierungen des Reichskirchengutes quasi legitimiert. Die altgläubigen Stände verweigerten dem Nürnberger Anstand in Regensburg ihre Zustimmung; auch der Kaiser trat in einem juristischen Sinne nicht als Vertragspartner in Erscheinung. Offiziell trug der Nürnberger Anstand die Form eines Vertrages zwischen den führenden evangelischen Reichsständen und den Kurfürsten von Mainz und der Pfalz, die ihn als Vermittler ausgehandelt hatten. Diese Rechtsform ließ dem Kaiser die Freiheit, sich je nach Veränderung der politischen Verhältnisse zu positionieren. Für Luther, der sich gegenüber seinem Landesherrn mit der größten Entschiedenheit für diesen politischen Frieden eingesetzt hatte, war in dem »gnädigen Erbieten Kai. Maj.« eine göttliche Gebetserhörung und ein himmlisches Friedensangebot zu sehen.[2] Aufgrund der Öffnungsklausel für die neu hinzukommenden evangelischen Reichsstände wurde der Nürnberger Anstand ein zentral wichtiges reichspolitisches Dokument, das eine Reihe von Partikularreformationen legitimierte. Für etwa ein Jahrzehnt war die Reformation nun auf breiter Front auf dem Vormarsch.

Erst 1541 fand der nächste Reichstag in Regensburg statt (5. 4.-29. 7.). Zwei Jahre zuvor war durch den Frankfurter Anstand[3] (19. 4. 1539) die Friedensvereinbarung von Nürnberg verlängert beziehungsweise erneuert worden: den Anhängern der *Confessio Augustana* wurde unter Suspendierung der Restitutionsprozesse, die wegen der säkularisierten Kirchengüter am Reichskammergericht anhängig waren, ein halbjähriger Religionsfriede zugestanden. Erstmals hatten sich die evangelischen Stände im Frankfurter Anstand einhellig über die *Confessio Augustana* definiert. Die Friedenszeit konnte auf 15 Monate ausgedehnt werden, sofern die evangelischen Reichsstände neuerliche Zugriffe auf das Kirchengut unterließen und keine neuen Mitglieder in den Schmalkaldischen Bund aufnähmen.

Schmalkaldischer Bund und »Schmalkaldische Artikel«

Der Schmalkaldische Bund wuchs in den dreißiger Jahren des 16. Jahrhunderts zu einem entscheidenden Machtfaktor im Reich heran. Insbesondere mit England, das sich wegen der vom Papst verweigerten Scheidung Heinrichs VIII. von Katharina von Aragon 1534 offiziell von der römischen Kirche losgesagt hatte, mit Frankreich, dem nach der »Affaire des placards« (s. u. S. 623) und der daraufhin inszenierten Verfolgungswelle der Protestanten an einer politischen Absicherung seiner antihabsburgischen Interessen lag, auch mit dem sich der Reformation öffnenden Königreich Dänemark kamen diplomatische Verbindungen der Schmalkaldischen Bundesgenossen zustande. Sie speisten sich vornehmlich aus antihabsburgischen, antipäpstlichen und gegen das geplante Konzil gerichteten Interessen, wiesen freilich unterschiedliche Intensitäts- und Stabilitätsgrade politischer Kooperation und konfessioneller Gemeinsamkeit auf. Zwischen dem dänischen König Christian III. (reg. 1534-59) und den meisten Bundesständen der Schmalkaldener kam ein Vertrag über wechselseitige Militärhilfe zustande; die Verhandlungen zwischen dem Schmalkaldischen Bund, England und Frankreich zerschlugen sich allerdings immer wieder. Bis 1538 wuchs der Mitgliederbestand des Schmalkaldischen Bundes stetig; 1532 traten vier niedersächsische Städte (Braunschweig, Goslar, Göttingen und Einbeck) sowie Esslingen bei; 1535 erklärten einige

Fürsten (Anhalt-Dessau, Pommern, Württemberg) und sechs weitere Städte (Frankfurt am Main, Augsburg, Hamburg, Hannover, Kempten, Minden), 1537 die Grafen von Nassau-Saarbrücken und Schwarzburg-Arnstadt und die Herzöge des albertinischen Sachsens ihren Beitritt.

Bei einzelnen Aktionen zeigte sich, daß die eigentliche Zielsetzung des Bundes, die Verteidigung des evangelischen Glaubens, mit durchaus offensiven und auch fragwürdigen Methoden betrieben werden konnte. Bei der Eroberung des unter habsburgischer Herrschaft stehenden Herzogtums Württemberg durch Philipp von Hessen im Mai 1534 waren Truppen des Schmalkaldischen Bundes maßgeblich beteiligt. Der Landgraf hatte Herzog Ulrich von Württemberg, der nach seinem Überfall auf die Reichsstadt Reutlingen 1519 durch Bayern und den Schwäbischen Bund aus seinem Herzogtum vertrieben worden war (s. o. S. 492), seit 1526 in Kassel Asyl gewährt. Erzherzog Ferdinand, dem durch den Schwäbischen Bund die Regierung Württembergs übertragen worden war, hatte das Herzogtum als wichtiges territoriales Verbindungsglied zum vorderösterreichischen Besitz der Habsburger genutzt. Die habsburgische Vorherrschaft im Südwesten, die ganz wesentlich durch die württembergische Regierung Ferdinands gestützt wurde, grenzte die Expansion der Reformation empfindlich ein. Nachdem der Schwäbische Bund im Februar 1534 ausgelaufen und die habsburgische Herrschaft in Württemberg in der Schlacht bei Lauffen (13. 5. 1534) militärisch gebrochen war, war der Weg zur Wiedereinsetzung Herzog Ulrichs und zur Einführung der Reformation frei. Mit dem Beitritt Württembergs wuchs dem Schmalkaldischen Bund eine wichtige Stärkung in Oberdeutschland zu.

Durch den Pontifikatswechsel zu Paul III. (13. 10. 1534) kam neue Bewegung in die Konzilsfrage. Schon im Frühjahr 1535 ließ der neue Papst durch seine Nuntien die baldige Eröffnung eines Konzils ankündigen; im Juni 1536 folgte die Einberufung nach Mantua auf den 23. 5. 1537. Doch der französische König, der gerade wieder einmal in einem Bündnis mit den Osmanen gegen den habsburgischen Kaiser kämpfte, lehnte ebenso wie der Schmalkaldische Bund ein Konzil in einer im Machtbereich des Papstes gelegenen Stadt ab. Die Theologen Kursachsens hatten der Teilnahme an einem Konzil unter der Bedingung zugestimmt, daß es von päpstlicher Vorherrschaft frei und allein dem Wort Gottes verpflichtet sei. Wegen der französisch-habsburgisch-osmanischen Kriegslage rechnete etwa Luther realistischerweise nicht damit, daß das Konzil tatsächlich stattfinden werde; allerdings lag ihm sehr daran, daß man keineswegs die Protestanten als Verhinderer des Konzils hinstellen könne. Doch die verantwortlichen Politiker des Schmalkaldischen Bundes verweigerten eine Konzilsteilnahme definitiv.

Im Vorfeld der Beratungen der Schmalkaldischen Bundesstände war Luther von seinem Landesherrn zur Vorlage eines Lehrbekenntnisses aufgefordert worden. Aus diesem sollte hervorgehen, in welchen Artikeln »umb christlicher Liebe willen zur Erhaltung Friedens und Einigkeit in der Christenheit«[4] nachzugeben vertretbar sei und welche Artikel gegenüber dem Papsttum keinesfalls aufgegeben werden könnten. Luther sollte diese Artikel bald nach ihrer Fertigstellung mit einigen kursächsischen Theologen erörtern. Dieses erst später als *Schmalkaldische Artikel* bezeichnete Bekenntnisdokument Luthers wurde bei den schmalkaldischen Bundesberatungen im Februar 1537 aus nicht genau bekannten Ursachen, wahrscheinlich aber mit Rücksicht auf die oberdeutschen Bundesstädte, zugunsten der *Confessio Augustana*, Melanchthons *Apologie der Confessio Augustana* und seinem als fortführende Interpretation der *Confessio Augustana* zu verstehenden *Tractatus de potestate papae* nicht in den Rang einer offiziellen theologischen Grundlagenschrift des Bundes erhoben. In dem von Luther selbst als ein »Artikel, darauf ich stehen muß und stehen will bis in meinen Tod«,[5] bezeichneten Lehrsummarium wurde dem Papsttum und seinem Anspruch, kraft göttlichen Rechts der gesamten Christenheit vorzustehen, schärfstens widersprochen. Weil der Papst »will die Christen nicht lassen selig sein ohn seine Gewalt«[6] und er sich über Christus stelle, habe er als »der rechte Endechrist oder Widerchrist«[7] zu gelten. Unter den 42 Theologen, die sich Luthers Artikel in Schmalkalden durch Unterschrift zu eigen machten, war Philipp Melanchthon der einzige, der sich von Luthers theologischem Urteil über das Papsttum wohl mit Rücksicht auf mögliche Verhandlungsspielräume im Kontext eines Konzils distanzierte: »Vom Bapst aber halt ich, so ehr das Evangelium wollte zulassen, das ihm, umb frides und gemeiner Einikeit willen der Jenigen Christen so auch unter yhm sind und kunftig sein möchten, sein Superiorität uber die Bischove die ehr hatt Iure humano, auch von uns zu zu lassen sey.«[8] Für Luther hingegen war unstrittig, daß das Gedankenspiel, der Papst könne seinen im göttlichen Recht unbegründeten Herrschaftsanspruch aufgeben, »unmuglich«[9] sei. In der vor allem durch die Wertschätzung der ernestinischen Herzöge bestimmten Rezeptionsgeschichte der *Schmalkaldischen Artikel*, die später in den Kanon der lutherischen Bekenntnisschriften aufgenommen wurden, lebte der unbestechlich-scharfe Antipapalismus des Reformators fort. Durch die Rezeption der *Confessio Augustana*, die damit zur Bekenntnisgrundlage des Schmalkaldischen Bundes avancierte – die *Wittenberger Abendmahlskonkordie* (Mai 1536) hatte die Zustimmung der Mehrzahl der oberdeutschen Theologen gefunden –, blieben die theologischen Lehrdifferenzen in bezug auf das Papsttum außen vor.

Vom Wormser Religionsgespräch bis zum Ausbruch des Schmalkaldischen Krieges

Als Paul III. das Konzil am 21. 5. 1537, zwei Tage vor dem geplanten Beginn, auf unbestimmte Zeit aufschob, sah sich der Kaiser dazu genötigt, weiterhin auf der Ebene des Reiches nach einer Überwindung der Religionsspaltung zu suchen; die kurze Ära der Religionsgespräche begann (s. u. S. 655-659). Im Juni 1540 fand das erste dieser auf kaiserliche Einladung abgehaltenen, auf das Reich bezogenen Religionsgespräche in Hagenau statt; im November des Jahres wurde es in Worms fortgesetzt. Das letzte dieser Gespräche, die seit Worms von dem kaiserlichen Bevollmächtigten Granvelle geleitet wurden, führte man während des Reichstages in Regensburg durch; es scheiterte im Mai 1541 definitiv. 1546 wurde dann noch einmal, unmittelbar vor dem Reichstag, ein weiteres Religionsgespräch, nun in Regensburg, angesetzt. In inhaltlicher Hinsicht stellte es gegenüber dem Diskussionsstand in bezug auf die Rechtfertigungslehre, der 1540/41 erreicht worden war, einen Rückschritt dar. Man verstrickte sich in Verfahrensfragen; die Protestanten verließen das Kolloquium vorzeitig und wurden später vom Kaiser für sein Scheitern verantwortlich gemacht. Bereits auf dem Wormser Reichstag hatten sich Bündnisverhandlungen zwischen Karl V. und dem Papst abgezeichnet. Das gescheiterte Kolloquium von Regensburg bedeutete insofern das Ende einer diplomatischen und den Übergang zu einer gewaltsamen Lösung des Religionskonflikts, wie sie dann im Schmalkaldischen Krieg Wirklichkeit wurde.

Die fünf Jahre zwischen dem Regensburger Reichstag von 1541 und dem Ausbruch des Krieges im Juli 1546 standen im Zeichen eines fortgesetzten Ringens um eine politische und rechtliche Selbstbehauptung der evangelischen Kirchentümer, eines anhaltenden Verständigungsdrucks zwischen dem Kaiser beziehungsweise Ferdinand und den Reichsständen wegen der Türkengefahr, einer Krise des Schmalkaldischen Bundes infolge der Doppelehe Landgraf Philipps von Hessen und der Vertreibung Heinrichs von Braunschweig-Wolfenbüttel sowie eines wachsenden Aktionsspielraums des Kaisers, der nach dem Friedensschluß mit Frankreich (1544), dem Waffenstillstand mit den Osmanen (1545) und einem Kriegsbündnis mit dem Papst zum militärischen Schlag gegen die Protestanten ausholen konnte. Auf dem Regensburger Reichstag von 1541 (s. u. S. 658 f.) war es den Protestanten aufgrund ihrer Drohung, die Beteiligung am Türkenkrieg zu verweigern, gelungen, daß der Nürnberger Religionsfriede verlängert und die Säkularisierungen des Kirchenguts gleichsam inoffiziell sanktioniert wurden. Auf dem Nürnberger Reichstag von 1543 verweigerten die Protestanten dann die Türkenhilfe, weil sich Ferdinand und die katholischen Stände ihrer Forderung nach einer dauerhaften reichsrechtlichen Absicherung der reformatorischen Eingriffe in das Kirchenwesen widersetzten. Auf dem Speyerer Reichstag von 1544 (Reichsabschied 10. 6.) ließen sich die Protestanten ihre Unterstützung des Krieges gegen Frankreich und die Osmanen abermals mit Zugeständnissen in der Sicherung der Ergebnisse der Reformation abkaufen. Im Reichsabschied hatte der Kaiser erklärt, daß er die »Spaltung in der Religion« durch die »Erörterung eines gemeinen Christlichen freyen Conciliis in Teutscher Nation«[10] zu überwinden beabsichtige. Die Perspektive einer nationalkirchlichen Lösung zeichnete sich ab, wogegen der Papst schärfstens protestierte und zum 15. 3. 1545 zu einem Generalkonzil nach Trient lud. Luther gereichte dies zum Anlaß für seine letzte große Polemik gegen das vom Teufel gestiftete Papsttum.[11] Sie diente auch dem politischen Interesse der Schmalkaldischen Bundesstände, eine antipäpstliche Kampfgesinnung in den protestantischen Territorien anzufachen und so zur mentalen Kriegsvorbereitung beizutragen.

Nach dem Friedensschluß mit Frankreich, in dem sich der französische König zur Unterstützung der Konzilspläne des Kaisers verpflichtet hatte, verschlechterten sich die Chancen für die protestantischen Reichsstände, die Religionsfrage auf der politischen Bühne des Reiches rechtlich dauerhaft zu lösen. Ein entscheidender Grund für die Schwächung des Schmalkaldischen Bundes ergab sich daraus, daß Philipp von Hessen im März 1540 eine zweite Ehe mit dem Hoffräulein Margarete von der Saale, deren Mutter auf einer regulären Eheschließung bestand, eingegangen war. Seine erste Ehe mit Christine, einer Tochter Georgs von Sachsen, bestand fort. Aufgrund der *Constitutio Criminalis Carolina*, der 1532 eingeführten *Peinlichen Gerichtsordnung* Karls V., drohte Philipp die Todesstrafe. Führende Theologen des Schmalkaldischen Bundes, vor allem Luther, Melanchthon und Bucer, hatten aus Gewissensgründen einer Eheschließung des wegen notorischer außerehelicher Beziehungen angefochtenen Landgrafen zugestimmt, aber deren Geheimhaltung empfohlen. Nach außen sollte der Landgraf sein Verhältnis als Konkubinat darstellen;

dies sei unter den Fürsten nichts Ungewöhnliches.[12] Doch die Angelegenheit wurde ruchbar und zwang den Landgrafen zu einer Verständigung mit dem Kaiser. Der Preis für die Amnestie wegen der Doppelehe war hoch: Philipp mußte sich verpflichten, eine Ausweitung des Schmalkaldischen Bundes, etwa durch den Beitritt Englands oder Frankreichs, zu verhindern und die Schmalkaldener aus dem Konflikt um das Herzogtum Geldern herauszuhalten. Die geldrischen Stände hatten sich nach dem Tod des Herzogs von Geldern, Karl von Egmont, der die habsburgischen Ansprüche auf die Erbfolge anerkannt hatte, im Jahre 1538 für Wilhelm von Kleve als ihren Herrn ausgesprochen. Doch dies kollidierte mit den territorialpolitischen Interessen Karls V. im Nordwesten. Nach einer militärischen Auseinandersetzung mußte der mit Frankreich koalierende klevische Herzog seine Ansprüche auf Geldern aufgeben und sich zur altgläubigen Kirche bekennen. Dies war auch als Signal des Kaisers zu werten, daß er die reformatorischen Entwicklungen am Niederrhein, die seit 1542/43 in der Person des Kölner Erzbischofs Hermann von Wied (s. u. S. 660f.) einen Rückhalt besaßen, nicht zu dulden bereit war. Nachdem sich außer dem albertinischen Sachsen Brandenburg (1539) und – beginnend mit dem Regierungsantritt Friedrichs II. (1544-56) – als drittes der weltlichen Kurfürstentümer die Pfalz der Reformation anschloß, stand mit einem Konfessionswechsel in Köln die katholische Mehrheit des Kurkollegiums zur Disposition. Nach seinen Erfolgen im Geldrischen Erbfolgekrieg und im Schmalkaldischen Krieg erzwang Karl V. dann die Resignation Hermann von Wieds und sicherte Köln für den Katholizismus.

In bezug auf das Verhältnis des Schmalkaldischen Bundes zum Kaiser erwies sich die militärische Intervention im Herzogtum Braunschweig-Wolfenbüttel, dem von Heinrich d. J. geführten Bollwerk des ›alten Glaubens‹ im Norden, als folgenreich. Die Autonomiestadt Braunschweig und die Reichsstadt Goslar waren 1531/32 dem Schmalkaldischen Bund beigetreten und sahen sich ständigen Bedrohungen durch Herzog Heinrich, den Luther 1541 als »Hans Worst«[13] literarisch befehdete, ausgesetzt; seit 1539 war ein publizistischer Krieg zwischen den schmalkaldischen Achsenmächten Kursachsen und Hessen einerseits, Braunschweig-Wolfenbüttel andererseits ausgebrochen. Die ein beträchtliches Ausmaß annehmende literarische Schlacht wurde von Brandanschlägen auf protestantische Städte im thüringisch-sächsischen Raum begleitet, für die die Schmalkaldener den Wolfenbütteler Herzog verantwortlich machten. Nachdem das Reichskammergericht 1540 über Goslar die Reichsacht verhängt, Herzog Heinrich mit ihrer Exekution beauftragt hatte und dieser zum militärischen Schlag gegen Braunschweig und Goslar ansetzte, obschon der Kaiser die Acht kurzerhand suspendiert hatte, sahen die schmalkaldischen Achsenmächte den Bündnisfall gegeben. Im Juli und August 1542 führten sie einen Feldzug gegen Herzog Heinrich; dieser floh vor der Übermacht der schmalkaldischen Truppen. Die Schmalkaldener veranlaßten nun den Aufbau eines evangelischen Kirchenwesens im Herzogtum. Als Herzog Heinrich dann im Herbst 1545 in sein Territorium einmarschierte und von Philipp von Hessen gefangengenommen wurde, lieferte dies den altgläubigen Reichsständen und dem Kaiser einen hervorragenden Anlaß, die Schmalkaldener des Landfriedensbruchs zu beschuldigen. Auch Moritz von Sachsen, der, wie der brandenburgische Kurfürst, zum Schmalkaldischen Bund Distanz wahrte, zog aus der Braunschweiger Affäre kritisches Potential gegen die ernestinische Konkurrenz: In einem Konflikt um das gemeinwettinische Amt Wurzen hatten Moritz und Johann Friedrich von Sachsen ihre Spannungen bis an die Grenzen einer militärischen Auseinandersetzung getrieben. Die Neutralitätserklärung Moritz' gegenüber dem Kaiser, die dessen militärischen Schlag gegen die Protestanten begünstigte, war auch eine Folge der permanenten innerdynastischen Konkurrenzen des Hauses Wettin. Das Ziel der Albertiner, die Kurwürde, rückte näher.

Heinrichs von Braunschweig-Wolfenbüttel Vertreibung durch den Schmalkaldischen Bund lieferte eine probate Begründung für die vom Kaiser am 20. 7. 1546 über Kursachsen und Hessen verhängte Reichsacht. Niemand freilich wußte besser als der Kaiser selbst, daß dies, wie er seiner Schwester, Maria von Ungarn, mitteilte, nur ein »Deckmantel und Vorwand für den Krieg« sei. Dieser Vorwand würde nicht verhindern, daß die »Abtrünnigen [die Protestanten] davon überzeugt sind, es geschehe wegen der Religion«.[14] In der Tat: Aus der Sicht des Kaisers war »die Gefahr für die Religion 〈…〉 außerordentlich groß«;[15] im Sommer 1546, nach Luthers Tod (18. 2.), der Unterzeichnung des Bündnisvertrages mit dem Papst (7. 6.), je eines Neutralitätsabkommens mit Bayern (7. 6.) und Herzog Moritz (19. 6.) und der Verschiebung des letzten Reichstages in Friedenszeiten (29. 7.), war es so weit gekommen, daß nun die Waffen sprachen.

DER AUSBAU DER REFORMATION IN DEN STÄDTEN UND TERRITORIEN UND DAS REICH-CHRISTI-PROJEKT VON MÜNSTER

Die Ausbreitung der Reformation und das Scheitern einer Episkopalverfassung

Die eineinhalb Jahrzehnte zwischen 1531 und 1546 waren eine Phase des forcierten Fortgangs der Reformation im Reich (siehe Abb. 34). Der Beitritt einer ganzen Reihe von Städten und Territorien zur Reformation erfolgte zumeist unter dem politischen Schutz des Schmalkaldischen Bundes. Auch in unterschiedlichen europäischen Ländern, etwa in Frankreich, England, Polen-Litauen, Ungarn und Italien erreichten reformatorische Bewegungen in den dreißiger Jahren eine Stärke und Dynamik, die die Obrigkeiten zur Parteinahme für oder gegen die Neuerer nötigte. 1534 sagte sich König Heinrich VIII. von der Kirche Roms los und begründete die anglikanische Staatskirche. Im selben Jahr begannen im Frankreich Franz' I. nach einer Phase des Wohlwollens konzertierte Protestantenverfolgungen, ausgelöst durch die »Affaire des placards«, eine Protestaktion gegen die Messe, die bis in die königlichen Gemächer vorgedrungen war. Auch die Entschei-

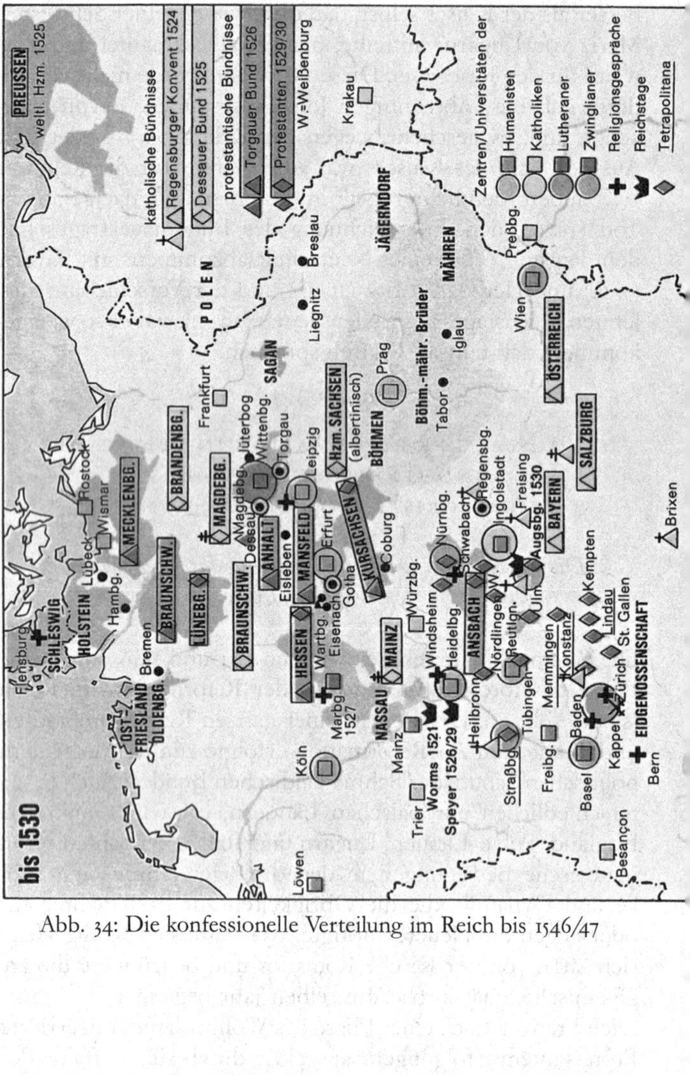

Abb. 34: Die konfessionelle Verteilung im Reich bis 1546/47

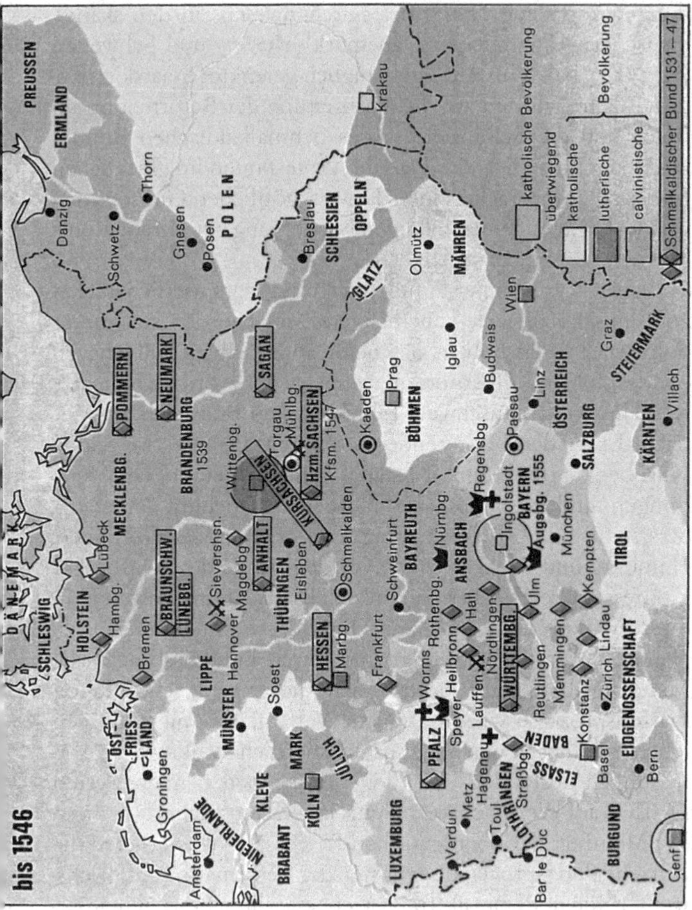
bis 1546
PREUSSEN
ERMLAND
POLEN
Danzig
Schwetz
Thorn
Gnesen
Posen
Krakau
SCHLESIEN
Breslau
OPPELN
GLATZ
Olmütz
MÄHREN
Wien
Iglau
Budweis
Graz
STEIERMARK
Linz
ÖSTERREICH
Villach
KÄRNTEN
SALZBURG
Passau
Prag
BÖHMEN
Kaaden
SAGAN
SACHSEN
Hzm. SACHSEN
Kfsm. 1547
Mühlbg.
Torgau
Wittenbg.
KURSACHSEN
POMMERN
NEUMARK
BRANDENBURG
1539
MECKLENBG.
DÄNEMARK
SCHLESWIG
HOLSTEIN
Lübeck
Hambg.
BRAUNSCHW.
LÜNEBG.
Sievershsn.
Magdebg.
ANHALT
Eisleben
THÜRINGEN
Schmalkalden
Schweinfurt
BAYREUTH
Nürnbg.
ANSBACH
Regensbg.
Ingolstadt
BAYERN
Augsbg. 1555
München
Kempten
TIROL
Ulm
Bremen
Hannover
LIPPE
Soest
MÜNSTER
HESSEN
Marbg.
Frankfurt
Rothenbg.
Hall
Heilbronn
Nördlingen
WÜRTTEMBG.
Reutlingen
Memmingen
Lindau
Konstanz
Zürich
EIDGENOSSENSCHAFT
Bern
Basel
BADEN
ELSASS
Straßbg.
Hagenau
Lauffen
Speyer
Worms
PFALZ
OST-FRIES-LAND
Groningen
Amsterdam
NIEDERLANDE
KLEVE
MARK
JÜLICH
KÖLN
BRABANT
LUXEMBURG
Verdun
Metz
Toul
LOTHRINGEN
Bar le Duc
BURGUND
Genf
katholische Bevölkerung
überwiegend
katholische
lutherische
calvinistische
Bevölkerung
Schmalkaldischer Bund 1531–47

dungen zur Neuordnung des Kirchenwesens in den skandinavischen Königreichen Dänemark (1536/37) und Schweden (1527/31), wo es zum Aufbau königlich gelenkter Staatskirchentümer kam, wirkten auf die Ausbreitung der Reformation im Reich und die Stabilisierung des Schmalkaldischen Bundes zeitweilig förderlich ein. Daß die Protestanten im glücklichen Fortgang ihrer Sache einen Erweis göttlicher Gunst sahen und wohl gar auf einen baldigen Niedergang der Kirche Roms hofften, verwundert nicht.

Bis 1530 waren außer Preußen, dem 1525 zum weltlichen Herzogtum säkularisierten ehemaligen Deutschordensstaat unter polnischer Lehnshoheit, das heißt außerhalb des Reichsverbandes, folgende Territorien evangelisch geworden: Kursachsen, Hessen, Braunschweig-Lüneburg und Brandenburg-Ansbach. Unter den bedeutenderen Städten waren es im Süden Nürnberg, Straßburg, Konstanz, Lindau, Reutlingen, Memmingen und Kempten, im Norden Magdeburg (Altstadt), Stralsund, Celle, Braunschweig, Goslar, Bremen, Göttingen, Hamburg und Riga, die noch vor dem Ende des Augsburger Konfessionsreichstages ein evangelisches Kirchenwesen in ihren Mauern aufgebaut, zum Teil gegen Anfeindungen altgläubiger Fürsten verteidigt und durch bündnisstrategische Manöver abgesichert hatten. Viele dieser städtischen Reformationsprozesse wiesen ähnliche Verlaufsdynamiken auf: In jenen Städten, in denen genossenschaftlich strukturierte Verfassungen bestanden und die Zünfte einen nennenswerten Einfluß auf die Machtverteilung im Rat ausübten – etwa in der Mehrheit der oberdeutschen Reichsstädte –, verliefen die Entscheidungsprozesse zugunsten der Reformation vergleichsweise ruhig und konfliktfrei. In jenen Städten hingegen, in denen der Bürgerschaft eine Partizipation am Ratsregiment verweigert oder diese doch sehr eingeschränkt war, die Macht also in den Händen eines oligarchischen Patriziats lag, waren die nicht selten von mittleren Kaufleuten und Handwerkern getragenen reformatorischen Bewegungen regelmäßig mit Auseinandersetzungen um die Mitbeteiligung der revoltierenden Stände und Gruppen am Ratsregiment verbunden. Für die meisten mittel- und norddeutschen Stadtreformationen, die zur Hanse gehörten, waren entsprechende Konflikt- und Aushandlungsprozesse typisch. Auch für Lübeck, die führende Hansestadt im Norden, wo sich die Bürgerschaft 1530 nach der weitgehenden Entmachtung der patrizischen Kaufmannschaft zugunsten der Reformation entschied und 1531 die Einführung einer von Bugenhagen verfaßten Kirchenordnung sowie den Beitritt zum Schmalkaldischen Bund beschloß, läßt sich eine solche Verlaufstypologie nachweisen. Die Besonderheiten der Lübecker Reformationsgeschichte ergeben sich aus dem Versuch des auf die nichtpatrizische Kaufmannschaft gestützten Abenteurers Jürgen Wullenweber, die alte Vorherrschaft der Hansemetropole gegen die Seemächte Dänemark und die habsburgischen Niederlande mit militärischen Mitteln zurückzuerobern. Wullenwebers Pläne scheiterten und endeten 1537 mit seiner Hinrichtung als Aufrührer; auch die patrizische Verfassung wurde wiederhergestellt. Das evangelische Bekenntnis freilich blieb Lübeck, doch seine führende Stellung im Ostseehandel ging dahin.

In den dreißiger und frühen vierziger Jahren des 16. Jahrhunderts verbreiterte sich die territoriale Basis der Reformation sukzessive, aber im Ergebnis dramatisch: Württemberg, Pommern, Anhalt-Dessau und die schlesischen Fürstentümer Liegnitz und Brieg wurden 1534 evangelisch; fünf Jahre später vollzogen das Herzogtum Sachsen und das Kurfürstentum Brandenburg diesen Schritt; Anfang der vierziger Jahre kamen Pfalz-Neuburg, Pfalz-Sulzbach und – in einem gestreckten, allmählichen Prozeß – das Herzogtum Mecklenburg hinzu. Weite Teile Nord-, Mittel- und Ostdeutschlands, aber auch starke Ländergruppen im Südosten und Südwesten des Reiches hatten sich von der Kirche des Papstes und der Religion des Kaisers losgesagt und waren zu einer Neuorganisation ihres Kirchenwesens übergegangen. Auch in die habsburgischen Territorien, insbesondere in Österreich, war die Reformation eingedrungen und besaß unter den mächtigen Adelsfamilien einen starken Rückhalt. Außer in Preußen, wo die Bischöfe Georg von Polentz (1478-1550) und Erhard von Queis (um 1488-1529) der Reformation beitraten, in ihren Ämtern verblieben und unter Abtretung ihrer weltlichen Rechte die geistlichen Aufgaben wie Pfarrerordination, Visitation und Ehegerichtsbarkeit auf der Basis einer von ihnen selbst abgefaßten Kirchenordnung fortführten, blieben die Versuche, ein evangelisches Bischofsamt durchzusetzen, Episode. Zweimal hat Luther persönlich evangelische ›Bischöfe‹ eingeführt, 1542 seinen alten Freund und Weggefährten, den Magdeburger Superintendenten Nikolaus von Amsdorff, als Bischof von Naumburg-Zeitz und 1545 den anhaltinischen Fürstensproß Georg als Koadjutor in den geistlichen Angelegenheiten des Stiftes Merseburg. Das Schicksal des einen, der gegen das Naumburger Domkapitel vom sächsischen Kurfürsten Johann Friedrich durchgesetzt worden war, entschied sich, als sein Landesfürst nach der Niederlage im Schmalkaldischen Krieg in kaiserliche Gefangenschaft geriet und Julius Pflug, der vom Kapitel gewählte Dompropst, in sein Amt einzog. Die geistliche Tätigkeit des theologisch stark an Melanchthon orientierten Anhaltiners Georg war die eine Seite des Bischofsamtes; die andere, die weltliche, übte August, der Bruder des regierenden Herzogs Moritz, als Administrator aus. Als Karl V. nach dem Schmalkaldischen Krieg darauf drängte, daß die Verhältnisse in Merseburg neu geregelt wurden, verzichtete August auf das Hochstift; nun setzte der Kaiser gegenüber dem Domkapitel die Wahl des Mainzer Weihbischofs Michael Helding durch. Die Trennung von weltlicher Administratur und geistlicher Koadjutur erwies, daß jene nicht ohne diese bestehen konnte. Obschon das evangelische Bischofsamt diejenige kirchliche Leitungsstruktur gewesen sein dürfte, die die größten Sympathien der Wittenberger besessen hat, scheiterte ihre Verwirklichung einerseits daran, daß die Domkapitel zumeist altgläubig geblieben waren, andererseits an der im überkommenen Bischofsamt selbst enthaltenen untrennbaren Verschmelzung von geistlichen und weltlichen Aufgaben.

Konsistorial- und Presbyterialverfassung

Mit dem Scheitern einer evangelischen Episkopalverfassung und der Durchsetzung des landesherrlichen ›Notepiskopats‹, wie es Luther in der Vorrede zum *Unterricht der Visitatoren*[16] dargelegt hatte, wurden seit den späten dreißiger Jahren, ausgehend von Kursachsen, die Konsistorien die wichtigsten Instrumente der kirchenleitenden Ordnung. Konsistorien waren als kollegiale Behörden schon vor der Reformation in einzelnen Diözesen eingerichtet worden; ihre Aufgaben bezogen sich vor allem auf Gerichts-, Ehe- und Verwaltungssachen. In der Reformationszeit stellten sie dann in gewisser Weise eine verstetigte Einrichtung jener Kommissionen dar, die im Zusammenhang der Visitationen installiert worden waren. Theologen und Juristen hatten in ihnen zumeist einen gleich starken Anteil; sie wurden vom Landesfürsten berufen. Die später modellhaft gewordene württembergische Leitungsbehörde, der ›Kirchenrat‹, hatte eine theologische und eine politische Sektion; die erste war für Lehr- und Personalfragen, die zweite für ökonomische Aufgaben zuständig. Die Konsistorien als oberste Leitungsbehörden einer Landeskirche übten die Lehr- und Sittenaufsicht über Superintendenten und Geistliche aus, waren für die Ehegerichtsbarkeit – den historisch primären Anlaß für die Einrichtung des ersten Konsistoriums in Kursachsen (1539) – zuständig und bildeten vielfach die konkreteste Form der Durchsetzung und Gestaltung des landesherrlichen Kirchenregiments.

Während die nichtfürstlichen Laien im Kontext der lutherischen Kirchentümer Möglichkeiten zu einer aktiven religiösen Lebensgestaltung primär im häuslichen Raum erhielten, als Hausmütter und Hausväter, die die Kinder und das Gesinde, das ›ganze Haus‹, die ›Hauskirche‹, im Geist des Katechismus, durch Postillen, Erbauungsschriften und geistliche Lieder, unterweisen konnten und sollten, entstand im oberdeutschen und reformierten Bereich mit dem Ältestenamt ein gemeindeleitendes Laienamt. Bucer hatte es in Straßburg eingeführt; auch die Ulmer Kirchenordnung, die unter seinem Einfluß stand, sah ein Gremium zur Durchführung der ortsgemeindlichen Kirchenzucht vor, an dem Ratspersonen, Pfarrer und Gemeindeälteste beteiligt waren. Nach der von Bucer verfaßten *Ziegenhainer Zuchtordnung* (1539) oblag es den teils aus dem Rat bestellten, teils aus der Gemeinde gewählten Presbytern, für die Lehre und die Lebensführung der Pfarrer und der Gemeinden Sorge zu tragen, den Katechismusunterricht sicherzustellen, Abweichler seelsorgerlich oder disziplinatorisch zu behandeln und mit der Obrigkeit zum Wohl von Kirche und Gesellschaft zusammenzuarbeiten.[17] Im Bereich der Sittenzucht überschnitten sich die polizeilich-sozialdisziplinatorischen Interessen der Landesherrschaft und die auf ›Heiligung‹ abzielenden Motive gemeindlicher Selbstdisziplinierung. Die amtstheologischen und gemeindeorganisatorischen Vorstellungen Bucers haben Johannes Calvin, der als *exul Christi*, als »Vertriebener Christi«, zwischen 1538 und 1541 die französische Flüchtlingsgemeinde in Straßburg leitete, tiefgreifend beeinflußt und im reformierten Protestantismus Genfer Prägung ihre Spuren hinterlassen. Die Ältesten spielten im Calvinismus neben den Pastoren eine zentrale Rolle bei der Leitung und sittlichen Kontrolle der Gemeinden. Die insbesondere für die lutherische Konfessionskultur charakteristische Bemühung darum, jedem Christenmenschen zur Ausbildung einer persönlichen Bekenntnisidentität zu verhelfen, die ihn instand setzte, auch unter widrigen fremdreligiösen oder -konfessionellen Bedingungen geistlich zu überleben, stellte allerdings auch eine Form der Aktivierung von Laien durch Aneignung des Glaubenswissens dar; sie ging über die üblichen Partizipations- und Verpflichtungsformen vorreformatorischer Laienfrömmigkeit deutlich hinaus.

Die kirchlichen Ordnungsprozesse, die seit den dreißiger Jahren in den Städten und Territorien des Reichs vonstatten gingen, folgten einerseits je spezifischen Bedingungen und Konstellationen, wiesen andererseits aber auch Gemeinsamkeiten auf. Letztere ergaben sich etwa daraus, daß bewährte Kirchenorganisatoren, die bereits in einer Stadt oder einem

Territorium tätig geworden waren, von anderen Stadträten oder Landesfürsten gewonnen und ›ausgeliehen‹ wurden, um hier ein Gleiches zu tun. Evangelische ›Reformationsexperten‹ mit einem weithin ausstrahlenden Einfluß waren für den lutherischen Bereich Johannes Bugenhagen, der die Kirchenordnungen für zahlreiche norddeutsche Städte und Territorien, für Dänemark und Norwegen verfaßte (s. o. S. 516), und Johannes Brenz, der an der Einführung der Reformation in Schwäbisch-Hall, Heilbronn, Nördlingen, Dinkelsbühl und Brandenburg-Ansbach und schließlich an der kirchlichen Neuordnung des Herzogtums Württemberg beteiligt war (s. o. S. 532). Für den oberdeutschen Bereich war dies auch Martin Bucer, der die Kirchenordnungen Ulms, Straßburgs, Augsburgs und Hessens maßgeblich mitbestimmte, für den reformiert-calvinistischen Bereich außerhalb des Reiches schließlich Calvin, dessen Genfer Kirchenorganisation weite Teile des westeuropäischen Protestantismus tiefgreifend und nachhaltig prägte.

Die Expansion der Reformation im Reich

Interterritoriale Austauschprozesse, der Kommunikations- und Handlungszusammenhang des Schmalkaldischen Bundes, auch der sich zunächst im Kontext der Friedensstände abzeichnende rechtlich-politische Bedeutungsgewinn der *Confessio Augustana* und der durch die *Wittenberger Konkordie* begünstigte Prozeß der sukzessiven Lutheranisierung der oberdeutschen Städtelandschaft trugen dazu bei, daß der Vormarsch der Reformation bis in die Mitte der vierziger Jahre vor allem dem ›Luthertum‹ zugute kam. Freilich sollte man sich das, was man in der ersten Hälfte des 16. Jahrhunderts unter ›Luthertum‹ zu verstehen hat, nicht als ein hinsichtlich der Lehre allzu geschlossenes und organisatorisch homogenes Phänomen vorstellen. In zentralen Aspekten der zeremoniellen Gestaltung, etwa der Bilderfrage, läßt sich ein Spektrum von Haltungen beobachten, das von der Bewahrung mit Rücksicht auf die

›Schwachen‹ und der Betonung der Nützlichkeit visueller Wissensvermittlung über die partielle Ausräumung bis zur kompromißlosen Entfernung reicht. Ähnlich verhielt es sich bei anderen »Adiaphora« beziehungsweise »Mitteldingen«, das heißt »Kirchengebräuchen, welche in Gottes Wort weder geboten noch verboten sind«,[18] die also keine theologischen Kernfragen von Bekenntnisrang darstellten, aber für die konkrete Wahrnehmung der Religion und die sinnliche Erfahrung mit ihr von elementarer Bedeutung waren. Aus der Perspektive eines einfachen Laien, für den die kirchliche Neuordnung vor allem an den sinnlich wahrnehmbaren Veränderungen spürbar wurde, konnte sich das, was ›lutherisch‹ war, in Nürnberg, Wittenberg, Hamburg oder Stuttgart um 1540 sehr unterschiedlich darstellen.

Einige Territorialreformationen, vor allem in Württemberg und in Brandenburg, ähnlich letzterer auch die in Jülich-Kleve-Berg, wiesen Merkmale einer vermittelnden, das heißt konfessionell profilscharfe Festlegungen vermeidenden Tendenz auf. Dies konnte – so in Württemberg – primär mit Rücksicht auf uneinheitliche konfessionelle Richtungen und Einflüsse innerhalb des Territoriums geschehen. Der durch Kursachsen eingefädelte Friedensvertrag von Kaaden, der das Herzogtum als österreichisches Afterlehen übertrug, schloß überdies eine Option zugunsten der Lehre Zwinglis aus. In bezug auf die konfessionelle Situation in Württemberg ist allerdings charakteristisch, daß das Luthertum und die oberdeutsch-zwinglianische Richtung miteinander rangen. Herzog Ulrich zog daraus 1534 die Konsequenz, zwei Reformatoren, den Reformierten Ambrosius Blarer aus Konstanz und den Lutheraner Erhard Schnepf, der in Hessen tätig war, mit der Durchführung der Reformation zu beauftragen. Die Einigung auf die *Confessio Augustana* wirkte zwar friedenstiftend; ein am 2. 8. 1534 zustande gekommener Abendmahlskompromiß, die sogenannte *Stuttgarter Konkordie*, die die wahre leibliche Präsenz Christi an die Wirkung der Einsetzungsworte band,[19] wurde Blarer nicht ganz zu Unrecht als Verrat an der Lehre Zwinglis ausgelegt und brachte keinen eindeutigen Abschluß der Lehrentwicklung. Die Abschaffung der Bilder und die karg-nüchterne Gestaltung des Gottesdienstes wiesen unverkennbar reformierte Einflüsse auf, zielten aber aus der Sicht des Herzogs wohl vor allem darauf ab, der Bevölkerung gegenüber spürbar zu demonstrieren, daß ein Herrschafts- und Konfessionswechsel stattgefunden hatte.

Die konfessionell vermittelnde Tendenz der Brandenburger Reformation, die zunächst eine weithin katholisch gebliebene Gottesdienstform vorsah, in der Kirchenordnung allerdings – was die Zustimmung der Wittenberger sicherte – die Rechtfertigung aus Glauben und die freie Evangeliumspredigt enthielt, war vor allem politischen Rücksichten geschuldet: Der brandenburgische Kurfürst Joachim II., der – neben dem Vermittlungstheologen Melanchthon – Georg Witzel, einen reformkatholisch gesinnten Erasmianer, für das Reformationswerk gewann, wollte sein Verhältnis zum Kaiser auf keinen Fall belasten.

Endzeiterwartungen

Das rückblickende historische Urteil, das für die dreißiger und frühen vierziger Jahre einen Expansionsschub der Reformation im Reich, aber auch in Europa wahrnimmt, entsprach kaum einem ›optimistischen‹ Verhältnis zur Gegenwart beziehungsweise einer entsprechenden Zeitwahrnehmung unter den Evangelischen der verschiedenen Couleurs. Aussagen wie: »Die welt ist uff die heffen«, das heißt bis zum äußersten »kumen«, »[d]ie freuden sind aus«, »der jüngste tag soll nit weit sein«, oder: »Ich hoffe, der liebe Gott wird's ein ende machen«,[20] zu Beginn der dreißiger Jahre aus dem Mund des Hausherrn des ehemaligen Wittenberger Augustinerklosters zu hören war nichts Ungewöhnliches. Und Melanchthon pflichtete, rechnerisch präzisierend, bei: Die Weltzeit solle, nach einem apokalyptischen Spruch aus der Schule des Propheten Elia, 6000 Jahre währen. Bis zur Geburt des Erlösers seien 80 Jubeljahre vergangen, seither 1532, so daß man im Jahre 5648 der Weltzeit stehe. Doch Gott werde die Tage um seiner Erwählten willen verkürzen. Der Flüchtigkeit des Seins entsprach das Gefühl der Beschleunigung der Zeit angesichts der Erfahrungen tiefgreifender Umbrüche: »⟨…⟩ dann die welt eilet davon, quia per hoc decennium fere novum saeculum fuit [weil während dieses Jahrzehnts beinahe ein neues Zeitalter entstand].«[21] Der mit dem Wittenberger Milieu eng verbundene Lochauer Pfarrer und ehemalige Augustinereremit Michael Stifel (um 1487-1567) fundierte dieses etwa im Angesicht von ›Türkengefahr‹ und schleichender Bedrohung durch den Kaiser vitalisierte Bewußtsein eines nahen Weltendes mit mathematischer Präzision: Aufgrund bestimmter Zahlenwerte für einzelne Buchstaben, die er der kabbalistischen Tradition entnommen hatte, errechnete er den exakten Zeitpunkt der in apokalyptischen Bibelstellen angekündigten Parusie Christi und kam zu dem Ergebnis, daß sie am 19. 10. 1533 morgens um acht Uhr stattfinden werde. Die beträchtliche Unruhe, die diese Prognose in der Bevölkerung der Umgegend auslöste und zur zeitweiligen Amtsenthebung des von Luther in der Sache kritisierten, doch als Person geschätzten und geschützten Mannes führte, macht deutlich, daß es nicht nur in heterodox-täuferischen Kreisen, sondern auch in breiteren Gesellschaftsschichten des kirchlichen Protestantismus ein nicht geringes Maß an apokalyptischer Erregbarkeit gegeben hat.

In den endzeitlichen Szenarien, die der täuferische Laienprädikant Melchior Hoffman propagierte, spielte die im Jahr 1533 erwartete Wiederkunft Christi eine zentrale Rolle. Nach einer unsteten apostolischen Wanderschaft, die den gebürtigen Schwaben über Livland, Schweden, Dänemark, Schleswig-Holstein und – gemeinsam mit Karlstadt – Ostfriesland schließlich im Juni 1529 nach Straßburg geführt hatte, entwikkelte Hoffman unter dem Einfluß der von ihm bald publizierten[22] Prophetien der Laiin Ursula Jost eine eschatologische Konzeption, die eine endzeitliche Säuberung der Welt von den Gottlosen, vor allem den antichristlichen, papistischen, lutherischen und zwinglianischen Pfaffen, vorsah. In diesem

Endkampf würden die Reichsstädte unter Führung der elsässischen Metropole gegen die höllische Trias aus Irrlehrern, Kaiser und Papst siegen. Im Frühjahr 1530 verließ Hoffman, der in das Visier der reichsstädtischen Prädikanten und des Rates geraten war, die Stadt fluchtartig und missionierte in Ostfriesland und den Niederlanden, wo er eine beträchtliche Anhängerschaft rekrutierte. Im Frühjahr 1533 kehrte er nach Straßburg zurück; denn er erwartete, daß hier der apokalyptische Endkampf ausbrechen und das Neue Jerusalem aufgehen werde. Im Sommer 1533 wurde Hoffman durch eine Straßburger Synode verurteilt und verblieb für den Rest seines Lebens, bis 1543, in Gefangenschaft.

Das Täuferreich zu Münster

Die Frucht seiner durch Predigten und Druckschriften verbreiteten Gedanken ließ nicht lange auf sich warten. Unter geringfügiger Modifikation einiger Details – der Umdatierung der Endzeitereignisse auf 1534 und ihrer Verlegung ins westfälische Münster – bildete Hoffmans Lehre den Ausgangspunkt eines der spektakulärsten Ereignisse der Reformationszeit: des Täuferreichs der Jahre 1534/35. Das endzeitliche Projekt von Münster kann man als einen apokalyptisch motivierten laienchristlich-täuferischen Versuch interpretieren, eine verbindliche, heilige Ordnung zu errichten – analog dem städtischen und territorialen Ausbau christlicher Gemeinwesen. Als Anfang 1534 niederländische Anhänger Melchior Hoffmans, die vom Amsterdamer Leiter der nach diesem benannten Melchioritengemeinde, dem Bäcker Jan Matthijs (um 1500-34), gesandt worden waren, in der westfälischen Bischofsstadt eintrafen, stießen sie auf eine religionspolitisch günstige Situation. Aufgrund der Predigten des Kaplans am Chorherrenstift St. Mauritius, Bernhard Rothmann (um 1495-1535), der durch die Lektüre von Lutherschriften und einen Besuch in Straßburg zur reformatorischen Botschaft gelangt war und diese seit 1531 in Münster mit Erfolg vertreten hatte, war die

Abb. 35: Christoffel von Sichem, *Jan Matthijs* (Kupferstich, 1605/06)

Stadt binnen zweier Jahre evangelisch geworden. Evangelische Prediger wurden in den Münsteraner Kirchen installiert, die katholische durch eine evangelische Ratsmehrheit abgelöst und die neuen Verhältnisse in einem Vertrag mit dem bischöflichen Stadtherrn Franz von Waldeck (1491-1553) im Frühjahr 1533 rechtskräftig fixiert. Unter dem Einfluß von evangelischen Predigern, die aus dem Amt Wassenberg im Jülicher Land nach Münster geflohen waren, hatten sich Rothmanns theologische Überzeugungen radikalisiert: Er widersprach nun der Wittenberger Abendmahlslehre, bestritt die Kindertaufe und geriet so in einen Gegensatz zur lutherischen Ratsmehrheit. Rothmanns unumwundene Sympathien für die niederländischen Boten und ihr Kerygma von der endzeitlichen Sonderstellung Münsters begünstigten die Zustimmung, die die Melchioriten in der Bevölkerung fanden. Hunderte ließen sich nun binnen weniger Tage taufen und schworen einem verweltlichten Leben ab; Katholiken und Lutheraner verließen die Stadt. Die Androhung militärischer Maßnahmen durch den Bischof wirkte auf das durch ständige Zuzüge niederländischer Täufer religiös radikalisierte Gemeinwesen stimulierend. Bei den Ratswahlen vom 23. 2. 1534 gelang es den Täufern schließlich, sich durchzusetzen. Nun wurden diejenigen, die sich in das endzeitliche Gemeinwesen nicht durch die Taufe einzufügen und dem Kampf gegen die gottlosen Repräsentanten der alten Weltordnung anzuschließen bereit waren, enteignet und zur Auswanderung gezwungen.

Als der ›Prophet‹ Jan Matthijs Ende Februar 1534 in eigener Person in Münster eintraf, begann die Umformung des städtischen Gemeinwesens nach Maßgabe biblischer, insbesondere alttestamentlicher Ordnungsvorstellungen (siehe Abb. 36): Zunächst wurde ein kollegiales Leitungsgremium von zwölf Presbytern eingeführt. Nach Matthijs' Tod, den er bei einem militärischen Ausfall erlitt, wurde unter der Ägide des »schneyderknecht[s]«[23] Johann von (Jan van) Leiden (1509-36) das Königtum inszeniert. Ein Hofzeremoniell mit einem komplexen Symbolsystem wurde etabliert, Täuferapostel ins Umland entsandt, um für Unterstützung zu werben, Gütergemeinschaft,

Die Ordnung der Widerteuf-
fer zů Münster.
Item was sich daselbs nebenzů verloffen hatt/
vonn der zeytt an / alls die Statt
Belegert ist wordenn.

M. D. XXXV.

Abb. 36: *Die Ordnung der Wiedertäufer zu Münster* (1535)

Abb. 37: Heinrich Aldegrever, *Jan van Leiden* (Kupferstich, 1536)

eine polygame, die Herrschaft eines Mannes über jede Frau im Sinne biblischer Vorgaben (Eph 5,23) sichernde innerweltlich-asketische Ehepflicht eingeführt und die tägliche Gemeinschaftsverpflegung der bald von einer Fürstenkoalition aus katholischen und evangelischen Reichsständen belagerten Stadt organisiert.

Die nach der militärischen Niederlage (24./26. 6. 1535) triumphierenden Sieger einer interkonfessionellen Fürstenkoalition verbreiteten ein Bild der in jeder denkbaren Hinsicht sittlich, sozial und kulturell verkommenen Stadt, das das Reich-Christi-Projekt als Hölle auf Erden erscheinen ließ: Nachdem das Getreide aufgezehrt gewesen sei, habe sich die Bevölkerung von Katzen, Hunden und Mäusen ernährt; totengleiche Hungergestalten seien, wann immer sie nur konnten,[24] aus der umringten Stadt geflohen; der boshafte, dämonische König habe das unselige Volk verblendet, das durch sein unendliches Leiden dem endzeitlichen Sieg näher und näher zu kommen gehofft habe. Doch nicht die militärische Kunst der Angreifer oder der innere Kollaps des Königtums, sondern schlichter Verrat zweier Überläufer, die den Belagerern einen Schlupfweg in die Stadt verraten hatten, beendete das Drama von Münster.

Das Täuferreich hatte überkommene Herrschaftsverhältnisse im Licht gleißender apokalyptischer Hoffnungen radikal in Frage gestellt, ja beseitigt. Nie zuvor hatten einfache Laien, unterstützt von ihrem theologischen Berater Rothmann, ein Gemeinwesen so gründlich verändert und im Sinne einer heiligen, neuen, endzeitlichen Ordnung gestaltet, wie es in Münster geschah. Die Münsteraner Laien hatten nicht nur die Religion, sie hatten die ganze Stadt in die eigene Hand genommen. Sie hatten Grenzen überschritten wie niemand vor ihnen: Grenzen des Ethos, Schranken der symbolischen Ordnung von Herrschaft und Dienst, Regeln des gesellschaftlichen Rollenspiels, Trennlinien zwischen Ewigkeit und Zeit beziehungsweise Himmel und Erde. In Münster war der Märchentraum vom kleinen Mann, der König wird, mit Hilfe apokalyptischer Leidenschaft verwirklicht worden. Es sollte der letzte

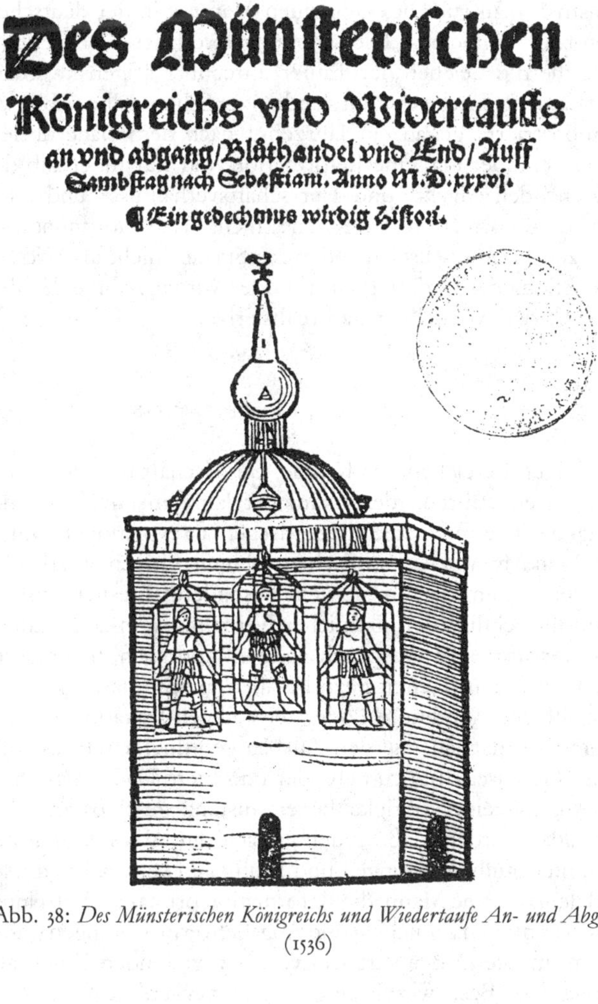

Des Münsterischen
Königreichs vnd Widertauffs
an vnd abgang/Blůthandel vnd End/Auff
Sambstag nach Sebastiani. Anno M.D.xxxvj.
¶ Ein gedechtnus wirdig Histori.

Abb. 38: *Des Münsterischen Königreichs und Wiedertaufe An- und Abgang* (1536)

ernsthafte Aufruhr des ›gemeinen Mannes‹ in der deutschen Reformation bleiben. Die schonungslose Härte der Siegerjustiz, die die Leichen der Täuferführer in Käfigen im Turm der Lambertikirche weithin sichtbar zur Schau stellte (Abb. 38), demonstrierte genau ein Jahrzehnt nach dem Bauernkrieg: Eine Veränderung, eine Reformation, war nur innerhalb der bestehenden Macht- und Herrschaftsverhältnisse und auch nur als Reformation der Kirche, nicht als Neuordnung des Ganzen, der Gesellschaft oder des Staates, nicht als Wiederherstellung der Ordnung Gottes oder Vorwegnahme des Reiches Christi, vorstellbar und realisierbar.

RESTAURATIVE REFORMATION

In einigen Bereichen von Kirche, Gesellschaft und Frömmigkeit waren während der zwanziger Jahre massive Veränderungen eingetreten, die dramatische, ja revolutionäre Züge getragen hatten. Den politischen, administrativen und theologischen Eliten, die für sich ein besonderes Gestaltungsvorrecht hinsichtlich der kirchlichen Verhältnisse in den Städten und Territorien in Anspruch nahmen und auch die entsprechenden Möglichkeiten dazu besaßen, mußte daran gelegen sein, all jene Wandlungen oder zeitweiligen Irritationen rückgängig zu machen, die den Aufbau geordneter reformatorischer Gesellschaften zu behindern drohten. Daß Ehen ohne Beteiligung einer obrigkeitlichen Instanz geschlossen oder aufgelöst wurden, daß Studenten sich der Absolvierung bestimmter Studienleistungen und Prüfungen verweigerten und daß der ›gemeine Mann‹ die Reformation primär als Befreiung von bestimmten Zahlungs- und Abgabenverpflichtungen wahrnahm, mußte in der Perspektive der regierenden Eliten als gravierende Beschwernis eingeschätzt werden.

Reaktionäre Tendenzen

In der Phase, in der die bischöfliche Rechtsprechung zusammengebrochen oder außer Kraft gesetzt worden war, die städtischen und territorialen Kirchenbehörden aber noch nicht wirksam zu arbeiten begonnen hatten, waren vielerorts Verhältnisse eingetreten, die die Notwendigkeit ordnenden Handelns unterstrichen. Bei einigen Ordnungsaufgaben erwies sich eine reaktionäre Tendenz, das heißt die bewußte Anknüpfung an Regelungen, die vor der Reformation bestanden hatten und dann einer massiven Infragestellung unterzogen worden waren, als pragmatisch zielführend. Das Eherecht etwa war ein solcher Bereich; in einigen protestantischen Kirchen- oder Konsistorialordnungen wurden nach und nach Bestimmungen des einstmals von Luther selbst in Bausch und Bogen abgelehnten kanonischen Rechts wiedereingeführt, das nach Auffassung der Juristen etwa in bezug auf die verbotenen Ehegrade ein Differenzierungsniveau aufwies, das den gesellschaftlichen Realitäten weitaus besser entsprach als die Bibel.

Auch hinsichtlich der Studienorganisation erwiesen sich einige Elemente und Traditionsbestände als wünschenswert, ja unverzichtbar, die in der frühen Reformation vor allem durch Luthers Attacken in Mißkredit geraten waren. Dies betraf zum Beispiel die im Bereich der artistischen Disziplinen allmählich wiederhergestellte Rolle der Aristotelischen Lehrtexte. Die in Wittenberg mit besonderem Nachdruck betriebene sprachliche Ausbildung galt es überdies gegen jugendliche Propheten, die auf sie verzichten zu können meinten, als notwendige Voraussetzung des reformatorischen Theologietypus aufrechtzuerhalten. Auch die Disputationen und das traditionelle Graduierungssystem, die längere Zeit in Abgang gekommen und einer schweren Legitimationskrise ausgesetzt gewesen waren, kamen wieder auf. Selbst Karlstadt, der schärfste Kritiker akademischer Bildungsrituale aus dem Kreis der Universitätslehrer, war auf der letzten Station seiner beruflichen Wanderschaft, dem seit 1534 wahrgenommenen Doppelamt eines Baseler Stadtpfarrers und Theologieprofessors, gegen Widerstände zu Disputationen und Graduierungen zurückgekehrt. Die verbindliche Funktion, die den Universitäten als Schlüsselinstitutionen bei der Ausbildung einer evangelischen Funktionselite für kirchliche und politische Ämter zukam, brachte einen entsprechenden Regulierungsbedarf mit sich.

Die Einführung einer bestimmten Lehrnorm als eidlich abzulegender Bekenntnisverpflichtung war hingegen ein neues Instrument, das gleichsam das ›konfessionelle Zeitalter‹ präludierte. Das erste Beispiel dieser Art betraf die Professoren und Doktoren der Theologischen Fakultät in Wittenberg, die im Zuge einer 1533 von Melanchthon besorgten Neufassung der Statuten auf die *Confessio Augustana* verpflichtet wurden. In manchen Territorien kam später die Praxis auf, die Inhaber aller öffentlichen Ämter zur Ableistung von Konfessionseiden zu verpflichten. Der Trend zur religiösen Normierung, ordnungspolitischen Standardisierung und sozialen Disziplinierung, der die Ausbildung der konfessionellen Gesellschaften der Lutheraner, Reformierten und römischen Katholiken gleichermaßen bestimmen sollte, machte sich bereits in den Reformationsprozessen der dreißiger Jahre bemerkbar, erhielt seine volle Dynamik aber erst aufgrund der reichsreligionsrechtlichen Lösungen des Passauer Vertrages beziehungsweise des Augsburger Religionsfriedens.

Abgrenzung von Judentum und Islam

Im Bedürfnis der Eliten, Ordnung zu stiften, spiegeln sich die Erfahrungen befürchteter oder erlittener Ordnungsverluste, die Traumata unmäßigen Wandels, die die Reformation begleitet hatten. Auch im Verhältnis der Evangelischen gegenüber Judentum und ›türkischer Religion‹, das heißt dem Islam, wird seit den dreißiger Jahren des 16. Jahrhunderts die Tendenz zu eindeutigeren Einschätzungen, einheitlicheren Verhaltensnormen und definitiveren Abgrenzungen deutlich. Freilich spielte ein übergeordneter Religionsbegriff keine entscheidende Rolle; in bezug auf die Wahrnehmung des Islams blieben häresiologische Muster vital, nach denen die ›Religion Mohammeds‹ als christliche Häresie behandelt wurde. In Hinblick auf das Judentum dominierten biblisch begründete Urteile, die vor allem in der Bestreitung der Messianität Jesu ihr Zentrum hatten. Besonders der alttestamentliche ›Beweis‹ für Jesu Gottessohnschaft und die Trinität wurde ausgearbeitet beziehungsweise im Anschluß an die Tradition expliziert. Während die Juden als jeweils befristet geduldete Randsiedler einzelner städtischer und territorialer Gemeinwesen des Reichs mit der Gesellschaft der Christen in regelmäßigen Verbindungen standen, waren die Muslime bedrohliche Aggressoren, deren Eroberungszüge nach der Wahrnehmung der Zeitgenossen die Grundlagen christlichen Lebens in den von ihnen besetzten Gebieten zerstörten und die im Kampf gegen die *christianitas* ihren ›Gottesdienst‹ übten. In der frühen Reformation war ein deutlicher Wandel der Verhaltensnormen, sowohl gegenüber Juden als auch gegenüber Türken, propagiert worden. Luther hatte sich im Namen seiner Bußtheologie gegen die Beteiligung an einem heiligen Krieg gegen die Türken ausgesprochen, da Gott die Christenheit wegen ihrer Sünden durch die Osmanen strafe. In bezug auf die Juden hatte er gefordert, sie unter den Christen leben zu lassen, ihnen mit Freundlichkeit zu begegnen, sie das Christuszeugnis des Alten Testaments zu lehren und so durch Liebe für den christlichen Glauben zu werben. Gegenüber der vorreformatorischen Tradition stellten diese Äußerungen Luthers, die eine breite Aufnahme in der reformatorischen Bewegung gefunden hatten, eine Art Trendwende dar. Doch im Laufe der Zeit rückte er aufgrund unterschiedlicher Erfahrungen und Umstände von seinen früheren Auffassungen ab. Daß Luther von seiten der altgläubigen Kontroverstheologen als Türken- und Judenfreund diskreditiert wurde, reicht zur Begründung seiner veränderten Einstellungen freilich nicht aus. Nach und nach wurden auch bei anderen Reformatoren Tendenzen spürbar, die auf eine Annäherung an vorreformatorische Einschätzungen und Verhaltensmuster hinausliefen beziehungsweise mit der bewußten Anknüpfung an vorreformatorische Texte und Traditionsbestände einhergingen.

In bezug auf die *›Judenfrage‹* stand die Abkehr von der Bekehrungseuphorie der frühen zwanziger Jahre, als man vor allem anderen die Papstkirche und ihre theologisch unzureichende Botschaft dafür hatte verantwortlich machen können, daß es jahrhundertelang kaum nennenswerte Judenbekehrungen gegeben hatte, in einem engen historischen und sachlichen Zusammenhang mit den Nötigungen einer eigenen ›Judenpolitik‹ im Zuge der territorialen und städtischen Reformationen. Luthers unrealistische Hoffnungen auf nennenswerte Bekehrungserfolge schlugen in einen immer unverblümteren Judenhaß um, der allerlei trübe Quellen des Antijudaismus in sich aufnahm, sich im Kern aber aus den Wahrheitsansprüchen einer christlichen Interpretation des Alten Testaments ergab. Stimmen wie die des süddeutschen Konvertiten Antonius Margaritha, der in einer vielbeachteten Schrift von 1530 tiefe ›Einblicke‹ in die angeblich von elementarem Christenhaß geprägte Lebensweise der Juden, ihre antichristlichen Gebetspraktiken und Rituale und ihre geheimnisvollen Verbindungen zu den Osmanen gewährte und als ›Experte‹ darüber ›aufklärte‹, was in der Synagoge geschah, verfehlten ihren Eindruck auf Luther nicht, bestätigten aber am Ende doch nur, was er selbst der Bibel über das verstockte und verworfene Volk entnahm.

Die erste von Luthers späten ›Judenschriften‹, die Schrift *Wider die Sabbather* aus dem Frühjahr 1538,[25] gehört zusammen mit einer einschlägigen Schrift Bucers, die gleichfalls an einen anonymen ›guten Freund‹[26] gerichtet war, in den Kontext der Diskussion um die Ausrichtung der kursächsischen und der hessischen Judenpolitik. Beide Reformatoren setzten die Judenheit dem Verdacht der ›Proselytenmacherei‹ aus und verwendeten dabei zweifelhafte ›Informationen‹, etwa die Luther seit über fünf Jahren aus zweiter Hand bekannten Nachrichten über eine täuferische Gruppe in Böhmen, die den Sabbat heiligte und von denen er nun ohne triftige Gründe behauptete, daß sie sich unter jüdischem Einfluß beschneiden ließen. Diese ›Sabbather‹ dienten Luther als Argument zugunsten der seit 1536 verschärften kursächsischen Judenpolitik und als Begründung dafür, daß er sich der an ihn ergangenen Bitte Josel von Rosheims (um 1478-1554), des wichtigsten Repräsentanten der Judenheit im Alten Reich, verweigerte, zugunsten eines seit August 1536 untersagten Durchzugsrechts von Juden durch das Kurfürstentum Sachsen Stellung zu nehmen.[27] Auch Luthers schärfste Polemik gegen die Juden, seine Schrift *Von den Juden und ihren Lügen* (1543), hatte zeithistorisch-judenpolitische Implikationen: 1539 war vom sächsischen Kurfürsten ein Mandat erlassen worden, das einen bedingten Durchzug von Juden durch Sachsen gestattete. Da die Juden 1541/42, also in der Zeit, in der Luther an *Von den Juden und ihren Lügen* arbeitete, aus dem Gebiet der böhmischen Krone vertrieben wurden und deshalb häufiger durch Sachsen hindurchgezogen sind als sonst, dürfte der Reformator auch auf eine Beendigung dieser Praxis gezielt haben. Die Tatsache, daß im Frühjahr 1543, unter Berufung auf Luther, in Sachsen ein scharfes Durchzugsverbot für Juden erlassen wurde, bestätigt diesen judenpolitischen Kontext. Die breite exegetische Argumentation in Luthers Schrift suchte nicht nur gegenüber jüdischen Schriftauslegern, sondern vor allem auch gegenüber christlichen Hebraisten wie etwa Sebastian Münster in Basel an der Möglichkeit und der theologischen Notwendigkeit eines Beweises der Gottessohnschaft und Messianität Jesu allein aufgrund des Zeugnisses des Alten Testaments festzuhalten. Luthers Kampf gegen die Juden und eine seines Erachtens ›judaisierende‹ christliche Hebraistik war auch ein Kampf um ein christliches Verständnis des Alten Testaments, das für über zweieinhalb Jahrzehnte den beinahe ausschließlichen Gegenstand seiner professoralen Lehrtätigkeit gebildet hatte.

Luthers scharfe Absage an den ›anderen‹ Weg[28] einer Duldungspolitik, den er einstmals selbst propagiert hatte, ist von ihm nahestehenden Theologen wie Urbanus Rhegius und Justus Jonas nicht mitvollzogen worden und hat den protestantischen Konfessionsgesellschaften niemals als einzige Option gegolten. Luther selbst hielt es für die ›beste Lösung‹, wenn man die Juden, diese »gifftige[n], bittere[n], rachgirige[n], hemische[n] Schlangen, meuchel mörder und Teuffels kinder« (vgl. Joh 8,44),[29] auswiese und in Ländern leben ließe, wo es keine Christen gebe, also beim ›Türken‹ oder bei anderen Heiden; denn die Lästerungen der Juden ›beschmutzten‹ die Christenheit und provozierten Gottes Zorn. Die von ihm propagierten Maßnahmen einer »scharffe[n] barmhertzigkeit«[30] sollten die Grundlagen jüdischen Lebens in protestantischen Territorien zerstören, die Juden durch ihr Elend zermürben und zu dem Bekenntnis zwingen, daß Christus der Messias sei. Selbst die Verbrennung der Synagogen sollte »unserm Herrn und der Christenheit zu ehren« dienen, damit »Gott sehe, das wir Christen seien und solch öffentlich liegen, fluchen und lestern seines Sones und seiner Christen wissentlich nicht geduldet noch gewilliget haben«.[31] In seinem vernichtenden Urteil über die blasphemische Judenheit knüpfte Luther gezielt an mittelalterliche Autoren wie Nikolaus von Lyra (gest. 1349), Paulus von Burgos (um 1353-1435) und Salvagus Porchetus (gest. um 1315) an. Er stellte sich also gegen Ende seines Lebens bewußt in jenen breiten Strom der Judenfeindschaft der lateineuropäischen *christianitas*, von dem er sich einstmals distanziert hatte. Wie vor der Reformation blieb die Judenpolitik der einzelnen Städte und Territorien während der Frühen Neuzeit von spezifischen Konstellationen und Interessen abhängig und folgte nicht eindeutigen konfessionstheologischen Handlungslogiken.

Die *Türkenpublizistik* stand in engem Zusammenhang mit den Erfahrungen militärischer Bedrohung durch einen übermächtigen Feind. Konjunkturwellen einer forcierten Text- beziehungsweise Druckproduktion zur Türkenfrage traten im Umkreis der Belagerung Wiens (September/Oktober 1529), der Eroberung Budas und Pests sowie der osmanischen Annexion Mittelungarns (1541) auf. Der spezifische Beitrag, den die Wittenberger 1529 zur theologischen Bearbeitung der türkischen Herausforderung leisteten, bestand in der heilsgeschichtlichen Einordnung: Man fand den Türken im »kleinen

Horn« des Danielbuches (besonders Dan 7,8.25), also in jenem mächtig werdenden Reich, das aus dem Imperium Romanum andere Hörner »abgestossen und eingenomen« habe, »nemlich Egyptum, Griechland und Asiam«.[32] Aus der Identifizierung des ›kleinen Horns‹ mit dem wütenden letzten der das vierte, das römische Weltreich erschütternden Mächte ergab sich für die Wittenberger zwingend, »das der jüngst tag müsse für der thür sein«.[33] Die wenige noch verbleibende Zeit bis zum Ende müsse genutzt werden, um die Christenheit auf den geistlichen ›Endkampf‹ gegen den zweiköpfigen Antichrist, den Papst und den Türken, vorzubereiten. Daß die Kenntnis der Religion und der Kultur der Türken dabei einen wichtigen Dienst leisten könne, war Luther gewiß. Deshalb gab er bald nach dem Ende der Belagerung Wiens, in einer Situation also, in der die soeben noch aufgewühlte Christenheit wieder in den Schlendrian falscher Sicherheiten zu verfallen drohte, eine schon vor der Reformation mehrfach gedruckte Schrift über die Sitten, Gebräuche und die Niedertracht der Türken heraus. Diese Schrift stammte von einem gelegentlich »Georgius de Hungaria«[34] genannten Dominikaner, der als Jugendlicher von Türken aus seiner siebenbürgischen Heimat deportiert worden war, etwa zwei Jahrzehnte als Sklave im Osmanischen Reich gelebt hatte und auf abenteuerlichen Wegen nach Rom hatte fliehen können. Kurz vor seinem Tod hatte der Siebenbürgener eine einzigartig bunte, anschauliche und informative Schilderung von Sitten, Gebräuchen, Religion und Kultur der Türken abgefaßt. Sein Hauptanliegen bestand darin, vor den Türken zu warnen; hinter dem schönen Schein ihrer kulturellen Höchstleistungen und Attraktionen – der strengen Askese der Derwische, der Züchtigkeit der Frauen, der Erhabenheit ihrer Architektur usw. – verberge sich der Teufel. Mit Luthers Ausgabe, der bald eine eigenwillige deutsche Übersetzung aus der Feder Sebastian Francks folgte, erreichte die Schrift des Georgius eine neuerliche Aufmerksamkeit; sie wurde zu einer der wichtigsten Quellen für die ›Kenntnis‹ von Kultur und Religion der Türken in der Reformationszeit und darüber hinaus. Luthers Edition sollte aber auch Zielen des binnenchristlichen Streits dienen; deshalb betonte er, daß die türkische der papistischen Gesetzesreligion überlegen sei, daß beide als Blendwerk des Teufels zu gelten hätten und daß der Christ sich durch den schönen Schein nicht vom Glauben an Christus und sein Wort abbringen lassen dürfe.[35] Das ›Wissen‹ über die Türken war für Luther also gleichermaßen im geistlichen Kampf gegen Rom wie gegen Istanbul nützlich. In der tendenziösen Übersetzung Francks sollte das ›Wissen‹ über die Osmanen allerdings eher dazu dienen, daß die sich befehdenden christlichen Konfessionen ihre Tendenz zur Selbstverabsolutierung zugunsten einer gemeinchristlichen Toleranz überwänden.[36]

In der Vorrede zu seiner Georgius-Ausgabe hatte Luther sein Bedauern darüber zum Ausdruck gebracht, daß er noch keine Übersetzung des Korans gesehen habe. Dies sollte sich im Laufe des Jahres 1542 ändern, als ihm über den Baseler Drucker Johannes Oporin (1507-68) eine der seltenen Handschriften jener lateinischen Übersetzung des Engländers Robert von Ketton bekannt wurde, die Petrus Venerabilis aus Cluny im 12. Jahrhundert in Auftrag gegeben hatte.[37] Oporin warb um Luthers Unterstützung für eine von ihm geplante Drucklegung der von dem Zürcher Theologen und Philologen Theodor Bibliander (1504/09-64) vorbereiteten Koran-Ausgabe sowie weiterer wichtiger mittelalterlicher Texte zum Islam, vor allem aus dem lateineuropäischen Traditionszusammenhang. Nicht zuletzt aufgrund befürwortender Voten und Vorreden Luthers und Melanchthons konnten die erheblichen Widerstände, die es in Basel und Zürich gegen das ambitionierte Unternehmen gab, schließlich niedergerungen werden. Luther zog aus seiner Bekanntschaft mit dem Koran noch eine weitere Konsequenz: Er veröffentlichte eine um 1300 entstandene Widerlegung des Korans – sie stammte von einem Ordensmann namens Ricoldus de Montecrucis[38] – in einer eigens von ihm angefertigten deutschen Übersetzung. Hatte Luther diese durchweg polemische Schrift früher für eine grobe Verzeichnung der Religion Mohammeds gehalten, so war er nach seiner Kenntnis des Korans davon überzeugt, daß Ricoldus mit seinen Urteilen im Recht sei.

Biblianders und der Wittenberger Beiträge zur Verbreitung einschlägiger antiislamischer Texte der lateineuropäischen Christenheit ließen keinen Zweifel daran, daß sich die Reformatoren als Erben dieser Tradition empfanden; sie galt es produktiv fortzuentwickeln. Daß man nun Texte wie den Koran, die man auch in Wittenberg und Zürich für zutiefst häretisch hielt, publizierte, um effizienter vor ihnen warnen und sie gezielter widerlegen zu können, stellte gegenüber der traditionellen Umgangsweise mit Ketzereien natürlich eine ungeheuerliche Neuerung dar. Dieses innovative Moment aber schwächte man dadurch ab, daß man sich in den breiten Traditionsstrom des antiislamischen Kampfes der vorreformatorischen Kirche hineinstellte. Der gezielte Rückgriff auf ältere Wissens- und Traditionsbestände zur ›Türkenfrage‹, der zugleich im Dienste des binnenchristlichen Konfessionskampfes stand, beendete die Irrungen und Wirrungen einer frühreformatorischen Agitation, in der sogar die Legitimität eines militärischen Abwehrkampfes gegen die osmanischen Angriffe in Frage gestellt worden war. Auch wenn man die Kreuzzugsidee weiterhin ablehnte, sich gegen die Zusage der Türkensteuer religionspolitische Sicherheiten zu erhandeln pflegte und die altgläubige Polemik Luther notorisch als ›Türkenfreund‹ diskreditierte – einen dauerhaften Wandel traditioneller lateineuropäischer Wahrnehmungs- und Verhaltensformen gegenüber dem Islam stellte die Reformation nicht dar.

KAPITEL 2
DER LANGE WEG ZUR KATHOLISCHEN REFORM

DOMINANTE GEGENREFORMATION

Für diejenigen, für die die römische Kirche die einzig wahre, die allumfassende, eben die katholische Kirche war, stellte sich die durch die Reformation eingetretene Lage als schwierig, ja prekär dar. Denn dadurch, daß die Reformatoren alte und weithin unstrittige Reformforderungen aufgenommen, allgemein beklagte Mißstände angeprangert und mit ihren eigenwilligen Vorstellungen christlicher Lehre und kirchlicher Gestaltung verbunden hatten, drängten sie all diejenigen, die der Papstkirche die Treue halten wollten, in die Defensive oder nötigten sie doch zu einer zunächst kaum produktiven Opposition. Die erdrückende publizistische Meinungsführerschaft der evangelischen Seite hat die durchaus zahlreichen katholischen Kontroverstheologen etwa zwei Jahrzehnte lang dazu gezwungen, sich vornehmlich reaktiv zu verhalten. Dies waren zunächst die Fragen der Buße, des Ablasses, der Glaubensgerechtigkeit und der christlichen Freiheit, der guten Werke im Verhältnis zum Glauben, des Verhältnisses von Schrift und Tradition, der Sakramente, der Bilder, der liturgischen Traditionen und ihrer Geltung, der Heiligen- und der Marienverehrung, der Wallfahrten und anderes mehr.

Die katholischen Kontroverstheologen antworteten häufig auf einzelne Schriften einzelner evangelischer Autoren, die dann ihrerseits mit Gegenschriften reagierten. Neben mehr oder weniger langen Reihen an Streitschriften produzierten Verteidiger des alten Glaubens wie Eck, Emser, Cochläus, später Johannes Gropper und Melchior Cano, auch Lehr- und Schulschriften, *Enchiridia*, *Loci theologici* und Katechismen, mit denen sie den entsprechenden Büchern reformatorischer Schriftsteller entgegentraten. Im Kontext der evangelischen Bekenntnisbildung und ihres Anspruchs, in Kontinuität mit der Kirche Jesu Christi und den altkirchlichen Konzilien zu stehen und auch die Kirchenväter überwiegend auf der eigenen Seite zu haben, hatte die ekklesiologische Thematik einen immer breiteren Raum eingenommen. Je stärker die Protestanten darauf drängten, ihren Anspruch, wahre Kirche Christi zu sein, öffentlich zu artikulieren und zunehmend auch mit dem Autoritätszeugnis der Kirchenväter zu begründen, desto nachdrücklicher hatten die Verteidiger der Papstkirche zu betonen, daß allein die sichtbare römisch-katholische Kirche die wahre Kirche sei. Der Selbstbehauptungsdruck, der unter der sich abzeichnenden konfessionellen Konfrontation auf beiden Seiten lastete, drohte Alternativen unmöglich zu machen oder drängte diejenigen, die sie verfolgten, in die Randzonen gesellschaftlicher Bedeutungslosigkeit ab. Auch der auf Ausgleich bedachte Humanismus, dem im Kontext der kaiserlichen Religionsgespräche noch einmal eine erhebliche Bedeutung zugekommen war, wurde im Laufe der späten vierziger Jahre kirchenpolitisch zusehends und dauerhaft marginal. Der Zwang zum fundamentalen Gegensatz gegen den Papst und alles ›Papistische‹, der der zur Ketzerei verurteilten Reformation als Kainsmal anhaftete, schlug mittelbar auch die Verteidiger der römischen Kirche in seinen Bann und erzeugte einen gegenreformatorischen Affekt. Wer der Papstkirche die Treue halten wollte, konnte nicht anders, als gegen die Reformation zu sein – wie auch immer sich das äußern mochte.

Gegenreformation und Reformkatholizismus

Von ›Gegenreformation‹ zu sprechen bedeutet nicht, den Katholizismus im Reich in pejorativer Absicht auf eine unkreative Abwehrhaltung gegen die vermeintlich produktivere Reformation wertend festzulegen, sondern dem Umstand Rechnung zu tragen, daß die Dynamik der konfligierenden religiösen Wahrheitsansprüche es unumgänglich machte, mit dem Bekenntnis zur Papstkirche eine eindeutige Entscheidung gegen die Reformation zu verbinden. Die Treue zum Papst war also *wurzelhaft* gegenreformatorisch. Die Pluralität der kirchenpolitischen, theologischen und reformerischen Optionen, die der vorreformatorischen Kirche zu eigen gewesen war, erfuhr infolge der Reformation eine dramatische Reduktion. In Deutschland jedenfalls wurden Kirchenreformen im katholischen Bereich durch die Reformation eher verzögert und die Fortführung des Bestehenden gestärkt; denn man hätte sich durch das Eingeständnis von Mißständen anfechtbar und im eigenen Lager verdächtig gemacht. Auch die unverzichtbare Fixierung darauf, daß Rom endlich die entscheidenden Schritte für eine Generalreform einleiten müsse und werde, wirkte lähmend. Insbesondere vom deutschen Episkopat, der in der Mehrzahl seiner Vertreter wenig geistliches Profil erkennen ließ, gingen zunächst kaum reformerische Impulse aus. Und auch dort, wo aufgrund der Initiativen dezidiert katholischer Landesfürsten wie im albertinischen Sachsen (bis 1539) oder im Herzogtum Jülich-Kleve-Berg und in den Grafschaften Mark und Ravensberg in Anknüpfung an ein spätmittelalterliches landesherrliches Kirchenregiment und unter Aufnahme der *Gravamina der deutschen Nation* ein reformkatholischer Sonderweg verfolgt, die Integration legitimer reformatorischer Anliegen versucht und die dogmatische Festlegung strittiger Lehrfragen vermieden wurde, geschah dies doch unter dem Vorbehalt, daß definitive Entscheidungen auf der Ebene des Reichs oder der Gesamtkirche noch ausstanden. ›Gegenreformatorisch‹ war auch dieser zum Teil aus erasmischem Geist gespeiste Reformkatholizismus insofern, als er eine weitere Ausbreitung der Reformation zu verhindern suchte. Der Herzog von Jülich-Kleve-Berg, Johann III., bediente sich für die Durchführung seines Reformkonzepts derselben Instrumente – Visitation und Kirchenordnung –, die auch die reformationsgesinnten Fürsten und Magistrate anwandten.

Das Spektrum des vortridentinischen Katholizismus war durchaus breit, und der Einfluß vermittlungsorientierter, erasmisch gesinnter katholischer Theologen der jüngeren, um oder kurz nach 1500 geborenen Generation – Männern wie Georg Witzel, Johannes Gropper, Michael Helding oder Julius Pflug – ist für die vierziger Jahre nicht gering zu veranschlagen. Dennoch ist es berechtigt, die Handlungsantriebe dieser katholischen Reformer als ›gegenreformatorisch‹ zu bezeichnen: Ähnlich wie Erasmus hielten auch sie die Reformation, mit der sie anfänglich zum Teil sogar sympathisiert hatten, für eine Fehlentwicklung, die die bestehende Ordnung gefährde oder auflöse, einen unheilvollen Doktrinalismus hervorgebracht und eine das Ethos breiter Gesellschaftsschichten gefährdende Polemik entfesselt habe. Indem auch ein reformkatholischer Theologe wie Johannes Gropper darauf insistierte, daß die Kirche wesentlich sichtbar, durch die Allgemeinheit ihrer Lehre und ihrer sakramentalen Riten, durch Einigkeit und die Weitläufigkeit ihrer Ausbreitung gekennzeichnet sei,[1] handelte er sich von Bucer den Vorwurf ein, »auß der Welt die Kirch«[2] zu machen und ihren wesentlich geistlichen Charakter zu verfehlen. Luther sah darin, daß die Gegenseite auf der Integrität der sichtbaren Institution Kirche bestand, nichts anderes als die eigensüchtige Verweigerung gegenüber jeder Reform: »Denn nü es (Gott lob) an tag komen ist, wie das Ablas ein teuffels lugen ist, thun sie doch kein busse, dencken sich auch nicht zu bessern, noch zu reformiren, Sondern mit dem blinden, blossen wort kirche, wollen sie alle yhre grewel verteidigen.«[3] Aus der Sicht der Reformatoren geriet jeder Versuch, das institutionelle Gefüge des überkommenen Kirchenwesens zu erhalten, zusehends unter den Verdacht einer Verweigerung notwendiger Reformen.

Die Religionsgespräche von Hagenau und Worms

Auch die Religionspolitik des Kaisers war – unbeschadet dessen, daß er einen klareren Blick für die Mißstände der Kirche besaß als die Päpste und auf ernsthafte Reformen drängte – im

Kern gegenreformatorisch, das heißt, sie zielte durchgängig darauf ab, den Einfluß der Reformation und der obstinaten reformationsgesinnten Reichsstände einzuschränken, ja zurückzudrängen oder unschädlich zu machen und als Vogt und Schirmherr die kirchliche Einheit wiederherzustellen. Die Mittel, derer er sich bei der Verfolgung seiner gegenreformatorischen Ziele bediente, hingen freilich von den sich wandelnden politischen Umständen ab. In den Jahren 1540/41 erschien das *Religionsgespräch* als ein geeignetes Instrument. Zum einen entsprach dies den im Frankfurter Anstand vom 19. 4. 1539 in Aussicht genommenen Religionsverhandlungen, die nach dem Willen der Protestanten ohne Beteiligung der Kurie auf der Ebene des Reiches abgehalten werden sollten. Zum anderen legten es die nach wie vor unsicheren Aussichten auf ein Konzil und die allgemeinen Umstände der internationalen Politik, insbesondere die Türkenfrage, bei der die Unterstützung der protestantischen Reichsstände nötig war, schließlich die politischen Vorteile, die sich aus der Bigamieaffäre des Landgrafen Philipp von Hessen (s. o. S. 620f.) ergaben, für den Kaiser nahe, sich dieses bisher noch wenig erprobten Mittels mit Konsequenz zu bedienen. Daß dem Kaiser zuvörderst daran lag, die »Abtrünnigen zum Einlenken«[4] zu bringen und für einen Krieg gegen den hauptsächlichen Reichsfeind, die Türken, zu gewinnen, kann als unstrittig gelten. Politisch geschickt war es schließlich, daß er die Kurie, die gegen den Frankfurter Anstand protestiert hatte, in die Planung einbezog und um die Entsendung eines Bevollmächtigten bat.

Das zunächst nach Speyer, wegen der Pest dann im Juni/Juli 1540 nach Hagenau verlegte, von König Ferdinand eröffnete und geleitete Religionskolloquium gelangte nicht über die Klärung von Präliminarfragen hinaus. Die prominentesten Teilnehmer auf evangelischer Seite waren Brenz, Osiander, die Straßburger Capito und Bucer und der noch junge, wenig bekannte Leiter der französischen Exilantengemeinde in der elsässischen Metropole und spätere Reformator Genfs Johannes Calvin (1509-1564). Auf katholischer Seite verhandelten die unnachgiebigen Reformationsgegner der älteren Generation, Johannes Fabri, inzwischen Bischof von Wien, Eck und Cochläus, und die jüngeren, stärker an einem Ausgleich interessierten Reformtheologen Pflug, Gropper und Friedrich Nausea (1491/96-1552). Die Rolle des päpstlichen Nuntius Giovanni Morone (1509-80) beschränkte sich darauf, die katholische Seite zu beraten. Entgegen dem Vorschlag des Königs, der angeregt hatte, von dem Ergebnis der Ausschußverhandlungen des Augsburger Reichstages von 1530 auszugehen und diejenigen Artikel zu behandeln, die dort unverglichen geblieben waren, einigte man sich, einer Forderung der Protestanten entsprechend, darauf, die *Confessio Augustana* zugrunde zu legen. Die zu diesem Zweck von Melanchthon hergestellte Überarbeitung des Augsburger Bekenntnisses, die sogenannte *Variata*, wurde dann beim Wormser Religionsgespräch (November 1540 bis Januar 1541) verwendet, entfaltete ihre eigentliche Wirkung aber erst in späteren innerevangelischen Auseinandersetzungen um das Abendmahl.

Der Hagenauer Abschied, den Karl V. bestätigte, enthielt die Entscheidung über eine Fortsetzung des Gesprächs und umriß dessen Agenda. Daß der Kaiser nun größere Hoffnung auf dieses Mittel der Verständigung setzte, zeigte sich darin, daß er seinen derzeit wichtigsten Diplomaten, den Premier Conseiller Nicolas Perrenot de Granvelle (1484-1550), mit der Aufgabe betraute, das *Wormser Religionsgespräch* zu leiten. Granvelle erkannte rasch, daß die auch durch interne Spannungen unter den katholischen Theologen leidenden, nur schleppend vorankommenden Verhandlungen auf der Basis eines Bekenntnistextes, der für die eine Seite unannehmbar, für die andere aber unaufgebbar war, wenig zielführend sein mußten. Granvelle setzte daraufhin eine Geheimkommission ein, bestehend aus Gropper, Capito, Bucer und dem kaiserlichen Rat Gerhard Veltwyk (um 1505-55), die bis Ende Dezember auf der Basis einer Textvorlage Groppers, des theologischen Beraters des Kölner Erzbischofs Hermann von Wied, ein theologisches Konsensdokument erarbeitete, das zu Fragen der Erbsünde, der Rechtfertigung, des Verhältnisses von Schrift und Tradition, der Abendmahlslehre, der Zeremonien und anderem wesentliche Annäherungen der Lehrstandpunkte formulierte. Melanchthon hatte die Abfassung einer Kompromißformel in Geheimverhandlungen entschieden abgelehnt und gegenüber Granvelle gegen das Verfahren protestiert.[5] Daß man ihn vom 14. bis 17. 1. 1541 dann doch noch öffentlich mit Eck, ausgehend von CA 2, über die Erbsünde disputieren ließ, das Gespräch dann aber abbrach und nach Regensburg vertagte, wohin der Kaiser inzwischen einen Reichstag einberufen hatte, war kaum mehr als eine Farce. Mit dem *Wormser Buch*, das »alle Merkmale einer Koproduktion«[6] zwischen Bucer und Gropper aufweist, hatte Granvelle ein Vergleichsdokument in der Hand, das zur Grundlage eines kaiserlichen Einigungswerks gemacht werden konnte. Ein wichtiger Grund für die Zuversicht des Kaisers bestand darin, daß Landgraf Philipp, den Bucer theologisch beriet, zugestimmt hatte, das *Wormser Buch* als Basis weiterer Verhandlungen zu verwenden.

Der Regensburger Reichstag (1541)

Auf dem Regensburger Reichstag, der am 4. 4. 1541 eröffnet wurde, regte der Kaiser die Einsetzung eines kleinen Ausschusses an, der die Religionsfrage unter Berufung auf das *Wormser Buch* weiter beraten und eine Beschlußvorlage für den Reichstag vorbereiten sollte. Diesem Ausschuß gehörten auf katholischer Seite Pflug, Gropper und Eck, auf evangelischer Melanchthon, Bucer und der hessische Pfarrer Johannes Pistorius (1502/03-83) an. Hinzu kamen, paritätisch verteilt, sechs politische Berater; Granvelle und Pfalzgraf Friedrich präsidierten. Die Textgrundlage des *Wormser Buches*, die der Kommission vorgelegt wurde, war freilich gegenüber der ursprünglichen Fassung an insgesamt 20 Stellen korrigiert worden – eine Folge von Beratungen, die der päpstliche Legat Gasparo Contarini (1483-1542), der am kaiserlichen Hof akkreditierte Nuntius Morone und Gropper durchgeführt hatten. Als besonders folgenschwer erwies sich, daß die Transsubstantiationslehre in den Abendmahlsartikel eingetragen worden war. Melanchthon, der die ursprüngliche Textgestalt des *Wormser Buches* schon in Wittenberg kennengelernt und diese – wie auch Luther – rundweg abgelehnt hatte, wurde von Angstträumen heimgesucht: Noch vor Beginn des Religionsgesprächs erschien ihm im Schlaf ein gräßliches Ungeheuer, eine Hyäne mit dem Antlitz einer Jungfrau, mit Flammenaugen und Körperteilen anderer Bestien. Die Fürsten, denen er von der Vision erzählte, baten ihn, sie niederzuschreiben.[7] Im Rückblick deutete Melanchthon die Hyäne, ein aus nicht zusammengehörigen Teilen komponiertes Monstrum, auf das nach zwei weiteren Überarbeitungsschritten nun *Regensburger Buch* genannte Opus – ein fadenscheiniges Kompromißwerk, das eine klare theologische Ausdrucksweise vermissen lasse. In dieser Einschätzung stimmte Melanchthon übrigens im wesentlichen mit Eck überein. Ein knappes Jahrzehnt später bezog Melanchthons Schüler Matthias Flacius lllyricus den Regensburger Hyänentraum auf das *Augsburger Interim*, jenes kaiserliche Religionsoktroi von 1548, mit dem Karl V. nach seinem militärischen Sieg über den Schmalkaldischen Bund eine religiöse Einheit erzwingen wollte, die auf dem Verhandlungswege nicht zu erreichen gewesen war.

Einen Monat lang, bis zum 25. 5. 1541, arbeitete die Kommission an dem Text des Vergleichsdokuments und schien in der Rechtfertigungslehre einen begeistert aufgenommenen Durchbruch zu erzielen, biß sich dann aber an den klassischen ekklesiologischen Kontroversthemen – der Irrtumslosigkeit der Konzilien, dem Primat des Papstes – und an der von Contarini für unaufgebbar erklärten Transsubstantiationslehre fest. Das Ergebnis der Beratungen bestand denn auch darin, daß in nur wenigen der 23 Artikel des *Regensburger Buches* Übereinstimmung festgestellt werden konnte. Die Reichsstände beider Lager, aber auch Luther und der Papst lehnten es ab; einmal mehr hatte sich gezeigt, daß eine segregierende Verhandlungsstrategie nach einzelnen Lehrartikeln dem komplexen theologischen Lehr- und kirchlichen Lebenszusammenhang auf beiden Seiten widersprach. Mit dem Regensburger Religionsgespräch war die kaiserliche Verständigungspolitik definitiv gescheitert.

Hermann von Wied und das Scheitern der Reformation in Köln

Für den Kölner Erzbischof Hermann von Wied (1477-1552) enthielt das Vermittlungsprogramm der kaiserlichen Religionsgespräche allerdings eine zündende Plausibilität. Jedenfalls berief er 1542/43 Bucer und Melanchthon nach Köln, die eine Kirchenordnung verfassen und ein Reformationsprojekt inaugurieren sollten. Anfangs stieß das zunächst von Gropper unterstützte Vorhaben auf breite Zustimmung: Die Stände des Erzstiftes forderten eine Reform, und auch die Stadt steuerte in diese Richtung. Für einen Moment schien geradezu das Ende einer katholischen Partei im Reich nahe herbeigekommen zu sein. Wäre mit von Wied ein weiterer Kurfürst evangelisch geworden, wäre die altgläubige Mehrheit im Kurkollegium hinfällig gewesen. Schon drohten die reformatorischen Impulse in Köln auf die unter Franz von Waldeck vereinten westfälischen Bistümer Minden, Osnabrück und Münster auszustrahlen. Doch als den Kölnern klar wurde, daß der Kurfürst zwei profilierte Protestanten in die Pflicht genommen hatte und Gropper auf Distanz zu ihnen gegangen war, formierte sich ein entschiedener Widerstand von seiten der Orden, des Domkapitels, der Universität, bald auch des Stadtrates der rheinischen Metropole. Die Konfrontation erzeugte eine breite publizistische Öffentlichkeit; eine gewaltige Flugschriftenschlacht mit weit über 100 Texten brach los. Auch die soeben, 1544, aus dem väterlichen Erbe des Petrus Canisius finanzierte Jesuitenniederlassung engagierte sich sogleich im Kampf gegen den zur Reformation tendierenden Erzbischof. Die erst jüngst durch Papst Paul III. bestätigte Gesellschaft Jesu (27. 9. 1540), die Jesuiten, die der baskische Mystiker Iñigo (latinisiert: Ignatius) de Loyola zum Zweck der spirituellen, karitativen, missionarischen und intellektuellen Erneuerung der römischen Kirche und der Stärkung der päpstlichen Autorität gegründet hatte und die in Canisius ihren wichtigsten und einflußreichsten Vorkämpfer im Reich haben sollte, begann ihr bald so erfolgreiches gegenreformatorisches

Wirken auf deutschem Boden in ebendem Moment, in dem die Gefahr für den Bestand des Katholizismus im Reich vielleicht am größten war. Der Klerus und die Universität von Köln ließen Canisius bei Karl V. um Hilfe gegen von Wied nachsuchen; 1546 wurde dieser gebannt. Im Jahr darauf, nach den Siegen im Geldrischen Erbfolgekrieg und im Schmalkaldischen Krieg, erzwang der Kaiser die Abdankung des Erzbischofs. Der Trend zugunsten der Reformation, der auch auf die geistlichen Territorien des Nordwestens überzugehen gedroht hatte, war gebrochen.

Das Regensburger Religionsgespräch von 1546

Ein letztes, schon unter dem Vorzeichen des drohenden militärischen Konflikts stehendes Religionsgespräch fand zwischen Januar und März 1546, abermals in Regensburg, statt, zu einem Zeitpunkt, als das lange erwartete Konzil in Trient bereits eröffnet war. Es endete mit einem Eklat, der die Unversöhnlichkeit der Gegensätze offenbarte. Das Zugeständnis von Religionsverhandlungen, auch die zeitweilige Suspendierung von Kammergerichtsprozessen gegen die Protestanten, waren freilich nicht mehr als kalkuliert eingesetzte Mittel des Kaisers gewesen, mit denen er die Einberufung eines Konzils hatte erzwingen wollen – mit Erfolg. Nachdem Papst Paul III. noch im Sommer 1544 in einem Tadelsbreve gegen die Verhandlungsoption polemisiert und den Kaiser unverblümt zum Krieg gegen die Ketzer aufgerufen hatte,[8] war im Herbst die Mitteilung über den Konzilsbeschluß erfolgt. Als Luther von dem päpstlichen Breve erfuhr, schrieb er, ein Jahr vor seinem Tod, seine schärfste Schrift, sein letztes, testimoniales Wort *Wider das Papsttum zu Rom, vom Teufel gestiftet.*[9] In der Sache wies Luther noch einmal den Superioritätsanspruch des Papstes über die Konzilien, die Kaiser und die Heilige Schrift zurück. Manches an dem Text erinnert an die Adelsschrift, die ein Vierteljahrhundert zuvor beinahe alles, was dann eingetreten war, in Bewegung gesetzt hatte. Die Bitterkeit des Tons, die Härte

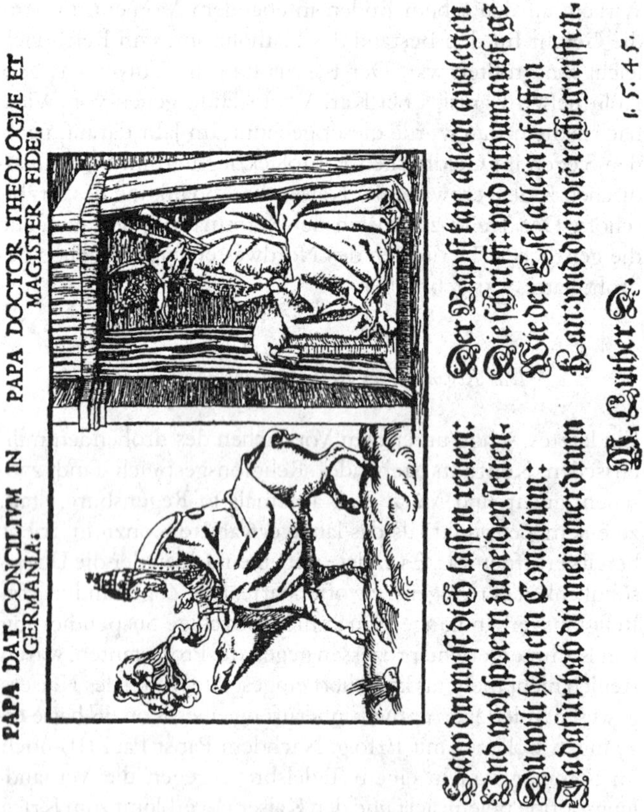

Abb. 39: Abbildung des Papsttums
(Lukas Cranach d. Ä.; Texte: Martin Luther, 1545)

des Gegensatzes und die Unversöhnlichkeit des Urteils in bezug auf das Papsttum freilich hatten ein neues Niveau erreicht. Der päpstliche »Beerwolff«[10] und seine Kardinäle sind für Luther verzweifelte Spitzbuben, »Gottes und Menschen feind, der Christenheit verstörer, und des Satans leibhafftige wonung«,[11] die »gar nichts gleuben, lachens dazu, wenn sie vom glauben hören sagen«.[12] Anders als in schneidend scharfen Gegensätzen zwischen Heil und Unheil, Christus und Papstteufel, der Gemeinschaft der Heiligen und dem unseligen Rom ließ sich für den Alten in Wittenberg die Wirklichkeit nicht mehr beschreiben. Daß er freilich noch einmal das Lebensgefühl einer Zeit traf, in der sich die religionspolitischen Fronten definitiv verhärtet hatten und die Zeichen auf Sturm standen, dürfte höchst wahrscheinlich sein. Auch daß die überaus groben Spottbilder auf das Papsttum, die Cranach 1545 herausbrachte und die Luther mit dichterisch dürftigen Knittelversen versah (siehe Abb. 39),[13] dem Geschmack einer härter empfindenden, brutalisierten, hoffnungsloseren, ja angstvolleren Zeit entsprachen, steht zu befürchten.

In der Mitte der vierziger Jahre waren die Möglichkeiten, zu einer Lösung der Religionsfrage zu kommen, durchgespielt. Luther, dessen große Gesamtausgabe eben jetzt in Wittenberg zu erscheinen begann, wußte dies wie kein zweiter. Die fulminanten Erinnerungen an seine ›Anfänge‹, die er dem ersten Band seiner lateinischen Werke voranstellte,[14] schlossen mit der Gewißheit, daß schon bald etwas passieren werde. Gerade jetzt sei der Satan stark und arg, voller Wut und Grimm; denn er wisse, daß er nur noch »wenig Zeit«[15] habe. Daß für das Papsttum eine neue Zeit anbrechen könne, war für den Reformator und seine Anhänger unvorstellbar. Nach Luthers Tod, der ihn am 18. 2. 1546 in seiner Geburtsstadt Eisleben einholte, ist vielleicht keines seiner Worte verbreiteter gewesen als jenes: »Als ich lebte, war ich für dich die Pest, aber wenn ich tot bin, werde ich dein Tod sein, Papst.«[16] In dieser geschichtstheologischen Gewißheit hatte er gelebt und war er gestorben. Die Lutheraner blieben darin auf lange Zeit befangen.

DAS UNZEITIGE GENERALKONZIL

Um die Einheit der Kirche im Reich und in Europa wiederherzustellen, kam das am 13. 12. 1545 in Trient eröffnete Konzil zu spät. In verschiedenen europäischen Ländern hatte die Reformation Fuß gefaßt, war der Ablösungsprozeß von Rom dauerhaft vollzogen oder doch in vollem Gang. In England hatte sich König Heinrich VIII. durch den Suprematsakt von 1534 zum Oberhaupt einer englischen Nationalkirche erklärt und die kirchenpolitisch-administrative Unabhängigkeit von der römischen Jurisdiktionsgewalt hergestellt. Auch wenn die dogmatische und religionspraktische Umformung des englischen Kirchenwesens im Sinne der für den Anglikanismus charakteristisch werdenden Symbiose aus reformierten, vor allem an Bucer und Calvin orientierten Lehrgehalten und traditionell katholischen Elementen in Liturgie und Ämterstruktur erst unter König Edward VI. (reg. 1547-53) deutlichere Konturen annahm und durch die politisch eng mit Spanien und dem Papsttum verbundene Maria Tudor (reg. 1553-58) einer brutalen Rekatholisierung weichen mußte, so blieb das Inselreich nach dem Regierungsantritt Elisabeths I. (reg. 1558-1603) doch auf Dauer für den römischen Katholizismus verloren. Dasselbe gilt für Dänemark – unter Einschluß von Norwegen und Island – und Schweden, zu dem Finnland gehörte. Auch hier waren es jeweils Königsreformationen, die in den zwanziger und dreißiger Jahren des 16. Jahrhunderts unter weitgehender Beibehaltung der kirchlichen Organisationsstruktur und des sich für die Reformation aussprechenden Episkopats zum Aufbau evangelischer, maßgeblich an Wittenberg orientierter und von dort mit theologischem Führungspersonal versorgter Nationalkirchen geführt hatten. Auch in den nord- und südosteuropäischen Ländern, in Polen-Litauen, in Westpreußen, in Böhmen, Schlesien und Ungarn, war die aus lutherischen und reformierten Wurzeln gespeiste Reformation in der Mitte des 16. Jahrhunderts weit vorgedrungen. Vielfach war sie ein Mittel adelsrepublikanisch-ständischer oder bürgerlich-städtischer Selbstbehauptung gegenüber der polnischen Krone oder den habsburgischen Oberherren. In Frankreich wurde der Protestantismus, ungeachtet der politischen Kontakte Franz' I. zum Schmalkaldischen Bund, seit 1534 verfolgt. In Straßburg, London und Genf jedoch entstanden ausstrahlende französische Exilsgemeinden, die, vor allem unter dem Einfluß Calvins und des sich seit 1541 durchsetzenden Genfer Modells, zum Aufbau einer von Bürgertum und Adel getragenen Kirchenorganisation im Untergrund führten. In den jahrzehntelangen Religionskriegen (1562-98), die Frankreich aufwühlten und paralysierten, zeigte sich, daß auch das Herrschaftsgebiet des allerchristlichsten Königs nicht mehr unter einer einheitlichen Religion zu sammeln war. In den Niederlanden stand die Option zugunsten des schon frühzeitig, seit den zwanziger Jahren des 16. Jahrhunderts, eingesickerten, in sich vielfältigen, aus humanistischen, der Devotio moderna, lutherischen und reformierten Traditionsspuren gespeisten Protestantismus bald ganz im Zeichen der Selbstbehauptung gegen eine repressive spanisch-habsburgische Fremdherrschaft.

Die gewaltige Dynamik, die die Reformation in den unterschiedlichen europäischen Ländern in je unterschiedlicher Weise entfesselt hatte, konnte und wollte das Konzil nicht mehr stoppen, allenfalls weitere Bodenverluste, vor allem in Frankreich, verhindern. Wie es scheint, hatten die Päpste das verlorene Terrain des Reichsgebietes längst schon abgeschrieben – vielleicht eine Folge der seit Jahrzehnten nur eingeschränkten deutschlandpolitischen Kompetenzen an der Kurie. Und auch da, wo die katholische Religion noch ein mächtiger Faktor war oder es wieder wurde, vergingen zum Teil viele Jahrzehnte, ehe die vom Trienter Konzil ausgehenden Sammlungs- und Regenerationskräfte wirksam wurden. Die Tridentinisierung der römischen zur katholischen Konfessionskirche war ein langer Prozeß; in einigen Ländern, Territorialstaaten, Provinzen und Bistümern zog er sich bis ins 18. Jahrhundert hin.

Die Gründe für die Verzögerung eines Generalkonzils lagen in Rom, aber auch in der internationalen Politik. Seit den zwanziger Jahren des 16. Jahrhunderts hatten die reformatorischen Theologen und die ihnen zuneigenden, aber auch einige der sich gegen sie stellenden Reichsstände die Konzilsforderung erhoben und entgegen päpstlichen Verboten an ein Konzil appelliert. Aufgrund der offenen Feindschaft zwischen dem Kaiser und Papst Clemens VII. war bis zu ihrer Bologneser Aussöhnung die Einberufung eines Konzils unterblieben. Unter den Protestanten hatten sich die Bedingungen, die sie an ein Konzil stellten, inzwischen geklärt: Es sollte eine freie, also nicht unter päpstlicher Kuratel stehende, eine allgemeine, das heißt Geistliche und Laien, insbesondere Fürsten aller Länder der Christenheit berücksichtigende, und eine christliche, das heißt allein der biblischen Norm verpflichtete Kirchenversammlung auf dem Gebiet des Reiches sein. Als Clemens VII. 1533 den Weg zu einem Konzil endlich freizumachen bereit war, scheiterte es am Widerstand des französischen Königs, der definitiv erst 1544 mit dem Frieden von Crépy gebrochen wurde. Auch die im Juni 1536 durch Paul III. (reg. 1534-49) – den ersten Papst seit Hadrian VI., der klarere Einsichten in die Reformbedürftigkeit der Kirche und der Kurie besessen zu haben scheint, wenn er auch, selbst in Nepotismus und Klientismus zutiefst verstrickt, die gebotene Handlungskonsequenz verweigerte – ausgesprochene Einberufung eines Generalkonzils nach Mantua (23. 5. 1537) war am Ende nicht an der Ablehnung einer Konzilsteilnahme durch die Schmalkaldischen Bundesverwandten, sondern am habsburgisch-französischen Dauerkonflikt gescheitert.

Das Konzil von Trient

Die dissonanten Erwartungen, die von verschiedenen Seiten mit einem Konzil verbunden waren, begünstigten sein Zustandekommen gleichfalls nicht. Während der Kaiser vor allem anderen eine Wiederherstellung der Kircheneinheit, dann auch eine Reform anstrebte, wollten die Protestanten die Wahrheit ihrer Lehre bekennen, erweisen, ausbreiten und die Unwahrheit und Korruptheit des Papsttums offenbaren; dem Papsttum wiederum mußte zunächst und vor allem an einer wirkungsvollen Abwehr der Ketzerei und einer Sicherung der eigenen Lehrgrundlagen, allenfalls in einem zweiten Schritt auch an einer Beseitigung von Mißständen, die weiterem Abbruch Vorschub leisten mochten, gelegen sein. Die Wahl des Konzilsortes war ein Kompromiß: Der Papst bestand auf seiner Superiorität über das Konzil, und diese war vor allem in Italien, in seinem Herrschaftsbereich, durchsetzbar. Der Kaiser insistierte auf einem Ort im Reich; denn das Generalkonzil der Kirche sollte die Spaltung der Christenheit im Reich heilen und war gegenüber den abgefallenen protestantischen Reichsständen durchzusetzen. Trient am Fuße der Alpen, die südlichste Stadt des Reiches, lag an der Sprach- und Kulturgrenze zwischen Germanien und der Romania. Sie war, wie der Papst in seinem Ausschreiben[17] betonte, für die Italiener, Franzosen, Spanier, Deutschen und andere gut erreichbar; die habsburgische Residenz in Innsbruck war nur einen Tagesritt entfernt. Der Kaiser plante, die Protestanten nach einem erhofften militärischen Triumph zur Konzilsteilnahme zu zwingen; daß der Papst das Konzil eröffnete, ehe der Sieg errungen war, mißfiel ihm. Denn es verschlechterte von vornherein die Chancen, die Ziele, die er mit dem Konzil verband, zu verwirklichen. Das Konzil stand dauerhaft unter dem Vorsitz des Papstes; die Leitung lag bei päpstlichen Legaten. Sie bestimmten die Agenda und die Zusammensetzung der Beratungsgremien. Erst durch die Bestätigung der Päpste zu den Beschlüssen des Konzils erlangten diese Rechtskraft. Durch die Abstimmung nach Köpfen, nicht, wie bei den Konzilien des 15. Jahrhunderts, nach Nationen, war das numerische Übergewicht der ortsnäheren italienischen Bischöfe, die neben den spanischen die Mehrheit der Konzilsväter ausmachten, durchgängig gesichert. Daß das Konzil ein wirksames Instrument der kaiserlichen Politik hätte werden können, war in allen Phasen seiner komplexen Geschichte ausgeschlossen.

Das Konzil tagte in drei Perioden: von 1545 bis 1547, von 1551 bis 1552 und in den Jahren 1562 und 1563. Der äußere Verlauf war von politischen Einflüssen wesentlich mitbestimmt. Im März 1547, wenige Wochen vor dem kaiserlichen Sieg über die Schmalkaldener, zog die Mehrheit der italienischen Konzilsväter nach Bologna; nur eine Minderheit kaisertreuer Bischöfe blieb in Trient. Der Kaiser protestierte, erreichte die Suspendierung des Konzils und verhinderte, daß die bereits beschlossenen Dekrete offiziell publiziert wurden; denn dies hätte der von den Protestanten erhobenen Forderung nach einem freien, christlichen Konzil widersprochen und es unmöglich gemacht, sie doch noch zur Teilnahme zu zwingen. Die neuerliche Einberufung des Konzils durch den neugewählten Papst Julius III. (reg. 1550-55) im Jahr 1551 entsprach einer tendenziell kaiserfreundlicheren Politik an der Kurie. Diese zweite Tagungsperiode endete im April 1552, als zahlreiche Konzilsväter wegen des Aufstandes protestantischer Reichsfürsten gegen Karl V. (s. u. S. 694-697) Trient verließen.

Der dritten Tagungsperiode waren erhebliche Diskussionen darüber vorangegangen, ob das einzuberufende Konzil ein neues oder eine Fortsetzung des ersten sei. Kaiser Ferdinand – Karl V. war 1558 gestorben – und Frankreich plädierten für ersteres, weil ihnen daran lag, das Konzil für Vergleichsverhandlungen mit den Protestanten nutzen zu können. Unter der Voraussetzung nämlich, daß die Lehrdekrete und Verwerfungen der ersten Tagungsperioden in Geltung standen und eine Diskussion darüber nicht neu aufgenommen werden konnte, erschien die Verhandlung mit der evangelischen Seite von vornherein sinnlos. Spanien hingegen trat dafür ein, die einmal getroffenen Beschlüsse nicht wieder zu öffnen. Allein die sich verschärfende Bedrängnis, in die die Katholiken unter dem Vormarsch der Calvinisten in Frankreich gerieten, ließen diese Auseinandersetzungen in den Hintergrund treten. Die Spannungen zwischen kurialen und episkopalen Tendenzen und Kräften brachen in dieser stärker besuchten letzten Tagungsperiode besonders heftig hervor. Einige der in dieser dritten Konzilsphase getroffenen Reformbeschlüsse zielten auf eine Wiederherstellung der bischöflichen Gewalt im Dienst einer geistlichen Erneuerung ihres Amtes ab. Die Bischöfe sollten ihre Residenzpflicht wahrnehmen, Gottesdienste halten, Visitationspflichten nachkommen und Diözesansynoden durchführen, nicht mehr primär, wie es der Struktur des Bischofsamtes in der Reichskirche entsprach, weltliche Herrscher sein. Solange es auch dauern sollte, bis diese Reformen wirklich griffen, so sehr entsprach ihr Charakter doch dem, was die Reformatoren Jahrzehnte zuvor gefordert hatten. Allein – zu einer Reform der Kurie drang das Konzil nicht vor.

Während der zweiten Tagungsperiode des Konzils waren auch Gesandte, Juristen und Theologen, einiger deutscher protestantischer Reichsstände anwesend. Ein Reichsabschied vom 14. 2. 1551 verpflichtete sie dazu. Nach seinem militärischen Triumph über die Schmalkaldener drängte der Kaiser weiterhin auf eine definitive Überwindung der Kirchenspaltung mittels eines Konzils. Die Protestanten verbanden diese Bereitschaft zur Teilnahme mit der üblichen Forderung, daß der Papst die Kirchenversammlung nicht leiten dürfe und ihre bisherigen Beschlüsse, die ja zentrale dogmatische Fragen betrafen, auf der Grundlage des Schriftprinzips erneut beraten werden müßten. Von ihrem jeweiligen Landesherrn erhielten Brenz in Württemberg und Melanchthon in Kursachsen den Auftrag, geeignete Bekenntnisse abzufassen: die *Confessio Virtembergica* und die *Confessio Saxonica.*[18] Die Dualität der protestantischen Bekenntnisse hatte politische Gründe; die Theologen aber bekräftigten ihre sachliche Übereinstimmung, und die Basis der sie anerkennenden Reichsstände war eindrucksvoll. Die Gesandten aus Württemberg, Brandenburg und Straßburg trafen seit Oktober 1551 in Trient ein; Melanchthon und seine Begleiter kamen nur bis Nürnberg – der Fürstenkrieg hatte begonnen, und das Konzil löste sich auf, so daß man wieder heimfuhr. In Trient hatten die protestantischen Gesandten zunächst nur mit den kaiserlichen Botschaftern verhandelt; am 24. 1. 1552 konnten sie an einer Generalkongregation teilnehmen. Dort insistierten sie auf einem freien Konzil und forderten die neuerliche Verhandlung der bereits getroffenen Lehrentscheidungen. Doch die Konzilsväter verfolgten weiter ihre Agenda. So blieb der Trientbesuch der Protestanten Episode und das Konzil eine Veranstaltung des Papsttums.

In bezug auf die deutsche Reformation ist das wichtigste Ergebnis des Trienter Konzils in einigen zentralen *Lehrdekreten* zu sehen, in denen sich die römisch-katholische Kirche definitiv und verbindlich zu den durch Luther und seine Parteigänger aufgeworfenen Fragen und von ihnen vertretenen Positionen verhielt. Die dogmatisch präzise Abgrenzung gegenüber der reformatorischen Theologie, die das Trienter Konzil geleistet hat, markiert hinsichtlich der theologischen Kern- und religiösen Lebensfragen des Zeitalters eine kirchenhistorische Zäsur. Eine zentral wichtige theologische Klärung wurde gleich zu Beginn der Kirchenversammlung, in der vierten Session (8. 4. 1546), im Blick auf die Fundamente des Glaubens erreicht. Das Konzil stellte fest, daß das Verhältnis von Schrift und *traditiones*, die sich auf den Glauben und die Sitten beziehen, dahin gehend zu bestimmen sei, daß ihnen »mit dem gleichen Gefühl der Dankbarkeit und der gleichen Ehrfurcht«[19] zu begegnen sei. Im Unterschied zur Theologie der Reformatoren, in der die Bibel beziehungsweise das in ihr enthaltene Wort Gottes als eine uneinholbar vorgegebene Autorität verstanden wurde, sah sich das Konzil als heilige und allgemeine, im Heiligen Geist rechtmäßig versammelte Synode ermächtigt, diejenigen Schriften zu definieren, die es als kanonisch, das heißt der verbindlichen Tradition entsprechend, identifizierte. Auch die sogenannten Apokryphen wurden im Sinne des Bibelkanons der Vulgata rezipiert. In einem weiteren Dekret der vierten Session erklärte das Konzil, daß die verbindliche Bibelversion in allen öffentlichen Lehrzusammenhängen die Vulgata sei.[20] Aus den ursprachlichen griechischen oder hebräischen Textfassungen der Bibel sich ergebende Relativierungen der Vulgata, wie sie infolge von Bibelhumanismus und reformatorischer Exegese üblich geworden waren, hatten somit grundsätzlich als illegitim zu gelten. Subjektive Auffassungen einzelner durften in bezug auf die Auslegung der Schrift keine Bedeutung beanspruchen; nur der Sinn, den die heilige Mutter Kirche in Übereinstimmung mit dem »einmütigen Sinn« der Kirchenväter »festgehalten habe und festhalte«,[21] dürfe Geltung beanspruchen. Die Drucker wurden verpflichtet, nur fehlerfreie Vulgata-Ausgaben sowie keine anonymen oder sonstigen Bücher religiösen Gehalts herzustellen,[22] die nicht vom zuständigen Bischof geprüft und gebilligt worden waren.

Daß sich das Konzil in seiner fünften und sechsten Sitzung mit der *Sünden-* (17. 6. 1546) und der *Rechtfertigungslehre* (13. 1. 1547) beschäftigte, legt in eindrucksvoller Weise davon Zeugnis ab, daß sich die Konzilsväter unter der besonnenen Leitung der päpstlichen Legaten an genau jenen Themen abarbeiteten, an denen der in genetischer und systematischer Hinsicht tiefgreifendste Lehrkonflikt des Zeitalters aufgebrochen war. Dem dramatischen Sündenverständnis insbesondere der lutherischen Theologie, die das Moment der aktiven Feindschaft des Menschen gegen Gott und dessen Gerechtigkeit betont hatte, setzten die Konzilsväter die in der Scholastik übliche Vorstellung eines mit dem Sündenfall eingetretenen Verlustes der urständischen Heiligkeit und Gerechtigkeit entgegen.[23] Durch die Taufe werde all das, was »den wahrhaften und eigentümlichen Charakter von Sünde« besitze,[24] wirksam hinweggenommen, so daß in den durch die Taufe Wiedergeborenen nichts mehr bleibe, was Gott haßt.[25] Die *concupiscentia* (»Begierde«), die die evangelischen Theologen als aktive Gottwidrigkeit verstanden, ist nach dem Konzil als bloßer »Zündstoff« des Bösen zu bewerten; sie mache »zur Sünde geneigt«,[26] sei aber selbst keine Sünde.

Der Rechtfertigungsartikel ist besonders ausführlich ausgefallen; hinter ihm stehen lebhafte und kontroverse Debatten, in denen sich ein relativ breites Spektrum an theologischen Lehrstandpunkten artikuliert hat. Die ganze Offenheit spätmittelalterlicher Positionen in bezug auf die Frage des Verhältnisses von göttlicher Gnade und menschlicher Heiligung, von der ja auch Luther einst ausgegangen war, tastend seinen Weg zur radikal paulinisch-augustinischen Glaubensgerechtigkeit findend, war in den sechs Monate währenden Diskussionen der Konzilsväter von Trient präsent. Der Ausgangspunkt der Rechtfertigung ist Gottes in Christus vermittelte »zuvorkommende Gnade«;[27] die Gnade weckt »die freie Zustimmung und Mitwirkung mit dieser Gnade«, die als unverdientes Geschenk zu gelten hat. Unter der Gnade aber wendet sich der Mensch durch seinen freien Willen der Gerechtigkeit zu. Glaube bedeutet für das Konzil, die göttliche Offenbarung anzuerkennen, sich Gott aus freien Stücken zuzuwenden und auf seine Barmherzigkeit zu besinnen.[28] Das fein austarierte Balanceverhältnis von menschlicher Freiheit und göttlicher Gnade, die zusammenwirken, disponiert zur Rechtfertigung, die nicht nur Vergebung der Sünden, sondern auch wirksame Erneuerung des willentlich die Gnade annehmenden Menschen ist.[29] Im Unterschied zur Rechtfertigungslehre der Wittenberger, die von einer bloßen ›Anrechnung‹ der Gerechtigkeit Christi, die dem Glaubenden selbst unverfügbar und äußerlich bleibe, sprachen, lehren die Trienter Konzilsväter, daß der mittels der Gnade und ihrer willentlichen Annahme von einem Ungerechten zu einem Gerechten gewordene Mensch Gegenstand der Rechtfertigung sei. Die Werke der Heiligung sind nach tridentinischem Verständnis durchweg von der Gnade umfangen. Der entscheidende Differenzpunkt zwischen der reformatorischen und der römisch-katholischen Rechtfertigungslehre, wie sie im Rechtfertigungsdekret formuliert wurde, besteht nicht etwa darin, daß man letzterem in einem krassen Sinne ›Werkgerechtigkeit‹ vorwerfen könne, sondern darin, daß die etwa für Luther schlechterdings exklusive Bedeutung des als reines Empfangen an das Wort gebundenen, primär als Vertrauen verstandenen Glaubens nicht geteilt wird. Nicht das *sola gratia* (»allein aus Gnade«), sondern das *sola fide* (»allein aus Glauben«), nicht die Rolle der Gnade, sondern die Exklusivität des Glaubens waren strittig. Für die Väter von Trient mußten zum Glauben Hoffnung und Liebe hinzutreten,[30] damit der Mensch vollkommen mit Christus verbunden sei; dies war eine eindeutige Positionierung gegenüber dem *sola fide*.[31]

Die Rechtfertigungstheologie des Trienter Konzils ist nur im Zusammenhang der *Sakramentenlehre* und des Verständnisses der *Kirche als Sakramentsanstalt* angemessen zu verstehen.[32] Dies wird vor allem daran deutlich, daß unmittelbar an das Rechtfertigungsdekret in der siebten Session (3. 3. 1547) ein Dekret über die Sakramente angeschlossen wurde. Denn die Gerechtigkeit, von der das Rechtfertigungsdekret handelt, ist eben nicht auf das persönliche Gottesverhältnis des Menschen, auf den Glauben, fokussiert, sondern auf die sakrale Heilsanstalt, die römisch-katholische Sakramentskirche, bezogen. Durch die Sakramente beginnt die Gerechtigkeit, wird sie »vermehrt oder – sofern sie verloren wurde – wiederhergestellt«.[33] Gegen die Behauptung der Reformatoren, nur Taufe und Abendmahl seien von Christus eingesetzt worden, bestand das Konzil auf der schon von der mittelalterlichen Kirche kanonisierten Siebenzahl der Sakramente.[34] Auch die für Luthers Sakramentstheologie zentrale Vorstellung, die Sakramente seien eingesetzt, um »den Glauben zu nähren«,[35] verfiel dem kirchlichen Bann. Neben dem allgemeinen Lehrdekret über die Sakramente wurden während der ersten Tagungsperiode des Konzils noch Kanones über die Taufe und die Firmung[36] beschlossen. Die Erörterungen und Beschlüsse zu den übrigen Sakramenten zogen sich noch über die weiteren Tagungsperioden hin. Die Lehr- und Verwerfungskanones zu den Sakramenten bestätigten durchweg jene in der spätmittelalterlichen Kirche üblichen Anschauungen und Praktiken, die seitens der Reformation in Frage gestellt oder abgelehnt worden waren: Die Sakramente wirken *ex opere operato*, also durch den bloßen Vollzug; die Firmung besitzt sakramentale Qualität; die Transsubstantiationslehre und alle sich aus dieser ergebenden kultischen Konsequenzen sind rechtmäßig; die Aufzählung aller Sünden bei der Beichte ist unverzichtbar; die Letzte Ölung ist ein Sakrament; das Abendmahl unter beiderlei Gestalt ist häretisch; die Ehe ist ein Sakrament und die Zölibatspflicht für Kleriker und Mönche unveräußerlich. Der restaurativ-gegenreformatorische Charakter tritt auch in bezug auf die Lehre vom Meßopfer hervor; sie war ja für die Reformatoren in gewisser Weise das anstößigste Moment des heilsanstaltlichen Selbstverständnisses der römischen Kirche überhaupt. Die Konzilsväter stellten fest, daß in dem in der Messe unblutig vollzogenen Opfer derselbe Christus anwesend sei, der sich »auf dem Altar des Kreuzes« ein für allemal geopfert habe, und daß durch dieses liturgisch dargebrachte Sühnopfer Gott versöhnt und Barmherzigkeit erlangt werde. »Denn die Opfergabe ist ein und dieselbe; derselbe, der sich selbst damals am Kreuze opferte, opfert sich jetzt durch den Dienst der Priester.«[37] Die Sakramentenlehre bildet den Kern der heilsanstaltlich-sazerdotalen Ekklesiologie des Tridentinums; es stellt in allen seinen wesentlichen Lehraussagen – auch in bezug auf die betont maßvolle Ablaßlehre und das Fegefeuer[38] – einen unmißverständlichen Gegensatz zu den theologischen Vorstellungen und Bekenntnissen der Reformation dar. Die Ausrottung der reformatorischen Häresien[39] war die erste Aufgabe, die sich das Konzil gestellt hat. Dies ist – jedenfalls im Modus der eindeutigen Klärung dessen, was fortan als katholische Lehre zu gelten hatte – in Trient in erheblichem Maße gelungen. Erst daran konnte und sollte sich die zweite Aufgabe, »die Erneuerung der Sitten«,[40] anschließen.

Die sich in Anknüpfung an die spätmittelalterliche Tradition dezidiert gegenreformatorisch positionierende römisch-katholische Kirche hat in Trient das dogmatische Fundament geschaffen, auf dessen Grundlage die Reformpäpste der zweiten Hälfte des 16. Jahrhunderts weiterbauten. Die in den zurückliegenden Jahrzehnten eingetretenen Scheidungen und Verwerfungen heilte das Konzil nicht; es bestätigte sie. Und es eröffnete der katholischen Kirche, die wurzelhaft tridentinisch werden und bleiben sollte, Zukunft. Die innere Stärke und expansive Dynamik, die der römische Katholizismus in der zweiten Hälfte des Reformationsjahrhunderts entfalten sollte, basierte auf dem Ausbau der zentralistisch-hierarchischen Organisationsstruktur, die verbindliche Instrumente der Indoktrination und Katechisation (etwa den Konfessionseid für Kleriker und Universitätslehrer, die *Professio fidei Tri-*

dentina [1564], den Kinder- und Laienkatechismus, den *Catechismus Romanus* [1566]), der liturgischen Vereinheitlichung (etwa des Gebetbuchs, des *Missale Romanum* [1570]) und der kanonischen Rechtspflege mittels einer Neuausgabe des *Corpus juris canonici* (1582) und des »Index der verbotenen Bücher« *(Index librorum prohibitorum)* schuf. Aus dem sich geradezu explosiv entwickelnden Ordenswesen, das eine Vielzahl an Neugründungen – die Jesuiten, die Kapuziner, die Theatiner, die Barnabiten, die Lazaristen unter den Männer-, die Angeliken, die Ursulinen, die Visitantinnen und die Englischen Fräulein unter den Frauenorden – erlebte, wuchsen der römischen Kirche spirituelle Kräfte der bedingungslosen Hingabe, des aufopfernden Dienstes, der rigidesten Kampfes- und Opferbereitschaft für Gott, den Papst und die Kirche zu, wie sie der Protestantismus in keiner seiner kirchlichen Gestalten kannte. Nicht nur im Reich wurde der Jesuitenorden, jene mobile, zentralistisch straff organisierte, in einem besonderen Gehorsamsverhältnis zum Papst stehende Eliteorganisation hochgebildeter, agiler Kleriker, die das höhere katholische Bildungs- und Universitätswesen seit den fünfziger Jahren des 16. Jahrhunderts mehr oder weniger vollständig unter ihre Kontrolle brachten, zum wichtigsten Faktor einer neuen, dynamischen Ausstrahlungskraft, eines Attraktionsgewinns der römischen Kirche, die in all ihren wesentlichen sinnenfreudig-rituellen, liturgisch-sakramentalen, organisatorischen und religiös-volksfrommen Ausdrucksformen dezidiert gegenreformatorisch war und blieb.

KAPITEL 3
FINALE ERHITZUNG UND KÜHLER KOMPROMISS

SCHMALKALDISCHER KRIEG UND AUGSBURGER INTERIM

Ein Krieg »wegen der religion wider alle protestantes«[1] lag schon 1530, sicher seit 1541 und verstärkt seit dem Erfolg gegen den Herzog von Kleve im Geldrischen Erbfolgestreit 1544 im Horizont der kaiserlichen Politik. Auch die Ziele einer militärischen Option konnten kaum strittig sein: die Zerschlagung des Schmalkaldischen Bundes, die Wiederherstellung der kirchlichen Einheit mit oder ohne Konzil und der forcierte Umbau der politischen Strukturen des Reiches im Sinne des monarchischen Prinzips. Als der Kaiser im Frühjahr 1547 einen triumphalen Sieg über den Schmalkaldischen Bund errungen hatte, zeigte sich aber bald, daß die reichsständische Solidarität und das reichsfürstliche Autonomiebewußtsein stärker waren als jeder konfessionelle Parteigeist und daß sich unter dem Schlagwort der »teutschen libertet«, die sich der »spanischen Servitut« nicht zu beugen gedachte, evangelische *und* altgläubige Reichspatrioten zu sammeln vermochten. Das Scheitern Karls V., das sich definitiv erst ein halbes Jahrzehnt später, 1552, zeigen sollte, war eine Folge dessen, daß er den Bogen überspannt hatte. Die politischen Realitäten, unter denen Karl V. handeln mußte, ließen es selbst zum Zeitpunkt seines größten Triumphes nicht zu, daß er die Religionsfrage in den eroberten protestantischen Territorien in der Weise ›löste‹, wie es der »Metzger von Flandern«,[2] zu dem ihn eine protestantische Propagandaliteratur machte, in den Gebieten tat, in denen er die Landesherrschaft ausübte: durch Zwangsmaßnahmen, Repression, Zensur und Inquisition.

Immerhin: Nach der Einnahme Wittenbergs durch die kaiserlichen Truppen ließ Karl V. nach Auskunft des Stadtpfarrers Bugenhagen, der in der Stadt geblieben und für ihre kampflose Übergabe eingetreten war, den Gottesdienst in der Schloßkirche, der ausgesetzt worden war, wieder stattfinden. Er soll gesagt haben: »Geschicht solchs [nämlich die Einstellung des Gottesdienstes] inn unserm namen, so thut man uns kein gefallen daran. Haben wir doch nichts gewandelt inn der Religion in den hoch deudtschen landen, warumb solten wirs denn hie thun.«[3] Auch daß der Kaiser davon absah, Luthers Leichnam zu exhumieren und zu verbrennen, wie es einst mit John Wyclif geschehen war und 1556 durch des Kaisers Cousine Maria I. Tudor mit den im englischen Exil verstorbenen Straßburger Pfarrern Martin Bucer und Paul Fagius geschehen sollte, war politisch kalkuliert; damit verweigerte er sich wohl entsprechenden Aufforderungen aus seinem engsten Umfeld, des Herzogs von Alba und Granvelles, des Bischofs von Arras. Sein Ziel war die kirchliche und die Reichseinheit; zu ihrer Verwirklichung war er auf protestantische Verbündete, zuvörderst Moritz von Sachsen, angewiesen, dem wenige Tage später die Stadt Wittenberg übergeben wurde. Durch das Ketzergericht an seiner Leiche wären der verstorbene Luther, seine Fama, seine Ideen nur noch mächtiger geworden. Sosehr Karl V. die Ketzerei haßte, so deutlich sah er doch, daß sie die Menschen aller Gesellschaftsschichten bereits zu tief erfaßt hatte, als daß er sie mit einigen spektakulären Gewaltmaßnahmen hätte ausrotten können.

Der Schmalkaldische Krieg

Gerade weil er erkannt hatte, daß die »Gefahr für die Religion außerordentlich groß«[4] war und er, wie er seine Schwester Maria von Ungarn, die Statthalterin in den Niederlanden, wissen ließ, verhindern wollte, daß Deutschland der katholischen Religion auf Dauer entfremdet würde, hat Karl den Krieg geführt. Daß es ein Religionskrieg war, stand außer Frage. Dennoch hat der Kaiser ihn als weltlichen Krieg begründet, und zwar mit der am 20. 7. 1546 über die Hauptleute des Schmalkaldischen Bundes, Johann Friedrich von Sachsen und Philipp von Hessen, verhängten Reichsacht. Als Anlaß dieses rechtlich durchaus zweifelhaften Verfahrens diente die Vertreibung Herzog Heinrichs von Braunschweig-Wolfenbüttel durch den Schmalkaldischen Bund im Sommer 1542, die der Kaiser als Landfriedensbruch bewertete. Freilich wußte er, daß die Truppen der Schmalkaldener durch die Braunschweiger Kriege noch geschwächt waren. Der »Deckmantel und Vorwand«[5] des gesuchten Kriegsgrundes zielte darauf ab, einen Keil zwischen die Protestanten zu treiben; wäre es offen um die Religion gegangen, hätte Karl V. wohl größere Schwierigkeiten gehabt, in das protestantische Lager einzudringen. Daß ihm dies gelungen war, ist als diplomatischer Erfolg anzusehen, ohne den der Krieg unmöglich gewesen wäre. Daß er dessen bedurfte, zeigt aber auch, wie gering die Bereitschaft unter den altgläubigen Reichsfürsten gewesen ist, irgend etwas zu tun, was seine beziehungsweise der Habsburger Stellung gefestigt hätte. An der Bündnisproblematik wird auch deutlich, wie stark die Einbrüche im katholischen Lager nach der hessischen Gefangennahme Heinrichs von Braunschweig-Wolfenbüttel (1545) und dem Übertritt des letzten weltlichen Kurfürsten zur Reformation, des Pfälzers Friedrich II. (Anfang 1546), waren.

Der wichtigste Bündnispartner des Kaisers wurde Moritz von Sachsen; der am 19. 6. 1546 am Rande des Regensburger Reichstages geschlossene Vertrag enthielt seitens des Herzogs die Bereitschaftserklärung, sich dem Konzil zu unterwerfen, und die Verpflichtung zur Beihilfe bei der Herstellung von Frieden und Recht. Die Zusagen des Kaisers waren eher vage formuliert. Die vom Sachsen seit längerem angestrebte Schutzherrschaft über die Hochstifte Halberstadt und Magdeburg – letzteres sollte wichtig werden – war mit Auflagen zum Schutz der katholischen Religion verbunden. Eine Zusage der sächsischen Kurwürde unterblieb; definitiv wurde dies erst im Zusammenhang mit der Wittenberger Kapitulation (19. 5. 1547) geregelt, als der besiegte und in Gefangenschaft geratene Johann Friedrich zugunsten von Moritz auf die Kurwürde verzichten mußte, aber immerhin seinen Söhnen einen Teil seiner Länder erhalten konnte. Kurz vor dem Regensburger Vertrag mit Moritz war der Kaiser mit Bayern und mit dem Papst Bündnisvereinbarungen eingegangen. Bayern sollte für seine Neutralität Gebietsgewinne erhalten; dem Kaiser erleichterte das Bündnis vor allem die Sammlung der noch erwarteten Truppen aus Italien, den Niederlanden und Ungarn. Doch Bayern trieb ein doppeltes Spiel und wahrte auch gegenüber den Schmalkaldenern seine Interessen. Die noch jungen protestantischen Markgrafen Albrecht Alkibiades von Brandenburg-Kulmbach (1522-57, reg. 1541-54) und Johann von Brandenburg-Küstrin (1513-71, reg. 1536-56) sowie Herzog Erich II. von Braunschweig-Calenberg (1528-84) band der Kaiser mit Verträgen an sich. Vom Papst erhielt er die Zusicherung von 12500 Mann für die Dauer von vier Monaten sowie üppiger Zugriffsrechte auf den Kirchenbesitz in den spanischen Königreichen. Doch der am 7. 6. 1546 unterzeichnete Vertrag zum Zweck des Protestantenkrieges überwand das tiefsitzende wechselseitige Mißtrauen zwischen Karl V. und Paul III. nicht. Als weltlicher Herrscher in Italien fürchtete der Papst nichts so sehr wie einen mächtigen habsburgischen Kaiser. Daß er seine Hilfstruppen noch während des sächsischen Feldzuges abzog und das Konzil, das gegen den Willen Karls V. nicht mit der Reform der Kirche, sondern mit den Dogmen begonnen hatte, im Frühjahr 1547 nach Bologna verlegen ließ (s. o. S. 668), zielte auf eine Schwächung der kaiserlichen Position ab. So günstig also die durch den Friedensvertrag mit Frankreich (1544) und den Waffenstillstand mit den Osmanen (1545) außenpolitisch gründlich vorbereiteten Ausgangsbedingungen für den entscheidenden militärischen Schlag gegen die Protestanten im Reich auch waren – alle Verbindungen, die der Kaiser einging, waren fragil und von temporären Eigeninteressen der Beteiligten geprägt. Der imperiale Universalismus des Kaisers, der auf eine einheitliche Reichs- und Religionspolitik abzielte, hatte viele Feinde.

Der militärische Erfolg, der Karl am 24. 4. 1547 bei Mühlberg an der Elbe gelang, war das Ergebnis glücklicher Umstände und schwerwiegender strategischer Fehlentscheidungen des uneinheitlich agierenden Kriegsrates der an Truppenstärke zeitweilig deutlich überlegenen Schmalkaldener. Im Oktober 1546 waren böhmische Truppen Ferdinands und sächsische Moritz' in Kursachsen eingefallen. Moritz brachte die Kurlande weitestgehend unter seine Kontrolle und nötigte Halle zur Anerkenntnis der ihm vom Kaiser zugesagten Schutzherrschaft. Doch dann geriet Moritz durch eine Gegenoffensive Johann Friedrichs in Bedrängnis, konnte sich aber zunächst mit Hilfe der Unterstützung des Markgrafen Albrecht Alkibiades behaupten. Im März freilich geriet dieser in kursächsische Gefangenschaft. Vermittlungsverhandlungen, die der brandenburgische Kurfürst, die ernestinischen und die albertinischen Landstände zwischen Johann Friedrich und Moritz veranlaßten, verschafften jenem einen wichtigen Zeitgewinn. Im April erschien der Kaiser in eigener Person auf dem sächsischen Kriegsschauplatz und verband sich mit den Truppen seines Bruders Ferdinand, die aus dem böhmischen Winterquartier hinzustießen, und den Verbänden Moritz'. Entlang der Elbe drang man tief nach Kursachsen ein; in der Nacht vom 23. auf den 24. 4. trieb der Kaiser seine Truppen in einem langen Nachtmarsch in die unmittelbare Konfrontation mit dem überraschten sächsischen Kurfürsten. Nur die Elbe lag zwischen den beiden Heeren; nachdem den kaiserlichen Truppen die Eroberung eines Elbübergangs geglückt war, wurde das kursächsische Heer aufgerieben, zur Flucht genötigt und in einer größeren Schlacht auf der Lochauer Heide vernichtend geschlagen.

Johann Friedrich geriet in kaiserliche Gefangenschaft – Karls vielleicht wichtigster Triumph, denn er erlaubte ihm, seinen Sieg durch Verhandlungen zu vervollkommnen. Militärisch behielt der Schmalkaldische Bund gleichwohl im Norden die Oberhand. Bei Drakenburg an der Weser gelang im Mai 1547 sogar noch ein eindrücklicher Sieg über das kaiserliche Heer, das es nicht vermochte, Bremen und Magdeburg unter seine Botmäßigkeit zu zwingen. Den gefangenen Kurfürsten ließ Karl in einem rechtlich fragwürdigen Verfahren kurzerhand zum Tode verurteilen, um ihn dann zu begnadigen und auf fünf Jahre als lebendes Faustpfand gedemütigt mit sich herumzuführen. Ähnliches geschah mit Philipp von Hessen, der sich nach Verhandlungen des brandenburgischen Kurfürsten Joachim und seines Schwiegersohnes Moritz mit dem Kaiser auf die freilich vage Zusicherung hin, er werde nicht mit ewigem Gefängnis bestraft, dem Reichsoberhaupt unterworfen hatte. Die langanhaltende Gefangenschaft Philipps war einer der Gründe, die Moritz von Sachsen, der mit großen Gebietsgewinnen und der Übertragung der Kurwürde (4. 6. 1547) aus dem Krieg hervorgegangen war, gegen den Kaiser einnahmen. Dessen Triumphalismus stellte eine schwerwiegende Hypothek seiner politischen Pläne dar: Karl ließ sich von Tizian als *miles christianus*, als »christlicher Soldat«, und zweiter Georg, der mit der Heiligen Lanze die ›deutsche Pest‹, die lutherische Häresie, bezwingt, darstellen (Abb. 40), inszenierte sich als christlicher Cäsar – »ich kam, sah, Gott hat gesiegt« (»Veni, vidi, deus vicit«) soll er, die Elbe als seinen Rubikon überschreitend, gesagt haben[6] –, demütigte den Kurfürsten von der Pfalz, den württembergischen Herzog und die oberdeutschen Reichsstädte, suchte Rache und Vergeltung und lebte seinen Stolz aus.

In keiner Phase seines Kaisertums hat das Ansehen Karls V. größeren Schaden genommen als nun, da seine Macht am größten war. In der propagandistischen Pamphletistik der Protestanten, die während des Schmalkaldischen Krieges ins Kraut schoß und die kaiserliche Offensive vor allem als Angriff auf das ›Wort Gottes‹ und die ›deutsche Freiheit‹ identifizierte, nivellierten sich die bisher sorgsam gewahrten Wertungsunterschiede zwischen dem Reichsoberhaupt und dem ihn aufstachelnden ›Papstteufel‹. Selbst Melanchthon, der in politischen Fragen notorisch maßvollste der Wittenberger Theologen, zweifelte im Angesicht des Krieges nicht daran, daß eine »ewige Veränderung in weltlichen Regimenten und in der Religion«[7] bevorstünde und daß das bedrängte, kleine Häuflein der Evangelischen in einer apokalyptischen Ent-

Abb. 40: Reiterbildnis Karls V. nach der Schlacht bei Mühlberg
(Tizian Vecellio, 1548)

scheidungssituation stehe wie einst die gegen ihre heidnischen Unterdrücker kämpfenden Makkabäer. Die dezidiert apokalyptisch grundierte radikale Notwehrkonzeption, die ein ständisches Widerstandsrecht gegen den Kaiser daraus ableitete, daß dieser zum Schutzherrn des antichristlichen Tyrannen in Rom geworden sei, dessen Regiment der in der Schrift grundgelegten Ordnung der drei Stände, der weltlichen Obrigkeit, des Predigtamtes und des Hausstandes, widerstreite, sollte noch auf Jahre hinaus, vor allem in Magdeburg, ein erhebliches Mobilisierungspotential entfalten. Vollmundig erklärten die Wittenberger Ausleger des göttlichen Willens, daß der himmlische Herr »Kaiser Carl und Bapst Paulum des Teufels Stadhalter zu Rom / als ⟨…⟩ ungehorsamen / untrewen pflicht und aidbrüchige[n] / Rebellen / Auffrurische / verechter und vorletzer ⟨…⟩ [der] ewigen / allmechtigen hoheit und Maiestet« geächtet und »aus iren Kaiserlichen und Bepstlichen ampt / in privats person stand / ohne ainige regierende Göttliche gewalt und Obrigkeit«[8] gesetzt habe. Der kaiserliche Krieg gegen die evangelische Religion, der auf militärischer und politisch-rechtlicher Ebene geführt wurde, provozierte einen Selbstbehauptungskampf um die Reformation, dessen Leidenschaftlichkeit ihresgleichen suchte.

Der ›Geharnischte Reichstag‹ zu Augsburg (1547-48)

Die Neuordnung des Reichssystems wollte der Kaiser durch eine Reihe von Maßnahmen vorantreiben, die, wären sie verwirklicht worden, die spezifische Struktur der vormodernen deutschen Staatlichkeit ohne Zweifel grundlegend im Sinne einer monarchischen Herrschaft verändert hätten. Die Bühne, auf der diese Maßnahmen vornehmlich beraten wurden, war der Reichstag; da der Kaiser die Stadt Augsburg, in der die Reichsversammlung vom 1. 9. 1547 bis 30. 6. 1548 stattfand, zur Demonstration seiner Macht mit spanischen Regimentern belagern ließ, ging er als sogenannter ›Geharnischter Reichstag‹ in die Geschichte ein. Unter den verfassungspolitischen

Zielen Karls V. hatte die Gründung eines am Modell des Schwäbischen Bundes orientierten reichsbündischen Systems unter kaiserlicher Führung zunächst besondere Priorität. Die Beratungen dazu begannen noch während des Krieges. Eine wichtige Funktion sollte in der Sicherung von Finanzmitteln bestehen, derer Karl dringend bedurfte, nachdem die päpstlichen Geldflüsse versiegt waren. Der Plan sah in etwa vor, die dem Kaiser bisher näherstehenden und die unterworfenen schmalkaldischen Reichsstände auf mindestens zwölf oder mehr Jahre in einen Bund zu zwingen, der jede andere ständische Vereinigung ausschließen sollte. Das Projekt scheiterte sowohl an der Skepsis der Stände als auch daran, daß der Kaiser am Ende nicht bereit war, seine eigenen dynastischen Interessen in den Niederlanden dem Reichsbund zu opfern. Einen erheblichen Erfolg erzielte Karl hingegen bei der Reorganisation des durch jahrelange protestantische Sabotage erheblich geschwächten Reichskammergerichts. Hier gelang die Durchsetzung einer konsequent am römischen Recht orientierten Professionalisierung sowie eines kaiserlichen Besetzungsrechts bei den Assessorenstellen.

Einschneidend waren einige erst nach dem Ende des Reichstages zunächst in Augsburg und Ulm, später in fast allen schwäbischen Reichsstädten durchgeführte verfassungspolitische Maßnahmen. Da die weit überwiegende Mehrzahl der Reichsstädte evangelisch geworden war und sogar auf seiten des Schmalkaldischen Bundes gegen den Kaiser gekämpft hatte, sann dieser darauf, solcherart Illoyalität künftig unmöglich zu machen. Dafür schien es entscheidend, die zünftische Mitwirkung bei der Stadtherrschaft abzuschaffen, die ja im Zuge der Reformation mancherorts verstärkt worden war. Fortan sollten die entscheidenden Ratsgremien ausschließlich aus dem mehrheitlich altgläubig gebliebenen Patriziat besetzt werden. Dieses kaiserliche Oktroi erwies sich als langlebig; es verstärkte die obrigkeitlich-herrschaftlichen Züge städtischer Regierung und bestand im wesentlichen bis zum Ende des Alten Reichs fort.

Als weitgehender Fehlschlag hingegen erwiesen sich die

Lösungen der Religionsfrage, die der Kaiser in Augsburg durchsetzte. Seinem eigentlichen Ziel, der Unterstellung der Protestanten unter das Konzil, standen beträchtliche Schwierigkeiten entgegen: die Verlagerung nach Bologna und die Suspendierung des Konzils, die für Protestanten grundsätzlich unannehmbaren Lehrentscheidungen der ersten Tagungsperiode, schließlich die erhebliche Belastung des Verhältnisses zum Farnesepapst Paul III., dessen Sohn Pier Luigi kurz nach der kaiserlichen Belehnung mit Parma und Piacenza, zwei für die Sicherheitsinteressen Roms zentral wichtigen Territorien, einer Verschwörung zum Opfer gefallen war, an der Karls Statthalter in Mailand, Ferrante Gonzaga (1507-57), nicht unbeteiligt gewesen war. Daß spanische Truppen daraufhin Piacenza okkupierten, berührte die päpstlichen ebenso wie die französischen Interessen im Kern und nährte die Befürchtung, beide könnten sich gegen den Habsburger zusammenschließen. An eine Wiedereinsetzung des Konzils auf dem Boden des Reiches war unter diesen Umständen nicht zu denken.

Das »Augsburger Interim«

Der religionspolitische Schritt, der nach mancherlei Vergeblichkeiten schließlich zu einem Ziel führte, bestand darin, daß der Kaiser eine geheime Theologenkommission einsetzte, die in einem mehrstufigen Prozeß und unter Veränderung der personellen Zusammensetzung – zuletzt gehörten ihr die aus den Religionsgesprächen erfahrenen katholischen Reformtheologen Pflug und Helding und der brandenburgische Hofprediger Johann Agricola, ein früher, eigenwilliger Schüler Luthers, an – ein Konsensdokument formulierte, das die Religionsfrage für das Reich interimistisch, das heißt »mitler zeit, bis zu endung und außtrag des concilii«,[9] gleichwohl verbindlich, klären sollte. Theologisch handelte es sich beim *Augsburger Interim* um ein weitgehend katholisches Dokument. Im Rechtfertigungsartikel etwa war der Akzent ganz auf die zum tätigen Liebeswerk stimulierende eingegossene göttliche

Liebe gelegt; in der Ekklesiologie spielte die Unterordnung unter die bischöfliche Autorität, ja die des Papstes, eine wichtige Rolle. Einzig in der Zurückhaltung gegenüber Privatmessen, vor allem aber in der Anerkenntnis der Priesterehe und des Laienkelchs waren identitätsstiftende Elemente reformatorischer Theologie gewahrt. Bei den Beratungen über das Dokument, die sich auf dem Reichstag seit Mitte Mai 1548 hinzogen, stellte sich rasch heraus, daß die katholischen Reichsstände eine Annahme des Interims ablehnten und daß auch der Widerspruch der protestantischen Stände beträchtlich war. Gleichwohl setzte es Karl, mit einem zweifelhaften Mehrheitsvotum der Stände auf fragwürdigste Weise legitimiert, in den Reichsabschied und führte es damit als verbindliches Reichsreligionsgesetz für die evangelischen Reichsstände ein. Der Vorgang war bemerkenswert: In geradezu cäsaropapistischer Attitüde nahm der Kaiser für sich in Anspruch, die Religionsfrage auf Reichsebene rechtsverbindlich zu regeln. Der Einbruch in das System des kanonischen Rechts, den das Interim darstellte, wurde freilich dadurch verschleiert, daß es – auch dies rechtlich höchst anfechtbar – nur für einige, eben die protestierenden Reichsstände, gelten sollte. Der Papst verschaffte dem Gesetz dadurch die Weihe vermeintlicher Legalität, daß er Dispense für die an sich mit dem Kirchenrecht unvereinbaren Sachverhalte des Interims, etwa den Laienkelch, in Aussicht stellte. Für die katholischen Reichsstände erließ Karl eine von den geistlichen Fürsten weitgehend akzeptierte *Formula reformationis*[10] – immerhin der erste Versuch, auf der Ebene des Reichs in Sachen Kirchen- und Klerusreform zu verbindlichen Schritten zu gelangen.

Die Durchsetzung des kaiserlichen Rekatholisierungsdiktats in den evangelischen Territorien erwies sich in den folgenden Jahren als die Schlüsselfrage des deutschen Protestantismus. In Württemberg und in der Mehrheit der oberdeutschen Reichsstädte wurde das Interim unter dem unmittelbaren militärischen Druck des Kaisers eingeführt; auch Straßburg, die Pfalz, Nürnberg und Brandenburg nahmen es an, letzteres freilich so, daß die geltende Kirchenordnung von 1540 gewahrt blieb. Ein gewaltiger Exodus evangelischer Pfarrer, die die Einführung des Interims mit ihrem Gewissen nicht vereinbaren konnten oder schlichtweg entlassen wurden, setzte ein. Prominente Theologen wie Ambrosius Blarer aus Konstanz oder Wolfgang Musculus (1497-1563) aus Augsburg flohen in die Schweiz; andere wie Brenz tauchten unter. Das außerhalb des Reichs gelegene und deshalb ›interimsfreie‹ Herzogtum Preußen wurde das Ziel zahlreicher ›Bekenner‹ wie Joachim Mörlin (1514-71), Martin Chemnitz (1522-86), Andreas Osiander und anderer. Bucer und Fagius gingen ins englische Exil. Unerwartete Zentren theologischer Gelehrsamkeit und doktrinaler Gereiztheit blühten auf; Königsberg und Magdeburg wurden die schillerndsten unter ihnen.

Zum Schicksal des deutschen Protestantismus aber wurde der Umgang mit dem Interim im Kurfürstentum Sachsen. Schon während des Reichstages hatte Moritz keinen Zweifel daran gelassen, daß er eine Einführung des Religionsgesetzes von der Zustimmung der kursächsischen Landstände abhängig zu machen gedachte. Doch sich dem Druck des Kaisers, der auf die Einführung drängte, zu entziehen sah sich der Protestant Moritz gleichfalls außerstande. So entstand die Idee einer Kompromißlösung, die die theologischen Kerngehalte des reformatorischen Christentums wahren, hinsichtlich äußerer Zeremonien, sogenannter Adiaphora, aber Konzessionen machen wollte. Melanchthon, seit der Wiedereröffnung der während des Schmalkaldischen Krieges geschlossenen Universität Wittenberg ein loyaler Diener seines neuen Landesherrn Moritz, hatte an dem Rechtfertigungsartikel des Interims erhebliche Kritik zu üben; in bezug auf rituelle Praktiken signalisierte er aber Entgegenkommen, sofern sie nicht in einem offenkundigen Widerspruch zur Bibel stünden. Im Dezember 1548 wurde auf dem Leipziger Landtag eine Umsetzungsform des Interims beschlossen,[11] die einen evangelischen Charakter der Lehre zu wahren versuchte und eine katholische Form des Ritus anerkannte. Melanchthons Schüler Matthias Flacius Illyricus, der seinen Lehrer schon während der noch laufenden Beratungen vor Kompromissen gewarnt hatte, prägte für die kursächsische Religionsordnung den propagandistisch wirkungsreichen Begriff des ›Leipziger Interims‹. Als Flacius im Frühjahr 1549 aus Gewissensgründen seine Wittenberger Hebräischprofessur niederlegte und in die seit Juli 1547 wegen der Beteiligung am Krieg gegen den Kaiser und notorischer Unbotmäßigkeit unter Reichsacht stehende Elbmetropole Magdeburg übersiedelte, begann ein publizistischer Kampf um die Rettung der Reformation, wie man ihn seit den frühen zwanziger Jahren nicht mehr gesehen hatte.

VON DER BELAGERUNG MAGDEBURGS ZUM AUGSBURGER RELIGIONSFRIEDEN

Der Kampf um Magdeburg

Für den Rat und die Bürgerschaft der Altstadt Magdeburgs, in der 1524 in engstem Anschluß an Wittenberg eine der frühesten Stadtreformationen durchgeführt worden war (s. o. S. 357), bildete der mit politischen, militärischen und propagandistischen Mitteln geführte Kampf um das evangelische Bekenntnis ein integrales Moment ihres lange vor dem 16. Jahrhundert begonnenen Ringens um städtische Autonomie gegenüber der erzstiftischen Regierung. Die Stadt hatte in den zwanziger Jahren die politische Nähe zum ernestinischen Sachsen gesucht, sich 1526 dem Torgauer, 1531 dem Schmalkaldischen Bund angeschlossen, schließlich dem nach Kardinal Albrechts Tod 1545 neugewählten Erzbischof Johann Albrecht von Brandenburg-Ansbach die Huldigung verweigert und den im Dombezirk verbliebenen Stiftsherren damit gedroht, den Dom zu sperren, wenn weiterhin Messen gefeiert würden. Anfang 1547 hatte der altstädtische Rat, dem sich nun auch die Bürgerschaften der Teilstädte Sudenburg und Neustadt unterstellten, das Domkapitel, das beim Kaiser und vor dem Reichskammergericht sein Recht suchte, die Fehde angesagt und im erzstiftischen Gebiet geistliche Besitztümer im Namen »alter Freyheit« und »teutscher Libertet« an sich gebracht. Im Frühjahr 1547 hatte die Elbmetropole, die schon seit Jahren ihre Verteidigungsanlagen ausgebaut hatte und über erhebliche Truppenkontingente sowie eine stattliche Bürgerwehr verfügte, bei der Entsetzung des von kaiserlichen Truppen belagerten Bremen mitgewirkt und war bei deren Rückzug in den Süden ungeschoren geblieben. Im Juli 1547 war die Stadt der Reichsacht verfallen; genau 20 Jahre zuvor, 1527, war dies schon einmal geschehen. Nachdem Erzbischof Johann Albrecht im Schmalkaldischen Krieg von Kurfürst Johann Friedrich zur Abdankung gezwungen worden war, hatte das Domkapitel abermals einen hohenzollerschen Prinzen, den Markgrafen Friedrich IV. (reg. 1550-52), gewählt, und der Kaiser hatte ihn mit dem Erzstift belehnt. Die Schutzherrschaft über die Stifte Magdeburg und Halberstadt, die ein Teil jenes Gewinns gewesen war, den Moritz von Sachsen aus seiner Verbindung mit Karl im Schmalkaldischen Krieg gezogen hatte, verlor so Entscheidendes ihres Wertes. Neben der Demütigung, die ihm der Kaiser dadurch bereitete, daß er ihn immer wieder ergebnislos um die Freilassung seines Schwiegervaters Philipp von Hessen bitten ließ, und dem verletzlichen Protestantenstolz, der durch das Interim und das Konzilsbegehren angefochten war, wird es vor allem die reichsständische Gesinnung gewesen sein, die den neuen Kurfürsten von Sachsen das kaiserliche Dominanzgebaren verachten ließ. Daß sich Moritz im Oktober 1550 auf dem Augsburger Reichstag die Exekution der Reichsacht gegen Magdeburg übertragen ließ, verschaffte ihm eine Aktionsmöglichkeit, die zu einer ungeahnten Chance für den deutschen Protestantismus werden sollte.

Magdeburg gehörte zu jenen wenigen mitteldeutschen Städten, die die Annahme des Interims offen verweigerten. Der alte Superintendent der Stadt, Luthers Freund Nikolaus von Amsdorff, war nach der Vertreibung aus seinem Naumburger Bischofsamt (1542-47) an seinen alten Wirkungsort zurückgekehrt und hatte seine geistlichen und kirchenpolitischen Interessen darauf konzentriert, den Geist evangelischen Bekennermuts zu beschwören, jeden Kompromiß, jede Nachgiebigkeit gegenüber offener oder verdeckter ›Papisterei‹ zu bekämpfen und den schmählichen Verrat, den der ›Judas von Meißen‹, Herzog Moritz, an den glaubensfesten Ernestinern verübt hatte, öffentlich zu geißeln. Auch andere proernestinische Publizisten, seit Sommer 1548 aber dann vor allem jene, die das kaiserliche Religionsgesetz für ein unerträgliches Joch hielten, wurden auf Magdeburg aufmerksam, strömten hierher ins Exil, nutzten es als Basis für eine notwendig gewordene berufliche Umorientierung oder bedienten sich der publizistischen Möglichkeiten, die dieser Ort nun als einziger im Reich bot. Nur hier konnte man unverblümt Schriften gegen das Interim drucken lassen; nur hier gab es ein städtisches Ratsregiment, das in bezug auf das Bekenntnis keinen Schritt zu weichen bereit war und das ein förderliches Interesse an Theologen hatte, die diese Haltung wortreich und argumentationsstark propagieren konnten; nur hier, so beanspruchte man, wurden Luthers Erbe rein erhalten und die wahre Lehre gepflegt und verbreitet, die in Wittenberg kompromißlerisch verwässert würden.

Unter denen, die durch die unruhigen Zeitläufte nach Magdeburg gezogen wurden und sich hier als Pfarrer oder Publizisten niederließen, nahmen die 1549 und 1550 aus Wittenberg abtrünnig gewordenen jungen und hochbegabten Gelehrten Flacius und Nikolaus Gallus (1516-70) eine besondere Rolle ein. Neben Amsdorff wurden sie die herausragenden literarischen Vorkämpfer jener sich selbst als »Cantzeley unsers herrn Jhesu Christi« – lateinisch: »officina libraria Jesu Christi«[12] – inszenierenden und schließlich bekannt gewordenen ›festen Burg‹ lutherischer Rechtgläubigkeit. Flacius, der kein pastorales Amt innehatte, sondern vorwiegend als Schriftsteller und Herausgeber tätig war, steuerte in den Jahren der höchsten Publikationsdichte, 1549 und 1550, jeweils beinahe die Hälfte aller Texte bei. Der Ausstoß der »Herrgotts Kanzlei« belief sich zwischen 1548 und 1551 auf über 400 Drucke; an keinem Ort im Reich wurden in diesen Jahren mehr Flugschriften produziert als hier. Magdeburg war für einige Zeit so etwas wie die Stimme eines freien deutschen Protestantismus, der sich nicht unter das Joch einer repressiven kaiserlichen Rekatholisierungspolitik zwingen ließ. Auch vom Ausland aus, vor allem bei den schweizerischen und französischen Protestanten, blickte man bewundernd auf die mitteldeutsche Stadt.

Die vielfältigen literarischen Gattungen, derer man sich bei diesem Kampf bediente, erinnern an den Flugschriftenkrieg der frühen Reformationszeit: Man publizierte Dialoge, Disputationsthesen, Bekenntnisse, Gutachten, Lehrbücher und Katechismen, Predigten, Sendbriefe, Trostschriften und polemische Traktate, Gebetstexte, Prophetien, illustrierte Flugblätter, die in eindrücklicher Weise hinter dem sich harmlos gerierenden Interim den Teufel zeigten (siehe Abb. 41), und Akteneditionen älterer oder neuerer Hilfstexte, die den endzeitlichen Kampf gegen den päpstlichen Antichrist und seinen kaiserlichen Satrapen in weitere historische und politische Zusammenhänge hineinstellten. Die Bedrohung, die im Zuge der sich ankündigenden und seit Herbst 1550 vollzogenen Belagerung über der Stadt lag, steigerte das Zusammengehörigkeitsgefühl seiner Bewohner. Man verglich sich mit dem biblischen Betulia, das den Assyrern getrotzt hatte (vgl. das Juditbuch), und fand im eigenen Stadtnamen einen göttlichen Hinweis auf diesen Zusammenhang; denn das hebräische Wort für ›Mädchen‹ beziehungsweise ›Jungfrau‹, *betula*, schien in Magdeburg, Maidenburg, also Mädchenburg, enthalten zu sein. Sogar mit dem apokalyptischen Austragungsort der endzeitlichen Schlacht aller Schlachten, Har*maged*on (Apk 16,16), identifizierte man sich aufgrund scheinbarer etymologischer Ähnlichkeit, aber auch, weil es hier, vor den Toren Magdeburgs, um das Ganze ging: um die Bewahrung oder den Verlust der allein seligmachenden Lehre des Evangeliums am Ende der Zeiten.

Die enge Verbindung zwischen dem Rat und den Theologen wurde in der Formulierung einer Widerstandslehre fruchtbar, die um der Bewahrung der reinen Lehre willen auch den niederen Magistraten das Recht zugestand, gegen die höheren

Abb. 41: *Der unschuldigen Adiaphoristen Chorrock* (undatiert)

Obrigkeiten aufzubegehren. Bemerkenswert an der Konzeption war vor allem die theoretische Verbindung apokalyptisch inspirierter Kompromißlosigkeit, mit der man dem zum Tyrannen pervertierten Reichsoberhaupt die Stirn bot, und einer an der Drei-Stände-Lehre orientierten Theologie der Schöpfungsordnungen. Auch in theologiepolitischer Hinsicht loderte die Erhitzung der protestantischen Agitationsliteratur aus der Zeit des Schmalkaldischen Krieges in Magdeburg wieder auf, während man sich in Wittenberg auf kühle Kompromisse einzulassen begonnen hatte. Es sollte noch Jahrzehnte dauern, bis die tiefen Verwerfungen, die in der Magdeburger Publizistik gegen Melanchthon und seine Wittenberger, Leipziger und Dresdener Kollegen in albertinischen Diensten ausgesprochen wurden, überwunden werden konnten.

Die für die Durchbruchsdynamik der frühreformatorischen Bewegung einst so kennzeichnende Verbindung von religiösem Wahrheitsanspruch und städtischem Gemeinsinn, ja die theologisch-kulturelle Symbiose von Stadt und Reformation erreichte in Magdeburg eine letzte Intensität. Daß man die Magdeburger von außen mit dem Münster des Täuferreichs verglich, hatte nicht nur im Aufruhrvorwurf, sondern auch in der apokalyptisch forcierten, bedingungslosen, ja fanatischen Hingabe an die letzte Wahrheit ihren Grund. Doch die Magdeburger propagierten und praktizierten keine ›Veränderung‹ und stellten die interne Ratsordnung nicht auf den Kopf; sie kämpften für die alten Freiheiten, das uralte Evangelium, das Recht des Bekenntnisses, das ein vom revoltierenden und notorisch revolutionären ›Papstteufel‹ aufgestachelter Imperator ihnen zu rauben versuchte. Zu einer Lockerung der mentalen Symbiose von Religion und Politik, Ratsherren und Theologen, kam es erst seit dem Frühjahr 1551, als sich die Politiker auf Geheimverhandlungen mit Moritz einließen und den von Amsdorff, wohl auch von Flacius und Gallus befürworteten Kampf bis zum letzten nach und nach aufgaben. Daß Magdeburg ein weithin bekannter Symbolort evangelischer Bekenntnisfreiheit geworden ist, hatte es vor allem seinen Theologen, daß die Stadt außer einigen Strafzahlungen im wesentlichen heil aus dem Abenteuer ihres Widerstands herausgekommen ist, vor allem ihren Politikern zu danken.

Der Frontenwechsel Moritz' von Sachsen

Als Moritz im Herbst 1550 mit der Belagerung begann, hatte sich bereits der Widerstand einiger protestantischer Fürsten gegen die repressive Religionspolitik des Kaisers zu formieren begonnen: Markgraf Hans von Brandenburg-Küstrin, Johann Albrecht von Mecklenburg, dessen Landstände soeben erst (1549) der Reformation des Herzogtums zugestimmt hatten, und Herzog Albrecht von Preußen, der zahlreichen Interimsflüchtlingen Exil bot, hatten sich im Februar 1550 zu einem Bündnis zusammengefunden, das auf Erweiterung angelegt war und dem Kaiser Paroli bieten wollte. Die Entsetzung Magdeburgs hatten sie schon ins Auge gefaßt, als Moritz von ihnen angeworbenes Kriegsvolk auf Kosten von Kaiser und Reich unter seinen Befehl stellte. Seit Jahresbeginn 1551 hatte er sodann einen ehemaligen Diplomaten des Schmalkaldischen Bundes, Johann zu Heideck (um 1500-54), in seine Dienste genommen, der das Seine dazu beitragen sollte, unter den ehemaligen Kriegsgegnern und Konfessionsverwandten Zutrauen zu dem sich allmählich und im geheimen abzeichnenden Frontenwechsel des sächsischen Kurfürsten zu schaffen.

Kurfürst Moritz baute über Hessen diplomatische Verbindungen nach Frankreich auf; den jungen Landgrafen Wilhelm IV. (1532-92, reg. 1547-52 und 1567-92), bald auch das Bündnis um Küstrin, zog er in enge Verbindlichkeiten, die sich im Mai 1551 zu einer in Torgau vereinbarten Koalition verdichteten. Der dem 1547 verstorbenen Franz I. nachgefolgte französische König Heinrich II. (1519-59) ließ sich für Verhandlungen gewinnen; seit Herbst 1551 stand er mit den Habsburgern in Italien im Krieg und schmiedete bereits Pläne für ein neuerliches Bündnis mit den Osmanen. Da sich abzeichnete, daß die von

Frankreich geforderten Gegenleistungen massiv in den Bestand des Reiches eingreifen würden, zogen sich Hans von Küstrin und Albrecht von Preußen aus dem Bündnis zurück. Am 15. 1. 1552 wurde der Vertrag von Chambord unterzeichnet. Er war dezidiert gegen den Kaiser gerichtet, ließ aber König Ferdinand auf Wunsch des Kurfürsten außen vor – eine strategisch wichtige Entscheidung, die späteren Verhandlungen mit dem Habsburger Raum ließ und wohl auch der immer erkennbareren Entfremdung zwischen Karl und seinem Bruder Rechnung trug.

In den kontroversen Vorstellungen über die Nachfolge des Kaisers im Reich, die sich zwischen den beiden Linien des Hauses Habsburg als belastend auszuwirken begannen, wurden Spannungen erkennbar, die sich auch auf die Verhandlungen der Religionsfrage in den kommenden Jahren auswirkten. Die von Karl verfolgte Option einer Nachfolge seines Sohnes Philipp nach dem Kaisertum Ferdinands berührte nicht nur dessen eigene dynastische Interessen, sondern auch das Wahlrecht der Kurfürsten, also die verfassungsrechtliche Struktur des Reiches. Daß sich die Monarchen, besonders Karl, damit den Vorwurf der opponierenden Reichsfürsten einhandelten, sie wollten »das Reich erblich ⟨...⟩ machen und mit Gewalt gegen die Absicht, die Überzeugung und den Willen der Kurfürsten und der anderen Fürsten einen Ausländer«[13] hineinsetzen, verdeutlicht, daß man eine grundstürzende Umwälzung der überkommenen Ordnung befürchtete. Die Vertragspartner von Chambord begründeten ihren Aufstand gegen das Reichsoberhaupt deshalb einerseits mit dessen Angriffen auf die »Religion«, die er »Intzuzeunen, Und zuletzt gar austzutilgen«[14] beabsichtige, andererseits mit der Befreiung Philipps von Hessen und der Verteidigung der »alten liberteten und freiheiten« der deutschen Nation, die man nicht durch einen »Viehischenn untreglichen und ewigen Servitut, wie In hispania unnd sonsten gesehen wirdet«,[15] zerstören lassen wolle.

Moritz von Sachsen, der in den Diensten des Kaisers die abtrünnige Stadt Magdeburg belagerte, gelang es, sich zum Spiritus Rector dieser kunstvoll eingefädelten Verschwörung aufzubauen. Der Preis, den man dem französischen König ohne jede Legitimation zu zahlen bereit war, war für das Reich nicht gering, für den Kaiser aber schmerzlich groß: Cambrai und die lothringischen Bischofsstädte Metz, Toul und Verdun, Orte also, »so zum Reich von alters gehöret, Und nit teutscher Sprach sein«.[16] Sie sollte der französische König inskünftig als Reichsvikar verwalten, ohne sie definitiv aus dem Reich herauszulösen. Der strategische Sinn dieser Absprache war evident: Der neue französische Territorialbesitz schob sich als Sperrgürtel zwischen die oberdeutschen und die niederländischen Besitzungen der Habsburger und traf sie ins Mark.

In den geheimen Kapitulationsverhandlungen, die Moritz mit den Magdeburgern führen ließ, äußerlich den Druck, später mehr und mehr lediglich den Anschein einer Belagerung aufrechterhaltend, betonte er, daß er sich zu derselben Lehre bekenne wie die Belagerten und sogar bereit sei, Leib und Leben dafür einzusetzen. Während er sich heimlich von der Stadt als Erbherr anerkennen ließ und im Gegenzug die evangelische Religion zusicherte, trat er öffentlich als Exekutor der Interessen des Kaisers und des Reiches auf. Den Protestanten gegenüber gab sich Moritz also ganz entschieden als einer der Ihren; diese konfessionelle Selbstinszenierung, die wohl gar authentischem Empfinden entsprach, dürfte ihren Eindruck auf die Glaubensbrüder in der Elbmetropole nicht verfehlt haben. Die einzigartige Karriere vom ›Judas von Meißen‹ zum ›Retter des Protestantismus‹ war nur aufgrund des Suggestions- und Überwältigungspotentials der Religion denkbar.

Der Kaiser, der sich seit Oktober 1551 in Innsbruck aufhielt, hat von der Verschwörung offenbar nichts geahnt. Daß sich selbst die altgläubigen Fürsten und Bischöfe den seit März 1552 in den Süden vordringenden Truppen der opponierenden Protestanten nicht in den Weg stellten und dieser sogenannte Fürstenkrieg bis in den Frühsommer hinein militärisch entschieden war, entsprach den tatsächlichen Kräfteverhältnissen im Reich und der reichsständischen Solidarität gegenüber einem übermächtig gewordenen Kaiser. Karl persönlich wurde die Schmach einer Flucht aufgenötigt. Als die Truppen Moritz' in Tirol eindrangen, blieb ihm nichts übrig, als sich in einer Sänfte über den Brenner abzusetzen und dann nach Villach zu fliehen. Wirkungsvoller konnte man nicht demonstrieren, daß die Macht des Kaisers einen irreparablen Schaden erlitten hatte.

Die Verhandlungen zwischen Ferdinand, den aufständischen und den neutralen Reichsständen, die seit Anfang 1552 zunächst in Linz, dann in Passau geführt wurden, kamen vor allem deshalb zu einem tragfähigen Ergebnis, weil sich weder der König noch die altgläubigen Reichsstände der Vorstellung eines dauerhaften Religionsfriedens im Reich widersetzten. Auch das katholische Deutschland, so schien es, fühlte sich nicht mehr an Vorgaben der kanonischen Rechtsprinzipien der römischen Kirche gebunden, die einen dauerhaften Frieden mit Ketzern ausschlossen. Der Fürstenkrieg und die mit ihm einhergehenden, notorisch werdenden Landfriedensbrüche des Markgrafen Albrecht Alkibiades, der auf eigene Faust die fränkischen Bistümer wider Recht und Ordnung bedrängte, hatten den allgemeinen Friedenswunsch gestärkt. Der einzige, der sich, befangen in universalistischen Einheitsvorstellungen und abgründigem Ketzerhaß, gegen einen dauernden Religionsfrieden sperrte, war der Kaiser. Doch der Einfluß Ferdinands auf seinen Bruder reichte noch aus, daß dieser einer revidierten Version des Vertragsentwurfs zustimmte und diese am 15. 8. 1552 ratifizierte. Er regelte die Freilassung des Landgrafen und die Vertagung der im Rahmen eines Religionsgesprächs auf der Ebene des Reiches zu vergleichenden Religionsfrage bis zu einem bald einzuberufenden Reichstag und enthielt die Perspektive darauf, »dem zwispalt der Religion abzuhelffen und dieselb zu Cristlicher vergleichung zu bringen«, damit durch »solche ainickhait der Religion durch alle Stendt des heyligen Reichs sambt Irer Mt: ordenlichem zuethuen soll befurdert werden«.[17] Dies war ein epochaler Erfolg für die Protestanten, den sie niemandem mehr zu verdanken hatten als jenem Moritz, der sie einst in ihre größte Not getrieben hatte. Dieser starb im Juli 1553 nach einer erfolgreichen Schlacht gegen den Landfriedensbrecher Albrecht Alkibiades. Es war ein Einsatz in den Diensten des Reichs und seines Friedens. Moritz war wirklich von einem Condottiere zu einem Kurfürsten, zu einer ›Säule des Reichs‹ geworden.

Im Herbst 1552 zog der Kaiser, der noch einmal erhebliche Darlehen und spanische sowie italienische Regimenter zusammenzubringen vermochte, in den Krieg um Lothringen, scheiterte aber militärisch und mußte sich in die Niederlande zurückziehen. Das Reich hat er nicht mehr betreten. Im Sommer 1553, nach dem Tod des im Alter von 15 Jahren verstorbenen englischen Königs Edward VI. und der Regierungsübernahme durch die katholisch gebliebene älteste Tochter Heinrichs VIII., Maria, Tochter Katharinas von Aragon und Cousine des Kaisers, eröffnete sich für die Habsburger noch einmal eine hoffnungsvolle dynastische Perspektive: Karls V. Sohn Philipp (1527-98, reg. 1556-98) ehelichte Maria im Juli 1554. Für dieses Ziel hatte man sogar einen Wiener Prinzen der österreichischen Linie ausgestochen und eine weitere Belastung der innerhabsburgischen Beziehungen in Kauf genommen. Doch die neuerliche Vision eines erdumspannenden Weltreichs blieb uneingelöst. Schon 1558, im selben Jahr wie der Kaiser, verstarb Maria kinderlos. Ihre und ihres Gatten blutige Rekatholisierungspolitik sollte das Verhältnis Englands zu Spanien langfristig belasten. Von den späten Hoffnungen des Kaisers blieb nichts. Als er am 21. 9. 1558 in seiner Eremitage nahe des Hieronymitenklosters Yuste in der spanischen Estremadura starb, verlor die imperiale Kaiseridee des Mittelalters ihren letzten Repräsentanten. Daß der Erzbischof von Toledo, der Karl V. die Absolution erteilt hatte, aufgrund der ketzermacherischen Intriganz von Klerikern, die seinen exklusiven Hinweis auf das Leiden Christi beanstandeten, in den schwerwiegenden Verdacht geriet, ein lutherischer Häretiker zu sein, bewies noch einmal, wie viel fanatischer Wahnsinn in der Religion war. So schwebte der Pesthauch der lutherischen Ketzerei noch im Sterbegemach dessen, der zu ihrer Vernichtung und für den Erhalt der Einheit der katholischen Kirche mehr getan hatte als jeder andere.

Der Augsburger Religionsfriede

Die Widerstände, die Karl V. einem dauerhaften Religionsfrieden im Reich entgegensetzte und die, wie er seinem Bruder, durchaus glaubhaft, mitteilte, in Gewissensskrupeln wegen der Auflösung der Einheit der christlichen Religion[18] gründeten, haben die Entwicklung zum Augsburger Religionsfrieden nicht verhindern können. Zuletzt hatte er noch versucht, durch seine Abdankung die rechtskräftige Veröffentlichung des Reichsabschiedes zu vereiteln. Doch Ferdinand hatte die eine Stunde vor der Beendigung des Reichstages eintreffende Nachricht unterdrückt; der Reichsabschied des 25. 9. 1555, der den Augsburger Religionsfrieden enthielt, erschien noch unter der Autorität jenes Kaisers, der ihn beharrlich zu verhindern versucht hatte. Rechtskraft erhielt die Abdankung Karls erst 1558; die Kurfürsten beanspruchten, der Abdankung zuzustimmen und bei der Übertragung der Herrschaft an den römischen König mitzuwirken. Ferdinand galt als ehrlicher Makler der Interessen des Reiches. Als ein solcher hatte er sich bei den Augsburger Verhandlungen 1555 bewährt und zum Zustandekommen jenes einzigartigen Religionsrechts beigetragen, das die deutsche Geschichte der Frühen Neuzeit nachhaltiger bestimmen sollte als jeder andere Rechtstext.

Die wesentlichen Inhalte, die schon in einem gemeinständischen Entwurf vom 21. 6. 1555 enthalten waren, sind folgende: 1. Der Frieden gilt zwischen den Ständen der *Confessio Augustana* und der katholischen Religion; er schließt Andersgläubige und Reformierte aus (§§ 15-17).[19] 2. Er sanktioniert die Säkularisationen reichsunmittelbarer geistlicher Institutionen durch Reichsstände, sofern sie vor dem Passauer Vertrag erfolgt waren (§ 19). 3. Er suspendiert die evangelischen Stände von der geistlichen Gerichtsbarkeit »biß zu endlicher Vergleichung der Religion« (§ 20). 4. Er stellt die Einkünfte geistlicher altgläubiger Institutionen und die Rechte der weltlichen Obrigkeiten an diesen Einkünften sicher (§§ 21 f.). 5. Er gewährt ein Auswanderungsrecht andersgläubiger Untertanen aus einem Territorium und sichert ihnen zu, Hab und Gut veräußern zu dürfen (§ 24).

Der Augsburger Religionsfriede basiert auf dem seit dem ersten Speyerer Reichstag von 1526 faktisch eingeführten Prinzip der konfessionellen Territorialhoheit, das mit einer um 1600 belegten bündigen Formel – »cuius regio, eius religio«, das heißt, der Landesherr bestimmt die Konfession – zusammengefaßt zu werden pflegt. Der Religionsfriede setzt das Prinzip der geschlossenen Einheitsreligion innerhalb eines Territorialstaates voraus; das Recht, die Reformation einzuführen *(ius reformandi)*, besitzt allein der Landesherr. Lediglich in den Reichsstädten, in denen beide Konfessionen vertreten sind, ist eine paritätische Religionspraxis vorgesehen. Ungeachtet dessen, daß der Friede dauerhaft und unverbrüchlich gelten sollte, unterlag er der prinzipiellen Befristung bis zur »Christliche[n], freundliche[n] und endliche[n] Vergleichung der Religion und Glaubens-Sachen« (§ 26). Im wesentlichen zwei Probleme blieben ungelöst und sollten sich im Laufe des 16. Jahrhunderts als erhebliche Beschwernisse erweisen: 1. Die Protestanten forderten, daß die landsässigen Ritterschaften und Städte in geistlichen Gebieten das Recht erhalten sollten, evangelisch zu bleiben. Die katholischen Stände waren gegen diese Regelung. In einer nicht in den Reichsabschied aufgenommenen, zunächst unveröffentlicht gebliebenen und in ihrer rechtlichen Verbindlichkeit umstrittenen Erklärung war dies von König Ferdinand anerkannt worden *(Declaratio Ferdinandea)*. 2. Die Katholiken bestanden darauf, daß dann, wenn ein geistlicher Fürst zur Religion der *Confessio Augustana* wechselte, der katholische Charakter des Reichsstandes gewahrt bleiben mußte, der geistliche Fürst also nur als Privatperson evangelisch werden konnte (sogenannter »Geistlicher Vorbehalt«, *Reservatum ecclesiasticum*). Da eine ständische Einigung auch in dieser Frage nicht zu erreichen gewesen war, erging die entsprechende Bestimmung in der Form einer königlichen Verordnung.

Auch wenn in den strittigen Problemen der Keim mannigfachen Streits angelegt war, so erfüllte der Religionsfriede doch seine Funktion im ganzen weitaus besser, als angesichts der Turbulenzen des vergangenen Vierteljahrhunderts zu erwarten gewesen war. Er führte eine weltliche Friedensordnung ein, die zugleich jenes politische System stabilisierte, das ihn trug und ermöglicht hatte: das Alte Reich. Seine Logik entsprach der realen Machtverteilung zwischen den Konfessionen, die er tendenziell festschrieb. Er sicherte einer kirchenrechtlich ordnungsgemäß verurteilten Ketzerei den Bestand und trug damit entscheidend zur Säkularisierung der politischen Ordnung und zur Begründung einer religiösen Neutralität des Staates bei. Das Religionsrecht des Alten Reichs schloß Täufer, Juden, ›Dissenters‹ und andere aus. Religiöse Toleranz in einem umfassenden Sinne begründete es nicht. Den Reformierten mutete es zu, unter dem Dach der *Confessio Augustana* rechtliche Duldung zu erlangen, was nur durch ihrerseits konfliktreiche Auslegungs- und Aushandlungsprozesse zwischen den Protestanten der lutherischen und der reformierten Konfession gelingen konnte. Unter Katholiken blieb der Religionsfriede umstritten; ein formaler päpstlicher Protest unterblieb, wurde aber nachträglich von jenen konstruiert, die einen Frieden mit Ketzern für unerträglich hielten. Auch die Protestanten brauchten eine Generation, bis sie den Frieden als Grundlage ihrer eigenen rechtlichen Existenzsicherung uneingeschränkt bejahten. Daß die europäischen Politiker und Juristen des Westfälischen Friedens nach dem Dreißigjährigen Krieg zu den Prinzipien von 1555 zurückkehrten, beweist mehr als alles andere, daß die kühle juristische Rationalität, mit der man die Glut der religiösen Wahrheitsansprüche eingehegt und ihre destruktiven Potenzen gebändigt hatte, zukunftsfähig war.

Der Augsburger Religionsfriede steckte der Religion Grenzen weltlichen Rechts. Innerhalb dieser Grenzen hatte sich die Reformation zu erhalten vermocht. Innerhalb dieser Grenzen behielt freilich die religiöse Wahrheit, die es von außen betrachtet nur mehr in der Mehrzahl geben konnte, ihr Recht. Das war weit weniger, als der einflußreichste Theologe seiner Zeit, Martin Luther, erstrebt und erhofft hatte. Und es war weit mehr, als der mächtigste Kaiser aller Zeiten, Karl V., geduldet und zugelassen hatte. Nur in Rom, das 1555 drei Päpste erlebte, hatte man wieder einmal und noch immer andere Sorgen. So begann in Deutschland, dem Land der Reformation, früher und auch anders als anderswo ein neues, das konfessionelle Zeitalter.

KONFESSIONSKULTUREN

Der Augsburger Religionsfriede von 1555 war zugleich End- und Ausgangspunkt historisch dynamischer Entwicklungen. Er beendete ein rund drei Jahrzehnte währendes Ringen um die politisch-rechtliche Existenzsicherung einer Ketzerei, die wegen ihres ständischen Rückhalts nicht niederzuzwingen war. Insofern schloß der Augsburger Religionsfriede eine aufgrund der Kräfteverhältnisse im Reich geradezu unvermeidliche Entwicklung, gegen die sich Karl V. bis zuletzt gestemmt hatte, ab. Mit der Entscheidung von 1555 wurde ein bikonfessionelles beziehungsweise Mehrkirchensystem in Deutschland auf Dauer gestellt, das die für mittelalterlich-imperiale Einheitskonzepte grundlegende religiöse Identität des Reichs, seines Oberhaupts und seiner Stände, gründlich konterkarierte und faktisch aufhob. Was die Landes- beziehungsweise Territorial- und Stadtkirchen der Reformationszeit betrifft, ist evident, daß sie – ungeachtet mannigfacher Kontinuitätsmomente in bezug auf Ritus, Kultus und Gewohnheiten – in rechtlicher, organisatorischer und theologischer Hinsicht Neubildungen darstellten, partikulare Erscheinungen von mehr oder minder großer Ausstrahlungskraft, die auf Gedeih und Verderb mit der jeweiligen politischen Ordnung, dem Staatswesen, verkoppelt waren. Die evangelischen Territorialkirchen sind nach Dogma, Ritus, Verwaltungsstrukturen und Rechtsverhältnissen von den weltlichen Obrigkeiten beziehungsweise Dynastien abhängige Institutionen, in denen die im Spätmittelalter anhebenden Tendenzen zur Ausbildung eines landesherrlichen Kirchenregiments fortgeführt, aber doch zugleich auf ein qualitativ und quantitativ neues Niveau gehoben wurden. Denn der Landesherr entschied als ›Notbischof‹ im Rahmen der reichsreligionsrechtlichen Optionen nominell über die in seinem Territorium geltende Lehre; er erließ die Kirchenordnungen, er bestellte die theologischen und juristischen Mitglieder der konsistorialen Leitungsgremien, und er berief das kirchenleitende geistliche Personal. Restriktionen des kanonischen Rechtes galten für ihn nicht mehr; Kooperationen mit anderen Territiorialkirchen, insbesondere Verständigungen über interterritoriale konfessionelle Zusammenschlüsse, unterlagen seiner Zustimmung. Sosehr die regierende fürstliche Person faktisch auch von ihren juristischen und theologischen Beratern bestimmt gewesen sein mag und, insbesondere was die liturgischen und die personalpolitischen Kompetenzen, Deutungs- und Eingriffsrechte anging, Koordinationsmodelle zwischen unterschiedlichen Akteuren üblich waren – die maßgebliche Verfügungsgewalt über das Kirchenwesen und damit über die für das Heil der Untertanen zuständige religiöse Institution lag bei der Landesherrschaft selbst. Sie würde sich einstmals vor dem göttlichen Thron zu verantworten haben und war insofern gehalten, nach Maßgabe der geltenden Handlungslogiken verantwortungsbewußt zu verfahren. Die territorialstaatliche Partikularisierung des Kirchlichen, die zur Grundsignatur des konfessionellen Zeitalters in Deutschland geworden ist, hat den deutschen Protestantismus nachhaltig, dauerhaft und tiefgreifend geprägt. Auch wenn sich in den katholischen Gebieten Deutschlands regionale kirchliche Besonderheiten gebildet haben, also etwa ein rheinischer von einem bayrischen oder münsterländischen Regionalkatholizismus in mentaler oder rituell-praktischer Hinsicht zum Teil bis heute unterschieden sein mag – einen Pluralitäts- beziehungsweise Diversitätsgrad wie der Protestantismus bildete der Katholizismus allein deshalb nicht aus, weil bestimmte Elemente kirchenverfassungsrechtlicher, hierarchisch-institutioneller, liturgischer und doktrinaler Art im Geltungsbereich der päpstlichen Jurisdiktionsgewalt allgemein anzutreffen waren; hinzu kommt, daß der deutsche Katholizismus des späten 16. und des 17. Jahrhunderts intensiv von spirituellen, theologischen und monastischen Innovationen aus den romanischen Ländern beeinflußt wurde. Die Tendenz zum Provinziellen oder Regionalen beziehungsweise Territorialen haftete evangelischer Kirchlichkeit ebenso an, wie katholischer Kirchlichkeit zumindest Spuren des Ultramontanen, des Romanischen und des Transnationalen eigneten.

Die kulturellen Formen der Kirchlichkeit konnten in den christlichen Konfessionen sehr unterschiedlich ausfallen; was ›Kirche‹ sei, stellte sich auch für einen Christen lutherischer, reformierter oder katholischer Konfessionsgesellschaften durchaus unterschiedlich dar. Das System des Augsburger Religionsfriedens, das darauf basierte, daß die religiösen Wahrheitsansprüche der streitenden Religionsparteien juristisch suspendiert worden waren, trug entscheidend dazu bei, daß die Konfessionen ihre Interpretationsgestalten des Christentums innerhalb der ihnen gesteckten Grenzen kulturell ausformten. Keine der Konfessionskirchen im Alten Reich war einfach nur eine Fortsetzung der mittelalterlichen Kirche. Daß die Reformation das Mittelalter in kirchlicher Hinsicht beendet hatte, zeigte sich definitiv im konfessionellen Zeitalter.

Das Luthertum war die ruheloseste und dic in bezug auf seine innere Entwicklung am stärksten auf das Alte Reich bezogene Konfession. Nach den Auseinandersetzungen um das Interim wurde es von weiteren theologischen Kontroversen aufgewühlt, die erst in einem mühsamen Verständigungsprozeß in den späten siebziger Jahren des 16. Jahrhunderts mit der *Konkordienformel* (1577) beziehungsweise dem *Konkordienbuch* (1580) zu einer gewissen Konsolidierung der Lehre führten. Freilich wurde dieses letzte der lutherischen Lehrbekenntnisse, das die binnenlutherischen Kontroversen im Horizont der reichsrechtlich verbindlichen *Confessio Augustana* auslegte, nicht von allen deutschen oder außerdeutschen Territorien, die sich auf Luther beziehungsweise die Wittenberger Tradition beriefen, anerkannt. Die bekenntnistheologische Pluralität blieb ein Merkmal der lutherischen wie auch der reformierten Konfession, die seit einer abendmahlstheologischen Verständigung zwischen Zürich und Genf, Heinrich Bullinger und Johannes Calvin, dem sogenannten *Consensus Tigurinus* aus dem Jahre 1549, eine theologische Kultur des Zusammengehörigkeitsgefühls zum Teil erheblich divergierender Deutungssysteme, nationaler Traditionen und binnenkonfessioneller Pluralitäten ausbildete. Seit der reformierten Konfessionalisierung der Kurpfalz (1566), der es politisch gelang, nominell unter dem Dach der *Confessio Augustana* des Schutzes des Religionsfriedens teilhaftig zu werden, gewann das Reformiertentum im Reich mehr und mehr an Boden. Eine Welle reformierter Konfessionalisierungen (Nassau 1578, Bremen 1580, Anhalt 1584) verschärfte den Identitätsdruck auf das Luthertum und führte zu einer ständigen Zunahme der lutherisch-reformierten Polemik. Die Ausbildung der Konfessionskulturen wurde durch den Aufbau theologischer Lehrbastionen flankiert; jede der drei Konfessionen unternahm Anstrengungen, um gelehrte, in der theologischen Polemik versierte streitbare Theologen heranzuziehen und katechetische Strategien einzuüben, die die Verbreitung von Lehrstandpunkten in der Geistlichkeit und im Kirchenvolk ermöglichen oder verbessern sollten. Ein gewisser Vorzug der Lutheraner und der Reformierten hinsichtlich des Ausbildungsniveaus der Pfarrgeistlichkeit, die seit dem letzten Drittel des 16. Jahrhunderts in ihrer weit überwiegenden Mehrzahl eine Universität besucht hatte, wurde in bestimmten Kontexten durch die mobile Akteurselite aus dem Jesuitenorden kompensiert. Seit den fünfziger Jahren des 16. Jahrhunderts stellte die von Petrus Canisius im Reich operativ umsichtig aufgebaute Gesellschaft Jesu, die das katholische Bildungswesen nachhaltig beeinflußte und modernisierte und – in der Rolle der Beichtväter – auch auf die Politik katholischer Fürsten Einfluß gewann, die größte Herausforderung für die Protestanten dar.

Neben den Bereichen von Bildung und Katechetik dürften alle drei Konfessionen in bezug auf die Vermittlung bestimmter sozial-moralischer Leitvorstellungen und Disziplinierungsstrategien gewisse Gemeinsamkeiten aufgewiesen haben: Bußernst, Pflichterfüllung im Beruf, gegenüber den Autoritäten in Kirche, Schule und Staatswesen, die Einschärfung ehelicher Treue und die schärfste Mißbilligung außerehelicher Sexualität, die Bejahung einer disziplinierten, lasterfreien, prononciert christlichen Lebensführung, die Warnung vor Dissidenten, Spiritualisten, Täufern, die Distanz zu Juden, der Haß auf die Türken – all dies waren Motive und Appelle, die viele Prediger aller Konfessionen, aber auch die jeweiligen Obrigkeiten schätzten, so unterschiedlich ihre Plausibilisierung auch innerhalb der jeweiligen konfessionstheologischen Koordinatensysteme ausfallen mochte. Die Ausbildung der unterschiedlichen Konfessionskulturen erfolgte durch Abgrenzung und Konkurrenz, aber auch durch die zumeist stillschweigende Adaption derjenigen Elemente oder Strategien der je anderen Konfession, die man für nützlich hielt. Lutheraner etwa übernahmen jesuitische Gebetstexte, deren Internalisierungstendenz und gewissenschärfende Applikationskraft für eigene Ziele Erfolge verhieß. Jesuiten benutzten ihrer Herkunft nach unkenntlich gemachte Melanchthonsche Lehrtexte in ihren Gymnasien und Kollegien, weil sie es auch nicht besser machen konnten als der als ›Lehrer Deutschlands‹ apostrophierte Magister aus Wittenberg. Im Bereich der philosophischen und politiktheoretischen Ideenproduktion herrschte zwischen reformierten und katholischen Autoren ein weitaus lebhafterer Austausch, als es die wechselseitige Diffamierung hätte möglich erscheinen lassen. Und auch bei den gelehrten Humanisten, die unter den konfessionellen Konformitätsdruck gerieten und kaum jene vornehm-distanzierte Überparteilichkeit wahren konnten, die schon Erasmus unmöglich geworden war, wurden immerhin über Konfessionsgrenzen hinweg gelehrte Kontakte gepflegt; man las einander, ja respektierte sogar intellektuelle Leistungen Fremdkonfessioneller, selbst wenn man die Konfession des anderen für Teufelswerk hielt. Konversionen in verschiedene Richtungen bewegten die konfessionellen Teilöffentlichkeiten und gehörten zur kulturellen Praxis des konfessionellen Zeitalters ebenso hinzu wie die sich gegeneinander profilierenden theologischen Systeme und religionspraktischen Verhaltensweisen.

Ähnlich wie in bezug auf das Dogma erfolgte die spirituelle und rituelle Erneuerung der römisch-katholischen Kirche durch Aufnahme, Verlebendigung und Weiterentwicklung spätmittelalterlicher Tendenzen. Der Hang zum Sakramentalen, zum Visuellen, zum spektakulär-gegenständlich Heiligen und zur Verdienstlichkeit frommer Betriebsamkeit war im gegenreformatorisch-regenerierten Katholizismus im Reich ungebrochen, ja erlebte eine neue Steigerung. Ablässe, Jubiläen, Stiftungswesen, Wallfahrten und Prozessionen, Heiligen- und Reliquienkult – all die schillernden Elemente spätmittelalterlicher Frömmigkeit, denen die Reformatoren den Kampf angesagt hatten, kamen wieder zum Vorschein oder wurden in einer dramatische Übersteigerungen mäßigenden tridentinischen Form mit neuem Schwung reanimiert. Die elementare Andersartigkeit des Heiligen, die dem Lutheraner allein in Gestalt des göttlichen, auch des musikalisch inszenierten Wortes und der in die Elemente des Wassers, des Brotes und des Weines gefaßten Zusage der Sakramente begegnete, wurde im gegenreformatorischen Katholizismus in sinnlicher, haptischer, raumarchitektonisch und visuell inszenierter, mirakulöser Gegenständlichkeit erfahrbar.

Auch wenn sich die Tridentinisierung der katholischen Kirche im Reich als langgestreckter historischer Prozeß darstellte, die geistliche Erneuerung des deutschen Episkopats ihre Zeit brauchte und die impulsgebende Rolle der fürstlichen Laien auf dem Weg zur katholischen Reform unübersehbar war, so wurden die Tendenzen zu einer verstärkten Romanisierung der römisch-katholischen Kirche relativ bald spürbar, sowohl in bezug auf den Katechismus und das Gebetbuch, die Rechtskodifikation des kanonischen Rechts, die Definition der für Katholiken verbotenen Bücher *(Index librorum prohibitorum)* als auch die sprachlich verbindliche Version des Vulgata-Textes der Bibel: In vielerlei Hinsicht gingen von Rom die maßgeblich werdenden Impulse für eine Stabilisierung und Regeneration der katholischen Kirche auch im Reich aus. In der Theologie freilich setzte sich eine an den Normen des Trienter Konzils orientierte Lehrform durch, die sich in mancher Hinsicht von den offeneren Tendenzen der spätmittelalterlichen Theologien unterschied. Doch die Betonung des Lehrmäßigen, die alle drei Konfessionen teilten, war im Katholizismus in eine Vielfalt religiöser Erfahrungsdimensionen eingefügt; bei den Protestanten dominierte die Lehre. Das innerweltlich-asketisch-aktivistische Reformiertentum, das weder in visueller noch in musikalischer Hinsicht starke sinnliche Kontrapunkte zum gepredigten Wort, zur wahren Lehre, zuließ, verfuhr in aller Regel mit den Elementen einer biblisch nicht legitimierbaren überkommenen Frömmigkeitskultur zügiger und schonungsloser, als es die Lutheraner taten. In der Rede von einer ›zweiten Reformation‹, die nach der ersten, der lutherischen, erforderlich sei, weil diese bestimmte katholische Reste wie die Bilder im Kirchenraum, die Elevation und die Nießung der Hostie beim Abendmahl, den Exorzismus bei der Taufe und anderes mehr beibehalten habe, brachten die Akteure der reformierten Konfessionalisierung ihren Anspruch zum Ausdruck, das Luthertum im Reich zu überbieten und die biblische Normgestalt des Christentums allererst konsequent zu realisieren. In Hinblick auf die Vitalität des Endzeitbewußtseins war das Luthertum regsamer als seine Konkurrenzkonfessionen; während die Katholiken angesichts bewegender Zeitläufte im Raum der seligmachenden Heilsinstitution Kirche religiöse Beruhigung finden mochten und den Calvinisten die göttliche Prädestination das Unterpfand der Gewißheit war, suchten vornehmlich die Lutheraner in der Heiligen Schrift und in Prodigien, in Zeichen und Wundern der geschichtlichen und natürlichen Erfahrung, Aufschluß über das nahe bevorstehende Ende.

Stärker als jedes andere europäische Land war Deutschland in unterschiedliche Konfessionskulturen gespalten, die ›von der Wiege bis zur Bahre‹ elementare Aspekte des menschlichen Daseins in je ihrer Weise regulierten und gestalteten. Die Gemeinsamkeiten zwischen den Konfessionen, die, gespeist aus altchristlichem Herkommen, gemeinsamen Wurzeln in der lateineuropäischen Tradition und aktuellen Erfahrungen und Herausforderungen, unübersehbar sind, galten denen wenig, die die eigene Konfession für den einzigen Weg zur Seligkeit hielten. Freilich trug die konfessionskulturelle Konkurrenz in Deutschland wesentlich dazu bei, daß das religiöse ›Schwungrad‹ in Bewegung blieb: Man beobachtete und bekämpfte einander; man sicherte eigene Ansprüche gegen den anderen ab; man warb für sich selbst und entäußerte sich in die Kontroverse; und man verschaffte mit alledem Auffassungen Plausibilität, die sich in Literatur, Philosophie und Theologie gegen die konkurrierenden Wahrheitsansprüche der Konfessionen einsetzten, autonomes Denken beförderten oder für die Geltung eines überkonfessionellen ›Wesens des Christentums‹ eintraten. Die infolge der Reformation entstehende Pluralität der Kirchentümer und Deutungsvarianten des lateineuropäischen Christentums markiert eine neue Epoche in seiner Geschichte.

RESÜMEE: DIE REFORMATION UND DAS LATEINEUROPÄISCHE CHRISTENTUM

In der ersten Hälfte des 16. Jahrhunderts trat das Christentum in eine Epoche beschleunigten Wandels und tiefgreifender Herausforderungen ein. Die erfahrene, mehr noch aber die gefühlte Bedrohung durch die Osmanen auf dem ›eigenen‹, seit rund einem Jahrtausend christianisierten Kontinent wurde vielfach als göttliche Strafe und als Zeichen des nahen Endes verstanden. Protestanten und Katholiken machten sich gegenseitig für die Erfolge der türkischen Heere verantwortlich. Die äußere Bedrohung war eines der Momente des innerchristlichen Glaubensstreits. Auch die außereuropäische Expansions- und Missionspolitik unter den Kronen Portugals und Spaniens, die die globale Epoche des lateinischen Christentums einleitete, wurde bald in einem Zusammenhang mit der europäischen Reformation gesehen. Mittels der sogenannten Kompensationstheorie stellten römisch-katholische Theologen einen Konnex zwischen den immensen Gewinnen für die allein seligmachende Papstkirche jenseits der Ozeane und den Verlusten her, die ihr in Europa widerfuhren. Und sie hatten nicht unrecht damit: Zur räumlich allumfassenden, katholischen Kirche wurde die römische erst jetzt, im Zeitalter ihrer größten europäischen Rückschläge.

Die Tendenz zur Bildung katholischer Nationalkirchen, die im Spätmittelalter massiv eingesetzt hatte und zunächst auch das Modell gewesen war, auf das Luther für seine Reformation gesetzt hatte, wurde durch die Entstehung protestantischer National- und Territorialkirchen einerseits, durch die von Trient ausgehenden Reformimpulse und die Erfordernisse und Horizonterweiterungen der entstehenden außereuropäischen Kirchen andererseits für die römisch-katholische Kirche der Frühen Neuzeit im wesentlichen gestoppt. Da freilich, wo die vom Reich ausgehende religiöse Unruhe zu dauerhaften Eingriffen in das überkommene Kirchenwesen und zur Ablösung von Rom, mithin zu Reformationen führte, entstanden National- oder Territorialkirchen je eigener Art. Das jeweilige Schicksal reformatorischer Impulse in den verschiedenen europäischen Ländern entschied sich am Verhalten der politischen Entscheidungsträger und an den Möglichkeiten, die ihnen eine Reformation zu eröffnen schien. Entstanden waren die jeweiligen reformatorischen Bewegungen zumeist seit den zwanziger Jahren des 16. Jahrhunderts, häufig durch intellektuelle Vermittler, Humanisten, Scholaren, Mönche oder Kaufleute, die Ideen und Texte aus dem Reich in ihre Heimatländer lancierten oder in die Nationalsprachen übertrugen und geheime Kommunitäten und Netzwerke schufen. Mit der Reformation gingen erstmals christentumsgeschichtliche Wirkungen europäischen Ausmaßes von Deutschland aus. Luther war der erste deutsche Autor, der in verschiedene Nationalsprachen übersetzt wurde. Keiner der Reformationsprozesse in den unterschiedlichen europäischen Ländern ist von den religiösen Impulsen aus dem Reich unabhängig gewesen. Dies gilt ungeachtet der typologischen Vielfalt der europäischen Reformationen. Daß die Nationalsprachen eine zentrale Bedeutung in der religiösen Kommunikation erhielten, war in zahlreichen europäischen Ländern primär eine Folge der Reformation.

Die Königsreformationen in England, Dänemark und Schweden realisierten durch einheitliche Ermächtigungsakte, daß die Kirchen ihrer Herrschaftsgebiete von Rom getrennt wurden. Die nun entstehenden reformatorischen Nationalkirchen behielten organisatorische Strukturen – etwa die Metropolitan- beziehungsweise Episkopalverfassung – und liturgische Traditionen bei, die in anderen Kontexten, in denen die Einführung der Reformation das Ergebnis kämpferischer Konflikte zwischen reformationsgesinnten und altgläubigen Akteuren gewesen war, dahingingen. In den Niederlanden und in Frankreich, auch in Polen, Siebenbürgen, Böhmen, Ungarn und den habsburgischen Erblanden wurde reformatorisches

Gedankengut zumeist als integrales Moment ständischer Selbstbehauptung gegenüber den Kronen beziehungsweise regierenden Dynastien wirksam. Manche der politischen Freiheitsbewegungen des frühneuzeitlichen Europas legitimierten sich mit Elementen der reformatorischen Tradition. Die Konfessionalisierung politischer und gesellschaftlicher Konflikte stellte sich freilich zumeist als Interaktionsprozeß dar: Je profilierter sich bestimmte Akteure als ›reformatorisch‹ positionierten, desto dezidierter manifestierte sich die Gegenwehr als ›katholisch‹ und umgekehrt.

Die europaweite Wirkung der reformatorischen Theologien war nicht zuletzt eine Folge der transnationalen Ausstrahlungskraft zunächst der beiden wichtigsten akademischen Ausbildungszentren der protestantischen Eliten in Wittenberg und Genf, sodann auch einer Reihe anderer Universitäten wie Rostock, Königsberg oder Leipzig gewesen. Europäische Dimensionen hatte die Reformation sodann als eine Folge transnationaler Momente der vorreformatorischen Kirche selbst; denn vieles dessen, was die reformatorischen Akteure kritisiert und die Konzilsväter von Trient verteidigt hatten – die sieben Sakramente etwa, die Bilder und Ablässe, die Gnaden- und Rechtfertigungslehre der scholastischen Theologie usw. –, gehörte zu Wesen und Erscheinung der lateineuropäischen katholischen Kirche des Mittelalters konstitutiv hinzu. Europäisch wurde die Reformation sodann, weil die Beziehungen der europäischen Staatenwelt mittel- oder unmittelbar von ihr berührt wurden und die gewaltige Übermacht des habsburgischen Kaisers zu politischen Kooperationen, militärischen Koalitionen und strategischen Konstellationen führte, in denen reformationsgesinnte Reichsfürsten ihre Positionen stabilisieren und ihre religionspolitischen Entscheidungen durchsetzen konnten. Infolge der Reformation erweiterte sich das Spektrum der politischen Handlungsoptionen und -motivationen sowohl auf binnen- wie auf zwischenstaatlicher Ebene als auch in bezug auf das politische Interaktionsgefüge des Reichs. In vieler Hinsicht wurde die Welt im Zuge der Reformation komplizierter; gelegentlich aber wurde auch die Begründungslogik, nach der man handelte, ›einfacher‹: Vieles, so glaubte man oder machte man glauben, geschehe eben um der ›Religion‹ willen.

Aus der Perspektive der Herrschaftsträger, die sich der Reformation anschlossen, ergab sich – ungeachtet der persönlichen religiösen Gesinnungen – ein Zugewinn an finanziellen Ressourcen und politischen Gestaltungsmöglichkeiten. Rücksichten auf das kanonische Recht, römische Dispense und Privilegierungen, ultramontane Einflußnahmen auf die geistliche Personalpolitik – all dies entfiel. Auf der Ebene des Reichs freilich wurde durch den Religionsfrieden der strukturellen Unterscheidung zwischen Politik und Religion ein Weg gebahnt.

In einzelnen Bereichen, etwa der Armenfürsorge und dem Bildungswesen, entstanden neue Verantwortlichkeiten der weltlichen Obrigkeiten, die allerdings schon lange vor der Reformation zum Gegenstand ihres Ordnungshandelns oder ihrer Ambitionen geworden waren. Die religiöse Integration der politischen Gemeinwesen wurde im Zuge der Reformation aufs Ganze gesehen forciert; neue Formen der verbindlichen individuellen Aneignung einer staatlich induzierten konfessionellen Religion wurden üblich. Die Zugehörigkeiten zum Staats- und zum Kirchenwesen schoben sich beinahe ununterscheidbar ineinander. Der Katechismus behaftete jeden evangelischen Christen bei einem unveräußerlichen religiösen Grundwissen und einer unabdingbaren Bekenntnispflicht. Die Heilige Schrift war den Laien zugänglich; überall, wo die Reformation siegreich war, hielten volkssprachliche Bibelübersetzungen auf breiter Front Einzug. Auch vor katholischen Ländern machten sie, unbeschadet der im Tridentinum eingeschärften kanonischen Geltung der Vulgata, nicht halt. Doch blieb ihr Stellenwert ein anderer als bei den Protestanten. Denn hier war die wichtigste religiöse Ressource prinzipiell allen zugänglich; wer sich im evangelischen Lager auf die Schrift berief, mußte widerlegt, konnte nicht einfach mundtot gemacht werden. Neben der Bibel ging die Produktion volkssprachlicher Literatur im Protestantismus stetig weiter. Freilich redeten und schrieben seit den dreißiger Jahren des 16. Jahrhunderts vor allem die Theologen. Der Strukturwandel der reformatorischen Kommunikation, der in der Mitte der zwanziger Jahre eingesetzt hatte, als die schriftstellerisch tätigen Laien wieder verschwanden, setzte sich tendenziell fort.

Mit der ›Politisierung‹ der Reformation seit den dreißiger Jahren ging auch eine ›Expertisierung‹ der Kommunikanten einher: Es schrieben verstärkt die, die das Vertrauen der weltlichen Obrigkeiten besaßen und denen die Verantwortung für den Aufbau evangelischer Kirchentümer und der Kampf gegen ›Papisten‹ und ›Schwärmer‹ oblagen. Die theologische Bestreitung einer Zweiteilung der Christenheit in Klerus und Laien blieb in den evangelischen Kirchentümern durchweg intakt; auch die Ausbildung einer professionellen Amtsgeistlichkeit mit entsprechenden Autoritätsansprüchen gegenüber dem ›einfachen Laien‹ änderte daran im Prinzip nichts. Daß das Christentum nach evangelischem Verständnis für alle gleichermaßen und in derselben Weise galt, ein klerikales oder monastisches Zwei-Stufen-Christentum hingegen definitiv abgeschafft war, bedeutete das Ende einer seit etwa tausend Jahren selbstverständlich gewordenen Lebensordnung. Mit der Reformation war eine Ketzerei siegreich geworden, deren Ausstrahlungskraft wesentlich darauf basierte, daß sie zugleich populär und gelehrt auftrat, ›Massen‹ in ihren Bann zog und gelehrte Exponenten, bibelkundige Humanisten und wortgewandte Prediger, besaß. Mit keiner Ketzerei hatte sich je eine mittelalterliche Kirchenversammlung so intensiv beschäftigen müssen, wie es das Trienter Konzil mit den Lehren der Reformatoren tat.

Durch die Reformation hatte sich das, was Kirche heißt, verändert. In bezug auf diejenigen Momente, die ihre Sichtbarkeit ausmachten, war die Kirche bei den Evangelischen dramatisch reduziert. Nicht mehr die Menge der durch exponierte Gewandungen mühelos identifizierbaren Mönche und Kleriker des hierarchisch gestuften geistlichen Standes repräsentierten ›Kirche‹ in personeller Hinsicht. Nur mehr der während des Gottesdienstes gelegentlich, außerhalb desselben regelmäßig im bürgerlichen Gelehrtenhabit und individuell auftretende evangelische Pastor stand für sie. In Hinblick auf die sichtbaren festlichen Manifestationen – Wallfahrten und Prozessionen, Heiligenfeste, Reliquien- und Heiltumsschauen, Ablaßkampagnen usw. –, die Varietät der Lebens- und Gemeinschaftsformen – Klöster, Bruderschaften, Laienkongregationen der Orden usw. – und die situativen und architektonischen Räume, die mit ihnen verbunden waren, ging mit der Reformation ein radikaler Reduktionismus einher, wie ihn das lateineuropäische Christentum nie zuvor erlebt hatte. Außer den Pfarrkirchen kannte der Protestantismus keine ›kirchlichen‹ Räume; außer dem Sonntag und den hohen Festen des Kirchenjahres feierten die Reformierten keine ›kirchlichen‹ Feste. Im Luthertum blieben noch einige biblisch begründbare und in der Regel christologisch umgedeutete Apostel- und Marienfeste längere Zeit in Geltung; die Reformierten änderten auch hier radikaler. Andere Ordnungen als die des Lehr-, des Wehr- und des Nährstandes, das heißt Alternativen zur weltlichen Sphäre von Ehe und Beruf, waren den evangelischen Konfessionsgesellschaften fremd. Auch im Ritus, in der Liturgie, wurde das Repertoire der sinnlichen Apperzeptionsformen der Religion erheblich reduziert: Dem Geruchs- und dem Tastsinn, der haptisch-sensuellen Unmittelbarkeit in bezug auf heilige Vollzüge und Objekte, auch dem Gesichtssinn kam keine eigene Dignität mehr zu. Der Geschmackssinn wurde durch den Wein im Abendmahl immerhin affiziert; das Gehör aber dominierte. Protestantische Frömmigkeit und Kirchlichkeit hatten in der ungegenständlichsten, unscheinbarsten, unsichtbarsten Sinndimension, dem Gehör, ihre eigentliche Domäne. Der gegenreformatorisch erneuerte Katholizismus hingegen spielte weiter auf der multidimensionalen Klaviatur religiöser Sinnlichkeit.

Die Unscheinbarkeit evangelischer Kirchlichkeit, die bei den radikalreformatorischen Einzelgängern und Gemeinschaften ihre konsequenteste Realisierung erfahren hat, brachte es mit sich, daß statt des religiösen Glanzes die Repräsentationsgestalten der ›Welt‹, der sozialen Ordnung, des Hofes, des städtisch-bürgerlichen oder des bäuerlichen Kulturraums überall dort auftraten, wo die unscheinbar gewordene Kirche eines gegenständlichen Ausdrucks bedurfte. In den sogenannten Konfessionsbildern der Lutheraner stellte sich die ›Kirche‹ in ihren drei Ständen dar, in den adligen Gliedern, in den Pfarrern und Reformatoren als Bewahrern der reinen Lehre und in der Gemeinde, die das Wort hörte, Kinder taufen ließ und das Abendmahl unter beiderlei Gestalt feierte. Auf Epitaphien traten adlige oder bürgerliche Stifter in ihrem weltlichen Habit in einen biblisch vorgeprägten Bildzusammenhang ein; in den ekklesiologischen Ordnungskonzepten wurde die ›Kirche‹ anhand der drei Stände, der soziologischen Gliederung der Gesellschaft, konkretisiert. Eine Symbol- und Ordnungswelt jenseits der weltlichen Sphäre, wie sie der Kirche des Mittelalters und der Gegenreformation zu eigen war, kannte die Kirche der Reformation nicht. Sie fand ihren sichtbaren Ausdruck in der Sprache, der sich Gott in der Bibel selbst bedient hatte, der Sprache der Menschen, der Sprache der Welt. ›Heiligkeit‹ konnte bei alledem keine der Kirche der Reformation sichtbar anhaftende Eigenschaft sein.

Auch die Reformatoren und die Fürsten, die diese Kirche auf repräsentativen Bildwerken und in der Gebrauchsgraphik repräsentierten, entbehrten jener makellos-heroisierenden Sanktifikation, die mittelalterlicher Heiligenikonographie zu eigen gewesen war. Jede Heiligkeit, die nicht vom gepredigten, gehörten und geglaubten Wort herkam, mußte unter den Verdacht der Scheinheiligkeit geraten. Und zugleich konnte überall heilige Kirche entstehen, wo das Wort erklang und geglaubt wurde. Die allein an Wort und Sakrament gebundene, universale, die sichtbaren Grenzen der Konfessionskirchlichkeit überschreitende Konzeption der Kirche als Gemeinschaft der Glaubenden, Erwählten und Heiligen, deren Haupt allein Christus ist, hielt bei den Anhängern der Reformation ein Bewußtsein dafür lebendig, daß die wahre niemals mit der real-existierenden Kirche identisch sein könne. Hus hatte unter beider Diskrepanz gelitten. Luther war die theologische Unvermeidlichkeit ihrer Differenz aufgegangen; damit hatte er, anknüpfend an seinen Ordenspatron Augustinus, einem neuartigen Verständnis von Kirche den Weg gebahnt. Die Ketzerkirchen der Reformation wollten nicht mehr, aber auch nicht weniger sein als die relativ beste Realisierungsgestalt von Kirche, die vollkommen allein in ihrer Lehre sein konnte. Darin unterschied sich der dem Ketzertod entgangene Luther von Hus, der wegen seines Kampfes für eine Heiligung der sichtbaren Kirche hatte sterben müssen. Die Reformation aber hat dem zur Unmittelbarkeit der Gottesbeziehung befreiten Christenmenschen zugleich die Bindung an eine unscheinbare Kirche und die Distanzierung von ihr möglich gemacht.

Wird es strittig bleiben, ob die Reformation und die in ihrem Gefolge eingetretene Pluralisierung der Lebens- und Auslegungsformen des Christentums in kirchengeschichtlicher Perspektive die einschneidendste Zäsur in der bisherigen Geschichte des lateineuropäischen Christentums gewesen ist? Die Zeitgenossen hatten zu dieser Frage bei unterschiedlichen Wertungen eine ziemlich einhellige Meinung: Für die Altgläubigen war der, mit dem es begann, Luther, »eyn veister ketzer, gemast vonn fetykeyt des ackers, den dye alden vordampten ketzer bepfercht und getunget haben«.[1] Der Historiker Sebastian Franck hob unter anderem hervor, daß durch Luther »das gantz Bapstum schier in gantz Teütschem land fiel / bsunder in viler menschen hertzen« und daß er »ein gantze newe Theologei unn glauben in Germaniam [ein]gefürt«[2] habe. Luther selbst sah seine Lebensleistung auch und nicht zuletzt darin, den entscheidenden Stoß gegen die Herrschaft der Päpste getan zu haben. Er wähnte sich in seinem Selbstverständnis durch ein prophetisches Wort seines »Vorlauffer[s]«[3] Hus bestätigt, der gesagt haben soll: »Sie [die Anhänger des Papstes] werden eine Gans braten (Hus heißt Gans). Es wird ein Schwan nach mir komen, den werden sie nicht braten. Und ist also geschehen. Er ist verbrand, Anno. 1416. So gieng dieser itziger Hadder an mit dem Ablas, Anno. 1517.«[4] Und für den humanistischen Kollegen und Freund aus Wittenberg, Melanchthon, stand fest, daß Gott nach dem vierten, durch die Scholastik, den Götzendienst und den mönchischen

Aberglauben verfinsterten Zeitalter der Kirche »das Licht des Evangeliums durch Luther wieder entzündete. Und obgleich viele Völker der Stimme des Evangeliums feindlich gesinnt blieben, wie es immer geschieht, so haben doch in vielen Gebieten die Kirchen eine gottgefällige Gestalt erhalten, und die ganze Lehre zeigt sich ohne jeden Makel. Dies also kann man das fünfte Zeitalter nennen. In ihm hat Gott wiederum die Kirche zu ihren Quellen zurückgerufen.«[5] Die Kirche freilich, die diesen Ruf vernahm, war nicht mehr die Kirche des Papstes. In dieser Hinsicht ist die Reformation gescheitert.

EPILOG
MARTIN LUTHER UND DIE REFORMATION IN DEUTSCHLAND – IN DER ERINNERUNGSKULTUR UND IN DER HISTORISCHEN FORSCHUNG

Recht verstanden gehört die Geschichte der Deutung und Erforschung eines historischen Phänomens zu diesem hinzu. Sie zu reflektieren ist sinnvoll, auch um Aporien zu erkennen, Innovationsansprüche zu bannen, der Vorläufigkeiten eigener Thesen und Perspektivierungen inne zu werden. Daß in bezug auf den Umgang mit der Reformation, insbesondere in Deutschland, Anlaß zu einem solchen Vorgehen besteht, mögen diese abschließenden Bemerkungen illustrieren. Sie rükken auch die vorangegangene Darstellung ins richtige Licht.

KONFESSIONELLE GESCHICHTSSICHTEN

Im Geschichtsbewußtsein der Deutschen spielten Luther und die Reformation seit alters eine zentrale Rolle. Dies galt in Anknüpfung und Widerspruch, erfolgte im Modus pathetischer Affirmation oder polemischer Negation. Denn auch für katholische Theologen, Historiker und Christen des bikonfessionellen Landes war die Auseinandersetzung mit jenem schwierigen historischen Erbe, das nicht das ihre war, unabweisbar und unumgänglich. Die Präsenz Luthers im protestantischen Teil Deutschlands, die mit immer neuen Inanspruchnahmen für aktuelle Interessen und Ansprüche einherging, nötigte auch die Katholiken dazu, sich mit der Reformation zu beschäftigen, sich zum Reformator zu verhalten.

Galt Luther den Vertretern der lutherischen Theologie des konfessionellen Zeitalters, der sogenannten lutherischen Orthodoxie also, vor allem als berufener Prophet Gottes und Garant der wahren Lehre, so berief man sich in den anschließenden Perioden in der Geschichte des Protestantismus auf durchaus andere Aspekte seines Werkes und seiner Person. Die Pietisten entdeckten ihn als Propagandisten des Priestertums aller Gläubigen, als Begründer kleiner, ›autarker‹ religiöser Gemeinschaften und als Bibelausleger, auf den sie sich gegen ein ihres Erachtens dogmatisch sklerotisiertes, von den weltlichen Obrigkeiten dominiertes öffentliches Kirchentum beriefen. Die Aufklärer sahen in Luther einen Anwalt der Forschungs-, Gewissens- und Meinungsfreiheit; sein Kampf gegen den ›papistischen Obskurantismus‹ und für die Bibel in der Volkssprache habe, so meinten sie, ihren eigenen Einsatz für einen freien öffentlichen Diskurs und die Hebung der Volksbildung vorweggenommen. Im Zeichen des deutschen Nationalismus, der in den antinapoleonischen Befreiungskriegen aufzulodern begann, wurde Luther zum ›Schöpfer der deutschen Sprache‹ und zu »der Deutschen Prophet«,[1] also zur maßgeblichen Symbolfigur patriotischer Kampfbereitschaft gegen romanische Oppression. Auch Rasseantisemiten begannen ihn im Laufe des 19. Jahrhunderts stetig penetranter als ihren Patron zu beanspruchen.[2]

Die Katholiken wurden in Deutschland mit immer neuen Varianten der Grundüberzeugung konfrontiert, daß Luther der maßgebliche Initiator und die Reformation die entscheidende Potenz auf dem Weg in die Moderne – verstanden als das jeweils Geltende, Zeitgemäße und Aktuelle – gewesen seien. Im Kulturkampf der Bismarck-Ära und im Wilhelminismus fungierten Luther und die Reformation gleichfalls als wichtige kulturelle Ressource geschichtspolitischer Identitätsbildung. Man berief sich auf sie, um die durch die Industrielle Revolution sozial destabilisierte, unter preußischer Ägide politisch geeinte Nation kulturell zu integrieren.

Der Berliner Historiker Heinrich von Treitschke (1834-96) brachte in einer im Jahre 1883 aus Anlaß des 400. Geburtstags Luthers gehaltenen Rede einige der Gesichtspunkte zur Sprache, die in der Bewertung des Reformators und der Reformation im Laufe des 19. Jahrhunderts in den Vordergrund getreten waren. Dabei betonte er, daß es erst der »historische[n] Wissenschaft« des 19. Jahrhunderts möglich geworden sei, »den ganzen Luther zu verstehen, den zentralen Menschen, in dessen Seele fast alle die neuen Gedanken eines reichen Jahrhunderts mächtig widertönten«.[3] Im Unterschied zu der in der protestantischen Theologie seit etwa 1700 üblich gewordenen selektiven Umgangsweise mit Luther wollte der den weiten Abstand zwischen dem Reformator und der Gegenwart überblickende Berliner Historiker die ›welthistorische‹ Bedeutung des Reformators wahrnehmen. Die Geschichtswissenschaft wurde so zum Mittel der Vergegenwärtigung der Geschichte. Als entscheidendes Moment der Verbundenheit zwischen Luther und der Gegenwart fungierte bei Treitschke das ›Deutschtum‹; die dem »deutschen Gemüte« eigene Kombination von »helle[r] Weltlust« und »beschauliche[m] Ernst«[4] erschließe Luthers »aus den Kämpfen des ehrlichen deutschen Gewissens«[5] hervorgegangene Befreiungstat für ›deutsche Menschen‹ heute. Im Kern war es also die ›völkische‹ Verbundenheit des »Deutschen Propheten« mit »seinen lieben Deutschen«, die Luther zu einer gegenwartsfähigen Gestalt machte. Nach Treitschke »kochte« in Luthers »Adern« »die ungebändigte Naturgewalt deutschen Trotzes«;[6] der sprachgewaltige und -sensible Dichter und Bibelübersetzer verkörperte jenen »Tiefsinn«,[7] der »allen echten Germanen«[8] eigne. Die »wunderbaren Gegensätze« in Luthers Seele – »diese Gewalt zermalmenden Zornes und diese Innigkeit frommen Glaubens«; »so viel tiefsinnige Mystik und so viel Lebenslust« – müßten einem »Ausländer«[9] fremd bleiben. Für ›uns‹ Deutsche aber sei evident: »Wir Deutschen finden in alledem kein Rätsel, wir sagen einfach: das ist Blut von unserem Blute. Aus den tiefen Augen dieses urwüchsigen deutschen Bauernsohnes blitzte der alte Heldenmut der Germanen, der die Welt nicht flieht, sondern sie zu beherrschen sucht durch die Macht des sittlichen Willens 〈…〉.«[10] Treitschkes Luther hatte mittels völkerpsychologischer und rassischer Deutungsmotive den ›garstigen Graben‹, der die Neuzeit von der Epoche der Reformation trennte, überwunden.

Die Spannung zwischen einer historisierenden, Luther im Horizont seiner Zeit deutenden und einer die Reformation an die Moderne heranführenden und damit ihre Gegenwartsgeltung beanspruchenden Interpretation besteht fort. Noch bei der Eröffnung der »Lutherdekade«, die auf das 500. Reformationsjubiläum von 2017 vorbereiten und hinführen sollte, wurden Luther und der Reformation von seiten Bischof Wolfgang Hubers, des obersten Repräsentanten der Evangelischen Kirche in Deutschland (EKD), in bezug auf Themen wie »Bildung für alle«, das neuzeitliche Verständnis des Berufes und der Wirtschaft oder die Entstehung der Demokratie und der Menschenrechte maßgebliche Modernisierungseffekte zugeschrieben.[11] Die etwa in den Kulturwissenschaften seit rund zwei Jahrzehnten dominierende Skepsis gegenüber Modernisierungsnarrativen hat die außerwissenschaftliche Deutung der Reformation offenbar noch kaum erreicht. Ein Grund dafür ist in der überragenden Identitätsfunktion der Reformation zu sehen: Noch heute wird ihr in der evangelischen Theologie und den protestantischen Kirchen eine orientierende Kraft zugeschrieben. Auch für einen modernitätskritischen Katholizismus in der Tradition der Romantik gilt dies mit kleinen Einschränkungen; denn noch immer werden als problematisch empfundene Erscheinungen der Moderne wie etwa die Säkularisierung, der Relativismus und Individualismus, eine staatliche Religionskontrolle, Liberalismus und Laizismus, die kapitalistische Ökonomie und ihre Folgen zum Beispiel auf dem Gebiet der Umweltzerstörung oder der angebliche ›Zerfall‹ der ›Einheit‹ Europas als direkte, mittelbare oder nicht beabsichtigte[12] Folgen der Reformation interpretiert. Je uneindeutiger und umstrittener aber das klassische Projekt der westlichen Moderne zu werden beginnt, desto fragwürdiger wird auch die Behauptung einer notorischen Verbundenheit von »Protestantism and Progress« – so der nicht unmißverständliche englischsprachige Titel einer berühmten Schrift des evangelischen Theologen Ernst Troeltsch[13] – erscheinen.

Auch wegen der konfessionellen Spaltung Deutschlands blieb die Auseinandersetzung mit der Reformation hierzulande lebhafter als in jedem anderen europäischen Land. Dies spiegelt sich auch im Umgang mit den Reformationsjubiläen.

POLITISCHES REFORMATIONSGEDENKEN

Ein wesentlicher Grund dafür, daß die Reformation intensiver und nachhaltiger im historischen Bewußtsein der Deutschen verankert ist als überall sonst, ist darin zu sehen, daß die Pflege ihrer Erinnerung maßgeblich von den weltlichen Obrigkeiten betrieben und verantwortet wurde. Schon bei dem ersten großen Reformationsjubiläum von 1617 war das der Fall.

Auch die Entscheidung über die Einführung des Reformationstages (31. 10.) als eines gesetzlichen Feiertages, zu der es nach 1989 in den weithin entkirchlichten ›neuen‹ Bundesländern Brandenburg, Mecklenburg-Vorpommern, Sachsen, Sachsen-Anhalt und Thüringen gekommen ist, wurde von den Landesparlamenten getroffen. Im Reformationsgedenken stößt man auf ein besonders sensibles Interaktionsfeld von evangelischer Kirche und Staat. Die sehr enge Zusammenarbeit staatlicher und kirchlicher Verantwortungsträger im komplexen Organisationsgefüge zur Vorbereitung des Reformationsjubiläums von 2017, die gelegentlich als eine Wiederbelebung der Allianz von Thron und Altar erscheint, führt eine im ›landesherrlichen Kirchenregiment‹ begründete, seit der Ära der konfessionellen protestantischen Territorialstaaten des frühen 17. Jahrhunderts bestehende Tradition in zeitgemäß pragmatisierter Form weiter. Daß das offizielle Logo für 2017 den Wittenberger Reformator unter Verwendung einer Vorlage Cranachs in den deutschen Nationalfarben Schwarz-Rot-Gold (Abb. 42) zeigt, legt die Vermutung nahe, daß Luther für nationale Integrationsstrategien auch im 21. Jahrhundert noch nicht ganz ausgedient hat. Eine ähnliche Botschaft enthält der Entwurf eines Titelbildes für die »Nationale Sonderausstellung« »Luther und die Deutschen«, die im Jubiläumsjahr 2017 auf der Wartburg zu sehen ist: Es zeigt den Augustinermönch in einem

Abb. 42: Mit freundlicher Genehmigung der Staatlichen Geschäftsstelle »Luther 2017« sowie der Geschäftsstelle der Evangelischen Kirche in Deutschland (EKD) »Luther 2017 – 500 Jahre Reformation«, Lutherstadt Wittenberg

Ausschnitt aus dem Historiengemälde von Paul Thumann (Luther auf dem Reichstag zu Worms, 1872), nun vor einer dicht besetzten Zuschauertribüne deutsche Nationalflaggen schwenkender Fans (Abb. 43). Die Helden- und Heiligenverehrung unserer Tage, die sich in besonderer Weise auf Fußballstars bezieht, soll die Begeisterung plausibel machen, die Luther einst bei ›seinen Deutschen‹ fand; vielleicht möchte das Bild auch eine anhaltende Begeisterung für den ›Helden von Worms‹ suggerieren. Gleichviel, ob es als Werbeträger der Ausstellung zum Einsatz kommen wird oder nicht – der doppelte Anachronismus der Bildidee, der eine pathetische Lutherdarstellung des 19. Jahrhunderts mit der nationalen Symbolik unserer Tage kombiniert, repräsentiert die ikonisch verdichtete Verweigerungshaltung gegenüber der Aufgabe, sowohl der Fremdheit der Reformation als auch ihrer die deutsche Nation auf Dauer spaltenden historischen Wirkung angemessen Rechnung zu tragen.

Die Reformationsjubiläen der Frühen Neuzeit, besonders 1617

Die Renaissance älterer und ältester Jubiläumstraditionen in unserer eigenen Gegenwart läßt es sinnvoll erscheinen, dem Reformationsgedenken seit der Zeit der Frühen Neuzeit eine gewisse Aufmerksamkeit zu schenken.[14] Die Reformationserinnerung steht nämlich am Anfang der für die heutige Gedenk- und Festkultur im ganzen zentral wichtigen kulturellen Praxis der Jubiläen. Denn die Idee, ein historisches Ereignis nach einem bestimmten Zeitintervall – einem vollen, einem halben oder einem Vierteljahrhundert – erinnernd zu vergegenwärtigen, hat in der 1617 begangenen Jubelfeier erstmals eine breitere gesellschaftliche Kreise erfassende Realisierung gefunden. Vorher lassen sich lediglich einige historische Jubiläen einzelner protestantischer Universitäten nachweisen. So feierte die Universität Tübingen 1578 ihr hundert-, Heidelberg 1587 ihr zweihundertjähriges Bestehen; 1602 und 1609 erinnerten die Universitäten Wittenberg und Leipzig an den Ablauf

Abb. 43: Wartburg-Stiftung Eisenach

einer beziehungsweise zweier »Centurien« seit ihrer Gründung. Die alttestamentlichen Jobel- und die seit 1300 begangenen päpstlichen Jubeljahre bildeten den kulturellen Hintergrund dieser wiederkehrenden Erinnerungsfeiern. Die Jobeljahre (Lev 25) gewährten den Bewohnern des Landes Israel alle 49 oder 50 Jahre Schuldenerlaß; die von Papst Bonifatius VIII.

(1294-1303) eingeführten Heiligen Jahre, deren Intervalle sich vom zunächst vorgesehenen vollen Jahrhundert auf fünfzig, fünfundzwanzig Jahre oder andere Zeiträume änderten, boten exzeptionelle Plenarablässe dar. Die Übertragung der Idee dieser periodisch wiederkehrenden ›Gnadenjahre‹ auf die Erinnerung an historische Ereignisse in Gestalt eines ›Jubiläums‹ scheint eine genuin protestantische Erfindung gewesen zu sein.

Die erste konkrete Initiative zum Reformationsjubiläum von 1617 ging von der Theologischen Fakultät in Wittenberg aus. Im März dieses Jahres hatten sich die Wittenberger Theologen an das Dresdner Oberkonsistorium, einen Monat später dann an den regierenden Kurfürsten Johann Georg (reg. 1611 bis 1656) mit der Bitte gewandt, am »letzten Tag Octobris« den *»primus Jubilaeus Lutheranus«* begehen zu dürfen; der Fürst möge eine Instruktion erlassen, »wie undt auf welche maßen solche solennitet zu halten«[15] sei. Auch wenn dem 31.10.1517 als Datum eines Thesenanschlages in der lutherischen Erinnerungskultur des späteren 16. und des früheren 17. Jahrhunderts keine besonders prominente Bedeutung zugekommen war, so war der Tag als Auftakt von Luthers Kampf gegen das Papsttum einigermaßen bekannt. Wahrscheinlich hatten die Wittenberger Theologen bei ihrer Initiative eher an eine Veranstaltung im lokalen Rahmen, in Analogie etwa zum Universitätsjubiläum von 1602, gedacht. Wohl primär ein akademischer Wirkungsradius stand ihnen vor Augen; die Wittenberger Fakultät verstand sich als das ›Zion‹ der Rechtgläubigkeit und kämpfte um einen Führungsanspruch gegenüber den anderen Fakultäten im Reich. Durch den Einfluß, den der sächsische Kurfürst Johann Georg schließlich auf die Gestaltung des Jubiläums nahm, wurde aus einem akademischen ein gesamtgesellschaftliches Ereignis. Nicht zuletzt die innerprotestantische Konkurrenz zum reformierten Kurfürsten Friedrich V. von der Pfalz (1596-1632), des politischen Führers der protestantischen Union, fachte den evangelischen Jubiläumsdrang an. Denn Friedrich hatte bereits frühzeitig auf eine gemeinprotestantische, Lutheraner und Reformierte einigende Jubiläumspolitik gedrängt; nun sollte der antikatholische Schulterschluß der ungleichen Brüder offene Kampfbereitschaft der Protestanten signalisieren. Kursachsen aber verfolgte eine Politik des Ausgleichs mit dem habsburgischen Kaiser. Die innerprotestantische Konkurrenz in Sachen Reformationsgedenken hat das Jubiläumsgeschäft auf mannigfache Weise belebt.

Hinsichtlich der festiven Formen bestanden zwischen dem auf kurpfälzische Initiative von den Ständen der protestantischen Union abgehaltenen und dem kursächsischen Jubiläum erhebliche Unterschiede: Das Unionsjubiläum wurde an nur einem Tag, am Sonntag, dem 2. 11. 1617, begangen, das kursächsische zog sich, in Analogie zu den hohen kirchlichen Festen, über drei Tage hin – vom 31. 10. bis zum 2. 11. Durch die Verlagerung auf den 2. 11. trat der Thesenanschlag als solcher, der termingebende Anlaß des Jubiläums, ein wenig in den Hintergrund. Auf längere Sicht aber wurde der im Nachgang der 150-Jahr-Feier von 1667 von Kursachsen aus in einem jährlich wiederkehrenden Rhythmus verstetigte Reformationstag in verschiedenen protestantischen Ländern im Reich und Europas eingeführt und begangen. Im Grunde handelte es sich dabei um den ersten und einzigen ›neuen‹ Feiertag. Eigentlich waren die Protestanten ja nicht wenig stolz darauf, daß sie die immense Zahl der katholischen Feiertage drastisch reduziert und dadurch bisweilen auch positive ökonomische Entwicklungen angestoßen hatten – ein Prozeß, der im 18. Jahrhundert weiterlief und alsbald auch den Katholizismus erfaßte; manche im lutherischen Bereich noch übriggebliebenen Apostelfeste wurden um der Effizienz willen nun bisweilen auf die Sonntage verlegt – auch der Reformationstag.

Das kursächsische Reformationsjubiläum von 1617 hat als historisch erstes Beispiel eines landesherrlich verordneten, landauf, landab nach einem einheitlichen liturgischen Schema durchgeführten Jubiläums zu gelten. Zentrale Texte wie die Gebete oder Musterpredigten wurden von den führenden Theologen des Landes veröffentlicht; an den Sonntagen vor dem Jubelfest abgekündigte Formulare informierten die Untertanen über den Ablauf und das Ziel der Festlichkeiten und schärften ein, daß »fressen, sauffen, spielen, nächtliches tumulieren [Tumult veranstalten] und dergleichen bey unnachlessiger Strafe«[16] verboten sei. Die erste Zentennarfeier war ein multimediales Ereignis; neben illustrierten Flugblättern und -schriften wurden zahlreiche Predigten veröffentlicht, Lieder und Musikstücke komponiert, Porträtzyklen lutherischer Geistlicher als Wahrer der ›reinen Lehre‹ in Auftrag gegeben. Bei alledem versäumte es die einschlägige Publizistik nicht, den sächsischen Kurfürsten Johann Georg als Vorbild wahrer lutherischer Frömmigkeit zu inszenieren, der die Beichte ablegte, mehrere Predigten und eine für den Anlaß komponierte Kantate hörte, schließlich am Abendmahl teilnahm. Bis zu seinem Tode (8. 10. 1656) soll der Kurfürst übrigens den Siegelring des Reformators, der ihm von dessen Nachkommen geschenkt worden war, beständig an seiner Hand getragen haben. In der Leichenrede auf die sterbende kurfürstliche Hoheit heißt es, sie habe

> Ihre Ringe alle von den Fingern weggelegt / und allein Doctor Luthers Siegel=Ring / den Sie mit Seiden / weil er Ihr in der Kranckheit war zu weite worden / hatten umbwinden lassen / wieder angesteckt / und solchen mit der andern Hand gedrucket / damit gleiche Ihre beständige Fürstliche Liebe zu der Lehre Gottes / welche Lutherus seliger herzlich hin wieder von des Papsts Greuel gesäubert / zuverstehen zu geben. Sich also der Welt damit entzogen / und nun geschicket / allein mit Christo JEsu zu leben und zu sterben ⟨…⟩.[17]

Die Luthermemoria begleitete den sächsischen Kurfürsten bis in den Tod.

An den Universitäten wurden 1617 neben Gottesdiensten feierliche Reden, Disputationen und Promotionen abgehalten. Die lutherische Konfessionskirche versicherte sich aus Anlaß ihres Jubelfestes der eigenen heilsgeschichtlichen Grundlagen, dankte Gott für ihren Erhalt und erbat seinen Beistand im Kampf gegen den päpstlichen Antichrist. In der schon im 17. Jahrhundert prominent verwendeten Lichtmetaphorik sprach sich das Bewußtsein aus, dem obskuranten, bildungsmäßig rückständigen Katholizismus überlegen zu sein. Dieses Motiv wurde seit dem 18. Jahrhundert, nun im Zeichen der Aufklärung, weiter entfaltet.

Luther war selbstverständlich die Zentralperson des Jubels – 1617 nicht weniger als 1667 oder 1717; im Porträt war er allgegenwärtig, stärker als jede andere Person der älteren deutschen Geschichte. Seinen Anhängern galt er als von Gott gesandter Prophet, der das Licht des Evangeliums entzündet, die Schrift eröffnet habe und der Papstbestie, die das Studium der Bibel verhindern wolle, unbeugsam und mutig entgegengetreten sei (Abb. 44); für die Grundstimmung der Jubilanten war die Gewißheit charakteristisch, daß ›ihre Sache‹ am Ende siegen werde und das Papsttum dem Untergang geweiht sei. Das Lutherwort »Pestis eram vivens, moriens ero mors tua Papa« (Als ich lebte, war ich [deine] Pest, wenn ich tot bin, werde ich dein Tod sein, Papst, siehe S. 663)[18] erfreute sich als inschriftartig verwendeter Slogan großer Beliebtheit und verbürgte im Modus des Diktums eines inspirierten Propheten das eigene Überlegenheitsgefühl.

Darin, daß Gott sie einhundert Jahre erhalten hatte, sahen die Lutheraner einen Beweis für die Wahrheit ihrer Lehre. Das Bewußtsein apokalyptischer Naherwartung war um 1617 herum noch weitgehend ungebrochen; angedeutete oder fingierte Endzeitspekulationen Luthers selbst schienen darauf hinzudeuten, daß mit der Wiederkunft Christi um die Mitte des 17. Jahrhunderts zu rechnen sei.[19] Im Vorfeld des Dreißigjährigen Krieges dürfte das Reformationsjubiläum von 1617 auch zur Mobilisierung von evangelischer Kampf- und Opferbereitschaft am Ende der Zeiten beigetragen haben.

Der Agonalität des konfessionellen Zeitalters entsprach es, daß Papst Paul V. (1605-21), wohl in Opposition zum Reformationsjubiläum, im Juni 1617 ein Heiliges Jahr ausrief, in dem an bestimmten Terminen besondere Heilsgnaden zu erwerben waren. Für den Besuch bestimmter Kirchen, die Teilnahme an Prozessionen, Gebete für den Papst, die römische Kirche, das von den Türken bedrohte Ungarn und gegen die Ketzer, durch Almosen, Beichten, Fasten und die Abendmahlskom-

EMBLEMA
Auff das Erste Evangelische JubelJahr.
TANDEM TRIVMPHAT VERITAS.

Penna oculis SCRIPTURA animæ transfixa.
Papæ, & Papicolis intulit exitium.

Lux terret, tonitru terit, & gladius ferit, en as
Ut Trapesita ferat, turpiter & fugiat.

DEr Römisch Babst Lew ist gefalln/
Die Warheit sieget oben/
Mit jhrem schein vnd grossen schnalln/
Den liebn GOtt wolln wir loben.
Lutheri Fedr ein Dorn ist scharff/
Die Jhm beid Augn außboret/
Die Schrifft Jhn gar danieder warff/
Das Er wedr sieht noch höret.
Die Warheit hat jhr Schwert gezückt/
Vnd lest jhrn Donner schallen/
Der Tetzel gschwinde davon rückt/
Muß seinen Kram lahn fallen.
Für hundert Jahren fing diß an/
Sollen wir nicht Jubilieren?
Viel Rahtschläg sie verlohren han/
Vnd Täglich noch verlieren.
Kron/Hüt/Creutz/Ablaß/Bulln vnd Stäb/
Liegen gar vntern Füssen/
Keiner ein taub Nuß darumb geb/
Niemand den Babst wil küssen.

Das hat durch Luther Gott gethan/
Seid nicht böß jhr Papisten/
Die Warheit doch behelt den Plan/
Ob Jhr euch schon thut rüsten.
Das viertzigstündlich Gbet hilfft nicht/
Lasst nur das Gplärr gantz bleiben/
Es hilfft wedr Weyh/ noch Glock/ noch
Affenwerck thut jhr treiben. (Liecht/
Denn Gottes Wort/ Lutheri Lehr/
Jst vber Euch gekommen/
Die vergeht nun noch nimmermehr/
Das bringt der Kirchn gros frommen.
Nun singt dem Lewn das Requiem/
Er ist der Hellen Speise/
Wir aber betn das Da pacem,
Nach aller Heiligen weise.

D. Cramerus D.

Jm Jahr
LVther eVangeLIVM DeI apportat.

Gedruckt zu Alten Stettin/ durch Samuel Kellnern.

Abb. 44: Herzog August Bibliothek Wolfenbüttel: 38.25 Aug. 2° fol. 317

munion konnte ein exzeptioneller, nur in einem Heiligen Jahr erreichbarer Plenarablaß erlangt werden. Da das päpstliche Jubelfest in einigen Diözesen auf den 10. November des für die Katholiken seit 1582 gültigen Gregorianischen Kalenders gelegt wurde, was dem 31. Oktober des ›alten‹, von den Protestanten noch weithin beachteten Julianischen Kalenders entsprach, dürfte der Charakter der Veranstaltung als »Gegen-Jubiläum«[20] offenkundig sein.

Infolge der ersten Jahrhundertfeier der Reformation von 1617 kamen nun weitere auf die Reformationsgeschichte bezogene Gedenktage und Jubiläen auf: das der *Confessio Augustana* von 1630,[21] ein Jubiläum des Augsburger Friedensreichstages von 1655, diverse lokale und regionale Feste aus Anlaß der jeweiligen Einführung der Reformation.

Hinweise zum 18. Jahrhundert

Bei der 200-Jahr-Feier der Reformation machte sich bemerkbar, daß der sächsische Kurfürst, der bis dahin der ›Motor‹ der Reformationserinnerung gewesen war, um der polnischen Krone willen zum Katholizismus übergetreten war. Die Führungsrolle beim Reformationsjubiläum von 1717[22] fiel deshalb dem ernestinischen Herzogtum Sachsen-Gotha-Altenburg zu, das seine militärisch-politischen Schwächen durch Religions- und Kulturpolitik kompensierte. Daß die in ihrer Zeit bahnbrechenden reformationshistorischen Werke des Juristen Veit Ludwig von Seckendorff (1626-92) und des Theologen Ernst Salomon Cyprian (1673-1745) gleichfalls maßgeblich in Gotha entstanden sind, unterstreicht die identitätsbildende Bedeutung, die Luther und der Reformation gerade in dem kleinen thüringischen Territorium zukam.

Bei den Jubiläumsfeierlichkeiten von 1717 wurde ansatzweise auch deutlich, daß sich das religiöse und theologische Profil des zeitgenössischen Protestantismus zu diversifizieren begann. Obschon die alten orthodoxen Deutungsmuster auf Luther als gottgesandten Zeugen, die 1617 im wesentlichen konkurrenzlos geblieben waren, auch hundert Jahre später noch bestimmend waren, meldeten sich auch andere Tendenzen zu Wort. Die Pietisten etwa nutzten die Erinnerung an die Reformation, um ihren Kampf gegen die Orthodoxie mit dem Luthers gegen das Papsttum zu analogisieren, für stärkere Partizipation der Laien einzutreten oder die Staatsförmigkeit der lutherischen Kirchentümer in Frage zu stellen. Erste frühaufklärerische Stimmen, die sich im Laufe des 18. Jahrhunderts stetig verstärkten, stellten den Personenkult um Luther in Frage, nahmen die Reformation für Geistesfreiheit in Anspruch und relativierten – hierin mit manchen Pietisten übereinstimmend – den innerprotestantischen Konfessionskonflikt zwischen den Lutheranern und den seit dem Westfälischen Frieden reichsrechtlich anerkannten Reformierten.

Im 18. Jahrhundert kamen personale Gedenktage, etwa die 200. Todestage Luthers und Melanchthons, hinzu. Verstärkt drangen die Feiern nun aus den Kirchen in den öffentlichen Raum und verbanden sich mit neuen Praktiken wie Umzügen oder Feuerwerk. Die mit Luthers Person verbundenen Orte – die Wartburg, das Augustinerkloster in Wittenberg, die Coburg, das Geburts- und Sterbehaus in Eisleben – wurden schon seit dem 16. Jahrhundert regelmäßig besucht und bildeten dann die ersten Beispiele des neuartigen Phänomens der Personengedenkstätten in Deutschland.[23] Auch der Handel mit »Luther-Reliquien«, also wirklich oder vermeintlich aus seinem Besitz stammenden Objekten, florierte seit dem 18. Jahrhundert.[24] Legenden wie die vom Tintenfleck infolge des Faßwurfes gegen den Teufel, die an der Wartburg ebenso wie an der Coburg oder am Wohnhaus Luthers in Wittenberg hafteten, sind bereits seit dem 17. Jahrhundert bezeugt und munter tradiert worden; der apokryphe Vers »Wer nicht liebt Wein, Weib und Gesang, der bleibt ein Narr sein Leben lang« hingegen wurde dem Wittenberger Reformator erst seit 1775 zugeschrieben.[25] Bis hin zu dem gleichfalls nicht authentischen Wort vom Apfelbäumchen, das Luther heute pflanzte, wenn morgen die Welt unterginge – es kam in der Spätphase des Zweiten Weltkrieges auf,[26] fungierte dann als Durchhaltemaxime im Wirtschaftswunderland und dient gelegentlich noch heute als ökologisch unanstößiger Werbeslogan oder kirchliches Hoffnungswort –, erfreute sich der Wittenberger Reformator als Autorität und Projektionsfläche steter Beliebtheit. Daß es eine Lutherfigur war, die in kürzester Zeit zum meistverkauften Produkt des Nürnberger Spielwarenherstellers Playmobil aufstieg (Abb. 45), bezeugt, daß sich die wohl bekannteste Gestalt der älteren deutschen Geschichte für Banalisierungen aller Art eignet. Die historischen Wurzeln des Lutherkultes sind tief, auch abgründig.

Das 19. Jahrhundert

Das 19. Jahrhundert entwickelte sich ausgesprochen jubiläumsfreudig; auch das Reformationsgedenken profitierte davon. Die Handlungsträger der offiziell verordneten Jubiläen blieben, wie in der Vergangenheit, die weltlichen Obrigkeiten; angesichts der nun vielfach gemischt-konfessionellen Zusammensetzung der Bevölkerung ihrer Territorien war man von seiten der Verantwortlichen sehr darum bemüht, Provokationen gegen die katholischen Untertanen, wie sie im Zusammenhang der Festivitäten regelmäßig aufgetreten waren, einzuschränken oder zu vermeiden. Bei vielen der im 19. Jahrhundert neu hinzukommenden Gedenktage und Erinnerungsaktivitäten bestimmten bürgerliche Kreise die Festinitiativen und Gedenkziele. Das im Zuge der Industrialisierung entstehende Proletariat stand dem Reformationsgedenken weitgehend fremd gegenüber.

Die auf biographische Daten, in der Regel Geburts- und Sterbejahre, bezogenen Personenjubiläen, die nun vermehrt begangen wurden, betrafen auch die Reformatoren. Das 400. Geburtstagsfest Martin Luthers im Jahre 1883 etwa wurde zu einem politisch-kulturell herausragenden Großereignis;[27] von der in diesem »Lutherjahr« begonnenen sogenannten Weimarer Lutherausgabe und dem gleichfalls jetzt gegründeten »Verein für Reformationsgeschichte« gingen langfristig wirksame wissenschaftliche Impulse aus. Auch Zwingli, 1884 mit schweizerischem Selbstbewußtsein als ein »Martin Luther ebenbürtiger Zeuge des Evangeliums«[28] apostrophiert, und 1909 Calvin wurden nun mit entsprechenden Gedenkfeiern, Monumenten und einschlägigen literarischen Festgaben geehrt. Die

Abb. 45: Mit freundlicher Genehmigung von PLAYMOBIL. PLAYMOBIL ist ein eingetragenes Warenzeichen der geobra Brandstätter Stiftung & Co. KG.

Lutherstätten »Lutherstube Wartburg« (1817) und »Lutherhalle« Wittenberg institutionalisierte man als museale Orte; im Jahr des 400. Geburtstages Melanchthons (1897) wurde in seiner Geburtsstadt Bretten der Grundstein für das »Melanchthonhaus« gelegt. Einzelne Ereignisse der Reformationsgeschichte wie die Verbrennung des kanonischen Rechts und der Bannandrohungsbulle 1520 oder Luthers Auftritt vor dem Wormser Reichstag 1521 wurden gar mit eigenen Zentennarfeiern gewürdigt, ein Trend, der auch im 20. Jahrhundert anhielt.

Die Feiern zur *Confessio Augustana* (1830) oder zu anderen Bekenntnissen wie dem *Heidelberger Katechismus* (1863) standen primär unter einem kirchlichen Vorzeichen, fielen in der Regel bescheidener aus und ließen ein deutlicheres Interesse an den Inhalten reformatorischer Theologie erkennen, als dies bei dem Lutherjubel der Fall war.

Neue, vielfach als Volksfeste begangene lokale Anlässe ka-

Abb. 46: Stadtverwaltung Worms

men nun in Gestalt von Einweihungsfeiern für Lutherdenkmäler hinzu, die seit Johann Gottfried Schadows 1821 in Wittenberg aufgestellter Plastik zahlreiche Marktplätze eroberten; im Umkreis des »Lutherjahres« 1883 erreichte diese Welle ihren Höhepunkt. Das am 25. Juni 1868, dem Jahrestag der Übergabe der *Confessio Augustana*, in Anwesenheit des preußischen Königs Wilhelm I. und unter Beteiligung von etwa 100 000 Menschen eingeweihte Wormser Reformationsdenkmal stellte Luther in eine Gruppe von vier ›Vorläufern‹ (s. o. S. 12 ff.): Valdes, Wyclif, Hus und Savonarola (Abb. 46). Diese auch in der zeitgenössischen Historiographie beliebten »Vorreformatoren«[29] markierten die europäischen Dimensionen der schließlich von dem überragenden Deutschen angeführten Reformation; vier das innere Ensemble säumende Gestalten – die Reformationsfürsten Friedrich der Weise und Philipp von Hessen im Vordergrund, die Gelehrten Reuchlin und Melanchthon im Hintergrund – symbolisierten die Luther sekundierenden politischen und wissenschaftlichen Kräfte der Zeit. Reliefplatten auf dem Hauptsockel visualisierten Schlüsselszenen aus Luthers Leben. Die hier gebotene Sicht auf die Reformation war so lutherzentriert wie die meisten Gedächtnisakte auch.

Das einige Tage vor der offiziellen Zentennarfeier, am vierten Jahrestag der Völkerschlacht zu Leipzig (18./19. Oktober 1817), begangene Wartburgfest einiger Hundert nord- und mitteldeutscher Studenten nahm den Reformator für den eigenen nationalen Kampf um die Einheit und Freiheit der deutschen Nation in Anspruch. Ähnlich den antirationalistischen, sich der vom preußischen Monarchen 1817 verordneten Union aus Lutheranern und Reformierten widersetzenden, einen neuen lutherischen Konfessionalismus inaugurierenden Tendenzen, die der Kieler Pastor Claus Harms (1778-1855) mit seinen 1817 veröffentlichten »95 Thesen« angestimmt hatte, strebten die national gesinnten Studenten am Fuße der ›deutschesten Burg‹ über das Bestehende hinaus; Menschen-, Bürger- und elementare Freiheitsrechte galten ihnen als Erbe der Reformation.

Im ganzen freilich dominierte im Umkreis des Jahres 1817 noch die aufklärerisch geprägte Sicht auf Luther und seine Epoche; der Mehrheit der Jubilanten galt die Reformation als Meilenstein der Gewissens- und Glaubensfreiheit und als Ausgang aus Verblendung, Irrtum und Aberglauben; insofern nahm man sie als Ereignis von universalgeschichtlicher Bedeutung in Anspruch. In bezug auf die Nachdrücklichkeit, mit der man den durch die Reformation legitimierten politischen Freiheitsdrang gegen die ständische Ordnung richtete, unterschieden sich die Studenten am Fuße der Wartburg von den meisten anderen Jubiläumsakteuren.

Das 20. Jahrhundert

Das Reformationsjubiläum von 1917[30] stand ganz im Zeichen des Ersten Weltkrieges; viele ursprünglich geplante Festakte unterblieben deshalb. Besondere Aktivitäten des regierenden Monarchen spielten keine Rolle, statt dessen ergoß sich eine Schriftenflut über das Land, in der vornehmlich des »deutschen Luthers« gedacht, bisweilen, mit antisemitischen Spitzen, sein »germanisches« Wesen beschworen und er als Vorbild an Willensstärke, Zähigkeit und Durchhaltewillen inszeniert wurde. Der Glaube Luthers erschien vornehmlich als Mittel, um die Lasten des Krieges für Volk und Vaterland durchzustehen – an der Front wie in der Heimat. Unter den theologischen Autoren, die sich 1917 zu Wort meldeten, wurden allerdings auch verstärkt Stimmen vernehmbar, die gegenüber dem politisierten Luther an dessen zentrale theologische Anliegen erinnerten. Im ganzen haben die Reformationsjubiläen selten nur substantielle theologische Gehalte erinnert oder aktualisiert; ihr politischer Charakter dominierte und stand dem entgegen.

Nach dem Ersten Weltkrieg rissen die Lutherfeiern nicht ab; die Erinnerung an Luthers Auftritt vor dem Wormser Reichstag wurde 1921 zum Anlaß einer großen Inszenierung;[31] der unbeugsame ›deutsche‹ Bekenner Luther sollte ›seinen‹ durch die Kriegsniederlage gebeugten Landsleuten Trost spenden, Mut machen und eine neue politische Zukunft eröffnen. In der ins Jahr des 450. Geburtstages Luthers, 1933, fallenden politischen Wende in Deutschland sahen auch viele evangelische Christen, insbesondere die in der Kirchenpartei der »Deutschen Christen« organisierten Nationalsozialisten in der Kirche, die Einlösung ihrer Hoffnungen. Ein für den 10. November, den Geburtstag des Reformators, geplanter »Deutscher Luthertag 1933«[32] sollte den Wittenberger als Ahnherrn der deutsch-christlich geführten Reichskirche exponieren. Daß im Reich Adolf Hitlers die Reformation Luthers an ihr Ziel gelangt sei, war eine im Jubeljahr 1933 allenthalben präsente Überzeugung; volksmissionarische Hoffnungen schossen ins Kraut; die Einführung des 31. Oktobers als Staatsfeiertag schien zum Greifen nahe. Insbesondere bei den »Deutschen Christen« bildeten die haßerfüllten Schmähschriften gegen die Juden ein wichtiges Motiv der Gegenwartsbedeutung des Reformators. Dadurch, daß Hitler für den 12. November 1933 allerdings eine Volksabstimmung und Neuwahlen anberaumte und der Staats- und Parteiapparat auf dieses Datum hinarbeitete, mußte der »Deutsche Luthertag« auf den 19. November verlegt werden.

Auf der berüchtigten Sportpalast-Kundgebung der »Deutschen Christen« am 13. November 1933 rief der Berliner Gauobmann Reinhold Krause (1893-1980) den »Feuergeist des Dr. Martinus« an, um die Pastorenkirche zu überwinden und eine »deutsche Volkskirche« wachsen zu lassen, in der »heldische Frömmigkeit« und »artgemäßes Christentum« verwirklicht würden.[33] Krauses Agitation, die schließlich einen Akzeptanzschwund der »Deutschen Christen« einleiten sollte, gipfelte in dem Appell zur »Befreiung von allem Undeutschen im Gottesdienst und im Bekenntnismäßigen, Befreiung vom Alten Testament mit seiner jüdischen Lohnmoral, von diesen Viehhändler- und Zuhältergeschichten«.[34] Analog der ideologischen Inanspruchnahme Luthers durch den NS-Chefideologen Alfred Rosenberg postulierte Krause, daß die »Reformation Martin Luthers« in einem »endgültigen Sieg des nordischen Geistes über orientalischen Materialismus«[35] vollendet werden müsse. Diese massive ideologische Entstellung des zeitlebens für ein christliches Verständnis des Alten Testaments eingetretenen Reformators verschreckte viele Anhänger der »Deutschen Christen«. Doch die deutsch-christlichen Kirchenleitungen nutzten auch weiterhin die Autorität Luthers, um ihre Zustimmung zur Rassepolitik des Dritten Reiches zu legitimieren. Der thüringische Bischof Martin Sasse (1890-1942) etwa stellte die Vorgänge der Reichspogromnacht des 9. November 1938 als Einlösung des Lutherschen Vermächtnisses dar,[36] und die Kirchenpräsidenten und Landesbischöfe von Sachsen, Hessen-Nassau, Mecklenburg, Schleswig-Holstein, Anhalt, Thüringen und Lübeck legitimierten am 17. Dezember 1941 die staatlich verordnete Kennzeichnungspflicht der Juden unter Rekurs auf den Reformator:

> Als Glieder der deutschen Volksgemeinschaft stehen die unterzeichneten deutschen Evangelischen Landeskirchen und Kirchenleiter in der Front dieses historischen Abwehrkampfes, der u. a. die Reichpolizeiverordnung über die Kennzeichnung der Juden als der geborenen Welt- und Reichsfeinde notwendig gemacht hat, wie schon Dr. Martin Luther nach bitteren Erfahrungen die Forderung erhob, schärfste Maßnahmen gegen die Juden zu ergreifen und sie aus deutschen Landen auszuweisen.[37]

In der Bekennenden Kirche fehlte es nicht an Anstrengungen, Luthers theologische Anliegen sachgerecht zur Sprache zu bringen. Seine Rechtfertigungslehre, der gekreuzigte Christus, seine Leistungen in der Auslegung der Heiligen Schrift rückten ins Zentrum des Interesses. Die Verstrickung der Luthers Erbe verpflichteten evangelischen Kirche in die Verbrechen des Dritten Reiches, insbesondere an den Juden, wurde nach dem Zweiten Weltkrieg erst allmählich thematisiert und beschäftigt sie bis heute.[38]

Bald nach Kriegsende, am 18. Februar 1946, jährte sich der Todestag Luthers zum 400. Mal. Dieses Lutherjubiläum war der erste allgemeinere Gedenktag, der in Deutschland nach dem Dritten Reich, in erstaunlicher Breite übrigens,[39] begangen wurde; den Deutschen der Zusammenbruchsgesellschaft sollte nun mittels Lutherscher Theologie vor Augen geführt werden, daß sie die Strafe des göttlichen Zornes erlitten, weil sie sein Wort verachtet hatten. Zugleich fungierte der Reformator erneut als Tröster und als Identitätsfigur – als ein Deutscher, der grundlegende Werte repräsentierte, die nicht durch die nationalsozialistische Ära kompromittiert worden waren. Von seiten der Anhänger der Dialektischen Theologie Karl Barths wurde die Erinnerung an Luther nun auch mit scharfer Polemik gegen das zeitgenössische Luthertum und die Erben der Lutherrenaissance Karl Holls verbunden; in der Lutherinterpretation wurde der »Kirchenkampf« noch eine Weile weitergeführt. Zu einer Aufarbeitung der Inanspruchnahme Luthers für den rassischen Antisemitismus auch von kirchlicher Seite kam es hingegen kaum. Die zunächst im englischsprachigen Ausland, dann auch im sozialistischen Teil Deutschlands begegnende ›Von-Luther-zu-Hitler‹-Literatur, die den Diktator als notwendige Folge einer durch den Reformator inaugurierten Tradition repressiver deutscher Obrigkeitsstaatlichkeit interpretierte, stieß in Westdeutschland in aller Regel auf deutliche Ablehnung; man akzentuierte den Theologen Luther und beschwieg die auch von kirchlicher Seite betriebene oder hingenommene politische Instrumentalisierung. Die Frage, welche Aspekte des Lutherbildes die Inanspruchnahme durch den NS-Staat möglich gemacht hatten und wie die Verantwortung zu taxieren war, die man selber trug, wurde öffentlich kaum gestellt. Unverkennbar aber war, daß nun Melanchthon und Bucer, exponierte Humanisten unter den Reformatoren, die als irenisch galten, größere Aufmerksamkeit fanden; man wollte also in der reformatorischen Tradition Ressourcen freilegen, die nach Europa und in den Westen wiesen.

Unter den Bedingungen der deutschen Doppelstaatlichkeit erwies sich das Reformationsgedenken als ein produktives Feld der Konkurrenz und der Interaktion. Dabei zeigte sich allerdings im Laufe der Zeit immer deutlicher, daß es im Westen vor allem die evangelischen Kirchen waren, die die Erinnerung an Luther und die Reformation pflegten, während es im Osten der Staat war, der diese Aufgabe übernahm, wobei er neben der Kirche, mit ihr und – vor allem in der Frühzeit – auch gegen sie agierte. In Westdeutschland war die Beschäftigung mit Luther und der Reformation völlig an den Rand der geschichtswissenschaftlichen Interessen gerückt und primär zu einer Angelegenheit der Theologen geworden; entsprechend war auch das öffentliche Reformationsgedenken hier weitgehend entpolitisiert. In der DDR hingegen stand die Beschäftigung mit der Reformationszeit im Zentrum der Geschichtswissenschaft. Anknüpfend an Friedrich Engels' Bauernkriegsstudie sah man in den Anfangsjahren der DDR in Luther einen Totengräber der deutschen Freiheit, den Bauernschlächter, den Fürstenknecht. Alexander Abusch, ein späterer Kulturminister der DDR, äußerte in seinem 1946 erschienenen Buch *Der Irrweg einer Nation*, daß die »Niederlage der deutschen Freiheit im großen Bauernkrieg« »drei Jahrhunderte der deutschen Geschichte in die Finsternis der Reaktion«[40] gehüllt habe. Mit dem Schriftsteller Wolfram von Hanstein[41] nahm ein deutscher Marxist die Wertungslinie ›von Luther zu Hitler‹ positiv auf. Luther und die ältere deutsche Geschichte schienen keinerlei Anknüpfungspunkte für jene ›positive‹ und ›fortschrittlichere‹ Perspektive zu bieten, deren der Arbeiter- und Bauernstaat dringend bedurfte. Durch eine von dem russischen Historiker Moisej M. Smirin vorgelegte Studie über Thomas Müntzer,[42] die erstmals 1952 in deutscher Übersetzung erschien, konnte der thüringische Antipode Luthers, der aufgrund des Bauernkriegsbuches Wilhelm Zimmermanns ([2]1856)[43] bereits im Vormärz entdeckt und im Laufe des 19. Jahrhunderts zu einer Zentralfigur auch marxistischer Theoretiker avanciert war, zur positiven Referenzfigur einer libertären Tradition in der deutschen Reformation aufgebaut werden. Fortan dominierte Müntzer das öffentliche Reformationsgedenken in der DDR; auf Geldscheinen, Medaillen und Kunstwerken, als Namensgeber für Kindergärten, Schulen und Kombinate, in historischen Romanen und Filmen – allenthalben war er präsent. Das historisch durchaus bewegte Verhältnis zwischen marxistischer und ›bürgerlich-westlicher‹ Reformationsforschung und -deutung begleitete die gesamte Phase deutscher Doppelstaatlichkeit.

Offizielle Gedenkveranstaltungen zu Personen und Sachverhalten der Reformationsgeschichte setzten in der DDR bereits in den sechziger Jahren ein. Aus Anlaß des 400. Todestags Melanchthons wurde 1960 ein staatlicher Festakt einschließlich Kranzniederlegung in der Wittenberger Schloßkirche begangen. Der Schulterschluß mit dem Humanismus, wie ihn Melanchthon verkörperte, versprach auch eine Öffnung zu den ›progressiven‹ Traditionen des Bürgertums. 1967 wurde des 450. Jubiläums der Reformation auch von staatlicher Seite ausführlich gedacht. Freilich liefen das staatliche und die kirchlichen Gedenken noch weitgehend unverbunden, ja konkurrenziell nebeneinanderher.

Dies sollte sich im Vorfeld des »Lutherjahres« 1983 gründlich ändern. Die Gedenkaktivitäten, die damals im SED-Staat unternommen wurden, markierten den Höhepunkt in der Annäherung an die Gestalt des Wittenberger Reformators. Während dieses Jubiläum im Westen vornehmlich als ein im Zeichen der Ökumene stehendes kirchliches Fest begangen wurde, bei dem staatliche Repräsentanten allenfalls in »angemessener Weise zu Wort kommen«[44] sollten, hatte die DDR-Führung – weitaus früher als in bezug auf Karl Marx, dessen

100. Todesjahr 1983 bevorstand – die Initiative zur Vorbereitung ergriffen, lud aber Kirchenvertreter zur Mitwirkung ein. Im Westen war das »Lutherjahr« 1983 von wissenschaftlichen Symposien und Ausstellungen geprägt, die in Absetzung von geschichtspolitischen Tendenzen früherer Jubiläen einen »Luther ohne Goldgrund«[45] präsentierten. Die vom »Verein für Reformationsgeschichte« konzeptionell begleitete große Nürnberger Ausstellung *Martin Luther und die Reformation in Deutschland*,[46] deren Katalog das wichtigste wissenschaftliche Ergebnis des »Lutherjahres« geblieben ist, hatte sich zum Ziel gesetzt, den Reformator in seiner Zeit zu präsentieren, die Frömmigkeitskultur der Epoche als Voraussetzung seiner Theologie, die sozialen Formationen als Motiv ihrer Wirkung sowie die zeitgenössische Publizistik und das politische System des Alten Reichs als entscheidende Faktoren des Erfolges der Reformation darzustellen. In das Programm dieser Ausstellung war das Lutherbild jener Generation von westdeutschen Historikern und Theologen der Nachkriegszeit eingeflossen, die aufgrund ihres Lebensalters in die Schuld des NS-Staates nicht mehr persönlich involviert waren und die in der Historisierung Luthers die einzig angemessene Umgangsweise mit ihm sahen.

Der deutlichen Unterscheidung von kirchlichen und staatlichen Belangen im Westen entsprach es, daß im Umkreis des Lutherjubiläums von 1983 das Interesse an der theologischen Gedankenfigur der ›Zwei-Reiche-Lehre‹ besonders groß war. Ein Zeitgenosse urteilte: »Jedes der zahlreichen Luther-Jubiläen ⟨…⟩ hatte eine Tendenz, das Bild des Jubilars ⟨…⟩ durch Assimilation an jeweilige Gegenwartsinteressen, zu verzeichnen. Aus der Perspektive der Bundesrepublik habe ich den Eindruck, der Jubiläums-Luther des Jahres 1983 wird vorwiegend als Autor der Zwei-Reiche-Lehre ins Gedächtnis der Nachwelt eingehen ⟨…⟩.«[47] Angesichts der großen gesellschaftlichen Unruhe, die sich in der Friedensbewegung manifestierte, versagte man sich im Zusammenhang des Reformationsgedenkens kirchlicherseits jede normative Einwirkung auf das politische Gemeinwesen. Einige Äußerungen führender westdeutscher Politiker, die wohl auch in Richtung auf die

DDR formuliert waren, zielten darauf ab, die ›Offenheit der deutschen Frage‹ zu unterstreichen. Bundespräsident Carl Carstens bezeichnete Luther als »Symbol der Einheit im geteilten Deutschland«.[48] Helmut Kohl sprach davon, daß der Wittenberger Reformator »der gemeinsame Luther der Deutschen sei«;[49] er verband dies mit dem Appell, die Reisemöglichkeiten in beide Richtungen auch über das Jubiläumsjahr hinaus zu vereinfachen. Willy Brandt betonte, daß Luther »allen Deutschen gehöre. Sein Erbe dürfe nicht in ein westliches und östliches aufgeteilt werden. Luther biete Orientierung und sei Vorbild in einer Zeit der Sinnkrise.«[50] Implizit wurde dadurch der Anspruch der DDR auf das Erbe der Reformation bestritten.

Im Zuge der Diskussion um Erbe und Tradition des sozialistischen Nationalstaates war Luther immer deutlicher zur identitätsstiftenden Figur aufgebaut worden; im Zusammenhang des Jubiläums von 1983 wurde dies offenkundig. Den Vorsitz des Luther-Komitees, das die Vorbereitungen für das »Lutherjahr« in der DDR koordinierte, übernahm der Staatsratsvorsitzende Erich Honecker persönlich.

Nach Honecker würdigte die DDR Luthers historische Leistung, die er »durch die Einleitung der Reformation, welche eine bürgerliche Revolution darstellte, für den gesellschaftlichen Fortschritt und die Weltkultur vollbracht«[51] habe. In *15 Thesen*, die 1981 veröffentlicht wurden,[52] stellte die Parteiführung der SED die Richtlinien ihrer Geschichtspolitik in bezug auf Luther und die Reformation vor. Demnach galt nun auch der Luther ab 1522 – dem Zeitpunkt seiner Trennung von Müntzer und Karlstadt – als zu den progressiven Geschichtskräften gehörig; seiner Theologie wurde als Wirkfaktor der Geschichte eine autonome Bedeutung zugeschrieben. Auch die Territorialfürsten erhielten nun eine relativ positive Bewertung; Luthers Untertanengehorsam galt nicht mehr als anstößig. Die Reformation wurde als Beginn einer neuzeitlichen Freiheitsgeschichte gewertet; die Pflege der Reformationsgedenkstätten und ihre touristische Nutzung stellten ein zentrales Anliegen dar. Der Judenhaß des ›alten‹ Luther, zu dem der Rat der EKD im Westen 1983 immerhin erklärt hat, daß man ihn für »verhängnisvoll«[53] hielt, blieb im Osten unerwähnt; auch das im Westen kirchlich und gesellschaftlich zentral wichtige Thema der Ökumene spielte in der staatlichen Luthergeschichtspolitik der DDR keine Rolle. Luther wurde hier als bruchlose und erfolgreiche, im Grunde heroische Gestalt inszeniert. Wieder einmal diente der Reformator der ideologischen Stabilisierung eines deutschen Staatswesens. Allerdings berief sich auch die Friedens- und Reformbewegung in der DDR auf ihn.

Das Ende der DDR stand dann noch einmal im Bann Thomas Müntzers; das Jahr 1989 galt als 500. Wiederkehr seines Geburtsjahres; in Frankenhausen wurde das Bauernkriegspanorama Werner Tübkes, das größte Ölgemälde der Welt, der Öffentlichkeit in einem eigens dafür hergerichteten Museumsgebäude präsentiert. Hatten sich in der Müntzerforschung der DDR Kirchen- und Allgemeinhistoriker immer deutlicher aufeinander zubewegt und die zentrale Bedeutung der Theologie für sein Wirken betont, so bietet Tübkes aus zahllosen zeitgenössischen Bildquellen kompiliertes Werk einen Prospekt des Zeitalters, das sich einer eindeutigen – etwa sozialrevolutionären – Lesart entzieht. Es ist zum Menetekel auf den Untergang des bisher letzten deutschen Staates geworden, der die Reformation geschichtspolitisch nutzte.

Die Vorbereitungen auf das 500. Reformationsjubiläum 2017 (s. u. S. 771-774) sind von einer engen Kooperation kirchlicher und staatlicher Akteure und Institutionen geprägt. Anfangs dominierten Deutungsmuster, die die Repristination eines protestantischen Modernitätsanspruchs offenbarten. Nach und nach rückt die Frage ins Zentrum, welche Rolle die Religion nach ihrer unabweisbaren ›postsäkularistischen‹ Wiederkehr in einem liberalen, demokratischen, von staatlich verbürgter Toleranz geprägten Gemeinwesen spielen kann oder soll.

DIE REFORMATION IN DER HISTORIOGRAPHIE

Spätes 17. bis 18. Jahrhundert

Bereits im 16. Jahrhundert setzten vielfältige Versuche ein, jene Ereignisse, die man nach und nach in dem historiographischen Begriff ›Reformation‹ verdichtete, schriftlich zu fixieren und zu tradieren. Luthers Biographie wurde in unterschiedlichen literarischen Formen erzählt; die in 17 Predigten abgefaßte Lebensschilderung des Joachimsthaler Predigers und Lutherschülers Johannes Mathesius (1504-65) erwies sich als besonders erfolgreiche, ›volkstümliche‹ Darstellung, die bis ins 20. Jahrhundert hinein nachwirkte. Auch Kalender, lokale Chroniken oder Lebensbeschreibungen von einzelnen Reformatoren oder Gegnern der Reformation tradierten reformationsgeschichtliches Wissen; sie bezeugten auf je ihre Weise, daß die Vorgänge um den Wittenberger Augustinermönch viele Zeitgenossen beschäftigten und insbesondere für die lutherische Konfession erinnerungswürdig waren.[54] Die breite erinnerungskulturelle Präsenz der Reformation, aber auch die permanente Auseinandersetzung mit den konfessionellen Gegnern aus Reformiertentum und römischem Katholizismus, in der historisches Wissen immer wieder eine entscheidende argumentative Rolle spielte, bildeten eine wichtige Voraussetzung dafür, daß seit dem späten 17. Jahrhundert eine wissenschaftliche Historiographie der Reformation entstand.

Ihren Anfangspunkt zu definieren kann kaum eindeutig sein. Evident aber ist, daß die von dem Gelehrten Rat Veit Ludwig von Seckendorff abgefaßte *Historia Lutheranismi* (1694) hinsichtlich der Breite der berücksichtigten Quellen, der Detailliertheit der Darstellung und der Komplexität der politischen und theologischen Interpretationsperspektiven Maßstäbe gesetzt hat. Bis ins frühe 19. Jahrhundert hinein war Seckendorffs Darstellung das maßgebliche Referenzwerk zur Sache. Als erster nutzte er die ernestinischen Bibliotheks- und Archivbestände in Weimar und Gotha konsequent. Sein in kritischer Auseinandersetzung mit einem Werk des Jesuiten Louis Maimbourg (1610-86) stehendes Buch bot im Rahmen zweier Eckdaten der Biographie Luthers – dem Beginn des Thesenstreits von 1517 und seinem Tod 1546 – einen umfassende Blick auf die Reformationsgeschichte insbesondere Deutschlands. Gegenüber der heilsgeschichtlichen Sicht auf Luther, die in der lutherischen Orthodoxie dominierte, lieferte Seckendorff eine Reihe von innovativen Motiven. Zunächst versuchte er die historische Unverzichtbarkeit der Reformation vor dem Hintergrund der kirchlichen Zustände des frühen 16. Jahrhunderts zu erweisen; dies erschien deshalb als notwendig, weil der zeitgenössische Katholizismus sich seines Erachtens unter dem Einfluß der Reformation deutlich zum Besseren gewandelt hatte.[55] In Seckendorffs *Historia* wurde der Frühzeit der Reformation, insbesondere den Jahren 1517 bis 1524, eine herausragende Bedeutung zugeschrieben. Während in der Orthodoxie die Tendenz dominiert hatte, den theologisch zum Abschluß gelangten ›reifen‹ Reformator zur entscheidenden dogmatischen Instanz zu erklären,[56] rückten bei Seckendorff die Frühzeit der Reformation und der angefochtene, weithin auf sich selbst gestellte, erst allmählich in seinen theologischen Erkenntnissen voranschreitende Luther in den Vordergrund.[57] Dem noch »ohne Macht der Potentaten« agierenden theologischen Lehrer, der die »Gemüther der Leute mit denen aus dem Schatz der göttlichen Schrift genommenen Gründen«[58] zu überzeugen verstand, schenkte Seckendorff besondere Aufmerksamkeit. Vor dem Bauernkrieg[59] sei die reformatorische Entwicklung ohne die Unterstützung der weltlichen Obrigkeiten vonstatten gegangen. Für Seckendorff ist dies die »*propria Lutheri* 〈…〉 *historia*«[60] (Luthers eigentliche Geschichte) gewesen. Damit gelangte die religiös-theologische Dimension der Reformation, »das Innerliche« und »gleichsam die blühende Jugend der wieder an den Tag gebrachten Christlichen Lehre«,[61] ins Zentrum. Die Rolle der weltlichen Obrigkeiten trat demgegenüber deutlich zurück. Sodann hob Seckendorff die menschlichen Züge des Reformators hervor. »Gesetzt also, daß Lutherus gesündiget, und in Worten und Wercken, Fehler begangen, ⟨…⟩ so erweiset zwar solches, daß er mit menschlicher Schwachheit beladen gewesen, bringet aber der Lehre und Glauben keinen Schaden ⟨…⟩«,[62] stellte er fest. Hinsichtlich der Differenzierung des Lutherbildes markiert Seckendorff innerhalb des Luthertums einen folgenreichen Neueinsatz.

Galt Luther bisher vor allem als Inaugurator rechtgläubiger Lehre, so rückte Seckendorff als dessen »Hauptleistung«[63] die Übersetzung und Kommentierung der Heiligen Schrift in den Fokus des Interesses. Die unbedingte Orientierung am eigenen Gewissen und die Absage daran, menschliche Autoritäten in Sachen des ewigen Heils als bindend anzuerkennen, galten Seckendorff als zentrale Motive evangelischen Christentums, die in Luther begründet waren.[64] Den Kern der Reformation Luthers aber bildete der Widerspruch gegen die Suprematsansprüche des römischen Papstes.[65] In seiner eigenen Gegenwart freilich galt dem Politiker Seckendorff das Plädoyer dafür, über Konfessionsgrenzen hinweg »einander alles Liebes und Gutes, welches der Christen höchste und eigene Tugend ist, [zu] erzeigen«,[66] als selbstverständliches Gebot.

Obschon Seckendorff mit der lutherischen Orthodoxie nicht explizit brach, transformierte er das in ihr dominierende Lutherbild an entscheidenden Punkten: Er favorisierte den ›jungen‹ Luther gegenüber dem ›alten‹ Lehrer der Rechtgläubigkeit; er ließ negative ›menschliche‹ Züge an dem Reformator zu; er ging über die scharfe polemische Grenzziehung insbesondere gegenüber dem Katholizismus hinaus, und er relativierte die Bedeutung der weltlichen Obrigkeiten für den Prozeß der Reformation zugunsten der theologischen Anliegen insbesondere Luthers. Mit diesen Aspekten hat er das dann seinerseits in Pietismus und Aufklärung breit rezipierte Lutherbild Gottfried Arnolds (1666-1714) entscheidend beeinflußt.[67]

Auch für den pietistischen Kirchenhistoriker war der junge Luther das überragende religiöse Genie, während der späte etwa wegen seiner Polemik und seiner Judenfeindschaft abstoßend wirkte. In der herausgehobenen Rolle, die den weltlichen Obrigkeiten in der Reformation zukam, sah Arnold einen Verrat an der Reformation, die fatalerweise zum ›konstantinischen‹ Kurs des Staatschristentums zurückgekehrt sei. Die Übersetzung und Auslegung der Heiligen Schrift waren Arnold an Luther besonders wichtig. Da die Darstellung der Reformation und Luthers in Arnolds *Unparteiischer Kirchen- und Ketzerhistorie* weitgehend auf Seckendorff basierte, sollte ihr historiographischer Wert im ganzen nicht überschätzt werden.

Hinsichtlich der theologiegeschichtlichen Erforschung der Reformation stellte das Werk des Göttinger Theologen Gottfried Jakob Planck (1751-1833)[68] einen wichtigen Fortschritt dar. Denn Planck lieferte Charakterisierungen der maßgeblichen Protagonisten und stellte die Lehrentwicklungen bis zur Konkordienformel in ihre historischen Kontexte hinein. Dabei bediente sich der moderate Aufklärer einer kritischen Perspektive nicht nur auf die römisch-katholische und die reformierte, sondern auch auf die eigene, die lutherische Tradition. Er machte keinen Hehl daraus, »daß bei der Bildung unsers Lehrbegriffs die Heftigkeit, die Uneinigkeit, die Ehrsucht, der Haß und der gegenseitige Neid derjenigen, welche dabey die ersten Rollen spielten, mehr als einmal sichtbaren Einfluß hatten ⟨...⟩«.[69] Durch eine konsequente Erweiterung der Quellenbasis, insbesondere durch die Einbeziehung von Briefliteratur, wurden gleichsam die ›menschlichen‹ Aspekte der Lehrbildung sichtbar. Den Abendmahlsstreit etwa bewertete Planck gegenüber der älteren lutherischen Tradition als »unseligste aller Streitigkeiten«[70] dramatisch um. In bezug auf andere Fragen des Zeitalters blieb er von den ›klassischen Werken‹ der lutherischen Orthodoxie abhängig.[71] Darin, daß er im Augsburger Religionsfrieden eine historische Zäsur sah, ließ er bereits das Epochenkonzept der für die deutsche Reformationsgeschichte fortan prägenden Darstellung Leopold von Rankes anklingen.

Leopold von Ranke und die Folgen

Leopold von Rankes (1795-1886) *Deutsche Geschichte im Zeitalter der Reformation* (1839-47) bildet die Grundlage der neueren Forschung. Durch dieses Buch wurde die Konzeption der Reformation als Epoche der deutschen Geschichte vom Thesenanschlag (1517) bis zur reichsrechtlichen Anerkennung der *Confessio Augustana* im Augsburger Religionsfrieden (1555) kanonisiert. Das Verhältnis dieser nationalgeschichtlich motivierten zu anderen Periodisierungen der europäischen Geschichte ist bis heute in der Diskussion geblieben. Rankes Schüler und Berliner Lehrstuhlnachfolger Gustav Droysen (1838-1908) bezeichnete das sich daran anschließende Zeitalter als »Gegenreformation«; diese erschien als ein obsessiv auf den ›fortschrittlichen‹ Protestantismus bezogenes, in sich unproduktives, die weitere Entwicklung in die europäische Neuzeit hinein verzögerndes Phänomen.

Die Reformation war für Ranke primär ein Werk des ›deutschen Geistes‹; sie stellte einen Aufbruch der Nation zu Einheit und Größe dar. Erst von der Mitte des 18. Jahrhunderts an, im Zeitalter Friedrichs des Großen, konnte dieser Impuls allerdings »einigermaßen«[72] realisiert werden. In Rankes Reformationsgeschichte trat die politische Bedeutung der Reformation gleichberechtigt neben die theologischen und religiösen Impulse, die von ihr ausgegangen waren. Dabei betonte er den engen Zusammenhang zwischen der europäischen Staaten-, der Reichs- und der Territorialpolitik; insbesondere die Bedeutung der Reichstage als maßgeblicher Kommunikations- und Entscheidungsforen der Reformationsgeschichte arbeitete er heraus. Durch eine immense Ausweitung vor allem der archivalischen Quellenbasis hat Ranke die Grundlagen der Reformationsgeschichtsforschung auf Dauer verändert.

Den Pastorensohn Ranke prägte Friedrich Schleiermachers Vorstellung einer unbedingten Eigenständigkeit der Religion als eigener ›Provinz im Gemüt‹. Sodann hatte auch auf ihn der um 1800 einflußreiche politische Philosoph Johann Gottlieb Fichte seine Wirkung nicht verfehlt. In den durch die Aufklärung zu Leitnormen erhobenen Motiven der Freiheit und der allgemeinen Volksbildung sah Fichte Errungenschaften, die prinzipiell bereits in der Reformation erreicht worden waren. Als intellektueller Exponent des gegen das napoleonische Frankreich mobil machenden deutschen Nationalismus bewertete der Verfasser der *Reden an die deutsche Nation* die Reformation als die »lezte große und in gewissem Sinne vollendete Welt-That des deutschen Volkes«.[73]

Ranke vertiefte sich selbständig in die Lektüre von Schriften Luthers; im Zusammenhang mit dem Reformationsjubiläum von 1817 entwickelte er die universalhistorische Vorstellung, daß das Göttliche auf den Höhepunkten der Geschichte in ›großen Männern‹ hervortrete und jedes Zeitalter unmittelbar zu Gott sei. Obschon Ranke Luther bisweilen schwärmerisch verehrte, war seine Darstellung des Reformators keine Repristination der heroisierenden Bilder älterer Epochen. Auch die Anfechtungen, Brüche und kleinen theologischen Erkenntnisfortschritte des religiösen Gewissensmenschen Luther erhielten bei ihm viel Raum. Die geschichtspolitische Instrumentalisierung des Reformators im wilhelminischen Kaiserreich wurde wohl auch durch Rankes Vorstellung, erst in Preußen seien die entscheidenden Impulse der Reformation eingelöst worden, ermöglicht. An der seit dem frühen 19. Jahrhundert vorherrschenden, durch den französischen Exulanten Charles de Villers[74] erfolgreich popularisierten These, Deutschland bedürfe einer Revolution wie der Französischen nicht, da es die Reformation hervorgebracht habe, hatte Ranke auf seine Weise Anteil.

Neue Impulse im späten 19. Jahrhundert

Im Gefolge Rankes wurden Darstellungen der deutschen Geschichte im Zeitalter der Reformation primär eine Domäne der Historiker. Innovatives Potential enthielt die Reformationsgeschichte des Erlanger Historikers Friedrich von Bezold[75] (1848-1928), insofern er einerseits ein weniger negatives Bild des späten Mittelalters zeichnete als Ranke, der hier der traditionellen protestantischen Geschichtssicht verhaftet geblieben war, andererseits breite kulturgeschichtliche Aspekte etwa zur »Volksreligion«, zu Kunst und Medien aufnahm. Diese perspektivischen Erweiterungen dürften als Reaktion auf das epochale Werk des katholischen Historikers Johannes Janssen (1829-91) zu verstehen sein.[76] Janssen hatte – nicht zuletzt vor dem Hintergrund der katholischen Marginalisierungserfahrungen des Kulturkampfes und der ultramontanen Aufbrüche im Umkreis des I. Vatikanums – ein kulturhistorisch breit angelegtes Bild spätmittelalterlicher Blüte gezeichnet, die durch die Reformation dahingegangen war. Der noch bei Ranke ungebrochen vorherrschenden negativen protestantischen Sicht auf den ›Vorabend‹ der Reformation, der durch Verfall und Dekadenz gekennzeichnet gewesen sei, war durch Janssen ein differenziertes, durch ungemein reichhaltige Quellenkenntnis belegtes Panorama des späten Mittelalters entgegengesetzt worden, das die Lebendigkeit und Produktivität der kirchlich integrierten katholischen Kultur in Wissenschaft und Volksbildung, Kunst und Ökonomie, Staatswesen und Mönchtum bewies. ›Zersetzende‹ Kräfte nahm Janssen insbesondere in der Generation der ›jüngeren‹ Humanisten wahr, die seit dem zweiten Jahrzehnt des 16. Jahrhunderts tonangebend wurden und sich mit den Reformatoren verbanden. Hatten sich die älteren Humanisten darum bemüht, das Christentum durch die Begegnung mit der Antike zu läutern und sittlich zu vertiefen, so habe die jüngere Generation die gesamte mittelalterliche Wissenschaft als sophistische Barbarei verworfen, sich über die Tradition gestellt und einem unheilvollen Antiromanismus gehuldigt.

Janssens Werk, das langfristig dazu beitrug, das Bild des Spätmittelalters in der Geschichtswissenschaft und bei protestantischen Kirchenhistorikern grundlegend zu revidieren, stand nicht nur in einer Opposition zur Rankeschen Sicht auf das ›Zeitalter der Reformation‹, sondern zur seit der Mitte des 19. Jahrhunderts kräftig aufschießenden Renaissance- und Humanismusforschung.[77] Vor allem Georg Voigt[78] (1827-91) und Jacob Burckhardt[79] (1818-97) traten mit wirkungsreichen Darstellungen hervor, die nicht die Reformation, sondern Humanismus und Renaissance als die eigentlichen Träger ›moderner‹ Entwicklungen – in bezug auf Philologie und Geschichtsdenken, Kunstauffassung, Staats- und Menschenbild, die bürgerlich-neuzeitliche Kultur der Autonomie und des Individualismus – exponierten. Burckhardts Darstellung der italienischen Renaissance zielte darauf ab, die »Entstehung der Neuzeit aus dem Bündnis zwischen der wiederbelebten Antike und dem italienischen Volksgeist«[80] nachweisen zu können. Implizit hatte der Basler Agnostiker reformierter Herkunft damit ein Konkurrenzmodell zu der von Deutschland ausgehenden Reformation als Bannerträger der Moderne geliefert. »Diese modernen Menschen, die Träger der Bildung des damaligen Italien sind religiös geboren wie die Abendländer des Mittelalters, aber ihr mächtiger Individualismus macht sie darin wie in andern Dingen völlig *subjektiv*, und die Fülle von Reiz, welche die Entdeckung der äußern und der geistigen Welt auf sie ausübt, macht sie überhaupt vorwiegend *weltlich*.«[81] Individualismus und Moderne bildeten die interpretativen Schlüsselkategorien der Burckhardtschen Renaissancedeutung; Subjektivität, Toleranz, Antiklerikalismus, Skepsis, Indifferentismus, Fatalismus, insbesondere astrologisch motivierter Aberglaube und Diesseitsorientierung charakterisierten die Religionskultur der nicht zuletzt aus antiken Quellen gespeisten Renaissance. Angesichts des von protestantischer Seite traditionell erhobenen Überlegenheitsanspruchs gegenüber dem römischen Katholizismus bestand eine ironische Pointe Burckhardts in der These, daß es Luthers religiöser Ernst gewesen sei, der am Ende die Papstkirche »gerettet«[82] habe.

Die Troeltsch-Debatte

Die Auseinandersetzung um die historische Stellung der Reformation in der europäischen und der Weltgeschichte erreichte mit anregenden Thesen eines Außenseiters der historischen Forschung, des Heidelberger Systematischen Theologen Ernst Troeltsch (1865-1923), eine neue Dimension. Die zahlreichen, überwiegend kritischen Reaktionen auf seinen Vortrag über *Die Bedeutung des Protestantismus für die Entstehung der modernen Welt*, den er 1906 in Vertretung des mit ihm befreundeten Soziologen Max Weber auf dem Deutschen Historikertag in Stuttgart gehalten hatte,[83] bezeugten, daß die Vorstellung eines unmittelbaren historischen Zusammenhangs zwischen der eigenen Gegenwart und der Zeit der Reformation für führende Historiker und Theologen des Kaiserreichs weithin selbstverständlich war. Troeltsch unterschied grundsätzlich zwischen einem Alt- und einem Neuprotestantismus; den inneren Zusammenhang zwischen beiden Formationen bestimmte er allerdings nur unzureichend. Dem ersten rechnete er die Theologen der Reformation und des ›konfessionellen Zeitalters‹ – ein von Troeltsch geprägter Begriff – zu; der zweite hingegen sei seinerseits ein Produkt der ›modernen Welt‹, die aus der »relativen Zerreibung«[84] der drei konkurrierenden Konfessionen des Luthertums, des – wie Troeltsch formulierte – ›Calvinismus‹ und des römischen Katholizismus entstanden waren. Die konfessionellen Kirchentümer und Orthodoxien erschienen Troeltsch als eine je spezifische Fortsetzung des Mittelalters, als Perpetuierung einer kirchlich integrierten ›Einheitskultur‹. Der neuzeitliche Protestantismus hingegen sei durch Phänomene wie die historisch-kritische Bibelexegese, die Forderung nach religiöser Toleranz und die Anerkennung individueller religiöser Gewissensfreiheiten geprägt. Der Neuprotestantismus sei das Ergebnis einer in der Aufklärung einsetzenden Transformation. In ihm seien überdies heterogene Traditionen des Humanismus und der ›radikalen Reformation‹ wirksam geworden, die der Toleranz und der religiösen Gewissensfreiheit schon im 16. Jahrhundert eine besondere Bedeutung zuerkannt hätten. Der Altprotestantismus habe sich hingegen am ekklesiologischen Ideal der »durch und durch *autoritativen rein göttlichen Heilsanstalt*«,[85] der anzugehören über die ewige Seligkeit entscheide, orientiert. Mit dem Katholizismus teilte der Altprotestantismus eine sündenpessimistische und asketische Grundhaltung, die freilich als ›innerweltliche Askese‹ – ein von Weber entlehnter Begriff – realisiert worden sei. Innerhalb des Altprotestantismus schrieb Troeltsch – ähnlich wie Weber – dem Calvinismus eine stärkere Modernisierungskraft zu. Die viel diskutierte These, daß das kapitalistische Wirtschaftsethos auf der Grundlage reformiert-calvinistischer Lehr- und Frömmigkeitstraditionen entstanden sei, spitzte diese Modernisierungsperspektive auf die wirtschaftsgeschichtliche Entwicklung zu. Sodann wurde dem Calvinismus aufgrund seiner synodalen Kirchenverfassungstraditionen eine stärkere Affinität zur Demokratie zuerkannt. Das Luthertum galt den beiden Heidelbergern als obrigkeitsstaatlich orientiert; als Bannerträger der Neuzeit, also der Epoche der eigenen Gegenwart, kam Luther nicht in Betracht. In traditionell protestantischer Manier erschien der ultramontane Katholizismus als hoffnungslos ›vormodern‹.

Die Wirkungen der Reformation in bezug auf die Neuzeit waren nach Troeltsch in den verschiedenen Kulturbereichen eher indirekter als unmittelbarer Art. Die Pluralisierung der Religionskultur infolge der Reformation aber habe auf vielen Gebieten Hemmnisse – das Zinsverbot etwa, den Zölibat, das kanonische Recht, die kirchliche Hierarchie, die Feiertage usw. – beseitigt, die im Ergebnis die Entwicklung in Richtung auf die Neuzeit begünstigt hätten.

Neben Troeltsch vertraten – freilich mit ungleich geringerem Echo – auch der Berliner Philosoph Wilhelm Dilthey (1833-1911) und der Kirchenhistoriker Adolf von Harnack (1851-1930) ähnliche Thesen. Für Dilthey[86] spielten die im Humanismus oder bei ›freien Geistern‹ wie Sebastian Franck entwickelten Anschauungen Gottes und des Menschen eine ungleich größere Bedeutung für die in die Neuzeit führende Entwicklung als Luther; unter den Reformatoren erkannte er vor allem Zwingli, den er primär als ›Schüler‹ des Florentiner Renaissancephilosophen Giovanni Pico della Mirandola interpretierte, einen ›modernen‹ Zug zu. Der schweizerische Kirchenhistoriker Paul Wernle (1872-1939) nahm diese Linie auf und entwarf Zwingli als einen mit dem liberalen theologischen Zeitgeschmack kompatiblen Theologen.[87] Adolf von Harnack[88] sah in der Reformation einerseits einen ›Ausgang‹ der Dogmengeschichte, insofern die Neubegegnung mit dem ursprünglichen Evangelium die doktrinalen Überformungen des Christentums prinzipiell in Frage gestellt habe; andererseits nahm er bei Luther hinsichtlich der Lehre – etwa vom Abendmahl oder von Christus, auch im Blick auf das Sündenverständnis – massive ›mittelalterliche‹ Züge wahr. Ein unmittelbarer Zusammenhang, gar eine Übereinstimmung zwischen den Werten und Orientierungen der eigenen Gegenwart und der Reformation schien im Zeichen des Historismus ausgeschlossen.

Der Widerspruch, den Troeltsch fand, hatte auch politische Implikationen; diejenigen, die sich für eine unmittelbare Gegenwartsgeltung der Reformation einsetzten und ihre ›Neuzeitfähigkeit‹ betonten, verfolgten andere gesellschaftliche Leitvorstellungen als der liberale, republikanisch gesinnte Intellektuelle, der im angloamerikanischen Gesellschaftsmodell des demokratischen Verfassungsstaats das eigentliche ›Ziel‹ der politischen Entwicklung der Moderne sah. Historiker wie Georg von Below, Gerhard Ritter oder Paul Joachimsen, Theologen wie Karl Holl, Theodor Brieger, Reinhold Seeberg, Werner Elert, Heinrich Boehmer oder Heinrich Hermelink formulierten gegen Troeltsch ihren je spezifischen Widerspruch; sie nutzten die Auseinandersetzung mit ihm, um Gegenentwürfe zu entwickeln, die den religiösen Individualismus insbesondere Luthers als maßgeblichen Impuls der Moderne und die Reformation – so im neorankeanischen Interpretationskonzept Paul Joachimsens[89] – als Entstehungszusammenhang der Idee des Staates als Fundament sittlicher Autonomie deuteten. Freilich verstand man in den Kreisen der Troeltsch-Kritiker unter der ›Moderne‹ eher das Bismarckreich; in der Sozialgesetzgebung des Reichskanzlers pflegte man genuin lutherisches Erbe zu sehen.

Die Debatten um Troeltsch, die den Zusammenbruch des Kaiserreichs überdauerten, rückten freilich die ›moderne Welt‹ zusehends in ein sehr ambivalentes Licht; der Zivilisationsbruch des Ersten Weltkrieges machte auch vor den historiographischen Entwürfen der europäischen Geschichte nicht halt. Antihistorische Stimmungen, Impulse der Philosophien Søren Kierkegaards oder Friedrich Nietzsches, antiaufklärerische und antiliberale Untergangsszenarien Alteuropas veränderten die Rezeptionsbedingungen der Troeltschschen Thesen sukzessive und grundlegend; das Irrationale des religiösen Genies, die Anfechtungserfahrung, das schicksalsmäßige Überwältigtsein durch ›seinen‹ Gott ließen Luther nun lebendiger und gegenwartsnäher erscheinen als jede andere Gestalt der deutschen Geschichte.

Karl Holl und die Lutherrenaissance

Als wichtigster und wirkungsreichster Exponent der wissenschaftlichen ›Wiedergeburt‹ des Wittenberger Reformators, der sogenannten ›Lutherrenaissance‹, gilt der Berliner Kirchenhistoriker Karl Holl (1866-1926). Dem akademischen Lehrer und Autor einer Aufsatzsammlung zu Luther[90] war ein in seiner Zeit analogieloser Erfolg beschieden. Seine genuine wissenschaftliche Leistung bestand in einer meisterhaften Kombination historisch-genetischer Rekonstruktionsanalysen mit systematischen Perspektiven. Die ›Holl-Schule‹[91] prägte die Sicht auf Luther und die Reformation bis in die sechziger Jahre des 20. Jahrhunderts hinein, auch in der deutschen Geschichtswissenschaft, das heißt bei Autoren wie Ritter, Joachimsen und Erich Hassinger. In Gestalt der ›Schule‹ des Holl-Adepten Hanns Rückert und seines Freundes Gerhard Ebeling wirkte diese Tradition der hermeneutisch reflektierten Aneignung der Theologie Luthers auf die Systematische Theologie und die Kirchengeschichte im deutschen Protestantismus für mindestens eine weitere Generation weiter. Noch heute ist ihr Einfluß auf die sogenannte ›Lutherforschung‹ nicht erloschen.

Holls Lutherbild war in seinen entscheidenden Elementen ein impliziter Gegenentwurf zu Troeltschs disjunktiver Verhältnisbestimmung von Altprotestantismus und Moderne. Luther, der Theologe der Rechtfertigung, dominierte sein Verständnis des Zeitalters vollständig. Insbesondere dem ›jungen‹ Reformator, dessen frühe exegetische Vorlesungen durch eine Edition Johannes Fickers[92] eben erst der Forschung zugänglich gemacht worden waren und »das große Thema: Luther und das Mittelalter«[93] aufwarfen, wandte Holl seine Aufmerksamkeit zu. Der Ausgangspunkt von Holls Rekonstruktion der ›Religion Luthers‹ war durch die Frage nach der Stellung des Menschen vor Gott bestimmt. In seinem Gewissen nimmt er Gott als unbedingte sittliche Forderung wahr, die ihn seines Ungenügens überführt. Zu einer religiösen Erfahrung wird die Gewissenserfahrung als Begegnung mit dem barmherzigen und dem zornigen, dem begnadigenden und dem richtenden Gott. Die im Anschluß an Kant als Pflicht verstandene Gewissensreligion Luthers bringt nach Holl die Religion Jesu und des Evangeliums wieder zum Tragen; sie markiert einen fundamentalen Bruch mit einem eudämonistischen, das heißt auf die Glückseligkeit des Menschen abzielenden Religionsverständnis, wie es bei Augustin, im Mittelalter, aber auch in der Mystik und der in die Neuzeit weisenden Renaissancephilosophie dominiert habe. Insofern steht Luthers Verständnis des Christentums als Gewissensreligion gleichsam ›zwischen‹ oder ›über‹ den Zeiten; dies ermöglichte eine unmittelbare Anknüpfung.

Aus Luthers in Anfechtungen gereiftem Verständnis der Religion erwuchsen nach Holl ausgesprochen vielfältige Kulturwirkungen. In bezug auf die Geschichte der Hermeneutik habe Luthers Exegese aufklärerische Entwicklungen antizipiert und einem historischen Verständnis der Bibel den Weg geebnet. Die Wurzeln der neuzeitlichen Pflichtenethik bei Kant reichten bis zu Luther zurück; auch das neuzeitliche Verständnis des ›Berufes‹ sei von ihm inauguriert worden; ähnlich sei seine Wirkung hinsichtlich des deutschen Idealismus, aber auch der Philosophien Kierkegaards und Nietzsches einzuschätzen. Ein Verständnis der Kirche als unsichtbarer Gemeinschaft habe von Luther die entscheidenden Anstöße gewonnen. Die von Troeltsch und seinem Heidelberger Kollegen Georg Jellinek mit der Entwicklung neuzeitlicher Toleranzvorstellungen in einen genuinen Zusammenhang gestellten ›Radikalen‹, Täufer, Spiritualisten usw. band Holl – insbesondere vermittelt durch Müntzer – genetisch an Luther zurück. Negative Entwicklungen, die in die doktrinalistisch verengte Orthodoxie geführt hätten, sah Holl vornehmlich bei Melanchthon angelegt. Manche Aspekte von Holls Interpretation der Rechtfertigungslehre Luthers drangen auch in die seit den zwanziger Jahren tonangebende Dialektische Theologie ein; in beiden ›Lagern‹ – bei den Anhängern der Lutherrenaissance und denen Karl Barths – war man sich hinsichtlich der theologischen Gegenwartsbedeutung der – wie man nun gerne formulierte – ›reformatorischen Theologie‹ prinzipiell einig. Die Differenz zwischen der ›Holl-Schule‹ und den ›Dialektikern‹, die später infolge des Kirchenkampfes zeitweilig aus theologiepolitischen Gründen hochgespielt wurde, bezog sich wohl vor allem auf die Frage einer theologischen Akzeptanz der Moderne; während Holl und seine Schüler in der neuzeitlichen Transformation des Protestantismus einen legitimen, in Luther selbst angelegten und vielfach auch durch ihn evozierten Sachverhalt sahen, neigten die Dialektiker dazu, die historischen Lehr- und Bekenntnisgestalten zu normativieren und Abweichungen als ›neuprotestantisch‹ zu denunzieren.

Troeltschs Schrift über die *Bedeutung des Protestantismus für die Entstehung der modernen Welt* war bereits 1912 in einer englischen Übersetzung[94] erschienen und zeitigte Wirkungen; in Deutschland hingegen dominierte bis auf weiteres die Hollsche Sicht auf Luther. Diese Diskrepanz[95] sollte auf die nach dem Zweiten Weltkrieg einsetzenden Diskussionsprozesse einwirken. Über die englischsprachige Troeltsch-Rezeption kehrten auch religionssoziologische Perspektiven nach Deutschland zurück.

Unbeschadet der Hollschen These, daß Luthers Verständnis der Religion einen epochalen Neueinsatz dargestellt habe, blieb die Frage seines Verhältnisses zum Mittelalter präsent.

Katholische Beiträge

Erst im 20. Jahrhundert begann sich das katholische Lutherbild allmählich aus dem Bann der Lutherbiographie des Johannes Cochläus (1479-1552) von 1549 zu lösen.[96] Auch wenn die zu Beginn des 20. Jahrhunderts erschienenen großen Lutherdarstellungen des Dominikaners Heinrich Denifle[97] (1844-1905) und des Jesuiten Hartmann Grisar[98] (1845-1932) zum Teil traditionelle konfessionspolemische Ressentiments perpetuierten und insbesondere Luthers persönliche Sittlichkeit an den Pranger stellten, warfen sie mit neuartiger Dringlichkeit die Frage nach den mittelalterlichen Vorprägungen des Reformators auf. Insbesondere der als dekadent beurteilte nominalistische Schulhintergrund, den Luther in Erfurt kennengelernt hatte, wurde für seine scharfe Polemik gegen die scholastische Gnadenlehre verantwortlich gemacht. Interessanterweise koinzidierte sowohl die von Troeltsch angestoßene Debatte als auch die durch Luthers frühe Vorlesungen gestellte Frage mit dem Kernproblem der sich formierenden katholischen Reformationsforschung: Wie war Luther vor dem Hintergrund eines differenziert gesehenen Mittelalters zu verstehen? War seine Lehre wirklich grundstürzend, oder wurzelte sie in bestimmten Traditionen der ›altgläubigen‹ Kirche selbst? Diese Fragen sind seither nicht verstummt.

Von erheblicher Innovationskraft war die Reformationsgeschichte Deutschlands, die der katholische Kirchenhistoriker Joseph Lortz (1887-1975) vorlegte; sie erwies sich im weiteren Verlauf des 20. Jahrhunderts als die einflußreichste katholische Darstellung.[99] Lortz räumte Luther viel Raum ein; in seiner Perspektive erschien er als ein *homo religiosus*, dessen Anliegen von seiten der kirchlich Verantwortlichen hoffnungslos verkannt worden war. Kritisch an Luther sah Lortz vor allem dessen Subjektivismus, der sich über die Autorität des kirchlichen Lehramtes erhoben habe. Die ältere Interpretationslinie, die Luther auch als ›Opfer‹ scholastischer Fehlentwicklungen vor allem in der nominalistischen *via moderna* interpretierte und ihn insofern entlastete, führte Lortz auf der Basis deutlich verbreiterter Quellenkenntnisse weiter.

Auch in bezug auf ›makrohistorische‹ periodisierungskonzeptionelle Perspektiven vermochte die katholische Reformationsforschung eigenständige Akzente zu setzen. Hubert Jedin (1900-80) trat dem seit Ranke und Droysen faktisch kanonisierten Modell einer kreativen, überwiegend evangelisch geprägten Reformationsepoche einerseits, einer sich daran anschließenden, primär reaktiven, retardierenden katholischen Ära der ›Gegenreformation‹ andererseits entgegen.[100] Er trug damit zum Plausibilitätsgewinn des wertneutralen Epochenbegriff des »konfessionellen Zeitalters« bei. Im Zeichen einer breiten gesellschaftlichen Entkonfessionalisierungstendenz nach dem Zweiten Weltkrieg wuchsen auch die Sympathien für den von Jedin vorgeschlagenen Begriff der »Katholischen Reformation [bzw. Reform]«. Als Ausdruck eines gewachsenen Selbst- und eines ökumenischen Kooperationsbewußtseins war es zu werten, daß nun eine auf eigenständiger, kritischer Quellenlektüre basierende katholische Lutherforschung entstand. Theologen wie Otto Hermann Pesch, Peter Manns und Erwin Iserloh entfalteten eine große akademische Ausstrahlung; der offene Diskurs über Konfessionsgrenzen hinweg wurde selbstverständlich und prägte auch die kirchlichen Feierlichkeiten im Zusammenhang mit dem ›Lutherjahr‹ 1983. Auch wenn die von Erwin Iserloh angeregte Diskussion über die Historizität des Thesenanschlags[101] dem traditionellen protestantischen Identitätssymbol schlechthin galt, wurde sie ausschließlich mit historischen Argumenten geführt; konfessionelle Polemik hatte hier keinen Ort mehr. In den florierenden reformationsgeschichtlichen Debatten der sechziger bis achtziger Jahre waren die Stimmen der katholischen Kirchenhistoriker und Allgemeinhistoriker regelmäßig präsent. Erste Ansätze einer komparatistischen Betrachtung der drei frühneuzeitlichen Konfessionen, die eine Akzentverlagerung ins späte 16. Jahrhundert eröffneten, wurden von dem zum Katholizismus übergetretenen Tübinger Historiker Ernst Walter Zeeden[102] angeregt; implizit kündigte sich so auch in der Geschichtswissenschaft ein Trend zur ›Gleichbewertung‹ der Konfessionen und eine Abkehr vom modernitätstheoretischen Überbietungsanspruch der Reformation an.

Reformationsgeschichtsforschung in der BRD und in der DDR

Ein wesentlicher Grund für das Florieren der Reformationsforschung in den sechziger bis achtziger Jahren des 20. Jahrhunderts ist in dem Umstand zu sehen, daß beide deutsche Teilstaaten ein produktives Interesse an der Reformation hatten; die sich dabei ergebenden Konkurrenzen und Koinzidenzen belebten die Forschung. Eine wichtige Voraussetzung für diese Entwicklung bestand darin, daß das Interpretationsmodell der Reformation als »frühbürgerlicher Revolution« ein durchaus elastisches Konzept darstellte, das den Vorgängen des 16. Jahrhunderts eine integrale Bedeutung innerhalb des Geschichtsbildes des Historischen Materialismus zuerkannte. Es ermöglichte sukzessive auch, die Theologie der Reformatoren als historischen Wirkfaktor anzuerkennen. Anknüpfend an die Bauernkriegsstudie von Friedrich Engels hatten die Historiker Alfred Meusel und Max Steinmetz das Konzept der »frühbürgerlichen Revolution« auf je ihre Weise in der Geschichtswissenschaft der DDR durchgesetzt.[103] Man verstand die revolutionären Vorgänge im Deutschland des frühen 16. Jahrhunderts also als eine Art Präludium der bürgerlichen Revolution im Frankreich des späten 18. Jahrhunderts. Vor allem die frühe Reformationsbewegung und ihre im Bauernkrieg kulminierenden Auf- und Umbrüche, an denen das ›Volk‹ entscheidend beteiligt gewesen sei, standen dabei im Zentrum der Aufmerksamkeit; nach 1525, als Luther die Bauern verraten habe, sei die Reformation primär zu einer Angelegenheit der herrschenden Schichten degeneriert. Die zentrale Einzelgestalt innerhalb dieses Geschichtsbildes blieb der vor allem als Bauernführer und Revolutionär interpretierte Thomas Müntzer; dennoch wurde den stadtbürgerlichen Akteuren, auch der humanistischen ›Intelligenzia‹ – allen voran dem antiklerikalen Freiheitskämpfer Ulrich von Hutten –, eine wichtige Rolle bei den historischen Veränderungen zuteil. Die Sicht auf die in das ›Feudalsystem‹ verquickte spätmittelalterliche Kirche blieb uneingeschränkt negativ; in der Retrospektive erscheint es unabweisbar, daß im Geschichtsbild der DDR nationalprotestantische Deutungstraditionen im Gefolge Rankes nachwirkten.

Das Konzept der »frühbürgerlichen Revolution« war freilich flexibel genug, um die allmählichen Auf- und Umwertungen, die Thomas Müntzer und Martin Luther in der DDR zuteil wurden, zu integrieren. In zum Teil enger Verbindung mit den Jubiläen – dem Reformationsjubiläum von 1967, dem Bauernkriegsjubiläum 1975 und dem »Lutherjahr« 1983 – rückte Luther sukzessive in eine staatstragende geschichtstheologische Rolle ein, während Müntzer zusehends als Apokalyptiker und mystisch geprägter Theologe historisiert wurde. Entsprechend bewegten sich nach Jahrzehnten der Spannung auch die Kirchen- und die Allgemeinhistoriker in der Endphase der DDR aufeinander zu. Hatte der Leipziger Kirchenhistoriker Franz Lau zunächst der marxistischen These, der ›Volksreformation‹ sei nach dem Bauernkrieg die ›Fürstenreformation‹ gefolgt, dadurch widersprochen, daß er in einigen norddeutschen Städten relativ späte, erst in den dreißiger Jahren des 16. Jahrhunderts einsetzende Reformationsprozesse unter starker Beteiligung des ›gemeinen Mannes‹ nachwies,[104] so war sein Berliner Kollege Walter Elliger in eine offensive Auseinandersetzung mit der Müntzerforschung SED-naher Historiker getreten. In seiner 1975 erschienenen Müntzerbiographie[105] zeichnete der in den Westen, nach Bochum, gewechselte Elliger das Bild eines von mystischen und apokalyptischen Traditionen geprägten Theologen, dem in seiner Zeit nur ein relativ begrenzter Einfluß beschieden gewesen war; mit Elligers »Müntzer« war kein ›Staat‹ zu machen.

In der jüngeren Generation der DDR-Kirchenhistoriker bauten Siegfried Bräuer und Helmar Junghans engere Verbindungen zu Max Steinmetz und seinen Schülern in Leipzig auf; diese Kontakte begünstigten eine Annäherung der Müntzerbilder schon in der Spätphase der DDR.[106] Junghans leistete zudem bedeutende Forschungsbeiträge insbesondere zum scholastischen Hintergrund und zum Einfluß des Erfurter Humanismus auf die Theologie Luthers;[107] dies waren Frageperspektiven, die sich vielfach mit der Entwicklung der Forschungsdiskussion in der Bundesrepublik seit den sechziger Jahren des 20. Jahrhunderts berührten.

In den ersten beiden Jahrzehnten nach dem Ende des Zweiten Weltkrieges hatte die Erforschung der Reformationsgeschichte in Westdeutschland noch weitgehend im Bann der durch die Holl-Schule bestimmten Fragen und Perspektiven gestanden. Vor allem das Problem der sogenannten »reformatorischen Wende« Luthers, des Zeitpunkts und des inhaltlichen Profils derselben, nahm große Aufmerksamkeit in Anspruch und wurde in immer subtileren Untersuchungen behandelt.[108] Außerhalb der Theologie freilich wirkten diese Forschungen kaum nach. Dies begann sich mit den Arbeiten des niederländischen Kirchenhistorikers Heiko A. Oberman und des Göttingers Bernd Moeller zu ändern. Unabhängig voneinander traten beide dafür ein, die traditionelle Fixierung der deutschen Reformationsforschung auf Luther und Wittenberg perspektivisch zu erweitern, die Reformation stärker vom Spätmittelalter her und in enger Verbindung mit dem Humanismus zu verstehen, die Quellenbasis durch die konsequente Berücksichtigung populärer volkssprachlicher Texte, der sogenannten ›Flugschriften‹, auszuweiten und die sozialen Kontexte reformatorischer Theologie intensiver in die Analyse einzubeziehen.

Unter Rekurs auf seinen Landsmann Johan Huizinga und dessen epochales Werk *Herbst des Mittelalters*[109] interpretierte Oberman die spätscholastische Theologie des von der *Devotio moderna* geprägten Tübingers Gabriel Biel nicht als dekadente, in filigraner Distinktionskunst intellektualistisch erstarrte Geistesformation, sondern als produktiven Ausgangspunkt mystischer, bibeltheologisch-hermeneutischer und philosophischer Entwicklungen, die sich mit dem Humanismus verbinden, aber auch in Reformation und tridentinischen Katholizismus einmünden konnten.[110] Angeregt von Oberman entwickelte Berndt Hamm das Konzept einer »Frömmigkeitstheologie«,[111] das einen zwischen gelehrter Theologie und Laienfrömmigkeit vermittelnden Typus von seelsorgerlich orientierter Erbauungsliteratur ins Zentrum rückte und die landläufige Vorstellung, zwischen Universität und Gemeindeglauben habe keine Beziehung bestanden, auf der Basis einschlägiger Vermittlungsliteratur widerlegte. Diese Art Literatur habe in den Schriften von Luthers Lehrer Staupitz und bei dem Reformator selbst eine Fortsetzung gefunden.

Die im Rahmen eines Tübinger Sonderforschungsbereichs zu »Spätmittelalter und Reformation« weiterverfolgten Interpretationsperspektiven verdichteten sich in dem Begriffspaar »Kontinuität und Umbruch«,[112] das seither in gewissen Variationen den unhintergehbaren Rahmen bei der Interpretation der ›Epochenschwelle‹ bildet. Niemand, der betont, daß die Reformation einen historischen ›Umbruch‹[113] darstellte, wird die tiefgreifenden Bindungen an die kulturelle Welt des Spätmittelalters leugnen können; niemand, der die Kontinuitätslinien zwischen der Reformation und dem Mittelalter betont, wird verkennen können, daß Luther und die Seinen das Überkommene in mannigfacher Weise ›transformierten‹, aber auch radikal veränderten oder zerstörten.[114]

Konzentrierten sich Oberman und seine ›Schule‹ vornehmlich auf den inneren Zusammenhang zwischen der reformatorischen und der spätmittelalterlichen Theologie und Frömmigkeit, so setzte Moeller bei den sozialen, rechtlichen und kulturellen Verbindungen und Affinitäten zwischen den Städten und der Reformation an. Dabei ging er davon aus, daß die religiös integrierten Bürgergesellschaften der spätmittelalterlichen Städte kulturell florierten und die Heilsangebote der Kirche in frageloser Selbstverständlichkeit, ja mit Inbrunst, nutzten.[115] Die anfängliche Fokussierung auf die Reichsstädte ging mit einer prioritären Orientierung an der oberdeutsch-schweizerischen Landschaft einher; im weiteren Forschungsprozeß erfolgte eine Ausweitung auf Städtetypen aller Art in gesamten Alten Reich.

Die klassisch-protestantische Sicht auf ein dekadentes Spätmittelalter, das die Reformation gleichsam ›notwendig‹ gemacht habe, war auch von dieser Forschungsrichtung her obsolet. Der enge Zusammenhang, den Moeller zwischen der religiös-kulturellen Lebenswelt, der rechtlichen Verfaßtheit der Städte und ihren Interessen an einer gemeinwesenorientierten reformatorischen Theologie aufwies, markierte den Beginn sozialgeschichtlicher Fragestellungen in der Reformationsgeschichtsforschung. Dies eröffnete eine überaus produktive Diskussion zwischen der Kirchen- und der Allgemeinen Geschichtswissenschaft, in die in wachsendem Maße auch die Kollegen aus der DDR einbezogen waren. Begünstigt wurde diese Entwicklung zusätzlich dadurch, daß man im Osten wie im Westen an einer intensiveren Erschließung und Erforschung der Flugschriftenliteratur arbeitete.[116] Damit gerieten auch in der Forschung der DDR, beispielsweise in den Arbeiten Günther Voglers,[117] neben den Bauern verstärkt die städtischen Laien und die Handwerkermilieus beziehungsweise die Interaktionen zwischen beiden in den Blick. Der gelegentlich gegen Moeller erhobene Vorwurf, sein Konzept der städtischen ›Sakralgemeinschaften‹ idealisiere die ›Klassengegensätze‹,[118] stimulierte die Suche nach sozialgruppenspezifischen Aneignungsprozessen der reformatorischen Bewegung. Ein gewisses ›Paradox‹ der Flugschriftenforschung bestand darin, daß sie gleichsam mit dem Anspruch angetreten war, die vielfältigen reformatorischen Akteure und Prozesse neben Luther ›sichtbar‹ zu machen; unter dem quantitativen Aspekt mußte man allerdings feststellen, daß die publizistische Bedeutung des Wittenberger Reformators schlechterdings überragend gewesen war.[119]

Anknüpfend an die Forschungen zur Stadtreformation untersuchte Peter Blickle den Zusammenhang zwischen kommunalistischen Traditionen bäuerlicher Gesellschaften und der Reformation; sein Konzept der »Gemeindereformation«[120] beanspruchte Plausibilität für den ländlichen und den städtischen Raum, hob darauf ab, den ›gemeinen Mann‹ als Inhaber politischer Kompetenzen und Partizipationsmöglichkeiten zu exponieren und das herrschaftliche Moment auch der städtischen Reformationsprozesse zu relativieren. Die reformatorische Botschaft von der Freiheit eines Christenmenschen habe an vorreformatorische kommunalistische Traditionen auf dem Land wie in der Stadt anknüpfen können. Durch Blickles Arbeiten rückte auch der Bauernkrieg wieder stärker ins Zentrum des allgemeinen reformationsgeschichtlichen Interesses. Diese »Revolution« des ›gemeinen Mannes‹[121] habe in einem inneren Zusammenhang mit der reformatorischen Theologie gestanden.

Auch in der Bundesrepublik entwickelte sich seit den sechziger Jahren ein verstärktes Interesse an den ›devianten‹ oder ›radikalen‹, im Prozeß der Konsolidierung der obrigkeitlichen Reformationen an den Rand gedrängten Richtungen der reformatorischen Bewegung;[122] daß diese Forschungen zum Teil auch mit den gesellschaftlichen Umbrüchen der 68er-Bewegung im Zusammenhang standen, ist in der Retrospektive offenkundig. In der Täuferforschung wurden nun auch, in Deutschland maßgeblich durch Hans-Jürgen Goertz, sozialgeschichtliche Perspektiven aufgerissen;[123] aufgrund spezifischer Konstellationen drang die Internationalisierung der Forschungsdiskussion hier früher durch als in der allgemeinen Reformationsforschung, in der sie erst im Laufe der siebziger Jahre selbstverständlich wurde. Gegenüber der maßgeblich von dem mennonitischen Historiker Harold Bender geprägten älteren Forschungstradition, die eine monogenetische, von der im Umkreis Zwinglis in Zürich auftretenden täuferischen ›Urgemeinde‹ ausgehende, gleichsam normativ gewertete, einlinige historische Entwicklung postulierte,[124] setzte sich zusehends eine polygenetische Sicht auf das Täufertum und die diskonformen ›religiösen Bewegungen‹ durch.[125] Die wichtigsten theologiegeschichtlichen Beiträge zur Täuferforschung stammten von Gottfried Seebaß;[126] er betonte den inneren Zusammenhang des Täufertums mit zentralen Themen und Personen auch der Wittenberger Reformation. Ähnlich den Studien zum Bauernkrieg wurden auch die Forschungen zu den ›Radikalen‹ und den Täufern im Zeichen zunächst sozial-, dann vermehrt auch kulturgeschichtlicher Perspektiven immer deutlicher Teil der allgemeinen Reformationsgeschichte.

KONFESSIONALISIERUNGSFORSCHUNG

Angestoßen von den Arbeiten Ernst Walter Zeedens zum »konfessionellen Zeitalter« rückten seit den späten siebziger Jahren die zweite Hälfte des 16. und das frühe 17. Jahrhundert, zunächst in der deutschen Geschichtswissenschaft, dann auch in der evangelischen Kirchengeschichtsschreibung, in den Fokus des Forschungsinteresses. Im Horizont der Sozialgeschichte erschienen die langfristigen Wirkungen der religiösen Differenzierungsprozesse infolge der Reformation allemal wichtiger als die eruptiven, gegebenenfalls aber doch folgenlosen ›Auf-‹ und ›Umbrüche‹ der frühen Jahre. Dabei blieb die Modernisierungsperspektive leitend; die Historiker Heinz Schilling und Wolfgang Reinhard fragten nach dem Beitrag der drei frühneuzeitlichen christlichen Konfessionen zum Aufbau frühmoderner Staatlichkeit, nach den spezifischen Formen, in denen sie die Gesellschaft prägten, nach den politischen Strategien, um die Untertanenverbände auch mittels der konfessionalisierten Religion zu disziplinieren und zu integrieren.[127] Gegenüber säkularistischen Tendenzen, wie sie in der Sozialgeschichte Bielefelder Prägung dominierten, erkannten die Protagonisten des gesellschaftsgeschichtlichen Konfessionalisierungsparadigmas der christlichen Religion in funktionaler Perspektive eine modernisierende Wirkung zu. Eine erhebliche Schwäche des Konzepts besteht allerdings darin, daß es die zum Teil erheblichen theologischen und kulturellen Differenzen zwischen den drei frühneuzeitlichen Konfessionen im Interesse einer funktionsanalogen politikgeschichtlichen Betrachtung nivelliert. Der entsprechende Widerspruch wurde mittels des Begriffs der ›Konfessionskultur‹ exponiert.[128]

Die Konfessionalisierungsforschung beherrschte die Diskussion in der deutschen Frühneuzeitforschung seit den neunziger Jahren; zu einer nennenswerten Wirkung in anderen europäischen Ländern ist es, trotz entsprechender Anstrengungen insbesondere Schillings, wohl vor allem deshalb nicht gekommen, weil die mit dem Augsburger Religionsfrieden gegebenen, im Westfälischen Frieden im Kern restituierten Rechtsstrukturen und die Kräfteparität einer bi- beziehungsweise trikonfessionellen Situation im Reich spezifische Bedingungen darstellten, zu denen sich in anderen europäischen Ländern kaum Analogien finden lassen. Mit der Schwerpunktverlagerung auf das spätere 16. und das 17. Jahrhundert im Zuge der Konfessionalisierungsforschung und der Betonung schon der ›modernisierenden‹ Tendenzen des späten Mittelalters ging eine massive historiographische Abwertung der frühen Reformation beziehungsweise die Proklamation ihres ›Verlustes‹[129] einher. Aufzuweisen, daß und inwiefern es gleichwohl sachgerecht ist, in der Reformation einen spezifischen epochalen Zusammenhang zu sehen, war und ist nicht zuletzt ein Anliegen der hier vorgelegten Darstellung.[130]

DAS 500. REFORMATIONSJUBILÄUM 2017

In der angloamerikanischen Forschung ist es seit geraumer Zeit immer üblicher geworden, den historiographischen Begriff der ›Reformation‹ im Plural zu verwenden.[131] Damit geht zum einen die Relativierung der *einen* ›protestantischen‹, prioritär ›lutherischen‹ Reformation gegenüber den anderen, als prinzipiell ›gleichwertig‹ beanspruchten ›Reformation*en*‹ im römischen Katholizismus, im Reformiertentum, im Täufertum usw. einher, zum anderen eine Marginalisierung dieser primär deutschen, allenfalls mittel- und nordeuropäischen ›Affäre‹ gegenüber anderen Entwicklungen globalgeschichtlichen Ausmaßes.[132] Auch an ältere, konfessionell katholische Sichten auf das Zeitalter erinnernde Wertungsperspektiven, die vor allem eine Zerstörung des Christentums infolge der

Reformation diagnostizieren, erfreuen sich einer gewissen Beliebtheit.[133]

Einen Anlaß zum ›Feiern‹ gibt die neuere Forschung kaum; eher das Gegenteil ist der Fall. Daß das 500. Reformationsjubiläum – zumal im ›Mutterland‹ der Reformation – gleichwohl größere Aufmerksamkeit findet, ist von den aktuelleren Konjunkturen und Tendenzen der Reformationshistoriographie weitestgehend unabhängig. Die alte Tradition der Reformationstage, obschon sie in ›normalen Jahren‹ heute zumeist ökumenisch und vielfach erst an den nachfolgenden Sonntagen begangen werden, ist noch vital, der gesellschaftliche Einfluß der evangelischen Kirche ist weiterhin nicht unerheblich, das Interesse auch der politischen Akteure, eines Schlüsseldatums der deutschen und der europäischen Geschichte zu gedenken, ist über Parteigrenzen hinweg deutlich und hat zu entsprechenden Erklärungen und Förderbeschlüssen des Deutschen Bundestages geführt.[134]

Das Reformationsjubiläum 2017 wird – zwangsläufig – im Zeichen einer globalen ›Wiedergeburt der Religion‹ begangen. Insofern eignet es sich als Exempel dafür, welche vielfältigen und ambivalenten Wirkungen auch die christliche Religion in unserem Kulturraum einst zu entfalten vermochte: Sie tröstete Menschen und vermittelte ihnen Sinn; sie stimulierte zu Mitleid, karitativem Engagement und Leidensfähigkeit; sie entband Haß und Brutalität; sie verband Menschen und lieferte Argumente für abgründige, feindselige Trennung; sie pazifizierte und sie fanatisierte, stiftete Versöhnung und führte zu Krieg und blinder Gewalt. Im Spiegel der Reformation gerät auch in den Blick, mittels welcher Strategien die ›Zähmung‹ der Religion gelang: durch den Aufbau weltlicher, staatlicher Rechtsstrukturen, die die Grenzen religiöser Wahrheitsansprüche definierten beziehungsweise diese suspendierten und die Einhaltung dieser Grenzen exekutiv sicherstellten; durch die Verpflichtung zu wechselseitiger Toleranz und Respektierung als Bedingung eigener Existenzgarantien; durch die Eröffnung diskursiver Foren des offenen, an verbindlichen rationalen oder akademischen Standards orientierten Meinungsaustrags in Wort und Schrift. Die Reformation bietet die Geschichte eines lange währenden, am Ende aber durchaus erfolgreichen Prozesses der Zivilisierung der pluralisierten christlichen Religion.

Die Reformation stellt auch ein zentrales Beispiel dafür dar, welche enormen Kräfte freigesetzt werden können, wenn es zur inneren Spaltung einer Religion kommt. In aller Regel ist die Feindschaft gegen die ›Abtrünnigen‹ der eigenen Religion oder Konfession größer als die gegenüber den Anhängern einer ›fremden‹ – vergleichbar enttäuschter Liebe, die eher in Haß als in Indifferenz umzuschlagen pflegt. An der Reformation wird auch deutlich, daß die Religion diverser anderer kultureller und sozialer Kräfte bedarf, um Wirkungen zu entfalten; ohne die Medien der Zeit, ohne die politische, militärische und finanzielle Unterstützung der weltlichen Obrigkeiten, ohne bestimmte außenpolitische Konstellationen usw. wäre die Reformation nicht denkbar gewesen. Religion existiert und imponiert sich als solche, das heißt als Religion, in, mit, an und unter diversen Subsistenzfaktoren.

Die Reformation steht am Anfang einer fortschreitenden, bis heute unabgeschlossenen Differenzierungsgeschichte des lateineuropäischen Christentums, die im Zuge seiner im 16. Jahrhundert massiv einsetzenden Globalisierung die gesamte Geschichte und Religionskultur der Menschheit, je nach Kontext mehr oder weniger stark, beeinflußte. An der Reformation kann man sich die spezifischen Kontextbedingungen vor Augen führen, unter denen es zur Ausbildung unterschiedlicher Christentumsformationen und Organisationsgestalten – als Anstaltskirche, Freiwilligkeitsgemeinschaft oder individuelle Glaubensform – des Christlichen gekommen ist. Vor allem die frühe Reformationszeit ist eine Art ›Laboratorium‹ der religionskulturellen und theologischen Diversifikationen gewesen. Dies könnte auch für das Verständnis aktueller religiöser Differenzierungs- und Pluralisierungsprozesse aufschlußreich sein.

Möglicherweise tritt auch der Umgang mit dem Reformator Martin Luther nun – erstmals seit Jahrhunderten – in seine postheroische und postmonumentale Phase. Das Spektrum der gegenwärtigen Lutherbilder ist breiter denn je; neben dem auch in seiner Exegese zutiefst problematischen Judenfeind steht der unanfechtbar zivilisierte Lehrer der christlichen Religion, neben dem bewunderten Übersetzer der Verräter an den Bauern, neben dem genialen Publizisten der widerwärtige Polemiker, neben dem Fürstenknecht der Rebell, neben dem couragierten Bekenner von Worms und dem Brandstifter am Wittenberger Elstertor der biedere Hausvater und liebevolle Ehemann, neben dem ›katholischen‹ Luther der unbeirrbare Papstfeind, neben dem ›fetten‹ Luther der Erfinder des innerweltlich-asketischen protestantischen Berufsethos, neben dem humanistisch Gebildeten der tiefgreifend und nachhaltig monastisch Geprägte. Die schillernde Vielfalt der Perspektiven, die sich in den Lutherbildern spiegelt, ist schwerlich in ein einheitliches Bild hinein aufzulösen. Dies aber bietet die Möglichkeit pluraler Lesarten des Reformators, die freilich nie den ›ganzen‹ Luther wiedergewinnen, aber doch je spezifische Aspekte seiner Eigenart akzentuieren werden. Doch auch dies ist eine der Lehren der sich in der Reformation anbahnenden Religionsgeschichte der Moderne: daß man in zivilisierter Manier die vergangene Vollgestalt einer Religion oder eines religiösen Akteurs nicht repristinieren, sondern nur entweder archivieren oder *selektiv* aneignen kann.

ANHANG

ANMERKUNGEN

Einleitung
Die Reformation und die Liebe zur Kirche

1 Samuel Harrison Thomson (Hg.), *Magistri Johannis Hus Tractatus de Ecclesia*, Cambridge 1956, Kap. 1, A, S. 1.

2 DH, Nr. 1151-1195 (4. 5. 1415); Irrtümer des Jan Hus: Nr. 1201-1230 (6. 7. 1415); beides bestätigt durch Papst Martin V. am 22. 2. 1418.

3 Besonders einflußreich in der Form der Ausarbeitung in Luthers Vorrede zum Buch Daniel von 1541 (WA.DB 11/2, S. 75 ff.; KB II, S. 237 ff.).

4 Johann Geiler von Kaysersberg, *Die Emeis* ⟨…⟩, 1508; zitiert nach der Teiledition in: Ruth Kastner, *Quellen zur Reformation 1517-1555*, Darmstadt 1994, S. 34.

5 »Die Kirche bedarf der Reformation, was freilich nicht Aufgabe eines Menschen, sei es des Papstes oder vieler Kardinäle, ist, sondern allein Gottes. Die Zeit dieser Reformation aber kennt allein der, der die Zeiten geschaffen hat. Inzwischen können wir aber nicht davon absehen, so offenkundige Mißstände [wie den Ablaß] zurückzuweisen.« (*Resolutiones disputationum de indulgentiarum virtute* [1518], nach WA 1, S. 627,27-31)

6 Geiler, zitiert nach Kastner, *Quellen zur Reformation* (Anm. 4), S. 34.

7 In dieser Hinsicht noch immer anregend: Ernst Troeltsch, *Protestantisches Christentum und Kirche in der Neuzeit*, neu hg. v. Volker Drehsen und Christian Albrecht, Ernst Troeltsch Kritische Gesamtausgabe Bd. 7, Berlin und New York 2004.

8 *Deutsche Geschichte im Zeitalter der Reformation*, 5 Bde., München und Leipzig 1924; zu den neueren Epochenkonzepten vgl. Thomas Kaufmann, *Die Reformation als Epoche?*, in: Verkündigung und Forschung 47 (2002), S. 49-63.

9 Unter diesem Motto faßte Gottfried Seebaß den Ertrag des Lutherjubiläums 1983 zusammen: *Ein Luther ohne Goldgrund – Stand und Aufgaben der Lutherforschung am Ende eines Jubiläumsjahres*, in: Otto Hermann Pesch (Hg.), *Lehren aus dem Luther-Jahr. Sein Ertrag für die Ökumene*, München u. a. 1984, S. 49-85. Das meines Erachtens wichtigste Buch der konsequent historisierenden Betrach-

tung Luthers im Jubiläumsjahr 1983 liegt vor in dem Katalog der gemeinsam vom Germanischen Nationalmuseum Nürnberg und dem Verein für Reformationsgeschichte geplanten und durchgeführten Ausstellung: *Martin Luther und die Reformation in Deutschland*, Frankfurt/Main 1983.

10 Thomas Kaufmann, *Reformatoren*, Göttingen 1998.

11 Vgl. Kaufmann, *Reformation als Epoche?* (Anm. 8); Thomas Kaufmann, *Lutherische Konfessionskultur in Deutschland – eine historiographische Standortbestimmung*, in: ders., *Konfession und Kultur. Lutherischer Protestantismus in der zweiten Hälfte des Reformationsjahrhunderts*, Tübingen 2006, S. 3-26.

12 Vgl. Bernd Moeller (Hg.), *Die frühe Reformation in Deutschland als Umbruch*, Gütersloh 1998.

13 Grundlegend sind hierfür die Arbeiten von Heinz Schilling, deren wichtigste greifbar sind in dem Sammelband: H. Schilling, *Ausgewählte Abhandlungen zur europäischen Reformations- und Konfessionsgeschichte*, hg. v. Luise Schorn-Schütte und Olaf Mörke, Berlin 2002; zuletzt: Heinz Schilling (Hg.), *Konfessioneller Fundamentalismus*, München 2007; zu den neuen Epochalisierungskonzepten und -debatten vgl. auch Stefan Ehrenpreis, Ute Lotz-Heumann (Hg.), *Reformation und konfessionelles Zeitalter*, Darmstadt 2002; Luise Schorn-Schütte, *Die Reformation. Vorgeschichte – Verlauf – Wirkung*, München ^{6}2012; Olaf Mörke, *Die Reformation. Voraussetzungen und Durchsetzung*, München 2005.

14 Vgl. Thomas Kaufmann, *Bibeltheologie: Vorreformatorische Laienbibel und reformatorisches Evangelium*, in: ders., *Der Anfang der Reformation*, Tübingen 2012, S. 68-101.

15 Vgl. Hans-Jochen Schiewer, *German Sermons in the Middle Ages*, in: Beverly Mayne Kienzel (Hg.), *The Sermon*, Turnhout 2000, S. 861-961; Hans-Jochen Schiewer, *Predigten und Visionsliteratur*, in: Peter Jörg Becker, Eef Overgaauw (Hg.), *Aderlass und Seelentrost. Die Überlieferung deutscher Texte im Spiegel Berliner Handschriften und Inkunabeln*, Mainz 2003, S. 247-264; Anne T. Thayer, *Penitence, Preaching and the Coming of the Reformation*, Aldershot 2002.

16 Vgl. Thomas Kock, Rita Schlusemann (Hg.), *Laienlektüre und Buchmarkt im späten Mittelalter*, Frankfurt/Main 1997; Christoph Burger, *Direkte Zuwendung zu den ›Laien‹ und Rückgriff auf Vermittler in spätmittelalterlicher katechetischer Literatur*, in: Berndt Hamm, Thomas Lentes (Hg.), *Spätmittelalterliche Frömmigkeit zwischen Ideal und Praxis*, Tübingen 2001, S. 84-109; zur Laienbildung grundlegend sind die Arbeiten von Klaus Schreiner, etwa: *Laienbildung*

als Herausforderung für Kirche und Gesellschaft. Religiöse Vorbehalte und Widerstände gegen die Verbreitung von Wissen im späten Mittelalter und in der Reformation, in: ZHF 11 (1984), S. 257-354; *Laienfrömmigkeit – Frömmigkeit der Eliten oder Frömmigkeit des Volkes? Zur sozialen Verfaßtheit laikaler Frömmigkeitspraxis im späten Mittelalter*, in: ders. (Hg.), *Laienfrömmigkeit im späten Mittelalter*, München 1992, S. 1-78.

17 Vgl. etwa Manfred Schulze, *Fürsten und Reformation. Geistliche Reformpolitik weltlicher Fürsten vor der Reformation*, Tübingen 1991.

18 Wegweisend: Bernd Moeller, *Kleriker als Bürger*, in: ders., *Die Reformation und das Mittelalter*, Göttingen 1991, S. 35-52, 284-294.

19 Vgl. nur: Thomas Kaufmann, *Luthers »Judenschriften«. Ein Beitrag zu ihrer historischen Kontextualisierung*, Tübingen [2]2013; Th. Kaufmann, *»Türckenbüchlein«. Zur christlichen Wahrnehmung »türkischer Religion« im 15. und 16. Jahrhundert*, Göttingen 2008.

20 Dieses Konzept wurde immer wieder von Berndt Hamm betont, vgl. besonders: *Einheit und Vielfalt der Reformation – oder: was die Reformation zur Reformation machte*, in: ders., Bernd Moeller, Dorothea Wendebourg, *Reformations-Theorien. Ein kirchenhistorischer Disput über Einheit und Vielfalt der Reformation*, Göttingen 1995, S. 57-127; Berndt Hamm, *Von der spätmittelalterlichen reformatio zur Reformation. Der Prozeß der normativen Zentrierung von Religion und Gesellschaft in Deutschland*, in: ARG 84 (1993), S. 7-81; Berndt Hamm, *The Reformation of Faith in the Context of Late Medieval Theology and Piety*, hg. v. Robert J. Bast, Leiden u. a. 2004. Vgl. ferner Rudolf Suntrup, Jan R. Veenstra (Hg.), *Normative Zentrierung/Normative Centering*, Frankfurt/Main u. a. 2002. Einen Eindruck von der lebendigen, bisweilen aber auch nicht immer sehr selbständigen Rezeption der Hammschen Konzeption bietet die von Gudrun Litz und Roland Liebenberg herausgegebene Festschrift *Frömmigkeit – Theologie – Frömmigkeitstheologie. Festschrift für Berndt Hamm*, Leiden und Boston 2005.

21 Vgl. Gerald Chaix, *Die Reformation*, in: Étienne François, Hagen Schulze (Hg.), *Deutsche Erinnerungsorte*, Bd. 2, München 2001, S. 9-27.

22 Vgl. zum Begriff und zu den mit ihm verbundenen historiographischen Schwierigkeiten: Thomas Kaufmann, Artikel *Gegenreformation*, in: *RGG[4] 3* (2000), Sp. 538-544.

23 Vgl. Rainer Wohlfeil, *»Reformatorische Öffentlichkeit«*, in: Ludger Grenzmann, Karl Stackmann (Hg.), *Literatur und Laienbildung im Spätmittelalter und in der Reformationszeit*, Stuttgart 1984, S. 41-54; Bernd Moeller, *Die frühe Reformation als Kommunikationsprozeß*,

in: ders., *Luther-Rezeption*, hg. v. Johannes Schilling, Göttingen 2001, S. 73-90; Berndt Hamm, *Die Reformation als Medienereignis*, in: Jahrbuch für Biblische Theologie 11 (1996), S. 137-166; Thomas Kaufmann, *Luther und die reformatorische Bewegung in Deutschland*, in: Albrecht Beutel (Hg.), *Luther Handbuch*, Tübingen ²2010, S. 185-196.

24 S. u. S. 782, Anm. 7.

25 Vgl. zu den evangelischen Damenstiften etwa: Lucia Koch, *»Eingezogenes stilles Wesen«? Protestantische Damenstifte an der Wende zum 17. Jahrhundert*, in: Anne Conrad (Hg.), *»In Christo ist weder man noch weyb«. Frauen in der Zeit der Reformation und der katholischen Reform*, Münster 1999, S. 199-230.

26 Vgl. Alexander Schmidt, *Vaterlandsliebe und Religionskonflikt. Politische Diskurse im Alten Reich (1555-1658)*, Leiden und Boston 2007; Matthias Pohlig, *Zwischen Gelehrsamkeit und konfessioneller Identitätsstiftung. Lutherische Kirchen- und Universalgeschichtsschreibung 1546-1617*, Tübingen 2007.

27 Exemplarisch: Karl-Heinz Fix, Stefan Laube (Hg.), *Lutherinszenierung und Reformationserinnerung*, Leipzig 2002; siehe »Epilog« (oben S. 721-774).

Teil I
Die Voraussetzungen der Reformation

1 Vgl. Georg von Belows aus der Opposition zu Ernst Troeltschs Interpretation der Reformation beziehungsweise des konfessionellen Zeitalters als eines verlängerten Mittelalters erwachsene Studie: *Die Ursachen der Reformation*, München und Berlin 1917.

Kapitel 1
Gesellschaftliche und politische Voraussetzungen der Reformation

1 Vgl. Georg Schmidt, *Geschichte des Alten Reichs. Staat und Nation in der Frühen Neuzeit 1459-1806*, München 1999; eine konzise Gesamtdarstellung bietet: Barbara Stollberg-Rilinger, *Das Heilige Römische Reich deutscher Nation*, München ⁵2014; Barbara Stollberg-Rilinger, *Des Kaisers alte Kleider. Verfassungsgeschichte und Symbolsprache des Alten Reiches*, München 2008, S. 23-91; vgl. auch den Ausstellungskatalog des Deutschen Historischen Museums: *Heiliges Römisches Reich deutscher Nation 962 bis 1806*, Dresden 2006.

2 Vgl. Peter Moraw, *Von offener Verfassung zu gestalteter Verdichtung. Das Reich im späten Mittelalter 1250-1490*, Berlin 1985.

3 Volker Press, Artikel *Maximilian I.*, in: *TRE* 22 (1992), S. 291-295, hier S. 294,17.

4 WA.TR 5, Nr. 5343, S. 74,27-29.

5 Maximilian I. an Leo X. (5. 8. 1518), in: Peter Fabisch, Erwin Iserloh (Hg.), *Dokumente zur Causa Lutheri (1517-1521)*, 2 Bde., Münster 1988-91, Bd. 2, Nr. 10.1, S. 37-44.

6 Martin Brecht, *Martin Luther*, Bd. 1, Stuttgart [2]1983, S. 240; vgl. *Christoph Scheurl's Briefbuch. Ein Beitrag zur Geschichte der Reformation und ihrer Zeit*, hg. v. Franz von Soden und Joachim Karl Friedrich Knaake, Bd. 2, Potsdam 1872 (Nachdruck Aalen 1962), S. 58 f.

7 Vgl. WA.B 1, S. 233,1-9; 236,15-237,26; vgl. Luthers Erinnerung von 1545, in: WA 54, S. 181,20ff. = LuStA 5, S. 630,3 ff. = Cl 4, S. 423,26ff.

8 Heinrich Lutz, *Das Ringen um deutsche Einheit und kirchliche Erneuerung. Von Maximilian I. bis zum Westfälischen Frieden 1490 bis 1648*, Frankfurt/Main und Berlin 1987 (Studienausgabe), S. 168.

9 Vgl. *Ulrichi Hutteni equitis Germani Opera*, hg. v. Eduard Böcking, Bd. 5, Leipzig 1861, S. 97-136: *Ad principes Germanos ut bellum Turcis inferant* (1518), bes. S. 115,18 ff.

10 Detailliertes statistisches Material bietet Heinz Schilling, *Die Stadt in der Frühen Neuzeit*, München 1993, S. 2 ff.

11 Bernd Moeller, *Reichsstadt und Reformation*, Neue Ausgabe, hg. v. Thomas Kaufmann, Tübingen 2011.

Kapitel 2

Kirchen-, frömmigkeits- und theologiegeschichtliche Voraussetzungen der Reformation

1 Gustav A. Benrath, Artikel *Johann Rucherat von Wesel*, in: *TRE* 17 (1988), S. 150-153, hier S. 152,24 ff.

2 Vgl. die Verwendung dieser sprichwörtlichen Redensart bei Luther, etwa in WA.B 2, Nr. 425, S. 381,74-76; WA.TR 5, S. 500,10 f.; S. 507,7-10; Karl Friedrich Wilhelm Wander (Hg.), *Deutsches Sprichwörter-Lexikon*, 5 Bde., Leipzig 1867-80 (Nachdruck Darmstadt 1964), Bd. 1, S. 1286, Nr. 83.

3 *Wer horen will wer die gantzen welt arm gemacht hat / der mag lesen dieses bichlein* 〈...〉 [Augsburg: Erhard Öglin Erben 1521], ediert in: Adolf Laube u.a. (Hg.), *Flugschriften der frühen Reformationsbewegung (1518-1524)*, 2 Bde., Berlin 1983, Bd. 2, S. 731-741, hier S. 737,24-37.

4 Zitiert nach der Übertragung von Hermann A. Junghans, *Sebastian Brant, Das Narrenschiff.* Durchgesehen und mit einem Nachwort neu hg. v. Hans-Joachim Mähl, Stuttgart 1985, S. 266; vgl. Manfred Lemmer (Hg.), *Sebastian Brant, Das Narrenschiff. Nach der Erstausgabe (Basel 1494) mit den Zusätzen der Ausgaben von 1495 und 1499*, Tübingen 1962, S. 118f.

5 Vgl. etwa, im Anschluß an Geiler von Kaysersberg, Thomas A. Brady, *»You hate us Priests«. Anticlericalism, Communalism and the Control of Women at Strasbourg in the Age of the Reformation*, in: Peter A. Dykema, Heiko A. Oberman (Hg.), *Anticlericalism in Late Medieval and Early Modern Europe*, Leiden u. a. 1993, S. 167-208. Als eine Art ›Ursache‹ der Reformation wurde der Antiklerikalismus besonders von Hans-Jürgen Goertz dargestellt: *Pfaffenhaß und groß Geschrei. Die reformatorischen Bewegungen in Deutschland 1517-1529*, München 1987; *Antiklerikalismus und Reformation*, Göttingen 1995; *Deutschland 1500-1648. Eine zertrennte Welt*, Paderborn 2004.

6 Luther, *Ein Sermon von dem Neuen Testament* (1520), in: WA 6, S. 354,11 f.

7 Vgl. die einschlägige Bestimmung im *Decretum* Gratians: »Duo sunt genera Christianorum«. (*Decretum Gratiani*, Secunda pars, c. XII, q. I, c. 7, in: Aemilius Friedberg [Hg.], *Corpus Iuris Canonici*, Pars 1, Leipzig 1879 [Nachdruck Graz 1955], S. 678)

8 Vgl. Walther Köhler, *Dokumente zum Ablaßstreit von 1517*, Tübingen ^{2}1934, Nr. 5, S. 9; Joannes Dominicus Mansi, *Sacrorum Conciliorum Nova et Amplissima Collectio*, Paris 1901 (Nachdruck Graz 1961), Bd. 22, S. 1050f.; Nikolaus Paulus, *Geschichte des Ablasses im Mittelalter*, 2 Bde., Darmstadt ^{2}2000, S. 47.

9 EA var. arg., Bd. 1, S. 274; im Anschluß an Heiko A. Oberman, *Die Kirche im Zeitalter der Reformation*, Neukirchen-Vluyn ^{4}1994, S. 16.

10 Bernd Moeller, *Die letzten Ablaßkampagnen. Der Widerspruch Luthers gegen den Ablaß in seinem geschichtlichen Zusammenhang*, in: ders., *Die Reformation und das Mittelalter*, Göttingen 1991, S. 53-72 und 295-307, hier S. 68.

11 »Et qui pecunias non habent, precibus et ieiuniis suam contributionem suppleant; regnum enim celorum non plus divitibus quam pauperibus patere debet.« (Ablaßinstruktion Albrechts von Mainz [um 1517], in: Köhler, *Dokumente* [Anm. 8], S. 112,33-113,2; Peter Fabisch, Erwin Iserloh [Hg.], *Dokumente zur Causa Lutheri [1517-1521]*, 2 Bde., Münster 1988-1991, Bd. 1, S. 266)

12 Willy Andreas, *Deutschland vor der Reformation*, Stuttgart ^{7}1972, S. 154.

13 Vgl. die Nachweise in: Thomas Kaufmann, *Die Abendmahlstheologie der Straßburger Reformatoren bis 1528*, Tübingen 1992, S. 39, Anm. 185.

14 Andreas, *Deutschland vor der Reformation* (Anm. 12), S. 98.

15 Vgl. die Nachweise in: Thomas Kaufmann, *Bibeltheologie: Vorreformatorische Laienbibel und reformatorisches Evangelium*, in: ders., *Der Anfang der Reformation*, Tübingen 2012, S. 68-101, hier S. 76f. mit Anm. 32.

16 Vgl. Anne T. Thayer, *Penitence, Preaching and the Coming of the Reformation*, Aldershot 2002.

17 Grundlegend: Berndt Hamm, *Frömmigkeitstheologie am Anfang des 16. Jahrhunderts. Studien zu Johannes von Paltz und seinem Umkreis*, Tübingen 1982; Berndt Hamm, *The Reformation of Faith in the Context of Late Medieval Theology and Piety. Essays*, hg. v. Robert J. Bast, Leiden u. a. 2004; Berndt Hamm, *Religiosität im späten Mittelalter*, hg. v. Reinhold Friedrich und Wolfgang Simon, Tübingen 2011.

18 Heiko A. Oberman, *Die Bedeutung der Mystik von Meister Eckhart bis Martin Luther*, in: ders., *Die Reformation. Von Wittenberg nach Genf*, Göttingen 1986, S. 32-44, hier S. 40.

19 WA 6, S. 212,2.

Kapitel 3
Kultur-, bildungs- und kommunikationsgeschichtliche Voraussetzungen der Reformation

1 Hans-Jörg Künast, *»Getruckt zu Augspurg«. Buchdruck und Buchhandel in Augsburg zwischen 1468 und 1555*, Tübingen 1997, S. 13.

2 Werner Röcke, *Familie – Schule – Universität. Die »Bildungsrevolution« des 16. Jahrhunderts*, in: Daniel Hess (Hg.), *Mit Milchbrei und Rute. Familie, Schule und Bildung in der Reformationszeit*, Nürnberg 2005, S. 35-50.

3 Michael Giesecke, *Der Buchdruck in der frühen Neuzeit*, Frankfurt/Main 1991 (unveränderter Nachdruck 1994), S. 29ff.

4 Giesecke, *Buchdruck* (Anm. 3), S. 253.

5 WA 6, S. 434,24f.; 1537, im Vorfeld des nach Mantua einberufenen Konzils, gab Luther den Text des *Constitutum Constantini* (vgl. *TRE* 8 [1981], S. 196-202; *RGG*[4] 4 [2001], Sp. 1619f.) in deutscher Übersetzung mit bissigen Glossen selbst heraus (WA 50, S. 69-89).

6 Erasmus von Rotterdam, *Enchiridion militis christiani. Handbüchlein eines christlichen Streiters*, in: ders., *Ausgewählte Schriften*, hg. v. Werner Welzig, Darmstadt 2006, Bd. 1, S. 168: »totius vitae 〈...〉 Christum velut unicum scopum«.

7 Ebenda.
8 A. a. O., S. 173.
9 A. a. O., S. 142 f.: »spiritus deos nos reddit ⟨…⟩.«
10 A. a. O., S. 140: »liberum habet, utro velit inclinare«.
11 WA.B 1, Nr. 27, hier S. 70,29-31.

Kapitel 4
Luthers frühe religiöse und theologische Entwicklung

1 WA.TR 2, S. 669,12.
2 In dem vieldiskutierten Vorwort zum ersten Band seiner lateinischen Werke (1545) hat Luther seinen eigenen Lernprozeß in dieser Weise charakterisiert: Er habe zu jenen gehört, »die (wie Augustinus über sich schreibt) durch Schreiben und Lehren Fortschritte gemacht haben«. (WA 54, S. 186,26 f.: »qui [ut Augustinus de se scribit] scribendo et docendo profecerint«; Nachweise der Augustinusbelege in: LuStA 5, S. 638, Anm. 147)
3 So in der Erinnerung einer Tischrede vom 16. 7. 1539, in: WA.TR 4, S. 440,9 f.; vgl. Angelika Dörfler-Dierken, *Luther und die heilige Anna*, in: LuJ 64 (1997), S. 19-46.
4 So in einer späteren Tischrede, in: WA.TR 5, Nr. 6017, S. 440,27.
5 A. a. O., S. 440,27 f.
6 Edition in: WA 9, S. 28-94; Neuedition von Jun Matsuura, *Erfurter Annotationen 1509-1510/11*, Köln u.a. 2009.
7 WA 1, S. 142-151.
8 WA 1, S. 221-228.
9 Die Zahlenwerte für die Jahre 1512-19 sind im einzelnen:

	Erfurt	Leipzig	Wittenberg
1512	331	486	209
1513	293	372	151
1514	283	463	213
1515	305	572	218
1516	270	319	162
1517	313	382	242
1518	346	354	273
1519	298	298	458

Nach: Franz Eulenburg, *Die Frequenz der deutschen Universitäten von ihrer Gründung bis zur Gegenwart*, Leipzig 1904, S. 287 f.
10 WA 10 III, S. 10,13.
11 WA 1, S. 153; Hermann Mandel (Hg.), *Theologia Deutsch*, Leipzig 1908, S. II.

12 WA 1, S. 153.

13 Vgl. in dem nicht näher datierten, wohl um 1514 anzusetzenden Sermon über die Furcht Gottes: »So bin ich nämlich auch beinahe an Gott und daran, was er ist und hat, verzweifelt.« (WA 4, S. 665,21 f.: »Sic enim et ego prope de Deo et quicquid ipse est et habet desperavi.«)

14 Berndt Hamm, *Naher Zorn und nahe Gnade. Luthers frühe Klosterjahre als Beginn seiner reformatorischen Neuorientierung*, in: Christoph Bultmann, Volker Leppin, Andreas Lindner (Hg.), *Luther und das monastische Erbe*, Tübingen 2007, S. 111-151, hier S. 117.

15 »Hoc [Luthers Angriff auf den Ablaß] erat coelum deturbasse et mundum incendio consumpsisse.« (WA 54, S. 180,21)

Teil II
Die Reformation im Reich

1 So Luther in bezug auf Tetzels Ablaßpredigt und ihre Folgen in: WA 54, S. 184,32.

2 Z 2 (CR 89), S. 146,1.

Kapitel 1
Luther und die Anfänge der reformatorischen Bewegung (1517-21) – ein Überblick

1 Paul Kalkoff, *Die Depeschen des Nuntius Aleander vom Wormser Reichstag 1521*, 2. völlig umgearb. und erg. Auflage, Halle 1897, S. 69 f.

2 Vorrede zu *De captivitate Babylonica*, in: WA 6, S. 497,501; KB I, S. 189,24-26.

3 Brief Leos X. an Gabriele della Volta (3. 2. 1518), in: Peter Fabisch, Erwin Iserloh (Hg.), *Dokumente zur Causa Lutheri (1517-1521)*, 2 Bde., Münster 1988-91, Bd. 2, Nr. 9, S. 17 ff., hier S. 21.

4 Brief Maximilians I. an Leo X. (5. 8. 1518), in: Fabisch, Iserloh, *Dokumente* (Anm. 3), Bd. 2, Nr. 10, S. 37 ff., hier S. 42: »damnosa et haeretica pleraque videantur«.

5 Albrecht Dürer, Tagebucheintrag 17. 5. 1521, zitiert nach Heiko A. Oberman, *Die Kirche im Zeitalter der Reformation*, Neukirchen-Vluyn [4]1994, S. 67.

6 Heinrich Dannenbauer, *Luther als religiöser Volksschriftsteller 1517-*

1520. Ein Beitrag zu der Frage nach den Ursachen der Reformation, Tübingen 1930.

7 Luther an Christoph Scheurl (6. 5. 1517), in: WA.B 1, Nr. 38, S. 93 f., hier S. 93,7 f.: »nulla verbositate satis mandi et permandi potest«.

8 Maria von Katte, *Kiste 143 – die herzogliche Bibliothek entsteht*, in: Vernissage 14 (2004), S. 42-47, hier S. 45 (ebenda auch ein Faksimile des in Wolfenbüttel erhaltenen Blattes und eine Rekonstruktion seiner Provenienz).

9 Nach Alejandro Zorzin, *Karlstadt als Flugschriftenautor*, Göttingen 1990; weiteres Datenmaterial für die Druckschriften Luthers zwischen 1517 und 1519 bietet Bernd Moeller, *Das Berühmtwerden Luthers*, in: ders., *Luther-Rezeption*, hg. v. Johannes Schilling, Göttingen 2001, S. 15-41, hier S. 39-41.

10 Heiko A. Oberman, *Wittenbergs Zweifrontenkrieg gegen Prierias und Eck. Hintergrund und Entscheidungen des Jahres 1518*, in: ders., *Die Reformation*, Göttingen 1986, S. 113-143.

11 Vgl. Fabisch, Iserloh, *Dokumente* (Anm. 3), Bd. 1, S. 121 ff. mit Anm.

12 Fabisch, Iserloh, *Dokumente* (Anm. 3), Bd. 2, S. 94.

13 Vgl. Monika Rössing-Hager, *Wie stark findet der nicht-lesekundige Rezipient Berücksichtigung in den Flugschriften?*, in: Hans-Joachim Köhler (Hg.), *Flugschriften als Massenmedium der Reformationszeit*, Stuttgart 1981, S. 77-137.

14 WA 1, S. 639,8.

Kapitel 2
Der Ablaßstreit

1 So auf dem Kolophon des Urdrucks der *Sieben Bußpsalmen*, in: WA 1, S. 155; Josef Benzing, Helmut Claus, *Lutherbibliographie. Verzeichnis der gedruckten Schriften Martin Luthers bis zu dessen Tod*, 2 Bde., Baden-Baden [2]1989-1994, Nr. 74 f.; auch Luthers Ausgabe der *Theologia deutsch* (Benzing, Claus, a. a. O., Nr. 69) und seine *Disputatio contra Scholasticam theologiam* waren bei Grunenberg gedruckt worden. Benzing gibt an, daß Johann Rhau-Grunenberg, der erste Luther-Drucker, »seit 1513 in der Nähe des Augustinerklosters«, »nach Frühjahr 1517 in einem Haus nahe dem Neuen Kollegium« druckte. (Joseph Benzing, *Die Buchdrucker des 16. und 17. Jahrhunderts im deutschen Sprachgebiet*, 2., verbesserte und ergänzte Auflage, Wiesbaden 1982, S. 497)

2 CR 6, Sp. 161 f. (1. 6. 1546) = *MBW* 4, Nr. 4277; WA 48 RN, S. 116; vgl. WA.DB 11/2, S. CXLI mit Anm. 7.

3 WA.B 2, Nr. 1164, S. 274f., hier S. 275,25-27; auch aus einer Tischrede von 1532 (WA.TR 2, Nr. 2455 a/b, S. 467,27f.30f.) geht zweifelsfrei hervor, daß nach Luthers Selbstverständnis am Allerheiligentag 1517 sein literarischer Kampf gegen den Papst und den Ablaß begann: »Anno 17. in die omnium sanctorum incepi primum scribere contra papam et indulgentias.« (Vgl. WA.TR 3, S. 564,14-16)

4 WA.B 1, Nr. 48, S. 112,65.

5 WA.B 1, S. 245,356-363.

6 Daß Luther mit diesem Einwand seiner Kritiker rechnete, geht aus einem (auf Anfang November 1517 zu datierenden) Brief an Spalatin (WA.B 1, Nr. 50, S. 117-119, hier S. 118,9-14) hervor. Freilich ist davon auszugehen, daß der kursächsische Hof schon vor Ende Oktober wußte, wie Luther über den Ablaß dachte, und zwar aufgrund einer Predigt, die er »auffm Schlosse« gehalten hatte. (WA 51, S. 539,9)

7 Glarean (Heinrich Loriti, 1488-1563) berichtete Zwingli am 30. 12. 1522, daß eine an den Basler Kirchentüren (»valvis templorum«; Z 7 [CR 94], S. 648,4f.) angehängte Disputation des Rektors »contra Lutherum et novos haereticos« weithin unbeachtet geblieben sei; vgl. auch Heiko A. Oberman, *Werden und Wertung der Reformation*, Tübingen [3]1989, S. 191 f.

8 WA.B 1, Nr. 48, S. 111,10; 138,9.

9 WA.B 1, Nr. 52, S. 122,56f. (11. 11. 1517).

10 Luther an Hieronymus Scultetus (13. 2. 1518), in: WA.B 1, Nr. 58, hier S. 139,48; vgl. S. 140,72; »non assero, ac disputo«; vgl. auch Nr. 110, S. 242,244f.

11 Ernst Wolf, *Zur wissenschaftsgeschichtlichen Bedeutung der Disputationen an der Wittenberger Universität im 16. Jahrhundert*, in: ders., *Peregrinatio*, Bd. 2: *Studien zur reformatorischen Theologie, zum Kirchenrecht und zur Sozialethik*, München 1965, S. 38-51, hier S. 41 f.; Ulrich Köpf, *Martin Luthers theologischer Lehrstuhl*, in: Irene Dingel, Günther Wartenberg (Hg.), *Die Theologische Fakultät Wittenberg 1506 bis 1602*, Leipzig 2002, S. 71-86, hier S. 75; die einschlägigen Bestimmungen finden sich in den Satzungen der Theologischen Fakultät vom 15. 11. 1508, in: Walter Friedensburg, *Urkundenbuch der Universität Wittenberg*, Tl. 1: *1502-1611*, Magdeburg 1926, Nr. 23, S. 31-39.

12 Herbert Schöffler, *Die Reformation. Einführung in eine Geistesgeschichte der deutschen Neuzeit*, Frankfurt/Main o.J., S. 21.

13 Schöffler, a. a. O., S. 18.

14 Luther an Friedrich von Sachsen (21. 11. 1518), in: WA.B 1, Nr. 110,

S. 245,358 f.: »⟨...⟩ cum huius disputationis nullus etiam intimorum amicorum fuerit conscius«.

15 In: Ernst Kähler, *Karlstadt und Augustin. Der Kommentar des Andreas Bodenstein von Karlstadt zu Augustins Schrift De Spiritu et Littera*, Halle 1952, S. 8-37 (elektronisch in: Thomas Kaufmann [Hg.], *Karlstadt. Kritische Gesamtausgabe* [Wolfenbütteler Digitale Bibliothek]); zur Interpretation vgl. auch Hermann Barge, *Andreas Bodenstein von Karlstadt*, Bd. 1, Nieuwkoop ^{2}1968, S. 75 ff.; Jens-Martin Kruse, *Universitätstheologie und Kirchenreform. Die Anfänge der Reformation in Wittenberg 1516-1522*, Mainz 2002, S. 89 ff.

16 Luther an Christoph Scheurl (6. 5. 1517), in: WA.B 1, Nr. 38, S. 93-95, hier S. 94,17-19.

17 Luther an Erzbischof Albrecht (31. 10. 1517), in: WA.B 1, Nr. 48, S. 112,70 f.: »Doctor S Theologie vocatus«.

18 Vgl. Luthers Selbstdarstellung in der an Staupitz gerichteten Widmungsvorrede seiner *Resolutiones disputationum de indulgentiarum virtute* (1518), in: WA 1, S. 526,33-35. In seinem Brief an den Bischof von Brandenburg (WA.B 1, Nr. 58, S. 135-141, hier S. 140,75-77) spricht Luther davon, daß es die Frechheit und Unwissenheit der Ablaßprediger gewesen sei, die ihn dazu gebracht habe, seiner Furcht nicht zu erliegen (»timore meo non cedere«). Hätten sie nicht alles Maß überschritten, würde niemand Luther über seinen stillen Winkel hinaus kennengelernt haben (»nullus me praeter quam angulus meus cognovisset«).

19 WA 1, S. 233,1: »Amore et studio elucidande veritatis«.

20 Nach WA 1, S. 233,10 f.

21 WA 1, S. 233,15: »varias carnis mortificationes«.

22 Vgl. die Vorrede zu den *Resolutiones* an Staupitz (30. 5. 1518), in: WA 1, S. 525,24-30.

23 WA 1, S. 233,16.

24 WA 1, S. 235,3 f.: »penas satisfactionis sacramentalis«.

25 Luthers Bekanntschaft mit dem zunächst handschriftlich kursierenden Dialog *Julius exclusus* ist für spätestens Anfang November 1517 gesichert, fällt also vielleicht in ebenjene Zeit, als er an der Formulierung der Ablaßthesen saß (vgl. WA.B 1, Nr. 50, S. 117-119). Abgefaßt hatte Erasmus den Dialog wohl bereits 1513/14; 1516 war er im Baseler Freundeskreis bekannt, Bonifatius Amerbach (1495-1562) hatte eine Abschrift gemacht. Die erste datierte Druckausgabe erschien 1518 (vgl. Erasmus von Rotterdam, *Ausgewählte Schriften*, hg. v. W. Welzig, Darmstadt 2006, Bd. 5, S. X ff.).

26 Vgl. WA 54, S. 179,24-27.

27 Vgl. WA 54, S. 179,28-31.
28 WA 54, S. 185,5-7.
29 Vgl. die instruktive rückblickende Schilderung von 1541 *(Wider Hans Worst)*, in: WA 51, S. 538,29-540,19; die mit Friedrich Myconius (1490-1546) einsetzende Topik der beichtväterlichen Verantwortung Luthers als Beweggrund seiner Ablaßkritik rekonstruiert minutiös Lothar Vogel, *Zwischen Universität und Seelsorge. Martin Luthers Beweggründe im Ablaßstreit*, in: ZKG 118 (2007), S. 187-212.
30 Fabisch, Iserloh, *Dokumente* (Anm. 3), Bd. 1, S. 250.
31 Zitiert nach der Edition in: Fabisch, Iserloh, a. a. O., S. 267: »semel in vita et in mortis articulo«.
32 Albrecht von Brandenburg an seine Räte in Halle (13. 12. 1517), zitiert nach Fabisch, Iserloh, *Dokumente* (Anm. 3), Bd. 1, S. 307.
33 WA 51, S. 539,14-25.
34 WA.B 1, Nr. 48, S. 111,8: »temeritas«.
35 A. a. O., S. 111,17: »falsissimas intelligentias populi«.
36 A. a. O., S. 111,25 f.: »durissima ratio«.
37 A. a. O., S. 111,34: »securum & sine timore«.
38 A. a. O., S. 111,43.
39 A. a. O., S. 112,57.
40 Ediert in WA.B 12, Nr. 4212a, S. 2-10.
41 Vgl. etwa Luthers Rede von den »neuen und unerhörten Lehren der apostolischen [d. h. päpstlichen] Ablässe« (»nova et inaudita de apostolicis indulgentiis dogmata«), in: WA.B 1, Nr. 58, S. 138,5; ähnlich spricht er gegenüber Staupitz von den »neuartigen Trompetenstößen der Ablaßkrämer« (»clangere nova indulgentiarum classica et remissionum buccinae«), in: WA 1, S. 526,16; gegenüber Leo X. bezeichnete Luther die unter dessen Namen geschehene Verkündigung des Jubiläumsablasses als gottlos und ketzerisch (»impiissima haereticaque«), in: WA 1, S. 527,31.
42 WA 1, S. 528,16 ff.
43 WA 1, S. 528,28: »unum«.
44 WA 1, S. 528,19: »iuvenili calore«.
45 WA.TR 3, Nr. 3722, hier S. 565,33 f.; vgl. S. 564,16-18; 566,6 f.
46 WA.TR 3, S. 564,13; S. 565,30 eine andere Lesart: »schwächlich«.
47 WA 1, S. 528,38.
48 WA.B 1, S. 118,9 ff. (freilich uneindeutig; vielleicht spricht S. 141,6 ff. dafür); WA.B 1, Nr. 52, S. 121,4 ff. (eindeutig).
49 WA.B 1, Nr. 62, S. 152,6-10.
50 Aufgrund der Zuschreibung eines handschriftlichen Eintrags auf dem im Staatsarchiv Berlin erhaltenen Exemplar des Leipziger

Drucks der *95 Thesen* an Johannes Lang durch Ulrich Bubenheimer (mündlich; Abbildung in: *Martin Luther. 1483-1546; Dokumente seines Lebens und Wirkens*, Weimar 1983, Nr. 38, S. 71) dürfte klar sein, daß es sich bei dem am 11. 11. 1517 an Lang gesandten Thesendruck (WA.B 1, S. 121,4) um besagten Leipziger gehandelt hat; der *terminus ante quem* des Erscheinens des Leipziger [Thanner]-Drucks war demnach der 11. 11. 1517.

51 Cäsar Pflug an Herzog Georg von Sachsen (datiert auf den 27. 11. 1517), in: Felician Gess (Hg.), *Akten und Briefe zur Kirchenpolitik Herzog Georgs von Sachsen*, 2 Bde., Leipzig und Berlin 1905-17 (Nachdruck Köln und Wien 1985), Bd. 1, S. 28f.

52 WA 1, S. 528,40: »obscurios; enygmaticos«; vgl. WA.B 1, S. 170,41f.

53 Brief Albrechts von Brandenburg an die Räte in Halle (13. 12. 1517), in: Fabisch, Iserloh, *Dokumente* (Anm. 3), Bd. 1, S. 305.

54 WA.B 1, Nr. 64, S. 155,24-35.

55 WA 1, S. 277,19f.

56 WA.B 1, S. 170,59f.

57 Gegen die unhaltbare Datierung auf Herbst 1517 in WA 1, S. 239; vgl. Adolf Laube, Ulman Weiß (Hg.), *Flugschriften gegen die Reformation (1518-1524)*, Berlin 1997, S. 68f.

58 WA.B 1, S. 162,15f.

59 WA 1, S. 244,8.

60 WA 1, S. 244,13.

61 WA 1, S. 244,18f.

62 WA 1, S. 245,21.

63 WA 1, S. 245,22f.

64 WA 1, S. 245,23.

65 WA 1, S. 245,18-20.

66 WA 1, S. 246,23.29.

67 WA 1, S. 246,13.

68 WA 1, S. 246,31.

69 WA 1, S. 246,32.

70 Ebenda.

71 WA 1, S. 246,36f.

72 So im Brief an Johannes Lang (21. 3. 1518), in: WA.B 1, S. 154,12-14; vgl. auch den Brief an Staupitz vom 31. 3. 1518, in: WA.B 1, Nr. 66, S. 159-161.

73 Vgl. Wilhelm Ernst Winterhager, *Ablaßkritik als Indikator historischen Wandels vor 1517. Ein Beitrag zu Voraussetzungen und Einordnung der Reformation*, in: ARG 90 (1999), S. 6-71.

74 So in der Vorrede an Leo X. in den *Resolutiones*, in: WA 1, S. 528,27.

75 Vgl. Fabisch, Iserloh, *Dokumente* (Anm. 3), Bd. 1, S. 340; Laube, Weiß, *Flugschriften gegen die Reformation (1518-1524)* (Anm. 57), S. 68 f.

76 LuStA 1, S. 200; vgl. Thomas Kaufmann, *Argumentative Impressionen: Bucers Bericht von der Heidelberger Disputation*, in: ders., *Der Anfang der Reformation*, Tübingen 2012, S. 334-355, hier S. 345 f. Unabhängig von mir ist auch Martin Brecht (*Martin Bucer und die Heidelberger Disputation*, zuletzt in: ders., *Ausgewählte Aufsätze*, Bd. 1: *Reformation*, Stuttgart 1995, S. 48-61) zu dem Ergebnis gelangt, daß Bucers Bericht von der Heidelberger Disputation als Quelle für die Rekonstruktion ihres Verlaufs Zutrauen verdient; die in der Lutherforschung besonders berühmt gewordenen Thesen zur sogenannten Kreuzestheologie, aber auch die philosophischen Thesen wurden demnach von Luther wohl aus Zeitgründen nicht disputiert.

77 »Cum Erasmo illi [nämlich Luther] conveniunt omnia, quin uno hoc praestare videtur, quod quae ille duntaxat insinuat, hic aperte docet et libere.« (Martin Bucer, *Opera omnia*, Series 3: *Correspondance*, Bd. 1: *Correspondance jusqu'en 1524*, hg. v. Jean Rott, Leiden 1979, S. 61,54-56)

78 Fabisch, Iserloh, *Dokumente* (Anm. 3), Bd. 1, S. 362.

79 So die Selbstbezeichnung Tetzels auf dem Titelblatt der gegen Luthers *Sermon von Ablaß und Gnade* gerichteten *Vorlegung* (a. a. O., S. 341).

80 WA 1, S. 529,25: »vocem tuam [angesprochen ist Leo X.] vocem Christi in te praesidentis et loquentis agnoscam«.

81 WA 1, S. 527,22.

82 WA 1, S. 528,29-31: »ius habere in publica schola disputandi pro more omnium Universitatum et totius Ecclesiae non modo de indulgentiis, verum etiam de potestate, remissione, indulgentiis divinis«.

83 WA 1, S. 529,13 f.: »pure simpliciterque ecclesiasticam potestatem et reverentiam Clavium quaesierim et coluerim«.

84 WA.B 1, S. 164,3 f.

85 WA 1, S. 525,11: »te [gemeint ist Staupitz] velut e caelo sonantem excepimus«.

86 WA 1, S. 525,11 f.: »poenitentia vera ⟨...⟩ ab amore iustitiae et dei incipit«.

87 WA 1, S. 525,28; S. 526,14: »mutatio affectus et amoris«; vgl. S. 526,3.

88 WA 1, S. 526,4 f.: »transitus mentis«.

89 Dieser Aspekt der theologischen Entwicklung ist zuletzt wieder einmal besonders von Volker Leppin betont worden, vgl. etwa:

»Omnem vitam fidelium poenitentiam esse voluit« – Zur Aufnahme mystischer Traditionen in Luthers erster Ablaßthese, in: ARG 93 (2002), S. 7-25.

90 WA 1, S. 527,7.

91 WA.B 1, S. 146,89f. (15. 2. 1518).

92 Vgl. Fabisch, Iserloh, *Dokumente* (Anm. 3), Bd. 1, S. 53-56.

93 »Negare potestatem non se extendere ad relaxandum penas in purgatorio per viam indulgentias, est male sentire de facto et doctrina ecclesie circa fidem aut mores, ideo hereticum est.« (A. a. O., S. 70 [zu WA 1, S. 234,19f. = 22. Ablaßthese])

94 WA 1, S. 647,8f.

95 In WA 1, S. 656,32f. zitiert Luther erstmals Nicolaus de Tudeschis (s. o. S. 175, 786, Anm. 11).

96 WA 1, S. 656,37ff.

Kapitel 3
Luther, das Opfer – Luther, der Täter

1 »Fides enim huius verbi faciet pacem conscientiae, dum iuxta illud sacerdos soluerit. 〈…〉 Tantum enim habebis pacis, quantum crederis verbo promittentis: Quodcunque solveris etc. Pax enim nostra Christus est, sed in fide.« (WA 1, S. 541,5-9)

2 Charles Morerod (Hg.), *Cajetan et Luther en 1518*, Freiburg/Schweiz 1994, Bd. 1, S. 336: »Hoc enim est novam ecclesiam construere.«

3 »〈…〉 thesaurum militanti ecclesiae acquisivit [Christus], volens suis thesaurizare filiis pius Pater, ut sic sit infinitus thesaurus hominibus, quo qui usi sunt Dei amicitiae participes sunt effecti. Quem quidem thesaurum 〈…〉 per beatum Petrum coeli clavigerum, eiusque successores suos in terris vicarios, comisit fidelibus salubriter dispensandum 〈…〉. Ad cuius quidem thesauri cumulum beatae Dei genitricis omniumque electorum a primo iusto usque ad ultimum merita adminiculum praestare noscuntur.« (Zitiert nach der Edition in: Carl Mirbt, Kurt Aland, *Quellen zur Geschichte des Papsttums*, Bd. 1, Tübingen [6]1967, Nr. 760, S. 472-474, hier S. 472f.)

4 WA 2, S. 13,7: »neminem iustificari posse nisi per fidem«.

5 WA 2, S. 15,28-16,3.

6 WA 2, S. 8,37: »non auditus neque convictus«.

7 WA 2, S. 9,1-10.

8 WA 2, S. 28,14: »nostro Papa non bene informato«.

9 WA 2, S. 28,32: »variae et incertae ⟨…⟩ opiniones«.

10 Zitiert nach der Edition in: Peter Fabisch, Erwin Iserloh (Hg.), *Dokumente zur Causa Lutheri (1517-1521)*, 2 Bde., Münster 1988-91, Bd. 2, S. 191-197, hier S. 193 f.: »per modum absolutionis ⟨…⟩ vel per modum suffragii ⟨…⟩ poenam vero temporalem pro actualibus peccatis«.

11 Vgl. die zweimalige Abweisungsformel: »ne ⟨…⟩ quisquam ignorantiam doctrinae Romanae Ecclesiae circa ⟨…⟩ Indulgentias ⟨…⟩ allegare« (Fabisch, Iserloh, a. a. O., S. 192) und: »ne quispiam ⟨…⟩ ignorantiam allegare«. (Ebenda, S. 194)

12 Luther an den Kurfürsten von Sachsen (Januar 1519), in: WA.B 1, S. 307,50.

13 WA.B 1, S. 307,34-36.

14 WA 2, S. 1-26; vgl. Klaus-Peter Schmid, *Luthers Acta Augustana 1518 deutsch. Dokumente vom letzten Gespräch Roms mit Luther in Augsburg vor seiner Exkommunikation*, Augsburg 1982.

15 These 12: »Textus Biblie non modo uni / pluribusve ecclesie doctoribus / sed etiam tocius ecclesie auctoritati / prefertur.« These 14: »Premissa intantum procedit, quod dicto doctoris auctoritate canonica con munito / plusquam declarationi pape / credendum est.« (Andreas Rudolf Bodenstein von Karlstadt, *CCCLXX et Apologeticae Conclusiones pro sacris literis et Vuittenbergensibus compositae*, Wittenberg [Johannes Rhau-Grunenberg] 1518; VD 16 B 6203; Ex. Köhler MF 987, Nr. 2504, A 2[r])

16 Vgl. WA 2, S. 154 f.; ediert in: Fabisch, Iserloh, *Dokumente* (Anm. 10), Bd. 2, S. 241 ff.

17 »Romanam Ecclesiam non fuisse superiorem aliis ecclesiis ante tempora Sylvestri negamus. Sed eum, qui sedem beatissimi Petri habuit et fidem successorem Petri et vicarium Christi generalem semper agnovimus.« (a. a. O., S. 253)

18 »Romanam Ecclesiam esse omnibus aliis superiorem, probatur ex frigidissimis Romanorum Pontificum decretis intra CCCC annos natis, contra quae sunt historiae approbatae MC annorum, textus scripturae divinae et decretum Niceni Concilii omnium sacratissimi.« (Fabisch, Iserloh, a. a. O., S. 257; WA 2, S. 161,35-38)

19 These 25: »Romanus Pontifex Petri successor non est Christi Vicarius super omnes totius mundi ecclesias ab ipso Christo in beato Petro institutus.« (Fabisch, Iserloh, *Dokumente* [Anm. 10], Bd. 2, S. 380; vgl. die weiteren Nachweise a. a. O., S. 381, Anm. 52)

20 »Papalis dignitas a Caesare inolevit, et Papae praefectio et institutio a Caesaris potentia emanavit.« (DH, Nr. 1208, S. 439; Mirbt,

Aland, *Quellen*, Bd. 1 [Anm. 3], Nr. 771, S. 480, Art. 9; von Luther positiv aufgenommen in: WA 2, S. 159,17-19)

21 Luther an Spalatin (24. [?] 2. 1519), in: WA.B 1, Nr. 156, S. 350-352, hier S. 351,17f.: »Non potest scripturae et ecclesiae veritas tractari, mi Spalatine, nisi haec belua offendatur.«

22 WA 2, S. 50,6-10; Edition der Prierias-Schrift: WA 2, S. 50-56; Fabisch, Iserloh, *Dokumente* (Anm. 10), Bd. 1, S. 116ff.

23 Vgl. zu Karlstadts *Fuhrwagen* zuletzt: Hans Georg Thümmel, *Karlstadts und Cranachs »Wagen« von 1519*, in: Jörg Haustein, Harry Oelke (Hg.), *Reformation und Katholizismus. Festschrift für Gottfried Maron*, Hannover 2003, S. 66-96; zur Interpretation des Blattes im Kontext der Tauler-Rezeption Karlstadts vgl. Hans-Peter Hasse, *Karlstadt und Tauler*, Gütersloh 1993, S. 117ff.

24 Ulrich Bubenheimer, *Consonantia Theologiae et Iurisprudentiae. Andreas Bodenstein von Karlstadt als Theologe und Jurist zwischen Scholastik und Reformation*, Tübingen 1977, S. 53ff.

25 WA 59, S. 494,1903f.; vgl. Anselm Schubert, *Libertas Disputandi. Luther und die Leipziger Disputation als akademisches Streitgespräch*, in: ZThK 105 (2008), S. 411-442.

26 WA 59, S. 511,2415ff.; 508,2307ff.; 513,2484ff.; 466,1059ff.; 500, 2080ff.

27 Vgl. WA 8, S. 255-312; Johannes Schilling, *Determinatio secunda almae facultatis theologiae Parisiensis super apologiam Philippi Melanchthonis pro Luthero scriptum. 1521*, in: Gerhard Hammer, Karl-Heinz Zur Mühlen (Hg.), *Lutheriana. Zum 500. Geburtstag Martin Luthers von den Mitarbeitern der Weimarer Ausgabe*, Köln und Wien 1984, S. 351-375.

28 Georg von Sachsen an seinen Rat Cäsar Pflug (Rochlitz, 16. 7. 1519), in: Felician Gess (Hg.), *Akten und Briefe zur Kirchenpolitik Herzog Georgs von Sachsen*, 2 Bde., Leipzig und Berlin 1905-17 (Nachdruck Köln und Wien 1985), Bd. 1, Nr. 125, S. 94,15-17.

29 »Carolstadium e scriptis, credo, novisti [angesprochen ist Oekolampad]. Bonus est vir et rara doctrina planeque nonnihil extra volgi aleam eruditus. In Martino longo iam usu mihi familiariter cognito vivax ingenium, eruditionem et facundiam admiror. Sincerum et pure Christianus animum non possum non deamare.« (Melanchthon, *Epistola de Lipsiaca disputatione* [1519], in: *MWA* 1, S. 11,7-12)

30 Vgl. den Schluß seiner *Resolutiones* ⟨…⟩ *super propositionibus* ⟨…⟩ *Lipsiae disputatis*, 1519, hier: WA 2, S. 435,10: »Praesens male iudicat aetas, Iudicium melius posteritatis erit.«

31 Druck: Erfurt [Matthes Maler] 1519; VD 16 E 320; WA 2, S. 252; ediert in: WA 2, S. 252-383 (im Auszug: Disputation Eck – Luther); jetzt maßgebliche Edition: WA 59, S. 427-605; als Mikrofiche: MF 436-437, Nr. 1180; Köhler, *Bibl.*, Bd. 1, Nr. 836, S. 359f.

32 Johannes Eck, *Pro Hieronymo Emser contra malesanam Lutheri venationem responsio* [Leipzig: Martin Landsberg 1519]; VD 16 E 413; Köhler, *Bibl.*, Bd. 1, Nr. 853, S. 366f.; MF 855, Nr. 2152.

33 Zitiert nach dem Abdruck der *Responsio* in: EA var. arg., Bd. 4, S. 61-70, hier S. 62; Drucke: VD 16 O 297-300; vgl. zum Kontext: Thomas Kaufmann, *Publizistische Mobilmachung: Anonyme Flugschriften der frühen Reformation*, in: ders., *Der Anfang der Reformation*, Tübingen 2012, S. 356-434, hier S. 368ff.

34 EA var. arg., Bd. 4, S. 64: »Christianismi scopum«.

35 A. a. O., S. 65: »reflorescere bonas artes, ita et mores redire videamus«.

36 A. a. O., S. 66: »nos sublimius de Christo, sanctius de evangelio sentiremus«.

37 Vgl. die bibliographischen Angaben in: Berndt Hamm, Wolfgang Huber (Hg.), *Lazarus Spenglers Schriften*, Bd. 1, Gütersloh 1995, S. 79-81; Josef Benzing, Helmut Claus, *Lutherbibliographie. Verzeichnis der gedruckten Schriften Martin Luthers bis zu dessen Tod*, 2 Bde., Baden-Baden ²1989-94, Nr. 7 und 8; zu Spengler zuletzt: Berndt Hamm, *Lazarus Spengler (1479-1534)*, Tübingen 2004.

38 *Lazarus Spenglers Schriften*, Bd. 1 (Anm. 37), S. 74, 82,2.

39 A. a. O., S. 95,10f.; vgl. 96,10-12.

40 A. a. O., S. 89,8f.15-18.

41 A. a. O., S. 96,14.

42 A. a. O., S. 96,17f.

43 A. a. O., S. 97,9.

44 A. a. O., S. 97,10.

45 A. a. O., S. 97,4.

46 A. a. O., S. 97,13.

47 Aus einigen der bei Otto Clemen (*Litterarische Nachspiele zur Leipziger Disputation*, zuletzt in: ders., *Kleine Schriften zur Reformationsgeschichte [1897-1944]*, Bd. 1 [1897-1903], hg. v. Ernst Koch, Leipzig 1982, S. 54-81) vorgestellten Texte geht hervor, daß ihre Verfasser aufgrund der Eindrücke, die sie von Luther und Karlstadt bei der Leipziger Disputation gewonnen hatten, nach Wittenberg wechselten. Der signifikante Anstieg der Wittenberger Immatrikulationsziffern im Jahre 1519 (s. o. S. 784, Anm. 9) dürfte wesentlich mit der Leipziger Disputation in Zusammenhang stehen. Ende

Mai 1520 konstatierte Luther, daß die Studentenzahlen in Leipzig – wohl »[i]nfolge der Disputation, aber auch der Pest« (WA.B 2, S. 111, Anm. 3) – zugunsten Wittenbergs zurückgingen (vgl. S. 111, Z. 7f.; Luther an Spalatin, 31. 5. 1520).

48 Ich benutze die von Gerhard Brendler herausgegebene, kommentierte und mit einer deutschen Übersetzung versehene Faksimile-Ausgabe: *Der Lutheraner Müntzer. Erster Bericht über sein Auftreten in Jüterbog. Verfaßt von Franziskanern anno 1519*, Berlin 1989 (die folgenden Ausführungen beziehen sich auf diesen Text); vgl. WA 2, S. 621-624 (Einleitung zu Luthers Entgegnung, in: WA 2, S. 625-654).

49 *Der Lutheraner Müntzer* (Anm. 48), S. 27.

50 *Der Lutheraner Müntzer* (Anm. 48), S. 32.

51 Gerhard Hammer, *Militia Franciscana seu militia Christi*, in: ARG 69 (1978), S. 51-81; 70 (1979), S. 59-105.

52 WA 2, S. 672,31: »domini voluntate«.

53 WA 2, S. 672,33-35.

54 WA 2, S. 672,30: »unica schedula disputatoria«.

55 WA 2, S. 672,30f.: »velut lacinia apprehensus et in publicum per vim tractus, domini voluntate ita factum credens«.

56 WA 7, S. 431,25-29.

57 WA.B 2, S. 42,24; vgl. Scott H. Hendrix, *»We Are All Hussites«? Hus and Luther Revisited*, in: ARG 65 (1974), S. 134-161; zuletzt: Thomas Kaufmann, *Häresiologie: Jan Hus und die reformatorische Bewegung*, in: ders., *Anfang* (Anm. 33), S. 30-67.

58 WA 6, S. 591,20f.

59 WA 2, S. 742,20f.

60 WA 2, S. 742,25f.

61 WA 2, S. 742,27.

62 WA 2, S. 742,22.

63 *MWA* 1, S. 25,1f.; zur Wirkung dieser Thesen auf Eck vgl. WA.B 1, S. 492,483ff.

64 WA 7, S. 394,7. Theologisch wichtig an dieser ›Selbstkorrektur‹ Luthers dürfte meines Erachtens vor allem sein, daß er die im November/Dezember 1519 rezipierte (WA 2, S. 742,26) Konkomitanzlehre – die Theorie, eine Gestalt sei deshalb genug, weil in der Hostie, dem Leib Christi, das Blut »mitbegleitend« *(concomitanter)* enthalten sei – im Oktober 1520 explizit verwirft (WA 7, S. 394,18ff.; 398,26ff.).

65 Georg von Sachsen an Kurfürst Friedrich (27. 12. 1519), in: Gess, *Akten und Briefe* (Anm. 28), Bd. 1, S. 110,29.

66 A. a. O., S. 111,13.

67 Vgl. zum Kontext: Thomas Kaufmann, *Abendmahl und Gruppenidentität in der frühen Reformation*, in: Martin Ebner (Hg.), *Herrenmahl und Gruppenidentität*, Freiburg, Basel und Wien 2007, S. 194-210, hier S. 195-199.

68 Gess, *Akten und Briefe* (Anm. 28), Bd. 1, S. 111,6; vgl. Herzog Georgs Briefe an die Bischöfe von Meißen und Merseburg, in: a. a. O., S. 112,11-16, sowie Luthers Bemerkung zu der angeblich auf einer Monstranz zu sehenden Gans als subtiler Anspielung auf Hus (= Gans), vgl. WA 6, S. 81,32-36; siehe S. 256, Abb. 9.

69 Friedrich von Sachsen an Herzog Georg (29. 12. 1519), in: Gess, *Akten und Briefe* (Anm. 28), Bd. 1, S. 112.

70 WA 6, S. 135-141; 142-153; bereits vor dem meißnischen Mandat (24. 1. 1520), das Luther am 5. 2. 1520 kannte, war er der brieflichen Intervention Georgs, die ihm durch die kursächsische Administration bekannt gemacht worden war, öffentlich entgegengetreten (WA 6, S. 76-83). Auch dieser Vorgang zeigt seine Bereitschaft, publizistisch offensiv zu agieren.

71 Vgl. WA 6, S. 151,29-153,8.

72 WA 7, S. 3-11.

73 Vgl. etwa WA 39 II, S. 194,1; WA 51, S. 542,14.28; WA 53, S. 249,7; WA 54, S. 231,11; WA 6, S. 597,18 f.

74 Vgl. WA 6, S. 183,37 ff.

75 Vgl. Nikolaus Holzberg (Hg.), *Eckius dedolatus. Der enteckte Eck*, Stuttgart 1983, S. 60,22-24.

76 »Eck. Aber auch darin tut Martin [Luther] unrecht, daß er es wagt, dem unerfahrenen und gemeinen Pöbel die Geheimnisse und Mysterien der Ablässe, die doch wirklich verborgen bleiben sollten, zu verraten und sie als Betrügereien zu bezeichnen. Sehen wir nicht, daß die Laien endlich anfangen, von selbst verständig zu sein und schärfer zu beobachten, als es den Magistri nostri lieb ist?« (Übersetzung Holzberg, a. a. O., S. 63; zu den Laien siehe auch: a. a. O., S. 68,6 ff.; 72,9 ff.)

77 Vgl. a. a. O., S. 66,17.19.

78 Übersetzung: a. a. O., S. 73.

79 Vgl. dazu zuletzt: Thomas Kaufmann, *Fragmentarische Existenz: Der »alte« und der »junge« Luther als theologisches Problem*, in: ders., *Anfang* (Anm. 33), S. 589-605.

80 Benzing, Claus, *Lutherbibliographie* (Anm. 37), Nr. 559-818.

81 WA 6, S. 480,16.

82 WA.B 2, S. 175-178.

83 WA 7, S. 75-82.
84 WA 6, S. 287,4ff.; 293,1ff.
85 WA 6, S. 301,3-8.
86 Vgl. nur WA 6, S. 203,5ff.; 286,25; 289,25; 289,3ff. (zum Adel als Handlungssubjekt); 297,27; 299,32-35.
87 WA 6, S. 408,11.
88 WA 6, S. 407,14; vgl. KB I, S. 115,20.
89 WA 6, S. 405,24.
90 WA 6, S. 460,7.
91 WA 6, S. 460,25-36.
92 WA.B 2, S. 167,5f.; WA 6, S. 396; LuStA 2, S. 92ff.
93 WA 6, S. 405,9ff.
94 Zitiert aus: *An den großmechtigen fursten Karolum* 〈...〉. *Ein gemeine klag von dem adel, kaufman, handwerksleuten und kramern. Ein hübscher spruch lustig zu lesen*, in: Rochus von Liliencron, *Die historischen Volkslieder der Deutschen vom 13. bis 16. Jahrhundert*, Bd. 3, Leipzig 1867 (Nachdruck Hildesheim 1966), Nr. 344, S. 350,135-137.
95 A. a. O., S. 351,175-180.
96 *An den großmechtigsten fürsten Karolum* 〈...〉. *Ein suplication und spruch, lustig zu lesen*, in: Liliencron, a. a. O., Nr. 343, S. 345,25f.; vgl. Hannes Möhring, *Der Weltkaiser der Endzeit*, Stuttgart 2000, bes. S. 304ff.
97 Liliencron, a. a. O., S. 347,132-141.
98 Vgl. dazu Bernd Moeller, *Klerus und Antiklerikalismus in Luthers Schrift ›An den christlichen Adel deutscher Nation‹ von 1520*, in: ders., *Luther-Rezeption*, hg. v. Johannes Schilling, Göttingen 2001, S. 108-120.
99 WA 6, S. 497,9ff.
100 WA 6, S. 576ff.; 595ff.; 613ff.
101 So die Charakterisierung einer der Schriften durch den Wittenberger Mediziner Peter Burckard gegenüber Lazarus Spengler (29. 10. 1520), zitiert in: WA 6, S. 595; vgl. Hermann Barge, *Andreas Bodenstein von Karlstadt*, Bd. 1, Nieuwkoop ^{2}1968, S. 221.
102 Vgl. die Nachweise bei Fabisch, Iserloh, *Dokumente* (Anm. 10), Bd. 2, S. 341f.
103 In: Adolf Laube, Ulman Weiß (Hg.), *Flugschriften gegen die Reformation (1518-1524)*, Berlin 1997, S. 110-126.
104 Nachweise in: Barge, *Karlstadt*, Bd. 1 (Anm. 101), S. 220 mit Anm. 102.
105 Cuntz von Oberndorf (Pseud.), *Dialogus oder ein Gespräche, wider Doktor Ecken Büchlein* [Leipzig: Wolfgang Stöckel 1520]; Köhler,

Bibl., Bd. 1, Nr. 644, S. 279; Ex. MF 375, Nr. 1043; vgl. Alejandro Zorzin, *Einige Beobachtungen zu den zwischen 1518 und 1525 im deutschen Sprachbereich veröffentlichten Dialogflugschriften*, in: ARG 88 (1997), S. 77-117, Nr. 35, S. 100.

106 WA 6, S. 454,22 ff.; vgl. Ecks Gegenschrift in: Laube, Weiß, *Flugschriften gegen die Reformation 1518-1524* (Anm. 103), bes. S. 133,29 ff., sowie Luthers Reaktion darauf, bes. WA 6, S. 587,16 ff.

107 Cuntz von Oberndorf, *Dialogus* (Anm. 105), B 2^{r}.

108 WA 6, S. 568,8-19.

109 Vgl. Martin Brecht, *Andreas Bodenstein von Karlstadt, Martin Luther und der Kanon der Heiligen Schrift*, in: Ulrich Bubenheimer, Stefan Oehmig (Hg.), *Querdenker der Reformation – Andreas Bodenstein von Karlstadt und seine frühe Wirkung*, Würzburg 2001, S. 135-150, bes. S. 142-144.

110 Andreas Bodenstein von Karlstadt, *Von Bepstlicher heylichkeit* ⟨...⟩, Wittenberg [M. Lotter] 1520; VD 16 B 6253; Köhler, *Bibl.*, Bd. 2, Nr. 1962, S. 210 f.; Ex. MF 93, Nr. 252, A 1^{v}.

111 A. a. O., A 4^{v}.

112 Vgl. a. a. O., A 4^{v}; C 1^{r}; J 1$^{r/v}$ u.ö.

113 A. a. O., B 1^{v}.

114 A. a. O., B 2^{r}.

115 Bubenheimer, *Consonantia* (Anm. 24), S. 53 ff.

116 Karlstadt, *Von Bepstlicher heylichkeit* (Anm. 110), B 1^{v}.

117 A. a. O., B 2^{r}.

118 A. a. O., D 3^{v}; vgl. Shinichi Kotabe, *Das Laienbild Andreas Bodensteins von Karlstadt in den Jahren 1516-1524*, München 2005, S. 193 ff.

119 »⟨...⟩ scio nunc et certus sum, Papatum esse regnum Babylonis« (WA 6, S. 498,5 f.); deutsch in KB I, S. 189-310, hier S. 190,10 f.

120 Melanchthon an Spalatin (4. 11. 1520), in: *MBW.T* 1, Nr. 109, S. 233,17-27.

121 WA 7, S. 4,30; 8,32; 9,26; 10,28; vgl. 10,40. Namentliche Angriffe auf Eck in: WA 6, S. 498,10 ff. u.ö.; WA 7, S. 7,15 ff.; 8,21 ff.

122 WA 7, S. 8,27.

123 WA 6, S. 501,6 ff.

124 WA 7, S. 9,25 ff.

125 WA 7, S. 9,27 f.

126 WA 7, S. 5,27.

127 WA 7, S. 5,28.

128 WA 7, S. 6,27.

129 WA 7, S. 5,31; 10,23.

130 WA 7, S. 5,32 f.

131 WA 7, S. 10,31 ff.

132 WA 7, S. 6,21 f.; 10,29-31.

133 Instruktive Hinweise mit reichen Nachweisen bietet Theo Bell, *Divus Bernhardus. Bernhard von Clairvaux in Martin Luthers Schriften*, Mainz 1993, S. 142 ff.

134 WA 7, S. 6,29 f.

135 WA 7, S. 6,24 f.

136 WA 7, S. 184,9.

137 WA 7, S. 21,18 f.; zur Interpretation der Freiheitsschrift zuletzt: Reinhold Rieger, *Von der Freiheit eines Christenmenschen / De libertate christiana*, Tübingen 2007.

138 »pium ac religiosum spectaculum«: so in dem von Melanchthon verfaßten Aufruf, der an der Wittenberger Schloßkirche veröffentlicht worden war (WA 7, S. 183,8). Nach der anonymen Schrift *Exustionis Antichristianorum decretalium acta* gab es mehrere Aushänge (WA 7, S. 184,3).

139 WA 7, S. 183,9.

140 WA 7, S. 186,9 f.

141 »⟨...⟩ Lutherum esse viventis dei angelum, qui palabundas Christi oves pascat solo veritatis verbo«. (WA 7, S. 186,28 f.)

142 Vgl. Fabisch, Iserloh, *Dokumente* (Anm. 10), Bd. 2, S. 445 ff.; Edition des Textes mit Kommentar S. 457 ff.

143 A. a. O., S. 467 ff.

144 »⟨...⟩ et ut omnibus christifidelibus id innotescat per tuum [angesprochen ist Karl V.] generale aedictum in omnibus civitatibus et locis Germaniae publicare curare eundem Martinum et alios haereticos et adherentes et eius fautores et receptatores ipsiusque perversitatem sequenties«. (A. a. O., S. 476)

145 *DRTA.JR* 2, Nr. 67, S. 494 ff.

146 Vgl. *DRTA.JR* 2, S. 515,26 ff. (19. 2. 1521).

147 WA.B 2, S. 480,4-6.

148 *DRTA.JR* 2, Nr. 75, S. 529 ff.

149 WA.TR 5, S. 69,19 (Sommer 1540).

150 WA.TR 5, S. 69,20.

151 WA.B 2, Nr. 396, S. 298 f.

152 WA.B 2, Nr. 400, S. 305,11 f.

153 Vgl. WA 7, S. 832,2-835,18 (lat.); WA 7, S. 867,18-876,3 (dt.); WA 7, S. 815 (Entwurf der deutschen Fassung); vgl. Paul Kalkoff, *Die Depeschen des Nuntius Aleander vom Wormser Reichstag 1521*, 2. völlig umgearb. und erg. Auflage, Halle 1897, S. 168 ff.

154 Nach WA 7, S. 838,7 f.; 877,4-6.

155 WA.B 2, S. 305,12-15.
156 Vgl. Kalkoff, *Depeschen des Nuntius Aleander* (Anm. 153), S. 171 f.
157 A. a. O., S. 58 (Worms, 18. 12. 1520).
158 Ebenda.
159 Vgl. Johannes Schilling, *Passio Doctoris Martini Lutheri. Bibliographie, Texte und Untersuchungen*, Gütersloh 1989.
160 »⟨…⟩ Aber des Lutthers bildnuß kunde In keinem Wege vorbrinnen, biß Ihn dye Trabanten zcußamme macheten, und In ein gepichtt faß theten, darinnen ehr auch gentzlich vorbrandt ward.« Zitiert nach der Edition von Schilling, *Passio* (Anm. 159), S. 58, 170-172.
161 »Es müssen die Juden einmal singen [nämlich am Karfreitag]: Jo, Jo, Jo. Der Ostertag wird uns auch kommen, so wöllen wir dann singen Alleluia.« (Luther an Cranach [28. 4. 1521], in: WA.B 2, S. 305,17)
162 So in der deutschen Fassung des Wormser Edikts, zitiert nach der Edition in: Fabisch, Iserloh, *Dokumente* (Anm. 10), Bd. 2, S. 514.
163 A. a. O., S. 542.
164 Ebenda; vgl. zum Publikationsmandat *DRTA.JR* 2, S. 659, Anm. 1.
165 Fabisch, Iserloh, *Dokumente* (Anm. 10), Bd. 2, S. 544.

Kapitel 4
Der Sog der Veränderung

1 Vgl. Harald Goertz, *Allgemeines Priestertum und ordiniertes Amt bei Luther*, Marburg 1997.
2 Dorothea Wendebourg, *Die eine Christenheit auf Erden*, Tübingen 2000; Dorothea Wendebourg, *Kirche*, in: Albrecht Beutel (Hg.), *Luther Handbuch*, Tübingen ^{2}2010, S. 403-414.
3 Karl Holl, *Die Rechtfertigungslehre im Licht des Protestantismus* (1922), in: ders., *Gesammelte Aufsätze zur Kirchengeschichte*, Bd. 3: *Der Westen*, Tübingen 1928, S. 525-557, hier S. 526 und 534 (unter Berufung auf zeitgenössische allgemeinhistorische Kritik an der These von seiten Johannes Hallers); in neuerer Zeit ist die These, »[e]s sei die ›Rechtfertigungslehre‹ gewesen, die ›die Massen in Bewegung gebracht hat‹«, besonders von Bernd Moeller verfochten worden, vgl. Berndt Hamm, Bernd Moeller, Dorothea Wendebourg, *Reformations-Theorien. Ein kirchenhistorischer Disput über Einheit und Vielfalt der Reformation*, Göttingen 1995, S. 9-30, hier S. 27. Eine Be-

stätigung der These auf breiter Quellenbasis bietet Thomas Hohenberger, *Lutherische Rechtfertigungslehre in den reformatorischen Flugschriften der Jahre 1521-22*, Tübingen 1996.

4 Vgl. Thomas Kaufmann, *Die »kriteriologische Funktion« der Rechtfertigungslehre in den lutherischen Bekenntnisschriften*, in: *Zur Rechtfertigungslehre*, ZThK Beiheft 10, Tübingen 1998, S. 47-64.

5 Arnold E. Berger, *Die Sturmtruppen der Reformation*, Leipzig 1931 (Nachdruck Darmstadt 1967), darin besonders: *Der Einfluß der Flugschriften auf die öffentliche Meinung*, S. 5-42; aus der Fülle der Literatur zur reformatorischen Flugschriftenpublizistik sei lediglich verwiesen auf: Hans-Joachim Köhler (Hg.), *Flugschriften als Massenmedium der Reformationszeit*, Stuttgart 1981; Hans-Joachim Köhler, *Erste Schritte zu einem Meinungsprofil der frühen Reformationszeit*, in: Volker Press, Dieter Stievermann (Hg.), *Martin Luther. Probleme seiner Zeit*, Stuttgart 1986, S. 244-281; Bernd Moeller, Artikel *Flugschriften der Reformationszeit*, in: *TRE* 11 (1983), S. 240-246; Thomas Kaufmann, *Publizistische Mobilmachung: Anonyme Flugschriften der frühen Reformation*, in: ders., *Der Anfang der Reformation*, Tübingen 2012, S. 356-434; Johannes Schwitalla, *Flugschrift*, Tübingen 1999.

6 Rainer Wohlfeil, *Einführung in die Geschichte der deutschen Reformation*, München 1982, S. 123 ff.; Heike Talkenberger, *Kommunikation und Öffentlichkeit in der Reformationszeit. Ein Forschungsreferat 1980-1991*, in: Internationales Archiv für Sozialgeschichte der deutschen Literatur, Forschungsreferate 3, 6. Sonderheft 1994, S. 1-26.

7 Martin Brecht, *Kaufpreis und Kaufdaten einiger Reformationsschriften*, in: Gutenberg-Jahrbuch 1972, S. 169-173.

8 Karl Stackmann, *Städtische Predigt in der Frühzeit der Reformation. Flugschriften evangelischer Prediger an eine frühere Gemeinde*, in: Hartmut Boockmann (Hg.), *Kirche und Gesellschaft im Heiligen Römischen Reich des 15. und 16. Jahrhunderts*, Göttingen 1994, S. 171-191, bes. 184 ff.

9 Zahlenangaben nach: Alejandro Zorzin, *Karlstadt als Flugschriftenautor*, Göttingen 1990, S. 24.

10 WA 8, S. 678,4-6.

11 *Beklagung eines Laien Hans Schwalb*, [Augsburg: Melchior Ramminger] 1521, in: Adolf Laube u.a. (Hg.), *Flugschriften der frühen Reformationsbewegung (1518-1524)*, 2 Bde., Berlin 1983, Bd. 1, S. 63-74, hier S. 69,27-30.

12 Thomas Kaufmann, *»Türckenbüchlein«. Zur christlichen Wahrnehmung »türkischer Religion« im 15. und 16. Jahrhundert*, Göttingen 2008; zu Luther: Johannes Ehmann, *Luther, Türken und Islam*, Güters-

loh 2008; Adam S. Francisco, *Martin Luther and Islam*, Boston 2007.

13 Vgl. die Analyse von sogenannten Predigtsummarien vertriebener Prediger, die ihren zurückgelassenen und zumeist verwaisten Gemeinden Zusammenfassungen elementarer evangelischer Lehre bieten, bei: Bernd Moeller, Karl Stackmann, *Städtische Predigt in der Frühzeit der Reformation*, Göttingen 1996.

14 Vgl. Peter Hegg, *Die Drucke der »Göttlichen Mühle« von 1521*, in: Schweizerisches Gutenbergmuseum 40 (1954), S. 135-150; Christiane Göttler, *Das älteste Zwingli-Bildnis? Zwingli als Bild-Erfinder. Der Titelholzschnitt zur »Beschribung der götlichen müly«*, in: Hans-Dietrich Altendorf, Peter Jezler (Hg.), *Bilderstreit. Kulturwandel in Zwinglis Reformation*, Zürich 1984, S. 19-39; Edition des Textes in: Oskar Schade (Hg.), *Satiren und Pasquille aus der Reformationszeit*, 3 Bde., Hannover ²1863 (Nachdruck Hildesheim 1966), Bd. 1, S. 19ff.

15 »⟨…⟩ quodam laico, sed egregie docto in sacris literis«. (Zwingli an Oswald Myconius [25. 5. 1521], in: CR 94 [= Z 7], Nr. 181, siehe S. 457,2f.; alle weiteren Hinweise zur Entstehung des Bildes in diesem Brief.)

16 »Ego [Zwingli] vero argumento perspecto, quod ille [Säger] ad Luterum incommodius traxeret, ad deum et Christum rectius trahi putabam«. (CR 94 [= Z 7], S. 457,5f.)

17 Schade, *Satiren und Pasquille*, Bd. 1 (Anm. 14), S. 23,135-142.

18 A. a. O., S. 25,209-213.

19 Zitiert nach der Edition in: Rudolf Bentzinger (Hg.), *Die Wahrheit muß ans Licht! Dialoge aus der Zeit der Reformation*, Frankfurt/Main 1983, S. 98.

20 Thomas Murner, *Deutsche Schriften. Mit den Holzschnitten der Erstdrucke*, Bd. 7, hg. v. Wolfgang Pfeiffer-Belli, Berlin und Leipzig 1928, S. 63; Bd. 6, hg. v. Wolfgang Pfeiffer-Belli, Berlin und Leipzig 1927, S. 91.

21 Edition in: BDS 1, S. 408-444; zur Verfasserfrage und Datierung: a. a. O., S. 279ff.; Kritik an der Zuschreibung des Dialogs an Bucer unter anderem bei Martin Greschat, *Martin Bucer und Ulrich von Hutten*, in: Marijn de Kroon, Marc Lienhard (Hg.), *Horizons Européens de la Réforme en Alsace. Mélanges offerts à J. Rott*, Straßburg 1980, S. 177-194; Siegfried Bräuer, *Bucer und der Neukarsthans*, in: Christian Krieger, Marc Lienhard (Hg.), *Martin Bucer and Sixteenth Century Europe*, Leiden u. a. 1993, S. 103-127.

22 BDS 1, S. 423,18.

23 BDS 1, S. 424,24
24 BDS 1, S. 423,36-38.
25 BDS 1, S. 426,22f.
26 BDS 1, S. 438,32-40.
27 BDS 1, S. 439,8f.
28 BDS 1, S. 443,10.
29 BDS 1, S. 443,23f.
30 BDS 1, S. 443,29f.
31 BDS 1, S. 444,26f.
32 Grundlegend: Christian Peters, *Johann Eberlin von Günzburg ca. 1465-1544*, Gütersloh 1994; zu den *15 Bundesgenossen* und dem Augsburger Zyklus siehe Kaufmann, *Publizistische Mobilmachung* (Anm. 5), S. 401 ff.
33 Die Zahlenangaben basieren auf der bibliographischen Zusammenstellung von Alejandro Zorzin, *Einige Beobachtungen zu den zwischen 1518 und 1525 im deutschen Sprachbereich veröffentlichten Dialogflugschriften*, in: ARG 88 (1997), S. 77-117, hier S. 101-115.
34 WA 8, S. 676-687.
35 »Habet Germania valde multos Karsthansen.« (Luther an Melanchthon [26. 5. 1521], in: *MBW.T* 1, Nr. 141,64; WA.B 2, S. 348,64f.)
36 WA 8, S. 676,17f.
37 WA 8, S. 683,18.
38 WA 8, S. 684,2-7.
39 WA 8, S. 684,13.
40 WA 8, S. 684,27.
41 »Sihe, was hats gewirckt [das Wort Christi] alleyn ditz eynige iar, das wir habenn solche warheyt getrieben und geschryben, wie ist den Papisten die decke szo kurtz und schmal wordenn!« (WA 8, S. 684,9-11) Luther schickte seine *Vermahnung* etwa Mitte Dezember 1521 als Manuskript an Spalatin (WA.B 2, Nr. 444, S. 412,31). Daraus dürfte sich ergeben, daß er »ditz eynige iar« auf den Zeitraum seit etwa Mitte Dezember 1520 bezog, was nahelegt, die Terminierung mit dem 10. 12. 1520, dem Tag der Verbrennung der Bannandrohungsbulle und des kanonischen Rechts, in Zusammenhang zu bringen!

Kapitel 5
Aktions- und Inszenierungsformen in der frühreformatorischen Bewegung

1 Vgl. bes. WA 11, S. 408ff.; WA 12, S. 11ff.; 35ff.
2 Grundlegend: George Huntston Williams, *The Radical Reformation*, Kirksville [3]2000; Hans-Jürgen Goertz, *Radikalität der Reformation*, Göttingen 2007.
3 Zitiert nach: Peter Blickle, *Reformation und kommunaler Geist. Die Antwort der Theologen auf den Verfassungswandel im Spätmittelalter*, München 1996, S. 26.
4 Bericht des Notars Andreas Letsch in St. Blasien über den Beginn des Bauernkrieges in der Grafschaft Stühlingen, in: Günther Franz (Hg.), *Quellen zur Geschichte des Bauernkrieges*, Darmstadt 1963, S. 86,9ff.
5 21. 10. 1523, nach: Emil Egli (Hg.), *Actensammlung zur Geschichte der Zürcher Reformation in den Jahren 1519-1533*, Zürich 1879 (Nachdruck Aalen 1973), Nr. 432, S. 172.
6 James M. Stayer, *Die Anfänge des schweizerischen Täufertums im reformierten Kongregationalismus*, in: Hans-Jürgen Goertz (Hg.), *Umstrittenes Täufertum 1525-1975. Neue Forschungen*, Göttingen [2]1977, S. 19-49, hier S. 29f.; vgl. zur Sache auch J. F. Gerhard Goeters, *Die Vorgeschichte des Täufertums in Zürich*, in: *Studien zur Geschichte und Theologie der Reformation. Festschrift Ernst Bizer*, Neukirchen 1964, S. 239-281; zuletzt: Andrea Strübind, *Eifriger als Zwingli. Die frühe Täuferbewegung in der Schweiz*, Berlin 2003.
7 CR 89 = Z 2, S. 458-525.
8 Egli, *Actensammlung* (Anm. 5), Nr. 351, S. 125.
9 Grundlegend: Dietrich Kurze, *Pfarrerwahlen im Mittelalter*, Köln und Graz 1966, bes. S. 314ff.
10 Zitiert nach Blickle, *Reformation und kommunaler Geist* (Anm. 3), S. 27.
11 Blickle, a. a. O., S. 30.
12 So ein Bericht Karlstadts, zitiert nach: Nikolaus Müller, *Die Wittenberger Bewegung 1521 und 1522*, Leipzig [2]1911, Nr. 101, S. 211.
13 Vgl. J. F. Gerhard Goeters, *Ludwig Hätzer (ca. 1500-1529). Spiritualist und Antitrinitarier. Eine Randfigur der frühen Täuferbewegung*, Gütersloh 1957, S. 19ff.
14 Vgl. Heinold Fast, *Reformation durch Provokation. Predigtstörungen in den ersten Jahren der Reformation in der Schweiz*, in: Goertz, *Umstrittenes Täufertum* (Anm. 6), S. 79-110, hier S. 85; s. u. S. 816, Anm. 85.

15 Zitiert nach der städtischen Chronik Wilhelm Rems, im Auszug in: Ruth Kastner, *Quellen zur Reformation 1517-1555*, Darmstadt 1994, S. 173.

16 Alle Zitate: Kastner, a. a. O., S. 174; vgl. Ratsdekret nach der Chronik, a. a. O., S. 174f.

17 Alle Zitate: Kastner, a. a. O., S. 175.

18 Zitiert nach: Leonhard von Muralt, Walter Schmid (Hg.), *Quellen zur Geschichte der Täufer in der Schweiz*, Bd. 1: *Zürich*, Zürich ^{2}1974, Nr. 29, S. 39 (Anklang an Jer 28,15).

19 Manfred Krebs, Hans-Georg Rott, *Quellen zur Geschichte der Täufer*, Bd. 7: *Elsaß*, 1. Teil, Gütersloh 1959, Nr. 1, S. 1,12.

20 A. a. O., S. 1,18f. (Kasus geändert, Th.K.).

21 A. a. O., S. 5,16.

22 A. a. O., S. 6,11f.

23 Vgl. Günter Vogler, *Nürnberg 1524/25*, Berlin 1982, S. 135-151.

24 *DRTA.JR* 4, S. 99.

25 Vgl. die Zusammenstellung einiger Belege in meinem Aufsatz: *Pfarrfrau und Publizistin – Das reformatorische »Amt« der Katharina Zell*, in: ZHF 23 (1996), S. 169-218, hier S. 202f. mit Anm. 116.

26 Zu Peringers und dessen unter ›Tarnung‹ kursierender Publizistik vgl. Vogler, *Nürnberg* (Anm. 23), S. 141ff.; Köhler, *Bibl.*, Bd. 3, Nr. 3683-3694, S. 236-241.

27 *Ein Sermon von der Abgötterey / durch den Pawern / der weder schreyben noch lesen kan gepredigt zu Kitzing im Franckenland auff unsers Herren Fronleychnams tag*, [Nürnberg: Hans Hergot] 1524; VD 16 P 1415; MF 1493, Nr. 3922, A $2^{r/v}$.

28 »Ego [Luther] non valde urebar, tamen quo magis me macerabam, eo plus urebar.« (WA.TR 3, Nr. 2909, S. 71,20f. [Januar 1533])

29 Theodor Kolde, *Gleichzeitige Berichte über die Wittenberger Unruhen im Jahre 1521 und 1522*, in: ZKG 5 (1882), S. 325-333, hier S. 328f.; vgl. Siegfried Bräuer, *»ich begere lauttern vnd reinen wein / So vormischt er mirn mith wasser«. Der Flugschriftenstreit zwischen dem Eilenburger Schuhmacher Georg Schönichen und dem Leipziger Theologen Hieronymus Dungersheim*, in: Jörg Haustein, Harry Oelke (Hg.), *Reformation und Katholizismus. Festschrift für Gottfried Maron*, Hannover 2003, S. 97-140, bes. 100f.

30 CR 89 = Z 2, S. 778,13f.

31 A. a. O., S. 778,16f.

32 Egli, *Actensammlung* (Anm. 5), S. 74.

33 Ebenda.

34 CR 89 = Z 2, S. 778,15 mit Anm. 9.

35 A. a. O., S. 778,18 f.

36 *Von Erkiesen und Freiheit der Speisen* (CR 88 = Z 1, S. 74-136); zum Hergang des Fastenbrechens im einzelnen vgl. bes. Egli, *Actensammlung* (Anm. 5), Nr. 233, S. 72-74.

37 CR 88 = Z 1, S. 106,15-17.

38 Egli, *Actensammlung* (Anm. 5), Nr. 236, S. 77 (9. 4. 1522).

39 A. a. O., S. 73.

40 Ebenda.

41 A. a. O., S. 74.

42 Vgl. WA 6, S. 440-443; LuStA 2, S. 135,5-138,20.

43 Grundlegend: Steven E. Buckwalter, *Die Priesterehe in Flugschriften der frühen Reformation*, Gütersloh 1998.

44 Vgl. Ulrich Bubenheimer, *Streit um das Bischofsamt in der Wittenberger Reformation 1521/22*, Tl. 1, in: ZSRG.K 73 (1987), S. 155-209, hier S. 172 ff.

45 »Concessa sunt matrimonia atque adeo, quot ne quidem Paulus audeat quempiam in Presbyteratum aut diaconatum constituere [vgl. 1 Tim 3,2.12], nisi illi saltem una fuerit uxor.« (Andreas Karlstadt, *Super coelibatu monachatu et viduitate axiomata* 〈…〉, Wittenberg: Nickel Schirlentz 1521; VD 16 B 6126; Köhler, *Bibl.*, Bd. 2, Nr. 1918, S. 193 f.; MF 791, Nr. 1996, a 3^r)

46 Zitiert nach der Übersetzung Buckwalters, *Priesterehe* (Anm. 43), S. 99.

47 *Supplication des pfarhers vnnd der pfarrkinder zu sant Thoman eim ersamen Rath zu Straßburg am XII. Decembr. überantwurt Anno M. D.XXIII.* 〈…〉, Basel: Andreas Cratander 1524; VD 16 F 1124; Köhler, *Bibl.*, Bd. 1, Nr. 1160, S. 494 f.; MF 125, Nr. 334, A 2^v-A 3^r.

48 Vgl. Martin Bucer, *Opera omnia*, Series 3: *Correspondance*, Bd. 1: *Correspondance jusqu'en 1524*, hg. v. Jean Rott, Leiden 1979, S. 211,14-19; Kaufmann, *Pfarrfrau* (Anm. 25), S. 181 f., Anm. 33.

49 BDS 1, S. 293 ff.

50 Zitiert nach Kaufmann, *Pfarrfrau* (Anm. 25), S. 182, Anm. 33.

51 Thomas Kaufmann, *Die Abendmahlstheologie der Straßburger Reformatoren bis 1528*, Tübingen 1992, S. 105.

52 Vgl. die Hinweise in der Augsburger Chronik Wilhelm Rems, im Auszug in: Kastner, *Quellen zur Reformation* (Anm. 15), Nr. 56, S. 176.

53 So nach Rem (Anm. 52), S. 176: »er [Grießbüttel] lies sich aber vor der kirchen nicht einsegnen, dan der vicari was fast [= sehr] darwider, er hat es gern gewendt.« In der von dem Memminger Pastor Christoph Gerung verfaßten Flugschrift zur Sache wird die Rolle eines Augsburger Unterstützerkreises von 32 Personen, die beim

Bürgermeister vorstellig geworden seien, aber eine Absage erhielten, betont. (Vgl. Christoph Gerung von Memmingen, *Der Actus und das geschicht: das newlich zu Augspurg durch den willen gots ain Christenlicher Priester zu der Ee gegriffen hat* ⟨…⟩ [1523], in: Karl Simon [Hg.], *Deutsche Flugschriften zur Reformation [1520-1525]*, Stuttgart 1980, S. 299-307, hier S. 304)

54 Gerung, *Actus* (Anm. 53), S. 305.

55 Ebenda.

56 A. a. O., S. 306.

57 Vgl. Bernd Moeller, *Wenzel Lincks Hochzeit. Über Sexualität, Keuschheit und Ehe im Umbruch der Reformation*, in: ders., *Luther-Rezeption*, hg. v. Johannes Schilling, Göttingen 2001, S. 194-218.

58 Vgl. die bibliographische Zusammenstellung der einschlägigen frühreformatorischen Flugschriftendrucke in: Antje Rüttgardt, *Klosteraustritte in der frühen Reformation*, Gütersloh 2007, S. 333 f.

59 WA 8, S. 573-669.

60 »Conscientia liberata est, id quod abundantissime est liberari. Itaque iam sum monachus et non monachus, nova creatura, non Papae, sed Christi.« (WA 8, S. 575,27-29)

61 Vgl. zu den Einzelheiten Rüttgardt, *Klosteraustritte* (Anm. 58), bes. S. 97 f.

62 Vgl. zum folgenden Rüttgardt, a. a. O., bes. S. 276 ff.; WA 15, S. 89,1-94,3.

63 WA 15, S. 89,20 f.

64 WA 15, S. 91,12.

65 WA 15, S. 87,30-32.

66 WA 11, S. 394-400; von dieser Schrift *Ursach und Antwort, daß Jungfrauen Klöster Göttlich verlassen mögen* (1523) erschienen acht (WA 11, S. 389 f.; vgl. Josef Benzing, Helmut Claus, *Lutherbibliographie. Verzeichnis der gedruckten Schriften Martin Luthers bis zu dessen Tod*, 2 Bde., Baden-Baden ^{2}1989-94, Nr. 1561-1568), von der Florentina-Schrift sechs Druckausgaben (WA 15, S. 81 f.; Benzing, Claus, a. a. O., Nr. 1895-1900). Damit haben Luthers Schriften als die verbreitetsten Texte zur Klosteraustrittsthematik zu gelten.

67 Wichtige Anregungen bietet Robert W. Scribner, *Reformation, Carnival and the World Turned Upside-Down*, in: ders., *Popular Culture and Popular Movements in Reformation Germany*, London und Ronceverte 1987, S. 71-102.

68 Johannes Keßler, *Sabbata*, hg. vom Historischen Verein des Kantons St. Gallen, St. Gallen 1902, S. 72,17.

69 Vgl. die *Exustionis Antichristianorum decretalium acta*, in: WA 7, S. 184-186, hier S. 184,12-185,1.

70 WA 7, S. 185,2.

71 WA 7, S. 185,9.

72 Walter Friedensburg, *Die Verbrennung der Bannbulle durch Luther*, in: Quellen und Forschungen aus italienischen Archiven und Bibliotheken 1 (1898), S. 320f.; WA.B 2, S. 269, Anm. 19; Otto Clemen, *Über die Verbrennung der Bannbulle durch Luther*, in: ders., *Kleine Schriften zur Reformationsgeschichte*, hg. v. Ernst Koch, Bd. 3, Leipzig 1983, S. 164-173, hier S. 167.

73 Luther an Spalatin in Worms (17. 2. 1521), in: WA.B 2, Nr. 377, S. 266,29-34.

74 Vgl. die Editionen in: Clemen, *Verbrennung* (Anm. 72), S. 170ff.; WA 7, S. 184-186; dt.: *Ulrichi Hutteni equitis Germani Opera*, hg. v. Eduard Böcking, Bd. 3, Leipzig 1862, S. 470-472 *(Das teutsch Requiem)*.

75 Vgl. Scribner, *Reformation* (Anm. 67), S. 73f.; Clemen, *Verbrennung* (Anm. 72), S. 169, Anm. 2.

76 Zitiert aus den Annalen Peter Schumanns, Handschrift Ratsbibliothek Zwickau, nach Clemen, *Verbrennung* (Anm. 72), S. 169.

77 *Das Münich und Pfaffen Gaid / Niemand zur lieb noch zu laid*; vgl. Harry Oelke, *Die Konfessionsbildung des 16. Jahrhunderts im Spiegel illustrierter Flugblätter*, Berlin und New York 1992.

78 Gregor von Brück an Friedrich von Sachsen (8. 10. 1521), in: Müller, *Die Wittenberger Bewegung* (Anm. 12), Nr. 5, S. 19-21, hier S. 20; vgl. zu dem Vorgang auch Felician Gess (Hg.), *Akten und Briefe zur Kirchenpolitik Herzog Georgs von Sachsen*, 2 Bde., Leipzig und Berlin 1905-17 (Nachdruck Köln und Wien 1985), Bd. 1, S. 207; Luthers Distanzierung von der Aktion gegenüber Spalatin (11. 11. 1521), in: WA.B 2, S. 402,20f.

79 Müller, *Die Wittenberger Bewegung* (Anm. 12), S. 20.

80 Otto Clemen, *Von der rechten Erhebung Bennonis ein Sendbrief* (1524), in: ders. (Hg.), *Flugschriften aus den ersten Jahren der Reformation*, 4 Bde., Leipzig 1906-11 (Nachdruck Nieuwkoop 1967), Bd. 1, S. 185-209; zur Erhebung Bennos siehe Christoph Volkmar, *Die Heiligenerhebung Bennos von Meißen (1523/24)*, Münster 2002, bes. S. 172ff.; zum Kontext: Christoph Volkmar, *Reform statt Reformation. Die Kirchenpolitik Herzog Georgs von Sachsen 1488-1525*, Tübingen 2008. Zu Luthers Polemik gegen die Erhebung Bennos vgl. nur WA 15, S. 183-198.

81 [Wittenberg: Hans Lufft] 1524; zu den Drucken: Clemen, *Erhebung* (Anm. 80), S. 191ff.; Köhler, *Bibl.*, Bd. 2, Nr. 1766, S. 131; MF 518, Nr. 1336.

82 Clemen, *Erhebung* (Anm. 80), S. 203,4.

83 A. a. O., S. 203,6.
84 A. a. O., S. 203,9.
85 A. a. O., S. 203,16f.
86 A. a. O., S. 204,1-3.
87 A. a. O., S. 204,7.
88 A. a. O., S. 204,16-18.
89 A. a. O., S. 204,29; 205,16f.
90 A. a. O., S. 204,25.
91 Kastner, *Quellen zur Reformation* (Anm. 15), S. 231.
92 *Die Chroniken der niedersächsischen Städte. Magdeburg,* Die Chroniken der deutschen Städte 27, Göttingen ^{2}1962, S. 144, Anm. 6.
93 Bucer, *Grund und ursach auß gotlicher schrifft der neüwerungen,* in: BDS 1, S. 273,24.
94 BDS 1, S. 273,25.
95 BDS 1, S. 273,26f.
96 BDS 1, S. 273,27f.
97 BDS 1, S. 273,28f.
98 BDS 1, S. 273,29f.
99 BDS 1, S. 273,37.
100 BDS 1, S. 273,40-274,1.
101 »⟨…⟩ durch auffmutzung dises grabs hat manig mensch von ferren sein hilff und gott bey dem grab gesucht und seine goben, die es den armen hat söllen geben, dem hültzen götzen und beinen zugetragen.« (BDS 1, S. 273,33-36; vgl. 274,1 f.)
102 BDS 1, S. 274,5.
103 BDS 1, S. 274,3.
104 Vgl. zuletzt Gudrun Litz, *Die reformatorische Bilderfrage in den schwäbischen Reichsstädten,* Tübingen 2007.
105 Rat der Stadt Wittenberg an Kurfürst Friedrich (3. 12. 1521), in: Müller, *Die Wittenberger Bewegung* (Anm. 12), Nr. 32, S. 73; vgl. Nr. 33, S. 74.
106 Detailliert dargestellt im Brief des Rates an den Kurfürsten (a. a. O., Nr. 32, S. 73 f.); vgl. zu dem Vorgang auch a. a. O., Nr. 33 ff., S. 74ff.
107 Vgl. die Aufzeichnung Spalatins und den Brief Albert Burers an Beatus Rhenanus vom 27. 3. 1522, in: Müller, *Die Wittenberger Bewegung (1518-1524),* 2 Bde., Berlin 1983, Nr. 72, S. 169; Nr. 102, S. 212.
108 Müller, a. a. O., Nr. 67, S. 147-151.
109 Zitiert nach der Edition in: LuStA 2, S. 527,20f.
110 Edition in: Adolf Laube u. a., *Flugschriften der frühen Reformationsbewegung* (1518-1524), 2 Bde., Berlin 1983, Bd. 1, S. 105-127.

111 Laube, a. a. O., S. 105,8.10.

112 A. a. O., S. 122,4ff.

113 A. a. O., S. 122,34ff.

114 Hugold von Einsiedeln an Karlstadt (3. 2. 1522), in: Müller, *Die Wittenberger Bewegung* (Anm. 12), Nr. 81, S. 178.

115 »Der bild halben, wu die gleich nit also blutzlich weggebracht, zuhawen unnd verbrannt, Unnd, wu die jhenigen, den es zuthun geburtt, gleich willenns weren gewesen, die bild auß einem gutten bedengken abzunemen, dennoch solt man solchs offenlich nit außgeschrien haben, auff welchen tag das wergk hett sollen furgenomen werden.« (*Instruktion für die Verhandlungen der kursächsischen Räte mit Universität und Stift Wittenberg* [13. 2. 1522], in: Müller, a. a. O., Nr. 92, S. 191 = *MBW.T* 1, Nr. 211, S. 446,25-29)

116 »Das aber die bild nach jnnhalt der schrifft sollen verbrannth werden, wissen wir [die kursächsischen Räte] nicht zurychten.« (Ebenda = *MBW.T* 1, Nr. 211, S. 447,31 f.)

117 Ebenda.

118 *MBW.T* 1, Nr. 212, S. 450,24f.

119 *MBW.T* 1, Nr. 212, S. 450,25 f.

120 WA 35, S. 315 ff.; Martin Brecht, *Martin Luther*, Bd. 2, Stuttgart 1986, S. 132 ff.

121 *Chroniken. Magdeburg* (Anm. 92), S. 143,7.

122 A. a. O., S. 143,7-10.

123 Vgl. Inge Mager, *Lied und Reformation. Beobachtungen zur reformatorischen Singbewegung in norddeutschen Städten*, in: Alfred Dürr, Walther Killy (Hg.), *Das protestantische Kirchenlied im 16. und 17. Jahrhundert*, Wiesbaden 1986, S. 25-38.

124 Zitiert nach Kastner, *Quellen zur Reformation* (Anm. 15), S. 230.

125 Ebenda.

126 Zitiert nach Bernd Moeller, *Die Reformation in Göttingen*, in: ders., *Die Reformation und das Mittelalter*, Göttingen 1991, S. 196-211 und 328-331, hier S. 197.

Kapitel 6
Frühe städtische Reformationen

1 Vgl. zuletzt Thomas Kaufmann, *»Türckenbüchlein«. Zur christlichen Wahrnehmung »türkischer Religion« im 15. und 16. Jahrhundert*, Göttingen 2008.

2 *DRTA.JR* 3, S. 387 ff.; Ernst Wülcker, Hans Virck (Hg.), *Des kur-*

sächsischen Rathes Hans von der Planitz Berichte aus dem Reichsregiment in Nürnberg 1521-1523, Leipzig 1899 (Nachdruck Hildesheim und New York 1979), S. 266ff.; grundlegend: Armin Kohnle, *Reichstag und Reformation. Kaiserliche und ständische Religionspolitik von den Anfängen der Causa Lutheri bis zum Nürnberger Religionsfrieden*, Gütersloh 2001.

3 *DRTA.JR* 3, S. 417ff.; 435ff.

4 *DRTA.JR* 3, S. 447,18ff.

5 Zitiert nach: Timotheus Wilhelm Röhrich, *Geschichte der Reformation im Elsaß und besonders in Strasburg*, 1. Theil, 2. Abt., Straßburg 1831, Beilage VIII, S. 455f., hier S. 455; vgl. Bernd Moeller, *L'édit strasbourgeois sur la prédication du 1. 12. 1523 dans son contexte historique*, in: Georges Livet, Francis Rapp (Hg.), *Strasbourg au cœur religieux du XVIe siècle*, Straßburg 1977, S. 51-62.

6 *Neue und vollständigere Sammlung der Reichs-Abschiede*, Frankfurt/Main 1747 (Nachdruck Osnabrück 1967), Bd. 2, S. 274, § 4; auch in: Ulrich Köpf (Hg.), *Deutsche Geschichte in Quellen und Darstellung*, Bd. 3: *Reformationszeit 1495-1555*, Stuttgart 2001, Nr. 59, S. 348.; Ruth Kastner, *Quellen zur Reformation 1517-1555*, Darmstadt 1994, Nr. 154, S. 493-495, hier S. 494f.

7 Bernd Christian Schneider, *Ius reformandi*, Tübingen 2001, bes. S. 92ff.

8 *DRTA.JR* 3, S. 1142,26ff.

9 Heinrich Bornkamm, *Die Geburtsstunde des Protestantismus. Die Protestation von Speyer (1529)*, in: ders., *Das Jahrhundert der Reformation*, Frankfurt/Main 1983, S. 146-162.

10 *Erweiterte Protestation der evangelischen Stände auf dem Reichstag zu Speyer vom 20. April 1529*, in: *Reformation und Protestation in Speyer*, Speyer 1990, S. 133; vgl. *DRTA.JR* 7/2, Nr. 167, S. 1345ff.; Georg Schmidt, Artikel *Protestation von Speyer*, in: *TRE* 27 (1997), S. 580-582.

11 *DRTA.JR* 7, S. 1346ff.

12 Vgl. das Konzept von Bernd Rüth, *Reformation und Konfessionsbildung im städtischen Bereich. Perspektiven der Forschung*, in: ZSRG.K 108 (1991), S. 197-282, dessen Terminologie (bes. S. 247f.) ich mich hier zum Teil anschließe.

13 *DRTA.JR* 4, S. 506-508 (Protestation der Städte vom 6. 4. 1524 gegen den Beschluß der Kurfürsten- und Fürstenkurie, die Reichsstände sollten dem Wormser Edikt nachkommen, »sovil inen muglich«).

14 Vgl. dazu Berndt Hamm, *Bürgertum und Glaube. Konturen der städtischen Reformation*, Göttingen 1996, bes. S. 106f.

15 Heinz Schilling, *Die Stadt in der Frühen Neuzeit*, München 1993, S. 40f. u.ö.

16 Thomas Kaufmann, *Reformatoren*, Göttingen 1998, S. 11ff.

17 Grundlegend für die Frühe Neuzeit: Luise Schorn-Schütte, *Evangelische Geistlichkeit in der Frühneuzeit*, Gütersloh 1996; Luise Schorn-Schütte, Scott Dixon (Hg.), *The Protestant Clergy of Early Modern Europe*, Houndmills 2003.

18 William S. Stafford, *Domesticating the Clergy. The Inception of the Reformation in Strasbourg 1522-1524*, Missoula/Montana 1976; Thomas A. Brady, *Göttliche Republiken. Die Domestizierung der Religion in der deutschen Stadtreformation*, in: Peter Blickle, Andreas Lindt, Alfred Schindler (Hg.), *Zwingli und Europa*, Zürich 1985, S. 109-136.

19 Hartmut Boockmann, *Die Stadt im späten Mittelalter*, München [3]1994, S. 192.

20 Im folgenden wird die Edition in LuStA 2, S. 525-529, benutzt.

21 So das unverständliche Urteil Volker Leppins, *Martin Luther*, Darmstadt 2006, S. 204.

22 Horst Rabe, *Deutsche Geschichte 1500-1600. Das Jahrhundert der Glaubensspaltung*, München 1991, S. 272.

23 WA.B 2, S. 444,6ff.

24 Felician Gess (Hg.), *Akten und Briefe zur Kirchenpolitik Herzog Georgs von Sachsen*, 2 Bde., Leipzig und Berlin 1905-17 (Nachdruck Köln und Wien 1985), Bd. 1, S. 210,9f.; vgl. das Antwortschreiben Herzog Johanns an Herzog Georg (3. 12. 1521), a. a. O., S. 216,22ff.

25 Hans von der Planitz an Kurfürst Friedrich (16. 1. 1522), in: Wülcker, Virck, *Berichte* (Anm. 2), S. 67,20f.

26 A. a. O., S. 67,26.

27 A. a. O., S. 67,26-68,4.

28 A. a. O., S. 68,10.

29 Kohnle, *Reichstag* (Anm. 2), S. 107; vgl. zu dem Mandat im ganzen S. 105-115; Wülcker, Virck, *Berichte* (Anm. 2), S. 67,19ff.; 72,29ff.; 77,21ff.; WA.B 2, S. 450,36ff.; 452, Anm. 6; Gess, *Akten und Briefe*, Bd. 1 (Anm. 24), S. 250ff.

30 Friedrich von Sachsen an Hans von der Planitz (3. 2. 1522), in: Wülcker, Virck, *Berichte* (Anm. 2), Nr. 33, S. 77f.

31 WA.B 2, Nr. 454, bes. S. 450,36ff. (etwa 24. 2. 1522).

32 WA.B 2, Nr. 455, bes. S. 455,55ff. (5. 3. 1522).

33 WA.B 2, S. 450,15.

34 WA.B 2, S. 450,15f.

35 WA.B 2, S. 451,94f.

36 WA.B 2, S. 450,19.

37 Vgl. die Instruktion der kursächsischen Räte für die Verhandlung vom 13. 2. 1522, in: *MBW.T* 1, S. 446,17.

38 Daß Zwilling in Eilenburg (Wülcker, Virck, *Berichte* [Anm. 2], S. 68,2f.) und Karlstadt in Wittenberg (siehe Thomas Kaufmann, *Abendmahl und Gruppenidentität in der frühen Reformation*, in: Martin Ebner [Hg.], *Herrenmahl und Gruppenidentität*, Freiburg, Basel und Wien 2007, S. 194-210) den Gemeindegliedern die Elemente »selbst in die hant« (Wülcker, Virck, a. a. O.) gaben, wurde als besonders anstößig empfunden. In bezug auf Karlstadt kann gezeigt werden, daß er dadurch, daß er die Laien die Elemente anfassen ließ, unterstreichen wollte, daß sie wirklich Brot und Wein seien (zu Karlstadt: Nikolaus Müller, *Die Wittenberger Bewegung 1521 und 1522*, Leipzig ^{2}1911, S. 132); vgl. Andreas Karlstadt, *Von beiden gestaldten der heyligen Messe* ⟨...⟩, Wittenberg 1521; VD 16 B 6219; MF 131, Nr. 353; Köhler, *Bibl.*, Bd. 2, S. 199, Nr. 1932, hier bes. D 3^{v}f.; vgl. WA 10 III, S. 41,13 ff.; LuStA 2, S. 548,8 ff.

39 In: *MBW.T* 1, Nr. 174, S. 360-370.

40 A. a. O., S. 369,126f.

41 A. a. O., S. 365,33-35.

42 Instruktion des Kurfürsten an Christian Beyer (25. 10. 1521), in: *MBW.T* 1, Nr. 177, S. 379,66.

43 A. a. O., S. 379,66f.

44 A. a. O., S. 379,67.

45 A. a. O., S. 379,70.

46 A. a. O., S. 379,72.

47 Von den Vertretern der Universität wurde dies bei den Beratungen mit den kurfürstlichen Räten in Eilenburg offen angesprochen (*MBW.T* 1, S. 449,6 ff.). Karlstadts eigenmächtige Aktion von Weihnachten 1521 war schon vorher ins Kreuzfeuer der Kritik der kursächsischen Beamten beziehungsweise des Stifts geraten, vgl. nur Müller, *Die Wittenberger Bewegung* (Anm. 38), S. 131 ff.

48 Heinz Scheible, *Melanchthon. Eine Biographie*, München 1997, S. 68.

49 Vgl. Müller, *Die Wittenberger Bewegung* (Anm. 38), S. 132.

50 Ebenda.

51 LuStA 2, S. 527,22-528,6.

52 LuStA 2, S. 528,1f.

53 Vgl. WA.B 2, S. 450,44ff., sowie die Nachweise S. 453, Anm. 8.

54 Christian Beyer an Hugold von Einsiedel (25. 1. 1522): »Mit Gabriel ist dye sach gantz gestilt.« (Müller, *Die Wittenberger Bewegung* [Anm. 38], S. 174) Vgl. Melanchthon an von Einsiedel (5. 2. 1522), in: a. a. O., S. 181 = *MBW.T* 1, Nr. 208f., S. 442-444.

55 Karlstadt an von Einsiedel (4. 2. 1522), in: Müller, a. a. O., S. 181.
56 Melanchthon an von Einsiedel (5. 2. 1522), in: *MBW.T* 1, S. 444,6.
57 A. a. O., S. 444,8f.
58 *MBW.T* 1, Nr. 211-214, S. 445-454.
59 Müller, *Die Wittenberger Bewegung* (Anm. 38), Nr. 75, S. 174.
60 Luther an Kurfürst Friedrich (5. 2. 1522), in: WA.B 2, S. 455,41f.
61 A. a. O., S. 455,78.
62 Hugold von Einsiedel an Karlstadt (3. 2. 1522), in: Müller, *Die Wittenberger Bewegung* (Anm. 38), S. 178.
63 Vgl. Martin Brecht, *Martin Luther*, Bd. 2, Stuttgart 1986, S. 70; WA 10 II, S. 1-41.
64 Kurfürst Friedrich an Hugold von Einsiedel, in: Müller, *Die Wittenberger Bewegung* (Anm. 38), S. 207f.
65 Zu Melanchthons diesbezüglichen Überlegungen vgl. Scheible, *Melanchthon* (Anm. 48), S. 73.
66 *MBW.T* 1, S. 452,26f.
67 WA.B 2, S. 460,22f.; *MBW.T* 1, S. 459,11-14.
68 WA 59, S. 62-65.
69 WA 10 III, S. 26,3f.; LuStA 2, S. 541,21ff.
70 »Das die ergangne auffrur auß nichts anders dann aus Doctor Karlstats und Magister Gabrielis predig erfolgett«. (Von Einsiedel an Kurfürst Friedrich [14. 2. 1522], in: Müller, *Die Wittenberger Bewegung* [Anm. 38], S. 205; vgl. S. 207)
71 WA 10 III, S. 26,7; LuStA 2, S. 541,24.
72 »Dye bylde wollenn sie [die Teilnehmer an den Beratungen der neuen Stadtordnung] auch in der pfar nit leidenn unnd mit der zeit abethun, haben starck schrifft dawider gefuhrt. Ich [Beyer] disputirt allein von crucifix, sye wollen es nicht mehr gut sein lassen.« (Müller, *Die Wittenberger Bewegung* [Anm. 38], S. 174)
73 Z 2 (CR 89), S. 145,24.
74 Zwingli an Erasmus (29. 4. 1516 oder 1515), in: Z 7 (CR 94), S. 35f., hier S. 36,18: »perfectiorem aetatem«.
75 Zu Zwinglis scholastischem Bildungshintergrund umfassend: Daniel Bolliger, *Infiniti Contemplatio. Grundzüge der Scotus- und Scotismusrezeption im Werk Huldrych Zwinglis*, Leiden und Boston 2003.
76 Z 2 (CR 89), S. 145,4; vgl. Z 1 (CR 88), S. 256,13-18; 379,21-25; Z 7 (CR 94), S. 485,3-5.
77 Z 2 (CR 89), S. 145,25ff.; vgl. Z 7 (CR 94), S. 114,7; 136,2-4.
78 Z 2 (CR 89), S. 147,15f.
79 Z 1 (CR 88), S. 48,14f. (zweiter der 67 Artikel Zwinglis vom 17. 1. 1523).

80 Z 9 (CR 96), S. 90,6.
81 Zwingli an Luther (1. 4. 1527), in: Z 9 (CR 96), S. 79,5-7.
82 Z 2 (CR 89), S. 150,13.
83 Emil Egli (Hg.), *Actensammlung zur Geschichte der Zürcher Reformation in den Jahren 1519-1533*, Zürich 1879 (Nachdruck Aalen 1973), Nr. 236, S. 77.
84 *Chronik des Bernhard Wyss. 1519-1530*, hg. v. Georg Finsler, Basel 1901, S. 16,5; Heinrich Bullinger, *Reformationsgeschichte*. Nach dem Autographen hg. v. Johann Jakob Hottinger und Hans Heinrich Vögeli, 3 Bde., Frauenfeld 1838-40 (Nachdruck Zürich 1984), hier Bd. 1, S. 76-78.
85 *Chronik des Bernhard Wyss* (Anm. 84), S. 16,10-12; vgl. Gottfried W. Locher, *Die Zwinglische Reformation im Rahmen der europäischen Kirchengeschichte*, Göttingen 1979, S. 100.
86 Vgl. bes. Heiko A. Oberman, *Werden und Wertung der Reformation*, Tübingen [3]1989, S. 271 f.; Z 1 (CR 88), S. 257 f., Anm. 3.
87 *Chronik des Bernhard Wyss* (Anm. 84), S. 19,13-15; Z 1 (CR 88), S. 258, Anm.
88 *Supplicatio ad Hugonem episcopum Constantiensem* (2. 7. 1522), in: Z 1 (CR 88), S. 189-209; *Ein freundliche Bitte* 〈...〉 *an die Eidgenossen* (13. 3. 1522), in: Z 1 (CR 88), S. 210-248.
89 *Chronik des Bernhard Wyss* (Anm. 84), S. 19,24-27; Z 1 (CR 88), S. 258, Anm. In einem Brief an Beatus Rhenanus teilte Zwingli als Ergebnis der Disputation sinnentsprechend mit: »Postremo indixit illis [den drei Bettelorden] consul et senatores 3, quibus id muneris mandatum erat, ut relictis Thomabus, Scotis reliquisque id farinę doctoribus unis sacris literis nitantur, quę scilicet intra biblia contineantur.« (Z 7 [CR 94], S. 549,3-5) (Zuletzt haben der Bürgermeister und die drei Ratsherren, denen diese Aufgabe anvertraut war, ihnen [den drei Bettelorden] bekannt gemacht, dass sie die thomistischen, scotistischen und sonstigen Doktoren dieses Schlages preisgeben und sich auf die einzig heiligen Schriften stützen sollen, die in der Bibel enthalten sind.)
90 Z 7 (CR 94), S. 555,34 f.
91 Z 7 (CR 94), S. 549,6-8.
92 22./23. 8. 1522, in: Z 1 (CR 88), S. 249-327.
93 Z 1 (CR 88), S. 328-381.
94 Zitiert nach der Edition des Ausschreibens in: Z 1 (CR 88), S. 466-468, hier S. 467,11.
95 »Wir sind ouch gutter hoffnung zu Gott dem almechtigen, er werde die, so das liecht der warheit also ernstlich suchent, mit

demselben gnedencklich erlüchten, unnd das wir dannathin in dem liecht als sün [Söhne] des liechts wandlen.« (Z 1 [CR 88], S. 468,2-6)

96 Z 1 (CR 88), S. 466,5.

97 Ediert in: Z 1 (CR 88), S. 451-465.

98 Z 1 (CR 88), S. 458,11 f. (1. Artikel).

99 Z 1 (CR 88), S. 463,1 f. (39. Artikel).

100 Z 1 (CR 88), S. 463,8 (42. Artikel).

101 Ediert in: Z 1 (CR 88), S. 472-569 (mindestens sieben Druckausgaben).

102 So Hedio an Zwingli (10. 2. 1523), in: Z 8 (CR 95), S. 22,16: »pulchrum exemplum«.

103 Grundlegend: Bernd Moeller, *Zwinglis Disputationen. Studien zur Kirchengründung in den Städten der frühen Reformation*, Göttingen [2]2011.

104 Zitiert nach Oberman, *Werden und Wertung der Reformation* (Anm. 86), S. 284.

105 Z 1 (CR 88), S. 546 f.; 469 ff.

106 Z 1 (CR 88), S. 471,1-3.

107 Z 1 (CR 88), S. 469,13 ff. Der Rat bezog sich auf die Verhandlungen über die Bischofsdelegation im Zusammenhang des Fastenhandels (siehe Egli, *Actensammlung* [Anm. 83], Nr. 236, S. 77), in denen der Bischof aufgefordert worden war, »on allen verzug« (ebenda) auf die Veranstaltung einer konziliaren Zusammenkunft hinzuwirken.

108 *Kurze, christliche Einleitung* (17. 11. 1523), in: Z 2 (CR 89), S. 626-663.

109 *De canone missae epichiresis* (29. 8. 1523), in: Z 2 (CR 89), S. 552-608; *De canone missae libelli apologia* (9. 10. 1523), in: Z 2 (CR 89), S. 617-625.

110 Die Schrift erschien mit dem Datum 24. 9. 1523, ediert in: Adolf Laube u.a. (Hg.), *Flugschriften der frühen Reformationsbewegung (1518-1524)*, 2 Bde., Berlin 1983, Bd. 1, S. 271-283.

111 Laube, a. a. O., S. 280,24 f.

112 Zitiert nach der Wiedergabe des Ausschreibens in den von Hätzer abgefaßten Akten der Zweiten Zürcher Disputation, ediert in: Z 2 (CR 89), S. 679,17 f.

113 »Und so wir ietz by einem jar ein versamlung 〈…〉 aller unser seelsorgern und lütpriestern by uns gehept unnd uns dann ze mal erkent habend, das dieselben unsere lütpriester, seelsorger und predicanten allenthalb in unser statt und uff dem land anders nüt fürnemmen noch predigen söllend dann was sy mit

dem heiligen euangelio und sust warer götlicher geschrifft mögend bewären, also werden wir uß sölicher leer underricht, das die bildnussen nit söllend sin, und das ouch die meß anders, dann Christus, unser erlöser, die hab uffgesetzt, mit vil mißbrüchen geübt und gehandlet werde.« (Z 2 [CR 89], S. 678,30-679,6)

114 A. a. O., S. 678,24f.

115 A. a. O., S. 784,12-14.

116 A. a. O., S. 784,14-16.

117 A. a. O., S. 784,26.

118 J. F. Gerhard Goeters, *Ludwig Hätzer (ca. 1500-1529). Spiritualist und Antitrinitarier. Eine Randfigur der frühen Täuferbewegung*, Gütersloh 1957, S. 26.

119 Ediert in: Z 2 (CR 89), S. 458-525.

120 Z 2 (CR 89), S. 485,26f.

121 Z 2 (CR 89), S. 490,11f.

122 WA 11, S. 229-281.

123 *Daß eine Versammlung oder Gemeine Recht und Macht habe, alle Lehre zu urteilen und Lehrer zu berufen* 〈...〉*. Grund und Ursach aus der Schrift*, in: WA 11, S. 401-416 und KB III, S. 41-50; *Ordnung eines gemeinen Kastens*, in: WA 12, S. 1-30; *Von Ordnung Gottesdiensts in der Gemeinde*, in: WA 12, S. 31-37 und KB III, S. 51-55.

124 Ediert in: Gerhard Pfeiffer, *Quellen zur Nürnberger Reformationsgeschichte*, Nürnberg 1968, Nr. 81a, S. 308-310.

125 Hamm, *Bürgertum und Glaube* (Anm. 14), S. 107; vgl. im ganzen S. 107-110; 174f.; Martin Brecht, *Die gemeinsame Politik der Reichsstädte und die Reformation*, in: ders., *Ausgewählte Aufsätze*, Bd. 1: *Reformation*, Stuttgart 1995, S. 411-470, bes. 422ff.

126 Pfeiffer, *Quellen* (Anm. 124), S. 309; im Hintergrund dieser These dürfte Luthers Taufsermon von 1519 stehen, vgl. bes. WA 2, S. 730,20-22; 731,3ff.; 732,23f.; 735,19ff.29ff.

127 Pfeiffer, a. a. O., S. 309.

128 Ebenda.

129 Ebenda.

130 A. a. O., S. 310.

131 A. a. O., S. 309.

132 Vgl. Berndt Hamm, *Lazarus Spengler (1479-1534)*, Tübingen 2004, S. 271ff.

133 Edition des Textes unter anderem in: Martin Brecht u.a. (Hg.), *Johannes Brenz. Frühschriften*, Tl. 2, Tübingen 1974, S. 517-528, hier bes. 525,39-526,3; vgl. zum Kontext die Hinweise in: Thomas Kaufmann, *Konfession und Kultur. Lutherischer Protestantismus in der*

zweiten Hälfte des Reformationsjahrhunderts, Tübingen 2006, S. 384f., Anm. 78 (Lit.).

134 Vgl. etwa Kaufmann, *Konfession und Kultur* (Anm. 133), S. 379ff.; Hans R. Guggisberg, *Sebastian Castellio 1515-1563*, Göttingen 1997, S. 89ff.

135 Bernd Moeller, *Reichsstadt und Reformation*, Neue Ausgabe, hg. v. Thomas Kaufmann, Tübingen 2011, S. 51.

136 Spengler an A. Osiander (März 1530), in: Osiander, GA, Bd. 3, Nr. 134, S. 680-688, hier S. 684,5-8; der Diskussionskontext dürfte durch den Antinomismus entscheidend mitbestimmt sein, vgl. nur WA 26, S. 202,32ff. = LuStA 3, S. 417,10ff.

137 Vgl. Brady, *Göttliche Republiken* (Anm. 18).

138 Vgl. Gottfried Seebaß, *Stadt und Kirche in Nürnberg*, in: ders., *Die Reformation und ihre Außenseiter*, Göttingen 1997, S. 58-78.

139 WA 2, S. 743,31.

140 WA 2, S. 743,31-744,1.

141 In Reminiszenz an das zum geflügelten Wort gewordene Diktum von Arthur G. Dickens, *The German Nation and Martin Luther*, London 1974, S. 182: »The German Reformation was an urban event.«

142 WA 12, S. 11,3f. Vgl. S. 11,11-13: »⟨...⟩ das yhr [die Gemeinde von Leisnig] eyn new ordnung gottis diensts, und eyn gemeyn gutt dem exempel der Apostel nach furgenomen habt.«

143 WA 59, S. 62-65.

144 *EKO* 11, S. 23-32.

145 *EKO* 2, S. 449f.

146 Bernd Moeller, Karl Stackmann, *Städtische Predigt in der Frühzeit der Reformation*, Göttingen 1996.

147 Predigtmandat der Stadt Straßburg (1. 12. 1523), zitiert nach: Röhrich, *Geschichte der Reformation im Elsaß und besonders in Straßburg*, Erster Theil, 2. Abt. (Anm. 5), S. 455.

148 WA 12, S. 35-37.

149 WA 12, S. 197-220.

150 WA 12, S. 202f.: elf deutsche Ausgaben, davon sechs in der Übersetzung von Paul Speratus, zwei in einer Nürnberger Version, vgl. Josef Benzing, Helmut Claus, *Lutherbibliographie. Verzeichnis der gedruckten Schriften Martin Luthers bis zu dessen Tod*, 2 Bde., Baden-Baden [2]1989-94, Nr. 1700-1710.

151 WA 19, S. 44-113; 667-669.

152 Ediert in: BDS 1, S. 185-278.

153 Dorothea Wendebourg, *Martin Luthers frühe Ordinationen*, in: Ste-

fan Ehrenpreis, Ute Lotz-Heumann, Olaf Mörke, Luise Schorn-Schütte (Hg.), *Wege der Neuzeit. Festschrift für Heinz Schilling*, Berlin 2007, S. 97-115; Martin Krarup, *Ordination in Wittenberg. Die Einsetzung in das kirchliche Amt in Kursachsen zur Zeit der Reformation*, Tübingen 2007.

154 WA 15, S. 9-53; KB III, S. 60-86.

155 Vgl. die dieser Perspektive verpflichtete Interpretation der Reformation beziehungsweise Konfessionalisierung von Scott H. Hendrix, *Recultivating the Vineyard. The Reformation Agendas of Christianisation*, Louisville und London 2004.

Kapitel 7

Wandlungen im kleinen – Reformation der Alltagswelt

1 Albert Angele, *Altbiberach um die Jahre der Reformation*, Biberach-Birkendorf 1962; zum Quellenwert des Berichts exemplarisch: Hartmut Boockmann, *Wort und Bild in der Frömmigkeit des späten Mittelalters*, in: ders., *Wege ins Mittelalter*, München 2000, S. 239-256, hier S. 248ff.

2 Bernhard Rem, *Ain Sendtbrieff an ettlich Closterfrawen zu Sant Katherina und Sanct Niclas in Augsburg* [Augsburg: Philipp Ulhart d.Ä. 1523]; Köhler, *Bibl.*, Bd. 3, Nr. 3862; Ex. MF 225, Nr. 632. Die Antwort der Klosterfrauen erschien zusammen mit einer Replik Rems kurze Zeit später: *Antwurt zwayer Closter frawen im Katheriner Closter zu Augspurg an Bernhart Remen und hernach seyn gegen Antwurt* [Augsburg: Philipp Ulhart d.Ä. 1523]; Köhler, *Bibl.*, Bd. 3, Nr. 3863; Ex. MF 751, Nr. 1921.

3 Rem, *Ain Sendtbrieff* (Anm. 2), A 3v.

4 A. a. O., B 1v. Zu den Frauenklöstern in der Augsburger Reformation vgl. Lyndal Roper, *Das fromme Haus. Frauen und Moral in der Reformation*, Frankfurt/Main und New York 1995, S. 179-214 (zum ›Fall‹ Rem knapp: S. 182).

5 *Antwurt* (Anm. 2), A 1v.

6 A. a. O., B 3r; A 4v-B 1r.

7 Vgl. nur Georg Deichstetter (Hg.), *»Die Denkwürdigkeiten« der Äbtissin des St. Klara-Klosters zu Nürnberg Caritas Pirckheimer*, St. Ottilien 1983; Martin Jung, *Nonnen, Prophetinnen, Kirchenmütter*, Leipzig 2002, S. 77-120.

8 Daniel Cramer, *Zwo Historische Jahrpredigten / In welchen Aus glaub und denckwirdigen Geschichten kürtzlich widerholet wird / was Gott in*

nechst verwichener Hundert Jähriger zeit / für ein wunder grosse Werck / durch die Euangelische Reformation / wider des Bapsts Mord und Lügen / Durch ⟨...⟩ *Doctor Luther* ⟨...⟩ *gethan* ⟨...⟩ *hat* ⟨...⟩, Wittenberg: Simon Cronenberg 1600; VD 16 C 5671; Ex. MF (nach 1530) 355, Nr. 683, B 3ʳ.

9 Karl Eduard Förstemann, *Album Academiae Vitebergensis*, Tl. 1: *Ab a. CH. MCII usque ad a. MDLX*, Leipzig 1841 (Nachdruck Aalen 1976), S. 87: »Bernardus gibbingnen. constancien. dioc. vic. 8«; vgl. WA.B 3, S. 102-104, Anm. 1; Ernst Ludwig Enders (Hg.), *Dr. Martin Luther's Briefwechsel*, 17 Bde., Frankfurt/Main und Leipzig 1884-1920, Bd. 4, S. 96f., Anm. 1.

10 Enders, *Briefwechsel*, Bd. 4 (Anm. 9), S. 97; WA.B 3, S. 103: »ex animo«.

11 Vgl. Thomas Kaufmann, *Luthers »Judenschriften«. Ein Beitrag zu ihrer historischen Kontextualisierung*, Tübingen ²2013, S. 37-41 und passim.

12 WA 11, S. 315,9-13.

13 WA.B 3, Nr. 629, S. 101-103.

14 So die Intitulatio des Lutherbriefes an Bernhard, vgl. WA 11, S. 310: »Bernhardum e Iudaismo conversum«.

15 »Verum cum iam oriatur et fulgeat lux aurea euangelii, spes est, fore, ut multi Iudeorum serio et fideliter convertantur et sic rapiantur ex animo ad Christum«. (WA.B 3, S. 107,37-39)

16 WA 11, S. 315,22f.

17 WA 11, S. 336,19f.

18 WA 11, S. 315,14.

19 WA 11, S. 315,3f.; vgl. 336,27.

20 WA 11, S. 336,23f.

21 WA 11, S. 336,28f.

22 Vgl. WA 11, S. 408,12ff.

23 WA.B 3, S. 41,6-10.

24 Vgl. Bernd Moeller, *Wenzel Lincks Hochzeit. Über Sexualität, Keuschheit und Ehe im Umbruch der Reformation*, in: ders., *Luther-Rezeption*, hg. v. Johannes Schilling, Göttingen 2001, S. 194-218.

25 Nikolaus Müller, *Die Wittenberger Bewegung 1521 und 1522*, Leipzig ²1911, S. 159, Anm.

26 WA 11, S. 336,30-34; vgl. KB II, S. 150,20-26.

27 Hayim Hillel Ben-Sasson, *The Reformation in Contemporary Jewish Eyes*, in: Proceedings of the Israel Academy of Sciences and Humanities 4 (1969-70), S. 239-326, bes. S. 255ff.; Stefan Schreiner, *Jüdische Reaktionen auf die Reformation – einige Bemerkungen*, in: Ju-

daica 39 (1983), S. 150-165; Peter von der Osten-Sacken, *Martin Luther und die Juden. Neu untersucht anhand von Anton Margarithas »Der gantz Jüdisch Glaub« (1530/31)*, Stuttgart 2002, S. 35 ff.

28 Vgl. Kaufmann, *Luthers »Judenschriften«* (Anm. 11), S. 42 ff.

29 *Eyn underredung vom glawben / durch herr Micheln Kromer / Pfarherr zu Cunitz / und eynem Judischen Rabien / mit namen Jacob von Brucks / geschehen ynß Richters hause do selbst zu Cunitz* (2. 12. 1523), [Erfurt?: M. Maler] 1523; Köhler, *Bibl.*, Bd. 2, Nr. 2081; Ex. MF 788, Nr. 1988; Edition und Kommentierung auch in: Otto Clemen (Hg.), *Flugschriften aus den ersten Jahren der Reformation*, 4 Bde., Leipzig 1906-11 (Nachdruck Nieuwkoop 1967), Bd. 1, S. 423-444.

30 Grundlegend: Andrew Gow, *The Red Jews. Antisemitism in an Apocalyptic Age 1200-1600*, Leiden 1995.

31 *Von einer grossen Menge und Gewalt der Juden* 〈…〉, 1523; VD 16 V 2686-2689; ediert in: Clemen, *Flugschriften*, Bd. 1 (Anm. 29), S. 442-444 (Fehlpaginierung: 342-344).

32 So der Eintrag eines zeitgenössischen Lesers auf dem Titelblatt eines Münchener Exemplars, SB München Rar. 4290 (Druck: VD 16 V 2689).

33 *Gespräch zwischen einem Christen und Juden, auch einem Wirt samt seinem Hausknecht, den Eckstein Christum betreffend* 〈…〉, ediert in: Clemen, *Flugschriften*, Bd. 1 (Anm. 29), S. 389-422.

34 Clemen, *Flugschriften*, Bd. 1 (Anm. 29), S. 406.

35 »〈…〉 Wiewol ich [Argula] ytzt lang nichts gelesen hab brauch mich der Bibel 〈…〉 Welche mir mein lieber herr Vatter so hoch bevahl zu lesen / und gab mir dieselbig da ich zehen jar alt was / hab jm aber leyder nit gevolgt / auß verfürung der gaistlichen genanten / sonderlich observantzer [das heißt observanter Bettelmönche] sagten / ich verfürt mich.« (*Wye ein Christliche fraw des adels / in Beyern durch iren / in Gotlicher schrifft / wolgegründten Sendtbrieffe / die Hohenschul zu Ingollstatt* 〈…〉 *straffet* [Nürnberg: F. Peypus 1523]; Ex. MF 285, Nr. 819; Köhler, *Bibl.*, Bd. 1, Nr. 1431; VD 16 G 3683, hier: B 2r) Wahrscheinlich besaß Argula ein Exemplar der 1482 bei Koberger in Nürnberg erschienenen Inkunabel. Zu Argula vgl. nur Peter Matheson, *Argula von Grumbach. A Woman's Voice in the Reformation*, Edinburgh 1995; Silke Halbach, *Argula von Grumbach als Verfasserin reformatorischer Flugschriften*, Frankfurt/Main u.a. 1992; Theodor Kolde, *Arsacius Seehofer und Argula von Grumbach*, in: Beiträge zur bayrischen Kirchengeschichte 11 (1905), S. 49-77; 97-124; 149-188.

36 Die Briefe der Argula an Luther sind – wie üblicherweise von

Frauen geschriebene Briefe – nicht überliefert. Die Korrespondenz Argulas mit Luther geht aus dessen Brief an Paul Speratus (13. 6. 1522, in: WA.B 2, Nr. 509, hier S. 559,4; 561,84) hervor.

37 Eine kritische Edition der Vorrede in: Osiander, GA, Bd. 1, Nr. 6, S. 88-92.

38 A. a. O., S. 91,12.

39 A. a. O., S. 91,13 f.

40 A. a. O., S. 92,7 ff.

41 A. a. O., S. 92,17 ff.

42 A. a. O., S. 92,26-28 (vgl. Lk 1,68).

43 Vgl. Halbach, *Argula* (Anm. 35), S. 102 ff.

44 »Demum non ignoras [gemeint ist der unbekannte Adressat] quibus modis parentes mei efflictim cupiant me ad gradum magisterii, sed hoc aequum esse non possum persuaderi. Christum non est declinare in sua consilia et alta afflare; exigit enim Christus ut vivamus in humilitate et simplicitate cordis, ait enim Mathei 23 ubi mere Phariseos adarguit superbiae: Nolite vocari Rabbi, unus est enim magister vester, nempe Christus [Mt 23,8].« (Es folgen weitere Dicta; zitiert nach der Edition des Briefes in: Kolde, *Arsacius Seehofer* [Anm. 35], S. 71-74, hier S. 73.)

45 Am Schluß des Sendbriefes heißt es: »Nit mer hertz liebe muter biß got befohlen biß [zu korrigieren in: liß] das neüw Testament so von Doctor Martin verteüsch worden ist / und verschaff sy menyglichem bey dir geleßen werden / ich wyrd geen Leipsyg auff den marckt ziehen / laßt sich der marckt daselbst wol ann das ich vil gelts löß / so wil ich innerhalb vier wochen wil got / hie zu Wyttenberg ain braunen fyltzhut kauffen / nit meer dann gruß mein lieben vater auch alle schwestern unnd Brüder / sampt sondern gutten frainden. Datum wittenberg Monntag nach Letare Anno. 23 [= 16. 3. 1523].« (*Ain Sendbrief von aym Jungen Studenten zu Wittenberg an seine öltern im land zu Schwaben von wegen der Lutherischen leer zu geschriben*, [Augsburg: M. Ramminger] 1523; MF 67, Nr. 176; Köhler, *Bibl.*, Bd. 3, Nr. 4187; VD 16 S 5719, A 6[r] = Clemen, *Flugschriften*, Bd. 1 [Anm. 29], S. 5-20, hier S. 17 f.)

46 Als Beispiel vgl. nur Clemen, *Flugschriften*, Bd. 1 (Anm. 29), S. 21 ff.; Marc Lienhard, *Mentalité populaire, gens d'église et mouvement évangélique à Strasbourg en 1522-1523*, in: Marijn de Kroon, Marc Lienhard (Hg.), *Horizons Européens de la Réforme en Alsace. Mélanges offerts à J. Rott*, Straßburg 1980, S. 37-62.

47 Abdruck etwa in: *Wye ein Christliche fraw des adels* ⟨...⟩ (Anm. 35), B 3[r/v].

48 A. a. O., A 2^{v}.
49 Ebenda.
50 Ebenda.
51 »⟨…⟩ Ich hab ymmer im synn gehabt im [einem altgläubigen bayrischen Prediger, der Seehofer auf der Kanzel angegriffen hatte] zuschreiben / mir die ketzerischen artickel anzuzaigen / die der getrew erbeiter des Euangeliums Martinus Lutther gelert hab / Jedoch mein Gaist ernidertrückt / und mit schwermietigkeit underlassen / ursach das Paulus sagt 1. Thimo. 2. [V. 12] Die weiber sollen schweigen / unn nit reden in der Kirchen. Nun ich aber in dyser art kain man sehe der reden wil / noch darff / dringt mich der spruch / Wer mich bekent [Mt 10,32].« (A. a. O., A 3^{v})
52 Vgl. *Vom Mißbrauch der Messe* (1521), in: WA 8, S. 497,19-498,14; vgl. 424,20-425,6.
53 *Wye ein Christliche fraw des adels* (Anm. 35), B 1^{r}.
54 Ebenda.
55 A. a. O., B 1$^{r/v}$.
56 Vgl. Ursula Peters, *Religiöse Erfahrung als literarisches Faktum – zur Vorgeschichte und Genese frauenmystischer Texte des 13. und 14. Jahrhunderts*, Tübingen 1988, S. 56f.
57 Luther an Johannes Brießmann in Königsberg (zweite Februarhälfte 1524), in: WA.B 3, S. 247,32f. (Hervorhebung Th. K.)
58 Die wichtigsten Arbeiten über sie hat Elsie McKee vorgelegt: *Katharina Schütz Zell*, Bd. 1: *The Life and Thought of a Sixteenth-Century Reformer*, Bd. 2: *The Writings. A Critical Edition*, Leiden u.a. 1999; Elsie McKee, *Church Mother. The Writings of a Protestant Reformer in Sixteenth-Century Germany*, Chicago und London 2006; vgl. Thomas Kaufmann, *Pfarrfrau und Publizistin – Das reformatorische »Amt« der Katharina Zell*, in: ZHF 23 (1996), S. 169-218.
59 Ediert in: McKee, *Katharina Schütz Zell*, Bd. 2 (Anm. 58), S. 1ff.
60 A. a. O., S. 11f.
61 A. a. O., S. 41.
62 A. a. O., S. 43.
63 A. a. O., S. 46.
64 A. a. O., S. 45; 47.
65 *An den christlichen Adel*, in: WA 6, S. 412,33ff.; vgl. aber in bezug auf die Ermächtigung aller Laien gleich welchen Geschlechts: WA 6, S. 460,35ff. (auch in KB I, S. 110-188).
66 Zitiert nach Kaufmann, *Pfarrfrau* (Anm. 58), S. 209.
67 McKee, *Katharina Schütz Zell*, Bd. 2 (Anm. 58), S. 55ff. (Edition des

Vorwortes Katharinas); vgl. McKee, *The Reform of Popular Piety in Sixteenth-Century Strasbourg. Katharina Schütz Zell and Her Hymnbook*, Studies in Reformed Theology and History 2/4, Princeton/New Jersey 1994.

68 Ediert in: McKee, *Katharina Schütz Zell*, Bd. 2 (Anm. 58), S. 154ff.

69 Zitiert nach Kaufmann, *Pfarrfrau* (Anm. 58), S. 197, Anm. 97.

70 Ediert in: McKee, *Katharina Schütz Zell*, Bd. 2 (Anm. 58), S. 305ff.

71 Vgl. über sie: Otto Clemen, *Die Schösserin von Eisenberg* (1898), in: ders., *Kleine Schriften zur Reformationsgeschichte*, hg. v. Ernst Koch, Bd. 1, Leipzig 1982, S. 83-91; Gisela Brandt, *Ursula Weyda – prolutherische Flugschriftenautorin (1524). Soziolinguistische Studien zum Neuhochdeutschen*, Stuttgart 1998.

72 Simon Blick, Wolfgang Blick, *Verderben und Schaden der Lande und Leute an Gut, Leib, Ehe und der Seelen Seligkeit aus Luthers und seines Anhangs Lehre*, in: Adolf Laube, Ulman Weiß (Hg.), *Flugschriften gegen die Reformation (1518-1524)*, Berlin 1997, S. 651-684; vgl. Köhler, *Bibl.*, Bd. 1, Nr. 298f., S. 129f.; VD 16 B 5731f.

73 Ursula Weydin, *Wyder das unchristlich schreyben und lesterbuch des Apts Simon zuo Pegaw unnd seyner Brueder. ⟨…⟩ Eyn gegruendt Christlich Schrifft Goetlich wort unnd Ehelich leben belangende*, o. O., o. Dr. 1524; MF 5, Nr. 20.

74 Weydin, a. a. O., A 3$^{r/v}$.

75 A. a. O., B 2^{r}.

76 A. a. O., C 3^{r}; vgl. A 1^{r}; A 1^{v}.

77 A. a. O., C 3^{v}.

78 *Antwort wider das unchristlich lesterbuch Ursula Weydyn ⟨…⟩*, Durch Henricum P.V.H., Leipzig: Jacob Thanner 1524; Köhler, *Bibl.*, Bd. 2, Nr. 1538; ediert in: Laube, Weiß, *Flugschriften gegen die Reformation (1518-1524)* (Anm. 72), S. 778-816, hier S. 785,4f.

79 Hinsichtlich des zeitgenössischen ›Wissens‹ über ihn waren zweifellos wichtig die Darstellung und Abbildung in: Hartmann Schedel, *Weltchronik 1493*. Eingeleitet und kommentiert von Stephan Füssel, Köln 2004, S. CCLV^{r}; instruktiv auch: Günther Franz (Hg.), *Quellen zur Geschichte des Bauernkrieges*, Darmstadt 1963, Nr. 14, S. 62-67.

80 C.D.V.N. [Cunz Drometer von Niklashausen (Pseudonym)], *Apologia Fur die Schösserin zu Eysenbergk Auff das Gotlose Buechlin so fur Ern Simon ⟨…⟩ Apt zu Pegaw* [Nürnberg: Hans Hergot 1524]; VD 16 D 2797.

81 Blick, Blick, *Verderben* (Anm. 72), S. 669,24f.

82 Carlos Gilly, *Das Sprichwort »Die Gelehrten die Verkehrten« oder der*

Verrat der Intellektuellen im Zeitalter der Glaubensspaltung, in: Antonio Rotondo (Hg.), *Forme e destinazione del messagio religioso*, Florenz 1991, S. 229-375; Heiko A. Oberman, *Die Gelehrten die Verkehrten. Popular Response to Learned Culture in the Renaissance and Reformation*, in: Steven E. Ozment (Hg.), *Religion and Culture in Renaissance and Reformation*, Kirksville 1989, S. 43-63; Thomas Kaufmann, *Filzhut versus Barett*, in: Anselm Schubert, Astrid von Schlachta, Michael Driedger (Hg.), *Grenzen des Täufertums / History of Anabaptism. Neue Forschungen*, Gütersloh 2009, S. 273-294; Thomas Kaufmann, *Der Anfang der Reformation*, Tübingen 2012, S. 253-281, 470f.

83 So in Karlstadts Schriften: *Von Mannigfaltigkeit des einfältigen, einigen willen Gottes*, [Köln: Arnd von Aich] 13. 3. 1523; Köhler, *Bibl.*, Bd. 2, Nr. 1960; VD 16 B 6251; Ex. MF 1123, Nr. 2867, A 1r (Titelblatt); ebenso: *Was gesagt ist: Sich gelassen* ‹…›, [Augsburg: Philipp Ulhart] 1523 (Widmungsbrief 20. 4. 1523); Köhler, *Bibl.*, Bd. 2, Nr. 1966; VD 16 B 6257; Ex. MF 1501, Nr. 3952, A 1r (Titelblatt); vgl. Shinichi Kotabe, *Das Laienbild Andreas Bodensteins von Karlstadt in den Jahren 1516-1524*, München 2005, S. 246ff.; Hermann Barge, *Andreas Bodenstein von Karlstadt*, 2 Bde., Nieuwkoop ^{2}1968, Bd. 2, S. 12ff.

84 Karlstadt, *Was gesagt ist* (Anm. 83), E 3v.

85 Vgl. Kaufmann, *Filzhut versus Barett* (Anm. 82).

86 Vgl. WA 6, S. 460,27-36.

87 Vgl. WA 15, S. 341ff.

88 WA 6, S. 460,28-31.

89 WA 15, S. 346,5f. Im Hintergrund steht vielleicht Ez 16,39 (a. a. O., Anm. 1), aber sicher ist das nicht; vgl. zu dem Gesprächsgang auch WA 18, S. 84,10ff., wonach der Orlamünder Laie sich auf das Neue Testament berufen hätte.

90 WA 15, S. 346,7f.

91 *Die Wittenbergisch Nachtigall*, hg. v. Gerald H. Seufert, Stuttgart 1974 (Nachdruck 1984).

92 Vgl. über ihn unter anderen Berndt Hamm, *Bürgertum und Glaube. Konturen der städtischen Reformation*, Göttingen 1996, S. 181ff.

93 Zuletzt und grundlegend: Siegfried Bräuer, *»ich begere lauttern und reinen wein / So vormischt er mirn mith wasser«. Der Flugschriftenstreit zwischen dem Eilenburger Schuhmacher Georg Schönichen und dem Leipziger Theologen Hieronymus Dungersheim*, in: Jörg Haustein, Harry Oelke (Hg.), *Reformation und Katholizismus. Festschrift für Gottfried Maron*, Hannover 2003, S. 97-140.

94 Umfassend: Martin Arnold, *Handwerker als theologische Schriftsteller.*

Studien zu Flugschriften der frühen Reformation (1523-1525), Göttingen 1990.

95 Günther Franz (Hg.), *Thomas Müntzer. Schriften und Briefe*, Gütersloh 1968, S. 490,12 (Prager Manifest); siehe dazu Günter Vogler, *Anschlag oder Manifest? Überlegungen zu Thomas Müntzers Sendbrief von 1521*, in: ders., *Thomas Müntzer und die Gesellschaft seiner Zeit*, Mühlhausen 2003, S. 38-54.

96 Vgl. dazu die Arbeiten von Hans-Jürgen Goertz, zuletzt etwa: *Radikalität der Reformation*, Göttingen 2007.

97 Franz, *Müntzer* (Anm. 95), S. 494,21 ff.

98 So nach dem Bericht des in der Nähe von Wittenberg tätigen Klerikers Ambrosius Wilken (nach dem 6. 1. 1522), in: Müller, *Die Wittenberger Bewegung* (Anm. 25), Nr. 68, S. 151-164, hier S. 160f.; vgl. Thomas Kaufmann, *»Türckenbüchlein«. Zur christlichen Wahrnehmung »türkischer Religion« im 15. und 16. Jahrhundert*, Göttingen 2008, S. 98 ff.; zur Frage der Identität des in Wittenberg auftretenden Predigers vgl. Thomas Kaufmann, *Thomas Müntzer, »Zwickauer Propheten« und sächsische Radikale*, Mühlhausen 2010, S. 75 ff.

99 Ulrich Bubenheimer, *Thomas Müntzer. Herkunft und Bildung*, Leiden u.a. 1989; Helmar Junghans, Siegfried Bräuer (Hg.), *Der Theologe Thomas Müntzer*, Berlin 1989; vgl. die grundlegenden Biographien von Walter Elliger, *Thomas Müntzer. Leben und Werk*, Göttingen [3]1976, und Günter Vogler, *Thomas Müntzer*, Berlin/Ost 1989; zur allgemeinen Orientierung wichtig: Gottfried Seebaß, Artikel *Müntzer, Thomas*, in: *TRE* 23 (1994), S. 414-436.

100 So in einem Spottgedicht, das gegen Müntzer gerichtet war (vgl. dazu Siegfried Bräuer, *Spottgedichte in Zwickau 1520/1521*, in: ders., *Spottgedichte, Träume und Polemik in den frühen Jahren der Reformation*, Leipzig 2000, S. 9-58), ediert in: Johann Karl Seidemann, *Kleine Schriften zur Reformationsgeschichte (1842-1880)*, hg. v. Ernst Koch, Bd. 1: *Thomas Müntzer und der Bauernkrieg (1842-1878)*, Leipzig 1990, S. 120. Instruktiv: Susan Karant-Nunn, *Zwickau in Transition, 1500-1547. The Reformation as an Agent of Change*, Columbus 1987.

101 Seidemann, *Kleine Schriften*, Bd. 1 (Anm. 100), S. 120; zu Storch und Müntzer noch immer: Paul Wappler, *Thomas Müntzer in Zwickau und die »Zwickauer Propheten«*, Gütersloh 1966, bes. S. 29 ff.; Siegfried Hoyer, *Die Zwickauer Storchianer – Vorläufer der Täufer?*, in: Jean Rott, Simon Verheus, *Anabaptistes et dissidents au XVIe siècle*, Baden-Baden 1987, S. 65-83 (zugleich in: Jahrbuch für Regionalgeschichte 13 [1986], S. 60-78).

102 Seidemann, *Kleine Schriften*, Bd. 1 (Anm. 100), S. 120.
103 Ebenda.
104 Ebenda.
105 Felician Gess (Hg.), *Akten und Briefe zur Kirchenpolitik Herzog Georgs von Sachsen*, 2 Bde., Leipzig und Berlin 1905-17 (Nachdruck Köln und Wien 1985), Bd. 1, S. 210; 216f. (November/Dezember 1521).
106 S. o. bei Anm. 98.
107 So im Bericht Wilkens (Anm. 98), S. 160.
108 Vgl. Melanchthon an Camerarius (16. 4. 1525), in: *MBW.T* 2, Nr. 391, S. 289,9-14.
109 Vgl. neben der Studie von Reinhard Schwarz, *Die apokalyptische Theologie Thomas Müntzers und der Taboriten*, Tübingen 1977 auch Kaufmann, *Müntzer* (Anm. 98).
110 *Sehet auff / das ist ein seltzams thier*, um 1520 (Mainz: Johann Schöffer); vgl. Hermann Meuche, Ingeborg Neumeister, *Flugblätter der Reformation und des Bauernkrieges*, Leipzig 1976, S. 35 und Nr. TA 13, S. 117; vgl. Harry Oelke, *Die Konfessionsbildung des 16. Jahrhunderts im Spiegel illustrierter Flugblätter*, Berlin und New York 1992, Abb. 10.
111 Vgl. WA 11, S. 359ff.; weiterführende Hinweise in: Thomas Kaufmann, *Das Ende der Reformation. Magdeburgs »Herrgotts Kanzlei« 1548-1551/2*, Tübingen 2003, S. 311ff.
112 Abbildung etwa in: *Martin Luther und die Reformation in Deutschland*, Frankfurt/Main 1983, Nr. 283, S. 224f.
113 Edition der Texte in: WA 9, S. 701-715; Faksimile der Bilder in WA 9; vgl. Karin Groll, *Das »Passional Christi et Antichristi« von Lucas Cranach d.Ä.*, Frankfurt/Main 1990.
114 Georg Pencz, Verse von Hans Sachs, *Inhalt zweierley predig*, in: Meuche, Neumeister, *Flugblätter* (Anm. 110), S. 36f. und Nr. TA 14, S. 117f.
115 Quantitative Angaben im Anschluß an Alejandro Zorzin, *Karlstadt als Flugschriftenautor*, Göttingen 1990, S. 24; die umfassendste bibliographische Übersicht über die Publizistik der altgläubigen Kontroverstheologen bietet noch immer: Wilbirgis Klaiber, *Katholische Kontroverstheologen und Reformer des 16. Jahrhunderts. Ein Werkverzeichnis*, Münster/Westfalen 1978.
116 Edition des Mandats in: Gess, *Akten und Briefe*, Bd. 1 (Anm. 105), Nr. 400, S. 386f.
117 Heribert Smolinsky, *Augustin von Alveldt und Hieronymus Emser*, Münster 1983; Hermann Gelhaus, *Der Streit um Luthers Bibelver-*

deutschung im 16. und 17. Jahrhundert, 2 Bde., Tübingen 1989-90; Uwe Köster, *Studien zu den katholischen deutschen Bibelübersetzungen im 16., 17. und 18. Jahrhundert*, Münster 1995.

118 *Aus was Ursach Luthers NT verboten sei*, ediert in: Laube, Weiß, *Flugschriften gegen die Reformation (1518-1524)* (Anm. 72), S. 509-529.

119 *Von weltlicher Obrigkeit* (1523), in: WA 11, S. 246,29f.; vgl. KB IV, S. 46,33-47,1.

120 WA 30 II, S. 627-646; KB II, S. 258-275.

121 A. a. O., S. 634,13.

122 A. a. O., S. 634,17f.

123 A. a. O., S. 634,20-24.

124 Adolf Herte, *Die Lutherkommentare des Johannes Cochläus*, Münster 1935; Adolf Herte, *Das katholische Lutherbild im Bann der Lutherkommentare des Cochläus*, 3 Bde., Münster 1943; Monique Samuel-Scheyder, *Johannes Cochläus. Humaniste et adversaire de Luther*, Nancy 1993.

125 Vgl. den Brief Cochläus' an Pirckheimer vom 12. 6. 1520, in: Helga Scheible (Hg.), *Willibald Pirckheimers Briefwechsel*, Bd. 4, München 1997, Nr. 698, S. 261,26-32.

126 Johannes Cochläus, *Commentaria de actis et scriptis Martini Lutheri*, Mainz 1549 (Nachdruck Westmead 1968).

127 Cochläus, *Glossen und Kommentar auf 154 Artikel* (1523), in: Laube, Weiß, *Flugschriften gegen die Reformation (1518-1524)* (Anm. 72), S. 397,35-37.

128 Laube, Weiß, a. a. O., S. 390,9; vgl. WA 6, S. 353,6.

129 Laube, Weiß, a. a. O., S. 390,29.

130 Deutsche Teilausgabe in: Adolf Laube, Ulman Weiß (Hg.), *Flugschriften gegen die Reformation (1525-1530)*, 2 Bde., Berlin 2000, Bd. 2, S. 989ff.

131 Vgl. Kaufmann, *»Türckenbüchlein«* (Anm. 98), bes. S. 183ff.

132 Heinz Schilling, *Reformation – Umbruch oder Gipfelpunkt eines Temps des Réformes?*, in: ders., *Ausgewählte Abhandlungen zur europäischen Reformations- und Konfessionsgeschichte*, hg. v. Luise Schorn-Schütte und Olaf Mörke, Berlin 2002, S. 11-31.

Kapitel 8
Ritterschaftliche, bäuerliche und fürstliche Reformationen

1 *MBW.T* 1, Nr. 74, S. 164f.; WA.B 2, Nr. 205, S. 115-118.

2 Hutten an Luther (4. 6. 1520), in: WA.B 2, S. 117,29f.

3 *Ulrichi Hutteni equitis Germani Opera*, hg. v. Eduard Böcking, Bd. 1, Leipzig 1859, S. 449,24; vgl. S. 448,17-21; Bd. 4, Leipzig 1860, S. 318,8-17; vgl. WA.Br 4, S. 587,9-588,2.

4 WA 8, S. 457,5 ff.; 537,22 ff. (zur Messe am Sonntag); WA 8, S. 138-140 (Widmung an Sickingen).

5 S. o. S. 317; zwei der insgesamt vier Flugschriften dieses Zyklus sind in edierter Form zugänglich in: Adolf Laube u.a. (Hg.), *Flugschriften der frühen Reformationsbewegung (1518-1524)*, 2 Bde., Berlin 1983, Bd. 2, S. 731-747; eine weitere Schrift in: Otto Clemen (Hg.), *Flugschriften aus der Reformationszeit in Facsimiledrucken*, Bd. 1, Leipzig 1921; zu den Einzelheiten: Thomas Kaufmann, *Anonyme Flugschriften der frühen Reformation*, in: Bernd Moeller (Hg.), *Die frühe Reformation in Deutschland als Umbruch*, Gütersloh 1998, S. 191-267, hier S. 251 ff.

6 BDS 1, S. 442-444. S. o. S. 315-317.

7 Zitiert nach der Edition in: Karl Schottenloher, *Flugschriften zur Ritterschaftsbewegung des Jahres 1523*, Münster/Westfalen 1929, Nr. 1, S. 30-37, hier S. 30,4f.

8 A. a. O., S. 30,11 f.

9 A. a. O., S. 30,24-26.

10 A. a. O., S. 30,8; 36,19f.

11 So in einer Schrift Heinrichs von Kettenbach, zitiert bei Schottenloher, *Flugschriften* (Anm. 7), S. 11.

12 So in einem der Häufebecher – kleine Becher, die ineinandergesteckt werden können – Sickingens, vgl. *Martin Luther und die Reformation in Deutschland*, Frankfurt/Main 1983, Nr. 263, S. 206f.

13 WA 6, S. 466,40-467,1.

14 Gunter Zimmermann, *Die Antwort der Reformatoren auf die Zehntenfrage*, Frankfurt/Main u. a. 1982; einige wichtige Quellen zur Sache sind ediert in: Laube, *Flugschriften der frühen Reformationsbewegung* (Anm. 5), Bd. 2, S. 1038 ff.

15 Grundlegend sind die Arbeiten von Peter Blickle, besonders: *Gemeindereformation. Der Mensch des 16. Jahrhunderts auf dem Weg zum Heil*, München 1987 (Studienausgabe); Peter Blickle, Johannes Kunisch (Hg.), *Kommunalisierung und Christianisierung. Voraussetzungen und Folgen der Reformation 1400-1600*, Berlin 1989; Peter Blickle (Hg.), *Zugänge zur bäuerlichen Reformation*, Zürich 1987.

16 Vgl. die wegweisende Studie von Franziska Conrad, *Reformation in der bäuerlichen Gesellschaft. Zur Rezeption reformatorischer Theologie im Elsaß*, Stuttgart 1984.

17 Ich benutze die Edition in: Adolf Laube u. a. (Hg.), *Flugschriften der Bauernkriegszeit*, Berlin/Ost ^{2}1978, S. 26-31; 567.

18 A. a. O., S. 26,19.
19 A. a. O., S. 26,28.
20 A. a. O., S. 27,8ff.
21 A. a. O., S. 28,14-16.
22 A. a. O., S. 28,17f.
23 A. a. O., S. 28,26f.
24 Peter Blickle, *Die Revolution von 1525*, München ³1993, S. 40f.
25 Laube u. a., *Flugschriften der Bauernkriegszeit* (Anm. 17), S. 30,29.
26 Vgl. besonders den Schlußartikel a. a. O., S. 31,2ff.
27 Ediert in: Laube u. a., *Flugschriften der Bauernkriegszeit* (Anm. 17), S. 32-43; 567f.; vgl. Gottfried Seebaß, *Artikelbrief, Bundesordnung und Verfassungsentwurf. Studien zu drei zentralen Dokumenten des südwestdeutschen Bauernkrieges*, Heidelberg 1988.
28 Laube u. a., *Flugschriften der Bauernkriegszeit* (Anm. 17), S. 33,34ff.
29 Blickle, *Revolution* (Anm. 24), S. 206; 306f.; zu den in Heilbronn vorgesehenen Beratungsgegenständen vgl. Günther Franz (Hg.), *Quellen zur Geschichte des Bauernkrieges*, Darmstadt 1963, Nr. 122f., S. 370-374.
30 Edition in: Laube u. a., *Flugschriften der Bauernkriegszeit* (Anm. 17), S. 35-40; 568f.
31 WA 18, S. 336,4.
32 WA 18, S. 336,8f.
33 WA 18, S. 335-343.
34 Edition in: Laube u. a., *Flugschriften der Bauernkriegszeit* (Anm. 17), S. 57f.; 571f.
35 Vgl. etwa Laube u. a., a. a. O., S. 57,28.31 u. ö.
36 Verzeichnis der Drucke in: WA 18, S. 348-350; Josef Benzing, Helmut Claus, *Lutherbibliographie. Verzeichnis der gedruckten Schriften Martin Luthers bis zu dessen Tod*, 2 Bde., Baden-Baden ²1989-94, Nr. 2137-2158. Text auch in KB IV, S. 113-118.
37 Günther Franz (Hg.), *Thomas Müntzer. Schriften und Briefe*, Gütersloh 1968, bes. S. 321-343.
38 *Eyn schrifft Philippi Melanchthon widder die artickel der Bauerschaft* (Druck etwa Ende Mai/Anfang Juni 1525), zitiert nach der Edition in: *MWA* 1, S. 206,14-21.
39 *MWA* 1, S. 200,36f.
40 Zitiert nach Thomas Kaufmann, *Die Abendmahlstheologie der Straßburger Reformatoren bis 1528*, Tübingen 1992, S. 339, Anm. 396; vgl. WA 23, S. 282,28ff.
41 WA 18, S. 401,15f.; vgl. KB IV, S. 141,10f.
42 WA 18, S. 400,24.36.

43 WA 18, S. 291-334.
44 WA 18, S. 357-361.
45 WA 18, S. 361,25 f.
46 Vgl. etwa WA.TR 1, S. 195,19.
47 Vgl. Franz, *Müntzer* (Anm. 37), S. 322,1 f.
48 Exemplarisch zu Philipp von Hessen: Gury Schneider-Ludorff, *Der fürstliche Reformator. Theologische Aspekte im Wirken Philipps von Hessen von der Homberger Synode bis zum Interim*, Leipzig 2006.
49 S. o. S. 371.
50 Luther an Spalatin (24. 11. 1524), in: WA.B 3, Nr. 798, S. 390,16-19.
51 Luther an Kurfürst Johann (31. 10. 1525), in: WA.B 3, Nr. 937, S. 595,39-42.
52 A. a. O., S. 595,48 f.
53 Johann von Sachsen an Luther (7. 11. 1525), in: WA.B 3, Nr. 944, S. 614,18-23.
54 *EKO* 1, S. 142-148, hier S. 142a.
55 *EKO* 1, S. 142b.
56 *EKO* 1, S. 146a.
57 WA 26, S. 915-240; *EKO* 1, S. 149-174; LuStA 3, S. 406-462.
58 Vgl. bes. WA 26, S. 197,25 ff.; 200,27 ff. = LuStA 3, S. 409,17 ff.; 414,15 ff.
59 WA 26, S. 200,29 = LuStA 3, S. 414,17.
60 WA 26, S. 223,38 = LuStA 3, S. 441,31 f.
61 WA 26, S. 200,31 ff. = LuStA 3, S. 414,20 ff.
62 Vgl. WA 6, S. 413,20 ff.
63 LuStA 3, S. 414,18 ff.; vgl. S. 441,31 ff. = WA 26, S. 200,29 ff.; 223,40 ff.; zur Pflicht der Obrigkeiten der christlichen Untertanen, die barbarischen, »eitel mord« (S. 448,40) praktizierenden Türken abzuwehren, vgl. S. 447,20-449,12 = WA 26, S. 228,33-229,46.
64 *Heerpredigt wider die Türken*, in: WA 30 II, S. 186,1-9.31-34; vgl. KB IV, S. 208,35-209,1; 209,7 f.; 209,35-210,3.
65 WA 30 I, S. 267,6-10; vgl. KB II, S. 191,20-22.
66 WA 30 I, S. 287,5-9; vgl. 274,18.
67 WA 30 I, S. 271,26 f.
68 WA 30 I, S. 271,28 f.; 277,18 ff.
69 »⟨…⟩ Weil nu die tyranney des Bapsts ab ist, so wollen sie nicht mehr zum sacrament gehen und verachtens. Hie ist aber not zu treiben, doch mit diesem bescheid, Wir sollen niemand zum glauben odder zum sacrament zwingen, Auch kein gesetz noch zeit noch stet stymmen, Aber also predigen, das sie sich selbs on unser

gesetz dringen und gleich uns pfarrherrn zwingen, das sacrament zu reichen.« (WA 30 I, S. 277,14-25; vgl. 281,3 ff.)

70 WA 30 I, S. 293,15 f.

71 Martin Krarup, *Ordination in Wittenberg. Die Einsetzung in das kirchliche Amt in Kursachsen zur Zeit der Reformation*, Tübingen 2007, bes. S. 175 ff.; Dorothea Wendebourg, *Martin Luthers frühe Ordinationen*, in: Stefan Ehrenpreis, Ute Lotz-Heumann, Olaf Mörke, Luise Schorn-Schütte (Hg.), *Wege der Neuzeit. Festschrift für Heinz Schilling*, Berlin 2007, S. 97-115.

72 Vgl. Wendebourg, *Martin Luthers frühe Ordinationen* (Anm. 71), S. 107.

73 *EKO* 1, S. 200-209; Ralf Frassek, *Eherecht und Ehegerichtsbarkeit in der Reformationszeit. Der Aufbau neuer Rechtsstrukturen im sächsischen Raum unter besonderer Berücksichtigung der Wirkungsgeschichte des Wittenberger Konsistoriums*, Tübingen 2005.

74 Tim Lorentzen, *Johannes Bugenhagen als Reformator der öffentlichen Fürsorge*, Tübingen 2008.

75 Nachweise in *EKO* 8/I, S. 12, Anm. 17.

76 Zitiert nach *EKO* 8/I, S. 12.

77 Ediert in *EKO* 8/I, S. 43-65.

78 Luther an Philipp von Hessen (7. 1. 1527), in: WA.B 4, Nr. 1071, S. 157 f.

Kapitel 9
Theologische Klärungen und Entzweiungen

1 Vgl. in diesem Sinne Thomas Kaufmann, *Die Abendmahlstheologie der Straßburger Reformatoren bis 1528*, Tübingen 1992, bes. S. 270.

2 WA 19, S. 75,3 ff.

3 Werner Bellardi, *Die Geschichte der »Christlichen Gemeinschaft« in Straßburg (1546/50). Der Versuch einer »zweiten Reformation«*, Leipzig 1934.

4 BDS 17, S. 235,28; vgl. S. 228,26 ff.

5 Erasmus von Rotterdam, *Ausgewählte Schriften*, hg. v. Werner Welzig, Bd. 1, Darmstadt 1968, S. 180 ff.

6 WA 2, S. 742-758 = LuStA 1, S. 270-287 = Cl 1, S. 196-212.

7 WA 2, S. 749,12-14.

8 WA 15, S. 394,14 f.

9 WA 15, S. 394,13 f.

10 Vgl. Thomas Kaufmann, *Fragmentarische Existenz: Der »alte« und*

der »junge« Luther als theologisches Problem, in: ders., *Der Anfang der Reformation*, Tübingen 2012, S. 589-605.

11 WA 15, S. 394,19f.

12 WA 6, S. 353-378 = LuStA 1, S. 288-311 = Cl 1, S. 299-322.

13 WA 2, S. 749,10-12.

14 WA 11, S. 431-456.

15 Hans von der Planitz vom Nürnberger Reichstag an Kurfürst Friedrich von Sachsen (2. 1. 1523), in: Ernst Wülcker, Hans Virck (Hg.), *Des kursächsischen Rathes Hans von der Planitz Berichte aus dem Reichsregiment in Nürnberg 1521-1523*, Leipzig 1899 (Nachdruck Hildesheim und New York 1979), Nr. 132, S. 301-305, hier S. 302,36f.

16 WA 11, S. 434,2.

17 WA 11, S. 432,25.

18 WA 11, S. 431,11-13.

19 Ediert in: Z 4 (CR 91), S. 512-519; vgl. Kaufmann, *Abendmahlstheologie* (Anm. 1), S. 284ff.; zuletzt – freilich hinsichtlich der historischen und druckgeschichtlichen Rekonstruktionen nicht unproblematisch – Bart Jan Spruyt, *Cornelius Henrici Hoen (Honius) and His Epistle on the Eucharist. Medieval Heresy, Erasmian Humanism, and Reform in the Early Sixteenth Century Low Countries*, Leiden 2006.

20 WA 11, S. 434,30-34.

21 WA 11, S. 434,17.

22 Ediert in: BDS 2, S. 295-383.

23 Vgl. zu den Einzelheiten: Kaufmann, *Abendmahlstheologie* (Anm. 1); Thomas Kaufmann, *Zwei unerkannte Schriften Bucers und Capitos zur Abendmahlsfrage aus dem Herbst 1525*, in: ARG 81 (1990), S. 158-188.

24 Alejandro Zorzin, *Karlstadt als Flugschriftenautor*, Göttingen 1990, S. 126 u.ö.

25 WA 18, S. 62-125.134-214.

26 Vgl. etwa Kaufmann, *Abendmahlstheologie* (Anm. 1), S. 282, Anm. 65.

27 Vgl. *Dr. Martin Luthers sämmtliche Schriften*, hg. v. Johann Georg Walch, 23 Bde., St. Louis/Missouri 1880-1910, Bd. 20, Sp. 501-504.

28 Z 3 (CR 90), S. 590-912; gute deutsche Übersetzung in: Thomas Brunnschweiler, Samuel Lutz (Hg.), *Huldrych Zwingli. Schriften*, Bd. 3, Zürich 1995, S. 31-452; Z 3 (CR 90), S. 322-354 (Alberbrief).

29 VD 16 B 9380-9390.

30 Johannes Oekolampad, *De Genuina verborum Domini »Hoc est corpus meum« iuxta vetustissimos authores expositione liber* [Straßburg: Joh. Knobloch d.Ä. 1525]; Ex. MF 715, Nr. 1828; Köhler, *Bibl.*, Bd. 3, Nr. 3554, S. 179.

31 Ediert in: Johannes Brenz, *Frühschriften*, hg. v. Martin Brecht u.a., Tl. 1, Tübingen 1970, S. 222-278.
32 WA 19, S. 447-461.
33 WA 26, S. 444,1-445,17 = LuStA 4, S. 185,1-186,27 = Cl 3, S. 461,20-462,33.
34 WA 23, S. 131,11-13.
35 WA 23, S. 143,12.
36 WA 26, S. 261-509 = LuStA 4, S. 25-258 = Cl 3, S. 352-516.
37 WA 26, S. 499,1-500,20 = LuStA 4, S. 245,4-16 = Cl 3, S. 507,30-508,2.
38 Andreas Osiander, GA, Bd. 3, S. 432,16f.; auch in: Gerhard May (Hg.), *Das Marburger Religionsgespräch 1529*, Gütersloh 1970 (^{2}1979), S. 54. Die Textsammlung Mays bietet alle wichtigen Quellen zur Sache; vgl. auch Gerhard May, Artikel *Marburger Religionsgespräch*, in: *TRE* 22 (1992), S. 75-79.
39 Zitiert nach May, *Das Marburger Religionsgespräch* (Anm. 38), S. 70.
40 Ebenda.
41 Vgl. Thomas Kaufmann, Art. *Wittenberger Konkordie*, in: *TRE* 36 (2004), S. 243-251.
42 BDS 6,1, S. 120,4f.: »cum pane et vino« und »vere et substantialiter adesse exhiberi et sumi corpus Christi et sanguinem«; vgl. S. 121,6-123,2.
43 BDS 6,1, S. 122,7-125,5.
44 Vgl. etwa *BSLK*, S. 450,27-451,15.
45 *MWA* 6, S. 9; *BSLK*, S. 65,45 f.
46 *Ein Sermon von dem heiligen hochwürdigen Sakrament der Taufe*, in: WA 2, S. 727-737 = LuStA 1, S. 259-269.
47 WA 2, S. 728,15 = LuStA 1, S. 260,25; vgl. WA 2, S. 730,8 = LuStA 1, S. 262,15.
48 WA 2, S. 730,30f. = LuStA 1, S. 262,36f.; »⟨...⟩ das sich gott darselbs mit dyr vorpindet«; »trostlichens bund« (WA 2, S. 730,21f. = LuStA 1, S. 262,28f.); »vorpindest du dich« (WA 2, S. 730,30 = LuStA 1, S. 262,36); »solchn deyn vorpinden mit got« (WA 2, S. 731,3 = LuStA 1, S. 263,9).
49 WA 2, S. 731,3 f. = LuStA 1, S. 263,9f.
50 WA 2, S. 735,29ff. = LuStA 1, S. 267,29ff.
51 WA 6, S. 538,4-6.
52 WA 6, S. 538,7.
53 Vgl. WA 11, S. 452,29-33; WA 17 II, S. 78,30-82,33.
54 WA 17 II, S. 82,27f. (1525); vgl. *BSLK*, S. 702,44-703,3.
55 Luther an Melanchthon (13. 1. 1522), in: *MBW.T* 1, Nr. 205, S. 436, 42ff.; WA.B 2, Nr. 450, S. 425,41 ff.

56 WA 26, S. 166,9-167,18; vgl. WA.B 2, S. 426,76-78 = *MBW.T* 1, S. 437,77-79; vgl. WA 6, S. 526,35 ff. = LuStA 2, S. 209,4ff.

57 WA 26, S. 167,11-13.

58 WA.B 2, S. 427,118 f. = *MBW.T* 1, S. 439,117 f.: »gravissimum schisma«.

59 WA.B 2, S. 427,118 = *MBW.T* 1, S. 439,117: »In nobis ipsis et inter nostros«.

60 Melanchthon an Hugold von Einsiedel und Spalatin (1. 1. 1522), in: *MBW.T* 1, Nr. 202, S. 428,10. Vgl. Z. 23 f.

61 *MBW.T* 1, S. 428,27 ff.

62 *MBW.T* 1, S. 430,39.

63 So zitiert aus dem ältesten Bericht über die Zwickauer Propheten von Nikolaus Hausmann, Johannes Zeidler, Wolf Zeimer u.a. an Kurfürst Friedrich von Sachsen vom 18. 12. 1521, ediert in: Theodor Kolde, *Ältester Bericht über die Zwickauer Propheten*, in: ZKG 5 (1882), S. 323-325, hier S. 323 f.; vgl. in: *MBW.T* 1, S. 431,50f. (vgl. die Korrektur der Lesarten im Apparat); Paul Wappler, *Thomas Müntzer in Zwickau und die »Zwickauer Propheten«*, Gütersloh 1966, S. 47 f.; Thomas Kaufmann, *Thomas Müntzer, »Zwickauer Propheten« und sächsische Radikale*, Mühlhausen 2010. Ein in Zwickau durchgeführtes Verhör des Müntzer-Storch-Kreises vom 16. 12. 1521 hatte unter anderem die Kindertaufe zum Gegenstand, vgl. Wappler, a. a. O., S. 52 f., Anm. 230.

64 Wappler, *Müntzer* (Anm. 63), S. 47.

65 Vgl. zur Frau des Zwickauer Tuchmachers Caspar Teucherin: Wappler, *Müntzer* (Anm. 63), S. 46 ff.; zu Frauen in der radikalen Reformation vgl. C. Arnold Snyder, Linda Huebert Hecht (Hg.), *Profiles of Anabaptist Women*, Waterloo/Ontario 1996 (6. Nachdruck 2002); Marion Kobelt-Groch, *Aufsässige Töchter Gottes. Frauen im Bauernkrieg und in den Täuferbewegungen*, Frankfurt/Main 1993.

66 Vgl. CR 15, Sp. 1160; CR 14, Sp. 767; Wappler, *Müntzer* (Anm. 63), S. 47.

67 Marcus Wagner, *Einfeltiger Bericht: Wie durch Nicolaum Storcken die Auffruhr in Thüringen* ⟨…⟩ *angefangen sey worden* ⟨…⟩, Erfurt: Zacharias Zimmer 1596; VD 16 W 125, Bl. 23[v]; zitiert auch bei Wappler, *Müntzer* (Anm. 63), S. 57, Anm. 243; zur Frage der Zwickauer Propheten und der Anfänge des Täufertums siehe auch Harold S. Bender, *The Zwickau Prophets, Thomas Müntzer, and the Anabaptists*, in: Mennonite Quarterly Review 27 (1953), S. 3-16; James M. Stayer, *Saxon Radicalism and Swiss Anabaptism. The Return of the Repressed*, in: Mennonite Quarterly Review 67 (1993), S. 5-30; Olaf Kuhr,

The Zwickau Prophets, the Wittenberg Disturbances, and Polemical Historiography, in: Mennonite Quarterly Review 70 (1996), S. 203-214.

68 Zitiert nach der Zeitung aus Wittenberg, in: Nikolaus Müller, *Die Wittenberger Bewegung 1521 und 1522*, Leipzig ^{2}1911, S. 160f.

69 Müller, a. a. O., S. 161.

70 Günther Franz (Hg.), *Thomas Müntzer. Schriften und Briefe*, Gütersloh 1968, S. 227,29f.

71 A. a. O., S. 229,15 ff.

72 A. a. O., S. 228,3 ff.

73 A. a. O., S. 214,12 ff.

74 A. a. O., S. 526,13-16; zur Interpretation: Ernst Koch, *Das Sakramentsverständnis Thomas Müntzers*, in: Helmar Junghans, Siegfried Bräuer (Hg.), *Der Theologe Thomas Müntzer*, Berlin 1989, S. 129-155, hier S. 144.

75 Franz, *Müntzer* (Anm. 70), S. 445,22-24. Ob man dem Brief des Grebel-Kreises auch »leise, aber deutliche Kritik daran, daß Müntzer und Karlstadt weiterhin an der Taufe von Kindern festhielten« (so Koch, *Sakramentsverständnis* [Anm. 74], S. 141), entnehmen kann, hängt davon ab, ob man bei den Zürchern voraussetzen darf, daß sie von Müntzers Taufpraxis wußten. Immerhin bestand über den nach Zürich übergesiedelten Goldschmied Hans Hujuff (vgl. Karl Simon, *Die Zürcher Täufer und der Hofgoldschmied Kardinal Albrechts*, in: Zwingliana 6 [1934], S. 50-54) ein direkter persönlicher Kontakt zwischen Müntzer und den Zürcher Täufern. (Bei Franz, a. a. O., S. 445,16.26f., wird der Bruder Hujuffs als Informant erwähnt.) Doch ob hinter folgendem Satz wirklich Kritik an Müntzer steckte? »Die wil du semlichs alß zehen malen baß bekenst und wider den kindertouff dine protestationes [Franz, a. a. O., S. 225-240] heruß gelassen hast, verhoffend wir, du handlist nit wider daß ewig wort, wißheit und gebott Gottes, nach welchem man allein gloubende touffen soll und touffist keine kind.« (Franz, a. a. O., S. 443,34-38 = Leonhard von Muralt, Walter Schmid [Hg.], *Quellen zur Geschichte der Täufer in der Schweiz*, Bd. 1: *Zürich*, Zürich ^{2}1974, S. 18) Vgl. Siegfried Bräuer, *»Sind beyde dise Briefe an Müntzer abgeschikt worden?« Zur Überlieferung der Briefe des Grebelkreises an Thomas Müntzer vom 5. September 1524*, in: Mennonitische Geschichtsblätter 55 (1998), S. 7-24.

76 Franz, *Müntzer* (Anm. 70), S. 443,38 ff. = Muralt, Schmid, *Quellen* (Anm. 75), S. 18.

77 Alejandro Zorzin, *Karlstadts »Dialogus vom Tauff der Kinder« in einem anonymen Wormser Druck aus dem Jahr 1527. Ein Beitrag zur Karlstadt-*

bibliographie, in: ARG 79 (1988), S. 27-58; zur weiteren Diskussion vgl. Calvin A. Pater, *Westerburg. The Father of Anabaptism. Author and Content of the Dyalogus of 1527*, in: ARG 85 (1994), S. 138-167; Alejandro Zorzin, *Zur Wirkungsgeschichte einer Schrift aus Karlstadts Orlamünder Tätigkeit. Der 1527 in Worms gedruckte Dialog vom fremden Glauben, Glauben der Kirche, Taufe der Kinder. Fortsetzung einer Diskussion*, in: Sigrid Looß, Markus Matthias (Hg.), *Andreas Bodenstein von Karlstadt (1486-1541). Ein Theologe der frühen Reformation*, Wittenberg 1998, S. 143-158.

78 WA.B 2, S. 515,8-13; 597,26-30.

79 Z 4 (CR 91), S. 228,25 f.

80 Balthasar Hubmaier, *Schriften*, hg. v. Gunnar Westin und Torsten Bergsten, Gütersloh 1962, S. 186.

81 Ebenda; gemeint ist der Artikel über die Firmung, speziell Z 2 (CR 89), S. 123,1-30.

82 Z 2 (CR 89), S. 123,11 f.: »nit also gemin xin als zu unseren zyten«.

83 Z 2 (CR 89), S. 123,18 f.

84 Adolf Fugel, *Tauflehre und Taufliturgie bei Huldrych Zwingli*, Goldach 1989, S. 113; vgl. zuletzt Andrea Strübind, *Eifriger als Zwingli. Die frühe Täuferbewegung in der Schweiz*, Berlin 2003.

85 Franz, *Müntzer* (Anm. 70), S. 443,8-10 = Muralt, Schmid, *Quellen* (Anm. 75), S. 18.

86 Franz, a. a. O., S. 443,17 f. = Muralt, Schmid, a. a. O., S. 18.

87 Muralt, Schmid, a. a. O., S. 10.

88 Ebenda.

89 Muralt, Schmid, a. a. O., S. 11.

90 Hanns Huber aus Witikon, dessen Sohn im August 1524 ein halbes Jahr alt und noch ungetauft war, gab explizit an, er sei von Reublin in bezug auf sein Verhalten »weder geheisen noch gewert« worden. (A. a. O., S. 10)

91 Regest: Emil Egli (Hg.), *Actensammlung zur Geschichte der Zürcher Reformation in den Jahren 1519-1533*, Zürich 1879 (Nachdruck Aalen 1973), Nr. 567, S. 246; ediert in: Muralt, Schmid, *Quellen* (Anm. 75), S. 11.

92 S. o. Anm. 79.

93 Z 3 (CR 90), S. 411,25-29; 403,21 ff.

94 Z 3 (CR 90), S. 404,7-14.

95 Muralt, Schmid, *Quellen* (Anm. 75), Nr. 16, S. 23-28.

96 A. a. O., S. 28.

97 Abdruck in: Muralt, Schmid, a. a. O., Nr. 22, S. 33.

98 Abdruck in: Muralt, Schmid, a. a. O., Nr. 24 f., S. 34 f.

99 Muralt, Schmid, a. a. O., Nr. 26, S. 35 f.

100 Eine anschauliche Schilderung seiner Tätigkeit ergibt sich aus einem Verhörprotokoll Heini Aberlis u.a. (20. 1. 1525), in: Egli, *Actensammlung* (Anm. 91), Nr. 623, S. 276-278.

101 Fritz Blanke, *Täuferforschung. Ort und Zeit der ersten Wiedertaufe*, in: Theologische Zeitschrift (Basel) 8 (1952), S. 74-76, hier S. 76; vgl. Fugel, *Tauflehre* (Anm. 84), S. 212.

102 Ediert in: Adolf Laube u.a. (Hg.), *Flugschriften vom Bauernkrieg zum Täuferreich (1526-1535)*, 2 Bde., Berlin 1992, Bd. 1, S. 728-748.

103 Grundlegend: George Huntston Williams, *The Radical Reformation*, Kirksville [3]2000.

104 Sebastian Franck, *Chronica, Zeitbuch und Geschichtsbibel*, Ulm 1536 (Nachdruck Darmstadt 1969), Tl. 3, S. 193[v]-201[v]: »Artickel und leer der Teüffer / welche all von dem Bapst / und zum teyl auch von andern Secten und Glauben als Ketzerey verdampt werden.«

105 Vgl. Thomas Kaufmann, *Filzhut versus Barett*, in: Anselm Schubert, Astrid von Schlachta, Michael Driedger (Hg.), *Grenzen des Täufertums / History of Anabaptism. Neue Forschungen*, Gütersloh 2009, S. 273-294; Thomas Kaufmann, *Integrale Existenz: Lehre und Leben in der sog. Radikalen Reformation der frühen 1520er Jahre*, in: ders., *Anfang* (Anm. 10), S. 464-505.

106 Heinold Fast, Martin Rothkegel (Bearb.), Gottfried Seebaß (Hg.), *Briefe und Schriften oberdeutscher Täufer 1527-1555. Das ›Kunstbuch‹ des Jörg Probst Rotenfelder genannt Maler*, Gütersloh 2007, S. 184; grundlegend zu Hut: Gottfried Seebaß, *Müntzers Erbe. Werk, Leben und Theologie des Hans Hut*, Gütersloh 2003, hier bes. S. 400ff.; Gottfried Seebaß, *Das Zeichen der Erwählten. Zum Verständnis der Taufe bei Hans Hut*, in: ders., *Die Reformation und ihre Außenseiter*, Göttingen 1997, S. 186-202.

107 Anselm Schubert, *Täufertum und Kabbalah. Augustin Bader und die Grenzen der radikalen Reformation*, Gütersloh 2008.

108 Ediert in: Laube u. a., *Flugschriften vom Bauernkrieg zum Täuferreich* (Anm. 102), Bd. 2, S. 984-996.

109 Vgl. Claus-Peter Clasen, *Anabaptism. A Social History, 1525-1618*, Ithaca und London 1972, S. 359-422.

110 *DRTA.JR* 7/2, Nr. 153, S. 1325-1327.

111 Exemplarisch: Anselm Schubert, *Der Traum vom Tag des Herrn. Die »Träumer von Uttenreuth« und das apokalyptische Täufertum*, in: ARG 97 (2006), S. 106-135.

112 Vgl. bes. WA 11, S. 267ff.; KB IV, S. 71ff.

113 Vgl. Caroline Gritschke, *»Via Media«. Spiritualistische Lebenswelten*

und Konfessionalisierung: Das süddeutsche Schwenckfeldertum im 16. und 17. Jahrhundert, Berlin 2006.

114 Z 3 (CR 90), S. 757,20: »magnis viris«.

115 Z 3 (CR 90), S. 757,22: »alia specie«.

116 Z 3 (CR 90), S. 757,22f.: »e rudi expolitissimum fecissi«.

117 Zur Würdigung der humanistisch-philologisch geprägten Eigenheiten dieser exegetischen Schule siehe Bernard Roussel, *De Strasbourg à Bâle et Zurich. Une »École rhénane« d'Exégèse*, in: Revue d'Histoire et de Philosophie Religieuses 68 (1988), S. 19-39.

118 WA.TR 5, Nr. 5511, S. 204,24-26 (1542/43): »Ir find kein buch unter der sonnen, da die gantze theologia so fein beieinander ist als in locis communibus. Leset alle patres, sententiarios usw., ist nichts. Non est melior liber post scripturam sanctam.«

119 WA 18, S. 601,5f.; vgl. auch WA 54, S. 179,5-8; CR 22, Sp. 721f.; CR 21, Sp. 77f.; vgl. Heinz Scheible, *Luther und Melanchthon*, in: ders., *Melanchthon und die Reformation*, Mainz 1996, S. 139-152, bes. S. 142.

120 WA.TR 3, Nr. 3619, S. 460,38-40 (1. 8. 1537): »Prima die Augusti a prandio sedebat in mensa, speculabatur et creta mensae scribebat: Res et verba Philippus, verba sine re Erasmus, res sine verbis Lutherus, nec res nec verba Carolstadius.« Die Überlieferung berichtet dann von einer Intervention Basilius Monners und Melanchthons: Luthers Charakterisierung des Erasmus' und Melanchthons stimme, »sed sibi nimium attribui, immo Luthero etiam verba ascribenda«. (A. a. O., S. 461, Anm.)

121 *MWA* 2/1, S. 4,18f. = Hans-Georg Pöhlmann (Hg.), *Philipp Melanchthon. Loci communes 1521. Lateinisch-Deutsch*, Gütersloh 1993, S. 15: »summa christiana doctrinae«.

122 *MWA* 2/1, S. 5,27ff. = Pöhlmann, a. a. O., S. 19.

123 *MWA* 2/1, S. 6,16f. = ebenda: »Mysteria divinitatis rectius adoraverimus, quam vestigaverimus«.

124 *MWA* 2/1, S. 7,10f. = Pöhlmann, a. a. O., S. 23: »hoc est Christum cognoscere beneficia eius cognoscere«.

125 *MWA* 2/1, S. 7,17 = ebenda: »nobis remedii«.

126 *MWA* 2/1, S. 88,11-13 = Pöhlmann, a. a. O., S. 207: »illi fide adhaeremus ⟨...⟩ Christi iustitia sit nostra iustitia«.

127 Vgl. Johannes Schilling, *Melanchthons deutsche Dogmatik*, in: Günter Frank (Hg.), *Der Theologe Melanchthon*, Stuttgart 2000, S. 243-258; Philipp Melanchthon, *Heubtartikel Christlicher Lere. Melanchthons deutsche Fassung seiner* LOCI THEOLOGICI, hg. v. Johannes Schilling und Ralf Jenett, Leipzig 2002.

128 Z 3 (CR 90), S. 723,1-6 = Zwingli, *Schriften*, Bd. 3 (Anm. 28), S. 177.

129 Z 3 (CR 90), S. 639,15-18 = Zwingli, a. a. O., S. 52 f.: »pietatem totam Christianorum 〈...〉 fidem, vitam, leges, ritus, sacramenta complectitur«.

130 Z 3 (CR 90), S. 654,28 f. = Zwingli, a. a. O., S. 75.

131 Z 3 (CR 90), S. 655,27 f. = Zwingli, a. a. O., S. 76: »Nullo igitur magistro alio aut duce unquam dabitur humani cordis arcana videre, quam solo hominis architecto deo.«

132 Z 3 (CR 90), S. 867,4-888,31 = Zwingli, a. a. O., S. 388-420.

133 Z 3 (CR 90), S. 773,25-820,17 = Zwingli, a. a. O., S. 253-322.

134 Z 3 (CR 90), S. 907,1 ff. = Zwingli, a. a. O., S. 444 ff.

135 Z 3 (CR 90), S. 844,25-30 = Zwingli, a. a. O., S. 356 f.

136 WA.B 8, S. 99,7 f.; WA 18, S. 595 f.; ediert in: WA 18, S. 600-787; lat.-dt. Ausgabe (Übersetzung Athina Lexutt), in: Martin Luther, *Lateinisch-deutsche Studienausgabe*, Bd. 1, Leipzig 2006, S. 219-661.

137 Einen knappen Überblick über beider Verhältnis bietet: Thomas Kaufmann, *Luther und Erasmus*, in: Albrecht Beutel (Hg.), *Luther Handbuch*, Tübingen ²2010, S. 142-152.

138 Erasmus, *Ausgewählte Schriften*, hg. v. Werner Welzig, Bd. 4, Darmstadt 1969, S. 36: »vi humanae voluntatis, qua se possit homo applicare ad ea, quae perducunt ad aeternam salutem, aut ab iisdem avertere«.

139 WA 18, S. 603,1 ff.

140 WA 18, S. 603,28 f.

141 WA 18, S. 685,3 ff.

142 WA 18, S. 685,14 ff.

143 WA 18, S. 689,31 ff.

Kapitel 10
Bekenntnisse, Bündnisse, Beschwernisse

1 Einige dieser Schriften sind ediert in: Adolf Laube, Ulman Weiß (Hg.), *Flugschriften gegen die Reformation (1525-1530)*, 2 Bde., Berlin 2000, Bd. 1, Nr. 31, S. 610-669.

2 *Erweiterte Protestation der evangelischen Stände auf dem Reichstag zu Speyer vom 20. April 1529*, in: *Reformation und Protestation in Speyer*, Speyer 1990, S. 133; vgl. *DRTA.JR* 7/2, Nr. 167, S. 1345 ff.

3 Faksimile des Abschieds in: *Reformation und Protestation* (Anm. 2), S. 63-101, hier S. 67 f. = *DRTA.JR* 7/1, S. 788 ff.

4 Alfred Kohler, *Karl V. 1500-1558. Eine Biographie*, München ³2001, S. 183.

5 Instruktion Karls V. für Pierre de Veyre au Lannoy, Vizekönig von Neapel, in: Alfred Kohler (Hg.), *Quellen zur Geschichte Karls V.*, Darmstadt 1990, Nr. 36, S. 134-136, hier S. 134.
6 Rede Karls V. vor seinen Räten (16. 9. 1528), in: Kohler, *Quellen* (Anm. 5), Nr. 37, S. 136-138, hier S. 137f.; vgl. 135.
7 Karl V. an Ferdinand (11. 1. 1530), in: Kohler, *Quellen* (Anm. 5), S. 151.
8 A. a. O., S. 147.
9 Ebenda.
10 A. a. O., S. 148.
11 Hugo Soly, John van der Wide (Koord.), *Carolus. Keizer Karel V. 1500-1558*, Gent 2000, Nr. 144, S. 261f.
12 Zitiert nach der Edition Kohlers, *Quellen* (Anm. 5), S. 157.
13 A. a. O., S. 160.
14 Karl Eduard Förstemann, *Urkundenbuch zu der Geschichte des Reichstages zu Augsburg im Jahre 1530*, Bd. 1, Halle 1833 (Nachdruck Hildesheim 1966), Nr. 93, S. 267f., hier S. 268.
15 Vgl. Barbara Stollberg-Rilinger, *Des Kaisers alte Kleider. Verfassungsgeschichte und Symbolsprache des Alten Reiches*, München 2008, S. 101ff.
16 Kaiser Karl V., *Ausschreiben zum Augsburger Reichstag an Kurfürst Johann von Sachsen*, in: Förstemann, *Urkundenbuch*, Bd. 1 (Anm. 14), Nr. 1, S. 1-9, hier S. 7f.
17 Vgl. a. a. O., S. 7.
18 Vgl. a. a. O., S. 180f.; 183-187; WA.B 5, Nr. 1568, S. 314f.; *MBW* 1, Nr. 905; *MBW.T* 4/1, S. 166,10ff.
19 WA 30 II, S. 340,20-342,34.
20 Gutachten Spenglers für Markgraf Georg von Brandenburg-Ansbach (Januar 1530), in: Heinz Scheible (Hg.), *Das Widerstandsrecht als Problem der deutschen Protestanten 1523-1546*, Gütersloh 1969, Nr. 12, S. 50-57.
21 Ediert in: Scheible, *Widerstandsrecht* (Anm. 20), Nr. 13, S. 57-60; *MBW.T* 4/1, Nr. 872, S. 66-71; die Ausarbeitung Melanchthons ist in das von Luther auf den 6. 3. 1530 datierte Gutachten für Johann von Sachsen (WA.B 5, Nr. 1536, S. 249-262) eingegangen.
22 WA.B 5, S. 258,18.
23 Johann von Sachsen an Luther u.a. (14. 3. 1530), in: WA.B 5, S. 264,25 = *MBW.T* 4/1, S. 75,24f.
24 WA.B 5, S. 264,23f. = *MBW.T* 4/1, S. 75,22f.
25 *MBW* 1, Nr. 845; *MBW.T* 4/1, S. 81,83f.
26 *MBW.T* 4/1, S. 81,81.
27 *MBW* 1, Nr. 883; *MBW.T* 4/1, S. 95-109. Die textliche Gestalt der *Torgauer Artikel* ist umstritten; die verschiedenen Textstücke bei

Förstemann, *Urkundenbuch* (Anm. 14), Bd. 1, Nr. 27, A-F, S. 66-108, beziehungsweise ein einzelnes dieser Stücke kommen in Betracht. Diese Torgauer Vorarbeiten sind vor allem für den zweiten Teil der *Confessio Augustana*, die »spänigen Artikel« (CA 22-28), wichtig geworden, siehe dazu besonders Wilhelm Maurer, *Historischer Kommentar zur Confessio Augustana*, Bd. 1, Gütersloh [2]1979, S. 27ff.

28 *MBW.T* 4/1, S. 108,387-392.

29 *MBW* 1, Nr. 889; *MBW.T* 4/1, S. 119-122; Edition der *Schwabacher Artikel* in: WA 30 III, S. 81-91; 172-182.

30 Druck: [Ingolstadt: Georg und Peter Apianus] 1530; VD 16 E 270; ediert nach der dem Kaiser am 14. 3. 1530 zugeschickten Handschrift bei Wilhelm Gußmann, *Quellen und Forschungen zur Geschichte des Augsburgischen Glaubensbekenntnisses*, Bd. 2, Kassel 1930, S. 91-151.

31 Frühestes Zeugnis für Melanchthons Kenntnis der *404 Artikel* ist sein Brief an Luther auf der Veste Coburg vom 4. 5. 1530, in: *MBW* 1, Nr. 899; *MBW.T* 4/1, S. 153,17ff.

32 Melanchthon an Luther (11. 5. 1530), in: WA.B 5, Nr. 1565, S. 314-316; *MBW* 1, Nr. 905; *MBW.T* 4/1, S. 164-166.

33 Luther an Kurfürst Johann (15. 5. 1530), in: WA.B 5, Nr. 1568, S. 319f., hier S. 319,5-9.

34 Luther an Jonas (21. 7. 1530), in: WA.B 5, Nr. 1657, S. 496,7-9.

35 *MBW* 1, Nr. 921; *MBW.T* 4/1, S. 211-214.

36 *BSLK*, S. 64.

37 *MBW.T* 4/1, S. 260,13; 263,2.

38 *BSLK*, S. 47,2: »cum deo et bona conscientia«.

39 *BSLK*, S. 47,1: »christianam concordiam«.

40 Förstemann, *Urkundenbuch* (Anm. 14), Bd. 1, Nr. 102, S. 295-309, bes. 307f.

41 *BSLK*, S. 83c,7.

42 *BSLK*, S. 83c,8.

43 *BSLK*, S. 84,2.

44 *BSLK*, S. 83d,2-4.

45 *BSLK*, S. 83d,9f.

46 »Tota dissensio est de paucis quibusdam abusibus, qui sine certa autoritate in ecclesias irrepserunt.« (*BSLK*, S. 83c,14-16) »Dann die Irrung und Zank ist vornehmlich über etlichen Traditionen und Mißbräuchen.« (A. a. O., S. 83d,14-16)

47 Förstemann, *Urkundenbuch* (Anm. 14), Bd. 1, S. 309.

48 *BSLK*, S. 83d,18f.

49 *BSLK*, S. 64,5.

50 Förstemann, *Urkundenbuch* (Anm. 14), Bd. 1, S. 308.
51 *BSLK*, S. 53,5 f.: »sine metu Dei, sine fiducia erga Deum et cum concupiscentia«.
52 *BSLK*, S. 56,7-9.
53 *BSLK*, S. 76,11-13.
54 *BSLK*, S. 60,2 f.
55 *BSLK*, S. 61,4 f.: »congregatio sanctorum«.
56 *BSLK*, S. 61,4-6: »in qua evangelium pure docetur et recte administrantur sacramenta«.
57 *BSLK*, S. 72,14 f.
58 *BSLK*, S. 134,24.
59 *BSLK*, S. 91,33-92,3.
60 *BSLK*, S. 125,7-11.
61 Luther an Melanchthon (29. 6. 1530), in: WA.B 5, Nr. 1609, S. 405, 19 f. = *MBW* 1, Nr. 946; *MBW.T* 4/1, S. 289,19 f.: »Pro mea persona plus satis cessum est in ista Apologia [nämlich der *Confessio Augustana*].«
62 Luther an Konrad Cordatus (6. 7. 1530), in: WA.B 5, Nr. 1626, S. 442,12-14: »Mihi vehementer placet vixisse in hanc horam, qua Christus per suos tantos confessores in tanto concessu publice est praedicatus confessione plane pulcherrima.«
63 Vgl. nur WA.B 5, Nr. 1657, S. 496,9; WA 26, S. 507,1 ff. = LuStA 4, S. 253,12 ff.
64 Herbert Immenkötter (Bearb.), *Die Confutatio der Confessio Augustana vom 3. August 1530*, Münster [2]1981, S. 80,8 ff.
65 *BSLK*, S. 61,4; 62,1 f.: »Congregatio sanctorum et vere credentium«.
66 Immenkötter, *Confutatio* (Anm. 64), S. 94,18 f.
67 Ediert in: Z 6/2 (CR 93/2), S. 753-817; deutsche Übersetzung in: Thomas Brunnschweiler, Samuel Lutz u.a. (Hg.), *Huldrych Zwingli. Schriften*, Bd. 4, Zürich 1995, S. 93-131.
68 Ediert in: BDS 3, Gütersloh und Paris 1969.
69 Sturm an Zwingli (20. 4. 1530), in: Z 10 (CR 97), S. 633,15-634,1.
70 Zitiert nach: Z 6/2 (CR 93/2), S. 755.
71 Vgl. WA 30 III, S. 172-174 (elf Drucke); vgl. Josef Benzing, Helmut Claus, *Lutherbibliographie. Verzeichnis der gedruckten Schriften Martin Luthers bis zu dessen Tod*, 2 Bde., Baden-Baden [2]1989-94, Nr. 2850-2860; Zwingli kannte die Eckschen Thesen und den Luther-Druck durch eine Zusendung Sturms (31. 5. 1530), in: Z 10, S. 601,8 ff.; 602,8 ff.
72 Z 6/2 (CR 93/2), S. 793,13 ff.
73 Z 6/2 (CR 93/2), S. 805,29 ff.

74 Z 6/2 (CR 93/2), S. 815,10ff.; vgl. Z 6/1 (CR 93/1), S. 193,5ff.
75 Z 6/2 (CR 93/2), S. 817,15ff.
76 BDS 3, S. 128,9ff.
77 BDS 3, S. 128,16ff.
78 Immenkötter, *Confutatio* (Anm. 64), S. 74,1.
79 Karl V. an Clemens VII. (14. 7. 1530), in: Kohler, *Quellen* (Anm. 5), Nr. 45, S. 165-169, hier S. 167.
80 A. a. O., S. 168.
81 Vgl. bes. § 61 des Reichsabschieds, Teilabdruck in: Ulrich Köpf (Hg.), *Deutsche Geschichte in Quellen und Darstellung*, Bd. 3: *Reformationszeit 1495-1555*, Stuttgart 2001, Nr. 65.4, S. 381-383, hier S. 382f.; Ruth Kastner, *Quellen zur Reformation 1517-1555*, Darmstadt 1994, Nr. 158, hier S. 517f.
82 Förstemann, *Urkundenbuch* (Anm. 14), Bd. 1, bes. S. 180-183.
83 A. a. O., S. 227.
84 *MBW.T* 4/2, S. 617,17-21; *MBW* 1, Nr. 1050; WA.B 5, Nr. 1708, S. 598,17-22.
85 Vgl. Förstemann, *Urkundenbuch* (Anm. 14), Bd. 2, S. 474ff.
86 Zitiert nach Kastner, *Quellen zur Reformation* (Anm. 81), Nr. 158, S. 507.
87 Ebenda.
88 Kastner, a. a. O., S. 510.
89 A. a. O., S. 515.
90 A. a. O., S. 518.
91 WA.B 5, S. 258-262; Scheible, *Widerstandsrecht* (Anm. 20), S. 60-63; vgl. *MBW.T* 4/1, Nr. 872, S. 66-71.
92 Scheible, *Widerstandsrecht* (Anm. 20), Nr. 10, S. 67; WA.B 5, S. 662,6ff.; *MBW.T* 4/2, S. 719,9ff.
93 WA 30 III, S. 321-388; KB IV, S. 222-265.
94 WA 30 III, S. 252-320.
95 WA 30 III, S. 290,28-30.
96 WA 30 III, S. 266f.; vgl. Benzing, Claus, *Lutherbibliographie* (Anm. 71), Nr. 2908-2924.
97 WA 30 III, S. 282,23.
98 WA 30 III, S. 290,33.
99 WA 30 III, S. 282,25.
100 WA 30 III, S. 317,11.
101 WA 30 III, S. 317,13f.
102 Luther an Melanchthon (5. 6. 1530), in: WA.B 5, Nr. 1584, S. 351,29f.: »Ego succedo nunc in haereditate nominis, ut senior sim fere Lutherus in mea familia.« Vgl. *MBW* 1, Nr. 922; *MBW.T* 4/1, S. 216,26f.

103 WA 30 III, S. 317,15-318,1.
104 WA 30 III, S. 319,9-12.
105 WA 30 III, S. 319,15.

Teil III
Die Unwiderruflichkeit der Reformation

1 WA.TR 2, Nr. 1715, S. 191,25-27 (zwischen 12. 6. und 12. 7. 1532).

Kapitel 1
Anhaltende Spannungen – die Lage im Reich bis zum Schmalkaldischen Krieg (1531-46)

1 *DRTA.JR* 10, S. 1511 ff.
2 Luther an Kurfürst Johann (29. 6. 1532), in: WA.B 6, Nr. 1943, S. 324-327, hier S. 327,54f.57f.
3 Rainer Wohlfeil, Artikel *Frankfurter Anstand*, in: *TRE* 11 (1983), S. 342-346.
4 Kurfürst Johann Friedrich an Luther und Wittenberger Kollegen (11. 12. 1536), in: WA.B 7, Nr. 3116, S. 612-614, hier S. 613,15 f.
5 WA 50, S. 252,10-12 = *BSLK*, S. 462,5.
6 WA 50, S. 216,26 f. = *BSLK*, S. 430,16 f.
7 WA 50, S. 217,24 f. = *BSLK*, S. 430,14 f.
8 WA 50, S. 253,12-15 = *BSLK*, S. 463,10-464,5.
9 WA 50, S. 216,12.17 = *BSLK*, S. 429,18.
10 Alfred Kohler (Hg.), *Quellen zur Geschichte Karls V.*, Darmstadt 1990, Nr. 82, S. 302-308, hier S. 304.
11 WA 54, S. 206-299.
12 WA.B 8, S. 643,144 f.
13 WA 51, S. 469-572.
14 Karl V. an Maria von Ungarn (9. 6. 1546), in: Kohler, *Quellen* (Anm. 10), Nr. 87, S. 323-327, hier S. 325.
15 Ebenda.
16 Vgl. WA 26, S. 200,22 ff. = LuStA 3, S. 414,1 ff.
17 *EKO* 8/I, S. 101 ff.
18 *BSLK*, S. 1053,27-1054,1.
19 Die Formel lautet: »Wir bekennd, das uß vermögen dieser wort: ›Diß ist min lib, diß ist min bluot‹ der lib und das bluot Christi warhafftiklich, hoc est essentialiter et substantive, non autem qualita-

tive vel quantitative vel localiter im nachtmal gegenwirtig seind und geben werdind.« (Traugott Schiess [Hg.], *Briefwechsel der Brüder Ambrosius und Thomas Blarer 1509-1548*, Bd. 1: *1509 bis Juni 1538*, Freiburg 1908, S. 518; vgl. Max Lenz [Hg.], *Briefwechsel Landgraf Philipp's des Grossmüthigen von Hessen mit Bucer*, 1. Theil, Stuttgart 1880 [Nachdruck Osnabrück 1965], S. 39)

20 WA.TR 2, Nr. 2756b, S. 636,25-27; 637,4f. (zwischen 28. 9. und 23. 11. 1532).

21 WA.TR 2, Nr. 2756b, S. 637,10f.

22 *Prophetische Gesicht unn Offenbarung / der götlichen wirckung zu diser letzten zeit / die vom xxiiii. Jar biß in dz xxx. Einer gottes liebhaberin durch den heiligen Geist geoffenbart seind* ⟨…⟩, [Straßburg: B. Beck] 1530; VD 16 J 993; MF 1337, Nr. 3509; Köhler, *Bibl.*, Bd. 2, Nr. 1605, S. 61.

23 *Handel und Geschichte von der Stadt Münster*, in: Adolf Laube u.a. (Hg.), *Flugschriften vom Bauernkrieg zum Täuferreich (1526-1535)*, 2 Bde., Berlin 1992, Bd. 2, S. 1637-1641, hier S. 1638,10f.

24 Laube, a. a. O., S. 1639,7ff.

25 WA 50, S. 309-337; vgl. zu den Einzelheiten: Thomas Kaufmann, *Luthers »Judenschriften«. Ein Beitrag zu ihrer historischen Kontextualisierung*, Tübingen ²2013.

26 BDS 7, S. 332; 362ff.

27 WA.B 8, Nr. 3157, S. 89-91; WA.TR 3, Nr. 3597.

28 Vgl. WA.B 10, S. 226,19-21.

29 WA 53, S. 530,25-27.

30 WA 53, S. 522,35.

31 WA 53, S. 523,3-6.

32 WA 30 II, S. 167,5-7.

33 WA 30 II, S. 171,20f.; vgl. Thomas Kaufmann, *»Türckenbüchlein«. Zur christlichen Wahrnehmung »türkischer Religion« im 15. und 16. Jahrhundert*, Göttingen 2008.

34 Reinhard Klockow, *Georgius de Hungaria, Tractatus de moribus, conditionibus et nequicia torcorum*, Köln u.a. ²1994.

35 WA 30 II, S. 205,29ff.

36 Sebastian Franck, *Sämtliche Werke. Kritische Ausgabe mit Kommentar*, Bd. 1: *Frühe Schriften*, hg. v. Peter K. Knauer, Bern 1993; Christoph Dejung, *Sebastian Franck. Sämtliche Werke*, Bd. 1: *Frühe Schriften. Kommentar*, Stuttgart 2005.

37 Hartmut Bobzin, *Der Koran im Zeitalter der Reformation*, Beirut 1995.

38 Johannes Ehmann (Hg.), *Ricoldus de Montecrucis Confutatio Alcorani (1300). Martin Luther Verlegung des Alcoran (1542). Kommentierte latei-*

nisch-deutsche Textausgabe, Würzburg und Altenberge 1999; Johannes Ehmann, *Luther, Türken und Islam*, Gütersloh [2]2008; WA 53, S. 261-396; Vorrede Luthers zu Biblianders Koran-Ausgabe (a. a. O., S. 561-572); Melanchthons *Prämonitio* (CR 5,10-13; *MBW* 3, Nr. 2973).

Kapitel 2
Der lange Weg zur katholischen Reform

1 Johannes Gropper, *Christliche und Catholische gegen berichtung*, Köln: Jaspar von Gennep 1544; Nachdruck Gütersloh 2006 (BDS Ergänzungsband), Bl. XXVb.
2 Randglosse in: Bucer, *Bestendige Veranwortung*, in: BDS 11,3, S. 184 a.R.
3 *Wider Hans Worst* (1541), in: WA 51, S. 545,3-6.
4 Brief Karls V. an Aguilar (Gent, April 1540), zitiert nach: Alfred Kohler (Hg.), *Quellen zur Geschichte Karls V.*, Darmstadt 1990, S. 242f.
5 *MBW* 3, Nr. 2593; 2596.
6 So Cornelis Augustijn und Marijn de Kroon in ihrer Edition der Dokumente der Religionsgespräche (1539-1541), in: BDS 9/1, S. 330; vgl. *TRE* 28, S. 433,29f.
7 CR 10,576, Nr. 187; vgl. Otto Clemen, *Kleine Schriften zur Reformationsgeschichte*, hg. v. Ernst Koch, Bd. 4, Leipzig 1984, S. 267f.; Siegfried Bräuer, *»... einige aber sind Natürliche, andere Göttliche, wieder andere Teuflische ...«. Melanchthon und die Träume*, in: ders., *Spottgedichte, Träume und Polemik in den frühen Jahren der Reformation*, Leipzig 2000, S. 223-254, hier S. 237ff.; vgl. Thomas Kaufmann, *Das Ende der Reformation. Magdeburgs »Herrgotts Kanzlei« 1548-1551/2*, Tübingen 2003, S. 307f., Anm. 489.
8 *CT* 4, Nr. 276f., S. 364-379; vgl. Hubert Jedin, *Geschichte des Konzils von Trient*, Bd. 1, Freiburg/Breisgau 1949, S. 398ff.
9 WA 54, S. 195-299.
10 WA 54, S. 218,33.
11 WA 54, S. 218,31f.
12 WA 54, S. 219,33f.
13 WA 54, S. 346ff.; 531ff.
14 Datiert auf den 5. 3. 1545, in: WA 54, S. 176-187 = LuStA 5, S. 618-638 = Cl 4, S. 421-428.
15 WA 54, S. 187,5 = LuStA 5, S. 638,13 = Cl 4, S. 428,33: »breve tempus«.
16 WA.TR 3, Nr. 3543, S. 390,18; WA.TR 1, Nr. 880, S. 410f.; WA 35, S. 597f.;

WA 30 III, S. 279,18 f.; 339 f.; WA 48, S. 280; WA 48 RN, S. 115: »Pestis eram vivens moriens ero mors tua, Papa«; weitere Hinweise: Thomas Kaufmann, *Konfession und Kultur. Lutherischer Protestantismus in der zweiten Hälfte des Reformationsjahrhunderts*, Tübingen 2006, S. 210 f., Anm. 10.

17 *CT* 4, Nr. 184, S. 226-231, hier S. 229,44 ff.; deutsche Übersetzung in: Ulrich Köpf (Hg.), *Deutsche Geschichte in Quellen und Darstellung*, Bd. 3: *Reformationszeit 1495-1555*, Stuttgart 2001, Nr. 73.1, hier S. 425.

18 Ernst Bizer, *Confessio Virtembergica*, Stuttgart 1952; *MWA* 6, S. 80-167.

19 DH 1501: »pari pietatis affectu et reverentia«.

20 DH 1506.

21 DH 1507: »tenuit et tenet 〈…〉 unanimem consensum«.

22 DH 1508.

23 DH 1511.

24 DH 1515: »quod veram et propriam peccati rationem habet«.

25 Ebenda.

26 Ebenda: »fomitem 〈 …〉 ad peccatum inclinat«.

27 DH 1525: »per Christum Iesum praeveniente gratia«.

28 DH 1526: »eidem gratiae libere assentiendo et cooperando«.

29 DH 1528.

30 DH 1531.

31 Vgl. DH 1533 f.; vgl. in bezug auf das reformatorische *sola fide* die besonders luziden Formulierungen in Melanchthons *Confessio Saxonica* (1551), in: *MWA* 6, bes. S. 98,30 ff.

32 DH 1524 f.; 1600.

33 DH 1600: »sacramentis 〈…〉, per quae omnis vera iustitia vel incipit, vel coepta augetur, vel amissa reparatur«.

34 DH 1601.

35 DH 1605: »solam fidem nutriendam«.

36 DH 1614-1630.

37 DH 1743: »in ara crucis 〈…〉 nunc offerens sacerdotum ministerio 〈…〉 tunc in cruce«.

38 DH 1835; 1820.

39 DH 1500.

40 Ebenda: »moribus reformandis«.

Kapitel 3
Finale Erhitzung und kühler Kompromiß

1 Vertrag zwischen Karl V. und Philipp von Hessen (13. 6. 1541), in: Alfred Kohler (Hg.), *Quellen zur Geschichte Karls V.*, Darmstadt 1990, S. 259.
2 Vgl. die anonyme Flugschrift *Ursprung und ursach dieser Auffrur Teutscher Nation* (1546), in: Kohler, a. a. O., Nr. 90, hier S. 378.
3 Johannes Bugenhagen, *Bericht über Belagerung und Übergang Wittenbergs* (1547), zitiert nach der Teiledition in: Kohler, a. a. O., Nr. 97, hier S. 378.
4 Karl V. an Maria von Ungarn (9. 6. 1546), in: Kohler, a. a. O., Nr. 87, S. 325.
5 Ebenda.
6 Heinz Schilling, *Karl V. und die Religion – das Ringen um Reinheit und Einheit des Christentums*, in: ders., *Ausgewählte Abhandlungen zur europäischen Reformations- und Konfessionsgeschichte*, hg. v. Luise Schorn-Schütte und Olaf Mörke, Berlin 2002, S. 47-118, hier S. 53. Häufig wird das Zitat mit »vixit« (3. Person Perfekt Aktiv von *vivere*, »leben«) geboten, doch das ist ein Lesefehler. Bei dem spanischen Hofhistoriographen Luis de Avila y Zúñiga (*Commentariorum de bello Germanico, a Carolo V. Caesare Maximo gesto, libri duo* 〈...〉, Antwerpen: Joh. Steelsius 1550, S. 124[v]) findet sich der Erstbeleg: »Veni, Vidi, Deus vicit.«
7 CR 6, Sp. 196; vgl. Thomas Kaufmann, *Konfession und Kultur. Lutherischer Protestantismus in der zweiten Hälfte des Reformationsjahrhunderts*, Tübingen 2006, S. 52ff.
8 [Georg Major], *Ewiger: Göttlicher / Allmechtiger Maiestet Declaration* [o.O., o.Dr., o.J.]; VD 16 M 2033-2035; Ex. MF [nach 1530] 1973, Nr. 3260 (= VD 16 M 2034), D 4[r/v].
9 Joachim Mehlhausen (Hg.), *Das Augsburger Interim von 1548*, Neukirchen-Vluyn [2]1996, S. 30.
10 Ediert in: *Acta Reformationis Catholicae Ecclesiam Germaniae concernentia saeculi XVI*, hg. v. Georg Pfeilschifter, Bd. 6, Regensburg 1974, S. 348ff.
11 *PKMS*, Bd. 4, S. 254ff.
12 Zur Geschichte dieser in aller Regel in ihrer literarischen Sekundärform bei Wilhelm Raabe zitierten Bezeichnung »Herrgotts Kanzlei«, die zuerst als Selbstbezeichnung der Magdeburger Prediger, datiert auf den 13. 4. 1550, nachzuweisen ist, vgl. Thomas

Kaufmann, *Das Ende der Reformation. Magdeburgs »Herrgotts Kanzlei« 1548-1551/2*, Tübingen 2003, S. 157ff.

13 So in den *Passauer Gravamina* der Reichsstände von 1552, zitiert nach Kohler, *Quellen* (Anm. 1), Nr. 108, S. 421.

14 *PKMS*, Bd. 5, Nr. 311, S. 574.

15 A. a. O., S. 575.

16 A. a. O., S. 581.

17 *Passauer Vertrag*, Religionsartikel, zitiert nach Volker H. Drecoll, *Der Passauer Vertrag (1552)*, Berlin und New York 2000, S. 109f.; andere Textfassung bei Ruth Kastner, *Quellen zur Reformation 1517-1555*, Darmstadt 1994, Nr. 159, S. 520.

18 Kohler, *Quellen* (Anm. 1), Nr. 114, bes. S. 455.

19 Ediert in: Arno Buschmann, *Kaiser und Reich. Verfassungsgeschichte des Heiligen Römischen Reichs Deutscher Nation vom Beginn des 12. Jahrhunderts bis zum Jahre 1806 in Dokumenten*, Tl. 1: *Vom Wormser Konkordat 1122 bis zum Augsburger Reichsabschied von 1555*, Baden-Baden ^{2}1994, Tl. 1, Nr. 11, S. 215ff. Die im Haupttext angegebenen Paragraphen beziehen sich auf den Augsburger Religionsfrieden.

Resümee:
Die Reformation und das lateineuropäische Christentum

1 Paul Bachmann, *Martin Luther, wie er ein Mann sei und was er führt im Schilde* (Leipzig 1522), ediert in: Adolf Laube, Ulman Weiß (Hg.), *Flugschriften gegen die Reformation (1518-1524)*, Berlin 1997, S. 379,8f.

2 Sebastian Franck, *Chronica, Zeitbuch und Geschichtsbibel*, Ulm 1536 (Nachdruck Darmstadt 1969), Bd. 3, clxvii^{v} f.

3 Vorrede zum Danielbuch (1541), in: WA.DB 11/2, S. 88,15. = KB II, S. 241,28.

4 WA.DB 11/2, S. 88,16-19 = KB II, S. 241,30-32. Zur Verbreitung dieser Hus-Topik trug auch Bugenhagens Beerdigungsansprache auf Luther wesentlich bei. Nachdruck in: *Vom Christlichen abschied aus diesem tödlichen Leben des Ehrwürdigen Herrn D. Martini Lutheri*, Stuttgart 1996, B 1^{v}. Zu Luther und Hus vgl. Thomas Kaufmann, *Häresiologie: Jan Hus und die frühe Reformation*, in: ders., *Der Anfang der Reformation*, Tübingen 2012, S. 30-67.

5 Melanchthon, *Declamatio de Luthero et aetatibus ecclesiae*, 1548, zitiert nach der deutschen Übersetzung in: *Melanchthon deutsch*, Bd. 2, Leipzig 1997, S. 194.

Epilog
Martin Luther und die Reformation in Deutschland – in der Erinnerungskultur und in der historischen Forschung

1 So Luthers gelegentliche ironische Selbstbezeichnung in der *Warnung an meine lieben Deutschen* (1531), WA 30/III, S. 290,28-31: »Aber weil ich der Deudschen Prophet bin ⟨…⟩, So will mir gleichwol als einem trewen Lerer gebüren, meine lieben Deudschen zu warnen ⟨…⟩.« Vgl. dagegen auch WA 30/II, S. 411,22 mit Anm. 6; s. o. S. 605. Für die nationalistische Lutherdeutung wurde charakteristisch, daß man das Epitheton »der Deutschen Prophet« uneingeschränkt affirmativ verwendete.

2 Vgl. dazu zuletzt Thomas Kaufmann, *Antisemitische Lutherflorilegien*, in: ZThK 112 (2015), S. 192-228.

3 Heinrich von Treitschke, *Luther und die deutsche Nation* (zuerst in: Preußische Jahrbücher 52 [1883], S. 469-486), in: Heinrich von Treitschke, *Deutsche Lebensbilder*, Leipzig 1927, S. 9-32, hier S. 13; vgl. dazu Hartmut Lehmann, *»Er ist wir selber: der ewige Deutsche«. Zur langanhaltenden Lutherdeutung von Heinrich von Treitschke*, in: ders., *Luthergedächtnis 1817 bis 2017*, Göttingen 2012, S. 126-137. Zur Lutherwahrnehmung insbesondere in der Theologie vgl. noch immer Horst Stephan, *Luther in den Wandlungen seiner Kirche*, Berlin ^{2}1951; Heinrich Bornkamm, *Luther im Spiegel der deutschen Geistesgeschichte*, Göttingen ^{2}1970.

4 Treitschke, *Luther* (Anm. 3), S. 13.

5 A. a. O., S. 15.

6 A. a. O., S. 17.

7 A. a. O., S. 24.

8 A. a. O., S. 20.

9 A. a. O., S. 28.

10 A. a. O., S. 28.

11 Vgl. den Eröffnungsvortrag von Wolfgang Huber, *Die Bedeutung der Reformation – 500 Jahre danach*, in: *Luther 2017. 500 Jahre Reformation*, Jahrbuch 2008, Wittenberg 2009, S. 22-28, bes. S. 26 f.

12 Vgl. das problematische Buch von Brad S. Gregory, *The Unintended Reformation. How a Religious Revolution Secularized Society*, Cambridge/Mass. und London 2012.

13 Vgl. die einleitenden Hinweise in Ernst Troeltsch, *Schriften zur Bedeutung des Protestantismus für die Entstehung der modernen Welt (1906-1913)*, hg. v. Trutz Rendtorff und Stefan Pautler, Kritische Gesamt-

ausgabe Bd. 8, Berlin und New York 2001, S. 317-319; Abdruck des Vorwortes Troeltschs S. 320. Die Übersetzung von Troeltschs Schrift *Die Bedeutung des Protestantismus für die Entstehung der modernen Welt* (hg. im 8. Bd. seiner Werke) mit »Protestantism and Progress« dürfte im Sinne einer verkürzenden Zuspitzung zu bewerten sein; Troeltsch geht es ja gerade um den Nachweis, daß der Altprotestantismus als solcher gegenüber der ›modernen Welt‹ abständig ist. Zu Troeltschs Studie vgl. nur Christoph Strohm, *Nach hundert Jahren. Ernst Troeltsch, der Protestantismus und die Entstehung der modernen Welt*, in: ARG 99 (2008), S. 6-35; zur Spannung zwischen der deutschen und der angloamerikanischen Rezeptionsgeschichte vgl. Thomas Kaufmann, *Luther zwischen den Wissenschaftskulturen. Ernst Troeltschs Lutherdeutung in der englischsprachigen Welt und in Deutschland*, in: Peer Schmidt, Hans Medick (Hg.), *Luther zwischen den Kulturen*, Göttingen 2004, S. 455-481.

14 Vgl. zum Folgenden ausführlich Hans-Jürgen Schönstädt, *Antichrist, Weltheilsgeschehen und Gottes Werkzeug. Römische Kirche, Reformation und Luther im Spiegel des Reformationsjubiläums 1617*, Wiesbaden 1978; Thomas Kaufmann, *Reformationsgedenken in der Frühen Neuzeit. Bemerkungen zum 16. bis 18. Jahrhundert*, in: ZThK 107 (2010), S. 285-324; Wolfgang Flügel, *Konfession und Jubiläum. Zur Institutionalisierung der lutherischen Gedenkkultur in Sachsen 1617-1830*, Leipzig 2005; vgl. auch verschiedene Beiträge in Stefan Laube, Karl-Heinz Fix (Hg.), *Lutherinszenierung und Reformationserinnerung*, Leipzig 2002.

15 Schreiben der Theologischen Fakultät Wittenberg an Johann Georg vom 24. 4. 1617, zitiert nach dem Abdruck in Friedrich Loofs, *Die Jahrhundertfeiern der Reformation an den Universitäten Wittenberg und Halle 1617, 1717 und 1817*, in: Zeitschrift des Vereins für Kirchengeschichte der Provinz Sachsen 14 (1917), S. 1-80, hier S. 5.

16 Zit. nach Flügel, *Konfession* (Anm. 14), S. 47 f.; zu den Festivitäten im einzelnen siehe Helga Robinson-Hammerstein, *Sächsische Jubelfreude*, in: Hans-Christoph Rublack (Hg.), *Die lutherische Konfessionalisierung in Deutschland*, Gütersloh 1992, S. 460-494.

17 Jakob Weller, *Chur-Sächsische Ehren-Trauer Crone*, Dresden 1657, Ex. Bayerische Staatsbibliothek München, S. 139.

18 WA.TR 3, Nr. 3543, S. 390,18; WA.TR 1, Nr. 880, S. 410 f.; WA 30/III, S. 279, 18 f.; WA 35, S. 597 f.; WA 48, S. 280; WA 48 RN S. 115; weitere Belege in Thomas Kaufmann, *Konfession und Kultur. Lutherischer Protestantismus in der zweiten Hälfte des Reformationsjahrhunderts*, Tübingen 2006, S. 210 f., Anm. 10.

19 Zum Jahr 1656 in Entsprechung zu den 1656 Jahren zwischen Schöpfung und Sintflut (WA 53, S. 46) vgl. Johannes Wallmann, *Die Eigenart der Straßburger lutherischen Orthodoxie im 17. Jahrhundert. Apokalyptisches Endzeitbewußtsein und konfessionelle Polemik bei Johann Conrad Dannhauer*, in: ders., *Theologie und Frömmigkeit im Zeitalter des Barock*, Tübingen 1995, S. 87-104, bes. S. 98, Anm. 31; Thomas Kaufmann, *Dreißigjähriger Krieg und Westfälischer Friede. Kirchengeschichtliche Studien zur lutherischen Konfessionskultur*, Tübingen 1998, S. 131 ff.

20 Ruth Kastner, *Geistlicher Rauffhandel. Form und Funktion der illustrierten Flugblätter zum Reformationsjubiläum 1617 in ihrem historischen und publizistischen Kontext*, Frankfurt/M. und Bern 1982, S. 31.

21 Vgl. Ulrike Dorothea Hänisch, *»Confessio Augustana triumphans«. Funktionen der Publizistik zum Confessio-Augustana-Jubiläum 1630*, Frankfurt/M. und Bern 1993.

22 Harm Cordes, *Hilaria evangelica academica. Das Reformationsjubiläum von 1717 an den deutschen lutherischen Universitäten*, Göttingen 2006. Einen vollständigen Überblick über die Veranstaltungen von 1717 landauf, landab bietet Ernst Salomo Cyprians Werk *Hilaria Evangelica, oder Theologisch-Historischer Bericht vom Andern Evangelischen Jubel-Fest*, Gotha 1719.

23 Stefan Rhein, *Am Anfang war Luther: Die Personengedenkstätte und ihre protestantische Genealogie. Ein Zwischenruf*, in: Anne Bohnenkamp, Constanze Breuer, Paul Kahl, Stefan Rhein (Hg.), *Häuser der Erinnerung. Zur Geschichte der Personengedenkstätte in Deutschland*, Leipzig 2015, S. 59-70; Thomas Kaufmann, *Protestantisch-theologische Wurzeln des ›Personenkultes‹ im 19. Jahrhundert?*, in: ebd., S. 21-40.

24 Einzelne Beispiele in Harald Meller (Hg.), *Fundsache Luther. Auf den Spuren des Reformators*, Stuttgart 2008, S. 234 ff.

25 Vgl. Johannes Luther, *Legenden um Luther*, Berlin und Leipzig 1933, S. 22 ff.

26 Umfassend dazu Martin Schloemann, *Luthers Apfelbäumchen? Ein Kapitel deutscher Mentalitätsgeschichte seit dem Zweiten Weltkrieg*, Göttingen 1994.

27 Vgl. Hans Düfel, *Das Lutherjubiläum 1883*, in: ZKG 95 (1984), S. 1-94; Hartmut Lehmann, *Das Lutherjubiläum 1883*, in: ders., *Luthergedächtnis* (Anm. 3), S. 59-77; ders., *Die Lutherjubiläen 1883 und 1917 in Amerika*, in: ebd., S. 78-93; zu den Reformationsjubiläen des 19. Jahrhunderts – und dem von 1917 – vgl. Dorothea Wendebourg, *Die Reformationsjubiläen des 19. Jahrhunderts*, in: ZThK 108 (2011), S. 270-335.

28 So der Titel der 1884 von Johann Martin Usteri herausgegebenen Festschrift zum 400. Geburtstag Zwinglis. Zur Zwingli-Forschung grundlegend: Ulrich Gäbler, *Huldrych Zwingli im 20. Jahrhundert. Forschungsbericht und annotierte Bibliographie 1897 bis 1972*, Zürich 1975.

29 Grundlegend wichtig ist das Werk von Carl Ullmann, *Reformatoren vor der Reformation vornehmlich in Deutschland und den Niederlanden*, 2 Bde., Gotha 1866.

30 Neben der in Anm. 27 genannten Literatur noch immer grundlegend: Gottfried Maron, *Luther 1917. Beobachtungen zur Literatur des 400. Reformationsjubiläums*, in: ZKG 93 (1982), S. 177-221.

31 Vgl. Dorothea Wendebourg, *Das Reformationsjubiläum des Jahres 1921*, in: ZThK 110 (2013), S. 316-361.

32 Vgl. Siegfried Bräuer, *Der »Deutsche Luthertag 1933« und sein Schicksal*, in: Horst Barthel, Gerhard Brendler u. a. (Hg.), *Martin Luther. Leistung und Erbe*, Berlin 1986, S. 423-434.

33 Zitiert nach Klaus Scholder, *Die Kirchen und das Dritte Reich*, Bd. 1: *Vorgeschichte und Zeit der Illusionen 1918-1934*, Berlin 1980, S. 703.

34 A. a. O., S. 704.

35 A. a. O., S. 705.

36 Vgl. Thomas Kaufmann, *Luthers Juden*, Stuttgart ²2015, S. 165.

37 *Kirchliches Jahrbuch für die Evangelische Kirche in Deutschland 1933-1944*, hg. v. Joachim Beckmann, Gütersloh 1948, S. 481.

38 Vgl. Drucksache IV/7 der 2. Tagung der 12. Synode der EKD (8.-11. 11. 2015 in Bremen): »Martin Luther und die Juden – Notwendige Erinnerung zum Reformationsjubiläum«.

39 Vgl. Johannes Schilling, *Luther 1946*, in: Jan Scheunemann (Hg.), *Reformation und Bauernkrieg. Erinnerungskultur und Geschichtspolitik im geteilten Deutschland*, Leipzig 2010, S. 183-195.

40 Alexander Abusch, *Der Irrweg einer Nation. Ein Beitrag zum Verständnis deutscher Geschichte*, Berlin 1946, S. 29; zum Kontext vgl. Hartmut Lehmann, *Katastrophe und Kontinuität. Die Diskussion über Martin Luthers historische Bedeutung in den ersten Jahren nach dem Zweiten Weltkrieg*, in: ders., *Luthergedächtnis* (Anm. 3), S. 189-212.

41 Wolfram von Hanstein, *Von Luther bis Hitler, ein wichtiger Abriss deutscher Geschichte*, Dresden 1947.

42 Moisej M. Smirin, *Die Volksreformation des Thomas Müntzer und der große Bauernkrieg*, Berlin 1952; 2. verb. und ergänzte Aufl. 1956.

43 Ich benutze die sogenannte Volksausgabe: Wilhelm Zimmermann, *Der grosse deutsche Bauernkrieg*, Berlin ¹¹1989.

44 Eduard Lohse, *Erneuern und Bewahren. Evangelische Kirche 1970-1990*, Göttingen 1993, S. 269.

45 So der Titel eines Aufsatzes von Gottfried Seebaß, *Ein Luther ohne Goldgrund – Stand und Aufgaben der Lutherforschung am Ende eines Jubiläumsjahres*, in: Otto Hermann Pesch (Hg.), *Lehren aus dem Lutherjahr. Sein Ertrag für die Ökumene*, München und Zürich 1984, S. 49-85.

46 *Martin Luther und die Reformation in Deutschland. Ausstellung zum 500. Geburtstag Martin Luthers. Veranstaltet vom Germanischen Nationalmuseum Nürnberg in Zusammenarbeit mit dem Verein für Reformationsgeschichte*, Frankfurt/M. 1983; zur Entstehung der Ausstellung instruktiv ist der Rückblick des damaligen Vorsitzenden des »Vereins für Reformationsgeschichte« Bernd Moeller, *Die Ausstellung »Martin Luther und die Reformation in Deutschland« in Nürnberg 1983. Ein persönlicher Bericht*, in: Scheunemann (Hg.), *Reformation* (Anm. 39), S. 103-113.

47 Bernd Moeller, *Luther und die Gesellschaft*, in: LuJ 52 (1983), S. 225-229, hier S. 225.

48 Zitiert nach Hans Süssmuth, *Luther 1983 in beiden deutschen Staaten*, in: ders., *Das Luther-Erbe in Deutschland*, Düsseldorf 1985, S. 16-40, hier S. 38. Der folgende Passus nimmt einzelne Formulierungen aus folgendem Beitrag auf: Thomas Kaufmann, *Das Reformationsgedenken in der BRD und der DDR*, in: Deutsches Historisches Museum u. a. (Hg.), *Wem gehört Luther?*, Halle/S. 2015, S. 11-25; zur Reformationsforschung nach 1945 vgl. Thomas Kaufmann, *Die deutsche Reformationsforschung seit dem Zweiten Weltkrieg*, in: ARG 100 (2009), S. 15-47; Thomas Kaufmann, *Evangelische Reformationsgeschichtsforschung nach 1945*, in: ZThK 104 (2007), S. 404-454.

49 Süssmuth, *Luther 1983* (Anm. 48), S. 39.

50 Ebd.

51 Zit. nach Jan Hermann Brinks, *Einige Überlegungen zur politischen Instrumentalisierung Martin Luthers durch die deutsche Historiographie im neunzehnten und zwanzigsten Jahrhundert*, in: Zeitgeschichte 22 (Wien 1995), S. 233-248, hier S. 240.

52 Unter anderem in: Zeitschrift für Geschichtswisenschaft 29 (1981), S. 879-893.

53 Rolf Rendtorff, Hans Hermann Henrix (Hg.), *Die Kirchen und das Judentum. Dokumente von 1945-1985*, Paderborn und München 1987, S. 605.

54 Zur allgemeinen Orientierung wichtig: Matthias Pohlig, *Zwischen Gelehrsamkeit und konfessioneller Identitätsstiftung. Lutherische Kirchen- und Universalgeschichtsschreibung 1546-1617*, Tübingen 2007.

55 Vgl. bes. Veit Ludwig von Seckendorff, *Ausführliche Historie des Lutherthums und der heilsamen Reformation*, Leipzig 1714, d 2ᵛff.; vgl. den Textauszug in: Ernst Walter Zeeden, *Martin Luther und die Reformation im Urteil des deutschen Luthertums*, II. Band: *Dokumente*, Freiburg/Br. 1952, S. 141-143.

56 Vgl. exemplarisch Thomas Kaufmann, *Konfession und Kultur* (Anm. 18), Tübingen 2006, S. 67 ff.

57 »Ich [Seckendorff] habe nemlich den ersten Anfang, dessen was Lutherus von Anno 1517. biß 1524. gethan, für besonders merckwürdig gehalten, worinnen mir alle diejenigen Recht geben werden, welche bedencken, daß was in solcher Zeit bey der Reformation gethan worden, ihm allein zuzuschreiben sey. Er war in besagten Jahren von menschlichem Schutz gantz verlassen 〈…〉. 〈…〉 Siehet man die Gefahr an, in welcher er zu solcher Zeit geraten 〈…〉, so hat man für ein Wunder zu halten, daß der Mann nur ein Jahr, geschweige sieben, leben können« (*Ausführliche Historie* [Anm. 55], e 2ʳ).

58 Ebd. Zu Seckendorff instruktiv: Solveig Strauch, *Veit Ludwig von Seckendorff (1626-1692). Reformationsgeschichtsschreibung – Reformation des Lebens – Selbstbestimmung zwischen lutherischer Orthodoxie, Pietismus und Frühaufklärung*, Münster 2005; Detlef Döring, Art. *Seckendorff, V. L.*, in: Neue Deutsche Biographie 24 (2010), S. 117 f.

59 »Es seyn auch diese Jahr [von 1517-1524] um deßwillen glücklicher gewesen, weil die Unruhen noch nicht entstanden, die hernach aus dem unbedachten Beuren-Auffstand, der Fürsten übereilten Rathschlägen, die endlich in einen Krieg ausschlugen, und denen Spaltungen unter denen Lehrern und Gemeinden der Protestanten selbst, erwachsen, und also deucht mich [Seckendorff], diese Zeit sey Lutheri eigene Geschichte [»propria Lutheri haec historia«, Zeeden, *Luther* (Anm. 9), S. 146], darinnen er zu Wittenberg 〈…〉 mit Predigen und Lesen eine Schule eröffnet, woraus in so viele Königreiche und Lande Evangelische Prediger wie Heerführer der Colonien ausgiengen« (*Ausführliche Historie* [Anm. 55], e 2ᵛ).

60 Siehe vorige Anmerkung.

61 *Ausführliche Historie* (Anm. 55), e 2ᵛ.

62 A. a. O., e 3ʳ. In Zusammenhang seines Referats von Luthers *Von den Juden* (1543) merkt Seckendorff immerhin an: »Dieses [speziell der Maßnahmenkatalog] ist zwar sehr scharff, und hat keine Folge gefunden« (a. a. O., S. 2172). Das Marburger Religionsgespräch schilderte Seckendorff weitestgehend neutral (a. a. O., S. 973-979); zu Luthers Rolle im Bauernkrieg lieferte Seckendorff

eine höchst differenzierte, insbesondere die altgläubige Polemik seit Cochläus zurechtrückende Darstellung (a. a. O., S. 695-701).

63 Ernst Walter Zeeden, *Martin Luther und die Reformation im Urteil des deutschen Luthertums*, Bd. I: *Darstellung*, Freiburg/Br. 1950, S. 117; vgl. Zeeden, *Luther*, Bd. II (Anm. 55), S. 153 f.

64 »Daß ein jedder seinem Gewissen ⟨…⟩ vertrauen und gehorchen muß, steht mir unbezwiefelt fest; wie ich mich bis jetzt nicht habe davon überzeugen können, daß ich die Autorität und Satzungen von Menschen in Sachen des ewigen Heils als bindend anerkennen soll« (Zeeden, *Luther*, Bd. II [Anm. 55], S. 162).

65 Vgl. Zeeden, *Luther*, Bd. II (Anm. 55), S. 164 f.; vgl. Seckendorff, *Ausführliche Historie* (Anm. 55), d 3^{v}.

66 Seckendorff, *Ausführliche Historie* (Anm. 55), e 3^{r}.

67 Vgl. Gottfried Arnold, *Unpartheyische Kirchen- und Ketzerhistorie*, Bd. I, Frankfurt/M. 1729 (Nachdruck Hildesheim 1967), S. 549 ff.; vgl. dazu zuletzt Albrecht Beutel, *Martin Luther im Urteil der deutschen Aufklärung*, in: ZThK 112 (2015), S. 164-191, hier S. 177 ff.; Harry Oelke, *Martin Luther und die Reformation in Gottfried Arnolds »Unparteiischer Kirchen- und Ketzerhistorie«*, in: Jörg Haustein, Harry Oelke (Hg.), *Reformation und Katholizismus. Beiträge zu Geschichte, Leben und Verhältnis der Konfessionen. Festschrift für Gottfried Maron zum 75. Geburtstag*, Hannover 2003, S. 200-221.

68 Gottfried Jakob Planck, *Geschichte der Entstehung, der Veränderungen und der Bildung unsers protestantischen Lehrbegriffs*, Bd. 1-6, Leipzig ^{2}1791-1800; zu allen Planck betreffenden Fragen siehe Christoph T. Nooke, *Gottlieb Jakob Planck (1751-1833)*, Tübingen 2014.

69 Planck, *Geschichte* (Anm. 68), Bd. 1, S. XIV.

70 Planck, *Geschichte* (Anm. 68), Bd. 2, S. 201.

71 Diese sind – außer dem ›Klassiker‹ der politischen Reformationshistoriker Johannes Sleidan und David Chytraeus' Darstellung der Geschichte der *Confessio Augustana* – Friedrich Myconius' von Ernst S. Cyprian herausgegebene Geschichte der Reformation sowie andere Werke des Gothaer Bibliothekars Cyprian, Christian A. Saligs *Vollständige Historie der Augsburgischen Confession* und Valentin E. Löschers Aktensammlung der frühen Reformationsgeschichte.

72 Leopold von Ranke, *Deutsche Geschichte im Zeitalter der Reformation*, München und Leipzig 1924, Bd. V, S. 391.

73 Johann Gottlieb Fichte, *Reden an die deutsche Nation*, 1808; 6. Rede, in: *Gesamtausgabe Werke 1808-1812*, Bd. 10, Stuttgart-Bad Cannstatt 2005, S. 171,13 f. (Kasus geändert, Th. K.).

74 Vgl. Martin Kessler, *Reformationstheorien um 1800. Charles de Villers und die Preisaufgabe des französischen Nationalinstitutes*, in: ZThK 112 (2015), S. 300-336.

75 Friedrich von Bezold, *Geschichte der deutschen Reformation*, Berlin 1886. Dieser Band erschien im Rahmen der von Wilhelm Oncken herausgegebenen »Allgemeinen Geschichte in Einzeldarstellungen«.

76 Johannes Janssen, *Geschichte des deutschen Volkes seit dem Ausgang des Mittelalters*, Bd. 1-8, Freiburg/Br. 1-16 1894.

77 Weiterführende Hinweise in Thomas Kaufmann, *Die Deutung des Humanismus vornehmlich in der deutschsprachigen Kirchengeschichtswissenschaft – Beobachtungen zu älteren und neueren Tendenzen*, in: Wolfenbütteler Renaissance-Mitteilungen 33 (2011), S. 1-32.

78 Georg Voigt, *Die Wiederbelebung des classischen Alterthums oder das erste Jahrhundert des Humanismus*, Berlin 1859; hier verwendete Ausgabe: 2 Bde., Berlin 4 1960.

79 Jacob Burckhardt, *Die Cultur der Renaissance in Italien*, Basel 1860; hier verwendete Ausgabe: Stuttgart 10 1976.

80 So das Urteil von August Buck, *Humanismus. Seine europäische Entwicklung in Dokumenten und Darstellungen*, Freiburg/Br. und München 1987, S. 409.

81 Burckhardt, *Cultur* (Anm. 79), S. 465.

82 A. a. O., S. 436.

83 Troeltsch, *Bedeutung* (Anm. 13), S. 247.

84 Ebd.

85 A. a. O., S. 235.

86 Wilhelm Dilthey, *Auffassung und Analyse des Menschen im 15. und 16. Jahrhundert*, in: ders., *Weltanschauung und Analyse des Menschen seit Renaissance und Reformation*, Gesammelte Schriften Bd. 2, Göttingen und Stuttgart 11 1991, S. 1-89.

87 Vgl. besonders Paul Wernle, *Der evangelische Glaube nach den Hauptschriften der Reformatoren*, Bd. 2: *Zwingli*, Tübingen 1919; vgl. Paul Wernle, *Renaissance und Reformation*, Tübingen 1912.

88 Vgl. vor allem die Lutherdarstellung in Adolf von Harnack, *Lehrbuch der Dogmengeschichte*, Bd. III, Nachdruck der 4., neu durchges. und verm. Aufl. Tübingen 1909, Darmstadt 1990.

89 Vgl. besonders die von Otto Schottenloher posthum herausgegebene Darstellung: Paul Joachimsen, *Die Reformation als Epoche der deutschen Geschichte*, München 1951.

90 Karl Holl, *Gesammelte Aufsätze zur Kirchengeschichte*, Bd. 1: *Luther*, Tübingen 2/3 1923.

91 Vgl. Johannes Wallmann, *Karl Holl und seine Schule*, in: *Tübinger Theologie im 20. Jahrhundert* (ZThK Beiheft 4), Tübingen 1978, S. 1-33; zur Lutherrenaissance siehe vor allem Heinrich Assel, *Der andere Aufbruch – die Lutherrenaissance*, Göttingen 1994.

92 Johannes Ficker, *Anfänge reformatorischer Bibelauslegung*, Bd. 1: *Luthers Vorlesung über den Römerbrief 1515/1516*, Leipzig [4]1930 ([1]1908); Bd. 2: *Luthers Vorlesung über den Hebräerbrief 1517/1518*, Leipzig 1929.

93 Ficker, *Anfänge* (Anm. 92), Bd. 1, S. XIII.

94 Vgl. die einleitenden Hinweise in Troeltsch, *Bedeutung* (Anm. 13), S. 317-319; Abdruck des Vorwortes Troeltschs a. a. O., S. 320.

95 Vgl. Kaufmann, *Luther* (Anm. 13).

96 Vgl. dazu: Adolf Herte, *Das katholische Lutherbild im Bann der Lutherkommentare des Cochläus*, 3 Tle., Münster 1943; vgl. auch Adolf Herte, *Die Lutherkommentare des Johannes Cochläus. Kritische Studie zur Geschichtsschreibung im Zeitalter der Glaubensspaltung*, Münster 1935.

97 Heinrich Denifle, *Luther und das Luthertum in der ersten Entwicklung*, 2 Bde., Mainz 1904-1909.

98 Hartmann Grisar, *Luther*, 3 Bde., Freiburg/Br. [3]1924-1925.

99 Joseph Lortz, *Die Reformation in Deutschland*, 2 Bde., Freiburg/Br. 1939; die bisher letzte, 6. Aufl. erschien 1982; das Werk wurde auch ins Spanische, Italienische und Englische übersetzt.

100 Hubert Jedin, *Katholische Reformation oder Gegenreformation?*, Luzern 1946.

101 Die wichtigsten Texte Iserlohs und die zum historischen Verständnis der Debatte der frühen sechziger Jahre notwendigen Informationen enthält das Buch von Uwe Wolff, *Iserloh. Der Thesenanschlag fand nicht statt*, hg. v. Barbara Hallensleben, Basel 2013.

102 Die wichtigsten Beiträge sind eingegangen in den Sammelband: Ernst Walter Zeeden, *Konfessionsbildung. Studien zur Reformation, Gegenreformation und katholischen Reform*, Stuttgart 1985.

103 Max Steinmetz (Hg.), *Die frühbürgerliche Revolution in Deutschland*, Berlin/O. 1985; Max Steinmetz, *Die frühbürgerliche Revolution. Deutschland 1476 bis 1536. Thesen zur Vorbereitung der wissenschaftlichen Konferenz in Wernigerode vom 21. bis 24. Januar 1960*, in: Zeitschrift für Geschichtswissenschaft 8 (1960), S. 113-124, wiederabgedruckt in: Gerhard Brendler (Hg.), *Die frühbürgerliche Revolution in Deutschland*, Berlin 1961, S. 7-16; vgl. zum Folgenden auch Horst Dähn, *Martin Luther und die Reformation in der Geschichtswissenschaft der DDR*, in: Laube, Fix (Hg.), *Lutherinszenierung* (Anm. 14), S. 373-390; Laurenz Müller, *Diktatur und Revolu-*

tion. Reformation und Bauernkrieg in der Geschichtsschreibung des ›Dritten Reiches‹ und der DDR, Stuttgart 2004; Martin Roy, *Luther in der DDR. Zum Wandel des Lutherbildes in der DDR-Geschichtsschreibung*, Bochum 2000; Volker Leppin, *Reformationsgeschichtsschreibung in der DDR und der Bundesrepublik*, in: Scheunemann (Hg.), *Reformation* (Anm. 39), S. 33-47; Joachim Heise (Hg.), *Dialog über Luther und Müntzer. Zwanzig Expertengespräche zwischen kirchlichen und marxistischen Reformationshistorikern der DDR (1981-1990), eine Dokumentation*, Berlin 2011; Alexander Fleischauer, *»Die Enkel fechten's besser aus«. Thomas Müntzer und die Frühbürgerliche Revolution – Geschichtspolitik und Erinnerungskultur in der DDR*, Münster 2010.

104 Franz Lau, Der *Bauernkrieg und das angebliche Ende der lutherischen Reformation als spontaner Volksbewegung*, in: LuJ 26 (1959), S. 109-134; zu Lau vgl. Markus Hein, Helmar Junghans (Hg.), *Franz Lau (1907-1973). Pfarrer, Landessuperintendent und Kirchenhistoriker*, Leipzig 2011.

105 Walter Elliger, *Thomas Müntzer. Leben und Werk*, Göttingen [3]1976; zu Elliger instruktiv: Siegfried Bräuer, *»Kein Freund unserer Republik, sagt aber, was er meint«. Der Berliner Kirchenhistoriker Walter Elliger (1903-1985)*, in: ZThK 102 (2005), S. 435-471; Norbert Friedrich, *Walter Elliger als Kirchenhistoriker in drei politischen Systemen*, in: Jochen-Christoph Kaiser (Hg.), *Vom Ertrag der neueren Kirchengeschichte für Kirche und Gesellschaft*, Marburg 2008, S. 105-120.

106 Zu den Arbeiten Bräuers vgl. die von Marion Dammaschke zusammengestellte Bibliographie, in: *Thomas Müntzer – Zeitgenossen – Nachwelt. Siegfried Bräuer zum 80. Geburtstag*, Mühlhausen 2010, S. 311-317.

107 Vgl. die Bibliographie seiner Arbeiten in Helmar Junghans, *Spätmittelalter, Luthers Reformation, Kirche in Sachsen*, Leipzig 2001, S. 407-420.

108 Vgl. meine Analyse unter Bezug auf einen der wichtigsten und interessantesten Protagonisten: Thomas Kaufmann, *Die Frage nach dem reformatorischen Durchbruch – Ernst Bizers Lutherbuch und seine Bedeutung*, in: Rainer Vinke (Hg.), *Lutherforschung im 20. Jahrhundert. Rückblick – Bilanz – Ausblick*, Mainz 2004, S. 71-97.

109 Johan Huizinga, *Herbst des Mittelalters. Studien über Lebens- und Geistesformen des 14. und 15. Jahrhunderts in Frankreich und den Niederlanden*, hg. v. Kurt Köster, mit einem Nachwort von Willem Otterspeer, Stuttgart 2015.

110 Heiko Augustinus Oberman, *Spätscholastik und Reformation*, Bd. 1

(einziger Band): *Der Herbst der mittelalterlichen Theologie*, Zürich 1965; Bibliographie Obermans in: Robert J. Bast, Andrew C. Gow (Hg.), *Continuity and Change. The Harvest of Late Medieval and Reformation History. Essays Presented to Heiko A. Oberman on His 70th Birthday*, Leiden 2000, S. 431-446; eine Analyse seines Werkes bietet Manfred Schulze in: Heiko A. Oberman, *Zwei Reformationen. Luther und Calvin. Alte und Neue Welt*, Berlin 2003, S. 235-243.305.

111 Grundlegend: Berndt Hamm, *Frömmigkeitstheologie am Anfang des 16. Jahrhunderts*, Tübingen 1982; die mit diesem Buch indizierten Interessen haben den Autor auch in den vergangenen drei Jahrzehnten beschäftigt, vgl. die Bibliographie in seiner Aufsatzsammlung: *Religiosität im späten Mittelalter. Spannungspole, Neuaufbrüche, Normierungen*, hg. v. Reinhold Friedrich und Wolfgang Simon, Tübingen 2011, S. 598-607.

112 Josef Nolte, Hella Tompert, Christof Windhorst (Hg.), *Kontinuität und Umbruch. Theologie und Frömmigkeit in Flugschriften und Kleinliteratur an der Wende vom 15. zum 16. Jahrhundert*, Stuttgart 1978.

113 Vgl. den von Bernd Moeller herausgegebenen Sammelband *Die frühe Reformation in Deutschland als Umbruch*, Gütersloh 1998. Die von den Kirchenhistorikern Moeller, Hamm und Dorothea Wendebourg geführte Diskussion über »Einheit und Vielfalt der Reformation« (Berndt Hamm, Bernd Moeller, Dorothea Wendebourg, *Reformationstheorien. Ein kirchenhistorischer Disput über Einheit und Vielfalt der Reformation*, Göttingen 1995) hat, soweit ich sehe, keine nennenswerten Früchte getragen. In der Rückschau erscheint sie primär als eine Art binnentheologischer Identitätsdiskurs, bei dem die Frage im Zentrum stand, ob Luther und seine Rechtfertigungslehre (Moeller), eine an spätmittelalterliche normative Zentrierungsprozesse anknüpfende Frömmigkeitstheologie (Hamm) oder das Urteil des Trienter Konzils (Wendebourg) als maßgebliches Einheitsmoment der Reformation zu identifizieren seien. Die Diskussion basiert auf der Voraussetzung, daß man die Frage nach ›der‹ Einheit für plausibel hält.

114 Vgl. Volker Leppin, *Transformationen. Studien zu den Wandlungsprozessen in Theologie und Frömmigkeit zwischen Spätmittelalter und Reformation*, Tübingen 2015.

115 Die Bibliographie der Werke Moellers findet sich in folgenden Aufsatzbänden desselben: *Die Reformation und das Mittelalter*,

hg. v. Johannes Schilling, Göttingen 1991, S. 343-362; *Luther-Rezeption*, hg. v. Johannes Schilling, Göttingen 2001, S. 285-292; *Zwinglis Disputationen*, Göttingen ²2011, S. 197-203; eine werkbiographische Analyse von Moellers einschlägigen Arbeiten zu Stadt und Reformation liegt vor in Bernd Moeller, *Reichsstadt und Reformation. Neue Ausgabe*, hg. und mit einer Einleitung versehen von Thomas Kaufmann, Tübingen 2011, S. 1-38.

116 Vgl. die von Hans-Joachim Köhler herausgegebenen Flugschriftenserien und die vor allem unter der Leitung von Adolf Laube an der Ost-Berliner Akademie der Wissenschaften edierten Flugschriftenbände (siehe unten: Quellen- und Literaturverzeichnis, S. 920).

117 Vgl. besonders Günter Vogler, *Nürnberg 1524/5. Studien zur Geschichte der reformatorischen und sozialen Bewegung in der Reichsstadt*, Berlin 1982; die Bibliographie Voglers ist gut greifbar in Günter Vogler, *Signaturen einer Epoche. Beiträge zur Geschichte der frühen Neuzeit*, hg. v. Marion Dammaschke, Berlin 2012, S. 587-598.

118 Vgl. Thomas A. Brady, *Ruling Class, Regime and Reformation at Strasbourg 1520-1555*, Leiden u. a. 1978 und dazu Bernd Moeller, *Stadtreformation und Klassenkampf*, in: Göttinger gelehrte Anzeigen 232 (1980), S. 103-112.

119 Vgl. Moeller, *Luther-Rezeption* (Anm. 115), S. 15 ff.; Alejandro Zorzin, *Karlstadt als Flugschriftenautor*, Göttingen 1990; Mark U. Edwards, *Printing, Propaganda, and Martin Luther*, Berkeley u. a. 1994.

120 Vgl. Peter Blickle, *Gemeindereformation. Die Menschen des 16. Jahrhunderts auf dem Weg zum Heil*, München 1987; Peter Blickle, *Kommunalismus. Skizzen einer gesellschaftlichen Organisationsform*, 2 Bde., München 2000.

121 Peter Blickle, *Die Revolution von 1525*, München 1975 (⁴2000).

122 Die wichtigste Überblicksdarstellung stammt von George H. Williams, der sämtliche Phänomene reformationszeitlicher Devianz unter dem Begriff der ›radikalen Reformation‹ verbunden hat: *The Radical Reformation*, Philadelphia 1962 (Kirksville ³2000). Zur Forschungsgeschichte instruktiv: Hans-Jürgen Goertz, *Religiöse Bewegungen in der Frühen Neuzeit*, München 1993, S. 60 ff.

123 Instruktiv vor allem der von Hans-Jürgen Goertz herausgegebene Sammelband *Umstrittenes Täufertum*, Göttingen ²1977.

124 Vgl. die deutsche Ausgabe von Harold Benders ›*Anabaptist Vision*‹. *Das täuferische Leitbild*, in: Guy F. Hershberger (Hg.), *Das Täufertum. Erbe und Verpflichtung*, Stuttgart 1963, S. 31-54; zur neue-

ren Forschung siehe nur John D. Roth, James M. Stayer (Hg.), *A Companion to Anabaptism and Spiritualism 1521-1700*, Leiden 2007; Anselm Schubert, Michael Driedger, Astrid von Schlachta (Hg.), *Grenzen des Täufertums – Boundaries of Anabaptism. Neue Forschungen*, Gütersloh 2009.

125 James D. Stayer, W. Packull, Klaus Deppermann, *From Monogenesis to Polygenesis. The Historical Discussion of Anabaptist Origins*, in: Mennonite Quarterly Review 49 (1975), S. 83-122.

126 Gottfried Seebaß, *Müntzers Erbe. Werk, Leben und Theologie des Hans Hut*, Gütersloh 2002; Gottfried Seebaß, *Die Reformation und ihre Außenseiter. Gesammelte Aufsätze und Vorträge*, Göttingen 1997 (mit einer Bibliographie Seebaß' von 1965 bis 1996).

127 Die Literatur zur Konfessionalisierungsforschung ist überaus umfangreich. Die wichtigsten einschlägigen Beiträge von Heinz Schilling finden sich in der Aufsatzsammlung: Heinz Schilling, *Ausgewählte Abhandlungen zur europäischen Reformations- und Konfessionsgeschichte*, hg. v. Luise Schorn-Schütte und Olaf Mörke, Berlin 2002; zur Analyse der Forschungsdiskussion und zur wichtigsten Literatur vgl. meine Beiträge: *Die Konfessionalisierung von Kirche und Gesellschaft. Sammelbericht über eine Forschungsdebatte*, in: Theologische Literaturzeitung 121 (1996), Sp. 1008-1025.1112-1121; Art. *Konfessionalisierung*, in: *Enzyklopädie der Neuzeit*, Bd. 6, Stuttgart und Weimar 2007, Sp. 1053-1070.

128 Vgl. Thomas Kaufmann, *Universität und lutherische Konfessionalisierung*, Gütersloh 1997, S. 11 ff.; Thomas Kaufmann, *Dreißigjähriger Krieg* (Anm. 19); Thomas Kaufmann, *Konfession und Kultur* (Anm. 18).

129 Heinz Schilling, *Reformation – Umbruch oder Gipfelpunkt eines Temps des Réformes?*, in: ders., *Abhandlungen* (Anm. 127), S. 11-31; siehe dazu Thomas A. Brady, *»We Have Lost the Reformation« – Heinz Schilling and the Rise of the Confessionalization Thesis*, in: Stefan Ehrenpreis, Ute Lotz-Heumann, Olaf Mörke, Luise Schorn-Schütte (Hg.), *Wege der Neuzeit. Festschrift für Heinz Schilling*, Berlin 2007, S. 33-56.

130 Wenn ich recht sehe, hat Schilling diese Behauptung eines Verlustes der Reformation unter dem Eindruck der Lektüre der 1. Auflage dieser Reformationsgeschichte revoziert. Denn in einer unter dem Titel *Ein Umsturz der christlichen Gesellschaft* erschienenen Rezension in der ›Süddeutschen Zeitung‹ (31. 10./1. 11. 2009, Nr. 251, S. 17) stellte er fest, es sei mir gelungen, eine »Epochendarstellung« zu liefern, »die dem Leser die Reforma-

tion als einen zeitlich ⟨...⟩ und sachlich klar abgegrenzten Vorgang vor Augen führt«.

131 Vgl. z. B. Carter Lindberg, *The European Reformations*, Chichester ²2010; Thomas A. Brady, *German Histories in the Age of Reformations, 1400-1650*, Cambridge 2009; der Tendenz nach ebenfalls Scott H. Hendrix, *Recultivating the Vineyard. The Reformation Agendas of Christianization*, Louisville 2004; vgl. ansonsten die Analyse der Forschungslage in: Thomas Kaufmann, *Der Anfang der Reformation. Studien zur Kontextualität der Theologie, Publizistik und Inszenierung Luthers und der reformatorischen Bewegung*, Tübingen 2012, S. 1 ff.; irreführend gegenüber dem eigentlichen Skopus des Buches ist der Titel von Diarmaid MacCulloch, *Reformation. Europe's House Divided, 1490-1700*, New York und London 2004; dt.: *Die Reformation 1490-1700*, München 2008; vgl. dazu Thomas Kaufmann, *»History is good at confounding and confessing labelers« – »Die Geschichte versteht es meisterlich, Schlagwortexperten zu irritieren und zu verwirren«. Zu Diarmaid MacCullochs »Reformation«*, in: ARG 101 (2010), S. 305-320. Auch Oberman (siehe etwa *Zwei Reformationen* [Anm. 110]) gehört in den wissenschaftlichen Kontext der Pluralisierung des Reformationsbegriffs; Ähnliches gilt von Peter Marshall, *Die Reformation in Europa.* Aus dem Englischen übersetzt von Ulrich Bossier, Stuttgart 2014, der in seinem Einleitungskapitel darstellt, daß es eigentlich um »Reformationen« gehe (S. 19 ff.).

132 Vgl. Constantin Fasolt, *Europäische Geschichte, zweiter Akt: Die Reformation*, in: Thomas Brady unter Mitarbeit von Elisabeth Müller-Luckner (Hg.), *Die deutsche Reformation zwischen Spätmittelalter und Früher Neuzeit*, München 2001, S. 231-250.

133 Vgl. Mark Greengrass, *Christendom Destroyed. Europe 1517-1648*, London 2014.

134 *Deutscher Bundestag, 17. Wahlperiode, Drucksache 17/6465*, 6. 7. 2011.

AUSGEWÄHLTE BIOGRAMME

Adelmann von Adelmannsfelden, Bernhard, 1459-1523, Humanist. Nach Studien in Heidelberg, Basel und Ferrara übernahm er 1486 ein Kanonikat in Eichstätt, 1498 ein weiteres in Augsburg. Zusammen mit J. → Oekolampad trat er 1519 in der Schrift *Canonicorum indoctorum responsio ad Eccium* J. → Eck entgegen und wurde deshalb 1520 auf die Bannbulle gesetzt. A. v. A. unterwarf sich und wurde absolviert. Er war unter anderem befreundet mit W. → Pirckheimer und gehörte der humanistischen »Societas Augustana« an.

Agricola (eigentlich Schneider oder Schnitter, auch Islebius), Johann, 1492 bzw. 1494-1566, Reformator. A. studierte in Leipzig (1509/10) und Wittenberg (1515-20). Seit 1525 war er Rektor der Lateinschule in Eisleben. 1536 kehrte er nach Wittenberg zurück und wurde 1539 Mitglied des Konsistoriums. Seit 1540 war er Hofprediger in Berlin und seit 1543 Generalsuperintendent der Mark Brandenburg. Mit → Melanchthon (seit 1527) und → Luther (seit 1537) führte er den ersten und zweiten antinomistischen Streit. 1548 war er an der Formulierung des Augsburger Interims beteiligt; dies machte ihn in weiten Teilen des Protestantismus zu einer verhaßten Gestalt.

Agricola (eigentlich Kastenbauer, auch Boius), Stephan d. Ä., um 1491-1547, lutherischer Theologe. A. studierte in Wien und wurde 1519 zum Dr. theol. promoviert. Nach seiner Hinwendung zur Reformation war er Prediger in Rattenberg/Inn und wurde 1522 gefangengesetzt, er konnte aber fliehen. 1529 nahm A. am Marburger Religionsgespräch und 1530 am Augsburger Reichstag teil. 1531 wurde er Prediger in Hof, 1543 in Sulzbach, 1545 in Eisleben.

Albrecht von Brandenburg, 1490-1545, Markgraf von Brandenburg, Kardinal, Erzbischof von Mainz und Magdeburg, Administrator von Halberstadt, Kurfürst, Erzkanzler des Reiches. A. wurde 1508 Domherr in Mainz, 1513 Erzbischof von Magdeburg und Administrator des Bistums Halberstadt und 1514 Erzbischof und Kurfürst von Mainz; 1518 wurde er Kardinal. An einschneidenden reichspolitischen Entwicklungen (1519 Wahl → Karls V.; 1532 »Nürnberger Anstand«) war er führend beteiligt. Die der Finanzierung eines römischen Dispenses dienende Propagierung des Petersablasses in den Erzdiözesen Mainz und Magdeburg löste den Ablaßstreit und damit die Reformation aus. Durch die Reformation verlor A. Magdeburg und Halberstadt sowie große Teile des Erzbistums Mainz.

Aleander, Hieronymus, 1480-1542, Humanist, katholischer Theologe. A. erhielt seine Ausbildung in Italien und erlernte früh Griechisch, Latein, Aramäisch und Syrisch. 1508 ebnete ihm → Erasmus den Weg nach Frankreich, 1516 ging er nach Rom, wo er päpstlicher Bibliothekar wurde. 1520 sandte ihn → Leo X. nach Deutschland, um die Bannandrohungsbulle gegen Luther zu verbreiten. Im Auftrag → Karls V. entwarf er das Wormser Edikt. Nach diplomatischen Aufgaben, die ihm → Clemens VII. übertragen hatte, wurde A. 1538 Kardinal. Er trat stets für einen unnachgiebigen Kurs in den Auseinandersetzungen mit den Protestanten ein.

Amsdorff, Nikolaus von, 1483-1565, lutherischer Theologe. A. studierte in Leipzig und Wittenberg, wurde 1502 Magister artium und 1511 Lizentiat der Theologie sowie Kanonikus am Allerheiligenstift. Als Fakultätskollege war er ab 1516 enger Mitarbeiter → Luthers. Er begleitete ihn 1519 zur Leipziger Disputation und 1521 zum Reichstag in Worms. Ab 1524 versah er in Magdeburg das Amt des Superintendenten und Pfarrers. 1542 wurde er Bischof von Naumburg. A. trieb die Gründung der Universität Jena voran (Eröffnung 1548) und war an der Jenaer Ausgabe der Werke Luthers beteiligt. Während des Kampfes gegen das Interim spielte er in Magdeburg eine führende Rolle. Nach dem Ende der Belagerung der »Herrgotts Kanzlei« trat er wieder in ernestinische Kirchendienste ein.

Bernhard von Clairvaux, 1090/91-1153, Mystiker, Prediger. B. trat 1112 in das Zisterzienserkloster Cîteaux ein. 1115 wurde er als Abt zur Gründung des Klosters Clairvaux ausgesandt. B. vollzog von hier aus 68 Klosterneugründungen. Als Gegner Peter Abaelards (1079-1142) setzte er dessen Häretisierung durch. Als Kreuzzugsprediger zog er durch das nördliche Frankreich, Flandern und die Rheingegend. B. gilt als der Begründer mittelalterlicher Christusmystik. In seinem Hauptwerk *De consideratione ad Papam Eugenium* wandte sich B. gegen das Machtstreben und die Weltherrschaft der Päpste.

Bernhardi, Bartholomäus, 1487-1551, reformatorischer Theologe. 1512 war er Dekan der Artistenfakultät und 1518 Rektor der Wittenberger Universität. Seit 1518 war B. auch Propst und Pfarrer in Kemberg. 1521 heiratete er als einer der ersten Kleriker und verfaßte eine Verteidigungsschrift.

Beyer, Christian, um 1482-1535, Professor und Politiker. Ab 1500 studierte er in Erfurt und Wittenberg (1505 Magister artium). 1507 wurde er Dozent in der artistischen Fakultät, 1510 wurde er zum Dr. iur. promoviert; 1512 wurde er Professor für Digesten, Beisitzer am Oberhofgericht und Dekan der juristischen Fakultät. Seit 1513 war er kurfürstlich-sächsischer Rat und Bürgermeister von Wittenberg. 1528 wurde B. Kanzler des Kurfürsten → Johann von Sachsen, 1530 nahm er am Augsburger Reichstag teil und verlas die deutsche Fassung der *Confessio Augustana*.

Biel, Gabriel, um 1410/15-95, Theologe und Philosoph. B. studierte seit 1432 in Heidelberg (1438 Magister artium), 1442/43 und 1451-53 in Erfurt und seit 1453 in Köln. Seit 1457 war er Domprediger in Mainz. 1464 erhielt B. ein Benefiziat in Eltville und wurde »Bruder vom gemeinsamen Leben«. Er wurde Propst der Häuser in Butzbach (1468) und Urach (1479). 1479-92 lehrte er Philosophie und Theologie an der Universität Tübingen, deren Rektor er 1485 und 1489 war. Als Anhänger W. von → Ockhams stellte er dessen Lehre in einem Kommentar zu den *Sentenzen* des Petrus Lombardus methodisch dar (*Collectorium circa IV libros sententiarum* [1501]).

Billican, Theobald (eigentlich Diepold Gerlach[er]), 1491-1554, Theologe. 1513 wurde B. Magister artium an der Universität Heidelberg und führte in Weil der Stadt (1522) und Nördlingen (1524) die Reformation ein. Obwohl B. 1530 fast alle seine früheren Positionen widerrufen hatte, trat er bis 1535 in Nördlingen als reformatorischer Prediger auf. Nach seinem Studium der Rechtswissenschaften (ab 1536) wurde er in Marburg 1546 zum Doktor beider Rechte promoviert.

Blarer (auch Blaurer), Ambrosius, 1492-1564, Reformator, Liederdichter. Seit 1505 studierte B. in Tübingen, um 1510 trat er in Alpirsbach in den Benediktinerorden ein und wurde Prior. 1522 verließ er das Kloster und führte ab 1525 in Konstanz mit seinem Bruder Thomas Blarer und Johannes Zwick die Reformation ein. B. trat in der Eidgenossenschaft, in Memmingen (1528), Ulm und Esslingen (1531) als Reformator auf. Zusammen mit E. → Schnepf war B. seit 1534 an der Einführung der Reformation im Herzogtum Württemberg führend beteiligt. 1538 kehrte er nach Konstanz zurück. Nachdem dort allerdings der Katholizismus wiedereingeführt worden war (1548), floh B. in die Eidgenossenschaft. Sein Lied *Wieß God gefelt, so gfelts mir ouch* (1522) gilt als erstes deutsches Kirchenlied der Reformation.

Blaurock, Jörg (auch Georg vom Hause Jakob, Cajacob von Bonaduz), um 1492-1529, schweizerischer Täufer. B., der zunächst Mönch in Chur war und Vikar in Trins (1516-18), schloß sich 1525 den Täufern in Zürich an, wo er sich von K. → Grebel taufen ließ. 1525 disputierte B. mit → Zwingli über die Taufe und wurde zum Führer der Täufer in der Schweiz und Tirol. 1529 wurde er verbrannt.

Brenz, Johannes, 1499-1570, lutherischer Theologe. Ab 1514 studierte B. in Heidelberg (vermutlich 1518 Magister artium). Seit 1522 war er in Schwäbisch-Hall als Prediger tätig, wo er seit 1524 an der Einführung der Reformation beteiligt war. Seit 1535 wirkte er bei der reformatorischen Umgestaltung des Herzogtums Württemberg und 1537/38 auch an der Reform der Universität Tübingen mit. Er nahm 1530 am Augsburger Reichstag und an den Religionsgesprächen in Hagenau, Worms (1541) und Regensburg (1546) teil. Infolge des Interims mußte er 1548 Schwäbisch-Hall verlassen, seit 1553 war er Propst an der Stuttgarter Stiftskirche. Er verfaßte Kirchenordnungen und den wohl verbreitetsten oberdeutschen Katechismus.

Brück (eigentlich Heins), Gregor, 1485-1557, Politiker. B. studierte in Wittenberg und Frankfurt/Oder, 1519 wurde er Hofrat und bald danach Kanzler. Als Vermittler zwischen dem Hof und den Reformatoren nahm er Einfluß auf die kursächsische Politik. Er war Hauptverfasser der Speyerer Protestation (1529) und an der Gründung des Schmalkaldischen und des Torgauer Bundes beteiligt. 1530 sprach er in Augsburg für die protestantischen Stände. 1547 wirkte er an der Gründung der Universität Jena mit.

Brunfels, Otto, 1489/90-1534, Humanist, evangelischer Prediger, Lehrer, Arzt, Botaniker. B. studierte in Mainz, trat 1510 in den Kartäuserorden ein und siedelte später nach Straßburg über. Nachdem er sich der Reformation zugewandt hatte, war er 1521 Pfarrer in Steinau, von wo er allerdings bald flüchten mußte. Bis 1524 wirkte er als Stadtprediger in Neuenburg, zog dann nach Straßburg, wo er bis 1532 Lehrer war. 1530 erwarb er den medizinischen Doktorgrad; 1532 berief man ihn als Stadtarzt nach Bern. Seine Leistungen in der Botanik gelten als epochal.

Bucer (auch Butzer), Martin, 1491-1551, Reformator. 1507 trat B. in das Dominikanerkloster in Schlettstadt ein, absolvierte hier sein Philosophiestudium und wurde wohl 1516 zum Priester geweiht. 1517 begann er sein Theologiestudium in Heidelberg, wo er 1518 auf → Luther traf. 1521 erhielt B. die Freisprechung von seinen Ordensgelübden, in deren Folge er verschiedene Pfarrstellen innehatte. 1522 heiratete B. eine ehemalige Nonne. 1524 übernahm er eine Pfarrstelle in Straßburg, wo er 25 Jahre lang als Reformator der Stadt wirksam war. Obwohl von Luthers Theologie stark beeinflußt, trat B. im Streit um das Abendmahl mit den Straßburgern an die Seite → Zwinglis. Dennoch war ihm an einer Einigung gelegen, die 1536 (Wittenberger Konkordie) zustande kam. In den vierziger Jahren war B. als Vermittler bei Religionsgesprächen und Neugestaltungen der Kirchenwesen ein gefragter Mann. Durch seine umfangreiche Korrespondenz beförderte er die reformatorischen Bewegungen in den Niederlanden, Frankreich und England. Aufgrund des Interims begab er sich 1548 ins Exil nach Cambridge, wo er drei Jahre später starb.

Bugenhagen, Johannes, 1485-1558, lutherischer Theologe. 1502 immatrikulierte sich B. an der Universität Greifswald, ab 1504 war er Rektor an der Stadtschule in Treptow. 1509 erhielt er die Priesterweihe. Ab 1517 war er biblischer Lektor im Kloster Belbuck. Ab 1520 sind die Einflüsse → Luthers auf seine Theologie nachweisbar, so daß er sich 1521 zum Theologiestudium in Wittenberg entschloß. Seit 1521 hielt er hier Vorlesungen über den Psalter, 1523 übernahm er die Wittenberger Stadtpfarrei. Seit 1533 war er Dr. theol. und gehörte zum Mitarbeiterkreis Luthers bei seiner Bibelübersetzung. Durch eine Flugschrift B.s 1525 wurde der Abendmahlsstreit mit → Zwingli eröffnet. B. wurde ab 1526 Reformator norddeutscher und skandinavischer Kirchentümer. Er war einer der engsten Vertrauten Luthers und sein Beichtvater.

Calvin, Johannes, 1509-64, Reformator. 1524 begann C. sein Studium in Paris (1527 Promotion zum Magister), seit 1528 widmete er sich in Orléans dem Jurastudium. Nach dessen Abschluß kehrte er als Lizentiat der Rechte 1533 nach Paris zurück, wo er für kirchliche Reformbestrebungen eintrat. Die Verfolgung der Protestanten in Frankreich nötigte ihn zur Flucht, so daß er 1535 Straßburg erreichte. Nach seiner Weiterreise nach Basel vollendete er dort seine *Institutio religionis christianae* (1536). 1536 wurde er für die Mitarbeit in Genf gewonnen, aber 1538 aus der Stadt ausgewiesen. Er kam nach Straßburg, wo er das Predigtamt an der französischen Flüchtlingsgemeinde übernahm. 1541 kehrte er nach Genf zurück und konnte hier die große europäische Ausstrahlungen erreichende Genfer Reformation zum Erfolg führen.

Campeggio, Lorenzo, 1474-1539, katholischer Theologe. 1500 wurde C. Professor beider Rechte, 1512 Bischof und 1517 Kardinal.

→ Clemens VII. beauftragte ihn 1524/25, gegen die Reformation in Deutschland vorzugehen. Auf dem Augsburger Reichstag (1530) vertrat C. die päpstlichen Interessen.

Canisius, Petrus (eigentlich Pieter Kanijs), 1521-97, Jesuit, Theologe. 1536-40 studierte C. Philosophie in Köln und trat 1543 in die Gesellschaft Jesu ein. Später studierte er Theologie in Köln und empfing 1546 die Priesterweihe. Nach der Teilnahme am Konzil von Trient (1547) und seiner theologischen Promotion in Bologna (1549) war er Professor und Prediger im Dienst der Gegenreformation in Ingolstadt (1549-52), Wien und Prag (1552-56), Augsburg (1559-66) und Innsbruck (1571-77). Er nahm an mehreren Reichstagen und 1557 am Wormser Religionsgespräch teil. Er fungierte als Berater Kaiser → Ferdinands I. Große Wirkung hatten seine drei Katechismen.

Cano, Melchior, 1509-60, katholischer Theologe. C. war ab 1541 Professor der Philosophie an der Universität Alcalá de Henares und 1546 Professor der Theologie in Salamanca. Im Auftrag → Karls V. war er 1551/52 auf dem Konzil von Trient. 1554 verzichtete er auf seine Professur und wurde 1557 Prior in Salamanca. Sein Werk *De locis theologicis* (postum 1563) wirkte nachhaltig auf die katholische Theologie des konfessionellen Zeitalters ein.

Capito (latinisiert von Köpfel), Wolfgang Fabritius, 1481-1541, reformatorischer Theologe. Nach dem Studium in Ingolstadt, Heidelberg und Freiburg wurde C. 1512 Stiftsprediger in Bruchsal. Nach seiner Promotion zum Dr. theol. wechselte er 1515 nach Basel, wo er seit 1516 an der Universität Theologie lehrte, als Münsterprediger und Hebraist tätig war und in ein besonders enges Verhältnis zu → Erasmus trat. 1520 wurde er Domprediger und 1521 Rat des Erzbischofs → Albrecht von Brandenburg in Mainz. Seit 1523 war C. Propst an St. Thomas in Straßburg und schloß sich nun offen der Reformation an. Er wurde neben → Bucer ihr wichtigster Förderer in der elsässischen Reichsstadt. 1530 war er an der Abfassung der *Confessio Tetrapolitana* beteiligt. 1536 nahm er an den Verhandlungen zur Wittenberger Konkordie teil und 1540/41 an den Religionsgesprächen.

Clemens VII. (Giulio de'Medici), 1523-34 (geb. 1478) Papst. 1513 wurde C. Erzbischof von Florenz, sein Vetter → Leo X. machte ihn 1513 zum Kardinal und 1517 zum Vizekanzler. Während seines Pontifikats war C. bestrebt, die Herrschaft der Medici in Florenz zu stärken; außenpolitisch schwankte er zwischen → Karl V. und Franz I. 1527 erlebte er die Plünderung Roms und mußte sich dem Kaiser ergeben. 1529 schloß er einen Vertrag mit Karl V., den er 1530 in Bologna zum Kaiser krönte. Da er es ablehnte, die Ehe Heinrichs VIII. mit Katharina von Aragón für ungültig zu erklären, kam es zur Ablösung Englands von der römischen Kirche.

Cranach, Lucas d. Ä., um 1472-1553, Maler, Graphiker. Von 1505 bis 1550 war C. Hofmaler in der kursächsischen Residenzstadt Wittenberg. Nach Aufenthalten in Augsburg und Innsbruck zog er 1552 in die neue Residenz nach Weimar. Von einer engen Freundschaft mit → Luther zeugen C.s Rolle als dessen Trauzeuge sowie die gegenseitigen Patenschaften bei den Kindern der beiden. Zahlreiche Porträts des Reformators stammen aus seiner Werkstatt. Auf das ›Bild‹ Luthers hat C. den nachhaltigsten Einfluß ausgeübt.

Denck, Hans, um 1500-27, Humanist, Spiritualist. D. studierte ab 1517 in Ingolstadt und geriet seit 1522 in Basel unter den Einfluß des → Erasmus von Rotterdam und des J. → Oekolampad. 1523 wurde er Magister und erhielt ein Rektorat in Nürnberg, wo er allerdings 1525 wegen radikaler Tendenzen ausgewiesen wurde. Er ging nach Augsburg, wo er von H. → Hut getauft wurde; 1526 zog er nach Straßburg, wo er ebenfalls ausgewiesen wurde. Zusammen mit L. → Hätzer übersetzte er die alttestamentlichen Propheten aus dem Urtext (1527 erschienen). Durch Oekolampads Fürsprache erhielt D. schließlich Aufnahme in Basel, wo er an der Pest starb.

Doelsch, Johannes, um 1485-1523. Seit 1502 studierte D. in Heidelberg, seit 1504 in Wittenberg, 1507 empfing er die Priesterweihe. 1511 wurde er Professor an der artistischen Fakultät und Stiftsherr im Allerheiligenstift; 1516/17 war er Rektor der Universität, 1521/22 Dekan der Theologischen Fakultät. Im Mai 1521 wurde er Custos des Allerheiligenstiftes. Um 1518 wandte sich D., ursprünglich Scotist, den Lehren → Luthers zu und trat 1520 als Verteidiger gegen dessen Verurteilung durch die Universität Löwen auf.

Dungersheim, Hieronymus, genannt Ochsenfart, 1465-1540, katholischer Theologe. Seit 1484 studierte er in Leipzig. Nach seiner Priesterweihe 1495 wurde D. Prediger in Chemnitz, 1501 in Zwickau, wo er auch mit diplomatischen Aufträgen betraut wurde. 1504 reiste er nach Siena, kehrte 1505 als Dr. theol. nach Leipzig zurück, wurde 1506 Kollegiat des Fürstenkollegiums und war 1510 Rektor der Universität. 1519/20 führte D. eine in Briefform ausgetragene literarische Auseinandersetzung mit → Luther. 1522 wurde er Gehilfe des Meißner Bischofs Johann von Schleynitz und war seit 1525 Prediger in Mühlhausen, seit 1538 in Leipzig, wo er auch als Dekan der Theologischen Fakultät amtierte.

Duns Scotus, Johannes, um 1265-1308, scholastischer Philosoph und Theologe. D. stammte aus Schottland und trat in den Franziskanerorden ein. Er studierte und lehrte in Oxford und Paris. 1291 wurde er zum Priester geweiht, 1305 wurde er Magister (Dr.) theol. und kam 1307 als Lehrer des Franziskanerordens nach Köln. D.s Hauptwerk bilden seine Kommentare zu den *Sentenzen* des → Petrus Lombardus.

Eck (eigentlich Maier, Mayer), Johannes, 1486-1543, katholischer Theologe. E. studierte Philosophie und Theologie in Heidelberg, Tübingen, Köln und Freiburg. Nach Erwerb des Dr. theol. 1510 in Freiburg war er bis zu seinem Tod Theologieprofessor in Ingolstadt, Vizekanzler der Universität, Kanoniker in Eichstätt und seit 1519 Pfarrer in Ingolstadt. E. verfaßte Lehrbücher der Logik und Kommentare zu Schriften des Aristoteles. 1519 disputierte er mit → Karlstadt und → Luther, 1520 arbeitete er an der Bannandrohungsbulle mit. 1526 gelang es Eck auf der »Badener Disputation«, einen Teil der schweizerischen Kantone bei der römischen Kirche zu halten. Seit 1526 verteidigte er auch das strenge Vorgehen gegen das Täufertum. 1530 war E. an der Widerlegung der *Confessio Augustana* beteiligt.

Emser, Hieronymus, 1478-1527, katholischer Theologe. Studium in Tübingen und Basel, 1499 Erwerb des Magister artium und Priesterweihe. E. begleitete den Ablaßprediger Kardinal Raimund Peraudi auf seinen Reisen durch Deutschland. 1504 hielt er humanistische Vorlesungen in Erfurt, 1504/05 wechselte er nach Leipzig und wurde zum Bakkalaureus der Theologie und zum Lizentiaten des kanonischen Rechts promoviert. E. wurde Geheimsekretär und Hofkaplan → Georgs von Sachsen. 1519 nahm er als Begleiter J. → Ecks an der Leipziger Disputation teil. → Luther und E. tauschten eine Reihe von Streitschriften aus, 1524 verfaßte E. eine Kritik an der Bibelübersetzung Luthers. 1527 erschien seine Neuübertragung der Vulgata.

Erasmus, Desiderius, von Rotterdam, 1466/69-1536, Humanist. Der wahrscheinlich als illegitimer Sohn eines Priesters Geborene verbrachte seine Schulzeit in Deventer und 's-Hertogenbosch, wo er mit der *Devotio moderna* in Kontakt kam; 1487 trat er in das Kloster der Augustinerchorherren in Steyn bei Gouda ein und begann mit der Ausbildung seiner literarischen Interessen im Geiste des Humanismus. Nach seiner Priesterweihe (1492) war er als Sekretär in den Diensten des Bischofs von Cambrai tätig; zwischen 1495 und 1499 studierte er in Paris. Während einer Englandreise (1499) trat er in Kontakt mit führenden Humanisten (John Colet, Thomas Morus) und erlernte das Griechische, was er bald mit Meisterschaft beherrschte. 1506-09 war er in Italien; in Turin erwarb er den theologischen Doktorgrad. In seinen Wanderjahren legte er die Basis für seine epochale Editionstätigkeit (griechische Ausgabe des Neuen Testaments [zuerst 1516], zahlreiche Kirchenväterausgaben), die er nach seiner Übersiedlung nach Basel bei dem Drucker Johannes Froben erscheinen ließ. Als Kritiker eines veräußerlichten Christentums (*Enchiridion militis christiani* [1503], das seit 1518 ein Erfolgsbuch wurde) zeigte er anfänglich Sympathien für Luther, distanzierte sich aber seit den frühen zwanziger Jahren wegen theologischer Differenzen und der ihm unerträglichen Polemik der Reformatoren. Zeitweilig war Erasmus der einflußreichste Gelehrte seiner Zeit, der auch durch seine exegetischen Werke auf Anhänger und Gegner der Reformation nachhaltig einwirkte.

Fabri, Johannes, 1478-1541, katholischer Theologe. Seit 1505 studierte F. in Tübingen; 1508 wurde er Priester in Lindau; 1509 immatrikulierte er sich in Freiburg; 1510/11 promovierte er zum Doktor beider Rechte; 1513-18 war er Offizial des Basler Bischofs, 1518 Generalvikar des Konstanzer Bischofs und Apostolischer Protonotar. Als Vertreter des Konstanzer Bischofs nahm er an der Ersten Zürcher Disputation teil. 1523 übernahm er das Amt eines Rates König → Ferdinands I., 1530 wurde er Bischof von Wien. F. war einer der aktivsten theologischen Gegner der Reformation.

Fagius (eigentlich Buch[e]lin, Büch[e]lin, Büchlein), Paul, 1504-49, reformatorischer Theologe, Hebraist. Seit 1515 Studium in Heidelberg. 1518 nahm er an der Heidelberger Disputation teil. 1522 war er Hebräischschüler W. → Capitos in Straßburg und wurde 1527 Lehrer an der Lateinschule in Isny/Allgäu. 1535 kehrte er nach Straßburg zurück, 1537-43 war er Prediger in Isny. Mit Hilfe eines Ratsherrn richtete F. eine hebräische Druckerei ein. 1544 wurde er Capitos Nachfolger als Prediger und Professor für Altes Testament in Straßburg. 1546 fungierte er als Berater Kurfürst Friedrichs II. bei der Reform der Universität Heidelberg. Infolge des Interims ging er 1548 zusammen mit → Bucer nach Cambridge.

Ferdinand I., 1503-64, Römischer König und deutscher Kaiser, König von Böhmen und Ungarn. Der zweitgeborene Sohn Philipps von Burgund und Johannas (»der Wahnsinnigen«) von Kastilien und Bruder → Karls V. wuchs seit 1516 in der Obhut seiner Tante Margarete, der Tochter Kaiser → Maximilians I., in Mecheln in den Niederlanden auf. Nach dem Tode des Kaisers übernahm er 1521 die Herrschaft in den österreichischen Ländern, wo er der Reformation entschieden entgegentrat. 1526/27 erwarb er die Kronen Böhmens und Ungarns; sein Versuch, die Osmanen dauerhaft aus Ungarn fernzuhalten, mißlang (1541). Im Reich fungierte er als Statthalter seines Bruders; seit der Wahl zum Römischen König (1531) gewann seine Politik auf der Ebene des Reiches sukzessive an Eigenständigkeit. Seine den rechtlichen Gegebenheiten und politischen Realitäten des Reiches entsprechende Religionspolitik eröffnete die Chancen für einen tragfähigen Frieden mit den Protestanten (Passauer Vertrag 1552; Augsburger Religionsfriede 1555); in der Zeit seines Kaisertums (1558-64) setzte er diesen Kurs ungeachtet der polarisierenden Tendenzen des Trienter Konzils (1546-63) fort.

Flacius (eigentlich Vlacich, auch Vlaèiæ, Francowitz, Frankoviæ) Illyricus, Matthias, 1520-75, lutherischer Theologe, Historiker, Hebraist. Theologische Studien in Augsburg, Basel, Tübingen und Wittenberg. Er schloß sich der Reformation an und erhielt 1544 eine Professur für hebräische Sprache, die er aus Protest gegen das Interim 1549 aufgab. Von nun an hielt er sich in Magdeburg auf, wo er Schriften gegen die Wittenberger Theologen um → Melanchthon und die Befürworter der kaiserlichen Religionspolitik (Interim) verfaßte. 1557 erhielt F. einen Ruf an die Universität Jena, wo er Professor für Neues Testament war. Infolge theologischer und religionspolitischer Differenzen, auch mit den ernestinischen Landesherrn, mußten F. und seine Gesinnungsfreunde Jena 1561 verlassen. Zuletzt erhielt er in Frankfurt/Main Asyl. Die erste umfassende evangelische Darstellung der Kirchengeschichte, die sogenannten *Magdeburger Centurien* (1559-74), verdankt sich vornehmlich seinem wissenschaftsorganisatorischen Talent.

Franck, Sebastian, 1499-1542 oder 1543, Theologe, Schriftsteller, Drukker. F. studierte in Ingolstadt (seit 1515) und Heidelberg (seit 1518). Zunächst war er als Anhänger der lutherischen Reformation in geistlichen Ämtern in der Gegend von Augsburg und Nürnberg tätig. Er kam in Kontakt mit täuferischen und spiritualistischen Kreisen, gab sein geistliches Amt auf und lebte von schriftstellerischer Tätigkeit in Nürnberg (1528) und in Straßburg (1531). Nach Herausgabe seiner *Geschichtbibel* (1531) wurde er dort ausgewiesen. Seit 1534 wirkte er in Ulm als Buchdrucker. 1539 mußte F. nach Basel fliehen, starb jedoch bald an der Pest.

Friedrich III. von Sachsen, genannt »der Weise«, 1463-1525, Kurfürst. 1486 übernahm Friedrich die Kurwürde von seinem Vater Ernst und regierte das ernestinische Sachsen gemeinsam mit seinem Bruder → Johann. Seit 1500 spielte er als Exponent von Reformbemühungen auf der Ebene des Reiches eine wichtige Rolle. Mit seiner Regierungszeit verbindet sich der Aufstieg des ernestinischen Sachsens in ökonomischer, kultureller und politischer Hinsicht. Die Wahl zum Kaiser lehnte er 1519 ab. Seine Schutzpolitik gegenüber Luther und den Anhängern der Reformation bildete die entscheidende Grundlage ihrer Ausbreitung. Ein eigenes Bekenntnis zur neuen Lehre legte er auf dem Sterbebett ab, als er das Abendmahl unter beiderlei Gestalt empfing.

Geiler von Kaysersberg, Johannes, 1445-1510, Theologe, Prediger, Schriftsteller. Seit 1460 widmete er sich dem Studium an der Artistenfakultät in Freiburg, 1463/64 wurde er Magister. 1470 erhielt er die Priesterweihe, seit 1471 war er mit dem Theologiestudium in Basel beschäftigt, 1475 wurde er zum Dr. theol. promoviert. Seit 1476 nahm er eine theologische Professur an der Universität Freiburg wahr und wurde deren Rektor. 1477 gab er die Universitätskarriere auf; seit 1478 entfaltete er als Prediger am Münster in Straßburg eine ausstrahlende Tätigkeit. Sein zum Teil erst postum veröffentlichtes literarisches Werk, das vornehmlich aus Predigten besteht, übte kurz vor der Reformation einen großen Einfluß aus.

Georg von Sachsen, genannt »der Bärtige«, 1471-1539, Herzog. Seit 1500 regierte G. in der Nachfolge seines Vaters Albert das albertinische Sachsen. Aufgrund eigener kirchenreformerischer Neigungen stand er den reformatorischen Tendenzen, die von der in Kursachsen gelegenen Universität Wittenberg ausgingen, zunächst wohlwollend gegenüber. Mit der in seiner Gegenwart abgehaltenen Leipziger Disputation änderte sich dies grundlegend. 1525 war er maßgeblich an der Niederschlagung des mitteldeutschen Bauernkrieges beteiligt. Bis zu seinem Tod war Georg der profilierteste Gegner der Reformation unter den Reichsfürsten. Sein Versuch, die Einführung der Reformation im Herzogtum Sachsen durch den Ausschluß seines Bruders Heinrich aus der Erbfolge zu verhindern, scheiterte.

Gerson, Johannes, 1363-1429, scholastischer Theologe. Als »doctor christianissimus« prägte er maßgeblich die Theologie des 15. Jahrhunderts. Seit 1377 studierte er in Paris, 1382 wurde er Magister artium und erhielt 1392 seine Lehrbefähigung für Theologie. 1394 wurde er Dekan in Brügge und Theologieprofessor in Paris, 1395 Kanzler der Universität Paris. 1415-18 nahm er am Konzil von

Konstanz teil, seit 1419 ging G. hauptsächlich schriftstellerischer Tätigkeit in Lyon nach.

Grebel, Konrad, um 1498-1526, schweizerischer Humanist, Täufer. Humanistische Bildung erwarb G. durch ein Studium in Basel, Wien und Paris. Nach seiner Rückkehr nach Zürich schloß er sich H. → Zwingli an, mit dem es jedoch 1523/24 zum Bruch kam. G. begründete zusammen mit Freunden die Zürcher Täuferbewegung. 1525 vollzog er erste Erwachsenentaufen. 1526 starb er an der Pest.

Greiffenklau zu Vollraths, Richard, 1467-1531, katholischer Theologe, Erzbischof von Trier. G. wurde 1482 Stiftsherr, 1487 Domkapitular in Trier und studierte seit 1488 Theologie in Paris. 1511-31 war er Erzbischof und Kurfürst von Trier. G. verhandelte auf dem Wormser Reichstag 1521 im Namen der Reichsstände mit Luther. 1522 wehrte er erfolgreich die Sickingensche Fehde ab.

Gropper, Johannes, 1503-59, katholischer Theologe, Kardinal. G. studierte in Köln die Artes, wurde 1516 Magister, schloß das Studium der Rechte an und wurde darin 1525 promoviert. 1526 erhielt er die Priesterweihe, im selben Jahr wurde er zum Großsiegler der Erzdiözese berufen. Seit 1530 widmete er sich verstärkt theologischen Studien. 1539-41 war er an den Religionsgesprächen beteiligt; das sogenannte *Regensburger Buch* geht größtenteils auf ihn zurück. 1555 wurde G. in den Kardinalsstand erhoben.

Grumbach, Argula, 1492 bis etwa 1568, geborene von Stauff, reformatorische Publizistin. Geboren auf der Burg Ernfels in der Oberpfalz, kam Argula 1508 als Hofdame der bayrischen Herzogin Kunigunde nach München. 1516 heiratete die früh Verwaiste den Pfleger von Dietfurt im Altmühltal Friedrich von Grumbach. Frühzeitig interessierte sie sich für die Reformation und suchte briefliche und persönliche Kontakte zu reformatorisch gesinnten Theologen in ihrer Umgebung (→ Osiander in Nürnberg, Paul Speratus in Würzburg) und in Wittenberg (Briefwechsel mit → Luther 1522). Im Herbst 1523 trat sie als erste Frau publizistisch im Sinne der Reformation in Erscheinung. Den Anlaß bildete ein Widerruf, den die Universität Ingolstadt dem ehemaligen Wittenberger Studenten Arsacius Seehofer abnötigte. Aus dieser mit großem öffentlichem Interesse wahrgenommenen Affäre folgten 1524 noch einige weitere kleinere Schriften. 1530 ist ihr Besuch bei Luther auf der Coburg gesichert; Ende der zwanziger Jahre war sie ein erstes, 1535 ein zweites Mal verwitwet.

Günther, Franz, gest. 1528, Prediger. 1512 Promotion zum Bakkalaureus der freien Künste, 1515 Immatrikulation in Wittenberg, wo er akademische Grade in den Artes und der Theologie erhielt. 1519 geriet G. als Prediger in Jüterbog mit den Franziskanern in Konflikt, weshalb ihn Thomas → Müntzer vertreten mußte. Doch auch dieser mußte die Stadt bald verlassen. 1520 wurde G. Prediger in Lochau, wo er 1528 starb.

Hadrian VI. (Adrianus Florensz Boeyens, Adrian von Utrecht), 1522-23 (geb. 1459) Papst. Erste Ausbildung bei den »Brüdern vom gemeinsamen Leben«, dann 1476 Studium der Philosophie, Theologie und des Kirchenrechts in Löwen (Dr. theol. 1491), wo er seit 1489 eine Professur innehatte. Seit 1507 war H. Erzieher des späteren Kaisers → Karl V. 1516 wurde er Bischof von Tortosa und Großinquisitor, 1517 Kardinal. 1520 wurde er Statthalter Karls V. in Spanien. 1522 wurde er zum Papst und Nachfolger → Leos X. gewählt und gekrönt. Seine Hauptaufgabe sah H. in einer Kirchenreform.

Hätzer, Ludwig, um 1500-29, Theologe, Täufer, Humanist. Nach Studien in Basel und Freiburg wurde H. in Konstanz zum Priester geweiht. Anschließend war er Kaplan in Wädenswiler und schloß sich → Zwingli an. 1523 nahm er als Protokollant an der Zweiten Disputation in Zürich teil. 1524 Aufenthalt als Korrektor und Kontaktmann späterer Täufer in Augsburg, danach Rückkehr nach Zürich. Von dort ausgewiesen, ging er 1526 nach Straßburg, wo er mit H. → Denck zusammentraf. Gemeinsam verfaßten sie mit Unterstützung Wormser Juden die erste reformatorische Übersetzung der alttestamentlichen Propheten aus dem Urtext. Aufgrund des Vorwurfs der Bigamie wurde H. in Konstanz hingerichtet.

Hedio (auch Heyd, Bock, Böckel), Kaspar, 1494-1552, reformatorischer Theologe. 1515/16 erwarb H. den Grad eines Magister artium, studierte in Basel und Mainz Theologie und wurde 1523 zum Dr. theol. promoviert. 1520 wurde er Hofprediger in Mainz, 1523 Münsterprediger in Straßburg. 1529 nahm er am Marburger Religionsgespräch teil, 1540/41 an den Gesprächen in Worms und Regensburg. 1542/43 fungierte er als Berater des Kölner Erzbischofs Hermann von → Wied in Bonn. 1549 wurde er Leiter des Kirchenkonvents in Straßburg, widersetzte sich dem Interim und gab sein Amt als Prediger auf. H. gilt als einer der ersten reformatorischen Kirchenhistoriker.

Heinrich von Braunschweig-Lüneburg-Wolfenbüttel, genannt »der Jüngere«, 1489-1568, Herzog. Seit 1514 als Nachfolger seines Vaters, Heinrichs des Älteren, regierend, suchte H. einen besonders engen politischen Anschluß an den Kaiser. 1525 war er an der Niederschlagung des Bauernaufstands beteiligt; zwischen 1525 und 1528 diente er → Karl V. als Feldherr in Italien. Im Reich gehörte er zu den schärfsten Gegnern der Reformation unter den Fürsten. 1542 wurde der von → Luther publizistisch als »Hans Worst« Attackierte (1541) durch die Truppen des Schmalkaldischen Bundes aus seinem Land vertrieben. Nach der Niederlage des Evangelischen Bündnisses im Schmalkaldischen Krieg kehrte er in sein Land zurück.

Helding (auch Sidonius), Michael, 1506-61, katholischer Theologe, Bischof von Merseburg. 1525-28 Studium in Tübingen, seit 1531 Domschulmeister und 1533 Domprediger in Mainz. 1537 wurde H. Weihbischof, 1543 zum Dr. theol. promoviert. Er nahm an den Religionsgesprächen in Worms (1540) und Regensburg (1546) sowie am Augsburger Reichstag (1547/48) teil, wo er das Interim maßgeblich ausarbeitete. 1549 wurde H. der letzte Bischof von Merseburg, 1558 Präsident am Reichskammergericht in Speyer und 1561 Vorsitzender des Reichshofrats in Wien. Zusammen mit J. → Pflug war H. Vertreter einer moderaten katholischen Vermittlungspartei.

Hieronymus von Prag (eigentlich Jeronım Pražskı), um 1370-1416, Gelehrter, Hussit. Studium in Prag und Oxford, von wo er Traktate J. → Wyclifs nach Böhmen brachte. H. vertrat dessen Thesen, wurde deshalb angefeindet und mußte fliehen. Er unternahm Reisen nach Jerusalem, Polen und Litauen. 1414 kam er zur Unterstützung J. → Hus' nach Konstanz, wurde hier ebenfalls angeklagt, als Ketzer verurteilt und verbrannt.

Hoffman, Melchior, um 1500-43, Prediger, Täufer. H. war von Beruf Kürschner und warb 1523-25 in Livland für eine Reformation; dabei dürfte er sich vornehmlich an Vorstellungen → Karlstadts orientiert haben. Von dort verbannt, wurde er 1527 Diakon in Kiel und gründete eine Druckerei, in der er seine eigenen Schriften verlegte. Nach einem Zusammentreffen mit Bugenhagen wurde er 1529 des Landes verwiesen und gelangte schließlich nach Straßburg, wo er sich den »Straßburger Propheten« anschloß. 1530-33 predigte und taufte er in Ostfriesland und Holland. Seine apokalyptischen Vorstellungen bildeten die Grundlage für das Münsteraner Täuferreich. Nach seiner Rückkehr nach Straßburg wurde er lebenslang eingekerkert.

Hoogstraeten, Jakobus van, um 1460-1527, Dominikaner, Inquisitor. Das Artesstudium absolvierte H. an der Universität Löwen; 1485 wurde er Magister und trat in den Dominikanerorden ein. Nach der Priesterweihe studierte er seit 1496 Theologie in Köln, 1504 erfolgte die Promotion zum Dr. theol. Ab 1500 wirkte er als Priester in Antwerpen, 1505 kehrte er nach Köln zurück und übernahm das Amt eines Regens an der Ordensschule und eines Professors an der Universität. 1510 wurde er Prior des dortigen Dominikanerklosters und wirkte als Inquisitor für die Kirchenprovinzen Köln, Mainz und Trier.

Hubmaier, Balthasar, um 1480/85-1528, Theologe, Täufer. Seit 1503 Artesstudium in Freiburg, danach Theologiestudium. Nach seiner Priesterweihe folgte er seinem Lehrer J. → Eck nach Ingolstadt und wurde dort 1512 zum Dr. theol. promoviert. Danach wirkte er als Prediger und Theologieprofessor, 1516 wechselte er nach Regensburg und war an der Propagierung der Wallfahrt zur »schönen Maria« maßgeblich beteiligt. 1520 wurde er Pfarrer in Waldshut und reformierte die Stadt, wobei er sich vor allem an Vorstellungen → Zwinglis orientierte. Nachdem sich H. mit diesem überworfen hatte, avancierte er seit 1525 zum führenden Theologen der Täuferbewegung. Er gründete eine Gemeinde in Nikolsburg (Mähren), wurde verurteilt und in Wien auf dem Scheiterhaufen verbrannt.

Hus, Johannes (Jan), um 1370-1415, tschechischer Volksprediger. Ab 1390 Studium in Prag (1396 Magister artium). 1400 wurde H. zum Priester geweiht und begann mit dem Studium der Theologie. 1401/02 war er Dekan der Philosophischen Fakultät, 1409/10 Rektor. Seit 1402 war er Prediger an der Prager Bethlehemskapelle. Ab 1410 stand er an der Spitze der Reformbewegung in Böhmen. Wegen seines Protests gegen ein Predigtverbot und die Verbrennung von Büchern wurde 1410 der Kurialprozeß gegen ihn eingeleitet, der 1412 mit Bann und Interdikt endete. 1412-14 befand sich H. im Exil, 1414 erschien er mit Geleit König Sigismunds auf dem Konstanzer Konzil, um seine Rechtgläubigkeit zu beweisen. Dort wurde er verhaftet und 1415 als Häretiker verurteilt und verbrannt.

Hut, Hans, um 1490-1527, Täufer. Als fahrender Buchhändler kam H. durch Franken und Thüringen nach Wittenberg. Er schloß sich dem »Ewigen Bund« Th. → Müntzers an und nahm an der Schlacht von Frankenhausen teil. Er ließ sich von H. → Denck in Augsburg taufen, anschließend war er in Bayern, Schwaben, Franken und Österreich als Prediger tätig. Mit B. → Hubmaier hielt er 1527 ein Religionsgespräch ab. H. nahm an der sogenannten »Märtyrer-Synode« in Augsburg teil und starb nach Gefangennahme bei einem Brand in seiner Zelle.

Hutten, Ulrich von, 1488-1523, humanistischer Literat. Entgegen den Plänen seines Vaters trat H. nicht in den geistlichen Stand ein, sondern absolvierte ein umfängliches Studium der artistischen Fächer und der Jurisprudenz an deutschen und italienischen Universitäten. Seit 1515 unterstützte ihn → Albrecht von Brandenburg finanziell; 1519 trat er in dessen Dienste ein. Der 1517 von Kaiser → Maximilian I. zum »poeta laureatus« gekrönte Literat war an den *Dunkelmännerbriefen* zur Verteidigung → Reuchlins beteiligt; nationale und antirömische Gesinnungen ließen ihn eine Geistesverwandtschaft zu → Luther finden. Im Umkreis des Reichsritters Franz von → Sickingen, dem er persönlich nahetrat, sammelte er Anhänger der Reformation. Seine Aufrufe zum »Pfaffenkrieg« haben konfliktverschärfend gewirkt. Die Ablehnung, die dem todkranken, von der Syphilis gemarterten Dichter von seiten des → Erasmus widerfuhr, hat schon die zeitgenössische Öffentlichkeit bewegt.

Ignatius von Loyola (eigentlich Iñigo López de Loyola), 1491-1556, Gründer der »Societas Jesu« (S. J., Jesuiten). Höfische Ausbildung und Dienst als Offizier. 1521 erlitt I. beim Kampf eine schwere Beinverletzung, woraufhin er sich bekehrte und sich 1522 als Büßer und Pilger ins Kloster Montserrat begab. Ab 1526 studierte er in Alcalá, Salamanca und Paris, seit 1534-35 Theologie. Von 1535 an war er in Oberitalien als Seelsorger tätig, 1537 wurde er zum Priester geweiht. Seit 1537 trieb er den Aufbau der S. J. voran, 1540 wurde die Ordensgründung durch den Papst bestätigt. Die S. J. war eine treibende Kraft der Gegenreformation.

Johann von Sachsen, genannt »der Beständige«, 1468-1532, Kurfürst. Der Sohn Kurfürst Ernsts und jüngere Bruder → Friedrichs des Weisen war seit 1486 an der Regierung des ernestinischen Herzogtums Sachsen beteiligt; 1513 wurde die sog. Mutschierung eingeführt, in deren Folge er einen eigenen Landesteil regierte. Die jahrzehntelange gemeinsame Herrschaft der Brüder verlief außerordentlich harmonisch. Nach Friedrichs Tod 1525 übernahm er die Alleinherrschaft. Mit seiner Regierung ist die konsequente Einführung eines reformatorischen Kirchenwesens in Kursachsen verbunden. An der politischen Absicherung des evangelischen Bekenntnisses auf der Ebene des Reiches war J., auch als Führungsgestalt im Schmalkaldischen Bund, maßgeblich beteiligt.

Johann Friedrich I. von Sachsen, genannt »der Großmütige«, 1503-54,

Kurfürst, später Herzog. Der Sohn des Kurfürsten → Johann war frühzeitig für → Luther und die Reformation gewonnen worden und setzte den entschieden reformatorischen Kurs seines Vaters seit Übernahme der Alleinherrschaft (1532) konsequent fort. Hinsichtlich seiner Konfliktbereitschaft mit dem Kaiser stand er hinter → Philipp von Hessen, dem zweiten Hauptmann des Schmalkaldischen Bundes, zurück. 1547 erlitt er im Schmalkaldischen Krieg eine vernichtende Niederlage gegen den Kaiser, die ihn die Kurwürde kostete. Erst 1552 kam er aus der kaiserlichen Gefangenschaft frei.

Jud, Leo, 1482-1542, Humanist und Reformator. Seit 1499 studierte er in Basel; zugleich absolvierte er eine Lehre als Apotheker, 1502/03 wurde er zum Baccalaureus artium promoviert. J. entschied sich für eine geistliche Laufbahn und empfing auf einer Romreise die Priesterweihe. Seit 1507 wirkte er als Diakon in Basel und trat anschließend die Nachfolge → Zwinglis als Leutpriester in Einsiedeln an, wo er vornehmlich humanistische und reformatorische Werke übersetzte. 1523 wurde er Pfarrer in Zürich und enger Mitarbeiter Zwinglis. J. publizierte unter anderem eine Reihe einflußreicher Katechismen und engagierte sich bei der liturgischen Neuordnung in der Stadt an der Limmat.

Karl V., 1500-58, Römischer König, Kaiser, König von Spanien. Nach dem Tod seines Vaters Philipp von Habsburg und der geistigen Erkrankung seiner Mutter Johanna (»der Wahnsinnigen«) von Kastilien wuchs Karl bei seiner Tante Margarete in Flandern auf. Aufgrund der ambitionierten Heiratspolitik seines Großvaters Kaiser → Maximilian fiel ihm ein riesiges Herrschaftsgebiet zu (Spanien und die südamerikanischen Besitzungen; nördliches Herzogtum Burgund); 1519 wurde er zum Kaiser gewählt. Seine Herrschaft war von permanenten militärischen Konflikten mit Frankreich und dem Osmanischen Reich, von Auseinandersetzungen mit dem Papsttum – nicht zuletzt wegen Ansprüchen in Italien – und den sich der Reformation anschließenden deutschen Reichsfürsten und -städten geprägt. Seit 1521 verfolgte Karl einen konsequent antireformatorischen Kurs; die Notwendigkeit einer rechtlichen Anerkennung der lutherischen ›Ketzerei‹, die sich gegen Ende seiner Regierungszeit abzeichnete und ihn zur Resignation veranlaßte, empfand der kämpferisch-treue Sohn der römischen Kirche als unerträglich.

Karlstadt (eigentlich Bodenstein), Andreas Rudolf, 1486-1541, Theologe der Reformation. K. studierte in Erfurt (ab 1499/1500), Köln

(1503-05) und Wittenberg (1505 Magister artium). 1510 empfing er die Priesterweihe und wurde Dr. theol. Als Archidiakon am Wittenberger Allerheiligenstift und Professor für Theologie an der Universität erhielt er 1515/16 in Rom den Grad eines Doktors beider Rechte. K. wandte sich seit 1517 den Lehren → Luthers zu; zusammen disputierten sie 1519 mit → Eck in Leipzig. Grundlegende Differenzen über die Art der Durchführung der Reformation mit Luther führten zu K.s Rückzug aus der akademischen Tätigkeit. 1523/24 war er Gemeindepfarrer in Orlamünde/Saale, wo er sein eigenes Reformmodell durchsetzte. Seine Opposition gegen Luther führte zu seiner Ausweisung aus Kursachsen. 1531 fand er Aufnahme in Zürich, 1534 wechselte er nach Basel, wo er als Professor tätig war.

Kretz (auch Gretz), Matthias, um 1480-1543, katholischer Theologe. 1518 wurde K. Baccalaureus und Magister artium in Tübingen und lehrte anschließend Philosophie an der Universität Ingolstadt, die ihm die theologische Doktorwürde verlieh. 1519 wurde er als Prediger nach Augsburg, später nach München berufen. Dort war er seit 1533 Dekan. K. nahm am Reichstag in Augsburg (1530) und am Religionsgespräch in Worms (1540) teil.

Lambert von Avignon, François, um 1486-1530, reformatorischer Theologe. 1501 trat er in den Franziskanerorden ein und wirkte als Wanderprediger in Südfrankreich. Nachdem er mit Schriften Luthers in Berührung gekommen war, wurde er 1522 in dessen Haus in Wittenberg aufgenommen und hielt 1523/24 Vorlesungen an der Universität. 1526 stellte er im Auftrag → Philipps von Hessen 158 Thesen zur Verteidigung der reformatorischen Lehre auf und arbeitete an einer neuen Kirchenordnung für Hessen mit. 1527 wurde er Professor der Theologie an der neugegründeten Universität Marburg.

Lang, Johannes, 1486/88-1548, Augustinereremit, Reformator. Seit 1500 studierte L. in Erfurt und trat in das Augustinereremitenkloster ein, wo er 1508 die Priesterweihe empfing. L. wurde mit → Luther in den Wittenberger Augustinerkonvent versetzt und an der dortigen Universität immatrikuliert. Nach seiner Promotion zum Magister 1512 lehrte er dort an der Artistenfakultät. 1516 setzte er sein Theologiestudium in Erfurt fort und wurde von Luther zum Prior des Erfurter Klosters eingesetzt. 1519 wurde er zum Dr. theol. promoviert. L. begleitete Luther zu den Disputationen nach Heidelberg (1518) und Leipzig (1519). 1524 wurde er mit der Neuordnung der kirchlichen Verhältnisse in Erfurt betraut und führte 1525 eine einheitliche Gottesdienstordnung ein.

Leo X. (Giovanni de'Medici), 1513-21 (geb. 1475) Papst. Schon seit 1489 war L. Kardinal, mußte aber Florenz 1494 nach dem Sturz seiner Familie verlassen. Seit 1500 konnte er in Rom und Florenz wieder seinen politischen Einfluß stärken. Nach seiner Wahl zum Papst 1513 verfolgte er die Strategie einer Sicherung der kurialen Macht. Wichtige Reformen setzte L. nicht um, sondern betrieb den Ablaßhandel für den Petersdom, wo er Künstler wie Michelangelo und Raffael beschäftigte.

Linck, Wenzeslaus (auch Wenzel), 1483-1547, reformatorischer Theologe. Nach abgebrochenem Studium trat L. 1501/02 in den Augustinereremitenorden ein. 1503 nahm er sein Studium in Wittenberg wieder auf, wurde Professor. 1511 wurde er zum Dr. theol. promoviert, zwischen 1511 und 1515 amtierte er als Prior des Wittenberger Konvents, 1512/14 war er Dekan der theologischen Fakultät und 1512-15 Distriktsvikar der sächsisch-thüringischen Ordensprovinz. L. wurde 1516 Konventsprediger in München; 1517 wechselte er in die Nachfolge von → Staupitz als Prediger nach Nürnberg. L. trat zur Reformation über und war ab 1522 Pfarrer und Superintendent in Altenburg. 1525 wurde er Pfarrer in Nürnberg.

Lotzer (auch Weygelin, Wergelin), Sebastian, um 1490 bis nach 1525, Laientheologe. L. war als Handwerker, vermutlich als Kürschner, in Memmingen tätig. 1523-25 veröffentlichte er fünf reformatorische Flugschriften, in denen er für die Rechte der Laien eintrat. Mit Ch. → Schappeler führte er die reformatorische Bewegung in Memmingen ein. Mit dessen Hilfe redigierte L. die *Zwölf Artikel der Bauernschaft in Schwaben* (1525).

Luther, Martin, 1483-1546, Augustinereremit, Theologieprofessor, Reformator. Nach Schulbesuchen in Mansfeld, Magdeburg und Eisenach studierte der Sohn eines mansfeldischen Montanunternehmers an der Universität Erfurt. Nach seiner Promotion zum Magister artium trat er in den Augustinerorden ein (1505), studierte Theologie und übernahm 1512 als Nachfolger seines Lehrers Johann von → Staupitz den theologischen Ordenslehrstuhl an der Universität Wittenberg. Aufgrund seiner Kritik am Ablaß und an der Beichte, die sich zügig zu einem fundamentalen Widerspruch gegen das kirchliche Heilsinstitut ausweitete, verfiel er 1520 dem päpstlichen Bann und im Jahr darauf der Reichsacht. Aufgrund der Unterstützung der sächsischen Kurfürsten blieb Luther der Ketzertod erspart. Als theologischer Schriftsteller entwickelte er einen gewaltigen Einfluß auf die zeitgenössische deutsche Gesellschaft. Seine Katechismen, seine Kirchenlieder und seine Bibelübersetzung wirkten auf die durch seine Impulse maßgeblich bestimmte evangelische Kirche nachhaltig ein. Luther war der einflußreichste Theologe der europäischen Geschichte.

Mantz, Felix, um 1500-27, Täufer. M. erhielt eine akademische Ausbildung und studierte in Paris. In Zürich schloß er sich zunächst → Zwingli an. 1524 legte er in einer *Protestation und Schutzschrift* sein Glaubens- und Taufverständnis dar. Es kam zu Erwachsenentaufen in Zürich und zur Gründung einer Täufergemeinde in Zollikon. M. wurde einer der führenden Köpfe der Täuferbewegung und lehrte in Schaffhausen und Basel. 1527 wurde er als erster Täufer in der Limmat ertränkt.

Maximilian I., 1459-1519, Römischer König und Kaiser. Der Sohn Friedrichs III. aus dem Geschlecht der Habsburger trat 1486 seine Herrschaft an und legte den Grundstock für die weltgeschichtliche Bedeutung seiner Dynastie. Seine Heirat mit der burgundischen Prinzessin Maria begründete Habsburgs Herrschaft in Burgund; ein Friedensschluß mit Ungarn und Böhmen und die Heirat seiner Enkel mit den böhmisch-ungarischen Erben sicherte die Anwartschaft auf die beiden Königreiche. Durch die Verbindung seines Sohnes Philipp und seiner Tochter Margarete mit den Erben von Kastilien und Aragon, Juan und Johanna, erwarb Habsburg Ansprüche auf das spanische Herrschaftsgebiet. Die Reichsreform von 1495 beförderte den Prozeß der staatlichen Verdichtung des Reiches. In politisch-kultureller Hinsicht war Maximilian ein Förderer des Humanismus und nationaler Gesinnungen.

Melanchthon (eigentlich Schwarzerd), Philipp, 1497-1560, Reformator. Nach Studien in Pforzheim (1508/09), Heidelberg (1509-12) und Tübingen (1512-18) wurde M. auf Empfehlung seines Verwandten → Reuchlin 1518 auf den Lehrstuhl für Griechisch nach Wittenberg berufen. Hier wurde er enger Mitarbeiter → Luthers. 1521 veröffentlichte M. die erste Dogmatik der Reformation *(Loci theologici)*. 1523/24 war er Rektor und trieb die Universitätsreform voran. Er fungierte häufig als Berater bei Schul-, Universitäts- und Kirchenreformen und wurde auf den Reichstagen und Religionsgesprächen der wichtigste Berater der protestantischen Reichsstände. In Augsburg verfaßte er das maßgebliche Bekenntnis *(Confessio Augustana)* sowie deren Apologie. Nach der Niederlage des Schmalkaldischen Bundes 1547 stellte sich M. → Moritz von Sachsen zur Verfügung. Er konnte die reformatorische Lehre in Kursachsen bewahren und das Interim 1548 abwehren. Für das Trienter Konzil verfaßte M. 1551 die *Confessio Saxonica*.

Moritz von Sachsen, 1521-53, Herzog und Kurfürst. Moritz war Sohn des albertinischen Herzogs Heinrich des Frommen, dessen Nachfolge er 1541 antrat. Innenpolitisch setzte er die Einführung eines evangelischen Kirchenwesens, die 1539 begonnen hatte, fort. Auf der Ebene des Reichs bemühte er sich um eine selbständige Position zwischen dem Kaiser und dem Schmalkaldischen Bund. Durch seinen Anschluß an → Karl V. im Krieg gegen die Schmalkaldener erhielt er die sächsische Kurwürde und einen erheblichen Teil des ernestinischen Territorialbesitzes. Die Exekution der Reichsacht gegen Magdeburg nutzte der wegen der fortgesetzten kaiserlichen Haft seines Schwiegervaters → Philipp von Hessen verbitterte Kurfürst zum Aufbau einer Fürstenopposition gegen das Reichsoberhaupt. Der militärische Erfolg ermöglichte den Abschluß des Passauer Vertrages mit König → Ferdinand. Moritz starb 1553 bei einer Mission gegen den Landfriedensbrecher Markgraf Albrecht Alkibiades.

Münster, Sebastian, 1488/89-1552, Hebraist, Kosmograph. 1505 trat M. in den Franziskanerorden ein und war nach seinem Studium in Heidelberg, Löwen und Freiburg ab 1514 Lektor für Philosophie im Tübinger Franziskanerkloster. Seit 1521 widmete er sich in Heidelberg hebräischen Sprachstudien und wurde 1524 Professor an der Universität. 1529 verließ er den Orden und nahm einen Ruf als Hebraist an die Universität Basel an. Nach J. → Reuchlin gilt M. als bedeutendster Hebraist seiner Zeit. M. fand jedoch vor allem Anerkennung für seine *Cosmographia* (1544), eine Weltbeschreibung, die das historische und geographische Wissen der Zeit widerspiegelt.

Müntzer, Thomas, um 1490-1525, Prediger. Studium in Leipzig (ab 1506) und Frankfurt/Oder (ab 1512). Nach seiner Priesterweihe nahm er 1514 eine Altarpfründe in Braunschweig an. Wahrscheinlich trat M. spätestens seit 1518/19 in engeren Kontakt zum Wittenberger Kreis. 1520 wechselte er nach Zwickau, wurde jedoch 1521 wieder entlassen. Nach einem Aufenthalt in Prag wirkte M. ab 1523 in Allstedt als Prediger und begann dort eine Liturgiereform, verließ aber bald die Stadt. Ab 1525 war M. Prediger in Mühlhausen/Thüringen. Er unterstützte die thüringischen Aufständischen und wurde bei Mühlhausen hingerichtet. M.s Schriften zeigen eine stark apokalyptische Prägung und spiritualistische Theologie.

Murner, Thomas, um 1475-1537, Franziskaner, Schriftsteller, Kontroverstheologe, Jurist. 1490 trat M. in den Franziskanerorden ein und wurde 1494 zum Priester geweiht. Nach dem Studium an mehreren Universitäten erwarb er 1506 in Freiburg den theologischen Doktorgrad. 1515 hielt er Vorlesungen zum römischen Recht und erlangte 1519 den Grad eines Doktors beider Rechte. Seit 1520 war er in Straßburg in den Streit um die Reformation eingebunden. 1524 stritt er mit M. → Bucer über das Abendmahl und verteidigte die römisch-katholische Position. 1527 wurde er Pfarrer in Luzern, 1533 in Oberehnheim.

Ockham, Wilhelm von, um 1285-1347/49, Theologe, Philosoph. O. absolvierte ein Ordensstudium bei den Franziskanern, bevor er um 1308 zum Theologiestudium nach Oxford wechselte und dort ab 1317 lehrte. Die Promotion zum Magister wurde ihm wegen Häresieverdachts verweigert. Im Armutsstreit zwischen dem Papst und dem Ordensgeneral der Franziskaner schloß sich O. mit einigen Mitbrüdern seinem Oberen an, floh 1328 aus Avignon und ging nach Pisa. Er wurde exkommuniziert, doch Kaiser Ludwig der Bayer stellte ihn unter seinen Schutz und nahm ihn 1330 mit an seinen Hof nach München. Dort schrieb O. seine politischen und polemischen Schriften.

Oekolampad (eigentlich Husschin/Hausschein), Johannes, 1482-1531, Reformator. 1499 immatrikulierte er sich in Heidelberg, 1503 wurde er zum Magister artium promoviert. Unter dem Einfluß → Wimpfelings vertiefte er seine humanistischen Studien. 1518 wurde O. zum Dr. theol. promoviert, Poenitentiar (Bußkanoniker) in Basel und Domprädikant in Augsburg. 1519 trat er in einer lateinischen Apologie gegen → Eck für → Luther ein. 1522 gelangte O. wieder nach Basel, wo er bald eine führende Rolle bei der Baseler Stadtreformation einnahm. Hier fungierte er als Prediger und Professor. In Verbindung mit → Zwingli, → Bucer und → Capito steuerte O. wichtige exegetische und patristische Argumente für eine symbolische Abendmahlstheorie bei.

Osiander, Andreas, 1498-1552, reformatorischer Theologe. O. wurde 1515 in Ingolstadt immatrikuliert und war ab 1520 Hebräischlehrer am Augustinereremitenkloster in Nürnberg, wo er auch die Priesterweihe empfing. 1522 wurde er hier erster evangelischer Prediger und förderte die Einführung der Reformation in der Stadt. 1529 nahm er am Marburger Religionsgespräch teil und arbeitete an den *Schwabacher Artikeln* mit. Infolge des Interims verließ er 1548 Nürnberg und ging nach Königsberg, wo er als Pfarrer und Professor der Theologie tätig war. In den Auseinandersetzungen um die Rechtfertigungslehre (»Osiandrischer Streit«) wurde O. zu einem der umstrittensten Theologen des sich formierenden Luthertums.

Otter, Jakob, um 1485-1547, reformatorischer Theologe. Nach dem Studium der Theologie in Heidelberg (1505-07) wurde O. Gehilfe von → Geiler von Kaysersberg. Nach dessen Tod setzte er sein Studium in Freiburg fort und wurde dort 1517 zum Lizentiaten der Theologie promoviert. Seit 1520 war er Pfarrer in Wolfenweiler und Anhänger der Reformation. Durch Vermittlung M. → Bucers wurde O. 1532 in die Reichsstadt Esslingen berufen, die er reformierte. Er verfaßte eine Gottesdienst- und Kirchenordnung für die Stadt und gehörte 1536 zu den oberdeutschen Unterzeichnern der Wittenberger Konkordie.

Paul III. (Alessandro Farnese), 1534-49 (geb. 1468) Papst. P. leitete die Reform der römisch-katholischen Kirche und die Gegenreformation auf der Ebene der Kurie ein. Er galt als politisch neutral und sollte die schwankende Politik seines Vorgängers → Clemens VII. beenden. P. trieb die Durchführung des Trienter Konzils voran, 1538 bannte er Heinrich VIII. von England. Er förderte Reformen alter Orden und die Begründung neuer (z. B. Bestätigung der Societas Jesu des → Ignatius von Loyola). 1542 schuf er eine Zentralbehörde zur Bekämpfung von Irrlehren.

Petrus Lombardus, etwa 1100-1160, scholastischer Theologe. Um 1135 kam der aus Oberitalien stammende theologische Lehrer nach Paris, wo er an der Domschule unterrichte und bald zu einem ihrer herausragenden Autoritäten avancierte. Neben von ihm abgefaßten kommentierenden Glossen zu den Psalmen und den Paulusbriefen stellen die in vier Bücher geteilten »Sentenzen« *(Libri quattuor sententiarum)* sein Hauptwerk dar. Mittels zahlloser Bibel- und Kirchenväterzitate wurden traditionelle Lehrbestände und -kontroversen dargelegt. Die von Petrus präsentierte Anordnung des dogmatischen Stoffs (Buch I: Gotteslehre; II: Schöpfungs- und Sündenlehre; III: Christologie und Ethik; IV: Sakramente und Eschatologie) prägte die weitere akademische Theologie Lateineuropas tiefgreifend. Seit dem 13. Jahrhundert bildete dieses *opus magnum*, das im Rahmen des akademischen Graduierungssystem zu kommentieren war, eine maßgebliche Grundlage des theologischen Lehrbetriebs. Als Sammlung von Vätersprüchen und als Aggregat theologischer Lehralternativen wirkten die »Sentenzen«, ihrer frühreformatorischen Abwertung ungeachtet, auch im frühneuzeitlichen Protestantismus fort.

Pflug, Julius, 1499-1564, Bischof von Naumburg. Seit 1510 Artes- und Jurastudium in Leipzig und Italien. 1521 wurde er Rat Herzog → Georgs von Sachsen, mit dem er auch am Reichstag in Augsburg

(1530) teilnahm. 1539 wurde er Rat Kardinal → Albrechts von Brandenburg, 1540 Bischof von Naumburg; allerdings hinderte ihn der sächsische Kurfürst daran, dieses Amt gegen → Amsdorff auszuüben. Erst 1546/47 konnte P. in Naumburg sein Amt wahrnehmen. Er war Präsident der Religionsgespräche von Regensburg (1546) und Worms (1557), Mitverfasser des Interims und 1551/52 Teilnehmer am Trienter Konzil.

Philipp von Hessen, genannt »der Großmütige«, 1504-67, Landgraf. Der Sohn Wilhelms II. trat 1509 unter der Vormundschaft seiner Mutter Anna von Mecklenburg seine Herrschaft an; seit 1518 regierte er allein. Militärische Erfolge gegen → Sickingen (1523) und im Bauernkrieg (1525) steigerten das Ansehen des sich seit 1524 zur Reformation bekennenden Landgrafen. 1526 führte er die Reformation in seinem Territorium ein; 1529 bemühte er sich um eine Vermittlung im innerreformatorischen Abendmahlsstreit. 1530 schloß er sich der *Confessio Augustana* an; in den folgenden Jahrzehnten spielte er eine politische Schlüsselrolle im Lager der protestantischen Reichsfürsten. Wegen einer Doppelehe (1540) wurde er gegenüber dem Kaiser politisch erpreßbar. Die Niederlage im Schmalkaldischen Krieg führte zu einer langjährigen Gefangenschaft, die erst mit dem Passauer Vertrag (1552) endete. Seine Offenheit gegenüber verschiedenen theologischen Richtungen des Protestantismus unterschied ihn von der Mehrzahl der auf konfessionelle Eindeutigkeiten drängenden Reichsfürsten.

Pico della Mirandola, Giovanni, 1463-94, humanistischer Philosoph und Theologe. Der italienische Grafensohn absolvierte seit 1477 ein umfassendes Studium an den Universitäten Bologna, Ferrara, Padua, Paris und Perugia und trat in engere Beziehungen zu Lorenzo de'Medici und dem um diesen gescharten Gelehrtenkreis. Aufgrund seiner ungewöhnlich breiten Sprachkenntnisse im Griechischen, Hebräischen und Arabischen erwarb P. ein umfassendes Wissen der antiken philosophischen Traditionen sowie der hermetischen und der kabbalistischen Literatur, die er zu einer komplexen Synthese zusammenführen wollte. Zu diesem Zweck verfaßte er 900 Thesen aus allen Wissensbereichen, die er mit den führenden Intellektuellen seiner Zeit in Rom disputieren wollte. Aufgrund einer päpstlichen Verurteilung der Thesen (1487) kam diese Veranstaltung nicht zustande. Seine für die Eröffnung dieses Kongresses verfaßte Rede »Über die Würde des Menschen«, seine Kritik an der Astrologie, aber auch sein Kampf um einen Vorrang der philosophischen Sach- vor den von den Humanisten betonten rhetorischen Stilfragen wirkten im 16. Jahrhundert fort. In seinen letzten Lebensjahren stand Pico unter dem Einfluß des florentinischen Bußpredigers Savonarola.

Pirckheimer, Willibald, 1470-1530, Humanist, Politiker. P. absolvierte ein Jurastudium in Padua und Pavia (1489-95). Ab 1496 war der Patrizier Mitglied des Rats seiner Heimatstadt Nürnberg. Seit etwa 1501 widmete er sich humanistischen Studien. 1520 wurde er vom päpstlichen Bann bedroht, da er der Verfasserschaft einer Satire gegen → Eck *(Eckius dedolatus)* beschuldigt wurde. Nach der Einführung der Reformation in Nürnberg (1525) polemisierte er unter anderem gegen die Abendmahlslehre → Oekolampads.

Reublin (auch Röubli), Wilhelm, um 1484 bis nach 1559, Täufer. R. studierte in Freiburg und Tübingen und war seit 1521 Leutpriester in Basel. Nach radikal-reformatorischen Predigten wurde er 1522 aus der Stadt ausgewiesen und ging nach Witikon. Er heiratete als erster Priester der Schweiz öffentlich. Wegen seiner Hinwendung zu den Täufern mußte er Witikon 1525 verlassen. Er brachte das Täufertum nach Schaffhausen, Waldshut, Straßburg, Horb, Reutlingen und Eßlingen. Nach 1530 trennte er sich von den Täufern.

Reuchlin, Johannes, 1455-1522, Jurist, Hebraist, Humanist. Artes- und Jurastudium (bis 1481). Auf zwei Italienreisen (1482 und 1490) lernte er → Pico della Mirandola kennen und begann mit seinem Studium der Kabbala, zudem lernte er Hebräisch. 1502 wurde er zum schwäbischen Bundesrichter gewählt und amtierte elf Jahre in Tübingen. Danach zog R. nach Ingolstadt, wo er 1519 Professor für Griechisch und Hebräisch wurde. In einem Streit mit dem jüdischen Konvertiten Johannes Pfefferkorn widersetzte sich R. dessen Forderung, sämtliche jüdische Schriften verbrennen zu lassen. R. verfaßte ein Gutachten (*Augenspiegel*, 1511), in dem er für den Erhalt des nachbiblischen jüdischen Schrifttums zu Zwecken der christlichen Apologetik eintrat. Seine Anhänger unterstützten seinen Kampf mit den satirischen *Dunkelmännerbriefen* (1515-17).

Rhegius, Urbanus (eigentlich Urban Rieger), 1489-1541, lutherischer Theologe. Seit 1508 studierte R. in Freiburg unter anderem bei → Capito und → Eck, dem er 1512 nach Ingolstadt folgte. Seit 1518 hielt er sich bei → Fabri in Konstanz auf. Er empfing die Priesterweihe und wurde 1520 Domprediger in Augsburg. R. publizierte zahlreiche reformatorische Flugschriften. Er nahm einen Ruf nach Celle an, wo er Superintendent wurde. 1531 verfaßte er eine Kirchenordnung für das Herzogtum Lüneburg und wirkte an der Einführung der Reformation einiger norddeutscher Städte mit. 1537 war er an den Verhandlungen in Schmalkalden, 1540 am Religionsgespräch in Hagenau beteiligt.

Rörer, Georg, 1492-1557, lutherischer Theologe. Seit 1511 studierte R. in Leipzig (Magister artium 1520), seit 1522 in Wittenberg, wo er in engste Beziehungen zu dem Reformatorenkreis trat; 1525-37 war er Diakon an der Wittenberger Stadtkirche; 1529 nahm er am Marburger Religionsgespräch, 1530 an den kursächsischen Visitationen teil. Er fertigte Mitschriften Wittenberger Theologen an; seit 1531 protokollierte er die Sitzungen der Kommission für die Revision der Bibelübersetzung. 1535 wurde er Dr. theol.; seit 1537 arbeitete er an der Edition der Werke → Luthers, die in wesentlichen Teilen auf seinen Mitschriften basiert.

Rucherath von Wesel, Johannes, um 1425-81, Theologe. Seit 1441/42 studierte R. in Erfurt (Magister artium 1445); 1456 wurde er zum Dr. theol. promoviert; 1456/57 war er Rektor der Universität Erfurt, 1460 wurde er Domherr in Mainz, 1461 Theologieprofessor in Basel; 1463 kehrte er als Domherr nach Mainz zurück. 1477 wurde er wegen kritischer Äußerungen über den Ablaß suspendiert; aufgrund von Zweifeln an der Autorität des Papstes und der Konzilien wurde ihm ein Prozeß wegen Häresie gemacht; 1479 leistete er Widerruf, blieb aber in Haft. Mit Ausnahme eines Ablaßtraktates fielen seine Schriften der Inquisition zum Opfer.

Sachs, Hans, 1494-1576, Meistersinger, Spruchdichter. Nach Besuch der Nürnberger Lateinschule ging S. in eine Schusterlehre (1509-11); es schloß sich eine mehrjährige Gesellenwanderung (bis 1516) an; 1520 ließ er sich als Schuhmachermeister in seiner fränkischen Heimatstadt nieder. In einer späteren Lebensphase konnte er allein von seiner Schriftstellerei leben. Seit seinem vielbeachteten Spruchgedicht *Die Wittenbergisch Nachtigall* (1523) avancierte er zu einem der einflußreichsten Literaten der Reformation.

Schappeler, Christoph, um 1472-1551, reformatorischer Theologe. Nach dem Studium in Wien, wo er zum Dr. theol. und Lizentiaten des römischen und des kanonischen Rechts promoviert wurde, lehrte S. zwischen 1503 und 1513 als Lehrer an der Lateinschule seines Heimatortes St. Gallen. Seit 1513 war er Inhaber einer Prädikatur in Memmingen, wo er sich seit 1520 für die reformatorische Lehre engagierte. 1524/25 war er maßgeblich an der Einführung der Reformation in Memmingen und an der theologischen Unterstützung der aufständischen Bauern beteiligt (Mitwirkung an den *Zwölf Artikeln der Bauernschaft in Schwaben*). Nach dem Ende der Bauernerhebungen floh er und übernahm ein Pfarramt in St. Gallen.

Schnepf(f), Erhard, 1495-1558, lutherischer Theologe. Nach theologischen und juristischen Studien in Erfurt und Heidelberg wandte sich S. der Reformation zu und wirkte seit 1520 auf verschiedenen Pfarrstellen. 1527 übernahm er eine Theologieprofessur an der neugegründeten Universität Marburg; seit 1534 wirkte er an der Einführung der Reformation in seiner württembergischen Heimat mit. 1541 und 1546 war er an den Religionsgesprächen in Hagenau, Worms und Regensburg beteiligt; seit 1544 war er Theologieprofessor in Tübingen; infolge des Interims floh er an die ernestinische Universität in Jena und beteiligte sich an der innerlutherischen Kontroverstheologie.

Schurf(f), Hieronymus, 1481-1554, Jurist. S. studierte an den Universitäten Basel und Tübingen (Magister artium); 1502 ging er zusammen mit J. von → Staupitz an die neugegegründete Universität Wittenberg, wo er zunächst in der philosophischen, seit 1505 in der juristischen Fakultät lehrte; 1507 wurde er zum Doktor beider Rechte promoviert. 1521 begleitete er → Luther zum Wormser Reichstag und fungierte als sein Berater. In bezug auf die Verwerfung des kanonischen Rechts lehnte S. Luthers Radikalität ab. Nach der Niederlage Kursachsens im Schmalkaldischen Krieg 1547 floh er nach Frankfurt/Oder, wo er bis zu seinem Tod lehrte.

Schwenckfeld, Kaspar von Ossig, 1489-1561, Adliger, Laientheologe. Nach Studien in Köln und Frankfurt/Oder war der schlesische Adlige in Hofstellungen tätig; seit 1521 wirkte er zugunsten der Reformation auf den Herzog von Liegnitz ein. Wegen seines spiritualistischen Verständnisses des Wirkens des Gottesgeistes distanzierte er sich von den Vertretern der obrigkeitlichen Reformationen. 1529 wurde er aus Schlesien vertrieben und lebte fortan in verschiedenen oberdeutschen Reichsstädten, wo er kleine Anhängerkreise um sich scharte und eine reichhaltige literarische Tätigkeit entfaltete.

Sickingen, Franz von, 1481-1523, Reichsritter. Seit 1505 trat S. die väterliche Herrschaft an, die er durch zahlreiche Fehden erweiterte; er wurde Oberamtmann der Grafen am Rhein und Amtmann der pfälzischen Kurfürsten. Seit 1515 wirkte er als selbständiger Kriegs- und Fehdeunternehmer; 1516 kämpfte er in französischen, 1517 in kaiserlichen Diensten. → Hutten leistete ihm ideologische Unterstützung und beförderte seinen Anschluß an die Reformation. S. gewährte einer ganzen Reihe von reformationsgesinnten Theologen Asyl auf der Ebernburg; → Bucer, vielleicht auch → Brunfels, → Oekolampad und andere fanden hier zeitweilig Unterschlupf. 1522 stand er der Landauer Einung der elsässischen und rheinischen Ritterschaft vor, die der Verteidigung der Rechte des niederen Adels gegenüber den Landesherren diente. Als Hauptmann der oberrheinischen Ritter führte er seit 1522 eine Fehde gegen den Erzbischof von Trier, deren militärischen Folgen er erlag.

Spalatin, Georg, 1484-1545, kursächsischer Berater, lutherischer Theologe. Seit 1498 studierte S. Theologie und Rechtswissenschaft in Erfurt und Wittenberg (Magister artium 1503). 1505 wurde er Hauslehrer in Erfurt; im selben Jahr übernahm er die Aufgabe eines Novizenmeisters im Kloster Georgental bei Gotha. 1508 erhielt er die Priesterweihe, 1512 ging er als Berater und Prinzenerzieher an den kursächsischen Hof. S. war ein enger Vertrauter → Friedrichs III. von Sachsen; nach dessen Tod wurde er 1525 Pfarrer in Altenburg.

Spengler, Lazarus, 1479-1534, Ratsschreiber, Laientheologe. Nach artistischen Grundstudien trat S. 1496 in den Verwaltungsdienst seiner Vaterstadt Nürnberg ein; 1505 bildete er dessen Spitze. Er gehörte einem Anhängerkreis → Staupitz' in Nürnberg an. Seit 1519 trat S. auch publizistisch für die Reformation ein. Während seiner Lebenszeit nahm S. auf alle wesentlichen Entscheidungs- und Ordnungsprozesse im Sinne der Reformation in Nürnberg einen maßgeblichen Einfluß.

Staupitz, Johann von, um 1468-1524, Theologe, wichtigster Lehrer → Luthers. Nach Studien in Köln und Leipzig trat der einem sächsischen Adelsgeschlecht entstammende S. 1490 in München in den Augustinereremitenorden ein. 1497 wurde er Prior im Tübinger Konvent; 1500 erwarb er den theologischen Doktorgrad; 1502 folgte er einem Ruf an die neu aufzubauende Universität Wittenberg. 1503 wurde er Generalvikar der observanten Kongegration des Ordens; bis 1512 hatte er seine dann von Luther übernommene Professur an der Universität Wittenberg inne. 1520 trat er unter dem Einfluß der von ihm nicht mitvollzogenen Reformation von seinem Ordensamt zurück und verbrachte seinen Lebensabend in Salzburg, wo er 1522 in den Benediktinerorden eintrat und Abt des dortigen Konvents wurde.

Strauß, Jakob, um 1480 bis vor 1532, reformatorischer Theologe. Um 1500 trat S. in den Dominikanerorden ein; seit 1516 studierte er in Freiburg, wo er zum Dr. theol. promoviert wurde. 1521 ist seine reformatorische Predigttätigkeit in Hall in Tirol bezeugt; 1522 begegnete er → Luther in Wittenberg; 1523 übernahm er auf dessen Vermittlung ein Pfarramt in den Diensten der Grafen von Wertheim; seit 1523 war er Pfarrer an der St. Georgskirche in Eisenach. S. verurteilte das Zinsnehmen als Wucher und geriet deshalb auch in die Kritik der Wittenberger Reformatoren. 1525/26 wurde S. Stiftsprediger in der Markgrafschaft Baden-Baden.

Sturm, Jakob, 1489-1553, reichsstädtischer Politiker. Der Straßburger Patriziersohn, der für eine geistliche Laufbahn bestimmt war, studierte seit 1501 in Heidelberg und Freiburg (Magister artium 1505); es schlossen sich einige Semester Theologie an; 1507 erhielt er die niederen Weihen, brach dann aber die klerikale Karriere ab. Zwischen 1517 und 1523 war der humanistisch umfassend gebildete, von → Wimpfeling beeinflußte S. Sekretär und Bibliothekar; nach seiner Hinwendung zur Reformation (1523) übernahm er seit 1524 politische Ämter in seiner Heimatstadt, die er in den folgenden Jahrzehnten auf allen wichtigen reichspolitischen Versammlungen vertrat. In engem Zusammenspiel mit den Straßburger Reformatoren wirkte er auf die reformatorische Umgestaltung des Kirchenwesens nachhaltig ein.

Tauler, Johannes, um 1300-61, dominikanischer Mystiker. Geboren in Straßburg, trat T. 13jährig in das dortige Dominikanerkloster ein, wo er von dem mystischen Theologen Meister Eckhart beeinflußt wurde. Zwischen 1339 und 1342/43 hielt er sich in Basel auf, später in Köln. Seine Sammlung von über 80 Predigten wirkte auf Luther und einige Anhänger der frühreformatorischen Bewegung ein.

Tetzel, Johannes, um 1465-1519, dominikanischer Ablaßprediger. Seit 1482/83 studierte T. in Leipzig; 1489 trat er dem dortigen Dominikanerkonvent bei. 1504-10 war er als Ablaßprediger für den Deutschen Orden in verschiedenen deutschen Diözesen tätig; 1509 wurde er Inquisitor für Polen; 1517 übernahm er als Generalsubkommissar die Verkündigung des Petersablasses für die Provinz Magdeburg, an der → Luthers Kritik aufbrechen sollte. 1518 disputierte T. von → Wimpina verfaßte Thesen über den Ablaß an der Universität Frankfurt/Oder; im selben Jahr wurde er dort zum Dr. theol. promoviert. Er starb in seinem Leipziger Ordenskloster.

Trutvetter, Jodocus, um 1460-1519, Theologe, Philosoph. T. studierte seit 1476 in Erfurt (1485 Magister artium, 1504 Dr. theol.). Zwischen 1493 und 1501 war er Pfarrer an St. Andreas in Erfurt, 1507-10 Professor in Wittenberg und Archidiakon an der Stiftskirche. Er führte Luther in die philosophische Tradition der *via moderna* ein; 1518 brach er mit seinem berühmtesten Schüler.

Ulrich von Württemberg, 1487-1550, Herzog. U. wurde 1498 Herzog und übernahm 1503 die volle Regierungsgewalt. 1514 schlug er den Bauernaufstand des »Armen Konrads« nieder; 1516 ließ er seinen Stallmeister Hans von Hutten ermorden, was ihm allgemeine Ächtung eintrug und eine publizistische Fehde Ulrichs von → Hutten zur Folge hatte. Nach seiner widerrechtlichen Besetzung der Reichsstadt Reutlingen wurde das Herzogtum Württemberg von den Truppen des Schwäbischen Bundes annektiert und Ulrich vertrieben. Seit 1523 öffnete er sich der Reformation; 1526 fand er Aufnahme am Hofe → Philipps von Hessen, der die Restitution seiner Herrschaft betrieb. Nach dem Vertrag von Kaaden konnte Ulrich 1534 nach Württemberg zurückkehren und die Reformation einführen. 1536 trat er dem Schmalkaldischen Bund bei.

Westerburg, Gerhard, um 1495-1558 (?), Jurist, Theologe. Der einer Kölner Patrizierfamilie entstammende W. studierte in Köln und Bologna, wo er den juristischen Doktorgrad erwarb. Nach seiner Rückkehr aus Italien geriet er unter den Einfluß der Zwickauer Propheten und ging nach Wittenberg, wo er sich → Karlstadt anschloß. 1523 hielt er sich in Jena auf und verfaßte eine Flugschrift über das Fegefeuer. 1524 reiste er Karlstadt in die Schweiz voraus und veranlaßte die Drucklegung von dessen Abendmahlsschriften. 1525 war W. in Frankfurt/Main an einer dem Bauernaufstand nahestehenden städtischen Erhebung beteiligt. 1526 wurde er aus Frankfurt ausgewiesen und ging wieder nach Köln; seit 1534 wirkte er als Prediger in Ostfriesland.

Wied, Hermann von, 1477-1552, Graf von Wied, Erzbischof und Kurfürst von Köln. Im geistlichen Stand erzogen, übernahm der Grafensohn in jungen Jahren ein Domkanonikat in Köln. 1515 wurde er zum Erzbischof gewählt und als Kurfürst anerkannt. 1520 nahm er die Krönung → Karls V. in Aachen vor. Seine anfängliche Ablehnung gegenüber der Reformation trat seit den dreißiger Jahren unter dem Einfluß reformhumanistischen Gedankenguts zurück. Unter Beteiligung → Bucers und → Melanchthons, die er 1542/43 nach Köln berief, betrieb er die Einführung der Reformation und die Säkularisierung des Erzstiftes. Doch er scheiterte am Widerstand des Kölner Domkapitels, das seitens des Kaisers und des Papstes Unterstützung erhielt. 1546 wurde er vom Papst exkommuniziert und von Karl V. zur Abdankung gezwungen.

Wimpfeling, Jakob, 1450-1528, humanistischer Theologe. Seit 1464 studierte W. in Freiburg, Erfurt und Heidelberg, wo er 1471 Poetik und Rhetorik lehrte; 1481/82 übte er das Rektorenamt aus. 1484-

98 war er Domvikar in Speyer; 1496 wurde er in Heidelberg zum Lizentiaten der Theologie promoviert. 1501 wurde W. Berater des Basler Bischofs; in Straßburg und Schlettstadt wurde er zu Beginn des zweiten Jahrzehnts des 16. Jahrhunderts der Mittelpunkt reformorientierter humanistischer Sodalitäten. In seinem literarischen Werk spielen pädagogische und historische Schriften eine besondere Rolle. Die Entwicklung der reformatorischen Bewegung hat W. bedauert und zu verhindern versucht.

Wimpina (eigentlich Koch), Konrad, um 1460-1531, katholischer Theologe. Seit 1479 als Leipziger Student nachgewiesen, wurde er hier 1491 Professor, 1494 Rektor. 1505 fungierte er als Rektor der soeben erst gegründeten Universität Frankfurt/Oder. Seit dem Beginn von → Luthers Ablaßkritik gehörte W. zu seinen entschiedensten Gegnern. 1530 wirkte er an der Abfassung der *Widerlegung der Confessio Augustana (Confutatio Confessionis Augustanae)* mit.

Witzel, Georg, 1501-73, katholischer Theologe. Nachdem W. seit 1516 in Erfurt und Wittenberg studiert hatte, empfing er 1521 die Priesterweihe. Wegen eines Verstoßes gegen die Zölibatspflicht verlor er sein Amt, ging nach Eisenach und schloß sich dort J. → Strauß an. 1525 verschaffte ihm → Luther eine Pfarrstelle in Lupnitz. 1531 kehrte er zur katholischen Kirche zurück und wirkte in Eisleben. 1538 wechselte er in die Dienste → Georgs von Sachsen nach Dresden, verließ diese Stellung aber nach dessen Tod im folgenden Jahr. Seit 1553 wirkte W. in Mainz; er war einer der einflußreichsten katholischen Reformtheologen und gründlichsten Kenner der reformatorischen Theologie.

Wyclif, John, um 1330-84, Theologe und Kirchenreformer. W.s sukzessiver Aufstieg an der Universität Oxford erreichte mit der Promotion zum Dr. theol. im Jahre 1372 ihren Höhepunkt. 1361 war er Priester geworden und hatte fortan wechselnde Pfründen verwaltet. Gegen den herrschenden Nominalismus vertrat er eine realistische Position. Als bewunderter und umstrittener Lehrer geriet er wegen kirchenkritischer Äußerungen (gegen Ablaßhandel, Heiligenverehrungen, Pilgerwesen usw.) und seines Engagements zugunsten der Autorität der Bibel ins Visier der Hierarchie und wurde von der Universität verdrängt, aber nicht verurteilt. Seit 1381 lebte er auf der ihm vom englischen König übertragenen Pfarrei Lutterworth. Auch an der Prager Universität fanden seine Reformforderungen eine positive Aufnahme und wirkten auf die von → Hus initiierte Bewegung ein.

Zell, Katharina, 1497/98-1562, geborene Schütz, Pfarrfrau, reformatorische Schriftstellerin. Durch ihre Eheschließung mit dem ersten reformatorischen Prediger Straßburgs, Matthias Zell, im Jahre 1523 fand die Bürgertochter ein Lebenskonzept als evangelische Pfarrfrau, das sie über den Tod ihres Mannes (1548) hinaus praktizierte und als Realisierungsform des allgemeinen Priestertums der Glaubenden verstand. 1524 trat sie mit zwei kämpferischen Flugschriften für die Legitimität der Priesterehe ein und ermahnte zur Leidensbereitschaft um des Evangeliums willen. Da ihr der Straßburger Rat eine publizistische Betätigung untersagte, konnte sie nur noch wenige ihrer Texte in den Druck bringen. In ihren letzten Lebensjahren kämpfte sie gegen eine konfessionelle Verengung des Protestantismus, trat für Toleranz gegenüber Kaspar von → Schwenckfeld ein und publizierte gegen ein borniertes Amtsbewußtsein, wie sie es bei dem Superintendenten Ludwig Rabus, einem ehemaligen Vikar ihres Mannes, erlebte.

Žiska, Johann (Jan) von Trocnov, um 1370-1424, tschechischer Ritter und Führer der Taboriten. Als Feldherr der radikalsten Gruppierung der böhmischen Hussiten gelangen Z. 1420 und 1422 militärische Erfolge gegen König Sigismund (reg. 1410-37). In der Ritterschaftsbewegung und in Teilen der radikalen Reformation galt er als Vorbild für militanten Antiklerikalismus.

Zwilling, Gabriel, um 1487-1558, lutherischer Theologe. Der aus Annaberg stammende Z. hatte zunächst in Prag, ab 1502 in Wittenberg studiert und sich dem Augustinereremitenorden angeschlossen. Er war → Luther frühzeitig eng verbunden; 1521/22 wird er als reformatorischer Agitator in Zwickau und Eilenburg greifbar; in der Wittenberger Bewegung kam ihm neben → Karlstadt eine Schlüsselrolle zu. Nach Luthers Rückkehr von der Wartburg hielt er diesem die Treue. Seit 1523 wirkte Z. als Pfarrer in Torgau. Wegen seines Widerstands gegen das Interim wurde er 1549 durch Kurfürst → Moritz von Sachsen seines Amtes enthoben.

Zwingli, Huldrych, 1484-1531, deutsch-schweizerischer Reformator. Seit 1498 studierte Z. in Wien und Basel (Magister artium 1506); 1506 empfing er die Priesterweihe und übernahm eine Pfarrstelle in Glarus (Diözese Konstanz). Zwischen 1516 und 1518 war er Seelsorger in dem Wallfahrtszentrum Einsiedeln, ab 1519 wirkte er als Leutpriester am Zürcher Großmünster. 1522 war Z. am Ausbruch reformatorischer Aktionen (Fastenbrechen) und ihrer theologischen Verteidigung maßgeblich beteiligt. Alle wesentlichen Entscheidungsprozesse der für viele Städte Oberdeutschlands und der Schweiz vorbildlich gewordenen ersten Stadtreformation in

Zürich hängen mit seinen Anregungen unmittelbar zusammen. Z. entwickelte eine eigenständige, in der Abendmahlskontroverse mit → Luther kämpferisch verteidigte Gestalt reformatorischer Theologie. Er fiel als Feldprediger im gegen die altgläubigen Kantone geführten Zweiten Kappeler Krieg.

GLOSSAR

Adiaphora	Nebendinge, die durch die Bibel oder die kirchliche Tradition nicht eindeutig entscheidbar und für Heil oder Unheil gleichgültig sind, etwa Bilder, Kleidung
Allegorese	Auslegung von Texten, die hinter dem Wortlaut *(sensus literalis)* einen verborgenen Sinn wahrnimmt (siehe → Schriftsinn, vierfacher)
Altarist	Katholischer Priester, der nicht mit Aufgaben der Seelsorge betraut ist, sondern ausschließlich die Messe liest und in der Regel durch Meßstiftungen finanziert wird
Anathema	Verfluchung, Kirchenbann, besonders wegen Glaubensirrtümern mit Rechtskraft vollzogener Ausschluß oder Exkommunikation
Anstand	Zeitlich befristete Vereinbarung mit dem Ziel der Friedenswahrung und des Konfliktausgleichs
Antinomismus	Bestreitung einer verbindlichen Geltung des Gesetzes mittels religiöser Prinzipien (Freiheit, Gnade, Glaube, Geist usw.), denen eine ausschließliche Bedeutung für das Gottesverhältnis zugeschrieben wird
Apokalyptik	Deutung von Ereignissen in Hinblick auf ein nahe geglaubtes, mit Unheilserwartungen verbundenes Weltende; Orientierung an biblischen Vorstellungen vom Weltende (vor allem nach der Apokalypse des Johannes)
artes liberales	Die sieben *freien Künste*; seit der Antike gültiges System des freien Männern würdigen Wissens, das für die mittelalterlichen und frühneuzeitlichen Bildungseinrichtungen grundlegend blieb; Einteilung des Stoffes in der Artistenfakultät nach der unteren Stufe, dem Trivium (Grammatik, Dialektik, Rhetorik), und dem Quadrivium (Arithmetik, Musik, Geometrie, Astronomie)
Artisten	Mitglieder, Angehörige der artistischen Fakultät, der Basisfakultät der vormodernen Universitäten, in denen die → *artes liberales* traktiert werden

Böhmische Brüder Zusammenschluß unterschiedlicher religiöser Gruppen (Waldenser, Taboriten, Utraquisten) im Böhmen des späten 15. Jahrhunderts, die sich zu einer eigenen kirchlichen Gemeinschaft verbanden (Brüderunität, Unitas fratrum)

bonae literae *Schöne Wissenschaften und Künste*; die für die Humanisten durch ästhetische Schönheit, formale Vorbildlichkeit und ihren sittlichen Gehalt nachahmenswerten Traditionsbestände der Antike

Breve Päpstlicher Erlaß in weniger feierlicher Form als die Bulle

Bulle Eine mit einem Metall-, in der Regel Bleisiegel (lat. *bulla* = Kapsel) authentifizierte päpstliche Urkunde, ein päpstlicher Erlaß mit hoher Verbindlichkeit

Chiliasmus Erwartung einer 1000 Jahre währenden Herrschaft Christi und der Gerechten auf Erden vor dem Endgericht nach Apk 20,4f.

Christologie Lehre von der Person des Gottmenschen Jesus Christus und seines Heilwerks

communicatio idiomatum *Austausch der Eigenheiten*; christologisches Lehrstück von der Mitteilung der Wesenseigentümlichkeiten der göttlichen Natur Christi an die menschliche und umgekehrt beziehungsweise beider an die gemeinsame Person des Gottmenschen

communio sub utraque *Nießung* des Abendmahls *unter beiderlei Gestalt*, das heißt Brot und Wein

Confessionale (Gegen Geldzahlungen erteilter) Beichtbrief, der bestimmte Freistellungen von den Obliegenheiten kirchlicher Rechtsvorschriften enthielt

Dechant Höherer katholischer Geistlicher; Vorsteher eines Kirchenbezirks innerhalb einer Diözese oder eines Domkapitels

Dekretale Verbindliche päpstliche Einzelfallentscheidung beziehungsweise die diese enthaltende Urkunde

Dispens Befreiung von der Geltung beziehungsweise Anwendung eines Rechtssatzes insbesondere des Kirchenrechts in einem Einzelfall

Disputation Regelgeleitetes wissenschaftliches Streitgespräch; reguläre Prüfungsform an den mittelalterlichen Universitäten

Dissenter Andersdenkender, von Lehr- und Lebensnormen

der Kirchen abweichender Gläubiger; Anhänger der ›radikalen Reformation‹

Drei-Stände-Lehre Theorie der funktionalen Gliederung der Gesellschaft in Lehr-, Wehr- und Nährstand *(status ecclesiasticus, status politicus, status oeconomicus)* und zur Beschreibung der in der Kirche repräsentierten Stände

Ekklesiologie Dogmatische Lehre von der Kirche, ihren Ämtern und Heilsmitteln

Elevation Liturgisches Emporheben von Hostie (Brot) und Kelch (Wein) nach dem Weiheritus (Konsekration) im Zusammenhang der Meß- beziehungsweise Abendmahlsfeier

Episkopat Amt und Würde des Bischofs; Gesamtheit der Bischöfe

Eucharistie Danksagung; Feier des Abendmahls im Gottesdienst; liturgische Darbringung der Mahlgaben Brot und Wein als Dankopfer

Exkommunikation Rechtswirksamer strafweiser Ausschluß aus der Gemeinschaft der Kirche unter Entzug der mit der Mitgliedschaft verbundenen Rechte und Heilsangebote

ex opere operato *Durch das vollzogene Werk*; Bestimmung der Wirkungsweise der Sakramente nach römisch-katholischer Lehre, die die Wirkung der heiligen Handlungen an die objektive Durchführung bindet und von subjektiven Bedingungen der an ihnen Beteiligten unabhängig macht

Exorzismus Beschwörung und Austreibung von bösen Geistern und des Teufels im Kontext der Taufliturgie mittels Gebeten und rituellen Handlungen (Kreuzeszeichen, Anhauchung, Handauflegung)

Fiskal Stellvertreter eines Herrschers, insbesondere eines Bischofs, der dessen Rechte wahrnimmt

Gravamina Beschwerden, insbesondere diejenigen des Reichs gegenüber der päpstlichen Kurie im 15. und 16. Jahrhundert

Homiletik Lehre von der Predigt

Hussitismus Bewegung der Anhänger des 1415 in Konstanz hingerichteten Jan Hus

Interdikt Strafweise Versagung geistlicher Güter mittels der Einstellung kirchlicher Handlungen

Kanon	Maßstab, Richtschnur, normative Liste verbindlicher Texte, zum Beispiel biblischer Bücher
Kanoniker	Chor- oder Domherr; in die Matrikel eines geistlichen Stiftes eingetragener Geistlicher, der nach einer regulierten (das heißt kanonischen) Ordnung zu leben verpflichtet ist
Kanonisten	Lehrer des römisch-katholischen Kirchenrechts *(ius canonicum)*
Konstantinische Schenkung	Auf einer gefälschten Urkunde des frühen Mittelalters basierende Herrschaftsübertragung des Abendlandes auf den römischen Papst Sylvester durch Kaiser Konstantin
Konsubstantiation	Ursprünglich von seiten der reformierten Kritiker der Abendmahlslehre Luthers verwendete Bezeichnung für dessen mit der römisch-katholischen Lehre (→ Transsubstantiation) brechende Vorstellung einer simultanen Wesenspräsenz des Leibes Christi und der Elemente Brot und Wein
Konziliarismus	Seit dem 14. Jahrhundert entwickelte kirchenrechtliche und ekklesiologische Konzeption, ein die Gesamtheit der Bischöfe oder der Christenheit repräsentierendes Konzil sei dem Papsttum übergeordnet
Kurtisanen	Höfling, Liebhaber; abwertende Bezeichnung insbesondere für geistliches Dienstpersonal im Umkreis des Papstes beziehungsweise der Kurie
Landesherrliches Kirchenregiment	Teilweise oder vollständige (Summepiskopat) Übernahme kirchenleitender, insbesondere episkopaler Aufgaben und Vollmachten durch Territorialfürsten
lectio continua	*Fortlaufende Lesung* vollständiger biblischer Bücher im liturgischen Zusammenhang
Leucorea	Name der Universität Wittenberg (griech.: *leukos* [»weiß«] und *oros* [»Berg«])
Makkabäer	Martyriumsbereite Anhänger des jüdischen Freiheitskämpfers Judas Makkabäus, die sich im 2. Jahrhundert v. Chr. der kulturellen, religiösen und politischen Überfremdung unter der Herrschaft des Antiochus IV. widersetzten und in einer Reihe nachkanonischer Schriften (Makkabäerbücher) verherrlicht wurden
Manichäer	Anhänger der von christlichen und gnostischen Tra-

ditionen beeinflußten dualistischen Lehre des Persers Mani (3. Jahrhundert n. Chr.)

Neuplatonismus Spätantike Religionsphilosophie in der Tradition Platons, die Gott als Grund allen in Stufen auf ihn hin geordneten Seins versteht; wichtigste philosophische Referenztheorie der christlichen Theologie bis ins 13. Jahrhundert

Nominalismus Richtung der mittelalterlichen Schulphilosophie *(via moderna)*, die den → Universalien keinen eigenen Seinsstatus zuerkannte, sondern sie als konzeptionelle Verstandesschöpfungen betrachtete *(universalia sunt post rem)*; Gegensatz zu → Realismus

Notepiskopat Bezeichnung für die aufgrund der Verweigerung der katholischen Bischöfe gegenüber der Reformation entstandene ›Notlage‹, die evangelische Territorialfürsten zur Übernahme eines → landesherrlichen Kirchenregiments veranlaßte

Observanten, Observanz(bewegung) Vor allem im 15. Jahrhundert auftretende Richtung innerhalb einzelner Orden, die sich zu einer besonders strengen Einhaltung (lat. *observare*) der Ordensregel verpflichtete und in eigenen Ordensverbänden organisierte

Ockhamismus Auf den franziskanischen Ordenstheologen und Philosophen Wilhelm von Ockham zurückgehende Lehrtradition, die Glauben und Wissen deutlich unterschied, die Kontingenz der Einzeldinge behauptete und die Allmacht Gottes von der in der Offenbarung begegnenden Heilsordnung abgrenzte

Offizial Katholischer Beamter; Vertreter eines Bischofs in Rechtsfragen

Offizin Druckwerkstatt, an die gelegentlich ein Verkaufsraum angeschlossen war

Patristik Wissenschaft von den Schriften und Lehren der Kirchenväter

Perikope Definierter Abschnitt eines bestimmten Bibeltextes zum liturgischen Gebrauch, das heißt als Grundlage der Lesungen oder der Predigt

Pneumatologie Lehre vom Wesen und Wirken des Heiligen Geistes als Person der Dreieinigkeit (Trinität)

Postillen Erklärungen biblischer Textabschnitte im Zusammenhang mit Predigten; literarische Sammelwerke

	mit fortlaufenden Auslegungen oder Musterpredigten zu den Evangelien- und Epistelperikopen (→ Perikopen) des Kirchenjahres
Prädikatur	Geistliche Amtsstellung zumeist in städtischer Trägerschaft, mit der vor allem Aufgaben der Lehre und der Predigt verbunden sind
Prälat	Höherer geistlicher Würdenträger
Prophezei	Im Zusammenhang der Zürcher Reformation entstandene Bildungseinrichtung, die einer philologisch fundierten Bibelexegese auf der Basis des hebräischen, griechischen und lateinischen Wortlautes diente
Realismus	Richtung der mittelalterlichen Schulphilosophie, die im Gegensatz zum → Nominalismus von der wirklichen Existenz der → Universalien unabhängig vom menschlichen Verstand *(universalia sunt ante rem*; gemäßigter Realismus: *universalia sunt in re)* ausgeht *(via antiqua)*
Realpräsenz	Vorstellung einer wirklichen Gegenwart des Leibes und Blutes Christi in, mit und unter den Elementen des Abendmahls
Reichsstadt	Dem Reich beziehungsweise dem Kaiser unmittelbar und nicht mittels eines Landesherrn unterstehende Stadt, die in der Städtekurie der Reichstage vertreten und in der Reichsmatrikel verzeichnet ist
Reliquien	Materielle Überreste heiliger Personen oder Gegenstände, die zu Objekten religiöser Verehrung werden
Schisma	Freiwillige oder erzwungene Spaltung oder Abtrennung von der Kirche zumeist aufgrund von Lehrdifferenzen, die als ketzerisch (häretisch) beurteilt werden
Schismatiker	Anhänger oder Mitglied einer von der Kirche abgespaltenen Gruppierung
Scholar	Schüler beziehungsweise Student in mittelalterlichen Bildungseinrichtungen, insbesondere Universitäten
Scholastik	An textlichen oder personalen Autoritäten orientierte, an strenge logische und argumentative Regeln gebundene mittelalterliche Schulwissenschaft, die vor allem an den Universitäten betrieben wurde

Scholien — Neben der Interlinearglosse (Worterläuterung zwischen zwei Textzeilen) als Teil mittelalterlicher Textauslegung verbreitetste kompakte exegetische Kommentierung eines bestimmten Textabschnitts in zusammenfassender oder systematisierender Absicht, häufig am Rand des Textes vermerkt

Schriftsinn, vierfacher — Im Mittelalter verbreitete Auslegungs- und Verstehenstheorie, nach der ein biblischer Text über einen Literalsinn *(sensus literalis* oder *historicus)*, einen allegorischen *(sensus allegoricus)*, einen moralisch-tropologischen *(sensus tropologicus)* und einen eschatologischen Sinn *(sensus anagogicus)* verfügt; Humanismus und Reformation rücken den Literalsinn der biblischen Texte in den Vordergrund

Scotismus — Lehre in der Tradition des scholastischen Franziskanertheologen und Philosophen Johannes Duns Scotus, der im Unterschied zum → Thomismus für einen Primat des Willens vor dem Intellekt eintrat und auf den → Ockhamismus einwirkte

Sedisvakanz — Leerstehen eines Bischofs-, Papst- oder Herrscherthrones

Sententiar — Theologischer Grad an der mittelalterlichen Universität, der die Befähigung und Berechtigung zur Kommentierung der *Sentenzen*, das heißt der satzförmig zitierten Lehrmeinungen in der maßgeblichen Sammlung des Petrus Lombardus (Vier Bücher der Sentenzen *[Libri Quattuor Sententiarum]*), attestiert

Sentenzen — → Sententiar

Sermon — Predigt; schriftliche Auslegung biblischer Texte; predigtartige Schrift oder Traktat mit Predigtelementen

Sodalitäten — Kollegen-, Freundschaftskreise und ›Netzwerke‹ humanistisch gebildeter Gelehrter

Soteriologie — Dogmatische Lehre vom Heil und den Bedingungen und Mitteln, seiner teilhaftig zu werden

Spiritualismus — Zumeist polemisch verwendete Bezeichnung für ein von immanenten Vermittlungsinstanzen unabhängiges Wirken des Heiligen Geistes im einzelnen Gläubigen oder in Ritus und Religion einer Bekenntnisgemeinschaft

Stillmesse — Zelebration der Messe ohne Kommunikantengemeinde

Taboriten — Radikale Gruppierung des Hussitismus, benannt nach der böhmischen Lagerstadt Tabor

Thomismus — Lehr- und Schultradition, die sich auf den dominikanischen Ordenstheologen Thomas von Aquin zurückführt; vertritt im Gegensatz zu → Scotismus und → Ockhamismus den → Realismus, einen Vorrang des Intellekts vor dem Willen und eine synthetische Verhältnisbestimmung von Vernunft und Offenbarung

Transsubstantiation — Auf dem IV. Laterankonzil (1215) dogmatisierte römisch-katholische Lehre über das ontologische, das heißt seinsmäßige Verhältnis der Elemente des Altarsakraments zu Leib und Blut Christi im Sinne des Substanzwandels bei unverändert bleibenden Akzidentien (äußeren Eigenschaften), die die Reformatoren ablehnten

ultramontan — An dem »*jenseits der Berge* [der Alpen]« gelegenen Rom orientierte, das heißt papstzentrierte (papalistische) Haltung

Universalien, -streit — Allgemein- oder Gattungsbegriffe; im philosophischen Universalienstreit des Mittelalters (→ Nominalismus, → Realismus) war strittig, ob die Allgemeinbegriffe als reale Urbilder vor dem Ding *(ante rem)*, im Ding *(in re)* oder nach dem Ding *(post rem)*, das heißt als bloße Verstandesschöpfung des Menschen existieren

Utraquisten — Gemäßigte Gruppierung unter den Anhängern des Jan Hus; der Laienkelch, das heißt die → *communio sub utraque*, galt als ihr wichtigstes Erkennungszeichen

via antiqua — → Realismus

via moderna — → Nominalismus

Waldenser — Auf den Kaufmann Valdes zurückgehende Ketzerei des 12. Jahrhunderts, die sich im 15. Jahrhundert mit Anhängern des Jan Hus zu den → Böhmischen Brüdern verband und seit den dreißiger Jahren des 16. Jahrhunderts den Anschluß an das Reformiertentum suchte

Wyclifit — Anhänger des englischen Theologen John Wyclif

ZEITTAFEL

Bei den Daten von Königen, Päpsten usw. handelt es sich um Regierungs- beziehungsweise Amtsdaten.

1414-18	Konzil von Konstanz; Beseitigung des Schismas, Höhepunkt des Konziliarismus; rechtliche Verpflichtung zu regelmäßiger Konzilsberufung
1415	Verbrennung des Jan Hus in Konstanz
1417-31	Papst Martin V.
1431-42	Konzil von Basel – Ferrara – Florenz; Union mit Griechen, Armeniern und Jakobiten; Dogmatisierung der sieben Sakramente (1439)
1452	Verkündung des Unionsdekrets in Byzanz
1452-93	Kaiser Friedrich III.
6. 4.-29. 5. 1453	Belagerung und Eroberung Konstantinopels, als Istanbul fortan Hauptstadt des Osmanischen Reiches
1455-1522	Johannes Reuchlin
1456	Erfolgreiche Verteidigung Belgrads durch christliches Kreuzfahrerheer
1458-64	Papst Pius II. (Enea Silvio Piccolomini)
1461	Trapezunt am Schwarzen Meer als letzter christlicher Vorposten fällt in die Hände der Osmanen
1466/69-1536	Erasmus von Rotterdam
10. 11. 1483	Martin Luther in Eisleben geboren
1484-1531	Huldrych Zwingli
1485	Teilung des wettinischen Territorialbesitzes (albertinisches, ernestinisches oder Kursachsen)
1486-1541	Andreas Bodenstein von Karlstadt
1486-1525	Kurfürst Friedrich von Sachsen
1488-1523	Ulrich von Hutten
1491-1551	Martin Bucer
1492	Fall Granadas, der letzten muslimischen Bastion in Andalusien; Höhepunkt der Reconquista; Columbus ›entdeckt‹ Amerika
1493-1519	Kaiser Maximilian I.

1495	Reichstag zu Worms; sogenannte Reichsreform; ewiger Landfriede
1497	Heirat Philipps des Schönen und Johannas von Kastilien
1497-1560	Philipp Melanchthon
1500-39	Herzog Georg von Sachsen
1502	Gründung der Universität Wittenberg
1503-13	Papst Julius II.
1505	Luther tritt in das Erfurter Kloster der Augustinereremiten ein
1509-64	Johannes Calvin
1509-47	König Heinrich VIII. von England
1512	Luther wird Professor in Wittenberg
1512-17	V. Laterankonzil
1512-20	Selim I.
1513-21	Papst Leo X.
1514-68	Herzog Heinrich II. von Braunschweig-Wolfenbüttel
1514-17	Reuchlin-Pfefferkorn-Streit; *Dunkelmännerbriefe*
1515	Habsburgisch-jagiellonische Doppelhochzeit
1515	Päpstliche Ablaßbulle zum Bau der Peterskirche in Rom
1515-47	König Franz I. von Frankreich
1516	Erste Druckausgabe des griechischen Neuen Testaments *(Novum Instrumentum)* durch Erasmus von Rotterdam
1516/17	Osmanische Eroberung Ägyptens und Syriens, Zerstörung des Mamlukenreiches
31. 10. 1517	Beginn der Verbreitung von Luthers *95 Thesen*
1518-67	Landgraf Philipp von Hessen
26. 4. 1518	Heidelberger Disputation
Oktober 1518	Verhör Luthers durch Cajetan in Augsburg
1519-56	Kaiser Karl V.
27. 6.-16. 7. 1519	Leipziger Disputation Luthers und Karlstadts mit Johannes Eck
1520-66	Suleiman (Süleyman) I., der Große/der Prächtige
15. 6. 1520	Bannandrohungsbulle *Exsurge Domine*
1520	Höhepunkt der reformatorischen Publizistik Luthers *(Von der Freiheit eines Christenmenschen; An den christlichen Adel deutscher Nation; De captivitate Babylonica ecclesiae praeludium)*

10. 12. 1520	Exkommunikation der Papstkirche durch Verbrennung des kanonischen Rechts, der Bannandrohungsbulle und einiger scholastischer Lehrwerke vor dem Elstertor in Wittenberg
3. 1. 1521	Bannbulle *Decet Romanum Pontificem*
16.-26. 4. 1521	Luther auf dem Reichstag in Worms
1521	Eroberung Belgrads durch die Osmanen
Mai 1521 bis März 1522	Luther im Gewahrsam des sächsischen Kurfürsten Friedrich auf der Wartburg; reiche literarische Tätigkeit *(De votis monasticis; Postille; Übersetzung des Neuen Testaments)*
26. 5. 1521	Wormser Edikt
1521	*Loci communes* Melanchthons
24. 1. 1522	Ordnung des Rates der Stadt Wittenberg
1522	Fastenbrechen in Zürich
1522	Kapitulation der Johanniter auf Rhodos; osmanische Kontrolle des venezianischen und des genuesischen Handels
1522-23	Papst Hadrian VI. (von Utrecht)
1522-23	Sickingensche Fehde
1522/24	Reichstage zu Nürnberg
seit 1523	Anfänge der reformatorischen Neugestaltung in Zürich; Erste und Zweite Zürcher Disputation
1523-34	Papst Clemens VII.
1524	Vertreibung Karlstadts aus Kursachsen; Kontakte zwischen sächsischen und schweizerischen Dissentern; Beginn des innerreformatorischen Abendmahlsstreits
1524-25	Bauernkrieg; Luthers Streit über den freien Willen mit Erasmus *(De servo arbitrio)*
1525-32	Kurfürst Johann von Sachsen
24. 2. 1525	Schlacht von Pavia; Gefangennahme Franz' I. durch Karl V.
1525	Säkularisierung des Deutschordensstaates zum Herzogtum Preußen
1525	Erste Erwachsenentaufe in Zürich; Austreibung der Täufer aus Stadt und Land Zürich; Zwinglis *Commentarius de vera et falsa religione*
15. 5. 1525	Schlacht von Frankenhausen; Gefangennahme Thomas Müntzers (Hinrichtung am 27. 5. 1525)
August 1526	1. Reichstag zu Speyer

29./30. 8. 1526	Schlacht von Mohács; osmanischer Sieg über das von Ludwig II. von Ungarn und Böhmen geführte ungarische Heer; Errichtung eines vassalitischen Regimes in Ungarn unter Johann Zápolya
1526/29	Beginn der Visitationen in Sachsen; Aufbau eines evangelischen Kirchenwesens in Sachsen und Hessen
Mai bis Juni 1527	Sacco di Roma
3. 11. 1527	Krönung Ferdinands zum ungarischen König
1528	Luthers letzte Schrift im Abendmahlsstreit und sein *Bekenntnis; Unterricht der Visitatoren*; Auftakt evangelischer Bekenntnisbildung
1529	2. Reichstag zu Speyer; Protestation der evangelischen Stände (19. 4.) (»Protestanten«)
29. 6. 1529	Friedensschluß Karls V. und Clemens' VII. in Bologna
3. 8. 1529	Damenfriede von Cambrai
September/Oktober 1529	Die Osmanische Belagerung Wiens scheitert
Oktober 1529	Marburger Religionsgespräch auf Initiative Philipps von Hessen; einzige persönliche Begegnung zwischen Luther und Zwingli; *Marburger Artikel*
24. 2. 1530	Kaiserkrönung Karls V. in Bologna
1530	Augsburger Konfessionsreichstag *(Confessio Augustana; Confessio Tetrapolitana; Fidei ratio)*
1530	Gründung des Schmalkaldischen Bundes
1531	Unterwerfung von Tunis unter den Sultan; Wahl Ferdinands von Österreich zum Römischen König (5. 1.)
1531	2. Kappeler Krieg; Tod Zwinglis und Oekolampads
1532-47	Kurfürst Johann Friedrich von Sachsen
1532	Nürnberger Anstand; Türkenhilfezusagen der protestantischen Reichsstände
1533	Friedensschluß zwischen Habsburg und dem Osmanischen Reich; Teilung Ungarns zwischen Johann Zápolya (Ost) und Ferdinand I.
1534	Eroberung des Herzogtums Württemberg durch Philipp von Hessen; Frieden von Kaaden (29. 6.)
1534-49	Papst Paul III.
1534-35	Täuferreich in Münster
1534	Trennung der englischen Kirche von Rom

1535	Eroberung von Tunis durch Karl V.
1535/36	Erster osmanisch-französischer Handelsvertrag
1536	Einberufung des Konzils nach Mantua; *Schmalkaldische Artikel* Luthers
1536	*Wittenberger Konkordie*
1538	Herzogtümer Kleve und Geldern vereinigt
1538-1541	Calvin in Straßburg
1539	Frankfurter Anstand
1539/40	Gründung des Jesuitenordens durch Ignatius von Loyola (1491-1556)
1540	Bigamieaffäre Philipps von Hessen
1540-41	Religionsgespräche zu Hagenau, Worms und Regensburg; *Confessio Augustana variata*
1541	Tod Johann Zápolyas; Eroberung Budas und Pests durch die Osmanen; Annexion Mittelungarns
1541-53	Herzog (seit 1547 Kurfürst) Moritz von Sachsen
1542	Feldzug des Schmalkaldischen Bundes gegen Herzog Heinrich von Braunschweig-Wolfenbüttel
1543	Geldrischer Erbfolgekrieg
1543-46	Reformationsversuch Erzbischof Hermanns von Wied in Köln
18. 9. 1544	Friede von Crépy zwischen Karl V. und Franz I.; Beendigung der türkisch-französischen Allianz
1545-63	Konzil von Trient; 1. Sitzungsperiode 1545-47; 2. Sitzungsperiode 1551-52; 3. Sitzungsperiode 1562-63
18. 2. 1546	Tod Martin Luthers
1547	Sieg Karls V. im Schmalkaldischen Krieg (1546-47) nach Schlacht bei Mühlberg (24. 4. 1547); Gefangennahme Johann Friedrichs von Sachsen und Philipps von Hessen
1547	Habsburgisch-osmanischer Friede mit Tributpflicht Ferdinands I. gegenüber dem Osmanischen Reich
1547-59	König Heinrich II. von Frankreich
1547-53	König Edward I. von England
1547-48	›Geharnischter Reichstag‹ in Augsburg
30. 6. 1548	*Augsburger Interim*
1549	Sogenanntes *Leipziger Interim*; Beginn der innerlutherischen Kontroversen (Interimistischer Streit; Adiaphoristischer Streit)
1549	Abendmahlskonsens zwischen Zürich und Genf *(Consensus Tigurinus)*

1550-55	Papst Julius III.
1550-51	Belagerung Magdeburgs durch Moritz von Sachsen; publizistischer Kampf der »Herrgotts Kanzlei«
1551	Habsburgische Familienverträge mit Regelungen über die ›spanische Sukzession‹ im Reich
1552	Fürstenkrieg
15. 8. 1552	Passauer Vertrag
1553-58	Königin Maria Tudor von England
25. 9. 1555	Augsburger Religionsfriede
1555-59	Papst Paul IV.
1556	Abdankung Karls V.
1556-64	Kaiser Ferdinand
1556-98	König Philipp II. von Spanien
21. 9. 1558	Tod Karls V.
1558-1603	Königin Elisabeth I. von England
1559	Erste Nationalsynode der reformierten Gemeinden Frankreichs in Paris
1559-65	Papst Pius IV.
1577	*Konkordienformel*
1598	Edikt von Nantes Heinrichs IV. (1589-1610)

ABKÜRZUNGEN

Abb.	Abbildung
ARG	Archiv für Reformationsgeschichte
BDS	Martin Bucer, *Deutsche Schriften*, hg. v. Robert Stupperich u.a., Bd. 1 ff., Gütersloh 1960ff.
BSLK	*Bekenntnisschriften der evangelisch-lutherischen Kirche*, Göttingen [9]1982
Cl	Martin Luther, *Werke in Auswahl*, unter Mitwirkung von Albert Leitzmann hg. v. Otto Clemen, Berlin [3]1962
CR	Corpus Reformatorum
CT	*Concilium Tridentinum. Diarium, actorum epistularum, tractatuum nova collectio*, Bd. 1 ff., Freiburg/Breisgau 1901 ff.
DH	Heinrich Denzinger, *Enchiridion symbolorum definitionum et declarationum de rebus fidei et morum. Kompendium der Glaubensbekenntnisse und kirchlichen Lehrentscheidungen*, verb., erw. und ins Deutsche übertragen von Peter Hünermann, 41. aktualisierte Auflage, Freiburg/Breisgau u.a. 2007
DRTA.JR	*Deutsche Reichstagsakten*, Jüngere Reihe
EA var. arg.	Martin Luther, *Sämtliche Werke*, Erlangen, varii argumenti
EKO	Emil Sehling (Hg.), *Evangelische Kirchenordnungen des XVI. Jahrhunderts*
Ex.	Exemplar
GA	Gesamtausgabe
KB	Thomas Kaufmann, Albrecht Beutel (Hg.), *Martin Luther. Schriften I-IV*, Berlin 2014-2015 (Bd. I: *Aufbruch der Reformation*, hg. v. Thomas Kaufmann, Berlin 2014; Bd. II: *Reformation der Frömmigkeit und Bibelauslegung*, hg. v. Thomas Kaufmann, Berlin 2014; Bd. III: *Kirche und Schule*, hg. v. Albrecht Beutel, Berlin 2015; Bd. IV: *Christ und Welt*, hg. v. Albrecht Beutel, Berlin 2015)
Köhler, *Bibl.*	Hans-Joachim Köhler, *Bibliographie der Flugschriften*

	des 16. Jahrhunderts, Tl. 1: *Das frühe 16. Jahrhundert (1501-1530), Druckbeschreibungen*, Bd. 1 ff., Tübingen 1991 ff.
LuJ	Luther-Jahrbuch
LuStA	Martin Luther, *Studienausgabe*, hg. v. Hans-Ulrich Delius, 6 Bde., Berlin und Leipzig 1979-99
MBW	*Melanchthons Briefwechsel. Kritische und kommentierte Gesamtausgabe.* Im Auftrag der Heidelberger Akademie der Wissenschaften hg. v. Heinz Scheible, Abt. Regesten, bearb. von Heinz Scheible und Walter Thüringer, Stuttgart-Bad Cannstatt 1977 ff.
MBW.T	*Melanchthons Briefwechsel*, Abt. Texte, Bd. 1 ff., Stuttgart-Bad Cannstatt 1991 ff.
MF	Hans-Joachim Köhler, Hildegard Hebenstreit-Wilfert, Christoph Weismann (Hg.), *Flugschriften des frühen 16. Jahrhunderts*, Mikroficheserie, Zug 1978-88
MF (nach 1530)	Hans-Joachim Köhler (Hg.), *Flugschriften des späteren 16. Jahrhunderts*, Mikroficheserie, Leiden 1990-2003
MWA	*Melanchthons Werke in Auswahl*, hg. v. Robert Stupperich, 7 Bde., Gütersloh 1951-75, zum Teil in 2. Aufl. 1978-83
o. Dr.	ohne Druckerangabe
o. J.	ohne Jahresangabe
o. O.	ohne Ortsangabe
PKMS	*Politische Korrespondenz des Herzogs und Kurfürsten Moritz von Sachsen*, hg. v. Erich Brandenburg, Johannes Herrmann und Günther Wartenberg, Bd. 1-2, Leipzig 1900-1904; Bd. 3-5, Berlin 1978-98
RGG[4]	*Religion in Geschichte und Gegenwart. Handwörterbuch für Theologie und Religionswissenschaft*, 4. völlig neu bearb. Aufl., 8 Bde., Tübingen 1998-2005; Register Tübingen 2007
RN	Revisionsnachtrag zur WA
TRE	*Theologische Realenzyklopädie*, 36 Bde., Berlin und New York 1971-2004
VD 16	*Verzeichnis der im deutschen Sprachgebiet erschienenen Drucke des 16. Jahrhunderts*, 25 Bde., hg. v. der Bayerischen Staatsbibliothek [München] und der Herzog-August-Bibliothek [Wolfenbüttel], Stuttgart 1983-2000 (http://www.vd16.de)
WA	Martin Luther, *Werke. Kritische Gesamtausgabe* (Weimarer Ausgabe)

WA.B	– Briefwechsel
WA.DB	– Deutsche Bibel
WA.TR	– Tischreden
Z 1-14	Zwingli, *Sämtliche Werke* (= CR 88 bis 101)
Z.	Zeile
ZHF	Zeitschrift für Historische Forschung
ZKG	Zeitschrift für Kirchengeschichte
ZSRG.K	Zeitschrift der Savigny-Stiftung für Rechtsgeschichte. Kanonistische Abteilung
ZThK	Zeitschrift für Theologie und Kirche

QUELLEN- UND LITERATURVERZEICHNIS

Das folgende Verzeichnis bietet eine Auswahl wichtigerer Titel, erhebt aber keinen Anspruch auf Vollständigkeit. Die Anordnung orientiert sich am Aufriß der Darstellung. Vorangestellt sind allgemeinere Quellenwerke, Hilfsmittel und Überblicksdarstellungen. Viele Titel sind nicht nur für die angegebenen, sondern auch für andere Sachzusammenhänge relevant. Die unter der allgemeinen Literatur verzeichneten Werke sind in der Regel auch für Einzelfragen einschlägig, werden in den Unterabschnitten aber nicht noch einmal eigens aufgeführt.

Allgemeine Werke

Quellenkunden und Bibliographien

Josef Benzing, Helmut Claus, *Lutherbibliographie. Verzeichnis der gedruckten Schriften Martin Luthers bis zu dessen Tod*, 2 Bde., Baden-Baden ²1989-94.

Bibliographie de la Réforme 1450-1648. Ouvrages parus de 1940 à 1955 (Bd. 6: 〈...〉 *à 1960*, Bd. 8: 〈...〉 *à 1975/76*), hg. v. der Commission international d'histoire ecclésiastique comparée, 8 Bde., Leiden 1961-82.

Helmut Claus, *Melanchthon-Bibliographie 1510-1560*, 4 Teilbde., Gütersloh 2014.

Winfried Dotzauer, *Das Zeitalter der Glaubensspaltung (1500-1618)*, Quellenkunde zur deutschen Geschichte der Neuzeit von 1500 bis zur Gegenwart Bd. 1, Darmstadt 1987.

Daniel Gehrt, *Katalog der Reformationshandschriften. Aus den Sammlungen der Herzog von Sachsen-Coburg und Gotha'schen Stiftung für Kunst und Wissenschaft*, 2 Tle., Wiesbaden 2015.

Hans Joachim Hillerbrand, *Bibliographie des Täufertums 1520-1630*, Gütersloh 1962.

Index Aureliensis: *Catalogus Sedecimo saeculo impressorum*, Bd. 1 ff., Nieuwkoop und Baden-Baden 1967 ff.

Hans-Joachim Köhler, *Bibliographie der Flugschriften des 16. Jahrhunderts*, Tl. 1: *Das frühe 16. Jahrhundert (1501-1530), Druckbeschreibungen*, Bd. 1 ff., Tübingen 1991 ff. [= Köhler, *Bibl.*].

Franz Schnabel, *Deutschlands geschichtliche Quellen und Darstellungen in der Neuzeit*, Bd. 1 (einziger Bd.), Leipzig und Berlin 1931 (Nachdruck Darmstadt 1972).

Karl Schottenloher (Hg.), *Bibliographie zur deutschen Geschichte im Zeitalter der Glaubensspaltung 1517-1585*, 6 Bde., Leipzig 1932-40; 2. Aufl., Bd. 1-7 hg. v. Ulrich Thürauf, Stuttgart 1956-66.

Verzeichnis der im deutschen Sprachgebiet erschienenen Drucke des 16. Jahrhunderts, 25 Bde., hg. v. der Bayerischen Staatsbibliothek [München] und der Herzog-August-Bibliothek [Wolfenbüttel], Stuttgart 1983-2000 [= VD 16].

Gustav Wolf, *Quellenkunde der deutschen Reformationsgeschichte*, 3 Bde., Gotha (Bd. 3: Stuttgart und Gotha) 1915-23 (Nachdruck Nieuwkoop und Hildesheim 1965).

Periodisch erscheinende Literaturübersichten zum gesamten Bereich der Reformationsgeschichte bietet: Archiv für Reformationsgeschichte. Literaturbericht, Gütersloh, Bd. 1 (1972) ff.; für die Renaissance- und Humanismusforschung (seit 1966): *Bibliographie internationale de l'Humanisme et de la Renaissance*, in: Bibliothèque d'Humanisme et de Renaissance.

Die wichtigsten Zeitschriften mit reformationsgeschichtlichen Beiträgen sind: Archiv für Reformationsgeschichte, Berlin u. a., 1 (1903/04) ff.; Zwingliana. Beiträge zur Geschichte Zwinglis, der Reformation und des Protestantismus in der Schweiz, Zürich, 1 (1897) ff.; Luther-Jahrbuch, Leipzig, 1 (1919) ff.; für den weiteren Bereich der frühneuzeitlichen Geschichte: The Sixteenth Century Journal, Kirksville, 1 (1970) ff.; Zeitschrift für Historische Forschung. Vierteljahresschrift zur Erforschung des Spätmittelalters und der frühen Neuzeit, Berlin, 1 (1973) ff.

Nachschlagewerke

Peter G. Bietenholz (Hg.), *Contemporaries of Erasmus. A Biographical Register of the Renaissance and Reformation*, 3 Bde., Toronto, Buffalo und London 1985-87 (Nachdruck Toronto 2003).

Deutsche Biographische Enzyklopädie der Theologie und der Kirchen (DBETh), hg. v. Bernd Moeller mit Bruno Jahn, 2 Bde., München 2005.

Irene Dingel, Volker Leppin (Hg.), *Das Reformatorenlexikon*, Darmstadt 2014.

Martin Greschat (Hg.), *Gestalten der Kirchengeschichte*, Bd. 5 und 6: *Reformationszeit I/II*, Stuttgart u.a. 1981.

Hans Joachim Hillerbrand (Hg.), *The Oxford Encyclopedia of the Reformation*, 4 Bde., New York und Oxford 1996.

Martin Jung, Peter Walter (Hg.), *Theologen des 16. Jahrhunderts*, Darmstadt 2002.

Thomas Kaufmann, *Reformatoren*, Göttingen 1998.

Volker Leppin, Gury Schneider-Ludorff, *Das Luther-Lexikon*, Regensburg ²2015.

Lexikon für Theologie und Kirche, 3. völlig neu bearb. Aufl., 11 Bde., Freiburg/Breisgau u. a. 1993-2001.

Religion in Geschichte und Gegenwart. Handwörterbuch für Theologie und Religionswissenschaft, 4. völlig neu bearb. Aufl., 8 Bde., Tübingen 1998-2005; Registerband 2007 [= *RGG*⁴].

Christoph Reske, *Die Buchdrucker des 16. und 17. Jahrhunderts im deutschen Sprachgebiet. Auf der Grundlage des gleichnamigen Werkes von Josef Benzing*, Wiesbaden 2007.

Theologische Realenzyklopädie, 36 Bde., Berlin und New York 1971-2004 [= *TRE*].

Franz-Josef Worstbrock (Hg.), *Verfasserlexikon Deutscher Humanismus 1480-1520*, Berlin 2005 ff.

Wichtige allgemeine Quellenwerke

Die Bekenntnisschriften der evangelisch-lutherischen Kirche. Vollständige Neuedition, hg. v. Irene Dingel, Göttingen 2014 [= *BSLK*].

Gustav Adolf Benrath (Hg.), *Reformtheologen des 15. Jahrhunderts*, Gütersloh 1968.

Rudolf Bentzinger (Hg.), *Die Wahrheit muß ans Licht! Dialoge aus der Zeit der Reformation*, Frankfurt/Main 1983.

Martin Bucer, *Correspondance*, Bd. 1 ff., Leiden 1979 ff.

Martin Bucer, *Opera Latina*, Bd. 1 ff., Paris und Gütersloh 1955; Leiden 1982 ff.

Martin Bucer, *Deutsche Schriften*, hg. v. Robert Stupperich u. a., Bd. 1 ff., Gütersloh und Paris 1960 ff. [= BDS].

Martin Bucer (1491-1551). Bibliographie, erstellt von Holger Pils, Stephan Ruderer und Petra Schaffrodt, Gütersloh 2005.

Johannes Bugenhagen, *Reformatorische Schriften (1515/16-1524)*, hg. v. Anneliese Bieber-Wallmann, Göttingen 2013.

Heinrich Bullinger, *Werke*, Abt. 1: *Bibliographie*, 2 Bde., Zürich 1972-77; Abt. 2: *Briefwechsel*, Bd. 1 ff., Zürich 1974 ff.; Abt. 3: *Theologische Werke*, Bd. 1 ff., Zürich 1983 ff.

Heinrich Bullinger, *Schriften*, hg. im Auftrag des Zwinglivereins, 7 Bde., Zürich 2004-2007.

Arno Buschmann, *Kaiser und Reich. Verfassungsgeschichte des Heiligen Römischen Reichs Deutscher Nation vom Beginn des 12. Jahrhunderts bis zum Jahre 1806 in Dokumenten*, Tl. 1: *Vom Wormser Konkordat 1122 bis zum Augsburger Reichsabschied von 1555*, Baden-Baden ²1994.

Wolfgang Capito, *The Correspondence*, hg. v. Erika Rummel, 2 Bde., Toronto u. a. 2005-09.

Otto Clemen (Hg.), *Flugschriften aus den ersten Jahren der Reformation*, 4 Bde., Leipzig 1906-11 (Nachdruck Nieuwkoop 1967).

Concilium Tridentinum. Diarium, actorum epistularum, tractatuum nova collectio, Bd. 1 ff., Freiburg/Breisgau 1901 ff. [= *CT*]

Corpus Catholicorum, Bd. 1 ff., Münster 1919 ff.

Corpus Reformatorum [Werke Melanchthons, Zwinglis, Calvins], Berlin 1834ff. [= CR]

Heinrich Denzinger, *Enchiridion symbolorum definitionum et declarationum de rebus fidei et morum. Kompendium der Glaubensbekenntnisse und kirchlichen Lehrentscheidungen*, verbessert, erweitert und ins Deutsche übertragen von Peter Hünermann, Freiburg/Breisgau u.a. ⁴¹2007 [= DH].

Deutsche Reichstagsakten. Jüngere Reihe, Bd. 1 ff., München u. a. 1893 ff. [= *DRTA.JR*]

Emil Egli (Hg.), *Actensammlung zur Geschichte der Zürcher Reformation in den Jahren 1519-1533*, Zürich 1879 (Nachdruck Aalen 1973).

Ernst Ludwig Enders (Hg.), *Dr. Martin Luther's Briefwechsel*, 17 Bde., Frankfurt/Main und Leipzig 1884-1920.

Erasmus von Rotterdam, *Ausgewählte Schriften*, hg. v. Werner Welzig, Ausgabe in acht Bänden, lateinisch und deutsch, Darmstadt 1968-80.

Peter Fabisch, Erwin Iserloh (Hg.), *Dokumente zur Causa Lutheri (1517-1521)*, 2 Tle., Münster 1988-91.

Heinold Fast (Hg.), *Der linke Flügel der Reformation. Glaubenszeugnisse der Täufer, Spiritualisten, Schwärmer und Antitrinitarier*, Bremen 1962.

Günther Franz (Hg.), *Quellen zur Geschichte des Bauernkrieges*, Darmstadt 1963.

Günther Franz, *Der deutsche Bauernkrieg. Aktenband*, Darmstadt 1968.

Walter Friedensburg, *Urkundenbuch der Universität Wittenberg*, Tl. 1: *(1502-1611)*, Magdeburg 1926.

Klaus Ganzer, Karl Heinz Zur Mühlen (Hg.), *Akten der deutschen Reichsreligionsgespräche im 16. Jahrhundert*, Bd. 1/1 ff., Göttingen 2000ff.

Felician Gess (Hg.), *Akten und Briefe zur Kirchenpolitik Herzog Georgs von Sachsen*, 2 Bde., Leipzig und Berlin 1905-17 (Nachdruck Köln und Wien 1985).

Hans Joachim Hillerbrand, *Brennpunkte der Reformation*, Göttingen 1967.

Hanns Hubert Hofmann, *Quellen zum Verfassungsorganismus des Heiligen Römischen Reichs Deutscher Nation 1495-1815*, Darmstadt 1976.

Paul Hohenemser, *Flugschriftensammlung Gustav Freytag. Bibliographie*, Frankfurt/Main 1925 (vollständige Wiedergabe der 6265 Flugschriften aus dem 15. bis 17. Jahrhundert sowie des Katalogs von P. Hohenemser, Stadt- und Universitätsbibliothek Frankfurt/Main, Mikroficheserie, München u.a. 1980-81).

Ulrichi Hutteni equitis Germani Opera, hg. v. Eduard Böcking, 5 Bde., Leipzig 1859-61 (Nachdruck Aalen 1963).

Erwin Iserloh (Hg.), *Katholische Theologen der Reformationszeit*, 5 Bde., Münster 1984-86.

Helmar Junghans (Hg.), *Die Reformation in Augenzeugenberichten*, München 1973.

Andreas Bodenstein von Karlstadt, *Kritische Gesamtausgabe*, hg. v. Thomas Kaufmann (Online-Ausgabe: Herzog August Bibliothek Wolfenbüttel, Digitale Bibliothek; Druckausgabe: Bd. 1 ff., Gütersloh 2017 ff.).

Ruth Kastner (Hg.), *Quellen zur Reformation 1517-1555*, Darmstadt 1994.

Walter Klaassen (Hg.), *Anabaptism in outline. Selected primary sources (1524-1564)*, Kitchener/Ontario 1981.

Alfred Kohler (Hg.), *Quellen zur Geschichte Karls V.*, Darmstadt 1990.

Hans-Joachim Köhler (Hg.), *Flugschriften des späteren 16. Jahrhunderts*, Mikroficheserie, Leiden 1990-2003 [= MF (nach 1530)].

Hans-Joachim Köhler, Hildegard Hebenstreit-Wilfert, Christoph Weismann (Hg.), *Flugschriften des frühen 16. Jahrhunderts*, Mikroficheserie, Zug 1978-88 [= MF].

Walter Köhler (Hg.), *Erasmus von Rotterdam. Briefe*, 3. erw. Aufl. von Andreas Flitner, Bremen 1956 (Nachdruck Darmstadt 1986).

Ulrich Köpf (Hg.), *Deutsche Geschichte in Quellen und Darstellung*, Bd. 3: *Reformationszeit 1495-1555*, Stuttgart 2001.

Adolf Laube u. a. (Hg.), *Flugschriften der Bauernkriegszeit*, Berlin/Ost ^{2}1978.

Adolf Laube u.a. (Hg.), *Flugschriften der frühen Reformationsbewegung (1518-1524)*, 2 Bde., Berlin 1983.

Adolf Laube u.a. (Hg.), *Flugschriften vom Bauernkrieg zum Täuferreich (1526-1535)*, 2 Bde., Berlin 1992.

Adolf Laube, Ulman Weiß (Hg.), *Flugschriften gegen die Reformation (1518-1524)*, Berlin 1997.

Adolf Laube, Ulman Weiß (Hg.), *Flugschriften gegen die Reformation (1525-1530)*, 2 Bde., Berlin 2000.

Volker Leppin (Hg.), *Reformation*, Neukirchen-Vluyn 2005.

Martin Luther, *Werke, Kritische Gesamtausgabe* (Weimarer Ausgabe), Bd. 1 ff., Weimar 1883 ff. (Nachdruck 2001-2007) [= WA].

Archiv zur Weimarer Ausgabe der Werke Martin Luthers, Köln u. a. 1981 ff.

Dr. Martin Luthers sämmtliche Schriften, hg. v. Johann Georg Walch, 23 Bde., St. Louis/Missouri 1880-1910.

Martin Luther Studienausgabe, 6 Bde., hg. v. Hans-Ulrich Delius, Berlin und Leipzig 1979-99 [= LuStA].

Martin Luther, *Lateinisch-deutsche Studienausgabe*, hg. v. Wilfrid Härle u. a., Bd. 1-3, Leipzig 2006-2009.

Martin Luther, *Schriften I-IV*, hg. v. Thomas Kaufmann und Albrecht Beutel, Berlin 2014-15.

Albrecht Pius Luttenberger, *Katholische Reform und Konfessionalisierung*, Darmstadt 2006.

Philipp Melanchthon: *Melanchthons Briefwechsel. Kritische und kommentierte Gesamtausgabe*. Im Auftrag der Heidelberger Akademie der Wissenschaften hg. v. Heinz Scheible, Abt. Regesten, Bd. 1 ff., Stuttgart-Bad Cannstatt 1977 ff. [= *MBW*]; Abt. Texte, Bd. 1 ff., Stuttgart-Bad Cannstatt 1991 ff. [= *MBW.T*].

Melanchthons Werke in Auswahl, hg. v. Robert Stupperich, 7 Bde., Gütersloh 1951-75, zum Teil in 2. Aufl. 1978-83 [= *MWA*].

Hermann Meuche, Ingeborg Neumeister, *Flugblätter der Reformation und des Bauernkrieges*, Leipzig 1979.

Jürgen Miethke, Lorenz Weinrich (Hg.), *Quellen zur Kirchenreform im Zeitalter der großen Konzilien des 15. Jahrhunderts*, 2 Bde., Darmstadt 1995-2002.

Carl Mirbt (Hg.), *Quellen zur Geschichte des Papsttums und des römischen Katholizismus*, Bd. 1, 6. völlig neu bearb. Aufl. von Kurt Aland, Tübingen 1967.

Moritz von Sachsen: *Politische Korrespondenz des Herzogs und Kurfürsten Moritz von Sachsen*, Bd. 1 ff., Berlin 1900 ff.; Leipzig 1978 ff. [= *PKMS*]

Ernst Friedrich Karl Müller (Hg.), *Die Bekenntnisschriften der reformierten Kirche*, 2 Bde., Leipzig 1903 (Nachdruck Waltrop 1999).

Nikolaus Müller, *Die Wittenberger Bewegung 1521 und 1522*, Leipzig ^{2}1911.

Thomas Müntzer, *Kritische Gesamtausgabe*, Bd. 2: *Briefwechsel*, bearbeitet von Siegfried Bräuer und Manfred Kobuch, Leipzig 2010; Bd. 3: *Quellen zu Thomas Müntzer*, bearbeitet von Wieland Held und Siegfried Meyer, Leipzig 2004.

Nuntiaturberichte aus Deutschland, Abt. 1: *1533-1559*, hg. vom Deutschen

Historischen Institut in Rom, 17 Bde., 2 Erg.-Bde., Berlin bzw. Gotha 1892ff. (Nachdruck Frankfurt/Main 1968).

Heiko A. Oberman (Hg.), *Die Kirche im Zeitalter der Reformation*, Neukirchen-Vluyn [4]1994.

Andreas Osiander d.Ä., *Gesamtausgabe*, hg. v. Gerhard Müller und Gottfried Seebaß, 10 Bde., Gütersloh 1975-97.

Irmgard Pahl (Hg.), *Die Abendmahlsliturgie der Reformationskirchen im 16./17. Jahrhundert*, Freiburg/Schweiz 1983.

Georg Pfeilschifter (Hg.), *Acta Reformationis Catholicae ecclesiam Germaniae concernentia saec. XVI. Die Reformverhandlungen des deutschen Episkopats von 1520-1570*, 6 Bde., Regensburg 1959-74.

Detlef Plöse, Günter Vogler (Hg.), *Buch der Reformation. Eine Auswahl zeitgenössischer Zeugnisse (1476-1555)*, Berlin 1989.

Quellen zur Geschichte der (Wieder-)Täufer, Bd. 1ff., Leipzig und Gütersloh 1930ff.

Quellen zur Geschichte der Täufer in der Schweiz, Bd. 1ff., Zürich 1952ff.

Reformierte Bekenntnisschriften, hg. im Auftrag der Evangelischen Kirche in Deutschland von Heiner Faulenbach und Eberhard Busch, Bd. 1/1ff., Neukirchen-Vluyn 2002ff.

Bernd Roeck (Hg.), *Deutsche Geschichte in Quellen und Darstellung*, Bd. 4: *Gegenreformation und Dreißigjähriger Krieg*, Stuttgart 1996.

Oskar Schade (Hg.), *Satiren und Pasquille aus der Reformationszeit*, 3 Bde., Hannover [2]1863 (Nachdruck Hildesheim 1966).

Emil Sehling (Hg.), *Die evangelischen Kirchenordnungen des XVI. Jahrhunderts*, Bd. 1ff., Leipzig 1902ff. und Tübingen 1955ff. (zum Teil Nachdruck Aalen 1979ff.) [= *EKO*].

Lazarus Spengler, *Schriften*, hg. v. Berndt Hamm u.a., Bd. 1ff., Gütersloh 1995ff.

Walter L. Strauss, *The German Single-Leaf Woodcut 1500-1550*, 4 Bde., New York 1974.

Walter L. Strauss, *The German Single-Leaf Woodcut 1550-1600*, 3 Bde., New York 1975.

Robert Stupperich (Hg.), *Die Schriften der Münsterischen Täufer und ihrer Gegner*, 3 Tle., Münster 1970-83.

Inge Wiesflecker-Friedhuber (Hg.), *Quellen zur Geschichte Maximilians I. und seiner Zeit*, Darmstadt 1996.

George Huntston Williams, Angel M. Mergal (Hg.), *Spiritual and anabaptist writers*, London 1957.

Karl Zeumer, *Quellensammlung zur Geschichte der deutschen Reichsverfassung in Mittelalter und Neuzeit*, 2 Tle., Tübingen [2]1913.

Huldrych Zwingli, *Schriften*. Im Auftrag des Zwinglivereins hg. v. Thomas Brunnschweiler und Samuel Lutz, 4 Bde., Zürich 1995.

Handbücher und Gesamtdarstellungen

Carl Andresen, Adolf Martin Ritter (Hg.), *Handbuch der Dogmen- und Theologiegeschichte*, Bd. 2, Göttingen ²1998.

Peter Blickle, *Die Reformation im Reich*, Stuttgart ³2000 (zuerst 1982).

Thomas A. Brady, *Zwischen Gott und Mammon. Protestantische Politik und deutsche Reformation*, Berlin 1996.

Thomas A. Brady, *Communities, Politics, and Reformation in Early Modern Europe*, Leiden, Boston und Köln 1998.

Thomas A. Brady, *German Histories in the Age of Reformations 1400-1650*, Cambridge 2009.

Thomas A. Brady, Heiko A. Oberman, James D. Tracy (Hg.), *Handbook of European History 1400-1600*, 2 Bde., Leiden u.a. 1994-95.

Johannes Burkhardt, *Das Reformationsjahrhundert. Deutsche Geschichte zwischen Medienrevolution und Institutionenbildung 1517-1617*, Stuttgart 2002.

Euan Cameron, *The European Reformation*, Oxford 1991.

Pierre Chaunu, *Le temps des Réformes. Histoire religieuse et système de civilisation*, Paris 1975.

Pierre Chaunu, *Église, culture et société 1517-1620. Essais sur Réforme et Contre-Réforme*, Paris 1982.

Scott C. Dixon, *The Reformation in Germany*, Oxford 2002.

Geoffrey R. Elton, *Europa im Zeitalter der Reformation 1517-1559*, München ²1982 (zuerst 1971, engl. Original 1963).

Robert von Friedeburg, *Europa in der frühen Neuzeit*, Frankfurt/M. 2012.

Hans-Jürgen Goertz, *Deutschland 1500-1648. Eine zertrennte Welt*, Paderborn 2004.

Mark Greengrass, *The European Reformation, c. 1500-1618*, London und New York 1998.

Mark Greengrass, *Christendom Destroyed. Europe 1517-1648*, London 2014.

Kaspar von Greyerz, *Religion und Kultur. Europa 1500-1800*, Göttingen 2000.

Wolf-Dieter Hauschild, *Lehrbuch der Kirchen- und Dogmengeschichte*, Bd. 2: *Reformation und Neuzeit*, Gütersloh 1999.

Martin Heckel, *Deutschland im konfessionellen Zeitalter*, Göttingen ²2001 (zuerst 1983).

Scott H. Hendrix, *Recultivating the Vineyard. The Reformation Agendas of Christianization*, Louisville und London 2004.

Hans Joachim Hillerbrand, *The Division of Christendom. Christianity in the Sixteenth Century*, Louisville und London 2007.

Ronnie Po-chia Hsia (Hg.), *The Cambridge History of Christianity*, Bd. 6: *Reform and Expansion 1500-1660*, Cambridge 2007.

Illustrierte Geschichte der deutschen frühbürgerlichen Revolution, Berlin [2]1982 (zuerst 1974).

Erwin Iserloh, *Geschichte und Theologie der Reformation im Grundriß*, Paderborn [3]1985 (zuerst 1980).

Paul Joachimsen, *Die Reformation als Epoche der deutschen Geschichte.* In vollständiger Fassung erstmals aus dem Nachlaß hg. v. Otto Schottenloher, München 1951 (Nachdruck Aalen 1971).

Thomas Kaufmann, Raymund Kottje (Hg.), *Ökumenische Kirchengeschichte*, Bd. 2: *Vom Hochmittelalter bis zur frühen Neuzeit*, Darmstadt 2008.

Harm Klueting, *Das Konfessionelle Zeitalter 1525-1648*, Stuttgart 1989.

Harm Klueting, *Das Konfessionelle Zeitalter. Europa zwischen Mittelalter und Moderne. Kirchengeschichte und Allgemeine Geschichte*, Darmstadt 2007.

Franz Lau, Ernst Bizer, *Reformationsgeschichte Deutschlands bis 1555*, Göttingen 1964.

Nicole Lemaître, *L'Europe et les Réformes au XVIe siècle*, Paris 2008.

Joseph Lortz, *Die Reformation in Deutschland*, 2 Bde., Freiburg/Breisgau 1939-40; [6]1982.

Heinrich Lutz, *Das Ringen um deutsche Einheit und kirchliche Erneuerung. Von Maximilian I. bis zum Westfälischen Frieden. 1490 bis 1648*, Frankfurt/Main 1983 (Studienausgabe 1987).

Heinrich Lutz, *Reformation und Gegenreformation*, München [4]1997 (zuerst 1979).

Diarmaid MacCulloch, *The Reformation*, New York und London 2004; dt.: *Die Reformation 1490-1700*, München 2008.

Peter Marshall, *Die Reformation in Europa*, Stuttgart 2014.

Martin Luther und die Reformation in Deutschland. Ausstellung zum 500. Geburtstag Martin Luthers, Frankfurt/Main 1983.

Bernd Moeller, *Deutschland im Zeitalter der Reformation*, Göttingen [4]1999 (zuerst 1977).

Olaf Mörke, *Die Reformation. Voraussetzungen und Durchsetzung*, München 2005.

Steven E. Ozment, *The Age of Reform 1250-1550. An Intellectual and Religious History of Late Medieval and Reformation Europe*, New Haven und London 1980.

Andrew Pettegree (Hg.), *The Reformation World*, London 2000.

Horst Rabe, *Deutsche Geschichte 1500-1600. Das Jahrhundert der Glaubensspaltung*, München 1991.

Leopold von Ranke, *Deutsche Geschichte im Zeitalter der Reformation*, 5 Bde., München und Leipzig 1924.

Francis Rapp, *Christentum*, Bd. 4: *Zwischen Mittelalter und Neuzeit (1378-1552)*, Stuttgart 2006.

Wolfgang Reinhard, *Probleme deutscher Geschichte 1495-1806. Reichsreform und Reformation 1495-1555*, in: Bruno Gebhardt, *Handbuch der deutschen Geschichte*, 10. völlig neu bearb. Aufl., Stuttgart 2001, S. 111-356.

Ulinka Rublack, *Die Reformation in Europa*, Frankfurt/Main 2003.

Heinz Schilling, *Aufbruch und Krise. Deutschland 1517-1648*, Berlin 1988 (Sonderausgabe 1994).

Heinz Schilling, *Die neue Zeit. Vom Christenheitseuropa zum Europa der Staaten. 1250 bis 1750*, Berlin 1999.

Anton Schindling, Walter Ziegler (Hg.), *Die Territorien des Reichs im Zeitalter der Reformation und der Konfessionalisierung. Land und Konfession 1500-1650*, 7 Bde., Münster 1989-97.

Helga Schnabel-Schüle, *Die Reformation 1495-1555*, Stuttgart 2006.

Luise Schorn-Schütte, *Die Reformation. Vorgeschichte – Verlauf – Wirkung*, München [6]2015 (zuerst 1996).

Luise Schorn-Schütte, *Konfessionskriege und europäische Reformation. Europa 1500-1648*, München 2010.

Winfried Schulze, *Deutsche Geschichte im 16. Jahrhundert*, Frankfurt/Main 1987 (Nachdruck Darmstadt 1997).

Robert W. Scribner, *The German Reformation*, Basingstoke 1986.

Gottfried Seebaß, *Geschichte des Christentums*, Bd. 3: *Spätmittelalter – Reformation – Konfessionalisierung*, Stuttgart 2006.

Stephan Skalweit, *Reich und Reformation*, Berlin 1967.

Robert Stupperich, *Die Reformation in Deutschland*, Gütersloh [2]1980 (zuerst 1972).

Marc Venard (Hg.), *Die Zeit der Konfessionen (1530-1620/30)*. Deutsche Ausgabe bearb. und hg. v. Heribert Smolinsky, Die Geschichte des Christentums Bd. 8, Freiburg/Breisgau u.a. 1992.

Marc Venard (Hg.), *Von der Reform zur Reformation (1450-1530)*. Deutsche Ausgabe bearb. und hg. v. Heribert Smolinsky, Die Geschichte des Christentums Bd. 7, Freiburg/Breisgau u.a. 1995.

Günter Vogler, *Europas Aufbruch in die Neuzeit 1550-1650*, Stuttgart 2003.

Rainer Wohlfeil, *Einführung in die Geschichte der deutschen Reformation*, München 1982.

Ernst Walter Zeeden, *Die Entstehung der Konfessionen. Grundlagen und Formen der Konfessionsbildung im Zeitalter der Glaubenskämpfe*, München und Wien 1965.

Karl-Heinz Zur Mühlen, *Reformation und Gegenreformation*, 2 Tle., Göttingen 1999.

Zu den einzelnen Abschnitten

Zur Einleitung (S. 11-32)

Hartmut Boockmann, *Das 15. Jahrhundert und die Reformation*, in: H. Boockmann, *Wege ins Mittelalter*, hg. v. Dieter Neitzert, Uwe Israel und Ernst Schubert, München 2000, S. 65-80.

Thomas A. Brady, *The Protestant Reformation in German History*, in: German Historical Institute Washington D. C., Occasional Paper No. 22, Washington 1998, S. 9-34.

Thomas A. Brady (Hg.), *Die deutsche Reformation zwischen Spätmittelalter und Früher Neuzeit*, München 2001.

Thomas A. Brady, *»We have Lost the Reformation« – Heinz Schilling and the Rise of the Confessionalization Thesis*, in: *Wege der Neuzeit* (s. u.), S. 33-56.

Stefan Ehrenpreis, Ute Lotz-Heumann, *Reformation und konfessionelles Zeitalter*, Darmstadt 2002.

Friedrich Wilhelm Graf, Horst Renz (Hg.), *Protestantismus und moderne Welt*, Gütersloh 1984.

Hans R. Guggisberg, Gottfried G. Krodel (Hg.), *Die Reformation in Deutschland und Europa. Interpretationen und Debatten*, Gütersloh 1993.

Berndt Hamm, *Von der spätmittelalterlichen reformatio zur Reformation. Der Prozeß normativer Zentrierung von Religion und Gesellschaft in Deutschland*, in: ARG 84 (1993), S. 7-82.

Berndt Hamm, *Abschied vom Epochendenken in der Reformationsforschung. Ein Plädoyer*, in: ZHF 39 (2012), S. 373-411.

Berndt Hamm, Michael Welker, *Die Reformation. Potentiale der Freiheit*, Tübingen 2008.

Hubert Jedin, Remigius Bäumer, *Die Erforschung der kirchlichen Reformationsgeschichte*, Darmstadt 1975.

Bernhard Jussen, Craig Koslofsky (Hg.), *Kulturelle Reformation. Sinnformationen im Umbruch: 1400-1600*, Göttingen 1999.

Ruth Kastner (Hg.), *Quellen zur Reformation 1517-1555*, Darmstadt 1994.

Thomas Kaufmann, *Die Konfessionalisierung von Kirche und Gesellschaft. Sammelbericht über eine Forschungsdebatte*, in: Theologische Literaturzeitung 121 (1996), Sp. 1008-1025 und 1112-1121.

Thomas Kaufmann, *Die Reformation als Epoche?*, in: Verkündigung und Forschung 47 (2002), S. 49-63.

Thomas Kaufmann, *Evangelische Reformationsgeschichtsforschung nach 1945*, in: ZThK 104 (2007), S. 404-454.

Thomas Kaufmann, *Jan Hus und die frühe Reformation*, in: ders., *Der Anfang der Reformation*, Tübingen 2012, S. 30-67.

Thomas Kaufmann, *Die deutsche Reformationsforschung seit dem Zweiten Weltkrieg*, in: ARG 100 (2009), S. 9-41.

Volker Leppin, *Transformationen. Studien zu den Wandlungsprozessen in Theologie und Frömmigkeit zwischen Spätmittelalter und Reformation*, Tübingen 2015.

Bernd Moeller (Hg.), *Die frühe Reformation in Deutschland als Umbruch*, Gütersloh 1998.

Heiko A. Oberman, *Reformation. Epoche oder Episode?*, in: ARG 68 (1977), S. 56-111.

Heiko A. Oberman, *Zwei Reformationen. Luther und Calvin. Alte und Neue Welt*, Berlin 2003.

Malte Prietzel, *Das Heilige Römische Reich im Spätmittelalter*, Darmstadt 2004.

Heinz Schilling, *Reformation – Umbruch oder Gipfelpunkt eines Temps des Réformes?*, in: ders., *Ausgewählte Abhandlungen zur europäischen Reformations- und Konfessionsgeschichte*, hg. v. Luise Schorn-Schütte und Olaf Mörke, Berlin 2002, S. 11-31.

Michael Scholz, *Residenz, Hof und Verwaltung der Erzbischöfe zu Magdeburg in der ersten Hälfte des 16. Jahrhunderts*, Sigmaringen 1998.

Ernst Schubert, *Einführung in die deutsche Geschichte im Spätmittelalter*, Darmstadt ²1998 (zuerst 1992).

Gottfried Seebaß, Art. *Reformation*, in: *TRE* 28 (1997), S. 386-404.

Gottfried Seebaß, *Die Reformation als Epoche*, in: *Wege der Neuzeit* (s. u.), S. 21-32.

Ferdinand Seibt, Winfried Eberhard (Hg.), *Europa 1500*, Stuttgart 1987.

Stephan Skalweit, *Der Beginn der Neuzeit*, Darmstadt 1982.

Ernst Troeltsch, *Kritische Gesamtausgabe*, Bd. 8: *Schriften zur Bedeutung des Protestantismus für die moderne Welt (1906-1913)*, hg. v. Trutz Rendtorff und Stefan Pautler, Berlin und New York 2001.

Rudolf Vierhaus (Hg.), *Frühe Neuzeit – Frühe Moderne? Forschungen zur Vielschichtigkeit von Übergangsprozessen*, Göttingen 1992.

Anette Völker-Rasor (Hg.), *Frühe Neuzeit*, München 2000.

Wege der Neuzeit. Festschrift für Heinz Schilling zum 65. Geburtstag, hg. v. Stefan Ehrenpreis, Ute Lotz-Heumann, Olaf Mörke und Luise Schorn-Schütte, Berlin 2007.

Eike Wolgast, Art. *Reform, Reformation*, in: *Geschichtliche Grundbegriffe*, Bd. 5, Stuttgart 1984, S. 313-360.

Zu Teil I, Kapitel 1 (S. 37-61)

Wilhelm Abel, *Massenarmut und Hungerkrisen im vorindustriellen Deutschland*, Göttingen 1982.

Kurt Andermann, Hermann Ehmer (Hg.), *Bevölkerungsstatistik an der Wende vom Mittelalter zur Neuzeit*, Sigmaringen 1990.

Hermann Aubin, Wolfgang Zorn (Hg.), *Handbuch der deutschen Wirtschafts- und Sozialgeschichte*, Bd. 1, Stuttgart 1971.

Jean Baechler, John A. Hall, Michael Mann (Hg.), *Europe and the Rise of Capitalism*, Oxford 1989.

Leonhard Bauer, Herbert Matis, *Geburt der Neuzeit. Vom Feudalsystem zur Marktgesellschaft*, München 1988.

Hartmut Boockmann, Ludger Grenzmann, Bernd Moeller, Martin Staehelin (Hg.), *Recht und Verfassung im Übergang von Mittelalter zur Neuzeit*, 2 Tle., Göttingen 1998-2001.

Fernand Braudel, *Sozialgeschichte des 15.-18. Jahrhunderts*, 3 Bde., München 1985 (Studienausgabe 1990) (frz. Original 1967).

Wilfried Ehbrecht (Hg.), *Städtische Führungsgruppen und Gemeinde in der werdenden Neuzeit*, Köln und Wien 1980.

Wilfried Ehbrecht, *Konsens und Konflikt. Skizzen und Überlegungen zur älteren Verfassungsgeschichte deutscher Städte*, hg. v. Peter Johanek, Köln, Weimar und Wien 2001.

Richard Ehrenberg, *Das Zeitalter der Fugger. Geldkapital und Kreditverkehr im 16. Jahrhundert*, 2 Bde., Jena 1922.

Rudolf Endres, *Adel in der Frühen Neuzeit*, München 1993.

Franz-Reiner Erkens (Hg.), *Europa und die osmanische Expansion im ausgehenden Mittelalter*, Berlin 1997.

Peter Fabisch, Erwin Iserloh (Hg.), *Dokumente zur Causa Lutheri (1517-1521)*, 2 Tle., Münster 1988-91.

Axel Gotthard, *Säulen des Reiches. Die Kurfürsten im frühneuzeitlichen Reichsverband*, 2 Bde., Husum 1999.

Kaspar von Greyerz (Hg.), *Religion and Society in Early Modern Europe, 1500-1800*, London 1984.

Bodo Guthmüller, Wilhelm Kühlmann (Hg.), *Europa und die Türken in der Renaissance*, Tübingen 2000.

Mark Häberlein, *Die Fugger. Geschichte einer Augsburger Familie (1367-1650)*, Stuttgart 2006.

Heiliges Römisches Reich deutscher Nation 962 bis 1806. Altes Reich und neue Staaten 1495 bis 1806. 29. Ausstellung des Europarates in Berlin und Magdeburg. Katalog hg. v. Hans Ottomeyer, Jutta Götzmann und

Ansgar Reiss, Dresden 2006; Essays hg. v. Heinz Schilling, Werner Heun und Jutta Götzmann, Dresden 2006.
Claudia Helm u.a. (Hg.), *1495. Kaiser – Reich – Reformen. Der Reichstag zu Worms*, Koblenz 1995.
Wolfgang von Hippel, *Armut, Unterschichten, Randgruppen in der Frühen Neuzeit*, München 1995.
Eberhard Isenmann, *Die deutsche Stadt im Mittelalter 1150-1550*, Wien, Köln und Weimar 2012.
Peter Johanek, Heinz Stoob (Hg.), *Europäische Messen und Märktesysteme in Mittelalter und Neuzeit*, Köln u.a. 1995.
Peter Kriedte, *Spätfeudalismus und Handelskapital. Grundlinien der europäischen Wirtschaftsgeschichte vom 16. bis zum Ausgang des 18. Jahrhunderts*, Göttingen 1980.
Adolf Laube, *Studien zum erzgebirgischen Silberbergbau von 1470-1546*, Berlin 1974.
Franz Mathis, *Die deutsche Wirtschaft im 16. Jahrhundert*, München 1992.
Erich Meuthen, *Das 15. Jahrhundert*, München 42006.
Wolfgang J. Mommsen (Hg.), *Stadtbürgertum und Adel in der Reformation*, Stuttgart 1979.
Peter Moraw, *Von offener Verfassung zu gestalteter Verdichtung. Das Reich im späten Mittelalter 1250-1450*, Berlin 1985.
Helmut Neuhaus, *Das Reich in der Frühen Neuzeit*, München 22003 (zuerst 1997).
Michael North, *Kommunikation, Handel, Geld und Banken in der Frühen Neuzeit*, München 2000.
Gerhard Oestreich, *Geist und Gestalt des frühmodernen Staates*, Berlin 1969.
Sheilagh Ogilvic, Robert W. Scribner (Hg.), *Germany. A Social and Economic History, 1450-1630*, London 1996.
Christian Pfister, *Bevölkerungsgeschichte und historische Demographie: 1500-1800*, München 22007 (zuerst 1994).
Götz Freiherr von Pölnitz, *Die Fugger*, Frankfurt/Main 61999 (zuerst Frankfurt/Main 1960).
Götz Freiherr von Pölnitz, *Jakob Fugger. Kaiser, Kirche und Kapital in der oberdeutschen Renaissance*, Tübingen 1949.
Wilfried Reininghaus, *Gewerbe in der Frühen Neuzeit*, München 1990.
Edwin E. Rich, C.H. Wilson (Hg.), *The Economy of Expanding Europe in the Sixteenth and Seventeenth Centuries*, Cambridge 1962 (Nachdruck 1980).
Philipp Robinson Rössner, *Deflation – Evaluation – Rebellion. Geld im Zeitalter der Reformation*, Stuttgart 2012.

Heinz Schilling, *Die Stadt in der Frühen Neuzeit*, München 1993.
Peter Schmid, *Der Gemeine Pfennig von 1495*, Göttingen 1989.
Georg Schmidt, *Geschichte des Alten Reiches. Staat und Nation in der Frühen Neuzeit 1495-1806*, München 1999.
Ernst Schubert, *Fürstliche Herrschaft und Territorium im späten Mittelalter*, München 1996.
Ernst Schubert, *Einführung in die deutsche Geschichte im Spätmittelalter*, Darmstadt ²1998 (zuerst 1992).
Aloys Schulte, *Die Fugger in Rom 1495-1523*, 2 Bde., Leipzig 1904.
Knut Schulz (Hg.), *Handwerk in Europa. Vom Spätmittelalter bis zur Frühen Neuzeit*, München 1999.
Barbara Stollberg-Rilinger, *Das Heilige Römische Reich deutscher Nation*, München ⁴2009 (zuerst 2006).
Barbara Stollberg-Rilinger, *Des Kaisers alte Kleider. Verfassungsgeschichte und Symbolsprache des Alten Reiches*, München 2008.
Rudolf Suntrup, Jan R. Veenstra, *Stadt, Kanzlei und Kultur im Übergang zur frühen Neuzeit*, Frankfurt/Main 2004.
Otto Ulbricht, *Die leidige Seuche. Pest-Fälle in der Frühen Neuzeit*, Köln 2002.
Hermann Wiesflecker, *Kaiser Maximilian I.*, 5 Bde., Wien 1971-86.

Zu Teil I, Kapitel 2 (S. 62-97)

Willy Andreas, *Deutschland vor der Reformation. Eine Zeitenwende*, Stuttgart ⁷1972 (zuerst 1932).
Arnold Angenendt, *Heilige und Reliquien*, München ²1997 (zuerst 1994).
Arnold Angenendt, *Geschichte der Religiosität im Mittelalter*, Darmstadt ³2005 (zuerst 1997).
Arnold Angenendt, *Grundformen der Frömmigkeit im Mittelalter*, München ²2004 (zuerst 2003).
Helmut Appel, *Anfechtung und Trost im Spätmittelalter und bei Luther*, Leipzig 1938.
Robert J. Bast, Andrew C. Gow (Hg.), *Continuity and Change. The Harvest of Late Medieval and Reformation History. Festschrift Heiko A. Oberman*, Leiden 2000.
Hans-Jürgen Becker, *Die Appellation vom Papst an ein allgemeines Konzil*, Köln und Wien 1988.
Gustav Adolf Benrath, *Reformtheologen des 15. Jahrhunderts*, Gütersloh 1968.
Hartmut Boockmann (Hg.), *Kirche und Gesellschaft im Heiligen Römischen Reich des 15. und 16. Jahrhunderts*, Göttingen 1994.

Hartmut Boockmann, *Der Streit um das Wilsnacker Blut. Zur Situation des deutschen Klerus in der Mitte des 15. Jahrhunderts*, in: ders., *Wege ins Mittelalter*, hg. v. Dieter Neitzert, Uwe Israel und Ernst Schubert, München 2000, S. 17-36.

Irene Crusius (Hg.), *Studien zum weltlichen Kollegiatstift in Deutschland*, Göttingen 1995.

Marek Derwich, Martial Staub (Hg.), *Die ›Neue Frömmigkeit‹ in Europa im Spätmittelalter*, Göttingen 2004.

Divina Officia. Liturgie und Frömmigkeit im Mittelalter. Ausstellungskatalog der Herzog-August-Bibliothek Wolfenbüttel und des Dommuseums Hildesheim, Braunschweig 2004.

Angelika Dörfler-Dierken, *Die Verehrung der Heiligen Anna in Spätmittelalter und Früher Neuzeit*, Göttingen 1992.

Karoline Dominika Döring, *Türkenkrieg und Medienwandel im 15. Jahrhundert*, Husum 2013.

Eamon Duffy, *The Stripping of the Altars. Traditional Religion in England, c. 1400 – c. 1580*, New Haven 1992.

Peter A. Dykema, Heiko A. Oberman (Hg.), *Anticlericalism in Late Medieval and Early Modern Europe*, Leiden u.a. 1993.

Falk Eisermann, *Der Ablaß als Medienereignis. Kommunikationswandel durch Einblattdrucke im 15. Jahrhundert. Mit einer Auswahlbibliographie*, in: *Tradition and Innovation in an Era of Change / Tradition und Innovation im Übergang zur Frühen Neuzeit*, hg. v. Rudolf Suntrup und Jan R. Venstra, Frankfurt/Main 2001, S. 99-128.

Kaspar Elm (Hg.), *Reformbemühungen und Observanzbestrebungen im spätmittelalterlichen Ordenswesen*, Berlin 1989.

Martin Elze, *Das Verständnis der Passion Jesu im ausgehenden Mittelalter und bei Luther*, in: *Geist und Geschichte der Reformation. Festgabe für Hanns Rückert*, hg. v. Heinz Liebing und Klaus Scholder, Berlin 1966, S. 127-151.

Franz-Reiner Erkens, *Buße in Zeiten des Schwarzes Todes*, in: ZHF 26 (1999), S. 483-513.

Wilhelm Ernst, *Gott und Mensch am Vorabend der Reformation*, Leipzig 1972.

Gerhard Faix, *Gabriel Biel und die Brüder vom gemeinsamen Leben*, Tübingen 1999.

Günter Frank, Friedrich Niewöhner (Hg.), *Reformer als Ketzer. Heterodoxe Bewegungen von Vorreformatoren*, Stuttgart-Bad Cannstatt 2004.

František Graus, *Pest – Geissler – Judenmorde. Das 14. Jahrhundert als Krisenzeit*, Göttingen ^{3}1994 (zuerst 1987).

Richard Griffiths (Hg.), *The Bible in the Renaissance. Essays on Biblical Commentary and Translation in the Fifteenth and Sixteenth Centuries*, Aldershot 2001.

Sven Grosse, *Heilsungewißheit und Scrupulositas im späten Mittelalter*, Tübingen 1994.

Johanna Haberer, Berndt Hamm (Hg.), *Medialität, Unmittelbarkeit, Präsenz. Die Nähe des Heils im Verständnis der Reformation*, Tübingen 2012.

Kenneth Hagen (Hg.), *Augustine, the Harvest and Theology (1300-1650). Festschrift für Heiko A. Oberman*, Leiden 1990.

Berndt Hamm, *Frömmigkeit als Gegenstand theologischer Forschung*, in: ZThK 74 (1977), S. 464-497.

Berndt Hamm, *Frömmigkeitstheologie am Anfang des 16. Jahrhunderts. Studien zu Johannes Paltz und seinem Umkreis*, Tübingen 1982.

Berndt Hamm, *Normative Zentrierung im 15. und 16. Jahrhundert. Beobachtungen zur Religiosität, Theologie und Ikonologie*, in: ZHF 26 (1999), S. 163-202.

Berndt Hamm, *The Reformation of Faith in the Context of Late Medieval Theology and Piety. Essays*, hg. v. Robert J. Bast, Leiden u.a. 2004.

Berndt Hamm, *Die »Nahe Gnade« – innovative Züge der spätmittelalterlichen Theologie und Frömmigkeit*, in: Jan A. Aertsen, Martin Pickavé (Hg.), *»Herbst des Mittelalters«? Fragen zur Bewertung des 14. und 15. Jahrhunderts*, Berlin und New York 2004, S. 541-557.

Berndt Hamm, *Religiosität im späten Mittelalter*, hg. v. Reinhold Friedrich und Wolfgang Simon, Tübingen 2011.

Berndt Hamm, *Ablass und Reformation. Erstaunliche Kohärenzen*, Tübingen 2016.

Berndt Hamm, Thomas Lentes (Hg.), *Spätmittelalterliche Frömmigkeit zwischen Ideal und Praxis*, Tübingen 2000.

Thomas Hefferman, Thomas E. Burman (Hg.), *Scripture and Pluralism. Reading the Bible in the Religiously Plural Worlds of the Middle Ages and the Renaissance*, Leiden u.a. 2006.

Peter Hilsch, *Johannes Hus. Prediger Gottes und Ketzer*, Regensburg 1999.

Ulrich Hinz, *Die Brüder vom Gemeinsamen Leben im Jahrhundert der Reformation*, Tübingen 1999.

Johan Huizinga, *Herbst des Mittelalters. Studien über Lebens- und Geistesformen des 14. und 15. Jahrhunderts in Frankreich und in den Niederlanden*, hg. v. Kurt Köster, mit einem Nachwort von Willem Offerspeer, Stuttgart 2015.

Peter Jezler (Hg.), *Himmel, Hölle, Fegefeuer. Das Jenseits im Mittelalter*, München $^{1-2}$1994.

Thomas Kaufmann, *Vorreformatorische Laienbibel und reformatorisches Evangelium*, in: ders., *Der Anfang der Reformation*, Tübingen 2012, S. 68-101.

Hartmut Kühne, Enno Bünz, Thomas Müller (Hg.), *Alltag und Frömmigkeit am Vorabend der Reformation in Mitteldeutschland*, Petersberg 2013.

Dietrich Kurze, *Pfarrerwahlen im Mittelalter*, Köln und Graz 1966.

Adolf Laube u.a. (Hg.), *Flugschriften der frühen Reformationsbewegung (1518-1524)*, 2 Bde., Berlin 1983.

Volker Leppin, *Wilhelm von Ockham*, Darmstadt 2003.

Volker Leppin, *Theologie im Mittelalter*, Leipzig 2007.

Gudrun Litz, Heidrun Munzert, Roland Liebenberg (Hg.), *Frömmigkeit – Theologie – Frömmigkeitstheologie. Contributions to European Church History. Festschrift für Berndt Hamm*, Leiden u.a. 2005.

Katherine Jackson Lualdi, Anne T. Thayer (Hg.), *Penitence in the Age of Reformations*, Aldershot 2000.

Eckhart Conrad Lutz, Ernst Tremp (Hg.), *Pfaffen und Laien – ein mittelalterlicher Antagonismus?*, Freiburg/Schweiz 1999.

Erich Meuthen (Hg.), *Reichstage und Kirche*, Göttingen 1991.

Andreas Meyer, *Arme Kleriker auf Pfründensuche*, Köln u.a. 1990.

Jürgen Miethke, *De potestate papae. Die päpstliche Amtskompetenz im Widerstreit der politischen Theorie von Thomas von Aquin bis Wilhelm von Ockham*, Tübingen 2000. (Studienausgabe unter dem Titel: *Politiktheorie im Mittelalter. Von Thomas von Aquin bis Wilhelm von Ockham*, Tübingen 2008).

Bernd Moeller, *Die Reformation und das Mittelalter*, hg. v. Johannes Schilling, Göttingen 1991.

Peter von Moos, *Heiden im Himmel? Geschichte einer Aporie zwischen Mittelalter und Früher Neuzeit*, Heidelberg 2014.

Heinrich L. Nickel (Hg.), *Das Hallesche Heiltumsbuch von 1520*, Halle/Saale 2001.

Heiko A. Oberman, *Spätscholastik und Reformation*, Bd. 1: *Der Herbst der mittelalterlichen Theologie*, Zürich 1965.

Heiko A. Oberman, *Theologie des späten Mittelalters*, in: Theologische Literaturzeitung 91 (1966), Sp. 401-416.

Heiko A. Oberman (Hg.), *Via Augustini. Augustine in the Later Middle Ages, Renaissance and Reformation*, Leiden u.a. 1991.

Heiko A. Oberman, Charles Trinkaus (Hg.), *The Pursuit of Holiness in Late Medieval and Renaissance Religion*, Leiden 1974.

Henrik Otto, *Vor- und frühreformatorische Taulerrezeption*, Gütersloh 2003.

Nikolaus Paulus, *Geschichte des Ablasses am Ausgang des Mittelalters*, Darmstadt ²2000 (zuerst 1923).

Andrew Pettegree, *The Book in the Renaissance*, New Haven und London 2010.

Franz Posset, *The Front-Runner of the Catholic Reformation. The Life and Works of Johann von Staupitz*, Aldershot 2003.

Paolo Prodi, *The papal Prince. One body and two souls. The papal monarchy in early modern Europe*, Cambridge 1987.

Arnd Reitemeier, *Pfarrkirchen in der Stadt des späten Mittelalters. Politik, Wirtschaft und Verwaltung*, Stuttgart 2005.

Eric L. Saak, *High Way to Heaven. The Augustinian Platform Between Reform and Reformation, 1292-1524*, Leiden 2002.

Eva Schlotheuber, *Klostereintritt und Bildung*, Tübingen 2004.

Eva Schlotheuber, Helmut Flaschenecker, Ingrid Gardill (Hg.), *Nonnen, Kanonissen und Mystikerinnen. Religiöse Frauengemeinschaften in Süddeutschland*, Göttingen 2008.

Ludwig Schmugge, *Kirche, Kinder, Karrieren. Päpstliche Dispense von der unehelichen Geburt im Spätmittelalter*, Zürich und München 1995.

Schrei nach Gerechtigkeit. Leben am Mittelrhein am Vorabend der Reformation, hg. v. Winfried Wilhelmy, Regensburg 2015.

Klaus Schreiner (Hg.), *Laienfrömmigkeit im späten Mittelalter*, München 1992.

Klaus Schreiner, *Maria. Jungfrau, Mutter, Herrscherin*, München 1996.

Manfred Schulze, *Fürsten und Reformation. Geistliche Reformpolitik weltlicher Fürsten vor der Reformation*, Tübingen 1991.

Hermann Schüssler, *Der Primat der Heiligen Schrift als theologisches und kanonistisches Problem im Spätmittelalter*, Wiesbaden 1977.

Reinhard Schwarz, *Die spätmittelalterliche Vorstellung vom richtenden Christus – ein Ausdruck religiöser Mentalität*, in: Geschichte in Wissenschaft und Unterricht 32 (1981), S. 526-553.

Petra Seegets, *Passionstheologie und Passionsfrömmigkeit im ausgehenden Mittelalter*, Tübingen 1998.

Ferdinand Seibt (Hg.), *Jan Hus. Zwischen Zeiten, Völkern, Konfessionen*, München 1997.

Wolfram Setz, *Lorenz Vallas Schrift gegen die konstantinische Schenkung*, Tübingen 1975.

Jörn Sieglerschmidt, *Territorialstaat und Kirchenregiment. Studien zur Rechtsdogmatik des Kirchenpatronatsrechts im 15. und 16. Jahrhundert*, Köln und Wien 1987.

Gabriela Signori, *Das spätmittelalterliche Gnadenbild. Eine nachtridentinische invention of tradition?*, in: *Rahmen-Diskurse. Kultbilder im konfessio-*

nellen Zeitalter, hg. v. David Ganz und Georg Henkel, Berlin 2004, S. 302-329.

František Šmahel (Hg.), *Häresie und vorzeitige Reformation im Spätmittelalter*, München 1998.

Dieter Stievermann, *Landesherrschaft und Klosterwesen im spätmittelalterlichen Württemberg*, Sigmaringen 1989.

Robert N. Swanson (Hg.), *Promissory Notes on the Treasury of Merits. Indulgences in Late Medieval Europe*, Leiden und Boston 2006.

Andreas Tacke (Hg.), *Kontinuität und Zäsur. Ernst von Wettin und Albrecht von Brandenburg*, Göttingen 2005.

Andreas Tacke (Hg.), *»Ich armer sundiger mensch«. Heiligen- und Reliquienkult am Übergang zum konfessionellen Zeitalter*, Göttingen 2006.

Götz-Rüdiger Tewes, *Die römische Kurie und die europäischen Länder am Vorabend der Reformation*, Tübingen 2001.

Götz-Rüdiger Tewes, *Deutsches Geld und römische Kurie. Zur Problematik eines gefühlten Leides*, in: *Kurie und Region. Festschrift für Brigide Schwarz zum 65. Geburtstag*, hg. v. Brigitte Flug, Michael Matheus und Andreas Rehberg, Stuttgart 2005, S. 209-239.

Götz-Rüdiger Tewes, Michael Rohlmann (Hg.), *Der Medici-Papst Leo X. und Frankreich*, Tübingen 2002.

Anne T. Thayer, *Penitence, Preaching and the Coming of the Reformation*, Aldershot 2002.

Winfried Trusen, *Rechtliche Grundlagen des Häresiebegriffs und des Ketzerverfahrens*, in: *Ketzerverfolgung im 16. und frühen 17. Jahrhundert*, hg. v. Silvana Seidel-Menchi, Wiesbaden 1992, S. 1-20.

André Vauchez, *Gottes vergessenes Volk. Laien im Mittelalter*, Freiburg/Breisgau u.a. 1993.

Susanne Wegmann, *Auf dem Weg zum Himmel. Das Fegefeuer in der deutschen Kunst des Mittelalters*, Köln, Weimar und Wien 2003.

Ralph Weinbrenner, *Klosterreform im 15. Jahrhundert zwischen Ideal und Praxis*, Tübingen 1996.

Wilhelm Ernst Winterhager, *Ablaßkritik als Indikator historischen Wandels vor 1517. Ein Beitrag zu Voraussetzungen und Einordnung der Reformation*, in: ARG 90 (1999), S. 6-71.

Charles Zika, *Hosts, Processions and Pilgrimages. Controlling the Sacred in Fifteenth-Century Germany*, in: Past and Present 118 (1988), S. 25-64.

Gunter Zimmermann, *Spätmittelalterliche Frömmigkeit in Deutschland. Eine sozialgeschichtliche Nachbetrachtung*, in: ZHF 13 (1986), S. 65-81.

Zu Teil I, Kapitel 3 (S. 98-125)

Cornelis Augustijn, *Erasmus von Rotterdam. Leben, Werk, Wirkung*, München 1986.

Cornelis Augustijn, *Erasmus. Der Humanist als Theologe und Kirchenreformer*, Leiden u.a. 1996.

Cornelis Augustijn, *Humanismus*, Göttingen 2003.

Achim Aurnhammer, Manfred Pfister (Hg.), *Heroen und Heroisierungen in der Renaissance*, Wiesbaden 2013.

Peter Baumgart, Notker Hammerstein (Hg.), *Beiträge zu Problemen deutscher Universitätsgründungen des 15. Jahrhunderts*, Nendeln 1978.

Michael Baxandall, *Die Kunst der Bildschnitzer. Tilman Riemenschneider, Veit Stoss und ihre Zeitgenossen*, München [4]2004 (zuerst 1984; engl. Original 1980).

Wolfgang Behringer, Bernd Roeck (Hg.), *Das Bild der Stadt in der Neuzeit 1400-1800*, München 1999.

Hans Belting, *Bild und Kult. Eine Geschichte des Bildes vor dem Zeitalter der Kunst*, München [6]2004 (zuerst 1990).

Hartmut Boockmann, *Die Stadt im späten Mittelalter*, München [3]1994 (zuerst 1986).

Hartmut Boockmann, *Wissen und Widerstand. Geschichte der deutschen Universität*, Berlin 1999.

Hartmut Boockmann, Ludger Grenzmann, Bernd Moeller, Martin Staehelin (Hg.), *Literatur, Musik und Kunst im Übergang vom Mittelalter zur Neuzeit*, Göttingen 1995.

Hartmut Boockmann, Bernd Moeller, Karl Stackmann (Hg.), *Lebenslehren und Weltentwürfe im Übergang vom Mittelalter zur Neuzeit. Politik – Bildung – Naturkunde – Theologie*, Göttingen 1989.

Bodo Brinkmann (Hg.), *Cranach der Ältere. Katalog der Ausstellung*, Ostfildern 2007.

Enno Bünz (Hg.), *Bücher, Drucker, Bibliotheken in Mitteldeutschland. Neue Forschungen zur Kommunikations- und Mediengeschichte um 1500*, Leipzig 2006.

Enno Bünz, Thomas Fuchs, Stefan Rhein (Hg.), *Buch und Reformation. Beiträge zur Buch- und Bibliotheksgeschichte Mitteldeutschlands im 16. Jahrhundert*, Leipzig 2014.

Peter Burke, *Die europäische Renaissance. Zentren und Peripherien*, München 1998 (Neuausgabe München 2005; engl. Original 1998).

Salvatore I. Camporeale, O. P., *Christianity, Latinity and Culture. Two Studies in Lorenzo Valla*, Leiden und Boston 2014.

Ernst Cassirer, *Individuum und Kosmos in der Philosophie der Renaissance*, Darmstadt [5]1977 (zuerst 1927).

Matthias Dall'Asta (Hg.), *Anwälte der Freiheit! Humanisten und Reformatoren im Dialog*, Heidelberg 2015.

Gerd Dicke, Klaus Grubmüller (Hg.), *Die Gleichzeitigkeit von Handschrift und Buchdruck*, Wiesbaden 2003.

Irene Dingel, Günther Wartenberg (Hg.), *Die Theologische Fakultät Wittenberg 1502 bis 1602*, Leipzig 2002.

Richard van Dülmen, Sina Rauschenbach (Hg.), *Macht des Wissens. Die Entstehung der modernen Wissensgesellschaft*, Köln, Weimar und Wien 2004.

Willehad Paul Eckert, *Erasmus von Rotterdam. Werk und Wirkung*, 2 Bde., Köln 1967.

Elisabeth Eisenstein, *Die Druckerpresse. Kulturrevolutionen im frühen modernen Europa*, Wien und New York 1997.

Peter Fabisch, *Iulius exclusus e coelis. Motive und Tendenzen gallikanischer und bibelhumanistischer Papstkritik im Umfeld des Erasmus*, Münster 2008.

Werner Faulstich, *Medien zwischen Herrschaft und Revolte. Die Medienkultur in der frühen Neuzeit (1400-1700)*, Die Geschichte der Medien Bd. 3, Göttingen 1998.

Johannes Fried (Hg.), *Schulen und Studium im sozialen Wandel des hohen und späten Mittelalters*, Sigmaringen 1986.

Johannes Fried, *Aufstieg aus dem Untergang. Apokalyptisches Denken und die Entstehung der modernen Naturwissenschaft im Mittelalter*, München 2001.

Michael Giesecke, *Der Buchdruck in der frühen Neuzeit*, Frankfurt/Main 1994.

Stephen Greenblatt, *Die Wende. Wie die Renaissance begann*, München 2011.

Ludger Grenzmann, Klaus Grubmüller, Fidel Rädle, Martin Staehelin (Hg.), *Die Präsenz der Antike im Übergang vom Mittelalter zur Frühen Neuzeit*, Göttingen 2004.

Ludger Grenzmann, Thomas Haye, Nikolaus Henkel, Thomas Kaufmann (Hg.), *Wechselseitige Wahrnehmung der Religionen im Spätmittelalter und in der Frühen Neuzeit. I. Konzeptionelle Grundfragen und Fallstudien (Heiden, Barbaren, Juden)*, Berlin, New York 2009; *II. Kulturelle Konkretionen (Literatur, Mythographie, Wissenschaft und Kunst)*, Berlin und New York 2012.

Ludger Grenzmann, Karl Stackmann (Hg.), *Literatur und Laienbildung im Spätmittelalter und in der Reformationszeit*, Stuttgart 1984.

Klaus Grubmüller (Hg.), *Schulliteratur im späten Mittelalter*, München 2000.

Gutenberg. aventur und kunst. Vom Geheimunternehmen zur ersten Medienrevolution. Katalog zur Ausstellung der Stadt Mainz, Mainz 2000.

Bodo Guthmüller (Hg.), *Latein und Nationalsprachen in der Renaissance*, Wiesbaden 1998.

Bodo Guthmüller, Wolfgang G. Müller (Hg.), *Dialog und Gesprächskultur in der Renaissance*, Wiesbaden 2004.

Léon-E. Halkin, *Erasmus von Rotterdam. Eine Biographie*, Zürich 1989 (frz. Original 1987).

Berndt Hamm, Thomas Kaufmann (Hg.), *Die Religion der Humanisten*, Wiesbaden 2016.

Notker Hammerstein (Hg.), *Handbuch der deutschen Bildungsgeschichte*, Bd. 1: *15.-17. Jahrhundert. Von der Renaissance und der Reformation bis zum Ende der Glaubenskämpfe*, München 1996.

Notker Hammerstein, *Bildung und Wissenschaft vom 15. bis 17. Jahrhundert*, München 2003.

Johannes Helmrath, *Wege des Humanismus*, Bd. 1, Tübingen 2013.

Arno Herzig, Julius H. Schoeps (Hg.), *Reuchlin und die Juden*, Sigmaringen 1998.

Daniel Hess (Hg.), *Mit Milchbrei und Rute. Familie, Schule und Bildung in der Reformationszeit*, Nürnberg 2005.

Werner Hofmann (Hg.), *Luther und die Folgen für die Kunst*, München 1983.

Heinz Holeczek, *Erasmus Deutsch. Die volkssprachliche Rezeption des Erasmus von Rotterdam in der reformatorischen Öffentlichkeit 1519-1536*, Bd. 1, Stuttgart-Bad Cannstatt 1983.

Gerlinde Huber-Rebenich, Walther Ludwig (Hg.), *Humanismus in Erfurt*, Rudolstadt und Jena 2002.

Humanismus in Europa, hg. v. der Stiftung »Humanismus heute« des Landes Baden-Württemberg, Heidelberg 1998.

Stephanie Irrgang, *Peregrinatio academica. Wanderungen und Karrieren von Gelehrten der Universitäten Rostock, Greifswald, Trier und Mainz im 15. Jahrhundert*, Stuttgart 2002.

Martin Kintzinger, *Wissen wird Macht. Bildung im Mittelalter*, Ostfildern 2003.

James M. Kittelson, Pamela J. Transue (Hg.), *Rebirth, Reform, Resilience. Universities in Transition 1300-1700*, Columbus 1984.

Erich Kleineidam, *Universitas Studii Erffordensis*, Tl. 2: *Spätscholastik, Humanismus und Reformation 1461-1521*, Leipzig ²1992 (zuerst 1969).

Thomas Kock, Rita Schlusemann (Hg.), *Laienlektüre und Buchmarkt im späten Mittelalter*, Frankfurt/Main 1997.

Ulrich Köpf, *Bemerkungen zur theologiegeschichtlichen Einordnung des spätmittelalterlichen Humanismus*, in: *Dona Melanchthoniana. Festschrift Heinz Scheible*, hg. v. Johanna Loehr, Stuttgart-Bad Cannstatt 2001, S. 247-266.

Paul Oskar Kristeller, *Humanismus und Renaissance*, 2 Bde., München 1973-75 (Nachdruck München o.J.).

Friedhelm Krüger, *Humanistische Evangelienauslegung. Desiderius Erasmus von Rotterdam als Ausleger der Evangelien und seiner Paraphrasen*, Tübingen 1986.

Wilhelm Kühlmann (Hg.), *Reuchlins Freunde und Gegner. Kommunikative Konstellationen eines frühneuzeitlichen Medienereignisses*, Ostfildern 2010.

Hans-Jörg Künast, *»Getruckt zur Augspurg«. Buchdruck und Buchhandel zwischen 1468 und 1555*, Tübingen 1997.

Kunst der Reformationszeit. Eine Einführung mit erläuternden Bildkommentaren an ausgewählten Beispielen aus den Sammlungen der Staatlichen Museen zu Berlin ⟨...⟩, Berlin 1983.

Adolf Laube, Max Steinmetz, Günter Vogler (Autorenkollektiv), *Illustrierte Geschichte der deutschen frühbürgerlichen Revolution*, Berlin/Ost 1982.

Jacques Le Goff, *Die Intellektuellen im Mittelalter*, München 1993 (frz. Original 1957).

Max Liedtke (Hg.), *Handbuch der Geschichte des Bayerischen Bildungswesens*, 4 Bde., Bad Heilbrunn 1991-97.

Sönke Lorenz, Dieter Mertens (Hg.), *Johannes Reuchlin und der »Judenbücherstreit«*, Ostfildern 2013.

Heiner Lück u. a. (Hg.), *Das ernestinische Wittenberg. Stadt und Bewohner*, 2 Teilbde., Petersberg 2013.

Erich Meuthen, *Die alte Universität*, Kölner Universitätsgeschichte Bd. 1, Köln und Wien 1988.

Bernd Moeller, Hans Patze, Karl Stackmann (Hg.), *Studien zum städtischen Bildungswesen des späten Mittelalters und der frühen Neuzeit*, Göttingen 1983.

Harald Müller, *Habitus und Habit. Mönche und Humanisten im Dialog*, Tübingen 2006.

Rainer A. Müller, *Geschichte der Universität. Von der mittelalterlichen Universitas zur deutschen Hochschule*, München 1990.

Uwe Neddermeyer, *Von der Handschrift zum gedruckten Buch. Schriftlichkeit und Leseinteressen im Mittelalter und in der frühen Neuzeit*, Wiesbaden 1998.

Heiko A. Oberman, Thomas A. Brady (Hg.), *Itinerarium Italicum. The*

Profile of the Italian Renaissance in the Mirror of its European Transformations, Leiden 1975.

Alexander Patschovsky, Horst Rabe (Hg.), *Die Universität in Alteuropa*, Konstanz 1994.

Hans Peterse, *Jacobus Hoogstraeten gegen Johannes Reuchlin*, Mainz 1995.

Dagmar Preising, Ulrike Villwock, Christine Vogt (Hg.), *Albrecht Dürer. Apelles des Schwarz-Weiss.* Ausstellungskatalog, Aachen 2005.

Wolfgang Reinhard (Hg.), *Humanismus im Bildungswesen des 15. und 16. Jahrhunderts*, Weinheim 1984.

Gerhard Ritter, *Die Heidelberger Universität. Ein Stück deutscher Geschichte*, Bd. 1: *Das Mittelalter (1386-1508)*, Heidelberg 1936.

Bernd Roeck, *Lebenswelt und Kultur des Bürgertums in der frühen Neuzeit*, München 1991.

Werner Röcke, Marina Münckler (Hg.), *Die Literatur im Übergang vom Mittelalter zur Neuzeit*, München und Wien 2004.

Walter Rüegg (Hg.), *Geschichte der Universität in Europa*, München 1993.

Erika Rummel (Hg.), *Biblical Humanism and Scholasticism in the Age of Erasmus*, Leiden und Boston 2008.

Rudolf Schieffer (Hg.), *Kirche und Bildung vom Mittelalter bis zur Gegenwart*, München 2001.

Paul Gerhard Schmidt (Hg.), *Humanisten. Biographische Profile*, Stuttgart 2000.

Rainer Schoch, Matthias Mende, Anna Scherbaum (Bearb.), *Albrecht Dürer. Das druckgraphische Werk*, 3 Bde., München u.a. 2001-2004.

Rainer C. Schwinges, *Deutsche Universitätsbesucher im 14. und 15. Jahrhundert. Studien zur Sozialgeschichte des Alten Reiches*, Stuttgart 1986.

Rainer C. Schwinges (Hg.), *Gelehrte im Reich. Zur Sozial- und Wirkungsgeschichte akademischer Eliten des 14. bis 16. Jahrhunderts*, Berlin 1996.

Silvana Seidel-Menchi, *Erasmus als Ketzer. Reformation und Inquisition im Italien des 16. Jahrhunderts*, Leiden u.a. 1993.

Nadezda Shevchenko, *Eine historische Anthropologie des Buches. Bücher in der preußischen Herzogsfamilie zur Zeit der Reformation*, Göttingen 2007.

Ruth Slenczka, *Lehrhafte Bildtafeln in spätmittelalterlichen Kirchen*, Köln u.a. 1998.

Lewis W. Spitz, *The Religious Renaissance of the German Humanists*, Cambridge/Massachusetts 1963.

Bernd Stephan, *»Ein itzlichs Werck lobt seinen Meister«. Friedrich der Weise, Bildung und Künste*, Leipzig 2014.

Andreas Tacke, *Der katholische Cranach. Zu zwei Großaufträgen von Lucas*

Cranach d. Ä., Simon Franck und der Cranach-Werkstatt (1520-1540), Mainz 1992.
Andreas Tönnesmann, *Die Kunst der Renaissance*, München 2007.
Jörg Traeger, *Renaissance und Religion. Die Kunst des Glaubens im Zeitalter Raphaels*, München 1997.
Charles Trinkaus, *The Scope of Renaissance Humanism*, Ann Arbor 1983.
Johannes Tripps, *Das handelnde Bildwerk in der Gotik*, Berlin 1998.
Peter Walter, *Theologie aus dem Geist der Rhetorik. Zur Schriftauslegung des Erasmus*, Mainz 1991.
Martin Warnke, *Geschichte der deutschen Kunst*, Bd. 2: *Spätmittelalter und Frühe Neuzeit 1400-1750*, München 1999.
Ulman Weiß (Hg.), *Buchwesen in Spätmittelalter und Früher Neuzeit. Festschrift für Helmut Claus*, Tübingen 2008.
Horst Wenzel, *Hören und Sehen, Schrift und Bild. Kultur und Gedächtnis im Mittelalter*, München 1995.
Reinhard Wittmann, *Geschichte des deutschen Buchhandels*, München ^{2}1999 (zuerst 1991).
Franz-Josef Worstbrock (Hg.), *Verfasserlexikon Deutscher Humanismus 1480-1520*, Bd. 1 (bisher drei Lieferungen), Berlin und New York 2005-2008.
Charles Zika, *Reuchlin und die okkulte Tradition der Renaissance*, Sigmaringen 1998.
Albert Zimmermann (Hg.), *Die Kölner Universität im Mittelalter*, Berlin und New York 1989.
Hellmut Zschoch, *Klosterreform und monastische Spiritualität im 15. Jahrhundert*, Tübingen 1988.

Zu Teil I, Kapitel 4 bis Teil II, Kapitel 3 (S. 126-299)

Kurt Aland, *Hilfsbuch zum Lutherstudium*. Bearbeitet in Verbindung mit Ernst Otto Reichert und Gerhard Jordan, Witten ^{4}1996 (zuerst 1956).
Matthieu Arnold, *La correspondance de Luther. Étude historique, littéraire et théologique*, Mainz 1996.
Irene Backus (Hg.), *The Reception of the Church Fathers in the West*, 2 Bde., Leiden u.a. 1997.
David V.H. Bagchi, *Luther's Earliest Opponents. Catholic Controversialists, 1518-1525*, Minneapolis 1991.
Hermann Barge, *Andreas Bodenstein von Karlstadt*, 2 Bde., Nieuwkoop ^{2}1968 (zuerst Leipzig 1905).

Ulrich Barth, *Die Geburt religiöser Autonomie. Luthers Ablaßthesen 1517*, in: ders., *Aufgeklärter Protestantismus*, Tübingen 2004, S. 53-95.

Karl Bauer, *Luthers Aufruf an den Adel, die Kirche zu reformieren*, in: ARG 32 (1935), S. 167-217.

Remigius Bäumer (Hg.), *Lutherprozeß und Lutherbann. Vorgeschichte, Ergebnis, Nachwirkung*, Münster 1972.

Oswald Bayer, *Promissio. Zur Geschichte der reformatorischen Wende in Luthers Theologie*, Darmstadt ²1989 (zuerst 1970).

Theo Bell, *Divus Bernhardus. Bernhard von Clairvaux in Luthers Schriften*, Mainz 1993.

Josef Benzing, Helmut Claus, *Lutherbibliographie. Verzeichnis der gedruckten Schriften Martin Luthers bis zu dessen Tod*, 2 Bde., Baden-Baden ²1989-94.

Albrecht Beutel, *Im Anfang war das Wort. Studien zu Luthers Sprachverständnis*, Tübingen 1991 (unveränderte Studienausgabe Tübingen 2006).

Albrecht Beutel (Hg.), *Luther Handbuch*, Tübingen ³2016.

Michael Beyer, Günther Wartenberg (Hg.), *Humanismus und Wittenberger Reformation*, Leipzig 1996.

Bild und Botschaft. Cranach im Dienst von Hof und Reformation, Redaktion Julia Carrasco, Halle 2015.

Ernst Bizer, *Fides ex auditu. Eine Untersuchung über die Gerechtigkeit Gottes durch Martin Luther*, Neukirchen-Vluyn ³1966 (zuerst 1958).

Heinrich Bornkamm, *Thesen und Thesenanschlag Luthers. Geschehen und Bedeutung*, Berlin 1967.

Heinrich Bornkamm, *Iustitia dei in der Scholastik und bei Luther*, in: H. Bornkamm, *Luther. Gestalt und Wirkungen. Gesammelte Aufsätze*, Gütersloh 1975, S. 95-129.

Wilhelm Borth, *Die Luthersache (Causa Lutheri) 1517-1524. Die Anfänge der Reformation als Frage von Politik und Recht*, Lübeck 1970.

Gerhard Bott, Gerhard Ebeling, Bernd Moeller (Hg.), *Luther. Sein Leben in Bildern und Texten*, Frankfurt/Main 1983.

Martin Brecht, *Luther*, 3 Bde., Stuttgart 1981-87.

Martin Brecht, *Ausgewählte Aufsätze*, Bd. 1: *Reformation*, Stuttgart 1995.

Martin Brecht, *Luthers reformatorische Sermone*, in: *Fides et pietas. Festschrift für Martin Brecht zum 70. Geburtstag*, hg. v. Christian Peters und Jürgen Kampmann, Münster 2003, S. 15-32.

Martin Brecht, *Luthers neues Verständnis der Buße und die reformatorische Entdeckung*, in: ZThK 101 (2004), S. 281-291.

Martin Brecht, Christian Peters (Hg.), *Martin Luther. Annotierungen zu den Werken des Hieronymus*, Köln, Weimar und Wien 2000.

Ulrich Bubenheimer, *Consonantia Theologiae et Iurisprudentiae. Andreas Bodenstein von Karlstadt als Theologe und Jurist zwischen Scholastik und Reformation*, Tübingen 1977.

Ulrich Bubenheimer, *Thomas Müntzer. Herkunft und Bildung*, Leiden 1989.

Christoph Bultmann, Volker Leppin, Andreas Lindner (Hg.), *Luther und das monastische Erbe*, Tübingen 2007.

Philippe Büttgen, *Luther et la philosophie*, Paris 2011.

Theodor Dieter, *Der junge Luther und Aristoteles*, Berlin und New York 2001.

Irene Dingel, Henning P. Jürgens (Hg.), *Meilensteine der Reformation. Schlüsseldokumente der frühen Wirksamkeit Martin Luthers*, Gütersloh 2014.

Angelika Dörfler-Dierken, *Luther und die heilige Anna. Zum Gelübde von Stotternheim*, in: LuJ 64 (1997), S. 19-46.

Andrea van Dülmen, *Luther-Chronik*, München 1983.

Gerhard Ebeling, *Lutherstudien*, Bd. 1; 2,1-3; 3, Tübingen 1971-85.

Gerhard Ebeling, *Evangelische Evangelienauslegung. Eine Untersuchung zu Luthers Hermeneutik*, Tübingen [3]1991 (zuerst 1942).

Gerhard Ebeling, *Luthers Seelsorge an seinen Briefen dargestellt*, Tübingen 1997 (Neudruck 1999).

Johannes Ehmann, *Luther, Türken und Islam. Eine Untersuchung zum Türken- und Islambild Martin Luthers (1515-1546)*, Gütersloh [2]2015.

Lucien Febvre, *Martin Luther*, hg. und neu übersetzt und mit einem Nachwort versehen von Peter Schöttler, Frankfurt/Main [1-2]1996 (frz. Original 1928).

Bernhard A.R. Felmberg, *Die Ablaßtheologie Kardinal Cajetans (1469-1543)*, Leiden u.a. 1998.

Josef Freitag (Hg.), *Luther in Erfurt und die katholische Theologie*, Leipzig 2001.

Stephan Füssel (Hg.), *Ulrich von Hutten 1488-1988*, München 1988.

Ernst Giese, Johannes Schilling (Hg.), *Ulrich von Hutten in seiner Zeit*, Kassel 1988.

Leif Grane, *Contra Gabrielem. Luthers Auseinandersetzung mit Gabriel Biel in der Disputatio contra scholasticam theologiam*, Kopenhagen 1962.

Leif Grane, *Modus loquendi theologicus. Luthers Kampf um die Erneuerung der Theologie (1515-1518)*, Leiden 1975.

Leif Grane, *Martinus noster. Luther in the German Reform Movement 1518-1521*, Mainz 1994.

Leif Grane, Alfred Schindler, Markus Wriedt (Hg.), *Auctoritas Patrum. Contributions on the Reception of the Church Fathers in the 15th and 16th Centuries*, Mainz 1993.

Leif Grane, Alfred Schindler, Markus Wriedt (Hg.), *Auctoritas Patrum II. Neue Beiträge zur Rezeption der Kirchenväter im 15. und 16. Jahrhundert*, Mainz 1998.

Martin Greschat, J.F. Gerhard Goeters (Hg.), *Reformation und Humanismus. Festschrift für Robert Stupperich*, Witten 1969.

Maria Grossmann, *Humanism in Wittenberg 1485-1517*, Nieuwkoop 1975.

Ilonka van Gülpen, *Der deutsche Humanismus und die frühe Reformationspropaganda*, Hildesheim, Zürich und New York 2002.

Berndt Hamm, *Was ist reformatorische Rechtfertigungslehre?*, in: ZThK 83 (1986), S. 1-38.

Berndt Hamm, *Von der Gottesliebe des Mittelalters zum Glauben Luthers. Ein Beitrag zur Bußgeschichte*, in: LuJ 65 (1998), S. 19-52.

Berndt Hamm, *Der frühe Luther. Etappen reformatorischer Neuorientierung*, Tübingen 2010.

Berndt Hamm, Volker Leppin (Hg.), *»Gottes Nähe unmittelbar erfahren«. Mystik im Mittelalter und bei Martin Luther*, Tübingen 2007.

Konrad Hammann, *Ecclesia spiritualis. Luthers Kirchenverständnis in den Kontroversen mit Augustin von Alveldt und Ambrosius Catharinus*, Göttingen 1989.

Gerhard Hammer, *Militia Franciscana seu militia Christi. Das neu aufgefundene Protokoll einer Disputation der sächsischen Franziskaner mit Vertretern der Wittenberger Theologischen Fakultät am 3. und 4. Oktober 1519*, in: ARG 69 (1978), S. 51-81; 70 (1979), S. 59-105.

Gerhard Hammer, Karl-Heinz Zur Mühlen (Hg.), *Lutheriana. Zum 500. Geburtstag Martin Luthers von den Mitarbeitern der Weimarer Ausgabe*, Köln und Wien 1984.

Hans-Peter Hasse, *Karlstadt und Tauler*, Gütersloh 1991.

Markus Hein, Armin Kohnle (Hg.), *Die Leipziger Disputation 1519*, Leipzig 2011.

Scott H. Hendrix, *Ecclesia in via. Ecclesiological Developments in the Medieval Psalm Exegesis and the Dictata super Psalterium (1513-1515)*, Tübingen 1974.

Scott H. Hendrix, *Luther and the Papacy*, Philadelphia 1981.

Gerhard Hennig, *Cajetan und Luther. Ein historischer Beitrag zur Begegnung von Thomismus und Reformation*, Stuttgart 1966.

Hajo Holborn, *Ulrich von Hutten*, Göttingen 1968.

Karl Holl, *Gesammelte Aufsätze zur Kirchengeschichte*, Bd. 1: *Luther*, Tübingen [7]1948 (zuerst 1921; Nachdruck Darmstadt 1964).

Irmgard Höss, *Georg Spalatin 1484-1545*, Weimar [2]1989 (zuerst 1984).

Eero Huovinen, *Martin Luthers Lehre vom Kinderglauben*, Mainz 1997.

Erwin Iserloh, *Luther zwischen Reform und Reformation. Der Thesenanschlag fand nicht statt*, Münster ³1968 (zuerst 1966).
Thorsten Jacobi, *»Christen heißen Freie«. Luthers Freiheitsaussagen in den Jahren 1515-1519*, Tübingen 1997.
Denis R. Janz, *Luther on Thomas Aquinas*, Wiesbaden und Stuttgart 1989.
Werner Jetter, *Die Taufe beim jungen Luther*, Tübingen 1954.
Helmar Junghans, *Wittenberg als Lutherstadt*, Berlin ²1982.
Helmar Junghans, *Der junge Luther und die Humanisten*, Göttingen 1985.
Helmar Junghans, *Spätmittelalter, Luthers Reformation, Kirche in Sachsen. Ausgewählte Aufsätze*, Leipzig 2001.
Paul Kalkoff, *Die Depeschen des Nuntius Aleander vom Wormser Reichstage von 1521*, Halle ²1897 (zuerst 1886).
Paul Kalkoff, *Huttens Vagantenzeit und Untergang. Der geschichtliche Ulrich von Hutten und seine Umwelt*, Weimar 1925.
Der Kardinal Albrecht von Brandenburg. Renaissancefürst und Mäzen, Bd. 1: *Katalog*, hg. v. Thomas Schauerte, Bd. 2: *Essays*, hg. v. Andreas Tacke, Regensburg 2006.
Thomas Kaufmann, *Capito als heimlicher Propagandist der frühen Wittenberger Theologie*, in: ZKG 103 (1992), S. 81-86.
Thomas Kaufmann, *Martin Luther*, München ⁴2016.
Thomas Kaufmann, *Der Anfang der Reformation. Studien zur Kontextualität der Theologie, Publizistik und Inszenierung Luthers und der reformatorischen Bewegung*, Tübingen 2012.
Thomas Kaufmann, *Martin Luther. An den christlichen Adel deutscher Nation von des christlichen Standes Besserung*, Tübingen 2014 Studienausgabe 2016.
Wilbirgis Klaiber (Hg.), *Katholische Kontroverstheologen und Reformer des 16. Jahrhunderts. Ein Werkverzeichnis*, Münster 1978.
Rosemarie Knape (Hg.), *Martin Luther und der Bergbau im Mansfelder Land*, Eisleben 2000.
Rosemarie Knape (Hg.), *Martin Luther und Eisleben*, Leipzig 2007.
Alfred Kohler, *Karl V. 1500-1558. Eine Biographie*, München ³2001 (zuerst 1999).
Armin Kohnle, Christa Meckelnborg, Uwe Schirmer (Hg.), *Georg Spalatin – Steuermann der Reformation*, Halle/S. 2014.
Jens-Martin Kruse, *Universitätstheologie und Kirchenreform. Die Anfänge der Reformation in Wittenberg 1516-1522*, Mainz 2002.
Hartmut Kühne, *Ostensio reliquiarum. Untersuchungen über Entstehung, Ausbreitung, Gestalt und Funktion der Heiltumsweisungen im römisch-deutschen Regnum*, Berlin u. a. 2000.
Adalbero Kunzelmann, *Geschichte der deutschen Augustiner-Eremiten*, 7 Bde., Würzburg 1969-76.

Melanie Lange, Martin Rösel (Hg.), *»Was Dolmetschen für Kunst und Arbeit sei.« Die Lutherbibel und andere deutsche Bibelübersetzungen*, Leipzig 2014.

Hans-Günter Leder, *Ausgleich mit dem Papst? Luthers Haltung in den Verhandlungen mit Miltitz 1520*, Berlin 1969.

Volker Leppin, *»omnem vitam fidelium penitentiam esse voluit«. Zur Aufnahme mystischer Traditionen in Luthers erster Ablaßthese*, in: ARG 93 (2002), S. 7-25.

Walter von Loewenich, *Luthers Theologia crucis*, Bielefeld [6]1982.

Bernhard Lohse, *Der Durchbruch der reformatorischen Erkenntnis bei Luther*, Darmstadt 1968.

Bernhard Lohse, *Der Durchbruch der reformatorischen Erkenntnis bei Luther – neuere Untersuchungen*, Stuttgart 1988.

Bernhard Lohse, *Evangelium in der Geschichte. Studien zu Luther und der Reformation. Zum 60. Geburtstag des Autors*, hg. v. Leif Grane, Bernd Moeller und Otto Hermann Pesch, Göttingen 1988.

Bernhard Lohse, *Luthers Theologie in ihrer historischen Entwicklung und in ihrem systematischen Zusammenhang*, Göttingen 1995.

Bernhard Lohse, *Martin Luther. Eine Einführung in sein Leben und Werk*, München [3]1997 (zuerst 1981).

Heiner Lück (Hg.), *Martin Luther und seine Universität*, Köln u.a. 1998.

Ingetraut Ludolphy, *Friedrich der Weise. Kurfürst von Sachsen 1463-1525*, Göttingen 1984.

Birgit Lusch, *Reliquienverehrung als Symbolsystem. Volkskirchliche Praxis und reformatorischer Umbruch: zum Wittenberger Reliquienschatz und zur Transformation des symbolischen Denkens bei Luther*, Münster 2008.

Volker Mantey, *Zwei Schwerter – Zwei Reiche. Martin Luthers Zwei-Reiche-Lehre vor ihrem spätmittelalterlichen Hintergrund*, Tübingen 2005.

Wilhelm Maurer, *Der junge Melanchthon zwischen Humanismus und Reformation*, 2 Bde., Göttingen 1967-69 (Nachdruck Göttingen 1996).

Bernd Moeller (Hg.), *Die frühe Reformation in Deutschland als Umbruch*, Gütersloh 1998.

Bernd Moeller, *Luther-Rezeption. Kirchenhistorische Aufsätze zur Reformationsgeschichte*, hg. v. Johannes Schilling, Göttingen 2001.

Bernd Moeller, *Thesenanschläge*, in: Ott, Treu (Hg.), *Faszination Thesenanschlag* (s. u.), S. 9-31.

Bernd Moeller, Karl Stackmann, *Luder – Luther – Eleutherius. Erwägungen zu Luthers Namen*, in: Nachrichten der Akademie der Wissenschaften zu Göttingen, Phil.-hist. Kl. Nr. 7, Göttingen 1981, S. 169-203.

Marcel Nieden, *Organum Deitatis. Die Christologie des Thomas de Vio Cajetan*, Leiden, New York und Köln 1997.

Heiko A. Oberman, *Die Reformation. Von Wittenberg nach Genf*, Göttingen 1986.

Heiko A. Oberman, *Luther. Mensch zwischen Gott und Teufel*, verb. Aufl. Berlin 1987 (zuerst 1981).

Heiko A. Oberman, *Werden und Wertung der Reformation. Vom Wegestreit zum Glaubenskampf*, Tübingen [3]1989 (zuerst 1977).

Heiko A. Oberman, *The Impact of the Reformation*, Edinburgh 1994.

Joachim Ott, Martin Treu (Hg.), *Faszination Thesenanschlag – Faktum oder Fiktion*, Leipzig 2008.

Steven E. Ozment, *Homo Spiritualis. A comparative Study of the Anthropology of Johannes Tauler, Jean Gerson and Martin Luther*, Leiden 1969.

Volker Press, Dieter Stievermann (Hg.), *Martin Luther. Probleme seiner Zeit*, Stuttgart 1986.

Siegfried Raeder, *Die Benutzung des masoretischen Textes bei Luther in der Zeit zwischen der ersten und der zweiten Psalmenvorlesung (1515-1518)*, Tübingen 1967.

Fritz Reuter (Hg.), *Der Reichstag von Worms von 1521. Reichspolitik und Luthersache*, Köln [2]1981 (zuerst 1971).

Reinhold Rieger, *Von der Freiheit eines Christenmenschen. De libertate christiana*, Tübingen 2007.

Lyndal Roper, *Der feiste Doktor. Luther, sein Körper und seine Biographen.* Aus dem Englischen von Karin Wördemann, Göttingen 2012.

Hans-Christoph Rublack, *Neuere Forschungen zum Thesenanschlag Luthers*, in: Historisches Jahrbuch 90 (1970), S. 329-342.

Otto Scheel (Hg.), *Dokumente zu Luthers Entwicklung (bis 1519)*, Tübingen [2]1929 (zuerst 1911).

Otto Scheel, *Martin Luther. Vom Katholizismus zur Reformation*, Bd. 1: *Auf der Schule und Universität*, Tübingen [3]1921 (zuerst 1916); Bd. 2: *Im Kloster*, Tübingen [4]1930 (zuerst 1917).

Heinz Scheible, *Melanchthon und die Reformation. Forschungsbeiträge*, hg. v. Gerhard May und Rolf Decot, Mainz 1996.

Heinz Scheible, *Melanchthon. Eine Biographie*, München 1997.

Heinz Schilling, *Martin Luther. Rebell in einer Zeit des Umbruchs*, München [3]2014.

Heinz Schilling (Hg.), *Der Reformator Martin Luther 2017. Eine wissenschaftliche und gedenkpolitische Bestandsaufnahme*, Berlin, München und Boston 2014.

Johannes Schilling, *Passio Doctoris Martini Lutheri. Bibliographie, Texte, Untersuchungen*, Gütersloh 1989.

Lothar Schmelz, Michael Ludscheidt (Hg.), *Luthers Erfurter Kloster*, Erfurt 2005.

Gabriele Schmidt-Lauber, *Luthers Vorlesung über den Römerbrief 1515/16. Ein Vergleich zwischen Luthers Manuskript und den studentischen Nachschriften*, Köln, Weimar und Wien 1994.

Hans Schneider, *Contentio Staupitii. Der »Staupitz-Streit« in der Observanz der deutschen Augustinereremiten 1507-1512*, in: ZKG 118 (2007), S. 1-44.

Hans Schneider, *Martin Luthers Reise nach Rom – neu datiert und neu gedeutet*, in: *Studien zur Wirtschafts- und Religionsgeschichte*, Abhandlungen der Akademie der Wissenschaften zu Göttingen. Neue Folge 10, Sammelband 2, Berlin und New York 2011, S. 1-157.

Anselm Schubert, *Libertas Disputandi. Luther und die Leipziger Disputation als akademisches Streitgespräch*, in: ZThK 105 (2008), S. 411-442.

Günter Schuchardt (Hg.), *Cranach, Luther und die Bildnisse*, Katalog, Regensburg 2011.

Manfred Schulze, *Johannes Eck im Kampf gegen Martin Luther*, in: LuJ 63 (1996), S. 39-68.

Wolfgang Schwab, *Entwicklung und Gestalt der Sakramententheologie bei Martin Luther*, Frankfurt/Main und Bern 1977.

Reinhard Schwarz, *Fides, spes und caritas beim jungen Luther*, Berlin u.a. 1962.

Reinhard Schwarz, *Vorgeschichte der reformatorischen Bußtheologie*, Berlin u.a. 1968.

Reinhard Schwarz, *Luther*, Göttingen ³2004 (zuerst 1986).

Reinhard Schwarz, *Martin Luther – Lehrer der christlichen Religion*, Tübingen ²2016.

Kurt-Victor Selge, *Der Weg zur Leipziger Disputation zwischen Luther und Eck*, in: *Bleibendes im Wandel der Kirchengeschichte*, hg. v. Bernd Moeller und Gerhard Ruhbach, Tübingen 1973, S. 169-210.

Kurt-Victor Selge, *Das Autoritätengefüge der westlichen Christenheit im Lutherkonflikt 1517 bis 1521*, in: Historische Zeitschrift 223 (1976), S. 591-617.

Kurt-Victor Selge, *Die Leipziger Disputation zwischen Luther und Eck*, in: ZKG 86 (1975), S. 26-40.

Wolfgang Simon, *Die Meßopfertheologie Martin Luthers. Voraussetzungen, Genese, Gestalt und Rezeption*, Tübingen 2003.

Christopher Spehr, *Luther und das Konzil*, Tübingen 2010.

Klaus-Bernward Springer, *Die deutschen Dominikaner in Widerstand und Anpassung während der Reformationszeit*, Berlin 1999.

Karl Stadtwald, *Patriotism and Antipapalism in the Politics of Conrad Celtis's »Vienna Circle«*, in: ARG 84 (1993), S. 83-102.

David C. Steinmetz, *Luther and Staupitz*, Durham 1980.

Ursula Stock, *Die Bedeutung der Sakramente in Luthers Sermonen von 1519*, Leiden 1982.

Götz-Rüdiger Tewes, *Luthergegner der ersten Stunde. Motive und Verflechtungen*, in: Quellen und Forschungen aus italienischen Archiven und Bibliotheken 75 (1995), S. 256-365.

Hans Georg Thümmel, *Karlstadts und Cranachs »Wagen« von 1519*, in: *Reformation und Katholizismus. Festschrift für Gottfried Maron*, hg. v. Jörg Haustein und Harry Oelke, Hannover 2003, S. 66-96.

Christoph Volkmar, *Reform statt Reformation. Die Kirchenpolitik Herzog Georgs von Sachsen, 1488-1525*, Tübingen 2008.

Martin Warnke, *Cranachs Luther. Entwürfe für ein Image*, Frankfurt/Main 1984.

Christine Weide, *Georg Spalatins Briefwechsel. Studien zu Überlieferung und Bestand (1505-1525)*, Leipzig 2014.

Ulman Weiß, *Ein fruchtbar Bethlehem. Luther und Erfurt*, Berlin 1982.

Ulman Weiß, *Die frommen Bürger von Erfurt*, Weimar 1988.

Jared Wicks, *Luther's Reform. Studies on Conversion and the Church*, Mainz 1992.

Josef Wienecke, *Luther und Petrus Lombardus. Martin Luthers Notizen anläßlich seiner Vorlesung über die Sentenzen des Petrus Lombardus Erfurt 1509/11*, St. Ottilien 1995.

Wilhelm-Ernst Winterhager, *Martin Luther und das Amt des Provinzvikars in der Reformkongregation der deutschen Augustiner-Eremiten*, in: *Vita religiosa im Mittelalter. Festschrift Kaspar Elm*, hg. v. Franz J. Felten und Nikolas Jaspert, Berlin 1999, S. 707-738.

Herbert Wolf, *Germanistische Luther-Bibliographie. Martin Luthers deutsches Sprachschaffen im Spiegel des internationalen Schrifttums der Jahre 1880-1980*, Heidelberg 1985.

Jens Wolff, *Metapher und Kreuz. Studien zu Luthers Christusbild*, Tübingen 2005.

Markus Wriedt, *Gnade und Erwählung. Eine Untersuchung zu Johann von Staupitz und Martin Luther*, Mainz 1991.

Adolar Zumkeller, *Geschichte des Erfurter Augustinerklosters vom Ausgang des Mittelalters bis zur Säkularisation im Jahre 1828*, in: Augustiniana 55 (2005), S. 321-355.

Karl-Heinz Zur Mühlen, *Nos extra nos. Luthers Theologie zwischen Mystik und Scholastik*, Tübingen 1972.

Zu Teil II, Kapitel 4-5 (S. 300-364)

August Baur, *Deutschland in den Jahren 1517-1525. Betrachtet im Lichte anonymer und pseudonymer deutscher Volks- und Flugschriften*, Ulm 1872.

Arnold E. Berger, *Die Sturmtruppen der Reformation*, Leipzig 1931 (Nachdruck Darmstadt 1967).

Franz-Heinrich Beyer, *Eigenart und Wirkung des reformatorisch-polemischen Flugblatts im Zusammenhang der Publizistik der Reformationszeit*, Frankfurt/Main u.a. 1994.

Peter Blickle, André Holenstein, Heinrich Richard Schmidt, Franz Sladeczek (Hg.), *Macht und Ohnmacht der Bilder. Reformatorischer Bildersturm im Kontext der europäischen Geschichte*, München 2002.

Siegfried Bräuer, *Spottgedichte, Träume und Polemik in den frühen Jahren der Reformation. Abhandlungen und Aufsätze*, hg. v. Hans-Jürgen Goertz und Eike Wolgast, Leipzig 2000.

Ulrich Bubenheimer, *Thomas Müntzer und Wittenberg*, Mühlhausen 2014.

Stephen E. Buckwalter, *Die Priesterehe in Flugschriften der frühen Reformation*, Gütersloh 1998.

Miriam Usher Chrisman, *Lay Culture, Learned Culture. Books and Social Change in Strasbourg 1480-1599*, New Haven und London 1982.

Miriam Usher Chrisman, *Conflicting Visions of Reform. German Lay Propaganda Pamphlets 1519-1530*, Boston 1996.

Christine Christ-von Wedel, Sven Grosse, Berndt Hamm (Hg.), *Basel als Zentrum des geistigen Austauschs in der frühen Reformationszeit*, Tübingen 2014.

Otto Clemen, *Kleine Schriften zur Reformationsgeschichte*, 9 Bde., hg. v. Ernst Koch, Leipzig 1982-88.

Cécile Dupeux, Peter Jezler, Jean Wirth (Hg.), *Bildersturm. Wahnsinn oder Gottes Wille?*, Zürich 2000.

Alfred Dürr, Walther Killy (Hg.), *Das protestantische Kirchenlied im 16. und 17. Jahrhundert*, Wiesbaden 1986.

Mark U. Edwards, *Printing, Propaganda, and Martin Luther*, Berkeley u.a. 1994.

Heinold Fast, *Reformation durch Provokation. Predigtstörungen in den ersten Jahren der Reformation in der Schweiz*, in: H.-J. Goertz (Hg.), *Umstrittenes Täufertum* (s. u.), S. 79-110.

Dieter Fauth, *Thomas Müntzer in bildungsgeschichtlicher Sicht*, Würzburg ²1999 (zuerst 1990).

Holger Flachmann, *Martin Luther und das Buch*, Tübingen 1996.

Jean-François Gilmont (Hg.), *La Réforme et le livre. L'Europe de l'imprimé (1517-1570)*, Paris 1990.

Hans-Jürgen Goertz (Hg.), *Umstrittenes Täufertum 1525-1975*, Göttingen [2]1977 (zuerst 1975).

Hans-Jürgen Goertz, *Pfaffenhaß und groß Geschrei. Die reformatorischen Bewegungen in Deutschland 1517-1529*, München 1987.

Hans-Jürgen Goertz, *Radikalität der Reformation. Aufsätze und Abhandlungen*, Göttingen 2007.

Harald Goertz, *Allgemeines Priestertum und ordiniertes Amt bei Luther*, Marburg 1997.

Johann F. Gerhard Goeters, *Die Vorgeschichte des Täufertums in Zürich*, in: *Studien zur Geschichte und Theologie der Reformation. Festschrift Ernst Bizer*, Neukirchen-Vluyn 1969, S. 239-281.

»Gott hat noch nicht genug Wittenbergisch Bier getrunken.« Alltagsleben zur Zeit Martin Luthers, Wittenberg 2001.

Berndt Hamm, *Die Reformation als Medienereignis*, in: Jahrbuch für Biblische Theologie 11 (1996), S. 137-166.

Berndt Hamm, Bernd Moeller, Dorothea Wendebourg, *Reformations-Theorien. Ein kirchenhistorischer Disput über Einheit und Vielfalt der Reformation*, Göttingen 1995.

Thomas Hohenberger, *Lutherische Rechtfertigungslehre in den reformatorischen Flugschriften der Jahre 1521-22*, Tübingen 1996.

Ronnie Po-chia Hsia (Hg.), *The German People and the Reformation*, Ithaca/New York 1988.

Ronnie Po-chia Hsia, Robert W. Scribner (Hg.), *Problems in the Historical Anthropology of Early Modern Europe*, Wiesbaden 1997.

Susan C. Karant Nunn, *Zwickau in Transition, 1500-1547. The Reformation as an Agent of Change*, Columbus 1987.

Susan C. Karant Nunn, *The Reformation of Ritual. An Interpretation of Early Modern Germany*, London und New York 1997.

Thomas Kaufmann, *Thomas Müntzer, »Zwickauer Propheten« und sächsische Radikale*, Mühlhausen 2010.

Thomas Kaufmann, *Anonyme Flugschriften der frühen Reformation*, in: ders., *Der Anfang der Reformation*, Tübingen 2012, S. 356-434.

Thomas Kaufmann, *Filzhut versus Barett. »Lehre« und »Leben« in der sog. Radikalen Reformation der frühen 1520er Jahre*, in: ders., *Der Anfang der Reformation*, Tübingen 2012, S. 464-505.

Thomas Kaufmann, *Reformation der Heiligenverehrung? Zur Frage des Umgangs mit den Heiligen bei Luther und in der frühen Reformation*, in: Klaus Herbers, Larissa Düchting (Hg.), *Sakralität und Devianz. Konstruktionen – Normen – Praxis*, Stuttgart 2015, S. 209-230.

Hans-Joachim Köhler (Hg.), *Flugschriften als Massenmedien der Reformationszeit*, Stuttgart 1981.

Hans-Joachim Köhler, *Erste Schritte zu einem Meinungsprofil der frühen Reformationszeit*, in: Volker Press, Dieter Stievermann (Hg.), *Martin Luther. Probleme seiner Zeit*, Stuttgart 1986, S. 244-281.

Esther-Beate Körber, *Öffentlichkeiten der frühen Neuzeit. Teilnehmer, Formen, Institutionen und Entscheidungen öffentlicher Kommunikation im Herzogtum Preußen von 1525 bis 1618*, Berlin und New York 1998.

Shinichi Kotabe, *Das Laienbild Andreas Bodensteins von Karlstadt in den Jahren 1516-1524*, Diss. theol. München 2005.

Gudrun Litz, *Die reformatorische Bilderfrage in den schwäbischen Reichsstädten*, Tübingen 2007.

Peter Matheson, *The Rhetoric of the Reformation*, Edinburgh 1998.

Peter Matheson (Hg.), *A People's History of Christianity*, Bd. 5: *Reformation Christianity*, Minneapolis 2007.

Sergiusz Michalski, *The Reformation and the Visual Art*, London 1993.

Bernd Moeller, *Stadt und Buch. Bemerkungen zur Struktur der reformatorischen Bewegung*, in: Wolfgang J. Mommsen (Hg.), *Stadtbürgertum und Adel in der Reformation*, Stuttgart 1979, S. 25-39.

Bernd Moeller, Art. *Flugschriften der Reformationszeit*, in: *TRE* 11 (1983), S. 240-246.

Bernd Moeller, *Die frühe Reformation in Deutschland als Kommunikationsprozeß*, in: ders., *Luther-Rezeption. Kirchenhistorische Aufsätze zur Reformationsgeschichte*, hg. v. Johannes Schilling, Göttingen 2001, S. 73-90.

Bernd Moeller, Karl Stackmann, *Städtische Predigt in der Frühzeit der Reformation*, Göttingen 1996.

Hansgeorg Molitor, Heribert Smolinsky (Hg.), *Volksfrömmigkeit in der frühen Neuzeit*, Münster 1994.

Harry Oelke, *Die Konfessionsbildung des 16. Jahrhunderts im Spiegel illustrierter Flugblätter*, Berlin und New York 1992.

Volker Pribnow, *Die Rechtfertigung obrigkeitlicher Steuer- und kirchlicher Zehnterhebung bei Huldrich Zwingli*, Zürich 1996.

Hans-Christoph Rublack, *... hat die Nonne den Pfarrer geküßt? Aus dem Alltag der Reformationszeit*, Gütersloh 1991.

Hans-Christoph Rublack, *Anticlericalism in German Reformation Pamphlets*, in: Peter A. Dykema, Heiko A. Oberman (Hg.), *Anticlericalism in Late Medieval and Early Modern Europe*, Leiden u.a. 1993, S. 461-489.

Antje Rüttgardt, *Klosteraustritte in der frühen Reformation*, Gütersloh 2007.

Heinz Scheible, *Reform, Reformation, Revolution. Grundsätze zur Beurtei-*

lung der Flugschriften, in: ders., *Melanchthon und die Reformation. Forschungsbeiträge*, hg. v. Gerhard May und Rolf Decot, Mainz 1996, S. 442-469.

Johannes Schilling, *Gewesene Mönche. Lebensgeschichten in der Reformation*, München 1990.

Norbert Schnitzler, *Ikonoklasmus – Bildersturm. Theologischer Bilderstreit und ikonoklastisches Handeln während des 15. und 16. Jahrhunderts*, München 1996.

Anselm Schubert, *Das Lachen der Ketzer. Zur Selbstinszenierung der frühen Reformation*, in: ZThK 108 (2011), S. 405-430.

Karl Schottenloher, *Flugblatt und Zeitung. Ein Wegweiser durch das gedruckte Tagesschrifttum*, Bd. 1: *Von den Anfängen bis zum Jahr 1848*, Berlin 1922 (Nachdruck München 1985).

Anselm Schubert, *Das Lachen der Ketzer. Zur Selbstinszenierung der frühen Reformation*, in: ZThK 108 (2011), S. 405-430.

Johannes Schwitalla, *Deutsche Flugschriften 1460-1525. Textsortengeschichtliche Studien*, Tübingen 1983.

Johannes Schwitalla, *Flugschrift*, Tübingen 1999.

Robert W. Scribner, *Popular Culture and Popular Movements in German Reformation*, London und Ronceverte 1987.

Robert W. Scribner (Hg.), *Bilder und Bildersturm im Spätmittelalter und in der frühen Neuzeit*, Wiesbaden 1990.

Robert W. Scribner, *For the Sake of Simple Folk. Popular Propaganda for the German Reformation*, Oxford ²1994 (zuerst 1981).

Robert W. Scribner, *Elements of Popular Belief*, in: Thomas A. Brady, Heiko A. Oberman, James D. Tracy (Hg.), *Handbook of European History 1400-1600*, Bd. 1, Leiden u.a. 1994, S. 231-262.

Robert W. Scribner, *Religion und Kultur in Deutschland 1400-1800*, hg. v. Lyndal Roper, Göttingen 2002.

James M. Stayer, *Die Anfänge des schweizerischen Täufertums im reformierten Kongregationalismus*, in: H.-J. Goertz (Hg.), *Umstrittenes Täufertum* (s.o.), S. 19-49.

Heike Talkenberger, *Sintflut. Prophetie und Zeitgeschehen in Texten und Holzschnitten astrologischer Flugschriften 1488-1528*, Tübingen 1990.

Heike Talkenberger, *Kommunikation und Öffentlichkeit in der Reformationszeit. Ein Forschungsreferat 1980-1991*, in: Internationales Archiv für Sozialgeschichte der deutschen Literatur, Forschungsreferate 3, 6. Sonderheft 6, 1994, S. 1-26.

Larissa Taylor (Hg.), *Preachers and People in the Reformations and Early Modern Period*, Leiden 2001.

Patrice Veit, *Das Kirchenlied in der Reformation Martin Luthers*, Stuttgart 1985.

Christoph Volkmar, *Die Heiligenerhebung Bennos von Meißen (1523/24). Spätmittalterliche Frömmigkeit, landesherrliche Kirchenpolitik und reformatorische Kritik im albertinischen Sachsen in der frühen Reformationszeit*, Münster 2002.

Rebecca Wagner Oettinger, *Music as Propaganda in the German Reformation*, Aldershot 2007.

Lee Palmer Wandel, *Voracious Idols and Violent Hands. Iconoclasm in Reformation. Zurich, Strasbourg, and Basel*, Cambridge 1995.

Paul Wappler, *Thomas Müntzer in Zwickau und die Zwickauer Propheten*, Gütersloh 1966.

Carsten-Peter Warncke, *Sprechende Bilder – sichtbare Worte. Das Bildverständnis in der frühen Neuzeit*, Wiesbaden 1987.

Martin Warnke (Hg.), *Bild und Bildersturm im Spätmittelalter und in der frühen Neuzeit*, Wiesbaden 1990.

Rainer Wohlfeil, *»Reformatorische Öffentlichkeit«*, in: Ludger Grenzmann, Karl Stackmann (Hg.), *Literatur und Laienbildung im Spätmittelalter und in der Reformationszeit*, Stuttgart 1984, S. 41-54.

Gunter Zimmermann, *Die Antwort der Reformation auf die Zehntenfrage*, Frankfurt/Main 1983.

Alejandro Zorzin, *Karlstadt als Flugschriftenautor*, Göttingen 1990.

Alejandro Zorzin, *Einige Beobachtungen zu den zwischen 1518 und 1526 im deutschen Sprachgebiet veröffentlichten Dialogflugschriften*, in: ARG 88 (1997), S. 77-117.

Alejandro Zorzin, *Ludwig Hätzers »Kreuzgang« (1528/9). Ein Zeugnis täuferischer Bildpropaganda*, in: ARG 97 (2006), S. 137-164.

Zu Teil II, Kapitel 6 (S. 365-428)

Lorna Jane Abray, *The People's Reformation. Magistrates, Clergy, and Commons in Strasbourg, 1500-1598*, Oxford 1985.

Inge Bátori (Hg.), *Städtische Gesellschaft und Reformation*, Stuttgart 1980.

Daniel Bolliger, *Infiniti contemplatio. Grundzüge der Scotus- und Scotismusrezeption im Werk Huldrych Zwinglis*, Leiden 2003.

Thomas A. Brady, *Ruling Class, Regime and Reformation at Strasbourg 1520-1550*, Leiden 1978.

Thomas A. Brady, *Göttliche Republiken. Die Domestizierung der Religion in der deutschen Stadtreformation*, in: *Zwingli und Europa*, hg. v. Peter Blickle, Andreas Lindt und Alfred Schindler, Zürich 1985, S. 109-136.

Thomas A. Brady, *Turning Swiss. Cities and Empire, 1450-1550*, Cambridge 1985.

Martin Brecht, *Die gemeinsame Politik der Reichsstädte und die Reformation*, in: ders., *Ausgewählte Aufsätze*, Bd. 1: *Reformation*, Stuttgart 1995, S. 411-470.
Martin Brecht, *Zwingli als Schüler Luthers. Zu seiner theologischen Entwicklung 1518-1522*, in: ebenda, S. 217-236.
Ulrich Bubenheimer, *Scandalum et ius divinum. Theologische und rechtstheologische Probleme der ersten reformatorischen Innovationen in Wittenberg 1521/22*, in: ZSRG.K 59 (1973), S. 263-342.
Ulrich Bubenheimer, *Luthers Stellung zum Aufruhr in Wittenberg und die frühreformatorischen Wurzeln des landesherrlichen Kirchenregiments*, in: ZSRG.K 71 (1985), S. 147-214.
Ulrich Bubenheimer, *Streit um das Bischofsamt in der Wittenberger Reformation 1521/22*, in: ZSRG.K 73 (1987), S. 155-209.
Christine Christ-von Wedel, Sven Grosse, Berndt Hamm (Hg.), *Basel als Zentrum des geistigen Austauschs in der frühen Reformation*, Tübingen 2014.
Wilfried Ehbrecht, *Verlaufsformen innerstädtischer Konflikte in nord- und westdeutschen Städten im Reformationszeitalter*, in: W. Ehbrecht, *Konsens und Konflikt. Skizzen und Überlegungen zur älteren Verfassungsgeschichte deutscher Städte*, hg. v. Peter Johanek, Köln, Weimar und Wien 2001, S. 314-331.
Oskar Farner, *Huldrych Zwingli*, 4 Bde., Zürich 1943-60.
Peer Frieß, *Die Bedeutung der Stadtschreiber für die Reformation der süddeutschen Reichsstädte*, in: ARG 89 (1998), S. 96-124.
Ulrich Gäbler, *Huldrych Zwingli im 20. Jahrhundert. Forschungsbericht und annotierte Bibliographie 1897-1972*, Zürich 1975.
Ulrich Gäbler, *Huldrych Zwingli. Eine Einführung in sein Leben und sein Werk*, Zürich [3]2004 (zuerst 1983).
Kaspar von Greyerz, *Stadt und Reformation. Stand und Aufgaben der Forschung*, in: ARG 76 (1985), S. 6-63.
Berndt Hamm, *Zwinglis Reformation der Freiheit*, Neukirchen-Vluyn 1988.
Berndt Hamm, *Bürgertum und Glaube. Konturen der städtischen Reformation*, Göttingen 1996.
Hans-Peter Hasse, *Luthers Visitationsreise in Thüringen im August 1524. Jena – Kahla – Neustadt an der Orla – Orlamünde*, in: Werner Greiling, Uwe Schirmer, Ronny Schwalbe (Hg.), *Der Altar von Lucas Cranach d. Ä. in Neustadt an der Orla und die Kirchenverhältnisse im Zeitalter der Reformation*, Köln, Weimar und Wien 2014, S. 169-202.
Martin Hauser, *Prophet und Bischof. Huldrych Zwinglis Amtsverständnis im Rahmen der Zürcher Reformation*, Freiburg/Schweiz 1994.

Ralf Hoburg, *Seligkeit und Heilsgewißheit. Hermeneutik und Schriftauslegung bei Huldrych Zwingli bis 1522*, Stuttgart 1993.

Walter Jacob, *Politische Führungsschicht und Reformation. Untersuchungen zur Reformation in Zürich 1519-1528*, Zürich 1970.

Walther Köhler, *Huldrych Zwingli*, Leipzig ²1954 (Nachdruck Zürich 1984).

Natalie Krentz, *Ritualwandel und Deutungshoheit. Die frühe Reformation in der Residenzstadt Wittenberg (1500-1533)*, Tübingen 2014.

Franz Lau, *Der Bauernkrieg und das angebliche Ende der lutherischen Reformation als spontaner Volksbewegung*, in: LuJ 26 (1959), S. 109-134.

Gottfried Wilhelm Locher, *Huldrych Zwingli in neuer Sicht*, Zürich und Stuttgart 1969.

Gottfried Wilhelm Locher, *Die Zwinglische Reformation im Rahmen der europäischen Kirchengeschichte*, Göttingen 1979.

Johannes Merz, *Landstädte und Reformation*, in: Anton Schindling, Walter Ziegler (Hg.), *Die Territorien des Reichs im Zeitalter der Reformation und der Konfessionalisierung. Land und Konfession 1500-1650*, Bd. 7, Münster 1997, S. 107-135.

Bernd Moeller, *Zwinglis Disputationen. Studien zur Kirchengründung in den Städten der frühen Reformation*, Göttingen ²2011.

Bernd Moeller (Hg.), *Stadt und Kirche im 16. Jahrhundert*, Gütersloh 1978.

Bernd Moeller, *Luther und die Städte*, in: *Aus der Lutherforschung. Drei Vorträge*, Opladen 1983, S. 9-26.

Bernd Moeller, *Reichsstadt und Reformation*, Neuausgabe hg. v. Thomas Kaufmann, Tübingen 2011.

Olaf Mörke, *Rat und Bürger in der Reformation. Soziale Gruppen und kirchlicher Wandel in den welfischen Hansestädten Lüneburg, Braunschweig und Göttingen*, Hildesheim 1983.

Nikolaus Müller, *Die Wittenberger Bewegung 1521 und 1522*, Leipzig ²1911 (zuerst 1909).

Stefan Oehmig, *Die Wittenberger Bewegung 1521/22 und ihre Folgen im Lichte alter und neuer Fragestellungen*, in: ders (Hg.), *700 Jahre Wittenberg*, Weimar 1995, S. 97-130.

Steven E. Ozment, *The Reformation in the Cities. The Appeal of the Reformation to Sixteenth-Century Germany and Switzerland*, New Haven 1975.

Franz Petri (Hg.), *Kirche und gesellschaftlicher Wandel in deutschen und niederländischen Städten der werdenden Neuzeit*, Köln und Wien 1980.

Rainer Postel, *Die Reformation in Hamburg 1517-1528*, Gütersloh 1986.

James S. Preus, *Carlstadt's Ordinaciones and Luther's Liberty. A Study of the Wittenberg Movement 1521-22*, Cambridge/Massachusetts 1974.

Hans-Christoph Rublack, *Die Einführung der Reformation in Konstanz von den Anfängen bis zum Abschluß 1531*, Gütersloh 1971.
Heinz Schilling, *Die politische Elite nordwestdeutscher Städte in den religiösen Auseinandersetzungen des 16. Jahrhunderts*, in: Wolfgang J. Mommsen (Hg.), *Stadtbürgertum und Adel in der Reformation*, Stuttgart 1979, S. 235-308.
Georg Schmidt, *Der Städtetag in der Reichsverfassung. Eine Untersuchung zur korporativen Politik der Freien und Reichsstädte in der ersten Hälfte des 16. Jahrhunderts*, Wiesbaden 1984.
Heinrich-Richard Schmidt, *Reichsstädte, Reich und Reformation. Korporative Reichspolitik 1521-1529*, Stuttgart 1986.
Winfried Schulze, *Vom Gemeinnutz zum Eigennutz. Über den Normenwandel in der ständischen Gesellschaft der Frühen Neuzeit*, in: Historische Zeitschrift 243 (1983), S. 591-627.
Ernst Staehelin, *Das theologische Lebenswerk Johannes Oekolampads*, Leipzig 1939 (Nachdruck New York 1971).
Andrea Strübind, *Eifriger als Zwingli. Die frühe Täuferbewegung in der Schweiz*, Berlin 2003.
Günter Vogler, *Nürnberg 1524/25. Studien zur Geschichte der reformatorischen und sozialen Bewegung in der Reichsstadt*, Berlin 1982.
Wolfram Wettges, *Reformation und Propaganda. Studien zur Kommunikation des Aufruhrs in süddeutschen Reichsstädten*, Stuttgart 1978.
Ulrich A. Wien, Volker Leppin (Hg.), *Kirche und Politik am Oberrhein im 16. Jahrhundert*, Tübingen 2015.
Gunter Zimmermann, *Der Durchbruch zur Reformation nach dem Zeugnis Zwinglis vom Jahre 1523*, in: Zwingliana 17 (1986), H. 2, S. 97-120.

Zu Teil II, Kapitel 7 (S. 429-481)
(vgl. auch die Lit. zu Teil II, Kapitel 4-5)

Philippe Ariès, Roger Chartier (Hg.), *Geschichte des privaten Lebens*, Bd. 3: *Von der Renaissance zur Aufklärung*, Frankfurt/Main 1991 (frz. Original 1986).
Martin Arnold, *Handwerker als theologische Schriftsteller. Studien zu Flugschriften der frühen Reformation (1523-1525)*, Göttingen 1990.
Matthieu Arnold, Ralf Decot (Hg.), *Christen und Juden im Reformationszeitalter*, Mainz 2007.
Ronald Bainton, *Frauen der Reformation. Von Katharina von Bora bis Anna Zwingli. 10 Porträts*, Gütersloh ^{2}1996 (zuerst 1995).
Dean Phillip Bell, Stephen G. Burnett (Hg.), *Jews, Judaism, and the Reformation in Sixteenth-Century Germany*, Leiden und Boston 2006.

Johannes Brosseder, *Luthers Stellung zu den Juden im Spiegel seiner Interpreten*, München 1972.

Susanna Buttaroni, Stanisław Musiał (Hg.), *Ritualmord. Legenden in der europäischen Geschichte*, Wien, Köln und Weimar 2003.

Anne Conrad (Hg.), *»In Christo ist weder man noch weyb«. Frauen in der Zeit der Reformation und der katholischen Reform*, Münster 1999.

Achim Detmers, *Reformation und Judentum. Israel-Lehren und Einstellungen zum Judentum von Luther bis zum frühen Calvin*, Stuttgart u.a. 2001.

Martin Dinges (Hg.), *Hausväter, Priester, Kastraten. Zur Konstruktion von Männlichkeit in Spätmittelalter und Früher Neuzeit*, Göttingen 1998.

Richard van Dülmen, *Kultur und Alltag in der Frühen Neuzeit*, 3 Bde., München 1990-94.

Mark U. Edwards, *Catholic Controversial Literature 1518-1535*, in: ARG 79 (1988), S. 189-205.

»Ein jedes Volk wandelt im Namen seines Gottes ...«. Begegnung mit anderen Religionen. Vereinnahmung, Konflikt, Frieden, Wittenberg 2008.

Miriam Verena Fleck, *Ein tröstlich Gemelde. Die Glaubensallegorie »Gesetz und Gnade« in Europa zwischen Spätmittelalter und Früher Neuzeit*, Korb 2010.

Hermann Gelhaus, *Der Streit um Luthers Bibelverdeutschung im 16. und 17. Jahrhundert*, 2 Bde., Tübingen 1989-90.

Carlos Gilly, *Das Sprichwort »Die Gelehrten die Verkehrten« oder der Verrat der Intellektuellen im Zeitalter der Glaubensspaltung*, in: *Forme e destinazione del messaggio religioso. Aspetti della propaganda religiosa nel cinquecento*, hg. v. Antonio Rotondo, Florenz 1991, S. 229-375.

Hartmann Grisar, Franz Heege, *Luthers Kampfbilder*, 4 Bde., Freiburg/Breisgau 1921-23.

Silke Halbach, *Argula von Grumbach als Verfasserin reformatorischer Flugschriften*, Frankfurt/Main u.a. 1992.

Berndt Hamm, *Geistbegabte gegen Geistlose. Typen des pneumatologischen Antiklerikalismus – zur Vielfalt der Luther-Rezeption in der frühen Reformationsbewegung*, in: Peter A. Dykema, Heiko A. Oberman (Hg.), *Anticlericalism in Late Medieval and Early Modern Europe*, Leiden u.a. 1993, S. 379-440.

Ronnie Po-chia Hsia, *The Myth of Ritual Murder. Jews and Magic in Reformation Germany*, New Haven 1988.

Ronnie Po-chia Hsia, *Trient 1475. Geschichte eines Ritualmordprozesses*, Frankfurt/Main 1997 (engl. Original 1992).

Carola Jäggi, Jörn Staecker (Hg.), *Archäologie der Reformation*, Berlin u.a. 2007.

Martin Jung, *Nonnen, Prophetinnen, Kirchenmütter. Kirchen- und fröm-*

migkeitsgeschichtliche Studien zu Frauen der Reformationszeit, Leipzig 2002.

Thomas Kaufmann, *Pfarrfrau und Publizistin. Das reformatorische »Amt« der Katharina Zell*, in: ZHF 23 (1996), S. 169-218.

Thomas Kaufmann, *Luthers »Judenschriften«. Ein Beitrag zu ihrer historischen Kontextualisierung*, Tübingen ^{2}2013.

Thomas Kaufmann, *Luthers Juden*, Stuttgart ^{2}2015.

Rolf Kießling, Thomas Max Safley, Lee Palmer Wandel (Hg.), *Im Ringen um die Reformation. Kirchen und Prädikanten, Rat und Gemeinden in Augsburg*, Epfendorf/Neckar 2011.

Peter Matheson (Hg.), *Argula von Grumbach. Schriften*, Gütersloh 2010.

Peter Matheson, *Argula von Grumbach. Eine Biographie*, Göttingen 2014.

Elsie McKee, *Katharina Schütz Zell*, 2 Bde., Leiden u.a. 1999.

Elsie McKee (Hg.), *Katharina Schütz Zell. Church Mother. The Writings of a Protestant Reformer in Sixteenth-Century Germany*, Chicago und London 2006.

Harald Meller (Hg.), *Fundsache Luther. Archäologen auf den Spuren des Reformators*, Stuttgart 2008.

Anne-Marie Neser, *Luthers Wohnhaus in Wittenberg*, Leipzig 2005.

Heiko A. Oberman, *Wurzeln des Antisemitismus. Christenangst und Judenplage im Zeitalter von Humanismus und Reformation*, Berlin ^{2}1983 (zuerst 1981).

Heiko A. Oberman, *Die Gelehrten die Verkehrten. Popular Response to Learned Culture in the Renaissance and Reformation*, in: *Religion and Culture in Renaissance and Reformation*, hg. v. Steven E. Ozment, Kirksville 1989, S. 43-63.

Peter von der Osten-Sacken, *Martin Luther und die Juden. Neu untersucht anhand von Anton Margarithas »Der gantz Jüdisch glaub« (1530/31)*, Stuttgart 2002.

Steven E. Ozment, *When Fathers Ruled. Family Life in Reformation Europe*, Cambridge/Massachusetts 1983.

Wolfgang Reinhard, *Lebensformen Europas. Eine historische Kulturanthropologie*, München 2004.

Austra Reinis, *Reforming the Art of Dying. The ars moriendi in the German Reformation (1519-1528)*, Aldershot 2007.

Claudia Resch, *Trost im Angesicht des Todes. Frühe reformatorische Anleitungen zur Seelsorge an Kranken und Sterbenden*, Tübingen 2006.

Lyndal Roper, *Das fromme Haus. Frauen und Moral in der Reformation*, Frankfurt/Main und New York 1995 (engl. Original 1989).

Lyndal Roper, *Gender and the Reformation*, in: ARG 42 (2001), S. 290-302.

Paul A. Russell, *Lay Theology in the Reformation. Popular Pamphleteers in Southwest Germany, 1521-1525*, Cambridge 1986.

Monique Samuel-Scheyder, *Johannes Cochläus, humaniste et adversaire de Luther*, Nancy 1993.

Claudia Ulbrich, *Frauen in der Reformation*, in: Nada Bôskovska Leimgruber (Hg.), *Die Frühe Neuzeit in der Geschichtswissenschaft. Forschungstendenzen und Forschungserträge*, Paderborn 1997, S. 163-177.

Günter Vogler (Hg.), *Wegscheiden der Reformation. Alternatives Denken vom 16. bis zum 18. Jahrhundert*, Weimar 1994.

Mary E. Wiesner, *Women and Gender in Early Modern Europe*, Cambridge [2]2000 (zuerst 1993).

Heide Wunder, *»Er ist die Sonn', sie ist der Mond«. Frauen in der Frühen Neuzeit*, München 1992.

Heide Wunder, *Frauen in der Reformation. Rezeptions- und historiographiegeschichtliche Überlegungen*, in: ARG 92 (2001), S. 303-320.

Zu Teil II, Kapitel 8 (S. 482-518)

Robert J. Bast, *Honor Your Fathers. Catechisms and the Emergence of a Patriarchal Ideology in Germany, 1400-1600*, Leiden u.a. 1997.

Peter Blickle, *Gemeindereformation. Der Mensch des 16. Jahrhunderts auf dem Weg zum Heil*, München [2]1987 (zuerst 1985).

Peter Blickle (Hg.), *Zugänge zur bäuerlichen Reformation*, Zürich 1987.

Peter Blickle, *Der Bauernkrieg. Die Revolution des Gemeinen Mannes*, München [2]2002.

Peter Blickle, *Die Revolution von 1525*, München [4]2004 (zuerst 1977).

Peter Blickle, *Der Bauernjörg. Feldherr im Bauernkrieg*, München 2015.

Heinrich Bornkamm, *Martin Luther in der Mitte seines Lebens. Das Jahrzehnt zwischen dem Wormser und dem Augsburger Reichstag*. Aus dem Nachlaß hg. v. Karin Bornkamm, Göttingen 1979.

Ursula Braasch-Schwersmann, Hans Schneider, Wilhelm Ernst Winterhager (Hg.), *Landgraf Philipp der Großmütige 1504-1567*, Marburg und Neustadt an der Aisch 2004.

Siegfried Bräuer, *Bauernkrieg in der Grafschaft Mansfeld – Fiktion und Fakten*, in: Rosemarie Knape (Hg.), *Martin Luther und der Bergbau im Mansfelder Land*, Eisleben 2000, S. 121-157.

Siegfried Bräuer, *Die Vorgeschichte von Luthers »Ein Sendbrief an die Fürsten zu Sachsen von dem aufrührerischen Geist«*, in: ders., *Spottgedichte, Träume und Polemik in den frühen Jahren der Reformation. Abhandlungen und Aufsätze*, hg. v. Hans-Jürgen Goertz und Eike Wolgast, Leipzig 2000, S. 59-90.

Martin Brecht, *Der theologische Hintergrund der Zwölf Artikel der Bauernschaft in Schwaben von 1525. Christoph Schappelers und Sebastian Lotzers Beitrag*, in: ders., *Ausgewählte Aufsätze*, Bd. 1: *Reformation*, Stuttgart 1995, S. 311-347.

Wolfgang Breul (Hg.), *Ritter! Tod! Teufel? Franz von Sickingen und die Reformation*, Regensburg 2015.

Wolfgang Breul-Kunkel, *Herrschaftskrise und Reformation. Die Fürstabteien Fulda und Hersfeld ca. 1500-1525*, Gütersloh 2000.

Paul Burgard, *Tagebuch einer Revolte. Ein städtischer Aufstand während des Bauernkrieges 1525*, Frankfurt/Main und New York 1998.

Amy Nelson Burnett, *The Yoke of Christ. Martin Bucer and Christian Discipline*, Kirksville/Missouri 1994.

Horst Buszello, Peter Blickle, Rudolf Endres (Hg.), *Der deutsche Bauernkrieg*, Paderborn [3]1995 (zuerst 1984).

Horst Carl, *Der Schwäbische Bund 1488-1534*, Leinfelden-Echterdingen 2000.

Henry J. Cohn, *Anticlericalism in the German Peasant's War*, in: Past and Present 83 (1979), S. 3-31.

Franziska Conrad, *Reformation in der bäuerlichen Gesellschaft. Zur Rezeption reformatorischer Theologie im Elsaß*, Stuttgart 1984.

Irene Dingel, Volker Leppin, Christoph Strohm (Hg.), *Reformation und Recht. Festgabe für Gottfried Seebaß*, Gütersloh 2002.

Scott C. Dixon, *The Reformation and Rural Society. The Parishes of Brandenburg-Ansbach-Kulmbach, 1528-1603*, Cambridge 1996.

Scott C. Dixon, *The Princely Reformation in Germany*, in: Andrew Pettegree (Hg.), *The Reformation World*, London 2000, S. 146-175.

Richard van Dülmen, *Reformation als Revolution. Soziale Bewegung und religiöser Radikalismus in der deutschen Reformation*, Frankfurt/Main [2]1987 (zuerst 1977).

Walter Elliger, *Thomas Müntzer. Leben und Werk*, Göttingen [3]1976 (zuerst 1975).

Rudolf Endres, *Adel in der Frühen Neuzeit*, München 1993.

Dieter Fauth, *Verfassungs- und Rechtsvorstellungen im Bauernkrieg 1524/25*, in: ZSRG.K 81 (1995), S. 225-248.

Günther Franz, *Der deutsche Bauernkrieg*, Darmstadt [12]1982 (zuerst 1935).

Andreas Gäumann, *Reich Christi und Obrigkeit. Eine Studie zum reformatorischen Denken und Handeln Martin Bucers*, Bern u.a. 2001.

Hans-Jürgen Goertz, *Adel versus Klerus. Antiklerikale Polemik in Flugschriften des Adels*, in: ders., *Antiklerikalismus und Reformation*, Göttingen 1995, S. 45-62.

Hans-Jürgen Goertz, *Thomas Müntzer. Revolutionär am Ende der Zeiten*, München 2015.

Wolfgang Hardtwig, *Ulrich von Hutten. Zum Verhältnis von Individuum, Stand und Nation in der Reformationszeit*, in: ders., *Nationalismus und Bürgerkultur in Deutschland, 1500-1914*, Göttingen 1994, S. 15-33.

Irmgard Höss, *Georg Spalatin 1484-1545*, Weimar ²1989 (zuerst 1956).

André Holenstein, *Bauern zwischen Bauernkrieg und Dreißigjährigem Krieg*, München 1996.

Helmar Junghans (Hg.), *Leben und Werk Martin Luthers von 1526 bis 1546*, 2 Bde., Berlin ²1985 (zuerst 1983).

Helmar Junghans (Hg.), *Das Jahrhundert der Reformation in Sachsen*, Leipzig ²2005 (zuerst 1988).

Thomas Kaufmann, *Sickingen, Hutten, der Ebernburg-Kreis und die reformatorische Bewegung*, in: Ebernburg-Heft 49 (2015), S. 35-96.

Marion Kobelt-Groch, *Aufsässige Töchter Gottes. Frauen im Bauernkrieg und in den Täuferbewegungen*, Frankfurt und New York 1993.

Walther Köhler, *Zürcher Ehegericht und Genfer Konsistorium*, 2 Bde., Leipzig 1932-42.

Martin Krarup, *Ordination in Wittenberg. Die Einsetzung in das kirchliche Amt in Kursachsen zur Zeit der Reformation*, Tübingen 2007.

Sebastian Kreiker, *Armut, Schule, Obrigkeit. Armenversorgung und Schulwesen in den evangelischen Kirchenordnungen des 16. Jahrhunderts*, Bielefeld 1997.

Hans Walter Krumwiede, *Zur Entstehung des landesherrlichen Kirchenregiments in Kursachsen und Braunschweig-Wolfenbüttel*, Göttingen 1967.

Olaf Kuhr, *Die Macht des Bannes und der Buße. Kirchenzucht und Erneuerung der Kirche bei Johannes Oekolampad (1482-1531)*, Bern u.a. 1999.

Johannes Kunisch (Hg.), *Kommunalisierung und Christianisierung. Voraussetzungen und Folgen der Reformation 1400-1600*, Berlin 1989.

Tim Lorentzen, *Johannes Bugenhagen als Reformator der öffentlichen Fürsorge*, Tübingen 2008.

Ingetraut Ludolphy, *Friedrich der Weise Kurfürst von Sachsen 1463-1525*, Göttingen 1984.

Harald Marx, Cecilie Hollberg (Hg.), *Glaube und Macht. Sachsen im Europa der Reformationszeit*, 2 Bde., Dresden 2004.

Justus Maurer, *Prediger im Bauernkrieg*, Stuttgart 1979.

Bernd Moeller (Hg.), *Bauernkriegs-Studien*, Gütersloh 1975.

Christopher Ocker, *Church Robbers and Reformers in Germany, 1525-1547*, Leiden und Boston 2006.

Volker Press, *Adel, Reich und Reformation*, in: Wolfgang J. Mommsen (Hg.), *Stadtbürgertum und Adel in der Reformation*, Stuttgart 1979, S. 330-383.

Volker Press, *Kaiser Karl V., König Ferdinand und die Entstehung der Reichsritterschaft*, Wiesbaden ²1980 (zuerst 1976).
Volker Press, *Ein Ritter zwischen Rebellion und Reformation*, in: Blätter für Pfälzische Kirchengeschichte und religiöse Volkskunde 50 (1983), S. 151-178.
Volker Press, *Reformatorische Bewegung und Reichsverfassung. Zum Durchbruch der Reformation – soziale, politische und religiöse Faktoren*, in: ders., Dieter Stievermann (Hg.), *Martin Luther. Probleme seiner Zeit*, Stuttgart 1986, S. 11-42.
Volker Press, *Franz von Sickingen – Wortführer des Adels, Vorkämpfer der Reformation und Freund Huttens*, in: ders., *Adel im Alten Reich*, hg. v. Franz Brendle und Anton Schindling, Tübingen 1998, S. 319-331.
Volker Press, *Ulrich von Hutten und seine Zeit*, in: ebenda, S. 299-318.
Christine Roll (Hg.), *Recht und Reich im Zeitalter der Reformation. Festschrift für Horst Rabe*, Frankfurt/Main u.a. ²1997 (zuerst 1996).
Heinz Schilling (Hg.), *Kirchenzucht und Sozialdisziplinierung im frühneuzeitlichen Europa*, Berlin 1994.
Johannes Schilling, *Klöster und Mönche in der hessischen Reformation*, Gütersloh 1997.
Gury Schneider-Ludorff, *Der fürstliche Reformator. Theologische Aspekte im Wirken Philipps von Hessen von der Homberger Synode bis zum Interim*, Leipzig 2006.
Günter Scholz, *Ständefreiheit und Gotteswort. Studien zum Anteil der Landstände an Glaubensspaltung und Konfessionsbildung in Innerösterreich (1517-1564)*, Frankfurt/Main u.a. 1994.
Luise Schorn-Schütte, *Evangelische Geistlichkeit in der Frühneuzeit*, Gütersloh 1996.
Karl Schottenloher (Hg.), *Flugschriften zur Ritterschaftsbewegung des Jahres 1523*, Münster/Westfalen 1929.
Gottfried Seebaß, *Artikelbrief, Bundesordnung und Verfassungsentwurf. Studien zu drei zentralen Dokumenten des südwestdeutschen Bauernkrieges*, Heidelberg 1988.
Karla Sichelschmidt, *Recht aus christlicher Liebe oder obrigkeitlicher Gesetzesbefehl?*, Tübingen 1995.
Anneliese Sprengler-Ruppenthal, *Gesammelte Aufsätze. Zu den Kirchenordnungen des 16. Jahrhunderts*, Tübingen 2004.
Gerald Strauss, *Luther's House of Learning. Indoctrination of the Young in the German Reformation*, Baltimore und London 1978.
Christoph Strohm (Hg.), *Martin Bucer und das Recht*, Genf 2002.
Sven Tode, *Stadt im Bauernkrieg 1525*, Frankfurt/Main 1993.
Günter Vogler, *Die Gewalt soll gegeben werden dem gemeinen Volk. Der deutsche Bauernkrieg 1525*, Berlin ²1983.

Günter Vogler (Hg.), *Bauernkrieg zwischen Harz und Thüringer Wald*, Stuttgart 2008.

Günter Vogler, *Signaturen einer Epoche. Beiträge zur Geschichte der frühen Neuzeit*, hg. v. Marion Dammaschke, Berlin 2012.

Christoph Volkmar, *Reform statt Reformation. Die Kirchenpolitik Herzog Georgs von Sachsen, 1488-1525*, Tübingen 2008.

Johannes Wallmann, *Ein Friedensappell – Luthers letztes Wort im Bauernkrieg*, in: Dieter Henke u.a. (Hg.), *Der Wirklichkeitsanspruch von Theologie und Religion. Festschrift Ernst Steinbach*, Tübingen 1976, S. 57-75.

Günther Wartenberg, *Wittenberger Reformation und territoriale Politik. Gesammelte Aufsätze*, Leipzig 2003.

Hans-Ulrich Wehler (Hg.), *Der Deutsche Bauernkrieg 1524-1526*, Göttingen 1975.

Rainer Wohlfeil (Hg.), *Der Bauernkrieg 1524-1526. Bauernkrieg und Reformation*, München 1975.

Eike Wolgast, *Die Wittenberger Theologie und die Politik der evangelischen Stände*, Gütersloh 1977.

Eike Wolgast, *Formen landesfürstlicher Reformation in Deutschland*, in: *Die dänische Reformation vor ihrem internationalen Hintergrund*, hg. v. Leif Grane und Kai Hørby, Göttingen 1990, S. 57-90.

Gunther Zimmermann, *Die Einführung des landesherrlichen Kirchenregiments*, in: ARG 76 (1985), S. 146-168.

Zu Teil II, Kapitel 9 (S. 519-569)
(vgl. auch die Lit. zu Teil II, Kapitel 4-5
und Kapitel 7)

Matthieu Arnold, Berndt Hamm (Hg.), *Martin Bucer zwischen Luther und Zwingli*, Tübingen 2003.

Jörg Baur, *Luther und seine klassischen Erben*, Tübingen 1993.

Susanne Bei der Wieden, *Luthers Predigten des Jahres 1522*, Köln, Weimar und Wien 1999.

Torsten Bergsten, *Balthasar Hubmaier. Seine Stellung zu Reformation und Täufertum 1521-1528*, Kassel 1961.

Ernst Bizer, *Studien zur Geschichte des Abendmahlsstreits im 16. Jahrhundert*, Darmstadt [3]1972 (zuerst 1940).

Martin Brecht, *Herkunft und Eigenart der Taufauffassung der Zürcher Täufer*, in: ARG 64 (1973), S. 147-165.

Martin Brecht, *Luther und Karlstadt. Der Beginn des Abendmahlsstreites 1524/25 und seine Bedeutung für Luthers Theologie*, in: ZSRG.K 70 (1984), S. 196-216.

Ulrich Bubenheimer, Stefan Oehmig (Hg.), *Querdenker der Reformation – Andreas Bodenstein von Karlstadt und seine frühe Wirkung*, Würzburg 2001.

Amy Nelson Burnett, *Karlstadt and the Origins of the Eucharistic Controversy*, Oxford 2011.

Peter Burschel, *Sterben und Unsterblichkeit. Zur Kultur des Martyriums in der frühen Neuzeit*, München 2004.

Andrea Chudaska, *Peter Riedemann. Konfessionsbildendes Täufertum im 16. Jahrhundert*, Gütersloh 2003.

Claus-Peter Clasen, *Anabaptism. A Social History, 1525-1618*, Ithaca und London 1972.

Brian Cummings, *The Literary Culture of the Reformation. Grammar and Grace*, Oxford 2002.

Klaus Deppermann, *Melchior Hoffman*, Göttingen 1979.

Michael Driedger, Astrid von Schlachta, Anselm Schubert (Hg.), *Grenzen des Täufertums/Boundaries of Anabaptism, Neue Forschungen*, Gütersloh 2009.

Günter Frank (Hg.), *Der Theologe Melanchthon*, Sigmaringen 2000.

Reinhold Friedrich, *Martin Bucer – »Fanatiker der Einheit«? Seine Stellungnahme zu theologischen Fragen seiner Zeit (Abendmahls- und Kirchenverständnis) insbesondere nach seinem Briefwechsel der Jahre 1524-1541*, Bonn 2002.

Adolf Fugel, *Tauflehre und Taufliturgie bei Huldrych Zwingli*, Goldach 1989.

Hans-Jürgen Goertz (Hg.), *Radikale Reformatoren. 21 biographische Skizzen von Thomas Müntzer bis Paracelsus*, München 1978.

Hans-Jürgen Goertz, *Die Täufer. Geschichte und Deutung*, München [2]1988 (zuerst 1980).

Hans-Jürgen Goertz, *Religiöse Bewegungen in der Frühen Neuzeit*, München 1993.

Martin Greschat, *Martin Bucer. Ein Reformator und seine Zeit. 1491-1551*, München 1990; erweiterte engl. Ausgabe Louisville und London 2004; Münster [2]2009.

Eberhard Grötzinger, *Luther und Zwingli. Die Kritik an der mittelalterlichen Messe – als Wurzel des Abendmahlsstreites*, Gütersloh 1980.

Susi Hausammann, *Die Marburger Artikel – eine echte Konkordie?*, in: ZKG 77 (1966), S. 288-321.

Hartmut Hilgenfeld, *Mittelalterlich-traditionelle Elemente in Luthers Abendmahlsschriften*, Zürich 1971.

Hans Joachim Hillerbrand, *Die politische Ethik des oberdeutschen Täufertums*, Leiden und Köln 1962.

Traudel Himmighöfer, *Die Zürcher Bibel bis zum Tode Zwinglis (1531)*, Mainz 1995.

Volkmar Joestel, *Ostthüringen und Karlstadt. Soziale Bewegung und Reformation im mittleren Saaletal am Vorabend des Bauernkrieges (1522-1524)*, Berlin 1996.

Thomas Kaufmann, *Die Abendmahlstheologie der Straßburger Reformatoren bis 1528*, Tübingen 1992.

Thomas Kaufmann, *Luther und Erasmus*, in: Albrecht Beutel (Hg.), *Luther Handbuch*, Tübingen ^{2}2010, S. 142-152.

Thomas Kaufmann, *Luther und Zwingli*, in: ebenda, S. 152-161.

Walther Köhler, *Das Marburger Religionsgespräch 1529. Versuch einer Rekonstruktion*, Leipzig 1929.

Walther Köhler, *Zwingli und Luther. Ihr Streit über das Abendmahl nach seinen politischen und religiösen Beziehungen*, 2 Bde., Leipzig 1924; Gütersloh 1953 (Nachdruck London, New York 1971).

Ernst-Wilhelm Kohls, *Luther oder Erasmus. Luthers Theologie in der Auseinandersetzung mit Erasmus*, 2 Bde., Basel 1972-78.

Kati Kopperi (Hg.), *Widerspruch. Luthers Auseinandersetzung mit Erasmus*, Helsinki 1997.

Christian Krieger, Marc Lienhard (Hg.), *Martin Bucer and Sixteenth Century Europe*, 2 Bde., Leiden 1993.

Johannes Kunze, *Luther und Erasmus. Der Einfluß des Erasmus auf die Kommentierung des Galaterbriefes und der Psalmen durch Luther 1519-1521*, Münster 2000.

Nicole Kuropka, *Philipp Melanchthon. Wissenschaft und Gesellschaft. Ein Gelehrter im Dienst der Kirche (1526-1532)*, Tübingen 2002.

Neil R. Leroux, *Martin Luther as Comforter. Writings on Death*, Leiden und Boston 2007.

Marc Lienhard, *Martin Luthers christologisches Zeugnis*, Göttingen 1980.

Harry J. MacScorley, *Luthers Lehre vom unfreien Willen nach seiner Hauptschrift De servo arbitrio im Licht der biblischen und kirchlichen Tradition*, München 1967.

Werner O. Packull, *Mysticism and the Early South German-Austrian Anabaptist Movement 1525-1531*, Scottdale 1991.

Calvin Augustine Pater, *Karlstadt as the Father of the Baptist Movements. The Emergence of Lay Protestantism*, Toronto 1984.

Ralf Ponader, *»Caro nihil prodest. Joan. VI. Das fleisch ist nicht nutz / sonder der geist.« Karlstadts Abendmahlsverständnis in der Auseinandersetzung mit Martin Luther 1521-1524*, in: *Andreas Bodenstein von Karlstadt (1486-1541). Ein Theologe der frühen Reformation*, hg. v. Sigrid Looß und Markus Matthias, Wittenberg 1998, S. 223-245.

Thomas Reinhuber, *Kämpfender Glaube. Studien zu Luthers Bekenntnis am Ende von De servo arbitrio*, Berlin und New York 2000.
John D. Roth, James M. Stayer (Hg.), *A Companion to Anabaptism and Spiritualism, 1521-1700*, Leiden und Boston 2007.
Bernhard Roussel, *De Strasbourg à Bâle et Zurich. Une »École rhénane« d'Exégèse*, in: Revue d'Histoire et de Philosophie Religieuses 68 (1988), S. 19-39.
Martin Sallmann, *Zwischen Gott und Mensch. Huldrych Zwinglis theologischer Denkweg im De vera et falsa religione commentarius (1525)*, Tübingen 1999.
Anselm Schubert, *Täufertum und Kabbalah. Augustin Bader und die Grenzen der Radikalen Reformation*, Gütersloh 2008.
Gottfried Seebaß, *Die Reformation und ihre Außenseiter*, Göttingen 1997.
Gottfried Seebaß, *Müntzers Erbe. Werk, Leben und Theologie des Hans Hut*, Gütersloh 2002.
Ronald J. Sider, *Andreas Bodenstein von Karlstadt. The Development of His Thought 1517-1525*, Leiden 1974.
Bart Jan Spruyt, *Cornelius Henrici Hoen (Honius) and His Epistle on the Eucharist. Medieval Heresy, Erasmian Humanism, and Reform in the Early Sixteenth Century Low Countries*, Leiden 2006.
James M. Stayer, *Anabaptists and the Sword*, Göttingen 1997.
James M. Stayer, *The German Peasants' War and Anabaptist Community of Goods*, Montreal 1991.
Peter Stephens, *The Theology of Huldrych Zwingli*, Oxford 1986.
Peter Stephens, *Zwingli. Einführung in sein Denken*, Zürich 1997 (engl. Original 1992).
Birgit Stolt, *Martin Luthers Rhetorik des Herzens*, Tübingen 2000.
Gerald Strauss, *Law, Resistance and the State. The Opposition to Roman Law in Reformation Germany*, Princeton/New Jersey 1986.
Andrea Strübind, *Eifriger als Zwingli. Die frühe Täuferbewegung in der Schweiz*, Berlin 2003.
Hans-Georg Tanneberger, *Die Vorstellung der Täufer von der Rechtfertigung des Menschen*, Stuttgart 1999.
Rebekka Voß, *Umstrittene Erlöser. Politik, Ideologie und jüdisch-christlicher Messianismus in Deutschland, 1500-1600*, Göttingen 2011.
Lee Palmer Wandel, *The Eucharist in the Reformation*, Cambridge 2006.
George Huntston Williams, *The Radical Reformation*, Ann Arbor/Michigan ^{3}2000 (zuerst 1962).
Christof Windhorst, *Täuferisches Taufverständnis*, Leiden 1976.
Jarold Knox Zeman, *The Anabaptists and the Czech Brethren in Moravia, 1526-1628*, Den Haag und Paris 1969.

Alejandro Zorzin, *Karlstadts »Dialogus vom Tauff der Kinder« in einem anonymen Wormser Druck aus dem Jahre 1527*, in: ARG 79 (1988), S. 27-57.

Zu Teil II, Kapitel 10 (S. 570-608)

Rosemarie Aulinger, *Das Bild des Reichstages im 16. Jahrhundert*, Göttingen 1980.

Fritz Blanke, *Zwinglis »Fidei ratio« (1530). Entstehung und Bedeutung*, in: ARG 57 (1960), S. 96-102.

Heinrich Bornkamm, *Die Geburtsstunde des Protestantismus. Die Protestation von Speyer (1529)*, in: H. Bornkamm, *Das Jahrhundert der Reformation*, Göttingen ²1966, S. 112-125; Neuausgabe Frankfurt/Main 1983, S. 146-161.

Diethelm Böttcher, *Ungehorsam oder Widerstand? Zum Fortleben mittelalterlichen Widerstandsrechts in der Reformationszeit (1529-1530)*, Berlin 1991.

Diethelm Böttcher, *Die Protestation vom 19. April 1529 gemeinrechtlich betrachtet*, in: ZHF 29 (2002), S. 39-55.

Martin Brecht, Reinhard Schwarz (Hg.), *Bekenntnis und Einheit der Kirche. Studien zum Konkordienbuch*, Stuttgart 1980.

Rolf Decot (Hg.), *Vermittlungsversuche auf dem Augsburger Reichstag 1530. Melanchthon – Brenz – Vehus*, Stuttgart 1989.

Walter Friedensburg, *Der Reichstag zu Speier 1526*, Berlin 1887 (Nachdruck Nieuwkoop 1970).

Leif Grane, *Die Confessio Augustana*, Göttingen ⁵1996 (zuerst 1970).

Gabriele Haug-Moritz, *Der Schmalkaldische Bund 1530-1541/2*, Leinfelden-Echterdingen 2002.

René Hauswirth, *Landgraf Philipp von Hessen und Zwingli*, Tübingen und Basel 1968.

Herbert Immenkötter, *Um die Einheit im Glauben. Die Unionsverhandlungen des Augsburger Reichstages im August und September 1530*, Münster ²1974 (zuerst 1973).

Herbert Immenkötter, *Der Reichstag zu Augsburg und die Confutatio*, Münster 1979.

Herbert Immenkötter, Gunther Wenz (Hg.), *Im Schatten der Confessio Augustana. Die Religionsverhandlungen des Augsburger Reichstages 1530 im historischen Kontext*, Münster 1997.

Erwin Iserloh (Hg.), *Confessio Augustana und Confutatio. Der Augsburger Reichstag 1530 und die Einheit der Kirche*, Münster 1980.

Kaiser Karl V. (1500-1558). Macht und Ohnmacht Europas. Ausstellungskatalog, Bonn und Wien 2000.

Thomas Kaufmann, *Das Bekenntnis im Luthertum des konfessionellen Zeitalters*, in: ZThK 105 (2008), S. 281-314.
Ernst Koch, *Aufbruch und Weg. Studien zur lutherischen Bekenntnisbildung im 16. Jahrhundert*, Berlin 1983.
Alfred Kohler, *Das Reich im Kampf um die Hegemonie in Europa*, München 1990.
Alfred Kohler, Heinrich Lutz (Hg.), *Aus der Arbeit an den Reichstagen unter Karl V.*, Göttingen 1986.
Walther Köhler, *Der Augsburger Reichstag und die Schweiz*, in: Schweizerische Zeitschrift für Geschichte 3 (1953), S. 169-189.
Armin Kohnle, *Reichstag und Reformation. Kaiserliche und städtische Religionspolitik von den Anfängen der causa Lutheri bis zum Nürnberger Religionsfrieden*, Gütersloh 2001.
Armin Kohnle, Eike Wolgast, Art. *Reichstage der Reformationszeit*, in: *TRE* 28 (1997), S. 457-470.
Johannes Kühn, *Die Geschichte des Speyerer Reichstages 1529*, Leipzig 1929.
Wilhelm Maurer, *Zu Entstehung und Textgeschichte der Schwabacher Artikel*, in: *Theologie in Geschichte und Kunst. Festschrift Walter Elliger*, hg. v. Siegfried Herrmann und Oskar Söhngen, Witten 1968, S. 134-151.
Wilhelm Maurer, *Historischer Kommentar zur Confessio Augustana*, 2 Bde., Gütersloh ²1979 (zuerst 1976-78).
Bernd Moeller, *Confessio Augustana – Confessio Tetrapolitana. Die Bekenntnisse von 1530 in ihrem Zusammenhang*, in: *Wege der Neuzeit. Festschrift für Heinz Schilling zum 65. Geburtstag*, hg. v. Stefan Ehrenpreis, Ute Lotz-Heumann, Olaf Mörke und Luise Schorn-Schütte, Berlin 2007, S. 57-72.
Gerhard Müller, *Causa Reformationis. Beiträge zur Reformationsgeschichte und zur Theologie Martin Luthers*, Gütersloh 1989.
Helmut Neuhaus, *Der Augsburger Reichstag des Jahres 1530. Ein Forschungsbericht*, in: ZHF 9 (1982), S. 167-211.
Christian Peters, *Apologia Confessionis Augustanae*, Stuttgart 1997.
Jan Rohls, *Theologie reformierter Bekenntnisschriften*, Göttingen 1987.
Hans von Schubert, *Bündnis und Bekenntnis 1529/30*, Leipzig 1908.
Hans von Schubert, *Bekenntnisbildung und Religionspolitik 1529/30*, Gotha 1910.
Hans von Schubert, *Der Reichstag zu Augsburg im Zusammenhang der Reformationsgeschichte*, Leipzig 1930.
Paul Tschackert, *Die Entstehung der lutherischen und der reformierten Kirchenlehre samt ihren innerprotestantischen Gegensätzen*, Göttingen 1910 (Nachdruck Göttingen 1979).

Gunther Wenz, *Theologie der Bekenntnisschriften der evangelisch-lutherischen Kirche*, 2 Bde., Berlin und New York 1996-97.

Zu Teil III, Kapitel 1 (S. 613-651)

Rosemarie Aulinger, Art. *Nürnberger Anstand*, in: *TRE* 24 (1994), S. 707f.

Willem de Bakker, Michael Driedger, James Stayer, *Bernhard Rothmann and the Reformation in Münster*, 1530-35, Kitchener Ontario 2009.

Katharina Beiergrößlein, *Robert Barnes, England und der Schmalkaldische Bund (1530-1540)*, Gütersloh 2011.

Claus Bernet, *The Concept of the New Jerusalem among Early Anabaptists in Münster 1534/35*, in: ARG 102 (2011), S. 175-194.

Martin Brecht (Hg.), *Martin Luther und das Bischofsamt*, Stuttgart 1990.

Gerhard Brendler, *Das Täuferreich zu Münster 1534/5*, Berlin 1966.

Irene Dingel, Ute Lotz-Heumann (Hg.), *Entfaltung und zeitgenössische Wirkung der Reformation im europäischen Kontext*, Gütersloh 2015.

Adam S. Francisco, *Martin Luther and Islam*, Leiden u. a. 2007.

Peter Gabriel, *Fürst Georg III. von Anhalt als evangelischer Bischof von Merseburg und Thüringen 1544-1548/50*, Frankfurt/Main 1997.

Berndt Hamm, *Lazarus Spengler (1479-1534)*, Tübingen 2004.

Sigrun Haude, *In the Shadow of the »Savage Wolves«. Anabaptist Münster and the German Reformation During the 1530s*, Leiden und Boston 2000.

Thomas Kaufmann, *»Türckenbüchlein«. Zur christlichen Wahrnehmung »türkischer Religion« in Spätmittelalter und Reformation*, Göttingen 2008.

Karl-Heinz Kirchhoff, *Die Täufer in Münster 1534/5*, Münster 1973.

Ralf Klötzer, *Die Täuferherrschaft von Münster. Stadtreformation und Welterneuerung*, Münster 1992.

Alfred Kohler, *Ferdinand I. 1503-1564*, München 2003.

Das Königreich der Täufer. Reformation und Herrschaft der Täufer in Münster. Stadtmuseum Münster, hg. im Auftrag der Stadt Münster von Barbara Rommé, Katalogtexte: Thorsten Albrecht, 2 Bde., Münster 2000.

Georg Kuhaupt, *Veröffentlichte Kirchenpolitik. Kirche im publizistischen Streit zur Zeit der Religionsgespräche*, Göttingen 1998.

Athina Lexutt, *Rechtfertigung im Gespräch. Das Rechtfertigungsverständnis in den Religionsgesprächen von Hagenau, Worms und Regensburg 1540/41*, Göttingen 1996.

Albrecht Pius Luttenberger, *Glaubenseinheit und Reichsfriede. Konzeptionen und Wege konfessionsneutraler Reichspolitik 1530-1552 (Kurpfalz, Jülich, Kurbrandenburg)*, Göttingen 1982.

Albrecht Pius Luttenberger, *Konfessionelle Parteilichkeit und Reichspolitik. Zur Verhandlungsführung des Kaisers und der Stände in Regensburg 1541*, in: *Fortschritte in der Geschichtswissenschaft durch Reichstagsaktenforschung*, hg. v. Heinz Angermeier und Erich Meuthen, Göttingen 1999, S. 65-101.

Hubertus Lutterbach, *Der Weg in das Täuferreich von Münster. Ein Ringen um die heilige Stadt*, Münster 2006.

Heinrich Lutz (Hg.), *Das römisch-deutsche Reich im politischen System Karls V.*, München und Wien 1982.

Friedrich Prüser, *England und die Schmalkaldener 1535-1540*, Leipzig 1929 (Neudruck New York und London 1971).

Heinz Schilling, *Aufstandsbewegungen in der stadtbürgerlichen Gesellschaft des Alten Reiches. Die Vorgeschichte des Münsteraner Täuferreichs, 1525-1534*, in: Hans-Ulrich Wehler (Hg.), *Der Deutsche Bauernkrieg 1524-1526*, Göttingen 1975, S. 193-238.

Heinz Schilling, *Karl V. und die Religion – das Ringen um Reinheit und Einheit des Christentums*, in: H. Schilling, *Ausgewählte Abhandlungen zur europäischen Reformations- und Konfessionsgeschichte*, hg. v. Luise Schorn-Schütte und Olaf Mörke, Berlin 2002, S. 47-118.

Luise Schorn-Schütte, *Gottes Wort und Menschenherrschaft. Politisch-theologische Sprachen im Europa der Frühen Neuzeit*, München 2015.

Winfried Schulze, *Reich und Türkengefahr im späten 16. Jahrhundert*, München 1978.

Günter Vogler, *Die Täuferherrschaft in Münster und die Reichsstädte*, Gütersloh 2014.

Günther Wartenberg, *Moritz von Sachsen und die albertinische Kirchenpolitik bis 1546*, Gütersloh 1988.

Dorothea Wendebourg, *Die Reformation in Deutschland und das bischöfliche Amt*, in: dies., *Die eine Christenheit auf Erden*, Tübingen 2000, S. 195-224.

Rainer Wohlfeil, Artikel *Frankfurter Anstand*, in: *TRE* 11 (1983), S. 342-346.

Eike Wolgast, *Hochstift und Reformation. Studien zur Geschichte der Reichskirche zwischen 1517 und 1648*, Stuttgart 1995.

Eike Wolgast, *Die Einführung der Reformation und das Schicksal der Klöster im Reich und in Europa*, Gütersloh ²2015.

Walter Ziegler, *Die Entscheidung deutscher Länder für oder gegen Luther. Studien zur Reformation und Konfessionalisierung im 16. und 17. Jahrhundert*, Münster 2008.

Zu Teil III, Kapitel 2 (S. 652-675)

Remigius Bäumer (Hg.), *Concilium Tridentinum*, Darmstadt 1979.

Reinhold Baumstark (Hg.), *Rom in Bayern. Kunst und Spiritualität der ersten Jesuiten*, München 1997.

Rainer Berndt (Hg.), *Petrus Canisius SJ (1521-1597)*, Berlin 2000.

Thomas Brockmann, *Die Konzilsfrage in den Flug- und Streitschriften des deutschen Sprachraums 1518-1563*, Göttingen 1999.

Irene Dingel, Artikel *Religionsgespräche IV. Altgläubig – protestantisch und innerprotestantisch*, in: *TRE* 28 (1997), S. 654-681.

Helmut Feld, *Ignatius von Loyola. Gründer des Jesuitenordens*, Köln, Weimar und Wien 2006.

Peer Frieß, Rolf Kießling (Hg.), *Konfessionalisierung und Region*, Konstanz 1999.

Klaus Ganzer, *Aspekte der katholischen Reformbewegung im 16. Jahrhundert*, Stuttgart 1991.

Elisabeth G. Gleason, *Gasparo Contarini. Venice, Rome, and Reform*, Berkeley 1993.

Ronnie Po-chia Hsia, *Gesellschaft und Religion in Münster 1535-1618*, Münster 1989 (engl. Original 1984).

Ronnie Po-chia Hsia, *Gegenreformation. Die Welt der katholischen Erneuerung 1540-1770*, Frankfurt/Main 1998 (engl. Original 1998).

Wibke Janssen, *»Wir sind zum wechselseitigen Gespräch geboren«, Philipp Melanchthon und die Reichsreligionsgespräche von 1540/41*, Göttingen 2009.

Hubert Jedin, *Geschichte des Konzils von Trient*, 4 Bde., Freiburg/Breisgau 1949-75; [3]1978.

Georg Kuhaupt, *Veröffentlichte Kirchenpolitik. Kirche im publizistischen Streit zur Zeit der Religionsgespräche (1538-1541)*, Göttingen 1998.

Gottfried Maron, Artikel *Katholische Reform und Gegenreformation*, in: *TRE* 18 (1989), S. 45-72.

Gottfried Maron, *Ignatius von Loyola. Mystik, Theologie, Kirche*, Göttingen 2001.

Peter Matheson, *Cardinal Contarini at Regensburg*, Oxford 1972.

Gerhard Müller, *Die römische Kurie und die Reformation 1523 bis 1534. Kirche und Politik während des Pontifikates Clemens' VII.*, Gütersloh 1969.

Gerhard Müller (Hg.), *Die Religionsgespräche der Reformationszeit*, Gütersloh 1980.

John W. O'Malley, *The Jesuits. Culture, Science and the Arts, 1540-1773*, Toronto 2000.

John W. O'Malley, *Trent and All That. Renaming Catholicism in the Early Modern Era*, London 2000.

Wolfgang Reinhard, *Gegenreformation als Modernisierung? Prolegomena zu einer Theorie des konfessionellen Zeitalters*, in: ARG 68 (1977), S. 226-252.

Wolfgang Reinhard, Heinz Schilling (Hg.), *Die katholische Konfessionalisierung*, Gütersloh 1995.

Dieter J. Weiß, *Katholische Reform und Gegenreformation*, Darmstadt 2006.

Dorothea Wendebourg, *Die Ekklesiologie des Konzils von Trient*, in: dies., *Die eine Christenheit auf Erden*, Tübingen 2000, S. 147-163.

Eike Wolgast, *Das Konzil in der Erörterung der kursächsischen Theologen und Politiker*, in: ARG 73 (1982), S. 122-152.

Wolfgang Zimmermann, *Rekatholisierung, Konfessionalisierung und Ratsregiment. Der Prozeß des politischen und religiösen Wandels in der österreichischen Stadt Konstanz 1458-1637*, Sigmaringen 1994.

Zu Teil III, Kapitel 3 (S. 676-709)

Robin B. Barnes, *Prophecy and Gnosis. Apocalypticism in the Wake of the Lutheran Reformation*, Stanford 1988.

Winfried Becker (Hg.), *Der Passauer Vertrag von 1552. Politische Entstehung, reichsrechtliche Bedeutung und konfessionsgeschichtliche Bewertung*, Neustadt an der Aisch 2003.

Harald Bollbuck, *Wahrheitszeugnis, Gottes Auftrag und Zeitkritik. Die Kirchengeschichte der Magdeburger Zenturien und ihre Arbeitstechniken*, Wiesbaden 2014.

Wolfgang Brückner, *Lutherische Bekenntnisgemälde des 16. bis 18. Jahrhunderts*, Regensburg 2007.

Fritz Büsser, *Heinrich Bullinger. Leben, Werk und Wirkung*, 2 Bde., Zürich 2004-2005.

Emidio Campi, Peter Opitz (Hg.), *Heinrich Bullinger. Life – Thought – Influence*, 2 Bde., Zürich 2007.

Irene Dingel, Günther Wartenberg (Hg.), *Politik und Bekenntnis. Die Reaktionen auf das Interim von 1548*, Leipzig 2006.

Scott C. Dixon, Luise Schorn-Schütte (Hg.), *The Protestant Clergy of Early Modern Europe*, Houndmills 2003.

Volker Henning Drecoll, *Der Passauer Vertrag*, Berlin und New York 2000.

Robert von Friedeburg, *Widerstandsrecht und Konfessionskonflikt. Notwehr und gemeiner Mann im deutsch-britischen Vergleich 1530-1669*, Berlin 1999.

Daniel Gehrt, *Ernestinische Konfessionspolitik. Bekenntnisbildung, Herrschaftskonsolidierung und dynastische Identitätsstiftung vom Augsburger Interim bis zur Konkordienformel 1577*, Leipzig 2011.

Axel Gotthard, *Der Augsburger Religionsfrieden*, Münster 2004.

Kaspar von Greyerz, Thomas Kaufmann, Anselm Schubert (Hg.), *Frühneuzeitliche Konfessionskulturen*, Gütersloh 2008.

Martin Heckel, *Deutschland im konfessionellen Zeitalter*, Göttingen ^{2}2001 (zuerst 1983).

Johannes Herrmann, *Moritz von Sachsen (1521-1553). Landes-, Reichs- und Friedensfürst*, Beucha 2003.

Carl A. Hoffmann u.a. (Hg.), *Als Frieden möglich war. 450 Jahre Augsburger Religionsfrieden*, Regensburg 2005.

Bent Jörgensen, *Konfessionelle Selbst- und Fremdbezeichnungen. Zur Terminologie der Religionsparteien im 16. Jahrhundert*, Berlin 2014.

Thomas Kaufmann, *Das Ende der Reformation. Magdeburgs »Herrgotts Kanzlei« (1548-1551/2)*, Tübingen 2003.

Thomas Kaufmann, *Konfession und Kultur. Lutherischer Protestantismus in der zweiten Hälfte des Reformationsjahrhunderts*, Tübingen 2006.

Ernst Koch, *Das konfessionelle Zeitalter – Katholizismus, Luthertum, Calvinismus (1563-1675)*, Leipzig 2000.

Robert Kolb (Hg.), *Lutheran Ecclesiastical Culture 1550-1675*, Leiden und Boston 2008.

Volker Leppin, *Antichrist und Jüngster Tag. Das Profil apokalyptischer Flugschriftenpublizistik im deutschen Luthertum 1548-1618*, Gütersloh 1999.

Volker Leppin, Georg Schmidt, Sabine Wefers (Hg.), *Johann Friedrich I. – der lutherische Kurfürst*, Gütersloh 2006.

Ute Lotz-Heumann, Jan-Friedrich Mißfelder, Matthias Pohlig (Hg.), *Konversion und Konfession in der Frühen Neuzeit*, Gütersloh 2007.

Peter Opitz (Hg.), *Calvin im Kontext der Schweizer Reformation*, Zürich 2003.

Andreas Pietsch, Barbara Stollberg-Rilinger (Hg.), *Konfessionelle Ambiguität. Uneindeutigkeit und Verstellung als religiöse Praxis in der Frühen Neuzeit*, Gütersloh 2013.

Matthias Pohlig, *Zwischen Gelehrsamkeit und konfessioneller Identitätsstiftung. Lutherische Kirchen- und Universalgeschichtsschreibung 1546-1617*, Tübingen 2007.

Nathan Rein, *The Chancery of God. Protestant Print, Polemic and Propaganda against the Empire, Magdeburg 1546-1551*, Aldershot 2008.

Heimo Reinitzer, *Gesetz und Evangelium. Über ein reformatorisches Bildthema, seine Tradition, Funktion und Wirkungsgeschichte*, 2 Bde., Hamburg 2006.

Heinz Schilling, *Das konfessionelle Europa. Die Konfessionalisierung der europäischen Länder seit Mitte des 16. Jahrhunderts und ihre Folgen für Kirche, Staat, Gesellschaft und Kultur*, in: H. Schilling, *Ausgewählte Abhandlungen zur europäischen Reformations- und Konfessionsgeschichte*, hg. v. Luise Schorn-Schütte und Olaf Mörke, Berlin 2002, S. 646-699.

Heinz Schilling, *Die Konfessionalisierung im Reich. Religiöser und gesellschaftlicher Wandel in Deutschland zwischen 1555 und 1620*, in: ebenda, S. 504-540.

Heinz Schilling, Heribert Smolinsky (Hg.), *Der Augsburger Religionsfriede 1555*, Gütersloh 2007.

Alexander Schmidt, *Vaterlandsliebe und Religionskonflikt. Politische Diskurse im Alten Reich (1555-1648)*, Leiden und Boston 2007.

Bernd Christian Schneider, *Ius Reformandi*, Tübingen 2001.

Luise Schorn-Schütte (Hg.), *Das Interim 1548/50. Herrschaftskrise und Glaubenskonflikt*, Gütersloh 2005.

Thomas Töpfer, *Die Leucorea am Scheideweg. Der Übergang von Universität und Stadt Wittenberg an das albertinische Kursachsen 1547/48*, Leipzig 2004.

Olli-Pekka Vainio, *Justification or Participation in Christ. The Development of the Lutheran Doctrine of Justification from Luther to the Formula of Concord (1580)*, Leiden und Boston 2008.

Andreas Waschbüsch, *Alter Melanchthon. Muster theologischer Autoritätsstiftung bei Matthias Flacius Illyricus*, Göttingen 2008.

Dorothea Wendebourg (Hg.), *Sister Reformations – Schwesternreformationen. The Reformation in Germany and in England*, Tübingen 2010.

Dorothea Wendebourg, Alec Ryrie (Hg.), *Sister Reformations II – Schwesternreformationen II. Reformation and Ethics in Germany and in England*, Tübingen 2014.

Mark David Whitford, *Tyranny and Resistance. The Magdeburg Confession and the Lutheran Tradition*, St. Louis 2001.

Doreen Zerbe, *Reformation der Memoria. Denkmale in der Stadtkirche Wittenberg als Zeugnisse lutherischer Memorialkultur im 16. Jahrhundert*, Leipzig 2013.

Zum Epilog (S. 721-774)

Heinrich Assel, *Der andere Aufbruch – die Lutherrenaissance*, Göttingen 1994.

Anne Bohnenkamp, Constanze Breuer, Paul Kahl, Stefan Rhein (Hg.), *Häuser der Erinnerung. Zur Geschichte der Personengedenkstätte in Deutschland*, Leipzig 2015.

Heinrich Bornkamm, *Luther im Spiegel der deutschen Geistesgeschichte*, Göttingen ²1970.

Siegfried Bräuer, *Der »Deutsche Luthertag 1933« und sein Schicksal*, in: Horst Barthel, Gerhard Brendler u. a. (Hg.), *Martin Luther. Leistung und Erbe*, Berlin 1986, S. 423-434.

Gerhard Brendler (Hg.), *Die frühbürgerliche Revolution in Deutschland*, Berlin 1961.

Jan Hermann Brinks, *Einige Überlegungen zur politischen Instrumentalisierung Martin Luthers durch die deutsche Historiographie im neunzehnten und zwanzigsten Jahrhundert*, in: Zeitgeschichte 22 (Wien 1995), S. 233-248.

Harm Cordes, *Hilaria evangelica academica. Das Reformationsjubiläum von 1717 an den deutschen lutherischen Universitäten*, Göttingen 2006.

Ernst Salomo Cyprian, *Hilaria Evangelica, oder Theologisch-Historischer Bericht vom Andern Evangelischen Jubel-Fest*, Gotha 1719.

Deutsches Historisches Museum u. a. (Hg.), *Wem gehört Luther?*, Halle/S. 2015.

Wilhelm Dilthey, *Auffassung und Analyse des Menschen im 15. und 16. Jahrhundert*, in: ders., *Weltanschauung und Analyse des Menschen seit Renaissance und Reformation*, Gesammelte Schriften Bd. 2, Göttingen und Stuttgart ¹¹1991, S. 1-89.

Alexander Fleischauer, *»Die Enkel fechten's besser aus«. Thomas Müntzer und die Frühbürgerliche Revolution – Geschichtspolitik und Erinnerungskultur in der DDR*, Münster 2010.

Wolfgang Flügel, *Konfession und Jubiläum. Zur Institutionalisierung der lutherischen Gedenkkultur in Sachsen 1617-1830*, Leipzig 2005.

Brad S. Gregory, *The Unintended Reformation. How a Religious Revolution Secularized Society*, Cambridge/Mass. und London 2012.

Berndt Hamm, Bernd Moeller, Dorothea Wendebourg, *Reformationstheorien. Ein kirchenhistorischer Disput über Einheit und Vielfalt der Reformation*, Göttingen 1995.

Ulrike Dorothea Hänisch, *»Confessio Augustana triumphans«. Funktionen der Publizistik zum Confessio-Augustana-Jubiläum 1630*, Frankfurt/M. und Bern 1993.

Adolf von Harnack, *Lehrbuch der Dogmengeschichte*, Bd. III, Nachdruck der 4., neu durchges. und verm. Aufl. Tübingen 1909, Darmstadt 1990.

Joachim Heise (Hg.), *Dialog über Luther und Müntzer. Zwanzig Expertengespräche zwischen kirchlichen und marxistischen Reformationshistorikern der DDR (1981-1990), eine Dokumentation*, Berlin 2011.

Ruth Kastner, *Geistlicher Rauffhandel. Form und Funktion der illustrierten*

Flugblätter zum Reformationsjubiläum 1617 in ihrem historischen und publizistischen Kontext, Frankfurt/M. und Bern 1982.

Thomas Kaufmann, *Luther zwischen den Wissenschaftskulturen. Ernst Troeltschs Lutherdeutung in der englischsprachigen Welt und in Deutschland*, in: Peer Schmidt, Hans Medick (Hg.), *Luther zwischen den Kulturen*, Göttingen 2004, S. 455-481.

Thomas Kaufmann, *Evangelische Reformationsgeschichtsforschung nach 1945*, in: ZThK 104 (2007), S. 404-454.

Thomas Kaufmann, *Die deutsche Reformationsforschung seit dem Zweiten Weltkrieg*, in: ARG 100 (2009), S. 15-47.

Thomas Kaufmann, *Reformationsgedenken in der Frühen Neuzeit. Bemerkungen zum 16. bis 18. Jahrhundert*, in: ZThK 107 (2010), S. 285-324.

Thomas Kaufmann, *Die Deutung des Humanismus vornehmlich in der deutschsprachigen Kirchengeschichtswissenschaft – Beobachtungen zu älteren und neueren Tendenzen*, in: Wolfenbütteler Renaissance-Mitteilungen 33 (2011), S. 1-32.

Thomas Kaufmann, *Antisemitische Lutherflorilegien*, in: ZThK 112 (2015), S. 192-228.

Martin Kessler, *Reformationstheorien um 1800. Charles de Villers und die Preisaufgabe des französischen Nationalinstitutes*, in: ZThK 112 (2015), S. 300-336.

Stefan Laube, Karl-Heinz Fix (Hg.), *Lutherinszenierung und Reformationserinnerung*, Leipzig 2002.

Friedrich Loofs, *Die Jahrhundertfeiern der Reformation an den Universitäten Wittenberg und Halle 1617, 1717 und 1817*, in: Zeitschrift des Vereins für Kirchengeschichte der Provinz Sachsen 14 (1917), S. 1-80.

Johannes Luther, *Legenden um Luther*, Berlin und Leipzig 1933.

Gottfried Maron, *Luther 1917. Beobachtungen zur Literatur des 400. Reformationsjubiläums*, in: ZKG 93 (1982), S. 177-221.

Harald Meller (Hg.), *Fundsache Luther. Auf den Spuren des Reformators*, Stuttgart 2008.

Laurenz Müller, *Diktatur und Revolution. Reformation und Bauernkrieg in der Geschichtsschreibung des ›Dritten Reiches‹ und der DDR*, Stuttgart 2004.

Josef Nolte, Hella Tompert, Christof Windhorst (Hg.), *Kontinuität und Umbruch. Theologie und Frömmigkeit in Flugschriften und Kleinliteratur an der Wende vom 15. zum 16. Jahrhundert*, Stuttgart 1978.

Otto Hermann Pesch (Hg.), *Lehren aus dem Lutherjahr. Sein Ertrag für die Ökumene*, München und Zürich 1984.

Helga Robinson-Hammerstein, *Sächsische Jubelfreude*, in: Hans-Christoph Rublack, *Die lutherische Konfessionalisierung in Deutschland*, Gütersloh 1992, S. 460-494.

Martin Roy, *Luther in der DDR. Zum Wandel des Lutherbildes in der DDR-Geschichtsschreibung*, Bochum 2000.

Jan Scheunemann (Hg.), *Reformation und Bauernkrieg. Erinnerungskultur und Geschichtspolitik im geteilten Deutschland*, Leipzig 2010.

Heinz Schilling, *Ausgewählte Abhandlungen zur europäischen Reformations- und Konfessionsgeschichte*, hg. v. Luise Schorn-Schütte und Olaf Mörke, Berlin 2002.

Martin Schloemann, *Luthers Apfelbäumchen? Ein Kapitel deutscher Mentalitätsgeschichte seit dem Zweiten Weltkrieg*, Göttingen 1994.

Hans-Jürgen Schönstädt, *Antichrist, Weltheilsgeschehen und Gottes Werkzeug. Römische Kirche, Reformation und Luther im Spiegel des Reformationsjubiläums 1617*, Wiesbaden 1978.

Max Steinmetz (Hg.), *Die frühbürgerliche Revolution in Deutschland*, Berlin/O. 1985.

Horst Stephan, *Luther in den Wandlungen seiner Kirche*, Berlin ²1951.

Hans Süssmuth, *Luther 1983 in beiden deutschen Staaten*, in: ders., *Das Luther-Erbe in Deutschland*, Düsseldorf 1985, S. 16-40.

Ernst Troeltsch, *Schriften zur Bedeutung des Protestantismus für die Entstehung der modernen Welt* (1906-1913), hg. v. Trutz Rendtorff und Stefan Pautler (Kritische Gesamtausgabe Bd. 8), Berlin und New York 2001.

Carl Ullmann, *Reformatoren vor der Reformation vornehmlich in Deutschland und den Niederlanden*, 2 Bde., Gotha 1866.

Rainer Vinke (Hg.), *Lutherforschung im 20. Jahrhundert. Rückblick – Bilanz – Ausblick*, Mainz 2004.

Johannes Wallmann, *Karl Holl und seine Schule*, in: *Tübinger Theologie im 20. Jahrhundert*, ZThK Beiheft 4, Tübingen 1978, S. 1-33.

Dorothea Wendebourg, *Die Reformationsjubiläen des 19. Jahrhunderts*, in: ZThK 108 (2011), S. 270-335.

Dorothea Wendebourg, *Das Reformationsjubiläum des Jahres 1921*, in: ZThK 110 (2013), S. 316-361.

ZU DEN ABBILDUNGEN

Abb. 1 (S. 38f.): Europa und die habsburgischen Gebietserweiterungen im 16. Jahrhundert, aus: Heinz-Dieter Heimann, *Die Habsburger. Dynastie und Kaiserreiche*, München: C. H. Beck 2001 ([3]2006), S. 54f.

Abb. 2 (S. 76): *Wallfahrt zur ›Schönen Maria‹ von Regensburg*. Holzschnitt von Michael Ostendorfer, um 1519. Die übersteigerte Darstellung der Devotion gegenüber dem Kultbild dürfte ein Indiz für eine wertende Perspektive des Künstlers sein, der ›Götzendienst‹ visualisiert.

Abb. 3 (S. 86f.): Deutsche Fassung des sogenannten *Großen Rosenkranzes* von Erhard Schön (um 1515). Die obere Textleiste informiert über die mit dem Rosenkranzgebet verbundenen Ablässe; der untere Text erläutert die Verehrung der göttlichen »trivaltigkeyt« vermittels der Menschheit Christi, Marias, der Apostel, Propheten, Heiligen usw. Der untere Teil des Bildes schildert das Fegefeuer.

Abb. 4 (S. 115): Titelblatt der zweiten Sammlung der wohl hauptsächlich von Ulrich von Hutten verfaßten, anonym herausgegebenen *Dunkelmännerbriefe* (*Epistolae Obscurorum virorum ad Magistrum Ortvinum Gratium* ⟨…⟩, Speyer [fingiert: Köln]: Jakob Schmidt 1517); VD 16 1723.

Abb. 5 (S. 140f.): Erstdruck von Luthers *Thesen gegen die scholastische Theologie* (Wittenberg: Johannes Rhau-Grunenberg 1517).

Abb. 6 (S. 199): Kardinal Albrecht von Brandenburg. Kupferstich von Lucas Cranach d.Ä. (1520).

Abb. 7 (S. 214): *On Aplas von Rom kan man wol selig werden durch anzaigung der götlichen hailigen geschryfft*. Anonyme Flugschrift (Augsburg: Melchior Ramminger 1520); VD 16 O 527. Derselbe Titelholzschnitt ist auch für andere Schriften verwendet worden.

Abb. 8 (S. 238f.): Andreas Bodenstein von Karlstadt, *Fuhrwagen* beziehungsweise *Himmels- und Höllenwagen*. Einblattholzschnitt von Lucas Cranach d. Ä., mit zahlreichen Inschriften von Karlstadt, Wittenberg 1519.

Abb. 9 (S. 256): Martin Luther, *Eyn Sermon von dem Hochwirdigen Sacrament / des heyligen waren Leychnamß Christi. Und von den Bruderschaf-*

ten, Wittenberg: Johannes Rhau-Grunenberg 1519 (WA 2, S. 739B; Köhler, *Bibl.*, Bd. 2, Nr. 2822, S. 552), Titelseite.

Abb. 10 (S. 263): Martin Luther und Ulrich von Hutten als Vorkämpfer der christlichen Freiheit. Doppelporträt (Straßburg: Johann Schott 1521).

Abb. 11 (S. 277): Chuntz von Oberndorff (Pseudonym), *Dialogus ader ein Gespreche. Wieder Doctor Ecken Buchlein das er zu entschuldigung des Concilii zu Costnitz heraußgeben hat lassenn* [Leipzig: Wolfgang Stökkel 1520], Titelholzschnitt; VD 16 K 2574.

Abb. 12 (S. 297): Lucas Cranach d. Ä., Erste Darstellung Luthers als Augustinermönch (1520).

Abb. 13 (S. 297): Lucas Cranach d. Ä., Zweite Darstellung Luthers als Augustinermönch (1520).

Abb. 14 (S. 297): Hans Baldung Grien, *Martinus Luther ein dyener Jhesu Christi / und ein wideruffrichter Christlicher leer* (Holzschnitt 1521).

Abb. 15 (S. 297): Lucas Cranach d. Ä., Luther mit Doktorhut (1521).

Abb. 16 (S. 311): *Dyß hand zwen schwytzer puren gmacht / furwar sy hand es wol betracht* [Augsburg: Melchior Ramminger 1521]. Titelholzschnitt der *Beschribung der göttlichen müly*; VD 16 S 5309.

Abb. 17 (S. 342): Eberlin von Günzburg, *Wie gar gfarlich sey. So ain Priester kain Eeweyb* ⟨...⟩, [Augsburg: Melchior Ramminger] 1522; VD 16 E 156. Der Titelholzschnitt zeigt Trauungen von Priestern, Mönchen und Nonnen.

Abb. 18 (S. 352f.): *Das Münich und Pfaffen Gaid / Niemand zu lieb noch zu laid.* Illustriertes Flugblatt von Erhard Schön, Nürnberg (um 1525); der Text stammt wahrscheinlich von Hans Sachs.

Abb. 19 (S. 386f.): *Klagrede der armen verfolgten Götzen und Tempelpilder / über so ungleich urtayl und straffe.* Einblattholzschnitt von Erhard Schön, Nürnberg (um 1530?). Auf der linken Bildhälfte sieht man den Innenraum einer Kirche, in dem Heiligenfiguren demontiert und zerschlagen werden. Auf der anderen Bildseite wird die Verbrennung und Einlagerung von Plastiken dargestellt. Die Gruppe im rechten Bildhintergrund illustriert Mt 7,3; aus dem Auge eines reichen Bürgers, der von einer überdimensionierten Flasche und einem Geldbeutel eingerahmt ist, wächst ein riesiger Balken hervor.

Abb. 20 (S. 437): Alte und neue Lehre und Kirche. Einblattholzschnitt (1524) als Beiblatt zu der anonymen Flugschrift: *Ein gesprech auff das kurtzt zwuschen eynem Christen unn Juden / auch eynem Wyrthe sampt seynem Haußknecht* ⟨...⟩, [Erfurt: Michel Buchfürer] 1524; Köhler, *Bibl.*, Bd. 1, Nr. 1329, S. 567.

Abb. 21 (S. 440): Titelblatt der Schrift von Argula von Grumbach,

Wye ein Christliche fraw des adels / in Beyern ⟨...⟩ die hohenschul zu Ingoldstat / ⟨...⟩ straffet [Erfurt: Matthes Maler 1523]; VD 16 G 3680; Köhler, *Bibl.*, Bd. 1, Nr. 1430.

Abb. 22 (S. 461): *Die päpstlichen Wölfe.* Einblattdruck [Mainz: Johann Schöffer], um 1520.

Abb. 23 (S. 462): Lucas Cranach d. Ä., *Der Bapstesel zu Rom*, in: *Deutung der zwo grewlichen Figuren Bapstesels zu Rom und Munchkalbs zu Freyberg in Meyszen* ⟨...⟩, Wittenberg 1523, A 1^v; VD 16 L 4421; WA 11, S. 361 f.; 371.

Abb. 24 (S. 464): Spottblatt auf Gegner Luthers. Einblattdruck (um 1521). Von links nach rechts: Thomas Murner, Hieronymus Emser, Papst Leo X., Johannes Eck, Johannes Lemp.

Abb. 25-28 (S. 466-469): *Passional Christi und Antichristi.* Holzschnitte von Lucas Cranach d. Ä.; deutsche Fassung [Wittenberg: Johannes Rhau-Grunenberg 1521]; VD 16 L 5587; Köhler, *Bibl.*, Bd. 1, Nr. 2612; MF 1652, Nr. 4259, C 2^v-3^r; C 3^v-4^r; C4^v-[D]1^r; [D]1^v-[D]2^r. Die Bildunterschriften dürften von Martin Luther stammen. Das Bändchen enthält 26 Holzschnitte; jeweils zwei sind einander antithetisch zugeordnet.

Abb. 29 (S. 472): *Inhalt zweierley predig / yede in gemein in einer kurtzen summ begriffen.* Illustriertes Flugblatt, Nürnberg (um 1529/30). Der Holzschnitt stammt von Georg Pencz; die in je drei Spalten gebotenen ›Summen‹ der Lehren der evangelischen und der päpstlichen Prediger hat Hans Sachs gedichtet.

Abb. 30 (S. 479): Johannes Cochläus, *Sieben Köpffe Martini Luthers. Vom Hochwirdigen Sacrament des Altars*, Leipzig: Valentin Schumann 1529, Titelseite (Holzschnitt); VD 16 C 4391; Köhler, *Bibl.*, Bd. 1, Nr. 578. Die sieben Köpfe stellen – von links nach rechts – dar: den *Doktor* – mit Barett –, *Martinus* – in der Mönchskutte –, *Lutther* – den Türken und Aufrührer –, *Ecclesiast* – den Prediger –, *Schwirmer* – also ›Schwärmer‹ –, den *Visitirer*, also Kirchenorganisator, und *Barabbas*, also den Räuber, den Pilatus an Christi Statt begnadigte.

Abb. 31 (S. 491): *An die versamlung gemayner Pawerschafft / so in Hochteütscher Nation / und vil anderer ort / mit empörung unn auffrur entstanden* ⟨...⟩ [Nürnberg: Hieronymus Höltzel 1525]; VD 16 A 2436.

Abb. 32 (S. 493): Der deutsche Bauernkrieg 1524-1526, aus: Ernst Walter Zeeden, *Hegemonialkriege und Glaubenskämpfe 1556-1648*, Propyläen-Geschichte Europas 2, Frankfurt/Main: Propyläen ^{2}1980, S. 236.

Abb. 33 (S. 576): Kaiser Karl V. und Papst Clemens VII. in Bologna. Kupferstich von Nicolaus Hogenberg (geb. 1500 in München, gest. 1539 in Mechelen). Der triumphale Umzug durch die Stadt, bei dem Kaiser und Papst unter einem Baldachin ritten, schloß sich der Krönungszeremonie in St. Petronio an. Die Darstellung setzt die symbolische Einheit der Universalgewalten in Szene und dürfte im Auftrag des Kaisers entstanden sein.

Abb. 34 (S. 624f.): Karte zur konfessionellen Verteilung im Reich bis 1546/47, aus: Hermann Kinder, Werner Hilgemann, Manfred Hergt, *dtv-Atlas Weltgeschichte*, München 2006, S. 234.

Abb. 35 (S. 636): *Iohan Mathys van Haerleem een propheet der geestdryvers.* Jan Matthijs (gest. 1534) nach einem Kupferstich von Christoffel von Sichem (etwa 1605/06).

Abb. 36 (S. 638): *Die Ordnung der Widerteuffer zu Münster* ⟨…⟩, [Nürnberg] 1535; VD 16 O 883.

Abb. 37 (S. 639): *Johan van Leiden eyn koninck der wederdoper* ⟨…⟩. Jan van Leiden nach einem Kupferstich von Heinrich Aldegrever (1536).

Abb. 38 (S. 641): *Des Münsterischen Königreichs und Widertauffs an und abgang* ⟨…⟩ [o. O., 1536]; VD 16 M 6732.

Abb. 39 (S. 662): Martin Luther, Lucas Cranach d. Ä.: *Abbildung des Papsttums*, Wittenberg 1545. Doppelbild: »Papa dat Concilium in Germania«; »Papa Doctor Theologiae et Magister Fidei«. Links: der Papst auf einer Sau reitend; rechts: Esel mit Papstkrone als Sackpfeifenspieler.

Abb. 40 (S. 682): Tizian Vecellio, Reiterbildnis Karls V. nach der Schlacht bei Mühlberg (1548).

Abb. 41 (S. 692): *Der unschuldigen Adiaphoristen Chorrock / darüber sich die unrugige und Störrische Stoici mit ihnen zancken* [Magdeburg: Pancratius Kempff], undatiert. Im Zentrum des Bildes steht der Chorrock als Symbol eines ›Mitteldings‹, das die Theologen zur Rechten verharmlosen, die Gruppe der Magdeburger (vielleicht von links nach rechts: Erasmus Alber, Matthias Flacius, Nikolaus von Amsdorff, Nikolaus Gallus) hingegen in seinem teuflischen Charakter entlarvt. Durch einen Klappenmechanismus am Chorrock wird der Betrachter in den Aufklärungsprozeß der Magdeburger Publizisten hineingezogen.

Abb. 42 (S. 726): Offizielles Werbelogo für das Reformationsjubiläum 2017, in den Farben »Schwarz-Rot-Gold« und unter Verwendung eines Cranachschen Lutherporträts, wie es seit den späten zwanziger Jahren des 16. Jahrhunderts im Gebrauch war.

Abb. 43 (S. 728): Luther und die Deutschen. Plakatentwurf für die Nationale Sonderausstellung auf der Wartburg 2017, unter Verwendung der Figur Luthers aus dem Ölgemälde »Luther auf dem Reichstag zu Worms« von Paul Thumann (1872).

Abb. 44 (S. 733): Illustriertes Flugblatt zur ersten Jahrhundertfeier der Reformation 1617, Text von Daniel Cramer, Stettin; Exemplar Herzog August Bibliothek Wolfenbüttel 38. 25 Ang 2° fol. 317.

Abb. 45 (S. 737): Lutherfigur der Firma »Playmobil«, produziert und mit Unterstützung der Evangelischen Kirche in Deutschland vertrieben seit 2014, geeignet für Personen im Alter zwischen vier und 99 Jahren.

Abb. 46 (S. 738): Das 1868 eingeweihte Wormser Lutherdenkmal geht auf einen Entwurf Ernst Rietschels von 1859 zurück. Luther blickt zum Areal des ehemaligen Bischofshofs hinüber, wo er 1521 vor Kaiser und Reich stand. Um ihn herum sitzen die ›Vorreformatoren‹ Hus, Savonarola, Wyclif und Valdes, außen stehen Friedrich der Weise, Philipp von Hessen, Melanchthon und Reuchlin.

REGISTER

PERSONEN

ORTE

SACHEN

INHALTSVERZEICHNIS